中国信息化年鉴
2017

工业和信息化部　主管

《中国信息化年鉴》编委会　编

電子工業出版社·

Publishing House of Electronics Industry

北京·BEIJING

图书在版编目（CIP）数据

中国信息化年鉴．2017 /《中国信息化年鉴》编委会编．—北京：电子工业出版社，2018.11
ISBN 978-7-121-35102-0

Ⅰ．①中…　Ⅱ．①中…　Ⅲ．①信息工作－中国－2017－年鉴　Ⅳ．①G203-54

中国版本图书馆 CIP 数据核字（2018）第 218822 号

主　　管：工业和信息化部
主　　办：中国通信工业协会
协　　办：海尔集团
　　　　　北京宁远图志文化交流中心
策划编辑：李　敏
责任编辑：李　敏
印　　刷：涿州市京南印刷厂
装　　订：涿州市京南印刷厂
出版发行：电子工业出版社
　　　　　北京市海淀区万寿路 173 信箱　邮编 100036
开　　本：880×1230　1/16　印张：39.25　字数：1266 千字　彩插：16
版　　次：2018 年 11 月第 1 版
印　　次：2018 年 11 月第 1 次印刷
定　　价：480.00 元

凡所购买电子工业出版社图书有缺损问题，请向购买书店调换。若书店售缺，请与本社发行部联系，联系及邮购电话：（010）88254888，88258888。

质量投诉请发邮件至 zlts@phei.com.cn，盗版侵权举报请发邮件至 dbqq@phei.com.cn。

本书咨询联系方式：010-88254753 或 limin@phei.com.cn。

《中国信息化年鉴》编委会

北京市经济和信息化委员会　主任	张伯旭
天津市工业和信息化委员会　主任	李朝兴
河北省工业和信息化厅　副巡视员	宋进珠
山西省经济和信息化委员会　副主任	朱　鹏
内蒙古自治区经济和信息化委员会　副巡视员	荆玉林
辽宁省经济和信息化委员会　处长	胡　强
吉林省工业和信息化厅　副厅长	孙大维
黑龙江省工业和信息化委员会　副主任	刘爱丽
上海市经济和信息化委员会　副主任	邵志清
江苏省经济和信息化委员会　副主任	胡学同
浙江省经济和信息化委员会　副主任	吴君青
安徽省经济和信息化委员会　副主任	王灯明
福建省发展和改革委员会　副主任	吴亮碧
江西省工业和信息化委员会　副主任	王亦斌
山东省经济和信息化委员会　副巡视员	张忠军
河南省工业和信息化厅　副厅长	孟西林
湖北省经济和信息化委员会　副主任	卜江戎
湖南省经济和信息化委员会　副主任	李　球
广东省经济和信息化委员会　处长	肖良颜
广西壮族自治区工业和信息化委员会　巡视员、副主任	兰红星
海南省工业和信息化厅　总工程师	董学耕
重庆市经济和信息化委员会　副主任	马奇昌
四川省经济和信息化委员会　副主任	李建疆
贵州省经济和信息化委员会　常务副主任	马宁宇
云南省工业和信息化委员会　副主任	张建明
西藏自治区工业和信息化厅　厅长	徐　飞
陕西省工业和信息化厅　副厅长	蔡苏昌
甘肃省工业和信息化委员会　副主任	王海峰
青海省经济和信息化委员会　副主任	张洪溢
宁夏回族自治区经济和信息化委员会　副主任	张宏年
新疆维吾尔自治区经济和信息化委员会　副主任	苏国平
新疆生产建设兵团工业和信息化委员会　副主任	姜玉波
南京市经济和信息化委员会　副主任	郑加强
宁波市经济和信息化委员会　副主任	杜永华
西安市工业和信息化委员会　副主任	赵　平
济南市经济和信息化委员会　副主任	赵炳跃

《中国信息化年鉴》编辑部

联系电话：010-56293293

传　　真：010-83293239

电子信箱：zgxxh@zgxxh.org.cn

《中国信息化年鉴》官方网址：www.zgxxh.org.cn

编辑说明

《中国信息化年鉴》是全面反映我国信息化建设实况的大型专业资料工具书。本年鉴由中华人民共和国工业和信息化部主管、中国通信工业协会主办、《中国信息化年鉴》编委会编辑出版，旨在总结中央及地方信息化发展的全面情况，聚焦工业化和信息化融合的实际问题，深入研究、探讨信息化发展面临的突出问题，集中展示我国信息化建设的成就与经验，分享两化融合带来的深刻产业变革，集纪实性、实效性与案例参考性为一体，为国家相关部委、各级人民政府、各类企事业单位及相关领域的信息化发展决策者提供强有力的信息支持与实例参考。

《中国信息化年鉴》自 2014 年起，每年编印一卷，重点记载上一年与当年我国信息化建设发展的整体情况，以及信息化与工业化融合的实际情况。《中国信息化年鉴 2017》卷主要收录了 2016—2017 的相关资料，按内容分类编排，文章表述方式以条目为主。

《中国信息化年鉴 2017》共 10 篇和 1 个附录，包括内容如下。

（一）综述篇：概述我国信息化发展总体情况。

（二）部委篇：国家重点部委信息化建设与发展的最新进展情况及近期信息化工作重点和举措。

（三）地区发展篇：全国各省、自治区、直辖市、计划单列市、新疆生产建设兵团及港澳台地区信息化发展情况。

（四）两化融合篇：全国工业化和信息化融合的进展情况，先进城市推进两化融合进程中的主要做法和成效，示范企业的先进经验。

（五）专题研究篇：国家信息化发展的焦点、热点、难点等方面的专家观点和研究报告。

（六）政策法规篇：主要收录我国通过或颁布的关于信息化建设的纲要、法规、条例及地方政府推进信息化建设的政策措施等。

（七）先进典范篇：重点介绍全国信息化建设优秀城市和先进典范单位，以及信息化专家的经验和成果。

（八）信息化大事记：记录国家、行业和地方的信息化相关事件，包括政策法规、重大技术变革、重要活动、会议等。

（九）国际资料篇：介绍世界信息化发展现状及特点。

（十）基础数据篇：①历年信息化相关基础数据；②历年全国各省、自治区、直辖市、计划单列市、新疆生产建设兵团及港澳台地区信息化相关基础数据；③国际组织及世界各国信息化方面的相关统计数据。

（十一）附录：信息化领域相关参考资料。

由于我们的水平及编辑力量有限，本年鉴肯定存在不足及需要改进的地方，恳请读者批评指正，以便在今后的工作中不断提高和完善，进而提高来年年鉴的整体编辑水平。

另外，因《中国信息化年鉴 2017》主要收录的是 2016—2017 年的相关资料，故各部委、司局名称采用 2016—2017 年的名称，特此说明。

本年鉴在编辑过程中，得到了国家、地方、各企业信息化相关部门领导及专家学者的大力支持，没有他们的帮助，《中国信息化年鉴 2017》的编辑工作就无法顺利开展，在此一并表示诚挚的感谢。

《中国信息化年鉴》编辑部

2018 年 7 月

目　录

综述篇

中国信息化发展概况

2016年，我国信息化建设持续快速发展，在经济、社会转型升级中的驱动作用日益凸显。信息化战略、规划等政策相继发布，信息化顶层设计框架基本形成，各地纷纷出台推进信息化发展的相关文件，开启了信息化发展新征程。人工智能、虚拟现实、智能感知等一批智能技术不断取得新突破；云计算中心、大数据平台、内容分发网络、物联感知等应用基础设施加快部署，成为生产和生活智能化转型的关键基础设施；制造业与互联网融合步伐不断加快，大企业双创热潮涌动，网络化制造、个性化定制、按需制造等新型制造方式不断涌现，极大地激发制造企业创新活力、发展潜力和转型动力。“互联网+政务服务”进入提速发展阶段，有力支撑现代化国家治理体系建设。智慧城市建设在发展理念、建设路径、模式创新、立法标准等方面取得创新性发展，步入以为民服务全程全时、城市治理高效有序、数据开放共融共享、经济发展绿色开源、网络空间安全清朗为特征的新型智慧城市阶段。基于互联网和信息技术应用的数字经济高速发展，这也成为培育经济新动能、构筑竞争新优势的先导力量。

【信息化战略规划持续向纵深推进】

党中央、国务院高度重视信息化工作，明确“十三五”时期信息化发展定位和重要方向。《中华人民共和国国民经济和社会发展第十三个五年规划纲要》提出，要牢牢把握信息技术变革趋势，实施网络强国战略，加快建设数字中国，推动信息技术与经济社会发展深度融合，加快推动信息经济发展壮大。习近平总书记多次强调，“网络安全和信息化工作是‘十三五’时期的重头戏。”“在信息化发展上要大有作为，要做好两方面的工作，一个是信息化本身发展，一个是发挥信息化对我国经济社会发展的驱动引领作用。”4月19日的网络安全和信息化工作座谈会提出，网信事业代表着新的生产力、新的发展方向，应该能够在践行新发展理念上先行一步，要以信息流带动技术流、资金流、人才流、物资流，促进资源配置优化，促进全要素生产率提升，为推动创新发展、转变经济发展方式、调整经济结构发挥积极作用。

中央和地方政府部门加紧制定国民经济和社会发展各领域的“十三五”规划，各行各业信息化建设进入了新的发展阶段。能源部、工业和信息化部、发改委、国家林业局、水利部、交通运输部、教育部等中央政府部门陆续出台了一系列信息化及相关领域规划，如《关于推进“互联网+”智慧能源发展的指导意见》《“互联网+”林业行动计划——全国林业信息化“十三五”发展规划》《全国水利信息化“十三五”规划》等。此外，吉林、福建、江苏、海南、四川、内蒙古、山东、江西、广东、湖南、河南、深圳等32个省（自治区、直辖市）先后出台了推进“互联网+”发展的相关政策。

【制造业与互联网加速融合发展】

在政策引导和市场牵引的双重作用下，制造业与互联网融合步伐不断加快。互联网应用呈现从消费领域向制造业领域扩散的态势，新制造方式、新产业形态和新商业模式不断涌现。电子、航空、机械等行业骨干企业建立全球协同研发体系；家电、服装等行业企业打造客户深度参与设计、研发、配送全过程的研发体系；服装、家具等行业普遍兴起以大规模个性化定制为主导的新型生产方式；工程机械、电力设备、风机制造等行业服务型制造快速发展，在线诊断、远程运维等产品全生命周期管理服务开始普及。大型制造企业纷纷探索制造业与互联网融合新路径、新模式，陕鼓、红领、徐工等企业纷纷积极探索网络化协同制造、个性化定制、服务型制造等制造新模式。

双创平台正在成为深化制造业与互联网融合的重要抓手。当前，我国制造业依靠大规模投资、低成本要素投入和出口拉动的传统模式已难以为继，必须加快新旧动能转换，努力向中高端水平迈进。双创平台建设牵引和引领着企业转型，推动企业发展理念、战略、组织、流程、管理和商业模式的创新，是制造业应对全球新一轮科技革命和产业变革的重要突破口和切入点。推进大型制造企业、基础电信企业、互联网企业搭建基于互联网的双创平台，是推动制造业提质增效升级的重要措施，正在成为深化制造业与互联网融合发展的重要抓手。海尔、中信重工等一批大企业加快建设基于互联网的双创平台，聚集、开放、共享各类创业创新资源，探索构建资源富集、创新活跃、高效协同的双创新生态。一些服务全行业的第三方资源平台，有效促进了大中小企业间的资源协同与供需对接，推动形成一批竞争优势明显的虚拟制造产业集群。

【电子政务发展水平逐步提高】

联合国经济和社会事务部发布的《2016 联合国电子政务调查报告（中文版）》显示，2016 年我国的电子政务发展指数（EDGI）为 0.6071，位列全球第 63 名，与 2014 年的调查结果相比上升了 7 位，是近 5 年来排名最靠前的一次，目前我国电子政务水平已处于全球中等偏上水平。

从区域发展来看，我国城市电子政务发展水平也有所提高。根据《2016 中国城市电子政务发展水平调查报告》显示，2016 年中国 338 个城市电子政务发展指数的平均值为 46.59，其中有 170 个城市在平均水平之上。排在前 10 位的城市依次为广州、北京、深圳、厦门、上海、杭州、青岛、温州、绍兴、成都。除温州和绍兴外，其余全部为副省级或以上城市。广州以 94.884 的 EGDI 列第 1 位。

全国“互联网+政务服务”进入提速发展阶段。2016 年，国务院和各级地方政府推进“互联网+政务服务”的力度持续加大，《推进“互联网+政务服务”开展信息惠民试点实施方案》（国办发〔2016〕23 号）、《国务院关于加快推进“互联网+政务服务”工作的指导意见》（国发〔2016〕55 号）两份文件提出了推进“互联网+政务服务”的实施路径和保障机制。2016 年 9 月 19 日，国务院印发《政务信息资源共享管理暂行办法》，这是我国第一份关于政务信息资源共享的规范性文件，大大推动了政务信息共享工作制度化、规范化和程序化进程，标志着我国“互联网+政务服务”实施走出坚实的一步。同时，各地积极探索“互联网+政务服务”新模式，不断提高政府公共服务的便捷性、精准性。北京、上海、福建等省（自治区、直辖市）开始建设统一的电子证照库，江苏、浙江、福建等省（自治区、直辖市）率先实现“一号一窗一网”政务服务，多个省（自治区、直辖市）开始受理外地户籍人口身份证补换业务。

【融合性新兴技术应用不断深化】

在政策支持和资本推动下，人工智能、虚拟现实、智能感知等一批融合性新兴技术加速发展，一批新的产业增长点迅速涌现。人工智能技术、应用、产业进入爆发式增长期。在媒体宣传领域，新华社、央视等媒体已在全国人大四次会议上率先通过 VR 进行了全景报道的尝试。在电子商务领域，阿里巴巴成立了虚拟现实研发实验室 Gnome Magic Lab，尝试将虚拟现实集成到电商购物平台。在汽车制造领域，百度将无人自动驾驶汽车项目作为未来的发展重点，其研发的自动驾驶汽车已经在不同的道路情况下完成了首次行驶测试；奥迪结合 3D 投射和手势控制，使流水线工人在三维虚拟空间内完成对实际产品装配工作的预估和校准；吉利帝豪 GS 也借助虚拟现实技术上市，用户戴上特制眼镜就可在家中触摸产品，变换车身颜色、旋转汽车方向，甚至可进行虚拟试驾体验。此外，科大讯飞的智能语音输入、搜狗的语音交互引擎技术，以及 Face++的人脸识别、语音管家“出门问问”等新技术、新应用也不断涌现。

虚拟现实逐步向大众消费市场渗透，带动相关技术、产品和服务加速迭代，产业发展将进入爆发期。应用方面，虚拟现实有望在游戏领域最先爆发，并带动视频娱乐应用市场的快速发展；智能制造也将成为虚拟现实的重要应用领域，颠覆计算机辅助设计和辅助制造等重要环节；在零售、房地产、教育、医疗、旅游、城市及园区规划、文物重建等领域，虚拟现实也有巨大的市场空间。

区块链应用发展迅速，创业公司、投资机构纷纷跟进。微软、JBM、英特尔等全球主要科技企业公司和金融机构相继推出基于区块链技术的创新产品，小蚁公司、井通科技等国内企业也在金融领域开展区块链技术的应用拓展。目前，我国央行已牵头成立区块链研究小组；中国互联网金融协会专门成立了区块链研究工作组；招商银行也加入 R3 区块链联盟，成为继平安保险之后加入的第二家中国金融公司。

【智慧城市建设取得创新突破】

新型智慧城市成为智慧城市发展的新阶段。2016 年以来，党中央、国务院立足我国城市发展实际，将以为民服务全程全时、城市治理高效有序、数据开放共融共享、经济发展绿色开源、网络空间安全清朗为特征的新型智慧城市作为城市转型发展的重要方向。各地在推进智慧城市建设过程中不断丰富智慧城市内涵。截至 2016 年 6 月，全国 95%的副省级以上城市、超过 76%的地级城市，总计超过 500 个城市（占世界智慧城市创建总数的一半以上），在政府年度工作报告中明确提出或正在建设智慧城市。银川智慧城市管理指挥中心暨“12345 一号通”便民服务中心上线运行，承担全市的应急指挥、社会治理、便民服务职能。这些智慧应用和智慧战略正在快速改变市民的生活与工作，为城市巨系统的结构完善和功能升级提供基础。

智慧城市立法加速。2016 年 9 月，全国首部关于智慧城市建设方面的地方性法规《银川市智慧城市建设促进条例》（简称《条例》）出台，于 2016 年 10 月 1 日起正式实施，银川成为第一个以立法推动智慧城市建设标准体系的城市。《条例》对智慧城市建设发展规划、信息基础设施共享、信息采集共享、应用推广措施、法律责任等方面都做出了明确的规定。2016 年 11 月，济宁发布《济宁市智慧城市促进条例（草案）（征求意见稿）》，成为继杭州（2015 年 6 月发布《杭州市信息经济智慧应用促进条例（草案）》）和银川（2016 年 9 月发布《银川市智慧城市建设促进条例》）之后，我国第 3 个开始探索智慧城市法制化建设的城市。

智慧城市的商业运营模式创新取得突破。2016 年，各地结合自身实际将 PPP 模式应用于智慧城市建设，并且探索出不同的模式，涌现出银川模式、崇州模式、合肥高新模式、吕梁模式等各具特色的政府与社会资本合作模式。

【基础设施布局和建设步伐加快】

2016 年，基础电信运营商、互联网企业纷纷加快部署云计算中心、大数据平台、内容分发网络、物联感知等应用基础设施。目前，三大运营商在我国 295 个地级以上城市数据中心建设覆盖率达到了 90%以上。其中，中国移动在各地的数据中心密集开工，到 2016 数据中心全网机柜突破 10 万架；中国联通将在全国规划建设十大云数据中心，总机架数将超过 25 万架。骨干互联网企业致力于建设超大规模的大数据平台，用友等一批服务提供商加快向数据驱动型企业转型。阿里、腾讯等大型互联网企业逐步开放自建内容分发网络，成为新型内容分发网络服务商。三大基础电信运营商也加快内容分发网络建设，一方面支撑自身增值业务，另一方面为中小网站、政府和公共服务网站提供服务。物联网感知设施在智慧城市、智能交通、智慧家庭、工业网络等领域应用越来越普及，已成为生产和生活智能化转型的关键基础设施。

经济领域信息化

【工业领域信息化】

2016 年，随着云计算、物联网、大数据、智能化等新一代信息技术加速渗透，工业企业继续深化信息化系统应用，推进两化深度融合，积极探索智能制造，创新生产模式，推动企业转型升级。

（一）原材料工业

1. 钢铁行业

2016 年，钢铁行业深入推进供给侧结构性改革，在积极大力化解过剩产能的基础上，加快推进钢铁行业转型升级，积极探索智能制造，转变生产管理模式，新业态、新产品、新模式层出不穷，逐步实现敏捷制造和精细化管理，工业云、工业大数据由理念逐步走向实践，互联网与工业融合创新愈加频繁。

企业智能制造探索步伐加快，其中大型钢铁企业在智能制造的探索和实践取得较好的成效。宝钢、马钢、沙钢、河钢集团唐钢等大型钢企，采用工业机器人、无人行车、无人台车、无人仓库等智能制造技术，在钢铁生产自动化、库存、营销等关键环节进行应用，智能化处于先进水平，在提高劳动效率、降低生产成本方面成效显著。

钢铁企业持续夯实生产过程信息化基础，加强信息系统升级改造，深化信息系统应用，促进协同创新。南钢深入开展“C2M（客户对工厂）+JIT”大规模个性化定制配送，组织建设了智能排产、智能接单、智能物流及客户管理系统、绩效管理系统，促进了企业经营的智能化、互联网化、高效化，智能制造、智慧运营的系统初步打通。酒钢通过搭建私有云技术架构平台，将酒钢部分核心业务迁移到私有云平台，并优化钢材产品销售流程，实现异地铺货存储和销售一次结算的目标。莱钢钢铁主业全部实现了对生产设备或机组的自动检测和自动控制，创建“PMO 作战室”，全面深化精益管理工作，并推广开发专项管理信息系统，如型钢铁前 MES 系统、IC 卡自助计量系统、产成品智能仓储管理系统等促进精益运营。方大特钢通过设备管理信息系统、物资采购管理信息系统、TPM 项目及加大生产装备的自动化改造等两化融合项目的实施，形成了信息环境下的精益生产管控和设备全生命周期的精细化管控等新型能力，规范和带动了业务的优化和再造，有效支撑了方大特钢拳头产品高质量、高效化、低成本的生产经营，效益显著。

钢铁企业持续深化信息化系统应用，规范信息化管理体系，加强企业信息化组织保障，完善信息化相关基础设施。根据中国钢铁工业协会统计数据，2016 年，大部分钢铁企业由决策层领导亲自主管信息化工作，约 85%的企业专设职能管理部门推进两化融合，84.6%的企业制订了企业级的信息化规划；2016 年钢铁企业全年信息化总投入约 32.7 亿元。系统硬件方面，在用计算机总数约 21.6 万套、大中型服务器 1500 余套、PC 服务器 7200 余套、工作终端 20 余万套、独立存储设备 3500 余套、网络交换器 28000 余套。软件方面，选择商品经营管理软件和定制经营管理软件并举的企业占 52.9%，产线以定制生产管理软件应用居多，占比达到 54%；七成的企业建设了能源管理信息系统，其中近 90%的企业利用信息技术对煤气、氧气、氮气、水和电进行管理，系统中基本涵盖了数据采集、传输和监视功能，能源平衡、调度覆盖比例明显提高；大部分企业生产制造执行系统（MES）已建立，约 80%的企业生产线的 MES 覆盖率达到 70%以上；70%的企业建设了烧结和炼铁的自动控制系统，已建系统有高炉干法除尘自动控制系统、高炉炉顶余压发电（TRT）自动控制系统、高炉综合自动化系统和高炉热风炉自动控制系统。在信息安全方面，企业逐渐加强个人计算机、网络安全防护。统计显示，近半数企业采用了数据加密传输，七成以上企业的服务器端有入侵检测、网络边界防护及网络出口安全审计，80%以上的企业划分了不同安全级别的网络区域，90%以上的企业对（设备）网络准入进行了管控。在数据管理和应用方面，仍以数据库各自独立和数据库区域集中管理为主，这二者共占 86.3%；约 55%的企业实现了公司的统一应用架构并按区域集中管理；40%的企业做到了同城异地容灾。

2．石油石化行业

（1）中国石油化工集团公司。

2016 年以来，中国石油化工集团公司（以下简称中国石化）积极落实国家信息化战略要求，以“智能制造”和“互联网+”为主线，聚焦供给侧结构性改革、提质增效升级等中心任务，发力两化融合，全面推进信息化“421 工程”建设，大力推动信息系统深化应用，进一步提升了企业生产经营管理数字化水平，促进了改革发展、管理创新，为降成本、控风险、抓优化、拓市场等各项工作提供了有力支撑。

推进智能制造。中国石化完成了 4 家智能工厂试点工作，成功打造了中国石化智能工厂 1.0 版，并作为牵头单位组织了国家石化行业智能工厂标准的研究与制定工作，启动了智能工厂 2.0 版的设计研发；完成了智能油气田建设方案并开展试点工作，围绕“一个平台、两大支撑体系、四项核心能力，六大业务领域”开展了总体方案设计等工作；研发了一套具有中国石化自主知识产权的智能化管线管理系统，构建了 6 大功能、23 个模块，实现了管线基础资料数字化、可视化，在生产运行监控、风险隐患监管、快速应急响应等方面发挥日益重要的作用，已逐步成为油气管线日常管理的有力抓手。打造“互联网+”新业态。工业品电商平台“易派客”与全社会共享供应链资源及采购优势，提供采购服务、销售服务、金融服务、综合服务四大项核心业务，以“互联网+供应链”的创新模式推动中国石化物资供应体系的转型发展、提质增效。

全面推进四大平台建设。

一是经营管理平台强化集中集成。实现了中国石油化工股份有限公司 ERP 大集中、全覆盖。ERP 大集中系统与资金集中、人力资源、合同管理、IC 卡等 30 余套系统紧密集成，打通了企业之间的业务链条，实现了上、中、下游业务的信息集成、数据共享、产销联动，提升了集团资源统一配置能力和市场响应能力；推动了资金集中、电子招投标、费用报销等系统建设和推广应用，提高了管理效率，促进了降本减费。

二是生产经营平台继续完善功能和推广应用。安全管理系统覆盖 110 家企业、5 万余个基层单位，移动安全诊断 App 正式上线，实现了用户发现身边不安全问题的“随手拍、随时报、随时查”；完成总部和 4 家炼化企业环境保护信息系统全功能试点建设，完成建设项目环保、环保统计及在线监测模块全集团覆盖应用，完成泄漏检测与修复（LDAR）模块上线试运行；完成碳资产管理信息系统在总部的推广应用，实现 96 家企业 2016 年线上碳盘查；在 123 个管理区有序推进油气生产信息化建设，通过部署局、厂、管理区三级生产指挥系统（PCS），实现指标波动逐级追踪、关键设施精准定位、影响范围快速评估，进而降低了劳动强度、提高了生产效率；炼化企业能源管理信息系统在 7 家企业完成了建设和推广应用，提升了能源精细化管理水平。先进过程控制（APC）在 23 套生产装置上线投用，全年创效 4000 余万元；在科研、工程单位信息化建设方面，完成了工程建设项目管理信息系统在镇海炼化公司的试点应用，实现了对 185 个项目的线上管理，炼化工程公司建设了集工艺、工程、三维工厂为一体的集成化设计平台。

三是客户服务平台继续推进。构建互联网营销网络，油品销售企业整合加油卡、非油品管理等系统，以网上营业厅、手机 App 和微信为入口，为客户提供加油卡充值、积分兑换等互联网服务，实现油非互动、油非互促；加大微信平台推广应用，带动非油品营业额 59 亿元；开通“95388”服务热线，建成中国石化统一呼叫中心系统和短信服务平台，对油品销售、化工销售和润滑油等业务支持月呼入量近 5 万次，为客户发送短信 30 万条。

四是继续加强技术支撑平台建设。基于互联网云技术和通用技术的中国石化私有云初具规模，为统一电商与客户关系管理、智能化管线管理等百余个应用系统提供了云资源服务；完成 4 个区域中心互联网统一出口基础设施建设，累计关闭企业互联网出口 122 个，有效降低互联网出口信息安全风险；自主研发的中国石化一体化移动应用平台全面推广，用户达到 37 万户，上线 App 应用近 700 个，日均访问量超过 3 万次；完善 IT 运维平台功能，对总部统建应用系统和 IT 设备实现集中监控，建成了信息安全管控平台（SMCC）。

（2）中国石油天然气集团公司。

2016 年，中国石油天然气集团公司（以下简称中国石油）信息化工作按计划持续推进，全年完成人力资源管理系统（ERP）2.0、流程模拟与仿真培训系统等 12 个项目建设，持续推进采油与地面工程运行管理系统、加油站管理系统 2.0 等 19 个项目实施，ERP 应用集成建设取得显著进展，物联网覆盖范围进一步拓展，云技术平台建设应用继续深化，信息化基础能力不断增强，有效支持企业提质增效、转型升级。

信息系统建设方面，中国石油搭建完成 ERP2.0、系统集成、决策支持和用户访问四大平台，成功部署在云计算环境中运行，并完成 ERP 系统在未上市业务、炼化领域的实例整合，ERP 应用集成系统已在海外勘探开发、装备制造两个业务领域全面建成，累计在长庆油田等 100 家企事业单位上线运行；油气生产物联网系统全面完成在大庆油田等 7 家油气田的示范建设，启动在大港油田等 6 家油气田的推广实施，新增 4000 余口油气水井、近 300 座站库现场实施和数据接入，通过物联网应用，人均管井数由实施前的 1.9 口增加至 3.1 口，年均节省生产运行费用上亿元；工程技术物联网系统累计在 2482 支作业队伍实施，覆盖 3000 口井的钻井、录井、井下作业施工，以及 36 个物探施工现场项目、4.9 万井次测井施工，另外，川庆钻探等单位建成两级远程监控指挥中心；云技术平台建设应用持续深化，已经具备 2200 台服务器、4.5PB 存储的服务能力，累计供给 1.6 万台虚拟机，形成能源行业最大的企业云；ERP、加油站管理等 40 个核心应用系统成功云化，实现资源共享、按需调度。

信息系统应用方面，中国石油积极推进信息系统深化应用，信息化大幅提高企业管理水平和效率效益。在勘探与生产领域，信息系统实现 32 万余口油气水井生产数据的采集、处理发布等一体化管理，累计存储近 60 年的单井、区块数据 30 亿条，为勘探开发研究提供地震、井筒等各类数据服务 200TB 以上；在炼油与化工领域，信息系统管理了 1200 多套装置的生产运行业务，辅助 10 套新建装置的开工投产，支持 12 家炼化企业检修复产过程的装置监控、计量数据自动采集，全年形成生产优化和效益测算方案 6200 个，重点开展降低柴汽比优化分析，促进整体柴汽比降低 14%，增效 2.6 亿元；在销售领域，累计发售加油卡超过 1 亿张，沉淀资金 280 亿元，微信、支付宝等互联网支付累计消费 12 亿元；在天然气与管道领域，信息系统新增实施管道 1000 多千米，服务天然气终端用户 30 多万户；在工程建设领域，信息系统覆盖油气田地面、管道工程等 7 类核心业务，支持工程建设项目全过程管理；在装备制造领域，信息系统为生产管理人员提供科学分析手段，为车间操作人员提供便捷、高效的业务工具，支持跨地区协同设计，缩短产品研发周期 20% 以上。

信息技术基础设施建设方面，覆盖全球业务的网络持续完善，内网总传输带宽 314GB，互联网出口带宽 26.7GB，国内外 10 座卫星主站、810 座卫星小站总体运行稳定，卫星链路可用率达 99.7%，在大庆油田实施的下一代互联网 IPv6 项目通过国家验收；具有云计算能力的数据中心运行平稳有序，23 个系统、558 个机柜完成数据中心之间的搬迁工作，昌平、吉林、勘探院 3 个数据中心累计部署机柜 3491 个，克拉玛依数据中心提供 10 个模块空间、共计 1440 个机柜的物理环境，增强了基础保障能力。

（3）中国海洋石油总公司。

中国海洋石油总公司（以下简称中国海油）按照“厚平台、易应用”的建设原则，积极落实公司创新驱动的发展战略，深入开展 IT 与业务融合，在夯实应用基础、“互联网+”创新发展、海外业务共享支持和保障信息安全等方面开展了一系列卓有成效的工作。

加强基础能力建设。中国海油正式发布“十三五”信息化规划，提出了在持续推进“数字海油”的基础上，重点推动“互联海油”建设，积极向“智慧海油”愿景迈进；依据“两地三中心”的建设思路，历经 4 年设计与建设，位于北京、上海、天津、深圳的 5 座“绿色节能”数据中心及园区基础网络全部落成投用，为资源共享整合奠定基础；按照“厚平台、易应用”的原则，开展技术路线标准化建设，逐步推动海油传统“竖井式”架构向“厚平台”云架构转变，集团云管理平台、Domino 协同办公平台、移动应用开发平台陆续上线，“厚平台”能力得到初步验证；信息化与经营管理业务深度融合，启动了集团合同管理系统和科技管理系统的实施工作，推动了基于数据分析的统计系统建设、集团财务共享服务中心选型研究、集团资金管理系统的推进等工作，支持业务更好地实现集团化管控。

推动“互联网+”创新应用。中国海油结合降本增效推动“云大物移”等新技术在中国海油的创新，研究部署了集团基础设施云平台，具备提供私有云的服务能力；搭建了移动应用开发平台，实现协同办公 OA 等系统的移动接入，验证移动应用快速迭代开发能力；海油卡扩展到了天然气产品消费业务，完成海油一卡通建设及在气电集团 53 座加气站的实施，成为国内同行业首家集团层面实现加油站、加气站共用一套零管系统的企业；在终端销售领域，按照“借船出海”的思路与第三方互联网公司开展合作，完成中国海油电商平台应用建设。

加快海外资源共享。在新加坡亚太区域中心试点建设成功并平稳运行的基础上，总结经验，选取中东迪拜为核心节点，因地制宜地开展中东非洲区域中心建设；在海外信息化建设规划的指引下，依托公司现有成熟的 IT 服务管理体系资源，借鉴国内外公司成功经验，对呼叫中心和运维服务管理 ITSM 等系统进行海外版定制开发，建成了专业的海外坐席，实现了对试点单位统一、标准的服务接入，海外信息化支持服务体系初步建立。

保障信息系统安全。通过互联网出口统一管理，完成 116 个出口的关闭和现有出口的加固，使上网行为更加安全可控；通过动态口令管理平台的部署和优化，建立集群灾备架构，提高了可靠性；通过终端安全管理的实施和推广，完成主要二级单位总部的部署，终端的安全管理能力得到提升；开展 8 个局域网的网络与信息安全风险评估、5 个片区互联网出口安全监测和新一轮三级信息系统安全测评，对近 20 家单位的网络与信息系统安全生产进行现场检查。

3．煤炭行业

2016 年，煤炭行业信息化面临着新的发展形势和新特点。

在政策环境方面，2016 年以来，工业和信息化部相继出台了《信息化和工业化融合发展规划（2016—2020 年）》，以及智能制造、云计算等的发展规划；国家发展改革委和国家能源局编制发布的《能源技术革命创新行动计划（2016—2030 年）》提出，到 2020 年，基本实现智能开采，使机械装备和智能化控制系统在煤炭生产上全覆盖，并且实现重点煤矿区采煤工作面人数减少 50%以上的目标；《煤炭工业发展“十三五”规划》明确提出，到 2020 年，煤矿信息化、智能化建设取得新进展，建成一批先进高效的智慧煤矿。

在煤炭行业信息技术发展方面，智能开采、智能制造、大数据、人工智能等技术正加速煤炭生产技术变革。例如，神东锦界煤矿自动化割煤率已达 97%；神华集团等完成的“智能煤矿建设关键技术与示范工程”荣获国家科学技术进步二等奖；中煤陕西榆林能源化工公司的“煤化工智能工厂试点示范”入围国家智能制造试点示范项目；冀中能源峰峰集团利用机器人实现了井下泵房无人巡检；开滦集团尝试利用大数据分析技术对电量进行智能管控。

在行业两化融合发展方面，随着不断改革、创新、转型，煤炭行业两化融合发展方向和形式也在发生着显著变化。煤炭企业集团推进两化融合的主要目的和方向，不仅在于提升管理水平和效率、压缩成本，还将主要目标锁定在通过两化融合推动产业转型、技术升级及创造发展新动能上。两化融合推进的形式，由主要依靠上项目、建系统，逐步向合作、开放、共享发展模式转变。例如，山西阳煤集团与百度达成战略合作，双方将充分利用百度人工智能、大数据、云计算技术，与阳煤煤炭开采、煤化工生产、大宗物流管理展开合作，共同推进煤炭行业智能化生产、管理及技术、商业生态的完善；兖矿集团在西安成立北斗天地股份有限公司，利用北斗定位技术，服务于军民融合和矿山工业智能化发展；中国平煤神马集团与奇虎 360 合作推进河南工控系统信息安全和云数据中心建设；徐矿集团与华为公司等合作建设淮海大数据中心等。从两化融合发展趋势看，虽然行业经济呈下行趋势，但煤炭行业两化融合水平仍然呈上升态势，大型国有煤炭集团总体处于各行业中等以上水平，且不断向“综合集成”阶段跨越。

4．建筑材料行业

2016 年，建筑材料行业积极推进两化深度融合、绿色制造、智能制造，实现绿色低碳，促进产业转型升级。

建材行业两化融合管理体系贯标工作取得新实效。通过标准宣贯、宣传推广、专题培训、经验交流等系列活动，辐射到建材行业的水泥、玻璃、陶瓷和新材料等主要产业近千家企业，提升了两化融合管理体系贯标的社会效应，形成了行业重视、企业积极参与的两化深度融合发展环境。通过贯标工作，进一步规范了企业两化融合的管理模式，推动企业信息化建设从信息化部门向全员参与转变，为推进建材行业智能制造和转型升级奠定了良好的基础。2016 年以来建材行业向工业和信息化部推荐了数十家两化融合管理体系贯标试点企业，其中徐州中联水泥有限公司、中材装备集团有限公司、徐州中联混凝土有限公司等企业已通过认定。建材贯标试点企业在生产用能、财务业务一体化运营、生产管理一体化和精细化能力等方面的竞争优势已初步显现。

建材行业智能制造、绿色制造重点项目进展顺利。中国建筑材料工业规划研究院牵头组织申报的“面向建材行业的智能工厂通用模式研究与试验验证平台建设”项目、中复神鹰碳纤维有限责任公司申报的“千吨级碳纤维智能制造新模式应用”项目、中材江西电瓷电气有限公司申报的“大规模超特高压用绝缘子生产线智能制造新模式示范工程”项目和山东路德新材料股份有限公司申报的“工程用高性能碳纤维材料复合材料智能制造新模式应用”入选工业和信息化部批准立项的智能制造综合标准化与新模式应用项目；中国巨石集团九江有限公司的“高性能玻璃纤维生产绿色关键工艺开发与系统集成”项目入选工业和信息化部批准立项的绿色制造系统集成项目；确定了华新水泥股份有限公司生产能源管理系统（TES）等 11 个项目作为水泥行业基于在线监控的管控集成试点项目。

（二）消费品工业

1．轻工行业

2016—2017 年，中国轻工业联合会紧密联合各行业协会、地方轻工部门和广大企业，深入贯彻落实《智能制造发展规划（2016—2020 年）》《国务院关于深化制造业与互联网融合发展的指导意见》《信息化和工业化融合发展规划（2016—2020 年）》，大力推进智能制造、信息化和工业化深度融合、制造业与互联网融合，提高质量和效益，促进轻工业转型升级。

召开“智慧轻工”高峰论坛暨中国轻工业百强企业颁奖盛典。2017 年 6 月 20 日，由中国轻工业联合会主办、中国轻工业信息中心承办的“智慧轻工”高峰论坛暨中国轻工业百强企业颁奖盛典在北京隆重召开。大会公布了 2016 年度中国轻工业百强企业评价结果。

承办食品工业智能制造现场交流会。为贯彻落实“中国智能制造战略规划”决策部署，推动我国食品工业加快转型升级步伐，进一步提高产品质量和生产效益，工业和信息化部消费品工业司于 2016 年 11 月 4 日在湖北省黄石市召开了食品工业智能制造现场交流会。工业和信息化部消费品工业司司长高延敏出席会议并讲话，着重强调了在贯彻落实国务院关于消费品工业“三品”发展战略过程中，消费品工业领域发展智能制造的主要任务、基本要求和方法途径，特别是针对当前食品工业围绕转型升级的工作进展实际，总结了行业内在流程制造、个性化定制方面取得的突出成绩，帮助大家更好地理解发展智能制造的要义精髓。内蒙古伊利实业集团股份有限公司、内蒙古蒙牛乳业（集团）股份有限公司、杭州娃哈哈集团有限公司、劲牌有限公司、云南德宏后谷咖啡有限公司5家智能制造试点示范食品企业在会上分别介绍了开展智能制造的主要路径、基本方法和经验体会。

组织“食盐安全信息追溯体系规范”标准研制。为贯彻国务院办公厅《关于加快推进重要产品追溯体系建设的意见》，对食盐的质量形成来源可溯、流向可查询、风险可防范、责任可追究的市场监管体系，以保障消费者的食盐安全。2016年，工业和信息化部启动食盐质量安全追溯体系建设试点工作。根据试点工作安排，中国轻工业联合会、中国轻工业信息中心负责承担“食盐安全信息追溯体系规范”标准的研制。2016年4月15日，中国轻工业联合会、中国轻工业信息中心在上海组织召开“食盐安全信息追溯体系规范”标准启动会暨技术交流会。2016年5—7月，组织相关单位在山东、安徽、江苏、上海等地食盐生产经营单位开展相关调研活动，针对食盐追溯现状展开调研，完成标准初稿。2016年8月，协调意见，完成标准送审稿。

完成两化融合管理体系贯标工作。中国轻工业联合会积极配合工业和信息化部开展2016年两化融合管理体系贯标试点工作。开展两化融合管理体系贯标宣传推广，组织贯标试点企业和咨询机构申报，组织参加工业和信息化部管理体系贯标培训等。

组织开展“工业大数据服务标准化和试验验证系统”课题研究。课题针对现阶段工业领域亟须解决的问题，采用急用先行的原则，研制工业大数据服务领域重点标准。依据标准，围绕工业大数据全生命周期，建立工业大数据服务标准验证系统。中国轻工业信息中心是课题的联合申报单位，主要承担系统应用验证工作，配合完成工业大数据在轻工业领域的应用示范。珍珠笔业作为笔业代表参与了标准验证与应用示范工作。珍珠笔业通过验证工作，使得企业内部建立起较完善的产品和资源标识体系，基本解决了企业内产品研制、生产、质量检测过程中的标识数据传递和共享问题，使终端客户利用OID技术达到对产品质量跟踪溯源的目的，并且建立与外行业进行数据交换和共享的窗口，提升了企业服务能力，增强了企业的核心竞争力。

2．纺织行业

纺织行业信息化建设加快推进。2016年，在“一带一路”政策驱动下，纺织行业加速向“一带一路”沿线地区转移，新增、扩建产能信息化建设起点高，企业信息化投入和数字化生产装备投入力度不断加大，信息化基础建设重点项目——纺织行业大数据信息服务平台建设进展顺利。

纺织企业两化融合深入实施。随着纺织行业信息化建设的深入及智能化装备水平的提升，数字化、智能化成为纺织企业两化融合的重点内容，智能车间建设需求强烈。印染行业的华纺股份有限公司构建了消费者深度参与的、多层级协同的“智慧华纺（HFCPS）”平台。该平台主要包括生产工艺参数在线监控系统、染化料助剂精准配送系统、生产计划自动排程系统、生产过程智能化系统、智能仓储物流管理系统五大核心部分。山东华兴纺织集团有限公司和魏桥纺织股份有限公司2016年分别建设完成5万锭和12.5万锭规模的纺纱智能化生产车间，且数字化、智能化关键技术装备皆采用自主知识产权的国产化设备，安全可控装备比率高；江苏大生集团有限公司已建成的5万锭规模的“数字化纺纱车间”被评为2016年第一批江苏省示范智能车间；无锡一棉、际华三五四二等企业的智能车间也正在积极建设之中；石家庄常山股份正在进行织造工厂的智能化建设。智能车间建成投入运行后成效凸显，生产效率提高30%～35%，企业运行成本降低20%～25%，能源利用率提高10%以上。

纺织行业自主创新能力进一步增强。2016年，全行业国产智能化装备水平不断提升，以新型传感器、智能控制系统、自动化成套生产线为代表的国产智能装备实现了技术突破。清梳联、粗细络联、筒纱智能配重包装等装备的应用，实现了纺纱数字化、连续化、自动化生产，其中筒纱智能包装物流系统“编织布在线仿人工自动成包”属首创技术，达到国际先进水平。智能可穿戴技术和产品的研发步伐加快，青岛即发集团股份有限公司应用“纳米导电纤维”等技术开发可穿戴智能健康产品，通过产品创新推动传统企业对接新兴市场需求；北京创新爱尚家科技股份有限公司定位于石墨烯科技健康服饰，其自主研发的“AIHF”是具有卓越发热效能、可释放宽频谱能量光波的新型功能性纺织材料，“石墨烯+智能化+大数据”的整体系统解决方案 AIHF-S 系统已达到国际先进水平。

3．其他行业领域

烟草行业科学有序推进两化深度融合。2016年，烟草行业各级信息化部门按照“整合兼容、互联互通、先进适用、改造升级”的工作要求，扎实推进烟草产业与信息化深度融合，取得显著成效，主要体现为：规划引领，顶层设计水平持续提升；上下联动，技术支撑水平持续提升；数据共享，信息服务水平持续提升；突出重点，安全保障水平持续提升；人才为本，基础管理水平持续提升。

【农业和农村信息化】

2016年，农业农村信息化工作围绕落实党中央、国务院的决策部署，继续完善农业信息化基础环境，推进农业信息基础设施建设，加快现代信息技术在农业生产、经营、管理和服务中的应用，积极推动“互联网+”现代农业行动，大力发展农业农村电子商务，进一步推进信息进村入户，促进农业大数据应用，完善农业信息服务体系，扎实有力推进信息化与农业现代化融合发展。

（一）农业农村信息化政策环境

党中央、国务院始终高度重视农业农村信息化发展。2016年1月，中央一号文件《关于落实发展新理念加快农业现代化实现全面小康目标的若干意见》发布，文件全面贯彻了党的十八届五中全会确立的创新、协调、绿色、开放、共享的五大发展理念，强调要用发展新理念破解三农新难题，推进农业供给侧结构性改革，有序推动农业现代化，确保亿万农民迈入全面小康社会。2016年3月，《中华人民共和国国民经济和社会发展第十三个五年规划纲要》发布，提出推进农业信息化建设，强调“推动信息技术与农业生产管理、经营管理、市场流通、资源环境等融合。实施农业物联网区域试验工程，推进农业物联网应用，提高农业智能化和精准化水平。推进农业大数据应用，增强农业综合信息服务能力。鼓励互联网企业建立产销衔接的农业服务平台，加快发展涉农电子商务。”2016年9月，农业部发布的《“十三五”全国农业农村信息化发展规划》提出，“未来5年农业农村信息化发展总体目标：到2020年，‘互联网+’现代农业建设取得明显成效，农业农村信息化水平明显提高，信息技术与农业生产、经营、管理、服务全面深度融合，信息化成为创新驱动农业现代化发展的先导力量。”并且要求在“十三五”期间，把信息化作为农业现代化的制高点，以建设智慧农业为目标，着力加强农业信息基础设施建设，着力提升农业信息技术创新应用能力，着力完善农业信息服务体系，加快推进农业生产智能化、经营网络化、管理数据化、服务在线化，全面提高农业和农村信息化水平。2016年，在国家政策和战略规划的引导下，全国农业和农村信息化发展不断取得成效，实现了“十三五”良好开局。

（二）农村信息基础设施与环境

国家继续深入实施村通工程，加快宽带普及，农村信息基础设施进一步优化完善。2016年，全国行政村通宽带比例达到95%，农村家庭宽带接入能力基本达到 4Mbps；农村宽带接入用户为7454万户，比2015年增加1056万户，同比增长16.5%；截至2016年12月，全国网民中农村网民占比为27.4%，规模达2.01亿户，较2015年年底增加526万户，增幅为2.7%；农村互联网普及率已达33.1%。2016年农村广播、电视节目人口覆盖率分别为97.79%、98.49%，分别比2015年增加0.44个百分点、0.17个百分点；农村有线广播电视用户为8093万户，比2015年减少157万户，同比下降 1.9%，占农村家庭用户总数的比重为33.17%。全国直播卫星用户总数超过 1.2 亿户，2016 年新增直播卫星服务区域超过 15 万个行政村，直播卫星已成为中国农村地区广播电视覆盖的主要方式之一。2016年年底，全国农村固定电话用户为5043万户，比2015年减少736万户，同比下降12.7%。

农业信息化科研体系初步形成，基础支撑能力明显增强。农业信息技术学科群建设稳步推进，建成 2 个农业部农业信息技术综合性重点实验室、2 个专业性重点实验室、2 个企业重点实验室、2 个科学观测实验站，大批科研院所、高等院校、IT 企业相继建立了涉农信息技术研发机构，研发推出了一批核心关键技术产品，科技创新能力明显增强。先后两批认定了 106 个全国农业农村信息化示范基地。政府引导、市场主体的农业信息化发展格局初步建立，农业互联网企业不断涌现。农业监测预警团队和信息员队伍初具规模。农业信息化标准体系建设开始起步，启动了一批国家和行业标准制定项目。农业信息化评价指标体系研究取得新进展，框架构建基本完成，主要指标通过测试。

（三）“互联网+”现代农业

2016 年，国家大力推进“互联网+”现代农业行动，引导以信息化培育新动能，用新动能推动新发展。2016 年 5 月，农业部会同发改委、中央网信办等 7 部门联合印发了《“互联网+”现代农业三年行动实施方案》，提出了未来三年“互联网+”现代农业行动的总体要求、主要任务、重大工程和保障措施，基本形成了全面推进“互联网+”现代农业行动的政策框架。2016 年 9 月，《“十三五”全国农业农村信息化发展规划》颁布，为“十二五”期间信息技术与农业农村全面深度融合做出了顶层设计。2016 年，农业部还召开了全国“互联网+”现代农业工作会议暨新农民创业创新大会，深化了全社会对“互联网+”现代农业的认识，形成了政府、企业和社会各方力量共同推进的良好氛围。

继续加强推广节本增效农业物联网应用。国家将物联网作为实施“互联网+”现代农业行动的一项根本性措施，加快推广应用。近几年来，国家深入实施天津、上海、安徽农业物联网区域试验工程，积极推动北京、内蒙古、黑龙江、江苏、新疆国家物联网应用示范工程智能农业项目建设，坚持边试验示范、边总结提炼，促进农业物联网技术产品不断得到推广应用。2016 年，农业部在 8 个省（自治区、直辖市）继续深入实施国家物联网示范工程智能农业项目和农业物联网区域试验工程，加强试验示范成果的转化和推广应用。在海南省召开农业物联网节本增效交流会，发布了“奶牛养殖、番茄种植物联网应用模式”，召开了《农业物联网发展报告 2016》新书发布会。组织开展农业物联网标准研究工作，推进农业物联网指标体系建设，为进一步深入推进农业物联网应用示范奠定基础。

（四）农业农村电子商务发展

农村电子商务政策体系正在加速形成。在 2015 年相关政策密集出台的基础上，2016 年党中央、国务院、各部委累计出台相关政策文件共计 40 余个，基本完成了农村电子商务的顶层设计和配套政策部署。2014—2016 年，连续 3 年的中央一号文件均明确提出发展农村电子商务。国务院办公厅发布的《关于促进农村电子商务加快发展的指导意见》指出，“培育和壮大农村电子商务市场主体，加强基础设施建设，完善政策环境，加快发展线上线下融合、覆盖全程、综合配套、安全高效、便捷实惠的现代农村商品流通和服务网络。”商务部、中央网信办和国家发改委共同出台《电子商务“十三五”发展规划》，提出要“形成服务于现代农业发展的新型农村电子商务体系，促进农业转型升级”。商务部颁布《农村电子商务服务规范（试行）》，就县级人民政府建设农村电子商务公共服务体系提出了 6 个方面的具体建议，包括县级农村电子商务公共服务中心、农村电子商务培训体系、农村电子商务物流体系、农产品电子商务供应链管理体系、农村电子商务营销体系、农村电子商务服务站体系，并对功能、建设和服务等要求进行了系统阐述。商务部印发的《农村电子商务工作指引（试行）》指出，农村电子商务工作的主要内容包括建设新型农村日用消费品流通网络、加快推进农村产品电子商务、鼓励发展农业生产资料电子商务、大力发展农村服务业、提高电子商务扶贫开发水平。农业部出台的《全国农产品加工业与农村一、二、三产业融合发展规划（2016—2020 年）》提出新的目标，即到 2020 年农产品电子商务交易额将达到 8000 亿元，年均增长保持在 40%左右。商务部印发《全国电子商务物流发展专项规划（2016—2020 年）》，提出要加快中小城市和农村电子商务物流发展，积极推进电商物流渠道下沉，实施电商物流农村服务工程。

在国家政策引导下，2016年，农业部高度重视农业电子商务，始终将其作为加快发展农业信息化的一项重要工作来抓。印发了《农业电子商务试点方案》，部署北京等10个省（自治区、直辖市）分别开展农产品、农业生产资料和休闲农业电子商务试点，推动12家电商企业与10个省（自治区、直辖市）签订共同推进农业电子商务试点工作协议，积极探索农业电子商务新模式，初步形成农业部门与相关企业合力推进农业电子商务发展的格局；印发了《关于组织开展农业电子商务“平台对接”专项行动的通知》，充分发挥农业部牵线搭桥的作用，促进农产品和农业生产资料生产及经营单位与涉农电子商务企业对接，积极引导农产品、农业生产资料上线销售；组织开展苹果电商促销月行动和贵州土鸡电商促销行动，创新农产品流通方式，开辟农产品电商流通新途径；加强农业电商的行业管理和组织协调；编写《中国农业电子商务发展报告2016》。

农村电子商务市场快速成长。2016年，全国农村网络零售规模达到8945.4亿元，约占全国网络零售额的17.4%；农村网络零售单品数达到2.93亿个，占全网的20.3%；农村网店超过800万家，占全网的25.8%，带动就业人数超过2000万人；全国农产品的网络零售交易额达到1589亿元；各类农产品电商园区有200个，占各类电商园区的12%，并呈快速增长趋势。全国淘宝村达到1311个，淘宝镇达到135个，年销售额达到100万元的淘宝村网店达到11000个。2016年，阿里巴巴、京东、苏宁等行业巨头加快布局“农村电商”，阿里巴巴“千县万村计划”已覆盖约500个县的2.2万个村；京东在1700余个县建立了县级服务中心和京东帮扶店，培育了30万名乡村推广员，覆盖44万个行政村；苏宁在1000余个县建设了1770家直营店和超过1万家授权服务点。此外，菜鸟物流“县级到村当日送达”服务范围已覆盖全国40%的县，“次日送达服务”已覆盖99%的县；中国邮政集团的“邮掌柜”系统已覆盖20多万个农村邮政服务站点；供销社旗下的“供销e家”电商平台，致力于打造以县域为基础、全国互联的农村电商生态。

（五）农业农村信息服务与大数据应用

继续加快推进信息进村入户。近几年，按照中央一号文件有关推进信息进村入户的决策部署，2014年农业部开始在全国10个省（自治区、直辖市）22个县，整县推进，开展信息进村入户试点工作，2015年试点范围依据地方申请扩大到26个省（自治区、直辖市）116个县。2016年，农业农村部进一步加大信息进村入户试点工作力度。一是加强组织领导，成立了农业部信息进村入户工作推进组；二是加强制度体系建设，印发了《农业部信息进村入户村级信息服务站建设规范》《农业部信息进村入户服务规范》《农业部信息进村入户村级信息员培训规范》；三是积极探索政企合作机制，逐步确立“政府主导、市场主体、农民主人”的建设运营机制，探索“政企社共建”“飞机场”“联盟推进”“麦当劳管理”“农场云”等一批可推广、可复制的商业模式，为下一步全面推进信息进村提供了多种路径；四是印发了《农业部关于全面推进信息进村入户工程的实施意见》，召开全国信息进村入户工程推进工作视频会议，全面总结信息进村入户试点成绩和经验，重点研究解决农业互联网的“网”和“端”建设、运管、应用“短板”问题，部署落实信息进村入户由试点转为工程实施的重点工作任务；五是联合中国气象局印发《关于联合推进气象信息进村入户的通知》，将气象信息整合进益农信息社，大力加强气象信息在农业生产、农产品流通等环节及农村防灾减灾中的应用。截至目前，全国共建成运营6.9万个益农信息社，累计培训村级信息员38.5万人次，为农民和新型农业经营主体提供公益服务1115万人次，开展便民服务1.8亿人次，实现电子商务交易额128亿元。

继续加强农业农村大数据应用。农业农村大数据是国家大数据战略的重要组成部分，是现代农业新型资源要素，国家高度重视农业农村大数据发展和应用。2015年8月国务院印发的《促进大数据发展行动纲要》，对发展农业农村大数据做出了专门部署。2015年12月农业部印发《关于推进农业农村大数据发展的实施意见》，明确了发展农业农村大数据的五大基础性工作和11个重点领域，对未来5～10年农业农村大数据发展和应用做出总体安排。2016年，农业部加快推进农业农村大数据发展和应用，印发了《农业农村大数据试点方案》，在北京等21个省（自治区、直辖市）开展试点工作，从涉农数据共享、单品种大数据建设、市场化建设运营机制、大数据应用等方面，探索农业农村大数据建设的有效模式和途径；开展试点省份片区交流，探索推进以产业产品为主线的大数据共享共建；加强政务信息资源整合共享，推进系统整合、数据共享、业务协同；启动重点农产品市场信息平台、农兽药基础数据平台、农产品质量安全追溯平台、新型经营主体直报平台"四平台"建设，用信息化手段提升农业管理服务的能力和水平；推进全球农业数据调查分析系统建设，启动国家农业数据中心云化升级，制定《全球农业数据调查分析系统实施办法》《全球农业数据调查分析农产品市场分析预警团队建设与管理试行办法》《全球农业数据调查分析系统农产品供需分析月报制度实施方案》，推进海外农业数据调查分析，并且于2016年7月起，每月定时、定点发布中国玉米、大豆、棉花、食用植物油、食糖5个品种的农产品供需平衡表。

【服务业信息化】

（一）金融行业

2016年，金融业积极应对金融风险和日益严峻的网络安全形势，紧抓新技术发展和金融业态变革的机遇，在完善信息基础设施、提高网络安全保障能力、完善金融行业标准、优化金融信息技术治理体系等方面扎实推进信息化建设工作。

1．银行业

银行卡发卡量保持稳步增长，受理环境不断完善，电子支付业务发展较快。截至2016年年底，全国银行卡在用发卡数量达61.25亿张，同比增长12.96%；其中，借记卡在用发卡数量达56.60亿张，信用卡和借贷合一卡在用发卡数量共计4.65亿张。银行卡跨行支付系统联网商户达2067.20万户，联网POS机达2453.50万台，ATM机达92.42万台。银行业金融机构共发生电子支付业务1395.61亿笔，金额达2494.45万亿元。其中，网上支付业务为461.78亿笔，金额为2084.95万亿元；电话支付业务为2.79亿笔，金额为17.06万亿元；移动支付业务为257.10亿笔，金额为157.55万亿元。

金融标准体系不断完善，国际化工作扎实推进。国内方面，2016年共发布《中国金融移动支付 支付标记化技术规范》等金融行业标准12项，截至2016年年底，共发布有效的金融国家标准53项、金融行业标准136项；推进《银行营业网点服务基本要求》等9项金融国家标准的宣贯实施。国际方面，通过制定《金融国际标准化跟踪研究工作行动方案》，加强对国际标准化组织金融服务技术委员会（ISO/TC68）的跟踪研究；组织国内金融单位广泛深入参与国际标准化工作，累计推荐国内金融领域51名专家加入ISO/TC68的21个工作组；推动国内标准向国际标准转化，中国金融业申报的《银行业产品说明书描述规范》被ISO/TC68批准成为国际标准项目，中国主导开发的"ISO 20022外汇业务报文"首次成为金融国际通用报文。

2．证券业

深入开展证券行业信息安全工作。2016年，证监会对《中国证券期货业信息安全工作规划》中23项任务的责任单位进行重点督促，对证券期货业各机构从信息系统安全保障、系统开发和数据管理等方面进行了全面检查。开展网上信息系统渗透测试和漏洞扫描，共完成142家机构的渗透测试工作，共发现漏洞770个，其中高危漏洞360个。另外，对295家机构进行了漏洞扫描，累计发现高风险漏洞15328个，累计修复漏洞13910个。认真开展"两会"和G20会议等敏感时期的行业信息安全保障工作，全年共调查处置了95起信息安全事件，向行业通报信息安全漏洞46个，渗透结果142个，编发《行业信息安全通报》10期。

银证业务系统证联网上线工作取得实质进展。2016年5月，证监会办公厅和银监会办公厅分别发文，正式启动了证联网银证业务上线工作。2016年11月9日，证监会组织召开了证联网银证业务上线推进会。截至2016年12月底，12家银行已完成全部上线工作，证联网共上线27项业务，其中2016年新上线8项业务，启动证联网测试网建设和接入工作，整体实施工作顺利推进。

一批证券期货交易系统完成升级上线。上海

证券交易所完成了大数据平台的原型验证和新基金业务管理系统、费用收付平台、容器云、上证云平台移动互联服务系统等系统建设。深圳证券交易所第五代交易系统投产运行，围绕新一代交易系统，全面开展下一代技术平台规划工作，深港通技术系统提前上线，持续推进期权技术系统建设，提升风险控制能力。基本完成了郑州异地灾备中心一期建设、新版监察系统规划工作。中国证券登记结算公司完成深港通、新股发行改革和重启、营改增、跨期现一码通账户体系等行业重大项目建设。上海期货交易所完成交易组播行情的开发测试工作，完成统一资金划拨系统的开发测试工作，完成技术系统监控升级改造的大部分开发工作，完成 SMARTS 系统落地安装实施的验收工作并上线运行，完成行情网建设，建设高速交易通信网，完善会员接入统一平台。大连商品交易所完成“两地三中心”容灾体系建设，进一步完善应急保障工作，积极推进 7 期核心交易系统建设。郑州商品交易所持续完善第五期交易系统，并启动第六期交易系统建设工作。

3．保险业

云计算、移动互联网等新技术在保险业的应用不断深入。2016 年，新增互联网保险保单 61.65 亿件，占全部新增保单件数的 64.59%。其中，退货运费险签单件数达 44.89 亿件，同比增长 39.92%；签单保费 22.36 亿元，同比增长 24.97%。从云计算应用看，整个保险行业已有 50 余家机构与第三方社会化云平台合作，有效降低运营成本、促进产品创新。从电子保单应用看，整个保险行业有 104 家机构签发了 3.61 亿张电子保单，其中，财产险公司 46 家，电子保单数量为 1.98 亿张；人身险公司 58 家，电子保单数量为 1.63 亿张。从互联网保险业务看，117 家保险机构开展互联网保险业务，实现签单保费 2347.97 亿元，其中，财产险公司 56 家，实现签单保费 403.02 亿元；人身险公司 61 家，实现签单保费 1944.95 亿元。

保险公司互联网用户数及线上服务呈现快速递增态势。2016 年，中国平安互联网用户达 3.46 亿户，较 2016 年黏初增长 43.4%，人均使用 1.94 项线上服务，互联网业务实现规模保费 53.25 亿元。截至 2016 年年底，集团通过各项服务积累的互联网用户达 3.46 亿户，App 用户达 2.33 亿户，用户在各互联网平台之间的迁徙量达 6905 万人次，同比增长 31%，平均每个互联网用户使用中国平安 1.94 项服务，较 2016 年年初增长 16.2%。同时，用户的活跃度逐步提升，2016 年月均活跃用户达 6199 万人，同比增长 42.3%。太平洋保险公司互联网服务品牌“e 宝”累计绑定用户已达 1099 万户，线上服务项目达 49 项，依托微信等互联网渠道，推出“快 e 赔”理赔服务，客户远程自助提出理赔申请，实现“指尖上的理赔”。

（二）交通行业

1．公路水路运输业

智慧交通发展步伐明显加快。《推进“互联网+”便捷交通促进智能交通发展的实施方案》和《网络预约出租汽车经营服务管理暂行办法》发布，对智慧交通发展及网约车的管理和运营做了规定。根据交通运输部的统计，2016 年，33%的省（自治区、直辖市）编制出台了本省的智能交通发展规划，编制的智能交通发展规划范围涉及公路、水路、铁路、民航、城市交通、综合运输系统等多个方面；67%的省（自治区、直辖市）已建立交通应急指挥中心；56%的省（自治区、直辖市）已建立交通数据中心，其中 53%的省（自治区、直辖市）的交通数据中心是集中部署的，40%的省（自治区、直辖市）是分布式部署的［其中，72%的省（自治区、直辖市）以省厅、局、委为主，28%的省（自治区、直辖市）以厅直属业务局为主］，7%的省（自治区、直辖市）采用了其他方式部署。

信息技术提升交通运输服务水平。卫星技术在交通领域深入应用，研究起草《交通运输部关于在行业推广应用北斗卫星导航系统的指导意见》，完成基于北斗的海上遇险报警管理系统的部分系统建设；全国 ETC 联网运行平稳有序，全国 29 个省（自治区、直辖市）ETC 车道超过 13000 条，主线收费站 ETC 覆盖率达 99.06%，用户量稳步增长，已超过 4000 万户；交通一卡通互联互通城市、发卡量均显著增加，初步形成全国交通一卡通清分结算体系，发布《交通一卡通移动支付技术规范》；道路客运联网售票省级行政区域覆盖率达 70%以上。

2. 民航业

信息新技术、国产化设备在空管系统建设中得到广泛应用。民航空管系统实现了全国民航航路航线 PBN（基于性能的导航）运行，完成了全国 203 个机场飞行计划统一集中处理，实现了全国空管运行限制信息、空中交通通行能力、航空气象等信息 24 小时实时更新和查询，实现广播式自动相关监视系统（ADS-B）地面站设备全部国产化且具备北斗卫星导航系统支持功能，开展了多点定位系统、ADS-B 地面站等 38 个型号设备合格审定。目前在中国民航实施准入许可的空管设备中，7 个类别的通信设备有 6 类实现了国产化，5 个类别的导航设备中有 4 类实现了国产化，12 个类别的监视设备中有 7 类实现了国产化。

信息技术广泛渗透到民航发展的各领域。2012—2016 年，民航共验收科技成果 295 项，组织“中国民航协同空管技术综合应用示范”等重大科研项目攻关，大型机场仿真模拟、跑道拦阻系统等技术达到国际先进水平；全国所有航路航线实现基于性能的导航（PBN）运行，95%以上的运输机场具备 PBN 飞行程序，广播式自动相关监视系统（ADS-B）、平视显示器（HUD）、电子飞行包（EFB）、卫星着陆系统（GLS）等新技术应用取得较大进展。

民航“互联网+”行动深入推进。全行业实现 100%的电子客票，离港系统 100%覆盖全国机场，自助值机、网上值机、手机值机等值机方式快速普及，中航信客票交易系统实现国产化。

（三）物流业

物流业具备向“互联网+物流”转型的基础条件。中物联调查发现，77%的企业使用了自主开发或者委托开发的信息系统或平台，17%的企业使用互联网平台或租用服务；但也有 6%的企业尚未使用信息系统或平台服务。使用了信息系统或者物流平台的企业，信息化覆盖仓储业务的有 70%，覆盖运输业务的有 83%，覆盖跟踪业务的有 78%，覆盖车辆和司机管理的有 72%。

信息技术在物流业中得到广泛应用。SaaS 云技术使物流配送效率提高了 10%以上，降低运输事故率达 15%以上，降低果蔬、肉类、水产品等流通腐损率达 3%以上。基于北斗技术的电商快递运输过程透明管理云服务平台通过平台化的信息手段，把快递物流过程中的车辆运输部分全程监控起来，使得运输过程始终处于动态监控管理之下，真正做到运输过程信息全透明，进一步提高了信息传递的效率和准确率。

（四）旅游业

新媒体在旅游业宣传中发挥重要作用。官方微博“@中国旅游”新开设每日旅游播报、厕所革命再提速、一周工作回顾等重点主题微博 10 个和“一句话寄语首届旅发大会”“旅游警察在我身边”等旅游话题 8 个，累计发布微博 8277 篇，共有粉丝 5418715 人，博文形式主要为文字、图片、音视频等多媒体，月平均微博发布量为 160～170 条，话题阅读量最多达 500 万人次。中国旅游微信开通服务号和订阅号双重功能，订阅号开通“微信厅”并整合各省（自治区、直辖市）官方微信日常发布的资讯内容，开通 2300 多个县级所在地气象信息服务。订阅号推送 230 期，每期 5 条信息，共计 1150 条，累积用户达 3592 人。服务号每周五推送涉旅图文信息，内容主要为一周涉旅新闻热点，已推送 62 期，每期 8 条信息，共计 496 条，累积用户达 21906 人。

旅游产业监测与应急指挥平台建设取得阶段性成果。2016 年，国家旅游产业运行监测与应急指挥平台对接了国家旅游局假日旅游统计系统、旅游厕所管理系统、导游管理系统、旅行社管理系统、饭店统计管理系统 5 个系统。截至 2016 年 11 月 30 日，国家旅游产业运行监测与应急指挥平台实现与 31 个省（自治区、直辖市）、227 家 5A 级景区的视频和数据对接，其中 28 个省（自治区、直辖市）实现了 5A 级景区全部联通，全国 5A 级景区整体覆盖率达到 96.33%。

（五）其他行业领域

工商系统信息化围绕抓好“一幅图、一张网、一个库、一平台、一门户”的“五个一”建设展开，印发了《工商行政管理信息化发展“十三五”规划》。国家企业信用信息公示系统正式上线。工商系统开展国家法人库云平台项目建设，在 31 个省（自治区、直辖市）完成 156 台前置机的安装联调，初步搭建起高效运行、弹性扩展的云支撑平台框架，提供了稳定可靠的基础支撑环境，实现了工商电子政务基础资源的统一管理、统一调度、统一运维。

"互联网+质检"建设工作取得明显成效。质检信息化发展顶层设计得到加强，完成《质检信息化"十三五"规划》的编制工作，组织制定了《质检总局信息化建设管理办法》《质检云平台服务管理办法》《质检信息资源管理办法》，通过加强信息化项目建设的全过程管理，消除信息孤岛，引导信息资源整合共享，促进质检总局信息系统建设的集中统一和互联互通。中国电子检验检疫（E-CIQ）主干系统分期、分批完成了在全国 35 个直属局、868 个分支机构的全面试点上线工作。质检系统整合 18 个业务系统，对接 39 个专项系统，建成业务覆盖全面、应用集中统一、数据标准规范的信息化运作平台，主干系统在扩增口岸卫生检疫及风险管理、监督管理、注册备案等功能的同时，实现了与实验室管理平台的有机衔接；包含 2.8 万多条全新 CIQ 代码、上万条业务规则，以及 97 个业务规范、27 个技术规范，并且以 CIQ 代码、审单抽批规则、现场查验与监控表单为核心的全国集中管理规则体系基本实现了业务监管指令全覆盖。

社会领域信息化

2016 年，教育、医疗、社会保障、文化等多个社会民生领域纷纷出台与信息化相关的系列政策、规划，为我国社会信息化深入发展提供了有力的政策支持。以智慧校园为代表的教育现代化建设取得丰硕成果，基于互联网的移动医疗实现了预约挂号、查询电子病历、检验检查报告、在线支付等多种医疗服务功能，"互联网+社保"的应用为人民群众提供了便捷的、可及的社保服务，网络文学、网络音乐、动漫游戏、网络视频等数字文化产业迅速发展。同时，各地纷纷积极探索运用云计算、大数据等手段创新在线监管模式，取得明显成效。

【信息化推动教育事业跨越式发展】

国家密集规划、部署教育信息化推动教育现代化。2016 年作为"十三五"规划开局之年，国务院印发《"十三五"国家信息化规划》等文件，明确提出到 2020 年基本建成数字教育资源公共服务体系，形成覆盖全国、多级分布、互联互通的数字教育资源云服务体系。同年，教育部也颁布了《教育信息化"十三五"规划》，重点规划确定了"四个提升"与"四个拓展"的任务，再次对教育信息化工作进行全面规划、部署。截至 2016 年第三季度，在全国中小学（除教学点外）中，87.5%的学校实现网络接入，有 279 万间普通教室配备多媒体讲台等教学设备，占普通教室的 74.6%，至少拥有一间多媒体教室的学校达到 82.4%，其中 51.2%的学校实现多媒体讲台等教学设备全覆盖；学校统一配备的教师终端、学生终端数量分别为 681 万台、1011 万台，开通网络学习空间的学生、教师分别占全体学生和教师数量的 33.6%、41.8%。通过互联网、卫星两种途径，实现优质教育资源共建、共享。2016 年 11 月，教育部全国教学点播发了 5 期教学资源，资源总量为 54.9GB。2015—2016 年，"一师一优课、一课一名师”活动平台报名教师已达469万名、晒课432万堂，共推出省级优课7.5万堂；“爱课程”网新增注册用户7.9万人、新增3.5万人次下载安装客户端；“爱课程”网中国大学MOOC移动终端累计下载安装394万人次，平台在授课程1237门次，新增素材1.2万条，新增报名156万人次。国家教育资源公共服务平台已开通教师空间957万个、学生空间459万个、家长空间361万个，同比分别增长8.9%、7%、5.9%，已实现与21个省级平台和20个市/县级平台的互联互通，云服务体系服务注册用户5152万人；完成了对江西赣州、广西柳州等13个试点地区的国家教育资源公共服务平台规模化应用试点地区骨干教师国家级培训，共培训1684人。

2016年，“智慧校园”被列入教育信息化工作要点，智慧校园的规划与建设在全国全面展开。许多省市在制定“十三五”教育规划时，对智慧校园的建设部署和安排。江苏在“十三五”期间将从网络、智能终端、校园环境等多方面重点启动智慧校园建设工程。《北京市“十三五”时期教育改革和发展规划（2016—2020年）》提出，支持各级各类学校建设智慧校园，综合利用互联网、大数据、人工智能和虚拟现实技术探索未来教育新模式。浙江确定在所有高校、高中段学校和80%的义务教育段学校、60%的幼儿园建成智慧校园。重庆积极抢占教育信息化制高点，将智慧教育列为智慧城市建设的重要内容，纳入全市深化教育领域综合改革范畴，发布了《重庆市智慧校园建设基本指南（试行）》（以下简称《指南》）。该《指南》由总论、框架体系、基础教育建设规范、中职教育建设规范和高等教育建设规范5个部分组成，包括基础设施、业务支撑、数据与资源、智慧应用、保障体系共5个方面902个指标。日照把推进教育信息化作为实现教育现代化的突破口，以“智慧校园”建设带动学校教育现代化发展，取得显著成效，并且对全市教育城域网进行扩容升级改造，在全市每所学校建成一个普及型录播教室，实现了城乡学校“同步课堂”；出台了《日照市普通中小学校园网建设指南》，推动140所中小学完成校园网升级改造、57所学校实现“无线网络”覆盖、8所学校配备智能教学终端设备；制定《日照网络教育资源建设意见》，建成承载本地优质教育教学资源的日照市教育资源公共服务平台，实现国家、省级、市级数字资源互联互通，目前，市级平台共上传优课933节、点播课1153节、其他资源13240件，共有16230名师生注册了网络学习空间。滨海县在全县中小学幼儿园推行“智慧教育”，加强“三通两平台”建设与应用；目前，滨海共有市级“智慧校园”13所；整合名师、名校资源，开展名师课堂、名校课堂优质资源库建设，优质教学资源“班班通”、网络学习空间“人人通”比例分别达85%、50%，省级、市级、县级教育资源公共服务平台覆盖率、使用率达到85%；实施教育信息化应用能力提升工程，加大中小学信息技术专职教师配备与培训力度，30%的教师完成50学时的专项培训任务，开展中小学校长信息化领导力提升培训；积极探索应用“微课程”“翻转课堂”等新型教学模式试点工作，提升教育教学质量。西安利用3年时间创建市级“智慧校园”示范学校30所，全市计划在2016—2017年创建市级“智慧校园”示范学校20所。

中国在线教育行业继续保持稳健、高速增长，截至2016年12月，中国在线教育用户规模达1.38亿人，较2015年年底增加2750万人，年增长率为25.0%；在线教育用户使用率为18.8%，在2015年基础上增加2.7个百分点。其中，手机在线教育用户规模为9798万人，与2015年年底相比增长4495万人，增长率为84.8%；手机在线教育用户使用率为14.1%，相比2015年年底增长5.5个百分点。在线教育重点细分领域中，中小学教育（又称K12教育）用户使用率最高，为53.4%，较2015年年底提升15.7个百分点，用户规模为7345万人，年增长率为76.9%。中小学互联网设施的完善为高清直播课程等在线教学方式提供了基础，年轻教师对互联网接受程度高，更容易推广在线教育产品。

【移动医疗改变传统医疗模式】

当前，基于互联网的移动医疗实现了健康服务闭环，用户可以借助智能手机、计算机等互联网终端实现预约挂号、查询电子病历、检验检查报告、在线支付等，为广大患者和医务工作者创造了更为便利的就医和工作体验。其中，“医保移动支付”成为2016年医院信息化发展中最为瞩目的创新突破之举。2016年6月，深圳人社局宣布17家医院正式启动医保移动支付试点工作，深圳成为全国首个开展该试点的城市；另外，2016年7月底，试点的17家医院基本实现医保移动支付。微信在深圳南山5家医院试点医保移动缴费服务，至今医保移动支付服务了超过33万深圳市民，省略线下医保挂号、挂号缴费和门诊缴费3次排队步骤，可为深圳市民节省1.1万小时。临床工作业务移动化方面，较为突出的是面向医院业务场景的移动工作平台的出现。2016年7月29日，中国人民解放军第四五四医院成功发布了全国首家医院移动工作平台，通过“云之家AP”面向全院职工安全开放，为医务工作者、医疗管理者和管理决策者提供了统一的移动工作入口，深度融合医院内部信息系统，与各信息系统实现无缝对接，移动连接医院所有工作流程，如医患互动、患者管理、移动查房、危机上报、多学科会诊等。在管理决策方面，院长可以直接查看医院运营数据的可视化结果，实现移动审批、移动会议召开、就医反馈等。

此外，移动医疗领域得到越来越多企业的青睐。平安银行与平安好医生将在就医协助、健康保险、健康管理等环节进行合作，通过打通支付环节，探索以家庭为单位进行医疗授信及个人健康险商保账户的资金增值。丁香园宣布已完成对领健信息的A轮数千万元投资，天使投资机构经纬中国继续跟进。安诺优达基因科技联合“春雨医生”，将移动医疗与精准医疗相结合，以“孕期无创产前DNA检测”为主要内容开展合作。银川智慧城市产业发展集团有限公司与“好大夫在线”合作，“好大夫在线”平台将为银川提供全国和国际优质医疗资源，改善银川医改分级诊疗，提高群众就医可及性。华润万东及其子公司万里云与阿里健康签署协议，阿里健康以2.25亿元货币资金认购万里云25%的股权，旨在通过搭建医学影像大平台，为阿里健康云医院提供线下基层服务。

2016年年底，我国移动医疗健康市场规模达到74.2亿元，用户规模接近3亿人。随着移动医疗从1.0到2.0的转型，中国移动医疗在技术、商业模式等方面将迎来全面升级，移动医疗用户也将享受到行业带来的更大红利。

【“互联网+人社”服务模式加速落地】

2016年，随着覆盖城乡居民的社会保障体系基本建成，我国以“金保”工程为依托，大力推进信息化管理服务平台建设，建成了部、省、市、县、乡（街道）五级贯通的、覆盖城乡的信息网络，建成了劳动就业和社会保险两大类业务系统，并在全国大部分统筹地区推广使用，成为开展业务经办管理服务不可或缺的工作手段。各地人社部门以此为基础，加强综合柜员制服务窗口、网上办事平台、官方微信、“12333”咨询服务电话、移动服务终端、自助服务一体机等多平台建设，有效提升了服务的可及性和便捷性。同时，以社会保障卡为载体，推行社会保障“一卡通”，加快推进社会保障卡发放和应用。截至2016年11月底，全国社会保障卡（以下简称社保卡）持卡人数达9.58亿人，普及率为69.7%，2016年前11个月增发社保卡7441万张，提前完成年度发卡任务；实际发卡城市（含省级）达372个，地市覆盖率达96.4%。继续推进社保卡应用，确定32个地区作为第一批社保卡综合应用示范基地，启动第二批（64个地区）社保卡综合应用试点示范工作，预计在2016年年底前全国社保卡102项应用目录的平均开通率将超过80%。同时，各地积极推动跨部门用卡，有的地区通过社保卡支持挂号、诊疗、住院登记、购药等就医过程的信息服务，实现了就医一卡通；有的地区通过社保卡银行账户实现了财政、民政、残联等政府部门各类待遇发放，使社保卡成为民生卡。

2016年11月，人社部发布了《“互联网+人社”2020行动计划》。该计划由基础能力提升、管理服务创新、社会协作发展3项行动计划组成，包括人社电子档案袋、人社信用体系、就业D图、失业预警、网上社保、资格认证、就医一卡通、智能监察等48项行动主题，绘制了“一网一号一卡一库一平台”“单点登录、全网通办”的智慧人社发展路线图。目前，“互联网+人社”在全国加速落地，全国21个省（自治区、直辖市）的125个地级市（直辖县）在微信城市服务平台上开设了人社服务入口，其中，广东、福建、广西、贵州、海南、黑龙江和湖南 7 个省（自治区、直辖市）实现了全省覆盖，所有地级市均开设了入口。深圳、长沙等城市为社会公众提供了更便捷、更轻量的社保服务。例如，湖南省搭建微博、微信等新媒体宣传平台，聚合系统资源，提供掌上人社政策信息、咨询服务、宣传。益阳开通了微信公众号“益阳人社”，并且面向人力资源市场搭建起手机微招聘平台；永州以微电影形式，把就业和社会保险等业务经办服务中的政策、流程拍摄成情景短剧开展宣传；常德开展多媒体合作，开设“人社政策法规百问百答”宣传专栏，分主题解读政策，推介创业带动就业先进典型；丽水市坚持“创新、泛连、开放、聚力”理念，立足“长远规划、分层设计、分段落实”发展思路，围绕“大数据、大平台、大服务”工作目标，依托“一张网（人力社保网）、一张卡（社会保障卡）、一个中心（数据中心）”，以百姓需求为导向，积极探索“互联网+人社”公共服务，网络全覆盖、数据全共享、线上线下全包括、服务全过程的信息化体系初步形成；湖北省孝感市就业局结合自身现有公共就业创业培训业务流程，搭建培训监管信息平台，对学员登记、培训上课、台账管理等业务全过程进行监管；通过学员的照片、身份证、指纹、考勤等信息，确保培训到点、到人，同时，所有过程的无纸化线上操作，一键考勤、台账的自动生成，也极大地便利了学员、定点培训机构及就业监管部门，让就业、创业培训不仅更加便利，也更经得起群众检查、政府检查。

【“互联网+”推动数字文化加速发展】

2016 年，网络文学、网络音乐、动漫游戏、网络视频等数字文化产业迅速发展，成为目前群众文化消费的主产品。据文化部文化市场司行业数据监测点统计，2016 年上半年，我国网络文化市场整体营收达 1017.2 亿元。其中，网络游戏市场营收 838.9 亿元，占比 79.7%；网络音乐市场营收 25.4 亿元，网络表演（直播）市场营收 82.6 亿元，网络动漫市场营收 70.3 亿元。同时，网络文化行业保持较高增长速度，网络游戏市场同比增长 24.1%，网络音乐市场同比增长 43.5%，网络动漫市场同比增长 77.1%；网络表演（直播）市场实现井喷式发展，同比增长 209.3%。在网络市场规模不断扩大的同时，文化部等相关行业主管部门也加大了对网络文化市场的监管。文化部相继印发了《文化市场黑名单管理办法》《关于加强网络表演管理工作的通知》等政策文件，进一步规范网络文化的行为；并且加大对虎牙直播、斗鱼、YY、六间房、熊猫 TV、9158 等网络直播平台的监测和查处，开通了国产移动游戏备案“绿色通道”，大幅度提高备案效率，还对移动游戏审查和备案情况进行全面巡查。

此外，全国各地积极建设现代公共文化服务体系，把模式创新和服务效能提升，作为建设现代公共文化服务体系的重点，纷纷打造具有地方特色的数字文化平台，在大力提升服务水平的同时，为老百姓提供更加丰富、更加高端的公共文化产品，取得了一系列的成效。

杭州智慧文化服务平台设立了全民阅读、数字资源、文化活动、市民课堂、文澜文库等栏目，启动村村相接、镇镇相连、城乡互通的智慧文化建设，有效统筹开发各级文化服务机构资源，缩小乡镇与城市间的文化鸿沟，实现各类公共文化资源的联动共享。北京搭建了“文化朝阳”云平台，开设了活动信息、票务资讯、阅读推广、场馆场地、数字资源、交流互动等栏目，平台有针对性地设置了意见建议、反馈、评论、点赞、收藏等多项功能，实现了群众与群众、群众与政府文化部门、群众与优秀文化人才、群众与社会机构间的即时互动。天津滨海的“文化随行”可及时发布文化信息，推送文化新闻。百姓可通过移动客户端随时随地了解文化信息及进行预约服务、服务评价、活动投票等。通过该平台，文化管理部门可实现公众信息和服务效果等数据的采集，为信息资源中心提供有效数据。佛山的“文化 e 网通”，整合公共文化机构和社会力量形成供方资源，将文化产品和服务直接呈现在百姓眼前，开设文化资讯、文化活动、文化场馆、文化点单、文化众筹、文化枢纽、文化播客、网上图书馆等专栏，实现文化活动预约报名、文化场馆预订使用、“点单式”服务供给、“众筹式”活动孵化四大创新功能，从以往的单向式供给转变为双向式供需互动，推进了公共文化资源的跨界融合及公共文化服务与管理的创新。文化东营云拥有

1800GB 文化资源、42 万余册电子图书、1 万余种电子期刊，整合了东营各县区的文化馆、美术馆、图书馆所有的活动预告、群文演出和场馆预定信息，通过计算机、手机等终端，市民能随时随地掌握平台提供的文化资源和信息，实现公共文化资源的全民共享。洛阳文化云集成全市公共文化服务资源的一站式数字平台，市民可通过计算机、手机等终端访问该平台，快速查询感兴趣的公共文化服务；充分利用现代化传播手段改进公共文化服务形式，实现群众需求与服务资源的有效对接。“威海公共文化服务数字化平台”利用现代化的网络技术手段，整合群众艺术馆、图书馆、博物馆、美术馆等公共文化服务场馆的各类资源，打造统一的、随时随地享受公共文化服务的入口，把演出节目、文艺培训、阅览图书、文博展览、美术欣赏、非物质文化遗产等内容搬上网络，逐步实现公共文化资源数字化、服务网络化，让群众能够通过计算机、手机等数字终端网上预订场馆、预约讲座等，享受全天候的实时公共文化服务。

【各地积极构筑食品药品“智慧监管”体系】

2016 年，各地不断创新食品监管模式，智慧监管纷纷拔地而起。浙江省宁波市试点建立智慧餐饮监管模式，执法人员在现场检查后，可以直接将检查信息、指导意见输入移动执法终端，数据便可自动上传到餐饮安全监管数据库，餐饮企业负责人只须扫描二维码，就可以在手机终端上看到处罚的照片证据、文字记录等，这种方式大大缩短了时间，提高了监管效能。四川省成都市以“机器换人、机器助人”的思路、运用大数据技术建立的“智慧食安”系统，增强了食品安全治理全程全域的智能化。江苏省淮安市打造的“食品安全透明共治体系”实现了从蔬菜购买到餐饮制作全过程透明，搭建起政府、企业、群众共同参与食品安全监管的新模式。连州市举措如下：在硬件设备上，市食药监局为一线执法股室、基层配备移动终端 16 台、执法记录仪 14 套，实现监管数据即时上传、共享；在数据更新上，在“智慧食药监”系统上及时上传、更新连州市监管企业数据，完成连州市食药监局的监管网格划分、人员配置，实现监管数字地图上连州市辖区的三级、四级监管网络全覆盖。宜昌市立足于满足食药监管与信息惠民两个需求，面向监管者、生产经营者、消费者三个终端，突出网格化平台、检验检测平台、溯源平台、诚信平台，开发建设支持市、县、乡三级食药监机构履行职能的全职能、全流程、全区域、全时段的“智慧食药监”系统；目前，该系统与市直公共资源系统及省局等 16 个系统实现了对接，构建了协同监检技术合作、协同部门配合共治、协同监管人员履职的大协同监管体系。食品安全共同治理从理念、制度跨越进入流程化对接时代。台州市市场监督管理局积极探索“智慧监管”项目建设，全面推进移动执法系统建设，全市已有 46 万多家经营主体配备了大数据推荐巡查、监管信息实时录入、电子地图标注和现场巡查结果打印等功能，实现了从“人海战术”向“智慧监管”的转变。

追溯体系建设日臻完善。建立追溯体系是保障食品安全的重要手段。从全国范围来看，目前已有多个地区正在积极建立或已建成食品安全追溯体系。有着“中国酥梨之乡”称号的安徽省砀山县，运用物联网、云计算、大数据和互联网技术，将水果生产、流通、销售等环节纳入数字化管理，实现生产可记录、质量可追溯、电商可销售。广东省建立了包括婴幼儿配方食品、食用油、酒类在内的食品安全电子追溯系统，实现了上述食品全程可追溯。贵州省清镇市研发出食品安全数据云平台，监管人员利用手机 App，就可以随时随地查询食品小作坊生产经营过程信息，对小作坊从原料、生产、销售到消费进行实时动态、可追溯的全过程监管。市民只须在手机上下载一个食品安全云 App，扫描加工小作坊食品的条形码，该食品的生产日期、检测报告、营养成分就会一目了然。武威凉州区有 5824 家食品生产经营单位加入甘肃省食品安全综合监管平台。其中，食品生产企业、商场超市、批发市场、中型以上餐馆和学校食堂追溯平台加入率达到 100%；3816 家食品流通单位加入追溯平台，加入率达到 6256 家的 60.1%；餐饮服务单位加入 1902 家，加入率达到 2943 家的 64.6%；小食杂店“电子一票通”索取率达到 100%，监管人员 100%可以开展网上巡查，巡查 23600 家。宁夏回族自治区食品药监局开发了以产品生产信息为主线、许可信息为基础、覆盖食品生产全链条的“宁夏生产食品安全追溯系统”；目前，已有218家食品生产企业建立食品安全追溯系统，企业按照食品生产批次将信息数据录入系统平台供消费者及监管人员查询，实现了食品信息可查询、食品生产过程可追溯、生产责任可倒查。

电子商务发展情况

2016年，在供给侧结构性改革战略的引导和电子商务发展自身规律的作用下，我国电子商务进入了提质、换挡、调结构的新阶段，线上企业加速向线下布局，电子商务与其他产业的垂直融合更加紧密，对实体经济的促进作用更加凸显；农村和中、西部成为电子商务增长的新空间，为精准扶贫提供了有效途径；电子商务监管的法律、法规日趋完善，政府监管和电商平台的自律、自查更加严格，市场整体运转更加规范、有序。

【在线零售进入提质换挡发展新阶段】

2016年我国在线零售爆发式增长态势有所调整，逐步转向稳定、中高速发展。根据商务部发布的数据可知，2016年我国在线零售增长率为26.2%，增速同比下降了9.5个百分点，整体增速明显放缓。从网络购物人数增长情况来看，截至2016年12月底，全国网络购物人数规模为4.67亿人，占网民总数的63.8%，网络购物的渗透率已经处于高位。同时，随着监管的进一步收紧，以及市场竞争的日趋激烈，过去依靠低价吸引消费者的竞争方式逐步退出，改善服务、提升体验成为在线零售竞争的主要手段，市场整体发展质量得到优化，在线零售进入提升服务质量、优化市场结构的新阶段。

一是在线零售市场主体进一步优化。随着消费水平的不断升级和主管部门对电子商务监管的日趋严格，B2C模式的优势逐步增强。2015年，B2C占全国在线零售总额的比重就已达到51.2%，2016年B2C占比继续扩大，超过55%。

二是在线零售市场环境得到明显改善。主管部门加强了网络购物的监管力度，电商平台企业也加大了对产品和服务质量的管理。根据中国消费者协会发布的数据，消费者对在线零售的投诉量出现一定幅度的下降。2015年上半年，全国消费者协会共受理远程购物服务投诉案件11214件，而2016年上半年下降为8801件，降幅达21.5%。

三是优化服务、提升体验成为重要竞争手段。我国主要电商平台纷纷发力，通过新技术或新营销模式来优化服务质量、提升用户体验。2016年3月，阿里巴巴全面启动“Buy+”，成立VR实验室，通过虚拟现实提升未来购物体验。2016年9月，京东也发布了自己的VR战略，计划成立联盟以创造VR电商应用。与此同时，通过网络直播等新颖的方式进行推广也成了很多电商企业的选择，跨境电商波罗蜜、洋码头及国内美妆在线销售平台聚美优品先后在购物App上推出了直播销售应用，手机淘宝也推出了淘宝直播平台，淘宝直播平台还支持“边播边买”，让用户在不退出直播的条件下，直接下单购买，受到用户追捧。

【电商企业开始加速向线下布局】

电子商务的快速发展催生了一批电商平台和专攻线上市场的品牌。近年来，随着线上市场竞争的日趋激烈，一些在电子商务发展浪潮中成长起来的线上品牌开始加速向线下扩展，主要的在线零售平台也布局线下，线上线下联动效应愈发凸显。

2016年7月，定位于纯互联网食品品牌的“三只松鼠”首家线下体验店在安徽芜湖开业。根据该公司的数据，线下体验店首月销售额达到240万元，且线下销售毛利润要高出线上销售毛利润10个百分点。该公司计划于2017年在全国大规模向线下渗透，开设100家实体店。连续数年夺得腌腊肉制品在线销售额第一的线上腌腊肉制品品牌松桂坊，线上销售的增长开始进入平稳期，为了进一步扩大市场影响力和市场规模，该公司将目光投向线下市场。2015年，松桂坊成立了餐饮管理子公司，利用松桂坊腊肉快餐为消费者提供产品体验。该公司2015年试水第一家快餐店取得成功后，2016年新开了22家餐饮店，并计划于2017年走向全国，新开55家体验店。线上服装品牌茵曼的线下布局也取得了非常突出的成绩。2015年茵曼启动了“茵曼+千城万店”计划，截至2016年9月，茵曼已建成实体店近300家。根据该公司的介绍，2017年1月，其线下销售额就突破2800万元。知名线上化妆品公司御泥坊也开展了大规模的线下扩展，根据从该公司了解到的数据，御泥坊已开设直营店近20家、加盟专营店5000多家，还进入了屈臣氏在全国的3000多家店铺。当当网第一家线下书店于2016年9月在长沙正式营业，开业当天图书营业额达20.56万元，销售量为10373册，当当网计划在未来三年开设100家实体书店，并把实体书店打造成线上线下融合的文化综合体。阿里巴巴投资银泰、苏宁、三江购物和百联等零售企业，并提出了“新零售”概念，试图通过向线下布局，打造线上线下融合的新零售体系。京东在推出线下“京东帮服务店”后，于2016年正式宣布要建立基于村镇市场的实体京东家电专卖店，计划到2017年开2万家店、覆盖40万个行政村。随着流量红利可挖掘空间的日趋枯竭，将会有更多的线上品牌往线下布局，走线上线下相互融合、相互促进的发展道路。

【电子商务与其他产业融合更紧密】

随着我国生产领域、生产性服务业领域的互联网应用发展不断增速，电子商务与制造业、物流业等相关产业的融合也更加紧密。

在制造业领域，制造业与互联网的深度融合带动电子商务加速向制造业全流程渗透。在制造企业的上游采购环节，2010—2014年电子商务应用指数从51.7增长至76.83，增长25.13个点，年均复合增长8.24%。在中间制造环节，制造能力在分享经济新模式下成为制造企业交易的内容，沈阳机床研制了智能互联的i5智能机床，并与神州数码、光大金控等公司合作，推出了按需使用的服务模式，用户购买机床的加工能力，按时间或加工零件的类型、数量计价。在下游销售环节，2010—2014年制造业企业电子商务应用指数从57.15增长至84.64，增长27.49个点，年均复合增长8.17%。截至2015年年底，浙江省工业企业直接开设天猫店2.04万家，销售额超过2000亿元。江苏很多汽车零部件企业利用天猫、京东等第三方平台开展易损易耗品的网络销售，借助网上整车销售平台，对接个性化需求，开展个性化产品研发，开展整车线上改装等新兴服务模式。一些制造业企业根据消费者的信息反馈改进产品设计和生产，积极发展电子商务模式下的需求导向型生产模式；还有的制造业企业探索建立在线定制、网络预售、众筹团购等个性化、定制化销售和生产模式，传统的B2C运作方式发生重大转变。

在物流业领域，物流服务的在线交易蓬勃发展，物流信息服务平台的交易服务实现了物流服务链信息流、资金流、货物流的“三流合一”。中国（太原）煤炭交易中心公路物流服务平台将煤炭生产企业、贸易企业、物流企业及消费企业的资源有效对接，提供需求发布、在途管理、资金结算、金融服务、增值服务、运价参考、信用体系、税收服务等全流程物流电商服务。山西焦煤“物流在线”平台整合“线上交易，线下服务，金融支撑，第三方支付”等功能，将焦煤在线交易和物流服务在线交易紧密结合，向客服提供覆盖物贸、物流、结算、跟踪全流程的一体化在线交易服务。货车帮针对货运车辆空载率高，而市场上却大量存在车找货、货找车的情况，向承运人和货主提供车货匹配和在线交易服务，迅速成长为物流电商领域独角兽企业。

【农村电子商务发展开始提速】

农村电子商务政策扶持力度逐步增大。加快农村电商发展受到党中央、国务院高度重视，自2014年起，中央一号文件连续4年提出发展农村电子商务。2015年11月，国务院办公厅印发的《关于促进农村电子商务加快发展的指导意见》提出，“到2020年，初步建成统一开放、竞争有序、诚信守法、安全可靠、绿色环保的农村电子商务市场体系。”2017年中央一号文件《关于深入推进农业供给侧结构性改革 加快培育农业农村发展新动能的若干意见》将推进农村电商发展单列，进行了全面部署。为贯彻落实中央一号文件精神，商务部表示将会同有关部门在推动农村电商公共服务体系建设、提升农村产品电子商务发展水平、深化电商精准扶贫等方面推出一系列措施，并加强经验总结和推广。

农村信息基础设施逐步完善。在“宽带中国”“互联网+”“信息进村入户工程”等一系列政策措施的推动下，农村信息基础设施得到了显著改善，目前行政村宽带网接入率已超过90%。按照国务院提出的目标，到2017年年底，80%以上的行政村要实现光纤到村，4G网络全面覆盖城市和农村。

农村电子商务潜力巨大，吸引电商积极布局。2016年上半年我国农村网购规模达到3160亿元，预计全年将突破6400亿元，农村网络零售额在全国网络零售额的占比持续提升，2016年上半年已经占14.14%。除了农村网购，还有1500亿元农产品电商、2800亿元的农资电商规模，农村电商已形成万亿元的大市场。根据《第39次中国互联网网络发展状况统计报告》，我国农村网民在网购、支付、旅游预订类应用上的使用率比城市网民低20%，表明农村电商尚有巨大的流量红利可供挖掘。相比之下，城市电商渗透率已接近饱和，流量红利已接近枯竭。在政策利好引导、基础设施优化推动、市场空间吸引等多重因素的驱动下，阿里巴巴、京东、苏宁等电商巨头纷纷布局农村。阿里巴巴计划在3～5年内投资100亿元，建立1000个县级服务中心和10万个村级服务站；2016年5月菜鸟启动“县域智慧物流+”计划，目前已在全国所有省份落地，覆盖了530个县城、3万个村点，在2017年将覆盖全国2/3以上的县城。京东农村电商采用“县级服务中心”和“京东帮”两种模式进行推广，截至2016年年初，京东县级服务中心超过1100家，京东帮服务店布局超过1300家，京东乡村推广员人数达15万人，服务15万个行政村。苏宁在2016年已建设苏宁易购直营店2000多家，并计划于2020年完成建设10000个直营店的目标，覆盖全国绝大部分农村市场。2016年9月，顺丰速运与中国供销电子商务股份有限公司签署战略合作协议，在农产品物流服务、县域物流体系、仓储物流建设与管理输出、特色农产品电商销售、农村电商物流能力培训、物流金融服务等方面展开全面合作。

农村电商物流迅猛发展。根据中国物流与采购联合会发布的数据，2016年物流业农村业务量指数平均为191.5，即农村物流业务量增长速度接近200%，比同期总业务量指数高出35.4个点，即农村物流业务量增速比总业务量增速高出30个点以上。分地区来看，农村业务量指数东部地区为180.1、中部地区为209.7、西部地区为202.3、东北地区为212，各地区业务量与2015年相比均保持了1倍以上甚至2倍的增速。

【电子商务成为精准扶贫重要途径】

精准扶贫是全面建成小康社会的重要抓手，电子商务为扶持贫困人群创业创新、拉动网络创业和网络消费、推动贫困地区特色产品销售、斩断穷根、摆脱贫困提供了重要机遇。2016年，国务院扶贫办、国家发改委等17个部门联合下发了《关于促进电商精准扶贫的指导意见》，将电商扶贫纳入脱贫攻坚总体部署和工作体系，对实施电商扶贫工程、推动互联网创新成果与扶贫工作深度融合进行了详细部署，提出了“到2020年在贫困村建设电商扶贫站点6万个以上，约占全国贫困村的50%左右；扶持电商扶贫示范网店4万家以上；贫困县农村电商年销售额比2016年翻两番以上”的发展目标。

很多地方利用电子商务推动贫困人口创业就业，对提高贫困人口脱贫致富能力做出了积极探索。据商务部的数据，目前我国移动网购消费增幅最大的100个县中有75%位于中、西部，亿元淘宝县中有21个县曾是国家级贫困县，电商已成为经济欠发达地区快速发展、弯道超车的重要途径。广东省扶贫开发重点县龙川县推出了“扶贫超市”平台，以互联网连接贫困户、扶贫单位和社会人士，农户通过“扶贫超市”平台直接进行农产品交易，为各帮扶村打开了产业扶贫的突破口。目前该县电子商务产业园已成功建立镇级电商服务站4个、村级电商服务站46个，举行农村电商培训62场次，带动电商就业约320人。“扶贫超市”试运行期间，累计受益约300人次。甘肃省陇南市武都区就依托网店、带贫企业或村级活动室开展了试点，建立电商扶贫服务点，2016年建成建档立卡贫困村电商扶贫村级服务点160个，初步形成“一店（企、社）带多户”“一店（企、社）带一村”的电商扶贫模式。贵州省惠水县好花红镇将农村电子商务培育成新的经济增长点，创建了“好花红电子商务村”，已经形成了覆盖电商主题培育、电商产品开发、电商技术支持、电商物流仓储等环节的电子商务产业链，2016年，全镇农特产品网络销售额已超过867万元。广西壮族自治区罗成县建成了67个贫困村电子商务服务站，通过互联网为农产品打开销路，2016年产销无公害蔬菜、水果等农产品近1000多吨，销售额近1000多万元，带动贫困户800余户。湖南省绥宁县推进电商扶贫工程，政府投资260万元建设了电商创业孵化基地，在25个贫困村建立了电商村级服务站，推动当地特色农产品上网销售，目前已整合和开发适合网销的农特产品70个品种。四川省遂宁市船山区在全区33个贫困村均建设了电商站点，2016年实现农产品上行560余万元，帮助农村贫困户销售农产品80余万元，参与项目的贫困户月均增收1500元。

【电子商务市场运转更加规范有序】

主管部门加大了对电子商务市场的依法监管力度。2016年7月，全国网络交易平台监管服务系统正式上线运行，在3～5个月的试运行中，各地通过平台共检查22766个网店，认定违法网店8165个，对存在严重违法行为的网店进行了立案查处。国家发改委联合人民银行、中央网信办等部门发布了《关于全面加强电子商务领域诚信建设的指导意见》，提出建立电子商务领域的诚信体系，通过信息共享、联合监管、联合惩戒等方式，加大电子商务领域的诚信监管力度。

电子商务监管制度体系正在逐步完善。国家工商总局先后出台了《互联网广告管理暂行办法》《网络购买商品七日无理由退货暂行办法》，对消费者投诉较多的互联网虚假广告、竞价排名、退货换货等问题进行了详细规范；此外，《网络交易违法失信惩戒暂行办法》和《网络交易数据信息报送规定》等系列制度发布实施。此前，《网络交易管理办法》已于2014年发布，商务部制定的《网络零售第三方平台交易规则制定程序规定（试行）》也于2015年正式施行。2016年12月19日，全国人大常委会第25次会议初次审议了《中华人民共和国电子商务法（草案）》（以下简称《草案》），这是我国第一部电商领域的综合性法律。《草案》对电商交易各主体的权利和义务、电商交易流程、信息保护、征税、物流服务等做出了详细规定。这一系列法律、规章正式出台后，我国电子商务监管制度体系基本完善，监管的法律依据更加充分。

多方协同的监管新模式正在形成。政府主管部门与主要电商平台在电商市场监管方面开展了深入合作。根据阿里巴巴的数据，2016年，阿里巴巴共协助公安机关破获案件469起，抓获涉假嫌疑人880名，捣毁涉假窝点1419个，涉案案值按照正品价约30.67亿元；2016年2月至2017年2月，阿里巴巴通过大数据风控体系识别并清退全球购涉假卖家高达3万家。

信息消费发展情况

2016 年，我国信息消费保持高速增长态势，对经济增长带动作用显著增强。人工智能、虚拟现实、区块链等新兴技术的快速演进和融合应用，推动信息消费产品和服务向更泛在、更智能、更交互、更可信方向发展。众创众筹、共享分享等新兴平台的崛起使得共享消费、精准消费等新模式、新形态不断涌现。大数据应用不断融入各行业、各领域，催生出数据画像、数据信用、数据营销等新产品、新服务，有效推动了信息消费的发展。信息消费环境不断优化，以信息消费试点示范城市建设为重点，以点及面推动全国信息消费迅速发展，在完善发展环境、加强统筹协调、建设试点项目、推动业态创新、强化宣传培训等方面取得显著进展。

【信息消费市场呈现高速增长】

2016 年，我国信息消费持续保持高速增长态势，消费层级不断提升，消费结构加速转型，信息消费对经济增长的贡献不断取得新突破。

2016 年信息消费规模突破 3.8 万亿元，年均增速高达 18%。信息消费成为 2016 年消费的最大亮点及消费增长的主要推动力，其增速超过社会消费品零售总额的平均增速，并远远超过传统消费的增速。信息消费增长主要表现为两个方面。一是消费电子产品更新换代加速，智能家电、智能手机及与新兴智能硬件相关的产品消费快速增长。2016 年我国智能手机销量达 5.1 亿部、智能电视销量为 3864 万台，分别比 2011 年增长约 4 倍、11 倍；新兴智能硬件销售规模超过 552 亿元（见表 1、图 1、图 2）。二是电子商务、大数据、搜索引擎、云计算、物联网等平台类应用集中爆发，基于移动互联网的信息服务消费高速增长。2016 年，随着移动互联网应用的不断普及、4G 移动电话用户的持续增加，我国移动互联网接入流量消费高达 93.6 亿 GB，比 2015 年增加 20.7 个百分点。2016 年月户均移动互联网接入流量为 772MB，同比增长 98.3%。其中，通过手机上网的流量为 84.2 亿 GB，同比增长 124.1%，在总流量中所占的比重达 90.0%。移动电商交易额从 2013 年的 315 亿元增加到 2016 年的超过万亿元。网络约车日均订单从 2014 年的 100 万单上升至目前的千万单以上。微信日发送信息量从 2013 年的 30 亿条增加到目前的百亿条。

表 1　2011—2016 年信息消费规模

项　目	2011 年	2012 年	2013 年	2014 年	2015 年	2016 年
信息消费规模（万亿）	1.3	1.7	2.4	2.8	3.2	3.8
信息消费增长率		29%	41%	17%	14.3%	18%
智能手机销量（万部）	1200	2800	4000	4400	4700	5100
智能电视销量（万台）	329	850	2151	3110	3412	3864

数据来源：赛迪智库

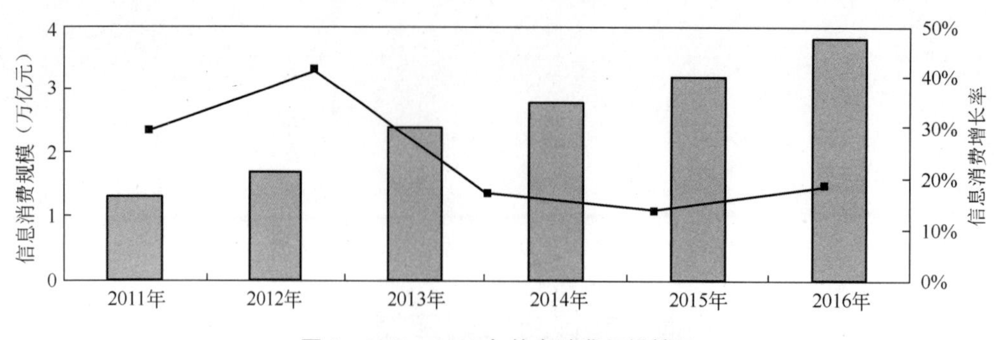

图 1　2011—2016 年信息消费规模情况

数据来源：赛迪智库

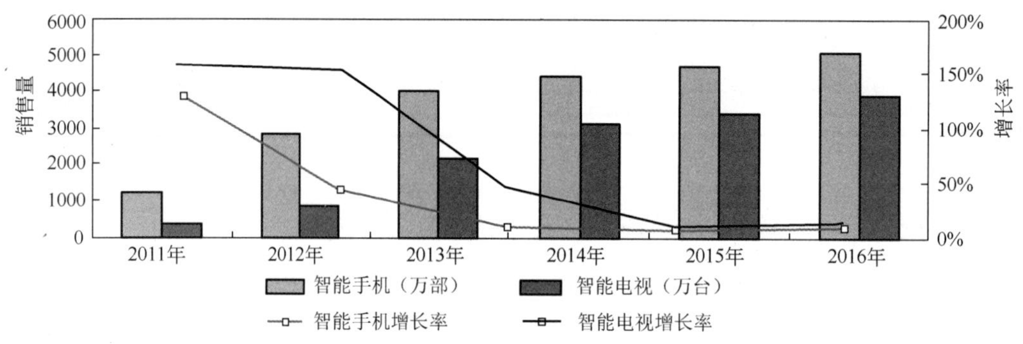

图 2　2011—2016 年智能手机和智能电视销量

数据来源：赛迪智库

在各类信息消费中，信息服务消费起主导作用，成为带动信息消费整体增长的关键动力。2016 年信息服务消费规模超过 2 万亿元，同比增长 28%，高于信息产品消费增速 7 个百分点。从对信息消费整体规模的贡献来看，信息产品消费对信息消费整体规模增长贡献最高值为 2013 年的 88%。这个趋势在 2015 年、2016 年出现了根本逆转，2015 年信息服务消费贡献首次突破 50%，2016 年信息服务消费贡献持续增长，平均贡献达 53%，高出信息产品消费贡献 6 个百分点。

信息消费增长结构变化的原因主要体现在 3 个方面。一是语音通信服务消费规模增长趋缓，占比逐年下降。2010—2016 年语音业务收入占通信服务收入的比重从 57.1%下降到 25.5%。二是移动用户爆发式增长，带动移动互联网消费快速发展。截至 2016 年，全国移动电话用户达到 13.2 亿户，用户普及率达 96.2 部/百人，4G 用户达到 7.7 亿户，在移动电话用户中的渗透率达到 58.2%。三是信息内容和应用服务消费年均增速超过 27%，消费规模由 2011 年的 2342 亿元增长到 2016 年的 3200 亿元，特别是电子商务、网上票务、移动 App、位置服务增长迅猛。2016 年我国电子商务交易规模达 22 万亿元，占社会消费品零售总额的比重超过 10%。

信息消费正成为带动最终消费整体规模增长的首要动力。2016 年，信息消费在最终消费中的比重接近 10%，对最终消费整体规模增长的贡献率达到 26%。信息消费在最终消费中的比重不断攀升，主要原因如下。一是信息消费对传统消费替代升级效果明显。例如，电子商务、O2O 等对传统零售业的替代，电子图书对传统出版印刷行业的替代，网络约车对传统出租车行业的替代。2016 年 1—9 月，全国社会消费品零售总额达 238482 亿元，同比增长 10.4%。商务部重点监测企业网络零售额同比增长 25.3%，与超市、百货店、购物中心的销售额相比，分别高出 18.5 个百分点、24.3 个百分点、17.8 个百分点。二是居民信息消费意愿强烈，信息消费水平持续提升，2016 年我国人均信息消费支出达 2763 元，如图 3 所示。

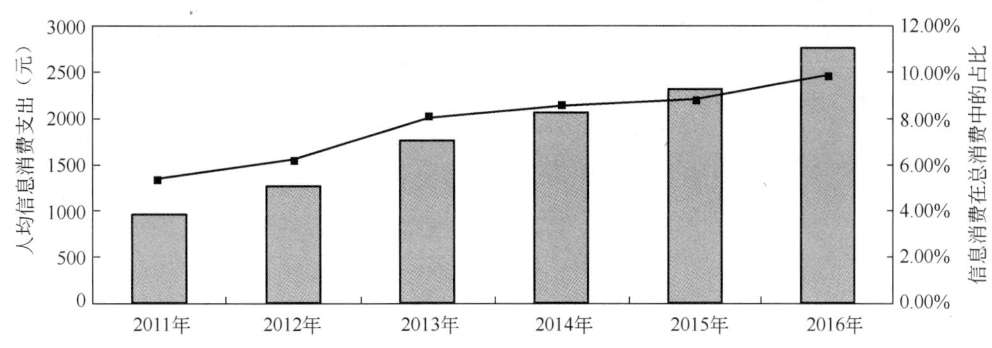

图3　2011—2016年人均信息消费支出及其占比

数据来源：赛迪智库

信息消费对经济增长的带动作用显著增强。在新增产出效应方面，2016年信息消费拉动新增产出的贡献超过2万亿元。在经济增长贡献方面，2011—2015年信息消费对GDP增长的直接贡献率为0.6%～1.2%，除2013年有较大波动外，总体呈现上升态势，2016年信息消费对GDP增长的直接贡献率达到0.83%。信息消费对经济增长的带动作用主要表现在两个方面。一是信息消费牵引信息技术领域大规模投资需求。基础电信固定资产投资规模达4350亿元，其中移动通信投资为2355亿元。互联网数据中心（IDC）建设步伐加快，2016年投资超过650亿元。2016年第一季度和第二季度，云计算、大数据领域分别获得6.2亿美元、9278万美元投资，分别比2015年同期增长97.6%、33.5%。另外，工业领域智能化改造进程加快，导致工业互联网、工业物联网、工控安全系统等领域的投资不断加大。二是信息消费拉动信息产业中间产品快速增长。以电子元器件为例，电子元器件行业整体景气度要高于全行业，业务收入和净利润在近两年均保持增长态势，资料显示，2016年前三季度电子元器件收入和单利润增长创新高，172家上市公司实现营业收入1.8万亿元，同比增长28.95%，实现净利润125.59亿元，同比增长48.72%。2016年电子元器件行业营收和净利润增长持续向好。

【新兴技术引领信息消费产品和服务加快变革】

第五代移动通信（5G）、人工智能、虚拟现实、区块链等新兴技术的快速演进和融合应用，释放出巨大的赋能效应，推动信息消费产品和服务向更泛在、更智能、更交互、更可信方向发展。5G技术实现信息传输从“即时”到“实时”的跃升，增强型通信能力保障了随时随地的社交、购物、娱乐等网络接入服务，超毫秒级传输效率满足了智能制造、无人驾驶等低时延信息处理需求。人工智能赋予机器思考的能力，建立了良性交互的人机关系，实现从辅助消费决策到主导消费决策的转变。虚拟现实营造了现实世界与赛博空间映射交融的沉浸式场景，打造了全方位、立体化、直观生动的消费体验，增强了消费黏性。区块链通过对信息消费的支付、清算和交易流程的重构，塑造了全新的消费信用机制，确保了信息消费的完整性和安全性。

新兴技术从专用领域向通用领域拓展，加快与个人穿戴、家居生活、交通出行等领域的集成融合，催生一大批应用亮点和新型供给，推动信息产品和服务的迭代升级和创新发展。智能手环、智能手表、智能眼镜等可穿戴设备突破手机终端的固有形态，拓宽用户获取信息的来源及方式。智能家居、服务机器人等促使家居产品实现智能交互功能，为用户带来舒适、便捷的家居生活体验。智能网联汽车、智能车载设备在基于位置的出行信息服务支撑下，与智能、绿色、安全的交通出行要求高度契合。智能医疗设备、智能单车、无人机等智能硬件产品和服务正迅速崛起，引爆海量信息消费需求。增强现实技术、虚拟现实的发展促进虚实交融沉浸式场景的实现，同时通过电子商务、娱乐、游戏、搭载视频、本地信息服务等多元化应用，营造立体化和全方位的感官体验及消费服务，激发更多的信息消费潜力。

【信息消费新模式、新形态正在孕育】

众创众筹、共享分享等新兴平台的崛起，促使碎片资源实现随时、随地、随需配置，推动以“大众广泛参与、碎片资源共享、生产消费一体化”为核心价值的共享消费模式广泛普及。海尔HOPE众创平台支持、引导消费者积极参与产品的设计及生产，以集众智、汇众力的形式创造和引领产品的消费需求。京东众筹、点名时间等平台通过高效整合并连接碎片化社会资本、创新创意产品开发者，促进投资者闲置资金与开发者产品创意实现双向共享、互动，孕育出一批具有广泛市场前景的新产品、新服务。沈阳i5机床地拓展了共享装备模式，基于数控机床发展按需租赁，完成同中小制造商、硬件供应商、解决方案提供商、消费者及设计师的价值共享和分工协作。蚂蚁搬家、小猪短租、途家等共享平台充分利用闲置的房屋资源，深入挖掘旅游短租市场，其增长速度远远超过酒店住宿业的同期水平，产生了积极、有效的示范效应。生活服务、成长教育、医疗健康、金融理财、艺术设计等领域涌现出大量的自由职业者，越来越多个体的创新能力、供给能力、消费能力正逐渐被挖掘，深度探索个性化、高端化需求，不断细化和完善信息消费品种。

在新一代信息技术环境条件下，企业通过交互平台对市场特征、特定需求、用户习性进行深度挖掘，并运用线上线下融合（O2O）服务体系实现与用户的近距离贴近及服务的无缝传递，推动消费形态由粗放消费向个性化精准消费的深层次转变。索菲亚、尚品宅配等家装企业在线上构建定制设计平台，对用户需求进行准确感知和分析，同时在线下不断完善各种交付服务，包括家装设计、产品安装、送货上门、全生命周期维护等，向用户提供制造与服务相结合的一站式消费体验。“发现旅行”集住宿、交通、景区、餐饮等线下旅游资源于一体，基于微信开放平台为用户提供一站式自由行定制服务，包括提前规划行程线路、预订酒店票务等。基于位置信息的智能管家服务可以为用户出游提供完善的服务、指导，极大地改善了用户在途旅游体验。京东到家针对生鲜食品无法即刻送达的弊端，开展即时采购、即时配送的社区网购服务，联合便利店及社区超市资源，去库存、去仓储，极大地增强用户黏性。

大数据作为提升新能力、发现新知识、创造新价值的主要来源，已经成为挖掘信息技术潜能、激发数字经济活力的重要渠道。大数据应用不断融入各行业、各领域，催生出更多的新服务、新产品、新业态，有效推动了信息消费的发展。在智能可穿戴设备、智能网联汽车及智能家居的功能开发中，大数据有效推进信息产品及服务实现跨越式创新；在金融、医疗及电子商务的业务中，大数据完善了以数据画像和数据信用为核心的精准服务，促使新型信息消费服务（如精准营销、个人健康管理、信用借贷等）焕发活力；在环境保护、交通出行及社会保障的管理中，大数据推动管理决策形成数据驱动，向社会公众提供具有针对性、个性化的服务。

【信息消费示范城市建设持续完善】

2016年，国家信息消费试点示范城市继续加强组织领导，不断探索新思路、发展新模式，积累了丰富的经验，在完善发展环境、加强统筹协调、推动业态创新等方面取得进展，有力地推动了当地信息消费城市的建设升级。

各地依据具体情况，强化了信息消费工作的协调统筹力度。多个试点示范城市构建了工作领导小组。北京市建立了责任明确、协同配合的四级组织领导体系，形成了以市领导牵头统筹的工作体系，市经信委等7个部门负责协调落实，各区县组织、主管信息消费特色区县的建设，依托企业建立信息消费服务平台、负责服务保障。厦门创立了“创建国家信息消费示范城市领导小组”，由福建省委常委、厦门市委书记亲自担任小组组长。南京、徐州、苏州、佛山、南宁等多个地市成立市长为组长的信息消费工作领导小组，统筹推进信息消费试点城市建设。

全国主要省（自治区、直辖市）出台了促进信息消费的方案，各地纷纷颁布相关的政策措施，同时加强组织落实，保障信息消费试点及相关工作的顺利进行。31个省（自治区、直辖市）全部制定、实施了宽带网络建设的指导意见。福建、浙江等6个省（自治区、直辖市）制定并组织实施信息经济、“互联网+”等指导意见和实施方案。南宁、威海、马鞍山等市围绕电子商务、信息资源共享、产品供给等方面出台了多个支持消费发展的指导意见，进一步营造了良好的发展环境。克拉玛依加强社会信用体系建设，通过诚信体系综合管理平台征集企业和个人信用数据近140万条，入库数据近80万条，可依法提供查询及出具信用报告服务，参加政府采购招投标的企业均要在“诚信网”进行注册并确认身份，最终由克拉玛依市政府采购中心出具企业信用报告。

围绕发展信息消费，各地强化创新意识，实施了适应本地特色的信息消费发展模式和路径。上海着力培育面向个人的信息产品和创新服务，支持发展网络约出租车、顺风车、智能公交、智能单车等交通出行新模式，摩拜单车在杨浦区、徐汇区等试点打造的基于共享单车的城市慢行交通系统深受民众欢迎，快递配送众筹众包模式迅速兴起。江苏省着力提升企业级信息消费供给能力，推进大中型企业电子商务普及应用，积极鼓励大中型企业充分利用互联网开展产品购销及各类生产要素资源交易，重点支持大中型企业自建平台在网上针对购销、供应链管理和服务等环节开展应用；推动钢铁、化工、船舶、医药、有色金属等行业重点龙头企业建设特色交易平台，促进行业特色B2B电子交易平台、大宗商品电子交易平台发展壮大。银川着力增强信息消费公共服务能力，依托智慧城市建设，组建行政审批服务局，推行“一站式”审批、网上审批，政府审批效率平均提高75%，实现500余个业务“一站式”审批；上线运行“移动审批”手机App，实现实体政务大厅与网上办事大厅、线上与线下、网上与掌上多种形式相结合的审批服务方式，极大提升审批效率；推行“一表通”便捷审批模式，对审批申请中须提交的各类表册、材料进行修改、合并、优化，实现229个具体审批业务只提交“一张表格”即可办理。成都着力加强电子商务体系建设，鼓励食品、女鞋、家具等传统优势产业发展订单驱动的个性化定制业务，推进电子商务和供应链管理协同发展，建立中药材天地网、1919酒类直供平台、咕咚网等行业第三方电子商务垂直平台，配套建设菜鸟中国智能骨干网、京东现代服务业产业园、跨境电商公共服务平台系统（含海关、检验检疫监管系统）等电商服务支撑项目，深入推进农村综合示范县（镇、村）、县域农村电子商务基地、农村电子商务综合服务站点建设，实现成都电商用户规模持续扩大、行业应用范围持续拓展，促进信息消费规模化发展。

加快培育信息消费新热点，在重点区域、重点领域开展信息消费示范工程，建设试点项目。北京、厦门、咸阳、大连等市积极创立新产品、新技术、新业态，开展了电子商务发展、智慧民生、智能信息、产品升级、信息资源开放共享等示范工程。嘉兴创建交通出行示范工程，完善智慧交通综合数据库、综合交通指挥中心、数据交换平台建设，开展市区道路停车收费与诱导服务系统、道路交通拥堵指数发布系统、公共交通信息服务系统建设，推广手机交通软件“禾行通”，发展公众出行的全程、全时功能。

各地纷纷将政策支持着力点落实在新一代信息技术产业上，围绕重点产业、重点产品及重点领域发布激励措施，并利用重点项目来拓展信息消费。合肥以可穿戴设备、智能家居、无人驾驶汽车、虚拟现实、3D打印等新技术、新产品为重点，参与省级信息消费创新产品和体验中心评选，共创建20个省级信息消费体验中心，31个产品获得省级信息消费创新产品称号，对每个获奖产品一次性给予20万元奖励补助。武汉抓住发展集成电路的良好机遇，举全市之力积极培育武汉新芯、高德红外、烽火微电子等企业，武汉正成为我国集成电路产业发展的重镇。

围绕发展信息消费产业、产品、服务等，积极打造创新孵化器、众创空间等双创载体，推动创业创新，激发释放信息消费的潜能和活力。成都搭建了“菁蓉汇”创新创业平台，推进“创业天府”云孵化体系建设，汇集了20913个创新创业团队和企业、1623项科技成果等信息资源，技术交易额达1780亿元。北京支持成立了众创空间联盟，横向打通众创空间的优质服务资源，纵向打通创新创业的全链条，调动全社会力量支持双创发展。大连成立了“大连市众创空间孵化联盟”和市级创业公共实训中心，并且推动区政府和企业搭建了各级众创空间、创业孵化基地，对创新型孵化器和创业企业给予引导支持。徐州组织举办“赢在徐州——中国徐州创新创业大赛”，着力打造徐州双创的政策高地和品牌特色。

各地以新业态、新技术、新模式为核心，不断加强创新意识，逐步深化改革发展，全力探讨促进信息消费的新机制。苏州创建多元化投融资机制，鼓励苏州市新兴产业创业投资引导基金、苏州市服务业引导基金、各区县财政引导基金及其发起参股的创投基金，国家、江苏省、苏州市联合设立的苏州融联创投基金，重点关注并积极投资信息消费类产品研发和产业化项目；依托国发、元禾、苏高新 3 个国有创投平台，以及各县级市国有创投平台，发起设立信息消费创业投资基金，集中投资信息消费产业领域。北京加快推动国家电子商务示范城市建设，京东、小米等企业率先试点推广电子发票。2015 年 7 月 31 日，全国首张增值税发票系统升级版电子发票在京东总部开出。厦门出台了《厦门市政务信息资源共享管理暂行办法》，制定了《厦门市政务信息共享协同平台接入规范》，加强政务信息的安全管理，破除信息孤岛。

促进信息消费是一项富有开创性与探索性的工作，各地运用多种方式强化宣传、培训，加强信息消费发展的活力。上海持续举办“国际信息消费节”，通过主题展览、高峰论坛、城市互动、创新比赛等形式，邀请国内外产业界专家参与各类主题演讲、专题研讨，搭建互联网企业和产品展销平台，形成上海信息消费品牌效应。北京、成都举办了全国信息消费示范应用城市行活动，展示信息消费的优秀成果，有效推进信息消费优秀解决方案供需双方推介对接，推广可复制的信息消费示范项目。福建省大力开展各类数字家庭体验中心建设，覆盖全省 9 个区市，进行信息产品及解决方案体验和展示。

【信息消费环境不断优化】

结合国务院发布《关于深化制造业与互联网融合发展的指导意见》（国发〔2016〕28 号）的契机，围绕贯彻落实 32 号文、66 号文，工业和信息化部从推动供给侧结构性改革战略层面谋划部署，以信息消费试点示范城市建设为重点，以点及面推动全国信息消费迅速发展。

创新工作机制，全力推动国家信息消费试点市（县、区）建设。一是分两个批次对全国信息消费试点城市进行遴选，对选出的 108 个城市进行项目支持、政策指导、宣传推广，推进试点城市的发展与建设。同时，对试点城市进行评估，根据基础设施、产品供给、创新能力、消费环境等方面综合评选出 25 个城市进行示范城市建设。出台《2016 年国家信息消费示范城市建设指南》，引导示范城市结合本地优势及信息消费试点工作经验深入推进示范建设，进一步强化示范效应和引领带动作用。二是持续与国家开发银行联合支持信息消费重点项目建设。为鼓励和支持国家信息消费试点城市拓宽融资渠道，与国家开发银行签订了《推进信息消费试点城市建设的金融合作协议》，成立了联合工作机制，支撑信息消费试点城市的建设，并在信息产品供给、信息基础设施、公共信息服务、新型信息服务创新等方面遴选出 100 个符合政策、发展前景较好的信息消费重点建设项目进行金融支持。截至目前，国家开发银行共发放优惠贷款 2 亿元。三是组织开展信息消费创新应用项目示范。围绕公共服务信息化、数字文化、公共数据开放、电子商务智能物流、智慧家庭、互联网金融及信息消费环境等领域，在国家信息消费试点市（县、区）范围内遴选出 60 个信息消费创新应用项目，充分发挥示范带动作用，促进各试点城市加快培育信息消费新业态、新模式，有效激发信息消费潜力，形成新的消费增长点。在成都、上海等地展开调研，全面掌握信息消费的发展现状及潜在的问题，摸清信息消费创新实践的路径，为制定、完善相关政策提供依据。

推动制造业与互联网融合发展，培育新型信息消费需求。一是落实《两化深度融合创新推进 2016 专项行动》，开展两化融合管理体系贯标，实施两化融合管理对标、评估及诊断；促进企业全面开展两化融合的自诊断、自对标，支持地方工信部门进行试点工作，加快两化融合市场化机制的建立及两化融合标准体系的完善。二是开展工业云服务创新试点工作，推进生产制造、研发设计、营销服务、测试验证等资源的共享、开放，打造工业云生态系统；在广东、北京等 9 个省（自治区、直辖市）开展云计算综合标准化宣贯会；结合第三方测评机构开展云服务能力测评；推动组建云计算开源产业联盟，组织编写《开源产业发展白皮书》。三是贯彻落实《促进大数据发展行动纲要》，与中央网信办及国家发改委等部门共同制定、实施《促进大数据发展三年工作方案（2016—2018 年）》，批复建设“贵阳・贵安大数据产业集聚区”，同意贵州、京津冀、沈阳、内蒙古、珠三角（广东、深圳）、河南等地创建国家大数据综合试验区，推进大数据标准体系的建设。四是组织开展制造业与互联网试点示范工作，支持制造业企业开展基于互联网的协同研发、个性化定制、众包设计、在线监控诊断、全生命周期管理等融合新模式，推进工业电子商务的发展。

增强发展活力，释放“大众创业、万众创新”潜能。汇聚各方力量，打造线上和线下互动、专业化和市场化相结合、孵化和投资完美衔接的创新载体，构建新型创业扶持体系，推进“大众创业、万众创新”。一是积极开展大企业尤其是大型制造业企业双创工作，联合国资委召开全国大企业双创典型经验交流电视、电话会议，组织撰写《大企业双创典型案例集》等成果，在合肥召开的全国大企业双创现场交流会上提交相关工作报告，上报国务院后获得李克强总理的肯定。二是加强创业载体建设。鼓励和支持各大型企业建设基于互联网的双创平台，开放双创平台聚集的各类资源，强化同各类众创空间、创业创新基地开展合作，推动产学研双创资源深度整合和开放共享，深化工业云、大数据等技术的集成应用。

强化行业监管，增强信息消费保障的能力。一是努力推动全光纤网络城市及 4G 网络建设，进一步开展网络宽带降费提速的行动，推动工业互联网创新应用。二是加快推进国产自主可控替代计划，推动 5G、高端服务器、操作系统、云存储、量子通信、高性能计算机、移动通信、核心芯片等重点领域关键技术的研发和应用，建立安全可控的信息技术体系。三是提升网络与信息安全监管水平，基本实现手机号实名制登记，定期进行通信网络安全防护检查，开展打击治理互联网恶意服务专项行动，提高网络信息的安全监管能力，强化措施保护用户的个人隐私安全；编撰并实施《工业控制系统信息安全防护指南》，深化信息安全防护措施，提升对工控系统信息安全的检测评估和监测预警能力。四是依法加强信息产品和服务的检测和认证；完善移动智能终端安全能力技术要求和测试方法两项通信行业标准，对移动智能终端进网加强管理，移动互联网应用软件服务平台等第三方安全评估与检测机构逐步开展业务。

电子政务发展情况

2016 年，中央和地方各级政府对电子政务的重视程度日益加大，相继出台了一系列关于电子政务的政策文件和专项规划，电子政务发展环境得到优化。云计算、大数据、移动互联网等新一代信息技术广泛应用于电子政务领域，电子政务基础设施建设趋于集约化、高效化，极大满足了电子政务业务全面拓展的需求。随着政府行政体制改革的不断推进，各个地方全面整合服务资源，再造审批流程，搭建统一架构及省、市、区（县）多级联动的一站式办事大厅，推动政务服务实现在线化。电子政务业务应用深入推进，在完善宏观调控、推进结构性改革、释放市场活力和保持经济平稳增长等方面发挥了重要作用。

【电子政务发展环境持续优化】

2016年，针对网络安全和信息化工作，习近平总书记指出，“要以信息化推进国家治理体系和治理能力现代化。”“加快推进电子政务，鼓励各级政府部门打破信息壁垒、提升服务效率，让百姓少跑腿、信息多跑路，解决办事难、办事慢、办事繁的问题。”“加强信息基础设施建设，推动互联网和实体经济深度融合，加快传统产业数字化、智能化，做大做强数字经济，拓展经济发展新空间。”“要深刻认识互联网在国家管理和社会治理中的作用，以推行电子政务、建设新型智慧城市等为抓手，以数据集中和共享为途径，建设全国一体化的国家大数据中心，推进技术融合、业务融合、数据融合，实现跨层级、跨地域、跨系统、跨部门、跨业务的协同管理和服务。”这表明了新时期我国电子政务发展的方向和愿景。

各级政府也积极响应国家号召，大力发展电子政务，2016年以来，相继出台了一系列关于电子政务的政策文件和专项规划，电子政务发展环境得到优化。江苏省发布了《“十三五”智慧江苏建设发展规划》，将打造“智慧政务”列为八大关键任务之一，提出要加快数据资源共享开放和综合开发利用、信用信息平台和信用体系建设，全面普及移动政务、智能监管等管理服务模式，推动服务型政府建设和社会治理创新。六安市发布了《六安市“十三五”电子政务发展规划》，提出了“互联网+511+N”战略行动计划，通过制度创新、机制创新、技术创新和服务创新，推进全市治理体系和治理能力的现代化，提高整体型政府公共服务能力和数据服务能力。山东省经济和信息化委员会颁布了《山东省电子政务“十三五”发展规划》，提出了完善电子政务集约化体系、统筹电子政务协调发展、推动政务信息资源共享和大数据应用、推动建立政府数据开放机制、全力保障网络信息安全、促进电子政务创新发展六大主要任务，并确定了省、市两级电子政务公共服务云平台建设工程、政务数据开放和应用体系建设工程、山东省扶贫开发平台建设工程、政府决策和智慧监管工程、政府公共服务体系建设工程五大重点工程。江西省发改委发布了《江西省“十三五”时期电子政务发展规划》，规划提出，在“十三五”期间，进一步完善全省电子政务顶层设计，建立统一标准规范体系，健全电子政务协调管理机制；发挥大数据和云计算等新技术对政府治理现代化的支撑作用，加快社会建设与政府监管的数字化和智能化，推动构建全业务和全流程的集约化电子政务体系，显著增强省、市、县政务部门信息服务能力；全面推动电子政务应用系统向云平台迁移，构建健全政务数据共享开放体系，通过应用整合与政务数据共享开放，推动业务协同和政务数据开发利用；建成覆盖经济、民生等重点领域的电子化公共服务体系，逐步提高政府公共服务水平。

【基础设施支撑能力明显增强】

统一的电子政务网络体系日趋完善。《“十二五”国家政务信息化工程建设规划》提出，基于国家电子政务传输骨干网，建好内网，扩展外网，整合优化已有业务专网，以构建完整、统一的国家电子政务网作为建设目标。截至目前，已基本完成国家电子政务外网的建设，电子政务内网正按照国家统一规划和部署积极推进。

电子政务外网方面。随着国家电子政务外网工程建设的不断深入和网络覆盖面的持续拓宽，国家电子政务外网已经建设成我国治国理政的重要公共基础设施，是我国承载业务类型最丰富、覆盖面最广、连接政务部门最多的政务公用网络平台。2016年，全国初步建成统一的国家电子政务外网，横向接入118个中央单位和14.4万个地方单位，纵向基本覆盖中央到县的各级政府，为47个全国性业务系统和5000余个地方业务系统提供有效支撑。在国家电子政务外网的基础之上，已基本建成了全国统一的国家数据共享交换平台，超过100个部门、涉及13个行业领域的跨部门共享交换业务已通过或拟通过国家数据共享交换平台实现。其中，山东省级电子政务外网已连接国家电子政务外网，覆盖101个省直部门和17市、全部县（市、区）及44%的乡（镇、街道办事处）。部分市的社保、低保、扶贫及医疗卫生等事务在电子政务外网的支撑下已将服务延伸到基层。省级电子政务内网已经连接所有省直部门、党委、政协、人大、检察院、法院及市级政府、县级政府；省政府、省直部门及市、县级政府全部构建了门户网站。辽宁省电子政务外网已累计接入 143 个接入节点（接入单位达 129 家）。中卫市建成了覆盖全市各级党委、人大、政府、政协、党委、政府直属部门事业单位、人民法院、人民检察院、各人民团体、行政村（社区）、公益性服务机构的电子政务外网，全市共计接入 259 个单位、363 个行政村（社区），接入率达 91%。目前，中卫市本级机关接入电子政务外网电路 60 条，接入单位为 136 个，其中，A、B 面双线路有 24 条，电路接入率为 100%；沙坡头区乡镇以上 21 个单位均已接入电子政务外网，182 个行政村及社区已接入 180 个，接入率达 98.9%；中宁县乡镇以上 45 个单位接入 43 个，接入率为 95.5%，75 个行政村及社区已接入 67 个，接入率为 89.3%；海原县乡镇以上 57 个单位均已接入电子政务外网，176 个行政村及社区已接入 116 个，接入率为 65.9%。

电子政务内网方面。由中央办公厅牵头的国家电子政务内网中央网络平台建设项目已经启动，与之配套的国家电子政务内网建设管理办法、发展规划等制度、文件也已经发布。由国务院办公厅牵头的国家电子政务内网政府系统网络建设也已经开始执行，政务内网政府系统网络运维管理办法等配套制度已经发布。国家电子政务内网建设全面加速。

集约化的电子政务基础设施为电子政务发展提供了有力的环境支撑。各地各部门广泛利用云计算技术开展集约化的电子政务云平台建设，对基础设施资源进行整合，既提高了资源利用效率，又增强了对业务应用和政务服务的支撑能力。据统计，目前全国已有 15 个省（自治区、直辖市）通过“云”实现了机房、存储设备、OA 系统等软硬件资源的集中建设。福建省云计算中心即将建成，将面向政府和社会提供服务。河北省“云上河北”建设取得积极进展，目前已建成政务云、环保云，为省直部门提供统一的基础设施和共性应用服务。浙江省建设了省、市两级架构的电子政务云平台，集中为 49 个省级单位的应用系统提供基础支撑。重庆市、山东省济南市将各委办局业务系统部署在云平台上，使电子政务建设成本降低了 15%～25%。陕西将 95 个省级部门、11 个地市、107 个县的 1233 个业务应用系统和数百个数据库部署在政务云平台上，通过集约化建设，节约了 55%的建设资金、60%的运维服务费用。辽宁省电子政务外网利用数据中心资源为省直各部门提供设备托管服务和应用托管服务，目前已累计托管各省直部门的硬件设备 61 台，并通过云技术整合信息化基础设施，以虚拟机的方式为省级政府部门的应用提供技术支撑和保障服务；目前辽宁省政务外网已累计部署虚拟机 176 台，为省直部门开展各自的电子政务应用提供了坚实的基础环境和强有力的技术保障，极大地减少了物理资源的使用，确保省政务外网资源的充分利用，促进了政务资源的集约化建设。济南市已经将 50 多个部门机房、支撑平台、通信网络及运行管理进行统一集中，在市级云平台统一部署实施了 300 多个业务系统及 10 多个跨部门应用，年节省财政经费 20%以上。青岛市在市电子政务云平台的基础上部署了 110 多个信息系统，年节约运行维护费约 3000 万元。潍坊市基于电子政务公共平台为 40 多个部门的 60 多个政务信息数据库及业务系统提供了共享共用服务。威海市完成了两大云平台（政务云和公共服务云）的建设工作，支撑超过 100 个较大的公共服务及政务服务应用，预计每年可以减少财政预算 2000 万元。临沂、淄博、滨州、菏泽、德州、聊城、东营等市初步建成了市级电子政务的基础支撑环境，应用成效将会逐渐显现。

【“互联网+政务服务”成效显著】

互联网在社会各领域的渗透和应用越来越广泛，为适应互联网时代经济、社会的发展需要，很多地区和部门积极利用电子政务推动放管服改革措施落地，大力推动政府管理和服务与互联网深度融合，以“互联网+政务服务”为依托，构建网上服务与实体大厅服务、线上服务与线下服务相结合的一体化政务服务模式，破解老百姓“办事难”“审批难”“跑腿多”等“最后一公里”问题。“互联网+政府服务”已成为创新政府管理和服务的重要途径。江苏、浙江、福建等省（自治区、直辖市）在企业登记注册领域实现多证合一改革，并逐步扩展到其他政务服务领域，在全国率先实现“一号一窗一网”政务服务，北京、上海、福建等省（自治区、直辖市）开始建设统一的电子证照库，多个省（自治区、直辖市）开始受理外地户籍人口身份证补换业务。宁夏回族自治区银川市通过7轮“瘦身”，将政务审批改革持续向纵深推进，相继推出一站式审批、网上审批、审批改备案、视频勘验等10余项创新举措，实现政府职能由管理型向智慧型、服务型、法治型的转变。目前，银川市审批业务全部办理完成的时间从4080个工作日减少到561个工作日，减幅达86%，平均提效75%，其中50%的审批事项实现了当场办理；“一表通”办理新模式共减少各类审批申请表格、申报材料291个；并通过“移动审批”App实现“掌上审批”，足不出户办理社会团体登记备案、司法鉴定机构申请等242个网上审批事项的办理，网上（掌上）审批事项占审批业务的48%。上海市交通执法总队首创推出了交通执法App进行移动执法，结合执法实际需求，与移动互联网嫁接，有效助推上海市移动执法新模式的探索，成为上海市推动“互联网+”政务建设的一大新举措。该移动执法App可集拍摄取证、现场写实、信息查询、案件登录及勤务调派、监督检查等功能于一体，对进一步强化交通行业监管、规范交通执法行为、提高执法效率具有重要意义。兰州市提出了“一号”申请、“一窗”受理、“一网”通办的“互联网+政务服务”工作目标；为了完成这一目标，兰州市发改委明确了主要任务、责任单位和相关工作要求，制定形成了市级政务服务事项目录，涉及48个市直部门（单位）公共服务事项221个、县（区）公共服务事项541个；开展涉及行政许可事项的电子证照梳理工作，形成了33个市直部门192个行政许可事项所涉及的电子证照目录。目前已完成37个政府部门、事业单位和重点国企数据资源整合入库，其中，共享数据资源的单位达到20家，数据量已超过11TB，基本满足各单位对数据资源共享的需求。作为全国商事制度改革先行省份，广东省工商行政管理局建成了全程电子化登记系统，在全省范围内推行“全程电子化办事模式”。通过数字证书或者银行证书的方式进行身份认证及数字签名，申请人实现全程网上填写电子表单，通过系统自动生成标准化的电子表格及文书，省去纸质文件的扫描上传，避免重复提交资料，实现了一站式受理、标准化审批、全透明服务。

这些地方和部门的积极探索也为全国“互联网+政务服务”建设提供了有益经验。国务院办公厅和国家发改委等部门在吸纳地方经验的基础上，先后发布了《推进“互联网+政务服务”开展信息惠民试点实施方案》和《国务院关于加快推进“互联网+政务服务”工作的指导意见》，对推进“互联网+政务服务”进行全面部署，提出了推进路径和实施机制，全国一体化的政务服务体系进入具体实施阶段。

在多渠道服务方面，各级政府开始广泛采用新媒体传播及移动技术，加大民政互动，提升为人民服务的能力。政务微信、政务App、政务微博等的应用程度不断提高，与民众之间的互动越来越频繁、密切，互动内容更加广泛、实用，各种为民服务的创新实践不断涌现，在促进执政方式转变、加强政府信息公开、促进政府与公众交流、提升政府公信力、解决民众实际问题等方面发挥的作用越来越显著，成为连接政府与公众的桥梁和纽带。其中，微博依然是国内规模最大的移动政务平台。截至2016年年底，我国已开通认证的政务微博达164522个。其中，政务机构官方微博有125098个，比2015年增长9%；公务人员微博有39424个，比2015年增长5%。2016年政务微博共发博7469万多条，总阅读量超过2605亿人次，阅读量超过100万人次的微博有1.2万多条。截至2016年1月，政务微信公众号超过5万个。根据中山大学发布的《“互联网+政务”报告（2016）：移动政务的现状与未来》显示，在全国70个大中城市中，已有69个城市推出政务App共计316个，可获得下载量信息的261个政务App总下载量达2476.9万次。

截至2016年6月，全国有300多个城市可通过支付宝、微信等平台办理社保、警务、交通、税务、教育、医疗等各个方面共50多类服务。北京、上海、深圳等地发布了在线服务App，方便群众通过手机获取政府信息和服务。

【政务应用业务延伸不断深化】

为顺应社会发展与政府管理的新形势，2016年，中央和地方政府部门高度重视电子政务业务应用建设，系统建设快速发展，电子政务应用深入推进，典型应用实践不断涌现，取得较好的经济效益和社会效益，在完善宏观调控、推进结构性改革、释放市场活力和保持经济平稳增长等方面发挥了重要作用。

在劳动就业、市场监管、社会信用、社会保障、食品药品安全、国民教育、公共安全、医疗卫生、养老服务等关系国计民生大局的重点领域，围绕焦点问题与政府工作目标，统筹兼顾，分步实施，在既有成绩基础上扎实推进电子政务建设。根据人社部发布的数据，我国社保卡持卡人数突破9.09亿人，“十三五”末全国社保卡人口覆盖率将达到90%以上。国家发改委投资项目在线审批监管平台运转良好，初步实现中央国家机关相关部门16个单位在线平台的横向联通，以及31个省（自治区、直辖市）、5个计划单列市、新疆生产建设兵团共37个地方部门的纵向贯通。根据国家发改委公布的数据，截至2016年12月2日，该互联网网站累计注册用户达4453人，累计访问量为20.1万人次，中央平台累计登记项目达1425个，各地通过校核入库项目总计37.4万个。在国务院的指导下，由国家工商总局牵头的国家企业信用信息公示系统建设取得突破性进展，2016年年初确定了北京、上海、天津、重庆、江西、福建、贵州和黑龙江为首批先行建设单位。江西、黑龙江、福建、贵州、上海等省（自治区、直辖市）分别归集了数十个部门的涉企信用数据。目前，江西、黑龙江、福建、贵州、上海和重庆建设的国家企业信用信息公示系统已通过验收，放宽市场准入门槛、加强事中事后监管，企业信用信息统一公示、失信行为联合惩戒的市场监管与服务新模式正在逐步形成。农业部与10个省（自治区、直辖市）人民政府共同启动了11个国家级大市场建设，在6个省（自治区、直辖市）开始建设22个田头市场示范点。质检总局“智慧质检”工程稳步有序推进，成效逐步显现。交通运输部全国道路货运车辆公共监管与服务平台推广顺利，已接入400多万辆货运汽车，实现了实时监管。

【组织协调和保障措施逐步完善】

近年来，各级政府充分认识到电子政务发展的迫切性与重要性，在组织协调机构建设方面，很多部门都成立了信息化（电子政务）工作领导小组及办公室，强化了组织领导，完善了管理机制，明确了职能范围，积极创新管理机制。总体来看，各地电子政务管理机构主要设置在办公厅（室）、网信办、经信委、发改委等部门，基本建立起电子政务支撑机构。省（自治区、直辖市）部门中有超过一半的部门完成了电子政务建设规划或年度计划的编制，县级市政府中近1/3的部门完成了电子政务建设规划或年度计划的编制。通过技改资金、上级拨款、专项资金、行政办公费等资金来源方式，各地均成立了不同数量的电子政务建设专项资金。近一半的省、副省级城市政府直属部门配备了专项的电子政务运维经费，超过1/3的地市级政府直属部门配备了电子政务运维经费，近15%的县级政府直属部门配备了电子政务运维经费。

2016年，中央网信办发布了《关于建立国家电子政务工作统筹协调机制的意见》，明确了各部门在电子政务工作中的职责分工。2016年9月，全国电子政务工作座谈会在福建召开，相关部门和地方就电子政务发展中的问题交换意见、达成共识，商讨并确立电子政务未来的工作方向和重点。

在人才保障方面，通过采取各种有效措施，创造有利条件引进人才。公务员整体信息化素质和技能大幅提高，电子政务专业人才队伍不断发展壮大，构建了一支既精于本部门业务管理、兼具扎实信息化工作经验的人才队伍，大幅增强了电子政务持续健康发展的保障能力。

新型智慧城市发展情况

新型智慧城市是新一代信息技术与城市现代化发展的深度融合，也是我国城镇化转型升级的重要途径。2016 年，新型智慧城市建设受到党中央、国务院和各级政府的高度重视，成为优化服务、改善民生、促进信息经济发展的关键抓手。各地在推进新型智慧城市建设的过程中，紧密结合地方实际、突出地方特色，强调大数据、人工智能等先进信息技术与城市发展的融合，将以大数据应用为关键抓手、以数据为核心要素的理念深刻融入新型智慧城市顶层设计、项目建设和运营管理过程中。积极调动企业和社会资源，创新政企合作模式，各类智慧应用项目建设取得显著成效。

【新型智慧城市建设受到空前重视】

党中央、国务院对新型智慧城市建设给予了空前重视，把发展新型智慧城市作为让最广大人民群众共享互联网发展成果的重要落脚点。2016 年习近平总书记两次就推进新型智慧城市建设作出指示，2016 年 4 月 19 日，在全国网络安全和信息化工作座谈会上，习近平总书记讲话指出，“统筹发展电子政务，构建一体化在线服务平台，分级分类推进新型智慧城市建设。”2016 年 10 月 9 日，在中央政治局第三十六次集体学习时习近平总书记再次强调，“以推行电子政务、建设新型智慧城市等为抓手，以数据集中和共享为途径，建设全国一体化的国家大数据中心，推进技术融合、业务融合、数据融合，实现跨层级、跨地域、跨系统、跨部门、跨业务的协同管理和服务。”国务院《关于加快推进“互联网+政务服务”工作的指导意见》提出，将加快新型智慧城市建设作为推进“互联网+政务服务”的基础支撑，“创新应用互联网、物联网、云计算和大数据等技术，加强统筹，注重实效，分级分类推进新型智慧城市建设，打造透明高效的服务型政府。汇聚城市人口、建筑、街道、管网、环境、交通等数据信息，建立大数据辅助决策的城市治理新方式。构建多元、普惠的民生信息服务体系，在教育文化、医疗卫生、社会保障等领域，积极发展民生服务智慧应用，向城市居民、农民工及其随迁家属提供更加方便、及时、高效的公共服务。提升电力、燃气、交通、水务、物流等公用基础设施智能化水平，实行精细化运行管理。做好分级分类新型智慧城市试点示范工作，及时评估工作成效，发挥创新引领作用。”《“十三五”国家信息化规划》提出，到 2018 年，将分级分类建设 100 个新型示范性智慧城市；到 2020 年，新型智慧城市建设要取得显著成效，形成无处不在的惠民服务、透明高效的在线政府、融合创新的信息经济、精准精细的城市治理、安全可靠的运行体系。

【优化服务改善民生成为关注焦点】

2016 年 11 月 22 日，国家发改委、中央网信办、国家标准委联合发布《关于组织开展新型智慧城市评价工作务实推动新型智慧城市健康快速发展的通知》，同时下发了《新型智慧城市评价指标（2016 年）》。在《新型智慧城市评价指标（2016 年）》中提出了惠民服务、精准治理、生态宜居、智能设施、信息资源、网络安全、改革创新、市民体验八大一级指标，其中，惠民服务占比37%，生态宜居占比8%，市民体验占比20%，与服务和民生相关的指标占比高达65%，优化服务、改善民生成为新型智慧城市评价的主要内容。在惠民服务中，政务、交通、社保、医疗、教育、就业等均被纳入评价体系，成为重要的评价指标。

各地在新型智慧城市建设实践和未来规划中也普遍对优化服务、改善民生给予了重点关注。北京市把构建信息惠民体系作为“十三五”期间信息化发展的重要任务，将从政务服务、社区信息服务、农村信息服务和特定人群信息服务等方面推进公共服务便捷化，通过发展智慧教育教学、健康医疗、旅游文化等服务推进民生服务智慧化。2016年，北京市在城六区的30余家社区卫生服务中心试点“家医e站”，首批试点的社区卫生服务中心有150名全科医生对3万名社区签约慢病管理患者开展专病管理，后端有300多名专科专家团队提供远程技术支持；2016年5月，北京市第一个智能急救站落户通州，需要急救服务的市民可通过App一键获取急救站内的药品、器械，还可一键求助；朝阳区幸福里、西城区大栅栏等社区分别推出了针对老年人的智能穿戴设备和具有多种功能的便携式对讲设备，向老年人提供全天候、实时贴身服务。北京市朝阳区在《朝阳区“十三五”时期信息化发展规划》中将“民生和公共服务更加便捷、智慧”作为具体目标之一，将“大力推进智慧社区建设”作为主要任务，提出“依托智慧社区安居工程，推进智慧社区信息化管理体系的建设完善。”“加快对传统老旧社区的智慧化改造，加快便民服务终端网络的统筹和公共服务系统建设，推进社区公共服务综合信息平台建设。”上海实现了3000多万（份）市民健康档案的电子化，建成了以市、区两级卫生综合管理平台为主干的卫生信息化应用框架，居民的健康档案信息可动态采集并在联网医疗机构共享。由上海市学习型社会建设与终身教育促进委员会主管、上海开放大学承建的“上海学习网”注册用户超过180万人；开设在线课程超过1.5万门、由上海远程教育集团建设的“上海教育资源库”网站，免费向市民提供从学前教育到高等教育、继续教育覆盖整个教育生命周期的学习资源。《上海市推进智慧城市建设“十三五”规划》部署的第一项任务就是“营造智慧生活，构筑宜居之城”，计划通过智慧城市建设提升市民的生活品质、满足市民的个体发展需求、优化城市的人文环境、改善便捷交通，还将打造智慧社区、智慧农村示范，促进市民服务便捷化、缩小城乡差距。《天津市智慧城市建设“十三五”规划》提出，将“打造惠民服务、便捷贴心的特色城市”作为重要目标，“整合公共信息服务资源，深入推进智慧社保、智慧医疗、智慧教育等建设，构建完备的公共信息服务体系。加快发展基于互联网的健康、养老、旅游等新兴服务，不断满足城乡居民日益增长的个性化、多样化需求”。2016年11月，深圳市原则上通过了《深圳市新型智慧城市建设工作方案（2016—2020年）》，提出把“注重公众体验，推进全程全时的民生服务”作为主要工作任务，在公共服务方面将着力建成全市统一的“互联网+政务服务”体系，基于互联网的智慧化医疗、教育、社保、社区等服务基本涵盖全体市民。《杭州信息经济智慧应用总体规划（2015—2020年）》将“大力提升智慧公共服务水平”作为总目标之一，并从智慧城市治理、民生服务、环境保护3个方面对智慧公共服务进行了分解，提出了具体的目标和任务。枣庄市的智慧城市发展规划将“打造普惠共享的智慧服务体系，提升在线为民服务效能”作为枣庄智慧城市建设的主要任务，并在智慧城市建设行动计划中提出了“互联网与公共服务融合创新行动”，计划在2019年形成功能丰富、覆盖城乡的市民综合服务平台，促进教育、医疗、人社、扶贫、社区等公共服务实现与互联网的深度融合，市民卡覆盖率达到90%以上。泸州市在城市创新发展规划的主要任务中提出创新公共服务模式、发展智慧健康养老、鼓励开展网络化教育、优化医疗服务等具体任务。

【促进信息经济发展激发新动能】

当前，我国正面临经济发展新常态，发展信息经济已成为激发新动能，应对新常态的重要抓手，很多城市在智慧城市建设的相关政策规划中，将促进信息经济发展作为一个重要方向，力图通过智慧城市建设带动信息经济发展，激发新动能，促进区域经济转型发展。

杭州市出台了《杭州信息经济智慧应用总体规划（2015—2020年）》，将发展智慧产业作为优先任务，规划了包括电子商务、软件和信息服务、文化创意、云计算和大数据、物联网、智慧物流等12个重点发展的智慧产业，提出到2020年杭州市信息经济的产业增加值要达到3805亿元，规模以上企业主营业务收入达到10000亿元。《天津市智慧城市建设“十三五”规划》提出，以“打造智慧产业融合创新的先行城市”为目标，“壮大云计算、大数据、智能终端等新一代信息技术产业，着力推动信息技术与制造业深度融合，提升制造业数字化、网络化、智能化水平，推动产业智能转型，重点企业信息技术综合集成应用达到60%。”另外，将“大力发展信息经济，推动产业智能转型”作为主要任务，从发展新一代信息技术产业、实施“互联网+”协同制造、“互联网+”新兴服务、“互联网+”现代农业等6个方面入手，切实推动信息经济发展。《上海市推进智慧城市建设“十三五”规划》将“发展智慧经济，构筑创新之城”作为一项主要任务，提出了“培育分享服务经济”“促进信息消费新业态”“发展智能制造新模式”等具体任务。《北京市“十三五”时期信息化发展规划》将构建融合创新生态作为重点任务，通过促进创业创新、推动产业融合升级和推进信息产业发展提振信息经济。《“十三五”智慧南京发展规划》提出了“智慧产业位列全国第一方阵，到2020年全市软件与信息服务业收入年均增幅超过全国水平2～3个百分点”的目标，并在重点任务中提出“发挥融合互动作用，推动智慧产业快速发展”。青岛市将促进“互联网+”传统产业融合创新和构建创新驱动的现代信息技术产业体系作为“十三五”时期信息化发展的重点任务，提出到2020年青岛市电子信息制造业、软件和信息服务业产值将超过6000亿元，形成信息技术产业新高地。

【大数据成为智慧城市建设的核心要素】

随着信息基础设施的不断完善和各类应用的不断深化，新型智慧城市建设开始从强基础、推应用转向以海量数据为特征的新阶段，大数据成为新型智慧城市建设的核心要素。很多城市在新型智慧城市建设实践或规划中强调挖掘数据资源价值、释放数据资源红利，以大数据应用为提升城市智慧化水平的关键抓手、以数据为核心要素的理念深刻融入新型智慧城市顶层设计、项目建设和运营管理过程中。

《宁波市智慧城市发展“十三五”规划》提出，将“建设智慧城市运营中心，形成城市大数据生态体系”作为重点任务，“完善信息资源采集机制，加快信息资源整合共享，实施政务数据的社会化利用，支持业务协同和政府决策，加快形成城市大数据生态体系。”《上海市推进智慧城市建设“十三五”规划》将“基本形成广泛汇聚、共享开放、深度应用的数据资源利用体系”作为“十三五”时期上海智慧城市建设的主要目标之一，将“深化数据资源共享开放，提升智慧城市的信息资源采集和利用能力”作为智慧城市的重要支撑，“以提升治理能力、改善民生、经济转型和创新创业为导向，推动数据资源共享开放，促进大数据应用，加快大数据产业发展，提升大数据发展水平和能级。”《北京市“十三五”时期信息化发展规划》以建设新型“智慧北京”为主线，在发展目标中提出到2020年要让北京成为“大数据综合试验区和智慧城市建设示范区”“大数据基础设施更加完善”，公共数据开放单位超过90%；在城市智能管理方面要“基本形成基于大数据的监测预警和决策支撑体系”，并且在基础设施建设、信息惠民、城市智慧管理等主要任务中强调大数据的建设和应用。《天津市智慧城市建设“十三五”规划》在智慧政务任务中提出“统筹政务数据资源和社会数据资源，建设全市大数据平台”，还在推进信息惠民、发展信息经济、提升信息基础设施等任务中就大数据基础设施建设、医疗大数据及大数据产业发展做出了具体规划。《沈阳市智慧城市总体规划（2016—2020年）》明确提出，“以释放数据红利为核心，以数据流引领技术流、物质流、资金流、人才流，构建‘智基、智心、智脑、智惠、智理、智业、智引’的智慧沈阳体系。”《青岛市信息化“十三五”发展规划》提出，将“推动基于大数据的精细化建设”作为一个重点方向，“在生产、流通、分配活动及经济运行、社会生活、城市治理等各方面，用数据说话、用数据决策、用数据管理、用数据创新。”杭州“城市数据大脑”运用人工智能技术对城市数据进行深度利用，已经开始在城市交通治理中发挥作用。在杭州市区试验区域，通过对交通大数据进行分析进而智能调控红绿灯，使车辆通行速度有10%以上的提升。中国电科为深圳、福州、嘉兴等地打造新型智慧城市运营中心，通过城市数据深度挖掘、数据融合和数据价值发现，实现城市智慧治理。一批智慧城市解决方案提供商纷纷探索通过互联网和大数据思维推动智慧城市建设与运营。

【发挥地方特色成为立足点】

各地在推进新型智慧城市建设的实践中，虽然普遍都从固基础、惠民生、抓管理、强经济等角度着手，但在具体目标和措施上，更加注重地方实际情况，力图通过智慧城市发展凸显地方特色、破解本地问题。

上海市紧扣2020年基本建成“四个中心”和社会主义现代化国际大都市、形成具有全球影响力的科技创新中心基本框架的城市发展战略，将智慧城市建设作为推进上海改革开放和创新发展的重要举措，强调激活市场、发挥市场主体的作用，并将目光向全球扩展，提出要成为亚太地区重要的数据交易市场和全球“数据经济”枢纽城市，通过智慧城市建设提升上海在未来信息时代的国际竞争力。北京市牢牢把握当前面临的京津冀协同发展、承办2020年冬奥会及北京城市副中心建设等重大任务，提出了京津冀信息化协同发展专项，全面推进与天津、河北在基础设施、信息资源、服务体系上的对接，提出将城市副中心建设成高标准的智慧城市示范区。宁波市《宁波市智慧城市发展“十三五”规划》提出，利用被列入首批国家信息消费试点城市、信息惠民国家试点城市、中欧绿色智慧城市合作试点城市、“智慧浙江”综合试点城市、国家电子商务示范城市等多个试点的机遇，以及宁波地处东部沿海、拥有我国最大的宁波—舟山港等区位特征，将新型智慧城市建设作为宁波市推进港口经济圈、制造业创新中心、经贸合作交流中心、港航物流服务中心“一圈三中心”建设战略的抓手；在信息基础设施建设方面，提出完善“海天地”一体化信息基础设施，突出强调了卫星导航基础设施建设和海洋信息基础设施建设，支撑海港、陆港、空港、信息港一体化发展。

【政企合作模式不断创新】

各地在推进新型智慧城市建设过程中普遍重视发挥企业和社会力量，通过合作模式创新，让企业成为新型智慧城市建设的主力军，极大地加快了新型智慧城市建设进度。

杭州的“城市数据大脑”项目吸纳了13家企业参与，阿里云提供计算、大数据和人工智能技术，中国移动和中国联通提供网络通信保障，海康威视提供图像视频捕捉能力等，各方企业的技术优势在智慧城市运营中得到有效整合，提高了建设水平和运营水平。上海将“政府引导、企业主体”“激活市场、鼓励众创”作为新型智慧城市建设的原则，《上海市推进智慧城市建设“十三五”规划》提出，“在智慧城市建设投融资保障上要推进PPP（政府与社会资本合作）和政府购买服务等模式的应用，鼓励社会资本和专业机构探索市场化经营，提升智慧城市投资、建设和运营效能。发挥政府产业引导基金的先导作用，有效衔接多层次资本市场及其相关配套服务体系，促进面向智慧城市及相关产业建设的一体化金融服务链的形成。”在智慧城市应用体系建设上，上海市重视激发社会和企业的创新活力，在上海市开展的智慧城市建设成果评选中，十大创新应用有4个是民营企业开发运营的，捷停智慧停车、31会议、途虎养车、凹凸共享租车等企业开发和运营的项目切实发挥了信息惠民的积极作用。北京市提出，“推动信息基础设施及共性平台集约建设、开放共享，以购买服务和政企合作方式吸引更多市场主体参与，推动公共数据和社会数据融合利用。”南京市计划在“十三五”期间，“打造智慧城市政产学研用联盟，通过数据开放、政府采购、设计竞赛等方式，激发创新应用，创造智慧城市技术和市场需求，扩大有效供给。”《沈阳市智慧城市总体规划（2016—2020年）》提出，“探索市场化运作的智慧城市建设及运营模式，在公共领域大力推广特许经营、PPP等模式。积极和国内知名互联网企业、IT企业和大数据企业合作，通过组建大数据运营公司、研究院、投资基金等，稳步推进项目外包和政府购买服务，形成政府、市场共同参与智慧城市建设的良好局面。”企业的积极参与为新型智慧城市发展注入了创新活力、扩大了资金来源、提升了发展质量，同时也为企业扩大了市场、增加了效益。

云计算应用发展情况

2016 年，国家和地方政府先后出台多项政策强力支持云计算发展，云计算技术突破、产业发展、生态构建、应用创新不断取得新进展。在技术创新方面，我国在云平台系统研发、云网融合、云平台运营维护等核心技术研发方面不断取得突破，取得了分布式云存储系统 SurFS、云计算系统 SD-30、磁盘服务锁技术等重大成果。在产业发展方面，我国云计算市场总体保持快速发展态势，2016 年企业云服务市场规模超过 500 亿元，整体增速达 32.1%。在生态构建方面，我国云计算企业纷纷开放平台或者寻求战略合作，积极拓展海外市场布局，着力构建跨领域的产业生态体系。在应用创新方面，云计算在重点行业、政务服务、社会民生等领域的应用愈加深化，有效帮助传统企业提升产品附加值、提高生产效率、创新商业模式，显著提高了政府治理和为民服务水平。同时，也应该看到，云计算的发展还存在一些挑战，如数据中心“重建设、轻应用”、云计算服务商业模式尚不清晰、云安全防护能力亟待提升等，需要在今后的发展中引起重视并加以解决。

【云计算市场持续扩大】

2016 年中国云计算市场显现爆发式增长，成为互联网新风口，也逐渐成为新一代商业基础设施。云计算与信息产业内其他领域呈现相互融合的趋势及国内企业向海外拓展市场成为 2016 年我国云计算市场的两大显著特征。我国云计算市场总体保持快速发展态势。据统计，2016 年中国企业云服务市场规模超过 500 亿元，整体增速达 32.1%，预计未来几年仍将保持约 30%的年复合增长率。

2016 年我国公有云市场规模为 241.5 亿元，占云计算市场总额的 46.4%。通过公有云服务的 3 种类别可以看出，占市场规模最大的依然是软件即服务（SaaS），全年市场总额约 127.5 亿元，占 53%的市场份额；基础设施即服务（IaaS）紧随其后，约占 42%的市场份额；而平台即服务（PaaS）规模比较小，仅占 5%的市场份额。与 2015 年相比，基础设施即服务（IaaS）发展很快，但呈现“二八趋势”，阿里云一家独大，加上其他几家主流云服务商，占据 80%以上的市场份额；软件即服务（SaaS）市场中仍活跃着许多中小云服务商。

随着云计算技术的逐渐成熟，云计算与大数据、移动互联网及软件和信息服务业等信息产业呈现相互融合的趋势，信息产业各细分领域间协同增长效应明显，预计 2016 年我国云计算产业整体市场规模将达到 3167.5 亿元，同比增长 56.0%（见图 1）。

虽然云计算已经开始在政务、教育、医疗、金融、工业等领域崭露头角，但其主要市场应用仍在 O2O、电商、游戏、社交、视频这些领域。2016 年，市场对云计算服务的强大需求，尤其是即时通信与直播的火爆，加速了云计算技术的发

展与成熟。总体来说，市场对云计算服务的整体接受程度已经大为改善。

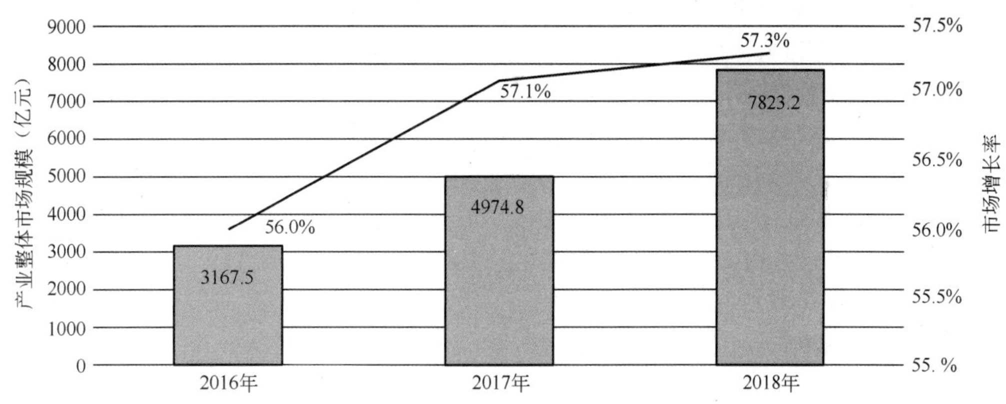

图 1　2016—2018 年我国云计算产业整体市场规模预测

资料来源：IDC，2016 年 2 月

与此同时，来自投资界的支持对云计算产业内部的合作共赢是必不可少的。2016 年，云计算领域规模化的投资共计 452 次，虽然较 2015 年有所下降，但仍远高于 2014 年，处于投资高位。可信云大会、云计算开源产业联盟等一大批产业组织相继成立，在工业和信息化部的引导下制定技术标准、加强企业合作、推动技术产业化、呼吁云安全，极大地改善了产业生态，在一定程度上规范了云计算市场。

在国内市场竞争日趋激烈的同时，我国大型云服务企业积极拓展海外市场布局，这是我国云计算市场发展的另一个显著特征。以我国大型云服务企业为例，2016 年 12 月，该企业全面开放 11 个海外服务节点，至此在全球范围内共拥有 19 个节点，服务范围覆盖除南极洲之外的所有大洲。这意味着我国云计算技术发展迅速并已初步成熟，在某些领域内能够与国际巨头在全球市场上一争高下。

【国家密集出台支持云计算产业发展政策】

我国云计算产业的飞速发展与各级政府的支持密不可分，政府在云计算产业链的构建和运作上扮演了引导者的角色。根据政府的引导，参与企业认识到产业链价值的全局性，并通过产业链各环节之间的价值交换与信息反馈，促进产业链间价值流和信息流的流通，使整个产业发展进一步走向成熟和规范。

2016 年国家先后出台多个政策文件，大力支持云计算产业的发展。2016 年 3 月发布的《国民经济和社会发展第十三个五年规划纲要》中明确指出，要重点突破云计算和大数据关键技术，积极推动物联网与云计算的发展；要倡导互联网骨干企业开放平台资源，进一步强化行业云服务平台建设，鼓励行业信息系统迁移至云平台。“十三五”期间，信息化应用的主流模式将转变为云计算，一些政府的电子政务中心将向电子政务云迁移，越来越多的大企业将按照云的方式完成构建，更多中小企业将习惯采用 PaaS、IaaS 及 SaaS，很多企业的 IT 部门将逐渐被云计算公司代替。2016 年 7 月，中共中央办公厅、国务院办公厅印发了《国家信息化发展战略纲要》，提出着力构筑移动互联网、云计算、大数据等领域的比较优势。2016 年 7 月，银监会发布《中国银行业信息科技“十三五”发展规划监管指导意见（征求意见稿）》，指出要“探索建立银行业金融公共服务云，构建私有云与行业云相结合的混合云应用”。2016 年 10 月，工业和信息化部下发《关于发布 2016 年工业转型升级（中国制造 2025）重点项目指南的通知》，明确了“中国制造 2025”重点项目共 18 个重点领域，重点扶持工业云和大数据公共服务平台建设及应用推广。

为全面贯彻落实国家云计算发展战略，各地方政府也纷纷出台政策，鼓励和促进云计算产业的发展。北京市颁布的《北京市大数据和云计算发展行动计划（2016—2020 年）》指出，到 2020 年，大数据与云计算的创新发展体系基本建设完成，使北京市成为全国大数据与云计算应用中心、创新中心及产业高地。另外，具体目标包括：打造具有全国示范水平的基础公共云平台，公共数据开放率超过 60%，开放单位超过 90%；在经济、社会发展中大数据与云计算达到良好的应用效果，打造千亿元级的产业集群，大数据与云计算企业超过 500 家，培育面向全球的平台型龙头企业 20 家以上，打造 10 个以上大数据和云计算创新应用示范工程等。上海市制定发布《关于促进云计算创新发展培育信息产业新业态的实施意见（2016 年）》，提出以增强云计算服务能力、自主研发云计算产品、支撑互联网创新发展、推动数据资源开发利用等为主要任务；到 2018 年，使云计算成为信息产业的核心组成部分，云计算应用水平大幅提升，形成以云平台为基础、以云应用为导向、以云服务为模式的云计算产业，带动信息产业新业态快速发展，云计算技术和服务收入达到 1000 亿元。湖北省印发的《关于加快促进云计算创新发展培育信息产业新业态的实施意见》提出，紧抓国家促进云计算和大数据创新发展的战略机遇，到 2020 年，基本建成创新活跃、服务全面、应用深入、安全保障有力、基础设施完善的云计算大数据产业发展格局，对各相关产业转型升级的带动作用明显，为全省经济、社会发展提供科技支撑和创新驱动。深圳市印发的《深圳市推进云计算发展行动计划（2016—2017 年）》指出，到 2017 年，云计算基础设施进一步完善，大数据产业具有一定规模，云计算在政务、教育、医疗、交通、金融、公共安全等领域得到广泛应用，全市云计算应用水平跃上一个新台阶；积极完善宽带深圳网络建设、优化布局云计算数据中心、加强云计算资源利用；同时，引导企业提升云计算产业及软件与信息技术服务业系统集成能力，健全云计算产业链，加强政务信息资源开发利用，推动政务大数据共享与开放，为政府、企业和市民提供数据使用、数据分析和信息咨询等增值服务。

【核心技术研发不断取得突破】

随着我国云计算技术的不断提高、云计算产业的蓬勃发展，我国在云计算领域的自主创新能力不断增强，取得了越来越多的核心技术突破。我国云计算核心技术自主研发占比较大，截至 2015 年 7 月，在 37 个通过可信云认证的云主机服务中，运用开源及自研的虚拟化方案所占比例达到 80.7%，运用开源及自研的虚拟化管理软件所占比例达到 61%。在 2016 年 11 月召开的第三届世界互联网大会上，以飞天云平台为基础的大规模分布式高可用电子商务处理平台入选“世界互联网领先科技成果”，这表明我国企业在云计算领域的部分核心技术已处于世界领先水平。

在云平台系统研发、云网融合等基础性技术研发方面，我国企业取得了重大成果。2016 年 3 月，书生云发布其自主研发的分布式云存储系统 SurFS。存储系统是云平台的核心部件，也是云平台的整体性能及成本的决定性因素，SurFS 从这个核心领域着手，进行了颠覆式技术创新，重新定义了分布式存储系统的架构，与 Ceph、GlusterFS 等国外同类产品相比，在性能、成本、可靠性、可用度和可扩展性 5 个重要指标上优势凸显。此外，该系统还采用开源换营销的方式，供全球用户免费使用、共同完善。2016 年 6 月，首个基于自主 CPU 龙芯 3B1500 处理器研发的国产云计算系统 SD-30 问世，该系统运用 OpenStack 开源云计算软件及 KVM 虚拟化技术，首次在 40 台以上的国产龙芯集群服务器上建立了大规模的虚拟化节点，并且能够有效管理和调度 300 个以上的云计算虚拟节点，具有高能效、高密度、高扩展性的特征，在软、硬件结合的虚拟机设计及性能优化等方面居国内领先水平。近年来网络直播的爆发式增长给原有的内容分发网络（CDN）带来了很大挑战。针对这个需求，云帆加速把 CDN 高可用性的服务、可管理和可运维的服务、P2P 的服务，以及系统的可靠性、突发处理能力进行结合，即把 CDN 和 P2P 有机地结合在一起，在网络层面提高了系统的可扩展性，降低了成本，降低了跨域、跨流量的问题，相应提升了控制层面和内容层面，网络直播延时可以控制在 1s 以内。

在云平台运营维护方面，我国企业也取得了技术突破。随着以 Docker 为代表的容器技术的出现，自动化运维越来越受到重视。继阿里云与腾讯云之后，京东 2014 年开始容器尝试，并在 2015 年的“6·18”大促中，启用基于 Docker 的容器技术来承载关键业务，并且经受住了大流量的考验，而 2016 年“6·18”大促更是启动了近 15 万个容器，全部应用系统和大部分的 DB 服务都在 Docker 上运行。随着系统虚拟化的极速增长，系统不断臃肿膨胀，故障发生率大幅上升，中兴自主研发新支点高可用集群软件，开发全新磁盘服务锁专利技术，将虚拟机的应用服务进行锁定。当服务异常时，自动解锁，把用户业务切换到备用虚拟机上，满足虚拟应用场景，保障整个虚拟环境的应用服务的安全可靠，使得客户业务连续性、安全性得到有力保障。云平台系统漏洞修补可能导致服务器大面积重启，影响系统可用性甚至危及数据安全，而 UCloud 自主研发的热补丁技术能够在免重启的状态下完成所有内核代码的修复，同时可以把热修复过程业务中断时间稳定在 10ms 以内。这项技术已经在 UCloud 云平台运行了 1 年以上，完成约 20 个内核故障的热补丁修复，累计实现热补丁修复的次数达到 5 万次，从理论上避免了服务器的重启工作。

【云计算市场竞争激烈】

云计算巨大的商业前景，尤其是中国强大的云计算市场正吸引着越来越多的国外云计算企业进入中国。2016 年 8 月，亚马逊与光环新网正式签署运营协议，光环新网获亚马逊授权运营 AWS 云服务，协议标志着亚马逊 AWS 全面进入中国市场；微软与贵阳合作建设大数据平台孵化基地，微软 Azure 在中国企业客户超过 70000 家，并在近一年实现了 3 位数的年度增长；IBM 与世纪互联合作将自己广受赞誉的 Bluemix PaaS 平台落地中国；2016 年 9 月，甲骨文（Oracle）也与腾讯宣布合作，正式落地中国市场。值得注意的是，在国外云计算企业纷纷进军中国进行战略布局的同时，我国大型云服务企业也纷纷提供海外服务，积极拓展海外市场布局。云计算新创公司 Ucloud 从 2015 年开始，为其部署在全球范围内的 37 个数据节点提供加速方案，逐步拓展海外市场；而互联网巨头阿里巴巴与腾讯则在年内分别完成了海外市场基础设施建设。2016 年 11 月，阿里云欧洲、中东、日本和澳大利亚数据中心相继开服，如果包括此前已经启用的 4 个海外数据中心，阿里云海外数据中心已增至 8 个，海外业务量随之大幅增长。2016 年 12 月，腾讯云全面开放 11 个海外服务节点，至此腾讯云已拥有 14 个海外服务节点，成为全球云计算基础设施最完善的中国互联网云服务商。

2016 年，我国云计算服务商结合自身企业的优势分析，将侧重点进行细化，主要呈现 3 类不同的细分市场。第一类主要为提供 IaaS 服务的厂商，以阿里云为代表。受阿里巴巴平台式思维的影响，2016 年阿里巴巴选择平台化作为云计算领域的商业模式。阿里云侧重提供计算、存储、网络等方面的服务，并由此吸引 SaaS 及 PaaS 类的合作伙伴；此外，阿里云又身兼“应用超市”的角色，将自己与合作伙伴的 SaaS 或 PaaS 服务在云计算平台上按需向有需求的客户售卖。第二类是提供场景化云服务的厂商，以网易、京东为代表。2016 年 4 月发布的京东云战略，主推的场景化云服务主要包括物流云、电商云、智能云，针对特定场景定位。无独有偶，网易 2016 年发布了“网易蜂巢”（容器云）及“网易七鱼”（全智能云客服），再加上网易视频云、网易云信（即时通信云服务）、网易易盾（反垃圾云服务）、网易有数（敏捷数据分析平台）、网易云捕（质量跟踪平台）组成了网易覆盖 7 个不同应用场景的场景化云服务产品。此外，还有专注视频的乐视云、专注健康的医疗云和专注游戏的盛大云等。第三类则可看作前两类的结合，典型代表就是腾讯和百度。一方面，将网络、存储、计算等作为核心服务；另一方面，针对国内云计算“一超多强”的布局，他们瞄准场景化云服务的商机。例如，2016 年下半年发力的百度云，面向金融、娱乐及营销等行业制订了一系列的解决方案。

对于云计算行业而言，规模效应非常重要，它不仅可以有效降低新增用户的边际成本，还可以让企业进行更频繁的价格下调。因此，随着云计算市场全球化趋势明显，竞争愈加激烈，各企业也纷纷宣布一系列价格优惠政策。2016 年 12

月，阿里云又宣布了新一轮降价策略：新用户华南区云服务器优惠至 7 折，中国各大区云数据库全系调价，平均降幅 20%，云服务器独享实例最高降幅 30%。这是阿里云 16 年来第 18 次降价。在这种情况下，一方面，云计算应用会更加走向普及；另一方面，云计算的技术红利也会催生更多的技术创新，而这些技术创新又会反哺云计算，推动云计算的发展和进步。

纵观 2016 年云计算市场，以 BAT（百度、阿里巴巴、腾讯）为代表的三大传统互联网企业，以京东、网易、乐视为代表的垂直云服务平台，以亚马逊、微软、IBM 为代表的国际云计算巨头，以电信、联通为代表的运营商，以华为、联想为代表的 IT 巨头，以及以 Ucloud、青云为代表的云计算创业者等，都已经把目光锁定在了云计算，竞争程度可谓异常激烈。未来，竞争的加剧也使得各服务提供商找准自己的定位，中国云计算市场将会更加有序、健康、高速的发展。

【国内企业加速打造云计算生态】

云计算市场的强烈竞争，不仅针对企业及产品，还针对产业生态体系。对于云计算企业来讲，仅仅依靠企业自身或者产品本身难以占据市场竞争的优势地位，建立完整的产业生态体系成为国内外各大企业的共识。与此同时，在信息产业各大细分领域，互联网巨头与众多在其他 IT 领域深耕多年的企业都已构建起自己的生态系统，具备了独特的竞争优势，展现出差异化竞争的市场态势。在单打独斗越来越难以奏效的背景下，跨领域的产业生态体系的合作就势在必行。受此发展趋势影响，国内云计算领域的各环节企业纷纷开放平台或者寻求战略合作，构建自己的生态圈。

2016 年 3 月，金蝶云之家宣布与致远软件达成战略合作，为企业用户提供更快捷、更高效的移动办公应用，共建移动工作平台；首批在云之家平台接入云表单、考勤等应用，后续将陆续接入审批、外勤、商品订单、业务构建、行业业务等。2016 年 7 月，中国电信携手华为正式发布了天翼云 3.0 产品及服务。天翼云 3.0 在云网融合、安全保障和全面定制化服务方面具有独特优势，尤其是“云网融合”模式，通过构建云管端协同及“云网融合”的“网络+云”的基础设施，将网络和云一起作为一种可配置、按需调用的服务提供给客户，为云计算的进一步发展开辟了新的方向。2016 年 8 月，神州数码集团与阿里云正式宣布达成战略合作，双方联合推进企业客户的全面云化。阿里云将云计算领域积累的专业技术及服务对神州数码集团全面开放，同时对其旗下云科服务的企业云服务平台提供必要的支撑；神州数码集团则就客户群体、渠道和企业解决方案等与阿里云建立全面协作。2016 年 9 月，永洪科技和腾讯云正式签署战略合作协议，永洪科技是国内领先的一站式大数据分析平台厂商，双方约定在产品、技术、客户、市场等领域展开全方位合作；企业可以通过腾讯云获得永洪科技的数据分析、可视化展现等独有技术、行业服务经验。2016 年 11 月，甲骨文宣布与腾讯云合作共同为中国企业提供企业级云计算服务，甲骨文将其企业级云服务解决方案引入中国，将全面覆盖 SaaS、PaaS 和 IaaS 3 个层次；此外，双方将实现甲骨文企业云计算产品和腾讯云公有云服务的融合与联合创新。

【政府进一步拓展政务云应用】

随着中央和地方各级政府的推动，云计算广泛应用于政府自身管理与服务中。2016 年，各地的电子政务云平台建设已初见成效，多数省份已经建成了“一朵云”甚至“多朵云”，并已投入运营，部分省份政务云平台已经全面进入以业务应用为重点的发展阶段。一些地方政府着力于深化政务云应用，维护或扩展综合性政务云平台；另一些地方政府则进一步打造符合自身独特需求的政务云。

北京市政务服务中心基于政务云平台，整合打通各层级、部门及区域数据，实现“一口进、一口出”，前台一窗多能、后台分工协作，审批服务已经全部实现一站式办理。以投资项目审批为例，审批环节已由原来的 80 多个减至 50 多个，审批时限也由原来的 300 多个工作日压缩至 109 个工作日，政务服务效率大幅提升。北京市政府继续深化政务云平台建设，为下一步全面支撑大数据、物联网在智慧城市中的应用奠定了基础。

山东省省级电子政务公共服务云平台已于 2015 年 9 月搭建完成并开始试运行，云服务器超过 4000 台，存储能力达 1000PB。云平台已部署了 39 个部门的 44 个业务应用系统，近 80%的省直部门都建立了较为完善的业务应用系统，核心业务信息化覆盖率达到 95%以上，并开通政务信息共享交换平台，规范数据采集和共享交换制度，完成多项基础数据交换工作。电子政务在提高政府治理能力和公共服务水平上发挥了重要作用。贵州省通过“云上贵州”项目，将多个政府业务系统向云端迁移，实现“进一张网办全省事”，并推进政务服务不断向基层延伸。此外，贵州省还通过“云上贵州”打造“扶贫云”平台，针对贫困人口精准识别与动态监测的问题，建成以 GIS 为基础、以建档立卡贫困户和项目资金为重点的扶贫工作移动巡检系统，实现大数据对贵州扶贫开发工作的精准管理、动态管理、科学管理，使扶贫信息公开、透明。湖北省地税局通过与华三通信合作，打造了国内首个基于新一代互联网的“电子税务局”；针对电子办税业务在某些时段不可预见性增强的问题，湖北省地税局和华三通信通过虚机化部署应用软件，让全部物理服务器构成一个集群开展虚拟化及资源池化；此外，运用 DRX 资源动态扩展解决方案，在没有硬件部署增加的状态下完成了资源的动态调整，突破了长期以来信息化建设的资源利用瓶颈。青海省为解决平安城市治安系统视频资源的高效全互联问题，建设覆盖全省的平安城市视频全互联平台，与华为云合作打造专门的云存储平台，实现青海省治安视频数据和存储空间的有机整合，完全消除传统 IP SAN 存储的架构缺陷，避免信息割裂，满足了现有视频、图像等数据的高效存储功能，同时为青海省公安厅进一步开展大规模、高实战型视频图侦和视频分析等各种业务提供了真正的大数据应用处理平台，全面支撑了青海省治安监控系统的云化、智能化和实战化。云南省林业厅携手中兴云共同打造“林业惠农云服务体系”，通过林木资源数字化建设与移动互联网结合，将省林业厅、各级政府机构、金融机构与林农关联起来，把政策、法规、惠农信息第一时间准确传递给林农，此外还将为广大林农提供惠农金融服务和林产品销售电商服务。

在各级地方政府大力推动政务云建设的同时，也有一些地方政府注意到了建设过程中不同部门各建一块、上下级部门重复建设的问题，并且对其加以纠正。山东省计划，到 2020 年，省、市两级逾 98%的电子政务应用将被部署在云平台上，为了保证上、下级政府部门与不同职能部门的沟通互联，山东省将深入落实行政权力全流程网上运行，对执行权力的主体、程序及依据进行监督与规范，逐步构建网上服务和实体大厅服务、线上服务和线下服务互相结合的一体化新型政府服务模式。2016 年基本完成省、市、县三级政务服务平台的互联互通，并在平台管理中逐步纳入各级主要行政权力事项及公共服务事项。

【云计算在传统产业中获得广泛应用】

随着云计算相关新技术、新业态、新模式在重要行业领域的应用逐渐深入，有效帮助传统企业提升产品附加值、提高生产效率、创新商业模式。在某些传统行业或领域，使用云服务已经形成了非常普遍的模式。目前，阿里金融云服务了超过 2000 家金融机构，其中包括几十家银行、50 多家保险公司、70 多家证券公司和千余家互联网金融机构，阿里金融云成为国内金融行业最大的云服务商。从全国来看，“入云”“触网”的医院也遍地开花，仅在上海市就有以复旦大学附属中山医院、上海市徐汇区中心医院及 13 家社区卫生服务中心为落地实体的“云医院”。云计算在众多其他传统行业领域也都有广泛的应用。

中国联通携手阿里云、天源迪科共同打造号码云，打破 31 个省（自治区、直辖市）固有 IT 系统 “分而治之”的局面，完成公司内部 IT 系统的打通及向云转型。现已在广西、内蒙古、黑龙江进行试点，计划半年内推向全国。联通自己的云平台沃云提供最底层的 IaaS，阿里云提供 PaaS 平台，天源迪科则提供 SaaS 服务，开发垂直应用。宝德云针对电力系统计算要求高、存储量大、信息集成和数据分析要求复杂等问题，通过硬件平台和软件应用的有机融合，解决电力系统安全分析、潮流及优化潮流计算，以及系统监控、调度、恢复、可靠性分析等领域的应用问题，实现智能电网海量信息的可靠存储与快速并行处理。广州市妇女儿童医疗中心与广东联通合作，实现医院业务系统云迁移和部署，基本实现医院业务系统的全面云端托管，新的云平台能实现资源的动态分配，提高医疗服务效率，助推分级诊疗；此外，为保障业务系统的高可用性，云平台提供了云灾备的解决方案，对关键业务实现系统和数据的容灾和备份，对医院的手术麻醉和 ICU 重症监护系统，已经实现 1.7s 内生产系统和灾备系统的秒极切换。

在传统行业或领域，云服务提供商不仅有互联网巨头，还有众多扎根本行业或领域进行云计算建设的传统厂商。他们基于自身多年来积累的大量数据与运营经验，与大型云服务提供商展开了广泛而紧密的合作。例如，好未来教育云已在北京、湖北、江苏、四川等百余个城市推广使用，覆盖了千余所公立学校的百万名学生，在教、学、练、测等环节积累了大量数据；而近期好未来教育云又与阿里云达成战略合作，双方确立在教育行业云计算、大数据等领域的合作意向，共同实现教育数据的在线化，打造普惠教育平台。

【云计算发展面临新挑战】

虽然我国云计算产业增长迅速，但云计算市场发育仍面临众多挑战。首先，存在市场接受度的问题，我国潜在的云计算服务用户群遍及各产业的 4200 万家中小企业，然而这些企业传统的“眼见为实”的消费观念可能阻碍了它们接受云计算服务；其次，云计算服务商业模式有待于提升，我国的云计算服务大多停留在只提供机架出租这类基本业务的水平上，盈利更多地依靠出租网络带宽，而非依靠更高附加值的增值服务，这种状况远没有达到成为云计算平台提供者的预期。由此可见，多数用户接触云计算服务尚处于初步阶段，要让云计算服务深入人心，还需要一个过程；而要确立合适的云计算服务商业模式，则需要更长久的时间。值得注意的是，在我国云计算产业的发展过程中，政府推动的作用很大，但同时也带来了一些其他问题。

地方政府蜂拥推“云规划”，顶层设计有待加强。在各地竞相推出“云规划”的大背景下，一哄而上圈地建设云计算中心，争相提高优惠条件招商引资，以致数据中心“重建设、轻应用”，不利于云计算的健康、有序发展。同时，云计算的发展要面向需求，依靠应用和市场驱动，而当前各地的“云规划”更倾向于服务器数量、硬件设备购置，对云计算的理解和认识存在一定的偏差。目前国内大部分省份都已经完成了政务云平台建设，而在建的地市级政务云平台更多，如果地市级的政务云平台建设缺少上级云平台的统一部署，就可能导致重复建设或产生新的信息孤岛问题，偏离了云平台建设的正轨。

伴随着云计算时代到来的问题是，云安全问题的重要性更为突出。云服务使大量数据汇聚到云端，而数据的集中度显著提高，本身提高了数据泄露的风险，对信息安全防护提出了更高的要求，同时引发用户对于信息安全相关问题的担忧。近年来，国内外大型云服务商，如腾讯、阿里云、苹果、微软、Dropbox 等，都发生过信息泄露及数据丢失等信息安全事件。如何提供高可靠、高可用服务，增强云计算安全保障能力，仍然是云计算产业面临的棘手问题。云计算作为一种面向公众提供的服务，必须有一套完善的运维系统来提供系统配置、维护、管理及计费、审计等功能。2016 年 6 月，阿里云联合百家软件服务商发布《金盾宣言》，其中涉及云服务安全问题，“监管全程透明，运维产品全程录屏”。但是，云安全问题是一个系统性的问题，需要相关组织出台对应的技术标准及法律法规，而不能只靠从业者自律解决。2016 年 9 月，可信云大会召开，大会公布了首批通过可信云安全认证的云服务商，可信云服务认证体系也步入 3.0 体系建设阶段。

云服务风险备受关注，进而引发赔偿问题，应借助专门的云保险解决。目前，中国信息通信研究院联合国内各大云服务商和主要保险公司研究的云保险初步方案已经形成：对云服务商自身故障、云服务商人员误操作、第三方责任造成的服务中断及设备故障引起的数据丢失进行赔偿，承保单位是以中国人保为首席承保人的共保体，共保体还包括平安保险和渤海保险。中国电信、中国联通、UCloud 和万国数据作为首批投保单位已完成签约。云保险的引入最大程度地降低了用户和云服务商的损失，为云服务商承诺的高可用提供保障机制。

网络与信息安全

【网络与信息安全状况】

2016年，中国互联网网络安全状况总体平稳，网络安全产业快速发展，网络安全防护能力得到提升。与此同时，信息技术创新发展伴随的安全威胁与传统安全问题相互交织，使得网络空间安全问题日益复杂、隐蔽，各种网络攻击事件层出不穷。

（一）域名系统安全状况良好，防攻击能力明显上升

2016年，针对中国域名系统的流量规模达1Gpbs以上的DDoS攻击事件日均约32起，均未对中国域名解析服务造成影响，在基础电信企业侧也未发生严重影响解析成功率的攻击事件，主要与域名系统普遍加强安全防护措施、抗DDoS攻击能力显著提升有关。2016年6月，发生针对全球根域名服务器及其镜像的大规模DDoS攻击，位于中国的域名根镜像服务器也在同时段遭受大规模网络流量攻击。因应急处置及时，此次攻击未对中国域名系统网络安全造成影响。2016年全国域名服务系统安全状况良好，无重大安全事件发生。

（二）针对工控系统的网络安全攻击日益增多

截至2016年年底，国家信息安全漏洞共享平台（CNVD）共收录工控系统漏洞1036个，其中2016年收录173个，较2015年增长38.4%。中国工控系统规模巨大，安全漏洞、恶意探测等均给中国工控系统带来一定安全隐患，2016年CNCERT累计监测到联网工控设备指纹探测事件88万余次，并发现来自境外60个国家的1610个IP地址对中国联网工控设备进行了指纹探测。2016年全球发生了多起重要工控领域安全事件，值得我们警醒及引起重视。

（三）高级持续性威胁（APT）常态化，中国面临的攻击威胁尤为严重

截至2016年年底，国内企业发布的高级持续性威胁（APT）研究报告共提及43个APT组织，其中针对中国境内日标发动攻击的APT组织有36个。2016年，多起针对中国重要信息系统实施的APT攻击事件被曝光，包括“白象行动”“蔓灵花攻击行动”等，主要以教育、能源、军事和科研领域为主要攻击目标。2016年8月，黑客组织“影子经纪人”公布了方程式组织经常使用的工具包，涉及Juniper、飞塔、思科、天融信、华为等厂商产品。中国互联网应急中心（CNCERT）对公布的11个产品漏洞进行普查分析，发现全球有约12万个IP地址承载了相关产品的网络设备，其中，中国境内的IP地址有约3.3万个，占全部IP地址的27.8%，对中国网络空间安全造成严重的潜在威胁。2016年11月，黑客组织“影子经纪人”又公布了一组曾受美国国家安全局网络攻击与控制的IP地址和域名数据，中国是被攻击最多的国家，涉及至少9所高校及12家能源、航空、电信等重要信息系统部门，以及2个政府部门信息中心。

（四）大量联网智能设备遭恶意程序攻击形成僵尸网络，被用于发起大流量 DDoS 攻击

近年来，针对物联网智能设备的网络攻击事件比例呈上升趋势，攻击者利用物联网智能设备漏洞可获取设备控制权限，或者用于用户信息数据窃取、网络流量劫持等其他黑客地下产业交易，或者用于被控制形成大规模僵尸网络。Mirai 是一款典型的利用物联网智能设备漏洞进行入侵渗透以实现对设备控制的恶意代码，被控设备数量积累到一定程度将形成一个庞大的“僵尸网络”，称为“Mirai 僵尸网络”。CNCERT 对 Mirai 僵尸网络进行抽样监测显示，截至 2016 年年底，共发现 2526 台控制服务器控制了 125.4 万余台物联网智能设备，对互联网的稳定运行形成了严重的潜在安全威胁。此外，CNCERT 还对 Gafgyt 僵尸网络进行抽样检测分析，在 2016 年第四季度，共发现 817 台控制服务器控制了 42.5 万台物联网智能设备，累计发起超过 1.8 万次的 DDoS 攻击，其中峰值流量在 5Gpbs 以上的攻击次数高达 72 次。

（五）网站数据和个人信息泄露屡见不鲜，“衍生灾害”严重

由于互联网传统边界的消失，各种数据遍布终端、网络、手机和云上，加上互联网黑色产业链的利益驱动，数据泄露威胁日益加剧。2016 年，网站数据和个人信息泄露事件频发，对政治、经济、社会的影响逐步加深，甚至个人生命安全也受到侵犯。例如，免疫规划系统网络被恶意入侵，20 万条儿童信息被窃取并在网上公开售卖；信息泄露导致精准诈骗案件发生，高考考生信息泄露间接夺去即将步入大学的女学生徐玉玉的生命；2016 年公安机关共侦破侵犯个人信息案件 1800 余起，查获各类公民个人信息 300 亿余条。

（六）移动互联网恶意程序趋利性更加明确

2016 年，CNCERT 通过自主捕获和厂商交换获得移动互联网恶意程序 205 万余个，较 2015 年增长 39%，近 6 年来持续保持高速增长趋势。通过恶意程序行为分析发现，以诱骗欺诈、恶意扣费、锁屏勒索等攫取经济利益为目的的应用程序骤增，占恶意程序总数的 59.6%，较 2015 年增长了近 3 倍。从恶意程序传播途径发现，诱骗欺诈行为的恶意程序主要通过短信、广告和网盘等特定传播渠道进行传播，感染用户达到 2493 万人，造成重大经济损失。从恶意程序的攻击模式发现，通过短信方式传播窃取短信验证码的恶意程序数量占比较大，全年获得相关样本 10845 个，表现出制作简单、攻击模式固定、暴利等特点，移动互联网黑色产业链已经成熟。

（七）敲诈勒索软件肆虐，严重威胁本地数据和智能设备安全

根据 CNCERT 监测发现，2016 年在传统 PC 端捕获敲诈勒索类恶意程序样本约 1.9 万个，数量创近年新高。对敲诈勒索软件攻击对象分析发现，勒索软件已逐渐由针对个人终端设备延伸至企业用户，特别是针对高价值目标的勒索情况严重。针对企业用户方面，勒索软件利用安全漏洞发起攻击，对企业数据库进行加密勒索，2016 年年底开源 MongoDB 数据库遭一轮勒索软件攻击，大量的用户受到影响。针对个人终端设备方面，敲诈勒索软件恶意行为在传统 PC 端和移动端表现出明显的不同特点：在传统 PC 端，主要通过“加密数据”进行勒索，即对用户电脑中的文件加密，胁迫用户购买解密密钥；在移动端，主要通过“加密设备”进行勒索，即远程锁住用户移动设备，使用户无法正常使用设备，并以此胁迫用户支付解锁费用。从敲诈勒索软件传播方式来看，传统 PC 端和移动端表现出共性，主要通过邮件、仿冒正常应用、QQ 群、网盘、贴吧、受害者等传播。

【网络与信息安全保障工作】

2016 年，中国不断完善网络安全保障措施，网络安全防护水平进一步提升，有力保障了“G20 杭州峰会”“第三届世界互联网大会”等多项重要活动的顺利举办，为维护国家网络空间安全建立一道坚实的堡垒。

（一）网络安全法律法规、管理制度不断完善

近年来，中国持续推进依法治理网络空间安全进程，不断完善网络安全人才培养机制，《国家

安全法》《反恐怖主义法》《国家网络空间安全战略》等多个网络空间法律法规或战略制定并发布，《关于加强网络安全学科建设和人才培养的意见》出台，首批优秀网络安全杰出人才、优秀人才和优秀教师受到表彰。2016 年 11 月 7 日，第十二届全国人民代表大会常委会第二十四次会议表决通过《网络安全法》，标志着中国在网络安全立法方面取得重大突破。《网络安全法》有 7 章 79 条，对网络空间主权、网络产品和服务提供者的安全义务、网络运营者的安全义务、个人信息保护规则、关键信息基础设施安全保护制度、重要数据跨境传输规则等进行了明确规定。《网络安全法》于 2017 年 6 月 1 日起施行。随着《网络安全法》的出台和实施，相关的配套政策法规也将编制出台，网络空间依法治理脉络会越来越清晰。

（二）持续对网络安全展开抽样监测，实时掌控网络安全宏观状况

根据 CNCERT 持续对全国网络安全宏观状况开展的抽样监测，2016 年，木马和僵尸网络感染数量、拒绝服务攻击事件数量、网页仿冒和网页篡改页面数量等均有所下降，而移动互联网恶意程序捕获数量、网站后门攻击数量及安全漏洞收录数量较 2015 年有所上升。

木马和僵尸网络：2016 年约 9.7 万个木马和僵尸网络控制服务器控制了中国境内 1699 万余台主机，控制服务器数量较 2015 年下降 8%，境内感染主机数量较 2015 年下降 14.1%。

拒绝服务攻击：2016 年监测到 1Gbps 以上 DDoS 攻击事件日均 452 起，比 2015 年下降 60%。

网站仿冒：2016 年监测发现约 17.8 万个针对中国境内网站的仿冒页面，页面数量较 2015 年下降 3.6%；约 2 万个 IP 地址承载了上述仿冒页面，其中位于境外的 IP 地址占 85.4%。

网站篡改：2016 年中国境内约 1.7 万个网站被篡改，较 2015 年减少 31.7%，其中，被篡改政府网站有 467 个，较 2015 年减少 47.9%。

移动互联网恶意程序：2016 年 CNCERT 通过自主捕获和厂商交换获得移动互联网恶意程序数量 205 万余个，较 2015 年增长 39%，近 7 年来持续保持高速增长趋势。

安全漏洞：2016 年国家信息安全漏洞共享平台（CNVD）共收录通用软、硬件漏洞 10822 个，较 2015 年增长 33.9%。

网站后门：2016 年监测发现约 4 万个 IP 地址对中国境内约 8.2 万个网站植入后门，网站数量较 2015 年增长 9.3%；境外有约 3.3 万个（占全部 IP 地址总数的 84.9%）IP 地址通过向网站植入后门对境内约 6.8 万个网站进行远程控制。

（三）持续开展互联网网络安全威胁治理行动，网络安全事件处置能力不断提升

2016 年，在工业和信息化部指导下，CNCERT 联合国内外多方力量共同协作，持续开展互联网网络安全威胁治理行动。

根据《木马和僵尸网络监测与处置机制》，CNCERT 组织基础电信企业、域名服务机构等成功关闭 1011 个控制规模较大的僵尸网络，有效控制木马和僵尸网络感染主机引发的危害。

根据《移动互联网恶意程序监测与处置机制》，CNCERT 组织邮箱服务商、域名注册商等积极开展协调处置工作，对发现的恶意邮箱账号、恶意域名等进行关停处置；要求国内的应用商店、网盘、云盘和广告宣传等平台不断完善安全检测、安全审核、社会监督举报、恶意 App 下架等制度，积极参与处置响应与反馈，严格控制恶意 App 传播途径；2016 年 CNCERT 累计向网站运营者通报恶意 App 事件 8910 起，较 2015 年减少 47.8%，表明恶意 App 在正规网站上传播的途径得到有效控制。

CNCERT 牵头组织通信行业、安全行业单位成立中国互联网网络安全威胁治理联盟，着力开展分布式拒绝服务攻击（以下简称“DDoS 攻击”）防范打击工作；2016 年 CNCERT 监测到 1Gbps 以上 DDoS 攻击事件日均 452 起，比 2015 年下降 60%，有效缓解了 DDoS 攻击事件的危害。

CNCERT 重点针对金融行业、电信行业网上营业厅的仿冒页面进行重点处置，全年共协调处置仿冒页面 52836 个，有效防止网页仿冒引起的网民经济损失；针对跨境仿冒页面的处置，CNCERT 继续与国际网络安全组织加强合作，全年协调境外安全组织处置跨境网页仿冒事件 14515 起。

（四）加强网络安全国际对话与合作

2016 年 6 月 13 日，首次中英高级别安全对话在北京举行，为中英两国打击恐怖主义、打击网络犯罪和有组织犯罪、加强国际地区安全问题合作等方面搭建了一个新的合作交流的平台。2016 年 6 月 14 日，第二次中美打击网络犯罪及相关事项高级别联合对话在北京举行，中美两国相关执法部门就网络安全桌面推演、热线机制、网络安全保护、执法信息交流和能力提升、涉网案件调查等重要议题进行会商。2016 年 7 月 11 日，中国与联合国共同举办了第二次网络安全国际研讨会，旨在推动网络空间全球治理，促进形成一个开放、安全、稳定、可接入、和平的信息通信技术环境。2016 年 12 月 7 日，中美双方在华盛顿共同主持了第三次中美打击网络犯罪及相关事项高级别联合对话，双方对网络犯罪或其他恶意网络行为的信息及协助请求进行响应的时效性、质量进行了评估，并就加强打击网络犯罪、网络保护及其他相关事项的双边务实合作达成意见。另外，中美双方就网络传播儿童色情、商业窃密、网络诈骗、利用技术和通信组织、策划和实施恐怖活动等 10 余起案件相互开展协查和合作；中方还向美方提出 20 起位于美国的僵尸网络控制端和仿冒中国银行机构钓鱼网站线索，请美方进行核查、处置，美方给予了积极响应。

此外，中国互联网应急中心（CNCERT）作为中国非政府层面开展网络安全事件跨境处置协助的重要窗口，多年来积极开展网络安全国际合作，致力于构建跨境网络安全事件的快速响应和协调处置机制。CNCERT 是国际著名网络安全合作组织 FIRST 的正式成员，以及亚太应急组织 APCERT 的发起者之一。截至 2016 年，CNCERT 已与 69 个国家和地区的 185 个组织建立了“CNCERT 国际合作伙伴”关系。

部委篇

教育信息化发展概况

2016年是“十三五”的开局之年，在党中央、国务院的高度重视和有力领导下，全国教育战线同志齐心协力、开拓创新、积极作为，加快推进教育信息化工作，宏观战略完成新设计，重点任务取得新突破，深化应用迈上新台阶，融合创新呈现新气象，总体上实现了稳中有进、稳中提质、稳中增效。主要工作进展着重体现在9个方面。

【工作统筹部署与宏观指导】

一是贯彻落实习近平总书记重要讲话重点项目任务和中央网信领导小组、中央国安委关于网信工作的重大战略部署，推动落实“互联网+”、大数据、云计算、智慧城市、信息惠民、宽带中国、网络扶贫等工作任务。二是进一步理顺管理体制，成立了教育部网络安全和信息化领导小组，部党组书记、部长陈宝生任组长，部党组成员、副部长杜占元任副组长，相关司局和直属单位主要负责同志任成员。三是印发了《教育信息化“十三五”规划》《2016年教育信息化工作要点》，研制了《教育现代化（教育信息化领域）专题研究报告》。

【学校信息化基础设施建设】

加快推进“宽带网络校校通”，积极协调发改委、工信部等部门，督促中国移动、中国电信、中国联通落实战略合作协议，推进学校宽带网络接入工作。督促各地通过全面改善贫困地区义务教育薄弱学校基本办学条件工作，加快学校网络教学环境建设，现已累计采购计算机、教学仪器设备2165万台件套（价值488亿元），购置数字教育资源660000GB（价值1亿元）。推动落实《职业院校数字校园建设规范》，推进首批129所、第二批151所实验学校建设。目前，全国中小学（除教学点外）中，87.6%的学校实现网络接入，配备多媒体教室280万间，占普通教室的79.4%，82%的学校已拥有多媒体教室，其中53%的学校实现多媒体教室全覆盖，学校统一配备的教师终端、学生终端数量分别为768万台和1026万台，学校的信息化应用基础条件进一步夯实。

【教育资源公共服务体系】

一是国家教育资源公共服务平台已开通教师空间960万个、学生空间470万个、家长空间389万个，已实现与22个省级平台和23个市/县级平台的互联互通，服务体系注册用户达到5800万人。二是制定了《基础教育教学资源元数据标准》，发布了《国家平台教育资源用户线上评价办法（暂行）》《专题教育社区评价指标体系》《基础教育数字资源整合指南》。国家数字教育资源中心已有实体资源近1407万条，提供智能导航、资源超市等服务，汇聚社会优质资源，初步探索了教师选择使用、政府购买服务的数字教育资源采购机制。三是举办了“中国梦——行动有我”中小学生微视频征集展播、“学科德育精品课程”征集展示、专题教育社区征集等活动。

【数字教育资源开发与应用】

一是通过互联网、卫星两种途径，全年向教学点分发了 32 期教学资源，总量超过 423GB。完成第二轮“一师一优课、一课一名师”活动，共有 503 万名教师参与、上传课程 432 万堂，评出并公布部级优课 2.7 万堂，全部班级使用数字教育资源的城镇和农村中小学比例分别达到 80%和 50%。完成了义务教育阶段 148 册人教数字教材的更新和开发，教育部组织编写的语文、道德与法治、历史 3 科数字教材全新上线，并在 20 多个省（自治区、直辖市）开展数字教材教学应用实验。二是推进新疆地区小学阶段《数学》双语数字教育资源开发与应用，启动蒙古语、藏语少数民族学科双语教学资源建设，向新疆南部 4 地州 748 所学校配送了 1859 套（共 9207 张光盘）双语教学资源。三是实施职业教育专业教学资源库建设项目和国家示范性职业学校数字化资源共建、共享计划。形成由数字校园学习平台和 88 个专业教学资源库构成的资源库建设体系，实现了对 19 个专业大类的全覆盖。四是高等教育领域已建成爱课程网“中国大学 MOOC”、清华大学“学堂在线”、上海交通大学“好大学在线”、北京大学“华文慕课”等若干具有一定影响力的在线课程服务平台，上线的慕课超过 1400 门，为高校定制课程（SPOC）5600 多门次，选课超过 3000 万人次，在校生获得在线课程学分超过 200 万人次。2016 年我国高水平大学又有 40 余门课程登录国际著名平台，目前已有 170 余门中国优质在线开放课程走向世界，992 门精品视频公开课和 2886 门精品资源共享课在网上免费开放。五是建立了普通高校继续教育数字化学习资源开放联盟，建设和开发了 2 万门课程和 5 万个微课程。国家开放大学累计完成了 2.8 万个 5 分钟课程的建设，免费供学生和社会公众阅览、学习。网络孔子学院注册人数达 986.3 万人、注册学员为 60.1 万人，累计开设在线汉语课程 30.5 万节。六是完成“中国经典资源库”二期和三期项目制作，一期内容 100 集全部在教育电视台“空中课堂”和中国教育在线“好课网”免费上线。

【网络学习空间人人通】

督促和指导各地和各级、各类学校加大力度推进网络学习空间的建设与应用。举办了 2 期“网络学习空间人人通”专题研讨班，培训省级教育行政部门管理干部 207 人。启动教育部—中国电信中小学校长“网络学习空间人人通”专项培训、教育部—中国联通职业院校校长和骨干教师“网络学习空间人人通”专项培训，共培训中小学校长 2000 人、职业院校校长 700 人、骨干教师 1700 人。全国已有超过 1/3 的学校开通了网络学习空间，师生空间开通数量超过 6300 万个，应用范围已从职业教育扩展到基础教育、高等教育和继续教育。490 多万名教师应用空间开展网络教研，410 万多名教师应用空间开展教学，带动了教育理念变革和教学模式创新。

【教育管理信息化】

一是成立教育管理信息化专家组，对教育管理信息化工作进行研究、咨询、指导。二是通过三期建设，教育部数据中心构建了较为完整的网络、存储、计算、安全和运维架构。32 个省级教育数据中心陆续完成基础设施建设，实现部省两级数据中心网络连接。三是推进管理信息系统的建设与应用，学校（机构）代码管理信息系统、教育统计管理信息系统、教育部直属高校基本建设管理信息系统、国家教育科学决策服务系统完成项目验收。全国中小学生学籍信息管理系统共有 2.1 亿条学生信息入库（其中在校生信息为 1.66 亿条），基本实现电子学籍管理，全年实现网上办理省内转学 502 万人次、跨省转学 113 万人次、小学招生入学 1680 万例。全国教师管理信息系统部署应用，完成全国的 1500 万名教师数据的采集工作，初步实现教师“一人一号”。学信网高等教育在校生电子注册总规模达到 4535 万人，新注册应届毕业生 1251 万人，历年电子注册学历总量达到 1.5 亿人。积极推进网上录取系统升级工作，初步完成普通高考来源计划管理系统的开发，为“一省一市”2017 年高考综合改革试点提供技术服务保障。四是电子政务内网建设取得重大进展，部机关电子政务内网基本建成，即将正式投入使用。

【教育信息化培训工作】

一是深入实施“全国中小学教师信息技术应用能力提升工程”，完成32个省（自治区、直辖市）1472万余人次教师信息技术应用能力诊断测评，全年培训管理者和培训者800人，培训中小学、幼儿园教师400万人次。二是继续开展“全国职业院校教师信息化教学能力提升万里行”公益性培训，全年共举办培训22期，参训教师7626人次。举办2016年全国职业院校信息化教学大赛，共收到3181名教师报名参赛的作品。三是将教育信息化作为干训重要内容纳入年度干训计划，全年共举办8期教育厅局长教育信息化专题培训班，培训890人；举办2期在线开放课程建设与应用管理培训班、1期“互联网+”与高等教育教学创新研修班、1期高等学校教育信息化专题研讨班，培训高校干部780人。

【教育信息化典型示范与条件保障】

一是开展第一批教育信息化试点验收工作，启动基础教育信息化示范推广计划。在四川甘孜召开了边远、民族地区教育信息化推进工作现场会，在湖北武汉召开了基础教育信息化应用现场会，在云南勐海召开了“教学点数字教育资源全覆盖”项目资源应用经验交流现场会。二是完成第二次全国教育信息化工作专项督导，公开发布了《全国教育信息化工作专项督导报告》。三是印发了《教育信息化项目管理暂行办法》《教育信息化项目专项资金管理办法》。充分发挥教育信息化专家组的作用，组织开展了一系列教育信息化战略研究工作，发布年度全国教育信息化进展报告。落实企业合作机制，与中国电信、中国移动签订新一轮战略合作协议。四是全年编发了12期教育信息化工作月报。各媒体刊发教育信息化有关报道300余篇，网络转载4000余篇次。《教育报》开设信息化专刊及“以教育信息化全面推动教育现代化专家谈”专栏，刊发多篇专家文章。教育电视台播发教育信息化相关报道232篇。

【教育行业网络安全工作】

一是全面推进信息安全等级保护工作，共审核部直属机关定级备案材料76份，部直属机关信息系统定级比例达到78.5%，并完成了11个系统的信息系统安全等级测评。二是首次启动了信息系统安全监测，加强与中央网信办、公安部、国家互联网应急中心等部门和机构的合作与信息共享，聘请专业的安全服务商，共发现和通报网络安全威胁1万多个，修复率近80%。三是加强应急响应和处置工作，发现并处置网络安全事件9起，对整改不彻底和处置不力的单位进行了通报。在“六四”、G20等重要时期，发文提出明确要求，开展7×24小时值守和“零报告制度”，圆满完成了信息技术安全保障工作。四是组织开展教育行业年度网络安全检查、关键信息基础设施网络安全检查，通过自查、技术检测和现场检查，全面排查安全隐患，系统评估安全状况，形成了检查报告。五是加强高校网络文化建设，“易班”网已和全国16个省市、282所高校实现共建共享，注册学生近450万人。中国大学生在线已覆盖全国30个省（自治区、直辖市）538所高校，注册会员480万人，运营频道20余个，年度主题教育活动20余项。继续参与国家网络安全宣传周，指导举办“大学生网络文化节”“高校网络宣传思想教育优秀作品推选展示”“网络文明进校园”“大学生网络安全知识竞赛”等活动。

人力资源和社会保障信息化发展概况

2017 年，人力资源和社会保障信息化建设积极推进“互联网+人社”、大数据等规划落实，着力加强重点应用系统建设和信息资源开发利用，推进社会保障一卡通，不断开展信息化公共服务创新，各项工作取得新成效。

【有序推进重点规划和项目实施】

召开全国“互联网+人社”推进座谈会，安排部署“互联网+人社”2020 行动计划。举办全国人社信息化创新应用展，集中展示 150 多个创新应用案例，促进各地学习、交流实践经验。举办首届全国社会保险大数据应用创新大赛，涌现出一批科技含量高、创新性强、社会效益好、具有较高实践价值的创新项目，对推进“互联网+人社”行动具有重要借鉴意义。推进全国性基础服务平台建设，开展全国社会保障卡（以下简称社保卡）线上身份认证与支付结算服务平台立项和论证工作。全面启动金保工程二期建设，推动开展项目采购和系统建设。推进政务信息系统整合共享工作，与国家数据共享交换平台实现了接入。落实国务院相关决策部署，完善部本级协同共享机制，提升跨部门的协同治理和服务能力。

【深入推进社会保障一卡通】

截至 2017 年 12 月底，全国社保卡持卡人数达 10.88 亿人，普及率达 78.7%，超额完成年度发卡任务。实际发卡城市达 383 个，地市覆盖率为 99.7%。完成社保卡国产密码算法升级方案及规范研究。启动第三代社保卡技术验证，印发相关技术规范文件，开展为期半年的技术验证工作。全面推进社保卡综合应用，确定河北省唐山市等 38 个地区为第二批社保卡综合应用示范基地。全国所有省份和新疆生产建设兵团（以下简称新疆兵团）实现跨省异地就医持卡结算，各地普遍建立了快速发卡机制，部分地区开始探索线上用卡服务模式。启动中央国家机关事业单位工作人员发放社保卡工作，开展了发行应用方案编制和信息系统设计。继续开展人力资源和社会保障行业生物特征识别应用规范课题研究，完成人脸、指纹、指静脉 3 种技术的生物特征数据采集、交换格式、存储、更新等数据类规范。研究基于生物特征识别的线上身份认证方案。社保卡持卡人员基础信息库（以下简称持卡库）已在所有省份和新疆兵团正式上线运行。人力资源社会保障部持卡库中有基础信息的人员达 13.9 亿人，有基础信息的社保卡达 9.8 亿张，共接入省、市两级业务系统 259 个，有效支撑了跨地区用卡和基础信息共享。

【全力保障重点改革任务落实】

国家异地就医结算系统运行平稳，已经联通所有 400 个统筹地区，覆盖城镇职工、城乡居民各类医保群体，服务异地安置退休、异地长期居住、常驻异地工作和异地转诊 4 类跨省就医人群。截至 2017 年 12 月底，接入医疗机构 8499 家，实际住院结算 14.78 万笔，平均每周结算量超过 1 万笔，日最大结算量超过 2600 笔，且业务量呈快速增长态势。完成部级全民参保登记系统建设，加快推动各地系统对接，逐步形成部省联动的数据定期上报机制，各地累计上报 13.28 亿条人员基础信息、30.42 亿条参保数据。农村贫困劳动力就业信息平台上线运行，与国务院扶贫办实现数据交换，完成2000余万人的信息比对，为精准就业服务提供了数据支持。指导各地充分利用教育部门数据，开展离校未就业高校毕业生实名登记工作。推动化解过剩产能职工安置系统应用，指导各地开展数据上报，准确掌握职工安置情况。

【着力强化重点业务系统建设和应用】

所有省份均完成就业监测二期系统的软件实施和联调测试，按照新版监测指标开展数据上报工作。推进公共招聘网二期项目建设及联网实施，已有 288 家公共就业和人才服务机构实现联网。所有省份和新疆兵团已建成机关事业单位养老保险系统，并启动了业务办理。完成在京中央单位养老保险经办系统的部署工作。开展社会保险关系转移系统改造，当年累计办理业务 107.91 万笔；养老保险参保待遇状态比对查询服务系统当年累计响应查询请求 3019.55 万人次；异地退管系统当年累计办理协助认证结果 95.74 万笔。完成中央机关公务员考试报名系统的升级改版，完成中央机关公务员2018年度招考网上报名（报名226.7万人次，咨询电话 6.8 万人次）、2018 年度公开遴选和公开选调网上报名，协助开展 2018 年度公安院校公安专业毕业生招考工作。配合完成公务员管理信息系统汇总版的研发及系统初验工作。推进劳动关系统一软件的应用实施，完成调解仲裁信息监测系统建设。

【深入开展信息资源服务和数据共享应用】

截至 2017 年 12 月底，就业监测数据上报量为 4.65 亿人。养老保险、医疗保险、失业保险、工伤保险、生育保险联网监测数据上报量分别达到 8.20 亿人、8.27 亿人、1.87 亿人、2.10 亿人和 1.77 亿人。积极参与国家人口基础信息库项目建设，配合公安部完成系统最终验收，按季度为国家人口基础信息库提供数据，并利用人口库提供的服务，完成了上亿人次的社保待遇人员生存状态核验、异地居住人员生存状态核验、持卡人员信息核查。配合做好国家法人基础信息库的立项工作。推动与财政、工商、民政、质监、知识产权、扶贫等部门的数据共享。与财政部联合下发文件，指导地方财政部门、人力资源和社会保障部门开展数据共享工作。开展大数据管理平台建设研究工作。继续推进人力资源和社会保障信用评价体系（以下简称人社信用评价体系）试点应用，在重庆、洛阳等地探索人社个人信用评价支持创业担保贷款应用，在广东等地开展人社企业信用评价在劳动监察领域的探索应用。围绕人力资源和社会保障政策热点和难点，积极开展数据分析应用。配合完成部门常规性统计及对外数据服务工作。

【加快完善公共服务信息化体系】

深入研究公共服务信息平台及服务渠道应用技术，启动部本级平台建设。推进全国统一的“掌上 12333”移动应用，覆盖 12 个省（自治区、直辖市）的 84 个地市。推广短信应用，部级短信平台 2017 年短信推送量达到 319 万条。“掌上 12333”电话咨询服务实现地市全覆盖，2017 年来电总量约 1.2 亿次，综合接通率保持在 80%以上。以“话说居民养老保险”为主题，成功举办第六届“12333”全国统一咨询日活动。配合落实“互联网+政务服务”试点，制定《人力资源社会保障部“互联网+政务服务”试点示范实施方案》，推进试点工作。完成部门户网站、世界技能大赛网站等互联网门户的运维保障工作。

【稳步提高网络安全支撑能力】

初步完成金保工程二期业务专网广域网改造准备工作，启动部本级电子政务内网项目建设。建立健全人力资源社会保障系统及部本级网络安全事件应急工作机制，制订网络安全事件应急预案，提高各地网络安全事件处置能力。省级人力资源和社会保障部门均已实现与部和地市相应部门的三级网络互联，城域网覆盖 95.8%的各类人力资源社会保障管理服务机构、97.5%的街道、乡镇，定点医疗机构网络联通率达99.2%。30个省（自治区、直辖市）和新疆兵团建立了业务专网DNS系统。部本级数据中心机房、网络、主机设备、网络设备等运行正常，部本级与32个省级节点网络实现安全畅通。加快推进国产密码应用工作，部本级及3个省（自治区、直辖市）的电子认证系统已完成国产密码算法的升级改造，并配合完成部本级国家普通密码安全保密专项检查、保密自查自评工作。开展全国风险评估和隐患排查，研究风险隐患化解的具体措施，评估和完善行业应急机制。组织召开国产密码应用推进和业务专网终端安全防护建设试点总结会，推动业务专网整体安全防护。进一步加强信息安全漏洞监测和通报。强化敏感时期的信息安全监控，确保党的十九大等重要会议和敏感时期全系统网络信息安全处于总体稳定状态。

财政信息化发展概况

2016年是“十三五”时期开局之年，也是实现财政信息化提质增效的关键一年。一年来，财政部全面贯彻部党组决策部署，紧紧围绕财政“十三五”规划和财税体制改革要求，聚焦财政中心工作，服务财政改革大局，牢牢把握信息系统“统”和“通”两个关键，扎实推进财政信息化建设，实现了预期目标，取得了明显成效。

【全国金财工程验收进展顺利】

按照国家有关规定，财政部组织完成了金财工程中央本级项目的工程、技术、财务、档案4个分项验收和整体初步验收，并对中央本级项目投资执行和财务管理情况进行了全面梳理，编制了《工程竣工财务决算报告》。深入研究涉密信息处理方案，推动制约金财工程整体竣工验收的涉密网分级保护测评问题的解决，形成了具体工作方案，各项工作稳步开展，为尽快通过涉密网分级保护测评创造了条件。加强对各省市金财工程验收工作的督导，截至2016年年底36个省市金财工程全部通过了本省市项目审批部门组织的验收，从地方层面扫清了全国金财工程整体竣工验收的障碍。积极与国家发展改革委咨询沟通全国金财工程整体竣工验收相关工作，进一步明确了验收程序和具体要求。

【新时期财政信息化建设总体思路研究确定】

为顺应国家信息化发展战略和新一轮财税体制改革要求，在兼顾现有建设成果和未来发展趋势的基础上，以问题为导向，以需求为驱动，对财政信息化核心建设内容及其交互关系进行了梳理，对财政信息化架构进行了重新勾画，经过广泛调研和深入讨论，提出了通过推进统建统管、统一核心要素实现全国财政信息化系统化发展的构想，形成了新时期财政信息化建设的总体思路：以统一标准规范和财政信息化建设核心要素为重心，以信息系统统建统管为手段，以业务系统一体化整合与开展财政大数据创新应用为着力点，以加强信息安全为保障，形成横向一体化、纵向集中化、全国系统化的财政信息化发展格局。

【中央本级财政信息化服务能力和应用水平进一步提升】

一是推进信息系统横向一体化整合。完成了应用支撑平台从1.0版到2.0版的升级，制定了《基于平台的服务总线接口规范》，为数据规范存储和系统互联互通提供了有效手段；积极推进新版国库支付系统建设，基本实现了国库支付业务一体化管理，即将投入试运行；梳理研究数据关联控制关系，形成了《预算和国库共用基础数据方案》，为核心业务顺向衔接和逆向反馈提供了遵循依据；推动统一报表系统建设，彻底解决长期存在的报表类系统多头建设问题；建设和部署涉密网门户系统，实现了各系统整合集成与单点登录，极大改善了用户体验。二是不断提升财政管理支撑服务能力。改造完善预算管理系统，嵌入了专员办和预算评审中心审核流程，有效支撑了预算管理改革持续深化要求；升级完善办公自动化系统，实现了部机关全部司局行政业务在线办公；完成新版非税收入系统建设和新旧版本切换，实现了非税收入管理政策、票据、收缴、监督各业务衔接的电子化管理；推进专员办信息化建设，印发《专员办信息化建设规划方案》，完成新版财政国库动态监控系统开发，拟于2018年第一季度在广东省和深圳市试点，推进财政资金全口径监管，全面支撑专员办工作转型；做好信息网站建设与维护，开通国研网、中经网信息频道，丰富信息渠道和内容，提升信息服务水平；清查部本级数据资源，摸清数据家底，初步编制了数据资源目录，为实现部本级数据共享和开发利用迈出实质性步伐；全方位做好行政审批、社保、资产、债务、政府采购等业务系统的功能扩充与运维保障工作，切实保障业务管理不间断开展。三是持续加强信息化基础设施建设。对财政部互联网出口、专员办涉密网进行了带宽扩容，将业务专网延伸至部分预算单位；建成了具有现代化水平的新机房并投入运行，从根本上消除了机房安全隐患；按照资源池化、集中管理调配原则，完成了数据库集群、虚拟化环境的升级扩容，统一了规划和配置，实现了基础资源的动态管理，改善了系统运行环境，提升了资源利用率；完善运维服务管理，实现了IT运维系统与新机房大屏展示、环控管理的紧密衔接，形成了服务一体化、监控可视化、管理集中化的先进运维服务体系。

【全国财政信息化系统化发展取得新突破】

一是组织召开全国财政信息化工作会议，分析了财政信息化建设面临的新形势、新挑战，对财政信息化工作任务进行了部署、统一了认识、明确了目标。二是印发了《财政部关于地方财政信息化建设的指导意见》，提出了推进统建统管，实现横向一体化、纵向集中化和全国系统化的工作任务和具体要求，使全国财政信息化建设重回一盘棋轨道；按照全国会议精神印发了《应用支撑平台2.0升级实施方案》《统一基础数据规范实施方案》《统一纵向层级间交换实施方案》《财政网络安全总体工作方案》，从平台升级实施、基础数据规范、纵向交换、信息安全等方面进行了部署，确定了全国财政信息化系统化发展的实施路径。三是构建纵向贯通的数据交换通道。以地方预算综合管理系统部署实施为抓手，完成了平台2.0交换组件在部本级和36个省级财政部门的部署联通，组织各省市先后完成交换组件在本省市的部署联通，构建了各层级间纵向贯通的统一数据交换通道。四是积极督导平台2.0升级实施。对平台2.0升级实施提出了方案和要求，审核批复试点省市平台升级实施方案，采取电话沟通和现场指导等方式，跟踪了解试点进展情况，协调解决问题；加大培训力度，提升平台全面升级实施工作能力。

【全国网络安全体系建设统筹推进】

充分认识新时期网络安全建设与管理的重要性和紧迫性，加固基础安全防护设施；研究印发了《财政网络安全总体工作方案》，提出了“两个加强、三个统一、四个提升”（加强网络安全组织和监督管理、加强应用系统和数据安全建设；统一网络安全总体策略、统一网络安全标准规范、统一网络和应用安全技术架构；提升财政网络安全监测预警能力、提升网络安全主动防御能力、提升网络安全风险管控能力、提升网络安全应急响应和灾难恢复能力）的全国财政网络安全总体工作目标和具体任务；根据中央网信办和公安部有关要求，部署实施了全国财政网络安全检查，在各省市自查基础上，对 10 个省市进行了抽查，摸清了网络安全防护家底，增强了未来财政网络信息安全建设的针对性和有效性，推进以查促建、以查促管；针对身份认证系统使用国外密码算法且已能够被破解的情况，按照国务院通知要求，对全国财政身份认证系统密码算法升级工作进行了部署，并在中央部门中率先完成了部本级国产密码算法的升级，确保重要领域采用自主可控的核心技术；持续推进应用系统等级保护测评工作，对重要应用系统和网络进行了渗透性测试，对发现的问题进行了整改，确保整改有效、到位。

【制度标准体系进一步健全完善】

狠抓制度建设和标准统一，强化管理的规范性和建设的一致性。一是完善制度机制。结合财政部三定方案的修订、内部控制要求及近年来工作实际情况，组织完成了《财政部信息化建设管理办法》《财政部信息化应用系统需求管理办法》的修订完善，重新界定了财政信息化建设范围，调整了信息化各参与方的工作职责，优化了信息化项目建设管理模式，进一步理顺了管理规则、规范了工作流程。二是健全标准规范体系。以现有标准规范体系框架为基础，结合标准化建设行业经验，对财政信息化标准化建设情况进行全面梳理，研究制定了《财政信息化标准规范体系》《基于应用支撑平台 2.0 数据交换技术规范》，提出了财政信息化标准规范体系框架和明细表，明确了纵向各层级间的数据交换标准；完成基础数据规范网络交流平台建设，实现了基础数据规范的在线申请、核准审批、动态扩充，初步形成了基础数据统一管理、共同丰富的格局。

国土资源信息化发展概况

2016—2017 年，国土资源部在紧紧围绕经济发展新常态下国土资源工作的新要求、新定位，坚持以信息技术手段规范和创新管理的理念为指引，以国土资源“一张图”及综合监管、政务办公、公共服务三大平台和业务系统网上并轨运行为建设重点，不断拓展深化网络安全、电子政务、门户网站、数据共享服务等方面的建设与应用，同时配合国土资源管理职能的调整，加快推进“国土资源云”和不动产统一登记信息平台建设，国土资源信息化建设取得了显著进展。

【国土资源电子政务建设情况】

（一）网上办公、网上审批持续深化扩展，基本实现四级全业务流程网上运行

国土资源部本级所有行政办公和所有审批事项实现网上运行。在统一的政务办公平台上，建立和运行了办公自动化、行政审批和综合事务管理系统，公文运转全流程实现无纸化，所有行政审批事项实现网上运行，各项业务基本实现信息化管理。结合“放管服”改革的推进，2017 年 1

月 1 日上线运行了优化后的国土资源部建设用地审批系统和网络远程申报系统，完善了审批流程，提高了审批效率；上线运行开发区审核、矿产资源储量评审备案与登记、建设项目压覆矿产资源 3 个行政许可事项子系统，完善 32 个审批事项的在线填报功能，确保 11 个审批系统平稳运行，上线运行信访管理信息系统；继续完善绩效管理、干部考核、非涉密政务信息报送、OA 公文运转等政务系统。全年接收管理信息 200 多万条，提供数据 250 多万条，监管统计报表 300 多套，提供电话、在线、现场服务 5 万多次，培训 2000 余人。

所有省级国土资源主管部门行政办公和行政审批等主要管理业务实现全流程网上运行。全国 31 个省（自治区、直辖市）和新疆生产建设兵团办公自动化系统全部实现上线运行。行政办公和行政审批业务网上运行加速向乡镇国土资源管理所延伸。

（二）综合监管平台建设与应用不断完善，实现常态化应用

建成覆盖土地和矿产资源管理、开发利用全过程的综合监管平台。以“一张图”为基础，建成部综合监管平台，在全国四级国土资源主管部门和用地、用矿单位部署了 30 个网络化信息监测系统和综合统计网上直报系统，信息采集覆盖四级土地、矿产资源管理和开发 16 个环节 17 大类 421 子类 8000 余项指标，每年实时汇总约 200 多万条动态信息，在线数据超过 60TB，并以 5TB/年的规模逐年递增。2016 年完成国土资源部综合监管平台 10 余个监管子系统的升级改造，上线运行全国矿业权人勘查开采信息公示系统。目前，部综合监管平台的应用覆盖全国四级国土资源管理部门及相关事业单位和 9 个派驻地方的国家土地督察机构，用户超过 8 万人，在全国土地利用变更调查、土地卫片执法检查、土地整治项目核查、耕地占补平衡核查、城市用地实施评估、地产市场调控、矿产开发秩序整治、全国耕地占补平衡专项督察、规划实施情况专项督察等专项行动中发挥了重要作用，系统应用已成为日常监测、业务审批、资源监管、综合统计、形势分析、问题预警、调控决策的依据，提升了国土资源监管的质量和效率，推动了管理理念创新、行政审批制度改革和职能转变，保障了各类专项业务实施的“落地”化监管。借助综合监管的全国覆盖和全程监管优势，推进建设用地和矿业权审批制度改革，做到“放得下、管得住、用得好”。

在线督查系统实现全面应用。建成以“一库”（土地督察基础数据库）、“两网”（内部局域网、外部业务网）、“三系统”（信息分析评价系统、实地巡查核查系统、综合业务办公系统）为主要内容的在线土地督察系统，全面应用于例行督察、审核督察、专项督察、巡回督察及土地卫片执法检查验收等工作中，实现了“土地在网络上监管，权力在阳光下运行”，最大限度地提升对违规、闲置土地的查处效率，对促进督察工作方式的重大革新起到了积极的促进作用。2016 年印发《国家土地督察机构信息化建设总体方案》，完成“摸底算账排队”分析系统开发，提升土地督察数据综合分析能力，进一步发挥综合信息监管平台在加强事中、事后监管中的作用。

全国 30 个省级国土资源主管部门建立的综合监管平台应用模式不断创新。30 个省（自治区、直辖市）建立覆盖本辖区的综合监管平台，得到初步应用。北京、河北、上海等地综合监管平台基本实现了对审批事项关键环节和重要指标的实时监测，已实现常态化应用。市、县级综合监管平台建设步伐加快，贵州、湖南、广西采取省级统一部署、市级辅助建设的方式，推动市级综合监管平台建设与应用。

【政务大厅和网站建设情况】

（一）国土资源部政务大厅推进“互联网+政务服务”

完善“一站式”服务，推进“互联网+政务服务”。国土资源部政务大厅全年接收各类报件 4000 余件，发送通知、批复、证书等 9700 余件，收到政府信息公开申请 1069 件，受理行政复议申请 71 件，平均每日接待办事群众 200 余人次。

（二）国土资源公共服务逐渐完善，网站服务水平不断提高

及时公开国土资源政务信息。国土资源部门

户网站获得 2016 年度“中国最具影响力党务政务网站”和“中国政务网站领先奖”。全年部门户网站发布信息 87 万余条、重要通知公告 313 条，处理“部长信箱”邮件 5034 封，土地、矿业权市场平台发布信息 84.8 万条，完成移动应用框架和接口开发，扩展用户、政务服务号等组件，发布微博、微信 1740 条，政民互动能力进一步增强。全国所有省级和市级单位、89%的县级单位实现了不同程度的政务公开。信息公开内容更加全面、时效性明显增强，在线服务更加人性化，在线互动更加便捷，“门户核心、两微一端”正在逐步成为通过互联网进行国土资源宣传、服务、办事、交流的标准配置。

【数据资源建设与信息共享】

（一）国土资源“一张图”核心数据库内容不断扩充更新

国土资源“一张图”核心数据库不断充实。完成建设用地审批等 22 类数据的上图入库，建成全国土地整治规划数据库，完成 106 个重点城市周边永久基本农田划定相关工作，新增 3698 万亩高标准农田建设成果入库，增加数据服务接口 154 个，上传地质资料目录 41 万档、访问量达 68 万余次，31 个省（自治区、直辖市）初步建立了覆盖本辖区的“一张图”。基本建成了较为完整的“一张图”数据库架构，初步形成规划、调查评价、监测、管理等业务工作与数据库建设和更新同步的机制，构建了覆盖全域、全流程的土地、矿产和地质环境等主要业务的核心数据库和统一的管理平台，实现了各类数据的统一管理及与审批系统的对接，为行政审批、监测监管、辅助决策、综合事务等各项业务提供全面、精准的数据支撑。

（二）国土资源信息数据共享逐渐开展

完成了部委间地籍数据共享应用服务系统开发，推进土地调查成果共享应用服务平台建设，首次在互联网上向社会公众、在部内网向机关司局和有关单位开放土地资源调查数据，实现与公安部人口库、国家质监局证照库、发改委投资项目在线监管平台与公共资源交易平台的对接，实现与工商总局企业失信信息的共享，向发改委、审计署、国务院审改办等提供 29 类数据服务，数据共享有了突破性进展，部门间协同机制不断得到完善。

【网络、安全及标准化建设】

全面督导推进国土资源行业网络安全建设。按照中央网信办要求，举办信息基础设施网络安全检查部署培训班，全面调查国土资源部在京直属单位和各督察局关键信息基础设施风险和防护状况。组织开展完成 2016 年国土资源系统网络安全自查相关工作；督促开展对国土资源部三级及以上信息系统开展等级测评和安全建设整改工作；配合公安机关开展 2016 年网络安全执法检查，国土资源部信息安全工作得到公安部的高度肯定。

【国土资源云与不动产登记信息基础平台建设全面开展】

（一）国土资源云基础设施初步建成

国土资源部完成了数据中心机房改造一期工程，新机房供电、空调、弱电、监控等体系投入使用，完成网络设备、安全设备、门户网站等系统迁移工作。完成存储备份系统、刀片中心、服务器集群等采购。完成重庆备份中心升级改造，实现每周约 1TB 数据异地在线备份。贵州、广西、河南等部分省（自治市、直辖区）开展了“国土资源云”建设。

（二）全国不动产登记信息管理基础平台覆盖面不断扩大

坚持标准引领，建立了“一纲领、一主轴、若干条目”的不动产登记信息化标准体系，在全国开展培训推动宣传与应用。全力推进信息平台的全面部署应用，超额完成全国 1700 个以上县区接入平台，完成 18 个省、117 个市县数据的接收、质检与入库，以及 1700 个县、600 余万条增量数据的实时入库。31 个省（自治区、直辖市）按照国土资源部的统一部署和技术要求，统筹推进省级不动产登记信息化建设，保证了全省（自治区、直辖市）各级不动产登记机构登记信息接入平台，确保省、市、县三级不动产登记信息的实时共享。

环境保护信息化发展概况

2017年，环境保护部认真贯彻落实党的十八大、十八届历次全会及十九大精神，通过开展政务信息系统整合共享，实施信息化重大工程，加强日常运行保障，提升网络安全防护等工作，进一步提升了环境信息化水平，充分发挥了信息化对环境保护工作的服务支撑作用。

【开展政务信息系统整合共享】

按照国务院政务信息系统整合共享工作要求，环境保护部印发《环境保护部政务信息系统整合共享实施方案》(环办厅函〔2017〕1656号)，组织开展政务信息系统整合共享专项工作；先后完成56个部门、301个单位政务信息系统核查，清理下线35个"僵尸"系统；完成75个信息系统上云部署运行；完成68个信息系统数据整合接入环境信息资源中心，按照生态环境"一张图"模式开展数据资源展示和应用，在环保系统内部实现数据共享；按照环境要素、环境业务和组织机构3个维度编制完成《环境信息资源目录》，并上传至全国政务信息共享网站；开展排污许可"一证式"管理、重污染天气应急预测预警、"2+26"城市重污染天气执法检查等典型业务应用协同。

【开展环境信息化规划与标准编制】

环境保护部编制完成《2018—2020年环境信息化建设方案》；编制《环保物联网总体框架》《环保物联网术语》《环保物联网标准化工作指南》《环境专题空间数据加工处理技术规范》《中国地表水环境水体代码编码规则》5项标准，修订《排污单位编码规则》《环境信息元数据规范》2项标准，且7项标准全部正式发布。

【开展重点业务信息化平台建设】

环境保护部开展了第二次污染源普查信息化建设：编制完成污染源普查信息化总体方案，完成污染源普查数据预处理，形成735万家污染源基本名录库。

环境保护部启动土壤环境信息化管理平台建设：编制《土壤环境信息资源目录》，整合污染地块、环评、网络舆情、固体废物等相关数据45万多条。开展土壤环境信息化管理平台建设，完成数据上报采集、基础数据管理、一张图展示、查询分析等功能开发，初步实现全国土壤环境数据管理与可视化分析。

环境保护部开展环境保护税涉税信息共享平台建设：参与《环境保护税涉税信息共享平台技术方案》编制，指导地方开展环境保护税涉税信息共享平台建设，保障涉税信息常态化共享和交换。

环境保护部推进环境信用信息共享平台建设：编制《全国信用信息共享平台项目（环境保护部建设部分）初步设计报告》，并通过国家发改委批复；组织编写《环境信用信息分类管理标准——行政处罚类信息》等3项标准规范；开展企业环境信用基础数据服务系统运维和数据共享服务。

环境保护部完善企业环境信息公开平台建设：建成全国主平台和32个省级逻辑分平台，并且已整合江苏省 695 家重点监控企业环境信息。

【组织实施重大信息化工程】

（一）实施生态环境大数据建设

环境保护部以《生态环境大数据建设项目管理暂行办法》为依据，积极落实 2017 年度生态环境大数据建设任务，主要包括大数据基础设施建设 3 项、大数据应用建设 7 项，已基本完成终验。项目建设成果纳入“环保云”统一管理、统一运行；数据接入数据资源中心由大数据管理平台统一存储、统一服务。项目的建设进一步提高了环保云支撑服务能力，提升了数据汇聚和管理能力，强化了环境监测、环境执法、环评、环境统计、环境风险防控等大数据创新应用。

（二）生态环境保护信息化工程初设获批

环境保护组织编制《生态环境保护信息化工程初步设计和投资概算》，项目于 2017 年 11 月 13 日获得国家发改委批复；组织共建部委编制《生态环境保护资源目录》；编制《生态环境保护信息化工程项目管理办法》，完成生态环境保护信息化项目管理平台开发并开展试运行。

（三）国家环境信息与统计能力建设竣工验收

环境保护部组织国家环境信息与统计能力建设项目竣工验收会议，项目于 2017 年 3 月 8 日顺利通过竣工验收，基本实现“两个一举”（一举补齐中国环境信息化短板、一举带动全国各地环境信息化队伍建设）工作目标；开展项目资产转固定资产，并且固定资产已按要求录入资产管理数据库；完成项目档案归档，形成九大类档案，共计 1702 卷。

（四）实施国家电子政务内网建设项目

按照中办、国办文件要求，环境保护部组织实施国家电子政务内网建设，目前已编制完成《国家电子政务内网环境保护部节点建设方案》；开展屏蔽机房建设，基本完成机房楼板加固、内部建设及综合布线。

【深化拓展电子政务建设应用】

加强内网电子政务综合平台运行维护，保障系统全年稳定运行时间达 99%以上。开展建议提案信息化建设，增设“专报信息”栏目；完成制度汇编系统及环保扶贫专题建设；开展因私出国（境）证照管理系统建设；提供公文处理技术支持等。全年通过平台数据交换向环保系统公开 200 余件，向社会公开 800 余件。

完成专网综合业务门户新版上线，开展系统使用集中培训 3 次，通过现场、电话、QQ、微信等方式提供服务 7800 余次，组织完成日常应用巡检 2500 余次，保障各应用系统运行稳定率达 99%以上。

完善专网移动办公平台建设，为移动政务办公提供基础服务支撑；升级改造远程电子公文传输系统，实现收文原文自动导入公文管理系统；完成环境社会风险舆情管理系统开发上线；完成部门预算项目成果管理系统专网部分开发、上线，支持 2016 年度成果数据收集审核；开展环保系统组织机构及人才资源统计系统补充开发，为省级以下监测监察执法垂直管理工作提供基础人员数据；完成高级职称评审系统补充开发，实现专家现场在线打分；完成全国环保网络学院系统功能调整和课件制作；完成生物多样性保护优先区信息管理平台建设项目，更新基础物种编目，实现物种分布、物种所属自然保护区及保护优先区的同步关联展示。

【着力提升政府网站服务水平】

（一）加强政府网站建设运维

制作排污许可、第二次污染源普查、大气污染防治强化督查、朝鲜核试验应急监测、“六·五”世界环境日、环保培训资源库 6 个专题专栏。完成部网站数据中心改版建设；完成部网站手机版（WAP）上线运行；加强部网站与微博、微信信息同步更新，7×24 小时响应部信息发布要求。2017 年，部网站新增发布文章 6710 篇，全年页面总浏览量 7.4 亿余次，在部委政府网站绩效评估中排名第 9 位。

（二）推进网站群集约化建设

继续开展网站群集约化建设，完成 3 家直属单位及12家派出机构共15个子站建设。开展2017年政府网站绩效评估工作，完成对32个省级厅局政府网站及38家派出机构、直属单位网站的绩效测评。开展部属政府网站抽查工作，全年共完成10家部属政府网站抽查。

（三）开展“互联网+政务服务”平台建设

根据《国务院关于加快推进“互联网+政务服务”工作的指导意见》（国发〔2016〕55号）要求，推进环境保护部“互联网+政务服务”平台建设，制定《环境保护部“互联网+政务服务”平台建设方案》，明确26项行政审批事项中11项在线行政审批事项（涉及9个系统）整合接入，加快推动行政审批事项实现统一登录、统一申请、统一反馈，为公众提供“一站式办理”服务。

【扎实推进数据资源共享服务】

（一）环境数据资源不断丰富

继续推进已建系统数据整合，2017年共整合集成53个部内业务系统，涉及环境质量、污染源、生态、核与辐射、环境管理业务、环保产业、环保科技等数据。加强与外部委数据交换，目前环境信息资源中心已接入4个外部委相关数据，包括中国气象局5类气象数据、国家质检总局组织机构代码中心的企业统一社会信用代码信息、国家工商总局的2000万家企业基本信息、国家电网的220余万家企业用电量数据。

（二）信息产品开发不断深化

建设环境信息资源中心移动版，开发水、气、污染源自动监控3个专题，实现17类环境数据检索。开发建设项目环评及机动车空间专题，加强建设项目的关联分析和影响分析。开展环境“一张图”及专题空间可视化建设，构建《环境空间信息资源目录》，初步实现基于网格的基础数据资源精细化管理。基于地理信息“一张图”和可视化技术，对水、气、污染源、自然保护区等重点业务数据进行三维可视化展现，实现青海可可西里、玉树隆宝、三江源国家级自然保护区实时监控视频接入。

（三）数据服务能力不断增强

通过环境信息资源中心为业务部门提供数据服务：为京津冀大气污染防治强化措施调度、重污染天气应急预测预警、水环境管理业务提供环境质量、污染源监督性监测和实时气象等16类数据；为全国土壤污染状况详查提供环境统计、监督性监测、污染源自动监控等数据；为京津冀及周边“2+26”城市环保督察提供环境统计、排污收费、工商、国家电网等数据；为环评大数据应用提供“12369”举报数据；为有毒、有害物质环境风险防控应用提供环境质量、污染源等14类业务数据。

通过环保专网和数据传输交换平台为业务数据联网报送提供服务：完成全国环境监管执法信息、22个省（自治区、直辖市）环评数据、北京等10个试点地区核与辐射数据、全国机动车检验信息等数据上报。

【稳步加强基础设施建设运维】

（一）保障网络高效稳定运行

完成环保专网核心网络区域设备割接和改造，实现全万兆接入、40GB上行。完成环保业务专网部到省级骨干链路的升级改造，网络带宽从10MB升级至20MB。完成全国32个省（自治区、直辖市）2017—2018年度环境信息业务专网线路租用。对部属单位实施网络优化改造，实现重点单位（监测总站、卫星中心、核安全中心、环科院、评估中心）裸光纤连接。

（二）提升“环保云”集约化效能

继续开展“环保云”建设。“环保云”现有总资源240颗CPU、14TB内存、700TB存储，最多可提供1000台虚拟服务器的基础计算能力。通过云管理平台（一期）建设，实现了对环保云高效、可靠、安全的管理和运维；实现了使用单位的自助使用、按配额（总量）管理等功能。目前，“环保云”支撑了“十三五”环境统计业务、土壤详查系统、全国电子公文传输等75个业务系统安全平稳运行，信息化基础支撑能力显著提高，“环保云”集约化效益显现。

基本完成环境保护部数据中心机房建设。新

建机房参照国家 A 级（最高级）机房标准建设，占地 322 平方米，预计可承载虚拟服务器约 3500 台，计划于 2018 年 5 月投入使用。

（三）初步形成统一运维体系

以服务水平专业化、运维资源集约化、运维管理精细化、运维手段自动化、治理能力现代化为目标，建立“一体化运维、二级调度、三层维护、三线支持”的运维管理模式，强化运维管理体系的人员与制度建设。目前运行维护的服务器达 130 余台、网络及安全设备达 240 余台。2017 年建成统一运维管理平台，实现了网络可视化监控；建立服务台，统一接听和处理来自部机关、直属单位及地方共 7 条电话线路的问题报送电话约 10000 个；及时响应处理网络故障 54 次，为部机关提供重要会议保障服务 657 次、视频会议 43 次，提供客户端技术支持、维修维护约 5900 次。

【强化巩固网络安全保障】

组织开展环境保护部 2017 年网络安全事件应急演练，建立安全应急值守制度，顺利完成“党的十九大”“一带一路”峰会、“金砖会议”等国家重要活动期间网络安全保障。

完成公安部、中央网信办对环境保护部“国家级重要信息系统和重点网站安全执法检查”“关键信息基础设施网络安全检查”“涉密网保密检查”等网络安全检查。完成 2017 年环保行业网络安全检查。定期向中央网信办报送环境保护部关键信息基础设施网络安全态势，全年共收到网络安全事件通报 73 起，及时通报相关责任单位并督促整改。

持续建设安全监管平台。编制安全管理制度及规范，补充修订《环境保护部涉密信息系统安全保密管理暂行规定》等 13 个部内网涉密安全管理制度。开展国产密码应用试点工作，完成专网数字证书系统国产密码升级改造。开展数字证书系统运维，发放证书密匙 422 张。定期巡检，及时发现处理局域网内存在的 WannaCry 勒索病毒、PETYA 勒索病毒、暗云Ⅲ木马、异鬼Ⅱ木马等，保障全年无重大网络安全事故。加强网络安全宣传贯彻，组织 2017 年全国环保行业网络安全培训班，培训 90 余人。

交通运输信息化发展概况

2017 年，交通运输部认真学习贯彻党的十九大精神和习近平总书记关于网信工作的系列重要讲话精神，不折不扣地落实党中央、国务院及部党组系列决策部署，以谋划国家综合交通运输信息平台建设为重点，以夯实大数据和网络安全两大基础为抓手，推动新一代信息技术与交通运输深度融合，统筹推进网络安全和信息化工作，开创了交通运输网信工作新局面。

【交通运输网信工作统筹发展迈上新台阶】

为加强交通运输部信息化顶层设计，增强行业信息化建设的技术统筹力度，编制了《国家综合交通运输信息平台总体技术方案》，形成了以“五大功能、六个统一”为核心的综合交通运输信息化建设总体框架，推进国家综合交通运输信息平台建设。印发《推进智慧交通发展行动计划

（2017—2020 年）》，明确基础设施智能化、生产组织智能化、运输服务智能化、决策监管智能化 4 个方面 12 项任务，为推进智慧交通发展指明方向。

【交通运输网络安全工作实现新跨越】

一是加强全员网络安全教育。深入开展《网络安全法》宣传普及，抓关键少数，抓全员教育，以网络安全为主题，部党组中心组进行集体学习，举办“厅局级领导专题培训班”和“专业干部培训班”，共计 400 余名领导干部参加了学习，有效提升了各级领导干部的网络安全专业素养。组织开展网络安全宣传周、印发《网络安全应知应会手册》等广泛多样的宣传教育工作，全面增强交通运输部职工网络安全防范意识。

二是切实提升网络安全监测预警及应急处置能力。有效形成网络安全信息通报机制，交通运输部再次荣获“国家网络安全信息通报机制先进单位”。依法加强行业网络安全监督管理，启动行业网络产品和服务安全审查工作。

【政务信息系统整合共享应用实现新突破】

一是政务信息资源管理制度体系逐步完善。为了破解交通运输领域数据资源共享应用难题，推进行业信息资源共享进程，印发《交通运输政务信息资源共享管理办法（试行）》，进一步强调和明确“以共享为原则，不共享为例外”的原则，改变了交通运输政务信息资源共享无据可依的历史。

二是政务信息资源共享技术体系建设取得实质性进展。为指导行业科学编制信息资源目录，研究制定《交通运输政务信息资源目录编制指南（试行）》。推进部级交通运输信息资源交换共享平台建设，初步具备信息资源交换共享能力。海事共享数据库系统投入使用，海事数据整合应用和治理能力得到加强。编制《交通运输部政务信息系统整合共享试点实施方案》，向国家发改委研究提出交通运输部对公安、工商、海关等部委的信息资源共享需求。交通运输部被列入国家第一批信息资源共享清单的信息接入国家信息资源共享平台。

三是公共信息资源开放加快推进。“综合交通出行大数据开放云平台”（“出行云”平台）覆盖范围和影响力进一步扩大，已接入 25 个交通运输主管部门、41 家互联网企业和科研机构开放数据 112 项，开放数据服务接口 26 项，覆盖地面公交、出租汽车、民航、水运、轨道交通等 16 大类，平台访问次数超过 24 万次，“出行云”平台开放理念和模式获得国家有关部门认可。组织开展了交通运输领域公共信息资源开放机制前期研究，做好相关政策储备，交通运输公共信息资源开放走在各行业的前列。

四是交通大数据开放应用成果丰硕。“综合交通出行及旅游服务应用示范工程”纳入首批国家大数据示范工程。与国家旅游局联合发布大数据应用实施方案，启动交通旅游服务大数据应用试点。综合交通运输大数据应用中心发布《中国高速公路运行大数据分析》系列报告，联合菜鸟网络、高德、摩拜单车、ofo 小黄车、途歌科技等互联网公司发布了《2017 年中国智慧物流大数据发展报告》《中国主要城市交通分析报告》《中国主要城市骑行报告》《中国城市共享单车信用体系评价报告》等交通运输领域大数据分析报告，引起社会和行业广泛关注和积极反响。支持贵州省 2017 中国“云上贵州”智慧交通大数据应用创新大赛和广东省小谷围“互联网+交通运输”创新创业大赛等多个创新活动。依托高分专项“综合交通遥感应用示范系统”建设的“高分交通数据中心”正式面向行业提供服务，在特大地质灾害后抢通、保通的应急响应和重大活动路网运行保障方面发挥了重要作用。

【“互联网+交通运输”取得新进展】

一是推进“互联网+便捷交通”发展。编制印发《智慧交通让出行更便捷行动方案（2017—2020 年）》，促进“互联网+便捷交通”发展，让百姓在智慧出行领域有更多幸福感。充分发挥 ETC 系统优势，累计发展 ETC 用户超过 6000 万户。交通“一卡通”互联互通范围不断拓宽，初步实现京津冀、长三角、珠三角、长江经济带等多个区域地级以上城市交通一卡通互联互通。

二是促进“互联网+高效物流”发展。推进国家交通运输物流公共信息平台建设，不断优化完善平台建设方案，推动与骨干物流平台企业互联互通。深入推进无车承运人试点工作，加快无车承运物流创新发展。以港口智慧物流、危险货物安全管理为重点，开展智慧港口示范工程建设。

三是推动“互联网+交通政务服务”建设。印发《交通运输部主动公开基本目录》，有效提升政务公开工作规范化水平。加强部政府网站群建设管理，做好政府网站日常监测和季度抽查。在2016年度和2017年度全国政府网站绩效评估中，部官方网站连续获得国务院组成部门第2名。开展“网站集约化建设专项行动”，海事、长航系统及部机关网站数量大幅减少。完成行政许可网上办理平台（二期）工程建设，实现行政服务事项的编码管理和信息同步更新公示。加强政务微信平台建设，加入腾讯企鹅号、今日头条号，加强与各省厅政务微信和行业新媒体的互动和协同，新媒体矩阵初步形成。建成全国跨省大件运输并联许可系统，提供异地办证、全线通行利企便民服务。深化水路运输建设综合管理信息系统（一期）应用，水路运输行政许可业务全部实现网上办理。加快交通运输信用信息管理系统建设，初步实现与全国信用信息共享平台和各省交通运输信用平台的对接。海事船员“口袋工程”服务船员数达到百万人。完成救助飞行管理系统工程（一期）阶段性建设，实现飞行航务、机务维修、航空安全等救助飞行业务的电子化管理。公安、搜救等领域重点信息化项目有序推进。

农业信息化发展概况

2016年，我国农业农村经济发展稳定向好，农业供给侧结构性改革深入推进，农业信息化建设实现了“十三五”良好开局。农业信息化规划与研究成果丰硕，基础设施进一步优化升级，信息安全有效保障，核心业务应用系统建设取得新进展，数据资源建设取得突破，信息化建设整合工作启动，机构队伍进一步壮大，舆情、网站、信息进村入户等“互联网+”公共服务创新应用成效明显。

【规划与研究成果丰硕】

农业部、国家发展和改革委员会、中央网络安全和信息化领导小组办公室等共同研究制定了《“互联网+”现代农业三年行动实施方案》，切实发挥互联网在农业生产要素配置中的优化和集成作用，推动互联网创新成果与农业生产、经营、管理、服务和农村经济社会各领域深度融合。农业部发布的《“十三五”全国农业农村信息化发展规划》指出，把信息化作为农业现代化的制高点，以建设智慧农业为目标，全面提高农业农村信息化水平，让广大农民群众在分享信息化发展成果上有更多获得感，为农业现代化取得明显进展和全面建成小康社会提供强大动力。《“十三五”农业部电子政务发展规划》提出，以“提升政务管理效能、提高政务信息资源共享开放水平、增强服务决策能力”为目标，充分发挥电子政务在政务办公、管理、决策、协调、服务等方面的重要作用，全力推动农业部电子政务协调发展。

农业部信息中心组织开展了《从“互联网+”中汲取“三农”工作新动能》系列课题（“互联网

+”粮食安全、市场监管、社会管理、公共服务、环境保护）和《“互联网+”农业保险创新》等课题研究，促进农业现代化和信息化深度融合，推进互联网思维和互联网技术在农业和农村工作中的全面应用，不断从“互联网+”中汲取“三农”发展新动力和新动能。

【基础设施进一步优化升级】

国家农业数据中心机房完成互联网服务器区虚拟化平台建设改造，整合优化互联网区计算和存储资源，提高设备使用率，提高业务连续性，降低运维成本。农业部信息中心为农业部系统4000余部电话用户提供稳定通信服务，排除了电话交换机主备机无法切换的重大安全隐患，完成农业部规划设计研究院400部电话入网工作。农业部视频会议系统更新改造和监管系统服务器设备购置项目可行性研究报告获得批复。监管系统服务器设备购置项目为从根本上解决国家农业数据中心设备老旧运维隐患问题，并切实提高面向农业部的“集中供热”能力奠定了坚实基础。视频会议系统更新改造项目将高水准地实现农业部系统视频会议全覆盖，这对于夯实信息化安全运维基础和提升服务保障能力意义重大。

【信息安全有效保障】

及时从国家网络安全检查信息共享平台接收网络安全风险提示信息，通报并排除安全风险。按要求，核查并妥善处置计算机异常外联、被植入木马后门等安全风险，有效避免发生信息被窃取、主机被远程控制等安全事件。政务外网实时监测并拦截网络攻击约510万个，农业部网站未发现网页被挂马和篡改等安全事件。及时进行政务外网主机安全检测，对重要应用系统进行渗透检测，及时发现高风险漏洞并完成安全加固工作。农业部政务外网网络安全态势总体平稳，未发生重大网络安全事件。

【核心业务应用系统建设取得新进展】

视频会议系统效用显著，全年为379次部党组、部常务会议、部机关会议及48次国务院应急办视频会议提供安全可靠技术支持，召开18次全国性农业视频会议，直接参会18.2万人次；提高视频会议系统连贯切换图像水平，新增云视频、电视与视频融合功能，实现中国水产科学研究院、中国热带农业科学院的视频接入；视频会议系统继续向地县延伸，新增2个省级、70个地县级分会场，有效降低基层行政成本。

金农工程一期农机监理等7个监管系统得到进一步优化，开展了4次推广培训，完成农药监管系统与自贸区口岸办单一窗口系统对接，为黑龙江农机安全监理总站提供农机监理数据近180万条。“农安信用”频道及行政处罚填报系统功能不断强化，与国家信用信息平台对接数据84240条，解析并对接失信被执行人信息400余万条。完成政务内外网农业地理信息公共服务平台建设，初步形成农业空间地理信息资源“一张图”。部办公自动化新系统（新OA）正式上线并平稳运行，原办公平台上所有业务均已平稳过渡到新系统。“中国农产品供需分析系统（CAPES）”实现了96份月度报告在线自动生成、60张平衡表在线会商发布、120名分析师在线绩效考核等。三农舆情监测管理平台和舆情消息展示移动客户端申领了计算机软件著作权登记证书，著作权人为农业部信息中心。

【数据资源建设取得突破】

通过新增采集渠道、增加资源种类、延伸资源细粒度等方式丰富数据资源内容，年新增数据量首次突破1亿条。以农产品批发市场20年历史数据深度开发利用为切入点推动大数据落地，年采集日度价格236万条、实时交易数据2053万条，年发布价格周报52篇、日报246篇、市场动态3133篇。对全国农产品批发价格指数进行修改完善，提升品种代表性，更加科学地设计权重，优化样本市场，强化数据质量，形成了“农产品批发价格200指数”。完成48次数据库、数据仓库管理系统周巡检，排除金农工程一期核心数据库老旧服务器设备隐患，搭建数据库备份恢复测试环境，并完成核心数据库向国产新服务器的迁移。开展国办政府内网信息资源共享利用试点工作，通过了相关专家和国办的审查，并得到充分肯定。

【信息化建设整合工作平稳推进】

为做好 2017 年部门预算和 2017—2019 年支出规划的编制工作，加快推进农业部信息化发展，优化信息平台构建布局，提高运行维护管理水平，根据《农业部重大信息平台构建及运维专项经费管理暂行办法》有关规定，在对相应行业或领域现有的各类信息平台（系统、网站、数据库等）进行梳理的基础上，研究明确优化整合方案，按照“每个行业或领域原则上只支持一个综合性业务应用系统”的要求申报信息化项目。农业部系统网站整合及重点业务系统整合对接工作启动。

【机构队伍建设进一步加强】

农业部电子政务信息系统建设项目技术审核委员会成立。技术审核委员会设主任委员、副主任委员、秘书处、业务审核组和专家咨询组，负责实施部内电子政务信息系统或重大信息平台建设的技术审核工作。

农业部信息会商发布中心成立。依托国家农业数据中心综合运行监控室，搭建了农业部信息会商发布中心，并从 2017 年 7 月 11 日开始正式启用，这将成为农业部发布农产品供需形势的标志性场所。

农业部农业信息化标准化技术委员会成立。委员由来自政府部门、科研机构、高等院校和有关企业的 46 位专家担任，秘书处设在农业部信息中心，将大力推进农业信息化标准的编制、修订和应用工作。

全国农业信息中心系统及农业信息化联盟建设持续强化。推出《农业部信息中心服务清单（2016 版）》。2016 年 7—11 月开展部省联动“结对子”，农业部信息中心每个处室联系 2～3 个省级农业信息中心，赴信息化一线实地调研，并举行“我从信息化一线归来”成果汇报会，起到锻炼队伍、密切联系基层、拓展服务内容的作用。

【“三农”舆情监测时效和分析研判水平进一步提升】

全天候做好日常监测，坚持 7×24 小时“技术+人工”方式全方位开展应急监测，及时报送涉农重大、热点、敏感信息，全年编报《网情择要》155 期，编写周报、月报、季报、年报等各类舆情分析报告 240 多期。日采集并处理数据近 100 万条，经过数据清洗全年累计获取有效数据 1600 余万条，客户端上载热点及预警信息 1.3 万条。与全国 24 个省级农业信息中心实现舆情产品、服务和平台共享，并为陕西、甘肃等 5 个省（自治区、直辖市）开发省级舆情监测子平台。

【网站及新媒体影响力扩大】

在农业部官网上建设“全国农业办事查询服务平台”，注重强化信息公开、政策解读、回应关切、在线办事等内容，形成了农业部在互联网上对外发布政务信息和提供政务服务的权威窗口，被列入“第二届（2016）中国‘互联网+政务’优秀实践案例 50 强”。农业部官方网站日均点击数达 849 万次，日均独立 IP 访问数达 16 万个，比 2015 年分别增长 33.6%和 3.9%，在“2016 中国政府网站绩效评估”中以第 3 名的成绩继续领先于国务院其他组成部门网站。全年发布信息 54.2 万条，开展重大新闻采访 300 余次，组织网上直播和访谈 16 期，31 个省（自治区、直辖市）联合维护发布全国农业信息 21.8 万条。中国农业信息网 9 个专业品种子站全部上线运行，年发布信息超过 8 万条，“三农视频”发布 1364 条。“三农信息通”移动客户端累计上稿量达 1.7 万余篇，用户自主下载量 4 万余人次。

【“互联网+”现代农业加快推进】

为贯彻落实《国务院关于大力发展电子商务加快培育经济新动力的意见》（国发〔2015〕24 号）、《国务院办公厅关于促进农村电子商务加快发展的指导意见》（国办发〔2015〕78 号）和《农业部　国家发展和改革委员会　商务部关于印发〈推进农业电子商务发展行动计划〉的通知》（农市发〔2015〕3 号）的部署要求，积极探索“基地+城市社区”鲜活农产品直配、“放心农资进农家”等农业电子商务新模式，农业部于2016年1月11日印发了《农业电子商务试点方案》，在北京、河北、吉林、黑龙江、江苏、湖南、广东、海南、重庆、宁夏共10个省（自治区、直辖市）分别开展农产品、农业生产资料和休闲农业电子商务试点，推动12家电商企业与10个省（自治区、直辖市）签订共同推进农业电子商务试点工作协议，积极探索农业电子商务新模式。

2016年9月6—7日，全国“互联网+”现代农业工作会议暨新农民创业创新大会在江苏省苏州市召开，汪洋副总理出席会议并讲话。会议同期举办了展览展示、信息大集、“双百”推介、论坛研讨、合作签约等系列活动，专家学者、新农民和基层干部、农业企业、涉农互联网企业、行业协会等共约3000名代表参加。会议现场与阿里巴巴、京东集团、苏宁云商、中国电信、浪潮集团等12家企业就共同推进“互联网+”现代农业及农业农村大数据、农业电子商务、农村金融保险签署合作协议，与4个省（自治区、直辖市）人民政府就共同建设国家级农产品专业市场签署合作备忘录。98家企业和单位参展，390家媒体相关报道及转载4009篇，微信、博客信息发布5143条，引起社会广泛关注，效果远超预期，吹响了加快推进信息化与农业现代化深度融合的号角。

2016年11月5日，以“互联网+”农业供给侧结构性改革为主题的“2016农业信息化高峰论坛”在云南省昆明市举办，部委及省级领导、院士、业内专家解读国家有关政策文件、展望农业信息化发展趋势、交流“互联网+”农业供给侧结构性改革路径、介绍国内外农业信息化创新技术与应用成果等。

【“三农”综合信息服务打开新局面】

信息进村入户试点范围从10个省（自治区、直辖市）22个县扩大至26个省（自治区、直辖市）116个县，已建成运营2.4万个益农信息社，累计为农民和新型农业经营主体提供公益服务630万人次，开展便民服务1.1亿人次、涉及金额39亿元，实现电子商务交易额21亿元。编制《农民手机培训》教材，上线培训网站，组织19家部属单位、相关企业等各方参与。全国范围内开展1000余场线下农民手机应用技能培训，累计培训6.9万人次。“12316”全年服务对象达40多万人，发送短信、彩信3000万条，监管中心积累知识库、案例库等数据近300万条。“12316”的“三农”综合信息服务十年磨一剑，已基本覆盖全国所有的省（自治区、直辖市），全国年均受理咨询电话逾2000万人次，为农民挽回直接经济损失及帮助农民增收节支超过100亿元。

文化信息化发展概况

2017年，文化部全面落实党的十八大和十八届三中、四中、五中、六中、七中全会精神，深入学习贯彻党的十九大精神，紧紧围绕“五位一体”总体布局和“四个全面”战略布局，深入开展信息化建设，促进政务信息资源共享，在优化政务服务、提高政府效能方面取得实质性进展，为坚定文化自信、建设文化强国提供技术支撑。

【推进电子政务建设，信息化支撑取得新突破】

（一）深入开展文化政务信息资源建设，提升政务信息管理水平

一是在政务信息资源数据库一期基础上，进一步扩展资源采集范围，形成一批专题数据产品，资源库收录《文化部简报》《情况通报》《工作交流》《工作动态信息》《历年文化法规汇编》《习近平关于文化工作重要论述摘编》等2376篇政务信息资源，形成部内政务信息资源发布和共享信息平台。

二是编制《文化部政务信息资源摸底调查方案》《文化部政务信息资源目录编制说明》《文化部政务信息资源元数据说明》等文件，召开政务信息资源摸底调查工作培训会，开发文化部政务信息资源管理系统，顺利完成2017年文化部政务信息资源摸底调研和目录编制工作。

三是启动文化部数据服务云平台（数据交换共享系统）建设，推动形成以数据交换共享方式汇聚数据资源、以信息资源目录统筹管理数据资产的工作模式。

（二）升级文化部电子政务外网政务服务管理平台，推进业务协同

升级后的文化部电子政务外网政务服务管理平台投入使用，平台优化了业务流程，业务支撑作用逐渐凸显。财务系统实现了预算申报、报表提交等功能；通过外事综合办公系统，各司局和直属单位可在线申报审批材料；党员信息采集系统实现各单位党员信息采集。平台还开发了信息化资产管理运维系统，形成动态、准确的信息化资产管理台账，实现报修、处置、反馈等工作的信息化管理，提高运维效率，提升服务质量。

（三）加强政府门户网站建设，充分发挥政务公开和政务服务功能

一是把好内容审核最后一关，凡文化部政府门户网站首发的政策性文件、重要报道，责任编辑须向具体承办人核实，确认无误后再申请发布。二是完善信息公开保密审查制度，对办公网文件运转流程进行改造，增加“政务信息公开保密审查”模块，确保文化部政府门户网站信息安全。三是采用技术手段加强网站日常监测，严格按照国办要求对文化部政府门户网站进行技术监测，发现问题及时整改，保证通过国办每季度一次的政府网站检查。四是开展文化部政府门户网站改版工作，针对网站检索效率低、移动终端适应性差等功能性问题，集中进行技术升级。截至2017年年底，文化部政府门户网站发布各类信息近8000条，开展新闻发布会网上直播21场，发布各类视频37个，制作热点专题7个，网站页面总访问量达2.1亿人次，同期增长40%。在中国信息化研究与促进网举办的中国优秀政务平台推荐及综合影响力评估中，文化部政府门户网站获评“2017年度中国政府网站领先奖”，中央网信办官网发布了评估结果。“全国文化信息联播”栏目被电子政务理事会评为“2017年政府网站信息公开类精品栏目奖”。

（四）加强文化部信息基础设施集约化建设，夯实网络基础

一是利用云计算技术，对文化部中心机房基础设施进行虚拟化改造，完成政务云建设，提高对文化部电子政务信息系统的支撑能力。二是完成文化部电子政务外网建设工作，文化部政务外网已和国家电子政务外网实现对接。三是按照国家电子政务内网建设要求，对文化部内网升级改造。四是实施文化部内外网弱电系统工程、语音通信系统和卫星电视系统数字化改造工程，提升文化部信息网络基础设施水平，确保网络传输和数据传输的安全性、可靠性。五是全面实施全国文化系统视频会议改造工程，实现全国34个省（自治区、直辖市）和31家直属单位会议节点接入。

（五）增强网络安全保障能力，确保政务信息系统安全稳定运行

完成文化部网络安全管理和技术支撑平台建设，实现对部重要网站和信息系统24小时实时监测。平台能直观显示和分析重点网站、重要信息系统安全风险态势指标，及时发现、预警、处置安全风险隐患，加快排查网络安全隐患，提升重大故障和网络安全事件技术防范能力。截至2017年年底，纳入安管平台监测的网站和信息系统共

计 359 个。同步开展网络安全突发事件和网络安全隐患排查、防范工作，逐步形成以防为主、以查促改的工作格局。

【信息化典型应用】

（一）深入开展公共数字文化建设工作，助推文化惠民工程

一是印发《文化部“十三五”时期公共数字文化建设规划》，大力推进公共数字文化建设，统筹实施全国文化信息资源共享工程、数字图书馆推广工程等重点公共数字文化工程，加快构建现代公共文化服务体系。二是推动全国文化信息资源共享工程转型升级，建设国家公共文化云，打造公共数字文化服务平台和阵地。截至 2017 年年底，文化共享工程数字资源总量达 532TB。三是推动数字图书馆推广工程建设，截至 2017 年年底，国家数字图书馆数字资源长期保存总量达 1532.76TB，加强资源统筹联建，开展海外文化中心数字图书馆建设，扩大数字图书馆推广工程海外影响力。四是推进边疆万里数字文化长廊建设，累计提升沿边、沿海省（自治区、直辖市）1050 个乡镇基层服务点、9086 个数字文化驿站数字文化设施。四是推进国家数字文化网建设，对文化共享工程中国文化网络电视进行升级改版，推出“文化共享直播”，截至 2017 年年底，共享活动直播超过 200 场。

（二）文化部系统各单位推进信息化建设

全面贯彻落实《“互联网+中华文明”三年行动计划》，加大博物馆资源的社会开放度，促进博物馆馆际交流，提高文物藏品利用率，鼓励社会参与文化创意产品研发，进一步促进文化遗产资源“活”起来。故宫博物院推出了“故宫社区”App 和“故宫展览”App，而对“紫禁城祥瑞”和“每日故宫”这两款 App 全面升级；国家博物馆打造“中国文博知识产权交易平台”和“文创中国网络平台”；国家文物局建成国家文物资源数据库，首次摸清国有可移动文物共计 10815 万件/套。全国美术馆藏品普查工作成效显著，截至 2017 年年底，入库数据近 35 万余条，数据总量 10TB。此外，国家艺术基金管理中心、中央文化管理干部学院、文化部恭王府管理中心、文化部民族民间文艺发展中心、中国艺术科技研究所等多家单位也在积极研究利用信息化手段提升业务水平、促进业务发展。

全民健康信息化发展概况

【加强顶层设计，编制印发相关政策标准】

2013 年，国家卫生计生委与国家中医药局联合印发《关于加快推进人口健康信息化建设的指导意见》，明确“十二五”时期人口健康信息化建设的基本思路、总体框架和任务目标，提出了四级平台、六大业务应用信息系统、三大基础数据库、一个网络和两大体系建设的“4631-2”工程，包括：国家、省（自治区、直辖市）、地市、县四级全民健康信息平台，公共卫生、计划生育、医疗服务、医疗保障、药品供应保障、综合管理六大业务应用信息系统，全员人口信息、居民电子健康档案、电子病历三大基础数据库，全民健康信息网络，以及全民健康信息化标准规范和信息

安全防护两大体系建设。2016年6月，国务院办公厅印发《关于促进和规范健康医疗大数据应用发展的指导意见》，从国家战略层面提出规范和促进健康医疗大数据融合共享、开放应用；2017年年初，《"十三五"全国人口健康信息化发展规划》发布，提出以夯实基础、深化应用、创新发展为主线，有序推动13项主要任务及五大工程；2017年5月，国家卫生计生委印发《"十三五"全民健康网络与信息安全规划》，首次将安全建设提升到宏观设计层面规范推动。2017年11月以来，根据国务院领导指示要求，国家卫生计生委成立专项班子抓紧起草《关于促进"互联网+医疗卫生"发展的指导意见》，从创新服务模式、增强服务能力、优化发展环境3个方面提出18项具体举措。同时，国家卫生计生委相继印发《省统筹区域人口健康信息平台应用功能指引》《医院信息平台应用功能指引》《医院信息化建设技术指引》，陆续发布行业信息化标准209项；研究制定《全国医院信息化建设标准与规范》，目前已经正式印发实施。通过近几年不断完善顶层设计，全民健康信息化建设的目标、思路和路径持续得到优化明确，规范和引导各地有序开展相关工作。

【突出重点环节，夯实全民健康信息化建设基础】

一是全力推进全民健康信息平台建设。协调国家发改委审批启动全民健康保障信息化工程一期项目，总投资3.4亿元，目前已启动招标程序，正在加快建设进度，力求按期建成见效。会同国家发改委印发《省统筹区域全民健康信息平台建设总体方案》，安排中央转移支付，支持各省（自治区、直辖市）按填平补齐原则开展区域信息平台建设。建立健全全员人口信息、电子健康档案、电子病历三大数据库，加强基础资源信息数据库建设，推动实现电子健康档案和电子病历的连续记录，以及不同级别、不同类别医疗机构间的信息授权使用和互认共享。

二是加快实现四级信息平台互联互通。按照"上下联、信息通"的要求，坚持压实责任、强化督导、跟踪服务相统一。经过持续努力，2017年6月底推进实现国家平台和省级平台联通全覆盖，国家平台实现与32个省级平台、44家委属（管）医院的互联互通和数据报送，2017年年底实现省、市、县平台联通全覆盖，着力破除医疗卫生服务行业长期存在的"信息孤岛"和"信息壁垒"问题。

三是加快推进新农合跨省就医结算。会同基层司指导医科院信息所等单位基本建成国家平台，并实现与卫生、计生行政部门管理新农合省份的信息平台及部分大型医疗机构的互联互通；基本搭建新农合异地就医结报政策框架，卫生、计生行政部门管理新农合的省份已基本实现新农合与大病保险省内"一站式"结算。截至2017年9月底，全国新农合异地就医直接结算工作顺利实现《政府工作报告》确立的年度任务目标。

【注重服务基层，强调便民惠民改善就医体验】

一是着力加强基层信息化建设。按照"县要强、乡要活、村要稳"的基本要求，大力实施"三个一"工程（一个合格的家庭医生、一份动态管理的健康档案、一张功能完备的健康卡），不断提升基层信息化能力；同时，尊重基层首创精神，鼓励各地积极探索基于"互联网+"的应用，规范和促进各类新兴业态，将人民群众就医需求、第三方就医服务和分级诊疗政策管理有机结合起来，为居民提供在线健康咨询和健康管理服务，为医疗卫生机构提供在线随访、在线公共卫生、双向转诊等服务，有效整合健康服务全过程，积极探索分级诊疗新模式。

二是稳步推进宁夏、云南、内蒙古等11个省（自治区、直辖市）的远程医疗政策试点，将其作为医联体模式之一。全国远程医疗协作网覆盖了所有地级市和1808个县的1.3万余家医疗机构，包括所有国家级贫困县，有力促进"重心下移、资源下沉"，为缓解边远、贫困地区人民群众看病问题发挥重要作用。

三是扎实推进医院信息化建设。全国二级以上医院基本完成了HIS、LIS、PACS等基础信息系统的建设，全国三级医院全面实现基于电子病历的信息化，并均已开展预约诊疗服务，不同程度开展互联网健康咨询、预约就诊、诊间结算、医保联网异地结算、移动支付等，有效缓解"挂号时间长、候诊时间长、取药时间长、就诊时间短"的"三长一短"问题。

四是积极发挥居民健康卡保障人民群众健康的“金钥匙”作用，28个省（自治区、直辖市）已发放居民健康卡1亿多张，推广电子健康卡，推动居民健康卡普及应用，四川、湖南、贵州等省（自治区、直辖市）已面向建档立卡的贫困人口发放居民健康卡。

五是全面启动医疗机构、医师、护士电子化注册管理改革，管理系统已经与全国31个省（自治区、直辖市）的系统联通。

【促进应用发展，稳步推动大数据国家试点】

一是为贯彻落实国办发〔2016〕47号文件，制定印发《促进和规范健康医疗大数据应用发展的指导意见重点任务分工方案》，明确中央网信办等部委的19类48项具体任务。同时，编制印发了委内实施方案，稳步推动委内任务协同。

二是2016年10月启动两省四市（福建省福州市、厦门市及江苏省南京市、常州市）健康医疗大数据中心及产业园建设国家第一批试点工作，2017年10月明确将安徽、山东、贵州等省（自治区、直辖市）作为第二批国家试点，积极探索提高人民群众获得感、增强深化医改新动力、激发经济发展新动能的具体方法路径，目前各项工作开局良好、进展顺利。

三是组织编制《健康医疗大数据基础资源目录索引》，建立国家标准化体系，组织开展大数据应用破解医改难题调研工作，修改完善《健康医疗大数据安全标准服务管理办法》，先后两次征求国务院医改领导小组意见后形成送审稿，为健康医疗大数据应用奠定良好的基础。

【加强统筹协调，大力推进政务信息系统整合共享】

政务信息系统整合共享是2017年国务院督办的一项重点工作，主要目标是清理、整合国务院各部门内部政务信息系统，并规范接入国家数据共享交换平台，初步实现国务院部门和地方政府之间“网络通、数据通、业务通”。与信息司会同各司局和直属联系单位，全力以赴狠抓落实，拧紧螺丝集中攻坚，严格按照时间节点完成自查、清理、编目、整合、接入和共享等各项任务目标，梳理政务信息系统188个、专网系统1个，清理“僵尸系统”19个；将56个分散孤立的信息系统整合为门户网站、综合管理业务、医疗服务业务和药品供应保障4个大系统，19个政务信息系统接入委内统一平台。积极推进委内信息系统可视化，打造典型应用系统，电子证照、新农合跨省即时结报、药品供应保障综合管理等信息系统展示得到国务院相关部门肯定。加强信息共享，信用信息、全员人口库、出生医学证明信息、死亡医学证明信息、全员人口统筹信息共5个信息系统，按期实现与国家统一平台共享交换数据。整合共享整体工作得到国办和发改委的肯定，并作为16个整合共享应用试点、打造样板的单位之一。同时，积极协调推进“互联网+”政务服务，不断提升便民服务水平。

【强化安全意识，提升网络信息安全防护能力】

一是健全机制。实施网络安全等级保护制度和网络安全责任制，编制印发《卫生计生行业信息化建设国产密码应用规划（2016—2020年）》及实施意见、《国家卫生计生委网络与信息安全事件应急预案》等，健全网络与信息安全突发事件应急处理机制，共筑网络与信息安全防线。

二是建立体系。完善全民健康网络与信息安全制度体系，健全网络与信息安全通报预警和应急指挥体系，防范重要信息技术产品和服务安全风险。制定卫生计生行业重要数据识别标准和关键信息基础设施清单。

三是突出重点。确保重要敏感时期和重大活动期间网络安全，圆满完成服务保障党的十九大网络安全工作，得到党的十九大网络安全保卫组的表扬；完成“一带一路”高峰论坛等重要敏感时期的网络安全保障工作，妥善处置勒索病毒事件。

四是强化督导。定期开展信息安全检查，督导开展风险评估、系统测评及整改工作，积极防范和应对网络与信息安全事件，稳步推进网络可信体系建设，营造可信业务环境，确保系统运行安全和数据安全，不断提高网络安全管理水平。

工商系统信息化发展概况

2016年以来，工商行政管理信息化事业以“五大发展理念”为指导，为提高工商行政管理和市场监管现代化水平、服务经济社会发展、提升人民群众改革获得感提供了更加坚实有力的信息化支撑。

【2016 年信息化发展概况】

2016 年，围绕工商行政管理改革发展和商事制度改革，突出抓好“一幅图、一张网、一个库、一平台、一门户”的“五个一”建设，着力夯实标准、数据、安全三大基础，全年工作取得了积极成效。

（一）加强工商信息化顶层设计

一是编制并印发了《工商行政管理信息化发展“十三五”规划》，为“十三五”时期工商部门电子政务发展提供了战略方向和基本思路。二是先后组织编制完成《国家企业信用信息公示系统信息化工程可行性研究报告（代项目建议书）》、初步设计和投资概算，并获得国家发改委批复。三是积极牵头组织中央编办、民政部等八部委，修改完善《国家法人库可行性研究报告》，并于 2016 年获得国家发改委批复。四是积极开展电子政务内网建设项目申报并获得批复。

（二）扎实推进“全国一张网”工程建设

国家企业信用信息公示系统，简称为“全国一张网”，是集信息归集、信息公示、公众查询、部门监管于一体的新型信息化平台，既是全国企业公布年报的法定平台，又是政府部门开展“双随机”“双告知”、联合惩戒的监管平台，也是为社会公众提供涉企信息查询的服务平台，该系统为支撑国家供给侧和商事制度改革，夯实事中、事后监管，以及提升市场监管现代化水平发挥着重要的支撑保障作用。国务院和工商总局党组提出于 2016 年年底基本建成“全国一张网”。

一是建立了国家企业信用信息公示系统“全国一张网”工作机构和管理、协调、技术、工程 4 个小组，推进“全国一张网”各项工作扎实有效开展。二是积极推进系统总体统筹建设。紧扣时间节点，扎实高效推进系统建设；梳理业务需求，制定各类技术标准和规范，编制并印发相关技术方案和标准，确保系统建设规范统一。三是按照系统建设统一的技术方案和标准要求，全面指导地方系统建设，及时掌握各地进展情况，及时跟进督导。四是组织开发完成中央部门协同监管平台，为中央部门涉企信息归集、数据交换共享提供多种方式的信息提供、信息接收、信息查询通道，“全量归集，一码关联”迈出实质性步伐。

2016 年 12 月 22 日，国家企业信用信息公示系统正式上线运行，完成了国务院交办的“年底基本建成”目标。

（三）积极开展国家法人库工程建设

一是积极推进立项申报。积极牵头组织参建部委，推动初步设计方案和投资概算编制工作；组织召开了国家法人库项目推进会，指导地方编制可行性研究报告，对地方单位的可行性研究报告进行审核。二是基本完成数据中心升级改造。

对工商总局数据中心和全国33个数据采集单位的前置系统进行了软硬一体的全面升级，建立了全国数据汇总组织管理体系，推动数据汇总工作科学化和规范化，形成“一库、两平台、三系统”体系。三是开展国家法人库云平台项目建设。在31个省（自治区、直辖市）完成156台前置机的安装联调，初步搭建起高效运行、弹性扩展的云支撑平台框架，提供了稳定、可靠的基础支撑环境，实现了工商电子政务基础资源的统一管理、统一调度、统一运维。

（四）稳步推进商事制度改革相关信息化建设

一是积极推进“五证合一、一照一码”信息化建设。编制行业标准《GS49-2016 五证合一、一照一码数据规范（暂行）》《“五证合一、一照一码”登记制度改革信息化技术方案》，并下发全国工商、人社和统计部门，做好技术指导培训。二是积极推进个体工商户“两证整合”信息化建设。编制《个体工商户“两证整合”工商税务信息共享技术方案》《个体工商户“两证整合”信息化技术方案》《个体工商户“两证整合”数据规范》，并印发全国执行，为改革提供技术支撑。三是积极推进小微企业名录系统建设。不断提升小微企业名录系统效能，该系统已为29个省（自治区、直辖市）开展扶持政策公示提供技术支撑。四是积极推进企业登记全程电子化试点和电子营业执照系统改造及试点工作。截至2016年12月，全国已有16个省（自治区、直辖市）完成了省级电子营业执照系统的建设，已发放713万余张电子营业执照。

（五）合力推进商标注册便利化改革信息化建设

一是努力完成商标注册便利化改革的信息化建设任务。组织设计了广州中心的系统建设方案，完成商标审查广州中心2016年12月1日挂牌运行的信息化保障任务，启动工商总局端主机扩容和软件修改工作；组织了网上检索系统升级改造、网上申请系统、第三方支付平台等项目的建设实施。二是牵头商标注册便利化改革领导小组确定的商标数据库开放任务，完成了需求调研报告和技术分析报告。三是研究建立长效工作机制，编制了未来3～5年的商标信息化建设规划，从组织、经费、技术等各方面予以保障。

（六）鼎力推进总局门户和“互联网+”政务服务发展

一是积极推进工商总局网站改版和效能提升。修订完成《国家工商行政管理总局政府网站管理暂行办法》，有效推进工商总局政府信息主动公开、重大决策政策解读和互动交流；开展《中华人民共和国消费者权益保护法实施条例》等六个部门规章草案征求意见，收集社会各界意见建议2086条。二是积极推进工商总局OA系统建设和完善，加强OA系统功能建设，做好日常运维服务。三是积极推进综合业务系统的升级改造和日常运维。对综合业务系统中的登记系统、竞争执法平台、流通领域商品质量抽检系统、短信服务系统等进行了升级改造，应用效能明显提升。

（八）努力夯实网络与信息安全基础

一是制订了工商总局信息安全五年建设方案。对安全薄弱环节整改加固，调整和优化安全管控设备；部署防病毒软件等安全系统上线；为公示系统等重大项目上线前提供安全保障。二是通过整合工商总局现有基础设施资源，租用公共IDC机房作为总局网络的扩展及延伸空间，搭建工商云平台。三是积极完成总局机房改造及搬迁系列工程。完成总局视频会议系统升级改造；完成总局办公网络基础环境改造工作，做好运维服务工作，保障网络系统平稳运行。四是建立并实施全系统网络与信息安全通报机制，定期发布有关网络与信息安全的通报（非涉密）共35期，不定期发布网络安全保障及应急处置工作的通知等。

【2017年上半年信息化发展概况】

2017年，工商信息化事业以全面落实《工商行政管理信息化发展“十三五”规划》为主线，以加强基层党建、努力建设高素质工商信息化队伍为引领，以保障商事制度改革、商标便利化改革两项改革举措落地实施为目标，以推进国家企业信用信息公示系统和国家法人库两大信息化工程建设为重点，做好面向社会公众、工商系统、总局机关3个方面的信息化服务，努力夯实“安全、标准、数据”三大基础，为工商改革发展和市场监管现代化提供更加坚实有力的信息化支撑，全力推进全国工商信息化建设。

（一）继续深入开展国家企业信用信息公示系统建设

编制并印发了《国家企业信用信息公示系统2017年信息化建设方案》和《国家企业信用信息公示系统信息化工程标准规范编制项目技术要求》，积极推进“一张网”相关标准建设，积极推进“一张网”应用系统建设和支撑环境建设，积极做好“一张网”系统运行维护。截至2017年6月，国家企业信用信息公示系统访问总量达28亿人次，查询企业近5亿人次。

（二）努力推进国家法人库相关工程建设

积极推进国家法人库工程初步设计和投资概算的批复，继续开展国家法人库云平台扩展（二期）工程建设。

（三）全力推进商事制度改革信息化建设

积极推进电子营业执照系统建设，编制《电子营业执照系统技术方案》，为全面推行电子营业执照工作奠定技术基础。围绕商事制度改革迫切需要，大力开展综合业务系统升级改造。参加起草《国务院办公厅关于加快推进“多证合一”改革的指导意见》，继续推进五证合一（多证合一）工作。顺利完成企业简易注销信息化工作，确保企业简易注销登记改革于2017年3月1日在全国顺利实施。

（四）全方位推进商标便利化改革信息化工作

拓展网上申请，优化应用程序，积极应对商标规费减半新规，积极推动商标数据库开放，保障商标便利化改革措施落地。2017年3月10日新版网上申请系统上线，截至2017年6月，新版网上申请总量达35.5万件，在线缴费金额达1.2亿元。2017年5月5日新版网上查询系统上线。至此，全面实现了商标网上公告、网上查询、网上申请和网上缴费“四个网上”目标，大大提高商标便利化水平。

（五）进一步提升“互联网+”政务服务水平

完成了总局政府网站升级改造，2017年4月18日，新版总局政府网站正式向社会公众开通运行。在第十五届中国政府网站绩效评估活动中，工商总局网站得分88.2分，位列国务院各部门网站第3名。

（六）认真开展全国“12315”互联网平台建设

2017年3月14日，全国“12315”互联网平台顺利上线运行。上线以来，系统运行稳定，截至2017年6月，全国“12315”互联网平台消费者用户注册数为129596个，全国工商和市场监管用户注册数为32596个，平台共受理消费者投诉举报95305件。

新闻出版信息化发展概况

【新闻出版信息化工作重点】

（一）加强信息化建设的保障措施

1．加强信息化建设规划指导

加强规划指导，为信息化建设提供方向指引。2016年10月13日，国家新闻出版广电总局发布《关于加快新闻出版业实验室建设的指导意见》，提出要通过建设重点突出、布局合理、规模适度的实验室群，全面推进关键技术研发，深入开展标准研制，提升行业科技成果的应用水平，全面推动数字化转型升级，积极探索融合发展的模式创新，促进人才培养与队伍建设，优化创新环境，发挥新闻出版业实验室群的创新驱动力，推动新闻出版业创新体系建设。2017 年 3 月 17 日，国家新闻出版广电总局、财政部联合发布《关于深化新闻出版业数字化转型升级工作的通知》，通过优化软硬件装备、开展数据共享与应用、探索知识服务模式、持续开展创新、加快人才培养等主要任务的实施，实现推动新闻出版企业加快完成数字化转型升级，初步建成支撑新闻出版业数字化转型升级的行业服务体系等工作目标。

2．推动信息化标准建设

继续加强数字出版、信息化等标准研制，加快推进标准的产业应用，为信息化建设提供技术规范。一是加强基础、关键标准的制定工作，加快数字内容生产、传播、版权保护等方面标准的制定，发布《数字期刊内容质量管理规范》等 20 项行业标准。二是加快新闻出版重大科技工程项目标准制定，发布国家数字复合出版系统工程数据资源类、技术开发与应用接口类、管理与实施类标准共计 38 项。三是推动重大科技工程、重点项目中的重要标准上升为行业标准、国家标准。四是推进重点标准的产业应用，开展 ISLI/MPR、CNONIX 国家标准应用示范、专业领域数字内容资源知识服务模式试点等。

（二）加快推进电子政务建设

国家新闻出版广电总局高度重视“互联网+”政务服务工作，认真贯彻落实加强政务服务建设的有关决策部署，继续深入开展新闻出版行业电子政务建设，不断提升行业管理和公共服务能力。

继续完善门户网站等信息发布平台。针对社会公众对政务信息需求的不断增长，国家新闻出版广电总局继续加强新闻出版政务信息门户网站、国家版权局网站等五大网站的性能优化和功能扩展，已完成总局政府网站的整合改造工作，国家版权局英文网站建成并上线运行。同时，加大上述网站的信息维护，相继推出了“迎接党的十九大”“一带一路”“全民阅读月”等多项专题活动，并利用微博、微信等新兴传播方式扩充公共信息服务渠道，进一步提升政务信息的传播力、引导力、影响力和公信力。

加大已有业务系统整合力度，发挥资源优势，提升管理和服务能力。继续推进新闻出版电子政务综合平台项目建设，强化对原有业务系统的整合优化，加强基础信息资源的综合利用，提升数据分析能力，增强公共服务、行业分析、决策制定等数据支撑能力。积极推动全国新闻出版许可证信息管理系统、新闻出版行政审批预受理预审查平台、新闻出版专业技术人员职称评审管理系统等业务模块建设，扩展电子政务综合平台服务范围。

加强信息安全建设，保障系统正常运行。按照公安部的部署和要求，在国家新闻出版广电总局科技司的统筹协调下，继续加强信息安全等级保护工作，安排专项经费对重要信息系统进行风险测评和整改加固工作，强化关键信息基础设施安全保障工作，并不定期开展督查工作，有效保障重要信息系统的安全运行。

（三）推进行业信息化建设

国家新闻出版广电总局全力推进新闻出版行业信息化建设。自 2014 年发布《关于推动新闻出版业数字化转型升级的指导意见》以来，在行业内实施了一批转型升级项目，并取得较为显著的阶段性成果，已形成数字化转型升级工作模式，探索出数字化转型升级路径，启动了技术支持服务、内容资源管理、数据共享、知识服务等行业级平台建设，数字化转型升级技术体系已初步形成。其中，出版发行数据共享体系建设取得新成果，初步打通产业数据链，在 22 家 CNONIX 国家标准示范单位范围内实现了数据的交换，共上传书目数据 6.2 万种，销售数据和库存数据 6970 万条。同时，加快出版发行信息公共服务平台建设，逐步实现全行业的数据交换和使用，为企业生产、行业管理、公共服务提供数据支撑。

2017 年 5 月 2 日，国家新闻出版广电总局、财政部联合发布《关于深化新闻出版业数字化转型升级工作的通知》，继续深入推进新闻出版业数字化转型升级工作。

目前，新闻出版行业信息化建设在以下方面取得突出进展。一是网络文学发展持续强劲。2016 年数字阅读内容总量增长率达到 88.2%，其中现实主义题材日益增多，并引起较大社会反响；同时，网络作家和网络文学作品正逐渐获得全社会及业界的身份认同。二是数字教育出版取得显著突破。在线教育、数字教材、电子书包、微课等教育教学服务模式与产品不断涌现。传统教育出版单位转型升级渐趋深入，在政策引导与项目推动下，逐步找到了适合自身的发展路径，并加快数字资源建设步伐，依托自身优势积极探索新的数字教育模式，实施有特色的数字教育出版实施方案。三是知识服务取得阶段性成果。2016 年，总局正式批复中国新闻出版研究院筹建知识资源服务中心。以 28 家知识服务试点单位为代表，专业出版社利用自身优势，精选内容资源并进行结构化、知识化深加工，打造多种产品形式和服务形态，以“知识服务”为标签的数字化产品或服务平台不断涌现，如电子工业出版社的“悦读·悦学”系统与“E 知元”产品等。四是有声读物成为数字阅读新增长点。出版机构加强与有声平台的合作，加大在有声书领域的布局，国内已经先后出现 200 多个有听书功能的移动平台，知名龙头机构已然出现，市场竞争格局初步形成。五是社交媒体多元化发展。近年来，从微博到微信，社交媒体在人们的生活中扮演着越来越重要的角色，广泛存在于虚拟社区、即时通信、移动直播、微博微信、音视频等互联网应用的各个方面。出版企业逐渐加强对社交媒体的参与程度，新闻资讯客户端不断加强自身社交属性的培养，建立自己的社群关系，打造自身的媒体生态闭环。同时，社交媒体更加注重内容的持续效应，并不断向多元化升级发展。

【重点项目工程】

新闻出版行业重大科技工程项目建设成果显著。数字版权保护技术研发工程顺利竣工，该工程已进入全面应用推广阶段，为多家数字出版企业批量注册了版权作品信息，在网络文学侵权追踪中发挥了重要作用。中华字库工程有序推进，其中，技术支持部分基本完成，用字采集工作任务完成过半。国家数字复合出版系统工程 V1.0 成果正式发布，启动工程应用示范工作。新闻出版大数据应用工程正式纳入国家促进大数据发展重大工程项目，工程中的国家知识服务中心和服务平台建设、出版发行数据中心和出版发行信息公共服务平台建设、元数据注册与应用平台建设稳步推进。

知识产权与专利信息化发展概况

2016 年至 2017 年 6 月，国家知识产权局深入贯彻落实党的十八大及十八届三中、四中、五中、六中全会，以及习近平总书记系列重要讲话精神，贯彻落实《国务院关于新形势下加快知识产权强国建设的若干意见》(国发〔2015〕71 号)、《“十三五”国家知识产权保护和运用规划》(国发〔2016〕86 号）各项任务要求，高效开展信息化建设，全面优化支持专利审批、公共服务、国际合作、行政管理等各项工作的信息化环境，不断丰富专利数据文献资源，知识产权与专利信息化各项业务工作不断取得新进展。

【2016 年知识产权与专利信息化工作】

（一）推进专利信息化项目建设

1. 持续优化中国专利电子审批系统

中国专利电子审批系统网站为 http://www.cponline.gov.cn。持续升级中国专利电子申批系统硬件，提升专利申请服务能力，更好地服务社会公众。

2．发布 CEPCT 系统应急系统

中国PCT申请国际阶段审查和流程管理系统（CEPCT 系统）网址为 http://www.pctonline.sipo.gov.cn。CEPCT 系统发布应急系统，提升系统连续服务能力，实现不间断受理 PCT 电子申请。

3．建成中国专利受理及初步审查系统

中国专利受理及初步审查系统建成，网址为 http://www.cponline.gov.cn。系统实现初审流程阶段案件自动审查及通知书自动发送功能，新增专利申请方式的在线办理模式，有力促进专利申请、代理和审查质量提升，进一步提高政府服务能力。

4．进一步完善专利检索与服务系统

专利检索与服务系统进一步完善，网址为 http://www.pss-system.gov.cn。不断扩充检索数据，提升用户浏览体验，检索业务关键操作界面平均响应速度提高 1.8 倍以上。

（二）完善专利信息资源建设

1．专利数据资源收集与交换

国家知识产权局收集的专利文献资源与种类持续保持世界领先水平，专利文献总量已超过 1.06 亿件，拥有各国专利文献资源 520 余种。全年共引进各类文献资源 51 种，资源覆盖了与审查业务相关的主要学科领域；保持与 37 个国家、组织、地区专利文献交换关系；完成“电子资源订购决策指标体系研究”，提升电子资源订购工作的科学化水平；不断加强国际数据交换，总计完成与 26 个国家、地区和组织的数据交换工作，满足专利审查和公共服务需要。

2．专利数据资源管理

继续开展中国专利权威文档的制作，保障五局合作项目开展。对首次引进的可用于公众服务的商业购置数据（阿根廷、澳大利亚、巴西、印度尼西亚、印度、俄罗斯、越南、泰国、墨西哥共 9 个国家的专利全文文本数据）、中国审查员专利引文数据进行处理和分析，共完成 22 份分析报告。完成德温特专利摘要索引数据（DWPI）、美国专利季刊（USPQ）、万方数据等专利与非专利资源应用分析与结构评估报告 30 余份。完成“文献资源建设加入 ISO 质量管理体系的策略研究”，推进文献资源建设的科学化、标准化管理。开展“汤森路透数据分析项目”和“中国引证文献分析项目”研究。

3．专利数据资源应用

组织制订“全国知识产权运营公共服务平台数据资源规划与建设方案”。完成中国审查员引文分析项目报告，了解审查工作资源使用情况，对合理配置资源及规范审查员引文格式提供相应建议。

4．专利数据标准化工作

开展资源信息组织项目和“中国发明专利公报数据规范体系研究”，完善专利文献与信息相关标准，形成更规范、更易用的专利信息。起草《核苷酸和/或氨基酸序列表和序列表电子文件标准》，形成修订稿。完成 11 个专利业务通知书代码化标准研究工作。开展世界知识产权组织（WIPO）标准跟踪工作，提交 WIPO 标准动态跟踪等报告 21 份、议案建议 7 份。

5．专利数据资源检测与加工

国家知识产权局的数据加工和分类检测工作通过了 ISO 9001 质量管理体系认证，进一步完善了数据检测过程的质量控制，提高了数据加工质量监督工作水平。针对中国专利文献英文翻译、中国专利数据深加工世界知识产权组织（WIPO）专利数据再分类等 6 个项目，开展专利数据检测工作。制定了《中国专利文献数据 IPC 再分类检测规则》；修订了《中国非专利文献数据深加工标引规则和检测规则》。全年共完成中国专利文献数据深加工 42 万件；完成发明、实用新型、外观设计 3 类专利翻译量共计 242 万件，非专利数据深加工 6 万件，中国专利文献 CPC 分类数据 111 万件，中国专利文献 WIPO 再分类数据 23 万件；完成 CPC 分类后数据核查，共计 9 批 35 万件。

6．专利数据分类业务管理与国际合作

向世界知识产权组织提供再分类数据近 24 万条，保证我国专利数据的有效传播及利用。全年完成发明和实用新型专利新申请 IPC 分类 249 万件，首次针对全部领域发明专利新申请开展联合专利分类（CPC）工作，分类量达 108 万件，保障了专利审查工作的有序开展。主办中、美、欧、日、韩知识产权局合作第一工作组第 15 次会议，推动五局分类合作政策性文件的进一步修改与完善，并推动国家知识产权局 6 项分类修订提案成为五局阶段修订项目。与欧洲专利局续签分类合作谅解备忘录，推动中欧双边专利分类合作不断深化；全年向欧洲专利局提供中国专利文献 CPC 分类数据 25 万条。

（三）提升专利信息应用与服务能力

1．专利信息公共服务

专利基础数据开放质量稳步提高，专利数据服务试验系统（http://patdata.sipo.gov.cn）向公众提供中国标准化全文文本、著录项目和全文图像数据。与国防科技工业局签订专利数据资源使用协议。区域专利信息服务中心进一步开展了高端专利信息服务等区域特色工作，并将服务体系延伸至所辖市（区、县）及产业园区。在山东省专利信息服务中心和济南市专利信息服务中心完成“新一代地方专利信息服务中心检索及分析系统”第一批试点工作，惠及 93 家企事业单位，并将 34 个地方中心纳入下一批试点单位范围。完成 5 家新增知识产权快速维权中心信息化建设工作，通过优化业务流程支撑专利代办处开展快速维权业务。启动全国专利文献服务网点的遴选工作，进一步丰富专利信息服务网络。

完成专利检索及分析系统用户界面和数据源全新升级，并推出微信公众号移动终端版，开通专利登记簿查询和下载服务。开通国家知识产权局第一个手机应用——专利事务服务系统，提供专利费证明备案、文件副本请求等服务。推进专利信息传播利用综合服务平台建设工作，平台集专利信息对外培训、讲座与交流等功能为一体。

国家知识产权局知识产权陈列馆、专利展示厅及“影响世界的专利”主题展廊全年接待国内外团体参观 34 批共计 1506 人次。专利文献馆全年接待来馆读者 413 人次，受理到馆或电话咨询 425 人次，受理委托检索 953 人次，提供各类专利文献 5411 件。国家知识产权局网站文献咨询台答询 1050 条，共计 31.12 万字。利用政府网站、微信、邮件等方式实现网络服务与馆室服务的无缝对接，形成馆室与网络结合、线上与线下互补、覆盖全国的“互联网+专利文献”的立体化服务模式。

实施专利信息服务地方引导项目，围绕“一带一路”等重大倡议或重要部署的落实，指导广西、宁夏、新疆等地加强中国—东盟、中国—阿拉伯语国家、中国—中亚专利信息资源建设，推动“一带一路”相关知识产权信息公共服务平台建设，健全专利信息公共服务体系。继续开展面向宁夏、甘肃、贵州、云南、西藏、新疆及新疆生产建设兵团的专利信息利用帮扶活动。在北京、广东、上海、重庆、湖南、江苏、天津、四川、辽宁、安徽、浙江、山东 12 个专利信息传播利用基地组织实施体系建设与能力培育项目，全年新增站点 40 余个，基地工作体系进一步完善。

与中国科学院文献情报中心就专利信息工作达成合作，签订合作备忘录，共同落实“专利信息大讲堂”等合作项目，围绕科技专项中“可穿戴电子”等 7 个技术领域的科研需求，组织开展专利技术综述研究，完成 15 篇专利技术服务科技创新综述；开展世界主要国家、地区和组织专利信息工作政策研究。

继续开展国外知识产权制度环境研究工作，为我国企业参与国际市场竞争提供有益参考。完成蒙古、土耳其、中东欧等“一带一路”沿线国家及地区的知识产权制度环境报告，涉及 12 个国家。截至 2016 年年底，国外知识产权制度环境报告覆盖美国、欧盟、日本、韩国、东盟十国、“金砖”国家、中东及拉美等 73 个国家、4 个区域组织，其中，“一带一路”倡议涉及的 64 个国家中已完成 47 个国家的相关研究。相关报告可在国家知识产权局政府网站专栏中免费检索和下载（http://www.sipo.gov.cn/freereport）。

2．专利信息人才培养

组织实施 10 项全国专利信息领军人才和专利信息师资人才作用发挥项目。举办面向全国专利信息领军人才、专利信息师资人才的全国专利信息高级培训班。引导北京、天津、辽宁、上海、江苏、浙江、安徽、山东、湖南、广东、重庆和四川 12 个专利信息传播利用基地开展实务人才培训和站点工作人员培训共 24 期，培训学员 1000 余人。在湖北、河南、四川、陕西、吉林、黑龙江和山西举办 7 期专利信息助力创新能力提升培训班，培训学员 700 余人。面向地方专利信息服务中心举办专利信息运用与服务培训班。专利文献馆举办公益讲座覆盖范围扩大，面向副省级以上省（自治区、直辖市）的公益讲座由 2015 年的 15 场扩大至 2016 年的 47 场；面向企业共举办公益讲座 43 场，培训社会公众 6612 余人，相比 2015 年增长 74%。

3．专利信息服务国际合作

参加中、美、欧、日、韩知识产权局合作第二工作组第 10 次会议，就权威文档、专利信息政策和申请人名称标准化等议题同各局进行深入探讨。推动"金砖"国家知识产权局开展文献资源共享、专利数据交换和专利信息服务专家交流机制建立等方面的合作。

4．专利咨询公共服务

国家知识产权局客户服务中心（咨询电话：010-62356655)2016 年全年受理咨询 1324784 人次，日均 5299 人次，与 2015 年基本持平（见图 1)。

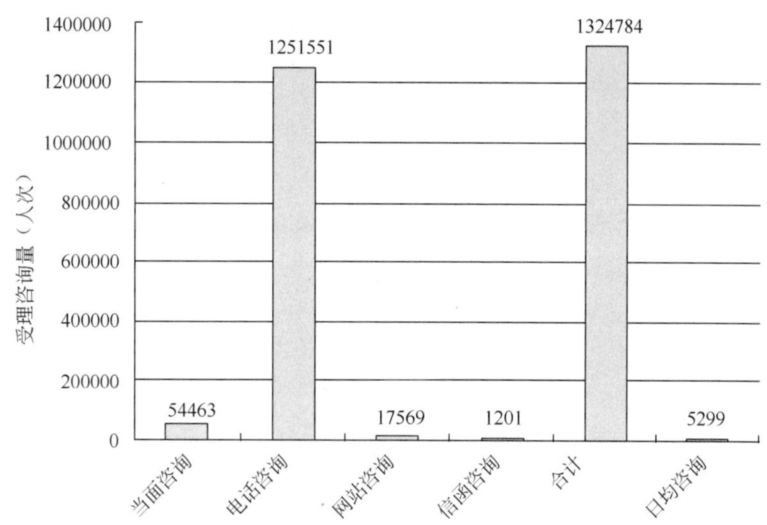

图 1　2016 年客户服务中心受理咨询量

（四）专利信息化基础环境建设

国家知识产权局完成局本级和下属单位软件正版化工作，并在中央机关软件正版化工作培训总结会上介绍工作经验。科学推进终端信息化基础运行环境升级。加紧实施局内网、存储、监控、邮件等优化升级。开展维护厂商服务质量评价。

（五）信息安全工作

成立国家知识产权局网络安全和信息化领导小组，加强网络安全和信息化统筹规划和协调管理工作。发布《国家知识产权局信息安全管理办法》等 3 项局级信息安全管理制度。完成国家知识产权局、国家知识产权局专利局（两局）及直属单位关键信息基础设施和重要信息系统安全专项检查。实施重要信息系统等级测评工作，提高各重要信息系统安全管理的意识与水平。完成 G20 峰会期间国家知识产权局相关网络安全保卫工作。

（六）电子政务

新版综合办公（OA）系统上线运行平稳，流程更加合理，减少了纸质文件流转，提高了公文运转效率。全年共办理请示文 4648 件，发文 2102 件，收文 293 件，部门收文 1764 件（见表 1）。在办公系统运行过程中，根据实际使用情况不断优化流程，开发了部门事务处理等新功能。政府网站围绕知识产权中心工作，在推进政务公开、回应热点关切、提高服务水平、宣传知识产权工作等方面发挥积极作用，全年页面浏览总量达 2.28 亿次，发布动态消息 2306 条，转发国务院文件 103 篇，公开国家知识产权局政府信息 326 条，进行访谈直播 25 次，开设专题 21 个（见表 2）。制订完成国家知识产权局"互联网+"政务服务平台建设方案，由局领导牵头成立领导小组，下设工作组，制订分阶段推进平台建设的工作计划。

完成国家知识产权局培训综合管理、局计划与预算综合管理、局项目库管理、财政票据电子化管理等系统建设。

表 1　2016 年办公自动化系统业务量统计

指　标	单　位	数　量
请示文	件	4648
发文	件	2102
收文	件	293
部门收文	件	1764

表 2　2016 年政府网站业务量统计

指　标	单　位	数　量
政府网站页面浏览总量	亿次	2.28
主网站发布动态信息数	条	2306
公开政府信息	条	326
转发国务院文件	篇	103
访谈直播	次	25（国家知识产权局 12 次，地方知识产权局 13 次）
专题	个	21（国家知识产权局 12 个，地方知识产权局 9 个）

（七）重大活动、事件

2016 年 4 月 26 日，专利事务服务系统 App 移动客户端上线运行，将传统网站式服务搬到移动终端，用户可随时随地向国家知识产权局提交各类服务请求。

2016 年 7 月 14 日，“一带一路”暨拉美有关国家或地区知识产权环境报告发布会在北京举行，国家知识产权局副局长出席发布会并致辞，来自政府部门、企业、高校、科研院所及知识产权服务机构的 350 余人参加了发布会。

2016 年 7 月 26 日，专利检索及分析系统全新改版上线，对页面布局进行了全新组织和设计，实现了系统应用的简洁化，增加了个人中心，提供了用户配置功能等，为用户提供了更便捷、更易用的检索及分析服务。

2016 年 9 月 19 日，以“专利运营助推供给侧改革”为主题的第七届中国专利信息年会在北京国家会议中心成功举办，国家知识产权局局长出席会议并致开幕辞，来自国家知识产权局、世界知识产权组织、欧洲专利局、国内各地方知识产权局、专利信息服务机构及企事业单位等相关知识产权机构的近 4000 名代表参会，76 家参展商出展。

2016 年 10 月 29 日，中国专利受理及初步审查系统上线运行，进一步优化了专利申请受理、初步审查和手续办理的流程与方式，提升了我国专利申请、专利审查全流程的智能化水平。

【2017年上半年知识产权与专利信息化工作】

（一）推进专利信息化项目建设

1. 稳步推进中国专利电子审批系统的系统优化和功能升级

自 2017 年 6 月起，缩短公开公告出版周期，由一周一次增加为一周两次，提前实现国办发布的《进一步简化流程提高效率优化营商环境工作方案》中关于“压缩专利审批时间”的要求，优化发证环节，压缩审批时间，更好地服务申请人、专利权人和社会公众。根据发改委、财政部发布的《关于重新核发国家知识产权局行政事业性收费标准等有关问题的通知》要求，改造业务功能及周边配套系统，实现对于国家新专利收费标准的系统支持，为自 2017 年 7 月 1 日起执行新收费标准提供保障。

2. 完成 CEPCT 系统的终端运行环境改造

中国 PCT 申请国际阶段审查和流程管理系统（CEPCT 系统）的终端运行环境适应性改造工作初步完成，继续调整和完善电子申请、受理、审查等各环节功能，进一步改善用户体验。

3. 中国外观设计专利智能检索系统（三期）正式上线运行

配合国家知识产权局审查质量提升工程的规划，持续优化检索引擎，提高检索准确性，推进系统扩容及性能提升，为提高外观设计审查质量提供技术支持。

4. 完成局政府网站升级改造工作

国家知识产权局政府网站升级改造项目的软硬件部署和网络环境准备工作初步完成，并通过了公安部信息安全三级等级保护测评。系统已于 2017 年 5 月 31 日进入试运行，计划于 2017 年 8—9 月正式上线投入使用。

5．智能辅助检索系统升级

完成了智能辅助检索系统的自动检索算法开发，并开展了两批次共4轮的验证性测试工作，基于测试结果确定了系统上线前的版本。

（二）完善专利信息资源建设

1．专利数据资源收集与交换

继续开展各类文献资源引进工作，专利文献总量已超过1.0918亿件，覆盖了112个国家（地区）或组织，拥有全球103个知识产权机构的专利说明书、104个知识产权机构的检索数据。数据加工项目和数据管理维护项目按计划执行，进一步加强国际数据交换，总计完成与26个国家、地区或组织的数据交换工作。

2．专利数据资源管理

完成国家知识产权局专利文献资源的清查，初步厘清现有文献资源的应用状况。在资源清查成果的基础上，提出需要配置的全文图像资源的建议，确定专利全文文本数据订购参考指标，为专利数据文献资源建设提供参考，保障文献资源的有效应用。

完成美国化学学会全文数据库（ACS）、英国皇家化学学会全文数据库（RSC）等9份非专利数据库的结构评估报告；完成德温特世界专利文摘数据（DWPI）等4份专利数据的2016年应用评估报告。开展“科睿唯安数据分析项目”和“Lexis数据分析项目”，完成《2017年上半年科睿唯安数据分析报告》。

3．专利数据资源应用

开展全国知识产权运营公共服务平台一期数据的加工和处理工作，为平台一期建设提供数据资源。

4．专利数据标准化工作

开展中国专利受理及初步审查系统相关通知书代码化标准的研究和制定工作。开展世界知识产权组织（WIPO）标准跟踪工作，完成WIPO标准动态跟踪等报告8份、建议议案3份，以及序列表从ST.25到ST.26转换相关问题分析报告1份。参加世界知识产权组织标准委员会会议，就标准修订提出我国意见。

5．专利数据资源检测与加工

2017年上半年，共完成中国专利文献数据深加工18万件，完成发明、实用新型、外观设计3类专利翻译107万件，完成非专利数据深加工4万件、中国专利文献CPC分类数据50万件。

6．专利数据分类业务管理与国际合作

国家知识产权局负责的6项专利数据分类修订提案获得世界知识产权组织审议通过。参加中、美、欧、日、韩知识产权局合作第一工作组第16次会议，国家知识产权局8个修订项目获得五局批准，后续将提交世界知识产权组织进行审议，另有2项修订提案成为五局阶段修订项目，本次会议实体修订成果居各局之首。与欧洲专利局召开中欧分类质量管理研讨会。2017年1—5月，组织完成中国发明和实用新型专利新申请的国际专利分类（IPC）112万件，组织完成发明专利新申请的联合专利分类（CPC）近51万件。

（三）提升专利信息应用与服务

1．专利信息公共服务

继续推进新一代地方专利信息服务中心检索及分析系统试点工作，规范试点工作流程，扩大试点部署范围，提升地方专利信息服务中心服务能力。完成区域专利信息服务（南京）中心检索及分析系统部署，启动广东、贵州、沈阳、深圳的新一代地方专利信息服务中心检索及分析系统试点工作。举办新一代地方专利信息服务中心检索及分析系统培训班。

进一步优化中国专利电子审批系统，完成对知识产权快速维权中心外观设计专利快速维权流程的改造，提高外观快速维权案件的审查质量与效率。将知识产权快速维权业务扩展到实用新型专利、发明专利、专利评价报告和复审无效等领域，于2017年5月确定相关系统改造需求，正式启动项目建设工作。截至2017年6月，随着广东汕头（玩具）中心、江苏丹阳（眼镜）中心、福建厦门（厨卫）中心和河南郑州（创意产业）中心的落成，总计已建成14个知识产权快速维权援助中心。

继续推进专利基础数据资源开放工作。通过专利数据服务试验系统，持续向公众提供29种专利基础数据资源最新数据的免费下载服务，截至2017年6月15日，系统累计注册用户10132个，数据下载总量达154TB。

国家知识产权局知识产权陈列馆、专利展示厅及“影响世界的专利”主题展廊接待国内外团体参观 20 批次，接待社会公众参观 636 人次。2017 年上半年，专利文献馆共接待来馆读者 50 人次，受理到馆或电话咨询 106 人次，受理委托检索 272 人次，提供各类专利文献 25329 件。国家知识产权局政府网站文献咨询台答询 603 条，共计 16.5 万字。

继续开展“一带一路”有关国家或地区知识产权环境研究工作；印发《2017 年专利信息帮扶工作实施方案》，进一步深化专利信息帮扶工作，探索建立专利信息服务协作平台，并新增青海帮扶省（自治区、直辖市），实现西部省（自治区、直辖市）专利信息帮扶工作全覆盖。

2．专利信息人才培养

确定并公布第二期全国专利信息实务人才名单，共计 336 人。组织开展 2017 年度专利信息人才项目申报工作。国家知识产权局文献馆面向中小学生开展知识产权教育课堂，面向创新主体举办专利基础知识及实务技能讲座，邀请知识产权领域专家在知识产权高层讲堂做主题演讲。公益讲座“迈”出国门，已有美国、德国、日本、澳大利亚、丹麦、新加坡、柬埔寨、新喀里多尼亚 8 个国家，以及中国香港地区的公众通过网络课堂参加讲座。建成“公益讲座学习平台”，实现全专题、全过程网络直播，现有视频点播课程共计 7 个专题、29 门课程。2017 年 1—5 月，累计举办公益讲座 33 场，累计培训社会公众 11557 人，人数是 2016 年同期的 11 倍以上。

3．专利咨询公共服务

国家知识产权局客户服务中心 2017 年上半年接受咨询 740860 人次，日均接受咨询 6023 人次，较 2016 年同期增长约 13%。

（四）信息安全工作

完善网络安全保障机制，制定《国家知识产权局网络安全管理办法（修订稿）》《国家知识产权局网络安全事件应急预案（征求意见稿）》《国家知识产权局网络与信息安全信息通报工作规范（征求意见稿）》3 项制度与规范文件。稳步推进等级保护工作，对重要信息系统开展等级测评工作，并根据测评结果进行整改，对部分未定级和定级调整的系统进行了专家评审，并履行定级备案手续。针对国家知识产权局重要信息系统、网站及信息化基础设施启动全面网络安全检查，深入了解全局网络安全防护状况。强化网络安全技术保障，初步构建以等级保护、监测预警、风险评估、应急响应、事件处理、信息通报等为基础的网络安全防护体系。落实信息安全通报工作，在重要活动期间，严格执行“零事件”报告制度。

（五）电子政务

2017 年上半年，国家知识产权局内部办公自动化系统共办理请示文 1994 件，发文 1310 件，收文 193 件，部门收文 2531 件（见表 3）。各部门开始更多通过办公自动化系统进行公文流转及部门事务处理。政府网站页面浏览总量达 0.83 亿次，发布动态消息 880 条，转发国务院文件 77 篇，公开国家知识产权局政府信息 115 条，进行访谈直播 18 次，开设专题 11 个（见表 4）。根据国家知识产权局“互联网+”政务服务平台建设方案及分阶段推进工作计划，梳理了政务服务事项清单，完善了各环节办事指南。

表 3　2017 年上半年办公自动化系统业务量统计

指　标	单 位	数　量
请示文	件	1994
发文	件	1310
收文	件	193
部门收文	件	2531

表 4　2017 年上半年政府网站业务量统计

指　标	单 位	数　量
政府网站页面浏览总量	亿次	0.83
主网站发布动态信息数	条	808
公开政府信息	条	115
转发国务院文件	篇	77
访谈直播	次	18（国家知识产权局 4 次，地方知识产权局 14 次）
专题	个	11（国家知识产权局 2 个，地方知识产权局 9 个）

旅游行业信息化发展概况

【基础环境建设】

（一）官网运营

国家旅游局官方网站（www.cnta.gov.cn）作为国家旅游局官方政务信息发布平台，全年共发布信息29612条，比2016年(16244条)增长82%。其中，发布政务信息4867条（焦点新闻4355条，通知公告含招标公告、工作通知、出行提示等512条），发布行业动态消息（国内动态、国际动态、新闻联播）7632条，发布地方信息14531条，发布专题专栏消息2582条。

（二）网络与信息安全

制订并落实国家旅游局机关信息系统网站群建设工作方案；制作VPN专用Ukey达130个，并对相关使用人员进行培训指导；接待相关人员调试信息系统70余人次，保障局中心机房及机房内信息系统的安全运行。

完成国家旅游局官方网站和海外推广网站等级保护测评，根据测评结果组织开展网络安全整改工作，添置日志审核、服务器补丁分发管理和网络安全监控等安全管理系统，组织编写《国家旅游局中心机房和业务信息系统安全管理规定》。

【电子政务】

（一）办公自动化支持

首次举办局机关网络安全专题讲座，邀请国家信息中心专家为局机关和直属单位同志讲授安全上网用网、防范网络安全事故等知识和技能。

会同局办公室开展电子政务内网建设方案设计和局机关内部办公自动化系统平台建设的初期准备，制订局机关内部办公网升级改造初步方案。

（二）建立网络保密安全制度

组织实施两次全局计算机保密安全大检查（上半年和下半年各一次）。按照国家保密局要求，对机关和直属单位的每台计算机进行安全保密检测，对部分计算机进行清痕后复检，对涉密、非涉密计算机进行分类登记，确保文件信息的安全性和保密性，按要求汇总自查、抽查结果并形成检查报告，与自查项目表、检查统计表一起上报中央保密办、国家保密局，协助局保密办完成保密检查装备配备及安防系统咨询购置工作。

实施网站安全检查制度，全面开展信息系统安全检查工作。全年共计完成网络安全检查4次，处理网络安全隐患27次。完成公安部网络安全执法检查和中央网信办部署的安全检查工作，启动局机关2016年关键信息基础设施网络安全检查工作，处置局官方网站DDoS攻击、局机关中心机房网络交换机异常事故和业务信息系统安全漏洞8次。

按国办要求升级局机关4个专网系统，分别是《国务院办公厅电子公文传输系统》《国务院办公厅会议活动管理系统》《国务院办公厅专网简报管理系统》《全国政府系统专网电子邮件系统》。

维护中央和国家机关密码通信专网，根据中办机要局与办公室机要处的要求，定期对专网设备进行检查维护，按要求对专网系统进行升级，保证专网运行畅通，确保中央和各部委机密文件的正常收发运转。

建立健全局中心机房安全运行检查机制，发现并处置安全隐患5次。

完成重大事项节点网络维护保障任务。完成G20峰会、春节和“十一”期间网络安全及系统运行保障值班工作，按时完成公安部网络安全信息通报任务，并报送局机关安全信息5期。其中，在春节和“十一”前对系统及设备进行检查、测试、调整，并制订应急方案，假日期间确保系统稳定运行以满足地方及时、准确填报假日预报信息需要，每天对机房网络系统及设备进行安全检查确保畅通，并每天进行数据备份；根据国办电子政务办公室要求，定期对国办专网设备进行检查维护，保证国办专网各系统正常运行。

完成司室网络系统技术维护及服务支持工作，为全国旅游市场培训网、旅游统计系统和各司室单位网站，以及监管司、人事司、党办、促进司等多个信息系统提供技术支持，已与各司室建立有效沟通协调机制，确保局机关办公自动化、信息化顺利进行。

完成相关办公自动化服务工作，包括完成人事司公务员面试系统环境搭建和面试日技术支持，开展导游员IC卡系统PSAM卡管理发放，承担内部办公网系统联络、建设方案功能模块汇总、与厂家联系沟通及系统建设报价汇总，联络开展研究院网站改版，承担G20峰会应急响应准备。

【“互联网+”政务服务】

（一）官网政务公开

官网《地方新闻》栏目信息直报范围由32个省级旅游部门扩大至省会城市、副省级城市、计划单列市和部分重点旅游城市，有21个城市上报新闻并落实地方信息员责编制度，定期开展地方上报新闻数量和点击量排序并公布结果，展现地方旅游业发展的最新动态，激励地方信息报送积极性。

官网新增《热词搜索》《热点解读》等回应关切栏目。策划《热词搜索》栏目30期、《热点解读》3期（分别解读全域旅游、营业税改增值税、导游自由执业），期期聚焦热点。调整栏目17次，以不断丰富官网首页栏目设置、优化栏目结构、集中整合网页版面，受到业界和网民普遍欢迎。回应《网上咨询》7次，更新《在线访谈》10期，官网“回应关切”栏目被电子政务理事会评为2016年政府网站“最佳栏目”。

完成“政府信息公开”平台搭建，新增“管理规定”“年度报告”等7个重要栏目，强化分类检索功能，并开展官网政务信息公开发布登记。

根据国办全国政府网站抽查要求，在首页尾部开设“我为政府网站纠错”链接，将错误事项转局业务司室在限期内回复，完成网站纠错回复4次，及时进行网站错字错链日常修改。

建立“首届旅发大会”视频专区，策划制作“2016全国旅游工作会议”“丝绸之路主题年”“两学一做”等新专题10个，例行维护专题13个。

（二）新媒体应用情况

官方微博“@中国旅游”新开设每日旅游播报、厕所革命再提速、一周工作回顾等重点主题微博10个和“一句话寄语首届旅发大会”“旅游警察在我身边”等旅游话题8个，累计发布微博8277篇，共有粉丝5418715人，博文形式主要为文字、图片、音视频等多媒体，月平均微博发布量为160～170条，话题阅读量最多达500万人次，其中，“五一旅游你去哪”和“一句话寄语首届旅发大会”话题先后在新浪微博社会榜单中排名第14位和第21位，“地方新闻直通车”主题阅读量达2765.1万人次。

发起3次微博调查，在一个月内吸引841位网友参与调查。国家旅游局官方微博入选2016中国“互联网+政务”50强优秀案例。

中国旅游微信开通服务号和订阅号双重功能，订阅号开通“微信厅”并整合各省（自治区、直辖市）官方微信日常发布的资讯内容，开通2300多个县级所在地气象信息服务。订阅号推送230期，每期5条信息，共计1150条，累积用户达3592人。服务号每周五推送涉旅图文信息，内容主要为一周涉旅新闻热点，已推送62期，每期8

条信息，共计496条，累积用户达21906人。

与中国气象报社联合开展访谈4次，分别针对春节、“五一”假期、暑期和“十一”假期天气，为网友提供信息咨询与出行服务，并形成合作渠道。

【重大活动和事件】

（一）国家旅游产业运行监测与应急指挥平台建设

国家旅游产业运行监测与应急指挥平台实现与31个省（自治区、直辖市）、227家5A级景区的视频和数据对接。其中，28个省（自治区、直辖市）实现了5A级景区全部联通，全国5A级景区整体覆盖率达到96.33%。

为实现5A级景区全覆盖提供网络基础环境支持，为大平台正式开通运行提供有力技术保障。

（二）研究编制专项规划和行业标准

研究编制《旅游大数据“十三五”专项规划》，编制《旅游电子商务电子合同基本信息规范》《旅游电子商务旅游产品和服务描述与基本信息规范》《旅游电子商务企业基本信息规范》3项行业标准。

地震行业信息化发展概况

2016—2017年，中国地震局党组明确指出，要坚决落实事业发展新理念，对标现代化，从全局高度统筹考虑和推进地震信息化建设，把地震信息化摆在更加突出的位置，围绕“十三五”地震信息化规划提出的“数据资源化、业务云端化、服务智能化”目标，促进基础设施和数据资源集约整合，增强业务应用的联动与协同，推动信息技术与地震业务的深度融合和创新发展，不断提高地震现代化水平，全面提升防震减灾能力。

【发展现状】

经过“九五”至“十二五”20多年的快速发展，地震行业信息化得到长足进步，从最初提供单一的通信服务发展成为涵盖基础设施层、数据资源层、业务应用层和信息服务层的多层次体系结构的业务支撑平台。

（一）基础设施层

目前，整个地震行业基础设施已具备成规模的网络、存储、计算资源，服务于数据产生、流程管理、产品加工及信息服务等各个业务环节。经过多年的网络扩容升级，地震行业专网由“十五”期间的国家、省级、台站3级单星形网络拓扑结构，演变成以北京国家地震台网中心为核心、广州国家地震速报备份中心为辅助、覆盖各省级中心的双星形网络拓扑结构。通信方式也由单一运营商服务升级为以中国电信为主、中国联通为辅的双链路方式。各省级中心核心网络设备均实现双机捆绑，通信能力得到进一步提升。地震行业共有物理服务器1557台，以双路服务器为主，存储总容量达5000TB。

随着云计算技术的发展，地震行业内也逐渐开始利用云技术服务于各类业务系统。目前已经有11家单位建立了19套私有云平台。按服务层级划分，仅提供基础设施层（IaaS）服务的云平台有10套，可提供平台层（PaaS）及以上服务的云平台有9套，可提供软件层（SaaS）服务的云平台有3套。按服务对像划分，可向本单位其他部门提供服务的云平台有16套，向其他单位提供服务的云平台有5套。

（二）数据资源层

根据《地震数据分类与代码》（DB/T 11—2007）分类标准，可将地震数据分为观测数据、探测数据、调查（考察）数据、实验（试验）数据、专题数据、防震减灾综合数据和其他地震数据七大类。监测预报领域产出的数据以观测数据为主，测震、前兆等观测数据能够实现从采集、汇集到存储的全程自动化，数据集约度相对较高。震害防御领域产出的数据主要包括观测数据、探测数据、调查（考察）数据、实验（试验）数据和防震减灾综合数据。其中，强震动观测数据信息化水平较高，自20世纪60年代以来，共记录了35487条加速度记录。通过开展活断层探测、小区划等工作，积累了大量的基础数据。应急救援领域的数据主要为防震减灾综合数据，其数据来源于地震、电力、能源、人口、环境等多个相关行业。

地震行业通过地震科学数据共享平台提供数据服务，该平台由13个地震数据科学共享服务机构组成。截至2016年年底，该平台已经整合覆盖了100多个学科、达到数百TB的地震科学数据集，平台注册用户近8000人，年访问量超过100万人次，年在线数据下载量近18TB，年离线数据服务量近60TB。

（三）业务应用层

地震业务应用涵盖数据采集、汇聚加工、共享服务的整个流程，三大业务领域表现出不同的业务应用特点。监测预报信息化程度相对较高，除少部分流程需要人工参与外，基本实现自动化处理，但学科之间业务交叉较少，跨部门数据的互通能力较弱，“业务烟囱”现象比较严重。震害防御全国性的业务应用相对较少，部分省局建立了具有区域特色的应用系统，如广东省的强震动台网烈度速报信息服务平台、陕西省的地震小区划信息服务系统、云南省的昆明城市活断层信息管理系统等。应急救援应用主要包括应急指挥类和现场信息类两方面，主要特点为业务过程多而杂、功能模块存在较多重复。

（四）信息服务层

地震信息服务是地震系统服务国家政府与社会公众的出口。三大业务领域在服务对象和服务内容上各有侧重，但也有交叉。监测预报方面，具有代表性的包括年度地震趋势会商意见、地震速报信息、震源机制、破裂过程、余震分布及仪器烈度等信息，根据不同需求，为政府决策、行业应用和社会公众提供服务；特别是自2013年4月1日起开始正式启用自动地震速报系统，2分钟即可完成国内地震的自动速报，并通过手机App、微博和微信等新媒体平台发布。震害防御方面，中国地震局宣教中心通过制订全国防震减灾科学普及、宣传教育规划、策划和实施全国性重大宣传活动等方式，为公众提供震害防御相关知识；各省局通过开展活断层探测、小区划和地震危险性评价等工作，以报告的形式为政府决策提供信息支撑。应急救援方面，在有影响的地震发生2小时左右，陆续产出地震应急处置信息服务产品，为政府进行应急处置、紧急救援、震后重建工作提供重要信息；同时能够依托微博、微信、客户端和网站等平台向受影响人群定向、精准地推送震情信息。

【重要举措】

（一）加强组织管理，成立局网络安全和信息化领导小组

为加强全局信息化顶层设计和综合协调管理，2016年12月，中国地震局发文成立局网络安全和信息化领导小组及办公室，由局长、党组

书记郑国光同志担任组长，副局长牛之俊同志担任副组长，领导小组成员涵盖局机关司室、国家级地震业务部门主要负责人，领导全局的网络安全和信息化工作。领导小组下设办公室，挂靠监测预报司，负责领导小组的日常工作。在此基础上，各省级地震局和直属单位相继成立了由各单位主要负责人担任组长的网络安全和信息化领导小组，确保信息化工作的贯彻落实。

（二）正式印发《“十三五”地震信息化规划》

2016年12月，中国地震局正式印发《“十三五”地震信息化规划》，旨在全面贯彻党的十八大及十八届三中、四中、五中、六中全会精神，统筹推进“五位一体”总体布局和协调推进“四个全面”战略布局，贯彻落实五大发展理念，实施“智慧地震”发展战略，坚持防震减灾信息化“支撑需求、引领发展、创新服务、推动变革”，加强顶层设计和标准规范，进一步落实开放、合作、共享机制，落实“互联网+”和大数据行动计划，打破数据壁垒、联通信息“孤岛”、消除业务“烟囱”，以信息化推动防震减灾现代化，以信息化推动防震减灾与经济、社会发展相融合，实施防震减灾供给侧改革，以优质服务满足各级政府、行业内外和社会公众对地震信息知识的需求。《“十三五”地震信息化规划》的总体目标是加快推动信息技术与防震减灾的深度融合和创新发展，初步实现防震减灾信息化建设的“数据资源化、业务云端化、服务智能化”总体目标，提升防震减灾社会治理、公共服务和事业发展基础能力，显著提升防震减灾信息化服务水平。

（三）启动地震信息化顶层设计工作

2017年上半年，中国地震局启动地震信息化顶层设计工作，采用专业咨询公司和系统内青年团队联合工作模式，编写了《地震业务信息化战略问题若干思考》，开展调研访谈，对内摸清家底和业务需求，对外把握最新发展方向和技术；初步提出信息化是未来地震局的核心生产力，通过构建国家地震数据中心，对各类数据进行集中与治理，加强云化服务化的能力建设，按照“先核心、后边缘”的优先策略和“厚平台、轻应用”的现代理念，加速改变现有“烟囱式”的业务应用模式，解决信息化顶层设计需要重点解决的问题。下一步将继续深入开展顶层设计，完成地震信息化顶层设计报告。

【发展目标】

（一）标准先行，数据驱动

制定地震信息化标准体系，系统性地推进地震信息化标准的制定与完善。构建全国统一的地震大数据平台，为行业发展提供数据支撑，形成特有的发展资源。

（二）集约整合，流程再造

通过构建地震云，完成基础设施资源的综合集约整合，大幅提升业务运行效率和资源使用效益，推动地震信息化更快、更好地实现。通过梳理业务流程对业务过程进行优化，充分提高业务效能，加强环节管控能力，实现业务流可控。

（三）提质增效，强化服务

制定行业统一的数据共享管理办法，完善数据共享机制，深化地震数据和社会数据的关联分析和融合利用。积极探索信息服务新模式，明确服务对象及目标、丰富服务产品与形式、拓展服务途径与覆盖面，充分利用各种途径提供地震信息服务，全面提升地震信息快速发布能力和覆盖范围。

（四）智慧地震，融合发展

依托国家地震烈度速报与预警工程、泛亚地震台网工程等纳入国家“十三五”规划的重大工程建设项目提高信息化水平。开展信息化关键技术前期预研，启动“智慧地震”示范工程。

公安系统信息化发展概况

2016 年至 2017 年上半年，公安部以党的十八大及十八届三中、四中、五中、六中全会和习近平总书记系列重要讲话精神为指导，紧紧围绕“平安中国、法治中国”建设的总目标，积极落实部党委“四项建设”的整体部署，结合深化改革各项任务，进一步夯实信息化发展基础，优化信息化顶层设计，着力推进信息资源联通共享与深度应用，有效提高信息网络安全保障能力，公安信息化建设取得了新进步。

【基础环境建设】

（一）公安云计算平台建设

积极推广云计算技术，指导浙江、云南、辽宁、青海、山东、江苏、天津、四川等省（自治区、直辖市）开展公安云计算建设。进一步完善部级云计算平台基础运行环境，为大数据应用提供支撑。

（二）业务应用系统建设

2016 年 11 月，公安部完成了人像比对系统建设。截至 2017 年 8 月，系统已建设完成 15.7 亿人的基本照片、23 万名在逃人员的照片、1500 万名违法犯罪人员的照片的建库工作，提供比对任务 10 万余次，为各级公安机关破获了大量案件；继续推进部门间信息共享与服务平台建设与应用，向银行提供数据共享服务日均核查量 2000 万次，数据文件交换业务日均传输量为 3000 个左右，为经侦、反恐、情报等部门的工作起到了重要的数据支撑作用。

（三）行业门户网站

2016 年以来，继续加强公安内部网站及专栏建设和开发，截至 2017 年 8 月，公安部已开发建成机关内部网站和相关专题专栏 360 余项，累计访问量已达 5.5 亿人次，日访问量平均为 19.2 万人次，信息条目达 50000 余条，平均在线人数达 8000 余人。

1．持续推进政府信息公开

网站持续加大信息发布力度，及时发布重要政务活动、专项行动成效、便民利民措施等各类信息，坚持公开公安部年度部门预算和决算、三公经费、部机关政府采购等信息。

2．深入开展专题专栏建设

网站坚持不断创新专题专栏展现形式，精心组织了“全国社会治安综合治理创新工作会议、全国公安厅局长座谈会”“湄公河流域执法安全合作机制成立五周年”“公安 110 为民保安宁”“百万民警在岗位保平安”“致敬公安英雄·2016 英烈墙”等专题专栏。

3．不断加强警民网上互动

持续加强与各重点网站合作，在全国两会、清明节等重要节点连续推出“平安中国”系列访谈 30 余期。针对涉及网民个人权益问题，会同有关业务部门督促办理，实实在在解决一批困难和问题。

4．扎实做好政府网站抽查

严格按照国办工作部署，以《政府网站发展指引》为指导，健全完善政府网站监测巡查机制、通报机制、抽查复核机制等制度，制定问题清单，加强分类指导，推动网站信息内容建设水平持续提升。

5．着力夯实网站基础建设

注重监测分析网站运行数据，重点加强网站安全防护。定期开展网站巡检监测，加固整体架构，及时排除运行隐患，确保网站运行安全、稳定。

（四）网络与信息安全

1．进一步加强公安信息安全管理工作

一是印发《公安信息网安全管理规定（试行）》，完善公安信息网安全管理体系。二是开展公安机关内部人员泄露公民个人信息问题专项治理，建立完善违规行为分析模型。三是下发《关于切实加强公安信息网查询类应用系统安全管理的通知》，指导各地加强公安信息网查询类应用系统安全管理。

2. 打造以数字证书为信任根的应用安全体系

一是完善公安机关数字证书管理机制，积极推进《公安机关人民警察数字证书管理规定》和《公安机关警务辅助人员数字证书管理规定》编制工作。二是积极开展公安机关警务辅助人员数字证书试点工作，制定《警务辅助人员数字证书扩大试点工作方案》，选择天津、上海、江苏开展辅警证书扩大试点工作，累计改造对接应用系统50余个，发放辅警证书2500余张。三是强化应用系统改造，组织开展公安应用系统访问单轨制改造，实现公安信息网重要应用系统基于数字证书的认证和授权。四是组织各地清理数字证书，共核查比对在用数字证书158万余张，累计注销证书9万余张。

3．推进公安机关国产密码应用替代升级

制定《全国公安身份认证与访问控制管理系统国产密码算法替代及升级方案》，推进部本级系统的国产密码改造工作。同时，印发《全国公安身份认证与访问控制管理系统国产密码算法替换建设任务书》，启动全国省级系统改造工作。

4．进一步完善公安信息网安全防御体系

制定出台《公安信息网与网内VPN专网跨域安全交换方案》，推动各警种信息化业务流程互联互通。开展互联网公安应用安全检查平台、新一代公安互联网边界接入平台项目研究。

（五）标准化建设

1．进一步完善了数据标准体系

截至2017年8月，发布公安数据标准1000多项，涵盖信息、消防、警用装备等核心业务领域。

2．以试点推动数据标准的落地应用

选取上海市公安局、江苏省常州市公安局等24个单位，开展数据标准化试点工作，并确定了天津市公安局等12个示范单位。

3．积极推进公安标准化改革相关事宜

针对涉及的1000项强制性标准、348项强制性标准制定和修订计划项目，以及1354项推荐性标准和937项推荐性标准制定和修订计划项目，完成公安推荐性标准集中复审结论的审核、征求意见和报批。对公安强制性标准和推荐性标准形成了“四个一批”（废止一批、转化一批、整合一批、修订一批）的评估结论。向全国公安机关印发《公安强制性标准项目整合精简结论和推荐性标准项目集中复审结论的通知》，明确提出了结论的后处理意见。

（六）人才培养

1．强化高层次人才培养

2016年至2017年上半年，组织出境培训1次、“公安科技信息化部门新任领导干部培训班”2期，培训全国公安机关科技信息化部门领导干部140余人。同时，遴选推荐2名中青年科技创新领军人才、1个重点领域创新团队和1个创新人才培养示范基地申报2016年创新人才推进计划；其中，公安部第三研究所金波入选2016年中青年科技创新领军人才，并作为候选人推荐参选第三批“万人计划”。

2．强化业务骨干培训

2016年至2017年上半年，围绕云计算、大数据、物联网、移动警务、视频监控和数据标准化等科技信息化重点业务工作举办各类技术培训班19期，培训部、省、市三级科技信息化业务骨干1600余人次。同时，开展警督晋升警监警衔培训班公安信息化应用技能达标测试，先后完成6期共1700余名领导干部的公安信息化应用技能达标测试工作。

3．强化培训能力建设

一是加强教材建设。组织江苏警官学院开展《公安科技管理》教材的编制工作；同时，为保障警务技术职务任职工作顺利开展，成立60余人的编写组，完成警务信息侦控专业和警务通信指挥专业考试大纲初稿的编写工作。二是加强师资建设。通过举办技术培训，筛选积累系统外优秀专家学者90余人、系统内科技信息化领导和业务骨干60余人，建立公安科技信息化教育培训师资库；同时，起草《公安科技信息化部级教官管理办法》，筹备教官遴选工作，为开展科技信息化专业培训提供师资储备和服务。三是加强训练基地建设。按照教、学、练、战一体化的培训需求，加强上海、江苏、浙江、云南4个省级科技信息化教育训练基地的建设管理，为开展科技信息化人才培养工作提供强有力的保障。

【信息资源开发、利用与共享】

（一）公安内部信息资源共享情况

2016年以来，持续推进公安机关内部信息共享工作，实现了网安七大类基础数据、98个数据项的对接。2017年，公安部指导各省级公安机关编制《信息共享制度（实施细则）》，发布信息共享目录，建立共享信息的动态更新、质量管理和纠错机制，监督评估本级及下级公安机关信息共享工作。

（二）社会信息资源共享情况

按照《关于建立实名制信息快速查询协作执法机制的实施意见》的要求，2016年至2017年6月，公安部分别与交通运输部、工业和信息化部、民政部、国家外专局等部门开展了信息共享合作。

（三）信息资源服务工作

目前，部省两级信息资源服务平台功能建设已基本完成，各级资源服务平台汇集整合公安部内外数据共计约7000亿条，完成《资源服务总线系列标准（报批稿）》和《公安数据资源目录体系对象与编目方法（送审稿）》的制定，发布《公安数据资源目录（2.0版）》。各级公安机关信息请求服务年均约24亿次。部级信息资源服务平台汇集公安内外部数据资源121类共计800多亿条，日均提供核查、查询、比对和数据下载服务2300万次。

【“互联网+”公安政务服务】

落实“一号一窗一网”信息惠民试点工作分工，承担建设基于公民身份证号码的统一身份认证体系，组织申报“互联网+”可信身份认证平台项目，并在部分信息惠民试点城市开展示范应用。规划建设公安部一体化“互联网+”政务服务平台，实现公安机关政务服务事项的“单点登录，一网通办”。

【重点项目和工程】

（一）公共安全视频监控建设联网

2016年，经党中央、国务院批准，国家发改委、中央综治办会同公安部等部门编制印发《公共安全视频监控建设联网应用“十三五”规划方案》。同年，中央综治办、国家发改委会同公安部遴选了第一批45个公共安全视频监控建设联网应用示范城市（区），并且配套11.24亿元中央补助资金予以支持。

（二）国家人口库

2016年6月，在浙江和四川两省开展通过国家人口库为省级政务大厅（网）提供公民身份信息核查服务试点工作。2017年2月，中央编办、国家发改委、工商总局、民政部和公安部联合发文，部署通过国家人口基础信息库为各地政务服务大厅（网）共享公民基本信息核查服务；2017年3月，印发了《国家人口基础信息库管理办法（试行）》，并组织国家人口基础信息库建设项目竣工验收工作。2017年5月，完成国家人口基础信息库全部单项建设任务。截至2017年8月，通过国家人口基础信息库为国务院扶贫办比对了9563万条业务数据，发现问题数据1005万条；通过国家人口基础信息库为民政部比对了5万条抽样数据，发现问题数据1779人次；为人社部核查养老保险待遇领取人员生存状态28000万人次。

（三）警用地理信息系统（PGIS）

（1）“全国警用地理信息基础平台应用技术研究与规模应用示范”项目荣获国家科学技术进步

二等奖。项目突破了全国“一张图”逻辑集中物理分散的分布式软件体系、警用地理信息跨域集成与协同共享、时空信息与警用业务关联集成等 8 项关键技术；研发了具有自主知识产权、可分布式部署与协同运行的大型 PGIS 平台软件，并已在全国 331 个公安机关推广。

（2）开展 PGIS 平台定位信息全国联网工作。2016 年 11 月，选择北京、天津等 7 个省级公安机关开展定位信息联网试点工作。2017 年 3 月，公安部组织全国已建 PGIS 平台的公安机关开展了定位信息全国联网工作。截至 2017 年 8 月，全国已完成 27 个省级、124 个地市联网节点建设，注册警用定位设备总量 44 万余台。

（四）警用数字集群（PDT）

近年来，按照“全国一张网”的总目标，公安部积极推进 PDT 无线通信专网建设。截至 2016 年 12 月底，全国共建设完成 PDT 系统 244 套、基站 5661 个、终端 350724 部，载频数达 17234 个。全国 30 个省级单位已建 PDT 系统，占比达 93.75%，共有 208 个地市已建 PDT 系统，占比达 60.47%。《警用数字集群（PDT）通信系统网管技术规范》《警用数字集群（PDT）通信系统互联技术规范》等 10 个警用数字集群（PDT）通信系统系列标准已全部制定完毕。

（五）公安移动警务

2016 年 6 月，公安部印发《全国公安移动警务建设总体技术方案（2016 版）》，启动《公安移动警务终端安全监控组件技术规范》《公安移动警务应用开发规范》等 7 个关键标准编制。同时，选取天津、上海、广东、四川等 11 个条件较好的省级单位开展了新一代公安移动警务建设试点示范工作。

【重大活动及事件】

（一）印发《关于推进公安信息化发展若干问题的意见》

2017 年 2 月 24 日，公安部印发了《关于推进公安信息化发展若干问题的意见》（以下简称《意见》）。《意见》的制定及印发，是为了贯彻落实国家信息化发展重要决策部署，大力推进公安信息化建设与应用，不断破解公安信息化建设中的突出问题。《意见》聚焦信息化顶层设计、网络基础、信息共享、业务融合、安全保密和保障措施等方面的问题，提出了六大方面 20 项工作要求，对各级公安机关大力推进信息化建设具有重要指导意义。

（二）印发《“十三五”公安信息化总体技术架构》

2017 年 6 月，公安部印发了《“十三五”公安信息化总体技术架构》，进一步优化公安信息化顶层设计技术架构，突出公安业务与云计算、大数据和“互联网+”等新技术融合，确立了“十三五”期间公安信息化“三横三纵”的总体技术架构。

人民法院信息化发展概况

2016 年，是全面建成小康社会决胜阶段的开局之年，也是智慧法院建设的关键之年。各级人民法院在全面建成以互联互通为主要特征的人民法院信息化 2.0 版基础上，大力推进信息化建设转型升级，按照《人民法院信息化建设五年发展规划（2016—2020）》确定的55项重点建设任务要求，结合辖区法院建设基础和业务需求，加快建设以数据为中心的人民法院信息化3.0版，并在开拓创新的实践中取得显著成效。

【全国法院网络实现全覆盖】

实现人民法院全业务网上办理，构建网络化法院，既是智慧法院建设的重要组成部分，也是打造阳光化、智能化法院的前提。

2016年11月24日，随着西藏林芝地区察瓦龙乡人民法庭的成功接入，人民法院专网实现了人民法庭全覆盖。全国所有3523个法院、9239个人民法庭和38个海事派出法庭实现互联互通，为全国法院干警“一张网”办案、办公、学习、交流实现全业务网上办理创造了至关重要的条件。通过这张网，人民法院实现了业务支持、数据汇聚和安全监管的全覆盖。

一是电子卷宗随案生成和应用取得进展。审判业务是否全部在网上办理是世界银行评价各国法院信息化水平的首要指标。2016年8月3日，最高人民法院下发《关于全面推进人民法院电子卷宗随案同步生成和深度应用的指导意见》，推动案件卷宗随案电子化并上传至办案系统，为法官全流程网上智能办案、审判管理人员网上精准监管创造条件。截至2017年5月，最高人民法院组织完成全国31个高院和兵团法院案件电子卷宗汇聚人民法院大数据管理和服务平台的各项技术对接试验，支持各级法院案件电子卷宗信息的汇聚管理。目前已经汇聚全国法院案件电子档案675万余件、电子卷宗316万余件。此外，还打通了最高人民法院办案平台与大数据平台的调卷接口，为从根本上解决上诉审和再审调卷难题提供了一揽子解决方案。

二是上线一批覆盖全国的统一业务应用系统。最高人民法院发挥主导作用，部署一批贯通全国的统一业务应用系统，包括全国法院执行案件流程信息管理系统、全国法院人事系统、国际司法协助办理系统、中国司法案例网等，集中全国优势力量，促进各级法院干警实现网上作业。其中，执行案件流程信息管理系统于2016年11月15日全面完成各地法院部署应用或对接联动，支持全国执行干警网上办案，为强化内部监督、破解执行难题提供有力手段。这些系统的成功部署和应用，为今后进一步推动涉及法院核心业务、更大范围、更高层次的应用系统提供了经验和范例。

三是拓宽与其他单位信息共享和业务协同范围。以最高人民法院“总对总”执行查控系统为代表的一批跨网系审判业务和行政事务系统实现了业务应用跨界融合和信息系统集成。其中，执行查控系统支持全国法院查询人民银行13个单位、3400多家银行的11类14项信息，对执行过程中需要查询的主要财产类型做到“一网打尽”，截至2017年6月底，全国法院使用“总对总”网络执行查控系统共查询3.24亿次，成功冻结银行存款1074.35亿余元。此外，四川、福建、广东、青海、甘肃等多个省（自治区、直辖市）积极建设“点对点”查控系统；深圳法院建设并不断完善“鹰眼”查控网，将被执行人财产查控扩容延伸至税务、交警、燃气、社保等42家单位，将查询内容扩展到出入境信息、乘机记录、纳税信息、社保记录和燃气记录等，实现“查物+找人”的升级。最高人民法院与国家发改委等44家单位合作，对失信被执行人实施联合惩戒，采取限制购买飞机票、软卧、高铁车票，限制办理信用卡和贷款，限制担任企业法定代表人，限制担任基层代表、委员，限制招投标活动等强制措施，实现被执行人“一处失信，处处受限”。截至2017年6月底，全国累计公布失信被执行人800余万人，限制770余万人次购买飞机票，限制290余万人次购买列车软卧、高铁、其他动车组一等座以上车票。仅中国工商银行一家就拒绝失信人申请贷款、办理信用卡120余万笔，涉及资金80余亿元。四川省实现刑事诉讼涉案财物集中管理和信息网上互通共享，河北省实现刑事案件的多方远程庭审，浙江省杭州市余杭区法院实现与交管、保险、鉴定等部门的道路交通纠纷网上数据一体化办理。与这些部门的信息共享和业务协同，使人民法院全业务网上办理得以拓展和延伸。

四是初步建立可视化质效型运维管理体系。完成国家司法审判信息管理中心建设，初步建立质效型运维管理体系，开发了可视化运维管理平台——“法眼平台”。实现对外部专网、互联网、法院专网、涉密专网、移动专网五大网系，以及基础设施、业务应用、数据管理、信息安全、运维保障五大建设内容的监控和管理。

【四大司法公开平台和诉讼服务系统建设】

实现人民法院审判执行全流程要素依法公开，即构建阳光化法院。这是建设智慧法院的重要内容，也是提高人民法院司法公信力、促进司法公正的有效途径。

一是裁判文书公开平台建设日趋完善。作为中国法治文明的重要窗口，裁判文书公开深受国际、国内广泛关注。作为全球最大的裁判文书公开平台，截至2017年6月底，中国裁判文书网公开文书3100余万份，包含蒙、藏、维、朝、哈5种民族语言，累计访问总量突破94亿余人次。

二是庭审公开平台让公平正义更加直观。中国庭审公开网于2016年9月27日正式开通，成为人民法院第四大司法公开平台。截至2017年6月底，庭审公开平台已覆盖31个省（自治区、直辖市）、3002家法院，累计直播案件22万余件，访问总量超过22亿人次。中国庭审公开网的开通，增加了全国性的司法公开要素，人民群众也能够更直观、更生动地感受人民法院的阳光化进程。

三是企业破产信息公开促进企业重整再生。为落实中美元首2016年杭州会晤共识，最高人民法院于2016年8月1日开通“全国企业破产重整案件信息网”，发挥破产审判对于依法处置“僵尸企业”的重要作用。截至2017年6月底，网站注册用户量为17万余人，公布案件14000余件，涉及管理人机构5000余家，涉及管理人16000余人，访问量突破5300万人次，为人民法院破产审判工作服务供给侧结构性改革提供了新的平台。

四是电子诉讼实现审判全流程互联网运行。将诉讼活动由线下搬到线上，电子诉讼让司法服务“零距离”沟通、即时性互动、无障碍共享。2016年年底，国务院发布《“十三五”国家信息化发展规划》，提出“支持智慧法院建设，推进电子诉讼”，并将电子诉讼占比纳入政务信息化指标。各地法院积极实践，如吉林电子法院、浙江电子商务网上法庭等。按照中央全面深化改革领导小组审议通过的《关于设立杭州互联网法院的方案》，2017年8月18日，杭州互联网法院正式挂牌，互联网法院支持电子商务相关诉讼从立案、送达、举证、质证、庭审、调解到判决、执行全流程在线进行，实现与多个电商平台对接，当事人相关的订单、支付、物流、投诉信息等均能直接读取并一键引入，足不出户就能在网上参与诉讼、解决纠纷。

【智能服务初见成效】

运用云计算、大数据、人工智能等信息技术，按需提供智能服务、构建智能化法院，是智慧法院建设的深层次内容，也是践行司法为民宗旨和实现司法公平正义的必然要求。

一是推进办案系统智能化，提高工作效率。通过智能化手段，辅助法官提高办案质效，是人民法院信息化发展的基本主线，也是更好地服务人民群众和司法管理的重要前提。河北高院历时近一年组织研发了“智审”系统，帮助法官对电子卷宗进行文档化编辑，并按法律要素实现结构化管理，自动引用、排列、归纳和分析全要素案件数据，辅助法官完成文书其他部分的撰写。在河北、山东、吉林等大范围的试用结果表明，信息化为法官提供了智能服务的关键一步，并能够有效减少法官案头事务性工作。

二是探索庭审语音转录自动化，提升庭审质效。庭审是案件审判的重要环节，庭审语音识别系统是智能化技术支持提高庭审质效的重要实践。江苏苏州中院研发的庭审语音识别系统，将语音自动转化为文字，自动区分庭审发言对象及发言内容，法官、当事人和其他参与人均能实时看见转录文字。在系统试用中，语音识别正确率已达到90%以上，书记员只需要进行少量修改即可实现庭审的完整记录。经对比测试，庭审时间平均缩短20%～30%，复杂庭审时间缩短超过50%，庭审笔录的完整度达到100%。

三是实践文书纠错智能化，提升司法自信。瑕疵文书不但影响法官形象，也会挫伤司法公信力。上海高院的裁判文书大数据智能分析系统，从技术上规避了这种风险：通过对裁判文书中61

项要素进行智能分析，发现人工评查易忽略的逻辑错误、遗漏诉讼请求、法律条文引用错误等问题。裁判文书大数据智能分析系统，实现了文书智能化纠错，提升了司法自信。这一成果有望用于裁判文书说理性分析，为司法改革措施提供技术支撑。

四是推动资源汇聚科学化，提高服务水平。人民法院大数据管理和服务平台实现全国法院收结案数据每5分钟自动更新一次，日均汇聚5万～6万件案件的数据，截至2017年6月底，形成了汇集全国法院 1.2 亿余件案件数据的全世界最大审判信息资源库。此外，最高人民法院还成立了司法案例研究院和司法大数据研究院，建设了中国海事审判信息管理平台、涉诉信访大数据平台、法信平台等系统，有效提升了司法大数据开发应用水平。

2016 年 11 月，最高人民法院成功举办第三届世界互联网大会“智慧法院暨网络法治”论坛，与会各国和地区达成《乌镇共识》。与会的中外来宾一致认为，中国法院的信息化建设水平已经走在国家政务部门和国际同行的前列。可以说，中国法院已经实现网络覆盖最广、业务支撑最全、公开力度最强、数据资源最多、协同范围最大，引起国内外的广泛关注。

体育信息化发展概况

2016 年，在国家体育总局（以下简称总局）信息化领导小组的领导下，在总局领导的高度重视和关心下，总局信息化工作取得了显著成绩：信息化顶层设计和规划取得阶段性成果；信息基础设施建设成效显著，完成总局电子政务内网（终端接入）基础建设工程，并单点接入国家电子政务外网；网络安全保障力度明显增强；信息化系统建设步伐明显加快；重点项目和工程建设任务稳步开展；总局政府网站建设水平整体提升，在 2016 年国家部委政府网站绩效评估排名中比 2015 年提升 3 位，达到历年来最高排名第 21 位。

【顶层设计和规划】

2016年，按照总局信息化顶层设计实施方案，完成参与人员回执表及相关材料填报提交工作；对总局所有部门开展上门调研和面对面交流、讨论活动；调研其他部委、大型 IT 公司、直属单位，并向省（自治区、直辖市）体育局征求意见。组织召开总局规划编制小组（全体联络员）会议，邀请体育系统内、外高水平专家对该规划稿进行研讨并提出意见，已编制完成总局《信息化顶层设计规划（专家意见稿）》。

【基础设施建设】

（一）推进总局计算机机房改建项目

总局计算机机房改建项目获国管局立项批准。编写了机房设计初步方案、机房设计图及其明细清单，完成机房改建加固检测项目和项目招投标等工作。机房面积将由 65 平方米提高到 121 平方米。工程项目正在进行中。

（二）完成总局电子政务内网（终端接入）基础建设工程

在充分调研论证工作的基础上，编制完成项

目实施方案、施工计划、监理工作方案；按计划完成整个基础建设工程项目（包括设备采购、工程建设、工程监理等）实施。

（三）完成总局单点接入国家电子政务外网工程

该专线带宽2MB，部署完成外网接入区，具备了总局单点访问国家电子政务外网的基本条件。目前总局各部门可以访问电子政务外网业务系统办理业务。

（四）完成总局云平台扩容等其他网络基础设施建设

一是对总局内网（非涉密）和DMZ三级区域2套云平台虚拟化软件VMware进行正版化；二是对云平台进行了扩容，目前全部可用存储容量为9TB；三是通过对2台旧服务器和磁盘存储设备增配网卡和磁盘等配件，搭建了等级保护三级应用云平台；四是对DMZ三级区域部署交换机和防火墙，划分不同安全区域；五是更新总局4个办公楼（综合楼、东楼、西楼和信息中心东配楼）的4台汇聚交换机和20个楼层的接入交换机；六是总局联通专线带宽由100MB提高到150MB，总局电信专线带宽由100MB提高到112MB。

【网络安全保障】

（一）构建一体化管控防御体系，全面提升总局网络安全防护水平

一是部署了WAF防火墙、堡垒机、远程安全评估系统、日志审计系统、网络版杀毒软件等安全设备或系统，调整并部署相关安全防护产品的相关策略，建立纵深的安全防线；二是优化、完善了双线路入侵防御系统，并每周根据应用实际需求调整策略；三是调优抗拒绝服务防御设备，制定并实施访问控制策略，实现各区域、各系统间有效的访问控制；四是逐步统一互联网出口，通过严格管控、统一设置和集中监控，降低由于互联网出口所带来的信息安全风险；五是升级、配置外来网络回溯分析系统，对总局内网区域及无线网络区域进行抓包扫描分析，并针对问题进行整改；六是梳理标识网络及安全设备配线标签；七是进一步完善安全管理制度。

（二）全面开展安全整改工作，通过等级保护三级测评

制订总局政府网站网络区域迁移方案，顺利完成迁移工作。此外，2016年全面进行资产调研、技术调研及管理调研等工作，技术上针对全网进行漏洞扫描、安全配置检查、网络架构分析、日志安全分析等安全评估工作，并根据等级保护三级技术和管理的290项要求逐项差距分析，制订整改方案，按计划开展安全整改工作，对2016年新部署的和已部署的安全防护设备或系统进行全面梳理、调整、优化，最终通过公安部信息系统安全等级保护三级测评。

【总局政府网站】

（一）完成总局政府网站改版工作，保障无障碍访问

新版总局网站于2016年1月15日正式上线运行。2016年共发布各类信息57000多条。新版网站还增加了无障碍访问功能，可为视力障碍人群提供最大帮助，使其顺利获取网站内容。

（二）完成冬运会、奥运会等重点赛事报道工作

（1）圆满完成冬运会专题报道。第十三届全国冬运会期间，制作冬运会专题，发布各类相关信息200余篇。另外，按照要求，着重加强冬运会期间网站安全监测检查工作。

（2）圆满完成里约奥运会专题报道。于奥运会开幕当日按时推出专题；奥运会期间密切关注中国代表团重点夺牌项目，及时发布赛事动态等相关信息，共发布信息1000余条。

（三）举办在线访谈

成功举办总局政府网站在线访谈13期，主题涵盖热点项目、特色体育赛事、全民健身、青少年体育、政策解读等各方面，是总局依托政府网站加强政民互动、积极为民服务的具体体现。

【信息系统建设】

（1）推广建设总局直属单位协同办公系统（OA）：其一编写并印发《关于推进电子政务办公

（OA）系统建设和应用的函》；其二部署了总局直属单位协同办公系统（OA）及 VPN 等相关设备；其三根据需求为总局部分直属单位开发、建设 OA 并投入使用。

（2）总局外事管理系统正式、全面投入使用，显著提高了总局外事管理水平和工作效率。

（3）推广校园足球管理系统和足球数据分析系统。完成了第一阶段的系统开发，包括 App、微信端软件，并在济南、青岛的 10 余所高校进行了推广，同时与教育部等相关部门进行沟通，逐步在全国高校推广使用。

（4）做好总局党内统计数据库和年度报表工作。对总局系统的统计人员进行培训，并集中完成 2015 年度中组部年度报表的汇总审核上报工作，完成工委年度报表的汇总审核上报、数据库与年度报表的数据匹配维护，以及党内统计情况的数据分析工作。

【运动会体育赛事信息系统】

（一）第十三届全国冬运会

为第十三届全国冬运会赛事信息系统建立完整技术架构，提供从计时、记分到官网实时发布的一体化服务，实现冬运会信息服务的规范化管理的工作目标，确保赛事信息服务取得圆满成功。

（二）第十三届全国运动会

《第十三届全国运动会信息技术系统规划方案》已通过国家体育总局审批，信息技术系统工程项目立项和预算编制已经完成，并审批通过。

海洋信息化发展概况

2017 年，国家海洋局以加快推进海洋强国建设为指引，密切围绕“聚焦促进海洋经济发展，聚焦海洋生态文明建设，聚焦深度参与全球海洋治理”3 个方面，认真部署落实各项信息化建设任务，海洋信息化发展体系不断完善，信息化整合取得重要成效。

【海洋信息化统筹推进格局基本形成】

一是海洋信息化规划、计划相继出台。发布了《国家海洋局关于进一步加强海洋信息化工作的若干意见》（国海发〔2017〕8 号）、《国家海洋局信息化整合工作总体方案（2017—2019 年）》（国海办字〔2017〕68 号）、《2017 年全国海洋信息化工作要点》（海办发〔2017〕17 号），系统规划了海洋信息化建设任务目标和工作路线。

二是全面部署落实各项工作任务。召开了国家海洋局信息化工作领导小组第一次会议、全国海洋信息化工作第一会议。国家海洋局王宏局长面向局机关和局属单位、沿海地方传达部署了海洋信息化工作要求和任务安排。

三是海洋信息化管理制度、机制逐步健全。基本形成了海洋信息化整合任务统一计划、经费统一管理的新格局。制定了信息化项目申报、论证、审核管理要求，加强了新建海洋信息化项目审核管理。启动修订《海洋资料汇交管理办法》《海洋资料使用申请审批管理办法》等海洋资料管理制度。制定了海洋信息化标准体系框架，一系列标准规范相继启动立项。

【海洋信息通信网、地面网整合建设圆满完成】

利用不到1年时间，全面整合了原有海洋业务专网，完成了业务流量迁移；建成了由1个环形网和4个星形网构成的新主干网，实现局机关、所有局属单位和省级海洋主管部门与主干网的互联。基本完成了主干以下网络整合，实现了市县级海洋主管部门、海洋环境监测中心站、台站等海洋部门的网络整合联通。整合后，网络服务能力大幅提升，各级节点实现了出口物理线路统一、全网技术体制统一，节约网络建设运维经费将近一半，打通了海洋信息通信“壁垒”。

【国家“海洋云”整合建设进展顺利】

海洋数据资源汇交管理全面实施，印发了《国家海洋局海洋数据资源整合工作方案》和《沿海地方海洋数据资源整合共享工作方案》。初步建立分类分级的海洋数据资源分类体系，全面开展了国家海洋数据资源体系建设。国家海洋云平台计算环境主体完成搭建，海洋综合数据库建设初具规模，制订了海洋综合数据库建设方案，完成海洋数据文件系统和基础数据库搭建，启动海洋地理数据库和海洋专题数据库整合建设。

【海洋应用系统整合建设有序推进】

海洋应用系统整合试点示范启动，制订了海洋应用系统整合建设工作方案，开展了国家海洋局已建和在建海洋应用系统摸底调查。国家海洋数据共享开放体系基本形成，升级建设了ODINWESTPAC西太海洋数据共享服务系统、互联网版的海洋科学数据共享平台与iOcean中国数字海洋公众版，建立了基于海洋综合业务专网的海洋数据共享服务系统和海洋地图服务平台，形成了服务多目标、多群体的数据共享体系。按照全局信息化工作的统一部署，各业务领域信息化支撑工作统筹推进。

【海洋政务信息化不断深入】

严格按照国务院办公室、国家发改委有关文件要求，组织推进海洋政务信息系统整合共享。制定《国家海洋局推进落实〈政务信息系统整合共享实施方案〉工作方案》（国海办字〔2017〕520号），顺利完成海洋政务信息系统“自查、编目、清理整合、接入、共享、协同”各项任务。《国家海洋局“互联网+政务服务”工作方案》上报国务院办公厅政府信息与政务公开办公室，“互联网+海洋政务服务”启动建设；完成国家海洋局机关内网改造，启动涉密信息系统管理制度研究。

中国科学院科研信息化发展概况

2017年是国家“十三五”信息化规划启动之年，中国科学院深入贯彻习近平总书记系列重要讲话精神，认真落实党中央、国务院决策部署，牢固树立创新、协调、绿色、开放、共享的发展理念，研发核心技术，增强信息化发展能力，提升信息化应用水平，坚定不移走中国特色信息化发展道路，实施网络强国战略，让信息化更好地支撑科技创新与发展。

1994 年 4 月 20 日，一条 64KB 的国际专线从中国科学院连入 Internet，实现了中国与 Internet 的全功能连接，从此中国成为第 77 个真正拥有全功能互联网的国家。20 余年来，中国科学院立足于互联网和信息化基础研究，充分利用自身网络和信息技术优势，在科研应用信息化、管理科学信息化、多学科交叉融合、科学思想传播等方面发挥了积极作用，努力支撑科研信息化和管理信息化，引领中国科研信息化建设的发展。

2017 年，中国科学院召开了院网络安全和信息化工作领导小组会议，全面审议了《中国科学院“十三五”信息化发展规划》，部署了五大信息化建设工程。会议认为，中国科学院作为国家战略科技力量，必须继承前人艰苦奋斗、勇攀高峰的精神，发挥好互联网先遣队的作用，积极探索，以高度的使命感和紧迫感，提高对网络安全和信息化工作重要性的认识，加快推进科研信息化建设，不断提高管理信息化水平，加快编制大数据与计算平台规划，在云计算、大数据时代为推进网络强国战略和中国科学院创新发展做出应有贡献。

【整合优势资源，打造“中国科技云”】

《中国科学院“十三五”信息化发展规划》中提出的“中国科技云”工程，目标是通过云计算技术深度整合科技网基础设施（IaaS）、平台（PaaS）、软件（SaaS）等各类信息化基础资源与服务，面向全国科技工作者，建立全面支持信息化公共资源透明调度、用户自服务等功能的云资源管理与自服务云环境。提升中国科技网传输容量，网络延伸到中国科学院重大科技基础设施等科研终端，实现网络资源的动态调度和按需定制；建设支持先进信息技术应用研究的大规模试验床，启动建设高速科研数据传输专网的可行性研究；建设有效支持重大科技基础设施应用需求的高性能计算系统，建成满足多种应用需求的国家级高性能计算基础服务环境；构建适应云计算和大数据时代的云基础设施和数据密集型处理环境；建设“中国科技云”信息资源池，顶层规划中国科学院科学数据、数字文献等数字化、网络化资源体系；建设“中国科技云”软件资源池，提供公共和多学科领域的共享软件资源云服务等是主要建设目标。

2017 年，中国科学院完成了“中国科技云”项目资源管理与自服务平台相应部分的原型设计及部分功能实现，推出“中国科技云”1.0 版；完成了中国科技网核心骨干设备的升级，9 个分中心节点设备全部进行了国产化升级改造，提高了网络基础设施的安全、自主能力；建立了先进信息技术应用研究试验床原型系统；完成了超算资源池、信息资源池、软件资源池的基础建设。2017 年 12 月 4 日在乌镇第四届世界互联网大会上举行了“中国科技云”启动仪式，“中国科技云”门户正式开通。

【融合业务流程，推进“智慧中科院”建设】

《中国科学院“十三五”信息化发展规划》中提出的“智慧中科院”建设工程，目标是加强中国科学院对科研活动的全面管理，建立覆盖各类科研活动的智慧化应用环境，为全院建立开放、融合的数据治理体系，从专注于科研管理转变成致力于为科研活动、资源规划与运营调度的智慧化服务，从面向内部管控的信息系统转变为开放、融合的应用支撑平台。该项目的建设目标是充分运用大数据与可视化技术，支持全院科研和教育态势感知应用；构建科学传播资源管理与应用基础环境、新媒体化的信息服务环境、“互联网+科普”融合服务环境，以及媒体化的科学新闻传播服务环境，提升新媒体环境下的信息资源聚合、加工服务和科学传播影响力；实现科研教育基础数据融合，提升科研教育质量和决策水平，形成新一代信息技术应用场景下的智慧化科研教育环境；针对科研管理及科研活动中特色的应用需求，建设一批智慧化特色应用，促进信息化与科研管理流程的深度融合。

2017 年，中国科学院完成了新一代 ARP 系统开发支撑平台基本功能搭建、系统详细设计，以及网上办公系统的开发和部署试点应用；完成了中国科学院网站群核心系统升级加固和系统拆分重构技术方案，初步完成核心软件部署，完成新媒体科学传播平台总体实施方案等工作。2017 年 7 月召开了新一代 ARP 系统试点工作启动会，成立了新一代 ARP 系统试点工作领导小组，明确了新一代 ARP 的推进路线图和工作计划，加速推进“智慧中科院”。

【契合国家战略，发展科学大数据】

《中国科学院“十三五”信息化发展规划》中提出的“科学大数据”工程，目标是推动科学数据资源持续积累和开放共享，以提升支撑科研活动服务能力为核心，结合多学科领域需求，面向科学大数据的采集、管理、分析处理技术和工具，建成集成化的、易部署的、具有自主产权且具备 PB 级数据管理能力的科学大数据中心分析平台。重点落实大数据驱动学科创新示范平台、科学大数据管理与分析平台、科学大数据公共服务云平台、综合集成与标准规范建设等五大平台建设任务。

2017 年中国科学院“科学大数据”工程项目启动了科学大数据管理与分析平台、科学大数据公共服务云平台、综合集成与标准规范建设 3 个方面的工作。开始建设喀斯特地形地貌区重点数据库建设与应用服务、动物学重点数据库建设与应用服务、化学学科领域重点数据库建设与应用服务、农业多尺度病虫害图像重点数据库建设与应用服务、南海海洋重点数据库建设与应用服务、环境微生物多样性重点数据库建设与应用服务、光学天文重点数据库建设与应用服务 7 个重点数据库，以及大数据驱动的空间科学领域创新示范平台、大数据驱动的生物信息领域创新示范平台、大数据驱动的第三极环境创新示范平台、大数据驱动的资源学科领域创新示范平台 4 个学科创新示范平台。

【配合创新布局，深化科研信息化应用】

“科研信息化应用”项目借鉴了中国科学院“十二五”信息化发展的成功经验，结合中国科学院“率先行动”计划，在“中国科技云”的基础环境上，建设一系列科技前沿的代表性应用，通过信息化与科研活动的有机协作，应对和解决学科快速发展的技术挑战。本工程将以计算模拟需求为主线，从领域云、院级示范、所级示范、应用软件 4 个方面与多学科领域深度融合。

2017 年，围绕中国科学院科研活动中的信息化需求，结合中国科学院科技创新布局，全面启动科研信息化应用工程的相关课题建设，具体包括：面向“率先行动”的科技领域云应用课题 6 项，将在高能物理、微生物、生态环境、海洋、核安全、集成电路领域建立世界一流水平的科研信息化环境，充分发挥信息化技术在科研活动中的关键作用，实现信息化支撑的领域科研生态圈；面向中国科学院重大突破的科研信息化应用示范课题 4 项，借助先进模型、特色软件与工具等信息化手段解决中科院“十三五”规划中有望实现创新跨越的 60 个重大突破中的关键性环节，推动科研范式的转变；面向研究所“十三五”规划的科研信息化应用示范 9 项，着力解决研究所重大突破科研活动中的关键问题，以促进多学科交叉为手段，力争取得有国际影响力的应用成果；提升科技创新能力的高性能计算应用课题 10 项，着力解决中国科学院对高性能计算软件的共性需求。通过对科研信息化应用课题的遴选，挖掘中国科学院科技布局重点领域和方向对信息化技术的迫切需求。

【加强技术防范，保障科技网运行安全】

“网络安全保障体系”建设项目为中国科学院“十三五”信息化项目提供整体网络与信息安全保障，包括：加强基础网络安全监控服务、统一认证、终端安全及集中安全管理等基础安全保障环境建设，针对“中国科技云”“智慧中科院”“科学大数据中心”“科研信息化应用”等信息化项目，提供有针对性的网络安全建设和服务。通过整体的安全基线和规范为其他工程的建设提供指导依据；通过各类安全接口及安全日志信息的收集，为“中国科技云”及其重点应用进行全方位的网络安全态势感知与威胁分析；以公共服务的形式为“中国科技云”“智慧中科院”等重点系统提供统一的身份认证服务；同时针对“中国科技云”及其重点应用提供应用安全防护、主动安全防御、安全基线检测、云安全防护等服务。

2017 年，为扎实提高中国科技网安全保障能力，优先升级部署院网络运行监控和分布式集群风险评估系统，加快了中国科学院关键信息基础设施和重要信息系统安全保障建设，达到了国家网络安全管理相关标准和要求。

【促进大数据发展，建设科学大数据示范项目】

国家历来十分重视大数据领域的发展，为贯彻落实《促进大数据发展行动纲要》，由国家发改委组织实施了“促进大数据发展重大工程”。2017 年 3 月，中国科学院组织申报的“科学大数据公共服务平台与创新应用示范项目”列入该工程的支持项目。本次入选的 38 个项目涉及政务、科学、交通、金融、医疗等多个领域。中国科学院“科学大数据公共服务平台与创新应用示范项目”将专注于科学大数据领域，以大科学、大数据、大发现的理念，力求通过科研数据和资源的整合带动科研范式创新，提升我国科学研究的整体实力，并面向生物资源、生态系统评估和精准医疗等典型领域和行业典型开展应用示范，用科技创新为我国经济发展提供新产业、新模式。

【提升互联网话语权，积极参与国际组织事务】

2017 年 12 月 13 日，全球互联网名称与数字地址分配机构（ICANN）公布中国科学院计算机网络信息中心王伟研究员当选为互联网码号分配机构（IANA/PTI）董事，任期 3 年。

IANA（Internet Assigned Numbers Authority）是全球互联网 IP 地址、域名根服务器和协议参数等分配管理的核心关键机构。2016 年 10 月，美国政府放弃了对 IANA 长达 18 年的管理权，将其职能转移至新成立的非营利法人机构 PTI（公共技术标识符机构）。至此，互联网码号分配机构（IANA/PTI）承担起审批域名根服务器数据变动及制定相关治理政策的管理职责。PTI 董事会由 5 席组成，3 席由 PTI 唯一股东 ICANN 委派，2 席由全球互联网社群代表组成的提名委员会推选。

中国科学院研究人员在国际互联网重要组织中任职，意味着我国在全球互联网管理与治理方面将有更多的话语权，也有利于中国科学院发挥优势，进一步深入开展互联网体系基础研究，提升我国在国际互联网社群中的影响力。

国家测绘地理信息化发展概况

2017 年，国家测绘地理信息局深入贯彻落实党中央、国务院简政放权、放管结合、优化服务改革等决策部署，围绕《关于加快推进“互联网+政务服务”工作的指导意见》《“互联网+政务服务”技术体系建设指南》《政务信息系统整合共享实施方案》《加快推进落实〈政务信息系统整合共享实施方案〉工作方案》等文件要求，不断提高政务应用效能和服务水平，各方面工作取得一定进展。

【提供电子政务技术保障】

一是围绕“互联网+政务服务”要求建成国家测绘地理信息局网上政务服务平台，并于 2017 年 6 月 9 日正式上线运行，作为统一门户集中发布和展示各类政务服务信息，实现政务服务的导航、认证、办理、查询、评价五个统一，提前半年完成国家要求。设立智能搜索，可关联查询服务事项的操作指南、应用入口、信息资源、政策法规、新闻公告等内容，为公众提供资质单位、地图审核结果公告等多项信息查询，对“让数据多跑路、群众少跑腿”进行有益的探索和实践。延伸拓展形成企事业单位专属空间，汇聚单位信息、证照信息、信用记录、办理事项及相关办理记录，解决办理记录难以查阅、材料重复提交和网上办事不便捷等问题。用户实名注册总数已达3.18万人，其中企事业单位用户占67%。2017年，新增纳入卫星导航定位基准站建设备案管理、双随机抽查管理等8项服务事项，提供服务内容基本覆盖国家测绘地理信息局已上线运行系统，共计2.36万人办理业务，业务办结量已达1.56万件。

二是围绕政务信息系统整合与共享要求建成国家测绘地理信息局政务信息资源中心，实现重要信息资源的采集、整合、质量监控与数据治理，形成标准数据提供共享交换的全流程管理，数据使用单位通过信息资源门户查看共享数据目录，按需选择接口服务、数据库表、文件3种共享方式，申请订阅有关资源，为跨应用、跨部门、跨地区信息共享交换及业务协同提供支撑。围绕国家整合共享要求，开展政务信息系统自查、清理，形成国家测绘地理信息局政务信息系统清单，涉及系统共25个，19个系统整合为网上政务服务平台、内网综合服务门户两个“大系统”，基本覆盖国家测绘地理信息局现有已上线非涉密系统；完成向全国政务信息共享网站上报信息资源目录46条，涵盖信息项270项；依托资源中心实现基于资源目录的前置共享交换，通过数据库表方式交换共享数据超过145万条，以文件方式共享文件24份。

三是打通事前、事中、事后数据，建成测绘地理信息行业综合监管平台，实现基于监管信息资源中心、综合监管业务应用体系、应用开放支撑体系、综合监管服务体系、大数据分析决策体系“1+4”的建设模式，构建行业综合监管核心数据库，全面支撑国家测绘地理信息局开展测绘资质、地图管理、注册测绘师、成果质量、测绘项目、标准、信用、涉密成果8个业务的综合监管应用，面向社会公众提供信息查询、在线办理、资源下载的服务体系，并通过统一的底层技术支撑系统间的互联互通，运用报表查询、数据可视化、BI分析等技术，形成决策分析成果。通过平台共汇聚15类综合监管数据，形成912个数据项，超过6TB数据量，制作24个数据统计专题，为国家测绘地理信息局深入推进“放管服”改革、提升综合监管能力提供客观的数据支持，圆满完成了落实“放管服”改革三步走的既定任务。

【筑牢网络安全和保密防线】

一是根据中办批复的建设方案，积极组织推进国家测绘地理信息局政务内网建设实施工作。编制完成深化设计方案，完成局机关网络环境的涉密改造，为电子政务内网建设奠定基础。二是根据中央网信办、国家测绘地理信息局网信办要求，完成党的十九大、全国“两会”“一带一路”高峰论坛、建党96周年暨香港回归20周年等重大活动期间国家测绘地理信息局网络的安全保障。三是积极应对勒索病毒爆发，迅速应急，快速处置，在短时间内消除病毒影响；完成4次针对局网站及应用系统的安全漏洞修复工作，确保安全稳定运行。四是完成测绘地理信息行业信用管理平台、国家测绘地理信息局电子邮件系统等保整改测评和备案。五是高标准完成中央网信办有关党的十九大网络安全保障抽查、国家保密局“进驻式”保密检查、公安部网络安全执法检查等重点工作，编制国家测绘地理信息局政务信息化商用密码应用立项材料等工作。

【做好电子政务运维】

一是按照“双随机一公开”抽查的要求，完成了双随机抽查管理系统的开发、用户终试和上线。二是配合做好地图审查、涉密成果提供使用等行政审批事项的在线申请和办理工作，保障了国家测绘地理信息局行政审批事项的在线正常办理。三是配合资质审批实际情况，及时响应资质系统新增需求完成优化升级工作。四是完成国家测绘地理信息局内网门户和办公自动化系统运行维护工作，及时响应需求，提升整体服务水平。五是认真完成终端日常维护与管理工作，保障国家测绘地理信息局办公正常有序运行。六是有序开展注册测绘师继续教育平台旧版迁移和新版开发建设工作，为第一次注册测绘师延续注册工作做好保障。

钢铁信息化发展概况

2017年，钢铁行业深入推进供给侧结构性改革，在积极大力化解过剩产能的基础上，加快推进钢铁行业转型升级，积极探索智能制造，转变生产管理模式，新业态、新产品、新模式层出不穷，逐步实现敏捷制造和精细化管理，工业云、工业大数据由理念逐步走向实践，互联网与工业融合创新更加频繁。

【信息化基本情况】

2017年，钢铁企业持续深化信息化系统应用，规范信息化管理体系，加强企业信息化组织保障（注：以下数据由中国钢铁工业协会统计）。

（一）企业信息化组织管理及规划情况

目前大部分企业由决策层领导亲自主管信息化工作，88.1%的企业专设职能管理部门推进企业信息化建设。信息化规划也普遍受到企业的重视，85.2%的企业编制了企业级的信息化规划，13.1%的企业将信息化规划分散在企业其他业务发展规划中，80.8%的企业在信息化建设上有量化目标，82.7%的企业在信息化建设项目结束后进行了绩效评估，如图1～图3所示。

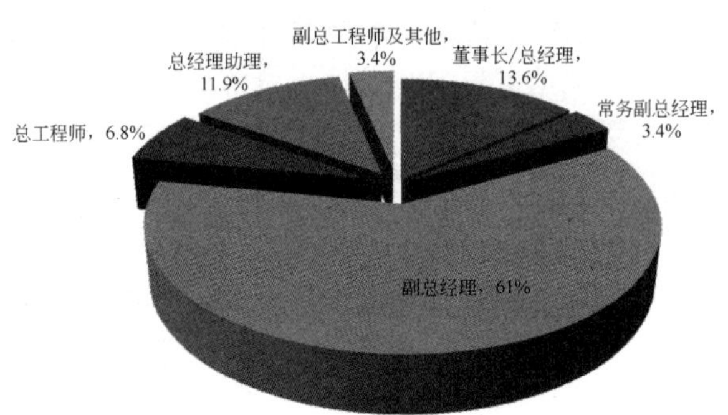

图1　2017年统计企业信息化主管（CIO）职务情况

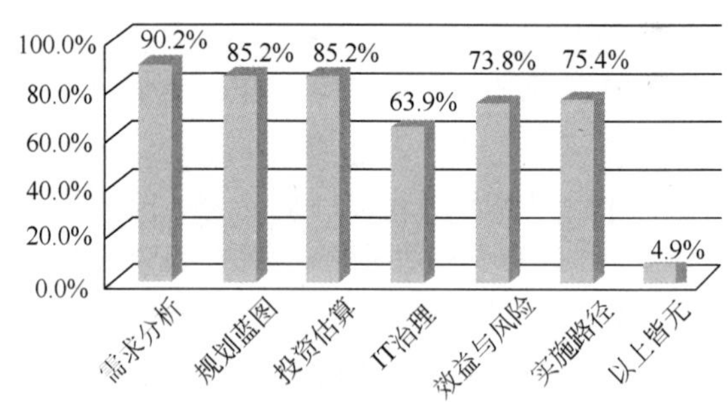

图2　2017年统计企业信息化总体规划内容覆盖情况

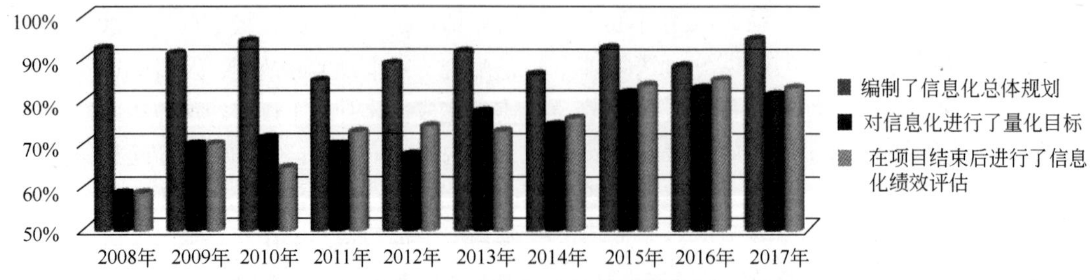

图3　2008—2017年统计企业信息化规划及评估情况

（二）企业信息化资金投入及基础设施建设情况

根据中国钢铁工业协会统计，2017 年钢铁企业全年信息化总投入约 57 亿元，其中，管理信息化投入占 20.7%，自动化投入占 54.7%，管理信息化运维投入占 10.5%，自动化运维投入占 14.1%。企业在信息化、自动化的投入基本来源于自筹，占总投入的 93.5%，其中，12%用于购置计算机硬件，17.6%用于购置软件及软件开发，9.2%用于系统集成，1.7%用于通信系统建设，23.7%用于信息系统运行维护，0.8%用于信息咨询服务费用，其他费用占 35.1%，如图 4 所示。

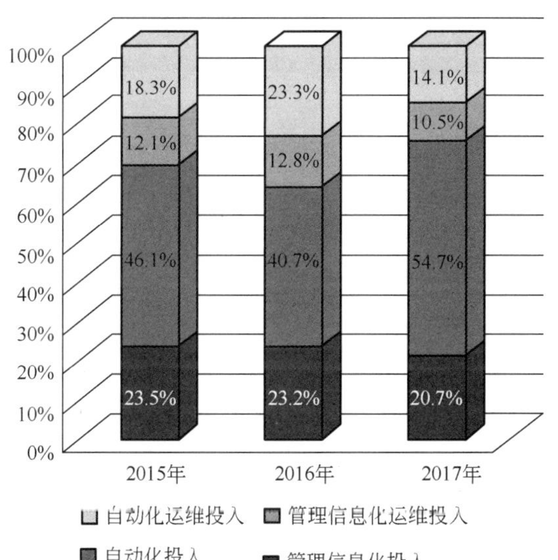

图 4　2015—2017 年统计企业信息化投入资金应用占比情况

在系统硬件上，2017 年企业在用计算机总数约 23 万套，新增占比同比增加 1.65%；大中型服务器 1500 余套，新增占比同比减少 0.59%；PC 服务器约 7600 套，新增占比同比增加 1.49%；工作终端约 22 万套，新增占比同比增加 2.42%；独立存储设备约 3600 套，新增占比同比减少 0.69%；网络交换机约 3 万套，新增占比同比增加 3.35%。

在统计企业中，近 90%企业的数据库管理系统采用 ORACLE。在经营管理软件方面，企业选择商品软件和定制软件并举的占 53.3%，同比增加 5.8%；选择定制软件为主的企业占 28.3%，同比减少 6.1%。在生产管理软件方面，产线以定制软件应用居多，占 47.7%，同比减少 8.3%，如图 5 和图 6 所示。

在统计企业中，89%企业的生产制造执行系统（MES）已建立，其中 73.8%的企业生产线的 MES 覆盖率达到 70%以上；88.7%的企业建设了能源管理信息系统，其中 90%以上的企业利用信息技术对煤气、氧气、氮气、水和电进行管理，但仅 17%的企业对油实现了管理；企业基本实现了能源数据传输和实时监视，系统多为在线运行，占 81%；能够采集相关数据的企业占 81%，如图 7 所示。

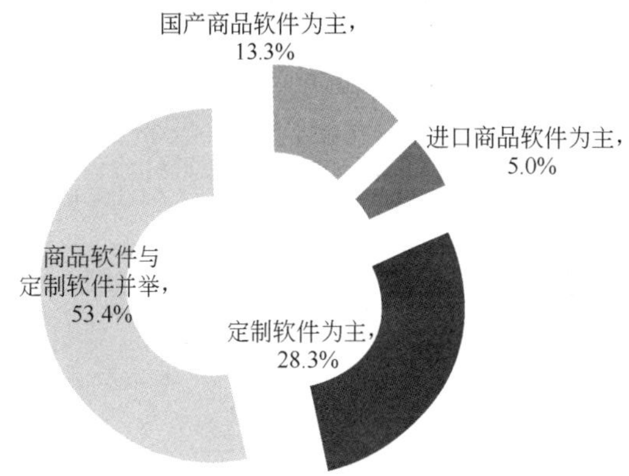

图 5　2017 年统计企业经营管理软件类型情况

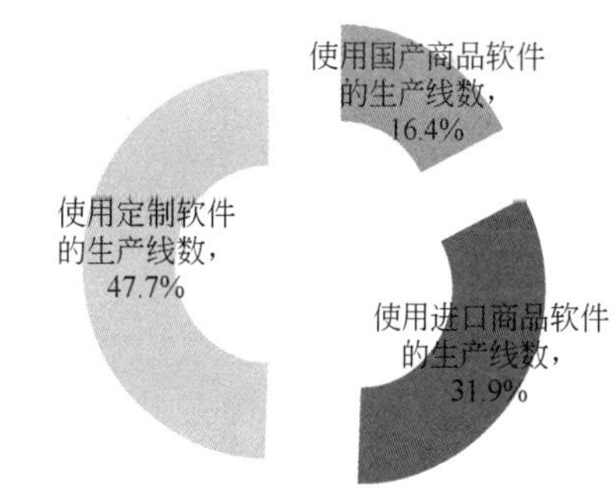

图 6　2017 年统计企业生产管理软件类型情况

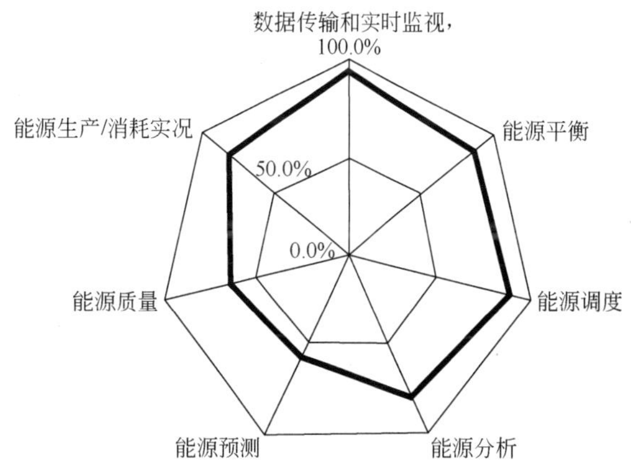

图 7　2017 年统计企业能源管控系统情况

在统计企业中，所有企业均拥有环保监测系统，系统功能主要集中在数据采集、环保监视、监测数据报警和环保信息发布。在环保监测中，仅 41.5%的企业对噪声进行了监测，环保监测数据的平均自动采集率仅为 44%，如图 8 所示。

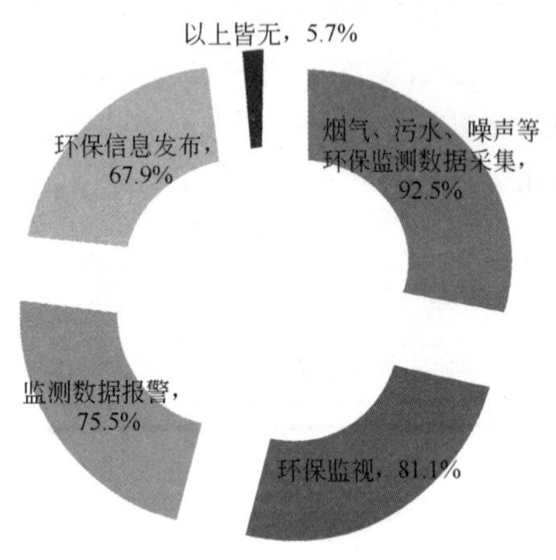

图 8　2017 年统计企业环保监测系统情况

（三）企业信息安全情况

统计显示，近半数企业采用了数据加密传输，7 成以上企业的服务器端有入侵检测、网络边界防护及网络出口安全审计，80%以上的企业划分了不同安全级别的网络区域，90%以上的企业对（设备）网络准入进行了管控，如图 8 所示。

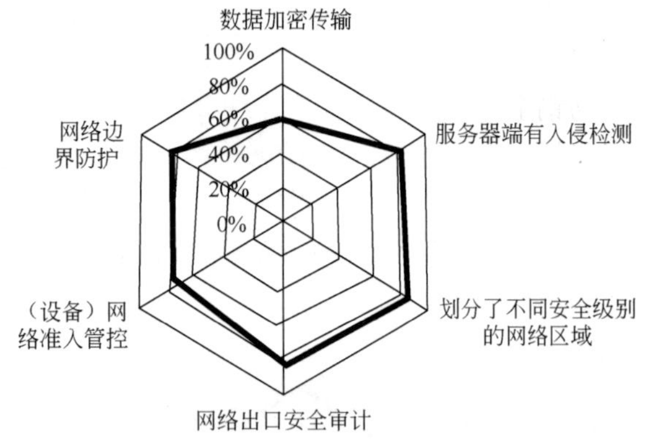

图 9　2016 年统计企业网络安全防护措施情况

在数据管理方面，企业同样提高重视。在物理集中方面，首次由以往的区域集中转为以统一集中为主，占 47.5%。在数据库管理方面，各企业仍以数据库各自独立和数据库区域集中管理为主，占 80.3%，统一的数据存储虚拟管理占 18%，同比提高了 5.9%。在数据应用方面，约 51%的企业实现了公司的统一应用架构，并按区域集中管理，实现了公司级应用系统的虚拟应用占 16.4%，同比提高了 3.3%。在容灾备份方面，45%的企业做到了同城异地容灾，而做到远程异地容灾的企业不足 1 成。

【两化深度融合助推企业持续创新】

近年来，一些工业发达国家为占领制造业信息化技术的制高点，提出了相关政策和计划。例如，美国提出的工业互联网、德国提出的“工业 4.0”、日本提出的微机器人研究计划等都是大力推行智能制造、实现制造业智能化转型的战略举措，旨在充分发挥信息化创新引领作用，有效助力传统产业转型升级，为经济社会领域发展注入新活力。

为解决我国钢铁行业产品结构失衡、高端产品供给能力不足、产品外形尺寸精度低及组织性能控制稳定性差等问题，需要实行生产、物流等的智能控制与优化协同，着力开发与应用智能化技术，实现信息深度感知、智慧优化决策和精准协调控制。

钢铁行业在积极化解过剩产能的基础上，结合“中国制造 2025”的要求，借助智能制造等相关技术，加快推进钢铁行业转型升级，转变生产管理模式，逐步实现敏捷制造和精细化管理。

（一）钢企加速智能装备、智能工厂、智能互联应用探索

我国的大型钢铁企业在智能制造的探索和实践方面，取得了较好的成效。宝钢、马钢、沙钢、河钢集团唐钢等大型钢企，将工业机器人、无人行车、无人台车、无人仓库等智能制造技术，广泛应用于钢铁生产自动化、库存、营销等关键环节，智能化处于先进水平，在提高劳动效率、降低生产成本方面成效显著。

部分钢企依托传感器、工业软件、网络通信系统等，实现人、设备、产品等制造要素和资源的相互识别、实时联通，促进钢铁研发、生产、管理、服务与互联网紧密结合，推动钢铁生产方式的定制化、柔性化、绿色化、网络化、智能化。

例如，河钢集团唐钢不断对基础自动化系统进行改造升级，优化完善二级控制模型，通过二、二级系统的接口开放，实现了整个五级系统的纵向贯通，通过与其他系统的横向集成，将质量设计的输出数据传递到制造执行系统乃至一、二级控制系统，实现了设计与制造一体化；通过公司级高级计划排程，实现柔性化的生产组织；为天车系统增加了智能调度层、控制层及辅助系统控制的传感器、执行器等，可进行智能分配库位及行车路径优化，并通过与 MES 系统、APS 系统的对接，实现工序生产计划与物料需求计划的协调同步。

部分钢企重点围绕制造流程结构优化、制造流程技术提升、钢铁制造服务平台建立、新型商业模式建立与运营四大关键路径进行研发。例如，宝钢通过构建制造运营管理，使之成为钢铁制造单元信息系统的核心功能，以全局化的角度管理、调度、协调制造单元的主要业务；采用分布式技术，逐步对 L3、L4 进行升级与合并改造，以适应智能制造的需求；推进物联网、传感网与现有的互联网整合，通过管理流程优化，以库区自动化、行车无人化、车辆跟踪监控、移动应用等技术为支撑，建立一体化协同物流调度模式，实现物流信息全程贯通、物流运输资源的合理调配；不断探索商业模式创新，尝试由传统集成转向利用云技术、云模式、云服务理念提供交付的云集成，全方位提升服务交付效果。

部分钢企以关键环节机器换人为抓手，尝试和实践全工序机器换人，提升智能化生产水平，形成了独具特色的智能制造发展之路。宝钢在湛江股份冷轧厂全面部署机器人应用，冷轧厂 401 机组搬运机器人、108 机组捞渣机器人、211 机组机器人改造等一批机器人设备顺利投产，厚板全自动超声探伤设备也在湛江厚板开始正式探伤，专用 AES 软件判级效率达到了进口水平。沙钢在部分车间实施了一小批智能化、自动化新增项目，例如，电炉二车间新增电炉、精炼炉钢水机器人快速测温取样系统，电炉三车间新增电炉水机器人快速测温取样系统，棒线三车间新增入炉坯料字符自动识别系统，冷轧厂酸轧车间新增机器人全自动喷号贴标系统。

部分钢企以国家相关项目为抓手，明确智能制造目标，稳步推进。例如，马钢《轮轴智能制造数字化车间项目》成功获批工业和信息化部智能制造新模式应用专项项目，南钢巴登冶金机器人系统集成项目入选工业和信息化部“首批中德智能制造合作试点示范项目”。

（二）基础巩固，促进协同创新

钢铁企业持续夯实生产过程信息化基础，加强信息系统升级改造，深化信息系统应用，促进协同创新。

南钢深化“C2M（客户对工厂）+JIT”大规模个性化定制配送，组织建设了智能排产、智能接单、智能物流及客户管理系统、绩效看板管理系统，促进了企业经营的智能化、互联网化、高效化，智能制造、智慧运营系统初步打通。船板分段定制准时配送模式作为个性化、柔性化产品定制新模式的典型列入中国钢铁工业调整升级规划；“C2M+JIT”模式获首届“江苏智造”创新大奖。

欧冶云商重点推进欧冶电商重构项目，不但首次基于阿里云的电商分布式架构进行规划，还大量地采用了 MYSQL、REDIS、ZOOKEEPER、TOMCAT 等开源组件，其基于开源技术及为服务设计的理念获得了专家的认同，为整合欧冶体系的信息系统打下了基础。

马钢全力推进云公司的运营和市场推广，完成了包括 SAP 在内的 83 套管理应用系统的迁移实施或部署测试，占整个马钢管理应用系统的 80%以上；加强战略合作和市场推广，和其他公司在祥云视讯平台、云存储、IDC 业务方面开展合作。马钢的《面向工业企业的质量大数据分析云服务平台》项目也获批安徽省科技重大专项，目前正在实施中。

酒钢通过搭建私有云技术架构平台，将酒钢部分核心业务迁移到私有云平台，并优化钢材产品销售流程，实现异地铺货存储和销售一次结算的目标；通过开展数据采集系统虚拟化研究，彻底摆脱由于系统老化带来的不可知因素对系统的影响，消除数采系统存在的瓶颈问题；以不锈钢厂设备管理为对象，开展设备状态智能诊断和预测性维护试点，并进行技术研究和推广，逐步形成设备管理智能检测示范工厂。

本钢通过第三冷轧厂 MES 系统配套系统 ERP 改造，实现了向上与集团 ERP 衔接，向下与各机组 L2、检化验、能介采集等过程控制系统集成，并与宝信联合开发了 BPQM 系统，实现了产品缺陷分析、产品过程分析等适合本钢工艺技术需求的相关功能，提升了产品质量。

莱钢钢铁主业全部实现了对生产设备或机组的自动检测和自动控制，创建“PMO 作战室”，全面深化精益管理工作，并推广开发专项管理信息系统，如型钢铁前 MES 系统、IC 卡自助计量系统、产成品智能仓储管理系统等促进精益运营。

三钢集团根据信息化规划的统一安排部署，抓好集团本部项目建设，完成无线库管系统、一键式奖金分配管理系统、运输设备点检系统、汽车运输系统新增功能、中板厂板坯库无线库管系统、印章管理系统、铁水磅无人值守计量系统等项目开发和建设，并完成各分公司信息开发任务，如 EMS 能源管理系统、高棒生产执行系统、小蕉亿鑫材开单发货质保书管理系统等。

河钢集团推进营销、物流和财务系统信息化建设，搭建集团客户服务中心管理平台，协调河钢宣钢、河钢石钢和河钢云商的技术资源，推进河钢销售业务、财务集成，优化完善河钢云商电子交易平台。

首钢京唐建立了 3500mm 中板的四级系统，功能涵盖 3500mm 中板产线销售、生产、质量、供应、财务、设备等管理，以及成本核算、商务智能分析等方面；实现 ERP 系统与新增 MES 系统的信息贯通，提供满足专业一贯到底和全流程业务管控目标的信息化系统支持。

太钢以 SAP 系统数据为基础，建立较完善的预算管理和成本管理平台，全面提高财务工作效率和成本管控水平，并继续强化动力系统、环保设施安全运行管理系统，进一步强化集团财务管控能力和绿色制造过程管控能力。

兴澄特钢主要延续 2016 年度的“信息化整体提升改造项目”，完成了包含板材、棒线材 ERP、MES 等 36 个子系统和模块的建设，实现了“专业集中、流程一贯、产销一体、高效协同”的信息化实施效果，建成了具有兴澄特色的 ERP 项目。

方大特钢通过设备管理信息系统、物资采购管理信息系统、TPM 项目及加大生产装备的自动化改造等两化融合项目的实施路径，形成了信息环境下的精益生产管控和设备全生命周期的精细化管控等新型能力，规范和带动了业务的优化和再造，有效支撑了方大特钢拳头产品（如弹簧扁钢）高质量、高效化、低成本的生产经营，带来的效益十分显著。

东北特钢通过优化改造现有系统，增加市场需求项目的研发力量，推出成熟产品服务社会，为企业经营提供信息化支撑，并为企业创效营收；完成抚顺欣兴特钢板材有限公司 MES 系统改造、精轧厂退火炉自动采集功能开发、供热智能管控系统和辽宁省国资委业务协同工作平台研发。

（三）导入两化融合管理体系，提升企业信息化专业管理能力

两化融合管理体系贯标是信息化自身业务流程化、操作规范化、管理制度化、考核标准化、改进持续化的有效方法。通过开展贯标认证工作，可把信息化与企业的结构调整、管理提升、精益运行相结合，使创新理念和互联网思维落到实处，将企业的战略目标转化为具体的信息化应用目标，为实现总体战略目标提供及时、有效、可靠的信息化支撑。

2014 年，工业和信息化部发布了《信息化和工业化融合管理体系要求（试行稿）》，要求企业以两化融合管理体系贯标为抓手，扎实推进数字化能力建设，推进向数字化企业转型。

自 2014 年起，两化融合管理体系标准应用范围不断拓展。全国范围内共有 4339 家企业开展两化融合管理体系贯标，其中，772 家企业通过评定，占贯标企业总数的 17.8%。从行业分布来看，消费品、装备、原材料行业贯标企业分布最广泛。中央企业在两化融合管理体系工作中的示范带头作用日益凸显，在全国 102 家央企中已有 72 家央企积极推动下属 489 家企业开展贯标，其中，142 家企业通过评定，分别占贯标企业总数和通过评定企业总数的 11.3%和 18.4%。

近年来，钢铁行业积极参与两化融合管理

体系的贯标工作，已经开展管理体系贯标的钢铁企业达到 145 家，其中，达到国家级贯标试点的企业为 69 家，通过贯标评定的企业为 39 家，如图 10~图 12 所示。

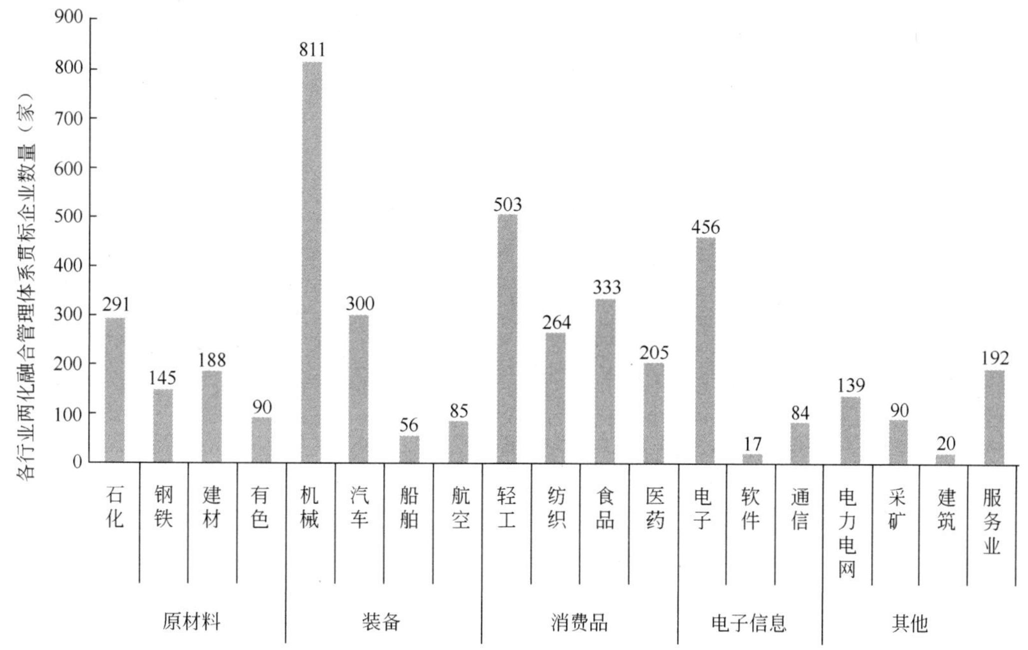

图 10　主要行业两化融合管理体系贯标企业数量

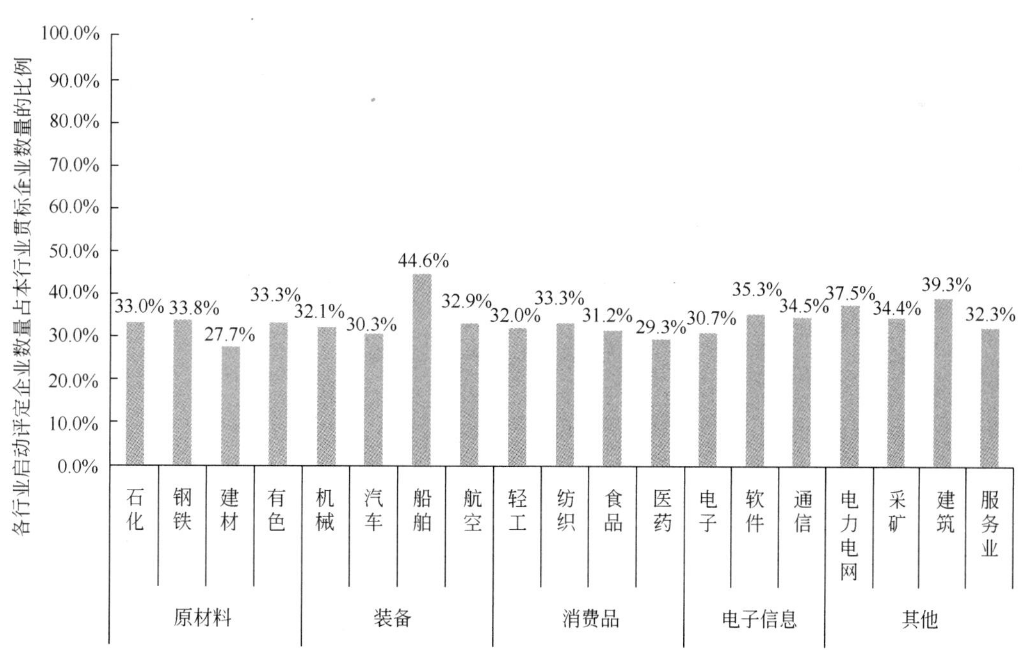

图 11　主要行业启动评定企业数量占本行业贯标企业数量的比例

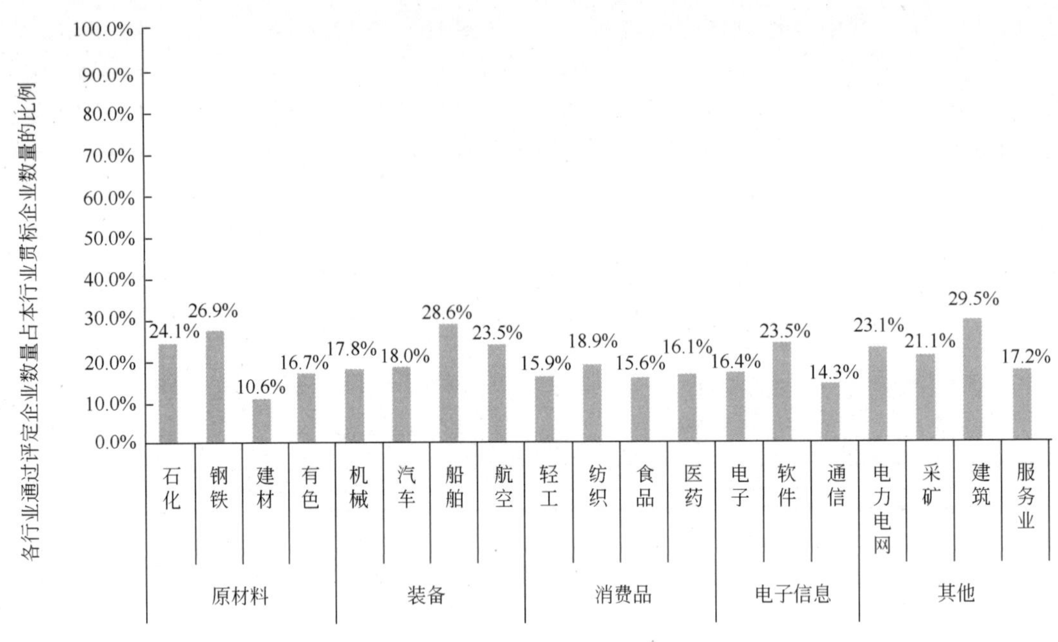

图 12 主要行业通过评定企业数量占本行业贯标企业数量的比例

【多成果荣获冶金行业科技奖和管理成果奖】

2016 年，在荣获中国钢铁工业协会、中国金属学会冶金科学技术奖、冶金企业管理现代化创新成果中，信息化、自动化项目共计 71 项。其中，冶金科学技术奖一等奖 6 项、二等奖 5 项、三等奖 11 项；冶金企业管理现代化创新成果一等奖 7 项、二等奖 14 项、三等奖 28 项，如表 1 和表 2 所示。

2000—2016 年，在荣获中国钢铁工业协会、中国金属学会冶金科学技术奖、冶金企业管理现代化创新成果中，信息化、自动化项目共计 384 项。其中，冶金科学技术奖一等奖 29 项、二等奖 55 项、三等奖 94 项；冶金企业管理现代化创新成果一等奖 22 项、二等奖 68 项、三等奖 116 项。

表 1 2016 年冶金科学技术奖（信息化、自动化）

项目名称	主要完成单位	等 级
冷轧硅钢边部减薄控制核心技术开发与工业应用	鞍钢股份有限公司、一重集团大连设计研究院有限公司、东北大学、北京科技大学	一等奖
超深复杂井用钻杆关键技术研究及应用	宝山钢铁股份有限公司	一等奖

续表

项目名称	主要完成单位	等 级
兰炭、提质煤在炼铁领域应用技术研究与开发	北京科技大学、中钢集团鞍山热能研究院有限公司、神木县兰炭产业服务中心、包头钢铁（集团）有限责任公司、西安建筑科技大学、甘肃酒钢集团宏兴钢铁股份有限公司、新兴铸管股份有限公司、河南龙成集团有限公司、辽宁科技大学	一等奖
高质量钢轨及复杂断面型钢轧制数字化技术开发及应用	北京科技大学、攀钢集团攀枝花钢钒有限公司、山东钢铁股份有限公司	一等奖
特大型空分装备利旧建造新技术研究与应用	上海二十冶建设有限公司、中国二十冶集团有限公司、中冶天工集团有限公司	一等奖
钢铁制造流程系统集成优化技术研发及应用	中冶赛迪工程技术股份有限公司、南京钢铁联合有限公司、重庆大学	一等奖
AMC-1 大型智能液压圆锥破碎机	鞍钢集团矿业公司、北京科技大学	二等奖
鞍钢自主创新中试炼钢平台建设及自主关键技术集成	鞍钢股份有限公司、东北大学	二等奖
板坯连铸结晶器电磁搅拌装置的研制与应用	宝山钢铁股份有限公司、上海宝信软件股份有限公司、上海大学	二等奖
高品质特殊钢高温辊底式热处理炉成套装备技术研发与应用	东北大学、宝钢特钢有限公司、甘肃酒钢集团宏兴钢铁股份有限公司、青岛元鼎高合金管业有限公司	二等奖

续表

项目名称	主要完成单位	等级
高精度热轧带钢全流程模型及控制技术	中冶赛迪电气技术有限公司	二等奖
高炉、烧结及焦化原料成本协同智能系统研发与应用	太原钢铁（集团）有限公司、冶金自动化研究设计院、山西太钢不锈钢股份有限公司、山西太钢信息与自动化技术有限公司	三等奖
低成本高效烧结生产技术的创新及应用	邯郸钢铁集团有限责任公司、钢铁研究总院、河钢股份有限公司	三等奖
转炉智能化提钒工艺技术研究	攀钢集团研究院有限公司、攀钢集团攀枝花钢钒有限公司、重庆大学、鞍信托日信息技术有限公司	三等奖
板坯连铸非稳态浇铸控制技术	首钢京唐钢铁联合有限责任公司、首钢总公司	三等奖
热轧高精度超平材控制技术研究与应用	首钢总公司、北京首钢股份有限公司、北京科技大学、北京首钢自动化信息技术有限公司	三等奖
2150 宽板坯连铸机关键技术及应用	武汉钢铁股份有限公司	三等奖
钢卷双排式托盘运输系统开发及成套技术研究	北京首钢国际工程技术有限公司、首钢京唐钢铁联合有限责任公司、北京首钢股份有限公司	三等奖
基于运营性能提升的轧钢主传动系统关键建造技术	中国二十冶集团有限公司	三等奖
高炉热风炉节能燃烧智能控制技术的研究与应用	承德钢铁集团有限公司、北京和隆优化科技股份有限公司	三等奖
大型热态智能湿法喷涂装置及工艺研究与应用	上海宝冶集团有限公司、上海宝冶建设工业炉工程技术有限公司	三等奖
铁矿石中环保因子检测方法研究及新技术推广	北仑出入境检验检疫局综合技术服务中心、冶金工业信息标准研究院、宁波钢铁有限公司	三等奖

表 2　2016 年冶金企业管理现代化创新成果（信息化、自动化）

项目名称	完成单位	等级
大型露天深凹矿山采矿精细化管理系统的构建与实施	首钢矿业公司	一等奖
南钢基于填补国家空白产品的“用研产销一体化”体系构建与实施	南京钢铁联合有限公司	一等奖
大型企业集团的合规管理实践	武汉钢铁（集团）公司	一等奖
大型铁矿山企业基于财务共享模式的管理创新和应用实践	鞍钢矿业集团	一等奖
钢铁企业智慧生态物流系统的构建与实施	鞍山钢铁集团公司	一等奖
A 地区“百万平台”服务生态圈运营探索和实践	广州宝钢南方贸易有限公司	一等奖

续表

项目名称	完成单位	等级
宝钢热轧设备健康指数管理实践	宝山钢铁股份有限公司热轧厂	一等奖
创建开放型实验室管理新体系，实现钢铁技术创新和城市服务共发展	首钢技术研究院	二等奖
应用敏捷制造理论，构建汽车板产线自动化设备信息化管控体系	北京首钢冷轧薄板有限公司	二等奖
基于 TPM 体系的数字化设备管理系统构建	中特集团江阴兴澄特种钢铁有限公司	二等奖
新常态下大型钢铁企业信用销售管理体系的建设与实践	山西太钢不锈钢股份有限公司	二等奖
创新信息化系统打造降成本利器	武汉钢铁股份有限公司冷轧薄板总厂	二等奖
“招标+互联网”集中合规智能高效采购的创新实践	鞍钢招标有限公司	二等奖
弘扬工匠精神与创新精神、构建智慧运维管理新模式	鞍钢矿业集团信息开发中心	二等奖
炼铁企业建绿色工厂　污染物排放提标达效管理实践	鞍钢股份有限公司炼铁总厂	二等奖
大型钢铁企业优化全面质量成本管理与控制实践	江苏沙钢集团有限公司	二等奖
再造运营体制机制　促进大物流产业转型发展	酒泉钢铁（集团）有限责任公司	二等奖
职能阿米巴价值管理实践	宝钢金属有限公司	二等奖
以市场驱动为目标的协同创新体系建设与实践	江苏武进不锈股份有限公司	二等奖
以市场为导向的钢铁企业运营体系创新	河钢集团唐钢公司	二等奖
以调结构转方式为导向的卓越多功能驱动模式构建与实施	河钢集团邯钢公司	二等奖
以客户价值诉求为核心的产品研发体系构建与实施	北京首钢股份有限公司	三等奖
建设首钢钢贸管理平台，提升首钢营销一体化管理水平	首钢总公司销售公司	三等奖
大型钢铁企业原燃料“三优”管理体系的构建	首钢京唐钢铁联合有限责任公司	三等奖
基于高效安全生产的地采矿山爆破管理模式的构建	首钢矿业公司	三等奖
构建全面资金管控体系	首钢通化钢铁集团股份有限公司	三等奖
运用现代化综合管理手段提升成本管控水平	内蒙古包钢钢联股份有限公司炼铁厂	三等奖
运用建设项目管理系统探索创建一流建设管理体系	包头钢铁（集团）有限责任公司	三等奖
设备点检信息化系统设计及应用	太原钢铁（集团）有限公司	三等奖

续表

项目名称	完成单位	等 级
以信息技术为支撑、以业务流程为导向的整合型管理体系的构建与实施	太原钢铁（集团）有限公司矿业分公司尖山铁矿	三等奖
以一流信息化平台建设为抓手提升集团公司档案管理水平	太原钢铁（集团）有限公司档案管理部	三等奖
钢铁企业精益转型的系统设计与深度推进	山东钢铁股份有限公司莱芜分公司	三等奖
构建信息化管理平台 有效提升检化验管理水平	本钢板材股份有限公司质量管理中心	三等奖
大型钢铁企业销售物流钢材产品交付风险管理的决策与实施	武钢股份公司营销中心	三等奖
特大型钢铁联合企业电子商务平台的构建与实施	鞍钢集团公司电子商务中心	三等奖
能源系统成本优化的探索与实践	鞍钢股份有限公司能源管控中心	三等奖
构建积微物联 CIII平台 探索钢企转型发展之路	攀钢集团成都投资管理有限公司	三等奖
两化融合再造“第五运输”行业管控创新模式	云南大红山管道有限公司	三等奖

续表

项目名称	完成单位	等 级
创新能源管理模式 适应集团多元产业高效耦合发展	酒泉钢铁（集团）有限责任公司	三等奖
分散型大企业离散管理信息管控模式的探索与实践	新疆八钢金属制品有限公司	三等奖
重塑信息化架构体系，引领企业转型升级	河钢集团唐钢公司	三等奖
钢铁企业工厂数据平台的构建与应用	河钢集团唐钢公司	三等奖
全过程质量控制提高精品板材市场占有率	河钢集团邯钢公司邯宝冷轧厂	三等奖
钢企人力资源共享服务平台的构建与实施	河钢集团邯钢公司人力资源部	三等奖
钢铁企业以三横七纵一轴向方法为核心的准时化生产管理	河钢集团承德公司生产计划部	三等奖
钢铁企业设备检维修市场化运行机制的构建	河钢集团承德公司设备管理部	三等奖
基于信息平台的全员绩效管理体系建设	河钢集团承德公司人力资源部（组织部）	三等奖
基于内部交易结算的财务综合管控平台建设	河钢集团	三等奖
以数字化管理为目标的精细化建模研究与实践	河钢集团矿山设计有限公司	三等奖

地区发展篇

北京市信息化发展概况

【电子信息制造业】

2016 年，北京电子信息制造业实现工业产值 2019.9 亿元，同比下降 4.3%，实现工业增加值 185.2 亿元，完成出口交货值 550 亿元，较 2015 年下降 9.2%；实现主营业务收入 2715.1 亿元，较 2015 年增长 7.8%；利润总额 88.6 亿元，较 2015 年增长 38.9%；全年完成固定资产投资 126 亿元，同比增长 1 倍。

2016 年行业运行呈低位开局缓慢回升态势，产业结构得到进一步优化。从规模上看，移动通信产业基本稳定，占比保持在 50%左右；传统的台式计算机制造业逐步萎缩，占比从 2015 年的 16%下降至 13%；以核心元器件制造为龙头的数字电视产业进一步提升，占比从 2015 年的 18%上升至 20%；重点打造的集成电路产业稳步推进，占比从 2015 年的 15%上升至 17%。运行质量进一步提升，尤其是在下半年，随着电子元器件行业市场需求回暖，行业增加值率显著回升，在月度产值负增长的情况下，增加值增速为正且逐月提升，产业提质增效明显。

产业运行主要亮点：乐视移动是 2016 年产业新的经济增长点，年销量超过 1300 万部，累计新增产值超过 130 亿元，公司仅用一年时间就成北京市第 5 家年产值超百亿元的重点企业，且成功进入国内中高端智能手机市场前 10 强，这也是继 2013 年小米横空出市后，北京市成功培育的第 2 家国际知名的移动互联网手机企业。在集成电路领域，中芯北方项目第一阶段成功达产，为北京市集成电路制造业提供持续增长的动力源。

【软件和信息服务业】

2016 年，北京市软件和信息服务业实现软件和信息技术服务收入 6416.2 亿元，同比增长 15.1%。全行业实现增加值 2697.9 亿元，同比增长 11.3%；占全市 GDP 的 10.8%，较 2015 年同期提高 0.5 个百分点，对全市经济发展的支柱作用进一步加强。

质量与效益双提升。2016 年年内，全市规模以上企业平均营业收入同比增长 13.6%；人均营业收入同比增长 9.1%；从业人员同比增长 0.2%，增速较 2015 年下降 1.9 个百分点。行业新设企业规模持续扩大，新增企业 3690 家，同比增长 7.2%；新增注册资本总额 585.8 亿元，户均资本 1587.5 万元。

原始创新能力不断提升。2016 年年内，大中型重点企业研发支出 118 亿元，同比增长 33.2%；有效发明专利 9402 件，同比增长 18.6%；新产品销售收入 312.15 亿元，同比增长 17.9%。8 家软件企业参与项目荣获国家科技进步奖，11 家企业入选 20 家“中国自主可靠企业核心软件品牌”。合众思壮发布中国首款高精度星基增强基带芯片“天琴”，填补了我国在星基增强产品领域的技术空白。百度凭借在人工智能领域的诸多突破，位列 2016 年“50 大创新公司”亚军，其 Deep Speech 2 被评为“2016 年改变世界十大突破技术”。

行业整合加速。2016 年年内，共发生并购案例 70 个，涉及金额 891 亿元；股权融资案例 783 个，涉及金额约 1548.66 亿元；战略投资案例 41 个，涉及金额 226 亿元；单笔融资金额约 6 亿元。

以京东金融、新美大、滴滴出行、金山云企业为代表的互联网金融、O2O、分享经济、云计算等新兴领域融资额巨大，滴滴出行获得45亿美元新一轮融资，成为全球未上市企业单轮最大规模股权融资之一。恒泰实达、先进数通等9家企业上市，已有上市企业148家，在资本市场形成了较为活跃的“北京板块”。

企业全球竞争力显著提升。2016年，在信息技术服务外包收入中，欧美市场占市场总额70%以上，高端化发展显著。企业通过海外并购、合作等方式抢占供应链地位。例如，猎豹收购全球移动新闻服务运营商News Republic（法国），逐步完成了向“内容平台”的转型；奇虎360与昆仑万维收购挪威浏览器厂商Opera（Opera Software ASA），增强其移动端的覆盖能力；博彦科技与美国Cloudera公司携手搭建大数据生态圈；东华软件与瑞典Qlik公司合作，为国内企业提供数据分析服务。

【政务云建设】

2016年，北京市经济信息化委制定并印发了《北京市市级政务云管理办法（试行）》《北京市级政务云服务指南》（包含迁移指南、入云安全指南等10个附件）等系列文件；在委内制定了《市级政务云运行管理委内工作规则》及相关工作流程、《网站运维安全管理手册》、“政务云评审机制”等，初步完成政务云管理体系的建设。2016年，已有45家委办局及1个区级单位的138个业务系统迁移入云，正式对外服务系统57个。支撑了北京交警App、人大选举系统等重要系统的迁移入云并稳定运行；组织完成“首都之窗”主站及相关20余个系统平稳迁入政务云，物理服务器数量减少77.5%，系统数量减少25%。

【政务信息资源共享】

2016年，北京市经济信息化委完成《北京市政务信息资源共享使用管理办法》的文件框架，以及《北京市移动电子政务管理办法（征求意见稿）》；启动《北京市政务信息资源共享开放白皮书》编制研究工作；完成北京市电子政务顶层设计方法论、政务数据资源资产化管理关键问题、大数据环境下政务信息资源管理体制机制研究；完成政务数据开放共享文件需求调研，开展政务大数据管理相关研究，完成北京市政务大数据平台整体架构设计方案。

2016年通过政务数据资源网新增、更新290余项开放数据。根据北京市领导要求，为“第三届全国研究生技术与创意设计大赛”提供了开放数据支撑，在与相关委办局沟通协调的基础上，通过政务数据资源网，面向参赛人员定向开放了来自北京市环保局、北京市交通委等单位的400多个数据集，包括实时路况数据、交通指数信息等共计7400余万条数据，通过活动进一步提升了北京市数据开放工作的影响力；开展了网站改版工作，完成了公路气象等动态数据的API接口开发上线工作，拓展了网站的服务模式。

【政务专网规划与改革】

2016年，北京市经济信息化委结合城市副中心搬迁、政务云应用、数据共享、移动办公等新需求，启动有线政务专网规划工作，给各区起草相关文件，拟推动政务外网全程联网；印发《北京市800兆无线政务网运行维护费用决算管理暂行办法（修订版）》《北京市800兆无线政务网设备更新改造管理办法》；通过网络管理系统对全网沉默用户进行统计和清理，提高网络使用效率；组织专家研究2022年冬奥会集群保障技术路线，明确语音集群将以TETRA技术为主。

【重点项目】

2016年，北京市深入实施国家“910”工程，全力推动并保障中芯北方项目建设，推动B2项目资本金全部到位，产线建设进展顺利，28纳米工艺规模量产，月产达到1.8万片；瞄准14纳米工艺研发及产业化，落实B3项目资金来源，年内已完成项目立项，集成电路厂房已封顶。

2016年，北京市协调各方资源支持小米海淀科技创新园、燕东8英寸特色工艺线、纳微矽磊8英寸MEMS生产线、华卓精科集成电路装备关键零部件、屹唐集成电路标准厂房等一批项目开工建设，项目用地及资金已基本落实。支持北京集成电路设计业在处理器、存储器等方面的研发，搭载自主知识产权、设计工艺达到14纳米的松果电子SOC芯片的小米手机即将发布，龙芯中科新一代CPU（3A3000）已研制成功并小批量生产，联想集团、汉光舞等公司积极探索SSD存储技术，并取得进展。

2016年，北京集成电路产业基金、亦庄国投等资本平台引领社会资本推动一批国际并购项目落地。集创北方完成对美国电源管理IC设计公司IML的并购，将进一步提升在面板IC领域的国际竞争力。北京集成电路产业基金通过与上市公司耐威科技换股方式，将收购的瑞典Silex公司世界一流MEMS代工产线落地北京。

云计算、大数据、企业互联网、安全自主可控、北斗导航等新兴领域示范项目加速落地，取得新的突破。一批重大云应用落地，建设乐视广电全媒体云平台，覆盖全球350个节点，新一代P2P+CDN和Letv UI支撑系统上线，并在多屏终端运营；搭建包括弹性云计算、分布式海量存储、视频多媒体处理等的金山公有云服务平台，已具备对外提供40000个云主机服务的能力，服务规模化企业2300家；用友企业互联网运营平台取得进展，已与400多家创新创业企业开展合作。推进北京可信开放高端计算系统产业化（TOP）项目建设，TOP新云服务器全年累计销售1.8亿元，已获得软件著作权22项，13项专利已经受理，其中包含11项发明专利，完成数据库产品1.6版本、数据库迁移工具1.0版本的研发。中国网安信息产业示范基地重点突破可信增强技术，研制的国产自主高安全专用终端采用安全与系统全面融合的一体化设计方案，填补了国内空白。推动北斗区域示范项目建设，应用北斗终端9.4万台/套，北京成为全国北斗应用最广泛、终端推广量最大的城市之一；北斗导航与位置服务产业公共平台完成公共运营中心及创新创业服务中心建设，运营平台实现千万级用户规模，并发处理能力达100万/次。

【专项资金项目】

2016年，北京市经济信息化委组织北京企业申报工业和信息化部“中国制造2025”重大项目库项目征集工作，经初审共有21个项目被推荐入库；组织工业和信息化部工业转型升级项目申报工作，共推荐项目5个，涉及总投资35424万元；组织工业强基项目申报工作，获得批准1项，获得财政支持1171万元；组织02专项地方配套项目7项，支持资金2.2亿元；组织申报高精尖产业发展资金，共支持市级项目15项，涉及总投资127286万元，财政资金支持12118万元；组织申报中关村现代服务业项目，共推荐项目8项，涉及总投资70660万元，申请财政资金支持7800万元。乐视智能终端生态并购基金、北京未来车联网产业基金已通过专家评审、公示环节，北纬信息通信产业基金已基本完成投资人尽职调查。

开展项目跟踪、验收管理工作，完成各类项目验收25项。其中，北京市工业发展资金项目7项，涉及总投资95606万元，财政资金支持3379万元；中小企业发展专项资金项目4项，涉及总投资6060万元，财政资金支持570万元；统筹资金项目1项，涉及总投资51924万元，财政资金支持596万元；中关村现代服务业项目1项，涉及总投资4598万元，财政资金支持413万元；工业和信息化部电子发展基金项目12个。

【产业环境】

2016年，北京市经济信息化委编制并印发《北京市信息化“十三五”时期发展规划》和《北京市大数据和云计算行动计划》，这两个文件均经北京市政府常务会议审议通过，并以北京市政府的名义印发实施，是北京市“十三五”时期信息化发展的纲领性文件。根据《国家集成电路产业发展推进纲要》和《“中国制造2025”北京行动纲要》，研究制定了《“十三五”北京集成电路产业发展规划》，明确了发展思路、产业重点和实施路径；发布实施《北京市“十三五”时期软件和信息服务业发展规划》，为全面推动经济社会的智慧演进夯实基础。

2016年，北京市经济信息化委结合北京市软件和信息服务行业生产经营特点及企业安全生产工作现状，制定并印发《北京市软件和信息服务业企业安全指导意见》和《北京软件和信息服务业发展报告（2016 版）》。根据《工业和信息化部、国家知识产权局关于做好军民融合和电子信息领域高价值知识产权培育运营工作的通知》要求，会同有关委办局初步拟定了《电子信息领域高价值知识产权培育运营实施方案》。根据《关于软件和集成电路产业企业所得税优惠政策有关问题的通知》要求，会同北京市有关部门开展政策宣贯和落实工作，完成 14 家集成电路企业所得税备案资料核查工作；组织编制《“互联网+政务服务”实施方案》《政务信息资源共享开放管理办法》《通州城市副中心智慧城市规划》；编制《智慧北京建设和发展意见》，结合《信息化“十三五”规划》《大数据行动计划》的任务部署，重点从提升市民获得感角度提出发展目标和思路。

2016 年，印发《北京市鼓励发展的高精尖产品目录（2016 年版）》《北京市工业企业技术改造指导目录（2016 年版）》。这两个目录是落实供给侧结构性改革要求的具体体现，不仅是社会应发展什么的方向性信号，还是指引资源要素配置的重要依据。

2016 年，落实京津冀协同发展战略，会同中关村科技园区管委会、北京经济技术开发区管委会、石家庄市政府共同推进石家庄（正定）集成电路产业基地及正定科技新城建设，已签约 11 个高科技合作项目。

【培育产业优势】

2016 年，用友、东华、神州数码等传统软件领军企业主动调整业务，加快转型升级步伐，布局云计算、大数据、互联网金融、人工智能等领域，深耕“互联网+”业务。百度、京东、乐视、小米、搜狗等互联网企业、互联网公司一方面夯实核心业务，深化生态圈建设；另一方面加大互联网金融、人工智能、泛娱乐领域的研发投入，培育新增长点。在出行、居住、金融等领域涌现出如滴滴出行、58 同城、途家网、小猪短租、人人贷等一批分享经济代表企业。无忧英语（51TALK）作为“互联网+”教育的践行者，2016 年 5 月在美国纽交所成功上市。在大数据、云计算、人工智能等领域，科研能力强、发展活力大的新兴企业辈出，为产业带来新动能。

【两化融合】

2016 年，北京市共有国家级贯标试点企业 96 家、市级贯标试点企业 27 家，已通过贯标评审获得证书的企业有 23 家。按照北京市统计局的批复，针对 1500 家规模以上工业企业、400 家软件和服务业企业、100 家主要电商平台开展两化融合发展状况调查；建立工业电子商务创新发展机制，鼓励、号召北京市企业开展跨境电商业务，通过小笨鸟、阿里、敦煌网等电商平台扩大出口销售渠道，扩大对国际市场的响应能力。参加 2016 制造业与互联网融合发展深度行活动；参加并配合做好北京市深化制造业与互联网创新融合发展专题研讨班的保障工作。推动北京两化融合服务联盟成立，并支持第三方机构筹备成立京津冀两化融合服务联盟。指导北京两化融合服务联盟、北京市企业信息化协会为企业转型升级做好服务。

打造“互联网+”协同制造创新服务云平台。组织数码大方、中小企业服务中心为 200 家中小企业免费提供为期一年的软件包服务。组织召开“2016 北京‘互联网+制造’创新发展论坛暨工业云助推产业转型升级活动”，围绕《中国制造 2025 北京行动纲要》战略目标，就“互联网+”给北京市制造业带来的机遇与挑战、传统制造企业转型升级为工业互联网企业，以及北京市制造业的发展路径等问题进行了探讨和交流。

推进“互联网+制造”领域高精尖项目试点示范。围绕《中国制造 2025 北京行动纲要》提出的“三四五八”战略规划，归纳梳理各产业“互联网+”示范项目 62 个。储备“十三五”时期高精尖、技改及京津冀一体化发展重点项目 20 个；向工业和信息化部“中国制造 2025”项目储备库推荐项目 3 个。

发掘北京市“互联网+行动”“双创”“四众”“高精尖”等典型案例，向工业和信息化部推荐威克多、百度等“互联网+行动”典型案例 5 个；配合北京市发展改革委推荐“双创”典型案例 6 个；推荐“四众”平台企业案例 6 个；征集“高精尖”领域企业典型案例 8 个。

【创新体系建设】

2016年，北京市深入推进车联网产业创新发展。为推动信息通信、集成电路、智能汽车共3个万亿级产业的融合发展，加快推进京冀协同，工业和信息化部、北京市、河北省于2016年1月联合签订《"基于移动互联网的智能汽车与智慧交通应用示范"部省合作框架协议》，三方共同加快智能车联产业创新中心、车联网产业基金、产业联盟与应用示范区建设，打造北京在智能汽车与智慧交通产业的领先地位。千方科技、北汽新能源、乐视、百度、大唐、长城汽车等优势企业已联合组建了北京智能车联产业创新中心，一期注册资本6000万元，着力开展车载毫米波雷达、智能驾驶等技术产品研发和智能车联封闭测试场建设，封闭测试场已完成设计方案专家评审。总规模10亿元的北京未来车联网产业基金已经通过评审，正在进行工商注册，拟投资储备项目金额超过20亿元。车联网关键系统应用示范项目，已完成了车载终端设备的技术选型、路侧控制设备的初步设计，并完成了6个车联网应用场景的研发设计工作，已完成10km的智慧路网开放道路示范区建设，并已完成路侧设备安装位置选点工作。

推进人工智能与智能硬件创新中心建设。为贯彻落实《"中国制造2025"北京行动纲要》，推进人工智能与智能硬件行业创新发展，2016年6月，工业和信息化部、北京市签订《关于共同推进建设人工智能与智能硬件创新中心合作框架协议》，提出顶层设计行业发展路线，广泛调动"政、产、学、研、用"创新资源，指导和建设人工智能和智能硬件创新中心，打造产业创新发展新高地；突破关键共性技术，推进高端产品产业化，建设场景式体验中心，开展行业应用示范；探索政策机制创新，打造制造业创新中心、公共服务平台、产业基金、产业联盟，构建人工智能与智能硬件产业生态体系。联想、京东、中科院微电子所、中科创达等20家单位已共同编制《人工智能与智能硬件创新中心实施方案》。中科创达、联想、中科院微电子所等单位已达成组建人工智能与智能硬件创新中心投资意向。

组织公共安全领域信息产品示范应用需求对接。以加强公安系统信息安全需求为导向，推进北京市公共信息安全产品的科研公关、试点示范和推广应用工作，促进相关电子信息技术创新发展，北京市经济信息化委联合北京市科委、中关村等单位组织中科院自动化所、旷视科技、智芯微、中兴通信等单位，与北京市公安部门对拥有自主知识产权、先进适用的技术和产品开展需求对接，第一批梳理了身份证件现场查验系统、掌纹掌脉识别系统、跨场景以人搜人等32项技术和产品，通过分类指导、一项一策，创新政策支持方式，建立常态化协调服务机制，加快推广应用电子信息产品，帮扶企业拓宽市场渠道。

【"高精尖"产业体系】

2016年，北京市成立北京制造业创新发展领导小组，筹建《"中国制造2025"北京行动纲要》战略咨询委员会，建立落实《"中国制造2025"北京行动纲要》、培育"高精尖"产业的工作机制。召开北京制造业创新发展领导小组第一次工作会；推动北京制造业创新发展领导小组印发《北京绿色制造实施方案》，提升产业绿色发展水平。印发《北京市工业和科研用地项目供地联审工作规则》，建立健全工业和科研用地项目供地审核机制，推进"高精尖"产业项目落地。

推动"高精尖"基金投资和新设立工作。北京可信开放高端计算系统产业发展基金（TOP基金）完成蓝色星际、华云网际和元年科技项目投资，共出资7000万元；国科嘉和基金完成对国科恒泰（北京）医疗科技有限公司投资，金额为5275.32万元。新设立包括易华录在内的两支云计算与大数据领域并购基金。

【京津冀产业协同】

2016年，京津冀三地不断加强合作，在云计算、大数据、北斗导航等领域取得成果。北京市联合张家口市张北县共建数据中心产业基地，建设"中国数坝"；总投资200亿元的阿里巴巴集团张北数据中心1号园区、2号园区两个项目正式投入运营。京津冀大数据综合试验区建设正式启动，三地共同设立大数据产业投资基金，共建大数据协同处理中心和应用感知体验中心。推动京津冀北斗一体化协同发展，组织三地企业联合签署《京津冀北斗导航位置服务合作协议》，编制《京津冀北斗协同发展一体化实施方案》，打造京津冀北斗导航位置服务运营平台。

【应急工作】

2016 年，北京市共参与各种重大活动、重要节假日、敏感时期及突发事件现场处置等各种应急通信和信息安全保障 50 余次，共投入现场和外围保障人员 6.9 万余人次，投入应急保障车辆 1.65 万余车次，动用保障设备 2000 余台次，为北京市应急办、北京市红十字会及东城区、西城区、朝阳区、海淀区、丰台区、石景山区等 23 家委办局及区办理卫星频率资源使用申请 140 单次，分配中星 6A 卫星频率资源 2536 兆小时，北京市无线局出动无线电监测及执法车辆 30 余车次，开启固定监测站时长 400 余小时。先后完成了全国“两会”、北京市“两会”“4・3”中央领导植树、烈士纪念日向人民英雄敬献花篮仪式、G20 峰会、党的十八届六中全会、2016 世界机器人大会、2016 年丝绸之路拉力赛北京阶段收车仪式无线电安全保障等重要大型活动应急通信和信息安全保障任务；完成了元旦、春节、“五一”“十一”等重大节假日，以及“6・4”“7・5”等敏感时期的应急通信和信息安全保障任务；完成了汛期抢险、防汛应急演练、汛期防汛应急通信保障、应急视频运维保障任务。

【信息安全】

2016 年 2 月，北京市经济信息化委会同北京市国资委研究制定《关于开展全市工业控制系统安全隐患排查及整改工作的通知》，并印发相关行业主管部门和市属相关企业，组织市电力、热力、燃气、供水、排水、轨道交通等城市关键基础设施行业主管部门、运营单位召开工作会，对工控系统安全隐患排查整改工作进一步研究部署。发挥各行业主管部门行业安全监管职责，把工控系统信息安全管理作为安全生产工作的重要内容抓好抓实；工控设备设施运营单位全面开展安全整改工作，重点是严格管理工控设备与互联网的连接、严格控制远程访问、修改工控设备默认密码、开展系统升级、及时修补系统漏洞。

2016 年 5—11 月，对北京市电子政务网络与信息系统安全联合开展检查，重点检查政府部门信息安全管理基本情况、信息安全等级保护开展情况、信息技术服务外包安全管理情况、密码技术、产品的使用情况及信息安全事件应急处置情况等。2016 年 11 月，在前期两轮远程技术测试并将发现的问题、漏洞第一时间通知相关部门立即整改的基础上，对北京市 16 家委办局、区及 8 家党委系统单位进行现场检查。

2016 年 6 月，北京市委网信办下发了《关于开展关键信息基础设施网络安全检查的通知》，北京市经济信息化委按照全市关键信息基础设施网络安全检查统一部署，组织政府部门和工业制造领域的关键基础设施网络安全检查工作。通过召开培训会议，监督、指导有关单位和企业完成关键基础设施材料填报工作，汇总材料报北京市委网信办。

2016 年，继续组织信息安全人员持证上岗培训及考试工作，向北京市政府各部门和各区信息化主管部门下发《关于召开 2016 年度政府部门信息安全持证人员提高培训暨信息安全保障工作部署会的通知》的基础上，于 6 月 23 日、24 日在北京会议中心召开了由 83 个部门共 189 人参加的信息安全人员持证上岗培训。

【支持城市副中心信息化规划建设】

2016年，北京市经济信息化委组织完成了“通州行政副中心电子政务信息基础设施及政务应用共性平台总体方案设计”课题研究工作；组织编制《通州副中心办公区域无线局域网建设招标方案》的技术部分；完成了基建办通州办公地址与六里桥政务云机房的光纤直连协调工作。

【拓宽“北京网”和“北京服务您”App 服务】

2016 年，北京市经济信息化委根据绩效任务要求，按月度陆续在“北京网”和“北京服务您”App 上推出公积金查询、违章缴罚、生活缴费、健康气功、应急预警、京津冀旅游气象、北京通实名等新的便民服务应用。在完成绩效任务的基础上，根据公众关注热点，整合了博物馆游览预约、挂号预约、车务预约及食品、药品、化妆品安全信息查询等服务。2016 年，共整合了交通出行、房产服务、文娱体育、劳动就业、婚育服务、教育服务、社区服务、度假旅游、医疗保健、政府办事十大类近千项便民服务。在融合账单服务、京津冀 LBS 出行预警等服务中开展了跨多个委办局的融合服务试点，取得了较好效果。截至 2016 年年底，“北京网”页面访问量达到 1.8 亿人次，用户访问量约 4000 万人；“北京服务您”App 下载注册用户达 95 万人以上，月活跃用户约 20 万人，业务办理总数超过 573 万次。

【4G 网络实现城乡覆盖】

2016 年，北京市经济信息化委组织北京铁塔公司与各区信息化主管部门对接，通过属地协调加大基站建设力度。截至 2016 年 10 月，4G 基站累计达 5.73 万个，比 2015 年年底增长 1.08 万个，北京移动公司的 4G 网络基本实现了城乡全覆盖，北京联通和北京电信也在 2016 年年底前实现 4G 网络城乡覆盖；北京市移动用户近 4000 万人，其中 4G 用户约 2178 万人。

【拓展“北京通”服务功能】

2016 年，“北京通”发卡量达 1002.8 万张，比 2015 年年底累计增长 502.8 万张，其中，居民健康卡达 768.8 万张（居民健康卡 8.7 万张、京医通临时卡 760.1 万张），居住证达 64.1 万张，民政一卡通达 121.1 万张（面对 65～79 岁老年人发卡 62.9 万张，面对 80 岁以上老年人发卡 58.2 万张），残疾人证约 48.8 万张。在产业带动方面，尤其是在多卡融合、一卡多用的卡整合方面，银行卡、市政交通一卡通及民政、医疗健康等方面的国产芯片测试取得重大突破。经过实验室与场外规模测试，国内已有华大、大唐、复旦微电子等多家芯片通过了金融、交通、民政、健康等多应用的业务测试，并在“北京通老年人优惠卡”“北京通健康卡”“北京通残疾人证”等卡片上使用，为未来多卡融合的国产芯片使用奠定了技术基础。在应用融合方面，北京市经济信息化委与北京市民政局、北京市交通委、北京市卫计委、北京市公安局等多家单位积极沟通，采用技术支撑、标准引导、多方合作的方式稳步推进，并以通州、平谷、西城、六里桥政务服务中心为区域试点，以交通、教育、医疗、民政、公安等行业应用为引线，开展了“北京通”应用服务。

【固定网络提速明显】

2016 年，北京市经济信息化委全力推进铜缆网络光纤化改造工作，督促基础电信运营商免费提速，为北京市网络大幅提速奠定坚实基础。2016 年 5 月，北京联通启动光纤用户 50MB 起步且签约速率免费翻倍活动；北京电信也于 2016 年 8 月 1 日起启动光纤用户 100MB 起步且签约速率免费翻倍活动。截至 2016 年 10 月，北京市累计完成光纤化改造 710 万户；50MB 及以上宽带用户占比由 2015 年年底的 22%提高到约 69%，100MB 用户占比超过 12%；宽带用户平均带宽由 2015 年年底的 23.86MB 提高到约 45.42MB，提高了 90%，提前一年实现国家要求的提速指标；可用下载速率提升到 12.85MB，同比提高了 31.26%。

天津市信息化发展概况

2016年，天津市深入贯彻网络强国战略，全面落实《“互联网+”行动计划》《大数据发展行动纲要》，着力补齐核心技术短板，加快培育基于互联网的新业态、新模式，进一步拓展网络经济空间，产业生态体系初步形成，网络互联、信息互通、业务协同稳步推进，网上生态持续向好，信息化发展水平处于成熟应用型发展阶段，位居全国前列。

【信息基础设施】

2016年，天津市互联网出口带宽达到6355GB，光纤入户能力达到835万户，光纤宽带用户达到260万户；无线网络建设成效显著，已建成4G基站2.5万个，城镇区域得到了全面覆盖；完成了以“i-Tianjin”为标识的无线局域网建设的顶层设计，在天津大礼堂、天津市行政许可大厅、天津医科大学口腔医院、天津市规划展览馆、胜利宾馆、乐天百货、天津机场等共建设场景253个，AP热点达到22442个。三网融合双向业务深入推进，截至2016年年底全市IPTV用户达到135万户，广电企业有线电视网络接入互联网的用户达到41万户。

【信息产业】

（一）电子信息制造业

2016年，天津市电子信息产业产值达到2521.2亿元，同比下降5%，占工业比重为8.6%；实现销售收入3526亿元，同比下降2.2%，占工业比重为12.7%。其中，软件和信息服务业销售收入1200亿元，同比增长19%；电子信息制造业主营业务收入2326亿元，同比下降10.5%。

聚集效应逐步显现。天津滨海新区和西青区电子信息制造业产值占电子信息产业总产值的90%以上，是天津市集成电路、通信、新型元器件、计算机等产业的主要聚集区。天津市拥有开发区电子信息、高新区软件园两家国家新型工业化产业示范基地。

形成了一批龙头骨干企业。天津市投资5000万元以上的在建新项目有41个，总投资超过350亿元。2016年，电子信息制造业产值近千亿元的集团仅有中环集团这1家，产值过百亿元的企业有三星通信、三星电子、鸿富锦等6家，产值过50亿元的企业有天广消防、飞思卡尔、三星LED等13家，产值过20亿元的企业有摩比斯、天地伟业、汉柏科技等28家，产值过10亿元的企业有罗姆半导体、环欧半导体、富士通天等50家。

（二）软件和信息技术服务业

2016年，天津市软件产业业务收入达到1185亿元，同比增长17.87%。软件和信息技术服务业企业超过1000家，从业人员超过10万人，系统集成获证企业达到153家。软件业务收入超过10亿元的企业达到21家，超过亿元的企业达到156家；过亿元企业收入占天津市软件业务收入的89%。一批企业相继登陆创业板和中小版，天地伟业入选“中国软件业务百强名单”，大企业对产业的带动效应进一步显现。搭建天津市首个安全可控软硬件适配平台，打造以飞腾CPU、麒麟操作系统、南大通用数据库等为代表的安全可控产业链条，形成以中芯国际、飞思卡尔、展讯、唯捷创芯等企业为代表的IC设计、检测、制造产业链，构建以58同城、赶集网、百姓网等为支撑的分类信息网站聚集区，汇聚超算中心、曙光、今日头条、奇虎360、腾讯等大数据应用龙头企业，推进以凯发电气、一重电气、长荣印刷等为代表的工业控制软件和智能制造软件项目示范工程建设。

【电子政务】

（一）积极推动电子政务顶层建设

建成覆盖市、区两级的电子政务万兆骨干光网，满足各政务部门大数据量、高带宽业务的接入需求；搭建政务外网安全接入平台，拓展接入方式，利用公众网络解决政务网络“最后一公里”缺口，实现应用系统纵向到底、横向到边；搭建政务云基本架构，计算能力达6400核CPU，存储容量达1PB，可提供虚拟主机1200台，形成天津市政务系统中首个大规模采用云方式提供计算和存储资源的政务云平台；初步建成全市首个统一的专业化、规范化灾难备份系统，提供存储容量1PB，满足全市100个三级等级保护单位数据级备份、10个重要业务系统应用级备份需求；先行启动人口库和空间地理库建设，形成全市1400万条人口基础信息、4TB空间地理信息的共享。

（二）“互联网+”工程不断推进

安全生产监管“一张网”接入天津市所有危化企业视频信号，实现24小时动态管理。联网审计实现817家单位的在线审计。远程电子申报纳税网络平台通过互联网征收的户数占总纳税户数的80%以上。搭建天津国际贸易单一窗口平台，实现“互联网+”免费报关和港口服务功能。完成天津市统一的社区公共卫生服务系统部署，推动全市256家社区卫生服务中心和乡镇卫生院基础数据集中迁移至市级数据中心。居民健康档案系统实现建档率80%以上，电子病历覆盖全部三甲医院。预约挂号可通过网络、手机、数字电视、服务终端等多种方式实现；在全国率先实现了医保网、医院内网和银行网的“三网互通”实时结算。开通全市所有行政许可事项的网上申报功能，2016年共通过互联网办理行政许可事项近20000件。推进投资项目、企业登记注册等重点事项网上办理功能，实现基于互联网的投资项目一站式办理。整合构建便民服务专线平台“8890”，推行“一个号码管服务”，通过电话、短信、网站、微博、微信等方式实现全年24小时快速响应受理群众服务需求。文化资源共享工程全面推进，公共电子阅览室建设全面启动，建成各级网点5022个，覆盖全市。“掌上路路通”“车来了”等一批移动App和微信公众号应用的推广应用，便利了老百姓出行、生活、办事。

【信息安全】

2016年，天津市信息安全工作围绕国家和全市的总体要求，重点保障基础信息网络和重要信息系统安全，切实加强工业控制系统安全管理，不断提高信息安全保障能力，促进信息安全产业发展，取得了良好的成效。在有效的措施和机制下，天津市未发生重大信息安全事故。

（一）基础信息网络和重要信息系统安全防护能力显著提高

在天津市部署开展了2016年重点领域信息安全检查工作，从2016年7月开始，为期4个多月，检查了75家区政府、市属委办局、重点国有企业共计77个信息系统，通过远程和现场检查相结合的方式，检查各系统安全防护措施的有效性及系统防篡改、防病毒、抗DDoS、防攻击、防泄密的相关能力，对发现问题及时向被检查单位提出整改建议。连续多年的检查和整改巩固了天津市信息安全工作成果，使全市政府网站和系统信息安全防护保持在较高水平，近年来天津市未发生重大信息安全事件。

（二）推进政府网站信息安全监控平台建设

天津市信息安全测评中心根据建立健全政府网站信息安全监控机制的要求，为应对网络攻击频发态势，搭建了天津市政府网站信息安全监控平台，对天津市政府网站的安全状态进行实时监测，包括脆弱性、内容安全性、可用性等，每月出报表，每季度出安全报告。此外，根据相关规定，加强重点领域移动应用的安全管理，开展移动应用程序的安全检测。

【经济与社会领域信息化】

（一）信息消费

2016年，天津市信息消费规模持续扩大，信息消费新模式、新业态不断涌现，信息消费建设水平和质量明显提升，信息消费规模达到4500亿元，实现较快增长。信息消费相关产业增速明显，智能电视收入增速达25%，移动数据和互联网业务收入增速达36%，增值电信业务收入增速达16%，软件产品收入增速达20%。信息消费在提升消费结构、扩大内需和拉动经济增长等方面发挥了积极作用。

信息产品供给能力不断增强。智能产品种类不断丰富，整机产品从智能手机、平板电脑逐步扩展到汽车电子、智能电视、医疗电子、智能金融终端、智能可穿戴设备、医疗电子、工业机器人及智能家居等多个领域，形成了以飞腾CPU、麒麟操作系统、神舟通用和南大通用数据库、神舟软件、东华合创和书生电子公文系统、奇虎360安全软件等为代表的完整产业链。

（二）工业电子商务

传统企业触电上网步伐加快，电商企业数量、规模扩大。天津市电子商务公共信息服务平台、电子商务一站式服务中心、跨境电子商务信息化综合服务平台、物流服务平台、天津市农产品电子商务公共服务平台等电子商务公共服务项目为企业发展业务提供便利。形成天津港保税区、东疆保税港区、武清区、东丽航空商务区、中心商务区、南开区等多个跨境电商聚集的产业园区。农业电商建设成效明显，网上销售农业企业、合作社及新增产品种类逐年增长。渤商网、融通物贸电商平台、百利MRO工业品电商、津港通等一批电商持续发展，引领带动一大批中小企业采用B2B、B2C方式开展信息、交易、物流和金融等服务。

（三）两化深度融合

积极开展企业两化融合评估诊断对标和两化融合管理体系建设。企业两化融合发展水平评估得分为56.95分，集成提升和创新突破阶段的企业比率分别高于全国23.05个百分点和6.45个百分点。重点企业CAD应用率达到95%以上，大型装备制造企业基本实现内部协同设计制造。国家级两化融合管理体系试点企业达到14家，国家级两化深度融合示范企业达到4家，8家企业列入国家两化融合管理体系咨询服务推荐机构，天汽模等4家企业入选工业和信息化部2015年度互联网与工业融合创新试点，11人被评为全国优秀首席信息官。

（四）大数据

国家发改委等三部委正式批复京津冀大数据跨区域综合试验区建设，会同北京、河北工业和信息化部门等成功举办了大数据综合试验区建设启动仪式，推广了一批大数据应用成果和合作项目。加快推动工业大数据中心建设，初步拟定关于建设制造业大数据中心的工作方案，依据工业大数据顶层设计需求及中小企业、龙头骨干企业对大数据不同的需求特点，组织科研院所及产业联盟、大数据发展起步较早的省（自治区、直辖市）及有关单位、大数据应用企业3个层面的调研活动；走访大数据龙头骨干企业，就制造业大数据合作事宜与企业负责同志进行深入交流与洽谈，达成多项战略合作意向。

（五）云计算

以增强自主创新能力、提升信息化水平、提高支撑服务能力为目标，着力优化发展环境，健全基础设施，打造产业链条，全面支撑智慧天津建设。推进“沃企通”云平台、“易企云”平台等平台建设。华为技术有限公司与天津市工业和信息化委签署战略合作框架协议，在打造高端制造云平台和建设软件开发云等方面与天津市开展深入合作，推动天津市传统制造向智能制造转型。

（六）滨海工业云平台

“天津滨海工业云公共服务平台及应用推广”项目获得工业和信息部工业转型升级资金支持，“滨海工业云”服务功能进一步拓展，为中石油、华大基因天津公司等3000余家企业、政府机构、科研院所提供服务。

（七）物联网

2016年，天津市加快推进物联网技术应用，打造云感知、云计算、云存储、云安全、云方案、云灾备“六云”产业，培育壮大物联网核心产品研发制造及高端服务产业集群。中新天津生态城、城市感知智能服务与综合管理、集中供热物联网系统综合应用示范等7个项目被列入国家物联网重大应用示范工程重点推广应用项目。

【重大举措或事件】

（一）《天津市智慧城市建设“十三五”规划》批复发布

以“宽带天津”建设为基础，以创新驱动为导向，以信息化与城市发展深度融合为主线，全面实施“互联网+”行动，加快推进城市管理智能化、惠民服务便捷化、产业体系高端化、网络安全长效化，提高信息化应用水平，助力天津抢占新一轮城市竞争制高点，打造城市升级版。到2020年，行政审批事项全部网上办理率达到80%，互联网城市出口带宽达到20TB，重点公共区域视频监控覆盖率、联网率达到100%，初步建成“智能、融合、惠民、安全”的“智慧天津”，打造面向未来的智慧城市，为实现中央对天津定位、全面建成高质量小康社会提供强力支撑。

（二）曙光星河云服务器系统正式量产

曙光星河云服务器系统是我国首款亿级并发云服务器系统，也是国家“863”计划信息技术领域“亿级并发云服务器系统研制”的重大项目成果。针对大量云计算应用计算资源需求量低、并发访问量需求高、信息查询量大的特点，采用全新的国产设计体系架构，在体系架构和关键技术上实现了为云而生、亿级并发、安全可控三大突破，建立了以国产技术为核心的云服务器架构标准。曙光星河云服务器系统正式量产标志着我国云计算产业从此拥有了安全可控的云服务器系统。硬件产品、解决方案、云计算服务已被广泛应用于政府、能源、互联网、教育、气象、医疗、公共事业等社会各个领域。

（三）国产数据库软件发展良好

以南大通用和神州通用为代表的企业数据库产品在国内达到领先水平，部分性能与国际同步。2016年天津市数据库软件业务收入达到3亿元，相关产品在我国自主可控南风工程一期项目中使用率达 40%以上，在国家互联网应急中心的多个重点网监工程、“921”、大运载、全军5XX工程、SJ工程等多个信息化大型项目中形成了批量应用。

【工作重点及政策取向】

（一）全面建设新型智慧城市

推动光纤网络在农村全面覆盖、4G网络深度覆盖，扩大“i-Tianjin”在公共服务区域的覆盖范围，加快三网融合。开展惠民服务便利化应用、城市管理精细化推进等五大行动，推进实施智慧医疗、智慧社保等一批智慧城市建设专项。运用物联网、云计算、大数据等新一代信息技术，推进行政审批、卫生等14张已有独立业务专网的迁移和对接。

（二）着力推进两化深度融合发展

全面发展智能制造新技术，逐步建立面向生产全流程、管理全方位、产品全生命周期的智能制造模式。开展创新设计、定制化服务、供应链管理等服务型制造行动，发展工业设计。培育大数据、云计算、物联网产业，建设具有国内一流水平的B2B云平台。打造创新创业平台，构建基于互联网的大型制造企业“双创”平台及为中小企业服务的第三方“双创”服务平台。

（三）以信息化促进京津冀协同发展

建设大气环境质量监测体系，环境空气自动监测站建成使用26个，可发布环境空气质量监测数据。建设水环境质量监测体系，开展京津冀跨界河流水质监测，完成跨界河流断面优化布设，实现入境断面监测全覆盖并开展监测工作。推进京津冀交通一体化工作，推动京津冀交通一卡通互联互通工程，京津冀交通一卡通已覆盖天津市119条公交线路、1500余辆公交车。

（四）健全完善自主可控的工业信息安全保障体系

加强工业控制系统安全管理工作，开展天津市工控安全检查，对钢铁、有色、化工、电力等领域的 44 家企业、1670 套工业控制系统摸底核查，做好安全风险通报预警。加强政府部门信息安全管理、等级保护和风险评估，继续实施党政机关互联网安全接入工程，提升信息安全支撑服务能力。

河北省信息化发展概况

【信息基础设施建设】

2016 年，河北省通信行业累计完成固定资产投资 219 亿元，同比增长 3.4%；完成电信业务收入 1348.4 亿元，同比增长 55.7%；完成主营电信业务收入 478.9 亿元，同比增长 5.8%。电话用户总数达到 7971.7 万户。其中，移动电话用户达到 7121 万户，3G 移动电话用户达到 775.4 万户，4G 移动电话用户达到 4034.7 万户；固定电话用户达到 850.7 万户。互联网宽带接入用户达到 1612 万户。

通信网络能力稳步提升。2016 年，河北省光缆线路长度达到 118 万千米，电话交换机总容量达到 1.3 亿户，移动电话基站总数达到 25.6 万个，互联网宽带接入端口达到 3873.8 万个，互联网省际出口带宽达到 10058.6GB，全省 11 个区、市基本实现了光纤网络全覆盖，达到了工业和信息化部的“光网城市”标准。

宽带网络提速降费成效显著，宽带接入能力大幅提升到 100Mbps，全省 20MB 以上宽带用户占比达到 82%，超过全国平均水平；4G 电话用户占比达到 56.7%，较 2015 年年底提升 24.2%。固定宽带等电信资费价格明显下降，平均降幅达到 30%。农村地区通信水平大幅提升，4G 信号覆盖、光纤通达行政区范围不断扩大，通信设施升级改造、重点村内线路和设施整治美化等工程向偏远农村地区有序延伸。

融合发展取得新进展。积极推进“互联网+”和“双创”进一步发展，促进互联网创新成果与经济、社会各领域深度融合，为推动行业转型升级和融合创新、加快河北信息化建设、服务经济社会发展、惠及百姓民生、促进“大众创业、万众创新”提供了有力保障。在促进三网融合方面持续发力，积极促进 IPTV 业务发展。到 2016 年年底，河北省 IPTV 用户总数达到 651 万户。推动京津冀三地在信息基础网络架构方面的协调与对接，为阿里张北云基地开通了张北—北京互联网网络直联电路。开展北京—崇礼冬奥会通信基础设施建设规划，推动崇礼与北京的网络对接。

【互联网发展】

截至 2016 年年底，河北省网民规模约 3956 万人，网民数量增速为 6%，互联网普及率为 53.3%，全国排名第 12 位。移动网民规模达 3863.9 万人，在整体网民中占比达到 97.7%。手机网民规模达到 3726.6 万人，较 2015 年增长 405.6 万人，增长率达到 12.2%。

河北省网站数量达 18.3 万个，年增长 14.3%，位居全国第 9 位；顶级域名总数达 16.1 万个，年增长 12.58%，位居全国第 9 位；IPv4 地址数达 989 万个，位居全国第 10 位。

截至 2016 年年底，在河北省各类网络应用中，社交服务类应用用户覆盖率最高，达 81%；即时通信类应用以 80.6%的人群覆盖率紧随其后；综合视频、综合资讯、移动音乐分别以 37.6%、31.9%、27.3%的人群覆盖率居第 3～5 位。

河北省网民最常使用的 App 应用主要有即时通信、移动购物、搜索、视频及支付等。其中，微信以 87.4%的移动网民使用率位居榜首；QQ 居第 2 位，占比为 70%；而淘宝、爱奇艺视频、手机百度分别居第 3～5 位，占比分别为 30.7%、29.5%、28%。

【“大智移云”进展】

2016 年，河北省推进“信息化先行”，以“大智移云”为重点，加紧提升信息化发展水平。

（一）“大智移云”启动实施

河北省制定了《关于加快发展“大智移云”的指导意见》，实施“大智移云”引领计划。加快京津冀国家大数据综合试验区建设，张家口、廊坊、承德、秦皇岛、石家庄 5 个大数据示范区初具规模，阿里巴巴、华为等一批知名企业入驻。晶龙、东旭和风帆入围第 30 届中国电子百强。

（二）两化融合加速推进

河北省政府出台《关于加快制造业与互联网融合发展的实施意见》《两化融合“十三五”规划》，联合各市政府组织 13 场“互联网+”制造业市县行活动暨“大智移云”发展趋势报告会，培育省级两化融合重点企业 132 家、“互联网+”制造业试点示范项目 34 个，带动了新业态、新模式发展，两化融合管理体系贯标和水平评估工作走在全国前列。河北省两化融合指数为 74.12，比 2015 年度前进 3 位。

（三）“云上河北”初见雏形

采取云服务商投资建设、政府购买服务的方式，实现了政务云服务的政府“零资产”购买，23 个省直部门的 63 个应用系统已上云运行。加强省级电子政务项目审核，共审核项目 78 个，节约财政投资近 1.2 亿元。

（四）智慧城市加快建设

围绕智慧城市建设的主要载体和重要组成部分，加快推进无线局域网（WiFi）建设和免费开放，13 个市已全部实现主城区公共区域 WiFi 全覆盖。同时，成功承办中国电子信息行业联合会第一届第三次理事会，组织举办电子信息行业发展高峰论坛、京津冀协同发展河北省电子信息产业对接会。

（五）京津冀协同发展

京津冀协作推进机制不断完善。京津冀三地政府签署《京津冀信息化协同发展合作协议》《智能汽车与智慧交通应用示范部省合作框架协议》，率先在工业云共建、政务信息资源共享和利用、电子认证结果共享和互认、北斗导航应用服务等方面开展合作。健全了京津冀三地经（工）信部门联席会议制度，加强了对接交流。重大承接项目初见成效，正定中关村集成电路封装测试产业园等快速推进，张北云联数据中心一号园、二号园投入运营。

【网络安全】

截至 2016 年年底，河北省共监测到 1150 个木马或僵尸程序控制服务器 IP 地址，位居全国第 7 位，监测到的 IP 地址数量较 2015 年下降 11.1%；被木马或僵尸程序控制的主机对应 IP 地址共 860558 个，受控主机数量较 2015 年下降 14.1%；感染飞客蠕虫的主机对应 IP 地址共 134497 个，位居全国第 12 位，感染主机数量较 2015 年有所上升；被篡改网站数量为 127 个，较 2015 年下降 68.3%，居全国第 16 位；网站被植入后门事件为 1250 起，较 2015 年上升 7.8%，居全国第 12 位。

2016 年，河北省着力打击“黑广播”“伪基站”，全省共开展 3 次集中收网行动，查获“黑广播”窝点 203 个，缴获“黑广播”设备 204 套，查处“伪基站”案件 55 起。圆满完成习近平总书记视察唐山、G20 峰会、筹备冬奥会等重大活动、重要会议的无线电安全保障工作。

【2017 年工作重点】

（一）促进大数据发展应用

借助“5·18”廊洽会，筹备召开“2017 大智移云”高峰论坛、“大智移云展”及新型显示产业项目、智能先进装备项目对接洽谈会，推动京津冀项目合作。组织京张“中国数坝”峰会、产业发展推介会、高峰论坛、项目对接会等活动，完善省、市、县三级协调推进体系。加紧建设 5 个大数据示范区，深入推进京津冀国家大数据综合试验区建设，完善组织机构和联席会议制度。加快打造“云上河北”，推动省级部门业务应用系统云上部署，启动建设全省统一的政务数据开放平台，实现电子政务集约化、政务信息资源共享。开展行业云平台和区域云平台试点建设，加强电子认证推广应用。推动第三批 32 家国家两化融合管理体系试点企业贯标，组织 1000 家京津冀产业协同发展示范园区内企业开展两化融合整体性评估。

（二）增强产业支撑能力

完善新型显示、集成电路、通信与卫星导航、太阳能光伏、应用电子、智能终端六大产业链。重点扶持具有自主知识产权和核心技术、市场竞争力强的 100 家电子信息骨干企业做大、做强，实施100项10亿元以上重大产业项目。面向京津、长三角、珠三角区域开展产业招商、项目对接，力争引进一批知名电子信息企业来河北省发展。加快推进华夏幸福基业第 6 代 AMOLED、京东方（廊坊）TLCM 显示模组、东旭光电产业园建设，创建国家新型光电显示制造业创新中心。打造正定国家集成电路封装测试产业基地，依托中电科 54 所，建设国家通信产业研发制造和卫星导航应用示范基地。

（三）加快优化信息服务

建立京津冀互联网交换直联点和省级无线 WiFi 运营服务平台，实现“一地注册，全省漫游”，2016 年年底县级以上城市实现免费 WiFi 全覆盖。加强重点网站监测和通报平台、互联网集中接入平台等的监控预警研判，做好信息安全测评和网络安全检查。组织实施物联网应用示范工程，推动基于宽带移动互联网的智能汽车与智慧交通、京津冀区域北斗卫星导航应用、窄带物联网（NB-IoT）等示范应用。出台《河北省软件企业 CMMI 认证补助资金管理办法》，拟定软件和集成电路产业企业所得税优惠政策复核办法。购买第三方服务对各市开展信息化发展水平评价。

山西省信息化发展概况

【信息基础设施建设】

实施“宽带山西”2017 年专项行动。根据工业和信息化部及山西省委、省政府的总体工作安排，印发《“宽带山西”2017 年专项行动实施方案》，明确建设任务和目标。组织各地市进行“宽带中国”示范城市省内评审，明确建设重点和方向，推动各市积极开展对标建设，阳泉市、晋中市、太原市成功入选“宽带中国”示范城市。目前，山西省 11 个地市均达到“宽带中国”示范城市和“光网城市”建设标准，所有市、县城区已实现光纤网络全覆盖。

【电子信息产业发展】

（一）电子信息制造业

2017年电子信息制造业实现主营业务收入977.8亿元，同比增长18.0%。其中，碳化硅三代半导体材料达国际水平，中电科第二研究所集SiC材料工艺研究与设备研发于一体，高纯碳化硅粉居国际领先水平，具备4～6英寸SiC单晶生长设备研制生产能力。光伏制造全产业链条已初步形成，全省共有光伏制造企业12家，其中晋能科技2017年在中国光伏品牌排行榜上入围光伏组件企业10强。锂离子电池产业初具规模，已建或在建企业共计16家，其中，引进总部在深圳的临汾沃特玛，其2017年主营业务收入15.5亿元，同比增长101%，并正在建设总投资为43.2亿元的“3GWh32650钢壳圆柱电池生产线”，占行业规模的60%。LED产业大企业项目支撑优势明显，全省LED制造产业形成了“芯片制造—封装灯珠—应用”产业链条，共有LED制造企业12家。山西高科华烨集团上下游产业配套7家企业，产业化协作优势明显，生产规模已进入全国前3位。2017年，该集团公司销售产值达17亿元，占全省生产规模的76%。

（二）软件和信息技术服务业

2017年山西省软件和信息技术服务业实现软件业务收入27.5亿元，同比增长15%。山西省共有300余家软件和信息技术服务企业，规模以上企业有85家，排名前5名的包括罗克佳华（收入5.7亿元）、中科同昌（收入2.5亿元）、风华信息（收入2.1亿元）、四和交通（收入1.7亿元）、精英科技（收入1.6亿元）。企业基本都是小微企业，主要集聚于综改区，占总量的70%，服务于全省社会各领域信息化建设。

【大数据发展】

（一）制定大数据政策文件

一是加强大数据顶层设计。编制出台《山西省大数据发展规划（2017—2020年）》《山西省促进大数据发展应用的若干政策》《山西省促进大数据发展应用2017年行动计划》。二是加强大数据产业引导。编制《山西省大数据产业发展引导目录》，并于2017年5月印发。按照“以基础为支撑，以数据为核心，以应用为根本，以人才为保障”的原则，制定了大数据基础设施、生产流通、创新应用、关联产业、智力支持5个方面、95个引导条目，明确了山西省大数据产业的重点领域、重点方向。2017年9月印发了《促进大数据发展应用专项资金管理办法》，发挥财政资金的集约引导作用，在整合部门信息化资金的基础上，设立山西省促进大数据发展应用专项资金，重点支持大数据发展规划和若干政策确定的主要任务、重大工程、奖励事项等。三是完善大数据法规建设。制定《山西省大数据发展应用促进办法》，通过立法，理顺大数据管理体制，确立数据资源开放共享机制，推进大数据发展应用工作规范、有序、持续开展。山西省政府法制办将《山西省大数据发展应用促进办法》列入2017年山西省政府规章项目计划。

（二）完善大数据体制机制

一是成立大数据产业办公室。2017年4月，山西省编制印发《关于设置山西省大数据产业办公室的通知》（晋编办字〔2017〕72号），在山省省政府及经信委统筹安排下，推动大数据产业办公室的组建。二是推动组建各类产业联盟。山西省大数据发展联盟于2017年1月成立，由11家企业和高校发起，对整合政产学研用各方资源、破解大数据发展应用中存在的问题、推动大数据产业发展起着积极的作用。山西省物联网产业技术联盟于2017年5月成立，其目标是：加强山西省物联网产学研结合，助力开展物联网重大技术协同创新、形成产业核心技术和标准，促进物联网及相关产业实现重大技术突破和转型升级。三是推动组建大数据市场化运营主体。依托太钢信息与自动化技术有限公司成立山西省云时代技术有限公司，培育本土大数据市场运营力量，打造大数据领军企业。

（三）开展大数据招商引资

2017年3月16日，在北京“晋商晋才回乡创业创新工程启动大会”上，组织召开“大数据发展主题峰会”。2017年4月27日，联合中兴通讯股份有限公司举办了以“数聚山西 智赢未来”为主题的“山西省大数据招商引资大会”。2017年5月5日，联合华为公司举办了以“云汇三晋 数聚有为”为主题的“山西省大数据产业促进大会”。2017年5月17日，组织山西省部分大数据企业参加第十届中部博览会“AI大数据跨国投资贸易论坛”，鼓励大数据企业“走出去”寻求合作、引进投资。2017年6月15日，在山西（珠三角）招商引资活动中，组织召开了以“晋粤携手 数赢未来”为主题的大数据产业发展座谈会，阳泉市、交城县等地市及云时代、罗克佳华等单位进行了招商推介，80余家珠三角地区大数据相关企业参加座谈。

（四）积极推动大数据人才建设

一是成立大数据学院。山西大学成立大数据学院、大数据科学与产业研究院，围绕基础设施、应用推广、产业发展等方面，深入开展理论研究、科研创新、人才培养等教学、科研工作。太原理工大学设立大数据学院，发挥太原理工大学在煤矿、地质、水文、机械等方面的数据资源优势，为人才培养提供创新师资力量和实践应用环境。两所大学的大数据学院在2017年开始招生，为山西省实施大数据战略提供有力的人才队伍支撑。二是深化大数据校企合作。2017年7月11日，山西大学举办聘任仪式，正式聘请百度李彦宏董事长担任山西大学大数据学院名誉院长。太原理工大学聘请浪潮孙丕恕董事长担任大数据学院名誉院长。三是打造大数据人才创新中心。太原理工大学与华为技术有限公司共同打造山西大数据创新人才中心，借助华为技术有限公司硬件、软件、技术、研发的优势与太原理工大学的人才、科研优势，承担山西省大数据相关业务，通过产教融合、工学结合、校企多元合作的人才培养模式，打造服务于山西省产业转型升级、大数据人才培育的“人智”输出新“引擎”，加快培养山西省大数据发展急需的复合型人才。

（五）编制省级政务云平台建设方案和技术方案

为贯彻落实《山西省大数据发展战略》，推进山西省省直部门信息化项目统筹集约，有效解决“各自为政、条块分割、烟囱林立、信息孤岛”的问题，组织山西云时代公司推进省级政务云平台建设工作。编制《山西省级政务云平台建设推进实施方案》《山西省政务云平台建设方案》。

【两化融合推进工作】

（一）组织推荐国家级两化融合管理体系贯标试点企业

根据《工业和信息化部办公厅关于推荐2017年两化融合管理体系贯标试点企业的通知》的要求，结合山西省省级两化融合贯标试点企业认定情况，面向全省各市推荐国家级两化融合管理体系贯标试点企业，最终中国重汽集团大同齿轮有限公司等12家企业入选2017年国家级两化融合管理体系贯标试点企业。

（二）培育两化融合管理体系咨询服务机构

指导山西省电子信息技术应用促进中心、山西精英科技、太钢信息与自动化技术有限公司、山西省信息化协会等单位开展两化融合管理体系贯标服务咨询工作，为山西省企业实施两化融合贯标、申报省级及国家级两化融合贯标示范企业、提高全省企业信息化建设水平提供咨询服务。在中国两化融合服务联盟发布的“两化融合管理体系贯标咨询服务机构评级企业名单”中，山西省信息化协会、太钢信息与自动化技术有限公司和山西精英科技被认定为合格咨询服务机构。

（三）组织开展省级两化融合管理体系贯标试点申报认定

2017年8月14日，发布《关于组织申报2017年山西省两化融合管理体系贯标试点企业通知》，组织各市经信委开展两化融合管理体系贯标试点企业推荐，经专家评审、网上公示等环节遴选，确定山西华翔集团有限公司等20家企业为省级两化融合管理体系贯标试点企业。

【信息消费发展】

（一）促进宽带普及提速降费

积极落实工业和信息化部、国资委《关于实施深入推进提速降费、促进实体经济发展2017专项行动的意见》文件精神，召开工作协调会议，推动基础电信运营企业积极推出降费措施。联通、电信、移动分别下调了互联网专线标准资费，并对中小企业百兆以下具备条件的互联网专线提供了免费速率翻倍服务；对个人移动客户，推出“任我用”“冰激凌”多种形式无限流量套餐等活动。2017 年 10 月 1 日，山西省基础电信运营商全面落实取消手机国内长途和漫游费的承诺。

（二）提高农村地区信息接入能力

组织开展电信普遍服务试点，下发《关于转发做好 2017 年电信普遍服务试点申报工作有关文件的通知》，推荐申报第三批电信普遍服务试点。第三批试点于 2017 年 6 月 22 日获批，新建宽带网络行政村 3080 个，预计 2018 年年底基本实现全省行政村光纤网络全覆盖。

（三）推动政府部门信息化建设

一是支持政府购买信息化服务。出台《山西省促进大数据发展应用的若干政策》，明确规定将建立健全政府购买大数据产品和服务机制，统筹省级政务部门信息化运维和购买服务经费，逐步将运维费用支出转为政府购买服务。二是推进无纸化办公和文书档案的电子化管理。根据山西省“三基建设”重点任务工作部署，山西省委办公厅、山西省政府办公厅等单位推进“无纸化办公和文书档案的电子化管理”，推动党政部门落实网上办公，促进信息互联互通，实现部门内部及部门之间文件传输、信息交互、业务协同无纸化。

（四）培育发展信息消费产业

一是推动智慧健康养老产业发展。贯彻落实工业和信息化部《智慧健康养老产业发展行动计划（2017—2020 年）》文件精神，研究制定了《山西省智慧健康养老产业厅际联席会议制度》，明确了联席会议成员单位和相关工作规则。二是推动人工智能产业发展。组织科大讯飞、海康威视，以及山西省内人工智能产业企业召开了人工智能产业座谈会，梳理人工智能产业基础情况，发现产业发展中的短板和瓶颈问题，推进山西省人工智能产业发展。

【制造业与互联网融合发展】

组织实施制造业与互联网融合专项。按照《山西省政府关于促进企业技术改造工作的实施意见》和《山西省技术改造专项资金使用管理暂行办法》有关要求，开展制造业与互联网融合专项的申报工作。制造业与互联网融合专项共支持项目 22 个，累计支持金额 8700 余万元。22 个专项项目涉及冶金、铸造、电子信息、LED 光伏、制药、能源、制酒等制造业细分行业，带动社会投资 21.1 亿元，促进互联网与制造业在装备集成、流程管理、组织机构及数据开发应用能力方面的融合应用，推动企业制造水平和管理能力的提升，促进企业提质增效。

【信息安全保障】

（一）科学规划，加强信息安全顶层设计

编制印发了《山西省工业控制系统信息安全“十三五”规划》《关于加强信息化工程安全建设和管理的意见》《关于加强全省党政部门云计算服务网络安全管理的意见》《关于加强工业企业工业控制系统信息安全管理的指导意见》《山西省工业控制系统信息安全事件应急管理工作指南》等政策文件，强化落实信息安全监管责任和主体责任，着力构建安全防护、监测预警、应急管理三位一体的信息安全保障体系。

（二）宣贯培训，强化网络安全责任意识

举办山西省网络信息安全标准宣贯培训班、山西省工业控制系统信息安全培训班，深入推进《中华人民共和国网络安全法》《国家网络空间安全战略》《工业控制系统信息安全防护指南》等信息安全法律、法规及政策标准的贯彻实施。在国家网络安全宣传周期间，举办 2017 山西网络信息安全高峰论坛暨第二届工控安全高峰论坛、山西信息安全产品展等活动，启动“共建山西关键基础设施安全生态”行动，提升企业、社会网络安全责任意识。

（三）重点发力，强化信息安全监管

加强应急保障能力建设，做好重要时期网络

安全保障工作，组建应急专家组、应急救援队伍，制订应急处置方案，开展网络安全保障应急演练。对山西省11个重点行业共15家单位的关键信息基础设施网络安全情况进行专项抽查和风险评估。2017年组织两次全省工业企业工控系统信息安全自查工作，初步掌握省内重点工控系统的安全管理和技术防护情况。做好病毒攻击、漏洞风险等通报工作，指导全省29套（个）联网工控系统推动风险防护工作。支持推动山西省通信管理局建设通信信息诈骗防范系统。

（四）多措并举，夯实网络安全支撑基础

积极探索信息安全产业发展路径，推进“山西信息安全产业基地”“山西国控大众百信电子信息科技产业园”建设，促进信息安全产业集群发展。实施标准能力提升工程，成立山西省网络安全和大数据信息技术标准化技术委员会，推进网络安全和信息化标准研究宣贯及制定、修订等工作。推动山西省网络安全和信息化行业技术中心、山西工业控制系统与安全产业联盟、山西信息安全研究院等行业组织和服务机构建设，着力打造政、产、学、研、用资介协同联动平台。

内蒙古自治区信息化发展概况

【信息化概况】

经过多年发展，内蒙古自治区信息化步伐不断加快，信息产业稳步增长，信息基础设施建设初具规模，数据资源日益丰富。

“宽带内蒙古”工程和第四代移动通信（4G）网络全面建设，全区固定宽带覆盖家庭达1676.59万户，光纤接入覆盖家庭达1128.99万户，4G基站达4.7万个，移动互联网用户达2045.16万户，全区互联网用户普及率达到98.89户/百人。大数据企业已达26家，云计算数据中心承载能力为107万台，实际运行突破50万台，居全国首位。包头网络协同制造平台、航天云网内蒙古工业云平台、乌兰察布能源管理服务平台等一批工业大数据云计算平台上线运行，其中，包头网络协同制造平台累计完成机床数字化改造445台套，全年协同制造业务订单突破1亿元，并荣获2017年中国双创好项目信息技术奖。两化融合效果明显，工业主要行业信息化应用率达到91.5%，新增两化融合对标企业850家，规模以上工业企业对标率达到44.1%，57家企业成为国家级贯标试点企业。

【信息基础设施建设】

（一）大力开展“宽带内蒙古”建设

一是提速降费工作。内蒙古自治区经信委会同自治区通管局贯彻落实《内蒙古自治区关于加快高速宽带网络建设的实施意见》（内政办发〔2016〕54号），促进提升宽带服务质量、降低资费。进一步推动各盟市做好“宽带中国”示范城市建设，持续推动基础电信运营企业光纤网络改造，宽带网络光纤接入用户已提升至75%，20MB以上城市光纤宽带用户达89%，农村4MB以上宽带用户达到99%。2016—2017年自治区固定宽带平均带宽提升约4倍，费用下降40%。二是加快推进电信普遍服务试点。积极配合自治区通管局、自治区财政厅开展电信普遍服务试点工作，支持通信运营商在边远地区建设信息基础设施，提升农村牧区宽带服务能力，自治区12个盟市全部列入全国电信普遍服务试点，共获得国家资金支持8.8277亿元。

（二）积极推进三网融合

一是推进三网融合提升信息基础设施建设。支持中国联通内蒙古分公司、内蒙古广电网络公司等企业以全光网络宽带能力为依托，加大IPTV与CDN业务平台的建设力度，支持符合双向进入条件的企业在自治区开展三网融合业务，促进信息消费和民生改善。仅半年就完成了自治区全年交互式网络电视互联网用户（IPTV）新增80万户的目标。二是落实方案推广。按照《国务院办公厅关于印发三网融合推广方案的通知》精神和国务院三网融合协调小组办公室相关文件要求，落实《关于内蒙古自治区全面推进三网融合工作的实施意见》，按要求及时向国务院三网融合协调小组办公室进行了情况上报，对加快自治区三网融合工作起到了很大的推动作用。

【政策规划建设】

一是印发了《内蒙古自治区落实〈中国制造2025行动纲要〉》（内政发〔2017〕1号）。鼓励企业发展基于互联网的个性化定制、众包设计、协同制造等新型制造模式。依托包头网络协同制造云平台、航天云网内蒙古工业云平台等工业大数据平台，整合资源，推进企业间研发系统、信息系统、运营管理系统的集成互通，推动创新资源、生产能力、市场需求的跨地区、跨企业集聚、共享和对接应用，实现设计、供应、制造、销售和服务等环节的并行组织与协同优化。二是印发了《内蒙古自治区加快工业企业技术改造促进产业转型升级的意见》（内政发〔2017〕76号）。深化新一代信息技术在研发设计、生产制造、营销管理、回收再利用等产品全生命周期各环节的应用，支持企业普及管理系统应用和综合集成。鼓励企业实施两化融合技改示范工程，提升工业发展智能化、数字化、网络化水平。围绕化工、冶金（铁合金）、建材、装备制造、农畜产品加工及战略性新兴产业等领域，推进智能化改造，开展智能单元、智能车间、智能工厂培育试点。加快集散控制、制造执行等技术在原材料企业的集成应用，加快精益生产、敏捷制造、协同制造、虚拟制造等在装备制造企业的普及推广，加快运用数字化、自动化技术改造提升消费品生产企业信息化水平。三是印发了《2017年内蒙古自治区大数据发展工作要点》（内政办发〔2017〕116号）。推动大数据在工业研发设计、生产制造、经营管理、市场营销、售后服务等产业链各环节的应用，研发面向不同行业、不同环节的大数据分析应用平台，开展重点行业和地区工业大数据应用示范，建设呼和浩特市云科IT设备再制造产业基地、包头市高端制造大数据协同平台、内蒙古工业云平台、航天云网等项目，促进制造业网络化和智能化。四是印发了《内蒙古自治区“十三五”科技创新规划》（内政办发〔2017〕114号）。围绕工业“四大基地”建设和转型升级，引导工业企业发展“互联网+”和智能制造融合技术，积极开展基于互联网的个性化定制、众包设计、云制造等新型制造模式，催生在线研发设计、工业运行在线监测、协同供应链管理、协同制造等新业态，提供智能车间、智能工厂、智慧园区、工业品商城建设的技术保障。五是印发了《内蒙古自治区信息化发展“十三五”规划》（内政发〔2017〕20号）。大力推动产业链协同创新；促进研发、生产、经营、管理各环节信息集成和业务协同，推动企业从单项业务应用向多项业务综合集成转变，推动信息化应用从单一企业向全产业链协同创新转变。引导制造企业建立开放创新交互平台、在线研发设计中心，发展基于互联网的按需、众包、众创等研发设计模式。支持制造企业以多专业协同和跨企业协作为重点，加快构建产业链协同研发体系。推动企业建立一批基于互联网的大规模个性化定制、网络化协同制造、云制造的新型制造模式。支持制造企业、互联网企业、信息技术服务企业跨界联合，培育一批工业云、工业大数据、工业电商和众创空间示范平台。

【大数据产业】

深入推进大数据产业发展。一是围绕2020年大数据产业实现1000亿元的目标，制定兑现优惠政策。编制《大数据基金支持目录》，建立大数据产业重点项目推进制度，搞好对已签约的93个重点项目的跟踪服务，重点推动了呼和浩特、乌兰察布、鄂尔多斯、赤峰、通辽等地区云计算大数据产业园规划和建设。二是支持以呼和浩特为中心的大数据产业发展集聚区建设。按照大数据集聚区建设指南要求，积极向工业和信息化部信息化和软件服务业司进行申报。呼和浩特市大数据和云计算产业基础不断夯实，一批国内外知名互联网、云计算企业先后入驻；在政务、乳业、农林畜牧、能源、工业、电商物流等领域开展了大数据深度应用，进一步加快了自治区国家大数据基础设施统筹发展综合试验区建设。三是政策规划不断完善。贯彻落实《内蒙古自治区促进大数据发展应用的若干政策》，编制《内蒙古自治区大数据产业发展“十三五”规划》等一系列政策，为推进大数据产业提供更好的发展环境。四是开展了内蒙古自治区数据中心推广应用工作。组织内蒙古电信公司在沈阳、深圳、上海、鄂尔多斯、呼伦贝尔等市举办云计算推介活动，推广活动取得很大的成效；东北、上海、深圳等地的IT企业积极关注自治区云计算数据中心建设发展，踊跃加盟内蒙古电信云计算产业园开展合作项目，签约合同额突破6亿元，内蒙古云计算的知名度、可信度得到进一步提升，对国内云计算数据中心企业的影响力和吸引力逐渐加深。

【两化融合】

两化融合管理体系工作是推动两化深度融合的重要举措和抓手，也是一项创新性、探索性工作。经过几年的实践和探索，内蒙古自治区两化融合管理体系贯标工作已经取得了一些阶段性成果。

一是积极推进两化融合贯标工作。截至目前，自治区列入两化融合贯标企业101家，其中，国家级贯标试点企业57家，全国排名第15位。启动评定企业41家，完成待评企业9家，通过评定企业8家。2017年自治区开展两化融合对标企业1929家，覆盖自治区企业数比例达到44%。二是建立内蒙古自治区两化融合推进体系，先后组建了内蒙古自治区两化融合服务联盟、内蒙古自治区首席信息官（CIO）联盟，确定了联盟章程、联盟结构和理事会组成，选定了服务支撑机构，为自治区全面推进两化融合工作提供有力的智力支撑。三是发布自治区两化融合发展水平指数和数字地图，为自治区政府决策提供有力支撑。四是制定下发《内蒙古自治区两化融合管理体系行业和区域贯标试点工作实施意见（试行）》，明确了自治区两化融合贯标工作的总体原则、各级政府各部门职责、项目的管理和验收流程，将加快推进全区两化融合管理体系行业和区域贯标试点工作，保障行业和区域贯标达到“实质贯标”要求。五是为改进两化融合贯标实际效果，在区域贯标的基础上，积极探索精准贯标，先后组织相关服务机构赴乌兰察布市、兴安盟对两化融合贯标企业进行贯标方向诊断，帮助贯标企业找准切入点，提供个性化指导和服务。六是加强两化融合培训工作。2017年累计组织各类两化融合培训2次，培训人数超过350人。

【企业登云】

部署推进制造业“万户企业登云”三年行动计划工作。制定下发了《内蒙古自治区经济和信息化委员会关于制造业“万户企业登云”三年行动计划（2018—2020）》（内经信信推字〔2017〕352号），在全区范围内开展制造企业登云行动。通过实施6项重点工作任务、落实8项政策措施，全面推进自治区制造企业登云。到2020年年底，计划实现自治区利用云应用软件和服务开展生产经营活动的制造企业达到10万家，企业“登云”意识和积极性显著提高。重点行业基本建成云平台，骨干企业互联网双创平台普及率达到80%以上，自治区重点行业云平台、制造业互联网双创平台成为促进制造业转型升级的新动能。两化深度融合在重点行业、企业层面取得明显成效，工业发展质量和效益全面提升，工业物联网、大数据云计算等新技术得到广泛应用。制造业“企业上云”比例和应用深度达到国内平均水平。

【平台建设】

（一）推进内蒙古网络协同制造云平台建设

网络协同制造云平台是内蒙古自治区贯彻落

实“中国制造 2025”和“互联网+”战略，促进制造业和互联网融合发展的重点项目，以实施“机床数字化改造升级”“数控机床设备智能联网”“构建开放共享的协同设计与协同制造平台”等系列工程，通过整合工业设计与制造资源，推动数字化协同设计、制造、加工等应用，实现地区装备制造能力的跨越式提升。内蒙古自治区总共给予平台 2500 万元专项资金支持，包头市给予专项配套资金 5200 万元。截至目前，平台累计完成机床数字化改造 445 台套，重点企业已通过局域网联网设备 537 台套，其中 273 台套已与云平台实现联网，平台聚集了数控设备信息 895 台套，收录各类产品模型、设计方案、零件库等资源 8 万余条；第三方服务支撑机构已达 551 家，其中设计机构 76 家；注册企业 5054 家。发布协同订单 1595 笔，实现有效交易 307 笔，平台全年承载的协同业务量为 1.18 亿元。该项目也荣获了 2017 年中国双创好项目信息技术奖。

（二）建设自治区能源管理服务平台乌兰察布市试点

为实现企业精细化节能管理，进一步节能降耗，优化生产并减少排放，通过建设数字化能源管控系统、远程采集系统，实现能耗在线监测，获取关键节点的能耗数据，真实反映乌兰察布市高载能企业的能耗现状。项目一期对乌兰察布市 101 家重点用能企业厂级用电数据实现在线监测，对 14 家试点企业的煤、水、油、气、电全能耗数据及其中 8 家企业的产品产量数据实时监控。项目建立了分布式采集、集中式监管、全方位为企业服务的能源消耗监测网络。通过能耗在线监测，实时、准确地把握重点行业、重点企业及关键工序的能耗及产品单耗，不仅为企业实现精细化节能管理、促进节能降耗提供依据，也为各级工业和信息化主管部门把握能源消费趋势、加强能耗预测预警、科学制定产业政策提供了有力的支持，是推动工业转型升级和绿色发展、构建资源节约型和环境友好型工业体系的重要抓手。

【软件和信息技术服务业】

2017 年软件和信息技术服务业销售收入 29.4 亿元，同比增长 0.1%，增幅与 2016 年同期基本持平。积极推动软件和信息技术服务业发展，可从如下方面着手。一是进一步抓好国家《关于软件和集成电路产业企业所得税优惠政策有关问题的通知》（财税〔2016〕49 号）等相关政策贯彻落实。建立软件和信息技术服务业企业服务交流平台，及时沟通情况，宣讲国家有关软件企业优惠政策，使软件企业了解和掌握相关文件精神，落实软件企业所得税优惠政策。2017 年享受软件产品增值税优惠政策的企业数量为 33 家，总减免额为 1914 万元。二是培育创新平台，鼓励支持软件企业设立技术中心。在自治区级企业技术中心的认定中，对软件和信息技术服务企业给予倾斜。目前已累计认定自治区级软件企业技术中心 6 家，有效带动了自治区软件业创新发展。三是推进以内蒙古软件园为主的软件产业发展。大力培育大型骨干软件企业、系统集成企业和拳头产品。积极推进和发展行业软件、嵌入式软件、信息安全、数字娱乐等产品。引导软件企业、系统集成企业向园区集聚，做大、做强软件园区和软件企业。四是开展信息技术服务标准宣贯培训会。2017 年，与内蒙古软件行业协会合作，先后两次召开信息技术服务标准宣贯培训会，推动信息技术服务标准在企业的深度应用，提高企业信息化管理水平。

【电子政务】

内蒙古自治区电子政务外网由自治区经信委负责建设、管理和运维，自治区经信委高度重视电子政务外网管理工作，认真落实完成国家电子政务外网各项工作部署，积极向国家报送自治区电子政务外网工作进展情况。截至 2017 年年底，内蒙古自治区电子政务外网已实现全区四级纵横贯通，是全区覆盖面最大的政务“一张网”。自治区 14 个盟市（含 2 个计划单列市）、101 个旗县（市、区）全部接入电子政务外网。自治区电子政务外网共接入政务部门 8841 个，其中，自治区本级接入政务部门 120 个，接入率达 100%；盟市横向接入部门 1100 个，接入率达 85%；旗县（市、区）横向接入部门 7150 个，接入率达 85%；自治区电子政务外网接入终端达 10 万多台。

自治区委办厅局及部分盟市、旗县业务系统依托自治区统一的电子政务外网云平台进行全面部署，大大降低了建设成本，提升了平台有效利用率。截至2017年年底，云中心共计托管自治区本级27个部门的544台设备，为49个部门分配虚拟机675台，总承载部门业务应用系统572个。

国家电子政务外网管理中心对2017年度电子政务外网工作表现突出的省级政务外网建设运维单位进行表彰。内蒙古自治区电子政务外网获得“保障中央广域骨干网络全年畅通”“较好完成全国政务外网信息普查填报”“信息报送先进单位”3项表彰。

【网络安全】

一是开展了工业信息安全检查和培训，组织自治区重点部门企业召开了工业控制信息系统安全培训会议，对自治区涉及民生的重要工业控制系统进行了调研摸底，参加了工业和信息化部《工业控制信息安全指南》的宣贯工作，并出台了《内蒙古自治区工业领域网络安全工作指南》。向工业和信息化部上报了2017年内蒙古自治区工控安全企业检查自查情况，开展了10个盟市、21个旗县的10家企业工控安全试点回访、22个工控安全试点申报测评工作，总结了部分第一批工控安全试点经验，摸清了2017年工控安全试点企业实际情况，为2018年工控安全试点开展提供了部分思路，为下一步推广开展工业信息系统安全工作打下了基础。

二是开展了自治区政务信息安全灾备日常协调指导工作。2017年，政务灾备中心运维服务单位共为20个厅局提供巡检服务11920次、数据恢复测试服务238次、故障处理697次，配合19家用户单位（131个关键信息系统）组织35次灾难应急恢复演练，演练结果得到用户单位一致认可。灾备中心第一时间启动灾备应急恢复预案，为自治区8个厅局因突发情况导致的10次数据丢失进行了及时、完整数据恢复，避免了因数据丢失引起的损失和影响。

三是开展政务信息安全监测预警工作。2017年，自治区政务信息安全监测预警系统共扫描网页262万多个，发现安全漏洞176万多个，经研判确认漏洞1075个，同比新增漏洞114个，其中，高危漏洞173个，中危漏洞313个，低危漏洞609个。根据漏洞危险程度及时通知有关部门480多次，督促有关部门依据监测预警信息整改漏洞440个；圆满地完成了党的十九大、自治区庆祝成立70周年期间政务网络安全监测预警工作。

辽宁省信息化发展概况

【信息基础设施】

2017年，辽宁省信息通信基础设施建设取得良好进展，基础电信企业（含铁塔）完成固定资产投资92.5亿元。2017年年底电话用户为5532.9万户，其中，固定电话用户为777.2万户，移动电话用户为4755.7万户。2017年年底，固定电话普及率为17.8部/百人，移动电话普及率为108.9部/百人。2017年年底，4G移动电话用户为3271.3万户，占移动电话用户的比重为68.8%。2017年年底，移动互联网用户为3936.8万户，比2016年年底增长11.5%，其中，手机上网用户达3808.2

万户，同比增长 13.3%。2017 年移动互联网接入流量达 8.66568×10^{8}GB，比 2016 年增长 1.0 倍。移动通信能力持续增强，互联网宽带接入端口规模稳步增长，全省新增移动通信基站 3.1 万个，总数达到 20.8 万个。其中，4G 基站全年新增 2.8 万个，总数达到 10.9 万个，同比增长 34.4%，在全部移动基站中的占比提升到 52.7%。3G/4G 基站总数达到 15.1 万个，在辽宁省移动通信基站中占比超过 7 成，达到 72.7%，移动宽带（3G/4G）网络覆盖能力稳步提升。

信息通信业与辽宁省脱贫攻坚战略相结合，抓住契机，充分利用国家电信普遍服务项目，加快农村地区信息通信基础设施建设，补齐脱贫攻坚信息化短板，有效消除城乡“数字化鸿沟”。2017 年，农村宽带用户总数达到 213.7 万户，在固定宽带用户中的占比达到 20.2%；城市宽带接入用户达到 844.9 万户，同比增长 12.5%。

【两化融合】

（一）持续推动两化融合管理体系贯标

辽宁省组织了 4 期企业两化融合贯标培训，培训企业 200 余家，推动全省规上工业企业开展两化融合自评估、自诊断、自对标工作。新增 19 家企业完成 2017 年国家两化融合管理体系贯标，绘制完成 2016 年两化融合数据地图。

（二）开展制造业与互联网融合发展试点

组织推荐东软集团“智能工厂解决方案应用推广”等 21 个项目申报国家制造业与互联网融合发展试点，东软集团和沈阳机床集团成为国家试点。推动沈阳机床集团“iSESOL 工业云平台”应用迈上新台阶，沈阳机床集团已在浙江等地联合地方政府建设 7 个智能制造共享基地，已有近 5000 余台 i5 机床连接云平台，制造能力“分享经济”模式初见雏形。

（三）推动工业互联网发展试点

组建工业互联网产业联盟，聚焦联盟成员优势资源与能力，指导并依托辽宁省工业互联网联盟推动第一批工业互联网百家试点企业发展，培育全省工业互联网典型企业，加强与试点企业沟通，组织试点企业参加工业互联网专题培训，指导试点企业做好工业互联网相关工作。上报《辽宁省促进工业互联网发展情况报告》；支持辽宁省工业互联网联盟筹备召开“2017 年工业互联网（大连）峰会”。积极贯彻落实《国务院关于深化“互联网+先进制造业”发展工业互联网的指导意见》（国发〔2017〕50 号）文件，制定《辽宁省人民政府关于深化“互联网+先进制造业”发展工业互联网的实施方案（征求意见稿）》，征求相关部门意见，待上报辽宁省政府同意后发布。

（四）保障政务外网互联互通

辽宁省政务外网上联国家外网、下联各市外网、横向连接 135 家省直部门（单位），保持互联互通，为各类业务应用系统建设提供网络支持。一是开展全省电子政务外网基础设施、业务应用、网络安全和运维等情况调查。二是制定各市外网建设工作考核指标，并纳入政府绩效考核，推动市级外网向县（区）、乡镇、街道延伸。三是推进辽宁省政务外网与铁岭市外网互联互通，自 2017 年 4 月 8 日起，实现辽宁省政务外网与各市电子政务外网的互联互通。四是增加辽宁省政务外网的互联网出口，提升政府部门和公众用户的网络使用体验。经请示辽宁省政府主管领导同意，由辽宁省信息中心会同辽宁联通、辽宁移动组织实施，为辽宁省外网增加 2 条 10GB 的移动互联网出口专线，目前已完成建设。五是推进辽宁省电子政务外网数据中心资源利用，新增受理业务 23 项，其中，新增接入业务 11 项，外网迁移和托管业务 7 项，应用 5 项。

（五）协调三网融合发展

2017 年辽宁省 IPTV 用户达到 260 万户、广电互联网宽带用户达到 36 万户。一是组织各市及省直相关部门全面梳理前期工作，编写《关于全省三网融合工作情况的汇报》。二是以问题为导向，研究制定全面推进三网融合工作的任务和措施。经请示辽宁省政府主管领导同意，下发了《关于在全省范围全面推进三网融合工作深入开展的通知》，将各市三网融合推进工作纳入政府绩效考核指标。三是召开系列三网融合推进工作协调会，协调处理问题、宣传相关政策；听取了铁岭市三网融合办公室的情况汇报，现场督察锦州、本溪、营口、铁岭和阜新等部分地市，促进各市三网融合工作有序开展。四是开展三网融合技术产品供需调研，筹办产业发展对接活动，促进相关产业发展。五是完成了锦州、丹东、营口三市电信普遍服务试点验收，代辽宁省政府草拟《做好 2017 年度电信普遍服务试点申报准备工作的通知》，积极争取中央财政补贴，促进农村网络通信基础设施建设。六是落实工业和信息化部《工业电子商务发展三年行动计划》。转发工业和信息化部《工业电子商务发展三年行动计划》，围绕网上采购、互联网营销、供应链管理、信息追溯、个性化定制等关键环节，开展省级工业电子商务试点，推进工业企业电子商务创新发展。

【电子信息产业】

2017 年，辽宁省电子信息产业总体延续了稳中向好的发展态势，其中，电子信息制造业持续回升，软件和信息技术服务业继续平稳运行。根据辽宁省统计局提供的数据，截至 2017 年 12 月底，辽宁省电子信息产业实现产值 2795 亿元，同比增长 8.4%，增速较 2016 年同期回升了 4.9 个百分点，其中，电子信息制造业实现产值 787 亿元，软件和信息技术服务业实现主营业务收入 2007.8 亿元，全年总体呈向好态势（见图 1）。

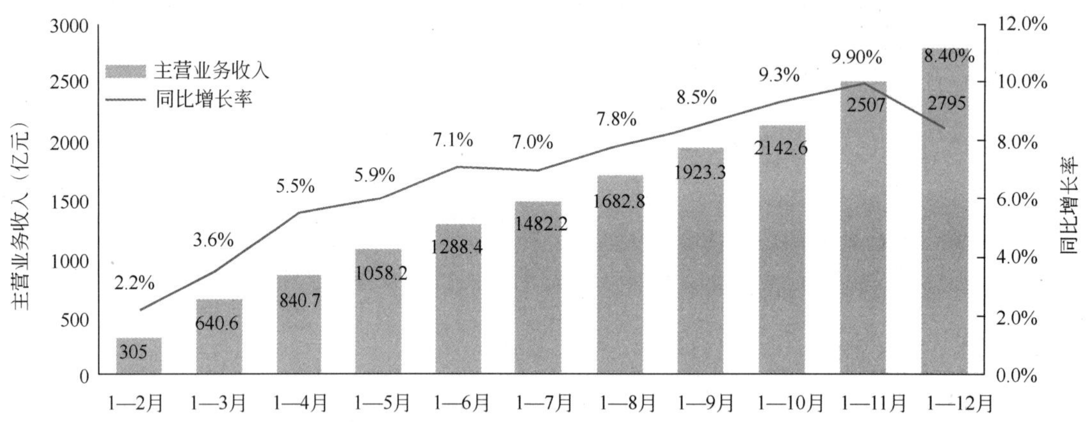

图 1　2017 年辽宁省电子信息产业收入情况

（一）电子信息制造业

电子信息制造业实现产值 787 亿元，按可比口径计算，2017 年电子信息制造业产值同比增长 18.4%，其中，沈阳、大连两市电子信息制造业共实现产值 641 亿元，占辽宁省电子信息制造业实现总产值的 81.4%；出口交货值 361 亿元，同比增长 21.6%。

辽宁省电子信息制造业总体保持回升态势。截至 2017 年 12 月底，辽宁省电子信息制造业继续保持回升态势，增速较 2016 年同期回升了 15.6 个百分点。在电子信息制造业重点子行业中，集成电路产业受大连市英特尔拉动，继续保持快速发展态势，产值同比增长 111.6%；光伏产业的阳光能源等发展较快，产值同比增长 34.7%，较 2017 年 11 月底又提升了 6.1 个百分点；数字视听产业受同方多媒体、华录集团等快速增长的拉动，继续保持增长，产值同比增长 12%，与 2017 年 11 月底增速基本持平；现代通信产业的晨讯希姆通等发展较好，产值同比实现 30.1%的增长，较 2017 年 11 月底提升了 2.5 个百分点（见图 2）。

产品出口继续保持增长。截至 2017 年 12 月底，辽宁省电子信息制造业产品出口同比增长 21.6%，比 2016 年同期提高了 29.2 个百分点。重点出口地区大连市，受视听产品、计算机外围设备及电子元件等出口增长较快影响，出口同比增长 22.4%，增速比 2016 年同期提高了 19 个百分点；受现代通信、新型元器件等出口增长拉动，沈阳、阜新出口同比增长分别达到 46.7%、24.8%。

重点企业发展平稳。辽宁省电子信息制造业重点监测企业发展继续保持平稳态势，截至 2017

年 12 月底，产值同比增长 7.7%。其中，阳光能源新产品投放市场以来，一直供不应求，产值同比增长 153.2%；英特尔非易失性存储器产能持续释放，产值同比增长 232%；晨讯希姆通的无线通信模块的应用持续大幅增长，订单饱满，产值同比增长 53.7%；同方多媒体、亨通、华录集团积极适应市场需求，产值同比增长分别达到 22.1%、23%、12.6%。

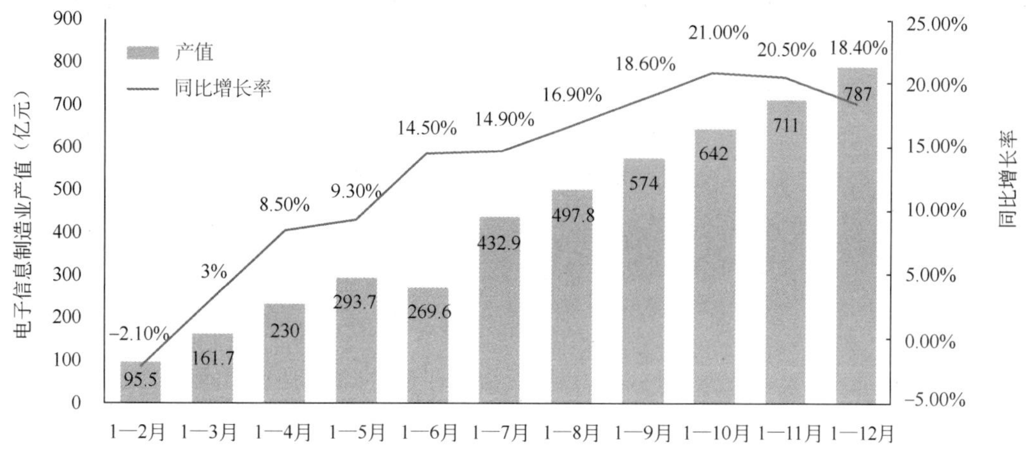

图 2　2017 年辽宁省电子信息制造业收入情况

（二）软件业

2017 年，受宏观经济形势下行和市场需求不振的影响，辽宁省软件和信息技术服务业发展增速趋缓，按照工业和信息化部确定的统计口径，实现主营业务收入 2007.8 亿元，同比增长 4.9%。

促进产业集聚。辽宁省软件和信息技术服务业主要集聚在沈阳市和大连市，两市软件和信息技术服务业主营业务收入占全省比重为 98%。通过推动软件产业集群发展，促进产业集聚，全省重点产业集群——沈阳浑南软件和电子信息产业集群、大连软件和信息技术服务产业集群实现平稳发展。

不断优化产业发展环境。积极开展产业调研，协同有关单位和经信委内有关处室，走访沈阳、大连、鞍山、丹东、营口、锦州、辽阳、盘锦和沈抚新区共 100 家企业，数次召开专题会议讨论修改，认真听取行业专家和企业代表意见，结合辽宁省实际情况，编制了《辽宁省信息产业发展实施方案》，引导当前及今后一段时间产业发展。深入推动辽宁省与华为公司开展合作，围绕智能制造，辽宁省经信委委与华为公司开展了多次研讨；推动沈阳市与华为公司签订《华为沈阳云中心项目合作协议》，深入推动华为软件开发云应用推广，打造智能制造云，建设城市产业云，带动软件产业创新发展。积极帮助企业开拓市场，组织辽宁省内近百家企业参加了第五届中国电子信息博览会、第十五届中国国际软件和信息服务交易会（大连）、第二十一届中国国际软件博览会、第四届中国智慧城市创新大会（沈阳），展示了辽宁省信息产业发展的良好形象和独特优势。

大力发展工业软件。大力发展工业软件产品及智能制造整体解决方案，推动物联网、工业互联网、云计算、大数据等新一代信息技术在工业企业中的应用，组织了“2017 年度国产工业软件优秀解决方案展示对接会——大连专场”。中国仿真云平台成功上线；大连华信的智能制造项目有力提升了中车集团的信息化水平和核心竞争力；积极开展与江苏对口合作，着力推动大连华信与中国中车南京浦镇车辆公司的合作，大连华信研发的精益物流、智能制造等软件解决方案已全面应用，企业运行效率提升了两成，生产差错率降低了八成。

推进新一代信息技术。积极推动物联网产业的发展，依托辽宁物联网产业联盟，重点在全国推广应用“互联网+电梯安全”产品服务，打造物联网示范应用新名片。协同开展人工智能发展情况摸底调研，形成《关于人工智能发展情况有关建议的报告》，提出在智能制造、机器人、机器视觉、机器翻译等领域重点加大支持力度，扶持在这些领域已经具有自主核心技术的企业做大、做强，确保辽宁省人工智能科技水平跻身全国前列。

【信息安全】

（一）组织开展政府系统信息安全监管

以政府对外办公网站为基础，以检查网站防攻击、防篡改、防渗透、防病毒注入和信息安全制度合规性为重点，组织开展2017年度政府系统信息安全检查。通过检查，发现、指导、整改一大批信息安全隐患和问题。检查结束后，组织技术机构出具权威的检测报告和有针对性的整改意见。

（二）推进信息安全保障能力建设

辽宁省政务系统信息安全监控平台经过二期建设，目前已具备在线监控、防御加固和系统分析功能，可以监测政府网站和重要信息系统安全态势，实现对接入网络“预警、追踪、分析、加固”的“四合一”在线监管和服务。

（三）强化关键信息基础设施安全保障

一是组织开展信息安全技术和相关标准培训，组织各类大型培训21场，培训省、市及重点行业技术骨干2850人。二是组织技术力量对辽宁省14个市、100余家省直单位，以及金融、电力等重要系统的3500余套关键基础设施相关数据进行收集、整理和汇总，并形成基础数据库。三是根据辽宁省工作部署组织开展安全抽查，共对15套关键基础设施所在单位进行检查，并对每个被检单位出具了规范、翔实的信息安全检测报告。

（四）开展工业领域信息安全保障建设

一是通过文件部署、座谈调研、技术培训等方式，对20家有代表性的工业控制系统相关企业进行了调查摸底，所撰写的调研报告已上报工业和信息化部。二是下发多个文件，部署开展工业企业基础管理、信息通报、应急保障等工作，现已取得积极成效。三是出台《辽宁省工业控制系统信息安全应急工作指南》，为企业信息安全应急工作提供基础管理、监测通报、安全监管、研判处置、技术支撑等方面的规范指导和服务。

吉林省信息化发展报告

【信息基础设施】

2016年，吉林省电信业围绕实施网络强国战略，推动网络提速降费，提升4G网络和宽带基础设施水平，积极推动移动互联网、物联网等新型信息服务。2016年吉林省电信行业完成电信业务总量529.2亿元，同比增长50.1%；实现电信业务收入186.0亿元，同比增长6.2%；完成电信固定资产投资59.4亿元。吉林省固定电话用户达520.3万户，其中，城市电话用户为404.9万户，农村电话用户为115.4万户；移动电话用户达2654.8万户，其中，3G移动电话用户为338.6万户，4G移动电话用户为1394.4万户。吉林省电话普及率达115.4部/百人，移动电话普及率达96.4部/百人。吉林省互联网宽带用户440.0万户，同比增长3.0%；光缆总长度达411095千米。

2016 年，吉林省广播人口综合覆盖率达 98.68%，吉林省电视人口综合覆盖率达 98.77%；有线广播电视用户为 526.41 万户，其中，数字电视用户为 493.20 万户。吉林省共设立广播电视播出机构 61 个，其中，广播电台 10 个，电视台 10 个，县级广播电视台 41 个。吉林省有公共广播节目 73 套、公共电视节目 76 套；已建设有线广播电视传输干线网络 9.85 万千米，有线电视入户率达 52.13%；形成了全省“一张网”的有线电视网络产业格局。三网融合不断拓展，广电网络视听节目监管平台投入运营，IPTV 用户累计近 130 万户，有线电视双向数字覆盖用户 465 万户。

电子政务外网支撑智慧政务建设的能力不断提升，接入外网部门累计达 40 个，横向接入部门 505 个（2016 年分别新增 7 个、115 个）。“无线城市”广泛应用，累计活跃用户达 384 万户，点击量为 5500 万次，门户访问量达 3.33 亿次，全国排名第 10 位，上线民生、政务、旅游等领域应用 900 余项。

【电子信息制造业】

2016 年，吉林省电子信息制造业继续保持稳步增长，产业规模进一步扩大，纳入统计口径的规上企业达 194 家，同比增长 3%；从业人员为 3.2 万人，同比下降 5.6%。

（一）行业运行稳中有升

规模总量增速趋缓。2016 年，吉林省电子信息制造业累计实现产值 569.8 亿元，同比增长 6.3%；累计完成工业增加值 138.9 亿元，同比增长 8%。电子信息制造业实现产值增速高于全省工业产值增速、完成工业增加值高于全省工业增加值，分别高 0.7 个百分点、1.7 个百分点。

光电子行业态势良好。激光产品产销两旺，长春新产业和永利激光等生产的半导体激光器、二氧化碳激光器产品产销同比增长 20%左右，市场前景看好。LED 显示及照明产品持续增长，长春希达 LED 显示屏产销同比增长 5%，因市场竞争激烈，公司订单有所减少；中科光电交流 LED 产销逐步增长，应用领域逐步扩大。医疗电子产品高速增长，赛诺迈德的全自动生化分析仪产销量同比增长 50%以上，长春科英生产的激光治疗机等产品产销量同比增长 40%以上，国内外市场回暖。

汽车电子行业稳步发展。车载汽车电子装置产销量增长较快，启明信息车载信息终端产销量同比增长 30%以上；航盛宏宇车载音响产销量同比增长 7%，市场逐步回暖。汽车电子控制装置配套能力进一步提升，大陆电子生产的车身控制模块、电子燃油喷射系统、车门电子控制单元等产品产销量同比增长 10%以上。

电子元器件行业发展势头良好。功率半导体分立器件新老产品产销量增减不一，吉林华微整流二极管产销量同比增长 10%、MOS 类晶体管产销量同比增长 13%、老产品双极型晶体管产销量同比下降 20%左右，市场逐步萎缩。电子元器件产品产量快速增长，吉林华微固态电容产销量同比增长 40%以上，市场前景良好；吉林麦吉柯铝栅工艺 CMOS 产销量同比增长 30%，市场需求旺盛。

（二）产业结构调整步伐加快

1. 集成电路产业基础进一步夯实

吉林省 3 家设计企业和 1 家制造企业稳步发展，在国内外的影响力逐步提升。

高端 CMOS 图像传感器快速发展。长光辰芯 CMOS 图像传感器设计达到科学级水平、国内领先，已开发的 10 余种新型标准 CMOS 图像传感器广泛应用于科研、高端工业应用、高端监控、智能交通、生物医疗等领域，公司销售收入翻番增长。为进一步提高设计和制造能力，该公司正在进行高端 CMOS 图像传感器项目建设，项目建成后将为吉林省集成电路产业发展提供新动能。

8 英寸新型电力电子元器件生产基地开工建设。吉林华微现有 3 英寸、4 英寸、5 英寸、6 英寸等多条功率半导体分立器件及 IC 芯片生产线，芯片加工能力为 400 余万片/年，封装资源为 50 亿片/年，是中国半导体行业功率器件五强企业之首。为加快产品更新换代、提升产品档次，该公司正在建设 8 英寸新型电力电子元器件生产基地，开拓新市场、新领域。项目总投资 39.86 亿元，将形成年产新型电力电子器件芯片 96 万片的生产能力，形成新的经济增长点。

2. 新能源电池产业快速发展

锂离子动力电池水平国内领先。吉林中聚是锂离子动力电池制造商，公司在新产品开发、新工艺改造方面加大投入，开发生产的大容量、高倍率、长寿命锂离子动力电池达到国内领先水平，为一汽客车、富奥研发等公司产品配套；同时，为长春净月电动汽车换电站供电，产品的安全性、续驶里程、充放电倍率等指标均得到用户的认可与好评。目前，该公司与全球最大的电动车制造商 Smith 公司签订了总量达 1 亿安时的战略合作协议，公司创新能力和生产能力将得到大幅提升。

锂离子电池隔膜打破技术壁垒。鸿图隔膜引进韩国生产技术和设备，率先在国内生产高端湿法隔膜，其高品质的锂离子电池隔膜打破了国内高端隔膜依赖进口的技术壁垒，产品通过了三星、LG、住友、帝人等国内外知名企业认证，在 ATL、力神、骆驼、比克、比亚迪等巨头锂电池企业广泛应用。随着新能源汽车产业的发展，锂离子电池隔膜市场潜力巨大，发展前景看好。

（三）新旧动能转换进程加快

通过引导支持技术水平高、市场前景好的现有电子产品生产线升级改造，引领支持市场潜力大的新型小家电扩大产能，培育电子信息制造业新的增长点，培育产业新动能。

高端 LED 大屏幕显示器产能倍增。长春希达公司高端 LED 大屏幕显示器已达到国际先进水平，具有超强可扩展性、大面积和超大面积无缝拼接、色彩鲜艳等特点，竞争优势明显。为满足订单需求，吉林省工业和信息化厅引导、支持该公司对原有的高端 LED 大屏幕显示器生产线升级改造，扩大产能。目前，项目已完成全部投资，新增生产线 45 条，产能扩大 2 倍，投产达效后将形成新的增长点。

全自动生化分析仪竞争优势提升。赛诺迈德全自动生化分析仪质量处于国际同类产品中上等水平，价格处于中低水平，具有较高的性价比，在国内、国际市场具有较强的竞争优势。吉林省工业和信息化厅引导、支持该公司年产 400 台全自动生化分析仪项目建设，增加新品种，培育新增量。目前，项目已完成全部投资，基本建设完毕，投产达效后将形成新的增长点。

新型小家电取得突破。延吉意来富氢净水机采用的核心部件“氢气发生装置的汽水分离器”是国家发明专利产品，其综合性能已超过韩国、日本同类产品水平，代表了未来高端净水机的发展方向。吉林省工业和信息化厅引导、支持该公司建设保健富氢净水机生产线，开拓电子信息产品新领域。项目已完成总投资的 94%，项目建成后，将成为吉林省新型小家电领域新的增长点。

二氧化碳激光器扩能增效。永利激光中功率封离式二氧化碳激光器是高光束质量、低成本、寿命长的新一代激光器，在材料加工、医疗美容等多个领域广泛应用。为满足不断增长的市场需求，吉林省工业和信息化厅引导、支持该公司对现有的二氧化碳激光器生产线进行升级改造，扩大产能。目前，项目已完成全部投资，投产达效后将形成新的增长点。

（四）推动新业态、新模式发展

车联网应用示范项目落户吉林省。2016 年 11 月 1 日，工业和信息化部、吉林省人民政府在长春市共同签署了《关于基于宽带移动互联网的智能汽车与智慧交通应用示范合作框架协议》。启明信息公司作为应用示范承担单位，联合一汽集团、北京航空航天大学、吉林移动等多个合作单位在长春净月国家高新技术产业开发区共同开展智能驾驶、智能停车场、绿色出行、共享汽车、智慧路网、智慧物流和智慧车生活 7 个方面的应用示范。应用示范的顺利开展将为一汽集团实施“挚途”战略提供有利契机，并为吉林省汽车产业与电子信息产业的融合发展创造新的机遇。

双创平台初见成效。2016 年 2 月，长光 T2T 创业工作室被科技部评定为国家级众创空间；7 月，被吉林省科技厅批准为“第四批吉林省技术转移示范机构”。目前该工作室共吸引创客项目 70 余个，项目涵盖医疗健康、机器装备、节能环保、“互联网+”等多个领域，其中成功实施转化项目 4 个，累计融资 5750 万元。吉林省光电子产业孵化器被科技部认定为国家级 A 类科技企业孵化器，目前在孵企业 58 家，服务企业约 95 家。2016 年签约入驻企业 18 家，组织入孵企业申报项目 15 个，申请经费 740 万元。在孵企业长光睿视“非特定谱段大视场多光谱相机”项目获 2016 年“创客中国”大赛小微企业组二等奖。

【软件和信息服务业】

2016 年，吉林省软件业务收入实现 511.3 亿元，同比增长 16.2%，增速比 2015 年上升了 0.2 个百分点，高于全国平均增速；实现利润总额 43 亿元，同比增长 13%，增速比 2015 年上升了 1 个百分点，从业人员达 4.8 万人。

为更好地推动软件和信息服务业公共服务平台升级，在原有 4 个模块基础上，吉林省设计推出创业创新、投融资、软件外包等 6 个服务模块，提供相应服务。积极协调吉林省国税、财政等部门落实软件产业相关优惠政策；推进信息技术服务标准化，制订 ITSS 宣贯培训和应用示范计划及培训方案。

2016 年，围绕落实“中国制造 2025”“互联网+”等战略，吉林省以智能制造为目标，研究出台产业政策，突出推动“四新”（新技术、新模式、新业态、新产业）发展，加快人才培育，强化基础设施，着力推动制造业与互联网、制造业与服务业融合发展，经济发展新动能初步形成。

为加快推动吉林省信息化和软件服务业发展，吉林省努力把政策制定转化为凝聚共识、协同创新、联合推进的过程。编制《信息化“十三五”规划》，提出八大任务，规划 49 个重点工程，以制造业与服务业、制造业与互联网融合发展为切入点，推动工业转型升级。制定《吉林省关于深化制造业与互联网融合发展的实施意见》，明确融合发展目标，提出建立双创新生态、发展跨界融合新产业等任务。

【两化融合】

据中国电子信息产业发展研究院（赛迪集团）2016 年发布的两化融合发展报告，吉林省两化融合发展水平指数达 65.75，较 2015 年提高 5.1，增长率为 8.4%，位居全国第 22 位。

吉林省推进企业两化融合管理创新，持续推荐国家级贯标试点企业，亚泰集团等 7 家企业入选国家第三批两化融合管理体系贯标试点，国家贯标试点累计已达 27 家。组织两化融合试点示范，一汽轿车、合心机械等 21 家企业被评为省级两化融合（智能制造）试点。开展两化融合评估诊断，推动 1000 余家企业开展自评估、自诊断、自对标。

开展试点示范，确定长春新区为首批试点开发区，培育吉林通用机械等 10 家制造业服务化试点企业。加强政策宣贯，组织融合发展、技术、案例等方面宣讲活动 12 场（次），1000 余家企业参加。发展工业软件和系统解决方案，组织制造业企业与软件企业对接合作，培育了东杰科技、斯纳欧等系统解决方案软件服务商。

【培育新产业】

发展集成电路产业，组织华微电子、长光辰芯等吉林省重点集成电路企业和吉林大学电子科学与工程学院开展人才专项对接，推动长春光机所、长春长光辰芯公司、吉林省创新投公司组建长光圆辰微电子技术有限公司，促进 CMOS 图像传感器产业发展。推动“吉湾一号”CPU 在长春市朝阳区试点应用。

发展云计算、大数据产业，推动云计算、大数据中心建设，吉视传媒枢纽中心等 6 个大中型数据中心投入运营，提供数据灾备、存储等业务服务，并引进华为、浪潮、软通动力等知名 IT 企业，提供云计算、大数据产业发展技术支撑。推动医药、纺织、建材等行业云平台建设，通钢自信医药工业云、吉林化纤纺织云、亚泰集团虚拟云建设完成并上线运行。

推动车联网应用示范项目落户吉林省。2016 年 11 月 1 日，工业和信息化部与吉林省人民政府在长春市共同签署了《关于基于宽带移动互联网的智能汽车与智慧交通应用示范合作框架协议》，推进“吉林省基于宽带移动互联网的智能汽车与智慧交通应用示范”建设，为吉林省汽车产业与电子信息产业的融合发展创造新的机遇。

【农业信息化】

2016年，吉林省结合现代农业发展需求，加快推进农业信息化建设。

（一）筹划建设吉林省农业卫星数据云平台

农业卫星数据云平台已完成整体架构体系设计，包括云计算中心平台的系统架构、大数据分析平台的系统架构、服务应用平台的系统架构。开发完成了作物识别、农业气象、长势监测等省级应用模块，并完成了全省气象数据下载整理、数据转换及全省玉米、水稻种植地块识别、面积识别。

（二）打造全国性电商平台，扩大电子商务覆盖面

吉林省承担全国农产品促销平台建设、运营和管理工作，并在全国进行推广。同时，农业部同意利用全国平台推广吉林省开犁电子商务平台，并协调有关省市推动开犁电商在省外落地，目前已经在新疆等9个省（自治区、直辖市）20个县实现落地。2016年农业部将吉林省列入全国农业电子商务10个试点省之一，已自行新建开犁电商网店1300个，组织市县开展电商培训600多期，培训电商人才6万多人。

（三）全面推进信息进村入户，实现公益服务与增值服务有机结合

2016年，吉林省在8个县（市、区）开展信息进村入户试点工作，为双阳、伊通、公主岭、永吉、东辽、通榆、敦化7个县（市、区）投入补助资金266万元、计算机105台。2016年，为8个试点县开发建设了县级三农平台，建设益农信息社1310个，培训村级信息员15450人次，益农信息社“12316”语音咨询人数达35万人次，益农信息社提供短彩信服务5万条次，提供便民服务4万人次，便民服务金额达2500万元，益农信息社电子商务交易额达5925万元。通过试点建设，实现公益服务与增值服务有机结合。

（四）整合服务平台，提升服务能力

完成了“12316”三农服务热线语音平台、短信平台、媒体平台和远程视频平台整合的全部工作，实现运营商全方位接入。两档广播、一档电视节目全部迁入平台进行直播或录播，不定期编发《信息直通车》，网站平台共发布各类信息约1.3万条。

【重大举措】

编制《吉林省信息化“十三五”规划》，提出八大任务，规划49个重点工程，以制造业与互联网融合发展为切入点，推动全省工业转型升级。

印发《吉林省关于深化制造业与互联网融合发展的实施意见》，明确融合发展目标，提出建立双创新生态、发展跨界融合新产业等任务，为全省信息化发展提供重要的政策支持和制度保障。

印发《吉林省推进制造业与服务业融合发展行动实施方案》，组织开展巡讲宣贯、试点示范、总结模式、推广对接工作。

【存在问题】

一是复合人才缺乏，中小型企业缺乏既懂管理又懂信息化的人才，企业信息化专业人员缺失，业务集成难度大。二是认识参差不齐，国有企业及大型企业重视融合发展，部分企业建立了CIO（首席信息官）制度，资金和技术具备优势，两化融合程度较高；中小企业对两化融合认识度不高，经营理念多限于传统方式。

黑龙江省信息化发展概况

【两化融合】

2016年，黑龙江省大力推进信息化和工业化深度融合，装备、食品、石化、医药等重点行业两化深度融合扎实推进，信息技术在企业研发、生产、经营、管理、销售等业务环节的应用不断加深，促进企业技术、产品、模式和机制创新。两化融合管理体系贯标在推动企业业务流程再造、组织管理模式创新等方面发挥积极作用，参与贯标试点的企业数量逐年增加，哈电机、西林钢铁、飞鹤乳业、中航哈飞、中蓝石化、东安汽发等7家贯标试点企业已通过工业和信息化部评定成为两化融合管理体系贯标达标企业。黑龙江省"互联网+工业"行动计划加速实施，一批企业依托自身优势，在远程运维、智能供应链等方面积极开展"互联网+"应用，基于"互联网+"的新模式、新业态不断涌现。两化融合评估诊断和对标引导为企业明确两化融合发展重点和定量目标，以及探索科学、分类、定量、持续推进两化融合的新模式提供了重要参考依据，全省累计参与两化融合评估诊断和对标引导的企业达849家。黑龙江省工业云信息化服务平台汇聚了大量的信息化应用和资源，为企业开展智能制造、"互联网+"应用和双创提供支持。

【农业信息化】

（一）健全信息服务体系，夯实现代农业信息化基础

网络架构覆盖全省，提高农业信息资源利用率。经过多年的建设，黑龙江省建设了以省级网络平台为核心，横向连接省直涉农部门及科研院所，纵向延伸到13个市（地）、108个县（市、区）、899个乡镇和5000多个行政村的网络构架，全省农村和农垦系统基本实现光缆到村（场）、宽带到户，形成了上下贯通、纵横衔接、互为支撑、各有侧重、内外融合、覆盖全省、安全畅通、资源共享的现代农业信息网络。

服务体系完善规范，推动信息服务有序发展。全省建成了省、市级有中心，县、乡级有服务站，村级有服务点的五级农业信息服务机构。全省专兼职信息员达13600人，开展信息员培训数万人次；建立了省、市、县1026人的农业信息服务专家队伍，全省农业信息服务覆盖率保持在100%。制定、修订了农业信息网络建设、体系建设、信息采集、技术服务、农业网站建设5项地方标准，使农业信息化走向规范化轨道。出台了《黑龙江省农业信息工作目标考核办法》，把信息化建设纳入全省农业农村工作目标考核内容，实现目标管理。

电子政务保障有力，提升农业管理信息化水平。依托黑龙江农业信息网络平台，开通省农委电子政务信息网，实现了政务信息的网上传递和资源共享，促进了全省农业政务信息公开，提高了公众参与程度，全省农业管理信息化水平得到进一步提高。

（二）提升涉农领域信息化水平，推动"互联网+农业"落地

提高在农业管理部门间的信息技术应用水

平。在全国率先挂牌成立省级农业大数据管理中心，开发了全省农业大数据综合服务系统平台。目前，省级农业大数据平台已经建成覆盖全省农业农村领域的 16 个信息化应用云平台和 85 个子系统应用框架，初步完成 60 个子系统模块的研发工作，正在开发建设全省农业执法管理、农产品质量安全监管等 21 个新增业务系统。

提高在农业生产经营中的信息技术应用水平。以加快信息技术在农业生产、经营、管理、服务领域应用为重点，建设省级农业物联网管理平台。平台以全省 1316 个农业高标准示范基地为基础，以 124 个样板基地为重点，将分布在 13 个市 60 多个县区的农业生产管理视频监测设备接入省级农业物联网系统，实现了农业物联网数据云端存储、农业生产可视化监控。

提高在优势农产品营销中的信息技术应用水平。黑龙江省农委按照统筹全省、营销全国的理念定位，组织开发建设了具有营销、物联网、质量追溯、大数据、信息服务、电子商务六大功能的黑龙江大米网，创造了“一键点全省，一网卖全国”的营销新模式。截至 2017 年 9 月，大米网总交易量达 3.6 万吨，交易额为 2.2 亿元。在大米网建设了全省 13 个市地方馆、67 个县（区）的在线商城，上线企业 599 家、产品 7739 种，其中，大米企业 197 家，大米品类 714 种。通过大米网集中展示了优质黑龙江大米，实现了全过程、一体化展示销售。

提高在农产品质量安全中的信息化应用水平。为提高黑龙江省农产品质量保障水平，省农委搭建了面向公众的农产品质量安全追溯公共服务平台，涵盖粮食、果蔬和食用菌等六大类品种，已为 625 家企业、合作社提供追溯服务，其中绿色有机食品企业 266 家，全省超过 50%的绿色有机食品企业及其产品进入了省级平台或第三方追溯平台。

提高在农村社会化服务中的信息技术水平。黑龙江省作为全国信息进村入户工程整省推进10个示范省之一，省政府、省农委给予高度重视，将本项工程作为 2017 年重点工作推进。整省推进的各项工作已经全面部署，顶层设计方案已经完成，建设目标已经明确，各项制度标准已经建立。2017 年年底前，按照“六有”标准，在已建设完成的 1400 个益农信息社的基础上，全省新建村级益农信息社 7405 个，总数达到 8805 个，实现全省行政村全覆盖。信息进村入户工程建设将彻底解决信息服务“最后一公里”问题，成为覆盖农村、立足农业、服务农民的“信息高速公路”。

（三）深度挖掘信息服务能力，促进现代农业丰产增收

目前黑龙江省已形成了以黑龙江农业信息网络为核心，以电视、广播、报刊为辅助，以“12316”农业信息服务热线和手机短信为抓手，以开展专项信息服务为重点，具有黑龙江省特色的农业信息服务模式，信息服务针对性强、及时、方便、快捷的特点越来越突出。据统计，通过各级农业信息网络发布的涉农信息达 800 余万条。其中，黑龙江农业信息网络平台年发布信息量保持在36万条以上，年均发布惠农短信 41 万条，播放农业视频 326 期，全省有 8 个市、62 个县（区）开办了农业信息电视节目；乡村广播《信息大市场》《惠农热线》《惠农直播室》等节目，每周提供农产品市场信息服务，并电话解答农民咨询；全省各市利用“12316”三农热线开展信息咨询服务 20 万人次。

【知识产权信息化】

建成了黑龙江省全领域专利数据库。目前，全领域专利数据库含国内专利数据约 1000 万条；含国外专利数据约 6000 万条。

建成了黑龙江省农业机械专题专利数据库。该数据库由黑龙江省知识产权局指导、援助，与黑龙江省农业机械工程科学研究院合作建立。

建成了中外专利文摘数据库及专利信息分析系统。该系统由黑龙江省知识产权局与有关专业部门合作，覆盖全省 13 个市级知识产权局。

建立了省级知识产权人才库。完善了省内知识产权人才信息资源共享机制，整合全省知识产权人才信息资源，加强对省内知识产权专家、领军人才和高层次人才的信息管理和使

用，加强省内千名知识产权人才的选拔与培养。

黑龙江省知识产权局主动了解企业的专利信息需求，根据不同行业、不同专业的不同需求，有针对性地为企业提供专利信息数据包，提供专利信息统计数据及专利技术的区域分析、技术领域分析、申请人分析等，为企业的创新发展提供全方位的专利信息服务。

【教育信息化】

（一）“三通两平台”建设稳步推进

黑龙江省中小学实现宽带接入的比例已达85.23%；全省中小学配备多媒体设备的普通教室达49960间，占教室总数的67.02%。

全省以“名师课堂”形式授课5720学时，以“名校网络课堂”形式授课3311学时。全省开通网络学习空间的学校达985所（占18.63%），开通教师网络学习空间73902个、学生空间535160个。

黑龙江省建设了省级教育数据中心。教育管理公共服务平台已完成中小学生学籍信息管理系统等10个系统的部署和应用，还将陆续部署15个管理系统。许多市、县（区）的教育资源公共服务平台在教育、教学中发挥着重要作用，省级教育资源公共服务平台已完成主要功能的开发及与国家教育资源公共服务平台的对接，正处于试运行阶段。

（二）组织网络安全宣传周活动

黑龙江省于2016年9月19—25日开展主题为“网络信息人人共享，网络安全人人有责”的国家网络安全宣传周活动。组织省内各地教育网站、各级各类学校和厅直属单位进行了网络安全漏洞整改工作，全年完成漏洞整改63个。

（三）组织开展教育信息化专项培训

组织全省中小学校长、教育局局长参加国家培训。组织45人参加了国家《教育厅、局长教育信息化》专题培训、40人参加《教育部—中国电信中小学校长网络人人通》专题培训。2016年10月完成150人教育信息化技术支持服务人员培训，同年12月举办三期教育信息化进展系统专题培训，共培训420多人。

（四）完成全省未联网学校情况摸底调查

完成黑龙江省未联网学校情况摸底调查。截至2016年3月底，全省有1107所（10月底有943所）学校未联网。未联网的原因有：一是大部分学校实际无生源，为待撤并状态；有些学校地处偏远，无网络接口；有些学校因经费不足，无力承担接网费用。

（五）完成第一批教育信息化试点验收工作

2016年4月24日至5月7日，黑龙江省教育厅组织省内外15名教育信息化专家分3组，对省内教育部第一批教育信息化试点单位进行了验收，在全省28个试点单位中，优秀单位为8个，良好单位为14个，合格单位为4个，暂缓试点单位为2个。

（六）加大对学校信息化建设的投入

黑龙江省教育厅2016年支出1.8亿元用于信息化，从国家支援地方高校建设和省“高校强省”资金支出2000万元用于高校信息化建设。

【人社信息化】

2016年黑龙江省出台了《黑龙江省人力资源和社会保障厅“互联网+人社”2016年行动计划》，并以互联互通、数据共享、业务协同为原则，再造各项业务流程、简化办事程序，推进一体化公共服务平台、电子政务体系建设，“互联网+人社”工作取得了积极成效。

（一）建设一体化公共服务平台，在服务公众和企业方面发挥实效

进一步梳理各项行政审批业务流程，建设一体化公共服务平台，在性能上实现安全、高效、便捷、整合。对个人和单位采用短信认证和CA数字签名的认证方式，引入身份证实名注册、手机注册、微信查询等业务，截至2016年年底，黑龙江省人社厅互联网网上服务大厅注册个人用户20万人，单位注册1.55万家，用户

总登录访问数量165万人次，除在黑龙江省政府行政审批网办结的业务之外，其余行政事项已办结542项。

移动互联网与自助终端得到广泛应用。开通了部分人社业务微信查询功能，可查询社会保障卡基本情况、社保基本情况、就业基本信息等。公众手机App用户总计访问5.5万余次，微信公众号关注3.5万人，发送手机省直医疗保险和网上办事大厅短信100万条，查询各项人社业务500万次。为了方便公众持卡进行业务查询、自助办理养老保险生存认证，全省各地（市）系统部署自助一体机4428台、小型便携式移动认证终端44500台。

完成城镇职工养老保险企业端互联网平台开发建设，参保单位在互联网上即可实现业务办理，已在哈尔滨、大庆先行启动应用试点，已办结业务事项32万项。

（二）持续推进电子政务体系建设

在社会保障方面，围绕社会关注的机关事业养老保险、省级异地就医结算等工作完成了相关24个信息系统的开发工作，启动了城乡居民医疗保险、工资福利、电子档案等信息系统建设。

在就业方面，完成了大学生就业创业系统、劳动用工备案、灵活就业社保补贴等46个系统的升级改造。

在人事人才方面，启动了职称评审等5个系统的云计算改造。

（三）进一步完善省级大数据平台，利用大数据为人社工作科学决策提供支持

对已进入省级数据平台的业务进行流程再造和服务模式改造，同步推进核心业务系统的全省统一应用。

逐步整合各地原有分布式系统，统筹推进新建信息系统纳入“金保”工程，统一部署。

推进数据的省级集中，制定数据部署原则与共享信息指标，促进数据共享和业务协同。在此基础上，黑龙江省人社厅运用大数据手段，建立统计分析及决策支持系统，开发相关软件，为领导决策提供技术支持。

（四）“互联网+人社”提升了信息汇聚能力

黑龙江省人社厅积极开展数据交换和共享工作，建设了统一的数据开放平台，在保证信息安全和个人隐私的前提下，将非涉密、非敏感的公共数据资源和服务资源向社会合规开放；同时统一规范数据采集和应用标准，定期与公安、税务、民政、工商、质监、疾控、监狱管理局、编办等部门交换数据；聚集整合参保缴费、待遇享受、工资收入、人才流动等业务数据，启动电子档案信息系统建设。向黑龙江省政府开放职业资格证书、专业技术资格证书共80项证照信息的核验接口。

【国土信息化】

（一）电子政务建设

黑龙江省国土厅建设完成了适合省、市、县三级的统一电子政务平台，实现三级国土资源主要业务的网上报卷、流转审批、过程督办、结果查询、意见反馈等全流程的信息化、网络化管理，提高了行政效率，为全面提升全省国土资源管理水平提供了有力技术保障。黑龙江省国土厅地政、矿政、环政、行政等主要业务实现电子化管理、网络化办公，全省县级以上单位主要业务实现电子政务，乡镇级单位实现网上信息报送。

（二）“互联网+政务服务”

以集群式网站为核心，以贴近大众需求、提升政府形象、增强服务功能为宗旨，建设政务信息公开、行政审批结果查询发布、地质资料服务、信息咨询等网上管理体系，实现政务公开、在线办事等功能，发挥规范行为、接受监督、维护权益、服务社会的作用，全面提升全省国土资源管理部门的对外服务能力。

（三）信息安全

黑龙江省国土厅网络系统运转以来，严格按照上级部门要求，积极完善各项安全制度，充分加强网络安全工作人员教育培训，全面落实网络

安全防范措施，全力保障网络安全工作经费，网络安全风险得到有效降低，应急处置能力切实得到提高。

【电子政务】

（一）电子政务外网网络基础建设水平进一步提高

2016年，黑龙江省电子政务外网与13市（地）的骨干连接线路全部升级完成，50家单位的线路升级也基本完成（除3家暂时不具备施工条件外），运行正常。通过对政务外网核心设备配置调整，实现了与联通新VPDN设备的互通，并下放相应政务外网业务地址，最终可实现原VPDN用户通过新VPDN设备接入政务外网。

（二）电子政务业务应用推进工作进展顺利

黑龙江省构建了覆盖全省统一的电子政务网络，承载了多种应用，典型的应用包括政务外网信息发布和公开网站、政务值班、电子公文传输、网上行政审批、网上电子监察、政务信息传输系统、基础数据库、办公自动化系统（本部门和跨部门）、视频会议系统等。同时，基础业务系统广泛应用，作用发挥显著。此外，积极推进加快电子政务集约化发展工作，黑龙江省公共资源交易平台建设一期工程顺利完成。

（三）信息安全保障工作日渐完善

2016年，黑龙江省电子认证工作取得突破性进展。黑龙江省区域CA按照国家电子认证体系“双证双中心”的建设要求，完成了密钥管理中心（KM中心）和认证中心（CA中心）建设，顺利通过国家合规性审查和现场终验，分别取得了国家密码管理局颁发的《电子认证服务使用密码许可证》、工业和信息化部颁发的《电子认证服务许可证》，为黑龙江区域CA中心的建设和发展，以及构建全省可信网络空间提供了重要的资质保证。2016年，黑龙江省各类电子政务数字证书累计发放78000余个。

2016年5月，黑龙江省分别完成了黑龙江省电子政务外网中心平台网络系统、黑龙江省政府网站、黑龙江省电子政务网网站、黑龙江省办公厅协同办公系统、黑龙江省电子公文传输系统的等级保护测评、定级、备案测评工作。

（四）“互联网+公共服务”创新应用不断升级

2016年，黑龙江省调整了省政府门户网站首页的部分栏目位置，并新建了6个栏目。配合国办完成黑龙江省政府网站基本信息修改、处理网站关停申请审核等工作。完成了对全省1460家政府网站的核查监测工作；完成28952条信息的采集、编辑、发布、监查工作；共完成44个图文、25个专题、22期新闻发布会现场报道、41期政务访谈的制作及发布工作；加载省政府文件、省政府办公厅文件125个，实现了及时、准确发布信息的目标。

上海市信息化发展概况

2016年，上海市发布了《上海市大数据发展实施意见》《上海市加快制造业与互联网综合创新发展实施意见》《上海市工业互联网创新发展应用三年行动计划》等纲领性文件；信息化应用全面渗透民生、城市管理、政务等领域，数字惠民效果逐步显现。

【信息基础设施】

截至2016年年底，上海市光纤到户覆盖总量达941万户，比2015年年底增加31万户，实际使用用户数达到515.74万户，比2015年年底增加54.62万户；固定宽带用户平均可用下载速率达14.03Mbps，比2015年年底提高2.72Mbps；下一代广播电视网（NGB）覆盖744万户家庭，比2015年年底增加24万户；全市第三代移动通信技术（3G）和第四代移动通信技术（4G）用户总数达到2390.09万户，比2015年年底增加178.82万户。开展i-Shanghai服务优化升级，公共场所服务场点累计开通1400余处，比2015年年底增加近600处。互联网网民数为1791万人，互联网普及率为74.1%。城市公共区域WLAN接入热点累计达13.72万个。互联网宽带接入用户804.12万户，比2015年年底增加119.30万户。互联网省际出口带宽8.59TB，比2015年年底增加2.99TB；互联网国际出口带宽1.08TB，比2015年年底增加0.16TB。IPTV用户数达230万户，同比增加53万户；数字电视用户数达562万户，同比增加20万户。

2016年全年，上海市完成邮政业务总量564.25亿元，比2015年增长46.3%；电信业务总量1101.73亿元，比2015年增长41.2%。邮政业全年完成邮政函件业务8.26亿件、包裹业务272.86万件、快递业务26.03亿件；快递业务收入709.51亿元。2016年年底固定电话用户达731.62万户，其中，住宅电话达421.80万户；移动电话用户达3156.14万户，比2015年年底减少103.79万户。移动电话用户普及率为130.7部/百人。

【电子信息产业】

电子信息制造业结构调整成效显著。2016年全市电子信息制造业实现工业总产值6045亿元，实现利润212亿元，同比增长11.1%。新一代信息技术制造业实现工业总产值超过2141亿元，同比增长3.7%；集成电路产业规模首次超过千亿元，达到1053亿元，同比增长10.8%。集成电路产业链呈现均衡化发展良好态势，其中，IC设计业规模达365.24亿元，同比增长20.3%；芯片制造业规模达261.99亿元，同比增长21.4%；封装测试业规模达312.81亿元，同比下降5.8%；设备材料业规模达112.56亿元，同比增长14.2%。重点电子组装加工企业继续为全市工业稳增长发挥支撑作用；中芯国际新建产线项目、华力二期项目及和辉二期项目顺利开工建设；上海集成电路产业基金正式注册运营，首期基金规模为280亿元；全市物联网产业规模已达千亿元，相关企业超千家，部分关键环节已具备国际产业竞争力。

【软件和信息服务业】

软件和信息服务业经济运行呈现稳中趋缓态势。2016年，上海市软件和信息服务业实现营业收入6904.35亿元，同比增长14.1%；实现增加值1963.79亿元，同比增长11.9%，占第三产业比重达到10.1%，占全市生产总值7.1%。其中，软件产业实现营业收入4074.16亿元，同比增长14.2%；实现利润总额623.35亿元，同比增长17.1%；软件从业人员达到50.2万人，经营收入超亿元企业444家，超10亿元企业58家；互联网信息服务业实现营业收入1720.33亿元，同比增长20.7%；电信传输服务业实现营业收入710.85亿元，较2015年略有增长。上海市具有一定规模的信息服务产业基地逾50个，规划用地面积47平方千米，建筑面积1270万平方米，其中，经认定的市级信息服务产业基地有41个，全市信息服务业基地聚集全市70%以上的软件和信息服务企业及60%以上的经营收入，信息服务基地单位土地产出水平达到130亿元/平方千米。

【智慧城市】

（一）智慧生活应用建设全面深化，民生服务水平显著提升

智慧健康应用进一步深化。建成市、区、社区卫生中心“三位一体”的综合管理平台，65家试点社区卫生服务中心开展平台对接。上海健康信息网覆盖全市16个区600余家公立医疗卫生机构的居民电子健康档案平台，实现诊疗信息查询、预约挂号、专家咨询等一站式医疗服务。上海健康云上线运行，注册用户达115.6万人。完成医

联影像云平台项目医联大数据影像协同平台与医联影像协同服务云平台建设，医院信息化水平全面提升。建成综合为老服务门户平台，为政府部门、养老机构、市民等提供统一的综合为老信息服务。全市80%市级政府网站及区级网站完成无障碍改造，推出“无障碍数字图书馆”等多项无障碍成果。

教育教学与公共文化智慧应用体系逐步完善。上海教育网全面覆盖，约2000千米的教育专用光缆网络运行稳定。教育资源中心整合27000个资源、697门课程，实现优质教育资源共建共享与互联互通。上海大规模智慧学习平台（上海微校）上线试运行，为市民提供个性化在线学习服务。文化上海云整合全市16个区及下级街道乡镇共400多家文化场馆和社区文化中心信息，注册用户达106万人。上海图书馆微信服务号使用量全年累计达228.8万次，微阅读累计点击量21.1万人次，网络文学原创作品成果丰富，数字内容产品和服务稳步发展。

智慧旅游综合服务水平不断提升。全年“962020”旅游热线呼入电话约5.3万通，接通率100%，完成全市188家社区旅游公共服务点的布点。旅游景点人流量监控系统已实现景区实时人流量和舒适度指数及时掌控。旅游电子合同平台累计签订合同50.8万份，涉及游客158.4万名，收集游客反馈信息9207条。建立旅游气象服务中心，实现对距中心城市位置较远的17个A级景区气象预测服务。“上海天气”微信平台累计发布871篇图文消息，收获450余万次总阅读量，完成“社区气象安全一点通”升级改版并实现全市300多个社区全覆盖。

智慧交通服务与管理体系稳步深化。全市公交站亭1600余块液晶显示器（Liquid Crystal Display，LCD）55寸显示屏、1700余块太阳能电子站牌、近100根自带电池电子站杆实现车辆实时到达信息发布，交通信息二维码服务覆盖全市4600多个站点，“上海公交”App实现1074条公交线路、14000辆公交车的实时到站信息发布，日访问量超200万次。建成上海公共停车信息平台，全面接入全市经营性公共停车场（库）和道路停车场信息。建成上海市网络预约出租汽车监管信息平台，网络约车、共享单车等共享服务模式趋势明显。

公共服务信息化应用更加多元化、人性化。市民云平台用户超过606万户，实现与近30家机构数据互联，为市民提供公共事业账单、三金、信用报告、月度及年度税单、菜价、新闻、天气空气等近60余项民生信息服务。付费通电子账单处理及支付系统（Electronic Bill Presentment & Payment，EBPP）平台注册用户数突破650万户，为上海1/3家庭提供了账单服务，并在全国40余个城市上线水电煤网上缴费，平台年交易额约100亿元。智能快递柜等终端广泛应用于市民日常生活服务。

（二）智慧经济应用体系趋于完善，支撑产业转型创新发展

深化制造业与互联网融合发展，促进传统制造业转型升级。完成一批智能制造重大项目试点示范，4个项目入选工业和信息化部2016年智能制造试点示范项目名单。建立都市电网电能绿色管理平台、虹桥商务区低碳能效综合管理平台、大气有害物质传感器监控试点等一批节能减排项目，有效提升绿色智能制造水平。上海振华重工（集团）股份有限公司、上海电气集团股份有限公司、上海赛科石油化工有限责任公司等大型骨干企业利用信息化手段，持续加强海洋装备数字化车间、能源资产优化管理、生产能耗监控等建设。上海市中小企业服务互动平台集聚上线的服务机构360家，累计服务档案34703条，面向中小微企业的信息化服务水平提升。推荐15家市重点企业成为工业和信息化部贯标试点企业，10家试点企业通过两化融合贯标评定。

金融业信息化不断深化，互联网金融整体健康规范发展。2016年互联网金融经营收入达496亿元，同比增长28.5%，其中，第三方支付收入达到300亿元，提供ApplePay快捷支付服务和HCE云闪付服务的银行数量分别达到14家和20家，移动金融应用安全芯片数字认证银行增加至6家。扎实开展互联网金融风险专项整治行动，探索建立健全上海市P2P行业监管机制，启动上海市金融业态检测分析平台，建成上海市金融信息产业促进服务平台，保障互联网金融业态稳定健康发展。

商贸流通信息化水平继续领先，推动经济创新发展。2016 年上海市实现电子商务交易额超 2 万亿元，同比增长 21.9%，其中，B2B 交易额超 1.4 万亿元，同比增长 17.3%，网络购物交易额 5603.7 亿元，同比增长 35.4%。上海市电子商务“双推”工程遴选服务平台 12 家，扶持推动“双推”平台企业新签约中小企业客户共计 1817 家，其中包括上海市中小企业 1538 家。评选出携程网、1 药网、洋码头、飞牛网等 55 家市级电子商务示范企业，嘉定电子商务产业园被评为“国家优秀电子商务示范基地（20 强）”。上海国际贸易单一窗口 2.0 版累计货物申报用户 5000 个，服务企业超过 17 万家，货物申报超过 1000 万份。

农业信息化体系逐步完善，智慧农业效果明显。上海为农业综合信息服务平台覆盖全市 1391 个涉农行政村，基本建立市、区、镇、村四级信息服务支撑体系。“12316”三农服务热线全年咨询服务量达 4855 人次，下乡进社区活动共 263 场次。持续推进农业大数据试点，积极开展农业大数据资源目录、大数据统一标准体系、上海农业综合信息管理平台等建设。蔬菜园艺场、稻米生产基地等场所深化农业物联网应用。

（三）智慧治理建设体系不断深化，推进城市治理精细化发展

城市精细化综合治理能力增强。建成城市管理综合信息共享交换平台，基本实现委办局间跨行业、跨平台基础数据共享调用；网格化管理系统全面覆盖全市 16 个区，划分万米网格 4 万多个、责任网格 1829 个，部件总数达 1202 余万个，持续强化社会治理“大联动、大联勤、微治理”能力。开展绿化市容综合监管信息系统完善工程，实现全行业 30 多个业务子系统数据交换共享；建立绿化市容地理信息共享平台，进一步提升城市治理协同执法能力。启动长三角区域空气质量预测预报系统建设，建立一系列污染源管理系统，环境质量监测网络布局与综合治理体系持续完善。智能电网、智慧照明、智慧水网等建设持续深化。

城市运行安全管理应用持续推进。公安网虚拟化平台完成 61 个业务系统部署，自建及联网复接监控探头达 10 多万个，杨浦、宝山等区持续推进重点区域客流分析预警平台建设，城市公共安全信息化应用持续深化。完成“上海市食品安全监管和信息服务平台”整体项目与“上海市食品安全信息追溯平台”深化，实现食品安全领域 10 多个业务系统近 200 万条数据的跨部门共享与 9 大类 20 项重点食品及食用农产品全程感知溯源。建成安全生产事故隐患排查治理信息系统，形成涵盖安监部门、各级监管单位、企业的安全生产事故隐患排查治理体系。

城市土地房屋管理不断完善。全市共有 62 个项目经评审成为建筑信息模型（Building Information Modeling，BIM）技术应用试点项目，其中，政府投资工程 49 个，社会投资工程 13 个。2016 年新增 260 个 BIM 技术应用项目，持续推进基于 BIM 项目的一站式并联审批平台建设。编制完成《不动产登记数据库标准》，稳步推进不动产登记信息平台建设，“上海物业”App 实现全市 1500 个住宅小区覆盖应用。

【电子政务】

电子政务环境支撑体系不断优化。政务外网市级骨干网接入 1400 多家市级单位，接入终端超过 17500 台，2016 年基于市政务外网共开展 160 多项业务应用。区二级政务外网总接入 7400 多家单位，终端超过 113000 台。完成公务网、骨干网六大子系统升级改造和市级网络中心建设工作，持续深化人口、法人、空间地理三大基础库建设与管理，为全市电子政务应用建设提供可靠的基础数据支撑。

电子政务应用建设稳步推进。开展上海市电子政务云建设顶层设计，出台《上海市电子政务云建设工作方案》，稳步推进上海电子政务云建设。完成市级事中事后综合监管平台框架搭建与部分功能模块，建成 16 个区级子平台，初步构成综合监管与专业监管相结合的事中事后监管体系，为全市 147.88 万法人单位发放 185.52 万张有效“一证通”数字证书。46 家市级部门累计编制资源目录 1.6 万多条、数据项达 23 万个，初步建立上海市政务数据资源目录体系；累计向社会开放涵盖 12 个重点领域的 1100 项数据资源。

电子政务公共服务渠道继续完善。完成“中

国上海”门户网站改版，全年首页访问量达到3427万页次，页面访问量达到4.7亿页次。网上政务大厅实现审批事项100%接入，以及260余个市级服务事项、3000余个区级服务事项接入。完成社区事务受理信息系统二期优化升级，实现9个条线18个系统180多项受理事项的统一受理界面及数据接口开发。“12345”市民服务热线接听市民电话272万个，同比增长36.27%，共转送工单120万件，工单办结率99.5%。“上海发布”政务微博发布信息9000余条，粉丝增至1172万人，微信用户突破260万人，日均阅读量超过80万次，“市政大厅”功能页面总访问量达3.9亿次，15项便民查询服务日均访问量达35万次，影响力位列省级政务微信首位。

公共信用信息服务平台建设深入推进。上海市公共信用信息服务平台汇集可查询数据约3.13亿条、法人数据约1064万条、自然人数据约3.04亿条，累计提供查询2224万次。举办“2016上海十大信用典型案例评选”活动，稳步推进长三角区域“三个一”工程建设，深化社会信用体系区域合作。

【信息安全】

信息安全管理能力全面提升。安全等级保护范围基本涵盖城市运行安全、国计民生的重要领域，2016年上海市新增备案信息系统2135个，其中三级以上信息系统542个。积极推进网络与信息安全应急基础平台建设，加强基础网络安全监管与保障；完成本市1.4GHz频段网络建设的环境清理和干扰排查，强化无线电安全管理；通过互联网安全网站服务平台完成公安备案7600家，备案完成率97%；开展20多个净化互联网环境专项行动，市公安局全年共检查互联网网站7000余家次，清理违法信息6万余条，关闭网站栏目700余个，处罚网站320余家次，停机整顿网站11家次；全年累计对本市12个分布式控制系统（Distributed Control System，DCS）、数据采集与监视控制系统（Supervisory Control And Data Acquisition，SCADA）系统开展安全等级测评；对31家重要工业控制系统运行使用单位的409套工控系统开展专项调查，发现、通报并整改涉及上海市工业控制系统的安全漏洞26处。

信息安全服务保障体系稳定可靠。2016年整体网络与信息安全态势良好，未发生大规模或高危害的网络与信息安全事件；完成市公务网骨干网六大子系统升级改造，完成市级网络中心建设。2016年参加信息安全月报工作的单位206家，共有39家单位发生信息安全事件，全年重点单位黑客攻击约7万例、计算机病毒5.1万台次、自身原因造成的信息系统瘫痪3起，收到反动及黄色内容邮件6053封；开展“上海市党政机关、事业单位和国有企业互联网网站安全专项整治行动”；完成全市977个信息系统安全测评；建成个人网上身份统一认证平台，累计发放数字证书300万张。信息安全产业年经营收入达到46.77亿元，涌现出一批优秀的信息安全骨干企业。顺利开展第三届国家网络安全宣传周（上海地区）暨第六届上海市信息安全活动周，成功举办2016信息安全技能竞赛（ISG），开展面向广大市民的一系列网络安全宣传教育活动，提高全社会网络安全意识。

江苏省信息化发展概况

2016年，在江苏省委省政府的正确领导下，江苏省上下紧紧围绕“两聚一高”建设目标，深入贯彻党的十八大、十八届三中、四中、五中、六中全会和习近平总书记视察江苏重要讲话精神，落实“五位一体”总体布局和“四个全面”战略布局，牢固树立创新、协调、绿色、开放、共享的发展理念，抢抓机遇、开拓创新，大力推进信息化与工业化深度融合，推动互联网与各产业的融合创新，大力推进智慧江苏建设，加快打造江苏信息化升级版，深化经济、社会各领域信息化应用，全省信息化实现了科学持续发展。信息化在稳增长、促改革、调结构、惠民生中发挥了重要作用，对经济发展和转型升级的支撑引领作用显著增强。

【取得成效】

（一）信息化发展位居全国第一方阵

江苏省信息化发展总体水平在全国的位次实现了再进位、再提升。2016 年，江苏省信息化发展水平指数达到 89.17，位居全国第 5 位、省区第 2 位（仅次于浙江省）。信息资源开发利用指数达 59.22，位居全国第 1 位。区域两化融合发展水平指数达到 97.37，连续多年保持全国领先。全省信息经济总量达到 20981 亿元，增幅为 24%。

（二）信息基础设施支撑能力大幅提升

大力实施“宽带中国”战略，电信、广电五大运营商 2016 年投入 464 亿元。截至 2016 年年底，全省光缆线路总长度达 280 万千米，互联网宽带接入端口达 3572.2 万个，宽带接入用户为 2877.2 万户；移动互联网用户达 7436.9 万户，4G 基站建成超过 20.9 万个，实现所有市、县主要城区全覆盖，无线接入 AP 数量累计超过 36 万个，免费 WiFi 已覆盖城市公共热点地区；有线电视普及率达 95%，IPTV 用户超过 700 万户。南京市成为新增的 7 个国家级互联网直联点之一，全省 IDC（互联网数据中心）规模已超过 6 万个标准机架，江苏省网络节点实现了跨越式提升。

（三）两化深度融合全面带动智能转型

江苏省企业两化融合应用效益指数为 135.94，连续三年名列全国第 1 位；企业两化融合发展指数为 61.6，列居全国第 1 位。规模以上企业关键管控软件普及率达到 49%，重点管控系统覆盖率达到 25%。制造业与互联网加快跨界融合，制造业信息化指数为 54.2，居全国第 1 位。服务业与制造业渗透融合，全省生产性服务业占 GDP 比重达到 30%以上。全省推广应用机器人 2000 台以上，行业机器人密度（每万名员工使用机器人台数）达到 60 台左右，核心装备数控化率达到 60%以上。全省累计有 4 个项目入选国家智能制造试点示范项目计划，26 个项目获得国家智能制造专项支持，1 个项目（不含南京）入选中德智能制造合作试点示范。累计建成省级智能示范车间 388 个，经验做法得到国务院总理李克强批示肯定，并被工业和信息化部向全国推广。两化融合百强企业水平列居全国第 1 位，创建两化融合示范区 48 个，认定两化融合示范企业 390 家、试点企业 2495 家。

（四）电子信息产业发展势头十分迅猛

2016 年，江苏省软件与信息服务业务收入达到 8166 亿元，居全国第 2 位，其中，进入全国软件百强企业 10 家，在主板、创业板上市的软件和互联网企业达到 20 家，在新三板上市的软件和互联网企业达到 150 家，软件从业人员接近 110 万人。电子信息产业实现主营业务收入达到 32718 亿元，同比增长 6.4%，居全国第 2 位，仅次于广东省。物联网、云计算、大数据等新兴产业规模和增速领跑全国；全省物联网产业实现业务收入 4610 亿元，近 6 年的年均增长达 28%；全省大数据产业规模达到 700 亿元，创建了云计算大数据公共服务平台 30 多个，亿元以上大数据骨干企业超过百家。信息技术与制造技术融合进一步加快，计算机、通信设备等制造业对先进制造业贡献占比达 29.71%，居各行业之首。

（五）政务信息化创新应用迈上新台阶

建成江苏省政务服务骨干网，13 个省辖市及 48 个县（市）全部建成“12345”政府公共服务平台，积极打造政府网站群，应用政务微博、微信等新媒体，开拓信息发布和公众交流新渠道。大数据在公安、食品药品、安监、财政等领域的综合开发利用进一步深化，“警务大数据”工程汇聚整合内部业务数据 435 类 525 亿条、社会数据

349 类 76 亿条。金融 IC 卡在公共交通、便民支付、社会保障、医疗卫生、园区管理、公积金、移动支付等领域得到普及应用。

（六）重点行业电商平台形成较大规模

截至 2016 年年底，江苏省 7000 多家大中型企业已基本实现电商应用全覆盖，建立了销售、供应链管理等互联网应用模式，行业电子商务平台超过 300 家，已崛起一批在全国具有较大影响力的 B2B 平台型企业，苏宁易购、远东买卖宝、中国制造网、红豆商城、5R 网、宏图三胞、同程网等企业列入国家电子商务示范，其中，中国制造网已成为全球采购商网购中国产品的重要渠道；焦点科技、金陵钢铁、无锡不锈钢等 10 家综合性电商服务平台和 20 家行业特色电商服务平台在线交易规模超过 3 万亿元，同比增长 30%。农村电商发展初具规模，宿迁市正常经营网店已超3.2万家，成为江苏省农村电商网络创业新高地。

（七）互联网新业态、新模式持续涌现

互联网经济呈现蓬勃发展良好态势。江苏省信息消费规模达到 3600 亿元，年均增速超过 10%。全省 95%以上大中型企业建立了销售、供应链管理等互联网应用模式，行业电子商务平台超过 300 家。全省互联网企业超过 2000 家，营收增长达 57.8%。江苏省市共建互联网产业园（众创园）45 个。互联网信息服务收入达到 2300 亿元，增长 17%，“互联网+”商贸、餐饮、教育、金融、旅游、文化娱乐等新业态、新模式层出不穷，涌现出苏宁云商、途牛旅游、同程旅游、焦点科技、蜗牛数字、365 网络和好享购物 7 家全国互联网百强企业。

（八）民生领域信息化应用成效显著

苏州、无锡、淮安等城市被列入国家信息惠民首批试点城市。城乡居保信息系统已覆盖 1560 万城乡居民，社保卡持卡人数达到 5549 万人。建成一批“智慧医疗—数字化示范医院”，发放居民健康卡近 500 万张，区域卫生信息平台初步实现居民电子健康档案管理、医疗机构间信息共享和双向转诊。全面实现“宽带网络校校通”，江苏省教育信息化公共服务平台已覆盖全省 13 个市、联通所有区县和乡镇中心学校，开放资源超过 560 万项。智慧交通“232 畅通网”顺利实施，ETC 实现全国 29 个省（自治区、直辖市）联网，“水上 ETC”在苏北运河全线建成。建成省市两级“智慧江苏”门户平台，110 项智慧应用服务全面上线运行。完成江苏省市农村综合信息服务平台一期工程，县级平台已覆盖全省 2 万多个行政村，覆盖率超过 90%。

（九）智慧城市建设实现健康有序发展

13 个设区市均制定出台了智慧城市建设规划、实施意见、行动计划或推进方案。深入开展国家智慧城市建设试点，扬州、淮安、南通 3 个城市列入首批中欧智慧城市合作试点，扬州市、常州市（含武进区）列入工业和信息化部智慧城市建设试点，南京、无锡、扬州入选科技部智慧城市试点示范，无锡、南通、徐州等 20 个市、县、区列入住建部智慧城市试点，江苏省入选城市规模数量居全国第 1 位。建成全省各级国土资源“一张图”，深化“天地图·江苏”建设，在全国率先构建云架构环境和云 GIS 计算中心。“智慧江苏”平台门户已汇聚社会信息资源 500 多项，接入智慧应用 112 项。

（十）信息安全工作得到快速发展

江苏省、市、县三级信息安全工作管理体系和分类管理工作机制基本形成，制定发布了信息安全管理一系列重要规范性文件和信息安全管理地方标准。增强信息安全保障能力，制定了检查通报、考核评估、培训认证等信息安全管理制度规范，信息安全协同联动渐成常态。建设优化了省级应急指挥平台、省级政务网站及重要信息系统安全监测预警平台等一批信息安全保障基础设施。江苏省电子政务密钥基础设施通过国家安全性审查并投入使用，江苏省电子商务数字证书累积发证超过 220 万张，电子认证服务应用领域和深度逐步扩大。江苏省信息安全企业达到 150 家，信息安全企业数量、产品门类和年产值均位居全国前列。

【主要经验做法】

（一）加大统筹协调推进力度

江苏省提出了“一个长效机制、四项工作制

度、五类评价标准”（上下联动、开放合作、多元化投入的长效机制，目标责任、专家咨询、政府CIO和联络员四项制度，智慧城市、智慧社区、智慧园区、智慧企业、智能车间五类评价标准）的信息化总体推进思路，建立并不断完善政府CIO、目标责任、专家咨询、联络员等工作机制，并会同江苏省财政厅、质监局、统计局等部门加快完善多元化投融资机制、智慧江苏建设标准规范体系和信息资源共享开放体系。江苏省形成了围绕中心、分工负责、上下联动、整体协同的机制，积极有效、科学有序推进江苏信息化建设的崭新局面和良好氛围。

（二）强化信息基础设施建设

在江苏省层面成立了信息基础设施建设组织协调机构，建立了工作协调机制。先后制定了江苏省“十二五”和“十三五”建设发展规划、空间布局规划及相关工作计划。推动江苏省政府下发了《江苏省政府关于加快推进信息通信基础设施建设的意见》和《江苏省政府关于进一步推进信息基础设施建设的意见》。推动江苏省政府先后与中国电信、中国移动、中国联通、铁塔集团公司分别签署了“十二五”“十三五”战略合作协议和专项工作协议，加大信息基础设施建设投入。推动将江苏省设区市城区主要公共区域免费WiFi建设列入省政府年度重点民生工程。加快推进“智慧江苏”门户平台建设。开展以促进高品质宽带网络、工业云和智能终端广泛应用为核心的“企企通”工程建设。制定出台《江苏三网融合推广工作方案》，在全省范围全面推广普及三网融合，组织开展三网融合产品创新大赛。

（三）推进重大信息化示范试点

组织实施年度“智慧江苏”重点示范工程和信息消费应用示范平台遴选，围绕全省民生服务的重点环节、关键业务及信息消费热点领域，突出创新性、引导性和代表性，创建一批示范试点工程。根据企业制造装备升级和企业互联网化提升两个行动计划的要求，不断提升两化融合示范区创建标准，指导帮助园区及区内企业深入推进两化融合。会同江苏省委组织部、江苏省委农工办等部门，分别在经济和社会领域创建一批农村信息化应用示范基地，促进农村信息化应用创新。根据国家相关要求指导江苏省内信息消费试点示范建设，指导江苏省3个信息消费示范城市、6个国家信息消费试点城市开展经验成果推广和试评价，推动全省两批共18个省级信息消费试验区建设。

（四）加快推进两化深度融合

江苏省经信委与德国“工业4.0”倡导机构签署合作协议，以国际先进标准推进制造业转型升级。加快智能车间、智慧工厂建设，提出智能车间示范评价标准，组织认定高端数控机床、工业机器人、3D激光打印装备等首台（套）重大装备及关键部件产品。大力推进智能化改造，组织开展国家智能制造试点示范建设，大力支持省重点智能制造技改项目实施。贯彻落实国务院发布的《关于深化制造业与互联网融合发展的指导意见》，研究出台《关于推进制造业与互联网融合发展的实施意见》，重点明确了推进江苏省企业互联网双创体系建设的目标任务和措施办法。实施两化融合“百千万”工程，制订江苏省企业互联网化提升计划，实施中小企业信息化推进工程和电商拓市工程，在全省开展两化融合环省行和电商拓市环省行活动，有力推进全省两化融合发展。

（五）建设新型智慧城市

江苏省先后出台《关于推进智慧江苏建设的实施意见》《智慧江苏建设行动方案（2014—2016年）》《关于加快智慧城市建设的实施意见》《江苏省新型城镇化与城乡发展一体化规划》等政策规划，提出了建设智慧城市的目标、路径、重点任务和专项行动，推动江苏省智慧城市全面、协调、可持续发展。积极推动国家智慧城市示范试点建设，支持国土、公安、交通等部门开展智慧城市相关应用建设。积极打造政府网站群，全面推进行政权力网上公开透明运行。

（六）建立智慧民生市场化服务体系

江苏省人社厅加快完善信息化公共服务体系，城乡居保信息系统覆盖1560万城乡居民。江苏省教育厅加快推进智慧教育“三通两平台”建设，推出“书香江苏”、E学习、微课大赛等创新特色应用。江苏省卫计委依托江苏省广电网络建设覆盖全省的医疗卫生和智慧健康信息化服务平台，初步实现居民电子健康档案管理、医疗机构间信息共享和双向转诊。鱼跃医疗、康缘药业等企业推出的智慧医疗产品和服务在全国市场占有较大份额。江苏省交通厅加快推进智慧交通“232畅通网”工程、宁沪高速公路综合管理与公共服务信息化示范工程、公众出行交通信息服务系统等投入运行。江苏省旅游局建成智慧旅游数据运行监测中心和旅游目的地公共信息服务三级平台。江苏省民政厅养老和社区信息服务基本实现了全覆盖。

浙江省信息化发展概况

2016 年，浙江省以五大发展理念为引领，积极实施创新驱动发展战略，围绕供给侧结构性改革，以新一代信息技术与经济社会融合创新为主线，加快推进两化深度融合国家示范区建设，突出深化制造业与互联网融合发展，抓好智慧城市项目试点推广，推进农业农村信息化建设，提升网络信息基础设施水平，各方面均取得了积极成效。

【工作成效】

（一）信息化发展水平稳步提升

2016 年 6 月中国电子信息产业发展研究院发布的《中国信息化发展水平评估报告》显示，浙江省信息化发展指数为 95.89，位居上海、北京之后，已连续多年排名全国第 3 位、各省区第 1 位。其中，网络就绪度指数为 89.78，排名全国第 3 位，比 2015 年提高 12.16，主要得益于大幅推进宽带普及和提速工程；信息通信技术应用指数为 98.97，排名全国第 2 位，比 2015 年提高 8.22，主要得益于大力推进企业两化深度融合和电子商务发展，企业信息化应用水平和居民电子商务应用水平显著提升；应用效益指数为 101.95，排名全国第 3 位，特别是技术创新能力和水平处于全国前列。

（二）两化融合发展水平明显提升

根据 2016 年 8 月工业和信息化部研究机构报告显示，浙江省两化融合发展指数为 98.15（排名全国第 2 位），仅次于广东省。重点行业典型企业的 ERP 普及率、MES 普及率、PLM 普及率、SCM 普及率、采购环节电子商务应用、销售环节电子商务应用、装备数控化率等处于全国领先地位，规模以上工业和信息化企业信息化应用水平相对较好。根据工业和信息化部电子科学技术情报研究所统计，2016 年浙江省共有 120 余家企业开展两化融合管理体系贯标工作，其中已有 48 家企业通过两化融合管理体系标准认定。

（三）制造业与互联网融合不断加快

基于互联网的开放式双创平台不断涌现，浙江省已涌现 100 多家市场化、专业化、集成化、网络化的众创空间。以个性化定制、网络协同制造和服务型制造等为特色的智能制造模式不断得到推广，全省重点培育 100 家个性化定制示范试点企业，特别是鞋服行业、装备行业、装饰建材行业的个性化定制效益显现。工业信息工程公司的工业物联网技术已在外资企业、合资企业和国内的制造业上市公司等得以深入应用，通过向制造工厂提供“工厂物联网+智能制造管理软件+信息集成”解决方案，实现制造企业的质量、生产效率双提高和资源能耗的下降。

（四）智慧城市示范试点建设成果显著

在浙江省 20 个智慧城市示范试点项目中，大部分试点城市均已完成了项目建设并投入应用，部分项目已在一定领域或区域范围内取得了良好的应用成效，多项应用成果成为国内、省内或行业领域内首创。“智慧城管”通过移动终端应用实现政府与公众协同互动，初步形成“全民共管”的城市治理新模式；“智慧能源监测”实现全省“万吨千家”重点用能单位能源消费总量的在线监测；“智能电网”建成了全国首个区域分布式电源智能管控系统，打造了服务分布式电源发电并网的“嘉兴模式”。同时，智慧安防、智慧交通、智慧健康 3 个领域的成熟应用项目及商业模式正在向全省范围内复制与推广示范。浙江省累计制定智慧城市相关国家和地方标准超过 40 项。

（五）农业农村信息化建设引领农民增收致富的成效凸显

通过以政府投入为引导、社会力量共同参与的形式逐步形成政府、企业共同支撑的农业农村信息化投入机制，实现农村一体化信息基础设施装备水平不断提高，信息化对现代农业农村公共服务和社会管理的支撑能力不断增强。信息进村入户、基层信息服务站的建设等有效解决农村信息化“最后一公里”瓶颈，促进“服务下移”，真正让广大农民群众共享农村信息化建设的成果。农业农村信息化建设中的示范项目充分发挥互联网、信息化应用、物联网等信息技术，成效明显，具有较好的引领和示范作用，实现了农业生产效率的大幅提高和农民收入的显著增加。

（六）网络信息基础设施发展水平持续提升

制定并实施了《浙江省信息通信业发展“十三五”规划》及《浙江省通信设施建设和保护规定》，大力推进光网城市、宽带中国、光纤到户、无线城市、4G 网络、提速降费等工作。浙江省各市、县和行政村实现光纤网络全覆盖，城市和农村地区宽带网络接入能力分别达到 100Mbps 和 20Mbps；在全国率先开展第四代移动通信（4G）网络建设和业务应用，实现城市、县城、乡镇全覆盖和主要行政村基本覆盖。浙江省已成为中国首个开展部省合作推进 5G 车联网应用示范的省份，已获设立杭州国家级互联网骨干直联点，宽带出口和互联互通能力持续提升，固定宽带普及率和移动互联网户均接入流量均居全国第 1 位。

（七）软件及电子信息产业发展势头良好

2016 年浙江省规模以上电子信息制造业增加值为 1599.9 亿元，同比增长 13.6%；利税总额和利润总额分别为 740.4 亿元和 534.1 亿元，同比增长 7.9%和 8.9%，利润占全省规模以上工业利润总额比重为 12.4%。2016 年浙江省软件产业实现软件业务收入 3600 亿元，比 2015 年增长 18.5%，增速高出全国软件产业收入增速 3.6 个百分点，在全国规模前十的省（自治区、直辖市）中位居第 2 位。全省软件产业实现利税 1398.5 亿元、利润 1163.9 亿元，比 2015 年增长 48.2%和 47.1%，利润占全国软件利润总额比重为 17.7%。收入利润率、研发经费支出占比均居全国第 1 位，分别达到 32.3%和 15.4%，高出全国软件产业的 18.7 个百分点和 6 个百分点。

【主要工作开展情况】

（一）牵头落实推进全省信息化工作

一是召开由分管省长召集、全省 36 个信息化工作领导小组成员单位参加的年度信息化工作领导小组会议，统筹部署全省信息化工作，审议 2016 年信息化重点工作及“十三五”时期信息化领域相关规划。二是发布系列文件资料，指导推进全省信息化工作，包括《浙江省信息化发展“十三五”规划》（“数字浙江 2.0”发展规划）、《2015 年度浙江省国民经济和社会信息化发展报告》《2016 年浙江省信息化工作要点》等。三是联合统计局对全省及 11 个设区市、90 个县（市、区）的信息化发展指数进行评价，并发布《2015 年浙江省信息化发展指数评价报告》，指导各地结合实际、有序开展信息化建设工作。

（二）加快信息化与工业化深度融合

一是组织召开全省两化深度融合国家示范区建设工作会议，传达工业和信息化部有关文件精神，全面部署落实两化深度融合工作。二是发布《浙江省信息化和工业化深度融合国家示范区建设“十三五”规划（2016—2020年）》《浙江省两化深度融合国家示范区建设2016年工作方案》《2016浙江省两化融合发展报告》，完成调研建议《大力推进浙江省“互联网+制造”融合创新发展的对策建议》。三是组织开展浙江省区域两化融合水平评估，对全省11个设区市和99个县（市、区、功能区）的两化融合发展水平进行评估，重点对基础环境、工业应用、应用效益三大类的23个指标进行评价，并发布《2015年浙江省区域两化融合发展水平评估报告》。四是深化省级两化深度融合国家示范区域建设，继续抓好原有的18个省级两化深度融合国家示范区域、7个试点区域建设，深入实施两化深度融合十大专项行动计划，委托第三方开展示范试点区域绩效评价；新创建杭州临安市等8个两化深度融合国家示范区域、台州椒江区等4个两化深度融合国家试点区域，通过集中资金投入，不断推进提升各地两化融合水平。五是组织开展2016年省级两化融合示范试点企业申报工作，以数字工厂（机联网）等八大方向为主要示范方向，在全省评选两化深度融合示范试点企业160家，其中，示范企业为74家，试点企业为86家。六是积极推进两化融合管理体系和标准建设推广行动，向工业和信息化部推荐一批贯标试点企业，报送两化融合评估系统省级数据和大企业双创典型案例材料；针对各地市、县、区信息化负责人和相关企业信息化负责人召开2016年浙江省两化融合管理体系贯标实务培训会。

（三）稳步推进制造业与互联网融合发展

一是贯彻落实“中国制造2025”《关于积极推进“互联网+”行动的指导意见》《关于深化制造业与互联网融合发展的指导意见》等有关文件精神，起草《浙江省人民政府关于深化制造业与互联网融合发展的实施意见（代拟稿）》，上报浙江省政府办公厅。二是起草《推动制造业和互联网深度融合建设浙江制造强省》专报，国办在此基础上向李克强总理呈报了《浙江省推进“互联网+制造”融合加快培育新动能》报告，获国务院、工业和信息化部主要领导批示。浙江省领导在中组部、工业和信息化部联合举办的省级干部“深化制造业与互联网融合发展”专题研讨班上就浙江省制造业与互联网融合发展情况主题进行讲课。三是起草《关于培育个性化定制示范企业的行动计划（讨论稿）》，指导全省个性化定制推进工作，并在鞋服行业个性化定制、装备行业个性化定制、装饰建材行业个性化定制、第三方个性化定制等领域开展2016年省级个性化定制示范试点企业培育工作，在全省范围内确定了要培育的100家个性化定制示范试点企业。四是稳步推进制造业与互联网融合宣贯工作，参与由浙江省委组织部和浙江省经信委联合组织的浙江省深化制造业与互联网融合发展专题研讨班，开展由地方经信部门为主参加的浙江省个性化定制培育工作培训，后续将针对企业开展系列培训。

（四）加快推进智慧城市建设

一是加强浙江省智慧城市建设规划引导工作。明确智慧城市建设重点，特别是在电子商务生态系统、社会治理能力、基本公共服务均等化、生态治理与能源利用等方面做了部署；指导金华市、丽水市等地市开展智慧城市规划的编制。二是推进成熟的智慧城市项目示范推广工作。通过竞争性方式选择杭州滨江、嘉兴桐乡等5个县（市、区）开展智慧安防示范推广工作；在全省范围内开展3个智慧交通、4个智慧健康领域示范推广项目建设。三是开展智慧城市项目第三方评估。委托第三方对20个智慧城市示范试点项目近两年来的建设进展情况进行总结评估，包括项目建设实施方案完成情况、标准化建设情况、财政资金使用情况及产业拉动情况等。四是加大智慧城市建设宣传交流。联合浙江省交通运输厅组织召开全省智慧交通创新大会，组建智慧交通产业联盟，借助世界互联网大会博览会、宁波智博会等集中展示20个智慧城市示范试点项目。五是培育云工程和云服务产业发展。积极开展智慧城市相关产业技术创新综合试点，通过竞争性方式在全省范围内创建5家云工程与云服务、3家工业信息工程公司省级重点企业研究院。六是开展智慧城市示范试点项目验收工作。根据相关管理办法和各责任主体项目验收申请，组织了验收委员会，先后对金华智慧车联网、智慧能源监测项目开展验收。

（五）积极推进农业农村信息化

一是开展浙江省农业农村信息化示范区域创建，新创建杭州淳安县等省农村信息化示范区域5个，截至2016年年底，全省共创建三批共计11个示范区和2个试点区，用于支持农业生产、经营、物流、电子商务、公共服务平台等领域，培育一批省级农业信息化示范项目，形成一批可复制推广的建设经验。二是委托第三方对已批复的浙江省农业农村信息化示范区域集中开展绩效评价，并根据绩效评价结果分类分策推进。三是随浙江省政协赴舟山岱山县开展“送科技下乡”服务活动，面对面交流，开展精准对接服务，支持岱山创建省农村信息化示范区域。四是根据《国家信息化发展战略纲要》要求，在已有的农业农村信息化建设基础上，全面梳理全省网络扶贫情况，并向国家部委报送有关全省“互联网+”精准扶贫的情况，积极参加全国网络扶贫现场推进会。

（六）推进新一代信息技术与产业发展

一是建成国家和省级信息产业基地、园区40余个，培育形成通信和计算机网络、软件和信息服务、通信电缆及光缆、电子信息机电和电子元器件、材料共5个超千亿产业集群和8个超百亿元的基地（园区）。二是推进全省两批22个省级信息经济示范区和10个信息经济特色小镇建设，一批信息经济重点领域的示范项目、重大工程和公共服务平台建设加快推进，有力支撑全省各地信息经济快速发展。三是开展省级软件和信息服务产业基地建设工作，共认定示范基地6个、特色基地6个、创业基地5个，下发基地建设扶持资金8400万元。

（七）着力做好第三届世界互联网大会相关筹备保障工作

一是根据世界互联网大会分工，牵头整个信息化工作组相关工作任务，统筹协调各工作组的职责分工与责任落实，并与相关部门和单位做好沟通对接。二是筹备由浙江省政府、国家网信办和中电科技集团三家联合主办、由浙江省经信委具体承办的数字经济分论坛，包括大会方案的拟定、大会演讲嘉宾和对话嘉宾的邀请、观众嘉宾的组织、现场布置排练、嘉宾演讲内容的收集、会议材料的准备和印发等。三是做好大会相关人员、车辆的制证工作，大会前一个月内完成筹备工作人员、浙江分论坛特邀嘉宾等各类人员及车辆近7000个证件信息的汇总、整理、上报和制证工作。四是完成大会信息化应用系统、大会嘉宾智慧应用系统提升及相关系统安全保障等建设部署工作。

安徽省信息化发展概况

【信息基础设施】

2016年，在安徽省委、省政府的高度重视和坚强领导下，各地、各部门积极落实“宽带安徽”等重大部署，充分发挥安徽省内通信运营企业主力军作用，加快推进信息网络重大工程建设，着力提升信息网络基础设施发展水平和供给能力，为全省信息化建设和经济社会持续健康发展提供了重要保障。

（一）信息网络基础设施不断完善，综合通信能力持续提升

截至2016年年底，安徽省光缆纤芯长度达到2778.1万芯千米，城市地区家庭基本具备光纤接入能力，行政村通光纤比例达到94%；互联网宽带接入端口超过2427万个，互联网省际出口带宽达到5325Gbps；移动通信基站数达到19.7万个，其中，3G、4G基站总数达到14.6万个，占比达到74.1%，移动宽带网络基本覆盖全部行政村。

（二）用户普及程度不断提高，网络服务水平不断升级

截至2016年年底，全省电话总数达到5040.4万户，其中，移动电话数达到4426.5万户，较2015年同期增长3.6%，移动电话普及率达到72.1部/百人，3G、4G用户占比达到71.4%。全省固定互联网宽带接入用户达到1106.4万户，固定宽带家庭普及率为44.6%，其中，光纤到户/办公室（FTTH/O）用户占比为78.8%；移动宽带用户数达到3160万户，移动宽带用户普及率为51.4%。

（三）行业规模稳步增长，推进融合发展的作用日益凸显

2016年，安徽省信息网络基础设施累计投资达到105.4亿元，电信业务总量达到1099.2亿元（按2010年不变单价计），促进互联网与经济、社会深度融合的作用更加突出。各运营企业4G/LTE（长期演进技术）网络高速建设，信息安全、IP化、物联网、云计算、光纤接入（FTTx）、无源光纤网络（PON）等技术得到全面发展和应用，数据中心、云计算平台等应用基础设施与传统产业的渗透融合进程不断加快，催生经济、社会发展新业态、新模式。

【软件服务业】

2016年，安徽省软件服务业积极适应新常态，找准新方位，抢抓机遇，顺势而为，在云计算、大数据、“互联网+”“中国制造 2025”等战略驱动下，软件服务业由弱变强，市场活力持续释放，产业结构不断优化，行业效益稳步提升，创新能力持续增强，全省软件服务业规模突破400亿元，呈现量增质优的良好发展态势。

（一）产业增速位居全国前列

近年来，安徽省软件服务业发展环境持续改善，产业规模呈现快速增长态势，产业步入快速发展期。2016年全省软件服务业实现营业收入425.1亿元，同比增长31%；完成软件业务收入260亿元，同比增长26.5%，增速位居全国前列，高于全国平均水平12个百分点。实现软件业务出口1.5亿美元，同比增长29.7%；完成软件外包服务收入5.6亿元，同比增长27.4。总体而言，安徽省软件服务业实现了“十三五”良好开局。

（二）产业结构持续优化升级

安徽省软件服务业积极调整转型，产业结构更趋合理，新兴信息技术、新模式、新业态成为软件业务成长最突出的领域，软件产品、信息技术服务、嵌入式软件分别实现收入91亿元、148.9亿元、20.2亿元，同比增长6.4%、40.4%、43.7%。产业结构比例由2015年的41∶52∶7调整为35∶57∶8，软件服务化、融合化转型升级趋势明显。

（三）重点骨干企业支撑作用明显

2016年安徽省超亿软件企业达70家，超10亿元企业达8家，其中科大讯飞、四创电子收入首次突破30亿元。20家重点软件企业实现软件业务收入134亿元，对全省软件总收入的贡献率达51%。全省已通过CMMI3级以上认证的软件企业近30家。科大国创成为安徽省第7家上市的软件企业；新三板上市企业60余家，彰显了安徽省软件企业的发展实力和融资能力。

（四）重点领域优势突出

在嵌入式软件领域，安徽省是国内最大的色选机研发和生产基地，大米色选机市场占有率达90%以上，并出口多个国家和地区，2016年美亚光电实现出口1563万美元，秦禾光电实现出口1206万美元。伴随人工智能技术的快速发展，智

能语音产业加快推进，科大讯飞实现主营收入33.2 亿元，同比增长 32.8%。安徽华米智能穿戴市场占有率世界第二、国内第一，2016 年实现收入 15.5 亿元，同比增长 43.5%。

（五）新兴产业培育力度加大

《安徽省促进云计算发展实施意见》等一系列政策激励效果初步显现。宿州华为、尚趣玩、华米科技等一批新兴领域骨干企业高速发展，语音云、政务云、金融云、交通云平台等一批重点工程带动云计算产业快速发展，中国移动（安徽）数据中心、宿州云计算数据中心等重点项目顺利实施，新芜文化创意孵化器、安徽动漫产业园集聚百余家企业，中国（合肥）国际智能语音产业园建成使用，马鞍山软件园、芜湖软件园等一批特色产业集中区规模发展，进一步拓宽新兴产业培育路径。

（六）智能语音产业基地加快建设

2016 年 2 月工业和信息化部正式批复中国语音产业基地为国家新型工业化产业示范基地，“中国声谷”成为首个国家级智能语音产业集聚区。中国（合肥）国际语音产业园孵化园建成，在北京、深圳召开招商推介会及 VR 产业发展论坛、项目路演、创业培训等多场活动，吸引暴风魔镜、深圳协创、杰薇电子等一批规模企业洽谈入园。截至目前，入园企业达 50 家。“粒子空间”逐步完善，中国智能语音产业基地发展步伐进一步加快。

（七）产业集聚效果明显

安徽省依托各地优势，突出发展特色，积极打造特色产业集中区。合肥市工业基础较好、信息化水平较高、高校人才资源较丰富，成为软件企业重要的聚焦地，聚集了全省 70%以上的软件企业。2016 年合肥市实现软件产业收入 307 亿元，同比增长 25.7%。芜湖市动漫游戏、文化创意产业集中区、马鞍山市电子商务、软件服务外包产业集中区、铜陵市智能交通、行业应用软件集中区各具特色，构成了沿江软件产业城市集聚带。芜湖市实现收入 71.1 亿元，同比增长 103.7%；马鞍山实现收入 15.4 亿元，同比增长 25.2%；铜陵市实现收入 7.7 亿元，同比增长 5.5%。合肥、芜湖、马鞍山、铜陵 4 个城市软件产业规模占安徽省产业总量的 94.4%。

（八）行业效益稳步提升

2016 年安徽省软件服务业实现利润总额 48.2 亿元，同比增长 18.7%；销售利润率达 11.4%；税金总额 12.4 亿元，同比增长 27.8%；全行业资产合计 654.1 亿元，负债合计 269.1 亿元，资产负债率为 41.1%，较 2015 年上升 0.7 个百分点。2016 年安徽省软件企业共享受优惠政策退税 3.5 亿元，享受出口退税 5636 万元；研发经费投入 28.7 亿元，同比增长 15.7%。软件服务业从业人员 2016 年年底为 5.1 万人，同比增长 11%；软件从业人员年均报酬 9 万元，较 2015 年上涨了 1.3 万元。

（九）信息消费推动有力

抓典型促带动，推进合肥、芜湖、马鞍山 3 个国家级示范城市及马鞍山市花山区等 9 个省级示范城市建设，加强试点示范引领发展。评选安徽省信息消费创新产品（第四批）100 件，挖掘了智能钢琴、虚拟现实、可穿戴设备等一批示范应用产品；评选第二批信息消费体验中心 50 家，涉及智能硬件、智能制造、服务平台、文化创意、创客空间等多个领域。2016 年安徽省信息消费规模突破 2800 亿元，同比增长 30%以上。

（十）政策规划引导有序

落实国家部委关于软件和集成电路产业企业所得税优惠政策，联合安徽省财政厅、安徽省发改委、安徽省国税局、安徽省地税局联合发布实施细则，全年享受软件企业税收优惠 65 家，减免税款 12716 万元，享受国家规划布局内重点软件税收优惠企业有 2 家，减免税款 1793 万元。编制出台《安徽省软件和信息技术服务业“十三五”规划》，确定产业发展目标、推进路径等，进一步促进安徽省软件产业良好发展。加强产业布局，支持合肥市创建“中国软件名城”，协调推进《合肥市创建“中国软件名城”实施方案》。编制完成软件项目投资导向计划，进一步促进产业集聚发展。

【电子信息制造业】

2016年，安徽省电子信息制造业完成规模以上工业总产值3389.4亿元，同比增长20.8%，总量较2010年翻两番，比2015年净增500多亿元，继2011年跨越1000亿元、2014年跨越2000亿元之后，再次实现新千亿元台阶跨越；主营业务收入2980亿元，同比增长17.5%；利税总额225.3亿元，同比增长8.5%；工业增加值798亿元，同比增长22.4%，总量占规模以上工业增加值比重同比提高了0.6个百分点，增速高于全国同行业1倍以上，成为全省工业稳增长、调结构、促转型的重要动力。

（一）核心领域发展带动全行业提质增效

新型显示行业增速超过24%，对全省电子信息制造业增长贡献率超过20%，随着2016年显示面板价格不断上涨，合肥京东方、鑫晟光电生产及效益形势明显改善，全球首条10代以上液晶面板生产线——合肥京东方10.5代TFT-LCD生产线提前1个月完成封顶，彰显中国显示产业逐渐掌控液晶面板主动权；集成电路行业芯片设计、制造、封装测试等产业链初步形成，主营业收入和增加值增速近20%；智能终端持续实现提质扩种增量发展，微型计算机累计产量排名全国第6位，通信终端设备产值、产量高速增长。“屏—芯—终端”主导产业链联动发展的溢出效应显著增强，安徽电子信息产业新生态特色日益凸显。

（二）产业骨干企业队伍加速壮大

2016年，全省电子信息制造业新增合肥京东方、合肥晶澳2家年产值超百亿元企业，全省电子信息制造业超百亿元企业数达到5家，其他3家分别是联宝电子、鑫晟光电、安徽康佳电子。宝龙达信息及中电科技38所、合肥得润电子、通威太阳能、阳光电源、国轩高科等企业年产值超过50亿元；阳光电源、天康集团、铜陵精达3家企业入列全国电子信息百强企业榜，上榜企业数量是历年以来最多的一年，在安徽省落户的全国电子信息百强企业已超过15家。

（三）供给侧结构性改革取得实效

围绕促进信息消费等新兴消费领域，技术加速智能硬件创新发展。智能穿戴设备出货量超过1600万台，新增智能手表等新产品，智能手环市场份额居全国第1位、世界第2位，智能手表销量进入全球前5名，VR眼镜等虚拟现实产品生产实现突破。彩电产量突破1200万台，排名进入全国前4名，比2015年提升1位；合肥京东方、鑫晟光电不断调整显示面板产品结构，液晶显示屏产量同比增长25%以上，增幅高于全国平均增幅20多个百分点；通信终端、锂离子电池等新兴领域成长迅速，增幅均超过100%。

（四）重大项目建设助推产业发展

全行业工业投资及技术改造投资保持较高水准和较快增长，全年完成工业投资742亿元，增长44.8%；技改投资383亿元，增长28.2%。总投资458亿元的合肥京东方10.5代线、总投资135亿元的晶合12英寸晶圆生产线建设进展顺利，总投资百亿元级的太赫兹等重大项目快速推进，富士通集成电路封装测试基地一期、北方通用MEMS产业化基地一期等重点项目建成投产，康宁液晶玻璃、三利谱偏光片、新汇成封装等关键配套及京东方智能整机、康佳智能电视等智能终端项目扎实推进。一批重大项目建设有力推进世界级新型显示产业基地加速崛起，合肥“中国IC之都”初现雏形，芜湖“太赫兹科学城”启动实施。

（五）“一核双极多基地”区域格局显现

安徽省以一大先行区（合肥）为引领、两大增长极（芜湖、蚌埠）为支撑，辐射带动多个特色优势基地（相关各地）发展的“一核双极多基地”电子信息产业发展新格局初步形成。合肥全年电子信息产业总产值逼近2000亿元，在中部省会城市中排名居前；芜湖、蚌埠等市在新型显示、LED光电、智能终端、集成电路等战略性新兴产业领域持续突破，两地电子信息产业发展增幅均超过30%；池州半导体产业基地、阜阳阜合现代产业园、黄山祁门电子产业园、枞埠电子信息集群专业镇、宿松智能终端产业园、广德PCB产业园等一批产业集聚区建设形成亮点。

【两化融合】

以加快制造强省建设为目标，以深化制造业与互联网融合发展为抓手，多措并举，营造环境，为推动产业转型升级和企业提质增效提供有力支撑。

（一）推动法规政策出台，不断优化融合发展环境

一是积极推动《安徽省信息化促进条例》（以下简称《条例》）出台。《条例》的制定、出台填补了安徽省信息化立法的空白，为安徽省信息化发展走向制度化、规范化、法治化打下了坚实基础。《条例》于2016年12月1日起正式施行。二是为进一步深化安徽省制造业与互联网融合发展，2017年1月6日安徽省政府出台了《安徽省人民政府关于深化制造业与互联网融合发展的实施意见》（皖政〔2017〕3号）。三是制定出台《安徽省经济和信息化委员会关于加快推进“互联网+”行动计划（2016—2020年）的实施意见》，结合安徽省实际，提出两化融合管理体系推广、“互联网+制造”“互联网+传统产业改造升级”“互联网+人工智能”“互联网+平台经济”、信息技术能力提升及互联网基础设施升级七大重点行动，为未来5年全省打造工业经济发展新动力、构建产业跨界融合新平台、营造产业创业创新新生态提供指南。

（二）着力打造制造企业互联网双创平台

一是打造基于互联网的大企业双创平台。注重基于互联网的大企业双创平台建设的典型案例挖掘，总结推广“荣事达模式”，得到国务院、工业和信息化部及安徽省委、省政府领导的充分肯定和重要批示。支持马钢集团、海螺集团、铜陵有色等发展“云计算”项目，构建贸易物流商务平台，实现向跨地区、跨行业电子商务平台转化。二是打造普适性服务的云平台。推动安徽工业云、合肥工业云和马钢“祥云”平台建设，不断完善服务企业功能。三是积极打造共建共享的共赢平台。基于互联网整合资源而建的平台包括洲峰电子公司的“一万七”大平台、芜湖共生物流第五方服务平台等。对接互联网以个性化定制为特征的产销互利共享平台，如志邦橱柜公司、客来福家具公司等。2016年，安徽省5家创业基地入选全国小微企业创业示范基地案例，数量居全国第1位。截至目前，安徽省已建设各类众创空间近200个，入驻创客达12000人，吸引团队达1500个。

（三）大力推进制造业与互联网融合发展

目前，安徽省制造业与互联网融合发展模式不断创新，网络化协同在多环节展开，个性化定制成为热潮，服务型制造悄然兴起。一些大型制造企业纷纷加快布局，抢占产业发展制高点。容知日新公司率先运用无线传感器网络和大数据技术为工业企业提供装备健康智能服务解决方案。科大智能公司致力于为客户提供工业生产智能化整体综合解决方案，专注于工业机器人与服务机器人的开发与应用。阳光电源公司作为行业领先的光伏发电系统解决方案供应商，可提供新能源发电系统的开发、设计、建设、运维等各项服务。工业大数据分析平台正通过跨界合作不断拓展平台功能和服务，提供面向行业需求的定制化数据分析和应用解决方案，加快构建基于产业生态的新竞争优势。红领魔幻工厂安徽个性化定制体验中心应用自身平台，加强用户参与互动，进行便携自主的DIY设计，实现了生产制造与市场需求的高度协同，为安徽制造提供样板。泰尔重工引入“再制造”项目，通过返厂维修和再制造技术延长使用周期，“再制造”项目平均每年以50%的速度递增。安徽博瑞特开发“远程锅炉监控云服务系统”，远程采集锅炉运转的实时信息，实现在线监测，消除安全隐患。

（四）注重两化融合贯标对标工作，各项指标均居全国前列

一是点到点对接服务两化融合贯标试点企业。安徽省2016年又有12家企业成为国家贯标试点。为提高两化融合贯标的受益面，省内又评定确立了156家省级试点单位。目前，全省累计已有60家企业通过两化融合管理体系认定，居于全国第3位。二是在全省工业企业开展两化融合

对标引导工作。通过组织宣传和辅导，引导企业积极参与两化融合对标引导，以加强两化融合的效率，提升企业核心竞争力。全省累计已有2670家企业参与两化融合自评估、自诊断，数量在全国也是居前的。通过两化融合管理体系的广泛推进，有效助推了信息化素质的提高，2016年上半年公布的安徽省两化融合指数达到84.64，上升至全国第8位。

【信息安全】

主动适应新常态，发现新问题，破解新难题，应对“互联网+”“中国制造2025”带来的网络和信息安全新挑战，强化“协调、指导、服务”这个主线，加强关键基础设施网络安全防护，全面提升工业行业网络安全管理水平，推进全省网络信息安全保障体系建设。

（一）开展关键基础设施网络安全检查

协同安徽省网信办组织全省工业行业关键基础设施网络安全检查。依托中科大信息安全测评中心等专业机构，对石化化工、装备制造、钢铁、有色等重点行业开展网络安全检查，提升工业行业关键基础设施网络安全水平。

（二）加强工业控制系统信息安全管理

开展全省工业控制系统生产企业摸底调查；出台加强安徽省工控系统密码应用实施意见；指导督促工业和信息化部《工业控制系统信息安全防护指南》的贯彻落实，切实推动工控安全防护落到实处。

（三）加强信息安全服务机构建设

2016年从加强全省信息安全服务机构建设着手，对50余家申报企业进行备案审核，对企业服务能力进行调研；同时组织服务机构，为省商务厅、省人社厅、省工商局等重要政府部门提供技术服务。

（四）加强网络安全宣传培训

协同省网信办开展第三届国家网络安全宣传周活动；邀请中国电子信息产业发展研究院专家，就工业领域信息安全综合保障体系进行交流研讨；举办全省企业信息网络和工控系统安全培训班，从技术推广、人才培养和提升机构能力上下功夫，强化工业企业互联网融合发展的安全保障。

（五）加快电子认证推广应用

会同省网信办、省密码管理局、省公安厅出台《关于加强安徽省电子认证工作的意见》，推动以电子认证为基础的网络信任体系建设。全省累计发放电子认证证书31万多张。

福建省信息化发展概况

【信息基础设施】

2016年，福建省互联网宽带接入端口总量达2380.1万个，比2015年增长25.5%。其中，光纤接入（FTTH/0）端口达1598.0万个，占67.1%。所有设区市和平潭综合实验区均达到光网城市标准；福州、厦门、泉州、莆田、平潭等“宽带中国”示范城市的宽带用户平均接入速率超过30Mbps，其他城市宽带用户平均接入速率达20Mbps。固定宽带家庭普及率达77.2%，移动宽带用户普及率达78.6%。移动通信基站达21.9万个，比2015年增长17.3%，其中4G基站为10.1万个，4G网络覆盖所有行政村，4G网络人口覆盖率超过95%。全省实现手机上网综合平均资费和单位宽带综合价格下降15%以上的目标。全省域名总数达509.59万个，居全国第3位；网站数量达28.59万个，居全国第5位。

【信息化建设应用】

（一）建设一批重点应用工程

一是依托安溪产业园，统筹建设数字福建异地灾备中心（一期）；依托数字福建（长乐）产业园，基本完成数字福建云计算中心（政务云、社会企业云）一期工程建设，为政府和社会企业信息化提供基础条件。基本完成应急通信保障能力福建示范工程建设，基本实现全省有关专业应急平台的互联互通、应急资源信息“一张图”的共享利用，以及各种应急通信资源的统一协同调度。启动建设19个原中央苏区县超高速无线局域网试点项目一期工程、数字福建无线政务专网、电子政务认证服务平台。二是增强能力平台保障。启动建设一批卫星应用基础设施，包括政务空间信息云服务公共平台、高分辨率对地观测系统福建数据与应用中心及福建省卫星应用工程研究中心。引入社会资本建设多卡融合公共平台、视频能力服务公共平台、1.4GB应急宽带集群网。三是新建一批重点应用平台。推进国家企业信用信息公示系统（福建）、公共资源交易服务和监督平台、省反恐情报信息平台、省危险物品“一体化”安全监管信息平台等建设；实施省优质教育资源共享支撑工程，启动教育内容运营PPP项目；启动网格化服务管理省级平台，基本建成平潭综合实验区网格化平台。这些平台的建成和运行将进一步提升福建省电子政务支撑能力和应用水平。

（二）提升公共服务能力

为解决群众办事过程中遇到的窗口散、材料多、办事难等问题，福建省“两办”印发了《关于加快网格化服务管理信息平台和社区服务窗口整合建设的实施意见》（闽委办〔2016〕17号），提出整合各部门在社区的专业服务窗口，设立综合窗口，推行前台一口受理、部门依职办理的政务服务新模式。这项举措符合国家有关文件要求。国务院办公厅2016年印发的《推进“互联网+政务服务”开展信息惠民试点的实施方案》（国办发〔2016〕23号）中提出实施“一号申请、一窗受理、一网通办”，并对福建省电子证照工作予以充分肯定。目前，“三个一”工程主要完成以下工作：一是梳理下沉社区服务事项，共确定省市部门首批纳入社区综合窗口受理事项40项，涉及卫计、民政、人社、司法、住建、公安、公交等单位；二是部署综合受理平台建设和系统对接，在福州、莆田基本建成社区综合受理平台及市民主页平台；三是推进电子证照生成应用，现全省已累计生成电子证照233万多本，通过电子证照共享，简化公众现场窗口办事中纸质材料提交，同时利用电子证照深入推行全程网办；四是进一步强化“12345”政务服务平台应用，由福建省政府办公厅、福建省效能办牵头制定《福建省“12345”政务服务平台监督管理办法》，对便民服务事项的受理分办、办理反馈、核实回访、监督考核等进行了严格规定。

（三）加强数据资源管理

一是基本完成省级数据中心整合任务。福建省直74个部门数据中心（含机房、服务器等）已向数字福建云计算中心整合迁移，为实施政务信息资源登记管理、汇聚共享创造有利条件；积极推进数据资源统筹管理。二是出台《福建省政务数据管理办法》（省政府令第178号），明确规定“政务数据资源属于国家所有，由同级人民政府电子政务管理部门负责综合管理”，为打破“信息孤岛”、释放数据资源价值奠定了基础。三是福建省发改委（福建省数字办）加挂福建省大数据管理局牌子，明确了由福建省发改委统筹管理和综合利用大数据职责，进一步健全了数据资源统筹管理和开发利用的组织保障。四是实施省级政务数据整合汇聚与共享应用工程（一期），数据汇聚系统已经上线试运行。

【互联网经济】

数字福建（长乐）产业园和中国国际信息术（福建）产业园总投资和注册资金均超百亿元，入驻企业超过百家。国家卫计委支持福建省及福州、厦门作为健康医疗大数据中心与产业园建设国家试点工程第一批试点省、市。2016 年共有 23 个省级互联网孵化器通过认定。

在 9 个优势产业集群比较发达的县（市、区）开展“互联网+”区域化、链条化试点。继续扶持重点领域互联网公共服务平台。各领域加快建成一批互联网平台，跨境电商、分享经济、动漫游戏等领域涌现了一批行业性“小巨人”，互联网应用新旧业务更迭加快。

启动建设中国・福建 VR 产业基地。推出首批重点领域大数据应用服务包，启动实施交通、工商、食药监、环保等部门应用试点。在数字福建重点领域发布 VR 应用服务包；在文化、住建、科协等领域启动建设 23 个 VR 体验馆并开发相关 VR 内容；启动实施医疗、教育等 6 个行业 VR 应用试点。

与腾讯、暴风影音、奇虎 360 等 10 多家互联网巨头签订战略合作协议或合作备忘录。争取“互联网+”重大工程国家专项建设基金并获得 10.48 亿元支持，设立福建省互联网经济基金。成功举办互联网经济专题展、重点项目招商融资对接会等一系列活动，包括世界 500 强企业在内的行业龙头、知名创投与福建省相关企业签订合作协议。支持 30 名互联网经济优秀人才创业启动；举办福建省互联网经济创业创新大赛，共有 1236 个项目参加；组织千人互联网经济领军人才培训，全年共培训互联网从业创业人员 16.08 万人次。

【电子信息制造业】

2016 年，福建省规模以上电子信息制造业完成工业总产值 5313 亿元，比 2015 年增长 11.8%；工业增加值为 1205 亿元，增长 12.1%，居全国第 8 位。福建省有戴尔（中国）、宸鸿、宸美、捷联、友达、冠捷、时代新能源、宁德新能源、华映显示、华映光电、福建省电子信息集团共 11 家企业销售收入超百亿元。福建省共生产计算机 1251 万台、手机 2568 万台、平板显示器 3025 万台、液晶电视机 1011 万台、液晶显示屏 2.24 亿片、液晶显示模组 8443 万套、锂离子电池 9.77 亿只、太阳能电池 4.3 万千瓦、集成电路 1.63 亿块、打印机 168 万台。福建省厦门天马微一、二期项目相继建成投产，这是国内第一条 LTPSTFT—LCD 厂线，可作为下一代平板显示一有机发光显示的基板，广泛应用于高端智能终端设备、车载显示等领域。京东方福清 8.5 代项目，首次采用全球 43 英寸 10 切设计先进工艺技术。厦门联芯 12 英寸集成电路项目提前建成投产，填补了福建省没有高端产品的空白。瑞芯微公司连续 9 次获得“中国芯”评选最高荣誉。上润公司与华为合作建设的 NB—IOT 商业实验局率先落地福建省，并在福州部分地区开展“智能水务”试点。联迪商用的电子支付产品被誉为中国金融第一品牌，连续多年进入国内各银行的金融设备采购，跻身全球十大 POS 机供应商之列，位居国内市场第一。

（一）新型显示产业

福建省新型显示产业主要以中游的模组生产和下游的终端产品应用为主。模组方面：宸鸿科技保持全球触控组件龙头地位；友达光电在巩固传统业务基础上，开始给美国特斯拉公司提供车载用显示屏。面板方面：总投资 190 亿元的厦门天马微第 5.5 代低温多晶硅和彩色滤光片一、二期项目顺利建成投产，产品进入华为、OPPO、小米等厂商的供应链；京东方面板项目创造了从打桩建设到点亮投产仅用 15.8 个月的业界全球最快速度，该生产线实现全球首次 43 英寸 10 切设计，大大提高玻璃基板利用率，同时具备业界 8.5 代线最薄基板直投能力；莆田华佳彩面板项目主厂房完成封顶，2016 年 12 月底完成装修；下游的冠捷液晶电视、捷联显示器及万利达手机等终端应用企业加大研发创新，开发满足消费者需求的智能电视、高清晰 4K 和曲面手机等。

（二）集成电路产业

上游 IC 设计业领域：瑞芯微已进入 14 纳米国际先进工艺阵营，通过与 ARM、Google、Intel 等国际大公司合作，研发推出了 VR 设备、IOT 智能硬件、智能电视、WiFi/蓝牙音频解决方案等一系列新产品；厦门紫光集成电路设计产业园重点发挥紫光展锐等龙头企业作用，开发 5G/4G、移动智能终端、网络通信、安全监控、存储器等应用领域的关键芯片。中下游高端集成电路制造领域取得重大突破：厦门联芯 12 英寸项目于 2016 年 11 月 16 日正式投产；福联砷化镓项目进展顺利，主要设备于 2016 年 12 月进厂安装；晋华存储器项目一期全面开工建设，部分设备租赁合同已签订；三安光电芯片产业化一期项目和砷化镓项目建成投产。

（三）计算机和网络通信产业

2016 年福建省共生产计算机 1251 万台，同比增长 5.2%；手机 2568 万台，同比增长 20.3%；平板显示器 3025 万台，同比增长 4.9%；打印机 168 万台，同比增长 16.8%。福建省的计算机和网络通信产业主要集中在福州马尾、福清融侨、厦门火炬高新区、漳州开发区、泉州丰泽高新区、漳州南靖高新技术产业园等产业集聚区。戴尔公司是目前国内最大的计算机厂商之一；星网锐捷的下一代网络交换机、客户机等已达到国内领先水平，2016 年销售量超过 230 万台；爱普生的针式打印机凭借稳定耐用、高速高效等优势，多年位居全国市场前列，2016 年销售超过 50 万台；新大陆的二维码识读设备销售量超过 300 万台，列居国内市场第 1 位。

（四）LED 产业

三安光电、乾照光电在上游外延片、芯片领域加大研发投入，开发新产品，继续保持全国领先地位，2016 年分别比 2015 年增长 1.1 倍和 1.7 倍。在下游的照明应用领域：室内照明方面，主要以照明球泡灯和灯管制造为主，立达信、阳光恩耐、海莱照明、通士达等企业的产品出口居全国前列，其中立达信进入中国照明百强榜前列，2016 年实现收入比 2015 年增长 38%；显示屏方面，强力巨彩公司加大“千店万点”销售渠道建设，取得明显成效，2016 年产品市场占有率仅次于利亚德光电，列居全国第 2 位。

（五）锂电池产业

在上游领域，厦门钨业居全国正极材料第 3 位，产品涵盖钴酸锂、三元材料、锰酸锂和磷酸铁锂等。在中下游领域，宁德新能源消费类锂电池产量已跃居全球第 1 位，是苹果手机全球主要锂电池供应商；宁德新能源动力电池产量跃居全球第 2 位、全国第 1 位，也是全国仅有的两家百亿级动力电池企业之一（另一家为比亚迪）；飞毛腿电池作为全国锂电池领域设计能力最强、配套能力完善的专业锂电池模组制造商之一，是华为、小米等手机的一级供应商；猛狮新能源一期项目已于 2016 年第四季度建成投产，正在实施总投资 12.5 亿元的二期项目建设。

【软件和信息技术服务业】

2016 年，福建省软件和信息技术服务业预计实现业务收入 2158.3 亿元，比 2015 年增长 18.5%，比全国平均增速高 3.6 个百分点。从业务类型分布看：软件产品收入 792.9 亿元，占软件业务收入的 36.7%，同比增长 18.9%；信息技术服务收入 1133.6 亿元，占软件业务收入的 52.5%，同比增长 18.7%；集成电路设计收入为 91.75 亿元，占软件业务收入的 4.3%，同比增长 30.2%；嵌入式系统软件收入为 231.8 亿元，占软件业务收入的 10.7%，同比增长 16.3%。软件行业在中高速增长水平上实现平稳发展，产业规模位居全国第 8 位，比 2015 年提高 1 位。福建省软件产业继续向服务化转型调整，信息技术服务整体表现仍优于软件产品，信息技术服务收入占软件业务总收入比重超过 52%，IT 服务迎来持续的高速发展时期。得益于福州、厦门两市创建“中国软件名城”和获批“中国服务外包示范城市”，以及软件园区的聚集效应，福州、厦门继续占全省软件业产值的 90% 以上。

2016 年，福建省骨干企业快速增长，福大自动化、星网锐捷、新大陆、国网信通 4 家企业入选 2016 年（第 15 届）全国软件业务收入前百家企业；福大自动化入选 2016 年（第 30 届）中国电子信息百强企业。福大自动化、星网锐捷、国网信通亿力科技、新大陆、国脉科技、福富软件、瑞芯微共 7 家企业被纳入工业和信息化部 2016—2017 年软件和信息技术服务业重点联系企业名单。在工业互联网、移动互联网、行业应用解决方案、应用软件、IC 设计等领域，福建省多家企业产品或技术全国领先。

【网络与信息安全】

2016年，福建省基础网络运行总体平稳，互联网骨干网络各项监测指标正常，未发生较大及以上网络安全事件。2016年审核网站备案9万个，清理不准确备案信息9.3万条，网站备案率达99.99%，网站备案主体信息准确率达92.5%。深入开展不良网络信息和网络环境综合治理，福建省通信管理局依法关闭网站124个。防范和打击通信信息诈骗专项行动取得阶段性成效，全省电话用户实名登记率达100%，全年检查网点1.68万个，关停语音专线781条，关停回收“400”号码1.89万个，配合公安机关封堵涉案电话号码18.71万个。协同开展互联网金融风险专项整治行动，清理处置木马僵尸网络控制端感染IP共7441个、受控端感染IP共10.18万个、飞客蠕虫感染IP共8.46万个，发现和处置省内重要信息系统网络安全事件1690起，35.56万款应用程序纳入检测平台，下架2813个移动恶意App。

【政策环境建设】

研究起草并经福建省政府审定印发了《福建省“十三五”数字福建专项规划》（闽政办〔2016〕71号）、《关于积极推进“互联网+”行动的实施方案》（闽政〔2016〕9号）、《福建省促进大数据发展实施方案（2016—2020年）》（闽政〔2016〕27号）、《关于加快物联网产业发展八条措施的通知》（闽政〔2016〕57号）等一系列文件，为加快发展营造了良好的政策环境。

江西省信息化发展概况

2016年，江西省紧紧围绕全省经济、社会发展总体目标，加快推进全省信息化建设，信息通信基础设施建设逐步完善，社会各领域信息技术应用进一步拓展，公共信息服务领域进一步深化，信息化助推经济发展能力进一步提高。

【信息基础设施建设加快】

江西省大力实施“宽带中国”江西工程，深入开展信息通信基础设施建设。江西省电信业务总量完成883.8亿元，同比增长63.5%；电信业务收入达270.1亿元，同比增长5.6%。电信业务总量保持63.5%高速增长，电话用户总数达到3658.2万户，其中，移动电话用户达到3140.7万户，增长2.8%，固定电话用户达到517.5万户，下降9.0%；城市电话用户337.4万户，下降7.3%，乡村电话用户180.1万户，下降12.0%。固定互联网宽带接入用户达822.5万户，其中，光纤到户（FTTH）用户达到469.4万户，FTTH用户占比达到57.1%。在固定互联网宽带用户中，接入速率在20Mbps及以上用户占比达到82.9%，人均移动互联网使用流量达1080.4MB/（人·月）。全省广播综合人口覆盖率为98.0%，电视综合人口覆盖率为98.8%。

【电子信息主导产业保持较快增长】

2016年，江西省半导体照明、通信设备和数字视听三大主导产业继续保持平稳增长。半导体照明、通信设备和数字视听三大主导产业累计完成主营业务收入1250.9亿元，同比增长30.8%，占全行业比重达68.0%。其中，半导体照明完成主营业务收入323.5亿元，通信设备完成主营业务收入586.7亿元，数字视听完成主营业务收入368.2亿元，分别同比增长35.9%、24.3%、18.7%。

【信息化发展政策扎实推进】

推动出台了《江西省“十三五”信息化发展规划》《促进大数据发展实施方案》《江西省推动大数据产业发展行动计划》《江西省“十三五”时期电子政务发展规划》等一批纲领性文件，全面指导推进社会各重点行业领域、大数据、物联网、云计算电子政务等领域信息化发展。

【江西省政府与浪潮集团签订合作协议】

2016年12月8日，江西省政府与浪潮集团签订战略合作协议，明确双方在大数据产业顶层设计、两化融合、大数据产业研究院、工业设计及中小企业服务平台等方面深入开展合作。

【成立江西省大数据联席会议】

2016年8月，经江西省信息化领导小组同意，正式成立了以分管副省长为总召集人、工信委主任和省政府副秘书长为副总召集人、工信委和发改委等42个部门组成的大数据联席会议制度，统筹协调解决江西省大数据发展和应用中遇到的重大问题，联席会议办公室设在江西省工信委。

【信息化和工业化深度融合】

组织开展两化深度融合试点示范，培育了3个示范园区、48个示范企业。支持企业积极参与两化融合管理体系贯标，截至2016年年底，48家企业参与两化融合管理体系贯标，30家企业列入全国两化融合贯标试点，5家企业通过两化融合管理体系认证。在江西省设区市和县开设分平台，不定期组织企业登录江西省两化融合咨询服务平台参加评估诊断，开展两化融合发展水平自评估，定量摸清企业信息化情况，让企业查找在全国、同行业的差距和潜力。开展江西省两化融合发展水平评估，903家企业登录注册，参加1100多次自评估。

【创新创业活力持续迸发】

江西省大力推进“大众创业、万众创新”，利用信息技术打造一批双创平台，全社会创新创业活力竞相迸发，新技术、新产业、新业态、新模式不断涌现。专利申请总量增长65.9%，专利授权量增长30.3%；新登记市场主体增长17.7%。产业升级步伐加快，新业态、新模式方兴未艾，航空、新型电子主营业务收入分别增长20%、25%，高新技术产业增加值占规模以上工业增加值比重达30.1%，服务业增加值占GDP比重突破40%。

【企业信息化水平整体提升】

组织企业登录江西省两化融合服务平台参加两化融合发展水平评估，企业信息技术应用水平逐渐普及和提高，基本接近全国平均水平，其中，33.23%的企业处于起步建设阶段，50.83%的企业处于两化融合发展单项覆盖阶段，12.63%的企业处于集成提升阶段，3.31%的企业处于创新突破阶段。

【电子商务蓬勃发展】

2016年江西省电子商务销售额突破4300亿元，达4361.2亿元，同比增长51.88%。其中，工业电子商务交易额近3000亿元，网络零售额为988.6亿元，同比增长45.23%；涉农电商销售额为323.7亿元，同比增长75.6%；全省电子商务经营主体约8.6万家，其中，电商应用企业约9800家（含涉农电商企业5000余家），个体户网店约7.6万家。江西省4个设区市电子商务销售额突破400亿元，其中，南昌市电子商务销售额首次突破千亿元，达1109.3亿元。

【政府网站日常监测和绩效评估全面开展】

启动了2016年江西省政府网站日常监测工作。按季度对省政府门户网站、78家省直单位和

11 个设区市进行全面监测，同时对全省县及县以下政府网站按 10%比例开展抽查；监测结束后，将监测报告点对点发放到被监测单位，限时整改并督促整改进度、复核整改结果。印发《2016 年度江西省政府网站绩效评估指标体系》（四套），以及评估实施方案、年底综合测评、发展引导评估表，并由合作第三方机构对全省 45 个省直单位、11 个设区市、103 个县区市政府门户网站开展技术监测。

【信息安全保障体系逐步完善】

2016 年，江西省重点开展了信息安全政策法规、网络安全宣传周、信息安全基础设施建设，以及重点领域网络与信息安全检查、政府网站安全监测等。继续推进以身份认证及密码技术、电子认证为基础的网络信任体系建设，推广数字证书在电子政务、电子商务等领域的应用，探索重要基础数据和个人信息保护的新手段、新方法，以安全促进信息消费。对全省 1200 余家党政机关、事业单位网站进行适时安全监测，并对监测发现的漏洞进行人工分析和验证。2016 年江西省共发现 234 家党政机关、事业单位网站存在 332 个中高危漏洞或发生被篡改（网站页面内容被篡改、域名被劫持、被植入博彩暗链）等安全事件。会同江西省委网信办等部门举办了以“网络安全为人民、网络安全依靠人民”为主题的第三届江西省“国家网络安全宣传周”活动。

【无线电管理全面对接社会信息化】

加大行政执法力度，加强监测检测工作，认真组织开展无线电频谱评估专项活动，完成省、市、县三级频谱使用评估报告，工作成果列全国第 2 位。各级无线电管理机构主动对接经济建设，抚州、新余为“智慧城市”“互联网+”、天网工程等提供频率支持和技术保障；景德镇将基站规划建设领导小组办公室设在市无线电管理局，统筹全市基站规划布局，真正意义上实现了一站式审批，提高了基站共建共享率；鹰潭市无线电管理局认真履行市窄带物联网领导小组成员单位职责，及时审批 NB—IOT 基站 135 座。江西省无线电办公室重新规划 800MHz 频率，新增 7 对 800MHz 频率支持南昌地铁工程建设，确保南昌地铁工程的建设需求。为提升电力系统智能化管理水平，指配上饶电力部门申请 1.8GHz 频率用于 TD—LTE 无线宽带接入电力控制系统。

山东省信息化发展概况

2016 年，山东省大力发展现代信息技术产业体系，深入推进产业转型升级，保持了平稳增长，全省信息技术产业（含制造业、软件业）统计内规模以上企业实现主营业务收入 1.42 万亿元、利润 901.78 亿元、利税 1365.87 亿元，分别同比增长 8.0%、8.9%、6.4%。信息技术产业主营业务收入、利润和利税占工业总体比重分别达到 9.4%、10.4%和 10.3%，较 2015 年所占比重提高 0.3 个百分点、1.2 个百分点、1.5 个百分点，有力拉动了工业增长。

【信息技术制造业】

2016 年，山东省信息技术制造业规模居全国第 3 位，主营业务收入、利润和利税分别实现 9915.17 亿元、611.75 亿元和 820.83 亿元，出口交货值实现 1850.34 亿元。新兴产业发展快速，虚拟现实产业产值增长 300%以上，北斗导航产业增长 50%以上。两化融合步伐加快，全省信息化与工业化融合水平指数达到 93，比 2015 年提高 12.65，居全国第 5 位，位次前移 1 位。

【软件产业】

2016 年，山东省软件产业保持平稳较快增长，大数据产业全面、有序发展，软件和集成电路政策逐步落地，产业载体建设步伐加快，服务职能不断强化。全省实现软件业务收入 4404.9 亿元、利润 290 亿元、利税 545 亿元，同比增长 17.9%、21.4%、20.2%。海尔集团、浪潮集团、海信集团、中创软件、东方电子 5 家企业入选 2016 年全国软件百强。

大数据产业全面、有序发展。成立了山东省大数据产业创新联盟，浪潮集团为联盟理事长，会员单位达 180 余家；举办了大数据产业发展高峰论坛，开展了“2016 年山东省优秀大数据解决方案”评选活动。积极推动产业集聚发展，济南市启动“数创公社”规划，青岛市成立大数据与智慧城市应用研究中心，济宁市建设山东省信息技术产业基地。

软件和集成电路政策逐步落地。下发了《关于核查软件和集成电路企业所得税优惠有关问题的通知》，保障全省软件企业享受五年内企业所得税梯度减免的优惠政策。

服务职能不断强化。规范园区和技术中心，修订并印发《山东省软件产业园区认定管理办法》和《山东省软件工程技术中心认定管理办法》。

推进化工企业和软件企业合作对接，助力化工产业转型升级。组织召开“国产工业软件优秀解决方案展示暨山东化工行业软企合作对接会”，编印完成《山东省化工行业优秀软件产品和解决方案汇编》，共收录优秀软件产品或解决方案 108 个，推进化工企业与软件企业精准对接。

【电子商务】

2016 年，山东省电子商务继续保持较快发展态势，电子商务平台、应用和服务企业网上交易规模不断扩大，电子商务与各行各业深入融合，在网络营销、互联网支付、数据处理、信息安全、呼叫中心、快递物流等领域不断延伸，新业态、新模式快速发展。2016 年，在调度的 60 家企业中，电子商务服务销售额达 102.8 亿元，同比增长 34.6%；电子商务服务收入 9.8 亿元，同比增长 38.1%；从业人员为 1.8 万人，同比增长 28.5%。传统产业网络采购和销售持续增长，2016 年，在调度的 70 家传统企业中，57 家拥有自主建设的网络销售平台和采购平台。电子商务销售额达 1838.5 亿元，占总销售额的 37.5%，同比增长 19.1%；电子商务采购额为 1626.5 亿元，占总采购额的 40.7%，同比增长 16.9%。

【信息消费】

2016 年，山东省信息消费保持快速增长，重点产业实现主营业务收入 8887.95 亿元，最终信息消费规模达 6665.96 亿元，同比增长 23.40%。信息服务消费较快增长，2016 年山东省信息服务消费支出实现 5237.50 亿元，同比增长 27.92%。信息产品消费稳步提升，手机消费仍是主力军，2016 年山东省信息产品消费支出 1428.46 亿元，同比增长 9.24%。其中，手机消费支出为 943.15 亿元，同比增长 9.83%。

【物联网发展】

2016 年，山东省物联网保持较快发展势头，物联网与制造业等传统产业融合加快，正在加速进入跨界整合、集成创新的新阶段。产业规模和效益较快提升，2016 年，山东省在物联网产业链上聚集了 8000 多家从事研发、生产到应用、服务等的企业，比 2015 年增加约 26%，全省物联网及相关企业实现主营业务收入超过 2500 亿元，同比增长 20%以上。与实体产业创新融合发展，2016 年，重点调度企业核心物联网产品（服务）营业收入占物联网营业收入的 78%；重点调度企业实施的物联网重点项目技术研发占比为 46%，技改投资占比为 25%，应用示范占比为 29%。5G、NB—IoT、云计算、大数据等物联网新技术快速发展，

2016 年 6 月，基于蜂窝的窄带物联网（NB—IoT）标准获得国际组织 3GPP 通过，标准化工作完成，为进入规模商用阶段奠定基础。重点项目示范效应明显，2016 年，物联网技术已在山东省城市管理、智能交通、远程医疗、智能家居开始规模化应用，在绿色农业、工业监控、公共安全、环境检测等领域也已经起步。

【电子政务与信息资源共享】

2016 年，通过强化顶层设计、全面推进信息资源共享应用及三网融合工作，省级电子政务集约化发展体系不断完善。发布了《山东省电子政务公共服务云平台顶层设计》《山东省电子政务“十三五”发展规划》，以及《山东省政务信息资源目录编制指南》《山东省政务信息资源标识符编码规则》《山东省政务信息资源核心元数据》3 个地方标准。基础支撑体系建设取得阶段性成果，政务云服务、政府购买云服务、管理和安全保障体系建设全面启动。省级政务云平台建设和应用初具规模，已有 39 个省直部门的 247 个业务应用系统迁移和部署在省级电子政务云平台。政务信息资源共享基础设施不断完善，全省政务信息资源目录和共享目录体系建设正式启动，省级共享平台目录系统基本开发完成，截至 2016 年年底，目录系统中注册资源目录达 392 个，已发布资源目录单位 27 家。三网融合工作取得积极进展，发布《山东省人民政府办公厅关于印发山东省推进三网融合实施方案的通知》，推荐淄博、枣庄、东营、烟台等 15 个市为国家三网融合首批推广阶段双向进入业务的开展地区。

【信息安全保障】

2016 年，山东省信息安全保障工作取得积极进展，政府网站安全监测和防护进一步加强，网站安全漏洞逐步减少，信息安全基础设施技术支撑能力不断增强，工业控制系统安全管理工作在探索中持续推进。目前，山东省网络与信息安全突发事件监测平台共监测省直部门、全省 17 个市、县、区政府、市直部门网站共 1123 个。2016 年，山东省共发现存在高、中、低危漏洞的网站分别为 213 个、17 个、276 个，分别增长-18.70%、-64.58%、102.94%。山东省统一的网络信任体系、灾难备份平台、应急支援平台的建设应用已形成国内领先的基础设施技术支撑能力，山东 CA 累计发放数字证书 179.4 万张。为加强工业控制系统安全管理工作，挑选钢铁、焦化两化行业开展安全管理试点，探索工控安全管理模式和配套制度规范建设。

河南省信息化发展概况

2016 年，河南省互联网蓬勃发展、加速融合。河南省第十次党员代表大会提出建设网络经济强省的目标，深入推进“宽带中原”建设，在全国率先基本实现固定宽带 50MB 以上接入，郑州互联网国际通信专用通道开通，国家大数据综合试验区获批建设，“互联网+”行动深入推进，互联网正加速向经济、社会各领域融合渗透，新技术、新业态、新模式不断涌现。网络经济正在成为河南省经济增长的新引擎、转型升级的新动力、扩大消费的新渠道。

【信息基础设施】

（一）宽带建设

2016年，河南省加速推进“宽带中原”建设，在全省范围内开展固定宽带50MB免费大提速行动，50MB以上宽带用户占比达到97.4%，居全国第1位。焦作、商丘、南阳3市获批2016年度“宽带中国”示范城市，宽带接入网业务试点范围扩大至全省；如期完成两批14个市县1400个未通宽带行政村和460个升级村电信普遍服务试点任务，全省行政村光纤通达率达到100%。

2016年，河南省宽带建设主动融入“一带一路”倡议，建成开通了郑州国际通信专用通道，建设516GB带宽能力，先期开通100GB，郑州外贸企业和跨境电商企业直接通过专网接入国际通信出口局，进一步提升了区域信息化和对外开放合作水平，巩固提升了郑州的信息通信枢纽地位。

2016年河南省还实施了郑州直联点提升工程，网间互联带宽扩容至380GB，疏通联通至移动方向山东、山西两省网间流量。充分发挥直联点辐射带动作用，引导各类网络增值服务企业在河南省聚集，全省增值电信企业新增363家，总数达到1084家。全省光缆线路长度、4G基站、互联网宽带接入端口、互联网省际出口带宽分别居全国第6位、第6位、第5位、第5位，较2015年分别增长42%、55.6%、41.2%、70.5%。其中，互联网省际出口带宽新增4590GB，达到11104GB，河南省互联网用户上网速度大为改善。

（二）大数据基础设施建设

自2016年10月获批建设国家大数据综合试验区以来，河南省稳步推进大数据综合试验区建设。

2016年，河南省信息通信业围绕国家大数据综合试验区建设，坚持云网协同，完善云计算大数据基础设施，中国联通中原数据基地、中国移动郑州数据中心等8个省重点建设项目共完成投资87.43亿元。组建云计算大数据产业联盟，数据资源加速聚集，全省引入TOP 20万网站节点全国占比从2015年的4.73%上升至5.03%，同比增长6.34%，增速在全国七大互联网信源集聚地中居首位。

“一核多园”布局基本形成。全面启动郑东新区龙子湖智慧岛建设，创新采取公司化建设运营模式，打造大数据综合试验区的核心区。目前，浪潮、中诚信等国内知名大数据企业已入驻智慧岛，15家基金公司签署了入驻协议。在中心城市城乡一体化示范区、产业集聚区、服务业“两区”，规划布局了18个大数据产业园区，吸引中国移动中移在线、奇虎360、西交大中原大数据研究院等一批大数据企业相继入驻。

大数据创新平台争相落地。郑大一附院互联网医疗救治技术及应用获批国家工程实验室，电子政务云计算应用技术国家工程实验室、西安交大大数据算法与分析技术国家工程实验室在河南省设立了分中心，浪潮、新华三等行业龙头企业大数据研发机构落地河南省。

重点领域示范项目加快推进。与国家发展和改革委共建社会信用体系与大数据融合发展试点省，共同推动全国中小企业信用评价平台建设。在交通物流、农业粮食、健康医疗、电子商务等领域组织实施了一批重大示范项目，其中，河南视博电子基于全国ETC联网运营数据的机动车出行服务平台建设、鹤壁农信物联农业大数据综合应用服务中心等项目获得中央预算内资金支持。

【信息产业】

（一）信息传输、软件和信息技术服务业

2016年，河南省信息传输、软件和信息技术服务业固定资产投资额达到238.95亿元，同比增长47.8%，高于全省投资34.1个百分点。2016年1—11月，互联网和相关服务、软件和信息技术服务业主营业务收入合计增长49.9%，营业利润合计增长74.0%，税收合计增长57.4%。

2016年，河南省信息通信业量收增速同步提升。2016年，完成电信业务总量1832.67亿元，居全国第5位，较2015年增长57.6%，增速较2015年提高28.6个百分点，高于全国平均水平3.4个百分点；完成电信业务收入601.58亿元，居全国第6位，较2015年增长8.8%，增速较2015年提高3.8个百分点，高于全国平均水平3.2个百分点。行业固定资产投资完成220.1亿元，居全国第5位。

互联网融合业务取得爆发式增长，IPTV、物联网终端用户分别达到 315 万户、443 万户，居全国第 10 位、第 9 位，较 2015 年增长 599.1%、58.9%。

与网络经济相关的新业态蓬勃发展，河南锐之旗信息技术公司、河南中钢网电子商务公司、郑州悉知信息科技股份公司 3 家企业进入中国互联网企业 100 强榜单；UU 跑腿、魔飞公寓等本土互联网创业项目快速壮大，并得到资本青睐。

（二）智能终端

2016 年，河南省手机产量为 2.59 亿部，居全国第 3 位，落后于广东（9.6 亿部）和重庆（2.87 亿部）。2016 年，郑州航空港实验区手机产能达到了 2.58 亿部，约占全球手机产能的 1/7。以手机为代表的新兴产业，也已取代河南省既有的传统产业进出口地位，成为河南省外贸的全新支柱。2016 年，富士康所属企业进出口 3171.9 亿元，占全省进出口的 67.3%。

河南省依托于郑州空港经济区，在富士康集团的带动下，很多著名智能手机品牌往郑州航空港实验区集聚，智能手机产业链逐步完善，全球重要的智能终端生产基地初步形成。在 2016 中国（郑州）产业转移系列对接活动智能终端产业专题对接会上，郑州航空港实验区管委会与深圳沃克信息、深圳天珑移动等企业签署 21 个合作项目，总签约金额达 140 亿元。

（三）其他

在 2016 年（第 30 届）中国电子信息百强企业名单中，河南省共有 4 家企业入围，分别是航光电科技股份有限公司、河南森源集团有限公司、许继集团有限公司、河南科隆集团有限公司。

【电子政务】

河南省电子政务外网已初步实现省、市、县、乡（镇）四级覆盖。截至 2017 年 6 月，河南省政务外网网络已覆盖 112 个省直部门、18 个省辖市、10 个直管县（市）、95 个县（区）和 378 个乡（镇）。河南省政务外网承载了投资项目联合审批、国家重大建设项目库、公共信用信息、大气污染防治、文化共享、人口宏观管理和决策、天地图、应急、节能、信访、扶贫、司法、综治、“金安”“金审”“金质”等 38 个国家部委和省级的 120 多项业务应用系统。河南省市级政务外网承载了本级政府开展智慧城市、数字城市、门户网站群、政务云平台、行政服务大厅、电子监察、网格化管理等一系列业务应用和社会公共服务。

河南省电子政务服务平台初步建成运行。省级政务公共云和依托河南省电子政务外网建设的政务专有云初步建成。省级政务数据共享交换平台已覆盖 42 个省直部门、16 个省辖市节点和 6 个省直管县（市）节点。1400 余项省直部门申请权力事项全部录入省级电子政务服务平台，28 个省直部门 145 项行政权力事项实现在线办理，16 个省辖市和 10 个省直管县（市）与省级电子政务服务平台实现对接，10 多个省直委局实现业务系统迁移上云和系统对接。

从百姓使用网络政务情况看，2016 年，河南省使用在线政务的网民规模达到 2993 万人，网民渗透率达到 37.6%，高于全国平均水平 4.9 个百分点。在网民使用的在线政务服务方式中，政府官网和政府微信公众号占比较高，分别达 90.4%和 87.2%。河南省拥有政府机构微博 9630 个，还拥有 5345 个政务头条号，数量均居全国首位。

河南省公共信用信息平台（一期）建成并运行。截至 2017 年 6 月，河南省公共信用信息平台归集了 40 个省直部门、18 个省辖市和 10 个省直管县的信用数据，其中依托省级政务数据共享交换平台与 33 个省直部门及省辖市实现了互联互通、数据共享。平台共归集有关法人、自然人及其他社会组织的各类信用信息 1 亿多条，梳理生成 600 多个数据目录、1 万多个数据项。通过对信用主体各类信用信息的关联查询开展跨地区、跨部门守信联合激励和失信联合惩戒，通过信用查询系统与行政服务大厅对接实现“逢办必查”。“信用河南”网站上线以来，累计访问量达 1700 多万人次，为营造履约践诺和诚实守信的良好社会氛围、曝光失信行为、开展联合惩戒发挥了重要作用。

【信息安全】

2016 年，河南省各运营公司的基础网络运行平稳，没有发生骨干网层面较大规模以上的网络安全事件。在各项网络安全监测指标上，除了省内被篡改网站数量较2015年有所减少外，僵尸木马控制服务器数量、被控主机数量、感染飞客蠕虫的主机数量、被植入后门的网站数量较2015年均有增加。

2016年，河南网络安全形势呈现四大热点：勒索软件大行其道；开源软件漏洞频现，危害商业应用安全；物联网新兴领域的安全问题受到关注；金融机构网络安全引发担忧。

湖北省信息化发展概况

湖北省积极适应经济发展新常态，认真落实中央、湖北省委和省政府的重大战略部署，按照“竞进提质、升级增效”的工作总要求，抓住机遇，发挥优势，突出重点，各项工作取得显著成效。

【开创性推进智慧湖北工作】

（一）精心谋划智慧湖北建设顶层设计

先后赴上海、江苏、浙江、贵州等省（自治区、直辖市）调研，学习借鉴先进经验，出台了《关于加快推进智慧湖北建设的意见》和《加快推进智慧湖北建设行动方案（2015—2017年）》，成为全国第二个在省级层面对智慧发展做出顶层设计的省份，受到湖北省委、省政府主要领导及行业界的充分肯定。

（二）积极营造智慧湖北建设氛围

按照湖北省委、省政府的部署安排，组织召开省、市、县三级干部参加的智慧湖北建设电视电话会议，省委书记、省长出席会议并作重要讲话。邀请赛迪卢山院长给省政府党组作了《把握大数据本质、树立大数据思维、推进大数据应用》的专题辅导，并在《湖北日报》专版专刊介绍智慧湖北建设内容及行动计划。

（三）扎实推进智慧湖北落实落地

协调湖北省政府先后与阿里巴巴、腾讯、华为、浪潮等签订战略合作协议，协调推进互联网公司项目在湖北省发展，充分发挥智慧湖北领导小组办公室职能作用，协调相关单位加快落实智慧湖北建设相关协议。2016年6月，带队赴各市（州）对智慧湖北建设情况进行专项督查。支持市（州）、县（市）开展智慧城市、智慧园区的试点示范。完成《电子政务云平台 安全指南标准》《电子政务云平台 服务度量计价规范》《智慧社区智慧家庭设施设备通用规范》等标准性文件，并推广应用。

【电子信息产业稳居中部第一】

积极推进产业聚集工程，协助湖北省委组织部深入开展调研，深入研究强化人才支撑政策，并着力解决存储器和新型显示器项目建设中存在的问题。

（一）全力推进集成电路产业发展

厘清思路、明确目标、突出重点，编制出台《湖北省集成电路产业发展行动方案》《湖北省集成电路产业“十三五”发展规划》。多次主持召开办公会、现场会、座谈会，研究部署产业发展和项目建设工作，在各省（自治区、直辖市）激烈的竞争中，多次到工业和信息化部相关司局、国家集成电路发展基金，汇报沟通湖北省落实国家战略、推进存储器基地建设的有关工作情况，围绕存储器基地建设开辟绿色通道，及时协调解决企业面临的困难和问题。加大金融支持力度，首期100亿元的湖北集成电路产业投资基金已募集完成。成功获得国家科技重大专项及集成电路专项共计3亿元的资金支持。

（二）加快推进北斗导航应用产业发展

成立工作专班，全面负责北斗产业发展的统筹协调和指导检查工作。先后召开了由部门、企业、军方等参加的3场座谈会，并深入企业现场调研，了解北斗产业发展情况，初步形成了北斗产业调研报告。专程赴工业和信息化部汇报湖北省北斗产业推进情况，积极争取国家对湖北省的支持。组织召开全省北斗产业发展座谈会暨工作推进会，动员部署产业发展工作。与《湖北日报》合作对北斗产业重点企业进行系列宣传报道。

（三）抓新兴业态培育

以武汉中国软件名城创建工作为抓手，推动湖北省软件和信息服务业又好、又快发展。着力营造产业环境，先后发布《湖北省云计算大数据发展“十三五”规划》《湖北省软件和信息技术服务业“十三五”发展规划》。落实软件企业所得税优惠政策，湖北省共有90家软件企业减免所得税约3亿元。部省协同创建武汉中国软件名城经过近4年的努力，已进入最后冲刺阶段。2017年湖北省实现软件业务收入1537亿元，同比增长16.5%。

【信息化与工业化深度融合】

一是制定制造业与互联网融合发展实施意见。为贯彻落实国务院《关于深化制造业与互联网融合发展的指导意见》（国发〔2016〕28号），湖北省政府制定并发布了《湖北省人民政府深化制造业与互联网融合发展的实施意见》（鄂政发〔2017〕26号）。

二是举办湖北省“互联网+制造业”专题研讨班。由湖北省委组织部、湖北省经信委共同举办湖北省“互联网+制造业”专题研讨班。全省各市（州）政府分管领导和经信委主任等190人参加培训，邀请院士及用友、华为、航天科工等国内知名企业信息化应用专家为研讨班作专题报告，受到学员高度认同和普遍好评。

三是制定发布《“十三五”信息化和两化融合发展规划》。按照湖北省委、省政府部署和委党组提出的具体要求，出台了《湖北省信息化发展“十三五”规划》和《湖北省信息化与工业化融合“十三五”发展规划》。

四是加强人才培训。从2015年开始，就在全省各地轮回举办全省两化融合管理体系高级研修班，主要培训全省各市（州）和部分县（市、区）政府分管信息化工作领导，以及各市州经信委主任、分管副主任、信息化科长和省内部分重点骨干企业负责人、业务骨干。目前，已成功举办10场研修班，共培训2300人次。

五是推进试点示范。湖北省两化融合试点示范企业达到801家，国家两化融合试点示范企业达12家，国家两化融合管理体系贯标试点企业达107家，国家两化融合贯标示范企业有1家，通过国家两化融合管理体系贯标评定企业为30家，获批工业和信息化部中德智能制造合作试点示范项目2项、国家制造业与互联网融合发展试点示范项目4项。

六是做好两化融合对标工作。积极开展两化融合评估诊断和对标引导工作，累计完成近1000家企业的参评任务。

【信息基础设施建设水平不断提升】

一是认真组织电信普遍服务试点项目申报工作。近年来，会同湖北省财政厅、湖北省通信管理局组申报电信普遍服务试点，共申请建设资金4.7亿元，惠及全省16个地市，引导地方政府加大政策扶持力度，促进电信企业加大资金投入，全省互联网建设快速发展。截至2017年年底，全省固定宽带用户超过1550万户，实现了行政村100%通宽带、100%通光纤，湖北省互联网发展状况达到了“全国先进、中部第一”的建设水平。二是“三网融合”推广应用全国领先。按照国务院三网融合协调小组办公室工作部署，以“幸福新农村”IPTV项目为抓手，在全省推广应用。目前已经覆盖全省40%以上的行政村，上线用户达到65万户。该项目被湖北省委、省政府“两办”列为全省农村信息化应用推广项目。三是加快推进5G网络建设布局。按照湖北省委、省政府领导的要求，经多方协调，积极争取中国移动全国最大的5G试验网落户武汉，且全部采用了武汉邮科院的5G产品，为湖北省相关产业发展抢占了先机。

【信息化应用平台建设稳步推进】

一是全力推进楚天云平台重点工程建设。楚天云是加快推进智慧湖北建设的重点工程。协调推进应用系统向楚天云迁移，已有52个省直部门的500个应用系统迁移上云，超额完成省政府下达的目标任务。启动楚天云数据交换共享平台建设，打造全省统一的政务数据交换共享体系。积极开展孝感、荆门两地对接试点工作。在工业和信息化部指导下举办的“2017大数据产业峰会”上，楚天云获评“政务大数据优秀案例”。二是谋划湖北工业云平台。与用友网络科技股份有限公司签订战略合作协议，合作建设湖北省工业云（用友）平台。该平台将为湖北省企业提供各类领域云应用产品和服务，不仅能为湖北省企业提供优质信息化服务，同时还将推动大中型骨干企业网络化协同制造，平台建成后将加强信息共享和业务协同，并与湖北楚天云平台实现数据对接和资源共享。三是开展基于互联网的制造业双创工作。为贯彻落实《湖北省人民政府关于深化制造业与互联网融合发展的实施意见》（鄂政发〔2017〕26号）精神，积极向工业和信息化部推荐制造业双创平台，并在全省范围内遴选2017年湖北省基于互联网的制造业双创平台（企业）试点示范项目。

广东省信息化发展概况

2016年广东省制定实施《广东省“互联网+先进制造”专项实施方案（2016—2020年）》《广东省“互联网+”小镇创建工作方案》，编制《广东省“互联网+”小镇创建导则》，在全省开展“互联网+”小镇创建，遴选10个“互联网+”创建小镇和8个“互联网+”培育小镇，推动互联网新技术、新模式在经济、社会领域广泛应用；加快推进信息化与工业化深度融合，物联网、云计算产业加快发展。2016年，广东省互联网普及率为74.0%，列全国第3位；网民数量为8024万人，占全国的10.9%，居全国首位；全省固定电话用户达2609.7万户，移动电话用户达14349.0万户，3G（第三代移动通信）移动电话用户达1578.5万户，4G移动电话用户达9085.3万户，同比增长85.5%；固定互联网宽带接入用户为2850.6万户，同比增长8.4%。广东省两化融合管理体系贯标试点企业达765家，其中，国家级贯标试点企业为163家，114家试点企业通过国家评定，占全国的1/5。

【信息基础设施建设】

截至2016年12月底，广东省已累计实现信息基础设施建设投资1011亿元，其中，光纤网络建设累计投资达到389.6亿元，通信基站建设累计投资达到616.5亿元。广东省全年新增光纤接入用户达906.6万户，较2015年增长70.8.%，完成全年计划任务的107.2%，新增数和增速均创历年新高。广东省光纤接入用户从2013年的310万户增长到1975.5万户，居全国第2位，比2013年上升4个位次。光纤入户率从2013年的11.8%提升至61.3%，居全国第6位，比2013年上升8个位次。广东省累计开通光纤接入业务的行政村达到14807个，占总数的75%。广东省光纤入户建设进度排名靠前的3个地市是汕尾、江门、梅州，分别完成全年计划任务的184.8%、138.6%、138.3%。广东省全年新增4G基站24.8万个，较2015年增长68.7%，累计达79.4万个，全国排名第1位。全省基站站址新增2.48万个，同比增长81%，累计达到14.12万个。4G用户约9085万户，同比增长85.5%，规模居全国第1位。全省所有行政村和11万个自然村（总数约18万个）基本实现4G网络覆盖。截至2016年12月底，累计完成1425个原中央苏区农村超高速无线局域网试点村的应用试点选址，其中潮州125个、河源市317个、梅州778个、韶关205个；完成713个村的设计出图，其中潮州12个、河源179个、梅州377个、韶关145个。2016年，新增公共区域WLAN热点6703个，累计达10.49万个，新增AP点8.85万个，累计达53.63万个。“i-Guang Dong”第一期项目建成3541个AP热点，累计为64.7万用户提供免费接入服务。

【“互联网+”行动】

2016年6月，在广州召开全省推进“互联网+”工作会议，总结广东省“互联网+”发展情况，研究部署当前和今后一个时期推进“互联网+”工作。广东省委书记主持会议，省长作重要讲话，省委有关部委、省直有关单位、各地市党委或政府、中直驻粤有关单位、省人民团体、省各民主党派、“互联网+”企事业单位等主要负责人近300人参会。印发《广东省“互联网+”小镇创建工作方案》，编制《广东省“互联网+”小镇创建导则》，在全省开展“互联网+”小镇创建，遴选10个“互联网+”创建小镇和8个“互联网+”培育小镇，其中，产业型小镇6个，应用型小镇12个；开展了2期“互联网+”专题培训，培训首批18个“互联网+”小镇申报单位和各地经信主管部门负责人。印发《广东省“互联网+先进制造”专项实施方案（2016—2020年）》，在省直部门中率先落实“互联网+”专项行动，加快促进制造业与互联网技术融合，推动制造业智能化、协同化、网络化发展。组织“互联网+”领域重点项目遴选，全省选出200个项目开展试点工作，试点项目涵盖“互联网+”行动计划13个重点领域。

【信息化和工业化深度融合】

2016年，广东省两化融合继续引领全国，广东省新增国家级贯标试点企业79家、省级贯标试点企业308家，部省级贯标试点企业总数达765家。2016年通过评定的企业数量达89家，总数达114家，全国排名第1名，约占全国的1/5。试点企业涵盖广东省21个地市及佛山顺德区，覆盖主要支柱行业。2016年，编制了《广东省人民政府关于深化制造业与互联网融合发展的实施意见》，以建设双创平台为抓手，加快培育互联网与制造业融合的新产品、新模式、新业态；成立中国两化融合服务联盟广东分联盟，整合产学研资源，聚合各方优势，为政府、企业提供技术、标准、方案、产品、成果转化等专业化服务，进一步提升广东省两化融合质量水平。

【物联网·信息消费·智慧城市建设】

据行业估算，2016年广东省物联网市场规模约3700亿元，同比增长19.35%；相关企业有4220家，同比增长率约为21.5%，其中，市场规模超1亿元的有16家，超10亿元的有7家，超50亿元的有4家，另有6个超百亿元的基地和集群。根据《广东省智慧城市评价指标体系（试行）》，落实《广东省促进智慧城市健康发展工作方案（2015—2017年）》，2016年在全省开展智慧城市指标数据收集工作，对全省21个地市、佛山顺德区进行智慧城市水平评估。2016年加快培育信息消费，推进深圳、佛山国家信息消费示范城市建设，形成可复制、可推广的信息消费新模式，带动全省信息消费快速发展。

【信息化合作】

2016年在广州召开粤港信息化合作专责小组第十一次会议，总结2015年度粤港信息化合作专责小组工作情况报告，制订2016年度粤港信息化合作专责小组重点工作计划，会后印发了《粤港信息化合作专责小组 2015 年度工作情况报告和下一步工作计划》。联合广东省物联网产业联盟举办“第十一届粤港物联网技术应用高峰论坛”，近300 人参加本次论坛。举行第六届粤港物联网大奖颁奖仪式，对物联网先进技术产品及应用示范项目的相关单位进行表彰，评选出2个粤港最佳应用奖、2个粤港最佳产品奖、2个粤港最佳创意奖。落实腾讯公司与广东省政府战略合作协议，在腾讯公司召开现场办公会，广东省省长亲赴腾讯公司协商推动“互联网+政务”、大数据发展等事项。

广西壮族自治区信息化发展概况

2016 年，广西壮族自治区深入贯彻“中国制造 2025”和“互联网+”国家战略，通过营造良好的政策环境，加快信息基础建设，发挥示范引领，扎实推进两化深度融合发展，推动信息技术应用，信息化发展水平快速提升，信息产业规模不断壮大，信息技术服务收入快速增长。

【信息基础设施】

2016 年，广西信息通信业发展稳中有进，网络能力明显提升，全区互联网省际出口带宽达 4.77×10^6MB，比 2015 年年底增加 1.12×10^6MB；光缆线路长度达 89 万千米，比 2015 年年底增加 24 万千米。互联网宽带接入端口达 2061 万个，比 2015 年年底增加 733 万个；移动电话基站数达 15.6 万个，4G 基站占比达到 43.7%。全区电信业务总量完成 936.9 亿元，同比增长 54.1%；电信主营业务收入完成 321.9 亿元，同比增长 10%；固定资产投资完成 102.4 亿元（含中国铁塔广西分公司完成固定资产投资额 15.3 亿元）。全区电话用户达 4123 万户，其中，移动电话用户为 3774 万户，宽带用户为 856 万户（含增值企业宽带用户 66 万户），3G/4G 用户为 2768 万户，全国排名第 16 位。20MB 及以上接入速率宽带用户达 398 万户（含增值企业宽带用户 12 万户），占比达到 46.5%，比 2015 年年底提高 37.8%。

【两化融合】

抓好政策出台，促进制造业与互联网融合发展。印发《广西促进云计算创新发展培育信息产业新业态的实施方案》和《广西推进“互联网+”制造业专项行动计划》，明确了推动制造业与互联网融合发展的工作目标和任务措施。

培育发展新型制造模式。安排两化融合专项资金项目支持资金 2000 万元，重点支持广西玉柴机器集团有限公司—玉柴后市场云平台项目、柳工智能管家云服务平台等工业云应用、物联网、工业大数据及 3D 打印云制造公共服务等各类平台建设等项目，以及动漫游戏、金融、保险、交通、旅游、教育、医疗、北斗、城市综合管理等 36 个项目，带动了企业生产模式和组织模式变革。

实施试点示范建设。组织各市开展广西“互联网+”制造业示范项目申报工作，共征集45个相关项目，经专家综合评议、网络公示，认定“燕京啤酒（桂林漓泉）互联网营销管控项目”“皇氏集团‘互联网+’智能化工厂示范建设”等16个项目为广西“互联网+”制造业示范项目。

继续开展两化融合管理体系贯标、对标工作。2016年新增贯标试点企业14家，6家机构被认定为两化融合管理体系贯标服务咨询机构；组织692家企业参与了工业和信息化部两化融合自评估、自诊断和对标工作，排名全国第10位。

加强两化融合相关培训交流工作。在柳州、北海分别举办全区“互联网+”制造业培训班、广西信息化与工业化深度融合论坛。

【工控系统信息安全】

组织开展工控系统生产企业摸底调查和安全检查工作。经调查，自治区工控系统生产企业有6家，生产和销售工控系统3564套。2016年，共检查重要工控系统运营单位187家、重要工控系统总数812套。加强工控系统安全技术支撑建设。支持广西信息安全测评中心依托国家工业控制系统信息中心，建设广西工业控制系统信息安全势态感知和监测预警平台。推进信息安全院士工作站建设。2016年，完成工作站基础设施建设、电力系统安全控制演示及技术培训平台建设。加强工控系统安全管理工作。组织专业人员收集最新工控系统漏洞及风险信息，研究分析重点行业信息安全隐患及国家工业控制系统信息共享平台有关风险及漏洞信息，定期发布风险防范提示。完成《广西工业行业网络安全检查指南》的制定工作。

【信息消费】

推进信息基础设施建设。指导百色、河池、贺州开展2016年第二批电信普遍服务试点申报工作并获批，推动广西农村及偏远地区宽带建设，促进城乡基本公共服务均等化，带动农村经济、社会信息化水平不断提升。积极培育北海、南宁、桂林的电子信息产品制造、配套产业集群，增强广西电子信息产业支撑信息消费的能力。

协调推进三网融合工作。深入推进电信和广电业务双向进入，推进电信网和广播电视网基础设施共建共享。积极促进交互式网络电视（IPTV）、互联网电视（OTTTV）、手机电视、有线电视网宽带服务等融合性业务发展。在总结试点工作的基础上，全面推进三网融合工作在广西的推广。2016年，IPTV用户已突破200万户。

增强并推广示范效应。2016年南宁作为国家信息消费示范城市，发挥示范带动作用。南宁印发了《南宁市促进信息消费扩大内需实施方案》，还为方案的实施做了一系列配套工作。2016年，南宁长途光缆、本地网中继光缆、接入网光缆纤芯长度分别达21万芯千米、29万芯千米、33.1万芯千米；城市光网覆盖超过98%，其中新建小区光纤高速宽带网络覆盖率为100%，3G网络实现了城市地区连续覆盖，行政村覆盖率达100%，100户以上的自然村覆盖率达90%以上；4G网络已实现了南宁主城区、南宁所辖5县城的中心城区和乡镇的网络覆盖。稳步推进上海斐讯通信南宁产业基地、研祥高科技控股集团暨科技装备业商会东南亚总部集群、富士康南宁科技园、南宁软件园三期、南宁国家电子商务示范基地、中盟科技园、申能达科技企业孵化基地、南宁禾田信息港等一批信息产业及软件和信息服务产业基地的建设。做好信息消费基础便民工作。以南宁青秀区新竹社区和西乡塘区万力社区为试点，完成了2个社区的信息化试点项目建设，建成了社区居民基础信息管理系统、掌上社区（服务与互动）系统等；在全市范围内开放了173个市民卡服务网点，实现市民卡的银行金融服务功能，完成了南宁市民卡交通服务功能的整合，市民卡可在全市138条公交线路、2800辆公交车上刷卡乘车。目前南宁市民卡累计发卡量将近200万张。

信息消费试点城市积极向示范城市靠拢。柳州做好建设电子政务云平台，整合政务网络；搭建基于大数据的管理平台，整合各行业资源；做好网络便民工程、市民卡工程的数据整合，建设柳州电子商务产业示范园等一系列信息消费惠民系列工程。柳州已基本建成以光缆为主、无线网络为辅，覆盖全市城乡的高速、宽带、立体通信传输网络基础和服务体系。2016年，柳州移动、电信、联通业务总量为41.35亿元，同比增长

13.59%。桂林是国家新型工业化电子信息产业示范基地，近年来围绕通信设备（光通信和微波通信）、行业应用电子、软件和信息服务业、光电光伏四大产业，打造西南地区的通信传输设备制造基地、行业应用电子产业集群、广西高端装备电子产业聚集区、全国旅游信息服务产业示范基地和广西软件研发中心。桂林城市和农村家庭宽带接入能力从2013年年底的12MB和4MB提高到了50MB和8MB，4G网络已经实现市区及县城全覆盖。

其他各市根据自身特点稳步推进信息消费工作。贺州根据自身特点，大力推进信息消费工作，成效显著。一是城市光网覆盖率达到96%以上，其中新建小区光纤高速宽带网络覆盖率达100%，农村地区行政村宽带接入率达99%，自然村宽带接入率达70%。二是积极运用信息服务解决社保、医疗、教育、养老、就业等九大领域突出问题。三是富川县获批全国电子商务先进农村示范县，目前县级电商服务中心及部分乡镇和村级服务站点已建设完成。四是推进农村淘宝进县、乡、村，建立乐村淘、村邮乐购等平台。防城港依托边境贸易，促进电商发展。2016年建成东兴电商示范（孵化）基地、广西创才海电商示范（孵化）基地、防城港“IT小镇”门户电商示范（孵化）基地。

【电子信息制造业】

2016年，广西电子信息制造业继续保持较快增长态势，经济运行情况良好，全年完成工业总产值2305.33亿元，同比增长17.63%；完成工业销售产值2265.4亿元，同比增长18.1%；完成出口交货值389.46亿元，同比增长16.23%；完成主营业务收入2112.07亿元，同比增长22.58%；实现工业增加值330.51亿元，同比增长16.6%。已初步形成以北海至桂林的高速公路为主轴，以北海、南宁、桂林3个城市为区域中心的电子信息产业聚集区。其中，电子信息制造业主要集中在北海、南宁、桂林3个城市，3个城市的工业总产值占全行业工业总产值的85%左右；另外，梧州、玉林、柳州、钦州、贵港、贺州等城市的电子信息产业也正在发展壮大，发展趋势向好。

列入统计范围的企业有108家，其中，国有控股企业为9家，集体控股企业为9家，私人控股企业为56家，港澳台商控股企业为27家，外资控股企业为6家，其他企业为1家。完成工业总产值1亿元以上的企业有88家，其中，产值200亿元以上的企业有1家，产值100亿～200亿元的企业有2家，产值50亿～100亿元的企业有7家，产值10亿～50亿元的企业有26家，产值1亿～10亿元的企业有52家。主要产品包括：以平板电脑、液晶显示器、计算机零部件等为代表的电子计算机产品；以移动终端、光通信、微波通信设备等为代表的通信设备产品；以数显量具、医疗分析仪、医疗超声仪器等为代表的医疗电子产品；以彩色电视机、显示器等为代表的家用视听产品；以激光头、电容器、电位器等为代表的电子元器件产品；以太阳能电池、太阳能组件、太阳能灯具等为代表的光伏产品；以及电线电缆、LED产品、电机产品、汽车电子产品等。

【软件和信息技术服务业】

2016年，广西软件和信息技术服务业保持平稳增长态势，规模不断扩大，创新能力持续提升，人才队伍继续壮大，对国民经济和社会发展的支撑作用进一步增强。全区软件和信息技术服务业完成主营业务收入132.07亿元，同比增长10%。软件和信息技术服务业主要集中在南宁、桂林、北海、柳州4个城市，4个城市的主营业务收入占全行业约95%。

2016年列入统计范围的软件和信息技术服务业企业有163家，其中，国有企业为4家，集体企业为1家，股份合作公司为1家，有限责任公司为34家，股份有限公司为14家，私营企业为108家，其他企业为1家。完成主营业务收入1000万～5000万元的企业有73家，5000万～10000万元的企业有11家，超过10000万元的企业有8家。主要产品涉及酒店、电力、动漫游戏、金融、保险、交通、旅游、教育、医疗、北斗、城市综合管理等领域。主要产品有酒店信息管理系统软件、网络游戏软件、项目综合管理系统软件、车辆管理系统软件、糖厂无线调度指挥系统软件、电子签章系统软件等。

【电子政务】

（一）电子政务加快推进

2016年广西电子政务外网。纵向方面，已建成自治区连接14个设区市、113个县（市、区）的广域骨干网，实现国家、自治区、市、县四级网络的纵向联网。横向方面，通过自主铺设光纤线路资源，已建成自治区统一的政务外网横向网络平台，接入区直部门单位126个，市、县横向网络建设正在逐步推进，已有11个设区市、19个县（市、区）完成了横向网络建设。国家层面，纵向全国性应用总数达到35项，典型业务应用包括国家突发公共事件预警信息发布系统、“12358”全国价格举报管理信息系统、全国投资项目信息联网系统、国家投资项目在线审批监管平台等。自治区层面，承载的业务应用总数达176项，包括自治区政府信息公开统一平台、自治区政府基层信息化平台、自治区网上政务服务中心、广西投资项目在线并联审批监管平台、广西公共信用信息平台等。此外，政务外网为各级政务部门提供政务数字证书、统一互联网络出口、安全政务邮箱、云计算、存储灾备和信息发布等公共基础设施资源服务。

推进建设的“云计算中心项目”主要服务广西电子政务外网，已被列为国家电子政务外网华南区灾备中心。项目总建筑面积为15万平方米，分两期建设，其中一期工程建筑面积为7万平方米，采用工程设计施工总承包模式推进，一期主体工程已于2016年封顶。

2016年广西投资项目在线并联审批监管平台，采用省级大集中的方式进行建设，主要实现联合审批、实时监管、在线审核3项功能，纵向与国家发展和改革委、各地（市）和县（市、区）贯通，横向与各层级的业务部门贯通。覆盖自治区16个部门、14个地（市）和117个县（市、区）的投资项目审批。自治区完成了自治区、市、县三级审批、核准、备案事项梳理。自治区本级梳理出15个横向部门包含并联业务；自治区14个地（市）梳理出215个横向部门包含并联业务；自治区117个县（市、区）共计梳理出1035个横向部门包含并联业务。在自治区梳理完毕的审、核、备3类审批事项中，自治区梳理出149个审批事项；14个地（市）梳理出2521个审批事项；117个县（市、区）梳理出14582个审批事项。完成了自治区本级15个部门、14个地（市）、104个县（市、区）总计5533个项目目录、1998个办事指南的录入工作，对各级审批部门及政务服务窗口相关业务人员进行了操作培训。2016年，自治区共有8610个投资项目使用平台进行了申报，其中审批6382个、核准105个、备案2123个，总投资额达7711.12亿元。

2016年完成国家企业信用公示系统（广西）建设，在自治区上线使用。广西工商部门公示市场主体登记备案信息136.2847万户，公示企业动产抵押信息5502户，公示行政处罚案件16062件。自治区已有147.5084万户市场主体完成年报信息公示工作，12.1360万户市场主体完成即时信息公示工作。

2016年建设互联网网站安全监测平台一期，实现对自治区4000多家重点网站的日常安全扫描和监测，及时发现风险漏洞。通过平台对自治区党政机关网站进行7×24小时循环扫描监测，发现风险漏洞及时预警通报，将黑客可利用漏洞的时间窗口缩到最小。

依托金税三期系统，推进信息资源的查询和共享，实现六大类191项国地税业务“借网办税”。2016年，国地税共享涉税信息152万条，联合采集共享信息35.5万条。网上办税实现了办税大厅业务的全覆盖，2016年自治区已有95.69%的纳税人主要通过网上进行申报。自治区有10万多纳税人关注“12366”微信公众号进行移动办税。“互联网+移动办税”走在了全国税务系统的前列。2016年，自治区享受小型微利企业所得税优惠政策的企业达17039家，减免企业所得税0.78亿元；享受高新技术企业所得税优惠政策的企业有83家，减免企业所得税1.64亿元；享受西部大开发税收优惠政策的企业有684家，减免企业所得税27.84亿元；享受企业所得税减免税优惠政策的企业共计17894家，减免企业所得税31.02亿元，其中非公经济减免所得税23.64亿元，占76.2%。

南宁市网上审批大厅系统项目完成了智能引

导系统建设，并部署大厅使用；现场交互服务显示系统已开发完成，160 台交互终端已交付五象政务中心部署使用；移动网厅 App 已发布应用；完成与“一站式社会服务管理平台”集成的互联网统一登录及用户管理认证模块的开发；完成全程预约服务管理系统的原型开发及验证。已实现市工商局、卫计委、林园局等 18 个部门的“企业名称预先核准”“危险化学品经营许可证（变更）”“植物检疫证书签发”等在内共 106 项事项的网上申办。

（二）信息惠民工程建设加快

初步建设完成广西卫生计生健康信息平台，承载各业务数据 7 亿多条。自主研发了全国首个省级妇幼信息管理系统，系统覆盖全区所有的妇幼及有相关业务的医疗卫生机构，系统上线 10 个月以来，已采集数据 5 亿多条。通过自治区卫生计生委门户网站及广西健康信息惠民平台微信公众号，实现“互联网+”医疗卫生计生信息便民查询。民众可自主查询全区 3.5 万个医疗卫生计机构、9.1 万名执业医师和执业助理医师及 11 万名注册护士的基本信息；微信平台内还可以结合第三方地图查询医疗卫生机构地理位置等。自治区 100%的三级医疗机构实现了多渠道预约挂号，门诊预约挂号比例达到 40%。2016 年自治区启动了远程医疗政策试点，目前远程医疗已覆盖全区 6 个地（市）、33 个县（市、区）、28 个乡镇。

2016 年，在自治区推进低保网上审批改革，低保政策和精准扶贫制度衔接全面展开。2016 年，系统登记管理城乡低保对象 303.3 万人、农村五保对象 33 万人；建成了跨部门、多层次、信息共享的全区民政低保核对系统并正式投入使用，成为全国具备区、市、县（城市、农村）三级联网核对的省级低保核对系统之一。该系统先后与自治区高级法院、公安厅及人力资源和社会保障厅等 12 个部门达成协议，实现了数据共享，同时与 12 个地（市）房产部门、14 个地（市）公积金管理部门签署了联网协议。该系统在经救助申请人及其家庭成员授权情况下，通过大数据查询核对申请对象的婚姻、户籍、车辆、农机、渔船、社会保险、商业保险、住房、银行存款、个体工商户、纳税、公积金和涉农补贴资金等家庭经济状况信息，重点核查救助对象名下的“三子”（房子、车子、票子），核对结果作为社会救助的审批依据，大大提高了救助对象认定的精准度。系统运行两年来，共接受各市、县核对委托 154 万户、404 万人次（包括新申请低保救助的对象），通过信息核对、核实机制退出低保或挡在低保范围之外约 16 万人。

在自治区共 14 个地（市）和 80 个县（市、区）建成医疗即时结算系统，为患病困难群众及时提供医疗救助。通过开展即时结算服务，实现城乡医疗救助制度与相关基本医疗保险制度的资源共享、同步结算、无缝对接、统一监管。

实现自治区城镇居民基本医疗保险异地就医联网结算。2016 年各市完成信息系统本地化改造接入工作，自治区 14 个地（市）居民医保系统已接入广西异地就医结算平台，开通自治区城镇居民基本医疗保险异地就医直接结算。

广西人社“12333”手机 App 应用已在各大应用市场发布。钦州、北海、防城港、百色、贺州、贵港、来宾、崇左等地已开通 App 自助办理包括城镇职工养老保险的生存认证在内的各类社保业务。自治区 14 个地（市）开通了手机掌上办理广西城乡居民养老保险生存认证功能，各地（市）正积极向参保人推广手机 App 应用软件，目前 App 支持苹果和安卓版本。

海南省信息化发展概况

2016年，海南省在信息基础设施、电子政务、社会信息化、“互联网+”等方面取得了长足的发展。“宽带中国战略”“光网智能岛”建设取得成效，光纤网络覆盖、三网融合、4G网络等基础设施建设加快；两化融合和信息消费的推动效果显著，全省信息消费水平明显提升；互联网产业快速发展，提升电子商务和传统行业互联网化应用；电子政务建设稳步推进，业务应用持续深化，服务能力明显提升，为提高政府履职能力提供了有力保障，“互联网+政务服务”发展加速，网上政务与便民服务在完成市县、乡镇街道的网点建设后继续向社区和行政村延伸；社会领域信息化应用建设快速推进，社会信息化应用水平不断提升。

【信息基础设施】

（一）信息通信基础设施

信息通信基础设施加速升级，骨干网承载能力增强，固定宽带接入能力显著提升，移动宽带网络快速发展。全省光缆网络架构不断完善，省内干线光缆达到3376千米，基本建成“三纵三横”的网格状网络格局。

2016年，本地网中继光缆线路长度71839千米，比2015年净增9147千米；本地网中继光缆纤芯长度2085471芯千米，比2015年净增528070芯千米；接入网光缆线路长度125000千米，比2015年净增36351千米；接入网光缆纤芯长度1788951芯千米，比2015年净增417662芯千米；互联网宽带接入端口5069517个，比2015年净增1645055个；移动电话交换机容量达到1612.4万户。以本地网中继和接入网光缆建设为重点的基础传输网建设为各种电信业务提供了大容量、高质量的基础网络平台。

2016年，全省电话用户累计净增46.4万户，达到1111.47万户；全省固定电话用户为169.15万户，比2015年减少1.09万户；固定电话普及率为18.62%，同比下降0.38个百分点；全省移动电话用户净增48.27万户，达到942.32万户，普及率达103.50%，同比提高1.49个百分点。

2016年，全省互联网用户为1003.12万户（含手机上网用户），同比净增86.25万户。其中，宽带接入用户净增37.03万户，达到186.48万户；8MB以上用户为159.87万户，占比85.73%，同比增加28.05个百分点；20MB以上用户为135.21万户，占比72.5%，同比增加27.28个百分点。移动互联网用户净增33.64万户，达816.65万户，移动互联网流量平均资费同比下降41.20%。

（二）电信业务发展情况

2016年，全省电信业务总量累计完成286.85亿元，同比增长67.42%，比全国平均增长水平高13.19个百分点；电信主营业务收入累计完成100.08亿元，同比增长8.9%（按可比口径计算），比全国平均增长水平高3.30个百分点；实现利润总额10.59亿元，同比减少17.88%，比全国平均增长水平低10.24个百分点。2016年，全省电信固定资产投资累计完成30.03亿元，同比降低12.31%。

全省19个市（县）均实现4G覆盖；全省196个乡镇的3G、4G网络覆盖及互联网固网宽带接入比率均达到 100%；全省 2573 个行政村中有 2466 个行政村完成固话宽带接入（占比 95.84%），通光纤宽带行政村有 2428 个（占比 94.36%），4G 覆盖率为 99.40%。

信息内容服务稳步推进，全省有线电视用户达 234 万户，比 2015 年增长 9.6%。广播综合人口覆盖率和电视综合人口覆盖率分别达 96.5%和 95.5%。

【信息产业】

2016 年，海南省信息产业实现营业收入 317.16 亿元，同比增长 25.49%。其中，软件和信息技术服务业发展迅速，全年营收 131.39 亿元，同比增长 72.2%；信息传输服务业营收 115.33 亿元，同比增长 19.66%；电子信息制造业产值 70.44 亿元，同比下降 12%。电子信息制造业主要涉及电气设备制造、电线电缆制造、光通信、太阳能电池组件制造等领域。全省软件和信息技术服务业营业收入过亿元的信息服务企业有 24 家，比 2015 年增加 7 家；11 家互联网企业在新三板挂牌上市，占全省的 1/3，比 2015 年新增 6 家。2016 年，全省互联网产业实现营业收入 322 亿元，已有互联网企业超过 5000 家，其中全年营业收入过亿元的企业达 40 家。

【电子政务】

近年来，海南省按照统一规划、分步实施、逐步完善和注重实效的原则，坚持一体化、集约化的思路，以省政府数据中心机房为核心搭建了统一的电子政务外网、电子政务云，为全省各级政府提供网络、云计算、服务器托管等服务，极大地促进了全省电子政务发展。

（一）电子政务外网建设成果显著

海南省电子政务外网是国家电子政务外网的重要组成，从 2008 年开始建设，目前网络已覆盖全省 67 家省直单位、20 个市县（含洋浦开发区）、218 个乡镇（含街道办事处），覆盖率达 100%，通达行政村达 96%，是海南省覆盖面最广、连接政务部门最多、承载业务类型最丰富的政务公用网络平台。

政务外网承载了全省行政审批、电子监督、政务公开、工商管理、应急指挥等一大批关键应用的运行。工商、卫生、民政、政务服务中心等 50 多个省级部门依托政务外网开展了内部办公和业务协同工作；审计、人口计生、应急办等省级部门依托政务外网实现了与市县政务部门的网络互联和信息系统延伸，以及与国家部委网和上级部门的互联互通。

（二）省级电子政务云平台服务全省

海南省电子政务云由 1 个云服务门户、2 个云服务提供商组成，简称“1+2”模式。海南省电子政务云支撑 76 家单位、757 台虚拟机的运行，支撑海南省政务公共服务平台、海南省政务大数据公共服务平台和海南省数据共享平台运行。

（三）“互联网+政务服务”

实行全省“一张审批网”，推行“全流程网上办理”“承诺审批制改革”，探索试行“异地受理”“异地办理”“全省通办”等服务，实现了让数据多跑路、群众少跑腿。“一张审批网”已连接省直 44 个部门，覆盖率达 100%；已在 19 个市县（共 6620 项审批事项）推广，覆盖率为 100%；在 176 个乡镇（共 5368 项审批事项）推广，覆盖率为 100%；在 2456 个村便民服务站推广，覆盖率达 81.4%。

在行政审批改革创新应用成效方面，全流程网上申报办件量达 36 万余件，占比约 40%；承诺审批件办结量约为 4 万件；全省通办件办结量为 8237 件；全省提前办结率为 96%，按时办结率为 99%，平均办结时间节省 7 天。

海南省电子证照库已录入 30 个省级单位和 24 个市县部门的 366 种证照种类，生成电子证照约 55 万本（份），于 2017 年 9 月起在行政审批系统、公共服务领域进行推广使用。

（四）海南省政务大数据公共服务平台建成投入使用

海南省政务大数据公共服务平台汇聚各业务单位的数据，建立健全标准规范体系和安全体系，实现各业务数据的主题融合，并基于主题建模整合各厅局的人口和法人数据，实现了跨部门的人口、法人分析，为统筹规划和科学决策提供支撑。海南省数据共享交换平台已实现与 30 个省直部门、5 个市县的数据互联互通，建成覆盖全省的企业法人库（接入数据 1605 万条）和人口基础库（接入数据 7701 万条），基本形成全省数据交换“一张网”。目前，海南省工业和信息化厅共发布了两批海南省政务信息资源共享目录，包含 37 家省直部门、近 300 个信息资源，有效促进了各部门间资源共享和业务协同。

（五）智慧旅游亮点多

“智游海南——海南旅游综合云平台”是海南省旅游委基于海南省电子政务云计算中心和海南省电子政务数据共享平台建成的旅游大数据项目，可以实时、直观地了解进岛游客的数量、旅客客源地结构、旅客省内分布情况、旅游景区客流情况等。项目整合了海南省旅游委原本孤立的数十个业务应用系统，实现了全省旅游信息资源标准的统一，建成了一个覆盖“吃、住、行、游、购、娱”旅游全要素的大数据平台。

（六）“人口健康”为人民

海南省卫生计生委全员人口统筹管理信息系统（“金人”工程）依托海南省数据共享平台统筹公安、人社、民政、工商等相关人口信息，整合内部孕情、出生、妇幼、儿童免疫规划等人口相关数据，并与国家平台对接，形成国家、省级、市县、乡镇、村五级数据互联互通。目前海南省19个市县卫生计生主管部门均已利用该系统开展常住及流动人口管理、生育服务与登记等计生工作。海南省的全员人口库在全国率先支持生育服务证改革，使海南省成为就近领取、便民利民的先进典范，切实解决民众“办证难”问题。

（七）“便民服务”——“12345”政务热线平台为民所爱

“12345”政务热线平台整合 23 家省直单位和部分公共服务热线，依托各市县工商局设立分平台，实行 7×24 工作制，形成“一平台、一条线、一张网”“统一接听、按责转办、限时办结、统一督办、统一考核”，实现全省多层级多部门联动、各行业信息系统互联互通（五个统一）、三大专家团队协同指导的全新服务模式，是全国第一家由省级政府成立的“12345”综合服务平台。

（八）“多规合一”显成效

海南省“多规合一”信息数字化管理平台集成了基础地理信息数据、海南省总体规划成果、项目图形数据、部门专题数据、地表现状数据及多期影像数据。“一张蓝图”信息服务子系统已为海南省政务中心、海南省工信厅、海南省环保厅、海南省交通厅等部分行业厅局提供数据和功能服务。

（九）防灾减灾大数据平台建成运行

在应急指挥方面，海南省率先在全国推出“互联网+防灾减灾”的信息化建设新思路，贯彻“以预案为主线、事件为驱动、问题为导向”思路，建设“一个中心、两个平台”。防灾减灾大数据平台，完成了水务、气象、海洋等部门防灾减灾相关数据的整合；通过对数据的整合应用，以直观的“一张图”模式，展现全省最新三防动态，满足领导协同会商、协同指挥的决策需求；同时，还通过网站、微信、App 等渠道向公众推送台风、暴雨和江河水情预测预警信息，实现防灾减灾信息发布“无死角”，为公众提供三防服务。

【两化融合】

2016 年，海南省大力推进两化融合管理体系贯标工作，加强省直各部门、市县、园区、协会、企业之间的通力合作，以“先易后难、实效优先、循序推进”为原则，配合开展工业和信息化部贯标试点工作，海南省内石油富岛、金盘电气等共计 9 家企业纳入国家贯标试点。近 3 年来，海南省共统筹安排 2.43 亿元，用于扶持奖励基础设施建设、两化融合贯标试点和两化融合项目实施，帮助企业在安全生产管控、降低能源资源消耗、减少管理成本、提升创新能力、提高产品质量等方面均取得显著成效，增强企业综合实力和竞争力。

【信息安全】

海南省数据安全与保密管理体系建设取得初

步成果。海南率先开展政务信息资源共享安全管理体系建设，《海南省政府数据中心数据安全与保密管理制度》《海南省政府数据中心数据安全管理流程规范》等规章制度已编制完成并通过专家评审，即将颁布实施，实现了数据安全与政务信息资源整合共享工程建设的同步进行。

海南省积极开展网络和信息安全保障工作，利用网络与信息安全综合管理服务平台定时扫描全省党政机关网站和重要信息系统，及时跟踪安全情况并做好安全指导，同时做好 2016 年度关键信息基础设施网络安全摸底和检查工作；举办海南省第二期党政机关国家注册信息安全专业人员（CISP）资质认证培训班，贯彻落实中央网络安全和信息化领导小组 2016 年工作要点，提高海南省网络与信息安全从业人员的网络与信息安全意识，提升安全管理水平、防范能力、超前预防和控制风险的能力；举办海南省首届网络安全大赛，营造注重网络与信息安全的氛围；积极开展反电信诈骗活动，全力打击犯罪分子的嚣张气焰，提升全民安全防范意识和技能，遏制电信网络诈骗犯罪势头。

【信息化建设中的重大举措】

2016 年，海南省委、省政府积极推进信息化发展，培育发展新动力，出台了一系列产业发展政策，从省级到地方先后颁布实施一系列政策文件，全方位促进信息产业发展，推进信息化建设。

2016 年 7 月 11 日，《海南省人民政府关于深化制造业与互联网融合发展的实施意见》出台，要求以制造业为主战场，以信息化、网络化、智能化为主线，加快推动互联网、大数据、云计算、物联网等新一代信息技术在制造业中的应用，培育基于互联网的制造业新产品、新技术、新业态、新模式。发挥生态环境、经济特区、国际旅游岛等优势，大力发展信息产业、生产型服务业和服务型制造业，走出具有海南特色的制造业与互联网融合发展新路径。

2016 年 11 月 25 日，海南省人民政府印发《海南省促进大数据发展实施方案的通知》，要求按照“多规合一”的要求，加强顶层设计和统筹协调，推动政府公共数据共享、开发、开放和应用，形成全省“一盘棋”“多网合一”的发展格局。

重庆市信息化发展概况

2017 年，重庆市坚持创新驱动、融合发展，强化信息化顶层设计，夯实信息基础设施建设，加强信息资源整合，推进信息技术与经济、社会各领域深度融合，信息化发展实现新的突破。

【强化顶层设计】

一是发布《重庆市“十三五”信息化规划》。提出了加快完善现代信息产业生态体系、建设泛在先进的信息基础设施体系、建立统一开放的大数据体系、构筑融合创新的信息经济体系、建立高效的社会治理体系、建立完善的信息惠民体系、完善网络空间治理体系、健全网络安全保障体系 8 项重大任务。围绕重大任务部署了 10 项重点工程和 11 项优先行动。

二是谋划进一步扩大和升级信息消费工作。出台《重庆市关于进一步扩大和升级信息消费持续释放内需潜力的实施方案》。围绕生活类信息消费、公共服务类信息消费、行业类信息消费和新型信息产品消费等重点领域，从提升信息消费供给能力和水平、拓展信息消费覆盖广度和深度、打造信息消费发展良好环境3个方面，提出了15个类别的多项重点任务。

三是创新开展全市信息化发展水平评估工作。参考国家信息化发展水平评估指标，对全市所有区县的信息化发展水平从网络就绪度、信息通信技术应用、应用效益3个维度进行评估，并发布评估报告。

【夯实基础设施】

一是信息基础设施建设提档升级。大力推进“光网·无线重庆”建设，在实现全市行政村光纤网络和4G网络两个全覆盖基础上，2017年重庆在西部率先建成“全光网城市”，实现城市光纤到户家庭全覆盖，20MB以上宽带用户占比超过60%。重庆国家级互联网骨干直联点主要工程目标任务全面完成，省际直联城市由2017年年初的18个增至29个，分别建成网内和网间互联端口能力18.24TB、4.1TB，实际开通17.9TB、400GB，网间时延、丢包率性能均大幅提升，有力支撑了重庆市网内和网间访问需求的快速增长。

二是高等级数据中心建设成效显著。两江国际云计算产业园的中国联通、中国移动、中国电信、浪潮、两江云计算等高等级数据中心建成并投入运营，腾讯、腾龙等数据中心启动建设，已形成10万台以上服务器支撑能力。目前，云计算产业园累计投运机柜近2000个，其中市外用户占比超75%。

三是信息化系统集约化建设初步完成。建成全市统一的电子政务云平台，提供包括基础设施服务、软件服务、功能应用服务、信息安全技术服务等在内的全方位服务。在充分整合利用重庆市现有信息化系统资源的基础上，助推全市信息化系统由传统的“按需而建”逐步向“统筹建设、按需而用”的购买云服务模式转变。加快云服务器替换物理服务器进程，着力降低平台服务费用，不断完善信息安全体系，实现重庆市电子政务云平台虚拟化加快、服务价格大幅下降、安全保障能力不断强化。目前，重庆市电子政务云平台累计迁移设备4800余台，服务器虚拟化率达到51.4%。

【加强信息化应用】

一是经济信息化水平持续提升。农业领域，大力推进农业生产智能化应用。对重庆市20个区县农业物联网应用进行项目补贴，扶持产业涉及马铃薯、柑橘、水产、生猪、泥鳅、山羊、食用菌、种苗、柑橘等多个领域，实现“节本增效”的预期目标，特色产业链产值增长率超过15%。积极培育农村电商主体，全市涉农电子商务交易额超380亿元，增长率超过100%。工业领域，2017年重庆市开展两化融合管理体系贯标企业达204家，其中，国家级试点企业为67家，累计通过国家评定企业为34家，川仪成为国家级贯标示范企业；市级贯标示范企业达58家，共打造企业研发创新、制造流程及全生命周期管控、产供销集成管控、设计制造协同、在线支持服务等新型能力80余项。长安汽车、集创家2个项目入选国家级制造业与互联网融合试点示范；重庆联通、重庆信通院、猪八戒3个平台入选国家级制造业与互联网融合双创试点示范平台。

二是民生领域信息化水平不断提高。社会保障领域，累计发放社会保障卡3393万余张，覆盖人群达99.8%，并实现与贵州、海南等6个省（自治区、直辖市）的医保跨省漫游。医疗卫生领域，建成连接全市39个区（县）的区（县）两级人口健康信息平台，实现全市1400多个基层医疗卫生机构的数据接入和互联互通，电子健康档案和管理指标等数据与国家平台联通，采集电子健康档案2200多万份、电子病历1100多万份；完成4个远程疑难会诊中心和6个区域医学影像（远程读片）中心建设，实施诊断应用案例80多万例。教育领域，基本建成全市、区（县）教育城域网，“宽带网络校校通”建成率达94.6%；建成高校在线开放课程平台，12所高校入驻并享受云服务，总访问量达到490万人次，共开通国家级数字精品课程400余门、国家级教育资源60余万条、网络课程近2万节。交通领域，完成重庆市主城公交电子站牌工程建设，覆盖主城区450条公交线路运行信息，覆盖率达96%以上；开通“车来了”

App，实现公交出行智能化；建成全国领先的基于RFID（射频识别技术）的“重庆交通信息卡系统”，累计发放重庆交通信息卡1500余万张。

三是信息惠民服务领域进一步扩大。继续深化拓展信息惠民平台建设，全市信息惠民应用平台公共服务项目达700余项，信息惠民平台总浏览量达893万次；注册用户达141万户；App总安装次数达27.8万次。同时，重庆市微信城市服务共提供42项服务，累计服务市民1600多万人次。腾讯公司与重庆儿童医院联合打造智慧医院，实现从预约挂号到就诊排队、门诊缴费、报告查询等全流程的“互联网+医疗”服务，儿童医院已有62万微信注册用户，通过微信支付诊疗费笔数占总缴费笔数的59%。

四是政府管理信息化迈上新台阶。重庆市网上行政审批平台覆盖38个区（县）、2个开发区、34个市级审批职能部门和全市800多个乡镇，基本实现市、区（县）、乡镇、村“四级纵向贯通、横向全面联通”。重庆市所有行政审批事项（除涉密和涉及公共安全事项外）均实现统一平台办理，目前，进入重庆市网审平台的市、区（县）政府机构共4600多个，从事审批工作的后台工作人员超过3万人，网上办件量已超过980万件。行政审批效率进一步提升，审批时限普遍提速1/3以上。全市535项市级行政审批事项、342项区（县）通用行政审批事项已全部实现标准化改造并上线运行。

五是社会治理智能化应用不断拓展。公共安全领域，建成投用的社会安全事件应急联动指挥系统共接入联网视频监控镜头13.8万个，每平方千米有镜头1.31个（列全国第7位），实现全市重要目标周边公共区域、城镇中心区域、案件频发地段等的监控覆盖及对社会行业单位镜头的整合。综合治理领域，在大渡口、九龙坡、渝北等16个区（县）开展社会综合治理信息系统建设试点应用，收集数据信息1.5亿余条、受理流转办理社会矛盾纠纷6万余件，6000余名综治干部、1万余名网络员在线使用综治系统。工商领域，初步建成法人基础信息数据库，已归集全市283万家市场主体、1.8万家机关事业法人、1.49万家社团法人、0.13万家法律服务机构等基础信息数据，实现日常监管信息的大集中、可视化。渝中区、南岸区开展社区公共服务综合信息平台建设试点工作，整合公共服务信息资源，提高社区服务水平和工作效率。全市建立40个区（县）级社区居家养老服务信息平台、821个社区养老服务中心（站）、近1000条社区级信息服务热线。

【推动共享开放】

一是加快推进部门信息系统和数据接入市共享交换平台。按照“促进共享，推进接入统一共享交换平台”要求，已有45个部门向重庆市共享交换平台共享数据，其中18个部门实现实时共享，法人、地理空间、投资项目等基础数据库全部实时接入。同时，推进区（县）共享交换平台试点，明确两江新区等8个区（县、开发区）为试点区（县），明确试点区（县）共享交换平台建设的总体技术架构、数据接入、接口开发、运维管理及与重庆市共享交换平台的对接要求。

二是扎实推进政务信息资源共享开放立法。已研究形成《重庆市政务信息资源共享开放管理办法（征求意见稿）》（以下简称《管理办法》），明确政务信息资源采集、共享、开放、安全管理、监督管理、法律责任等内容。目前，按照立法程序要求，《管理办法》正在广泛征求全社会意见。

【信息产业保持快速发展】

一是电子制造业实现较快增长。2017年，重庆市电子制造业实现产值5407亿元，同比增长27.5%，占全市工业产值的24.1%，对全市工业增长贡献率达41.3%。SK海力士项目持续放量，超硅半导体项目8寸片已实现量产。京东方8.5代液晶面板项目已实现产能16万片/月。重庆市生产笔记本电脑6095万台，同比增长9.9%；生产手机2.58亿台，同比增长19.3%。

二是软件产业收入稳步增长。实现软件业务收入1210.3亿元，同比增长18%，增速高于全国平均增速4个百分点，产业规模居全国第13位、西部第3位。重庆市纳入统计的软件和信息技术服务企业达1515家，从业人员为17.1万人，行业规模不断扩大，总体保持平稳较快增长。

三是大数据互联网产业发展取得新进展。“互联网+”领域投资活跃，2017 年重庆市征集了 267 个“互联网+”试点项目，总投资额超过 75 亿元，涉及 30 个区（县）及开发区，覆盖“互联网+”创业创新、协同制造、现代农业等 11 个领域，最终确定 78 个项目作为试点项目，项目的成功实施将拉动投资 37.7 亿元。大数据产业链不断完善，腾讯、爱奇艺、网宿等数据资源落户重庆市，中科睿光成功发布全新一代国产云计算操作系统；在数据服务层及融合应用层，中科云丛、凯泽科技、智慧思特、博拉网络等企业快速发展，可视化龙头企业海云大数据全国总部落户重庆，中交信息建设的全国重点营运车辆联网联控平台实现了 500 万辆汽车信息资源汇集管理及服务。

四川省信息化发展概况

2016 年，在四川省委、省政府的坚强领导下，持续加强信息基础设施建设，着力提高信息技术发展水平，全面推进社会信息化进程。

【持续加强信息基础设施建设】

（一）加强“宽带中国”战略实施

四川省组织开展了省级“宽带乡村”（二期）工程，建成全国首个“百兆宽带城市群”。雅安、泸州、南充 3 个城市成功入选“宽带中国”示范城市，四川省入选市（州）数量已达 10 个，居全国第 1 位。四川省光缆线路长度达 1897078 千米、互联网宽带接入用户达 1851.2 万户、移动互联网用户达 6358.4 万户、互联网上网人数为 3575 万人、互联网普及率为 43.6%、移动电话基站有 29.3 万个、移动电话用户为 7294.5 万户、固定电话用户为 1490.1 万户、电话普及率为 106.32 部/百人。

（二）推进电信普遍服务试点

成功争取到两批次国家电信普遍服务补偿机制试点，全面完成 14 个市（州）、7306 个行政村招标和协议签署工作。

（三）完善成都国家级骨干直联点建设

四川省总带宽扩容到 440GB，具备 6TB 网间流量疏通能力。建成骨干直联点监测系统，制订运行维护方案，组织开展网间通信质量、宽带速度监测及分析，有效巩固了成都通信枢纽地位。

（四）推进有线电视网络转型升级

继续推进四川省有线电视网络双向化、宽带化、智能化建设，城镇光缆覆盖率达到 100%，农村光缆覆盖率超过 70%，双向网络覆盖率为 73.7%，城镇带宽具备 50MB 以上能力，农村接入网带宽具备 20MB 以上能力。

【着力提高信息技术发展水平】

（一）推动电子信息产业发展壮大

2016 年，四川省电子信息产业全年主营收入为 6800 亿元，同比增长 15%。英特尔骏马项目一期工程、海威华芯第二代/第三代半导体集成电路芯片等一批重大项目竣工投产。总投资约 43 亿元的中国电子成都集成电路研发及产业化基地项目、投资 7.3 亿元的展讯公司三大总部之一及研发基地项目、国家集成电路公共服务平台西南平台“核芯空间”已签约。上海华大在四川省设立集成电路设计公司，大唐电信、中芯国际注资四川集成电路设计企业。

（二）推动软件产业持续平稳增长

2016 年，四川省软件和信息服务业营业收入为 3149.9 亿元，同比增长 14.75%。集中资源重点培育和扶持一批龙头骨干企业，积极培育新技术、新产品、新业态、新模式，努力保证行业优惠政策的落实。举办第十四届中国国际软件合作洽谈会，帮助企业开拓市场。推动落实四川省与微软战略合作协议。

（三）推动 5G 技术创新及产业化

加快布局发展 5G 产业。推动卫士通“5G 安全总体架构研究与标准化”项目积极争取国家科技重大专项支持。争取中国移动 5G 联合创新中心落地，编制《成都天府国际机场 5G 试商用方案》。

【全面推进社会信息化进程】

（一）推动信息化与工业化深度融合

印发《关于贯彻落实〈“互联网+四川制造”实施方案〉的通知》，“互联网+四川制造”平台正式上线。获得国家智能制造专项和智能制造试点示范项目支持。推动工业和信息化部两化融合管理体系贯标试点企业开展贯标工作，指导四川省 800 余家企业参与两化融合评估诊断和对标引导工作。省级工业发展资金支持 100 余家企业开展智能制造、协同制造、数字化流程控制及信息管理等项目建设，推动企业实现转型升级发展。引导小微企业运用云计算、移动商务等新一代信息技术，促进信息技术集成应用和协同创新。

（二）推动“互联网+”持续健康发展

出台了《四川省 2016 年“互联网+”重点工作方案》，在制造、农业、创业创新、政务等 14 个领域提出了 67 项重点工作，将“互联网+”细化到各行业。积极建设以“互联网+”为主要建设内容的中小企业公共服务网络平台体系，支持一批“互联网+”公共服务项目，编制了《四川省“互联网+”行动典型案列汇编》。

（三）积极培育新兴信息技术

出台了《四川省人民政府关于加快大数据发展的实施意见》，提出了 43 项重点任务。四川省在用数据中心项目 23 个，规划在建数据中心项目 14 个，数据中心规模及应用水平在全国领先。编制“十三五”物联网产业发展思路和政策措施，部分物联网重点企业销售收入增长 100%以上。开展“虚拟现实产业和应用分析课题研究”，做好虚拟现实/增强现实技术和产业研究、跟踪，支持四川省相关技术成果产业化及整个产业链的发展。

（四）强化全社会各领域信息化应用

推进四川省智慧城市建设，支持一批智慧旅游、智慧教育、智慧交通、智慧社区等项目。开通金融 IC 卡在全省 60 个县（区）、13 个景区、42 个园区等在交通、旅游、购物等方面的移动便民应用。交通领域移动信号及信息服务四个全覆盖工程逐步实现，开展电子客票试点工作，路网交通流量实时监测能力得到提高。持续推进教育“三通两平台”建设，推动教育资源均衡发展。纵深推进“互联网+健康医疗”服务；开展互联网医院试点，打造“健康四川”“巴蜀快医”等医疗健康云平台。建成 13 个智慧旅游试点城市和 33 个智慧旅游试点景区，在成都召开第五届全球旅游网络营运商合作交流会。

（五）大力开展信息扶贫工作

推动电信运营企业完成 2350 个贫困村通信网络覆盖任务，完成 2500 个行政村通宽带的民生通信工程任务，开通互联网宽带业务的行政村比重达 95%。在 88 个贫困县中开展了一批特色领域信息化应用项目试点，利用信息技术助推工农业生产、资源开发利用、民生服务等。大力推进农村信息服务平台建设，积极推动美丽乡村农技合作计划、移动医疗送健康计划等。

贵州省信息化发展概况

【信息化总体发展水平】

2016 年，贵州省信息社会发展指数继续保持快速增长态势，据国家信息中心发布的《中国信息社会发展报告》显示，2016 年贵州省信息社会指数为 0.3628，全国排名上升 1 位至 29 位。其中，网络社会指数为 0.3251，提升了 0.0232；在线政府指数为 0.5217，提升了 0.0387；数字生活指数为 0.3899，提升了 0.038。

【信息基础设施】

2016 年是“十三五”的开局之年，贵州省大力实施大数据战略行动，以供给侧结构性改革为主线，信息基础设施建设取得快速进展。贵州省光缆线路长度累计达到 80.64 万千米，同比增长 24.2%。FTTH（光纤到户）覆盖家庭达到 1336.1 万户，比 2015 年新增 451.2 万户，同比增长 51%。固定互联网宽带接入端口数达到 1094.98 万个，比 2015 年年底增长 19.5%，互联网出省带宽速率达到 4580Gbps，平均接入带宽大幅增加。全省平均固定带宽速率达到 17.16Mbps，较 2015 年增幅 30%，固定宽带下载速率达到 11.49Mbps，排名全国第 18 位、西部第 2 位。全省 LAN 端口总数为 372.9 万个，WLAN 公共运营热点数达到 7.6 万个，WLAN 网络较好地发挥了无线宽带网络补充的积极作用。2016 年移动通信基站累计新增站点 16.81 万个，其中，4G 基站 7 万个，新增 900 个行政村通光纤和 2000 个行政村 4G 网络覆盖，新建 3G/4G 基站 1.65 万个，全省高速公路 3G/4G 信号覆盖里程新增 1416 千米。全省新增开通 11103 个行政村“广电云”有线电视光缆信号。全省数据中心服务器承载能力已达 30.02 万台，安装使用服务器 4.9 万台，签约使用服务器 7.9 万台。为切实加强国家大数据综合试验区建设，贵州省获批建设首个国家大数据工程实验室、“贵州·中国南方数据中心示范基地”及“贵阳·贵安国家级互联网骨干直联点”。

【信息产业】

2016 年，贵州省电子信息产业持续快速发展，全省规模以上电子信息制造业实现增加值 93.38 亿元，同比增长 66.6%，高于全省工业增加值增速（9.9%）56.7 个百分点。电子信息制造业对工业增长贡献率逐步提高，拉动全省工业增长 0.9 个百分点，对工业增长贡献率达到 9.6%。信息产业主要产品稳定增长，累计生产手机 13031.26 万台，同比增长 546.8%（其中，智能手机 1975.32 万台，同比增长 1388.6%）；平板电脑 304.81 万台，同比增长 51.5%；平板电视 191.24 万台，同比增长 43%；集成电路 12050.77 万块，同比增长 291.3%。电信业务总量达到 797.6 亿元，排名全国第 20 位，西部地区排名第 6 位，与 2015 年持平。

2016 年 3 月获批建设国家大数据（贵州）综合试验区，助力贵州省内全年信息传输、软件和信息技术服务业增长 30%以上，电子商务交易额增长 30%，农村电商交易额增长 27.1%，第一产业增长 6%，电子信息制造业规模以上工业增加值增长 71.3%。实施一批“互联网+”协同制造、智能制造项目，大数据与三次产业加快融合。与美国高通合资成立华芯通公司，货车帮等本地企业迅速成长，引进大数据电子信息产业项目400个。贵阳大数据交易所交易额突破 1.5 亿元。贵阳呼叫中心席位达到10万席，成为继北上广苏之后的第五大服务外包与呼叫中心产业聚集地。

【电子政务】

自 2014 年贵州省大力实施大数据发展战略以来，贵州省的电子政务云工程主要围绕提升科学决策、科学管理和公共服务水平，促进政府治理体系和治理能力现代化，突出“互联网+政务”理念，以加快实现全覆盖、全联通、全方位、全天候、全过程“五全服务”为目标，通过应用互联网、云计算、大数据、移动互联、物联网等技术，对政府的管理模式、业务流程进行创新优化和集成整合，实现政务应用搜索百度化、办事淘宝化、协作腾讯化。《贵州省电子政务云顶层设计》在全省组织的“7+N”云工程建设方案评审中得分排名第 1 位。贵州省电子政务云主要由公共资源交易平台、网上办事大厅、应急平台、“中国 •贵州政府门户网站云平台”、电子政务网 5 个平台组成，网上办事大厅已实现省、市、县三级审批服务部门全部入驻，联通全省106个实体服务大厅，纳入全省3800多个部门的5.8万余项行政审批和服务事项，全省每天新增业务办件量 3 万余件，约有 2 万名审批服务办理人员通过统一平台在线办理公众业务申请和响应咨询投诉，初步实现“进一张网办全省事”的大审批服务格局。公共资源交易平台实现了项目交易全程网上运行，各类项目场内交易时间缩短至 5 天以内，效率提高 6 倍以上，被定为公共资源规范交易互联互通服务平台国家级试点。2016 年，贵州省电子政务网已开通各级各部门信息共享门户 4642 个，涵盖了省、市、县、乡四级 8.4 万名公务人员，全网共发布信息 70 万余条，发起公文流程和工作事项 109 万余件，访问量达 170 万余人次。

2016 年 9 月，贵州省政府数据开放平台正式上线运行，平台面向公众开放了 36 家省直部门、178 项政府绿色公共数据资源。通过有效利用政府数据资源，引导企业、行业协会、科研机构、社会组织等依法采集并开放数据，探索建立形成政府和社会合作开发利用大数据机制，鼓励企业、社会组织和个人利用数据资源开展商业模式创新。

【信息安全】

2016 年贵州省互联网网络安全事件与 2015 年相比数量基本持平，互联网网络安全总体评价为良，全省范围未发生造成重大影响的基础设施运行安全事件，未发生重大网络安全事件。为加强全省互联网基础资源管理，进一步净化网络环境，严格按照“先备案、后接入”“谁备案、谁负责”的管理原则，做好网站域名、IP 地址备案管理工作，落实企业主体责任，通过规范新接入网站的备案工作流程和对存量网站备案信息的进一步核准，对问题较多的企业采取通报、约谈、责任整改等措施，坚决遏制未备案网站接入、黑名单再接入等违法违规行为，切实提高全省接入网站的备案主体信息和接入信息准确率。实现全省电话用户实名率 100%。全力推进防范打击通信信息诈骗工作。建设完成省级网络信息安全综合管理系统、IDC/ISP 信息安全管理系统、舆情分析系统等，进一步提升监管能力。

【经济与社会领域信息化】

（一）利用信息化推动农业转型升级

作为贵州省云上贵州系统平台上“20 朵云”之一的农经云，以现有网络平台和组织体系为基础，以建设国家农村信息化示范省为契机，以“数聚三农，云上乡村”为主题，建设连接省、市、县、乡、村五级的大数据农村综合服务平台和覆盖千乡万村的大数据村域经济服务社，实现“覆盖全省乡村、看得见摸得着、有人管、叫得应”的实体网络。采取“政府引导、市场运作、社会参与”的方式，通过汇集农村金融服务、电商服务、科技服务、气象为农服务、乡村旅游服务及便民服务，成为服务三农的新阵地。努力打造“两个专业服务”，即农业农村大数据应用服务、农村金融与电商服务。全面汇聚农业农村相关数据和各方为农服务数据，对各类数据深入挖掘分析，为政府部门、企业和公众提供有针对性的大数据应用服务产品，运用互联网手段拓展农村金融服务，贵州农村电商建设网店有10000多个、电商企业主体有1100家，2016年销售额达到45亿元，规模以上农产品加工业增加值增长13.1%，带动第一产业增长6%，拉动经济增长0.8个百分点。

（二）利用信息化改造推动工业转型升级

2016年，贵州省工业企业数字化研发设计工具普及率达到39.6%，比2015年提高4个百分点；关键工序数控化率达到28.2%，提高3个百分点；数字化设备联网率达到24.4%，提高3个百分点。两化融合发展总指数达到66.7，比2015年提高9.6，在全国排名第18位，增速高于全国平均水平。推动中小微企业应用协同制造、个性化定制等新型制造模式，打造虚拟工厂和电商服务平台。培育两化融合管理体系咨询服务机构5家以上，培育3家智能制造系统解决方案供应商。制定《贵州省智能制造试点示范项目评价指标体系》，培育两化融合管理体系贯标省级试点企业25家以上。

（三）智慧城市建设取得新成效

贵州省作为首个国家大数据综合试验区，大数据成为经济、社会发展的重要引擎。贵州省委、省政府着力进行电子政务、智能交通、智慧旅游、工业、电子商务、食品安全等"七朵云"工程建设，为加强城市管理数字化平台建设和功能整合、建设综合性城市管理数据库、发展民生服务智慧应用、推动"智慧贵州"建设指明了方向。

为打造贵阳智慧城市建设，贵阳市政府搭建了政务数据共享交换平台，贵阳市工商局、贵阳市人力资源和社会保障局等17家部门的212项超过3亿条可机读数据接入平台，计划2017年3月前完成政务数据共享交换目录体系建设，并初步完成全市人口、企业法人、空间地理、宏观经济4个基础库。为提升贵阳市交通运输服务品质促进新业态发展，贵阳市还与滴滴出行签署战略合作协议，创建中国网约车大数据交互共享中心，并在全国范围内率先实现网约车和出租车的数据融合分析。通过道路运输管理相关数据公开，在公交、物流、网络预约出租车等领域着力打造新型业态交通运输大数据体系，推进交通行业数据资源在线聚集、开放和应用，逐步实现各个网约车平台的数据聚合、通用。

黔东南州在全州16个县市建立了"民生资金云"大数据平台。该平台集数据查询、预警、分析于一体，具有数据海量存储和自动处理特性，不仅可以通过互斥资金比对、资金发放比对、受益对象身份比对等模块分析，准确判断异常信息并第一时间做出预警；还提供有关民生政策、项目、资金等涉农信息的查询功能，保障群众的知情权和参与权。

（四）利用社会信息化建设促进民生改善

贵州"智慧教育云"以互联网、大数据、云计算为基础建立的智能分析和决策信息发布系统，利用大数据统计与分析技术，为全省教育管理与决策，为重大改革项目提供全面准确的统计数据和模型预测，便于决策层及时发现新问题、新特点、新规律。为加快建设贵州省"智慧教育云"工程，2016年全省夯实教育信息化"三通两平台"建设，即"宽带网络校校通"完成1万余所中小学校宽带接入，配备多媒体设施班级11万个，"优质资源班班通"全部班级使用数字教育资源学校达5700余所，"网络学习空间人人通"服务教师15万人、学生133万人，基本建成"贵州省教育资源公共服务平台"。

2016年贵州成立中国（贵阳）大数据旅游创新发展联盟，该联盟由同程网、途远网、蚂蜂窝旅行网、途家网、携程旅游产业基金、百度旅游、腾讯旅游、新浪网等知名旅游电商企业共同发起，以打造"数据+媒体+资本"的全方位创新型科技服务平台为愿景，凝聚旅游产业链上下游资源，致力于推动中国大数据特别是大数据旅游产业的创新发展。

【大数据产业蓬勃发展】

（一）推动产业融合升级

推动工业转型升级。贵州省大数据电子信息企业数量快速增加，信息传输、软件和信息技术服务业增长30%以上。互联网和相关服务增长迅速，高新技术产业产值占规模以上工业总产值的比重达到27.5%，比2015年提高1.5个百分点。

通过开展“千企改造·大数据助力企业转型升级专项行动”，邀请68家国内外知名企业为贵州企业提供了173个转型升级解决方案，185名企业专家分批赴贵州省23家重点企业开展会诊服务，举办3场集中推广辅导会，帮助全省企业找“痛点”、开处方、促合作，形成一批试点示范项目。例如，三一重工与云上贵州公司成立合资公司，为贵州企业提供智能制造和工业物联网解决方案；贵州航天电器与西门子合作共建精密电子元器件智能制造样板车间；茅台集团与阿里巴巴、用友合作建设“互联网+”营销平台等。

推动服务业转型升级。建设一批智慧旅游景区，为助推旅游业实现“井喷”发挥了重要作用。电子商务、智慧物流快速发展，大数据金融服务提速升级。发展智慧旅游：打造一批全域旅游应用，初步形成汇聚旅游信息查询、旅游资源管理、旅游产品推广、个性化服务预订、产品预售和结算等于一身的“一站式平台”。发展电子商务，打造一批省级电商示范基地、企业、特色网店及贫困村电商综合服务站点，“网货下乡”“黔货出山”有声有色，2016年全省电子商务交易额增长34.7%，网络零售额增长37.8%。

推动农业转型升级。在1300个贫困村设立电商网点，通过大数据推动“黔货出山”，农村电商交易额同比增长27.1%，规模以上农产品加工业增加值同比增长20%，带动第一产业增长6%，增速连续两年位居全国前列。“贵农网”已覆盖全省所有乡镇和95%以上的行政村，“农经云”建成2250个大数据村域经济服务社，“农村电商+农村金融服务站”联运模式全面铺开。茶资源交易、高效农业园区物联网应用示范、园区质量安全云、贵州种子管理综合信息系统、蔬菜产地信息系统等一批应用投入运行，毕节农业大数据中心和北京金禾天成的火龙果标准化种植及产业化推广入选全国“互联网+”现代农业百佳实践案例。

（二）加快提升政府治理能力

充分运用大数据的理念和手段，打通各类数据壁垒，推动政府部门之间数据整合共享、相互交换，无障碍实现数据间调用，有效提升政府决策能力、管理能力和服务能力。贵州省网上办事大厅覆盖省、市、县、乡、村五级，实现行政事务“一张网”办理，提高公开透明度，提升网上办事服务能力，荣获第二届（2016）中国“互联网+政务”优秀实践案例50强；贵州省公共资源交易互联互通系统形成了“一张网络覆盖、一套流程交易、一个规则主导、一库专家共享”的公共资源交易新模式；政法平安云“贵州交警”App可在手机上为老百姓办理7大类、26项交管业务；“五证合一、一照一码”信息系统实现多部门业务协同办理；“煤矿安全云”，充分运用云计算、大数据技术，依托“互联网+”提升安全管理水平，促进了安全生产形势逐年向好；贵州省国土资源“一张图”系统，以云模式实现三维可视化管地、管矿、防地灾；“数据铁笼”工程在贵阳市40个政府部门全面启动，有效防止了“权力任性”。

（三）推进公共服务普惠化

贵州省智能交通云以“黔通途”“联网售票”“智能公交”等手机App的形式向公众提供路况导航、网上售票等服务；政法平安云“贵州交警”App，老百姓可在手机上办理7大类26项交通管理业务；贵阳市建成“大数据民生”平台，打造一个包括“一张网、一个号、一个窗”的综合平台和融N项领域民生服务，一期工程涉及教育、卫计、交通、民政、政务办理、扶贫等多个领域，将提供超过100项民生融合服务。黔东南州建成“民生资金云”大数据平台1038台，实现对16个县市政务中心和203个乡镇（街道）便民服务中心的全覆盖。联影医疗影像落户贵安，贵州远程医疗影像及基因检测中心、贵安新区国家医疗及基因检测大数据中心加快建设。遵义市娄山水务云成为国家住建部、科技部唯一国家智慧水务大数据中心，社区公共安全运营防控体系——Lookdoor智慧门禁系统加快推广。

【信息化法律法规】

2016年1月，贵州省发布全国首部大数据地方法规《贵州省大数据发展应用促进条例》。

2016年8月，《贵州省大数据产业统计报表制度（试行）》获批实施。这是国家统计局批准实施的首个省级大数据产业统计报表制度，也是贵州省近年来获国家统计局批准的首个地方统计调查制度。

2016 年 9 月，贵州省质监局正式发布了《政府数据数据分类分级指南》《政府数据资源目录第 1 部分：元数据描述规范》《政府数据资源目录第 2 部分：编制工作指南》《政府数据数据脱敏工作指南》4 项地方标准，4 项标准的制定、发布有利于按类别正确开发利用政府数据，实现政府数据价值的最大挖掘利用，有利于稳步推进贵州省政府数据开放和共享，为大数据发展应用奠定基础、提供支撑，以实现贵州省政府数据价值最大化。

陕西省信息化发展概况

以信息化推进陕西省治理体系和治理能力现代化，已经成为陕西省经济、社会发展的重要抓手。2017 年，陕西信息化发展水平明显提升，通过积极开展基于云计算服务模式的信息化公共平台顶层设计，不断提高基础资源利用率，努力促进业务协同和信息共享，加快推进新型智慧城市建设，持续深化“互联网+”创新智慧应用项目，进一步提升政府管理和服务水平，创新完善信息化建设发展新模式。

【两化融合】

起草完成《深化制造业和互联网融合发展的实施意见（送审稿）》，经 2017 年第 1 次陕西省政府常务会议研究通过；2017 年 2 月 10 日，陕西省政府印发了《陕西省人民政府关于深化制造业与互联网融合发展的实施意见》（陕政发〔2017〕5 号）。

开展了“陕西省工业和信息化厅关于推荐申报工业和信息化部制造业与互联网融合发展试点示范项目”征集工作，遴选出陕西省机械研究院等 5 家单位申报试点示范项目。

联合陕西省财政厅开展 2017 年两化融合项目征集工作，组织专家进行评审，经陕西省政府专题会议研究决定后，下达 2017 年两化融合专项资金项目计划；2017 年年底，联合陕西省财政厅继续开展 2018 年两化融合项目征集工作。

组织召开陕西省两化融合工作座谈会，贯彻落实相关政策，通报全省两化融合工作现状，分析存在问题，并对下一步工作提出要求。

结合陕西省实际，联合陕西省国资委、陕西省质监局，制定印发《关于深入推进信息化和工业化融合管理体系的实施意见》。

与华为公司签订合作协议，推进“制造业与互联网融合发展培训基地（陕西华为联合学院）”建设项目。

以《工业企业信息化和工业化融合评估规范》（GB/T 23020—2013）为依据开展评估，形成《2017 年陕西省工业企业及区域两化融合发展水平评估报告》。

举办“两化融合有关政策宣贯培训班”，推动陕西省两化融合、工业电子商务、工控安全等工作持续健康发展。

贯彻落实《国务院关于进一步扩大和升级信息消费持续释放内需潜力的指导意见》（国发〔2017〕40 号），起草形成《陕西省人民政府关于进一步扩大和升级信息消费持续释放内需潜力的实施意见（送审稿）》。

【工控系统安全】

印发《关于开展2017年工业控制系统信息安全检查工作的通知》，开展陕西省工控系统安全检查自查工作，整理《陕西省工业控制系统网络与信息安全检查情况汇总表》；组织专家和技术队伍开展陕西省工控系统安全现场抽查工作，完成《陕西省工业控制系统信息安全检查工作总结》，并上报工业和信息化部。

按照工业和信息化部《工业控制系统信息安全防护指南》要求，组织召开宣贯培训会议，通过书面调查表形式组织全省工业企业自查。

为保障党的十九大期间工控系统信息安全，开展联网工控系统安全排查，组织专家及第三方服务机构深入重点行业企业现场抽查和排查。及时防范工控系统信息安全风险，保障重点领域工控系统信息安全。

【通信基础设施建设】

开展网络基础设施专项督查工作。根据陕西省政府主要领导对陕西省通信管理局《关于我省宽带网络发展情况报告》的批示要求，牵头组成联合督查组，会同陕西省通信管理局、陕西省委网信办等部门和单位，对全省11个地市进行了专项督查，形成了专项督查报告上报省政府。

推进电信普遍服务工作。按照工业和信息化部《电信普遍服务试点工作的指导意见》，与陕西省通信管理局、陕西省财政厅共同组织申报国家试点，制定陕西省具体实施意见，积极协调各试点城市扎实推进电信普遍服务试点工作。

【大数据工作】

起草完成《陕西省大数据集团公司组建和经营方案（送审稿）》，形成2017年第3次陕西省政府常务会议汇报材料，并经陕西省政府常务会议通过。

起草完成《陕西省政务数据资源共享管理办法（送审稿）》，形成了2017年第9次陕西省政府常务会议汇报材料，并经陕西省政府常务会议通过。

组织召开陕西省大数据发展暨推广咸阳新型智慧城市现场会，加快陕西省大数据发展及应用。

联合陕西省财政厅，开展2017年大数据项目征集工作，并组织专家进行评审。

【存在问题】

陕西省两化融合发展水平与其他经济发达省（自治区、直辖市）比较还有一定差距，主要表现如下。

（一）发展不平衡

受经济条件影响，陕西省两化融合发展不平衡主要表现在3个方面：一是全省区域发展不平衡，关中较好，陕北次之，陕南更慢；二是行业发展不平衡，装备制造、能源化工、电子信息相对好于纺织、医药等传统行业；三是大、中、小微企业发展不平衡，大、中型企业好于小微企业。

（二）各方投入不足

一是政府投资不足，引导性专项投资较少，每年仅2000万元，而江苏省每年投资将近7亿元；二是企业投资不足，积极性不高；三是社会投资不足，社会资本参与程度低，且未形成合力，市场融资环境有待完善。

（三）观念保守滞后

由于信息技术更新快，信息化投资成本大，项目建设周期长，见效慢，风险大。信息化发展日新月异，陕西省属经济欠发达的西部省份，整体创新观念理念有待转变提升。

甘肃省信息化发展概况

2016年，面对复杂严峻的国内外经济形势和持续加大的下行压力，甘肃省上下坚决贯彻执行中央和甘肃省委、省政府重大决策部署，牢固树立和践行新发展理念，着力推进工业领域供给侧结构性改革，狠抓《“中国制造 2025”甘肃省行动纲要》及制造业与互联网融合发展等事关全局的重点工作，全省工业和信息化保持了平稳健康发展势头。

【基本情况】

2016年，甘肃省规模以上工业增加值同比增长6.1%，高于全国平均增速；实现利润120亿元，较2015年增加192.3亿元；万元工业增加值能耗下降约 12.4%；电子信息产业实现主营业务收入同比增长20%。全省固定电话用户达310万户（其中，城市电话用户为243万户，农村电话用户为67万户）；移动电话用户达2188万户（其中，3G移动电话用户为 352 万户，4G 移动电话用户为1251万户）；固定互联网用户达387万户（其中，固定互联网拨号用户为10万户，固定互联网宽带接入用户为 377 万户）；移动互联网用户达 1757万户；电信业务收入为177.15亿元，比2015年同期增长 10.90%；电信业务总量为481.9亿元，比2015年同期增长53.78%。预计2016年全省电子信息产业实现业务收入152亿元，同比增长20%。

【政策规划】

2016年是规划编制年，以甘肃省政府名义印发《甘肃省关于深化制造业与互联网融合发展的实施意见》（甘政发〔2016〕96号）、《甘肃省“十三五”信息化发展规划》（甘政办发〔2016〕139号）、《甘肃省三网融合推广实施方案》（甘政办发〔2016〕42号）。甘肃省工信委出台《甘肃省“互联网+”协同制造实施方案》《“中国制造 2025”甘肃行动“互联网+”制造专项实施方案》《甘肃行动制造业创新能力提升专项实施方案》《深入推进信息畅通项目建设实施方案》；起草编制《甘肃省“十三五”大数据发展规划》《甘肃省工业云创新发展实施方案》，配合甘肃省委网信办编制《全省网络安全和信息化工作“十三五”规划》。

【信息基础设施】

推动通信运营企业加大投资力度，加快光纤宽带、4G网络等信息基础设施建设，甘肃省工信委会同甘肃省通信管理局、甘肃省建设厅、甘肃省委网信办、甘肃省新闻出版广电局开展宽带网络建设和提速降费情况专项督察。会同甘肃省通信管理局等单位制定《甘肃互联网交换中心试点建设方案》，积极向工业和信息化部、中国电信、中国移动、中国联通集团公司等单位汇报和沟通，推进甘肃省新型互联网交换中心建设。会同甘肃省通信管理局、甘肃省发改委向工业和信息化部、国家发改委推荐武威、酒泉、天水3个城市申报2016年度“宽带中国”示范城市，并组织参加国家现场评审和答辩。会同甘肃省通信管理局和甘肃省财政厅，争取将“兰州、酒泉、张掖、武威、平凉”5个市（州）的2150个行政村列为2016

年第一批国家电信普遍服务建设试点，获中央财政补贴 2.4 亿元；争取将“庆阳、天水、白银、定西、陇南”5 个市（州）的 7571 个行政村列入 2016 年第二批国家信普遍服务试点建设名单，获中央财政补贴 13.8 亿元。2016 年总计争取国家专项资金 16.2 亿元，加上运营商投资共计 40 多亿元。所有建设项目已通过公开招标确定了建设单位并签订合同，正式进入建设阶段。会同甘肃省通信管理局、甘肃省财政厅编制完成《甘肃省电信普遍服务试点建设项目竣工验收方案》并下发相关市（州）及项目建设单位。

【两化融合】

编制下发《甘肃省 2016 年两化深度融合工作要点》（甘工信发〔2016〕262 号），推动工业云、工业大数据和工业电子商务能力建设，促进大企业“创新创业”发展，布置 2016 年度两化融合管理体系对标、评估和诊断，以及两化融合数据地图编制应用推广工作。甘肃工大电子科技有限公司被中国两化融合服务联盟推荐为两化融合管理体系贯标咨询服务机构，省内落地的具备国家授予资质的各类两化融合服务机构达到 3 家。酒泉汉武御酒业等 4 家企业成为国家级工业电子商务运行形势指数企业。组织开展两化融合管理体系对标引导和评估诊断，目前甘肃省累计已有 1100 家企业参与两化融合对标引导和评估诊断工作。2016 年，兰石集团等 13 家企业被工业和信息化部列为国家级两化融合管理体系贯标试点企业，国家级贯标试点企业总数达到 22 家，其中，甘肃银光聚银化工有限公司已通过贯标，成为甘肃省首个通过国家两化融合管理体系贯标的企业。组织做好全国优秀 CIO（首席信息官）和 CIO 工作先进个人推荐工作，金川公司副总经理兼 CIO 包国忠被评为 2016 年全国百佳 CIO，白银公司总经理兼 CIO 雷思维、甘肃移动政企客户分公司副总经理兼 CIO 张磊被评为全国优秀 CIO。

深入贯彻落实国务院《关于深化制造业与互联网融合发展的指导意见》（国发〔2016〕28 号），制定《甘肃省关于深化制造业与互联网融合发展的实施意见》（甘政发〔2016〕96 号），经甘肃省政府常务会议讨论通过，并下发各市（州）及骨干企业。组织甘肃省《“中国制造 2025”甘肃行动纲要》协调推进领导小组成员单位领导、14 个市（州）分管领导、各市（州）工信委主要负责人、中央在甘肃企业、省内有关企业、省内高校负责人，在敦煌举办甘肃省深化制造业互联网融合发展专题培训班。邀请工业和信息化部相关司局领导出席培训班并亲自授课，甘肃省政府领导在培训班结业式上作重要讲话，进一步明确目标任务，对甘肃省实施“中国制造 2025”战略、深入推进制造业与互联网融合发展具有重要的推动作用。组织甘肃电工电器联合会成员单位，在天水举办“互联网+”协同制造专题研讨班。

安排第一批省级专项资金 1800 万元支持甘肃省广电网络公司甘肃省广播电视网络产业园、金川集团智能生产制造系统建设、甘肃万维“互联网+”精准扶贫大数据平台等 5 个信息化建设项目，总投资达 32.8 亿元，预计新增产值达 54.2 亿元，新增税收 3.2 亿元。安排第二批省级专项资金 6100 万元，重点支持列入国家的两化融合贯标试点企业信息化建设、制造业与互联网融合、制造业与互联网融合双创平台建设共计 15 个项目，总投资 6.78 亿元，

【工控安全领域】

按照《国务院关于深化制造业与互联网融合发展的指导意见》（国发〔2016〕28 号）的要求，抓好甘肃省工业企业工控系统信息安全工作。及时向各市（州）工业和信息化部门及省内有关重点企业转发工业和信息化部《工业控制系统信息安全防护指南》（工信部信软〔2016〕338 号），要求各市（州）指导本地工业企业制订工控安全防护实施方案，推动本行政区域内企业分期、分批达到相关要求；各有关省属企业对照《工业控制系统信息安全防护指南》，建立工控安全管理机制，编制工控安全防护措施，切实提升企业工控安全防护水平。下发《甘肃省工业和信息化委员会关于开展 2016 年工业控制系统信息安全检查工作的通知》（甘工信发〔2016〕451 号），要求各地工业和信息化主管部门认真做好本地区的自查工作，并于 12 月 20—22 日，组织省内工控安全领域专家，分赴兰州、白银、天水、定西、张

掖、金昌 6 个城市，对兰石集团、白银公司、金川公司、兰州知豆电动汽车有限公司、金化集团、金泥集团、甘肃天士力中天药业、大唐甘谷发电厂、天水卷烟厂等 21 家企业工控系统信息安全防护情况进行了抽查。此次检查涉及电子、交通、冶金、石化、医疗、制造等行业，代表了省内工控系统的典型应用领域，具有一定的代表性。

【三网融合工作】

加强三网融合工作协调推动力度，经请示省委相关领导同意，并征求有关单位意见，增补甘肃省委网信办、甘肃省安全厅、甘肃省建设厅、甘肃省交通厅、中国铁塔甘肃公司等部门和单位为甘肃省三网融合试点工作协调小组成员，增设由甘肃省委网信办、甘肃省科技厅、甘肃省公安厅、甘肃省安全厅、甘肃省新闻出版广电局、甘肃省通信管理局相关负责同志组成的三网融合安全评估小组。在充分征求和反复协调甘肃省三网融合试点工作协调小组成员单位、各市（州）及兰州新区意见的基础上，形成全省三网融合工作报告，并及时向国务院三网融合工作协调小组办公室报备，申请在全省 14 个市（州）全面推广三网融合。

在 10 个市（州）国家电信普遍服务建设试点项目建设过程中，牢固树立三网融合理念，充分发挥三网融合工作协调小组职能，最大限度地统筹电信、移动、联通的资源优势，并积极协调广电网络积极参与项目建设，使得新建覆盖农村的网络资源集约、高效。在敦煌智慧城市建设方面，以广电网络为主，用三网融合的理念，整合电信、移动、联通等网络通道资源，不但保障敦煌文博会成功举办，还优化了网络资源配置；并在西班牙巴塞罗那召开的 2016 年第六届全球智慧城市博览会上，与法国巴黎、俄罗斯莫斯科等国际大都市同台角逐并获得智慧城市全球大奖。

【大数据、云计算】

积极落实与九次方公司大数据产业发展合作框架协议，推进成立丝绸之路大数据公司、甘肃省大数据研究院、甘肃省大数据产业基地和甘肃省大数据创新创业中心。继续推进中国移动集团兰州新区数据中心二期、中国电信集团兰州新区集团级数据中心、甘肃省广电网络公司兰州新区数据中心、金昌紫金云大数据产业园，加快推进大数据产业发展。会同兰州新区管委会、丝绸之路大数据有限公司共同举办第二十二届兰洽会“丝绸之路与大数据”专题论坛；在敦煌文博会期间，组织召开“大数据助推丝绸之路经济点建设高峰论坛”。积极推进中科曙光与甘肃省开展战略合作，积极协调推进如何利用大数据等信息技术助推“丝绸之路经济带”建设，以及积极发展大数据及云计算产业等相关合作事项。

【敦煌文博会保障】

敦煌文博会信息化基础设施建设，时间紧，任务重，难度大。为了保障敦煌文博会顺利召开，实施如下举措。一是加强组织协调，组建甘肃省敦煌文博会信息化保障工作领导小组和专家委员会，帮助、指导、协调、督促敦煌市政府与文博会各项目承建单位加强对接，保证各项任务按时圆满完成；多次召开工作协调会、现场推进会和项目评审会，研究部署文博会信息基础设施建设保障相关工作，梳理信息化保障建设项目并列出项目清单，跟踪工作进展，协调解决问题和困难。二是加快敦煌文博会信息化保障项目建设，会同甘肃省财政厅将 1300 万元省级专项资金下达至敦煌市，支持敦煌文博会信息化保障项目建设。具体来讲，建成通信基站 127 个；完成会展中心等敦煌文博会核心场馆分系统建设，实现 2G/3G/4G 全覆盖；完成敦煌到省干网出口带宽 500GB 扩容。三大通信运营企业宏基站与室分系统容量能够满足 18 万用户，网络覆盖敦煌城区、六大场馆、会议接待酒店、重点景区及沿途地区；完成敦煌市主城区架空通信光缆入地整治工程。三是组织第三方机构（中国泰尔实验室），对敦煌文博会通信网络进行安全检测评估，并出具 1400 页的权威测试报告，组织完成敦煌文博会通信基础设施整体评测和验收工作；配合完成大数据助推“丝绸之路经济带”建设高峰论坛会务保障工作。

通过这些务实、高效的工作，推动敦煌市通

信基础设施建设上了一个新的台阶，为敦煌文博会的顺利召开提供了坚强的通信保障。由于工作成绩突出，甘肃省经信委获得甘肃省委办公厅、甘肃省政府办公厅联合通报表彰。两化融合推进处获得首届丝绸之路（敦煌）国际文化博览会先进集体，两名同志获得首届丝绸之路（敦煌）国际文化博览会先进个人。

【“互联网+”精准扶贫】

落实《精准扶贫电商支持计划实施方案》（甘办发〔2015〕28 号），会同甘肃省商务厅开展 2016 年电商扶贫三级服务体系建设工作，对全省各地申报的 27 个县级电子商务服务中心、234 个乡镇电子商务服务中心和 1641 个行政村电子商务服务中心网络覆盖情况进行摸底，提高电商扶贫建设工作精准性、科学性。根据甘肃省委组织部要求，推进庆阳环县智力扶贫工作，加强环县乡村网络建设，协调有关单位做好工作方案。2016 年上半年，支持甘肃万维信息技术有限责任公司“互联网+”甘肃省政务云精准扶贫大数据平台项目，在全国率先探索建设“互联网+”精准扶贫大数据管理平台，引导社会扶贫力量与扶贫对象进行对接，对帮扶过程跟踪记录，实现扶持对象查询追踪的“可视化”、具体化，从而实现帮扶措施和帮扶效果检查考评的明确化、具体化。

宁夏回族自治区信息化发展概况

近年来，宁夏立足产业结构转型升级，以技术、体制和管理创新为动力，大力推进信息技术在工业各领域、各层面的应用、渗透和融合，两化融合工作成效显著。2017 年全区两化融合指数达 58，较 2016 年增长 5 个点，一批智慧工厂、工业云服务平台、双创平台、互联网与工业融合创新项目等被列入国家试点示范项目，工控系统安全管理水平逐步提升。两化融合管理体系工作持续推进，16 家企业已通过贯标达标认证，企业推进两化融合积极性不断提高。中卫西部云基地建成亚马逊 AWS、美利云两个超大云计算数据中心，已安装完成 4.5 万台服务器。IBI 育成中心服务支撑能力不断增强，互联网环境下新业态、新模式、新产业不断涌现，全区传统产业改造提升步伐不断加快。

【整体工作】

（一）制定出台政策，加强顶层引领

制定出台《关于推进宁夏回族自治区信息化和工业化深度融合五年行动计划实施意见》，明确了自治区煤炭、电力、化工等八大支柱产业的两化融合重点；制定出台《宁夏关于落实“互联网+”行动计划实施意见》和《宁夏回族自治区关于深化制造业与互联网融合发展的实施意见》，明确了任务目标，制定了推进措施，引导企业利用互联网技术实现制造业技术创新、组织管理创新和商业模式创新，加快产业融合进程，推动信息技术在工业领域的深入应用；编制完成《宁夏回族自治区两化融合“十三五”发展规划》，提出了提升企业两化融合管理创新能力、培养智能制造新模式等八大重点工程，为自治区两化融合发展绘制科学路径。

（二）积极开展典型试点示范

一是组织开展“三百”企业示范与升级行动、规模以上企业协同提升行动及互联网与工业融合创新试点示范工作，培育支持宁夏钢铁（集团）互联网融合创新发展等 10 个自治区互联网与工业融合创新试点示范项目，引导企业充分发挥互联网在企业生产组织、资源配置、产品形态和商业模式中的优化集成作用。二是积极组织申报国家各项试点示范项目，成功争取共享集团、巨能机器人和汇川服装公司 3 家企业为国家互联网与工业融合创新试点企业，共享装备铸造工艺设计平台为 2017 制造业与互联网融合发展示范项目，宁夏如意“互联网+”数字化智能纺纱生产新模式、吴忠仪表服务型制造双创平台、维尔铸造中国标准动车组铝合金枕梁生产制造 3 个项目为国家双创平台示范项目，带动了自治区企业生产方式向柔性、智能、精细转变，促进了自治区工业经济提质增效。

（三）稳步推进云计算、大数据产业发展

一是制定出台《关于进一步加快云计算产业发展的若干意见》及《宁夏回族自治区云计算企业认定管理办法》，明确云计算产业的政策支持，全方位、多角度助推自治区云计算产业快速发展。二是大数据中心建设稳步推进，其中，银川大数据中心一期已建成，可承载 2 万台服务器；西部云基地建成亚马逊 AWS、美利云两个超大云计算数据中心，已安装完成 4.5 万台服务器。中国联通已建成 4×100GB 中卫直达太原、西安骨干网络；中国电信建成 4×100GB 中卫直达北京、西安骨干网络，实测中卫到北京单项时延 8～10ms，到太原、西安 4～5ms。三是深化大数据在各行业的创新应用，建成并上线试运行宁夏工业大数据综合管理与应用系统，由自治区经信委组织推荐的宁夏医科大学附属医院区域性医疗集团一体化服务管理大数据平台、智慧银川大数据基础服务平台、宁夏工业大数据综合管理与应用系统 3 个大数据应用项目，被评为全国大数据优秀产品、服务和应用解决方案。

（四）不断提升企业两化融合管理创新能力

一是持续开展两化融合管理体系推广工作，截至目前，自治区共有 59 家两化融合贯标试点企业，其中，共享集团被评为 2017 年国家两化融合贯标示范企业，16 家企业已通过贯标达标认证，国家、自治区、企业三级贯标试点体系已初步建立。二是组织全区工业企业依托中国两化融合评估平台，开展两化融合自评估、自诊断、自对标，帮助企业剖析两化融合发展现状、发展重点、价值成效及发展趋势，为行业精准引导、企业精准决策提供参考依据。

（五）持续巩固工控系统安全管理

一是有效开展工控系统信息安全管理工作，组织各市工信局对辖区工业企业工控系统信息进行安全检查，提高工业企业工控系统信息安全防护水平；定期督促各市工信局对企业工控系统信息安全工作的指导和监督，保障自治区工业生产安全运行。二是加大网络信息安全宣传，邀请国内著名网络安全专家围绕工控安全，对工控系统运营企业相关负责人和管理人员进行专题辅导，提升工控系统信息安全防护意识。

【存在问题】

宁夏回族自治区两化融合发展还存在一些亟须解决的问题，主要表现在：一是企业对于信息化的认识不足，推动两化融合发展的积极性和主动性不高；二是自治区缺乏推动两化融合专项资金，对于深化工业化与信息化融合的引导和带动作用不强；三是协同推进两化融合的合力不强，还没有形成成熟的两化融合推进机制；四是信息化专业技术人才缺乏，严重制约自治区信息化的快速发展。

【下一步工作计划】

宁夏回族自治区将紧紧围绕党的十九大提出的“加快建设制造强国，加快发展先进制造业，推动互联网、大数据、人工智能和实体经济深度融合”精神，以自治区十二次党代会提出的“创新驱动战略”为契机，按照《国务院关于深化“互联网+先进制造业”发展工业互联网的指导意见》要求，紧抓工业互联网这条主线，以行业推进、典型应用为手段，以智能制造、绿色制造为目标，重点从以下几个方面推进工作。

（一）开放合作，夯实基础

一是以区内外工业互联网企业、科研院所为依托，为自治区工业互联网发展提供智力支撑和服务，制定出台《宁夏回族自治区加快“互联网+”先进制造业发展工业互联网的实施意见》，支持引导企业开展跨行业、跨领域的工业互联网平台研发、原有工业云平台的升级与改造，培育打造10个支撑企业数字化、网络化、智能化转型的企业级平台，实现企业内部及产业上下游、跨领域生产设备与信息系统互联互通。二是引进优势资源，积极与中国互联网产业联盟沟通合作，组建自治区工业互联网联盟；引进优势企业，实现自治区和国家级平台资源的对接共享。

（二）转型升级，推动工业企业上云上平台

出台印发《宁夏回族自治区工业企业上云三年行动计划》，通过财税支持、政府购买服务等方式，重点推动自治区百家工业企业将信息基础架构和应用系统向云平台迁移，引导中小企业利用云服务缩短研发周期、提高响应速度、降低研发和生产成本。支持各类工业企业充分依托云平台购买服务，降低企业信息系统构建成本，快速形成信息化创新能力。

（三）树立标杆，强化试点示范引领

一是树立行业服务平台和应用标杆，协同自治区经信委内行业处室，推动行业平台推广和深度应用。以分类推进、重点突破为原则，遴选自治区装备、轻纺、电子信息3个重点行业，以包抓企业到人、落实项目到人的推进方式，挖掘10个工业互联网应用典型案例，带动行业应用水平整合提升。二是培育建设10个制造业与互联网融合创新试点项目、3 个制造业双创平台，推动不同行业、不同规模的企业持续构建工业互联网环境下的新型能力。三是对接国家对工业互联网发展支持方向，提前培育，借助平台资源结合自治区优势行业形成整体解决方案，建设工业互联网创新中心，争取国家级试点及政策资金支持，促进产业升级和服务化转型。

（四）推广宣传，营造推进工业互联网发展良好氛围

通过网上、专题培训、现场考查等形式在企业、工业和信息化部门等不同层面开展工业互联网培训；推动有关园区、企业和工业互联网联盟开展合作，建设工业互联网展示中心，开展综合培训服务，强化企业互联网思维，加快复合型人才的培养；利用联盟平台，对自治区的成熟互联网平台和应用试点进行宣传推广，探索政府支持和资金引导方式，为自治区工业互联网发展营造良好的氛围。

（五）深入推进云计算、大数据发展

一是协调推动区域发展，从发展全局和战略的高度谋划大数据、云计算产业发展，定期召开联席会，会同各市、相关厅（局）建立工作协调机制，明确各市发展大数据、云计算产业的方向和目标，避免出现重复建设，帮助解决各市在发展中遇到的问题、困难。二是充分发挥大数据在工业化与信息化深度融合中的关键作用，深化大数据与传统制造业的融合，遴选一批大数据应用试点示范项目，通过试点先行、示范引领，总结推广可复制的经验、做法，推动自治区传统制造业行业转型升级。

（六）提升能力，持续开展两化融合贯标和评估工作

一是开展两化融合贯标试点示范工作，积极组织申报国家两化融合贯标试点企业，鼓励和引导各市、县（区）自主开展贯标工作，2017 年争取全区新增国家贯标试点企业 15 家。分行业、分区域遴选一批自治区贯标试点企业，从管理体系建立、流程与组织变革、解决方案实现等多个方面总结经验和做法，开展示范推广，不断激发企业贯标的积极性、主动性和创造性。二是依托国家两化融合服务平台，组织自治区工业企业开展两化融合自评估、自诊断、自对标，帮助企业了解和解决自身的薄弱环节并提升两化融合水平，巩固和提升企业两化融合管理创新能力。

（七）注重安全，做好工控系统安全管理和宣传工作

一是督促指导企业按照《工业控制系统信息安全防护指南》定期做好工控系统安全自查工作；组织专业技术力量，抽查自治区工业企业工控系统安全，帮助企业查找漏洞，消除安全隐患。二是制定出台《宁夏回族自治区工业控制系统信息安全事件应急管理工作指南》，建立健全自治区工控安全应急工作机制。三是对工控系统安全的重要意义和典型案例进行宣传和推广，营造提高工控系统安全防护意识和能力的良好氛围。

新疆生产建设兵团信息化发展概况

2016年是“十三五”规划开局之年。一年来，新疆生产建设兵团工业和信息化系统认真学习习近平总书记系列重要讲话精神，认真贯彻落实工业和信息化部关于推进信息化和软件服务业发展的系列政策措施，按照兵团党委六届十五次全委（扩大）会议的总体部署，以加速开展“互联网+”行动，实施两化深度融合，不断完善信息基础设施、推进信息技术应用，以保障网络与信息安全为主要着力点，务实推进各项工作，取得积极成效。

【信息基础设施升级提速】

信息基础设施不断优化，现有小区的光纤改造力度不断增强，“连连通电话、通广播电视”“宽带兵团”等惠民工程顺利实施，3G、4G网络向基层连队延伸。光纤宽带基本覆盖团场、连队、交通沿线和各类工业园区，通信质量明显提高。部分边境和偏远团场、连队打电话、看电视难的问题得到切实解决。兵团城市区域光网覆盖率已达99.28%，兵团城市家庭光网覆盖率达到99.4%，团场及连带光网覆盖率达到98%，光纤宽带用户占比95%，超过国家全光网指标20个百分点，4G网络覆盖全部师团及65%的连队。兵团与中国电信集团公司联合举行“网络强国 光网兵团发布会”，会上签署了《新疆生产建设兵团、中国电信集团公司加快“十三五”信息化建设战略合作框架协议》，中国电信将在“十三五”期间投入100亿元资金，推动兵团信息产业发展。新疆电信运营商和各师相关部门加速推进兵团连队开通“光纤进连”工程建设，并按照兵团办公厅要求定期完成国务院第三次大督查“光纤进连”主要指标的报送工作，2016年共完成“光纤进连”连队159个。

【信息技术应用】

（一）工业领域

推进两化融合管理体系贯标评定工作，新疆天业（集团）有限公司于2016年5月18日通过两化融合管理体系贯标试点认定，取得工业和信息化部颁发的两化融合管理体系评定证书，新疆北新天瑞建材租赁有限公司、乌鲁木齐禾润科技开发有限公司主动申请两化融合管理体系贯标评定，努力将两化融合从关注局部向统筹全局转变。创新企业管理水平，开展企业两化融合管理体系自评估工作，积极与工业和信息化部电子科学技术情报研究所沟通联系，对新疆生产建设兵团两

化融合在线评估系统进行了升级改造，对系统问卷进行了更新调整，引导兵团工业企业主动参与两化融合能力评估工作，截至当前，共有309家企业完成了在线能力评估。开展两化融合评估诊断与对标引导工作。与工业和信息化部电子科学技术情报研究所开展合作，依托两化融合服务平台，完善兵团两化融合评估服务体系，深入挖掘兵团企业数据，形成兵团评估数据动态样本库，并撰写兵团两化融合发展水平评估报告，推动形成以数据为核心的精准施策新模式。推进互联网与制造业深度融合，培育信息技术产业，组织开展兵团工业云创新应用试点工作，在全兵团范围内选取符合条件的工业企业，争取以兵团相关资金后补贴的方式给予云服务费补贴。

（二）服务业领域

软件和信息技术服务业得到快速发展。开展了电子信息制造业和信息技术服务业定期统计工作，及时对信息技术企业的运行情况进行跟踪掌握，截至2016年12月电子信息产业总产值达到31.2亿元，其中，电子信息制造业产值为15亿元，信息传输业产值为15亿元，软件和信息技术服务业产值为1.2亿元，较2015年同期有较大提高。深入基层开展调研，先后前往一师、二师、八师、十二师调研了信息化建设和网络安全情况，多次到八师、克拉玛依等地调研云计算产业发展情况，同时还创造性地使用网络调研方式，对兵团工业企业两化融合发展情况进行调研，及时掌握兵团信息产业发展新动向。牵头促成兵团与浪潮集团战略合作协议的签署，根据协议浪潮集团将在石河子国家级高新技术产业开发区投资5亿元，成立全资子公司并实现属地注册，在兵团发展云计算、大数据产业及创客中心。推进“兵团云”数据中心和基础信息共享服务平台建设。兵团工业云计算中心二期部署工作完成，已调试完成300台云主机组成的高性能云服务器集群，具有20万亿次计算能力和10GB网络带宽，可为500多家企事业单位提供云计算服务。

（三）网络与信息安全保障体系不断完善

各级各部门网络与信息安全意识不断增强，安全管理体制逐步完善，网络信息安全责任制进一步落实。开展兵团工控系统信息安全检查工作，对兵团规模以上电力、煤炭、钢铁、有色金属、化工等重点行业的工控系统进行网络与信息安全检查和抽查。通过企业自查和现场抽查，帮助企业全面分析工控系统面临的安全隐患和风险，查找突出问题和薄弱环节，提出防范对策和改进措施，切实保障工控系统信息安全。依托新疆互联网应急中心的技术力量，对兵团辖区党政机关、学校、事业等单位的网站和计算机进行监测，对存在安全漏洞的单位及时通知整改，全年发送《网络安全通报》28期。对兵团关键信息基础设施联合检查，对十二师、八师、兵团人社局和兵团电视台的重要信息系统进行现场检查。

【信息化基础工作】

（一）政策研究

为贯彻落实国家要求，在充分领会国家文件精神的基础上，结合兵团实际和各师（市）、机关各相关部门的意见，起草并以兵团名义下发了《新疆生产建设兵团关于促进云计算创新发展培育信息产业新业态的意见》（新兵发〔2016〕8号）、《兵团贯彻〈国务院关于积极推进“互联网+”行动的指导意见〉的实施意见》（新兵发〔2016〕40号）、《兵团贯彻落实〈国务院关于深化制造业与互联网融合发展的指导意见〉的实施方案》（新兵发〔2016〕60号），组织编制并印发《兵团“十三五”信息化发展规划》等一系列文件。

（二）加强引导

组织开展兵团信息化发展专项资金项目和兵团信息化重大示范工程的申报和评审工作，评选36个兵团信息化重大示范工程项目，利用1040万元专项资金安排了“互联网+”协同制造、“互联网+”智慧能源、北斗导航应用、物联网、电子商务及宽带连队示范和信息消费示范项目等16个项目。开展兵团“宽带城市（镇）”“宽带连队”和信息消费试点申报工作，经组织专家评审公示10个试点城市（镇）和连队。

大连市信息化发展概况

大连市信息化工作按照大连市委、市政府工作部署，紧紧抓住城市智慧化和两化融合两大任务主线开展工作，取得了一定的工作成果。

【城市智慧化】

（一）完成智慧城市顶层设计初稿

为深入落实大连市人民政府《关于进一步推进城市智慧化建设工作的意见》文件精神，结合国家新型智慧城市发展方向，编写完成《大连市智慧城市顶层设计方案》初稿，明确了夯实信息化基础设施、促进社会平安和谐、推动民生幸福便捷、打造陆海物流通畅、提升城市宜居宜游、加快产业创新发展 6 个方面的重点建设内容和实施路径。着力推进物联网、云计算、大数据、移动互联网等新一代信息技术与大连城市发展和产业繁荣的融合创新；促进全市经济、社会发展基于互联网的网络互通化、信息共享化、业务融合化、产业智能化，实现全市优质资源、生产要素的互联互通、广泛共享、有效聚合和充分释放。在大连智慧城市建设过程中，突出政府引导、强化市场主体，积极按照国家倡导的政府与社会资本合作模式开展智慧化建设，务求建设实效。

（二）推动电子政务云中心建设

积极推动大连市电子政务云中心建设工作，编写完成《大连市电子政务云计算中心购买服务模式招标建设指导性要求》《大连市电子政务云计算中心建设主要指标要求》等文件，指导电子政务云中心下一步的招标和实施工作。召开协调会议，大力推动政务云中心建设。

（三）加强信息基础设施建设

全面实施“宽带大连”工程，建设全光纤网络城市。深化“无线城市”建设，重点推动“i-Dalian”无线网络项目建设。目前已经在时代广场、罗斯福广场、大商集团股份有限公司等 40 家大型商场、超市建设了免费、安全、高速的 WiFi 网络覆盖，实现大连市 90%以上的大型商场、超市的智慧化升级和 WiFi 网络覆盖。已拓展部分医院、景区、学校、文体中心、公共交通等区域的免费 WiFi 网络，累积铺设的无线接入点数量达到 10000 个，累积注册用户超过 420 万户。

（四）统筹全市信息化项目建设

以集约建设、资源共享、业务协同为根本原则，推动智慧城市建设总体规划中各项任务的落实。推进以企业法人库为代表的城市基础数据库建设，整合资源，打通“信息孤岛”；完成公安系统视频监控项目前期工作，确保国家“雪亮工程”项目按期完成；开展交警信息化平台、环保大数据、食品药品安全服务平台等 80 余个项目前期工作。

（五）信息化管理制度进一步完善

为全面加强大连市信息系统工程建设项目管理，保证工程建设质量，提高投资效益，大连市完成了《大连市信息系统工程建设项目管理暂行办法》（以下简称《办法》），目前正在征求意见阶段。《办法》明确了大连市经济和信息化委员会对大连市信息化建设规划的编制、信息化项目的审批，推动信息系统的互联互通、信息共享和业务协同，发挥信息系统在提高效率、降低成本、改善管理、提高服务水平等方面的作用。

（六）以智慧应用建设带动智慧产业发展

积极引进国内知名企业，加快推动联通集团智慧城市数据产业基地建设项目和北京千方科技股份有限公司智慧交通产业发展战略合作项目的落地实施。参加双方经信委组织的沪连合作活动，形成大连市经信委与中电软信合作框架。

（七）完成全市信息基础设施情况调研报告

召开相关部门工作会议，组织全市信息基础设施建设情况梳理工作，已完成与各相关单位的数据核实工作，汇总全市信息基础设施建设情况报告。

（八）推进人口、法人、宏观经济和空间地理四大基础数据库建设

推进人口、法人、宏观经济和空间地理四大基础数据库建设，形成全市政务数据共享基础。开展各类证照的电子证照库建设，支撑以公民身份证、企业信用代码证为标识的政务服务事项“一号申请”。深化政务数据共享与应用，实现跨层级、跨地域、跨系统、跨部门、跨业务的协同管理和服务。

（九）持续拉动信息消费工作

贯彻落实《国务院关于进一步扩大和升级信息消费持续释放内需潜力的指导意见》文件精神，营造良好信息消费环境，拉动信息消费持续增长。深入开展智慧养老、房屋交易平台、明珠卡扩展消费领域等项目。

【两化融合】

（一）开展国家两化融合管理体系贯标

引导和鼓励企业开展国家两化融合管理体系贯标试点工作，促进传统企业转型升级。大连奥拓股份有限公司、大连隆生服饰有限公司、大连冶金轴承股份有限公司、大连铭源控股集团有限公司、大连獐子岛集团股份有限公司 5 家企业成为 2017 年工业和信息化部两化融合贯标试点，推进中国华录集团、辽宁红沿河核电有限公司、中冶焦耐工程技术有限公司 3 家企业通过贯标认证。出台《大连市两化融合管理体系贯标试点企业专项资金管理办法》；组织召开“大连市两化融合管理体系贯标试点企业工作推进会议”，对列入国家试点企业进行专题培训和先进经验介绍。

（二）推动制造业与互联网融合发展

推进大连冶金轴承股份有限公司、大连亚明汽车部件股份有限公司等重点企业开展制造业与工业互联网融合发展应用试点。推进大连应达实业物联网供热平台建设，完善功能扩大应用覆盖面。

宁波市信息化发展概况

2016 年，围绕宁波市“一圈三中心”“中国制造 2025”试点示范城市建设的战略部署和“十三五”新型智慧城市建设总体目标，加快推进数据资源整合、综合应用体系建设、智能经济创新

融合及智慧城市环境营造等重点工作，全市智慧城市建设取得了显著成效。获得了中国智慧城市推进“十佳城市”“领军城市”、中欧绿色和智慧城市“卓越奖”、中国智慧城市示范城市奖等荣誉，赢得国内外众多关注和认可，实现了“十三五”智慧城市建设良好开局。

【信息基础设施】

信息网络基础设施支撑能力提升。截至2016年11月，宁波市行政村已全部光网覆盖，互联网宽带接入用户为451万户，4G用户为640万户，互联网城域出口带宽达4000Gbps，城市、乡村平均接入能力分别达50Mbps、20Mbps，城区大部分家庭实现接入能力达100Mbps；城市公共场所已全面覆盖免费无线宽带网络，纳入iNingbo平台统一运营的免费WiFi无线热点有1321个，相比2015年增加了111%，有10条公交车上覆盖免费WiFi。平台注册用户已达160万户，总认证次数达3330万次，日认证用户峰值同比增加50%；平均网速达到2Mbps，故障服务热线响应率达到100%。互联网国际专用通道扩容，直达境外POP节点，网络带宽达140Gbps。同时，城市基础设施智能化改造稳步推进，目前宁波城市公共设施物联网平台建设方案已基本完成，即将通过政府购买服务的形式进行建设。

【信息产业】

（一）信息产业不断壮大，夯实智能化支撑

2016年1—11月，宁波市976家规模以上电子信息制造业企业累计实现工业总产值1509.69亿元，舜宇、均胜、江丰电子等一批大企业不断提升研发实力，进一步巩固宁波市在光学电子、光电通信、汽车电子、集成电路等细分领域的核心优势。软件和信息服务业规模达364.65亿元，累计近30家软件及信息服务业企业在主板、新三板等资本市场先后挂牌上市，为制造业智能化转型提供“软”支持。8英寸特种工艺集成电路生产线“芯空间”等一批合作大项目不断落地，光电产业园、软件园等特色产业园区及智能汽车、现代电车、机器人等特色小镇建设不断深入，助力产业创新转型发展。

（二）两化深度融合深度推进，提升企业发展动能

全市新增国家级两化融合贯标试点企业7家，东方电缆、精诚科技等企业通过新一代信息技术成功向服务型制造业转型，贝发集团、慈星股份等企业逐步形成大规模个性化定制生产，舜宇科技、中银电池等企业依托柔性生产线改造和无人车间建设向智慧工厂迈进；中小企业云平台累计上线服务各类企业上千家，推动中小企业数字化、智能化转型。

（三）电子商务高速发展，跨境电商逐渐成为新亮点、新动力

2016年1—11月，宁波市网络零售额达901.96亿元，同比增长46.92%，高出浙江省平均增幅11个百分点；宁波跨境电子商务交易额达到253.92亿元，是2015年全年交易额的3倍，网易（亚马逊）电商产业园进展顺利，国家跨境电商综合实验区建设成效初显。

（四）智慧应用产业化提速，新产业、新业态不断布局

各县（市、区）积极谋划大数据中心建设，成功引进阿里云（宁波大数据云基地）、百度云（百度云智·宁波大数据产业基地）、软通动力（浙江大数据产业示范基地）等项目，支撑宁波大数据产业布局。依托智慧健康应用建设和宁波云医院平台的合作基础，与东软集团合作成立东软熙康（宁波）可穿戴设备公司，布局智能可穿戴设备产业；依托智慧城管、智慧交通等领域的北斗卫星导航示范应用，积极谋划北斗卫星导航应用产业发展，启动浙江（宁波）北斗卫星导航位置服务数据中心项目建设。率先成立宁波VR（虚拟现实）产业联盟，推动VR产业协同发展，部署VR超感乐园建设。

【电子政务】

（一）大数据顶层设计全面完成

由中国工程院和宁波市政府合作开展的《宁

波城市大数据研究》顺利结题，为宁波市大数据发展提供了理论支撑。出台了《宁波市人民政府关于推进大数据发展的实施意见》，为下一阶段大数据发展指明了方向。围绕政府治理和社会服务、行业应用、产业发展三大目标，初步明确了宁波市大数据发展的五大重点建设任务，到2020年，将宁波市打造成为未来国家级大数据创业创新中心和城市大数据产业基地。

（二）组织机构逐步建立健全

为保障宁波城市大数据战略的全面推进，2016年4月正式成立宁波市大数据管理局，负责统筹全市大数据发展战略、规划和政策措施，统筹管理全市政务数据资源的采集、存储、交换、共享、开放和产业化等相关工作。同时，大数据中心也在积极筹建中，将为大数据的基础设施建设及基础性工作开展提供支撑。

（三）全市政务数据共享服务体系建成

完成宁波市政务云计算中心项目建设，确立了以宁波市政务云计算中心为核心的一体化政务云体系，实现政务云服务统一建设、提供和管理。截至2016年12月，中心已入驻57个单位、135个系统，入驻率同比增加200%、65%，云资源使用率已超过90%。完成全市政务统一数据架构平台建设，形成的全市政务共享数据中心可为11个部门提供9402万条数据的共享服务。

（四）全市智慧城市运行中心启动建设

在完成智慧城市运营中心前期研究的基础上，进行了深入调研和分析，进一步明确了智慧城市运营中心的功能定位、建设模式和建设内容。目前智慧城市运行中心的项目建设方案已初步完成，该项目将对各行业智慧应用系统进行集中接入和统一展示，通过对各类数据和业务进行综合分析和挖掘，为智慧城市提供“数据大脑”。

【经济和社会领域信息化】

（一）基层社会协同治理向全市铺开

为构建基层治理大数据支撑体系，实现基层社会管理服务事项全域覆盖、全程管理，全方位提升基层社会服务管理水平，宁波市在总结海曙、镇海基层试点经验的基础上，全面推进基层社会服务管理综合信息系统建设和应用，着重推动基层数据的统一采集、汇聚和共享，促进条线业务协同和联动。截至目前，系统已整合汇聚政法、公安、安监、住建等23个部门的基层社会治理基础数据和业务数据，已在全市15个县（市、区）、功能区的156个乡镇（街道）推广应用，有效推动全市基层社会统一网格化和智能化治理。

（二）社会信用服务功能持续拓展

在企业信用宁波平台的基础上，增加自然人信用信息，覆盖广大自然人和法人的信用平台初具雏形。目前，平台集聚了公安、民政等15个部门的2600万条自然人信用信息及市场监管局等32个部门的6400多万条企业信用信息，实现信用信息归集、查询、共享、异议处理、联合惩戒及数据追溯审计等方面的全过程“一站式”管理，大大提升了宁波城市信用水平。据国家信息中心监测数据显示，宁波市城市信用综合指数居全国城市第2位。

（三）智慧城管逐步向智能化、精细化大城管迈进

以资源整合和应用升级为导向，启动智慧城管二期（第二阶段）项目建设，推进城市管理大数据分析、物联网智能监管、级差化管理，进一步提升城市管理智能化和精细化水平。目前，智慧城管平台已实现对全市13大类184小类城市管理事件、部件问题进行主动采集发现和受理处置，问题解决（处置）率达99.94%，热线服务满意率保持在94%以上。

（四）不动产登记信息平台全面上线运行

2016年6月，不动产登记信息平台正式上线，通过统筹推进不动产登记数据资源体系、系统平台体系和共享服务体系建设，提前半年实现“颁发新证、停发旧证”的目标，成为浙江省第一个实现统一登记市域全覆盖、登记信息平台市域全统一的地市。

（五）以城市公共服务普惠化、便捷化为目标，加快推进“互联网+政务服务”建设

依托浙江政务服务网，全面整合城市政务服务事项，浙江政务服务网宁波平台服务能力不断提升。浙江政务服务网宁波平台已接入民政、教育、安监等 43 个政府部门，全面推进行政权力等服务事项网上运行，实现交通违法罚没款收缴、个人社保信息查询、房屋确权证明、公积金账户信息查询、纳税证明等重点事项便民服务全覆盖，初步形成“上连省厅、下至乡镇”的四级联动综合网上政务服务体系。宁波城市服务统一 App 于 2016 年 9 月上线，已涵盖行政审批服务栏目、城市管理服务栏目、交通服务栏目、社保栏目、公积金服务栏目、医疗服务栏目、教育服务栏目、就业服务栏目等九大类近 50 项服务。宁波市民卡应用不断升级和推广，目前已在城市公共交通、校园、景区、图书馆、停车场、商超支付、咪表停车等 10 多个领域实现应用支持，基本实现居民城市生活“一卡通用”，目前累计发放新版市民卡 171.9 万张。

（六）智慧健康、智慧教育、智慧交通等重大应用体系持续推进，惠民成效显著

智慧健康依托云医院平台着重部署远程医疗和互联网医疗服务体系建设，2016 年全市共建立 50 家远程会诊中心，覆盖全市二级以上医院；开设 240 个云诊室，注册云医生 1629 人，推出“孕+”“护+”、网上诊疗报告查询及药品配送等创新业务，满足居民“不出家门看云医，不出社区看名医”的新需求。健康医疗协同共享持续深入，双向转诊平台建设完成并接入 50 家单位，市级区域卫生信息平台获评国家区域四级甲等平台，健康档案共享调阅 700 余万次。智慧教育着重应用推广和市场化运营，进一步推进教育资源共建共享。目前，智慧教育学习平台汇聚优质资源 140 余万个，数据量近 100TB，日均点击超 12 万次；“互联网+”实验教学应用、“甬上云校”“甬上云淘”等创新应用不断探索，“甬上云淘”已汇聚新东方、超星、中文在线、万朋教育等多家教育资源供应商，致力打造“教育资源淘宝网”；而“甬上云校”开展 70 余课次直播课程，收看超过 4 万人次。智慧交通着重强化资源整合和服务优化。2016 年重点完成行业车辆、人员、业务等数据资源整合，建立交通数据共享机制，打造综合道路运输平台；集成监督预警、应急处置、服务监督“12328”平台、综合执法信息系统、视频整合等六大功能，完成交通指挥中心建设并成功试运行；推广公交电子站牌应用，支持知豆智能纯电动车、HelloBike、Mobike 等新型市场化交通服务，持续优化公共交通服务体验。

【信息化建设中的重大举措或事件】

（一）出台《宁波市智慧城市发展“十三五”规划》

《宁波市智慧城市发展“十三五”规划》明确了打造“数据驱动、业务协同、产业融合、应用升级、信息安全”的新型智慧城市战略目标，提出了信息基础设施、运营中心、综合应用体系、智慧产业、智慧城市标准、信息安全“六位一体”的建设任务，为新时期全市智慧城市建设指明了方向。同时，完成智慧城市运营中心、CityGo 等项目的前期研究工作。

（二）举办第六届中国智慧城市技术与应用产品博览会

第六届智博会集聚了 300 多家国内外知名 IT 企业参展、6.7 万人次参观，吸引专业客商 4.1 万人次；“1+11”场主题论坛成功举办，16 位院士参与了研讨，累计吸引了 5000 名听众；签约项目 38 个，投资金额近 200 亿元；吸引了境内外媒体的广泛报道，切实扩大了“智慧宁波”的知名度和影响力。

厦门市信息化发展概况

2016年，在厦门市委、市政府的正确领导下，厦门市经信系统围绕美丽厦门建设，深入推进供给侧结构性改革，大力推动主导产业做大做强，积极培育战略性新兴产业，加快改造传统产业，全市工业总体保持平稳增长，质量效益稳步提升，产业转型升级成效明显，实现了“十三五”的良好开局。

2016年规模以上工业实现增加值1264.79亿元，同比增长5.4%；完成工业投资397.72亿元，同比增长12.16%，其中，技改投资253.63亿元，同比增长21.9%。工业经济综合效益指数为221.19，比2015年同期提高13.9%；工业实现利润总额240.51亿元，同比增长36.7%。软件和信息服务业收入突破千亿元。信息化、两化融合发展水平均居全国前列，荣获全国“工业稳增长和转型升级成效明显市”。

【主要工作成效】

（一）多措并举稳增长

一是政策成效初显。2016年发布新材料、节能环保、先进制造业、软件和信息服务业等10个“十三五”发展规划，制定智能制造、“互联网+制造业”等5个专项行动计划，兑现加计扣除、企业兼并重组等各类政策资金5.6亿元。推动出台35项企业减负措施，累计减负近200亿元。在超台风“莫兰蒂”正面袭击后，经信系统干部、职工迅速开展“三抢修一保障”工作，出台《促进工业企业恢复生产实施意见》，帮助受灾企业渡过难关，确保全市工业平稳发展。

二是运行调度优化。建立健全下基层调研工作机制，及时协调解决企业重大问题上百个，促进企业基本面总体稳定。加强龙头与高新技术企业运行的监测和要素保障。规模以上高新技术产业增加值占规模以上工业增加值59.2%。多数企业具有“制造+服务”“互联网+工业”的发展特征，在国内同行业中处于前列。

三是工业项目快速推进。完成“五个一批”工作，其中，新增制造业项目19项，总投资111.92亿元。加快36个省（自治区、直辖市）重大工业项目建设，完成年度计划的113.87%，加快80个市重点工业项目建设，完成年度计划的114.65%。联芯一期、天马微电子二期、三安集成电路等一批项目建成投产，清华紫光、ABB工业中心、乾照光电等一批项目建设加快。

（二）优化结构提实力

一是重点产业发展趋势良好。在工业下行压力增大的形势下，电子、机械两大支柱产业分别实现总产值1984.82亿元、1609.29亿元，占规模以上企业工业总产值的68.4%，较好稳住了工业基本面。在重点培育的产业链中，平板显示、计算机与通信设备产业链分别实现产值约1130亿元、760亿元，生物医药、新材料产业链分别实现产值约421亿元、420亿元，分别增长25%、33%，天马微电子、美图移动、稻兴电子、太古发动机等企业增速达到40%以上。

二是产业集聚效益显现。充分发挥同安、翔安高新技术产业基地、生物医药港等产业平台集聚效应，加强集成电路企业招商工作，围绕联芯等龙头企业，引进华天恒芯等一批配套企业，推动产业集群发展。全年累计实施19个项目的产业准入审查，实施12个项目的特殊工艺审查，促进了工业用地节约集约和高效利用。

三是软件和信息服务业快速发展。全年软件业务收入突破千亿元，吉比特成为福建省首家在上交所主板上市的游戏企业，国网信通成为厦门市首个入围中国软件业务收入百强及首届中国软件和信息技术服务综合竞争力百强企业，四三九九等3家企业入选中国互联网企业百强。

四是物联网产业蓬勃发展。物联网经济规模突破300亿元，同比增长30.4%。涌现出路桥信息等一批物联网领军企业。编制物联网产业发展和物联网智慧城市建设规划。组建厦门市物联网产业研究院，建立市级物联网重点项目库。成功举办2016年中国（厦门）国际物联网博览会暨高峰论坛。

五是生产性服务业多维发展。编制生产性服务业三年行动计划，新增3家国家级工业设计中心、3家省级工业设计中心、4家市级工业设计中心，厦门市的国家级工业设计中心数（4家）居全省之冠。成功举办第二届海峡工业设计大赛。81件产品入围“2016年中国优秀工业设计奖”复评，位居计划单列市入围数第1位。

（三）创新驱动促转型

一是创新载体丰富。新增2家国家级企业技术中心、1家国家技术创新示范企业、4家省级企业技术中心、11家市级企业技术中心。软件园二期创新社区建设经验在各区复制推广。

二是创业创新基地城市示范作用明显。新培育2家国家级小微企业创业创新示范基地、3家省级小微企业创业创新示范基地、12家市级小微企业创业创新示范基地；新增492家成长型中小微企业，新培育55家专精特新小微企业。

三是企业研发创新能力提升。2016年各类专利授权11500件，每万人拥有有效发明专利18.4件，为全国平均水平的2.3倍。出台鼓励大企业加大研发投入政策。新增60个重点研发创新及产学研合作支持项目，支持资金1494万元。

四是质量品牌持续提升。设立品牌质量建设专项资金，完善品牌培育管理体系。ABB荣获全国质量标杆称号，美亚柏科等3家企业被工业和信息化部授予“全国工业企业知识产权标杆示范企业”，大博医疗被工业和信息化部授予“工业企业品牌培育示范企业”。

（四）融合互促强动力

一是两化融合持续深化。两化融合发展水平总指数为90.7，位居全国前列。新增建霖工业、合兴包装等4家两化融合贯标试点企业，新增6家通过两化融合贯标企业，累计开展贯标企业30家。新增45个省、市级两化融合重点项目，总投资额137亿元。

二是制造业与互联网加速融合。电子商务在工业企业采购和销售环节的应用比例逐步提高，90%以上重点工业企业通过电子商务采购生产资料，75.33%的工业企业通过电子商务销售产品。“厦门工业互联云服务平台”进入调试验证和推广阶段。

三是服务型制造新模式不断涌现。企业服务收入占比稳步提升，逐步实现从“产品”到“产品与服务融合”转变。松霖科技的“创新设计服务”、金牌厨柜的“大规模个性化定制服务”、林德叉车的“产品全生命周期管理服务”等新模式均成为企业利润新增长点。

四是智能制造纵深推进。弘信电了获得国家级智能制造试点示范项目。全年新增5家省级智能制造企业试点示范、10家市级智能制造企业试点示范，新增3家企业项目为市智能制造样板工厂（车间）。

（五）信息经济发展显优势

一是便民服务应用广泛。启动市民卡工程建设，“i厦门”平台不断实现应用创新，厦门市成为全国首个居民身份证网上应用落地城市，微信城市服务入驻数量全国领先，实现多个政府部门的业务应用对接。

二是城市治理能力提升。创新社区网格化平台应用，建成城市公共安全平台一期，实现城市公共安全“一张图”。交通信息大数据平台实现7个部门交通资源共享，提高城市交通运行效率。

三是信息化发展环境完善。加强信息化建设资金保障，发布《厦门市政务信息共享协同平台技术规范》，推进政务资源共享。2016 年厦门市荣获“2016 中国智慧城市领军城市”“中国城市信息化 50 强”“中国智慧城市推进工作十佳城市”等荣誉称号。

【经济与社会领域信息化】

（一）市场监督管理信息化

2016 年以来，厦门市的市场监督管理信息化工作紧紧围绕食品药品安全“四个最严”监管和商事制度“五证合一”改革，通过推进“商事登记三期”“综合业务平台扩充”“食品安全监管平台”等信息化项目建设，大力营造国际一流营商环境，不断创新市场监管执法方式方法。尤其是在创建国家食品安全城市、运用“互联网+食品安全监管”、先于全国实施“五证合一”、探索市场监管领域综合执法等方面，得到了各级的充分肯定。

（二）财税信息化

厦门市紧扣中央财税改革要点，拓展财政信息化深度及广度应用，推进大数据建设，夯实基础建设，不断提升全市财政信息化建设效益和应用水平。厦门市财政局网站在 2016 年中国优秀政务平台推荐及综合影响力评估中获评“2016 年度中国政务网站领先奖”。进一步拓展财政信息化深度及广度应用，完成财政综合数据管理系统（一期）建设，完成财政票据会计档案电子化管理系统试点上线工作，深化国库支付电子化管理，完成政府综合财务报告电子化管理试点工作，加快建设全市产业扶持资金综合管理系统等。

（三）电子口岸

厦门自贸区经过两年多的发展，信息化系统建设取得了初步的进展。完成单一窗口 2.0 版建设，报关报检等通关核心业务也在平台上线运行。整合“报关报检”核心申报流程进平台。启动“互联网+自主报关”改革试点，2016 年 12 月正式上线发布，是国内口岸“互联网+自主报关”首个试点，得到国口办和海关总署的高度评价。首批上线舱单申报、运输工具申报、加工贸易申报、理货信息申报、运抵报告申报、邮件个人自主申报 6 项功能，并将认证手段从 IC 卡转为 UKEY，进一步方便企业通过互联网自主报关。完成跨境电商公共服务平台“四合一”整合，助力跨境电商产业发展。将个人物品、邮件、跨境电商直购进口业务申报功能整合纳入“单一窗口”，企业可以一次性提交相关单证，对接多个监管部门，一站式完成跨境电商进出口业务申报和查验。上线邮件个人自主报关服务功能，实现个人自主、方便办理申报征税、退运等通关手续。先行先试，推动应用创新。一是实现跨关区应用，利用单一窗口先进的电子关锁监控技术，实现三明陆地港（属福州关区）到厦门港（属厦门关区）的货物直通放行，对跨关区货物流转的便利化做了有益探索。二是加强与物流联动，开发“关港贸预约查验电子化系统”，使企业可以网上办理查验预约，实现海关查验指令、企业预约、码头吊箱等环节联动，提高作业效率。

（四）卫生医疗信息化

进一步加强居民健康档案建设。完善市民健康信息系统功能。完成区域影像云平台建设，实现全市 14 家公立医院影像信息共享。预缴金共享平台实现预缴金在各医院的通存通用。厦门市区域心电网络平台接入全市所有医疗机构。建立厦门医改监测平台，严格控制公立医院医疗费用不合理增长，实现分级诊疗工作有序开展、有效监管。在基卫平台上实现家庭医生签约登记和扣费的功能。建立分级诊疗的区域协同平台，该平台以双向转诊为基础，结合全市门诊预约统一平台，为患者提供就诊信息与健康档案共享、重复检查检验智能提醒、基于诊间预约的双向转诊、区域心电协同、远程会诊等多项服务。建成“糖友网、高友网”。不断完善厦门市基层医疗机构统一平台的功能，新增 SGA 儿童个案管理系统、妇女病两癌筛查系统、微信患者自助建卡等功能。

（五）公安信息化

2016 年，厦门市公安局坚持以智慧警务、改革创新为引领，全面开展以公安部“四项建设”为载体的公安信息化建设，持续推进公安科技信息化大整合、高共享、深应用。厦门市公安局牵头研发的厦门市公共安全管理平台获评“全国智慧城市优秀案例”，而“互联网+群防群治”项目获全国公安改革创新大赛优秀奖，民爆监管系统获中国爆破协会科学技术一等奖。深化厦门城市公共安全管理平台建设，在全国率先组建集“风险分析数据化、资源一图可视化、短板治理协同化、应急处置智能化”功能为一体的城市公共安全管理平台，实现公共安全管理从应对性向功能性转变，从单一治理向综合治理转变，为人民群众构筑了坚实的平安新防线，成效初显。

【信息安全】

建立了政务网络信息安全监管机制，实施系统预警处置防控，以及网站网页敏感信息动态监测和网站备案监控。建设了政务内外网防病毒中心和补丁中心，定期对政府类网站及重要信息系统进行安全漏洞检测，市级各部门共有1567台设备使用该系统。在网络安全防护方面，在互联网边界处部署了防火墙、流量控制系统及IPS入侵防御系统。在系统安全方面，网络平台中重要服务器的操作系统、数据库都已经做了基本的安全设置；进行系统安全加固，不定期给系统进行升级和打补丁。在应用安全方面，政府门户网站区域部署了iGuard网页防篡改系统及Web防火墙并强化安全管理措施；在政务内网上部署了违规外联的监控软件，以达到严格内外网物理隔离的要求。

【信息化政策环境】

（一）产业规划

2016年5月，厦门市经信局印发《厦门市软件和信息服务业“十三五”发展专项规划的通知》，指导“十三五”时期厦门市软件和信息服务业发展政策制定、产业布局和项目投资，着力发展壮大软件和信息服务产业。

2016年6月，厦门市政府印发《厦门市“十三五”科技创新发展规划》，支持建设云计算中心、云存储中心等公共云平台；支持企业依托厦门公共云平台，提供信息安全、大数据分析、虚拟主机等各类云服务。

2016年10月，厦门市经信局印发《厦门市先进制造业“十三五”发展规划》，要求加快发展物联网等新兴技术产业，以推动创新驱动、加快制造业转型升级、提质增效，构建未来厦门先进制造业体系。同时，制定出台了《厦门市新一代信息技术产业专项规划》和《2016年厦门市互联网经济发展工作要点》，开展《关于进一步加快软件和信息服务业发展若干意见的实施细则》的修订工作，开展软件名城过程评估工作，提升政策针对性。初步梳理推进数字医疗建设的思路和工作重点，提出了进一步推进数字医疗建设的建议；会同厦门市财政局制定并出台了《厦门市市级财政性投资信息化项目和专项资金管理办法》，同时修订了《厦门市市级财政性投资信息化项目和专项资金项目申报指南》；突出重点，加强对大数据等产业的调研，起草《关于促进大数据发展工作实施方案》《厦门市政务大数据管理暂行办法》等，强化政策规划制定，引导产业发展。

（二）信用管理

2016年8月，厦门市政府印发《厦门市贯彻实施质量发展纲要2016年行动计划》，明确指出2016年厦门市需要加快质量诚信体系建设，建设完善全市社会信用信息共享平台，实现信用信息在各市直部门之间交换共享，优化“信用厦门”网站，推动信用信息“一站式”查询。

（三）政务服务

2016年3月，厦门市政府印发《厦门市2016年推进依法行政建设法治政府工作要点》，要求加强电子政务平台和便民服务平台建设，提高政务公开信息化和集中化水平，增强政府信息公开实效，继续做好政府信息公开的绩效考核工作。

2016年4月，厦门市出台《厦门经济特区多规合一管理若干规定》，指导经济社会发展规划、城市总体规划、土地利用规划、生态环境规划等多个空间的规划问题。

2016年8月，厦门市政府出台《关于贯彻落实“五证合一、一照一码”登记制度改革的通知》，对住所在厦门市的企业和农民专业合作社在“三证合一、一照一码”的基础上，全面实行“五证合一、一照一码”登记模式，整合社会保险登记证和统计登记证，降低创业准入制度成本，进一步营造一流的营商环境。

2016 年 10 月，厦门市政府印发《厦门市进一步加强和推进网上行政审批服务实施方案》，指导深化行政审批制度改革，加强和推进“互联网+行政审批”服务模式，构建方便快捷、公平普惠、优质高效的政务服务体系。

2016 年 11 月，厦门市质量技术监督局正式发布了《政务信息共享协同平台技术规范》，规定并指导厦门市政务信息共享协同平台总体架构设计、资源管理内容、接入规范标准、二次开发规范，解决厦门市在开发设计政务信息协同共享平台过程中存在的问题。

（四）电子商务

2016 年 10 月，厦门市政府印发《厦门市促进外贸回稳向好的实施意见》，支持自贸试验区线下进口商品展示销售中心和线上跨境电子商务中心建设，积极引进国内大型外贸综合服务平台企业入驻厦门市，发挥平台的线上资源与外贸企业的线下服务优势，加快 B2B 跨境电子商务发展，力促厦门市进出口持续稳定发展，提升外贸发展质量，加快培育外贸竞争新优势。

成都市信息化发展概况

成都市是“宽带中国”示范城市、国家下一代互联网示范城市、国家级互联网骨干直联点、国家信息消费试点城市、国家基于云的电子政务顶层设计实施试点城市、信息惠民国家试点城市、中欧绿色智慧城市合作试点城市、首批中国软件名城。2017 年，成都市大力推行“统规、统建、统维”的集约化建设模式，落实国家部署的各项试点工作，推进信息基础设施提档升级，深化信息技术应用，加强智慧城市建设，推动信息化和工业化深度融合，实施“大数据”战略，确保网络和信息系统安全运行，加强无线电管理，加快电子信息产业发展，为全市社会经济发展提供有力支撑。

【信息化发展科学规划】

加强顶层设计和制度建设，编制成都市智慧城市总体设计和建设框架，制定建设世界软件名城规划纲要、信息安全产业专项规划和集成电路产业专项规划等，印发《成都市国民经济和社会信息化发展“十三五”规划》《成都市大数据产业发展规划（2017—2025 年）》《成都市促进大数据产业发展专项政策》《建设国际性区域通信枢纽行动计划（2017—2022 年）》，制定并发布《关于深入推进政务数据资源整合共享工作的意见》《成都市政务信息资源共享管理暂行办法》《成都市促进大数据产业发展专项政策》等政策意见，统筹协调推进全市信息化工作。

【信息基础设施提档升级】

加快建设国际性区域通信枢纽，持续推进成都国家级互联网骨干直联点和城域网出口带宽扩容，网间直联带宽达 420GB。加快“宽带中国”示范城市建设，实施宽带网络提速普及行动，推进简阳市通信基础设施建设，实施“宽带乡村”建设三年行动计划，全市新增 503 个行政村（社区）光纤到户覆盖，新增宽带用户 84 万余户，全市宽带用户平均带宽达到60MB。“无线城市”建设不断推进，大力推行共建共享，全年新建4G基站4200余个，新增4G用户约800万户，4G用户总数超过1800万户，户均月数据流量超过3G；i-Chengdu公共WiFi项目在政务服务中心、农贸市场、医院、集中办公区、商圈、产业园区、公园景区、体育场馆、博物馆、图书馆、公交客运站等630个场所开通了免费上网服务。推进国家下一代互联网示范城市建设，教育网CENET在成都设置了IPv6核心节点，各电信企业核心网络、成都电子政务外网、成都教育专网、成都电视台播控传输平台皆已实施IPv6改造。大型IDC项目建设持续推进，中国联通IDC、中国移动IDC竣工投运，中国电信天府云计算中心加快建设，三大电信运营商持续加大基础设施建设投入，运营服务能力居全国前列，通信枢纽地位得到进一步巩固。

【信息化应用不断深化】

（一）加快推进电子政务发展

提升政务云保障能力，在线运行业务系统达230个，完成同城备份中心建设；政务服务地理信息平台完成60个应用系统接入；启动应急通信网四期工程建设，完成重大活动应急通信保障5次；协调推进成都市电子政务外网向简阳市延伸覆盖。服务市场主体发展，推进“金信工程”工商信息系统登记制度改革信息化；完善重大危险源安全监管平台功能，接入企业911家，发现处置安全隐患110起；建成食品、药品综合监管平台，设立食品安全风险预警数据中心，构建全市统一的食品、药品信息化建设标准；打造“鹰眼”大数据平台，构建立体化、信息化社会治安防控体系，天网探头达27000个，2017年1—6月利用视频侦查手段协破案件6000余件，打击违法犯罪嫌疑人1979人；完成数字城管系统升级改造，实现市政、环卫、园林、交通等多个部门协同治理。

（二）加快推进信息惠民国家试点城市建设

信息技术更加惠及民生，在社保、医疗、教育、文化、旅游、交通、环保等领域实施了一系列信息化应用工程，促进了信息惠民。建成城乡一体的就业和社保服务体系，开通社保网上经办服务超过100项，企业网上经办参保职工308万人，个人网上经办注册人数达30.5万人；市级公立医院全面接入人口健康信息平台，居民健康卡总发卡达840万张；开展智能交通系统二期12个项目建设，智能交通架构不断完善；推进“数字校园”试点，70所学校作为首批市级试点学校，200余所学校作为区级试点学校；市民融合服务平台开通5种服务渠道，在线服务数量达237项，平台日均用户浏览量达2.5万人次；建成了58个农业生产信息化示范基地。

（三）加快推进国家信息消费试点城市建设

跨境电商平台建设稳步推进，三网融合应用深化开展，“提速降费”持续推进，宽带网络和信息服务产品的性价比得到提升。开展“企业两化融合管理体系”标准贯标工作，成都工业云平台累计为成都市1000家企业提供服务。

（四）快速推进数据资源体系建设

开展数据采集、共享、开放的相关规范和数据安全保障体系研究，完成20个规范文本编制。完成大数据公共服务平台建设，完成数据资源门户开发，为各部门数据共享、开放和挖掘应用提供运行环境。开展政务大数据目录体系建设，完成71个主要部门的目录编制。完善公民信息管理系统，形成公民信息数据目录，制定系统数据维护更新、授权共享管理办法，归集17家单位5.4亿条数据，为12家市级单位跨部门共享应用提供支撑。

【信息安全保障能力不断提升】

持续加强全市网站及重要信息系统的信息安全监测，通过系统监测、督促整改，2017年上半年，存在超危漏洞的系统较2016年同期减少7.5个百分点、高危漏洞较2016年同期减少9.1个百分点、平均处置时间较2016年同期减少25.6个百分点，安全风险及事件处置率、处置效率明显提升，安全形势进一步好转。推进统一网络信任体系建设，新增部署数字证书6256张，总数达到

2.8 万余张。面向公众、政府、企业开展《网络安全法》宣贯活动，加强党政部门信息安全培训。

【电子信息产业加快发展】

（一）电子信息制造业稳步发展

成都作为全国重要的电子信息产业基地，是国家信息安全成果产业化基地、信息产业国家高技术产业基地、国家集成电路设计产业化基地、国家电子元器件产业园。其中，成都信息安全产业规模居全国第 2 位，IC 设计收入居全国第 7 位，军工电子装备整体实力名列全国前茅。加快推进重大项目引进实施和存量项目建设，不断夯实产业基础、优化产业结构。2017 年 1—6 月，成都市电子信息制造业总体运行态势良好，490 户规模以上工业企业增加值增速高达 27.7%，高于全市规模以上工业企业增速 19 个百分点。实现主营业务收入 1303.7 亿元，同比增长 19.5%，占全市规模以上工业的 23.0%；实现利税 69.4 亿元，同比增长 26.6%；实现利润 49.6 亿元，同比增长 55%；完成工业固定资产投资 339.6 亿元，同比增长 112.2%；完成技术改造项目投资 163.56 亿元。

（二）软件产业高速增长

成都是全国首批、中西部唯一的"中国软件名城"。在"十二五"期间，软件业务收入以超过 25%的平均增速高速增长。2016 年，全市软件产业规模占全国的 4.9%，居 15 个副省级城市第 5 位。入围中国软件百强企业 2 家；国家规划布局内重点软件企业 11 家；上市企业（含新三板）达 69 家；软件著作权登记累计超过 39304 件；从业人员约 30 万人。经过多年发展，已逐步形成"双核、多园、三带"的空间布局。2017 年 1—6 月，全市软件业务收入实现 1300 亿元，同比增长 13.0%，较 2015 年同期提高 0.1 个百分点。印发《2017 年成都市软件服务业发展推进工作要点》，研究编制《成都市世界软件名城发展评估指标体系》。开展中国国际软件合作洽谈会、中国成都国际软件设计与应用大赛、数字世界博览会等大型产业活动。

（三）大数据产业不断优化

把握大数据发展的战略机遇，把支持大数据应用、推进产业创新和结构优化作为供给侧性改革的重要路径，2016 年成都市大数据产业业务收入约 180 亿元，占全国大数据产业的 5%。推进大数据产业发展载体建设，着力提升信息基础设施等产业配套能力，优化产业政策环境，开展大数据应用示范，加快企业引进和培育。优化大数据产业空间布局，利用高新区软件和互联网产业发展的基础，推动形成高新区大数据研发运营中心，向天府新区成都科学城、双流物联网产业园延伸拓展，在温江、崇州、郫县、金牛、武侯等地形成了三医融合、数据处理、创新创业、地理信息等各具特色的大数据应用聚集区。营造大数据产业发展氛围，组建成都大数据产业联盟，成功举办中国大数据应用大会，开展"智慧中国杯"全国大数据创新应用大赛。

广州市信息化发展概况

广州市是国家重要中心城市、全国互联网三大国际枢纽之一，战略区位重要，信息化基础设施建设起步较早，智慧城市建设水平走在全国前列。2017年，智慧广州建设成效显著，在改善民生服务、提升城市治理能力、推动政府职能转变及促进经济、社会转型升级等方面取得了初步成效，成果惠及广大民众。在智慧广州建设过程中，广州市以政府信息化为抓手，推进"互联网+"，加快智慧广州发展，探索出一条"以政府投资信息化项目为重要抓手，统筹全市政府信息化建设工作，以政府信息化带动企业和社会信息化发展，最大化发挥有限财政投资的引导作用，撬动社会资本投入，共同推进智慧城市建设"的道路。

【基础设施日趋完善】

起草法规，加强规范管理。完成《移动通信基站建设及保护细则》《城中村光纤改造实施细则》《推进城中村移动通信网络覆盖工作方案》等政府规范性文件的编制工作，待广州市政府常务会通过后正式印发。

统筹规划，推进目标任务落实。2017年，广州市已完成通信管廊专项规划1300平方千米的编制工作，基本覆盖中心城区及市重点发展区域；《广州市铁塔站址建设规划（2016—2020年）》已经广州市政府批准，即将印发执行。全市规划共享存量站址9762个，新建站址12561个，将解决40912个新增需求，规划共享率达80.05%。

补齐短板，加快光纤网络建设。截至2017年12月底，全市光纤入户率达106.8%，100%行政村实现光缆覆盖。全年完成69个新建小区光纤入户工作；304个既有小区光纤改造受阻已顺利完成。

突出重点，推进移动通信网络和无线城市建设。4G用户规模全国第一，全市累计新建4G基站37.99万个。基本实现广州市政务服务中心、部分市级机关对外办事大厅、机场、客运站、医院候诊大厅等主要公共区域WLAN信号覆盖，全市WLAN热点达1.7万个、AP达13.2万个。

【信息经济融合创新】

近年来，广州市紧紧抓住新一代信息技术产业发展机遇，大力发展数字经济，推进产业创新发展。2017年1—11月，广州市电子信息制造业投资完成221.43亿元，同比大幅增长157.17%；电子信息制造业产值完成2190.3亿元，同比增长2.5%；软件营业收入完成2705亿元，同比增长18.44%。

政策体系日臻完善。广州市进一步强化信息产业顶层设计，研究制定了一系列产业规划和政策文件，出台了《广州市信息化发展第十三个五年规划》《广州市大数据产业空间布局专项规划（2016—2020年）》《琶洲互联网创新集聚区产业发展规划（2016—2025年）》等产业规划和《广州市促进大数据发展实施意见》，草拟了《广州市互联网产业发展实施意见》《广州市加快发展集成电路产业实施方案》，争取打造全方位、立体式的政策体系。

工业互联网发展势头强劲。广东省、市、开发区共同推进广东省工业互联网产业示范基地建设。阿里工业云全国总部、树根互联、航天云网、海尔COSMOPlat产业示范中心落户广州市。36家企业入选2017年首批工业互联网产业生态供给资源池，数量居全省第1位。两化融合贯标氛围浓厚，省级与国家级贯标试点企业累计达218家，通过国家评定的企业达36家。

软件服务业发展特色鲜明。2017年，广州市共有6家企业入选2017年"中国互联网企业百强"排行榜，总数居全国前列。拥有天河、黄埔、海珠、越秀、荔湾5个省级"互联网+"创建小镇，数量位居省内第1位。互联网内容服务方面，微信总部、飞信、飞聊、灵犀、139邮箱、MM商店应用等基础趋势型应用服务发源并发展于广州；有米广告、指点传媒等移动广告平台企业快速成长，产值年均增幅超过150%。互动娱乐方面，网络游戏方面聚集了博冠、多益、爱九游、菲音、百田等著名游戏公司，制作了大话西游、梦幻西游、神武等一批优秀产品。

电子信息制造业加快发展。新型显示方面，广州市已发展了千亿级的产业集群，全市电子信息制造20强企业中有10家新型显示制造企业，2016年产值达到1393亿元；随着投资额达610亿元的富士康10.5代显示器项目落户增城，广州新型显示产业集群迈入"双核"驱动发展时代（广州开发区和增城）。集成电路方面，泰斗微电子是国内首个集成了射频、基带与闪存的"三合一"

解决方案的厂家；润芯的北斗卫星导航芯片各项技术指标和销量国内领先；广州兴森快捷电路科技股份有限公司是国内最大的印制电路样板小批量板快件制造商之一。新一代移动通信方面，京信通信引领全球小型化多制式基站天线技术，移动通信天线产能全球第一、市场占有率第二；杰赛科技适应移动互联网发展和智能装备需求，向物联网、智能装备制造、智慧城市建设方向拓展。卫星导航方面，广州市卫星导航企业数量约占全国的 1/5，海格通信、中海达、南方测绘、广州润芯等一批技术领先企业聚合成北斗产业“广州军团”; 海格通信整机产品在特种行业的市场份额排名国内第一。

产业加快集聚发展。对广州市产业园区进行布局和定位，根据各区的地域优势和产业基础，在全市范围内规划建设互联网产业“一核五基十镇”集聚区。琶洲互联网创新集聚区面向全国开展大力度靶向招商，引进了包括阿里巴巴、腾讯、复星集团、唯品会、国美集团、小米、欢聚时代 YY、环球市场集团等 20 家地区总部及职能公司进驻，形成广州市互联网总部经济高端集聚区。积极创建国家互联网双创示范区。广州开发区大数据产业园获首批省级大数据产业园。凯得大数据产业园、纳金大数据产业园、绿地大数据产业园等分园区的建设工作已经基本完成，产业引进及招商工作已全面展开。

【惠民服务无处不在】

社会保障服务进一步优化。广州市社保卡汇集人力资源社会保障、民政、卫生、公积金、文化、体育等多个业务领域 130 余项应用，实现了一张卡上集合医保卡、银行卡、羊城通、老人卡、优抚卡等多种功能应用，持卡人数已超过 1137 万人，广泛覆盖本地户籍人员和来穗就业人群。个人参保证明信息已接入广州市电子证照系统。个人社会保险缴费历史、个人医疗保险缴费历史业务数据已实时接入广州市政府信息共享平台及广州市“五个一政务信息服务平台”。

食品安全监管持续加强。深化食品生产溯源管理体系建设，建设食品生产过程管理服务、食品生产监管及分析等系统，建设监管和企业两端功能，完善移动监管应用。建设食品快速检验检测监管系统，累计采集市内 300 家列入民生实事工程的农贸市场、超市快检数据 58.63 万批次。食品安全监管和服务应用系统，重点解决一企一码、电子签章和企业预警 3 个方面的问题，推动现场移动执法，提高监管的靶向性。

医疗卫生服务有效提升。广州市率先在全国建立“超大型城市全民健康信息平台”，实现各大医疗卫生机构互联互通。平台已接入包括全部市属医院和公卫机构在内的 255 家机构，横向与公安、人社等部门实现数据共享，建立了超过 1550 万份规范化实名电子健康档案。平台实现了跨机构间的电子健康档案调阅、健康服务“一卡通”、预约挂号、双向转诊等，系统注册总用户已超过 206 万人，总预约量超过 900 万人次，实现了“在线预约、分时候诊”，优化患者就医体验，提高医疗服务效率。

【在线政府透明高效】

2017 年，广州市政府信息化云平台荣获“卓越基础设施”奖、“IDC 数字化转型大奖”，广州市政府数据统一开放平台获 “数开丛生·奖”，广州市公共信用信息管理系统获全国信用信息共享平台和信用门户网站一体化建设特色性平台网站称号。

“五个一”社会治理政府公共服务平台成效显著。平台实现了一卡通行、一号接通、一格管理、一网办事、一窗服务“五位一体”的新型政务服务模式，进一步打造了便民、高效的服务型政府。其中，广州市网上办事大厅可办理 99.5%的行政审批事项及 91.15%的社会服务事项，为市民、企业办事提供了极大的便利。另外，企业名称自主申报软件实现了即时名称登记，自上线以来已受理名称自主申报业务 80501 宗，通过 77621 宗，申报通过率为 96.42%，有效解决了企业核名难问题。

自然人基础信息库和法人基础信息库持续更新。自然人、法人基础数据实行依职能无条件共享，支持各级政府部门业务办理；规范基础数据标准，减少数据重复采集。截至 2017 年 12 月底，自然人基础信息达1941.0万条(户籍信息为922.7万条、流动人员信息为1020.8万条)，涵盖公安、来穗、人社、民政等8个部门的10类34个基础数据主题；法人基础信息达200.0万条（企业信息为88.8万条、个体户信息为110.5万条、事业单位信息为5572条、社会团体为321条、基金会为41条)，涵盖工商、税务、民政等5个部门5类43个基础数据主题。

广州市政府数据统一开放平台日趋完善。平台开放数据资源涉及经济发展、城市建设、道路交通、教育科技、民生服务、企业服务、资源环境、财税金融、劳动人事、信用服务、社会发展等16个重点领域，开放数据量达3120多万条，促使沉睡在各种数据档案库中的大量有效信息资源为公众所用。

广州市政府大数据综合应用管理平台建设顺利。为整合全市政务、企业、互联网等多渠道数据资源，加强广州市信息化基础设施及公共信息平台建设成果的展现，开展了政府大数据综合应用管理平台建设工作，初步完成支撑平台及工具模型开发基础平台的搭建和调试工作。平台基于广州市信息化服务中心的电子政务网络、政府信息化云平台、政府信息共享平台、大数据应用平台、大数据分析系统，通过研究成果与数据分析相印证，为政府各部门信息化管理及经济预测、社会管理、决策等提供分析、展现等大数据综合应用服务。

【城市治理精细精准】

城市管理信息化水平持续提升。推进城市智慧综合管理平台建设，深化完善户外广告监管系统、废弃物监管系统、城市管理综合分析与决策系统，进一步实现对城市废弃物、燃气、市容景观等各类城市管理业务的全过程综合智能监管。开发余泥巡查执法信息系统，为加强余泥巡查管理，在综合执法信息系统及执法通App的基础上开发余泥渣土巡查执法信息系统App，实现余泥上报、余泥巡查、情况通报等功能，在市、区、街三级城管部门全面使用。

“互联网+交通”新模式成效显著。全国首创的“互联网+信号灯”控制优化实验研究平台，以道路交通出行大数据为基础，对信号交叉口交通运行情况实时监测评估，及时调整信号灯配时方案，以此提升市区行车速度。通过优化，天河北区域平均通行延误时间下降6.59%，内干道延误降低5.61%，红灯溢流交叉口比例从13.91%下降为0.1%。“行讯通”相继完善了公交换乘、广州旅游、加载羊城通、跳转接入如约巴士、天气板块增加云图等功能模块，目前用户总量已超过680万户。

“四标四实”建设工作开展顺利。大力开展“深化平安有序、规范城市管理”专项行动，建设标准作业图、标准地址库、标准建筑物编码、标准基础网格，查实实有人口、实有房屋、实有单位、实有设施（“四标四实”)，建立“四标四实”数据库，完成全市近2万个网格划分，进一步推进广州城市管理精细化，提升社会治理效能。

视频监控进一步覆盖。为打造平安城市，广州市大力完善视频监控体系，视频联网管理平台拥有8.2万路视频，实现全市主要道路及各类重点公共场所的有效覆盖，在各类安保工作中发挥智能视频技术作用，研判重点人员轨迹信息。

【工作经验】

（一）加强顶层设计、统筹规划

《广州市信息化发展第十三个五年规划》提出，加快新型智慧城市建设，从智慧政府、一体化智慧城管体系、全方位智慧交通体系、智慧能源体系、医疗卫生在线服务、教育文化现代化、社会保障信息化服务体系、社会信用体系、智慧安全预防控制体系、智慧生态环境保护体系、智慧社区共11个方面，对智慧广州建设做了统筹规划部署。

（二）完善信息基础设施建设

广州市把信息基础设施建设作为落实信息化先导战略的基础性、战略性工程强力推进，采取联席会议、部门协作、市区联动、政府督办等多种有力举措，推动信息基础设施加快发展。获评“宽带中国”示范城市最佳实践奖——政策环境创优奖。

（三）推进全市信息化项目集约化建设

广州市信息化主管部门围绕广州市政府部门“三定”和权责清单，推动部门广泛开展业务梳理，明确部门管理领域和业务主线，防止部门盲目上项目，避免政绩工程、拍脑袋工程带来的大量重复建设问题。充分利用全市信息化公共基础设施和可共用复用系统提供的服务，采用集约化建设模式推进智慧城市建设，截至2017年年底，已推动145家单位446个系统在广州市政府信息化云平台上运行维护。

（四）推动政府信息开放共享

围绕“互联网+”行动计划和促进大数据发展的实施意见，加快政府信息基础设施建设，进一步打造广州市政府信息共享平台，推动政府信息共享和公共数据资源开放，逐步破解市民办事须反复提交纸质材料的“顽疾”，提升政府行政效率和协同能力，创新政务服务和行政管理模式。截至2017年9月，广州市政府信息共享平台接入单位116家，资源主题达1362个，汇集数据达66亿多条，日均交换数据达1700多万条（2016年1月1日至2017年9月1日的日均交换量）。

（五）引导市政府投资信息化项目投向智慧城市方向

在年度政府投资信息化项目申报指南中明确，优先支持以政府数据资源为支撑、开展大数据应用、提升政府公共服务及社会治理能力等智慧城市建设类项目。通过市政府投资信息化项目，广州涌现出了许多具有亮点的智慧城市应用，包括城市管理、公共安全、政务服务、社保医疗等各方面，建设成果惠及广大市民。

（六）积极探索政企合作新模式

积极进行政企合作新模式的探索，分别与腾讯、阿里巴巴、蚂蚁金服签订合作框架协议，依托企业优势资源，在互联网服务本地化、产业创新、政务服务、民生应用、大众创业等方面开展深入合作，推动广州新型智慧城市建设。

武汉市信息化发展概况

2016年武汉市以建设国家创新城市和国家中心城市为契机，全面实施“互联网+”产业创新工程，构建“互联网+”创新服务体系，加快新型智慧城市建设，推动全市信息产业转型升级，通过管理机制创新、规划设计创新、服务运营创新，全市信息化建设水平有效提升。

【2016年信息化发展情况】

抢抓“互联网+”机遇，武汉市全面实施“互联网+”行动计划，不断完善互联网基础设施建设，积极培育新模式、新业态，构建全市一体化“互联网+”安全保障体系。

（一）全面推进“互联网+”行动计划，开创智慧城市建设新局面

以建设国家创新城市为契机，全面推进“互联网+”行动计划，通过创新建设模式，突破信息壁垒，用智慧城市建设引领城市发展。2016年，武汉市继续获得中国领军智慧城市、中国智慧城

市领军城市等多项荣誉，在全国城市“互联网+”政务指数排名第1位。

1．全面实施“互联网+”行动计划

2016年，按照武汉市推进“互联网+”行动委员会会议精神，制定《2016年全面推进“互联网+”行动计划重点工作方案》，明确重点任务及责任分工，狠抓落实。坚持试点示范先行突破，再全面推广复制的做法，全年完成市民“一卡通”等11个示范项目。全市“云端武汉”系列应用建设水平全国领先，使城市治理更高效、市民生活更便捷。

2．加快实施信息惠民工程

武汉市企业工商注册登记网上办系统上线运行，个人社保、低保、老年卡等民生关注的保障服务网上办系统基本开发完成。积极推进在地铁、公交、出租车等公共服务领域推广手机支付服务工作，不断提高市民从智慧城市建设中的获得感。公开数据库二期已建成上线，覆盖部门、种类、形式、服务，提供数据量全国领先。大力改善市民出行条件，基本实现城区道路行车及停车诱导一体化。

3．深入推进数据互联开放共享

加快推动政务等重点领域数据资源开放，起草《武汉市政务云（数据）中心标准体系数据资源及服务目录标准规范》，制定《武汉市政务云平台数据资源安全管理实施细则》《关于进一步做大做强“云端武汉”的通知》，构建武汉市政务云数据中心主体框架，建立统一的“云端武汉”分层认证体系，实现全市网上办事大厅、审批后台和政务云（数据）中心的对接及业务流程整合，“云端武汉·政务”平台全面完成政务信息资源目录和数据交换体系部署。

4．加快全市智慧政务“一号一窗一网”建设

武汉市组织召开专题会议，对“一号一网”有关工作做出动员和部署。指导建设全市统一的“云端武汉·政务服务大厅”，办理时限平均缩短50%，申请人仅来窗口一次就办成事的比率达到90%，使服务流程显著优化、服务模式更加多元，服务渠道更为畅通，群众办事满意度显著提升。

（二）大力推进光纤到户和“村村通”建设，加强全市公益WiFi运维管理

以信息基础设施水平提升促进信息惠民为主线，武汉市精心组织公益WiFi建设运营管理，全力推进中心城区光纤百兆入户和农村行政村“光纤村村通”工程建设，加快4G网络市域全覆盖。

1．加强基础网络建设，提升网络服务质量

积极落实国家“宽带中国”战略部署，加快推进“宽带武汉”建设，大力实施新建区域光纤到户覆盖和老旧小区改造，优化完善无线宽带网络覆盖，提高信息基础设施承载能力，提升网络运行速率。2016年，全市光纤到户新增覆盖111.5万户，光纤到户覆盖总数达437.5万户，覆盖率达到99.4%，均具备百兆宽带接入能力；新增光纤到户用户156.1万户（其中，新发展用户为76.3万户，铜改光用户为58.9万户），超额完成全年目标。

2．创新建管模式，全市公益WiFi稳定运行

根据武汉市推进“互联网+”行动委员会的部署，“云端武汉·公益WiFi”创造性地采用政府购买服务PPP方法，创新城市公共信息化项目建设模式，使建设和监管相分离，及时发现和解决网络运行故障，确保热点网络运行稳定、网络畅通、市民使用率高、运维服务水平全国领先。2016年，武汉市政府公益WiFi平台1040个热点正常在线率均在97%以上，累计注册用户达230万人，单个用户上网速率达到2MB以上。

3．“光纤村村通”国家目标提前实现

建立市、区政府和建设运营企业三方联动机制，克服资金不足和施工条件差等困难，全面实现行政村光纤通达。全市1970个行政村全部完成了光缆通达，所有村委会全部接入幸福新农村信息平台，提前一年实现国务院制定的“光纤村村通”国家目标。

（三）加快大数据产业建设，促进武汉市电子信息产业转型升级

武汉市围绕电子信息产业转型升级，加快培育新模式、新业态，加快创建“中国软件名城”，全市电子信息产业工业总产值保持平稳增长，其中软件业务收入增幅居全国城市之首。

1．着力引进龙头企业，布局重大产业项目

武汉市依照产业链靶向招商和链式招商，先后引进了联想、华为、富士康、华星光电、阿里巴巴、腾讯等10余家国内龙头企业，极大地带动了相关产业及其上、下游产业链的整体发展。大力扶持邮科院、长飞光纤、华工科技、天喻信息、武大吉奥、依迅电子等本地优势企业加速发展，牢固树立了武汉市的领先地位。武汉市加快布局重大新兴产业项目，国家存储器基地项目已启动建设，华星光电第6代LTPS液晶面板项目稳步推进，武汉市与周大福、启迪控股、奇虎360、北京易华录等企业合作共建“国家网络安全人才与创新基地”加快推进，重大产业项目有力支撑全市电子信息产业的转型升级。

2．加快创建“中国软件名城”

武汉市现已建成和在建软件园区近20个，如花山软件新城、光谷软件园、未来科技城、武大科技园等，同时在各区建设了各类孵化器和创新创业基地数10个，聚集和培育了一大批有技术、有特色的本地软件企业。3S地理信息系统、3C制造业信息化软件、光通信和数控制造嵌入式软件、数据库及信息安全软件在全国的领先优势进一步扩大，动漫游戏产业在国内处于领先地位。武汉邮科院、天喻信息2家企业进入全国软件百强企业，武汉达梦、中地数码、天喻信息、武大吉奥4家企业成为国家规划布局内重点软件企业，拥有系统集成资质认证企业约130家，“双软”认定企业597家，CMMI认定企业约70家。

3．积极培育新模式、新业态

大力支持武汉腾讯、斗鱼TV为代表的互联网龙头企业发展，奇米科技（卷皮网）、盛天网络入选互联网企业百强。2016年斗鱼TV完成1亿美元B轮融资和15亿元人民币C轮融资，公司估值超过10亿美元，2016年上半年卷皮网完成6亿元人民币C轮融资，先后成为互联网独角兽企业。斗鱼TV、宁美国度入选“中国最具投资价值企业50强”榜单，其中斗鱼TV名列首位。在集成电路产业方面，武汉市集聚了武汉新芯、高德红外、华为海思、烽火微电子、芯动科技、新思科技、九同方等40多家企业，建成中部首条12英寸芯片生产线、全国首个集成电路IP交易中心。

（四）强化网络安全意识，构建全市一体化“互联网+”安全保障体系

2016年，武汉市围绕强化基础信息网络和重要信息设施的安全保障能力，建立完善全市网站安全监测、预警、应急处置管理机制，实施武汉市“网络安全保障行动计划”。

1．构建全市一体化的“互联网+”安全保障体系

采取政务购买服务的创新方式，实现全市互联网安全保障“1个平台”（多引擎聚合扫描平台）、“1个系统”（实时态势感知系统），提供“5种服务”（态势感知服务、通报预警服务、数据防护服务、应急处置服务及安全值守服务），对全市党政机关、人民团体和市属重点企业的网站进行24小时全天候实时安全监控，改变过去网络安全监管只停留在定期检查和事后通报整改的现状，有效提升了网络安全保障能力。

2．充分发挥安全监测平台作用，保障重大活动期间的网络安全

在2016年国家网络安全宣传周和党的十八届六中全会等重要活动召开期间，武汉市利用安全监测平台和提供服务企业的全国平台资源，对全市政府部门和能源、教育、卫生、水电煤气工控企业等国计民生行业465家网站进行重点监测和保护，并从预警、应急、处置等各个环节明确责任、狠抓落实，平台拦截DDoS攻击、SQL注入、跨站等高危攻击达125万次，拦截扫描攻击20万余次，全市未发生一起网络安全事件，有力地保障了网络安全。

【存在问题】

2016年，武汉市“互联网+”、智慧城市、信息化建设成绩显著，但仍存在一些问题。

一是“信息壁垒”的问题依然存在。“互联网+政务服务”的目标是“一号一窗一网”，而目前跨部门、跨领域、跨地域的信息共享难题依然存在，政府数据共享和开放程度仍然相对不足。

二是全市互联网产业实现稳步增长，但与发达城市相比差距仍较大，特别是“独角兽”互联网企业不多，软件企业整理实力不强，创建“中国软件名城”任重道远。

三是在信息基础设施建设方面，全市重点区域公益 WiFi 建设任务基本完成，正常在线率须进一步提升，运维监管体系须不断完善，应进一步推广公益 WiFi，不断提高使用率。

【2017 年工作重点及对策措施】

2017 年，围绕“加快建设现代化、国际化、生态化大武汉”要求，武汉市将抢抓发展机遇，深入推进“互联网+”行动计划，全力以赴推进新型智慧城市建设赶超发展；加快国家网络安全人才与创新基地建设，不断完善网络安全保障体系；实现全市电子信息产业再上新台阶，为建设国家中心城市、复兴大武汉做出新贡献。

（一）以方便市民信息应用为抓手，夯实城市网络设施基础

2017 年，实现城市全光网，完善 4G 并推进 4.5G、试点 5G 移动宽带网络建设及应用，尽力使武汉在全国网速最快、网费最低，广大市民能充分享受新一代信息技术成果，拥抱互联网时代。加快城市重要基础设施感知设施及物联网建设，迅速提升武汉超算（云计算）中心服务能力，超前部署量子通信城域网，建成无线政务网。

（二）以集成信息提效率为突破口，实现信息资源的互联共享

按照全市“马上办、网上办、一次办”的政务服务改革新要求，加快集成信息提效率，协调信息资源的互联互通、资源共享；强化事中、事后监管，推行对市场主体“宽进、快审、严管”的全新管理模式。继续保持政府数据公开水平全国领先，试点开展政务数据资产化运营，组织支持政府部门和社会机构开发利用数据，充分发挥大数据在产业发展和社会变革中的引领作用，培育城市经济新业态。

（三）坚持“以人为本”，深化智慧化应用

紧贴民生需求，不断完善和升级“云端武汉”系列应用服务平台，提升医疗、教育、养老、交通、旅游、环保、城管等领域智慧化服务水平。鼓励各行业、各领域与互联网企业合作，抢抓互联网机遇，重点打造“移动生活之城”，全面提升市民获得感。

（四）专注产业结构升级，培养优势新兴产业集群

注重信息产业的层级、结构和效益，把政策资源和产业资源集中到那些真正具有创新内涵的企业和高附加值产品上。加强与各级招商部门、重点园区和基地对接配合，争取重量级大企业、大项目落户。成立武汉“互联网+”产业发展引导基金，组建成立引导基金理事会，选定引导基金受托管理机构，制定系列管理制度和考核办法，有效催生各种新模式、新业态，推动信息产业实现跨越式发展。

（五）增强网络安全保障能力，营造清朗网络空间

实施国家《网络安全法》，落实网络意识形态责任制。加快国家网络安全人才与创新基地建设，着力聚集与培育一批军民融合网络安全战略企业，打造一流网络安全学院，构建网络空间安全教育、科研、产业良性循环的生态体系。

两化融合篇

两化融合发展概述

大力推进信息化与工业化融合发展，是党中央、国务院作出的一项长期性、战略性部署，是应对新一轮科技革命和产业变革，适应发展新常态、实现发展动力转换、积极应对发展新趋势的必由之路。2016 年 4 月 19 日，习近平总书记在网络安全和信息化工作座谈会上再次强调要“做好信息化和工业化深度融合这篇大文章”，在第 36 次中央政治局集体学习时强调要“以信息化培育新动能，用新动能推动新发展”。随着实践的发展，我们党的认识也在与时俱进，同时也一以贯之地朝着既定方向不懈努力。党中央、国务院先后提出“中国制造 2025”，出台《关于积极推进“互联网+”行动的指导意见》《关于深化制造业与互联网融合发展的指导意见》《国家信息化发展战略纲要》等系列文件，两化融合内涵思路不断丰富和创新，覆盖国家、行业、地区的两化融合协同工作机制正在形成。

2016 年是我国两化融合取得重要进展的一年。两化深度融合进程加速，制造业与互联网融合发展成为新主线，大企业双创热潮涌现，智能制造进入务实推进期，制造业与互联网融合模式创新不断，共享工厂雏形初现，工业“新四基”成为产业布局的重点方向。2016 年 5 月，国务院印发了《关于深化制造业与互联网融合发展的指导意见》（以下简称《指导意见》），提出从体制机制、国企改革、税收金融、财政支持、人才培养、用地用房、国际合作 7 个方面强化对融合发展的政策引导及措施保障。各地方纷纷加快落实《指导意见》，浙江、上海、河北、重庆、广东、内蒙古、江西、海南、甘肃等省（自治区、直辖市）陆续印发了实施意见，苏州、武汉等地相继出台了实施方案及行动计划，根据自身的发展特点进一步细化《指导意见》的任务要求，不断深化制造业与互联网深度融合，特别是试点示范工作。政策部署及工作开展在更大程度上推动两化融合的实施和发展，驱动制造业技术、模式、产品和机制变革，促进两化融合加速步入纵深发展的新阶段。大企业双创步入全面发展、快速迭代、自我完善的阶段，不少大企业利用技术、资金等资源优势，集中力量搭建了一批开放创业创新平台，集聚企业内外部创新资源为自身发展所用。2016 年以来，随着重大领域专项工程实施推进，智能工厂建设深入推进，中德智能制造国际合作全面开启，智能制造发展步伐全面加快。机械、船舶、汽车、家电等离散型行业围绕制造单元、加工中心、生产线和车间智能化改造，推动数据集成、全面感知、设备互联、智能管控，促进生产过程柔性化、精准化、敏捷化。两化融合管理体系不断健全，2016 年新增 600 家两化融合管理体系国家级贯标试点企业，新增 372 家企业通过两化融合管理体系评定。制定了两化融合管理体系国家标准，完善了两化融合管理体系工作机制与顶层设计。伴随制造业与互联网融合发展的大力推进，涌现出诸如个性化定制、网络化协同制造、服务型制造等新业态，以及以协同与交易生产装备、制造能力、双创资源及系统解决方案为主要内容的共享工厂新模式。面向工业大数据的分析平台，正成为构建面向智能产品的行业级制造生态，以及面向协同制造的跨行业、综合性制造生态的核心，一些大型制造企业纷纷加快布局，抢占产业发展制高点。

2016 年，我国工业“新四基”建设稳步向前推进，工业软件发展步入快车道，自动控制与感知技术日趋成熟，工业云和智能服务平台逐渐成为构建面向智能产品的行业级制造生态，工业互联网应用进程持续加快，是面向协同制造的跨行业、综合性制造生态的核心支撑。

我国两化融合发展水平评估

一、综合分析

2016 年我国两化融合发展总指数为 75.75，与 2015 年相比增长了 3.07，其中，基础环境指数为85.44，同比增长了10.06，工业应用指数为66.8，同比增长了 0.76，应用效益指数为 83.97，同比增长了 0.72。从表 1 和图 1 可以看出，2011—2016 年我国两化融合总指数及各项分指数每年均有不同幅度增长。

表 1　2011—2016 年两化融合各类指数发展比较

	基础环境指数	工业应用指数	应用效益指数	总指数
2011 年	52.93	50.26	57.47	52.73
增长量	5.43	5.87	8.18	6.34
2012 年	58.36	56.13	65.65	59.07
增长量	6.51	1.21	2.62	2.88
2013 年	64.87	57.34	68.27	61.95
增长量	6.84	2.36	5.16	4.19
2015 年	71.71	59.7	73.43	66.14
增长量	3.67	6.34	9.82	6.54
2016 年	75.38	66.04	83.25	72.68
增长量	10.06	0.76	0.72	3.07
2016 年	85.44	66.8	83.97	75.75

数据来源：中国电子信息产业发展研究院

从各省份的数据来看，2016 年多数省份两化融合发展总指数有不同程度的提升，其中，云南、青海、安徽、贵州、广东发展总指数增长最快（见图 2），陕西、内蒙古、北京、江苏、福建、吉林、浙江、广西、河北、宁夏发展总指数增速也超过全国平均水平。

在基础环境方面，陕西、江西、西藏、云南、山东增长最快（见图 3）。

在工业应用方面，青海、云南、内蒙古、北京、贵州增长最快（见图 4）。

在应用效益方面，重庆、安徽、贵州、浙江、福建增长最快（见图 5）。

可以看出，2016 年我国区域两化融合发展呈现以下特点。

一是我国两化融合水平稳步提升。我国两化融合顶层设计逐步加强，《信息化和工业化融合发展规划（2016—2020 年）》印发，大企业双创热潮涌现，智能制造务实推进，制造业与互联网融合模式创新不断，发展成效不断显现，为制造强国建设奠定了坚实基础。2016 年，我国两化融合发展总指数是 75.75，同比增长 4.22%，相比 2011 年的 52.73 增长了 23.02，年均复合增长率为 7.51%。

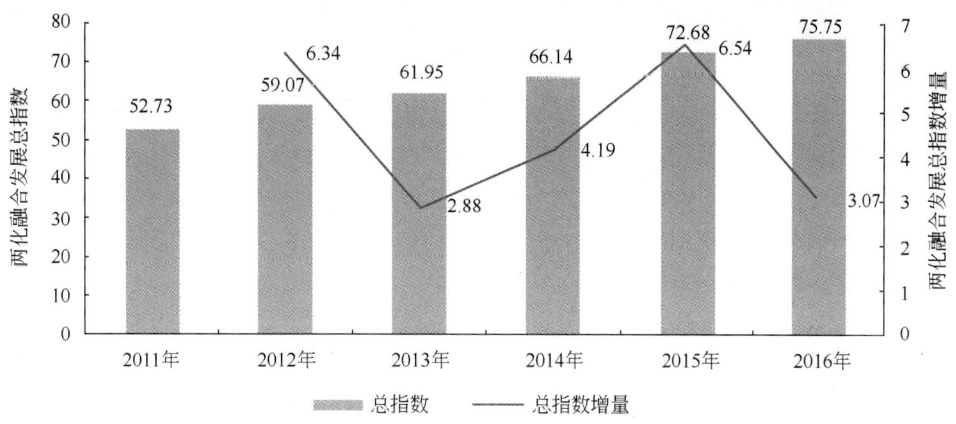

图 1　2011—2016 年两化融合发展总指数及增量

数据来源：中国电子信息产业发展研究院

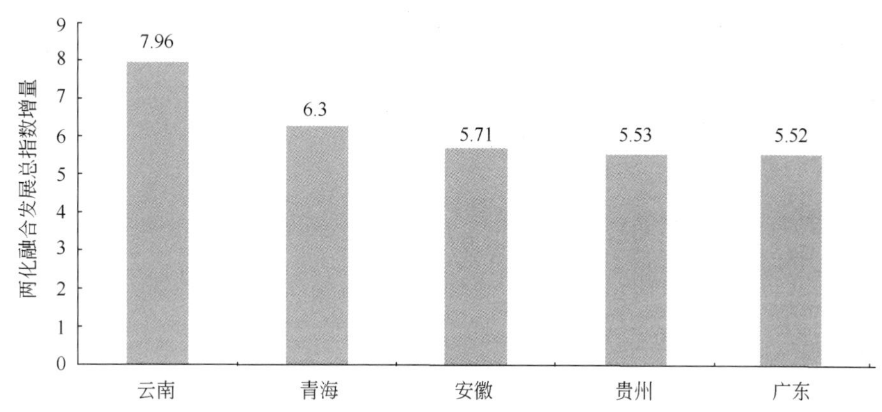

图 2　2016 年两化融合发展总指数增长前五名

数据来源：中国电子信息产业发展研究院

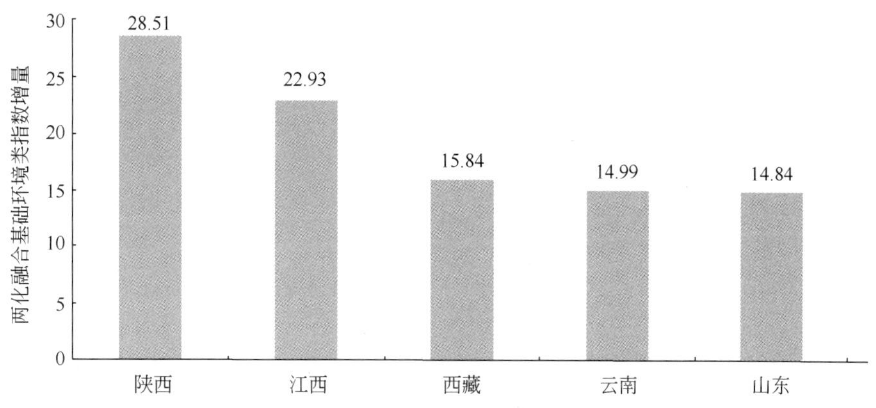

图 3　2016 年两化融合基础环境类指数增长前五名

数据来源：中国电子信息产业发展研究院

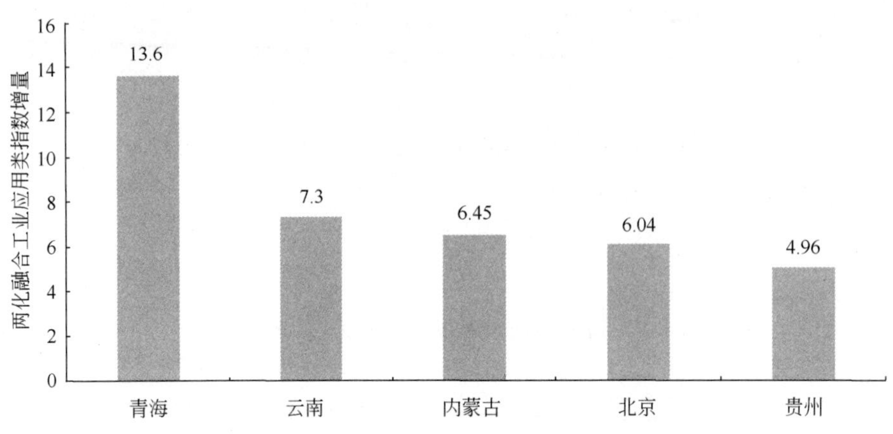

图 4　2016 年两化融合工业应用类指数增长前五名

数据来源：中国电子信息产业发展研究院

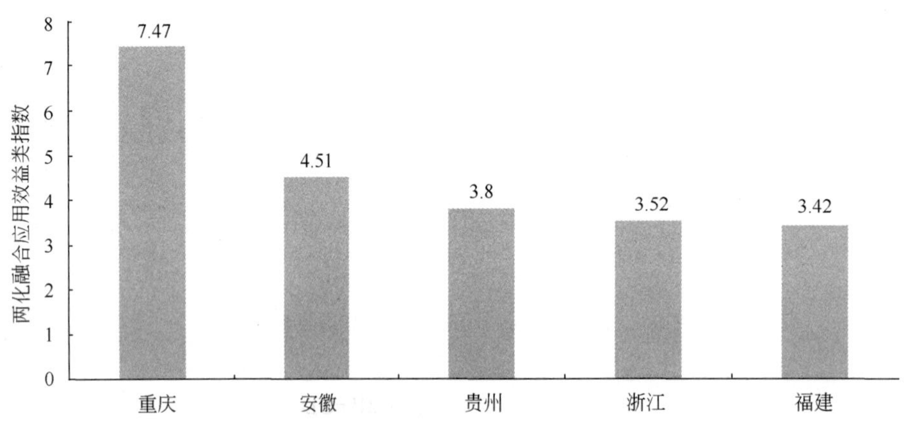

图 5　2016 年两化融合应用效益类指数增长前五名

数据来源：中国电子信息产业发展研究院

二是宽带基础设施建设成效明显。2016 年固定宽带端口平均速率指数、城（省）域网出口带宽和固定宽带普及率指数分别是 99.65、90.18 和 124.36，相比 2015 年均有大幅增长，这主要是因为我国加快实施“宽带中国”专项行动，持续推进全光网城市建设，狠抓网络提速降费。截至 2016 年年底，8MB 以上、20MB 以上宽带用户总数占宽带用户总数的比重分别达 91.0%、77.8%，比 2015 年分别大幅提升了 21.3 个百分点、46.6 个百分点。

三是区域间两化融合发展水平差距仍然较大。2016 年我国东部两化融合平均指数是 89.17，中部是 75.36，西部是 63.72，东中部、中西部、东西部两化融合平均指数差值分别扩大为 13.81、11.64 和 25.45，可以看出，我国东中部两化融合发展水平差距继续扩大，西部省份两化融合发展水平普遍落后于东部省份两化融合的发展水平。

北京市两化融合发展水平分析

【总体情况】

（一）经济概况

2016 年，北京市全年实现地区生产总值 24899.3 亿元，比 2015 年增长 6.7%。其中，第一产业增加值 129.6 亿元，同比下降 8.8%；第二产业增加值 4774.4 亿元，同比增长 5.6%；第三产业增加值 19995.3 亿元，同比增长 7.1%。三次产业结构由上年的0.6∶19.7∶79.7 调整为0.5∶19.2∶80.3。全年实现工业增加值 3884.9 亿元，比 2015 年增长 5.0%。其中，规模以上工业增加值同比增长 5.1%。高技术制造业、现代制造业、战略性新兴产业增加值分别同比增长 3.4%、11.9%、3.8%。产业高端化升级加快推进，文化创意产业、高技术产业、信息产业实现增加值 3570.5 亿元、5646.7 亿元、3797.6 亿元，分别比 2015 年增长 12.3%、9.1%、10.1%，占地区生产总值的比重分别比 2015 年提高 0.5 个百分点、0.2 个百分点、0.3 个百分点。全市完成一般公共预算收入 5081.3 亿元，比 2015 年增长 7.5%。

（二）两化融合主要进展

2016 年，北京市围绕“创新驱动、协调拓展、提升效能”的总基调，把握智能制造、“互联网+”等带来的新机遇，不断优化产业结构，促进产业规模与质量“双提升”，厚植新兴领域发展优势，推动重大应用落地，培育跨行业融合发展新热点，拓展跨区域联动发展新空间，实现高端、高效、高辐射的发展格局，对构建高精尖经济结构起到重要支撑作用。

1．部署完成“十三五”信息化战略布局

在政策层面，印发了《北京市云计算和大数据行动计划》《北京市“十三五”时期信息化发展规划》，对未来 4 年的工作进行了全局部署和安排。在平台支撑体系层面，以“互联网+政务服务”为牵引，完成了市级层面信息化共性平台支撑体系设计，提出了“2+N”架构，明确了“统一门户”“统一支撑平台”的总体布局，为下一步信息化、集约化、科学化发展明确了目标、思路和方向。

2．推动重大项目落地，引领产业发展

云计算、大数据、企业互联网、安全自主可控、北斗导航等新兴领域示范项目加速落地，并取得新的突破。一批重大云应用落地，建设乐视广电全媒体云平台，覆盖全球 350 个节点，新一代 P2P+CDN 和 Letv UI 支撑系统上线并在多屏终端运营；搭建包括弹性云计算、分布式海量存储、视频多媒体处理等的金山公有云服务平台，已具备对外提供 40000 个云主机服务的能力，服务规模化企业 2300 家；有序推进北京国际大数据交易中心建设，正在加快推进北京市金融局的前置审批，力争 2016 年年底左右完成企业注册；用友企业互联网运营平台取得积极进展，已与 400 多家创新创业企业开展合作。推进北京可信开放高端计算系统产业化（TOP）项目建设，TOP 新云服务器 2016 年 1—11 月累计销售 1.8 亿元，已获得软件著作权 22 项，13 项专利已经受理，其中包含 11 项发明专利，完成数据库产品 1.6 版本、数据库迁移工具 1.0 版本的研发。中国网安信息产业示范基地重点突破可信增强技术，研制的国产自主高安全专用终端采用安全与系统全面融合的一体化设计方案，填补了国内空白。积极推动北斗区域示范项目建设，应用北斗终端 9.4 万台/套，成为全国北斗应用最广泛、终端推广量最大的城市之一；北斗导航与位置服务产业公共平台完成公共运营中心及创新创业服务中心建设，运营平台实现千万级用户规模，并发处理能力达 100 万/次。积极推进高精尖项目落地，57 家企业申报高精尖重点支撑项目，已立项 5 个，联想基于超融合技术的国产云一体机、暴风基于虚拟现实技术的智能移动终端及支撑平台的开发和产业化、用友大型企业互联网开放平台（iUAP）研发及推广共 3 个项目已获得拨款。

3．加大京津冀联动，增强产业协同

北京市对津冀辐射带动作用持续增强。2016 年 1—11 月，仅软件和信息服务业企业对津、冀共投资 129 次，同比增长 48.3%；投资金额 24.0 亿元，同比增长 61.0%。三地不断加强合作，在云计算、大数据、北斗导航等领域取得成果。一是联合张家口市张北县共建数据中心产业基地，建设“中国数坝”，总投资 200 亿元的阿里巴巴集团张北数据中心 1 号园区、2 号园区两个项目正式投入运营。二是京津冀大数据综合试验区建设正式启动，三地共同设立大数据产业投资基金、共建大数据协同处理中心和应用感知体验中心。三是积极推动京津冀北斗一体化协同发展，组织三地企业联合签署《京津冀北斗导航位置服务合作协议》，编制《京津冀北斗协同发展一体化实施方案》，打造京津冀北斗导航位置服务运营平台。

4．构建高精尖体系，凝聚产业力量

成立北京制造业创新发展领导小组，筹建《“中国制造 2025”北京行动纲要》战略咨询委员会，建立落实《“中国制造 2025”北京行动纲要》，培育高精尖产业的工作机制。印发《北京绿色制造实施方案》，提升产业绿色发展水平。印发《北京市工业和科研用地项目供地联审工作规则》，建立健全工业和科研用地项目供地审核机制，推进高精尖产业项目落地。积极推动高精尖基金投资和新设工作。北京可信开放高端计算系统产业发展基金（TOP 基金）完成蓝色星际、华云网际和元年科技项目投资，共出资 7000 万元；国科嘉和基金完成对国科恒泰（北京）医疗科技有限公司投资，金额为 5275.321 万元。新设立包括易华录在内的 2 支云计算与大数据领域并购基金。

【两化融合发展水平分析】

（一）综合分析

2016 年，北京市两化融合发展总指数为 96.76，比 2015 年提高了 5.16 个点，三项指数均稳步提升。其中，基础环境指数为 103.95，比 2015 年提高了 6.94 个点；工业应用指数为 80.72，比 2015 年提高了 6.04 个点；应用效益指数为 121.64，比 2015 年提高了 1.62 个点（见表 1 和图 1）。

表 1　2015—2015 年北京市两化融合指数情况

指　　标	2015 年指数	2016 年指数	变化情况
基础环境	97.01	103.95	↑6.94
工业应用	74.68	80.72	↑6.04
应用效益	120.02	121.64	↑1.62
总指数	91.6	96.76	↑5.16

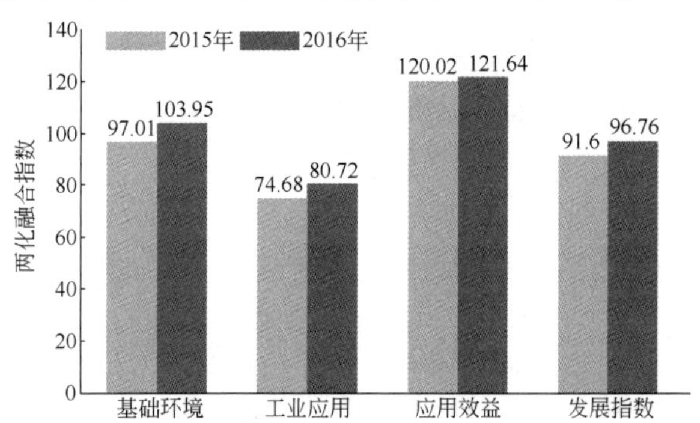

图 1　2015—2016 年北京市两化融合指数情况

数据来源：中国电子信息产业发展研究院

（二）具体分析

1．基础环境指数

2016 年，北京市城（省）域网出口带宽指数值为 113.31，比 2015 年提高了 35.91 个点；固定宽带普及率指数为 95.37，比 2015 年提高了 0.03 个点；固定宽带端口平均速率有了较大提升，指数达到 130.36，比 2015 年提高了 32.67 个点；移动电话普及率指数为 98.7，比 2015 年下降了 1.27 个点。在互联网应用普及方面，北京市互联网普及率指数为 86.06，比 2015 年提高了 0.79 个点。在两化融合政策环境建设方面，北京市继续设立两化融合专项引导资金，在改善环境指数方面起到了重要作用。中小企业信息化服务平台数量指数与 2015 年持平；重点行业典型企业信息化专项规划情况指数为 80.4，比 2015 年提高了 2.92 个点。

2．工业应用指数

2016 年，北京市工业企业各项信息技术应用水平均有不同程度的提升，工业应用指数达到 80.72，比 2015 年提高了 6.04 个点。其中，重点行业典型企业 ERP 普及率指数为 68.8，比 2015 年提高了 2.31 个点；重点行业典型企业 MES 普及率指数为 100.94，比 2015 年提高了 4.61 个点；重点行业典型企业 PLM 普及率指数为 81.15，比 2015 年提高了 2.22 个点；重点行业典型企业 SCM 普及率指数为 68.18，比 2015 年提高了 2.02 个点；重点行业典型企业采购环节电子商务应用普及率指数为 95.97，比 2015 年提高了 13.47 个点；重点行业典型企业销售环节电子商务应用普及率指数为 102.97，比 2015 年得分下降了 3.23 个点；重点行业典型企业装备数控化率指数为 69.15，比 2015 年提高了 0.39 个点。相比较而言，国家新型工业化产业示范基地两化融合进展有了大幅提升，发展水平指数为 63.42，比 2015 年提高了 24.42 个点。

3．应用效益指数

2016年，北京市两化融合应用效益有所提升，应用效益指数为 121.64，比 2015 年提高了 1.62 个点。在地区工业生产效益和水平方面，北京市工业增加值占 GDP 比重指数为 22.75，比 2015 年下降了 2.24 个点；第二产业全员劳动生产率指数为 100.42，比 2015 年提高了 1.5 个点，上升幅度较大；工业成本费用利润率指数为 52.33，比 2015 年提高了 4.28 个点；单位工业增加值工业专利量指数为 171.72，比 2015 年增加了约 0.93 个点。在工业节能减排水平方面有了较快提升，单位地区生产总值电耗指数为 127.19，比 2015 年大幅提升了 3.53 个点。在信息产业发展水平方面，电子信息制造业主营业务收入指数为 150.61，比 2015 年降低了 4.62 个点；软件业务收入在 2016 年提升较快，指数为 272.91，比 2015 年提高了 8.64 个点。

【优劣势评价】

总体来看，北京市两化融合发展水平始终保持在全国前列，大型企业信息化水平较高，依托现代信息技术的平台经济，现代服务业发展较快，在推进工业与互联网融合创新发展、引导工业企业转型升级方面发挥了积极作用。具体来说，北京市在两化融合上的优势如下。

一是重大项目落地引领产业发展，产业转型效能明显。推动乐视广电全媒体云平台、金山公有云服务平台、北京国际大数据交易中心、用友企业互联网运营平台等一批重大云应用落地；推进北京可信开放高端计算系统产业化（TOP）项目建设，研制的国产自主高安全专用终端采用安全与系统全面融合的一体化设计方案；促进中国网安信息产业示范基地重点突破可信增强技术，填补了国内空白；推动北斗区域示范项目建设，成为全国北斗应用最广泛、终端推广量最大的城市之一；推进高精尖项目落地，完成立项 5 项，联想、暴风、用友 3 个项目已获得拨款。实现云计算、大数据、企业互联网、安全自主可控、北斗导航等新兴领域示范项目的加速落地和重大突破。工业增加值占 GDP 比重连续两年下降，电子信息制造业主营业务比 2015 年下降 4.62 个点，而软件业务收入比 2015 年提高了 8.64 个点，产业转型效能明显。

二是加大京津冀联动，增强产业协同。北京市对津冀辐射带动作用持续增强，仅软件和信息服务业企业对津、冀投资金额 24.0 亿元，同比增长 61.0%。三地不断加强合作，在云计算、大数据、北斗导航等领域取得成果。第一，联合张家口市张北县共建数据中心产业基地，建设“中国数坝”，总投资 200 亿元的阿里巴巴集团张北数据中心 1 号园区、2 号园区两个项目正式投入运营。第二，启动京津冀大数据综合试验区，三地共同设立大数据产业投资基金、共建大数据协同处理中心和应用感知体验中心。第三，积极推动京津冀北斗一体化协同发展，三地企业联合签署《京津冀北斗导航位置服务合作协议》，编制《京津冀北斗协同发展一体化实施方案》，打造京津冀北斗导航位置服务运营平台。

三是构建高精尖体系，凝聚产业力量。设立北京制造业创新发展领导小组，筹建《“中国制造 2025”北京行动纲要》战略咨询委员会，建立落实《“中国制造 2025”北京行动纲要》，培育高精尖产业的工作机制。推动高精尖基金投资和新设工作，基金项目投资额度达1.23亿元，新设立2支云计算与大数据领域并购基金。

北京市两化融合发展总体情况较好，但同时也存在一些劣势。

一是部分领域发展出现波动。传统电信业务饱和，整体增长乏力；软件和信息技术服务企业多数仍处于转型升级阶段，企业经营压力大；互联网市场已基本形成稳定、理性的格局，行业龙头企业进一步完善生态布局，但新兴业务商业模式尚须进一步探索。2016年，对移动游戏、搜索、网约车、直播等领域的政策调控将逐步显现，将带来发展的不确定性。

二是行业监管面临新挑战。产业新业态不断涌现，如O2O网络订餐、分享经济专车出行等，涉及多个业态渗透发展，产业的边界逐渐模糊，产业管理服务和运行监测的手段在新常态下亟须调整跟进。

三是企业上市慢、融资难的问题须持续改进。企业在新三板上市比较活跃，但在主板、创业板等上市排队时间较长，创业投资的回报预期下降，部分企业在A轮、B轮融资后，难以找到后续融资。

四是新兴模式、技术亟须应用落地。分享经济、智能硬件、“互联网+”等新兴商业模式处于探索阶段；云计算、大数据、人工智能、VR/AR等新技术市场化应用较低，并未完全落地。

五是企业海外发展成本高，仍处于迈步阶段。海外市场具有高投入、高风险的特点，企业“走出去”普遍面临熟悉当地语言、文化、商业环境等问题，企业间的协同发展效应不够。

【相关建议】

对北京市两化融合提出以下建议。

一是为保障产业持续创新发展，解决中小企业的融资难题，尤其是针对性的知识产权质押融资困境，建议打造软件产业知识产权品牌银行及产业担保公司，组建软件产业知识产权运营基金、债权基金。

二是加强创建全国科技创新中心，发挥软件产业的支撑作用。软件产业具有效益高、学历高、薪酬高等特点，符合北京市人才队伍建设的方向，适合在京鼓励发展。建议在人才政策上给予优先重点倾斜，助力产业留住中高端人才，帮助企业降低经营成本。

三是进一步完善各类行业资质管理。例如，信息安全领域资质认定成本偏高，资质管理费用较大，且部分存在重复性检测；系统集成资质、运维资质等存在一定程度的重复认定问题；互联网行业许可/备案类数量较多，申请流程偏长，对企业创新不利。建议在中关村试点解决行业资质管理问题。

四是大规模公有云是云计算、大数据的基础设施，是互联网企业、软件企业转型发展的基础，目前公有云总体规模小、使用费用高。建议国家加大对大型公有云的支持，给予中长期贷款，降低企业使用成本。

天津市两化融合发展水平分析

【总体情况】

（一）经济概况

2016年，天津市全年实现地区生产总值17885.39亿元，比2015年增长9.0%。其中，第一产业增加值220.22亿元，同比增长3.0%；第二产业增加值8003.87亿元，同比增长8.0%；第三产业增加值9661.30亿元，同比增长10.0%。三次产业结构为1.2∶44.8∶54.0。全年工业增加值7238.70亿元，同比增长8.3%，其中，规模以上工业增加值增长8.4%，规模以上工业总产值29443.00亿元，同比增长5.7%。全年装备制造业增加值占规模以上工业的

36.1%，拉动全市工业增长 3.7 个百分点，比 2015 年提高 1.6 个百分点，其中汽车制造、航空航天、电气机械、专用设备等行业分别增长 11.9%、14.9%、22.3%、12.2%。消费品制造业增加值占全市工业的 20.8%，比 2015 年提高 1.6 个百分点。优势产业增加值占全市工业的 91.0%，其中，航空航天、新材料及生物医药等新兴产业合计增加值占全市工业的 16.5%，拉动全市工业增长 2.1 个百分点，比 2015 年提高 0.9 个百分点。

（二）两化融合主要进展

2016 年，天津市继续以扩大软件产业规模为重心，全力推动软件产业发展，以加快信息化与工业化深度融合为抓手，引导企业探索物联网、云计算、大数据等新一代信息技术在制造业重点领域和关键环节的深度应用，提升企业信息化条件下的创新研发、协同制造、经营管理能力，培育新产品、新模式、新业态，激发制造业转型升级新动能。

1. 完善政策支撑环境

天津市发布了《天津市加快推进制造业与互联网融合发展实施方案》《关于进一步推进工业化和信息化深度融合创新工作的通知》，通过搭建发展平台、推进融合创新、实施试点示范等手段，着力构建制造业互联网双创新体系，引导企业培育和发展互联网制造新模式，强化融合发展基础和支撑，使制造业与互联网融合发展的新产品、新模式、新业态成为经济增长新动力。

2. 加强财政资金的支持力度

天津市利用工业发展资金、信息化专项资金对天津光电集团等 31 家两化融合管理体系贯标企业，以及动力电池售后服务工业云等 6 家工业云、工业大数据及公共服务平台建设等试点示范项目给予支持引导，同时滨海新区、津南区等也加强了对两化融合类项目的支持。将两化融合纳入万企转型升级子路径，2015—2016 年共有 187 家企业完成转型升级工作。

3. 推动评估对标和两化融合管理体系建设

累计引导近 500 余家重点企业开展两化融合自评估、自诊断、自对标，帮助企业找准自身信息化发展重点和方向。2016 年首次选择市级试点单位 20 家，14 家单位列入国家级两化融合试点企业，累计国家两化融合管理体系贯标试点单位达到 40 家；新增两化融合咨询服务机构 7 家，天津市咨询服务机构累计达到 9 家。

4. 提升关键领域两化融合发展水平

在集团管控、设计与制造集成、管控衔接、产供销一体、业务和财务衔接等领域，开展关键环节集成应用。重点企业通过信息技术的深入应用，数字化研发设计工具普及率达 63.7%，关键工序数控化率达 49.2%，智能制造就绪率达 11.8%，大型装备制造企业基本实现内部协同设计制造。

5. 以试点示范加快制造业与互联网融合

（天津）海尔洗衣机互联工厂和天津中德应用技术大学入选中德智能制造合作 2016 年试点示范项目。天津滨海工业云公共服务平台及应用推广项目获工业转型升级资金支持。在智能制造、网络化协同制造、个性化定制和服务型制造等方向选择一批试点示范企业（项目），带动行业和区域工业数字化、网络化、智能化发展。

6. 加快工业电子商务和物流信息化发展

积极推动工业电子商务和物流信息化集成创新，协同完成跨境电子商务综合试验区建设、现代物流发展“十三五”规划、加快推动快递业和服务制造业发展实施意见等的制定及国家电子商务示范城市评估等工作，积极开展国家工业电子商务区域试点建设。

7. 积极营造两化融合发展氛围

面向东丽、宝坻、蓟县、滨海新区等区域的 200 余家工业企业集中宣贯两化融合相关政策、重点方向和行业解决方案。组织征集一批产业互联网及大数据优秀产品、服务和应用解决方案，并从中遴选一批具有行业代表性和技术先进性的案例。

【两化融合发展水平分析】

（一）综合分析

2016 年，天津市两化融合发展总指数为 82.62，比 2015 年提高了 1.01 个点，三项指数相比 2015 年有少量提升。其中，基础环境指数为 81.94，比 2015 年提高了 2.58 个点；工业应用指数为 70.49，比 2015 年提高了 0.4 个点；应用效益指数为 107.57，比 2015 年提高了 0.68 个点（见表 1 和图 1）。

表 1　2015—2016 年天津市两化融合指数情况

指　标	2015 年指数	2016 年指数	变化情况
基础环境	79.36	81.94	↑2.58
工业应用	70.09	70.49	↑0.4
应用效益	106.89	107.57	↑0.68
总指数	81.61	82.62	↑1.01

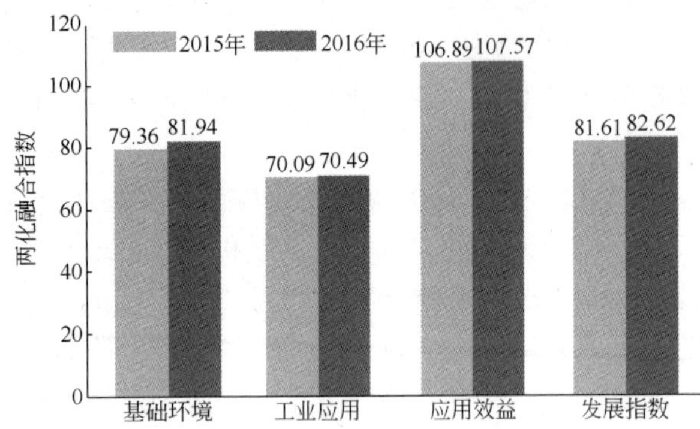

图 1　2015—2016 年天津市两化融合指数情况

数据来源：中国电子信息产业发展研究院

（二）具体分析

1．基础环境指数

2016 年，天津市两化融合基础环境建设取得进一步进展，基础环境指数由 2015 年的 79.36 提升至 81.94。在信息基础设施建设方面，天津市城（省）域网出口带宽指数值为 91.6，比 2015 年大幅提高了 35.99 个点；固定宽带普及率指数为 86.48，比 2015 年提高了 13.51 个点；固定宽带端口平均速率指数为 127.58，比 2015 年大幅提高了 33.55 个点；移动电话普及率指数为 64.39，比 2015 年提高了 0.41 个点。在互联网应用普及方面，2016 年天津市互联网普及率略有上升，指数达到 76.6，比 2015 年提高了 1.21 个点。在两化融合政策环境建设方面，由于 2016 年天津市两化融合专项引导资金尚未落实，指数大幅减小 100 个点；中小企业信息化服务平台数量指数为 112.4，比 2015 年提高了 8.03 个点；重点行业典型企业信息化专项规划指数为 66.48，比 2015 年提高了 3.23 个点。

2．工业应用指数

2016 年，天津市工业应用指数为 70.49，比 2015 年提高了 0.4 个点，略高于全国平均水平，信息化在工业生产中的应用日益深化。具体来看，2016 年天津市重点行业典型企业 ERP 普及率指数为 66.78，比 2015 年提高了 6.11 个点；重点行业典型企业 MES 普及率指数为 67.79，比 2015 年提高了 1.74 个点；重点行业典型企业 PLM 普及率指数为 60.28，比 2015 年提高了 12.2 个点；重点行业典型企业 SCM 的普及率指数为 67.89，比 2015 年提高了 7.5 个点；重点行业典型企业采购和销售环节电子商务应用普及率指数分别为 90.7 和 109.87，分别比 2015 年提高了 11.35 个点和 28.04 个点，是各分项指标中发展较快的两项；重点行业典型企业装备数控化率指数为 52.23，比 2015 年提高了 1.14 个点。国家新型工业化产业示范基地两化融合发展取得显著进展，发展水平指数为 54.13，比 2015 年大幅下降了 50 多个点。

3．应用效益指数

2016 年，天津市两化融合应用效益指数为 107.57，比 2015 年增长 0.68 个点，两化融合推动第二产业全员劳动生产率显著提升。在地区工业生产效益和水平方面，2016 年天津市工业增加值占 GDP 比重指数为 48.95，比 2015 年减小了 2.3 个点；第二产业全员劳动生产率指数为 130.42，比 2015 年提高近 1.7 个点；工业成本费用利润率指数为 51.35，比 2015 年增加 1.48 个点；单位工业增加值工业专利量指数为 121.03，比 2015 年增加 0.36 个点。在工业节能减排水平方面，单位地区生产总值电耗指数为 117.97，比 2015 年提高了 2.46 个点，增幅最大。在信息产业发展水平方面，电子信息制造业主营业务收入指数为 151.07，比 2015 年降低了 5.18 个点；软件业务收入指数为 158.38，比 2015 年提高了 6.73 个点。

【优劣势评价】

天津市两化融合发展水平提升领先于全国其他地区，发展中存在突出优势。

一是工业应用取得较大进展。天津市工业应用指数提升较快，各类工业应用指数都得到大幅度提升。信息技术在工业各领域的广泛应用、渗透与融合，有效带动了企业生产管理模式的革新，极大提升了企业技术创新和发展能力。工业企业生产经营管理发生了明显的甚至根本性的变化，企业的经济社会效益、整体素质，特别是适应市场环境变化的反应能力有了大幅度提升，形成了新的竞争力。

二是新兴产业发展模式值得其他地区借鉴。天津市聚焦软件产业发展，打造成为国产软件聚集地，形成数据库、操作系统、中间件、硬件的全产业链条。目前，天津市在国产高性能服务器、微处理器（CPU）、操作系统、数据库、电子公文系统等领域均取得了较大进展，形成了以曙光服务器、天河超级计算机、飞腾 CPU、麒麟操作系统、神舟通用和南大通用数据库、神舟软件、东华合创和书生电子公文系统、奇虎 360 安全软件等为代表的完整产业链。

三是积极推进京津冀协同发展。开展京津冀大数据综合试验区建设工作，会同北京、河北编制了《京津冀大数据综合试验区建设方案》，并获得国家发改委等三部委正式批复。两化融合应用效益方面，工业成本费用利润率跃居全国第 2 位，工业增加值占 GDP 比重、电子信息制造业主营业务收入指数均呈下降态势，软件业务收入大幅增加，推进京津冀产业协同发展。

同时，天津市两化融合发展也存在一些 劣势。

一是信息技术应用水平不高，尤其是要加强对云计算、物联网等新一代信息技术的产业布局。

二是缺乏两化融合专项引导资金。天津市在发改委、科技、工信系统和部分区（县）等设立了相关财政引导资金，但是总量与企业需求相比存在较大差距，并且不能形成合力，存在重复支持、重复建设现象。企业内部信息化建设资金得不到保障，社会化投融资渠道尚未建立。

三是复合型专业人才短缺。企业普遍缺少既懂 IT 又懂内部管理的复合型人才，人才的培训和储备不够，大部分企业没有建立首席信息官（CIO）制度，部分企业甚至没有设立专门的信息化管理部门。

【相关建议】

对天津市两化融合提出以下建议。

一是加大资金引导和试点示范支持力度。充分利用电子信息产业发展基金、“核高基”重大专项、工业转型升级资金等专项资金，加大信息服务业、安全可控软硬件、制造业与互联网融合试点示范项目和企业的支持力度。

二是推进“互联网+制造业”协同发展。加快推进制造业与互联网融合发展。加强全市协同，推进制造业双创平台建设。推广工业数字化、自动化、智能化生产和经营管理模式创新。推动制造业与互联网跨界融合，开展典型案例的征集和推广，筛选一批试点示范企业。推进天津市工业云和工业大数据发展，支持一批行业云平台、工业大数据平台试点项目建设，力争年内在重点领域有所突破。

三是建立协同推进工作机制。推动落实《天津市加快推进制造业与互联网融合发展实施方案》各项任务，将两化融合纳入新一轮企业转型升级工作重点方向，着力打造一批智能工厂和数字车间。

河北省两化融合发展水平分析

【总体情况】

（一）经济概况

2016 年，河北省地区生产总值实现 31827.9 亿元，比 2015 年增长 6.8%。其中，第一产业增加值 3492.8 亿元，同比增长 3.5%；第二产业增加值 15058.5 亿元，同比增长 4.9%；第三产业增加值 13276.6 亿元，同比增长 9.9%。第一产业增加值占全省生产总值的比重为 11.0%，第二产业增加值所占比重为 47.3%，第三产业增加值所占比重为41.7%，比2015年提高1.5个百分点。全部工业增加值为13194.4亿元，比2015年增长4.6%；规模以上工业增加值为11663.8亿元，增长4.8%。其中，装备制造业增加值比2015年增长10.2%，钢铁工业增加值同比下降0.2%，石化工业增加值同比增长4.9%，医药工业增加值同比增长5.4%，建材工业增加值同比增长3.2%，食品工业增加值同比增长3.2%，纺织服装业增加值同比增长6.3%。高新技术产业增加值同比增长13.0%。特别是，新能源、新材料、高端技术装备制造3个领域增加值分别增长27.5%、12.8%、12.7%。全部财政收入为4373.4亿元，比2015年增长8.0%。其中，地方一般公共预算收入为2850.8亿元，同比增长7.6%。

（二）两化融合主要进展

1. 加强两化融合顶层设计，推动国家政策在河北落地

编制印发了《河北省两化融合“十三五”规划》，提出了九项任务和九大工程，突出体现以两化融合为主线的河北制造强省实施路径，着力推进制造业与互联网融合发展。发布《加快制造业与互联网融合发展的实施意见》，坚持把制造业、“互联网+”和双创紧密结合起来，着力发展基于互联网的双创支撑新体系、制造新模式、服务新业态、融合“新四基”，通过创新驱动、融合发展，打造制造业新动能、新优势。

2. 加强宣传推广，开展培训交流

开展“互联网+”制造业市县行活动。举办13场“河北省‘互联网+’制造业市县行活动暨‘大智移云’发展趋势报告会”。邀请工业和信息化部信软司领导、文件起草组专家对国务院《关于深化制造业与互联网融合发展的指导意见》进行解读，优势企业作为制造业互联网双创平台典型案例分享。河北省共计3800多人参加了活动。开展细分行业“互联网+”及两化融合解决方案推广培训。举办了石化、医药两个行业的推广培训会，聘请国家级专家作专题报告，邀请省内外两化融合标杆企业展开经验交流，组织国内优秀IT服务商分享“互联网+”及两化融合行业解决方案，约540余家企业参加培训。

3. 以试点示范为抓手，促进企业转型升级

启动了“互联网+”制造业试点示范工作，按照《2016年河北省“互联网+”制造业试点示范工作方案》《河北省“互联网+”制造业试点示范管理办法（试行）》，确定21个“互联网+”制造业试点项目、15个重点跟踪项目，在缩短研发周期、提高生产效率、降低人力成本、促进节能减排、提升产品质量、增强服务能力等方面取得了明显成效，对支撑企业转型升级发挥了重要作用。

4. 推进两化融合管理体系贯标和水平评估工作

召开了河北省两化融合管理体系宣贯推进会暨贯标经验交流会，32家企业被列为2016年两化融合管理体系贯标试点企业，国家贯标试点企业累计达到76家，11家企业已通过国家评定。

【两化融合发展水平分析】

（一）综合分析

2016年河北省两化融合发展总指数为79.07，比2015年提高3.95个点。其中，基础环境指数为96.91，比2015年提高了12.18个点，连续第三年得到较大改善；工业应用指数为71.1，比2015年提高了0.86个点；应用效益指数为73.17，比2015年提高了1.9个点，成为三项指数中增长最快的一项（见表1和图1）。

表1 2015—2016年河北省两化融合指数情况

指 标	2015年指数	2016年指数	变化情况
基础环境	84.73	96.91	↑12.18
工业应用	70.24	71.1	↑0.86
应用效益	71.27	73.17	↑1.9
总指数	74.12	78.07	↑3.95

数据来源：中国电子信息产业发展研究院

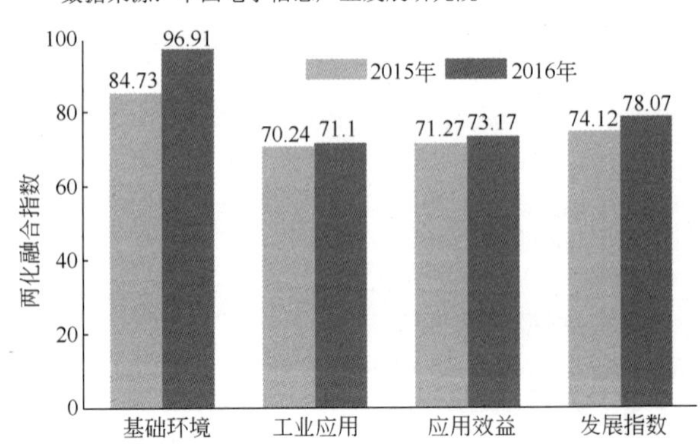

图1 2015—2016年河北省两化融合指数情况

数据来源：中国电子信息产业发展研究院

（二）具体分析

1．基础环境指数

2016年，河北省基础环境指数有了较大提升，由2015年的84.73提升至96.91。在信息基础设施建设方面，城（省）域网出口带宽指数值为142.08，比2015年大幅提高了46.19个点；固定宽带普及率指数为94.79，比2015年提高了18.61个点；固定宽带端口平均速率指数为125.97，比2015年大幅提升了44.15个点；移动电话普及率指数为61.34，比2015年提高了0.57个点。在互联网应用普及方面，河北省互联网普及率指数为66.57，比2015年提高了1.21个点。在两化融合政策环境建设方面，2016年河北省首次设立两化融合专项引导资金，对于引导各领域两化融合发展起到了至关重要的作用；中小企业信息化服务平台数量和重点行业典型企业信息化专项规划指数分别为150和78.66，与2015年持平。

2．工业应用指数

2016年，河北省两化融合工业应用水平略高于全国平均水平，较2015年总体上有小幅提升，除重点行业典型企业SCM普及率指数外，其余各项指数均有小幅提升。具体来讲，2016年河北省工业应用指数为71.1，比2015年的70.24提高了0.86个点。就每个分项指数来看，重点行业典型企业ERP普及率为68.8，比2015年提高了2.31个点；重点行业典型企业MES普及率指数为74.26，比2015年提高了2.39个点；重点行业典型企业PLM普及率指数为66.29，比2015年大幅提高了8.55个点；重点行业典型企业SCM普及率指数为63.29，比2015年提高0.54个点；重点行业典型企业采购环节电子商务应用指数为73.17，比2015年下降3个点；重点行业典型企业销售环节电子商务应用指数为92.31，比2015年大幅提升了11.61个点。河北省重点行业典型企业装备数控化率水平始终保持全国前列水平，重点行业典型企业装备数控化率为70.02，比2015年提高了0.24个点，远高于2016年全国的平均水平。河北省国家新型工业化产业示范基地两化融合发展水平指数为62.29，比2015年大幅下降了13.28个点。

3．应用效益指数

2016年，河北省两化融合应用效益指数为73.17，比2015年增加1.9个点，表明河北省连续两年通过推动两化融合有效改善了应用效益，但与全国平均发展水平的83.97相比仍有差距。从应用效益分项指数来看，工业增加值占GDP比重指数为49.07，比2015年降低了2.18个点；第二产业全员劳动生产率指数为133.85，比2015年下降1个点；工业成本费用利润率指数为36.5，比2015年下降了1.15个点；单位工业增加值工业专利量指数为66.01，比2015年提高了4.52个点，表明企业的创新意识和能力在持续提升。在工业节能减排水平方面，单位地区生产总值电耗指数为76.23，与2015年相比提高了2.59个点。在信息产业发展水平方面，电子信息制造业主营业务收入指数为87.85，比2015年提高了4.37个点；软件业务收入指数为49.07，比2015年下降了2.18个点。

【优劣势评价】

总体来看，河北省两化融合发展水平处于全国中游水平，与其他东部沿海省份之间存在一定差距，但河北省具备一些相对优势。

一是两化融合基础环境大幅提升。河北省高度重视以大数据、智能化、移动互联网、云计算为核心的网络信息技术产业发展，实施大数据示范、云上河北建设、电子政务整合、信息资源共享、数据开放五大工程，增强信息基础设施服务、网络信息技术产业创新发展、经济社会智能化、政府大数据治理和信息惠民五种能力，基础环境指数已高于全国平均指数。

二是高端产业发展稳步推进。电子信息产业、大数据云计算产业、物联网应用等产业稳步发展。电子信息产业项目建设取得新进展，在涞水电子科技城，年产40万片8英寸iMEMS集成研发制造、TLCM显示模组、第6代AMOLED生产线等项目总投资超过500亿元。长城汽车“智能网络汽车操作系统及软件开发项目”等3个项目获得工业强基资金5424万元支持。同光晶体投资10亿元的碳化硅单晶等5个项目获得国家开发银行8.07亿元专项建设基金支持。推进张北、廊坊、承德、秦皇岛、石家庄5个大数据产业基地建设，阿里巴巴、华为、润泽、浪潮、联通、富智康等一批知名企业入驻，20余万台服务器投入运营。推进物联网产业基地建设，着力打造石家庄、承德、秦皇岛、唐山、廊坊、保定六大物联网产业基地，培育发展康泰医学、河北汉佳、河北广联、汇中仪表、先河科技、河北华通、承德新龙、前景光电等一批优势企业。

三是推进京津冀产业协同发展。创建京津冀大数据综合试验区，获国家发改委、工业和信息化部、中央网信办批准，依托《京津冀大数据综合试验区建设方案》，发起成立了京津冀大数据协同发展投资基金、大数据协同处理中心和京津冀大数据综合试验区应用感知体验中心。河北省中小企业公共服务平台增加了150个，高于京、津两地，表明河北省服务于中小企业的公共服务平台建设成效显著，将极大地促进京津冀产业协同，快速形成产业集群。

目前河北省两化融合也存在比较突出的问题，主要表现如下。

一是电子信息产品结构亟待优化。主导产品主要是原辅材料、元器件等附加值较低的基础类产品，缺乏拉动作用明显的整机类产品，产业链条不完整，配套率较低。例如，平板显示产业缺少拉动力强的面板显示，通信产业缺少通信终端，集成电路产业缺少晶圆制造等。

二是创新能力弱。河北省电子信息产业多为中小型企业，省级以上研发机构覆盖率低；研发投入占比不到2%，远低于发达省份的3%；拥有自主知识产权和核心技术的优势企业少，市场竞争力较弱。

三是行业急需人才匮乏。缺乏一大批高端、复合型产业人才，特别是新型显示、通信与导航、集成电路人才，京津对河北省信息技术人才“虹吸效应”明显，引不进、留不住问题突出。

【相关建议】

对河北省两化融合提出以下建议。

一是围绕《关于加快制造业与互联网融合发展的实施意见》和《河北省信息化与工业化深度融合发展“十三五”规划》，继续深化信息技术在工业企业中的应用。重点在陶瓷、电机、医疗器械、企业信息化、钢材深加工等行业，开展行业云平台和区域云平台试点建设。

二是开展京津冀两化融合服务体系建设。加强与国家和京津相关联盟、企事业单位的对接，组织开展“互联网+”制造业百县行活动，面向10个重点园区或产业集群，提供精准对接、专题培训、现场观摩等服务。

三是推动“互联网+”协同制造，促进制造业互联网双创平台建设。围绕基于互联网的双创平台、个性化定制、网络化协同、服务型制造、集成化应用等方向，培育“互联网+”制造业试点示范项目和互联网双创平台，围绕线上、线下加强新兴产业双创示范基地，建设一批面向制造业信息化的企业重点实验室、工程技术研究中心、产业技术研究院等创新平台。

山西省两化融合发展水平分析

【总体情况】

（一）经济概况

2016年，山西省全年全省生产总值为12928.3亿元，比2015年增长4.5%。其中，第一产业增加值为784.6亿元，同比增长2.9%，占生产总值的比重为6.1%；第二产业增加值为4926.4亿元，同比增长1.5%，占生产总值的比重为38.1%；第三产业增加值为7217.4亿元，同比增长7.0%，占生产总值的比重为 55.8%。规模以上工业增加值同比增长 1.1%。其中，战略性新兴产业占比为12.6%，比 2015 年提高 1.2 个百分点。规模以上工业企业实现主营业务收入 13957.0 亿元，因此下降 3.7%。其中，医药工业、装备制造业、焦炭工业、食品工业和建材工业分别实现主营业务收入 177.1 亿元、1582.3 亿元、909.5 亿元、668.6 亿元和346.4亿元，分别增长2.6%、6.1%、15.7%、1.6%和 8.7%；煤炭工业、冶金工业、电力工业和化学工业分别实现主营业务收入 5381.0 亿元、2522.4 亿元、1417.9 亿元和 614.4 亿元，分别下降 6.9%、8.3%、4.7%和 12.6%。全年全省一般公共预算收入 1557.0 亿元，同比下降 5.2%。

（二）两化融合主要进展

1．编制信息产业及信息化发展规划

山西省发布出台了《山西省信息产业“十三五”发展规划》《山西省信息化“十三五”发展规划》《山西省信息化与工业化融合“十三五”发展规划》，研究制定了《山西省关于推进“互联网+工业”的实施意见》，制定出台了《山西省信息技术产业 2016 年行动计划》。

2．全面推进三网融合发展

山西省发布了《山西省推广三网融合工作方案》（晋政办发〔2016〕11 号），明确三网融合推广阶段的具体工作方案，确定大同、阳泉等市为推广阶段双向进入开展地区，完成国协办备案。

3．构建大数据发展体系

成立了山西省大数据发展领导小组，研究起草了《山西省大数据发展规划（2017—2020 年）》《山西省促进大数据发展应用 2017 年行动计划》《山西省促进大数据发展应用的若干政策》，将《山西省大数据发展应用促进办法》列入 2017 年山西省立法计划。

4．组织两化融合管理体系贯标

山西省共有 9 家企业通过贯标认定验收。召开2016 年度山西省两化融合管理体系贯标推进培训会，进一步增强企业对管理体系提升企业管理水平和核心竞争力方面的认识，帮助企业掌握贯标流程和要点。

【两化融合发展水平分析】

（一）综合分析

2016 年，山西省多数行业和企业背负较大的转型压力，两化融合进展有所放缓，工业应用水平呈现下降态势，导致两化融合发展总指数低于2015 年的 53.19，降为 51.92，降低 1.27 个点，与全国平均水平的差距进一步拉大。其中，基础环境指数为 69.32，比 2015 年大幅提高 5.28 个点；工业应用指数为 44.33，比 2015 年降低 3.11 个点；应用效益指数为 49.7，比 2015 年降低 4.13 个点（见表 1 和图 1）。

表 1　2015—2016 年山西省两化融合指数情况

指　标	2015 年指数	2016 年指数	变化情况
基础环境	64.04	69.32	↑5.28
工业应用	47.44	44.33	↓3.11
应用效益	53.83	49.7	↓4.13
总指数	53.19	51.92	↓1.27

数据来源：中国电子信息产业发展研究院

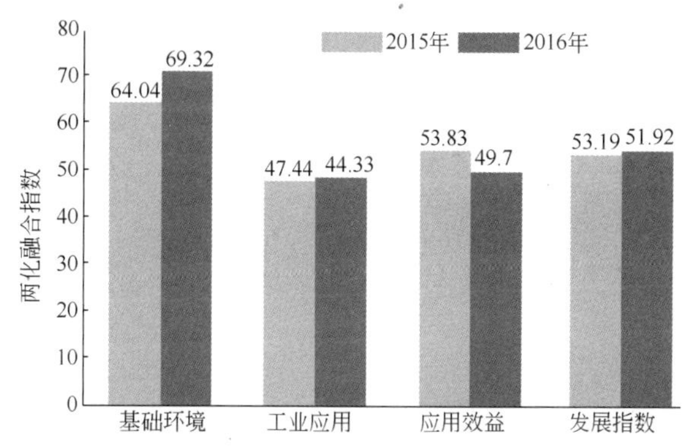

图 1　2015—2016 年山西省两化融合指数情况

数据来源：中国电子信息产业发展研究院

（二）具体分析

1．基础环境指数

2016 年，山西省两化融合基础环境水平小幅提升，由 2015 年的 64.04 提升至 70.7，宽带网络成为建设重点，城（省）域网出口带宽指数值为120.62，比 2015 年增长 53.24 个点；固定宽带普及率指数为 91.49，比 2015 年提高 12.24 个点；固定宽带端口平均速率指数为 127.04，比 2015 年大幅提高 62.59 个点；移动电话普及率指数为63.84，与 2015 年持平。在互联网应用普及方面，山西省互联网普及率指数为 69.69，比 2015 年提高 3.03 个点。在两化融合政策环境建设方面，山西省未设立了两化融合专项引导资金，指数减少 100 个点。中小企业信息化服务平台数量指数为 36.85，与 2015 年持平；重点行业典型企业信息化专项规划指数为 31.24，比 2015 年下降了 10.63 个点。

2．工业应用指数

2016 年，山西省工业应用指数降为 44.33，比 2015 年降低了 3.11 个点。具体来看，2016 年山西省重点行业典型企业 ERP 普及率指数为 45.41，比 2015 年降低了 2.8 个点；2016 年重点行业典型企业 MES 普及率指数为 47.58，比 2015 年降低了 11.83 个点；2016 年重点行业典型企业 PLM 普及率指数为 50.37，比 2015 年增加了 1.01 个点；2016 年重点行业典型企业 SCM 普及率指数为 43.52，比 2015 年降低了 11.83 个点；2016 年重点行业典型企业采购环节电子商务应用普及率指数为 20.43，比 2015 年大幅降低了 18.66 个点；2016 年重点行业典型企业销售环节电子商务应用普及率指数为 49.83，比 2015 年降低了 2.71 个点。2016 年重点行业典型企业装备数控化率指数为 37.6，比 2015 年增加了 1.78 个点。2016 年国家新型工业化产业示范基地两化融合发展水平指数为 58.62，比 2015 年大幅提升了 16.12 个点。

3．应用效益指数

2016 年，山西省两化融合应用效益指数为 49.7，比 2015 年下降 4.13 个点，其中工业成本费用利润率降幅最大。在地区工业生产效益和水平方面，山西省工业增加值占 GDP 比重指数为 41.81，比 2015 年降低 7.79 个点；第二产业全员劳动生产率指数为 91.5，比 2015 年降低 9.04 个点；工业成本费用利润率指数为 0，比 2015 年大幅减少 11.39 个点；单位工业增加值工业专利量指数为 65.76，比 2015 年减少 2.15 个点。在工业节能减排水平方面，单位地区生产总值电耗指数为 65.22，比 2015 年增加 2.06 个点。在信息产业发展水平方面，电子信息制造业主营业务收入指数为 70.95，比 2015 年提高 3.4 个点；软件业务收入指数为 12.56，与 2015 年基本持平。

【优劣势分析】

山西省两化融合的优势主要有以下两点。

一是发挥规划政策的引领作用。在去产能、调结构的改革要求背景下，山西省编制发布了《山西省信息产业“十三五”发展规划》《山西省信息化“十三五”发展规划》《山西省信息化与工业化融合“十三五”发展规划》等；制定出台了《山西省关于推进“互联网+工业”的实施意见》《山西省信息技术产业 2016 年行动计划》等政策，立足实际推进产业发展，深化落实“互联网+工业”行动，推进两化融合和经济、社会各领域信息化应用。

二是积极推动三网融合，提升两化融合基础环境。发布《山西省推广三网融合工作方案》（晋政办发〔2016〕11 号），确定大同、阳泉等城市为推广阶段双向进入开展地区，并上报国协办完成备案。推进广电、电信企业加强协作，充分利用微信平台、电视媒体、嘉年华庆典活动、文博会等线上线下多种营销推广方式，合力发展三网融合业务。IPTV 用户达 147 万户，用户群体步入良性发展轨道，太原、晋城、吕梁等地市逐步推出广电宽带等增值电信业务，试验性开展集移动话音、数据流量、宽带服务、有线数字电视、高清互动电视为一体的宽带融合套餐产品。山西省（城）域网出口带宽指数和固定宽带端口平均速率指数分别比 2015 年大幅增长 53.24 个点和 62.59 个点，成为 2016 年两化融合发展的亮点。

三是软件产业发展政策环境进一步完善。开展软件企业所得税退税核查，落实《关于软件企业和集成电路产业企业所得税优惠政策有关问题的通知》（财税〔2016〕49 号）文件精神，拟定相关实施办法，符合条件企业享受税收优惠 1500 余万元。落实软件产品增值税优惠政策，按照《国务院关于印发进一步鼓励软件产业和集成电路产业发展若干政策的通知》（国发〔2011〕4 号）要求，建立税务部门、软件产品检测机构的协同机制，确保政策执行无缝衔接，共有 92 家企业的 375 件软件产品完成产品检测工作，为享受税收优惠提供了第一手材料。

同时，山西省两化融合也存在诸多劣势。

一是供给侧改革背景下工业企业两化融合发展面临困境。山西是我国的老工业基地，以煤炭、冶金、焦化、电力、装备制造、煤化工等行业为主，在供给侧改革背景下，产业特点使得工业企业面临经营压力，信息化建设投入不足。山西“一煤独大”，产能过剩问题十分严重，煤炭信息化建设对于工业转型升级的带动作用没有显现。

二是缺乏龙头企业带动作用。鼓励多种模式的合作发展方式，培育重点行业的龙头企业。依托信息化领域人才培育机制，建立领军人才信息交流平台。

【相关建议】

对山西省两化融合提出以下建议。

一是推动实施大数据战略。推动《山西省大数据发展规划》《山西省促进大数据发展应用的若干政策》《山西省促进大数据发展应用 2017 年行动计划》的出台和落实，加快大数据在各领域应用发展，发挥好政府专项资金作用，推动相关数据中心、大数据公共平台和应用示范项目的建设；发挥大数据联盟作用，吸引产业链资源集聚落地。

二是创新发展“互联网+工业”。推动互联网与相关产业融合发展，深化应用“互联网+”，互联网应用服务产业链进一步拓展。积极培育以云服务为代表的互联网与工业融合创新新模式和新业态。组织开展行业应用试点示范，引导企业加快内部数据整合与集成，夯实工业企业大数据应用基础，鼓励行业领军企业建设工业大数据行业平台，探索工业大数据产业的新模式、新业态。

三是大力推进两化深度融合。深入推广两化融合管理体系，积极探索企业两化融合新模式，以示范企业和示范项目为抓手，提升企业两化融合水平。加快两化融合促进中心建设，进一步提高服务能力和水平；组织开展全省两化融合发展水平评估；建设两化融合公共服务平台。

内蒙古自治区两化融合发展水平分析

【总体情况】

（一）经济概况

2016 年，内蒙古自治区实现地区生产总值 18632.6 亿元，比 2015 年增长 7.2%。其中，第一产业增加值为 1628.7 亿元，同比增长 3.0%；第二产业增加值为 9078.9 亿元，同比增长 6.9%；第三产业增加值为 7925.1 亿元，同比增长 8.3%；三次产业比例为 8.8∶48.7∶42.5。第一产业、第二产业、第三产业对生产总值增长的贡献率分别为 3.8%、49.0%、47.2%。内蒙古自治区人均生产总值达到 74069 元，比 2015 年增长 6.9%，按年均汇率计算折合为 11151 美元。全年全部工业增加值为 7758.2 亿元，比 2015 年增长 7.0%。其中，规模以上工业企业增加值增长 7.2%。在规模以上工业企业中，国有控股企业增加值增长 1.4%，集体企业增加值增长 0.9%，股份制企业增加值增长 7.2%，外商投资企业和港澳台投资企业增加值共增长 3.1%，其他经济类型企业增加值增长 20.5%。在规模以上工业企业中，轻工业增加值增长 5.9%，重工业增加值增长 7.5%。全区规模以上工业企业实现主营业务收入 19797.9 亿元，比 2015 年增长 7.3%；实现利润 1242.1 亿元，同比增长 31.0%。全年规模以上工业企业产品销售率为 96.4%，产品库存额为 585.4 亿元，同比下降 9.2%。

（二）两化融合主要进展

1．开展制度建设，推进平台建设

根据《国务院关于深化制造业与互联网融合发展的指导意见》，内蒙古自治区拟定并出台了《内蒙古自治区关于深化制造业与互联网融合发展的实施方案》。推进内蒙古网络协同制造中心平台试点建设，完成384台传统机床的数控改造任务，超过501台数控机床联网，平台已推出8项基本应用系统，第三方服务支撑机构达到143家，已开展协同业务实际测试应用13项，涉及金额近400万元。加强“包头市两化融合暨工业云创新服务平台”的推广和服务应用，平台已集成10项信息系统，部署工业设计软件和相关工具144个、资源库2000余条，访问量已突破17.7万人次，本地注册用户达到3350户，其中1100余户通过平台开通了企业微网站。

2．完善贯标推进服务体系

开展了面向企业、行业、区域的两化融合评估诊断、对标引导和专业咨询等服务，支持企业开展自我评估和现状诊断，企业累计达到2297家，完成对标的企业已达1011家，2016年内蒙古自治区15家企业被列为国家两化融合试点企业。

3．电子政务运行平稳

内蒙古自治区本级政务部门接入率达100%，盟（市）级政务部门接入率达85%，旗（县、区）级政务部门接入率达80%。积极承载政务部门业务应用系统向云中心迁移，2016年共新增部门托管设备92台，为部门新增虚拟机118台，开通VPN账号5849个，共计新增各部门业务应用系统69个。

【两化融合发展水平分析】

（一）综合分析

2016年内蒙古自治区两化融合发展总指数为62.75，比2015年提高了5.26个点。其中，基础环境指数提高较快，达到87.71，较2015年的78.53增长9.18个点，表明内蒙古自治区基础环境建设取得较大进展，对两化融合发展水平提升的贡献较大；工业应用指数为52.42，比2015年增长6.45个点；应用效益指数达到58.43，比2015年下降1.07个点，如表1和图1所示。

表1　2015—2016年内蒙古自治区两化融合指数情况

指　标	2015年指数	2016年指数	变化情况
基础环境	78.53	87.71	↑9.18
工业应用	45.97	52.42	↑6.45
应用效益	59.5	58.43	↓1.07
总指数	57.49	62.75	↑5.26

数据来源：中国电子信息产业发展研究院

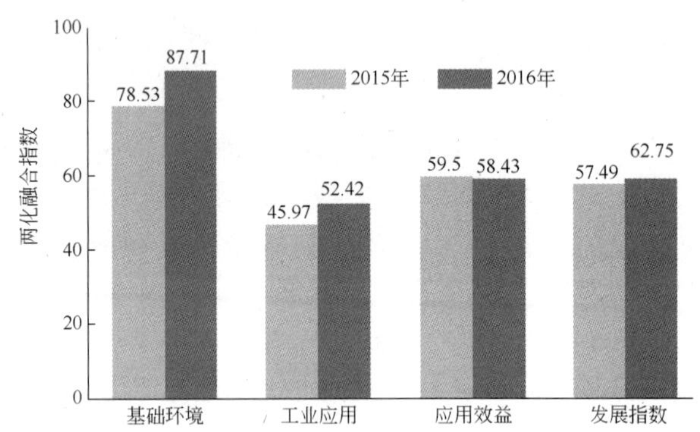

图1　2015—2016年内蒙古自治区两化融合指数情况

数据来源：中国电子信息产业发展研究院

（二）具体分析

1．基础环境指数

2016年，内蒙古自治区两化融合基础环境指数为87.71，较2015年提升9.18个点，除移动电话普及率和重点行业典型企业信息化专项规划指标外，其他各项分指标均有不同程度增长，其中固定宽带端口平均速率增长最快。具体来看，2016年，内蒙古自治区城（省）域网出口带宽指数为62.86，比2015年大幅增加了13.84个点；固定宽带普及率为81.13，比2015年增加了11.51个点；固定宽带端口平均速率指数由2015年的83.38提高至125.48，大幅增长42.1个点；移动电话普及率指数由2015年的70.05下降到67.67，降低2.38个点；互联网普及率指数为66.4，比2015年增长4.08个点；近4年均设立了两化融合专项引导资金；中小企业信息化服务平台数量与2015年持平；重点行业典型企业信息化专项规划指数为39.05，比2015年降低1.86个点。

2．工业应用指数

2016年，内蒙古自治区工业应用水平为

52.42，比 2015 年提高了 6.45 个点。具体来看，2016 年，重点行业典型企业 ERP 普及率、MES 普及率、PLM 普及率、SCM 普及率 4 项分指标分别为 54.76、58.31、50.89、55.57，较 2015 年分别提高 3.49 个点、5.38 个点、5.96 个点和 5.22 个点；重点行业典型企业采购环节电子商务应用指数为 41.87，较 2015 年下降了 12.38 个点；重点行业典型企业销售环节电子商务应用指数为 65.63，较 2015 年大幅提升 21.33 个点；重点行业典型企业装备数控化水平由 2015 年的 35.84 增至 39.75，增幅为 3.91 个点；国家新型工业化产业示范基地两化融合发展水平较 2015 年大幅提升 17.36 个点，达到 54.4。

3．应用效益指数

2016 年，内蒙古自治区两化融合应用效益指数为 58.43，比 2015 年降低了 1.07 个点。其中，第二产业全员劳动生产率、单位工业增加值工业专利量、软件业务收入均有所提升，工业增加值占 GDP 比重、工业成本费用利润率、单位地区生产总值电耗、电子信息制造业主营业务收入则下降较为明显。具体表现为，工业增加值占 GDP 比重指数为 49.94，较 2015 年降低 0.49 个点；第二产业全员劳动生产率指数为 167.03，较 2015 年上升 0.16 个点；工业成本费用利润率指数由 2015 年的 44.44 下降至 39.09，降幅为 5.35 个点；单位工业增加值工业专利量发展指数由 2015 年的 30.55 提高 3.68 个点，达到 34.23；单位地区生产总值电耗指数为 63.23，较 2015 年下降 2.01 个点；电子信息制造业主营业务收入发展指数由 2015 年的 25.76 降低了 4.47 个点，降至 21.29；软件业务收入发展指数为 15.38，较 2015 年的 15.15 有 0.23 个点的略微提高。

【优劣势评价】

内蒙古自治区两化融合发展具有以下优势。

一是提升两化融合基础环境。2016 年固定宽带端口平均速率指数由 2015 年的 83.38 提高至 125.48，大幅增长 42.1 个点。自治区至盟（市）电子政务骨干传输备用线路由原来的 20MB 扩容至 155MB，盟（市）至所属旗（县、区）骨干传输主用线路由原来的 10MB 扩容至 100MB，新增盟（市）至所属旗（县、区）骨干传输 100MB 备用线路。

二是积极推动大数据产业发展。自治区制定创建国家大数据综合试验区总体方案，支持呼和浩特市申报创建国家大数据产业集聚区；举办了 2016 内蒙古大数据推介会，宣传推广内蒙古发展大数据产业的政策和地区优势；支持内蒙古电信公司在北京、广州、杭州、成都、包头、赤峰、呼伦贝尔等市举办云计算推介活动，内蒙古电信云计算产业园合作项目签约合同额突破亿元；筹备成立自治区大数据发展管理局。

同时，内蒙古自治区两化融合也存在一些劣势。

一是信息技术、应用和产业体系化运转能力不足。近年来，自治区电子信息产业发展水平持续提升，技术创新成果大量涌现，但技术产业化转化能力远远落后于先进地区，软件、云计算等产业发展尚未形成完整的产业链布局，缺乏领军企业，电子信息产业和软件企业主营业务收入指数分别为 21.29 和 15.38，分别低于全国平均值 86.7 个点和 99.42 个点，在全国排名居后，电子信息产业支撑能力有待加强。

二是规模以上工业企业两化深度融合总体水平不高，协同推进机制建立不足。自治区两化深度融合总体水平处于起步阶段和单向覆盖阶段，企业两化深度融合整体水平与全国企业两化深度融合 4 个阶段比例有一定的差距。两化融合政策体系建设亟待完善，两化融合发展氛围需要进一步培育。在自治区两化融合推进过程中，各级政府、企业家、部分部门和地方对两化融合和工业转型升级的引领作用尚未形成统一的认识和全面系统的工作体系，一定程度上影响了两化融合政策的实施，统筹协调机制有待进一步健全。

【相关建议】

对内蒙古自治区两化融合提出以下建议。

一是转变传统的经营理念，坚持以两化融合为主线、以智能制造为主攻方向，通过两化深度融合培育发展新动能，改造提升传统动能。继续按照“产学研用”的工作思路，进一步强化自治区两化融合咨询服务联盟的协同工作机制。

二是扎实推进两化深度融合贯标工作，在完成国家两化融合管理体系贯标试点示范任务的同时，推动乌兰察布市、鄂尔多斯市、兴安盟行业（区域）两化融合管理体系贯标工作；全面开展企业两化融合评估诊断和对标引导工作，争取再推动 1000 家规模以上企业开展两化融合对标引导工作。

三是积极争取国家有关政策，贯彻落实自治区已有政策和方案，做好自治区大数据产业发展推进工作。例如，支持呼和浩特申报创建国家级大数据产业集聚区；协调指导有关盟（市）及三大电信运营商、曙光、华为、浪潮等云计算数据中心建设运营单位，积极开展云计算、大数据产业发展应用、宣传推广、招商引资和合作交流等各类活动。

辽宁省两化融合发展水平分析

【总体情况】

（一）经济概况

2016 年，辽宁省全年地区生产总值为 22037.88 亿元，比 2015 年下降 2.5%。其中，第一产业增加值为 2173.04 亿元，同比下降 4.6%；第二产业增加值为 8504.84 亿元，同比下降 7.9%；第三产业增加值为 11360.00 亿元，同比增长 2.4%。全年规模以上工业增加值比 2015 年下降 15.2%。在规模以上工业企业主要产品产量中，原煤产量为 4082.1 万吨，铁矿石原矿产量为 9712.0 万吨，硫铁矿石（折含硫 35%）产量为 105.7 万吨，原油加工量为 7021.9 万吨，汽油产量为 1212.1 万吨，煤油产量为 495.9 万吨，乙烯产量为 162.7 万吨，初级形态塑料产量为 351.9 万吨，化学试剂产量为 105.7 万吨，水泥产量为 3980.0 万吨，生铁产量为 6033.9 万吨，粗钢产量为 6029.0 万吨，钢材产量为 5906.3 万吨，十种有色金属产量为 92.8 万吨，发动机产量为 17103.6 万千瓦，汽车产量为 113.2 万辆，民用钢质船舶产量为 119.8 万载重吨，移动通信手持机（手机）产量为 640.5 万台，数字激光音、视盘机产量为 245.4 万台，城市轨道车辆产量为 207 辆，工业机器人产量为 4419 套，光缆产量为 225.1 万芯千米，发电量为 1731.5 亿千瓦小时，其中核能发电量为 199.8 亿千瓦小时。全年规模以上工业企业实现主营业务收入 23802.0 亿元，实现利税 2061.0 亿元，其中利润 657.6 亿元。

（二）两化融合主要进展

2016 年以来，辽宁省围绕中央新一轮东北振兴战略实施，持续推动两化深度融合贯标、评估诊断和对标引导工作，促进工业互联网产业发展，推进“互联网+”各项政策措施落地，两化深度融合工作取得新进展。

1. 开展两化融合贯标、评估诊断和对标引导

积极争取国家两化融合管理体系贯标试点。抚顺新钢铁等 23 家企业入围；完成沈阳机床、三一重工、特变电工、北方曲轴等 6 个重点项目的两化融合水平评估；组织开展 2016 年企业两化融合评估诊断和对标引导工作，目前纳入国家调度

的企业达到485家；省两化融合公共服务服务平台已建设完成，实现与国家平台的对接。

2．促进工业互联网产业发展

辽宁省率先在全国组建省级工业互联网产业联盟，编制印发了《辽宁省工业互联网发展行动计划》（2016—2020年），提出辽宁省工业经济数字化、网络化、智能化发展目标及具体行动方案；组织开展工业互联网公共服务平台应用推广系列活动，培训人员近1500名，对接工业企业、县区和工业园区496个，达成合作意向297项；培育工业互联网试点，选择100家企业（单位）作为第一批试点。

3．推进“互联网+”各项政策措施落地

沈阳市成为“宽带中国”示范城市，推进辽宁省政府与国内基础电信运营商签署《战略合作协议》，争取电信普遍服务补偿2600万元，积极推动大企业双创工作，组织推荐沈鼓集团、三一重装、辽宁思凯等申报国家“互联网+”行动百佳实践案例。

【两化融合发展水平分析】

（一）综合分析

2016年，辽宁省两化融合发展总指数为75.64，比2015年增长0.04个点，其中基础环境指数增长最快，对总指数提升的贡献较大。基础环境方面，2015年辽宁省基础环境指数为85.49，2016年基础环境指数为89.19，比2015年提高3.7个点。工业应用方面，2015年辽宁省工业应用指数为60.16，2016年工业应用指数为60.91，比2015年提高0.75个点。应用效益方面，2015年辽宁省应用效益指数为96.59，2016年应用效益指数为91.57，比2015年大幅下降5.02个点（见表1和图1）。

表1　2015—2016年辽宁省两化融合指数情况

指　　标	2015年指数	2016年指数	变化情况
基础环境	85.49	89.19	↑3.7
工业应用	60.16	60.91	↑0.75
应用效益	96.59	91.57	↓5.02
总指数	75.60	75.64	↑0.04

数据来源：中国电子信息产业发展研究院

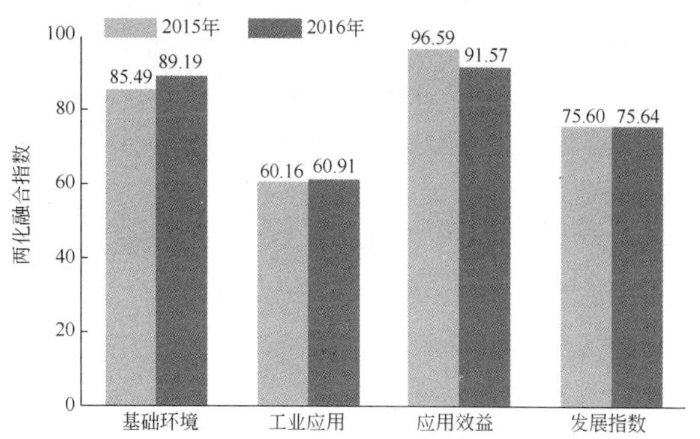

图1　2015—2016年辽宁省两化融合指数情况

数据来源：中国电子信息产业发展研究院

（二）具体分析

1．基础环境指数

辽宁省两化融合基础环境继续得到改善。2016年，辽宁省基础环境指数为89.19，其中固定宽带端口平均速率提升最快。在信息基础设施建设方面，2016年，辽宁省城（省）域网出口带宽指数为109.2，比2015年提高了41.73个点；固定宽带普及率指数为95.71，比2015年提高了10.69个点；固定宽带端口平均速率为124.77，比2015年大幅提升45.21个点；移动电话普及率指数为68.07，比2015年下降1.04个点。在互联网应用普及方面，2016年，辽宁省互联网普及率指数为76，比2015年提高2.62个点。在两化融合政策环境建设方面，2016年，辽宁省设立了两化融合专项引导资金；中小企业信息化服务平台数指数为86.85，比2015年下降63.15个点；重点行业典型企业信息化专项规划指数为67.31，比2015年上升3.47个点。

2．工业应用指数

2016年，辽宁省工业应用指数为60.91，其中重点行业典型企业MES普及率比2015年有显著上升。具体来看，2016年辽宁省重点行业典型企业ERP普及率指数为61.73，比2015年上升3.39个点；重点行业典型企业MES普及率指数为72.57，比2015年上升22.92个点；重点行业典型企业PLM普及率指数为55.92，与2015年上升3.35个点；重点行业典型企业SCM普及率指数为58.63，比2015年增长1.19个点；重点行业典型企业采购环节电子商务应用普及率指数为61.7，比 2015 年上升 18.2 个点；重点行业典型企业销售环节电子商务应用普及率指数为 73.58，比 2015 年大幅上升 20.8 个点；重点行业典型企业装备数控化率指数为 46.91，比 2015 年上升 5.38 个点；国家新型工业化产业示范基地两化融合发展水平指数为 58.88，比 2015 年下降 59.95 个点。

3．应用效益指数

2016 年，辽宁省两化融合应用效益指数达到 91.57。在地区工业生产效益和水平方面，2016 年，辽宁省工业增加值占 GDP 比重指数为 46.46，比 2015 年下降 3.97 个点；第二产业全员劳动生产率指数为 123.54，比 2015 年下降 2.06 个点；工业成本费用利润率指数为 24.46，比 2015 年下降 6.54 个点；单位工业增加值工业专利量指数为 65.59，比 2015 年下降 7.26 个点。在工业节能减排水平方面，单位地区生产总值电耗指数为 97.96，比 2015 年大幅提高 1.5 个点。在信息产业发展水平方面，电子信息制造业主营业务收入指数为 86.1，比 2015 年下降 16.27 个点；软件业务收入指数为 232.3，比 2015 年下降 0.62 个点。

【优劣势评价】

辽宁省两化融合发展的优势如下。

一是工业基础雄厚，两化融合潜力巨大。辽宁省工业门类比较齐全，具有基础比较雄厚的工业体系，是中国主要的工业和原材料基地。2016 年，辽宁省全年规模以上工业增加值按可比价格计算比 2015 年增长 4.8%；许多工业产品在中国占有较大比重，发电量、原油、天然气、原煤、机床、冶金设备、矿山设备、变压器、汽车等产量在中国都占有重要地位。石化、冶金、电子信息、机械仍是辽宁省四大支柱产业。

二是具备较好的两化融合技术知识创新能力。2016 年，辽宁省从事科技活动人员达 25.6 万人，其中研究与试验发展（R&D）人员为 13.8 万人。辽宁省所在单位主持和参与完成的国家科技奖为 13 项；主持完成的国家科技奖 4 项，其中，技术发明二等奖 3 项，科技进步二等奖 1 项；参与完成的国家科技奖 9 项，其中，技术发明二等奖 1 项；科技进步一等奖 1 项，科技进步二等奖 7 项。

辽宁省两化融合的发展也存在不足之处，主要表现如下。

一是产业被锁定在中低端环节。2016 年，辽宁省工业成本费用利润率指数为 24.46，比 2015 年下降 6.54 个点，低于全国平均水平(36.98)12.52 个点，位于全国末端行列。由于辽宁省从事资源开发和成品初级加工的企业较多，工业核心竞争力培育不足，技术创新不活跃，产业发展难以适应未来市场竞争压力。

二是制造装备的数控化率不高。2016 年，辽宁省重点行业典型企业装备数控化率指数为 46.91，虽然比 2015 年上升 5.38 个点，但是仍然低于全国平均水平（54）7.09 个点，全国排名第 19 位，排在全国中下游水平，与辽宁省的工业大省地位不相适应。

【相关建议】

对辽宁省两化融合提出以下建议。

一是加快推进企业信息化改造升级。以装备制造业重点骨干企业为核心，在企业研发设计环节加快 CAD/CAE/CAPP/PDM 等软件普及应用；在企业管理方面推行 ERP/SCM/CRM/BPM 系统应用，实现业务流程标准化、经营管理数字化；在生产环节加快应用数控技术和智能装备对传统生产设施的数字化改造。支持骨干企业开展面向研发设计、生产制造、营销服务、经营管理等关键环节的应用系统集成及大数据分析，推进数控机床、行业专用设备、大型机器设备、工厂辅助设备等数字化改造和联网管理，建立覆盖数据采集、设备监控、运维诊断、流程优化、节能环保和安全监控的设备信息化管理体系。在装备制造、冶金、精细化工、建材、航空、农产品加工等行业，建设一批“自动化生产线+工业机器人+专用网络”的数字化车间和智能工厂，促进互联网应用由企业内部纵向集成向企业之间横向集成发展。

二是培育制造业与互联网融合新模式。推动企业建立基于互联网的大规模个性化定制、网络化协同制造、服务型制造等新型制造模式，形成基于消费需求动态感知的研发、制造、服务新方式。发展基于互联网的按需、众包、众创等研发设计新模式，搭建面向制造业的众包设计平台，实现设计能力的集聚、共享和动态配置，提升各行业产品设计水平和效率。鼓励有实力的互联网企业构建网络化协同制造公共服务平台，面向细分行业提供云制造服务，促进创新资源、生产能力、市场需求的集聚与对接。依托工业云、大数据等新一代信息技术，提升企业远程故障预警、在线检测、远程诊断、过程优化等云服务及系统解决方案能力。支持 i5 智能机床，以及智能特种设备、专用设备制造业采用按使用流量、时间计费的模式。基于互联网大力发展第三方物流、节能环保服务、检验检测认证、电子商务、服务外包、专业金融、培训教育等生产性服务业，创新业务协作流程，提高产业链整体效率。

三是发展壮大信息技术产业。突破制造业和互联网融合发展的核心技术和产品，加强关键共性技术攻关，重点发展集成电路芯片制造业，鼓励集成电路设计企业加大对传感器、过程控制芯片、可编程逻辑控制器等产品的研发力度，完善集成电路产业链。推动 MEMS 高端传感器、可穿戴智能终端等融合产品产业化。发展软件和信息技术服务业，重点发展工业软件、行业应用软件和系统解决方案，支持大型装备制造企业和重点装备制造业产业集群建设大型通用流程工艺仿真平台，鼓励骨干软件企业加快计算机辅助设计仿真、制造执行系统、产品全生命周期管理等工业软件研发及产业化，推动工业生产业务流程再造和优化。重点支持高档数控机床、机器人及智能产品、数字医疗设备、下一代互联网等领域嵌入式操作系统及关键软件的研发和产业化发展，提升工业装备和产品智能化水平。

四是加快网络基础设施建设。结合“宽带中国”示范城市创建，加快建设“宽带辽宁”，建设低延时、高可靠、广覆盖的工业互联网，推进下一代互联网（IPv6）建设，大力推进 5G 应用国家试点。鼓励基础电信企业建设工业大数据中心，开展制造业大数据创新应用，为制造业企业、双创企业和示范园区提供数据存储挖掘、数据管理、数据采集交换共享等基础大数据服务。全面推进三网融合，加快建设宽带通信网、下一代广播电视网和下一代互联网，全面推进广电、电信业务双向进入，创新共建共享模式，促进资源节约，加快实现网络基础设施互联互通，提高支撑发展融合业务的能力。强化网络安全体系建设，研究建立关键网络基础设施目录体系，覆盖电力、石油、工控系统、电信等重点领域。

吉林省两化融合发展水平分析

【总体情况】

（一）经济概况

2016 年，吉林省实现地区生产总值 14886.23 亿元，按可比价格计算，比 2015 年增长 6.9%。其中，第一产业增加值为 1498.52 亿元，同比增长 3.8%；第二产业增加值为 7147.18 亿元，同比增长 6.1%；第三产业增加值为 6240.53 亿元，同比增长 8.9%。按常住人口计算，人均地区生产总值达到 54266 元（按年平均汇率折合 8170 美元），比 2015 年增长 7.3%。三次产业的结构比例为 10.1∶48.0∶41.9，对经济增长的贡献率分别为 6.3%、43.8%和 49.9%。实现规模以上工业增加值 6133.98 亿元，比 2015 年增长 6.3%。其中，轻工业实现增加值 1966.62 亿元，同比增长 9.2%；重工业实现增加值 4167.36 亿元，同比增长 4.9%。在全年规模以上工业中，重点产业合计实现增加值 4978.82 亿元，比 2015 年增长 6.6%，占规模以上工业增加值的比重为 81.2%。六大高耗能行业实现增加值 1267.18 亿元，比 2015 年增长 3.4%，占规模以上工业增加值的比重为 20.7%。高技术制造业实现增加值 615.72 亿元，同比增长 11.6%，占规模以上工业增加值的比重为 10.0%。装备制造业实现增加值 655.99 亿元，同比增长 7.9%，占规模以上工业增加值的比重为 10.7%。

（二）两化融合主要进展

2016 年，吉林省以智能制造为目标，研究出台产业政策，推动新技术、新模式、新业态、新产业的发展，经济发展新动能初步形成。

1. 注重政策机制促落实

为加快推动吉林省信息化和软件服务业发展，努力把政策制定转化成为凝聚共识、协同创新、联合推进的过程。编制出台信息化“十三五”规划，提出 8 大任务，规划 49 个重点工程，以制造业与服务业、制造业与互联网融合发展为切入点，推动吉林省工业转型升级。制定《吉林省推进制造业服务业融合发展行动实施方案》，重点培育智能网联汽车、医药健康云等一批制造业服务化新产业，发展工业设计、检验检测等生产性服务业，加强平台、基地、数据中心等要素支撑能力。制定《吉林省关于深化制造业与互联网融合发展的实施意见》，明确融合发展目标，提出建立双创新生态、发展跨界融合新产业等任务。

2. 注重融合发展促升级

围绕促进融合发展，大力组织试点示范，推动企业智能化、网络化、协同化和服务化转型，加快吉林省制造业转型升级步伐。一是推动两化融合，突出智能制造和服务制造，培育吉林敖东、东光奥威等 21 家省级两化融合（智能制造）试点加快智能生产线、数字车间建设。推动网络化协同化制造，加快推进通钢自信医药健康云平台上线运行，推进吉林电信与北京数码大方合作建设汽车零部件云平台。发展工业电子商务，鼓励汽车、建材、纺织等行业骨干企业建立电商平台，支持启明信息、亚泰集团等电商平台扩大营运范围，东北袜业电商平台在线交易额突破 10 亿元。普及推广两化融合管理体系标准，加快推动企业形成适应互联网转型的新型能力，推动 27 家国家试点、61 家省级试点企业开展贯标活动，支持 21 家试点企业信息化项目 1800 万元，推动 1000 余家企业开展两化融合评估诊断和对标引导。二是推动产业融合，推进智能终端产品研发与产业化，推进高性能 CMOS 图像传感器与以色列 Tower 公司、吉林华微公司的合作，支持基于“吉湾一号”CPU 云终端在长春市朝阳区试点应用。发展智能网联汽车产业，落实工业和信息化部与吉林省签订的智能网联汽车合作框架协议，推动启明公司建设基于宽带移动互联网的智能汽车和智慧交通北方产业应用示范基地。发展卫星数据及航空信息应用产业，推动长光卫星公司与软通动力合作，促进“吉林一号”卫星数据获取、加工、服务产业链发展。

3. 注重行业发展促转型

围绕软件和信息服务业健康发展，推动制造业与服务业深度融合，强化软件和信息技术服务支撑功能。一是推动软件行业平稳发展，2016 年，软件业务收入达 511.3 亿元，同比增长 16.2%；实现利润总额 43 亿元，同比增长 13%。充分发挥行业协会、联盟作用，引导软件企业树立“软件即服务”意识。推动软件和信息服务业公共服务平台升级，在原有 4 个模块基础上，设计推出创业创新、投融资、软件外包等 6 个服务模块，提供相应服务。积极协调吉林省国税、吉林省财政等部门落实软件产业相关优惠政策。推进信息技术服务标准化，制订 ITSS 宣贯培训和应用示范计划及培训方案。二是推进两化融合，开展试点示范，确定长春新区为首批试点开发区，培育吉林通用机械等 10 家制造业服务化试点企业。加强政策宣贯，组织融合发展、技术、案例等方面宣讲活动 12 场（次），1000 余家企业参加。发展工业软件和系统解决方案，组织制造业企业与软件企业对接合作，培育东杰科技、斯纳欧等系统解决方案软件服务商。

【两化融合发展水平分析】

（一）综合分析

2016 年，吉林省两化融合发展总指数为 70.18，比 2015 年提高 4.43 个点，基础环境和工业应用指数有不同程度的提升，特别是基础环境指数提升最快。基础环境方面，2015年基础环境指数为71.66，2016年基础环境指数为80.42，比2015年提高了8.76个点。工业应用方面，2015年工业应用指数为60.41，2016年工业应用指数为65.08，比2015年提升4.67个点。应用效益方面，2015年应用效益指数为70.53，2016年应用效益指数为70.11，比2015年下降0.42个点，如表1和图1所示。

表1　2015—2016年吉林省两化融合指数情况

指　标	2015年指数	2016年指数	变化情况
基础环境	71.66	80.42	↑8.76
工业应用	60.41	65.08	↑4.67
应用效益	70.53	70.11	↓0.42
总指数	65.75	70.18	↑4.43

数据来源：中国电子信息产业发展研究院

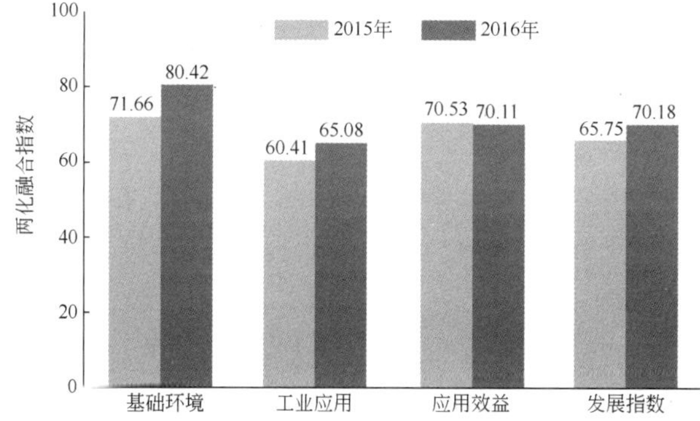

图1　2015—2016年吉林省两化融合指数情况

数据来源：中国电子信息产业发展研究院

（二）具体分析

1．基础环境指数

吉林省两化融合基础环境建设发展显著。2016年，吉林省基础环境指数为80.42，其中固定宽带端口平均速率、城（省）域网出口带宽增长明显。在信息基础设施建设方面，2016年，吉林省城（省）域网出口带宽指数为77.75，比2015年提高了31.18个点；固定宽带普及率指数为79.2，比2015年提高3.02个点；固定宽带端口平均速率为117.99，比2015年提高48.38个点；移动电话普及率指数为65.26，比2015年下降0.14个点。在互联网应用普及方面，2016年吉林省互联网普及率指数为64.12，比2015年提高2.26个点。在两化融合政策环境建设方面，2016年吉林省设立了两化融合专项引导资金；中小企业信息化服务平台数指数为86.85，与2015年持平；重点行业典型企业信息化专项规划指数为55.33，比2015年下降8.73个点。

2．工业应用指数

2016年，吉林省工业应用指数为65.08，其中重点行业典型企业MES普及率、国家新型工业化产业示范基地两化融合发展水平显著提升。2016年，吉林省重点行业典型企业ERP普及率指数为63.71，比2015年下降3.36个点；重点行业典型企业MES普及率指数为74.28，比2015年提高16.43个点；重点行业典型企业PLM普及率指数为59.78，比2015年提高0.33个点；重点行业典型企业SCM普及率指数为63.3，比2015年提高1.63个点；重点行业典型企业采购环节电子商务应用普及率指数为70.4，比2015年下降4.28个点；重点行业典型企业销售环节电子商务应用普及率指数为89.59，比2015年上升10.71个点；重点行业典型企业装备数控化率指数为45.88，比2015年提高4.01个点；国家新型工业化产业示范基地两化融合发展水平指数为58.09，比2015年提高10.99个点。

3．应用效益指数

2016年，吉林省两化融合应用效益指数达到70.11。在地区工业生产效益和水平方面，2016年，工业增加值占GDP比重指数为49.98，比2015年下降2.88个点；第二产业全员劳动生产率指数为129.59，比2015年下降0.9个点；工业成本费用利润率指数为37.76，比2015年下降3.7个点；单位工业增加值工业专利量指数为33.3，比2015年下降3.81个点。在工业节能减排水平方面，单位地区生产总值电耗指数为120.49，比2015年提升2.49个点。在信息产业发展水平方面，电子信息制造业主营业务收入指数为21.18，比2015年提高1.06个点；软件业务收入指数为108.4，比2015年提高8.02个点。

【优劣势评价】

吉林省两化融合发展的优势如下。

一是地域区位优势独特。东北第二条亚欧大陆桥东起珲春，经长春、乌兰浩特直抵阿尔山，是真正意义上通疆连海的国际陆上大通道，并将逐步形成东北各省乃至整个东北亚各国之间资源互补、互利共赢的地缘关系新格局。长吉图开发开放先导区规划和辽宁沿海经济带等规划被纳入国家总体战略后，为两化融合发展带来难得的机遇。

二是工业基础雄厚。吉林省工业门类比较齐全，工业基础比较雄厚，是中国重要的工业和原材料基地。吉林省的许多工业产品在中国占有较大比重。2016 年，吉林省实现规模以上工业增加值 6133.98 亿元，比 2015 年增长 6.3%；制造业实现增加值 5465.47 亿元，同比增长 8.0%。汽车制造、石油化工、信息、冶金建材、能源是吉林省的重点支柱产业，其中，汽车、光电子领域达到国内领先水平。

同时，吉林省要进一步推进两化深度融合，推动产业转型升级，提高工业发展水平和质量，还必须着力解决以下劣势。

一是两化融合的广度和深度不足。重点行业典型企业 ERP 普及率、重点行业典型企业 MES 普及率、重点行业典型企业 PLM 普及率、重点行业典型企业 SCM 普及率、重点行业典型企业装备数控化率指数分别为 63.71、74.28、59.78、63.3、45.88，低于全国平均水平，与吉林省的工业大省地位不相适应。

二是工业企业的信息技术以单项应用为主。吉林省工业企业未能实现各项系统的综合集成，信息化应用向产业链上、下游的开拓力度不足，以两化融合推动工业转型升级的主动性有待加强。中小企业两化融合水平亟待提高，资金缺乏、人才储备不足、应用意识薄弱等瓶颈严重阻碍了信息技术的深度渗透和扩散。

【相关建议】

对吉林省两化融合提出以下建议。

一是加快发展智能制造装备。加快具有深度感知、智慧决策、自动执行功能的智能制造装备研发及产业化进程。利用吉林省智能装备及机器人产业发展战略联盟平台，积极参与国家智能制造产业联盟建设，发挥优势资源整合、重点领域攻关、标准体系建设、行业自我约束等作用，推动特色智能制造装备研发、系统集成创新与成果转化。加快智能装备在汽车、石化、食品、装备、医药等吉林省支柱优势产业的试点示范和推广应用，不断扩大吉林省智能产品市场份额。

二是推进制造过程智能化。继续组织两化融合管理体系贯标试点，依托两化融合咨询服务平台，开展两化融合自评估、自诊断、自对标，明确对标企业两化融合发展目标、重点方向和实施路径。聚焦制造关键环节，在汽车、石化、医药等行业的重点企业中开展智能装备、自动化生产线、数字化车间、智能化工厂试点示范。依托省级两化融合实验区，开展智能工业园区试点示范，探索智能工业园区新模式。

三是深化互联网在制造领域的应用。利用工业云平台，面向汽车零部件、家居、袜业等行业探索建立开放创新、在线设计交互平台，充分对接用户需求，发展基于互联网的按需、众包、众创等研发设计模式，逐步推动企业建立基于互联网的大规模个性化定制、网络化协同制造、云制造等新型制造模式。支持汽车、石化、食品、医药、建材等制造业龙头企业以供应链管理为重点，深化企业间电子商务应用，发展直销电商、社交电商、跨境电商等网络营销新模式。面向市场营销、研发设计、生产制造、经营管理等关键环节，采用引进、合作等方式探索工业大数据分析技术和产品解决方案，在长春市及吉林省其他地区建立工业大数据行业平台和服务示范基地。

四是强化通信基础设施支撑能力。推进“宽带吉林”建设，构建高速、移动、安全、泛在的新一代信息基础设施。以物联网为重要基础，依托互联网、传统电信网、无线宽带网等多网组合，形成技术集成、综合应用、高端发展的信息通信网络。推动信息网络宽带升级改造，重点推进制造业工业园区加快光纤网、移动通信网和无线局域网的部署和建设，实现无线宽带高速数据网络全地区覆盖，提高企业宽带接入能力。

黑龙江省两化融合发展水平分析

【总体情况】

（一）经济概况

2016年，黑龙江省实现地区生产总值9231.6亿元，同比增长6.0%，比2015年同期加快0.5个百分点。第一产业、第三产业增速比全国平均水平分别高1.3个百分点和0.9个百分点。公共财政收入下降1.1%，居民消费价格上涨1.5%，城镇新增就业62.9万人，城市、乡村居民人均可支配收入分别增长6.3%、6.6%。新注册科技型企业3120家，两年累计达5236家，形成主营业务收入500万元以上的科技型企业1076家；实现总规模达101亿元的工业投资基金运营；组建总规模达1340亿元的PPP融资支持基金，储备项目595个。8家省属国企完成股权多元化改革。民间固定资产投资增长7.9%。全省实现进出口总额165.4亿美元，同比下降21%，降幅收窄26个百分点。新设立外资企业116家，同比增长45%。实际利用外资58.2亿美元，同比增长6.8%。

（二）两化融合主要进展

2016年，黑龙江省围绕加快实施“中国制造2025”“互联网+”“大数据”发展战略，着力推动大数据、云计算应用发展，以两化融合管理体系贯标为牵引，推动企业组织管理模式创新，两化深度融合工作取得新进展。

1．大力推进重点行业两化深度融合，促进传统制造向智能制造转型升级

面向黑龙江省装备、石化、食品、医药等重点行业，推动企业在各业务环节深化信息技术应用，促进企业技术、产品、模式和机制创新，在智能制造领域涌现了中航哈飞、中国一重等一批具有示范引领作用的典型企业。紧密结合黑龙江省“互联网+工业”行动计划，引导企业在质量追溯体系建设、远程运维等领域开展“互联网+”应用，哈药集团、完达山乳业产品质量追溯体系建设在行业处于领先地位。引导企业开展工业大数据创新应用，推动工业电子商务发展，提高企业经营效率和产品市场竞争力，带动产业链上、下游企业的市场反应能力和综合竞争力的整体提升。

2．以两化融合管理体系贯标为牵引，推动企业组织管理模式创新

黑龙江省累计已有21家企业成为两化融合管理体系贯标国家级试点企业，哈尔滨电机厂、西林钢铁、飞鹤乳业、中航哈飞、大庆中蓝石化、东安汽发、珍宝岛药业7家试点企业通过评定成为达标企业。开展两化融合评估诊断和对标引导，使企业了解自身两化融合存在的问题和不足，明确发展方向，全省累计参与两化融合评估诊断和对标引导的企业数量达849家。

3．推动大数据、云计算应用发展

围绕贯彻落实国务院《促进大数据发展行动纲要》，与黑龙江省发改委、网信办等部门联合印发《黑龙江省促进大数据发展三年行动计划》，进一步强化顶层设计和政策引导。推进云计算产业集聚发展，协调推动中国移动哈尔滨数据中心、中国香港名气通数据中心、大庆华为大数据基地等一批大型数据中心落地运营。推动建立了黑龙江省首家大数据交易中心——哈尔滨大数据交易

中心，目前该数据交易中心已对接国内 200 多家企业，在互联网金融、征信、精准广告营销等多个领域开展了探索性数据交易。推动黑龙江省人社厅、黑龙江省教育厅等多个政府部门将数据业务转移到云计算企业，以购买服务方式使用第三方云服务。举办了黑龙江省大数据发展高峰论坛和《云计算综合标准化体系建设指南》宣贯会，推动黑龙江省大数据发展和云计算标准化工作。

【两化融合发展水平分析】

（一）综合分析

2016 年，黑龙江省两化融合发展总指数为 76.52，比 2015 年提高 0.03 个点。基础环境方面，2016 年基础环境指数为 82，比 2015 年提高 1.85 个点。工业应用方面，2016 年工业应用指数为 81.89，比 2015 年提高 1.08 个点。应用效益方面，2016 年应用效益指数为 60.3，比 2015 年下降 3.9 个点，如表 1 和图 1 所示。

表 1　2015—2016 年黑龙江省两化融合发展指数情况

指　标	2015 年指数	2016 年指数	变化情况
基础环境	80.15	82	↑1.85
工业应用	80.81	81.89	↑1.08
应用效益	64.20	60.3	↓3.9
总指数	76.49	76.52	↑0.03

数据来源：中国电子信息产业发展研究院

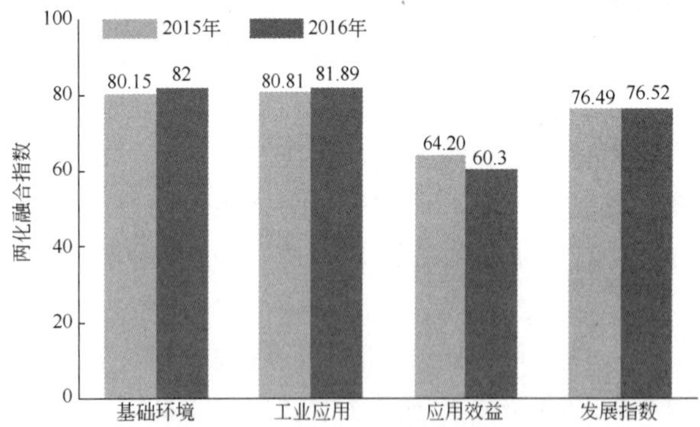

图 1　2015—2016 年黑龙江省两化融合发展指数情况

数据来源：中国电子信息产业发展研究院

（二）具体分析

1．基础环境指数

黑龙江省两化融合基础环境建设持续发展。2016 年，黑龙江省基础环境指数为 82，其中固定宽带端口平均速率、城（省）域网出口带宽显著提高。在信息基础设施建设方面，2016 年黑龙江省城（省）域网出口带宽指数为 77.68，比 2015 年提高了 24.41 个点；固定宽带普及率指数为 76.32，比 2015 年提高 6.7 个点；固定宽带端口平均速率指数为 126.31，比 2015 年提高 47.47 个点；移动电话普及率指数为 62.91，比 2015 年下降 0.33 个点。在互联网应用普及方面，2016 年黑龙江省互联网普及率指数为 61.21，比 2015 年提高 2.64 个点。在两化融合政策环境建设方面，2016 年黑龙江省没有设立两化融合专项引导资金；中小企业信息化服务平台数指数为 150，与 2015 年持平；重点行业典型企业信息化专项规划指数为 71.75，比 2015 年下降 1.42 个点。

2．工业应用指数

2016 年，黑龙江省工业应用指数为 81.89。2016 年，黑龙江省重点行业典型企业 ERP 普及率指数为 67.41，比 2015 年下降 0.82 个点；重点行业典型企业 MES 普及率指数为 89.76，比 2015 年提升 13.76 个点；重点行业典型企业 PLM 普及率指数为 73.08，与 2015 年提升 1.61 个点；重点行业典型企业 SCM 普及率指数为 64.37，比 2015 年下降 1.28 个点；重点行业典型企业采购环节电子商务应用普及率指数为 120，比 2015 年提高 0.83 个点；重点行业典型企业销售环节电子商务应用普及率指数为 129.11，比 2015 年提高 3.15 个点；重点行业典型企业装备数控化率指数为 55.47，比 2015 年下降 0.21 个点；国家新型工业化产业示范基地两化融合发展水平指数为 63.44，比 2015 年下降 6.86 个点。

3．应用效益指数

2016 年，黑龙江省两化融合应用效益指数达到 60.3，其中软件业务收入明显提升。在地区工业生产效益和水平方面，2016 年，工业增加值占 GDP 比重指数为 34.72，比 2015 年下降 5.07 个点；第二产业全员劳动生产率指数为 107.73，比 2015 年下降 6.13 个点；工业成本费用利润率指数为 29.45，比 2015 年下降 20.21 个点；单位工业增加值工业专利量指数为 72.97，比 2015 年提高 3.54 个点。在工业节能减排水平方面，单位地区生产总值电耗指数为108.04，比2015年下降0.45个点。在信息产业发展水平方面，电子信息制造业主营业务收入指数为11.23，比2015年提高0.4个点；软件业务收入指数为52.00，比2015年提高4.75个点。

【优劣势评价】

黑龙江省两化融合发展的优势如下。

一是地理区位优势明显。黑龙江省地处东北亚腹地，与俄罗斯有近3000千米的边境线，与西伯利亚大铁路相接，有25个国家一类口岸，是连接欧亚国际的“大通道”。在世界经济结构调整和国际产业转移中，黑龙江省优越的区位优势，有利于依托国家振兴东北工业基地的相关政策优势，吸引发达国家的资金和技术，加强与俄、日、韩等国家在电子信息领域开展技术交流、产业合作和经贸往来，构筑对外开放的新格局。

二是工业产业门类齐全。黑龙江省作为我国老牌工业基地，具备较为完整的产业体系，工业经济效益位居全国前列。黑龙江省经过多年的发展，逐渐形成了以装备、石化、能源、食品、医药、电子、冶金、建材、轻工等为主体的较为完整的产业体系，原油、电站成套设备、木材、原煤等产量在全国具有领先优势。

同时，黑龙江省两化融合也存在一些劣势。

一是缺乏专项资金支持。黑龙江省经济发展较为落后，资金紧缺，在两化融合方面的支持政策比较欠缺，难以根据中央财政资助项目提供充足的财政配套资金，导致政府在引导工业企业发展两化融合、促进工业转型方面的带动能力不足。

二是信息基础设施建设不足制约了两化融合发展水平。2016，黑龙江省城（省）域网出口带宽为77.68，低于全国平均水平21.97个点；固定宽带普及率为76.32，低于全国平均水平13.86个点；移动电话普及率为62.91，低于全国平均水平2.69个点；互联网普及率为61.21，低于全国平均水平5.4个点，在一定程度上影响了两化融合发展水平的提升。

【相关建议】

对黑龙江省两化融合提出以下建议。

一是推进传统产业智能化升级。推动生产过程智能化改造：在装备、石化、冶金等传统行业，推广人机智能交互、工业机器人、智能物流管理、工艺仿真优化、状态实时监测、自适应控制等技术和装备在生产过程中的应用；在劳动强度大、可靠性和精度要求高、工艺工位复杂、生产环境危险的关键岗位实现“机器换人”。推进重点企业管控系统智能优化：推广应用信息物理系统（CPS），加快生产过程的管控一体化，实现企业经营、管理和决策的智能优化。推动关键工序智能化升级：在石化、医药、食品等行业推广应用自动化成套设备和控制系统，优化工艺流程，提升效率和质量稳定性；在电站成套装备、重型机械装备、海工装备等以离散制造为主的行业推广应用智能装备及新型传感器等先进设备，提高数据采集、信息传送、智能分析和决策反馈能力。

二是推进互联网工厂建设。重点在电站成套装备、汽车、机器人等行业引导具备一定先发优势的骨干企业，率先向同行业或产业链关联配套企业输出标准化智能工厂整体解决方案，打造以行业云平台为支撑的智能互联工厂，促进两化融合由企业内部纵向集成向企业之间横向集成延伸，实现跨区域、分布式协同制造，进一步提升全产业链的要素资源配置效率。

三是推进智能工厂建设。鼓励两化融合贯标试点企业和高端制造基础较好的企业开展智能工厂试点。应用数据采集和先进控制系统建立实时数据库平台，与过程控制、生产管理系统互通集成，实现基于工业互联网的信息共享、集成及优化管理；促进工厂/车间计划排产、加工装备、检验检测等各生产环节的智能协作与联动，提升设备操作自动化、生产管理精细化、资源配置合理化、智能决策科学化水平，打造一批数据驱动的智能工厂。

四是推进智能装备发展。在电站成套装备、航空航天装备、轨道交通装备、高档数控机床、机器人、海工装备等高端装备制造领域发展具有自感知、故障诊断、自适应、数据存储及分析挖掘、网络通信功能的智能装备（产品），推动高端芯片、新型传感器、智能仪器仪表、工业软件、互联网技术、信息安全技术等的集成应用。依托黑龙江省内重点骨干企业，发展以高档数控机床、工业机器人等智能装备为主要元素的智能化生产线；围绕市场需求发展旅游、餐饮、教育、家庭服务等行业的服务机器人及智能终端；推动工业产品价值链向高端跃升。

五是发展中俄跨境电子商务。依托黑龙江省对俄罗斯的经贸和区位优势，大力发展对俄罗斯的跨境电子商务。协同推进跨境电子商务及其支撑产业通关、检验检疫、结汇、退税等环节“单一窗口”综合服务体系建设，推行“联合查验”“一次放行”等通关新模式。在跨境电子商务等监管现场全面推行关检“一机两屏”查验模式，提升通关速度和监管效能，提高服务便利化水平。结合哈尔滨综合保税区建设和对俄罗斯口岸优势突出对俄罗斯经贸合作亮点，推动哈尔滨市设立跨境贸易电子商务综合实验区，以哈尔滨市为中心节点，辐射绥芬河、牡丹江、黑河、同江等口岸，形成“一中心，四节点”的跨境产业基地集群，把对俄罗斯跨境电子商务提升到新水平。

上海市两化融合发展水平分析

【总体情况】

（一）经济概况

2016 年，上海市实现地区生产总值 27466.15 亿元，比 2015 年增长 6.8%。其中，第一产业增加值为 109.47 亿元，同比下降 6.6%；第二产业增加值为 7994.34 亿元，同比增长 1.2%；第三产业增加值为 19362.34 亿元，同比增长 9.5%。第三产业增加值占上海市生产总值的比重为 70.5%，比 2015 年提高 2.7 个百分点。按常住人口计算的上海市人均生产总值为 11.36 万元。全年实现工业增加值 7145.02 亿元，比 2015 年增长 1.0%；全年完成工业总产值 33079.72 亿元，同比增长 0.7%，其中，规模以上工业总产值为 31082.72 亿元，同比增长 0.8%。在规模以上工业总产值中，国有控股企业总产值为 11498.09 亿元，同比增长 1.3%。全年规模以上工业产品销售率为 99.9%。全年原油加工量为 2470.77 万吨，比 2015 年下降 2.0%；工业机器人产量为 2.91 万套，同比增长 24.4%；手机产量为 4801.43 万台，同比下降 28.8%；汽车产量为 260.77 万辆，同比增长 7.3%。2016 年，节能环保、新一代信息技术、生物医药、高端装备、新能源、新材料和新能源汽车等战略性新兴产业制造业完成工业总产值 8307.99 亿元，比 2015 年增长 1.5%。

（二）两化融合主要进展

2016 年，上海市以提升工业软件技术水平为抓手，加快助推工业转型升级，以工业互联网发展为支撑，打造国家级示范城市，推动了两化深度融合创新发展。

1. 做好顶层规划设计，明确工作推进路径

上海市编制并发布《上海市加快制造业与互联网融合创新发展实施意见》和《上海市工业互联网创新发展应用三年行动计划（2017—2019 年）》，按照“一纵一横”的总体发展思路，明确未来 3～5 年上海市推进制造业与互联网融合的主要目标、任务及具体产业层面推进思路。

2. 加强国内外合作交流，汇聚配置全球资源

2016 年 5 月，上海市成功举办 2016 第一届国际工业互联网大会，上海市经信委与中国信息通信研究院正式签署全面合作框架协议，全面推动在制造业与互联网融合等方面的合作。2016 年 9 月，推动上海临港综合示范区成为全国 14 家中德

智能制造合作试点示范项目之一，并在临港成功举办全国中德智能制造试点示范项目经验交流会。

3．推动重大项目落地，实施试点示范工程

推动上海智能制造创新中心、上海工业互联网创新中心、国家级工业互联网标识解析试验验证平台和商发制造智能工厂、荣威智能网联汽车等一批重大投资项目落地。中国商飞、上海仪电显示等一批企业入选2016年智能制造试点示范项目名单。组织推荐中国商飞、宝钢、智能云科、商发等一批上海市重点企业申报2016年工业转型升级（“中国制造2025”）重点项目。

4．构建产业链生态体系，促进产业融合发展

2016年年初，指导成立上海市工业互联网产业联盟，致力打造上海工业互联网全产业链生态推进体系；对接国家工业互联网产业联盟，推动筹建国家工业互联网产业联盟分联盟。推进临港地区、上海化学工业区等一批工业互联网示范基地建设，推动上海华东电信研究院、上海电信、上海超算等一批重点企业和项目落户临港。

5．推动落实支持政策，培育扶持龙头企业

新设立工业互联网创新发展专项资金，编制专项资金实施细则，开展2017年专项资金项目申报，引导企业持续加大对信息化改造传统企业的投入力度，重点引导企业在云服务、软件开发、系统集成等方面的投入及新型信息化方面的投入。推动企业首席信息官制度建设等。

6．提升工业软件技术，助推工业转型升级

鼓励软件企业和制造业深度融合，引导软件企业和用户合作开展自主创新、安全可控软件产品的研发和应用。成立上海工业互联网产业联盟，征集工业互联网示范项目，编制智能制造等相关配套方案，推动工业软件MES标准制定和行业标准宣贯工作。开展工业强基系列课题研究，围绕实现重大工程和重点领域急需的关键产业技术，形成课题研究成果；开展“上海市工业软件发展情况”“上海市人工智能产业创新工程实施方案”研究，组织推动工业软件、人工智能重大项目建设。

7．搭建宣传展示平台，优化产业发展环境

借助工博会平台，设立制造业与互联网融合展示专区，联合工业和信息化部信软司、中国信通院等，成功举办2016制造业与互联网融合发展深度行（上海站）活动，为国内外优秀企业搭建集中展示宣传平台。编印发布《上海市制造业与互联网融合创新发展实践案例集》，发布《2016年上海市两化融合发展水平评估报告》等。

【两化融合发展水平分析】

（一）综合分析

上海市两化融合水平一直处于全国先进水平，2016年上海市两化融合发展总指数为96.61，比2015年提高了1.07个点，远远超过75.75的全国平均水平。其中，基础环境建设由2015年的94.46提升到2016年的100.38，提高了5.92个点；工业应用指数为83.54，比2015年略微下降0.71个点；应用效益指数为118.97，比2015年略微下降0.22个点，如表1和图1所示。

表1　2015—2016年上海市两化融合指数情况

指　标	2015年指数	2016年指数	变化情况
基础环境	94.46	100.38	↑5.92
工业应用	84.25	83.54	↓0.71
应用效益	119.19	118.97	↓0.22
总指数	95.54	96.61	↑1.07

数据来源：中国电子信息产业发展研究院

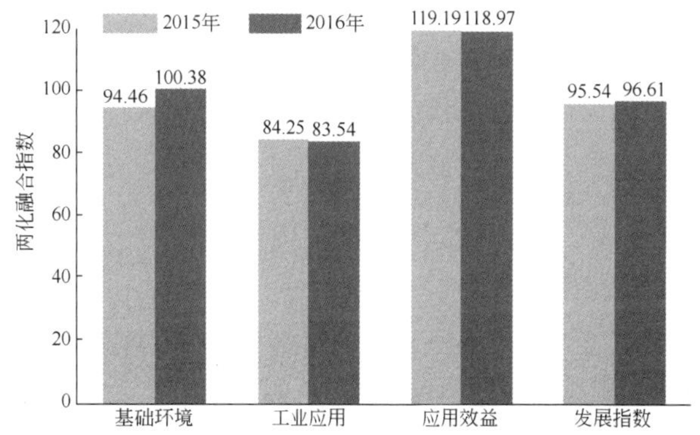

图1　2015—2016年上海市两化融合指数情况

数据来源：中国电子信息产业发展研究院

（二）具体分析

1．基础环境指数

2016年，上海市基础环境指数为100.38，比

2015 年增长 5.92 个点，除移动电话普及率有所下降外，其他分项指标指数均有所提升，特别是城（省）域网出口带宽增幅较大。在信息基础设施建设和应用普及方面，上海市城（省）域网出口带宽指数为 133.85，比 2015 年提高 52.44 个点；固定宽带普及率指数为 104.93，比 2015 年增长 9.59 个点；固定宽带端口平均速率指数为 126.66，比 2015 年增长 8.92 个点；移动电话普及率指数为 81.39，比 2015 年下降 0.68 个点。在互联网应用普及方面，2016 年上海市互联网普及率指数为 83.8，比 2015 年增长 1.37 个点。在两化融合政策环境建设方面，2016 年，上海市设立了两化融合专项引导资金，对于引导两化融合的发展至关重要；中小企业信息化服务平台数量指数为 118.46，比 2015 年提高 6.06 个点；重点行业典型企业信息化专项规划情况指数为 77.7，比 2015 年增长 0.19 个点。

2．工业应用指数

2016 年，上海市工业应用指数为 83.54，除重点行业典型企业采购环节电子商务应用普及率指数、国家新型工业化产业示范基地两化融合发展水平指数略有下降外，其他各项分指标都有不同程度的提升。具体来看，2016 年上海市重点行业典型企业 ERP 普及率指数为 71.62，比 2015 年增长 0.7 个点；重点行业典型企业 MES 普及率指数为 102.3，比 2015 年增长 4.46 个点；重点行业典型企业 PLM 指数为 81.51，比 2015 年提升 1.19 个点；重点行业典型企业 SCM 普及率指数为 66.24，比 2015 年增长 0.16 个点；重点行业典型企业采购环节电子商务应用普及率指数为 106.98，比 2015 年下降 1.21 个点；重点行业典型企业销售环节电子商务应用普及率指数为 123.13，比 2015 年提高 5.3 个点；重点行业典型企业装备数控化率指数为 62.27，比 2015 年上升 1.07 个点；国家新型工业化产业示范基地两化融合发展水平指数为 61.47，比 2015 年下降 15.21 个点。

3．应用效益指数

2016 年，上海市应用效益指数为 118.97，其中，软件业务收入指数增长幅度较大，比 2015 年提高 10.66 个点。在地区工业生产效益和水平方面，2016 年上海市工业增加值占 GDP 比重指数为 36.37，比 2015 年下降 2.46 个点；第二产业全员劳动生产率指数为 107.55，比 2015 年提高 0.57 个点；工业成本费用利润率指数为 50.64，比 2015 年提高 2.81 个点；单位工业增加值工业专利量指数为 135.19，比 2015 年下降 11.45 个点。在工业节能减排水平方面，2016 年上海市单位地区生产总值电耗指数为 109.69，比 2015 年提高 2.11 个点。在信息产业发展水平方面，2016 年上海市电子信息制造业主营业务收入指数为 202.28，比 2015 年略微下降 0.55 个点；软件业务收入指数为 239.82，比 2015 年增长 10.66 个点。

【优劣势评价】

上海市两化融合的优势如下。

一是信息基础建设优势明显。上海市信息化基础设施水平全国领先，基础环境指数为 100.38，高于全国均值 14.94 个点。上海市 2016 年电信业务总量达 1102 亿元，固定电话用户为 732 万户，移动电话用户为 3156 万户，固定资产投资达 144 亿元，固定宽带接入 636 万户。上海光纤到户、4G 网络覆盖及 WiFi 公共服务等信息基础设施建设取得了出色的成绩，从工业和信息化部、宽带联盟公布的数据来看，上海信息基础设施绝大部分指标位居全国前列，截至 2016 年 11 月底，上海固定宽带实际下载速率为 13.69Mbps，连续三年名列全国第 1 位，4G 网络深度覆盖更趋精准。

二是重点行业企业具备了智能制造发展能力。2016 年，上海市重点行业典型企业 ERP 普及率指数为 71.62，高于全国平均水平 8.15 个点；重点行业典型企业 MES 普及率指数为 102.3，高于全国平均水平 28.22 个点；重点行业典型企业 PLM 普及率指数为 81.51，高于全国平均水平 19.09 个点；重点行业典型企业 SCM 普及率指数为 66.24，高于全国平均水平 4.86 个点；重点行业典型企业采购环节电子商务应用指数为 106.98，高于全国平均水平 30.31 个点；重点行业典型企业销售环节电子商务应用指数为 123.13，高于全国平均水平 31.69 个点；重点行业典型企业装备数控化率指数为 62.27，高于全国平均水平 8.27 个点。

同时，上海市两化融合也存在一些劣势。

一是资源约束趋紧。环境资源约束趋紧对上海市两化融合发展的桎梏进一步增强，劳动力、土地和原材料价格大幅上升提高，导致工业生产成本提高，重化、钢铁、劳动密集型加工制造业增长持续放缓。2016 年，上海市工业增加值占 GDP 比重指数由 2015 年的 38.83 降低到 2016 年的 36.37，降低 2.46 个点，低于全国平均水平 5.53 个点。

二是生产性服务业经营成本不断上升。上海市土地、房地产价格等生产要素价值迅速攀升，带动生产性服务业成本（土地成本、房屋租赁费、人力成本、交通通信等）同步升高，这不仅对生产性服务业的发展带来不利影响，也对工业向制造服务化转型带来了不利影响。

【相关建议】

对上海两化融合提出以下建议。

一是打造双创服务平台。鼓励国家级企业技术中心、国家工程研究中心、国家工程技术研究中心等有条件、有实力的大型企业突破边界，利用自身的基础设施、科研条件和渠道优势，整合国内外优质的创新资源，面向企业内部和社会，搭建创业孵化平台和协同创新平台，并与中小企业通过专业分工、服务外包、订单生产等多种形式，建立协同创新、合作共赢的产业生态环境。充分利用科技企业孵化器、文创园区、科技园区等为制造业新兴业态发展创造更大的市场空间，构建一批低成本、便利化、全要素的双创服务平台，积极发展面向制造环节的分享经济，打破企业界限，共享技术、设备和服务，提升中小企业快速响应和柔性高效的供给能力。

二是推动企业跨界融合。支持制造企业与互联网企业发挥各自优势，探索融合发展新思路、新模式，将更多的中小企业与互联网平台资源全面对接。支持制造业企业与互联网企业开展合资并购、投融资、品牌培育、网上销售、物流配送等领域合作，利用互联网优化供应链和服务链体系。鼓励中小制造企业利用制造资源与第三方行业电子商务平台、工业云平台等进行对接，推动企业运用互联网开展在线增值服务，实现制造能力的在线发布、协同和交易。推动建立融合发展新生态环境下的技术体系、标准规范、商业模式、竞争规则等，形成优势互补、合作共赢的融合发展格局。

三是培育融合新模式。聚焦电子信息、装备制造与汽车、生物医药、航空航天、钢铁化工、都市产业等重点产业，引导企业针对研发设计、生产制造、营销、服务、企业管理等生产全流程，向智能化生产、网络化协同、个性化定制和服务化延伸“新四化”模式转变。引导基于企业现场数据集成整合的生产制造过程智能化应用，实现生产方式向智能化转变；引导基于网络、数据驱动的生产资源配置新模式，实现创新资源配置向大众创新转变；引导基于供应链数据集成和企业数据垂直打通，实现需求响应向规模定制转变；引导基于产品全流程数据采集分析的智能化服务，实现产品服务模式向全生命周期管理转变。

四是夯实融合发展基础。加强“核心工业软硬件、工业互联网络、工业云、智能服务平台”等制造业与互联网融合发展基础。推进传感器、过程控制芯片等的研发及应用，加快制造执行系统与产品全生命周期管理等工业软件的产业化。统筹工业互联网基础设施建设规划与布局，加快构建低时延、高可靠、广覆盖的工业互联网基础设施体系，开展骨干物联专网及运营平台建设，分类分级开展专网应用。加强对企业云、行业云及大数据平台等应用基础设施的监管和规划，推动一批细分产业领域工业云服务平台建设，完善相关技术标准、服务规范和评估认证，构建若干支撑新型制造业体系的智能服务平台。

五是提高工控安全水平。加强制造业与互联网融合信息安全保障的监督和指导，制定完善工业信息安全管理的政策法规和标准体系，出台工控系统信息安全风险评估指导意见，建立制造业与互联网融合安全风险采集、威胁分析和信息通报机制，定期组织开展重点行业信息安全检查。着力提升重点领域制造业与互联网融合安全保障能力，围绕控制系统和控制网络、工业大数据、工业云、制造业与互联网融合创新发展应用等关键环节，加强风险评估和防护加固试点，开展关键安全技术、工具、产品和解决方案的推广和示范应用。支持制造业与互联网融合仿真测试、评估验证、监测预警等公共服务平台建设，推动访问控制、监控审计、追踪溯源、商业信息及隐私保护等核心技术、产品、服务和产业发展。

江苏省两化融合发展水平分析

【总体情况】

（一）经济概况

2016 年，江苏省实现地区生产总值 76086.2 亿元，比 2015 年增长 7.8%。其中，第一产业增加值为 4078.5 亿元，同比增长 0.7%；第二产业增加值为 33855.7 亿元，同比增长 7.1%；第三产业增加值为 38152 亿元，同比增长 9.2%。全省人均生产总值 95259 元，比 2015 年增长 7.5%。全社会劳动生产率持续提高，全年平均每位从业人员创造的增加值达 159934 元，比 2015 年增加 12620 元。产业结构加快调整，三次产业增加值比例调整为 5.4∶44.5∶50.1。全年服务业增加值占 GDP 比重提高 1.5 个百分点。全年实现高新技术产业产值 6.7 万亿元，比 2015 年增长 8.0%；占规模以上工业总产值比重达 41.5%，比 2015 年提高 1.4 个百分点。战略性新兴产业销售收入 4.9 万亿元，比 2015 年增长 10.5%；占规模以上工业总产值比重达 30.2%。经济活力继续增强，全年非公有制经济实现增加值 51510.3 亿元，比 2015 年增长 8.0%，占 GDP 比重达 67.7%，其中私营个体经济实现增加值占 GDP 比重为 43.6%；民营经济增加值占 GDP 比重达 55.2%。区域发展协调性进一步提高，苏中地区和苏北地区对江苏省经济增长的贡献率达 45.3%，沿海地区对江苏省经济增长的贡献率达 18.4%。

（二）两化融合主要进展

2016 年，江苏省两化融合发展进入新阶段，推动产业结构调整进一步加快。

1．顶层设计日益强化

研究和制定《江苏省两化融合“十三五”规划》《关于推进制造业与互联网融合发展的实施意见（讨论稿）》两个统领性文件，谋划未来五年江苏省两化深度融合与制造业、互联网融合的发展目标、重点任务和推进举措；强化国家两化融合管理体系标准工作抓手，建立贯标长效机制，扎实有效地推进贯标工作。

2．以互联网化提升推动融合发展

制定出台《2016 年江苏省企业互联网化提升工作要点》，明确工作任务，落实工作职责。设计和优化江苏省企业互联网化发展指标体系，建立全省企业互联网化提升水平综合评估信息系统，并组织 2770 家大中型企业在线填报、在线对标评估。发布互联网化提升指南，支持互联网化提升项目 343 项。制定储备项目建设的重点方向及申报条件，在全省开展优秀融合创新项目的征集，推动转型升级。

3．培育典型示范激发江苏制造创新活力

组织全省制造业企业申报融合创新试点示范，培育互联网与工业融合创新示范试点企业，确定 30 家融合创新示范企业、138 家融合创新试点企业。深度挖掘遴选 50 家有典型示范意义的案例，编制成册在全省推广。研究确定全省重点骨干企业双创平台示范工程创建方案，组织开展重点骨干企业双创平台创建。全面开展省级两化融合管理体系贯标试点，共确定 230 家省级两化融合贯标试点企业，其中 53 家企业被认定为 2016 年国家级两化融合贯标试点企业，并对 45 家通过国家评定的贯标企业给予财政资金奖励。

4．构建支撑体系完善生态

开展全省企业互联网化服务机构发展情况普查和梳理，开展优秀服务机构评选活动。与电信运营商共同实施“星河计划”，依托中国联通智能制造产品孵化基地有关资源，对接大赛和评选中涌现的优秀系统解决方案，培育孵化优秀系统解决方案。在江苏省企业信息化协会平台上分别组建企业 CIO、两化融合咨询服务、互联网化服务机构发展等专业化细分领域服务联盟。与 20 家行业龙头企业开展云平台资源合作，打造江苏工业云平台，2016 年平台服务应用累计达 40 多项，推广 6000 余家企业在江苏工业云平台开展云服务应用，与航天云网达成战略合作意向，并已或拟与华为云、阿里云展开合作。

5．宣传营造“江苏智造”良好氛围

举办首届“江苏智造”创新大赛，并与世界智能制造大会对接创新成果展示，在江苏省制造业掀起新高潮。开展两化融合管理体系贯标环省行活动，累计发放贯标要点讲义 1000 多份，受众分布在 11 个片区、12 个重点行业、1100 家企业。积极组织开展第三届优秀首席信息官（CIO）评选、多主题高峰论坛、国外精品游学、各类交流参观等系列交流培训活动。

【两化融合发展水平分析】

（一）综合分析

2016 年，江苏省两化融合发展总指数为 102.51，比 2015 年增长 5.14 个点。其中，基础环境指数为 103.66，比 2015 年增长 11.99 个点；工业应用指数为 83.88，比 2015 年增长 2.94 个点；应用效益指数为 138.61，比 2015 年增长 2.67 个点，如表 1 和图 1 所示。

表 1　2015—2016 年江苏省两化融合指数情况

指　标	2015 年指数	2016 年指数	变化情况
基础环境	91.67	103.66	↑11.99
工业应用	80.94	83.88	↑2.94
应用效益	135.94	138.61	↑2.67
总指数	97.37	102.51	↑5.14

数据来源：中国电子信息产业发展研究院

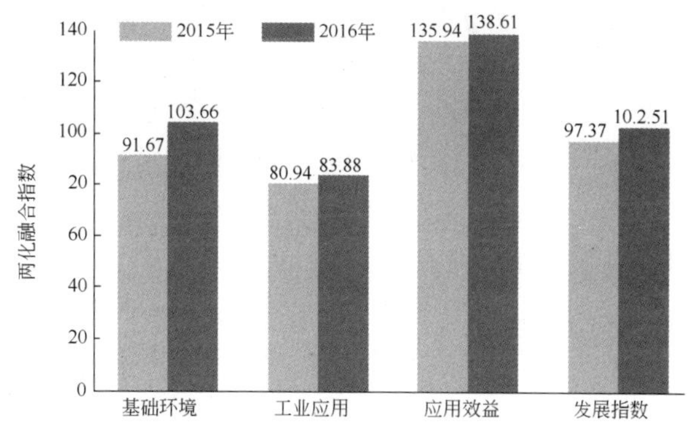

图 1　2015—2016 年江苏省两化融合指数情况

数据来源：中国电子信息产业发展研究院

（二）具体分析

1．基础环境指数

2016 年，江苏省两化融合基础环境指数为 103.66，比 2015 年增长 11.99 个点，基础环境建设各方面都有所提升，其中城（省）域网出口带宽指标提升最大，对基础环境指数增加的贡献较大。在信息基础设施建设方面，2016 年，江苏省城（省）域网出口带宽指数为 184.49，比 2015 年的 129.9 增加了 54.5 个点；固定宽带普及率指数为 119.1，比 2015 年增长 31.36 个点；固定宽带端口平均速率指数为 125.35，比 2015 年增长 25.89 个点；移动电话普及率指数为 69.15，比 2015 年增长 0.78 个点。在互联网应用普及方面，2016 年，江苏省互联网普及率指数为 70.75，比 2015 年增长 1.39 个点。在两化融合政策环境建设方面，2016 年，江苏省设立了两化融合专项引导资金；中小企业信息化服务平台数量指数为 150.00，与 2015 年持平；重点行业典型企业信息化专项规划情况指数为 73.21，比 2015 年略增长 2.54 个点。

2．工业应用指数

2016 年，江苏省两化融合工业应用指数为 83.88，比 2015 年增长 2.94 个点，除重点行业典型企业采购环节电子商务应用指数、国家新型工业化产业示范基地两化融合发展水平指数之外，其他分项指标水平均有明显提升。具体来看，2016 年，江苏省重点行业典型企业 ERP 普及率指数为 75.68，比 2015 年上升 3.16 个点；重点行业典型企业 MES 普及率指数为 91.68，比 2015 年上升 10.29 个点；重点行业典型企业 PLM 指数为 70.29，比2015年增长9.66个点；重点行业典型企业SCM普及率指数为70.85，比2015年增长3.79个点；重点行业典型企业采购环节电子商务应用普及率指数为107.41，比2015年下降5.6个点；重点行业典型企业销售环节电子商务应用指数为133.06，比2015年上升18.98个点；重点行业典型企业装备数控化率指数为69.8，比2015年上升4.73个点；国家新型工业化产业示范基地两化融合发展水平指数为58.77，比2015年下降18.28个点。

3．应用效益指数

2016年，江苏省两化融合应用效益指数为138.61，比2015年上升2.67个点。其中，工业增加值占GDP比重指数为46.99，比2015年减小0.92个点；第二产业全员劳动生产率指数为101.94，比2015年增长3.35个点；工业成本费用利润率指数为44.11，比2015年上升1.83个点；单位工业增加值工业专利量指数为156.78，比2015年下降0.1个点。在工业节能减排水平方面，单位地区生产总值电耗指数为95.19，比2015年提高2.85个点。2016年，江苏省电子信息制造业主营业务收入为301.89，比2015年提高4.32个点；软件业务收入指数为291.58，比2015年增长9.53个点。

【优劣势评价】

江苏省两化融合水平处于全国领先行列，较好的经济基础为促进两化融合发挥了积极作用。具体来说，江苏省两化融合具有以下优势。

一是电子信息制造业实力雄厚。2016年，江苏省计算机、通信和其他电子设备制造业产值达19438.7亿元，同比增长2.3%。智能制造、新型交通运输设备和高端电子信息产品等新产品产量实现较快增长。全年工业机器人产量增长90.6%，服务器产量增长50.2%，智能手机产量增长30.2%，智能电视产量增长21.0%。从指数上看，江苏省电子信息制造业主营业务收入指数高达301.89，居全国第2位。

二是软件和信息服务业持续壮大。2016年，江苏省软件和信息技术服务业累计完成业务收入8324亿元，同比增长14.4%；实现利润总额777亿元，同比增长16.8%；全省共实现软件业务出口总额89亿美元，同比增长4.9%，呈平稳增长态势。在信息技术服务业中，云计算收入为1187亿元，同比增长15.9%；软件业集中的苏南5市实现软件业务收入7726亿元，占全省业务总收入的92.8%。从指数上看，2016年，江苏省软件业务收入指数为291.58，列全国第2位，与全国排名第1位的广东省只有不到1个点的差距。

三是企业信息化应用水平较高，且应用效益显著。根据统计，工业企业信息化应用各项指标较为均衡，均在全国处于较为领先的位置，工业应用指数全国排名第4位，应用效益指数同样列居全国第4位。

江苏省两化融合发展总体情况较好，但也存在一些劣势和不足。

一是基础环境仍有优化空间。根据统计，2016年，江苏省在固定宽带端口平均速率、互联网普及率、移动电话普及率等指标上基本与全国平均水平持平。这样的成绩虽然不差，但与江苏省两化融合指数全国排名第3位的总成绩相比，还有较大的优化提升空间。尤其是，江苏省如果要保持或提升全国排名，基础环境的优化是必须要加强的一项工作。

二是两化融合在提高劳动生产率、节能减排等方面的促进作用没有得到体现。从指数上看，2016年江苏省应用效益指数排名全国第4位，但第二产业全员劳动生产率、单位生产总值电耗及工业成本费用利润率仅与全国平均水平基本持平，而江苏两化融合总体排名和应用效益排名均位于全国前列，远高于全国平均水平。这表明，两化融合并没有给江苏省工业劳动生产率和工业能耗优化带来应用的效益，对工业企业盈利能力的贡献也不明显。

【相关建议】

对江苏省两化融合提出以下建议。

一是加强对新型工业化示范基地两化融合的跟踪评估。2016年，江苏省新型工业化示范基地两化融合水平较2015年出现较大幅度的下滑，指数从2015年的77.05下降至58.77，降低18.28个点，降幅达24%，全国排名也从第10位降至第

14 位。示范基地对工业领域的两化融合具有带动示范作用，其两化融合水平的下滑须引起注意。建议加强对新型工业化示范基地两化融合的跟踪监测，通过评估等方式进行诊断，并出台相应措施扭转这一趋势。

二是加大对关键技术和装备创新研发和转化的支持力度。虽然江苏省单位工业增加值工业专利量一直位于全国前列，但高新技术产业关键技术和装备严重依赖国外的状况一直较为严重。2015 年，江苏省制造业对外技术依存度超过 30%，高校、科研机构技术成果与人才向企业的转化严重不足。建议通过搭建成果转化平台，鼓励企业加强与高校、科研机构的对接；通过多种方式扶持技术装备制造业发展，加大对技术转化的支持力度。

浙江省两化融合发展水平分析

【总体情况】

（一）经济概况

2016 年，浙江省全年地区生产总值（GDP）为 46485 亿元，比 2015 年增长 7.5%。其中，第一产业增加值为 1966 亿元，第二产业增加值为 20518 亿元，第三产业增加值为 24001 亿元，分别同比增长 2.7%、5.8%、9.4%，第三产业对 GDP 的增长贡献率为 62.9%。三次产业增加值结构由 2015 年的 4.3∶45.9∶49.8 调整为 4.2∶44.2∶51.6，第三产业比重提高 1.8 个百分点。2016 年浙江省人均 GDP 为 83538 元（按年平均汇率折算为 12577 美元），同比增长 6.7%。全员劳动生产率为 12.4 万元/人，按可比价计算比 2015 年提高 6.8%。全年信息经济核心产业增加值为 3911 亿元，按现价计算同比增长 15.9%，占 GDP 的 8.4%，比重比 2015 年增加 0.7 个百分点。2016 年浙江省规模以上服务业企业营业收入 10573 亿元，比 2015 年增长 21.1%；利润总额为 1808 亿元，同比增长 21.4%；规模以上工业增加值为 14009 亿元，同比增长 6.2%；规模以上工业销售产值为 67222 亿元，同比增长 4.5%，其中，出口交货值为 11837 亿元，同比增长 1.4%。

（二）两化融合主要进展

2016 年以来，浙江省积极实施创新驱动发展战略，围绕供给侧结构性改革，以新一代信息技术与经济社会融合创新为主线，加快推进两化深度融合国家示范区建设，突出深化制造业与互联网融合发展。

1．制造业与互联网融合日益加快

基于互联网的开放式双创平台不断涌现，浙江省已涌现了 100 多家市场化、专业化、集成化、网络化的众创空间。以个性化定制、网络协同制造和服务型制造等为特色的智能制造模式不断得到推广，全省重点培育了 100 家个性化定制示范试点企业，特别是鞋服行业、装备行业、装饰建材行业的个性化定制效益不断显现。培育的工业信息工程公司的工业物联网技术已在外资企业、合资企业和国内制造业上市公司等得以深入应用，通过向制造业企业提供“工厂物联网+智能制造管理软件+信息集成”解决方案，实现制造业企业的质量、生产效率双提高及资源能耗的下降。

2．信息化与工业化融合深度日益提升

组织召开了浙江省两化深度融合国家示范区建设工作会议，传达工业和信息化部有关文件精神，全面部署落实两化深度融合工作。开展浙江省区域两化融合水平评估，对全省 11 个设区市和 99 个县（市、区、功能区）的两化融合发展水平进行评估，重点对基础环境、工业应用、应用效益三大类的 23 个指标进行评价，并发布《2016 年浙江省区域两化融合发展水平评估报告》。深化省级两化深度融合国家示范区域建设，以 18 个省级两化深度融合国家示范区域、7 个试点区域建设为契机，深入实施两化深度融合十大专项行动计划，委托第三方开展示范试点区域绩效评价。新创建杭州临安市等 8 个省级两化深度融合国家示范区域及台州椒江区等 4 个省级两化深度融合国家试点区域，通过集中资金投入，不断推进提升各地两化融合水平。实施了 2016 年省级两化融合示范试点企业培育工作，以数字工厂（机联网）等八大方向为主要示范方向，在全省评选两化深度融合示范试点企业 160 家，其中包括示范企业 74 家、试点企业 86 家。积极落实两化融合管理体系和标准建设推广行动，向工业和信息化部推荐一批贯标试点企业，报送两化融合评估系统省级数据和大企业双创典型案例材料。针对各地市、县、区信息化负责人和相关企业信息化负责人召开 2016 年浙江省两化融合管理体系贯标实务培训会。开展技术创新综合试点工作，通过竞争性方式在全省范围内创建 5 家云工程和云服务中心、3 家工业信息工程公司省级重点企业研究院。

3．营造了良好的发展环境

为贯彻落实《中国制造 2025》《关于积极推进“互联网+”行动的指导意见》《关于深化制造业与互联网融合发展的指导意见》等有关文件精神，起草了《浙江省人民政府关于深化制造业与互联网融合发展的实施意见（代拟稿）》。以专报形式起草了《推动制造业和互联网深度融合建设浙江制造强省》，并在此基础上向李克强总理呈报了《浙江省推进“互联网+制造”融合加快培育新动能》报告，获国务院、工业和信息化部主要领导批示，并在省级干部深化制造业与互联网融合发展专题研讨班上就浙江省制造业与互联网融合发展情况主题进行讲课。在鞋服行业个性化定制、装备行业个性化定制、装饰建材行业个性化定制、第三方个性化定制平台等领域开展了 2016 年省级个性化定制示范试点企业培育工作，全省范围内确定了要培育的 100 家个性化定制示范试点企业。开展制造业与互联网融合宣贯工作，由浙江省委组织部和经信委联合组织的浙江省深化制造业与互联网融合发展专题研讨班，进行了由地方经信部门为主的浙江省个性化定制培育工作培训，后续针对企业也开展系列培训。

【两化融合发展水平分析】

（一）综合分析

2016 年，浙江省两化融合发展总指数为 102.54，比 2015 年提高 4.39 个点。其中，基础环境指数为 105.62，比 2015 年的 91.64 上升 13.98 个点；工业应用指数为 94.06，比 2015 年的 94.04 增长 0.02 个点；应用效益指数为 116.4，比 2015 年增长 3.52 个点（见表 1 和图 1）。

表 1　2015—2016 年浙江省两化融合指数情况

指　标	2015 年指数	2016 年指数	变化情况
基础环境	91.64	105.62	↑13.98
工业应用	94.04	94.06	↑0.02
应用效益	112.88	116.4	↑3.52
发展指数	98.15	102.54	↑4.39

数据来源：中国电子信息产业发展研究院

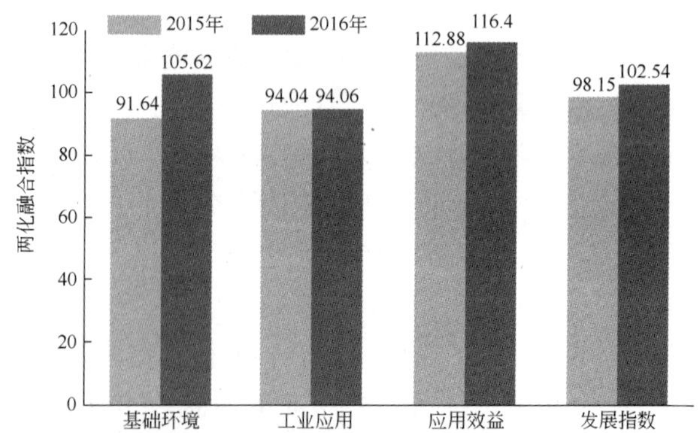

图 1　2015—2016 年浙江省两化融合指数情况

数据来源：中国电子信息产业发展研究院

（二）具体分析

1．基础环境指数

2016 年，浙江省在信息基础设施建设方面继续加大投入力度，基础环境指数由 2015 年的 91.64

提高至105.62，增幅达到7.36个点。具体来看，2016年浙江省城（省）域网出口带宽指数为106.64，比2015年提高7.36个点；固定宽带普及率指数为127.88，比2015年提高30.17个点；固定宽带端口平均速率指数为121.43，比2015年增长41.47个点；移动电话普及率指数为81.82，比2015年增长0.54个点。在互联网应用普及方面，2016年，浙江省互联网普及率指数为78.3，比2015年增长1.77个点。在两化融合政策环境建设方面，2016年，浙江省继续设立两化融合专项引导资金，在吸引社会资本参与信息化建设中发挥了重要作用；中小企业信息化服务平台数量指数为145.34，比2015年增长14.12个点；重点行业典型企业信息化专项规划情况指数为86.72，比2015年增长1.33个点。

2．工业应用指数

2016年，浙江省工业应用多项指数为94.06，与2015年基本持平。具体来看，重点行业典型企业ERP普及率指数为79.6，比2015提升4.28个点；重点行业典型企业MES普及率指数为105.65，比2015年的97.62增长8.03个点；重点行业典型企业PLM指数为90.51，比2015年的88.84提升1.67个点；重点行业典型企业SCM普及率指数为72.77，比2015年的69.42提升3.35个点；重点行业典型企业采购环节电子商务应用普及率指数为135.1，比2015年降低0.32个点；重点行业典型企业销售环节电子商务应用普及率指数为151.9，比2015年的145.973提高5.93个点；重点行业典型企业装备数控化率指数为73，比2015年降低1.53个点；国家新型工业化产业示范基地两化融合发展水平指数为54.13，比2015年的72.08降低17.95个点。

3．应用效益指数

2016年，浙江省两化融合应用效益水平稳步提升，由2015年的112.88提升至116.4，在各具体指标中，除工业增加值占GDP比重指数降低外，其余指标均有一定程度上升。

在地区工业生产效益和水平方面，2016年，浙江省工业增加值占GDP比重指数为47.18，比2015年的48.76下降1.58个点；第二产业全员劳动生产率指数为99.98，比2015年的97.37增长2.61个点；工业成本费用利润率指数为41.26，比2015年的38.86上升2.4个点；单位工业增加值工业专利量指数为162.41，比2015年的161.35上升1.06个点。在工业节能减排水平方面，2016年浙江省单位地区生产总值电耗指数为88.56，比2015年的85.94上升2.62个点。在信息产业发展水平方面，2016年，浙江省电子信息制造业主营业务收入指数为181.28，比2015年的175.72增加5.56个点；软件业务收入指数为232.39，比2015年的217.21提升15.18个点。

【优劣势评价】

浙江两化融合的主要优势如下。

一是软件和信息服务业实力较强，对两化融合形成了良好的产业支撑。2016年，浙江省软件和信息技术服务行业各项主要指标增速均高于全国水平，产业结构不断优化，对两化融合的支撑更加坚实。2016年浙江省实现软件业务收入3602.0亿元，居全国第6位，较2015年增长18.6%，增速比全国平均水平高3.7%；软件和信息服务业全年利税总额、利润总额同比分别增长30.1%、33.7%，利润增速高出全国18.8个百分点。2016年，浙江软件收入占全国的7.4%，但利润占全国的17.1%，行业盈利能力继续保持全国领先。与此同时，浙江软件和信息服务龙头企业的带动作用十分明显。2016年，浙江省前10强企业软件业务收入和利润总额占全省软件行业的44.9%和87.1%。软件信息技术服务业良好的发展态势，为浙江省两化融合持续发展提供了有力保障。

二是具有一批领军企业。在电子商务、工业控制、信息通信、电子设备等领域，浙江省拥有一批国内领先，并且具有较强国际竞争力的龙头企业，对全产业链及周边产业具有较强的带动作用。

三是工业企业信息化应用水平高。浙江省不仅在工业应用指数上排名全国第1位，在工业应用各分项指数中，除装备数控化率指数外，其余指数均位居全国首位，这表明浙江省的工业企业具有较强的信息化意识。

与此同时，浙江省两化融合也存在一些劣势，主要在于数量庞大的中小企业两化融合发展能力较弱。在浙江省的经济构成中，私营企业和中小企业是主力军。2016年，浙江省规模以上工业企业实现利润4323亿元，其中，私营企业贡献最大，实现利润达1402亿元，国有及国有控股企业、股份制企业、外商投资企业及港澳台投资企业实现利润分别为687亿元、660亿元、1122亿元。工业互联网、工业大数据等建设应用投资较大，中小企业发展意愿和能力均不强。

【相关建议】

对浙江省两化融合提出以下建议。

一是对中小制造企业推进与互联网融合建立有针对性的扶持政策。鼓励金融、投资机构创新模式，增加对中小企业的融资支持。在人才、资金、技术、平台等方面，出台相关措施，做好人才培养服务、技术研究服务、财政资金扶持工作，加大对中小企业的支持力度。建设一批高质量的工业云服务和工业大数据平台，面向中小企业需求提供服务，引导和鼓励广大中小企业积极开展信息化应用。

二是着力提升产业示范区两化融合水平。从指数上看，浙江省国家新型工业化产业示范基地两化融合发展水平较2015年出现了大幅下滑，需要着力扭转这一趋势。建议加快推进两化融合试点示范区重点项目建设，通过跟踪监测、评估等多种方式，推动试点示范区企业加快两化融合发展。

安徽省两化融合发展水平分析

【总体情况】

（一）经济概况

2016年，安徽省生产总值（GDP）达24117.9亿元，按可比价格计算，比2015年增长8.7%。分产业看，第一产业增加值为2567.7亿元，同比增长2.7%；第二产业增加值为11666.6亿元，同比增长8.3%；第三产业增加值为9883.6亿元，同比增长10.9%。三次产业结构由2015年的11.2∶49.7∶39.1调整为10.6∶48.4∶41，其中工业增加值占GDP比重为41.1%。全员劳动生产率为55420元/人，比2015年增加4558元/人；人均GDP为39092元（折合5885美元），比2015年增加3095元。全省规模以上工业企业达19382家，比2015年净增1413家。全年规模以上工业增加值比2015年增长8.8%，其中，国有及国有控股企业同比增长4.3%，股份制企业同比增长8.8%，外商投资企业及港澳台商投资企业同比增长6.4%。分门类看，采矿业同比增长4.2%，制造业同比增长9%，电力、热力、燃气及水生产和供应业同比增长10.2%。六大工业主导产业增加值同比增长9.6%，装备制造业增加值同比增长12.9%，高技术产业增加值同比增长19.7%。

（二）两化融合主要进展

2016年，安徽省发展环境进一步优化，贯标工作取得积极进展，制造业与互联网融合进程加快，新模式不断涌现，安全保障能力不断提升。

1. 加强政策法规建设，推进《安徽省信息化促进条例》

法律法规和政策文件的出台。一是推动《安徽省信息化促进条例》的出台，这标志着安徽省信息化发展进入有法可依、依法推进的新阶段。二是牵头起草《安徽省人民政府关于深化制造业与互联网融合发展的实施意见》，安徽省政府已于 2017 年 1 月 6 日正式印发该文件。三是制定出台《安徽省经济和信息化委员会关于加快推进“互联网+”行动计划的实施意见（2016—2020 年）》。

2. 扎实推进工业企业两化融合贯标对标工作

一是点到点对接服务两化融合贯标试点企业。安徽省累计已有 61 家企业通过两化融合管理体系认定，居全国第 4 位。为提高两化融合贯标的受益面，又确立 156 家省级两化融合贯标试点单位。二是在安徽省工业企业中开展两化融合对标引导工作。安徽省累计已有 2670 家企业参与两化融合自评估、自诊断，对标企业数量位居全国前列。2016 年，安徽省区域两化融合指数达到 84.64 分，上升至全国第 8 位。2016 年 9 月，安徽省经信委在全国制造业与互联网融合发展深度行（郑州站）活动中进行经验介绍，受到好评。

3. 着力推进制造业与互联网融合发展

一是打造基于互联网的大企业双创平台。注重基于互联网的大企业双创平台建设的典型案例挖掘，总结推广“荣事达模式”，得到国务院、工业和信息化部及安徽省委、省政府领导的充分肯定和重要批示。2016 年 12 月 15 日，工业和信息化部在合肥举办全国大企业双创现场交流会暨 2016 制造业与互联网融合发展深度行（安徽站）。二是打造普适性服务的云平台。继续推动安徽工业云、合肥工业云和马钢“祥云”平台建设，不断完善服务企业功能。三是打造共建共享的共赢平台。例如，洲峰电子公司的“一万七”大平台、芜湖共生物流第五方服务平台等基于互联网的整合资源而建成的平台；从产业角度出发对接互联网，实现融合而建成的以个性化、定制化为特征的产销互利共享平台，如合肥志邦橱柜公司、合肥客来福家具公司等。

4. 加强示范引导，推广两化融合新模式

一是开展两化融合示范企业建设，坚持榜样带动效应。组织开展省级两化融合示范企业评选认定工作。2016 年，联宝（合肥）电子科技有限公司等 106 家企业被评为安徽省信息化与工业化融合示范企业。成功举办安徽省两化融合工作培训班；同时开展两化融合示范企业行活动，组织部分省级两化融合示范企业的 CIO 相互“串门”、相互启发、共同提高。二是总结推广两化融合典型经验，扩大案例示范效应。第一类是“黑”与“白”系列。所谓“黑”，指的是智能化无人车间，因为当机器相互协作生产的时候，不需要光亮，如马鞍山的华菱星马的“汉马”发动机车间。所谓“白”，指的是企业流程透明化、操控方便化，明明白白，如合力叉车“十八宝”的管理模式。通过“黑”与“白”的总结，促进了智能化生产的示范引领。第二类是“聚”与“散”系列。“聚”是指通过平台能够将要素聚合起来，实现统一管理和调度。例如，江南化工通过 1 个平台把分布于 9 个省（自治区、直辖市）的下辖 13 家企业全部归拢起来，以数据进行管理调控。“散”是指将一项大的业务通过互联网进行科学精细分解，实现企业的无界化运营，如池州天方茶叶的“一亩茶山”模式。通过“聚”与“散”的提炼，推广了众包、众筹、众创等互联网分享经济的理念与做法。第三类是“5”和“6”系列。所谓“5”，是指“制造+服务”。例如，安徽省生产复合肥的司尔特公司，通过互联网深入田间地头，以服务带动制造。所谓“6”，是指第一、二、三产业跨界发展，如安徽省芜湖的三只松鼠电子商务公司。通过“5”和“6”的案例归纳，推广了企业跨界发展的理念和做法。

5. 安全保障能力显著提升

2016 年，安徽省经信委协同安徽省网信办组织全省工业行业关键基础设施网络安全检查。依托中科大信息安全测评中心等专业机构，对石化化工、装备制造、钢铁、有色等重点行业开展网络安全检查，提升工业行业关键基础设施网络安全水平。加强工控系统信息安全管理。开展全省工控系统生产企业摸底调查；制定工控系统密码应用实施意见；指导督促工业和信息化部《工业控制系统信息安全防护指南》的贯彻落实，切实推动工控系统安全防护落到实处。举办安徽省企业信息网络和工控系统安全培训班，从技术推广、人才培养、机构能力提升上下功夫，强化工业企业互联网融合发展的安全保障。

【两化融合发展水平分析】

（一）综合分析

2016 年，安徽省两化融合发展指数为 90.35，比 2015 年增长 5.71 个点。其中，基础环境指数为 84.11，比 2015 年的 70.06 增长 14.05 个点；工业应用指数为 90.37，比 2015 年的 88.22 增长 2.15 个点；应用效益指数为 96.55，比 2015 年的 92.04 增长 4.51 个点，如表 1 和图 1 所示。

表 1　2015—2016 年安徽省两化融合指数情况

指　标	2015 年指数	2016 年指数	变化情况
基础环境	70.06	84.11	↑14.05
工业应用	88.22	90.37	↑2.15
应用效益	92.04	96.55	↑4.51
发展指数	84.64	90.35	↑5.71

数据来源：中国电子信息产业发展研究院

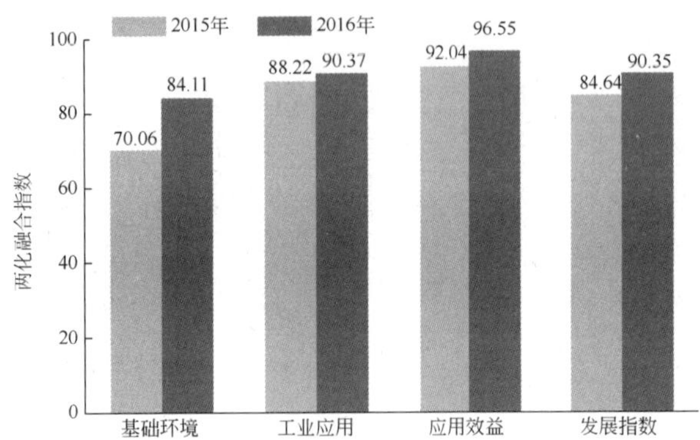

图 1　2015—2016 年安徽省两化融合指数情况

数据来源：中国电子信息产业发展研究院

（二）具体分析

1．基础环境指数

在信息基础设施建设方面，2016 年安徽省城（省）域网出口带宽指数为 104.91，比 2015 年增长 36.54 个点；固定宽带普及率指数为 83.86，比 2015 年增长 29.49 个点；固定宽带端口平均速率指数为 127.23，比 2015 年增长 40.91 个点；移动电话普及率指数为 52.91，比 2015 年降低 0.16 个点。在互联网应用普及方面，2016 年，安徽省互联网普及率指数为 56.32，比 2015 年增长 2.52 个点。在两化融合政策环境建设方面，2016 年安徽省设立了两化融合专项引导资金；中小企业信息化服务平台数量指数为 92.07，比 2015 年增长 10.85 个点；重点行业典型企业信息化专项规划情况指数为 80.12，比 2015 年降低 2.9 个点。

2．工业应用指数

2016 年，安徽省工业应用指数为 90.37。其中，重点行业典型企业 ERP 普及率指数为 77.87，比 2015 年的 78.48 降低 0.61 个点；重点行业典型企业 MES 普及率指数为 104.5，比 2015 年的 101.3 增长 3.2 个点；重点行业典型企业 PLM 指数为 83.9，比 2015 年的 81.92 提升 1.98 个点；重点行业典型企业 SCM 普及率指数为 72.53，比 2015 年的 73.26 降低 0.73 个点；重点行业典型企业采购环节电子商务应用普及率指数为 125.01，比 2015 年的 127.59 降低 2.58 个点；重点行业典型企业销售环节电子商务应用普及率指数为 146.69，比 2015 年的 140.5 增长 6.19 个点；重点行业典型企业装备数控化率指数为 65.21，比 2015 年的 60.76 增长 4.45 个点；国家新型工业化产业示范基地两化融合发展水平指数为 56.99，比 2015 年的 52.5 增长 4.49 个点。

3．应用效益指数

在地区工业生产效益和水平方面，2016 年，安徽省工业增加值占 GDP 比重指数为 48.85，比 2015 年的 51.25 下降 1.52 个点；第二产业全员劳动生产率指数为 121.9，比 2015 年的 121.35 增长 0.55 个点；工业成本费用利润率指数为 36.13，比 2015 年的 36.78 减少 0.65 个点；单位工业增加值工业专利量指数为 165.72，比 2015 年的 156.43 增长 9.29 个点。在工业节能减排水平方面，单位地区生产总值电耗指数为 94.06，比 2015 年的 93.01 提升 1.05 个点。在信息产业发展水平方面，2016 年，安徽省电子信息制造业主营业务收入指数为 143.89，比 2015 年的 131.03 增加 12.86 个点；软件业务收入指数为 69.81，比 2015 年的 55.26 增长 14.55 个点。

【优劣势评价】

安徽省 2016 年工业经济和信息化均呈快速发展态势，两化融合发展具有一定优势。

一是技术创新能力较强。安徽省共有科研机构 4817 个，其中大中型工业企业所办机构 1224 个，从事研发活动人员达 21.3 万人。安徽省有国家大科学工程 5 个；有国家重点（工程）实验室 23 个、省级（含重点）实验室 106 个、部属（含院属）实验室 51 个；有省级以上工程（技术）研究中心 690 家，其中国家级工程（技术）研究中心 34 家。从指数上看，2016 年，安徽单位工业增加值工业专利量指数为 165.72，居全国第 2 位。

二是工业企业信息化应用水平较高。根据统计，2016 年，安徽省工业应用水平居于全国领先水平，工业应用指数为 90.37，排名全国第 2 位。重点行业典型企业 ERP 普及率、MES 普及率等指标也位居全国前列，表明安徽省重点行业企业普遍对信息化应用较为重视，应用较为深入。

同时，安徽省两化融合发展也存在一些劣势。

一是软件服务业规模较小。2016 年 1—11 月，安徽省共完成软件业务收入 197.3 亿元，同比增长 30.1%。其中，软件产品收入 91.6 亿元，同比增长 17.1%；信息技术服务收入 81.1 亿元，同比增长 41%；嵌入式系统软件收入 24.6 亿元，同比增长 54.5%。2016 年，安徽省实现软件外包服务收入 4 亿元，同比增长 23.2%；软件业务出口 5602 万美元，同比增长 26.8%。虽然安徽省软件服务收入增速较快，但总量偏小；与邻近的江苏省相比，软件服务业规模仅相当于其 5%。

二是中小企业服务能力不足。根据评估数据，2016 年安徽省中小企业信息服务平台指数为 92.07，虽然较 2015 年增长超过 10%，但仍低于全国平均水平，在全国仅排名第 20 位，中小企业信息化服务能力亟待提升。

【相关建议】

对安徽省两化融合提出以下建议。

一是提升中小企业信息服务能力。鼓励和支持行业机构、企业、研究机构成立面向中小企业两化融合的联盟性组织，加大中小企业信息化服务平台建设力度，出台促进中小企业信息化发展的指导性政策，遴选一批具有较好发展前景的中小企业通过税收、人才、项目等多种方式进行重点培育支持。

二是加强对技术创新资源的挖掘利用，将技术创新方面的优势转化为实实在在的生产力。建立健全创新成果转化、孵化服务平台，建立、扩大成果转化财政支持专项资金。鼓励投资公司、金融机构等为企业技术成果转化提供融资支持。

福建省两化融合发展水平分析

【总体情况】

（一）经济概况

2016 年，福建省全年实现地区生产总值 28519.15 亿元，比 2015 年增长 8.4%。其中，第一产业增加值为 2364.14 亿元，同比增长 3.6%；第二产业增加值为 13912.73 亿元，同比增长 7.3%；第三产业增加值为 12242.28 亿元，同比增长 10.7%。第一产业增加值占地区生产总值的比重为 8.3%，第二产业增加值所占比重为 48.8%，第三产业增加值所占比重为 42.9%。人均地区生产总值为 73951 元，比 2015 年增长 7.5%。全年全部工业增加值为 11517.21 亿元，比 2015 年增长 7.4%。规模以上工业增加值增长 7.6%。在规模以上工业中，分经济类型来看，国有及国有控股企业工业增加值下降 0.4%；国有企业工业增加值增长 4.6%，集体企业工业增加值增长 1.7%，股份制企业工业增加值增长 9.1%，外商投资企业及港澳台商投资企业工业增加值增长 5.1%；私营企业工业增加值增长 10.7%。分工业类型来看，轻工业增加值增长 7.2%，重工业增加值增长 8.0%。分门类来看，采矿业工业增加值增长 8.1%，制造业工业增加值增长 8.0%，电力、热力、燃气及水生产和供应业工业增加值增长 0.2%。工业产品销售率达 96.52%，比 2015 年下降 0.23 个百分点。

（二）两化融合主要进展

2016 年，福建省高度重视两化融合工作，产业扶持力度进一步加大，虚拟现实和窄带物联网等重点产业取得突破，两化融合服务平台体系进一步优化。

1．多重措施加大产业扶持力度

2016 年，福建省先后出台《福建省人民政府关于进一步加快推进软件和信息技术服务业发展意见》（闽政〔2016〕60 号）、《福建省人民政府关于加快物联网产业发展八条措施的通知》（闽政〔2016〕57 号）、《福建省人民政府关于深化制造业与互联网融合发展的实施意见》（闽政〔2016〕68 号）等政策文件，通过各种措施扶持信息技术产业发展，大力推动制造业与互联网融合。2016—2018 年，福建省财政将安排资金 2.7 亿元，重点从平台建设、关键技术产业化、集成电路设计、工业互联网示范工程、市场拓展、人才队伍建设等多个方面对产业发展进行引导扶持；2017—2020 年，福建省财政将每年安排 1 亿元资金，专项用于加快推进物联网产业发展，重点支持各类实验室、公共平台、重点应用、试点示范等工程建设，以及政府购买服务、创业创新补助、龙头企业扶持、重大推广活动等。福建省经信委建立了“百项千亿”省级两化融合重点项目库，将投资 500 万元以上，并且实现过程控制数字化、管理信息化、设计信息化、产品智能化、电子商务、云平台等相关企业项目实行入库管理；印发了《福建省 2016 年省级两化融合重点项目》，明确 2016 年省级两化融合重点项目合计 827 项，总投资 1840 亿元，项目建成后预计新增销售收入 2725 亿元。

2．两化融合日趋深入

积极贯彻落实《2016 年福建省两化融合专项行动实施方案》，推动企业开展两化融合管理体系贯标，提高管理水平，福建省共有 62 家企业通过国家两化融合管理体系贯标评定，数量居全国第 3 位，推动了全省 827 项两化融合重点项目加快建设。对企业两化融合重点投资项目和通过国家两化融合管理体系评定企业给予补助，2016 年省级两化融合专项扶持资金共计 2000 万元。加快培育工业互联网，实施互联网与工业融合创新试点，推动 30 家企业开展试点工作，其中，明一国际和富贵鸟两家企业列入国家互联网与工业融合创新试点。

3．虚拟现实和窄带物联网产业取得突破

2016 年福州省建成全国首个 VR 产业基地，基地面积达 2520 亩，致力于打造全国领先的 VR 产业集聚区。福州市政府为鼓励 VR 产业快速发展，出台了《关于促进 VR 产业加快发展的十条措施》，这也是全国首个 VR 产业扶持政策。福建省经信委与福州市政府、华为公司、智润公司签署《NB—IoT 项目四方合作备忘录》，合力建设全国首个 NB—IoT 规模商用局、开放实验室和物联网孵化基地。上润公司基于华为 NB—IOT 技术的城市供水漏损治理物联网平台总投资达 3.35 亿元，是首个窄带物联网试点项目。

4．优化平台体系

一是对重点园区平台进行改造提升。福州软件园 A～D 区改造提升工程新增建筑面积 17.8 万平方米，承载能力有极大提升。厦门软件园三期规划面积为 10 平方公里，计划总投资 460 亿元，可容纳 2000 家企业、20 万人次，预计产值可达 2000 亿元，2016 年年底已通过入园审核企业 545 家。

二是鼓励新建一批公共服务平台。福建星瑞格软件有限公司与台北库柏合作开发了为企业提供安全可靠的数据库软件的星瑞格国产数据库源代码及技术移转公共服务平台，总投资 3.5 亿元；星云公司总投资达 2.28 亿元建设大数据与物联网支撑运营平台；由新大陆和上润牵头成立了海峡物联网应用促进中心，与厦门物联网协会、福州开发区物联网产业协会、福州大学物信学院等开展合作，为物联网企业与传统企业搭建交流对接平台；积极推动建设星云大数据服务平台、物联网支撑运营平台、数字家庭创新应用服务平台，提升数据接入服务水平。

三是积极搭建交流展示平台。指导支持第九

届厦门国际动漫节、第三届中国大学生动漫游戏创意设计大赛，举办第六届海峡两岸信息服务创新大赛暨福建省第十届计算机软件设计大赛，并且组织企业积极参加杭州国际动漫节、第二十届中国国际软博会等专业展会，通过专业大赛和展会统一展示福建省软件企业形象，提升产业影响力。

【两化融合发展水平分析】

（一）综合分析

2016 年，福建省两化融合发展指数为 91.73，比 2015 年增长 5.05 个点。其中，基础环境指数为 101.73，比 2015 年的 91.03 增长 10.7 个点；工业应用指数为 79.94，比 2015 年的 76.91 增长 3.03 个点；应用效益指数为 105.3，比 2015 年的 101.88 增长 3.42 个点（见表 1 和图 1）。

表 1　2015—2016 年福建省两化融合指数情况

指　标	2015 年指数	2016 年指数	变化情况
基础环境	91.03	101.73	↑10.7
工业应用	76.91	79.94	↑3.03
应用效益	101.88	105.3	↑3.42
发展指数	86.68	91.73	↑5.05

数据来源：中国电子信息产业发展研究院

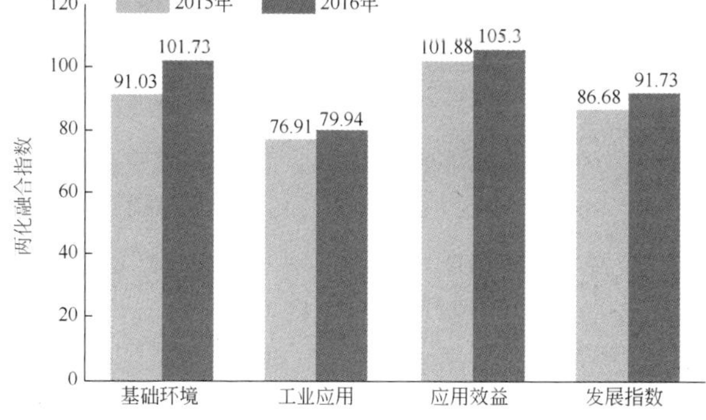

图 1　2015—2016 年福建省两化融合指数情况

数据来源：中国电子信息产业发展研究院

（二）具体分析

1．基础环境指数

在信息基础设施建设方面，2016 年，福建省城（省）域网出口带宽指数为 70.38，比 2015 年增长 7.55 个点；固定宽带普及率指数为 112.29，比 2015 年增长 12.29 个点；固定宽带端口平均速率指数为 127.1，比 2015 年增长 51.75 个点；移动电话普及率指数为 72.51，比 2015 年下降 0.78 个点。在互联网应用普及方面，2016 年，福建省互联网普及率指数为 81.38，比 2015 年增长 2.93 个点。在两化融合政策环境建设方面，2016 年，福建省设立了两化融合专项引导资金；中小企业信息化服务平台数量指数为 150，与 2015 年保持不变；重点行业典型企业信息化专项规划情况指数为 83.24，比 2015 年降低 1.61 个点。

2．工业应用指数

2016 年，福建省重点行业典型企业 ERP 普及率指数为 75.85，比 2015 年的 76.09 降低 0.24 个点；重点行业典型企业 MES 普及率指数 96.07，比 2015 年的 83.01 增加 12.46 个点；重点行业典型企业 PLM 指数为 70.89，比 2015 年的 63.95 增加 6.94 个点；重点行业典型企业 SCM 普及率指数为 70.4，比 2015 年的 67.93 增加 2.47 个点；重点行业典型企业采购环节电子商务应用普及率指数为 97.9，比 2015 年的 85.79 增长 12.11 个点；重点行业典型企业销售环节电子商务应用普及率指数为 115.92，比 2015 年的 96.04 增长 19.88 个点；重点行业典型企业装备数控化率指数为 65.83，比 2015 年的 55.83 增加 10 个点；国家新型工业化产业示范基地两化融合发展水平指数为 53.43，比 2015 年的 87.81 大幅降低 34.28 个点。

3．应用效益指数

在地区工业生产效益和水平方面，2016 年，福建省工业增加值占 GDP 比重指数为 48.46，比 2015 年的 49.60 减小 0.38 个点；第二产业全员劳动生产率指数为 105.06，比 2015 年的 102.57 增加 46.64 个点；工业成本费用利润率指数为 40.97，比 2015 年的 42.42 降低 1.59 个点；单位工业增加值工业专利量指数为 118.74，比 2015 年的 113.97 增长 3.32 个点。在工业节能减排水平方面，单位地区生产总值电耗指数为 96.41，比 2015 年的 92.25 提升 4.16 个点。在信息产业发展水平方面，2016 年，福建省电子信息制造业主营业务收入指数为 165.84，比 2015 年的 160.32 增加 5.52 个点；软件业务收入指数为 197.59，比 2015 年的 185.06 增加 12.53 个点。

【优劣势评价】

福建省两化融合水平位居全国前列，具有一定的发展优势。

一是具有一批国内领先的龙头骨干企业。2016年福建省新增42家企业上市（挂牌），占全部上市（挂牌）企业的43%，福建省上市（挂牌）企业累计达98家。福大自动化、星网锐捷、新大陆、国网信通4家企业入选2016年（第15届）全国软件业务收入前百家企业；网龙、新中冠、利嘉电子商务、中金在线4家企业入选2016年中国互联网企业百强；福大自动化、星网锐捷、国网信通、亿力科技、新大陆、国脉科技、福富软件、瑞芯微8家企业被纳入工业和信息化部2016—2017年软件和信息技术服务业重点联系企业名单。美亚柏科的电子数据取证、福大自动化的安全可靠工业控制系统、上润公司的高精度压力传感器、瑞芯微的数字移动多媒体高端芯片、新大陆的二维码识读设备、联迪公司的金融POS终端、福昕的PDF系列产品等30多种企业产品或技术在工业互联网、移动互联网、行业应用解决方案、应用软件、IC设计等领域处于全国领先地位。

二是具有良好的两化融合发展环境。福建省已经形成了完善的两化融合发展政策体系，建成了较为健全的信息基础设施体系，扶持优惠措施落实非常有力，并且形成了一批多层次、多角度的信息化和两化融合发展平台，产业领域信息化发展氛围非常浓厚。

福建省两化融合水平已取得较大进步，但推进过程中仍存在一些问题。

一是第二产业全员劳动生产率不高。福建省第二产业全员劳动生产率连续两年位列全国第24位，表明信息化对工业企业劳动生产率的促进作用没有体现。从工业应用指数来看，2016年，福建省工业应用指数位列全国第9位，各分项指标也较为理想，但全员劳动生产率一直低位徘徊。

二是新型工业化示范基地两化融合水平严重下滑。2016年，福建省新型工业化示范基地两化融合水平较2015年出现较大幅度下滑，从全国第7位降至全国第24位。示范基地的示范带动作用没有得到发挥。

【相关建议】

对福建省两化融合提出以下建议。

一是继续深化信息技术在工业企业中的应用。以加快新一代信息技术与工业深度融合为主线，以应用为核心全面推进企业全产业链智能化改造，发展基于互联网的协同制造新模式，发挥信息化对劳动生产率的促进作用。重点推进加快工业研发和协同创新信息化，培育智能制造生产模式，加快传统产业信息化改造和节能环保信息化，大力发展电子商务和在线定制应用，加强工业互联网基础设施和产业聚集区信息化建设，提升信息产业支撑能力。

二是加强新型工业化示范基地建设和发展。加强新型工业化示范基地两化融合工作的评估诊断，建立长效监测跟踪机制。进一步健全和落实新型工业化示范基地各项优惠、引导政策措施。通过重点项目奖励、示范项目遴选、经验交流活动等多种方式，继续营造良好发展氛围。

江西省两化融合发展水平分析

【总体情况】

（一）经济概况

2016 年，江西省全年实现地区生产总值（GDP）18364.4 亿元，比 2015 年增长 9.0%。其中，第一产业增加值为 1904.5 亿元，同比增长 4.1%；第二产业增加值为 9032.1 亿元，同比增长 8.5%；第三产业增加值为 7427.8 亿元，同比增长 11.0%。三次产业结构由 2015 年的 10.6∶50.3∶39.1 调整为 10.4∶49.2∶40.4，三次产业对 GDP 增长的贡献率分别为 4.8%、47.4%、47.8%。人均生产总值为 40106 元，同比增长 8.4%，按年均汇率折算为 6038 美元。全年规模以上工业增加值为 7803.6 亿元，比 2015 年增长 9.0%。分工业类型来看，轻工业增加值为 2964.1 亿元，同比增长 7.4%；重工业增加值为 4839.4 亿元，同比增长 10.0%。分经济类型来看，国有企业增加值为 241.6 亿元，同比下降 4.7%；集体企业增加值为 17.9 亿元，同比增长 1.6%；股份合作企业增加值为 20.8 亿元，同比增长 0.1%；股份制企业增加值为 3140.9 亿元，同比增长 9.2%；私营企业增加值为 3207.8 亿元，同比增长 10.6%；外商投资企业及港澳台商投资企业增加值为 1167.1 亿元，同比增长 10.4%。

（二）两化融合主要进展

2016 年，江西省大力推动两化融合发展，政策引导力度进一步加大，电子信息制造业发展迅猛，中小企业服务能力显著提升。

1．强化政策引导，加快推进两化深度融合

江西省以工业转型升级为目标，深化信息技术在研发设计、生产制造、经营管理、营销服务等方面的应用，加快云计算、物联网、大数据、移动互联网等新一代信息技术在工业各领域深度融合。积极推进“互联网+”制造，九江石化、江西铜业、江中药业等入选国家智能制造试点示范项目。一是以典型示范推进两化融合工作。实施两化深度融合示范工程，开展 2016 年省级两化融合示范园区和示范企业的培育工作，2016 年培育、认定了 3 个省级示范园区和 50 家省级示范企业。制定《江西省两化深度融合示范专项项目管理暂行办法》，从省级“中国制造 2025”专项资金中安排 2000 万元财政专项资金扶持 16 家省级两化融合示范企业和 2 个示范园区。二是鼓励引导企业开展两化融合管理体系贯标。组织协会、IT 及互联网企业、高校和科研院所成立了江西省两化融合推进联盟，积极推广两化融合管理体系国家标准。推荐江西汉腾汽车有限公司等 46 家企业参加贯标试点，经工业和信息化部审核批准，9 家企业入选贯标试点单位。三是开展企业两化融合评估诊断和对标引导工作。依托中国两化融合服务平台及省级分平台，组织 883 家企业上平台参加两化融合发展水平评估诊断，开展数据在线填报、系统评分和辅助分析等，通过评估诊断帮助企业定量摸清两化融合情况及发展方向。

2．落实“互联网+”行动，推进制造业与互

联网融合

一是落实“互联网+”行动，先后制定《关于推进“互联网+制造”的实施方案》和《关于深入推进制造业与互联网融合发展的实施意见》，加快推动互联网在工业领域深度融合和创新发展，促进新兴业态拓展。二是建设江西航天云网。落实江西省与中国航天科工集团合作框架协议，支持江西航天云网科技公司，共同推进江西航天云网建设，着力打造中小企业“互联网+智能制造”平台。在江西省赣州市南康区为家具企业建设了统一的公共服务平台——康居网，打造家具的定制化、服务化、社会化制造新模式，在这个平台上可以实现从家具设计—建模—打印的全过程功能，为家具企业提供产品设计一体化服务，实现“研发模式转变，生产模式转变，销售模式创新”，促进“互联网+”家具制造业的融合。依托江西航天云网平台建设了江西省工业投融资平台——赣邦网，推动产融结合，实现产业基金对接机制的常态化运行。平台以提高融资成效、降低融资成本和风险为目的，以投融资网上对接服务为核心，以融资指导、会员服务、线下活动策划三大特色运营服务为配套，提高融资服务的时效性和透明度。为江西航天云网平台线上 5 万家企业及全国 300 多家投资机构提供投融资对接、法律、财务、项目可行分析等方面的服务。

3. 组织开展校企合作，促进中小企业信息化发展

江西省以两化深度融合为主线，以企业为主体，以项目为抓手，以校企合作为平台，共同推进中小企业信息化建设。制定了《江西省校企合作促进中小企业信息化建设专项项目管理暂行办法》，明确了重点支持方向和项目支持办法。与江西省科技厅共同对 2016 年校企合作申报项目进行了筛选，于 2016 年年底对项目进行了验收。

【两化融合发展水平分析】

（一）综合分析

2016 年，江西省两化融合发展指数为 71.96，比 2015 年上升 1.37 点。其中，基础环境指数为 87.77，比 2015 年的 63.54 上升 24.23 个点；工业应用指数为 60.67，比 2015 年的 70.61 减小 9.94 个点；应用效益指数为 80.01，比 2015 年的 77.61 上升 9.74 个点，如表 1 和图 1 所示。

表 1　2015—2016 年江西省两化融合指数情况

指　标	2015 年指数	2016 年指数	变化情况
基础环境	63.54	87.77	↑24.23
工业应用	70.61	60.67	↓9.94
应用效益	77.61	80.01	↑9.74
发展指数	70.59	71.96	↑1.37

数据来源：中国电子信息产业发展研究院

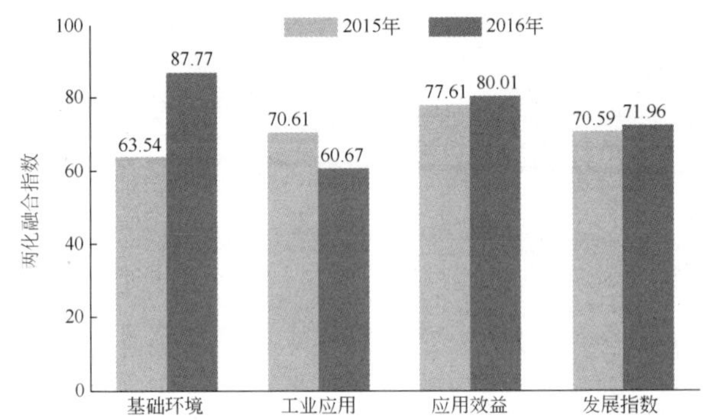

图 1　2015—2016 年江西省两化融合指数情况

数据来源：中国电子信息产业发展研究院

（二）具体分析

1. 基础环境指数

在信息基础设施建设方面，江西省的各项指数都有提升。其中，城（省）域网出口带宽指数为 108.13，比 2015 年的 70.05 增长 38.08 个点；固定宽带普及率指数为 85.19，比 2015 年的 58.5 增长 26.69 个点；固定宽带端口平均速率指数为 124.96，比 2015 年的 83.96 增长 41 个点；移动电话普及率指数为 51.66，比 2015 年的 50.39 增长 1.27 个点。在互联网应用普及方面，2016 年，江西省互联网普及率指数为 55.62，比 2015 年的 50.86 增长 4.76 个点。在两化融合政策环境建设方面，2016 年，江西省设立了两化融合专项引导资金；中小企业信息化服务平台数量指数为 150，比 2015 年的 70.75 增加 79.25 个点；重点行业典型企业信息化专项规划情况指数为 44.59，比 2015 年的 43.82 增加 0.77 个点。

2. 工业应用指数

2016 年，江西省重点行业典型企业 ERP 普及

率指数为66.95，比2015年的70.91减小3.96个点；重点行业典型企业MES普及率指数为80.85，比2015年的78.10增加2.75个点；重点行业典型企业PLM指数为52.68，比2015年的51.35增加1.33个点；重点行业典型企业SCM普及率指数为67.2，比2015年的65.10增加2.19个点；重点行业典型企业采购环节电子商务应用普及率指数为69.6，比2015年的87.55减小17.95个点；重点行业典型企业销售环节电子商务应用普及率指数为86.32，比2015年的100.15减小13.83个点；重点行业典型企业装备数控化率指数为10.91，比2015年的50.89减小39.98个点；国家新型工业化产业示范基地两化融合发展水平指数为59.36，比2015年的65.10减小5.74个点。

3．应用效益指数

在地区工业生产效益和水平方面，2016年，江西省工业增加值占GDP比重指数为48.22，比2015年的50.43减小2.21个点；第二产业全员劳动生产率指数为108.04，比2015年的107.1增加0.94个点；工业成本费用利润率指数为43.29，比2015年的45.36降低2.07个点；单位工业增加值工业专利量指数为85.02，比2015年的74.74增长10.28个点。在工业节能减排水平方面，单位地区生产总值电耗指数为101.53，比2015年的101.36提升0.17个点。在信息产业发展水平方面，2016年，江西省电子信息制造业主营业务收入指数为148.5，比2015年的141.03增加7.47个点；软件业务收入指数为37.48，比2015年的34.03增加3.45个点。

【优劣势评价】

江西省两化融合发展的优势主要在于中小企业服务能力较强，符合江西省区域工业结构特征，两化融合持续发展前景看好。江西省依托江西航天云网平台为线上5万家企业及全国300多家投资机构提供投融资对接、法律、财务、项目可行分析等方面的服务。江西经信委还联合江西省发改委、江西省教育厅、江西省科技厅等部门，以两化深度融合为主线，以企业为主体，以项目为抓手，以校企合作为平台，共同推进中小企业信息化建设。制定了《江西省校企合作促进中小企业信息化建设专项项目管理暂行办法》，明确了重点支持方向和项目支持办法。从统计指标上看，2016年，江西省中小企业信息化服务平台数指数为150，较2015年大幅增长79.25，居全国第6位。

同时，江西省两化融合也存在一些劣势和不足。

一是软件和信息服务业产业规模小。江西省软件产业规模总量居全国第20位，且缺少实力较强的龙头企业，全省主营业务收入超10亿元的软件企业仅3家。软件产业区域发展极不平衡，南昌市聚集了全省80%以上的软件企业，其他地市软件产业规模较小，服务能力不足。

二是企业信息化应用能力不足。2016年，江西省工业应用指数居全国第20位，在各分项指数中，重点行业典型企业装备数控化率指数排名全国第31位，其他工业应用指数也仅位于全国中游水平，企业信息化应用水平亟待提升。

【相关建议】

对江西省两化融合提出以下建议。

一是加大对软件产业的扶持力度。通过引进国内外知名软件企业落地，以支持重点企业、重点项目等多种方式，培育具有较强带动能力、辐射能力的龙头企业。通过优化软件企业经营环境、财税支持、融资支持、创业创新环境等多种方式，鼓励中小企业和初创企业加快发展，做大做强。

二是以多种方式支持工业企业加大信息化应用力度。通过完善工业信息化服务平台及建立或引进工业互联网平台、工业大数据平台等为工业企业信息化应用创造良好的支撑条件。通过试点示范、财税支持等方式，引导工业企业积极开展信息化应用。通过培训、贯标、经验交流等方式，营造良好氛围。

山东省两化融合发展水平分析

【总体情况】

（一）经济概况

2016年，山东省实现生产总值67008.2亿元，按可比价格计算，比2015年增长7.6%。其中，第一产业增加值为4929.1亿元，同比增长3.9%；第二产业增加值为30410.0亿元，同比增长6.5%；第三产业增加值为31669.0亿元，同比增长9.3%。三次产业比例由2015年的7.9∶46.8∶45.3调整为7.3∶45.4∶47.3，实现了由“二三一”向“三二一”的历史性转变。人均生产总值为67706元，居民消费价格比2015年上涨2.1%。其中，城市居民消费价格上涨2.2%，农村居民消费价格上涨1.8%；服务项目价格上涨2.0%，消费品价格上涨2.1%。农业生产资料价格下降1.1%，农产品生产者价格上涨2.8%。工业生产者月度同比价格先降后升，全年出厂价格下降1.5%，购进价格下降2.0%。固定资产投资价格下降0.9%。全部工业增加值为26648.6亿元，比2015年增长6.6%。规模以上工业增加值增长6.8%。其中，轻工业增长5.5%，重工业增长7.5%。新动能快速成长。高新技术产业产值比2015年增长7.5%，占规模以上工业总产值的比重为33.8%，比2015年提高1.2个百分点。新能源汽车、微波终端机、智能电视、工业机器人、运动型多用途乘用车（SUV）等新产品产量分别增长100.0%、71.1%、58.8%、49.1%、32.3%。

（二）两化融合主要进展

2016年，山东省深入贯彻落实“中国制造2025”及“互联网+”发展战略，加快推动信息化与工业化深度融合及软件服务业转型升级，优化软件服务业发展环境、营造浓厚产业氛围，推进大数据产业发展，较好地完成了各项目标任务。

1. 大力推动两化融合

2016年，山东省信息化与工业化融合水平指数达到93，同比提高12.65，居全国第5位。两化融合管理体系国家贯标试点工作不断推进，完成第三批国家试点企业和咨询服务机构申报，有58家企业入选，居全国第2位，前三批共争取试点企业157家，居全国第3位。开展两化融合深度行系列活动20场，培训企业3500家、技术人员5000人。

2. 持续推进“互联网+”发展

举办中国制造业与互联网融合发展高峰论坛，参会人员超过1500人，网络直播收看人数超过1.4万人，近500家企业参展，达成合作意向3532个，极大地宣传推广了山东省推动制造业与互联网融合发展方面取得的成就和经验。大力推进工业电商百县行，已累计开展78场活动，培训企业9200家。“好品山东”网络营销管理服务平台交易额达到625亿元，是2013年的2.8倍。大力支持山东工业云平台建设，安排2500万元财政资金支持平台发展，不断扩大工业云应用试点，目前该平台服务企业的数量已经超过6000家。

3. 推进大数据产业蓬勃发展

2016年5月31日，山东省成立了大数据产业创新联盟，会员单位达180余家，涵盖了大数据产业链条上的产、学、研、用各个方面。2016年6月7日，山东省举办了大数据产业发展高峰论坛，推荐15个项目参加工业和信息化部信软司“大数据优秀产品、服务和应用解决方案”征集活动。积极培育大数据龙头企业，形成一系列云计算、大数据产品及方案，全国第一家大数据流通与交易技术国家工程实验室获批。大力推动大数据产业聚集发展，济南市启动了“数创公社”规划，青岛市打造大数据产业高地，济宁市建设“山东省信息技术产业基地”，吸引惠普、华为等优势企业投资落户。

【两化融合发展水平分析】

（一）综合分析

2016年山东省两化融合发展总指数为95.05，比2015年提高2.05个点。其中，基础环境指数为100.61，比2015年提高14.84个点，两化融合基础环境提升明显；工业应用指数为81.96，比2015年降低3.82个点；应用效益指数为115.67，比2015年提高1.02个点（见表1和图1）。

表1　2015—2016年山东省两化融合指数情况

指　　标	2015年指数	2016年指数	变化情况
基础环境	85.77	100.61	↑14.84
工业应用	85.78	81.96	↓3.82
应用效益	114.65	115.67	↑1.02
总指数	93	95.05	↑2.05

数据来源：中国电子信息产业发展研究院

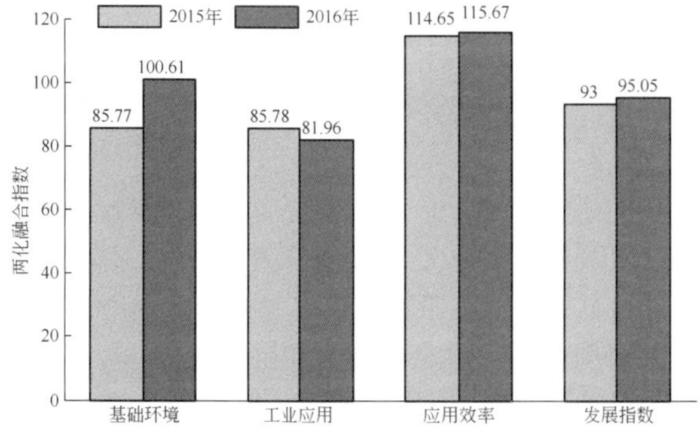

图1　2015—2016年山东省两化融合指数情况

数据来源：中国电子信息产业发展研究院

（二）具体分析

1．基础环境指数

2016年，山东省基础环境指数有了较大提升，由2015年的85.77提升至100.61。在信息基础设施建设方面，城（省）域网出口带宽指数值为175.53，比2015年大幅提高58.99个点；固定宽带普及率指数为100.23，比2015年提高近21个点；固定宽带端口平均速率指数为131.13，比2015年大幅提升50.51个点；移动电话普及率指数为65.98，比2015年提高了0.57个点。在互联网应用普及方面，2016年山东省互联网普及率指数为66.57，同比增长3.31个点。在两化融合政策环境建设方面，2016年山东省持续设立两化融合专项引导资金，对于引导各领域两化融合发展至关重要；中小企业信息化服务平台数量指数为150，与2015年持平；重点行业典型企业信息化专项规划指数为79.83，与2015年相比略有提升。

2．工业应用指数

2016年，山东省工业应用指数为81.96，除国家新型工业化产业示范基地两化融合发展水平下降较为显著、重点行业典型企业PLM普及率和SCM普及率小幅下挫外，其他各项分指标都有不同程度的增长。具体来看，2016年山东省重点行业典型企业ERP普及率指数为76.6，比2015年增长1.8个点；重点行业典型企业MES普及率指数为79.36，比2015年增长3.94个点；重点行业典型企业PLM普及率和SCM普及率指数分别为83和70.39，同比下降1.2个点和0.24个点。2016年山东省重点行业典型企业电子商务应用指数领跑各项指标，采购环节指数和销售环节指数分别为111.49和120.99，同比分别增长5.13个点和12.31个点。2016年山东省国家新型工业化产业示范基地两化融合发展水平指数为55.88，比2015年下降近一半。

3．应用效益指数

2016年，山东省应用效益指数为115.67，其中软件业务收入指数增长幅度最大，比2015年提高12.93个点。在地区工业生产效益和水平方面，2016年山东省工业增加值占GDP比重指数为48.02，比2015年减小1.58个点；第二产业全员劳动生产率指数为122.47，比2015年提高2.63个点；工业成本费用利润率指数为40.6，比2015年的41.46略有下滑；单位工业增加值工业专利量指数为99.41，比2015年下降3.8个点。在工业节能减排水平方面，2016年山东省单位地区生产总值电耗指数为89.59，比2015年降低6.98个点。在信息产业发展水平方面，2016年山东省电子信息制造业主营业务收入指数为213.85，比2015年上升7.36个点。

【优劣势评价】

山东省两化融合发展具有以下优势。

一是两化融合基础实力雄厚。山东省已经全面建成“全光网省”，17个城市全部实现全光网，城区80%以上家庭具备100MB光纤接入能力，行政村通光纤基本实现。建成4G基站超过10万个，实现乡镇以上地区网络深度覆盖。互联网普及率达到50%。2016年9月28日组织中国电信、中国移动、中国联通、铁塔集团与山东省政府签署战略合作协议，“十三五”期间在山东省投资1100亿元，支持“互联网+”、大数据、云计算发展。加快缩小城乡“数字鸿沟”，成立山东省经信系统信息化建设扶贫工作领导小组，争取山东省财政预算内资金1700万元，支持32个乡镇开展“信息化扶贫示范镇”建设试点。

二是信息产业发展实现质量效益双跃升。2016年，山东省统计规模内软件企业个数达4268家，比2015年增长15.1%；实现软件业务收入4404.9亿元，同比增长17.9%；实现利润、利税分别为290亿元、545亿元，同比分别增长21.4%、20.2%。山东省5家企业入围2016年中国软件企业百强，海尔、浪潮、海信分别居百强第3～5位；5家企业入围2016中国软件和信息技术服务综合竞争力百强，浪潮列百强第5位。累计培育省级软件工程技术中心106家。浪潮ERP软件、中创中间件等一批软件产品市场占有率居全国前列。

同时，山东省两化融合也存在一些劣势。

一是软件和信息技术服务业规模和品牌效应不强。在产业规模方面，与广东省、江苏省、北京市等省（自治区、直辖市）相比，山东省差距明显，大部分软件企业规模偏小、市场竞争力较弱，信息服务业发展滞后，缺少龙头明星企业拉动。国产基础软件市场开拓困难较大，国产软件缺乏品牌效应、市场小、应用少，阻碍了自主可控软件产业的发展。

二是两化融合应用水平还有较大提升空间。目前，山东省处于两化融合集成提升阶段的企业占30.1%，处于创新突破阶段的企业占7.1%，54.6%的企业仍处于单项覆盖阶段。大多数企业缺乏应用于提高产品质量、实现节能减排、提高劳动生产率的智能化技术，以及应用于各类复杂产品设计和企业管理的智能化高端软件产品。

【相关建议】

对山东省两化融合有以下建议。

一是提升软件和信息技术服务业创新能力。强化顶层设计，依托省级软件技术中心建设及提升，进一步引领、带动软件产业创新发展。围绕产业链部署创新链、围绕创新链配置资金链，着力培育企业创新主体，技术创新、应用创新、商业模式创新和管理创新并重，打造覆盖基础研究、技术研发、应用服务的全产业链创新体系。加强核心技术攻关，加快突破中间件、数据库等基础软件和应用软件，以及移动互联网、云计算、大数据、物联网等领域关键技术，加快培育新业态、新产业，构建新生态，拓展网络经济新空间。

二是创新发展互联网工业。开展制造业与互联网融合发展区域试点示范，选择部分制造业比较发达的地市、县（市、区），积极探索建立产业引领、数据开放、公共服务、人才培养等推进机制，形成一批可推广、可复制的制造业与互联网融合发展特色模式。开展基于互联网的制造业双创平台试点示范，依托重点行业优势企业，打造一批双创平台，联合基础电信企业、大型互联网企业打造一批行业性公共服务平台。开展工业云创新服务试点示范，进一步完善山东工业云平台功能，建立一批工业云体验中心，开展工业云应用示范。开展工业电子商务平台试点示范，支持制造业骨干企业、电子商务平台服务企业建设一批工业电子商务平台。

三是推进两化深度融合。着力推进国家两化融合管理体系贯标试点工作，重点抓好第二批60家企业、第三批58家企业及129家省级试点企业，落实两化融合700个配套项目实施。加强两化融合咨询服务机构建设，加快两化融合评测中心、两化融合促进中心建设，进一步提高服务能力和水平。持续开展两化融合水平评估，完善两化融合水平评估服务平台功能，以评估促效能。抓好两化融合深度行活动，组织20场行业对标和专题培训活动，通过主要网站，开通视频直播，扩大活动影响力和受益面。

河南省两化融合发展水平分析

【总体情况】

（一）经济概况

2016年，河南省全年生产总值为40160.01亿元，比2015年增长8.1%。其中，第一产业增加值为4286.30亿元，同比增长4.2%；第二产业增加值为19055.44亿元，同比增长7.5%；第三产业增加值为16818.27亿元，同比增长9.9%；三次产业结构为10.7∶47.4∶41.9。人均生产总值为42247元，比2015年增长7.6%。全年地方财政总收入为4706.96亿元，比2015年增长5.6%。一般公共预算收入为3153.45亿元，同比增长8.0%。全年工业增加值为16830.74亿元，比2015年增长7.5%，其中规模以上工业增加值同比增长8.0%。在规模以上工业中，分经济类型来看，国有企业增加值下降0.1%，集体企业增加值增长6.7%，股份制企业增加值增长8.7%，外商投资企业及港澳台商投资企业增加值增长5.5%；分门类来看，采矿业增加值下降0.7%，制造业增加值增长9.0%，电力、热力、燃气及水的生产和供应业增加值增长2.5%；产品销售率为98.1%。2016年高技术产业增加值增长15.5%，占规模以上工业增加值的8.7%；高成长性制造业增加值增长10.6%，占规模以上工业增加值的48.4%；传统支柱产业增加值增长5.3%，占规模以上工业增加值的44.5%；六大高载能行业增加值增长6.1%，占规模以上工业增加值的32.3%。

（二）两化融合主要进展

2016年，河南省积极推进信息化与工业化融合发展，取得较大进展。

1．完善政策环境

出台《河南省深化制造业与互联网融合发展实施方案》，印发《河南省信息化和工业化深度融合专项行动计划（2014—2018年）》，明确下一步发展目标、主要任务和政策措施。同时，自2016年起河南省财政拿出1亿元，支持制造业与互联网融合关键技术研发、公共服务平台、产业化应用项目和试点示范企业，发挥财政资金的引导和扶持作用。

2．开展试点示范

一是争创国家大数据试验区。制定《河南省推进国家大数据综合试验区建设总体方案》《河南省推进国家大数据综合试验区建设实施方案》，2016年10月河南省正式入选国家大数据综合试验区。二是开展智能制造试点，围绕装备制造、电子信息、食品、冶金、建材、化工、轻纺等重点行业，累计认定省级智能工厂23个、智能车间31个，推动制造企业信息系统集成应用和生产装备数字化、智能化升级，2016 年河南省规模以上制造企业的企业资源计划、制造执行、产品生命周期管理、供应链管理等信息系统覆盖率分别达到49%、31%、28%、28%，生产装备数控化率达到 46%。三是开展"互联网+"工业创新示范，累计认定省级示范企业 52 家，探索发展服务型制造、个性化定制、网络协同制造等新型制造模式，推动制造企业组织和生产方式变革，形成一批典型案例；组织编写《河南省制造业与互联网融合创新案例汇编》，促进经验交流和成功模式推广。四是开展物联网示范，认定省级物联网示范平台 8 个、省级农业物联网应用示范基地 14 个，促进物联网产业发展和技术应用。

3．实行"互联网+小微企业"行动计划

实施小微、中小企业信息化推进工程和中小企业两化融合能力提升行动计划，支持引导信息服务商通过云计算、大数据、移动互联网、物联网等信息技术，为小微、中小企业的财务管理、生产过程、采购与营销、质量检验、人力资源管理、客户服务和物流等核心业务发展提供信息化应用服务。深入实施中小企业"翔计划"，积极推动电子商务在小微、中小企业中的应用，每年帮助 1 万家小微、中小企业建设电子商务营销网络。

【两化融合发展水平分析】

（一）综合分析

2016 年，河南省两化融合发展指数为 74.7，处于全国中游水平。其中，基础环境指数为 91.35，比 2015 年的 76.54 大幅增长 14.81 个点；工业应用指数为 60.83，比 2015 年的 63.9 减小 3.07 个点；应用效益指数为 85.78，比 2015 年的 83.13 增长 2.65 个点，如表 1 和图 1 所示。

表 1　2015—2016 年河南省两化融合指数情况

指　标	2015 年指数	2016 年指数	变化情况
基础环境	76.54	91.35	↑14.81
工业应用	63.9	60.83	↓3.07
应用效益	83.13	85.78	↑2.65
发展指数	71.87	74.7	↑2.83

数据来源：中国电子信息产业发展研究院

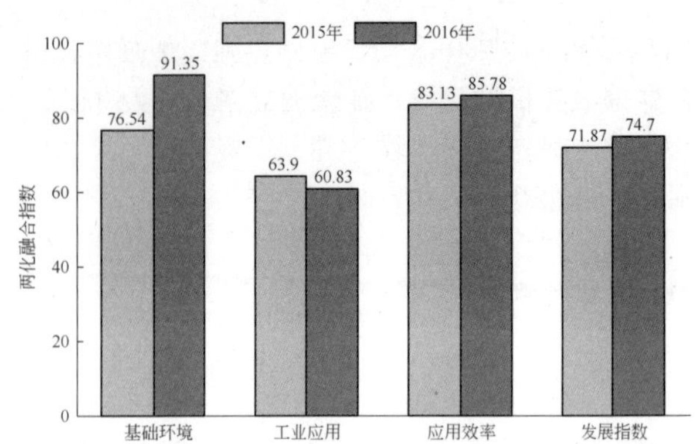

图 1　2015—2016 年河南省两化融合指数情况

数据来源：中国电子信息产业发展研究院

（二）具体分析

1．基础环境指数

在信息基础设施建设方面，2016 年，河南省城（省）域网出口带宽指数为 148.26，较 2015 年的 94.27 增加 53.99 个点；固定宽带普及率指数为 86.9，比 2015 年的 66.1 增长 20.8 个点；固定宽带端口平均速率指数为 132.59，比 2015 年的 79.56 增长 53.03 个点；移动电话普及率指数为 60.04，比 2015 年的 59.25 增长 0.79 个点。在互联网应用普及方面，2016 年，河南省互联网普及率指数为 56.12，比 2015 年的 53.8 增长 2.32 个点。在两化融合政策环境建设方面，2016 年，河南省设立了两化融合专项引导资金；中小企业信息化服务平台数量指数为 150；重点行业典型企业信息化专项规划情况指数为 44.61，比 2015 年的 44.85 增加 2.76 个点。

2．工业应用指数

2016 年，河南省重点行业典型企业 ERP 普及率指数为 59.98，比 2015 年的 62.05 减小 2.07 个点；重点行业典型企业 MES 普及率指数为 60.4，比 2015 年的 53.98 增加 6.42 个点；重点行业典型企业 PLM 指数为 61.39，比 2015 年的 68.1 减小 6.71 个点；重点行业典型企业 SCM 普及率指数为 54.05，比 2015 年的 56.39 下降 2.34 个点；重点行业典型企业采购环节电子商务应用普及率指数为 67，比 2015 年的 85.65 下降 18.65 个点；重点行业典型企业销售环节电子商务应用普及率指数为 87.1，比 2015 年的 71.55 增加 15.55 个点；重点行业典型企业装备数控化率指数为 38.31，比

2015 年的 43.82 减小 5.51 个点；国家新型工业化产业示范基地两化融合发展水平指数为 61.98，比 2015 年的 71.74 减小 9.76 点。

3．应用效益指数

在地区工业生产效益和水平方面，2016 年，河南省工业增加值占 GDP 比重指数为 49.4，比 2015 年的 51.25 减小 1.85 个点；第二产业全员劳动生产率指数为 100.83，比 2015 年的 100.53 增长 0.3 个点；工业成本费用利润率指数为 44.42，比 2015 年的 47.43 下降 3.01 个点；单位工业增加值工业专利量指数为 76.75，比 2015 年的 76.58 增长 0.17 个点。在信息产业发展水平方面，2016 年，河南省电子信息制造业主营业务收入指数为 177，比 2015 年的 161.28 增加 15.72 个点；软件业务收入指数为 84.14，比 2015 年的 75.63 增长 8.51 个点。

【优劣势评价】

河南省正处于工业化中后期阶段，具有较好的工业基础，同时也面临转型升级的压力，总体来看主要有以下几方面优势。

一是工作机制不断健全。河南省工业和信息化委成立产业融合办公室，统筹负责两化融合、智能制造、服务型制造、电子商务、新一代信息技术等方面的工作，实现资源有效整合。同时，通过加强省市联动，建立协调一致的工作机制，加大制造业与互联网融合工作力度。

二是建立支撑机构不断壮大。一方面，组建制造业与互联网融合相关产业联盟，联合制造企业、互联网企业、高等院校、科研机构，推动成立河南省制造业与互联网融合发展联盟、河南省智能制造推进联盟、中国两化融合服务联盟河南省分联盟、河南省首席信息官联盟、河南省虚拟现实产业联盟，发挥联盟产业研究、资源整合和服务企业的作用。另一方面，加强信息安全产业联盟建设，云安信息安全产业联盟现有会员 150 余家，包括奇虎 360、中科曙光等国内知名企业，为促进产学研密切合作、推动产业链完善发展、提升河南省信息安全产业核心竞争力发挥了积极作用。

三是传统煤炭产业两化融合取得成效。河南能源化工集团投资打造中原云商电子商务平台，自 2014 年 11 月上线以来累计成交金额 105 亿元，节约采购资金 10 亿元。平煤神马集团立标准、建平台、强考核，基本实现管理信息化、生产自动化、办公移动化和决策智能化，2016 年荣获中国煤炭工业两化融合示范企业称号。郑煤集团强力推进矿井机械化、电气化、自动化建设，减人提效效果明显。神火集团、国投河南分公司、豫联煤业、济源煤业等煤炭企业围绕机械化换人、自动化减人进行了大量的探索和实践，较好发挥了两化融合在推动企业生产方式转变、管理模式变革、经营效率提升等方面的作用。

同时，河南省两化融合发展现状也存在一些问题。

一是制造业与互联网融合总体水平不高。河南省企业互联网双创平台的应用普及率偏低，工业云平台的内容质量和规模有待提高，尤其是缺乏行业级的典型应用。同时，由于核心技术缺乏，面向制造业的大数据公共服务平台数量较少，尚未形成对制造业的有效支撑。

二是产业发展不平衡。河南省网络经济地区间发展不平衡，主要集中在郑州、洛阳等地市，个别地市则几乎是空白。同时，部分细分行业对个别企业的依存度过高，尚未形成完善的产业体系和完整的产业链条，产业发展存在一定风险。

【相关建议】

对河南省两化融合发展提出以下建议。

一是加强制造业双创体系建设。支持制造企业建设基于互联网的双创平台，汇聚国内外双创资源，探索基于互联网的众包设计、协同研发、云制造等新模式。支持有条件的互联网企业、基础电信运营商建设双创服务平台，打造“体验中心+网络平台+服务联盟”三位一体的服务模式。支持地方依托新型工业化示范基地、经济技术开发区、高新技术开发区和产业集聚区，创建制造业与互联网融合的双创基地。

二是发展新型制造模式。开展智能制造水平评价，依据《河南省智能车间、智能工厂评价指南》及其细则，面向制造企业开展智能车间、智能工厂评价，为企业提升智能制造水平提供指导。开展智能制造试点，在食品、冶金、建材、化工、轻纺等流程型制造及装备制造、电子信息、汽车等离散型制造行业，培育智能工厂、智能车间，争创国家智能制造试点示范；总结试点经验，形成一批智能车间、智能工厂综合解决方案，推动智能车间、智能工厂建设模式复制和推广。开展服务型制造示范，推动服务型示范企业（平台）建设，发展基于互联网的故障预警、远程维护、质量诊断、远程过程优化等在线增值服务，拓展产业价值链，促进产品优化升级，推动制造业向“制造+服务”转型升级。

三是推动制造业与互联网融合创新。在国家互联网与工业融合创新试点、省级“互联网+”工业创新示范基础上，开展省级制造业与互联网融合发展试点示范，围绕生产组织创新、制造模式创新、生产运营创新、产品营销模式创新、互联网转型集成创新等重点方向，形成一批典型经验和成功模式，通过经验推广和模式复制提升制造企业核心竞争力。

湖北省两化融合发展水平分析

【总体情况】

（一）经济概况

2016年，湖北省完成生产总值32297.91亿元，同比增长8.1%。其中，第一产业完成增加值3499.3亿元，同比增长 3.9%；第二产业完成增加值14375.13亿元，同比增长7.8%；第三产业完成增加值14423.48亿元，同比增长9.5%。三次产业结构由 2015 年的 11.2∶45.7∶43.1 调整为 10.8∶44.5∶44.7。在第三产业中，交通运输仓储和邮政业、批发和零售业、住宿和餐饮业、金融业、房地产业、营利性服务业、非营利性服务业增加值分别同比增长3.5%、5.7%、6.9%、12.4%、7.7%、18.4%、6.8%。湖北省居民消费价格同比上涨2.2%。其中，农村居民消费价格同比上涨2.2%，城市居民消费价格同比上涨2.1%。工业生产保持稳定增长。湖北省全部工业增加值达12255.46亿元，同比增长7.8%。2016年年底全省规模以上工业企业达到16464家，比2015年净增539家，增长 3.4%。规模以上工业增加值同比增长 8.0%。其中，国有及国有控股企业增加值同比增长2.6%；集体企业增加值同比下降1.5%；股份合作企业增加值同比下降3.6%；外商投资企业及港澳台投资企业增加值同比增长8.3%；其他经济类型企业增加值同比增长7.7%。轻工业企业增加值同比增长6.0%；重工业企业增加值同比增长9.2%。

（二）两化融合主要进展

2016年，湖北省以加快智慧湖北建设引领全省信息化发展，以新一代信息技术与制造业深度融合为主线，以推进规划编制、两化融合、“互联网+”为突破口，不断培育新常态下经济发展新优势、新动力。

1．促进两化深度融合

一是推进两化融合培训工作。在黄石、荆州、孝感举办湖北省两化融合管理体系高级研修班，累计培训市（州）经信委、企业代表700人次。二是积极开展两化融合评估诊断和对标引导工作。累计完成近1000家企业的参评任务，配合工业和信息化部赛迪研究院开展区域两化融合水平评估，组织企业参与工业和信息化部两化融合评估数据采集工作。三是建设湖北工业云平台。与阿里云、腾讯云、百度云、华为云等企业座谈，完成《湖北工业云平台设计方案》，依托航天云网、软通动力、楚天云公司，即将组建湖北工业云公司，具体负责湖北工业云平台的建设和运营。

2．推动两化融合贯标试点工作

湖北省 2016 年积极开展两化融合管理体系贯标试点企业推荐工作。新增国家两化融合管理体系贯标试点企业 32 家，累计达到 70 家，16 家企业通过国家贯标认证。组织开展了湖北省企业两化融合工作现状调查，以及部分重点区域和企业的标准评估，建立了网上数据库，用于摸清家底、分析问题、把握方向，进而应用和完善评估成果。

3．加强顶层设计谋划

为引导产业健康稳步发展、充分做好顶层设计，湖北省先后发布《湖北省人民政府办公厅关于加快促进云计算创新发展培育信息产业新业态的实施意见》《湖北省人民政府关于加快推进楚天云建设的意见》《湖北省大数据发展行动计划（2016—2020 年）》《湖北省云计算大数据发展“十三五”规划》《湖北省软件和信息技术服务业“十三五”发展规划》《湖北省两化融合“十三五”规划》等一系列文件。

【两化融合发展水平分析】

（一）综合分析

2016 年，湖北省两化融合发展指数为 82.44，比 2015 年上升 0.03 个点。其中，基础环境方面，2016 年湖北省基础环境指数为 75.05，比 2015 年的 74.01 上升 1.04 个点；工业应用方面，2016 年湖北省工业应用指数为 79.63，比 2015 年的 81.59 下降 1.96 个点；应用效益方面，2016 年湖北省应用效益指数为 95.46，比 2015 年的 92.44 上升 3.02 个点，如表 1 和图 1 所示。

表 1　2015—2016 年湖北省两化融合指数情况

指　标	2015 年指数	2016 年指数	变化情况
基础环境	74.01	75.05	↑1.04
工业应用	81.59	79.63	↓1.96
应用效益	92.44	95.46	↑3.02
发展指数	82.41	82.44	↑0.03

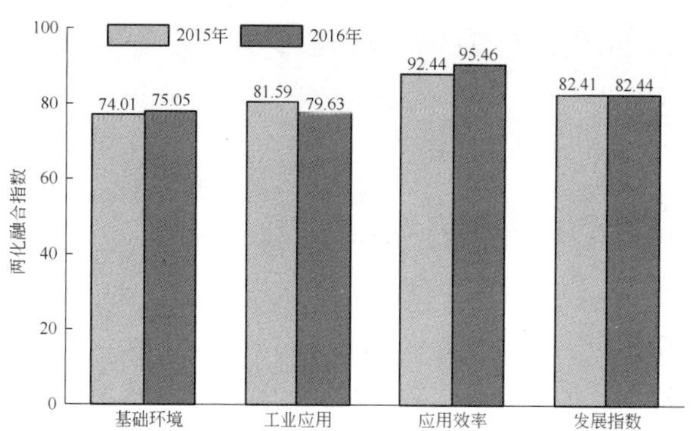

图 1　2015—2016 年湖北省两化融合指数情况

数据来源：中国电子信息产业发展研究院

（二）具体分析

1．基础环境指数

在两化融合基础环境方面，2016 年，湖北省城（省）域网出口带宽指数为 113.47，较 2015 年的 62 增加 51.47 个点；固定宽带普及率指数为 88.81，比 2015 年的 76.18 上升 12.63 个点；固定宽带端口平均速率为 122.42，比 2015 年的 71.29 提高 51.13 个点；移动电话普及率指数为 58.31，比 2015 年上升 0.3 个点。在互联网应用普及方面，2016 年，湖北省互联网普及率指数为 63.31，比 2015 年的 61.95 上升 1.36 个点。在两化融合政策环境建设方面，2016 年，湖北省没有设立两化融合专项引导资金，中小企业信息化服务平台数量指数为 66.1，与 2015 年相比下降 29.24 个点；重点行业典型企业信息化专项规划指数为 77.67，比 2015 年的 77.48 上升 0.19 个点。

2．工业应用指数

2016 年，湖北省重点行业典型企业 ERP 普及率指数为 75.28，比 2015 年的 66.49 上升 8.79 个点；重点行业典型企业 MES 普及率指数为 95.15，比 2015 年的 96.33 下降 1.18 个点；重点行业典型企业 PLM 普及率指数为 79.4，比 2015 年增加 0.47 个点；重点行业典型企业 SCM 普及率指数为 72.52，比 2015 年的 66.16 增加 6.36 个点；重点行业典型企业采购环节电子商务应用普及率指数为 80.85，比 2015 年的 82.5 减小 1.65 个点；重点行业典型企业销售环节电子商务应用普及率指数为 109.14，比 2015 年的 106.2 增加 2.94 个点；重点行业典型企业装备数控化率指数为 69.88，比 2015 年提高 1.12 个点；国家新型工业化产业示范基地两化融合发展水平指数为59.77，与2015年相比下降28.57个点。

3. 应用效益指数

在地区工业生产效益和水平方面，2016年湖北省工业增加值占GDP比重指数为46.21，比2015年的47.05下降0.84个点；第二产业全员劳动生产率指数为114.9，比2015年增加3.66个点；工业成本费用利润率指数为39.37，比2015年的39.51略微下降0.14个点；单位工业增加值工业专利量指数为94.96，比2015年略微下降0.99个点。在工业节能减排方面，2016年湖北省单位地区生产总值能耗指数为109.28，比2015年提高3.97个点。在信息产业发展水平方面，2016年湖北省电子信息制造业主营业务收入指数为133.49，比2015年提升7.79个点；软件业务收入指数为158.83，比2015年提升11.18个点。

【优劣势评价】

湖北省推进两化融合发展取得了初步成效，具备一定的优势。

一是智慧湖北建设取得成效。一方面，营造智慧湖北建设氛围。落实湖北省委、省政府智慧湖北建设推进会精神，通过媒体及时反映智慧湖北建设进展情况，跟踪各地智慧城市建设成效。邀请工业和信息化部赛迪研究院有关专家给湖北省政府党组专题授课，同时支持市（州）、（县区、市）开展智慧城市、智慧园区试点示范，在全社会形成良好发展氛围。另一方面，积极支持和鼓励国内外知名互联网公司参与智慧湖北建设。推动与阿里巴巴集团战略合作，推进腾讯公司项目在湖北省发展，加强与百度战略合作，开展与华为公司、中国电子信息产业集团、浪潮集团的一系列战略合作。此外，还开展了智慧湖北专项督查，由湖北省政府派出督查组，对各市（州）及相关省直部门的工作情况进行专项督查。

二是云计算、大数据产业发展迅速。以光谷云村和襄阳云谷等为代表的产业载体日渐成熟，已经成为湖北省大数据产业的核心组成力量，辐射带动云计算、大数据产业集聚发展。形成以武汉为龙头，以襄阳和宜昌为两翼的发展格局，打造在全国有重要影响的大数据、云服务产业集群。围绕楚天云大数据综合枢纽平台建设，湖北省软件企业已在云计算、大数据产业链各层进行部署，从云硬件、云软件、云服务到云终端的产业链初步形成。

与此同时，湖北省两化融合发展仍存在一些亟待解决的问题，主要表现如下。

一是信息基础设施薄弱。2016年湖北省城（省）域网出口带宽、固定宽带普及率指数虽有大幅提高，但固定宽带端口平均速率、移动电话普及率、互联网普及率等指数变化不大，即两化融合总体水平虽然有了显著改善，但信息基础设施与发达地区相比存在较大差距，对两化融合发展的支撑能力不足。

二是企业两化融合的层次仍有待提升。不少传统工业企业还未能有效实施两化融合或实施进度较慢，能从设计、生产、经营到办公管理进行一体化信息系统综合集成应用的成功企业为数不多，能实现上、下游企业协同经营、协同管理的行业性综合应用的企业较少。

【相关建议】

对湖北省两化融合提出以下建议。

一是继续优化产业发展环境。第一，营造智慧湖北建设良好氛围，认真总结智慧湖北的建设成效，挖掘典型案例，做好宣传推广。引导软件企业贯彻落实国家和湖北省近年来关于加快智慧湖北发展、“互联网+”、大数据、云计算、信息消费等文件精神，在智慧湖北建设各项行动中找准企业发展切入点，积极开拓创新，力促智慧湖北建设迈上新台阶。第二，打造基于互联网的制造业双创平台，通过总结一批湖北制造业双创企业典型案例，培育一批省级双创示范企业及双创示范基地，联合互联网企业组织开展制造业双创赛事活动。

二是加大引导、扶持，培育市场主体。积极谋划重大项目，实施两化融合示范工程、融合发展系统解决方案能力提升工程，培育一批系统解决方案供应商，探索以应用为导向、以平台为核心、软硬结合的发展模式，推动企业跨界融合，推动经济向互联网经济转型。大力培育领军企业，加强两化融合人才培训，推广两化融合管理体系，支持优势企业以资本、技术和品牌开展联合重组，引导创新要素向龙头骨干企业聚集，打造业内领先的名品、名企、名园和名人。

湖南省两化融合发展水平分析

【总体情况】

（一）经济概况

2016 年，湖南省完成生产总值 31244.7 亿元，比 2015 年增长 7.9%。其中，第一产业增加值为 3578.4 亿元，同比增长 3.3%；第二产业增加值为 13181.0 亿元，同比增长 6.6%；第三产业增加值为 14485.3 亿元，同比增长 10.5%。按常住人口计算，2016 年湖南省人均地区生产总值为 45931 元，同比增长 7.3%。湖南省三次产业结构为 11.5∶42.2∶46.3，第一、二、三产业对经济增长的贡献率分别为 4.8%、37.0%、58.2%。湖南省工业增加值为 11177.3 亿元，比 2015 年增长 6.6%，其中，规模以上工业增加值同比增长 6.9%。在规模以上工业中，非公有制企业增加值增长 8.7%，占规模以上工业增加值的比重为 77.0%，比 2015 年提高 1.4 个百分点。高加工度工业、高技术制造业增加值分别同比增长 10.6%、11.4%，占规模以上工业增加值的比重分别为 38.0%、11.2%，比 2015 年分别提高 0.8 个百分点、0.7 个百分点。省级及以上产业园区工业增加值增长 9.4%，占规模以上工业的比重为 65.7%，比 2015 年提高 4.2 个百分点。六大高耗能行业增加值增长 5.1%，占规模以上工业的比重为 30.6%，比 2015 年提高 0.3 个百分点。

（二）两化融合主要进展

2016 年以来，湖南省深入贯彻落实“中国制造 2025”及“互联网+”发展战略，将推进智能制造、两化融合作为信息化的工作重心，在工业领域大力实施“+互联网”专项行动，加快推进重点项目建设、示范企业培育、两化融合贯标。以服务制造强省为软件产业发展的核心，大力推动软件信息服务业及移动互联网产业发展，依托信息产业发展加速推动制造业和互联网深度融合，为湖南省实施制造强省发展战略起到了重要支撑作用。

1．立足制造强省发展战略，强化谋篇布局

强化顶层设计，编制出台《湖南省软件和信息服务业发展“十三五”规划》《湖南省“制造+互联网+服务工程”专项行动方案》，为全面提升软件和信息服务业的战略支撑能力、创新发展能力、服务引领能力指明了方向。推进产业集聚区建设及布局，2016 年组织实施了湖南省软件和信息服务业产业园申报工作，产业布局进一步优化。

2．聚焦“+互联网”，加快推进两化深度融合

推进实施制造业“+互联网”专项行动，在装备制造、钢铁产业、有色金属、石油化工、烟花陶瓷、医药食品、纺织服装 7 个行业开展制造业与互联网融合创新的示范试点工程。开展两化融合管理体系贯标工作，遴选 39 家企业列入工业和信息化部两化融合贯标试点，开展贯标动员、集中培训等工作。大力推进两化深度融合项目建设，湖南省信息化专项安排资金 3000 多万元，共扶持 100 多个重点项目建设，着力推动制造业与互联网的融合发展。

3．营造互联网产业生态，培育产业发展新动能

引进一批信息产业重大项目，2016 年新引进移动互联网重大合作项目 30 余个，部分企业已

落户湖南省。加强产业集聚区建设，长沙已成为全国移动互联网产业“第五城”。株洲、湘潭、岳阳等市建设移动互联网功能性产业园，1 个产业集聚区、16 个产业园的“集聚区+专业园区+创客中心”的产业格局已经形成。大力促进创新创业，三一众智新城、远大 P8 创新社区等成功案例快速涌现，互联网企业积极构建双创服务体系，小微企业和网络就业创业蓬勃发展。

【两化融合发展水平分析】

（一）综合分析

2016 年，湖南省两化融合发展总指数为 82.61，比 2015 年增长 0.39 个点，其中，基础环境指数增长最快，对总指数提升的贡献较大。基础环境方面，2015 年湖南省基础环境指数为 76.91；2016 年湖南省基础环境指数为 86.35，比 2015 年提高 9.44 个点。工业应用方面，2015 年湖南省工业应用指数为 81.41；2016 年湖南省工业应用指数为 76.13，同比下降 5.28 个点。应用效益方面，2015 年湖南省应用效益指数为 89.12；2016 年湖南省应用效益指数为 91.82，比 2015 年增加 2.7 个点，如表 1 和图 1 所示。

表 1　2015—2016 年湖南省两化融合指数情况

指　　标	2015 年指数	2016 年指数	变化情况
基础环境	76.91	86.35	↑9.44
工业应用	81.41	76.13	↓5.28
应用效益	89.12	91.82	↑2.7
总指数	82.22	82.61	↑0.39

数据来源：中国电子信息产业发展研究院

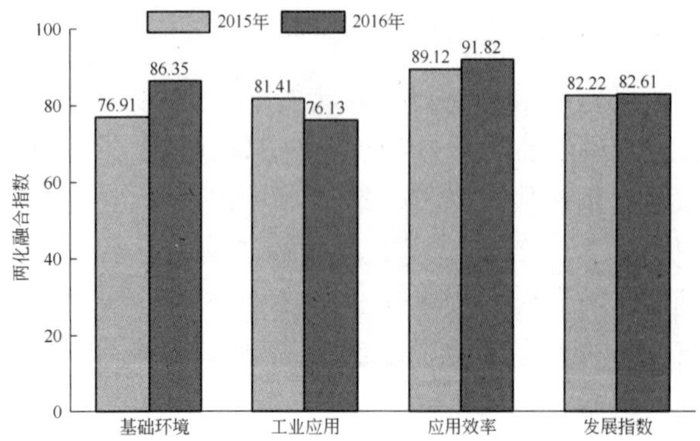

图 1　2015—2016 年湖南省两化融合指数情况

数据来源：中国电子信息产业发展研究院

（二）具体分析

1．基础环境指数

湖南省两化融合基础环境继续得到改善。2016 年，湖南省基础环境指数为 86.35，其中固定宽带端口平均速率提升最快。在信息基础设施建设方面，2016 年，湖南省城（省）域网出口带宽指数为 78.85，比 2015 年提高 14.88 个点；固定宽带普及率指数为 78.59，比 2015 年提高 16.19 个点；固定宽带端口平均速率为 123.67，比 2015 年大幅提升 37.35 个点；移动电话普及率指数为 53.72，与 2015 年的 53.45 基本持平。在互联网应用普及方面，2016 年，湖南省互联网普及率指数为 56.82，比 2015 年提高 1.3 个点。在两化融合政策环境建设方面，2016 年，湖南省设立了两化融合专项引导资金；中小企业信息化服务平台数指数为 139.5，比 2015 年提高 3.56 个点；重点行业典型企业信息化专项规划指数为 70.11，比 2015 年下降 3.31 个点。

2．工业应用指数

2016 年，湖南省工业应用指数为 76.13，其中国家新型工业化产业示范基地两化融合发展水平不及 2015 年同期。具体来看，2016 年，湖南省重点行业典型企业 ERP 普及率指数为 67.84，比 2015 年下降 4.86 个点；重点行业典型企业 MES 普及率指数为 82.6，比 2015 年上升 0.32 个点；重点行业典型企业 PLM 普及率指数为 67.52，比 2015 年上升 0.13 个点；重点行业典型企业 SCM 普及率指数为 60.62，比 2015 年下降 6.77 个点；重点行业典型企业采购环节和销售环节电子商务应用普及率指数分别为 114.57 和 122.06，同比均增长 0.11 个点；重点行业典型企业装备数控化率指数为 43.12，比 2015 年的 52.27 低 9.15 个点；国家新型工业化产业示范基地两化融合发展水平指数为 59.05，比 2015 年下降 19.21 个点。

3．应用效益指数

2016 年，湖南省两化融合应用效益指数达 91.82。在地区工业生产效益和水平方面，2016 年，湖南省工业增加值占 GDP 比重指数为 45.19，比 2015 年下降 1.86 个点；第二产业全员劳动生产率指数为 130.02，比 2015 年上升 2.92 个点；工业成本费用利润率指数为 37.17，比 2015 年上升 1.06 个点；单位工业增加值工业专利量指数为 100.34，比 2015 年下降 0.31 个点。在工业节能减排水平方面，单位地区生产总值电耗指数为 116，比 2015 年提高 3.16 个点。在信息产业发展水平方面，电子信息制造业主营业务收入指数为 136.59，比 2015 年上升 9.37 个点；软件业务收入指数为 95.63，比 2015 年上升 7.56 个点。

【优劣势评价】

湖南省两化融合发展具有以下优势。

一是信息化产业和软件服务业基础雄厚。2016 年，湖南省软件企业实现营业收入 522.2 亿元，同比增长 15.3%，其中，软件业务收入为 345.5 亿元，同比增长 15.6%。湖南省移动互联网业务收入达 591 亿元，比 2015 年增长 80.2%，2016 年湖南省登记注册软件和互联网企业新增 9815 家。2016 年湖南省信息化发展指数为 68.17，同比增长 7.83 个点，略高于全国增长指数 7.69 个点。2016 年，湖南省 39 家企业列入工业和信息化部两化融合贯标试点，4 家企业通过贯标认定。

二是政府推进两化融合保障措施有力。湖南省积极协调落实软件企业所得税优惠政策，2016 年湖南省有 46 家软件企业享受所得税优惠金额共计 13586.2 万元。强化资金支持，湖南省信息化专项安排资金达 3000 多万元，共扶持 100 多个重点项目建设，2016 年湖南省移动互联网专项资金支持了华菱、中联等 20 个重点项目、46 个一般项目，支持金额共 5800 万元。强化行业管理服务工作，深入开展 ITSS 标准验证应用及试点示范工作，推动和引导省内相关企业参与 ITSSS 标准评估。

同时，湖南省两化融合也存在一些劣势。

一是制造业与互联网融合发展认识有待提高。信息技术是当今世界创新速度最快、通用性最广、渗透性最强的技术之一。制造业与互联网融合是推进工业转型升级的重要手段，但是对“互联网+”和“中国制造 2025”这两个新概念，目前社会各层面还存在认识不清、认识不到位的问题，必须进一步凝聚各级政府、市场主体、中介机构等全社会各阶层推进融合发展的共识，协同推进制造业与互联网融合发展。

二是《优惠政策》的宣贯和核查工作存在困难。第一，申报企业数量不多，“双软认定”取消后，税收优惠政策从事前审批变为事后监管，原来已经认定的软件企业已经不适应相关工作流程，再加上对相关政策了解不到位，存在不能再享受税收优惠的误区。部分企业对税务部门“事后监管”存在疑虑和担心，选择了高新技术企业的相关优惠政策。第二，核查工作压力增大，现行政策采取“先退税后核查”的方式，企业不能通过核查，不仅要退还相关优惠税额，还会面临相应处罚，增加了核查工作的压力和难度。

【相关建议】

对湖南省两化融合有以下建议。

一是继续抓好项目建设，大力支持园区招商，进一步抓好以商招商、产业链招商，突出抓好湖南省政府与央企、国内知名企业的战略合作项目落地，加快在建项目建设，促进已建项目尽快见效。

二是着力优化双创环境，鼓励大型制造企业及互联网企业开展双创工作。深入推进“移动互联网柳枝行动”，在现有互联网创业中心中筛选一批功能完善、资源丰富、服务优良、特色鲜明的创业中心，促进资源整合，集中给予指导和扶持，进一步提升双创环境。

三是坚持安全与发展并举，强化工控系统安全，深入贯彻落实《工业控制系统信息安全防护指南》，进一步提升湖南省工业企业工控系统信息安全防护水平，保障工控系统安全。加强行业管理，继续加强软件企业所得税优惠政策贯彻落实工作，深入推进 ITSS 标准验证应用及试点示范工作。

广东省两化融合发展水平分析

【总体情况】

（一）经济概况

2016 年，广东省实现地区生产总值（GDP）79512.05 亿元，比 2015 年增长 7.5%。其中，第一产业增加值为 3693.58 亿元，同比增长 3.1%，对 GDP 增长的贡献率为 1.9%；第二产业增加值为 34372.46 亿元，同比增长 6.2%，对 GDP 增长的贡献率为 36.8%；第三产业增加值为 41446.01 亿元，同比增长 9.1%，对 GDP 增长的贡献率为 61.3%。三次产业结构为 4.7∶43.2∶52.1。在现代产业中，高技术制造业增加值为 8817.68 亿元，同比增长 11.7%；先进制造业增加值为 15739.78 亿元，同比增长 9.5%；现代服务业增加值为 25568.17 亿元，同比增长 10.4%。在第三产业中，批发和零售业增加值同比增长 6.4%，住宿和餐饮业增加值同比增长 3.1%，金融业增加值同比增长 11.5%，房地产业增加值同比增长 6.9%。民营经济增加值为 42578.76 亿元，同比增长 7.8%。2016 年，广东省人均 GDP 达到 72787 元（按平均汇率折算为 10958 美元）。2016 年广东省地方一般公共预算收入为 10390.33 亿元，同比增长 10.3%。2016 年广东省全部工业增加值比 2015 年增长 6.4%，规模以上工业增加值增长 6.7%。其中，国有及国有控股企业增加值增长 5.0%，民营企业增加值增长 11.4%，外商投资企业及港澳台投资企业同比增长 2.3%，股份制企业增加值增长 10.2%，股份合作制企业增加值增长 7.6%，集体企业增加值下降 0.1%。分轻重工业来看，轻工业增加值增长 3.3%，重工业增加值增长 8.7%。分企业规模来看，大型企业增加值增长 7.0%，中型企业增加值增长 4.8%，小型企业增加值增长 8.4%。

（二）两化融合主要进展

2016 年，广东省高度重视信息化工作，多次召开全省“互联网+”工作会议，落实国家发展战略和相关产业政策，加快信息化先导发展。广东省信息化和软件服务业工作以软件信息技术服务为核心内容，以两化融合为主线，以推进互联网与实体经济融合发展为抓手，着力在调整产业结构、优化发展环境、鼓励创新创业、壮大新兴业态上下功夫，以信息化牵引产业发展，努力培育发展新动能，推动全省信息化和软件服务业保持平稳、健康发展，产业结构进一步优化，重点城市、园区、企业支撑带动能力显著，经济效益和社会效益继续向好。

1．产业规模稳定增长

广东省电子信息产业在云计算、物联网、移动互联网等新兴业务的带动下，保持了较快增长。“十二五”期间，电子信息制造业总产值突破 3 万亿元，年均增长 11.8%，高于全省工业增速 4.4 个百分点，连续 25 年居全国第 1 位；软件业务收入年均增长 20.7%，规模居全国前列。2016 年，广东省规模以上电子信息制造企业达 5200 多家，从业人员达 347 万人；纳入统计的软件企业达 4200 多家，从业人员约 90 万人。2016 年广东省实现电子信息制造业增加值 7620 亿元，同比增长 11.4%；实现软件业务收入 8147.8 亿元，同比增长 15.4%；软件业务出口额为 241.7 美元，同比增长 4.9%，产业总体保持了稳定、快速发展态势。物联网产业快速发展，规模达到 3700 亿元，同比增长 19.1%，居全国第 1 位。

2. 推进软件信息服务业快速、健康发展

切实落实软件产业优惠政策。落实国家四部委《关于软件和集成电路产业企业所得税优惠政策有关问题的通知》（财税〔2016〕49 号），与财税、发改等部门建立沟通协调机制，理顺工作流程。同时，制定企业核查管理工作指导意见，对广东省税务部门转来企业名单和材料进行核查和现场抽查，保障优惠政策及时落实。据广东省税务部门反馈，2016 年广东省根据财税 49 号文规定享受所得税优惠的软件和集成电路设计企业达 643 家，减税超过 78 亿元，软件产品销售增值税退税超过 133 亿元，全省软件和集成电路设计企业享受税收优惠总额达到 212 亿元。推进云计算应用创新，落实《广东省促进云计算创新发展的实施方案》，通过遴选云计算应用试点项目、举办云计算应用试点示范推广会，在广东省开展产业云、行业云建设试点工作。同时，通过信息化和信息产业专项资金，重点扶持 26 个云计算技术开发和应用项目。支持成立粤港信息化专家委员会，举办粤港云计算大会，推动粤港云计算标准和应用合作。

3. 推进制造业与互联网深度融合

印发《广东省“互联网+先进制造”专项实施方案（2016—2020 年）》，并以广东省政府名义出台《关于深化制造业与互联网融合发展的实施意见》，利用互联网新技术、新产品、新应用，推动制造业智能化、协同化、网络化发展。2016 年年底，广东省经信委专门设立制造业与互联网融合发展处，争取成为国家制造业与互联网融合发展试点示范省。2016 年广东省积极培育、提升 10 个智能制造示范基地，新增国家级智能制造示范试点项目 6 个，国家级、省级互联网与工业融合创新试点企业分别达到 13 家、100 家。

4.“两化”融合贯标工作稳步推进

广东省将两化融合管理体系贯标任务纳入创新驱动考核，不断扩大贯标试点规模。2016 年广东省新增国家级贯标试点企业 79 家、省级贯标试点企业 308 家，部省级贯标试点企业总数达到 765 家；通过评定的企业总数达 118 家，居全国第 1 位，约占全国的 1/5。国家级互联网与工业融合创新试点企业达 13 家，新增 100 家省级互联网与工业融合创新试点企业。

【两化融合发展水平分析】

（一）综合分析

2016 年，广东省两化融合发展指数为 104.36，其中基础环境指数明显提高。基础环境方面，2016 年基础环境指数为 105.73，而 2015 年基础环境指数为 94.94，比 2015 年提高 10.76 个点。工业应用方面，2016 年工业应用指数为 86.99，而 2015 年工业应用指数为 82.4，比 2015 年提高 4.59 个点。应用效益方面，2016 年应用效益指数为 137.75，而 2015 年应用效益指数为 135.62，比 2015 年提高 5.52 个点，如表 1 和图 1 所示。

表 1　2015—2016 年广东省两化融合指数情况

指　　标	2015 年指数	2016 年指数	变化情况
基础环境	94.94	105.73	↑10.76
工业应用	82.4	86.99	↑4.59
应用效益	135.62	137.75	↑2.13
发展指数	98.84	104.36	↑5.52

数据来源：中国电子信息产业发展研究院

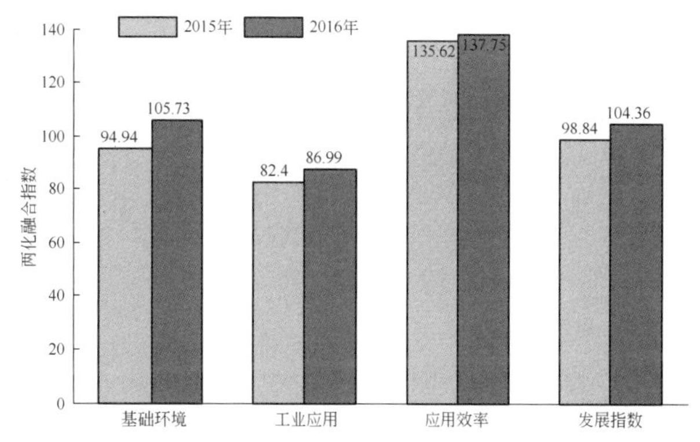

图 1　2015—2016 年广东省两化融合指数情况

数据来源：中国电子信息产业发展研究院

（二）具体分析

1. 基础环境指数

广东省两化融合基础环境建设良好。2016 年，广东省基础环境指数为 105.73。在信息基础设施建设方面，2016 年，广东省城（省）域网出口带宽指数为 193.92，比 2015 年提高 52.87 个点；固定宽带普及率指数为 103.88，比 2015 年提高 13.51 个点；固定宽带端口平均速率指数为 119.24，比 2015 年提高 36.93 个点；移动电话普及率指数为 83.39，比 2015 年降低 0.14 个点。在互联网应用普及方面，2016 年，广东省互联网普及率指数为 83.32，比 2015 年提高 2.17 个点。在两化融合政策环境建设方面，2016 年，广东省设立了两化融合专项引导资金；中小企业信息化服务平台数指数为 150；重点行业典型企业信息化专项规划指数为 79.96，比 2015 年提高 1.6 个点。

2．工业应用指数

2016 年，广东省工业应用指数为 86.99，其中重点行业典型企业装备数控化率大幅上升。2016 年，广东省重点行业典型企业 ERP 普及率指数为 73.78，比 2015 年降低 1.41 个点；重点行业典型企业 MES 普及率指数为 95.28，比 2015 年提高 7.95 个点；重点行业典型企业 PLM 普及率指数为 83.49，比 2015 年提高 6.06 个点；重点行业典型企业 SCM 普及率指数为 67.23，比 2015 年下降 2.77 个点；重点行业典型企业采购环节电子商务应用普及率指数为 120.52，比 2015 年提高 3.59 个点；重点行业典型企业销售环节电子商务应用普及率指数为 136.79，比 2015 年提高 5.89 个点；重点行业典型企业装备数控化率指数为 66.19，比 2015 年提高 14.52 个点；国家新型工业化产业示范基地两化融合发展水平指数为 60.53，比 2015 年提高 1.71 个点。

3．应用效益指数

2016 年，广东省两化融合应用效益指数达到 137.75，其中，电子信息制造业主营业务收入和软件业务收入增长较快，单位工业增加值工业专利量有所下降。在地区工业生产效益和水平方面，2016 年，广东省工业增加值占 GDP 比重指数为 48.39，比 2015 年下降 1.21 个点；第二产业全员劳动生产率指数为 97.54，比 2015 年上升 2.92 个点；工业成本费用利润率指数为 43.42，比 2015 年上升 2.54 个点；单位工业增加值工业专利量指数为 144.1，比 2015 年下降 7.2 个点。在工业节能减排水平方面，单位地区生产总值电耗指数为 95.19，比 2015 年上升 2.98 个点。在信息产业发展水平方面，电子信息制造业主营业务收入指数为 316.08，比 2015 年上升 6.92 个点；软件业务收入指数为 292.01，比 2015 年上升 11.74 个点。

【优劣势评价】

广东省两化融合具有如下一些优势。

一是两化融合支持力度强。出台《广东省人民政府关于深化制造业与互联网融合发展的实施意见》，成立中国两化融合服务联盟广东分联盟，以建设双创平台为抓手，进一步提升广东省两化融合质量、水平。工业和信息化部连续三年充分肯定广东省两化融合贯标工作在全国的引领作用。

二是信息基础设施建设良好，为两化融合提供了保障。2016 年，广东省继续推进信息基础设施三年行动，大力建设高速、融合、泛在的互联网基础设施，大幅扩容珠三角光缆网和粤东、粤西、粤北光缆环“一网三环”骨干网。广东省政府开展信息基础设施建设专项督查，并将农村光缆列入 2016 年 10 件民生实事，推动全省新增农村光纤接入用户 217 万户。2016 年，广东省出口总带宽新增 9.1TB，同比增长 59%，光纤里程新增 57.8 万千米，达到 221.9 万千米；光纤接入用户新增 906 万户，入户率大幅提升至 61.3%；建成 4G 基站 79.4 万个，互联网用户达 8024 万户，4G 用户数达 9085 万户，三项均居全国第 1 位。

三是产业集聚效应明显。依托广州、深圳两个“中国软件名城”，广东省软件信息服务业形成了以广州和深圳为中心、珠三角为主体的产业布局，集聚效应明显。2016 年广州和深圳共实现软件业务收入 7468.1 亿元，规模占全省的 91.6%，深圳市产业规模高居全国 15 个副省级城市之首，广州排名第 4 位，深圳市软件业务出口 223.5 亿美元，占全国软件出口总量的 43.1 %，继续保持全国软件出口龙头地位。珠海、惠州、东莞等市所占比重呈不断扩大之势。

四是骨干企业规模不断壮大。广东省全行业在境内外上市的企业累计超过 440 家。华为、中兴19家企业入选2016年（第15届）中国软件业务收入前百家企业，比第14届增加3家，华为以软件业务年收入1786亿元连续15年蝉联软件前百家企业之首，中兴居全国第2位。广州佳都集团有限公司、东莞步步高通信软件有限公司、深圳天源迪科信息技术股份有限公司、深圳市大疆创新科技有限公司4家企业首次入选前百家企业名单。腾讯、网易、唯品会等12家企业入选2016年“中国互联网企业百强”。

与此同时，广东省两化融合也存在一些劣势，表现如下。

一是两化融合区域发展不平衡。广东省各地区、各城市间两化融合发展仍然不平衡。其中，珠江三角洲地区工业发达，企业信息化水平较高，不少指标居于全国领先水平；但是粤东、粤西和粤北地区工业经济落后，信息基础设施薄弱，企业信息化水平较低。

二是基础领域创新能力不足。基础软件、核心工业软件、自动控制与感知硬件、工业互联网“新四基”领域仍然较为薄弱，企业原始创新能力和动力不足，产业链协同创新能力也有待加强。

三是人才结构性矛盾依旧存在。微电子、基础软件开发、系统集成等细分领域的专业技术人才、高端技术人才和高端管理人才，尤其是能够引领企业做大、做强的领军型人才缺失现象严重，企业的人力资源成本逐年上升。

【相关建议】

对广东省两化融合提出以下建议。

一是提升软件产业竞争力。进一步落实软件产业优惠政策，优化产业创新发展环境。提升软件和信息服务业创新发展能力，支持和引导企业围绕新型计算、人工智能、虚拟现实等前沿关键技术联合攻关。落实智能终端行动计划，强化基础软、硬件协调发展。建立龙头企业服务制度，扶持龙头骨干企业发展，支持华为、腾讯等企业在广东省壮大发展规模。分级别梳理一批企业培育对象，指导各地市建立重点企业培育机制，壮大软件和信息服务业第二梯队企业队伍。构建、完善公共服务体系，加强天河软件园、深圳软件园、珠海高新技术开发区等国家级软件基地建设，提升广州、深圳“中国软件名城”建设水平。

二是加快发展云计算物联网产业。优化云计算产业布局，开展重点行业领域云计算应用试点建设。围绕《云计算综合标准化体系建设指南》，推动云计算标准研究和应用推广，加强粤港云计算技术和服务交流，继续实施粤港ICT青年创业计划，举办粤港云计算大会。重点发展物联网元器件、芯片、自动感知与控制、工业物联网等产业，提升物联网产业基地建设水平。建设国家物联网标识管理公共服务平台，提升物联网解析、检测、认证等公共服务能力。加快物联网标准建设和技术研发，推动电信企业加大对蜂窝窄带物联网（NB—IoT）、5G、IPv6等的研发试验和标准制定，率先布局应用测试和商用部署。

三是继续推进“互联网+”行动计划。集中抓好首批“互联网+”特色小镇建设，启动第二批“互联网+”特色小镇申报认定，年内推动1～2家“互联网+”特色小镇达标认定，营造广东省发展互联网经济氛围，促进互联网产业集聚发展。开展走进“互联网+”特色小镇活动，推动国内外互联网企业、科技资本、高端人才落户小镇，积极发展互联网与主导产业深度融合的新技术、新产品、新模式、新业态，促进传统产业转型升级。

四是建设制造业与互联网融合发展示范城市带。制定出台促进制造业与互联网融合发展的政策措施。推进工业云、工业大数据、工业互联网，以及制造业新模式和双创平台的建设，培育和推广一批国家级、升级融合发展标杆示范项目。编制融合发展系统解决方案商及相关供应商名录，分行业、分区域召开制造企业与供应商精准对接会。

五是推进珠三角国家大数据综合试验区建设。推动珠三角各地市建立工作机制，出台工作方案，结合产业基础探索大数据应用和产业化发展路径。实施大数据产业集聚创新发展工程，培育省级大数据产业园，争创国家级大数据产业园。统筹推进广东省大数据交易中心建设，研究大数据标准体系和统计指标体系。实施大数据创业创新工程，培育创业创新孵化园，推进大数据平台能力开放，推动基于大数据的新兴业态蓬勃发展。

海南省两化融合发展水平分析

【总体情况】

（一）经济概况

2016 年，海南省地区生产总值（GDP）为 4044.51 亿元，比 2015 年增长 7.5%。其中，第一产业增加值为 970.93 亿元，同比增长 4.1%；第二产业增加值为 901.68 亿元，同比增长 5.1%；第三产业增加值为 2171.90 亿元，同比增长 10.1%。三次产业增加值占地区生产总值的比重分别为 24.0%、22.3%、53.7%。2016 年海南省工业增加值为 479.22 亿元，按可比价格计算，比 2015 年增长 2.7%。其中，规模以上工业增加值为 441.82 亿元，同比增长 2.6%。按轻重工业来看，轻工业增加值为 138.33 亿元，同比增长 5.2%；重工业增加值为 303.49 亿元，同比增长 1.5%。按经济类型来看，国有企业增加值同比增长 6.1%，股份制企业增加值同比增长 1.8%，外商投资企业及港澳台投资企业增加值同比增长 2.8%，其他经济类型增加值同比增长 20.9%。在八大工业支柱行业增加值中，农副食品加工业增加值比 2015 年增长 3.2%，造纸及纸制品业增加值同比增长 4.8%，石油加工业增加值同比增长 2.2%，化学原料和化学制品制造业增加值同比增长 7.7%，医药制造业增加值同比增长 7.2%，非金属矿物制品业增加值同比增长 3.4%，汽车制造业增加值同比增长 0.2%，电力、热力生产和供应业增加值同比增长 3.6%。2016 年规模以上工业企业综合效益指数为 341.9，比 2015 年提高 8.5 个点；实现主营业务收入 1484.70 亿元，同比下降 0.2%；实现利润总额 93.76 亿元，同比增长 4.7%。2016 年海南省人均地区生产总值为 44252 元，比 2015 年增长 6.7%。固定资产投资总额达到 3355.4 亿元，比 2015 年增长 10.4%。地方一般公共预算收入为 1080.81 亿元，同比增长 7.9%。海南省常住居民人均可支配收入为 20653 元，扣除价格因素后相比 2015 年实际增长 5.9%。其中，城镇常住居民人均可支配收入为 28453 元，比 2015 年实际增长 4.9%；农村常住居民人均可支配收入为 11843 元，比 2015 年实际增长 6.4%。

（二）两化融合主要进展

1. 信息化发展政策环境进一步优化

海南省高度重视营造两化融合健康发展的政策环境。制定了《海南省国民经济和社会发展信息化“十三五”规划》《海南省信息基础设施“十三五”规划指导意见》《海南省促进大数据发展实施方案》等，统筹信息化发展；出台了《海南省人民政府关于深化制造业与互联网融合发展的实施意见》，贯彻落实国务院 28 号文件各项任务。广东省形成了较为完善的信息化和两化融合发展政策体系。

2. 信息基础设施持续完善

2016 年，海南省信息基础设施投入超额完成全年所计划的 43.3 亿元，海南省安排了 7930 万元用于信息基础设施建设补贴，其中 7448 万元补贴农村地区；同时，要求市（县）配套补贴资金 6596 万元，通过落实财政补贴，进一步引导和激励运营商的投资热情。截至 2016 年 10 月，城市光纤宽带网络覆盖率达到 99.4%，行政村光纤宽带网络覆盖率达到 92.7%；城市 4G 信号覆盖率达到 99.2%，行政村 4G 信号覆盖率达到 96.2%，环岛高铁及东西线高速公路 4G 信号覆盖率整体达到 93.5%以上；公益性重点公共场所 WiFi 网络覆盖率达到 100%。两化融合发展的基础支撑更加坚实有力。

3．互联网产业扶持力度进一步加强

海南省将互联网作为全省 12 个产业的重点大力扶持，取得了显著成效。设立互联网产业发展专项资金、互联网产业天使投资资金，开展服务外包创新发展试点，在海口美安科技新城、海南生态软件园等园区落实极简化行政审批，降低市场门槛，为企业提供优质服务。2016 年，海南省互联网产业营业收入达 322 亿元，同比增长 33.61%；近两年新增注册企业超过 2000 家；共 10 家软件服务企业在新三板挂牌，占全省挂牌企业的 1/3；2016 年营业收入过亿元的企业达 40 家，比 2015 年同期增加 10 家。

4．建立了信息化人才发展机制

海南省重视打造层次合理的信息化人才体系，组织成立了海南省互联网人才培养创新联盟，吸纳包括产业园区、高等院校、企业、培育机构在内的 40 多家单位成为第一批联盟成员，创新建立校校合作、校企合作等多层次互联网人才培养机制。

【两化融合发展水平分析】

（一）综合分析

2016 年，海南省两化融合发展指数为 54.97，比 2015 年提高 0.79 个点，除基础环境指数外，其他指数都有小幅降低。基础环境方面，基础环境指数为 74.68，比 2015 年提高 6.56 个点。工业应用方面，工业应用指数为 44.53，比 2015 年降低 0.74 个点。应用效益指数为 56.14，比 2015 年降低 1.9 个点（见表 1 和图 1）。

表 1　2015—2016 年海南省两化融合指数情况

指　　标	2015 年指数	2016 年指数	变化情况
基础环境	68.12	74.68	↑6.56
工业应用	45.27	44.53	↓0.74
应用效益	58.04	56.14	↓1.9
发展指数	54.18	54.97	↑0.79

数据来源：中国电子信息产业发展研究院

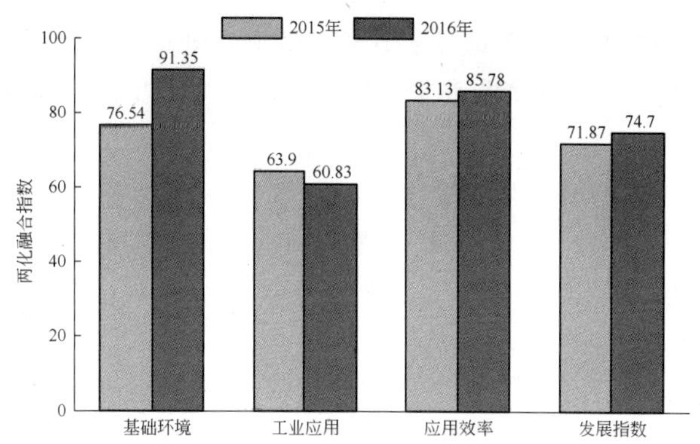

图 1　2015—2016 年海南省两化融合指数情况

数据来源：中国电子信息产业发展研究院

（二）具体分析

1．基础环境指数

2016 年，海南省基础环境指数为 74.68。在信息基础设施建设方面，2016 年海南省城（省）域网出口带宽指数为 39.37，比 2015 年增长 16.06 个点；固定宽带普及率指数为 91.8，比 2015 年提高 22.18 个点；固定宽带端口平均速率指数为 121.69，比 2015 年提高 55.81 个点；移动电话普及率指数为 68.5，比 2015 年提高 0.22 个点。在互联网应用普及方面，2016 年海南省互联网普及率指数为 67.51，比 2015 年提高 4.02 个点。在两化融合政策环境建设方面，2016 年海南省没有设立两化融合专项引导资金；中小企业信息化服务平台数指数为 88.63，比 2015 年下降 3.44 个点；重点行业典型企业信息化专项规划指数为 54.59，比 2015 年提高 9.82 个点。

2．工业应用指数

2016 年，海南省工业应用指数为 44.53。其中，海南省重点行业典型企业 ERP 普及率指数为 41.76，比 2015 年下降 12.5 个点；重点行业典型企业 MES 普及率指数为 46.72，比 2015 年下降 18.5 个点；重点行业典型企业 PLM 普及率指数为 45.88，与 2015 年上升 4.52 个点；重点行业典型企业 SCM 普及率指数为 49.19，比 2015 年提高 1.96 个点；重点行业典型企业采购环节电子商务应用普及率指数为 45.49，比 2015 年上升 4.89 个点；重点行业典型企业销售环节电子商务应用普及率指数为 59.21，比 2015 年上升 1.32 个点；重点行业典型企业装备数控化率指数为 31.75，比

2015 年提高 8.73 点；国家新型工业化产业示范基地两化融合发展水平指数为 39.26，比 2015 年下降 5.03 个点。

3．应用效益指数

2016 年，海南省两化融合应用效益指数为 56.14，其中，第二产业全员劳动生产率、工业成本费用利润率和软件业务收入有所提高，其余指标均有所下降。在地区工业生产效益和水平方面，2016 年，海南省工业增加值占 GDP 比重指数为 19.02，比 2015 年下降 2.36 个点；第二产业全员劳动生产率指数为 125.33，比 2015 年提高 1.95 个点；工业成本费用利润率指数为 43.95，比 2015 年提高 0.49 点；单位工业增加值工业专利量指数为 70.31，比 2015 年下降 19.87 个点。在工业节能减排水平方面，单位地区生产总值电耗指数为 94.75，比 2015 年下降 1.16 个点。在信息产业发展水平方面，电子信息制造业主营业务收入指数为 7.13，比 2015 年下降 0.31 个点；软件业务收入指数为 21.15，比 2015 年上升 12.04 个点。

【优劣势评价】

海南省两化融合发展的优势如下。

一是信息基础设施较为先进、完善，两化融合发展的基础环境支撑能力较强。2016 年，海南省宽带网速全国排名第 15 位（较 2015 年年初的第 30 名提高了 15 个位次）；固定宽带接入速率为 41.25Mbps；固定宽带家庭普及率为 61.6%，全国排名第 12 位；移动宽带用户普及率为 81.7%，全国排名第 8 位。

二是产业创新发展氛围浓厚。2016 年海南省举办了腾讯开放战略发布会、微软“创新杯”全球学生大赛中国区总决赛、第二届中国“互联网+”大学生创新创业大赛、2016 小米互娱金山云游戏生态年会、第二届海南“互联网+”创新创业节等一系列创新创业活动。系列活动的开展，营造了浓厚的创新发展氛围，也形成了一定的品牌效应。

海南省两化融合发展也存在一些劣势。

一是产业基础相对薄弱。海南省电子信息产业和互联网产业（软件服务业）规模较小，整个产业还处于培育发展阶段，缺乏龙头企业带动，没有形成产业特色，对两化融合产业的支撑能力还有较大提升空间。同时，海南省的工业基础也比较薄弱，制造业企业规模偏小，企业在两化融合方面的投资能力较弱，无力承担成本较大的项目。

二是两化融合咨询服务能力不高，两化融合管理体系服务的智力支撑能力较差。目前，海南省尚无国家推荐的两化融合管理体系服务机构，两化融合的管理、技术和服务人才都较匮乏，需要从外省引进，造成项目实施成本相对较高，一定程度上影响了企业的积极性。

三是产业布局有待改善。现有的产业园区存在位置不佳、产业氛围不足、周边生活配套缺乏、金融资本服务生态不完善等系列问题，造成园区聚集效应较低，人才、资本吸引能力低，对园区可持续发展形成较大制约。

【相关建议】

一是培育壮大骨干企业，发挥引领带动作用。围绕海南重点产业，鼓励已有重点企业做大、做强，扶持、培育一批领军企业，打造两化融合标杆，带动全产业链发展，形成上、下游和周边产业共同发展的局面。

二是打造有利于软件服务业发展的营商环境。全面推进放管服改革，进一步降低市场门槛，创新市场监管模式，优化事中、事后监管。通过社会资本合作、搭建融资平台、政府资金引导等多种方式，提高软件服务业融资支持能力。通过财政资金资助、股权投资、住房补贴等方式，引进一批有重要带动性的国内外创业团队、科研机构、领军人才。

三是进一步优化产业布局，增强园区汇聚效应。加大现有园区配套服务设施建设力度，完善园区公共服务体系。

重庆市两化融合发展水平分析

【总体情况】

（一）经济概况

2016年，重庆市实现地区生产总值17558.76亿元，比2015年增长10.7%。按产业分，第一产业增加值为1303.24亿元，同比增长4.6%；第二产业增加值为7755.16亿元，同比增长11.3%；第三产业增加值为8500.36亿元，同比增长11.0%。三次产业结构比为7.4∶44.2∶48.4。按常住人口计算，重庆市人均地区生产总值达到57902元（折算后8717美元），比2015年增长9.6%。2016年实现工业增加值6040.53亿元，比2015年增长10.2%，占重庆市地区生产总值的34.4%。规模以上工业增加值同比增长10.3%。在规模以上工业中，分经济类型来看，国有企业增加值同比增长0.5%；集体企业增加值同比下降12.8%，股份制合作企业增加值同比增长7.5%，股份制企业增加值同比增长11.6%，外商投资企业及港澳台商投资企业增加值同比增长5.7%，其他经济类型企业增加值同比增长6.1%。分门类来看，采矿业增加值同比下降4.8%，制造业增加值同比增长11.2%，电力、热力、燃气及水生产和供应业增加值同比增长7.1%。分行业来看，农副食品加工业增加值比2015年增长12.2%，化学原料和化学制品制造业增加值比2015年增长3.9%，非金属矿物制品业增加值比2015年增长10.4%，黑色金属冶炼和压延加工业增加值比2015年下降12.3%，有色金属冶炼和压延加工业增加值比2015年增长8.8%，通用设备制造业增加值比2015年增长11.7%，汽车制造业增加值比2015年增长11.2%，铁路、船舶、航空航天和其他运输设备制造业增加值比2015年增长7.2%，电气机械和器材制造业增加值比2015年增长10.3%，计算机、通信和其他电子设备制造业增加值比2015年增长32.7%，电力、热力生产和供应业增加值比2015年增长4.7%。工业战略性新兴产业增加值同比增长27.2%；高技术产业增加值同比增长24.2%。规模以上工业企业全年实现利税总额2652.01亿元，同比增长7.8%；实现利润总额1584.97亿元，同比增长12.6%；产品销售率达98.2%，同比提高0.4个百分点；总资产贡献率为14.2%，同比下降0.6个百分点；资产负债率为61.3%，同比下降0.3个百分点；资本保值增值率为112.7%，同比下降3.8个百分点；全员劳动生产率为29.1万元/人。2016年重庆市居民人均可支配收入为22034元，比2015年增长9.6%。其中，城镇常住居民人均可支配收入为29610元，同比增长8.7%；农村常住居民人均可支配收入为11549元，同比增长9.9%。

（二）两化融合主要进展

1. 互联网与制造业融合进一步深入

重庆市出台了《重庆市制造业与互联网融合创新实施方案》，实施了一批制造业与互联网融合示范项目，进一步深化了制造业与互联网融合发展。在汽车制造领域，长安汽车通过建设协同研发平台，建立了“五国九地”的全球协同研发体系；在摩托车制造领域，长安汽车通过建设“中摩联协同供应链平台”，实现了全市近千家配套企业的供应链协同；在装备制造领域，恒通客车、潍柴动力、中冶赛迪、山外山科技等已建成投入服务型制造平台，取得了显著效果；在消费品领域，段记服饰、玛格家居开发了个性化定制平台并已投入使用。与此同时，互联网企业也进一步向制造业渗透；猪八戒网络开设工业设计频道，整合全球资源为全市工业开展设计服务；大龙网建设了工业电子商务平台，为全市工业企业开展营销服务；新材料全球交易网建设了集研发、交易、融资服务等于一体的行业性工业电子商务平台；中国移动、中国联通分别在重庆市建设了工业云平台和“互联网+中小企业”信息平台，为全市工业企业提供信息资讯、IT 在线应用、企业财税、营销、法律等多方位的云服务，促进企业转型升级。

2．两化融合试点示范和项目建设深度推进

重庆市成为全国首批“智能汽车与智慧交通应用示范项目”应用示范区，其中“智能汽车集成系统试验区”已正式启用；猪八戒网、川仪股份、重庆潍柴、山外山科技 4 个国家制造业与互联网融合创新试点项目加快建设；重庆海康威视智能安防产业园项目正式开工；中移物联网开放平台（OneNET）、优企酷中小企业服务平台、允升工业耗材交易云、工聚来网、重庆工业云平台等工业云平台建设逐步完善，全市工业云平台注册用户超过 100 万户，企业用户超过 1 万户。

3．两化融合管理体系贯标工作深化实施

重庆市参与两化融合管理体系贯标企业达 181 家（其中，国家级试点企业为 50 家，市级试点企业为 156 家，非试点企业为 3 家），通过国家评定企业达 17 家；拥有服务机构 10 家（其中国家级服务机构有 5 家）、国家级评定机构 2 家。通过两化融合管理体系建设，打造了企业两化融合新型能力项目，提升了企业核心竞争力。截至 2016 年年底，重庆市开展两化融合管理体系建设并进入体系试运行阶段的 53 家企业共打造两化融合新型能力项目 70 余项，主要涉及企业研发创新、财务一体化、制造流程及全生命周期管控、产供销协同、工业电商、质检安全管控、制造+服务等几个方面。

4．智能装备产业发展速度加快

2016 年，重庆市共计实施市级智能制造项目 18 个，年新增销售收入 19.5 亿元，改造后装备智能化率平均提升 20.8%，运营成本平均降低 13.8%。对接国家 2016 年智能制造试点示范项目、智能制造项目，长安汽车、汽研院等 5 个项目得到国家智能制造专项支持。2016 年，重庆市智能终端年产量达 3.8 亿台件，其中，笔记本电脑产量占全球产量的 1/3；手机产量占全国手机产量的 15%，且智能手机和功能手机比例由 2015 年的 2∶8 变为 2016 年的 4∶6，“智造”优势进一步凸显。重庆市南岸区国家物联网产业示范基地通过国家复核。

【两化融合发展水平分析】

（一）综合分析

2016 年，重庆市两化融合发展指数为 78.32，比 2015 提高 1.07 个点。其中，基础环境指数为 92.8，比 2015 年提高 11.72 个点；工业应用指数为 57.68，比 2015 年下降 7.47 个点；应用效益指数为 105.1，比 2015 年提高 7.47 个点，如表 1 和图 1 所示。

表 1　2015—2016 年重庆市两化融合指数情况

指　标	2015 年指数	2016 年指数	变化情况
基础环境	81.08	92.8	↑11.72
工业应用	65.15	57.68	↓7.47
应用效益	97.63	105.1	↑7.47
发展指数	77.25	78.32	↑1.07

数据来源：中国电子信息产业发展研究院

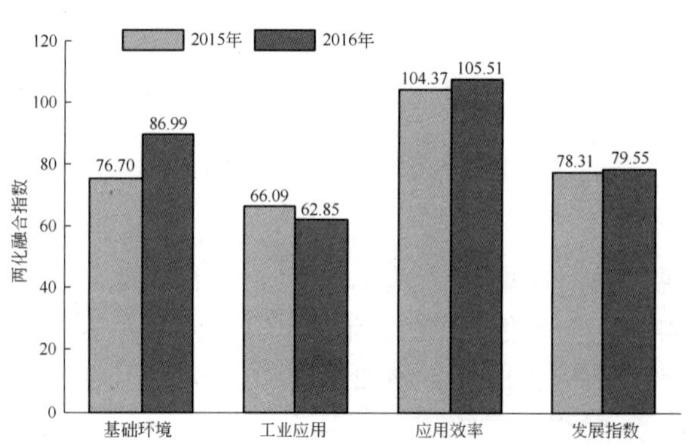

图 1　2015—2016 年重庆市两化融合指数情况

数据来源：中国电子信息产业发展研究院

（二）具体分析

1．基础环境指数

在信息基础设施建设方面，2016年，重庆市城（省）域网出口带宽指数为81.76，比2015年增长16.92个点；固定宽带普及率指数为98.77，比2015年提高19.52个点；固定宽带端口平均速率指数为119.03，比2015年提高42.71个点；移动电话普及率指数为64.62，比2015年提高2.8个点。在互联网应用普及方面，互联网普及率指数为64.65，比2015年提高2.33个点。在两化融合政策环境建设方面，重庆市重视两化融合政策环境建设，设立了两化融合专项引导资金；同时，重庆市重视对中小企业提供信息化公共服务，2016年中小企业信息化服务平台数指数为150，与2015年持平；而重点行业典型企业信息化专项规划指数为66.67，比2015年下降7.98个点。

2．工业应用指数

2016年，重庆市两化融合工业应用指数为57.68，比2015年下降7.47个点。其中，重点行业典型企业ERP普及率指数为60.24，比2015年下降7.76个点；重点行业典型企业MES普及率指数为67.91，比2015年上升0.36个点；重点行业典型企业PLM普及率指数为50.84，比2015年下降7.6个点；重点行业典型企业SCM普及率指数为63.67，比2015年上升2.84个点；重点行业典型企业采购环节电子商务应用普及率指数为57.5，比2015年下降18.54个点；重点行业典型企业销售环节电子商务应用普及率指数为76.75，比2015年上升7.15个点；重点行业典型企业装备数控化率指数为28.97，比2015年下降31.63个点，降幅较大；国家新型工业化产业示范基地两化融合发展水平指数为59.99，比2015年下降1.55个点。

3．应用效益指数

2016年重庆市两化融合应用效益指数为105.1，比2015年提高7.47个点。在地区工业生产效益和水平方面，2016年重庆市工业增加值占GDP比重比2015年略微下降，2016年工业增加值占GDP比重指数为42.93，比2015年下降0.58个点；2016年第二产业全员劳动生产率指数为108.92，比2015年上升4.88个点；工业成本费用利润率略有升高，2016年工业成本费用利润率指数为44.96，比2015年上升1.45个点；单位工业增加值工业专利量指数为146.5，比2015年提高23.17个点。在工业节能减排水平方面，2016年单位地区生产总值电耗指数为109.94，比2015年提高4.9个点。信息产业继续保持快速发展，2016年电子信息制造业主营业务收入指数为160.35，比2015年提高7.09个点；软件业务收入指数为147.78，比2015年提高11.71个点。

【优劣势评价】

重庆市两化融合发展的优势如下。

一是工业基础较好，工业技术创新能力较强。2016年第二产业占重庆市地区生产总值的44.2%，工业增加值为6040.53亿元，比2015年增长10.2%，占全市地区生产总值的34.4%，其规模以上工业增加值增长10.3%。制造业是工业领域增长最快的门类，增速达11.2%。从工业技术创新能力来看，重庆市单位工业增加值工业专利数量远超全国平均水平。

二是工业结构较为合理。分行业来看，电子设备制造业、战略性新兴产业和高技术产业是增长势头最强的行业，2016年，计算机、通信和其他电子设备制造业同比增长32.7%，工业战略性新兴产业增加值同比增长27.2%，高技术产业增加值同比增长24.2%。此外，电气机械和器材制造业、农副食品加工业、非金属矿物制品业、通用设备制造业和汽车制造业增长均超过10%，这些都是在我国经济结构调整中需要发展的产业；而作为去产能对象的黑色金属冶炼业则在以较快速度下降。合理的工业结构为重庆市两化融合持续发展创造了巨大的空间。

重庆市两化融合发展存在的劣势主要在于信息技术关键领域开发能力和创新能力不足。企业在关键领域的开发投入少，支撑制造业与互联网融合创新的一些关键技术（如软件领域的工业操作系统、硬件领域的智能装备核心技术等）尚待突破。领军人才缺乏，而新技术和新产品的研发投入不够多，有效发明专利数量较少，科技成果转化效率不高，创新能力与东部沿海省（自治区、直辖市）差距较大。从指数上看，重点行业典型企业ERP普及率、重点行业典型企业PLM普及率、重点行业典型企业采购环节电子商务应用普及率、重点行业典型企业装备数控化率及国家新型工业化产业示范基地两化融合发展水平均有降低，其中重点行业典型企业装备数控化率降幅较大。

【相关建议】

一是优化人才结构。创新人才机制，完善培养和引进领军人才的鼓励政策，优化人才发展的创业环境、制度环境和生活环境。鼓励通过多种方式开展校企合作，鼓励高校、人才培训机构与企业开展人才定制培训。

二是着力提升关键领域创新能力。加强与相关领域国内外高校、科研机构的合作，创新工作方法，利用全球创新资源。通过融资优惠、资金扶持等多种方式，吸引领先创新企业在重庆落地项目或机构。鼓励大企业积极开展双创，广泛吸纳各方创新资源。

四川省两化融合发展水平分析

【总体情况】

（一）经济概况

2016 年，四川省经济平稳健康发展，全年实现地区生产总值 32680.5 亿元，比 2015 年增长 7.7%。其中，第一产业增加值为 3924.1 亿元，比 2015 年增长 3.8%；第二产业增加值为 13924.7 亿元，比 2015 年增长 7.5%；第三产业增加值为 14831.7 亿元，比 2015 年增长 9.1%。2016 年，四川省实现工业增加值 11569.8 亿元，比 2015 年增长 7.6%。在规模以上工业中，轻工业增加值比 2015 年增长 8.2%，重工业增加值比 2015 年增长 7.7%。2016 年四川省规模以上工业 41 个行业大类中有 36 个行业实现增加值正增长。其中，酒、饮料和精制茶制造业比 2015 年增长 11.9%，计算机、通信和其他电子设备制造业比 2015 年增长 9.4%，非金属矿物制品业比 2015 年增长 10.3%，汽车制造业比 2015 年增长 14.2%，化学原料和化学制品制造业比 2015 年增长 9.0%，农副食品加工业比 2015 年增长 8.5%，石油和天然气开采业比 2015 年增长 21.1%，医药制造业比 2015 年增长 8.1%。2016 年四川省规模以上工业企业实现主营业务收入 40639.3 亿元，比 2015 年增长 8.4%。

（二）两化融合主要进展

2016 年，四川省围绕先进制造业强省建设的目标，完善政策举措，深入推动制造业与互联网融合发展，加快信息基础设施建设，推进工业互联网、工业云和工业大数据应用等新兴业态发展，两化融合工作取得新进展。

1. 完善政策体系，营造良好发展环境

四川省制定完善两化融合相关政策。2016年，发布《关于贯彻落实〈“互联网+四川制造”实施方案〉的通知》；出台《四川省 2016 年“互联网+”重点工作方案》，在制造、创业创新、政务等领域提出 67 项重点工作，将“互联网+”细化到各行业；启动《互联网与制造业融合创新典型应用研究》；设立“软件与信息安全项目资金”支持产业发展；下达省级两化融合专项资金 8500 万，支持企业进行智能制造、协同制造、数字化流程控制及信息管理等项目建设；贯彻落实《关于软件和集成电路产业企业所得税优惠政策有关问题的通知》，组织省内软件企业学习税收政策，解读政策申请流程。2016 年，四川省内 157 家企业（含 11 家国家规划布局内重点软件企业）共享受所得税减免 6.18 亿元。

2．加快信息基础设施建设，助推两化融合深入发展

四川省非常重视基础设施承载能力建设。首先，加快实施“宽带中国”战略。继续推进国家“宽带乡村”试点工程及中、西部中小城市基础网络完善工程建设。试点地区“光进铜退”改造工程全部完成。四川移动已经实现 21 个市（州）所有县级以上城区全部支持 100MB 光纤宽带接入，这使得四川省成为全国首个“全光网省”，并且建成全国首个“百兆宽带城市群”。其次，推动成都市国家级互联网骨干直联点网络扩容，目前已经完成骨干直联点监测系统初步验收。最后，推进数据中心建设。三大基础电信企业均在成都建设了超大型数据中心；四川省数据中心规模及应用水平已处于全国领先水平。

3．重视大数据、物联网等新兴业态，培育新的经济增长点

新兴业态是未来推动经济发展的重要动力。在加快大数据产业发展方面。四川省先后出台《四川省加快大数据发展的实施意见》和《四川省大数据产业技术路线图》。设立专门的“互联网及大数据普遍服务项目资金”，用以支持相关产业发展。在四川省内，成都市也设立相应的应用示范资金给予支持，德阳市经信委采用补贴方式鼓励企业购买工业云服务，绵阳市也设立了专项资金支持产业发展。在推动物联网发展方面。四川省制定了《“十三五”物联网产业发展思路和政策措施》，提出在“十三五”期间将在物联网领域打造 1000 亿个产业集群，树立 10 个应用领域示范工程，培养 50 家年收入过 10 亿元的物联网集成应用企业。在四川省内，加快推进成都、绵阳国家首批北斗卫星导航产业区域重大应用示范城市和应急通信保障能力试点建设。

4．侧重制造业与互联网融合发展，深入推进两化融合

四川推动“制造 2025”和“互联网+”的落地落实，深化制造业与互联网融合发展。四川省出台了《关于贯彻落实〈“互联网+四川制造”实施方案〉的通知》，启动了《互联网与制造业融合创新典型应用研究》。目前，四川省“互联网+四川制造”平台正式上线。四川省积极推动两化融合管理体系贯标试点企业开展贯标工作，大力培育和打造一批两化融合咨询服务高端品牌机构；下达省级两化融合专项资金支持企业进行智能制造、协同制造、数字化流程控制及信息管理等项目建设，推动企业提高信息化水平、实现转型升级发展。

【两化融合发展水平分析】

（一）综合分析

2016 年，四川省两化融合发展总指数为 79.55，比 2015 年提高 1.24 个点，其中基础环境指标大幅提升。2016 年，四川省基础环境指数为 86.99，比 2015 年的 76.7 提高 10.29 个点；工业应用指数为 62.85，比 2015 年的 66.09 下降 3.29 个点；应用效益指数为 105.51，比 2015 年的 104.37 提高 1.24 个点，如表 1 和图 1 所示。

表 1　2015—2016 年四川省两化融合指数情况

指　标	2015 年指数	2016 年指数	变化情况
基础环境	76.7	86.99	↑10.29
工业应用	66.09	62.85	↓3.29
应用效益	104.37	105.51	↑1.14
总指数	78.31	79.55	↑1.24

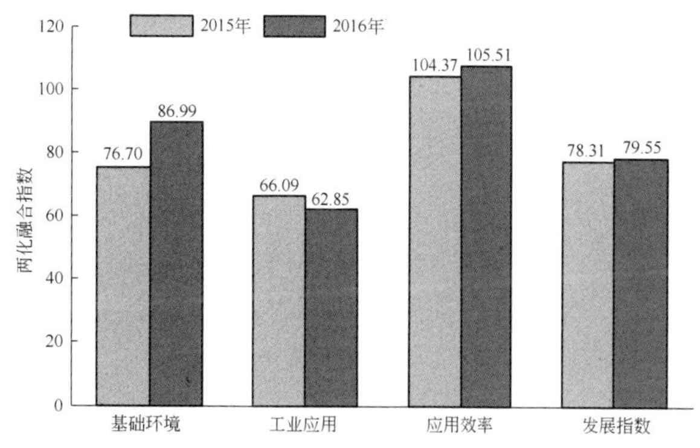

图 1　2015—2016 年四川省两化融合指数情况

数据来源：中国电子信息产业发展研究院

（二）具体分析

1．基础环境指数

2016年，四川省基础环境指数大幅提升10.29个点，达到86.99。其中，城（省）域网出口带宽指数值为161.62，比2015年的98.44大幅提高63.18个点；固定宽带普及率指数为96.9，比2015年的62.4提高34.5个点；固定宽带端口平均速率指数为126.23，比2015年提高15.07个点；移动电话普及率指数为60.48，比2015年提高1.42个点。在互联网应用普及方面，互联网普及率指数为56.91，比2015年提高2.7个点。在两化融合政策环境建设方面，继续设立两化融合专项引导资金；中小企业信息化服务平台数量指数与2015年持平；重点行业典型企业信息化专项规划情况指数为56.66，比2015年下降6.842个点。

2．工业应用指数

2016年，四川省工业应用指数略有下降。其中，重点行业典型企业ERP普及率指数为64.57，比2015年下降1.58个点；重点行业典型企业MES普及率指数为73.03，比2015年提高15.8个点；重点行业典型企业PLM普及率指数为52.37，比2015年下降1.62个点；重点行业典型企业SCM普及率指数为62.17，比2015年提高0.53个点；重点行业典型企业采购环节电子商务应用普及率指数为64.41，比2015年下降3.32个点；重点行业典型企业销售环节电子商务应用普及率指数为79.16，比2015年下降3.65个点；重点行业典型企业装备数控化率指数为56.62，比2015年提高21.07个点；国家新型工业化产业示范基地两化融合发展水平指数为53.12，比2015年大幅下降50.05个点。

3．应用效益指数

2016年，四川省两化融合应用效益略有提高，提高1.24个点。在地区工业生产效益和水平方面，工业增加值占GDP比重指数为44.17，比2015年下降4.59个点；第二产业全员劳动生产率指数为111.67，比2015年下降1.33；工业成本费用利润率指数为39，比2015年下降1.1个点；单位工业增加值工业专利量指数为110.22，比2015年下降9.89个点。在工业节能减排水平方面有了较快提升，单位地区生产总值电耗指数为100.3，比2015年提升3.38个点。在信息产业发展水平方面，电子信息制造业主营业务收入指数为164.31，比2015年降低5.55个点；软件业务收入指数为207.87，比2015年提高7.79个点。

【优劣势评价】

总体来看，四川省两化深度融合发展具有很大的潜力。四川省信息网络基础设施建设经过多年快速发展，目前已经高于全国平均水平；电子信息制造业和软件业规模水平也稳居全国前列。在看到这些优势的同时，也应该客观看到四川省网络普及率和企业信息化水平与先进省份相比，发展相对滞后。

四川省两化融合发展具体优势表现如下。

一是“网络强省”助推四川省实现全省全域千兆光网接入。四川省在2015年9月建成全国首个“全光网省”的基础上，于2016年5月公布“网络强省”行动计划。四川省计划以“超宽带、大视频、全智能”为信息服务体系核心，实现“千兆推广、百兆普及”的网络格局，力争于2018年年底实现四川省85%的行政村具备提供千兆宽带和4G无线服务能力。截至2016年年底，四川省光纤宽带通达的行政村达3.4万个，100%的城镇和71%的行政村实现光纤到户；建成农村基站2.4万个，82%的农村区域无线覆盖，农村宽带的覆盖范围和接入能力均位居全国前列。据四川电信公布的数据，通过5次大提速，四川电信公众家庭光纤宽带用户平均带宽达到61MB，100MB用户占比达到50.2%，这个占比在全国首屈一指，四川电信也因此成为全球户均网速最快的运营商。据测算，四川省家庭户均带宽费用已降至低于1元/MB，比2013年下降90%。

二是电子信息产业继续保持平稳、较快发展。在电子信息产业方面。2016年，四川省规模以上电子信息产品制造业完成工业总产值4329.3亿元，比2015年增长7.7%；完成利润总额125.5亿元，比2015年增长159.8%；规模以上工业增加值比2015年增长9.4%。在重点产品生产方面，2016年，四川省生产彩色电视机1111.0万台，比2015年增长18.9%；生产笔记本计算机2428.5万台，比2015年增长36.5%；生产手机4486.7万部，比 2015 年增长 32.9%。2016 年，四川长虹电子控股集团有限公司、四川九洲电器集团有限责任公司分别位列第三十届中国电子信息百强企业第 7 位和第 28 位。在软件业方面，四川省软件和信息服务业总量快速增长，产业结构不断优化。2016 年，四川省软件和信息服务业实现营业收入 3149.9 亿元，比 2015 年增长 14.75%；软件业务收入 2424.2 亿元，比 2015 年增长 14.03%；实现利润总额 336.8 亿元，比 2015 年增长 6.84%；软件业务出口 14.8 亿美元，比 2015 年增长 5.90%。中国电子科技网络信息安全有限公司、四川省通信产业服务有限公司入选 2016 年中国软件业务收入前百家企业。

四川省两化融合发展也存在一些不足和劣势。

一是移动电话和互联网普及率还比较低。虽然四川省拥有先进的宽带网络设施，但与先进地区的宽带网络相关普及率相比，四川省的这两项指标分别列居全国第 23 位和第 24 位，明显处于落后地位，无法适应未来四川省经济和社会快速发展的要求。

二是企业信息化发展还有很大的提升空间。重点行业典型企业 PLM 普及率、重点行业典型企业 SCM 普及率、重点行业典型企业采购环节电子商务应用、重点行业典型企业销售环节电子商务应用这几个指数，分别位居全国第 22 位、第 18 位、第 19 位、第 19 位。其中，重点行业典型企业采购环节电子商务应用指标，甚至还低于全国 76.67 的发展平均水平。

【相关建议】

对四川省两化融合提出以下建议。

一是持续加强信息基础设施建设。继续建设完善高速、安全、泛在的新一代信息通信基础设施。推动建设一批基础公共云平台。在 5G 领域，加强四川省内大专院校、科研院所、骨干企业与国际、国内 5G 优秀企业的合作，争取新一代宽带无线移动通信网国家科技重大专项资金支持，加快编制完成 5G 试商用方案，争取有关部委支持四川省建设面向 5G 的虚拟现实（VR）、增强现实（AR）、车联网等新兴业态的测试与实验应用。争取到 2020 年，将四川省建成拥有国内一流信息基础设施、农村地区“千兆接入，百兆普及”、全省行政村实现百分百宽带网络全覆盖的在全国处于领先地位的省份。

二是重点支持大数据、物联网等新业态发展。研究制定《四川省大数据发展促进办法》《四川省大数据产业规划》，引导四川省大数据产业有序发展。筹建四川大数据产业发展研究院、四川省大数据产业联合会和四川省大数据专家咨询委员会，为四川省大数据产业发展提供顾问支撑。探索设立“四川省大数据产业发展基金”，尝试用资本力量推动四川省大数据产业创新发展。争取国家大数综合试验区建设、有关部委大数据产业集聚区建设，打造大数据产业聚集区。争取形成一批大数据创新型研发平台，培育一批基于大数据的信息消费、文化创意、先进制造等领域新兴企业。根据国家《“十三五”物联网发展规划》和四川省物联网发展规划，重点培养一批物联网工程重点实验室、技术研发中心、创新中心和工业物联网应用示范基地，打造一批具有鲜明特色的物联网产业集聚区和物联网示范区。

三是加速建设面向四川省工业企业的信息化人才队伍。企业信息化发展滞后、信息化人才不足是关键制约因素，要对接产业人才需求、搭建信息化人才公共服务平台。加强政府、企业、高校、职业院校、培训机构、行业协会等相互合作，推动建立多层次的信息化人才培养体系。加强对国家“千人计划”和四川省“千人计划”中信息化人才领军人才的跟踪服务，注重引进高层次、复合型信息化人才，特别是具有国际视野的企业家群体。依托国信安基地、中国网安等行业骨干企业，开展四川省工控系统安全专题培训，并在工控系统安全专项检查中重点检查培训效果。

陕西省两化融合发展水平分析

【总体情况】

（一）经济概况

2016年，陕西省地区生产总值为19165.39亿元，比2015年增长7.6%。其中，第一产业增加值为1693.84亿元，同比增长4.0%，占生产总值的比重为8.8%；第二产业增加值为9390.88亿元，同比增长7.3%，占生产总值的比重为49.0%；第三产业增加值为8080.67亿元，同比增长8.7%，占生产总值的比重为42.2%。2016年陕西省人均生产总值为50395元，比2015年增长7.0%。2016年陕西省全部工业增加值为7492.63亿元，比2015年增长6.8%，其中，规模以上工业增加值同比增长6.9%。在规模以上工业中，重工业增加值同比增长6.4%，轻工业增加值同比增长9.4%。分工业门类来看，采矿业增加值同比增长0.4%，制造业增加值同比增长11.5%，电力、热力、燃气及水生产和供应业增加值同比增长4.9%；能源工业增加值同比下降0.7%，非能源工业增加值同比增长13.1%；六大高耗能行业增加值同比增长6.8%。2016年陕西省年规模以上工业主营业务收入19776.76亿元，比2015年增长7.8%；利润为1472.38亿元，比2015年增长8.8%。

（二）两化融合工作进展

2016年陕西省按照工业和信息化部的总体部署，结合陕西省实际，全面实施陕西省赶超计划，着力加强大数据与两化融合的整体布局，突出抓好示范工程建设，同时在招商引资、产业发展、新城建设、创新孵化等方面突破常规、创新发展，取得了一定实效。

1．重视两化融合顶层设计

积极贯彻落实中央和陕西省有关工作部署，结合“中国制造2025”“互联网+”“双创”“深化制造业与互联网融合”等战略，发布了《陕西省两化融合“十三五”规划》《陕西省“互联网+”工业实施方案》《陕西省深化制造业与互联网融合实施意见》，指导陕西省两化融合工作有步骤、有重点地深入推进。

2．加快重点项目落地实施

2016年，陕西省实施了两化融合项目引领和典型示范带动，设立两化融合专项资金，持续投入引导，带动一批装备制造、能源化工、有色等支柱产业、行业的综合服务平台、工业云平台、工业数据库等重点建设项目。陕鼓服务型制造、陕汽集团PLM（产品全生命周期管理）、陕西煤炭交易中心有限公司煤炭电子商务信息化平台建设、西电集团变压器有限责任公司智能变压器数字化车间等项目成效显著；陕西飞机工业（集团）有限公司等10家企业的智能制造项目被国家立项；西安陕鼓动力股份有限公司获国家2016年两化融合创新实践奖；陕煤化黄陵矿业、陕鼓集团获“中国工业大奖”。

3．工业云平台建设初见成效

近年来，陕西省搭建了工业云平台，组建了工业云运营公司，组织开展了工业云标准培训，平台对接合作伙伴80余家、服务客户200余家，可提供资源包括基础设施资源、业务应用支撑资源、应用服务资源，即传统意义上的IaaS、PaaS、SaaS。陕西工业云平台以联通沃云、百度开放云为资源基础，协同各行业顶尖合作伙伴众筹、众创搭建了灾备安全云、智能园区云、中小微企业云、智慧能源与智慧矿山云等云平台，可提供的云应用服务大至智慧园区、智慧工厂改造，小至财务、OA、电商、ERP等企业应用，已帮助近百家小微企业完成信息化从零开始的突破，帮助数十家传统大型企业进行信息化升级转型，以轻资产、轻运维、上线快、体验好等特点受到众多客户喜爱，新签及续约客户也在持续增多。

4．持续开展企业评估诊断与对标工作

依托工业和信息化部评估平台，组织开展了2016年两化融合评估诊断、对标引导工作及两化融合管理体系贯标培训。目前，陕西省参与两化融合能力与水平评估的企业共有1500多家，两化融合贯标与评估步入良性循环。依据评估系统分析结果，15%的企业处于起步建设阶段；69.5%的企业处于单项覆盖水平阶段；12.5%的企业处于综合集成阶段；中航工业飞行自控所、西电集团等约3%的企业信息化达到协同创新阶段，处于行业领先地位。

5．深入推进管理体系贯标试点

陕西省共有85家贯标试点企业（其中，国家级试点企业59家，省级试点企业26家），已启动贯标工作的企业共有44家，已通过国家评定的企业共有15家。依托陕西省信息化工程研究院，组建了两化融合服务联盟、培育思宇信息技术有限公司、美林数据、西电集团高压电器研究院等国家级两化融合咨询服务机构6家，为陕西省两化融合规划、咨询、设计、管理体系推广、普及应用等提供了有力的技术支撑。

6．加强工控系统信息安全保障

及时做好工控系统信息安全风险提示、警示，组织开展了《工业控制系统信息安全防护指南》培训会及陕西省工控系统信息安全检查摸底，形成了调查表，上报工业和信息化部，2016年陕西省内未发生工控系统信息安全事件。

【两化融合发展水平分析】

（一）综合分析

2016年，陕西省两化融合发展指数为71.53，比2015年的66.23上升5.30个点。基础环境方面，2016年陕西省基础环境指数为94.20，比2015年提升28.51个点。工业应用方面，2016年陕西省工业应用指数为51.95，比2015年下降4.60个点。应用效益方面，2016年陕西省应用效益指数为88.00，比2015年提升1.87个点（见表1和图1）。

表1　2015—2016年陕西省两化融合指数情况

指　　标	2015年指数	2016年指数	变化情况
基础环境	65.69	94.20	↑28.51
工业应用	56.55	51.95	↓4.60
应用效益	86.13	88.00	↑1.87
发展指数	66.23	71.53	↑5.30

数据来源：中国电子信息产业发展研究院

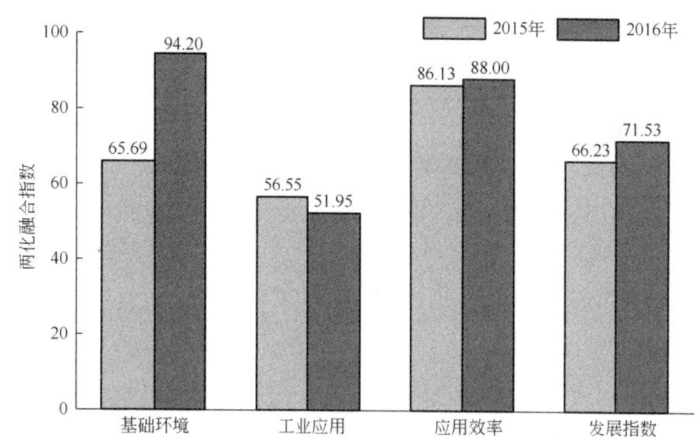

图1　2015—2016年陕西省两化融合指数情况

数据来源：中国电子信息产业发展研究院

（二）具体分析

1．基础环境指数

陕西省两化融合基础环境水平提升较快，有力支撑了陕西省信息化与工业化融合发展。2016年，陕西省城（市）域网出口带宽指数为144.29，比2015年有了很大的提升，增加61.97个点；固定宽带普及率指数为93.45，比2015年提升17.27个点；固定宽带端口平均速率指数为83.43，比2015年提升42.76个点；移动电话普及率指数为66.21，与2015年基本持平。在互联网应用普及率方面，2016年陕西省互联网普及率指数为66.14，比2015年提升3.19个点。在两化融合政策环境建设方面，陕西省设有两化融合专项引导资金，2016年中小企业信息化服务平台数指数有了显著提升，提高133.90个点，达到150；信息化重点行业典型企业信息化专项规划指数为

50.92，比 2015 年下降 1.78 个点。

2．工业应用指数

2016 年，陕西省重点行业典型企业 ERP 普及率指数为 45.41，比 2015 年提升 13.67 个点；重点行业典型企业 MES 普及率指数为 47.29，比 2015 年下降 7.36 个点；重点行业典型企业 PLM 普及率指数为 50.92，比 2015 年上升 17.95 个点；重点行业典型企业 SCM 普及率指数为 52.64，比 2015 年上升 27.16 个点；重点行业典型企业采购环节电子商务应用指数为 48.74，比 2015 年下降 29.32 个点；重点行业典型企业销售环节电子商务应用指数为 68.76，比 2015 年下降 26.18 个点；重点行业典型企业装备数控化率指数为 37.75，比 2015 年下降 6.43 个点；国家新型工业化产业示范基地两化融合发展水平指数为 64.42，比 2015 年下降 22.88 个点。

3．应用效益指数

2016年，陕西省两化融合应用效益稳步提升，应用效益指数达到 88.00，比 2015 年提升 1.87 个点。在地区工业生产效益和水平方面，2016 年陕西省工业增加值占 GDP 比重指数为 47.70，比 2015 年下降 3.55 个点；第二产业全员劳动生产率发展水平指数为 119.40，比 2015 年下降 2.07 个点；工业成本费用利润率指数为 49.09，比 2015 年下降 10.97 个点；单位工业增加值工业专利量指数为 75.85，比 2015 年上升 4.93 个点；单位地区生产总值电耗指数为99.10，比2015 年上升 1.19 个点；电子信息制造业主营业务收入指数为 78.54，比 2015 年提升 13.82 个点；软件业务收入指数为 166.33，比 2015 年大幅提升 16.13 个点。

【优劣势评价】

陕西省两化融合发展具有以下优势。

一是信息基础环境持续改善。陕西省信息基础设施支撑能力和水平处于西部地区领先水平，部分指标值在全国处于上游水平。2016 年，陕西省基础环境指数达到 65.69，高于全国平均水平近 9 个点，全国排名达到第 9 位。其中，城（省）域网出口宽带指数达到 144.29，高于全国平均水平近 45 个点，全国排名达到第 6 位；固定宽带普及率指数、固定宽带端口平均速率指数、移动电话普及率指数分别达到 93.45、126.19、66.21，分别高于全国平均水平 3.3 个点、1.8 个点和 0.6 个点，指数排名均居于全国前 15 位。

二是电子信息制造业和软件产业优势逐步凸显。2016 年，陕西省两化融合应用效益显著提升，尤其是电子信息制造业和软件产业增长态势明显，业务收入指数分别增长了 13.82 个点和 16.13 个点，全国排名分别提升了 1 位。2016 年陕西省电子制造业总产值突破 700 亿元，同比增长 50% 以上。

三是工业成本费用利润率处于全国领先地位。2016 年，陕西省工业成本费用利润率指数达到 49.09，高于全国平均水平 12 个点，排名全国第 5 位。陕西省工业成本费用利润率指数排名仅次于北京（指数为 52.33，排名第 1 位）、天津（指数为 51.35，排名第 2 位）、上海（指数为 50.64，排名第 3 位）和贵州（指数值为 49.61，排名第 4 位）4 个省（自治区、直辖市），在全国 31 个省（自治区、直辖市）中成本优势十分明显。

四是国家新型工业化产业示范基地两化融合发展水平全国领先。近年来，陕西省十分重视国家新型工业化产业示范基地两化融合发展，融合发展水平达到了全国领先水平。2016 年，陕西省国家新型工业化产业示范基地两化融合发展水平指数达到 64.42，超出全国平均水平 9.4 个点，位于全国第 1 位，排名比 2015 年提升了 18 位。

2016 年，陕西省两化融合发展取得了显著的成效，同时也存在一些问题和劣势。

一是企业信息化应用水平处于全国偏下水平。2016 年，陕西省在工业信息化应用方面，多个指数低于全国平均水平。其中，重点行业典型企业 ERP 普及率、重点行业典型企业 MES 普及率、重点行业典型企业 PLM 普及率、重点行业典型企业 SCM 普及率、重点行业典型企业采购环节电子商务应用、重点行业典型企业销售环节电子商务应用、重点行业典型企业装备数控化率等指数均低于全国平均水平，全国排名为 22～28 位，严重阻碍了两化深度融合工作的顺利开展。

二是两化融合所需复合性人才比较缺乏。一些企业员工的整体 IT 水平有限，对于两化融合涉及的信息化基本知识、创新思维能力、技术掌握能力等方面存在明显差距，还不能满足企业发展需要。面向行业应用信息技术的培训及认证体系不健全，具有行业应用背景的专业信息技术人才及掌握信息技术的管理人才、复合型人才匮乏。

【相关建议】

对陕西省两化融合提出以下建议。

一是重点推进深化制造业与互联网融合。着力打造双创平台，推进研发设计模式变革；实施智能制造，推进制造模式变革；培育新型服务型制造，推进服务模式变革。重点实施基础网络、大数据和工业云、工业软件三大支撑工程。省级抓龙头企业示范，市级抓骨干企业推广，县级抓小微企业服务应用。培育5个融合发展示范基地(园区)、6家融合能力示范企业和14个典型示范项目，开展系列培训，组织互联网企业送服务活动。积极构建以工业大数据、工业云平台为基础的云平台体系，加快发展自主可控的工业软件及行业系统解决方案，夯实制造业与互联网融合发展基础。

二是组织开展两化融合评估诊断和对标引导。依据两化融合评估规范，组织开展制造业与互联网融合发展水平评估，分行业、分区域建立测度指标与采集体系，实施分类指导。常态化组织开展全省两化融合评估诊断和对标引导工作，重点规模以上企业于每年6月30日前完成上年度数据采集，8月30日前发布全省两化融合发展水平指数。各市工业和信息化部门负责组织辖区内企业，省属企业、驻地央企负责组织本集团及各分子公司按属地填报，通过区域、行业双向推动两化融合发展。

三是持续推进两化融合管理体系贯标。加强培育贯标咨询服务机构，组织试点企业开展专题培训，鼓励企业积极实施两化融合管理体系贯标，以评定证书为依据，给予获证书企业一次性奖励资金20万元。

四是强化工控系统信息安全管理。建立工控系统信息安全风险评估和分析通报机制，提高工控系统信息安全防护水平。

甘肃省两化融合发展水平分析

【总体情况】

（一）经济概况

2016年，甘肃省实现生产总值7152.04亿元，比2015年增长7.6%。其中，第一产业增加值为973.47亿元，同比增长5.5%；第二产业增加值为2491.53亿元，同比增长6.8%；第三产业增加值为3687.04亿元，同比增长8.9%。三次产业结构比为13.6∶34.8∶51.6，其中，第三产业增加值占生产总值的比重首次超过50%。2016年甘肃省规模以上工业增加值为1565.4亿元，比2015年增长6.2%。从轻重工业来看，重工业增加值同比增长8.3%，轻工业增加值同比下降2.6%。从重点支柱行业来看，有色、装备制造、煤炭工业增加值分别同比增长16.1%、10.7%、7.6%，高于全省规模以上工业增加值增速；石化、建材、电力、食品、冶金工业增加值增速低于全省规模以上工业增加值增速，其中，石化、建材、电力工业增加值分别同比增长6.0%、4.6%、1.2%，食品、冶金工业增加值分别同比下降5.3%、6.6%。甘肃省以新能源、新材料、先进装备、智能制造、生物医药、信息技术、节能环保、新型煤化工、现代服务业、公共安全等领域为重点的战略性新兴产业完成增加值936.9亿元，比2015年增长12.2%，占生产总值比重提高到13.1%；规模以上高技术工业增加值同比增长11.3%，增速比规模以上工业增加值增速高 5.1 个百分点。

（二）两化融合主要进展

2016 年，甘肃省紧紧围绕国家信息化和信息技术服务业发展战略目标和发展需求，优化产业布局，大力培育骨干企业和重点品牌，坚持以企业支撑产业、以产业推动发展，不断增强优势产业的集中度，产业规模得以扩大，创新能力得以提升，经济效益明显改善，社会贡献率逐步提高，信息化及软件业整体竞争实力进一步增强。

1．制定出台一系列政策文件

先后起草并下发《甘肃省关于深化制造业与互联网融合发展的实施意见》《甘肃省三网融合推广实施方案》《甘肃省“十三五”信息化发展规划》《甘肃省“十三五”电子信息产业发展规划》《甘肃省“互联网+”协同制造实施方案》《“中国制造2025”甘肃行动“互联网+”制造专项实施方案》《甘肃行动制造业创新能力提升专项实施方案》《“中国制造 2025”甘肃行动信息技术产业专项计划》《关于深入推进信息畅通建设的实施方案》等一系列规划和方案。积极贯彻落实国家财政部、国家税务总局、发改委、工业和信息化部《关于软件和集成电路产业企业所得税优惠政策有关问题的通知》（财税〔2016〕49 号），印发给甘肃省重点软件和集成电路企业，并会同甘肃省财政、税务、发改委等部门建立核查机制，加大了对省内重点软件、集成电路企业的后续管理力度。

2．加快推进产业项目化落地

积极落实甘肃省工信委与九次方公司大数据产业发展合作框架协议，推进成立丝绸之路大数据公司、甘肃省大数据研究院、甘肃省大数据产业基地和甘肃省大数据创新创业中心。继续推进中国移动集团兰州新区数据中心二期、中国电信集团兰州新区集团级数据中心、甘肃省广电网络公司兰州新区数据中心、金昌紫金云大数据产业园，加快推进大数据产业发展。兰州三维数字社会服务管理系统联盟推广中心主体封顶；兰州市信息惠民公共服务平台、三维服务网、三维城市手机 App、微信受理平台等项目建设基本完成。加快推进了西北中小企业云服务平台、三维数字社会管理服务平台、北斗卫星导航综合服务平台等 10 个平台建设。甘肃省电子信息产业 500 万元以上项目 2016 年完成固定资产投资 8.2 亿元，同比增长 30%。

3．组织开展两化深度融合工作

编制下发《甘肃省 2016 年两化深度融合工作要点》，推动工业云、工业大数据和工业电子商务能力建设，促进大企业创新创业发展。甘肃工大电子科技有限公司被中国两化融合服务联盟推荐为两化融合管理体系贯标咨询服务机构，甘肃省落地的具备国家授予资质的各类两化融合服务机构达到 3 家。酒泉汉武御酒业等 4 家企业成为国家级工业电子商务运行形势指数企业。组织开展两化融合管理体系对标引导和评估诊断，截至 2016 年年底，甘肃省累计已有 1100 家企业参与两化融合评估诊断和对标引导工作，兰石集团等 13 家企业被工业和信息化部列为国家级两化融合管理体系贯标试点企业，国家级贯标试点企业总数达到 22 家，其中甘肃银光聚银化工有限公司成为全省首个通过国家两化融合管理体系贯标的企业。组织做好全国优秀首席信息官（CIO）和 CIO 工作先进个人推荐工作，金川公司、白银公司及甘肃移动政企客户分公司等企业分管副总经理被评为全国优秀 CIO。

4．有序推进骨干企业典型示范工作

鼓励龙头骨干企业建立研发机构，加大研发投入，基本构建产学研用相结合的技术创新平台和支撑体系。甘肃省电子信息行业拥有国家级企业（工程）技术中心 2 个、省级企业技术中心 21 个、省级重点实验室 6 个，软件产品共计 460 项，著作权达 600 多项。先后获得省级以上科技奖励近 20 项、国家专利授权 120 多项，通过鉴定的新产品、新技术和新成果 100 余项，有 40 余项产品填补了国内空白，50 多项技术和产品达到国内领先或接近国际先进水平。甘肃紫光公司连续两年入围“全国软件和信息技术服务业重点子行业骨干企业”。甘肃万维公司开发的精准扶贫大数据平台通过聚焦“六个精准”总体要求，紧盯“1+17”方案落实，利用大数据和移动互联技术，建立精准扶贫大数据库和数据中心，支持扶贫开发业务全过程信息化动态管理，目前已完成扶贫对象、扶贫措施、扶贫成效、大数据分析、绩效考核、在线帮助培训等功能的开发。甘肃紫光先后通过

CMMI3 级正式评估和《运维通用要求》符合性评估，成为甘肃省首家获得“信息技术服务运行维护标准符合性证书”的企业。

5．营造良好的创新创业生态

在首届丝绸之路文化博览会期间，甘肃省组织召开大数据助推“丝绸之路经济带”建设高峰论坛，工业和信息化部、江苏省、西藏自治区领导出席会议，来自全国 10 个省（自治区、直辖市）、82 家单位及甘肃省 14 个市（州）参会代表共 240 人参加此次高峰论坛。会同兰州新区管委会、丝绸之路大数据有限公司共同举办了第二十二届兰洽会“丝绸之路与大数据”专题论坛。积极推进中科曙光与甘肃省开展战略合作，围绕利用大数据等信息技术助推“丝绸之路经济带”建设、在甘肃省积极发展大数据及云计算产业等相关合作事项达成高度共识。组织省内 16 家软件和信息技术服务业企业参加第二十届中国国际软件博览会，甘肃精准扶贫大数据管理平台、三维数字社会服务管理平台、甘肃省招投标电子公共服务平台、陇南农村产权交易服务平台等新技术、新产品集中展示了甘肃省软件服务业取得的创新成果。甘肃省 9 项软件产品获得博览会金奖，6 项软件产品获得博览会创新奖。甘肃省工信委和信息产业协会分别获得“优秀组织奖”。

6．加强通信保障建设工作

推动通信运营企业加大投资力度，加快光纤宽带、4G 网络等信息基础设施建设，会同省直相关部门开展宽带网络建设和提速降费情况专项督察。会同甘肃省通信管理局制定《甘肃互联网交中心试点建设方案》，积极与工业和信息化部、中国电信、中国移动、中国联通等单位沟通和交流，推进甘肃省新型互联网交换中心建设。推荐武威、酒泉、天水 3 个市积极申报工业和信息化部、国家发改委组织的 2016 年度“宽带中国”示范城市评选。会同甘肃省通信管理局和甘肃省财政厅参与 2016 年全国电信普遍服务试点，甘肃省获批中央财政补助 16.2 亿元，居所有试点省（自治区、直辖市）首位，拉动项目总投资 54 亿元。试点行政村数量居全国第 2 位，另完成 10 个地市共 10226 个行政村通宽带和宽带升级改造工作。

【两化融合发展水平分析】

（一）综合分析

2016 年，甘肃省两化融合发展指数为 53.57，比 2015 年上升 0.44 个点，其中应用效益方面有明显下降。基础环境方面，2016 年甘肃省基础环境指数为 71.61，比 2015 年上升 0.28 个点。工业应用方面，2016 年甘肃省工业应用指数为 49.41，比 2015 年上升 2.74 个点。应用效益方面，2016 年甘肃省应用效益指数为 43.85，比 2015 年下降 3.83 个点，如表 1 和图 1 所示。

表 1　2015—2016 年甘肃省两化融合指数情况

指　标	2015 年指数	2016 年指数	变化情况
基础环境	71.33	71.61	↑0.28
工业应用	46.67	49.41	↑2.74
应用效益	47.86	43.85	↓3.83
发展指数	53.13	53.57	↑0.44

数据来源：中国电子信息产业发展研究院

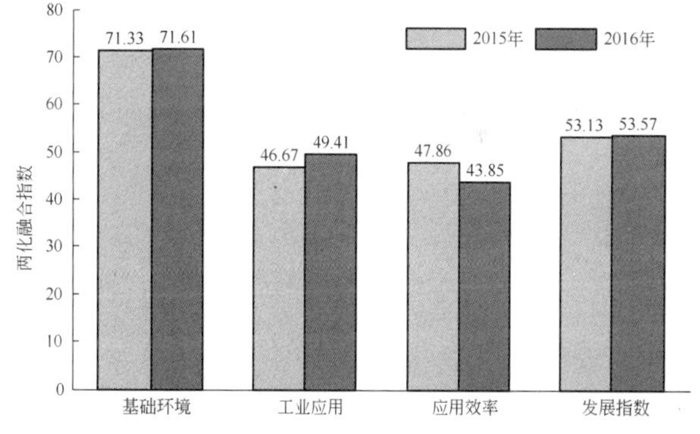

图 1　2015—2016 年甘肃省两化融合指数情况

数据来源：中国电子信息产业发展研究院

（二）具体分析

1．基础环境指数

2016 年，甘肃省两化融合信息基础设施建设稳步推进，基础环境指数为 71.61，比 2015 年上升 0.28 个点。具体来看，2016 年甘肃省城（省）域网出口带宽指数为 64.69，比 2015 年提升 19.15 个点；固定宽带普及率指数为 76.61，比 2015 年提升 26.61 个点；固定宽带端口平均速率指数为 124.44，比 2015 年提升 37.28 个点；移动电话普及率指数为 59.01，比 2015 年提升 0.85 个点。在互联网应用普及方面，2016年甘肃省互联网普及率指数为55.72，比2015年提升2.03个点。在两化融合政策环境建设方面，2015年和2016年甘肃省均设有两化融合专项引导资金；2016年中小企业信息化服务平台数指数为52.94，比2015年下降7.06个点；重点行业典型企业信息化专项规划指数为34.51，比2015年上升3.94个点。

2．工业应用指数

2016年，甘肃省两化融合工业应用指数为49.41，比2015年上升2.74个点。从具体指标来看，重点行业典型企业ERP普及率指数为52.44，比2015年上升0.46个点；重点行业典型企业MES普及率指数为53.20，比2015年上升15.01个点；重点行业典型企业PLM普及率指数为51.24，比2015年上升0.86个点；重点行业典型企业SCM普及率指数为47.30，比2015年提升5.36个点；重点行业典型企业采购环节电子商务应用普及率指数为52.86，比2015年上升3.14个点；重点行业典型企业销售环节电子商务应用普及率指数为40.48，比2015年上升11.6个点；重点行业典型企业装备数控化率指数为46.89，比2015年下降0.45个点；国家新型工业化产业示范基地两化融合发展水平指数为51.06，比2015年下降11.14个点。

3．应用效益指数

2016年，甘肃省两化融合应用效益有所提升，应用效益指数为36.89，比2015年提升10.97个点。具体来看，工业增加值占GDP比重指数为34，比2015年下降6.74个点；第二产业全员劳动生产率指数为88.99，比2015年下降7.03个点；工业成本费用利润率指数为0，比2015年下滑20.26个点；单位工业增加值工业专利量指数为85.69，比2015年提升5.14个点；单位地区生产总值能耗指数为58.05，比2015年下降0.39个点；电子信息制造业主营业务收入指数为11.03，比2015年提升1.45个点；软件业务收入指数为18.1，比2015年提升4.02个点。

【优劣势评价】

甘肃省两化融合发展主要具有以下优势。

一是国家层面密集出台政策使甘肃省面临难得的发展机遇。甘肃“一带一路”的发展机遇众多。“丝绸之路经济带”，东牵亚太经济圈，西系欧洲经济圈，是“世界上最长、最具有发展潜力的经济大走廊”，有利于开拓甘肃省新的经济增长点，带动经济实力较为薄弱的西部地区形成新的开放前沿。《国家信息化发展战略》《“十三五”国家信息化规划》《信息化和工业化融合发展规划（2016—2020年）》等国家层面的规划密集出台，为甘肃省两化融合指明了方向，带来了前所未有的机遇。

二是信息通信基础设施支撑能力显著增强。2016年，甘肃省两化融合基础环境指数达到71.61，比2015年上升0.28个点。据统计，截至2016年12月底，甘肃省城（省）域网出口带宽指数达到64.69，比2015年上升19.15个点；固定宽带普及率达到76.61%，比2015年上升26.62个点；固定宽带端口平均速率达到124.44，比全国平均水平高出0.04个点，较2015年增加37.28个点；固定宽带移动电话普及率已超过50%，互联网普及率达到55.72%，与2015年相比，均有所上升。总体来看，甘肃省持续加强宽带、移动电话、互联网等领域的建设，信息基础设施支撑能力和水平有了大幅提升，为进一步深入推进两化融合奠定了坚实的基础。

三是工业应用方面优势逐渐显现。为进一步深化两化融合、推进工业转型升级，2016年，甘肃省下发了《甘肃省“十三五”工业转型升级规划》，力争到2020年，使两化深度融合取得新进展。据统计，截至2016年年底，甘肃省两化融合工业应用指数为49.41，比2015年上升2.74个点。其中，重点行业典型企业MES普及率、重点行业典型企业SCM普及率、重点行业典型企业销售环节电子商务应用等指标增长较快，分别比2015年上升15.01个点、5.36个点、11.60个点，工业应用水平提升显著，优势逐渐显现。

同时，甘肃省两化融合发展还存在以下劣势。

一是产业发展滞后，并且规模较小。甘肃省电子信息产业在上一轮结构调整和产业布局中未能取得好的发展，产业发展明显滞后于国内发达地区，在全国排名靠后。另外，电子信息产业规模偏小，产业链延伸不长，附加值偏低；虽然企业拥有自主品牌，但具有较强竞争力的龙头骨干企业较少，产业“牵引力”不足；企业创新能力不足，缺乏具有自主知识产权的关键技术和核心技术，市场竞争力弱。

二是人才总量不足，并且流失严重。受地域、经济发展水平等因素的影响，甘肃省专业人才比较缺乏，高学历、高素质的专业人才较少，有研发能力的专业技术人才、高级管理人才、复合型人才缺乏，企业面临着人才难招、人才难留等现实问题。引进与留住人才的机制还不健全，特别是软件企业人才流失严重。

三是企业资金紧缺，并且融资抵押难。甘肃省软件信息企业大多为中小企业，融资能力较弱，企业资金匮乏带来流动资金、技术改造投资、新产品开发投入的严重不足，发展后劲不足。

【相关建议】

对甘肃省两化融合提出以下建议。

（一）加快政策措施的落地实施

一是围绕国家“中国制造 2025”“信息化和工业化深度融合”发展战略，完善实施《甘肃省“十三五”信息化发展规划》《甘肃省“十三五”电子信息产业发展规划》，为全省信息化和信息产业“十三五”发展谋好篇、布好局。二是加强与工业和信息化部有关司局和省直有关部门的汇报衔接，明确产业发展重点、调整方向。三是结合全省信息化和信息产业发展现状和特色，研究制定和完善信息产业发展的财政、土地、税收、政府采购等方面的配套措施，建立健全信息化和信息产业发展的政策保障体系，切实抓好国家、部、省有关促进信息化和信息产业发展各项扶持政策的落实。

（二）继续推进两化深度融合发展

一是继续实施两化融合管理体系贯标和评估工程，举办系列 2017 制造业与互联网融合发展深度行活动，分区域、分层次开展两化融合专题培训，选择一批重点行业、典型企业开展企业两化融合管理体系贯标，力争全省有 2～5 家企业能够通过国家评定。二是分行业遴选一批国家级和省级两化融合示范企业，推动两化融合贯标工作走向全面普及；推动与企业内部信息系统及供应链上、下游企业间采购和销售系统的互联互通，实现原材料和产成品供需精准对接，探索去库存、降成本的手段和模式。三是建设甘肃省企业两化融合管理评估大数据平台，周期性地组织开展企业两化融合自评估、自诊断、自对标，围绕两化融合现状识别、效益分析、问题诊断、趋势预测等，形成区域、行业、企业等两化融合数据地图，提高政府精准施策、机构精准服务、企业精准决策水平。

（三）着力推进产业项目化落地

一是多渠道争取国家开发专项、投资基金等专项支持，加大项目扶持力度，以项目建设促进产业发展；以在建项目为依托，加强项目跟踪管理，推进企业技术进步和重点项目建设。二是谋划好 2017 年甘肃省信息化产业发展专项支持项目，发挥财政资金的杠杆撬动作用，促进产业快速发展；发挥龙头企业带动作用，支持骨干企业发展；发挥甘肃省信息产业发展专项的导向作用，支持龙头企业发展；引导龙头企业利用好政策机遇，积极争取国家政策、资金支持；梳理行业内龙头企业发展存在的重大问题，做好谋划布局，加大研发投入，实现可持续发展。

（四）努力提升服务质量

一是加强与工业和信息化部电子信息司、信息化和软件服务业司工作联系，主动加强与甘肃省发改委、甘肃省科技厅等省直有关部门联系，在政策制定、项目支持等方面借力使力，营造良好氛围，凝聚各方力量，形成信息产业发展的合力。二是健全完善行业统计和运行监测分析工作制度，加强行业统计分析，在做好电子信息制造业及软件和信息技术服务业统计月报、统计年报的统计、审核和报送工作的基础上，提高经济运行分析和重点企业运行监测水平。三是组织科研院所、高校和企业共同参与，开展联合攻关，形成研发和应用推广的创新体系和运营机制，推进创新成果应用；推广甘肃省自主软件产品，遴选推介优秀行业应用解决方案。四是鼓励和引导省内企业积极参与国家信息技术标准的制定和实施，重点推进三维数字社会服务管理系统技术标准制定。

（五）持续加大对外宣传和招商引资力度

一是依托第二十一届中国国际软件博览会，宣传甘肃省软件和信息技术服务业创新成果和比较优势，推介省内优势企业和产品，助力骨干企业向外拓展。二是按照甘肃省委、省政府要求，承办好第二届文博会专项论坛，着力宣传甘肃省在政策环境、资源禀赋、战略地位、向西开放等方面的优势，营造产业发展环境。三是主动加强与中电科、中国电子、阿里巴巴、富士康等大企业、大集团的联系对接，重点围绕物联网、云计算、大数据产业等信息产业新领域，有效推进兰州新区大数据备份中心、电子信息产业园、物联网传感器等信息产业项目真正落地。四是协调浪潮集团与兰州市政府、酒泉市政府、公航旅集团等协议的落实；引导和鼓励大型企业开设众创空间，打造众创平台，培育联创孵化园等小企业孵化器和创新中心，支持和引导双创项目落地。

宁夏回族自治区两化融合发展水平分析

【总体情况】

（一）经济概况

2016 年，宁夏回族自治区实现地区生产总值 3150.06 亿元，按可比价格计算，比 2015 年增长 8.1%，比全国生产总值增幅高 1.4 个百分点，居全国第 9 位。其中，第一产业增加值为 239.96 亿元，同比增长 4.5%；第二产业增加值为 1475.51 亿元，同比增长 7.8%；第三产业增加值为 1434.59 亿元，同比增长 9.1%。2016 年，全区规模以上工业实现增加值 1039.7 亿元，同比增长 7.5%，比全国工业实现增加值增幅高 1.5 个百分点；规模以上轻工业实现增加值 200.7 亿元，同比增长 15.2%；重工业实现增加值 839.0 亿元，同比增长 5.8%。从主导产业来看，煤炭产业增加值同比增长 18.3%，电力产业增加值同比下降 6.9%，化工产业增加值同比增长 10.3%，冶金产业增加值同比下降 0.9%，有色产业增加值同比增长 3.0%，轻纺产业增加值同比增长 14.0%，机械产业增加值同比增长 0.5%，建材产业增加值同比下降 0.8%，医药产业增加值同比增长 29.2%，其他工业行业产业增加值同比增长 15.7%。主要工业产品产量保持增长。其中，乳制品产量增长 19.7%，化学药品原药产量增长 28.1%，橡胶轮胎外胎产量增长 106%，水泥产量增长 12.6%，滚动轴承产量增长 14.2%，工业自动调节仪表与控制系统产量增长 16.2%，电工仪器仪表产量增长 42.9%。

（二）两化融合主要进展

2016 年，宁夏回族自治区通过完善信息网络基础设施、不断优化产业发展的政策环境、大力推动工业领域创新创业，推动了软件和信息技术服务业的发展，经济规模持续扩大，产业整体竞争力得到明显的提升。

1．软件和信息技术服务业快速发展

随着两化融合发展的逐步深入，宁夏回族自治区软件和信息技术服务产业规模得以不断扩大。2016 年全区软件和信息技术服务业完成业务收入 131942.2 万元，是 2010 年的 3 倍，连续 6 年年均增长 20%。全区现有软件和信息技术服务企业 230 多家，是 2010 年的 6.8 倍。其中，通过CMMI国际认证的企业有5家；新三板上市企业有12家，位居西北地区第2位。以软件和信息技术服务业为重点产业的聚集区已基本形成。银川IBI育成中心集中全区75%的软件企业，先后入驻软件企业100多家，包括东方国信、江苏润和软件、深圳博图数字公司等国内知名大数据应用企业。此外，全区应用推广持续深入。本地软件和信息技术服务企业已经渗透到工业、商务、民生、教育、安全、交通等智慧城市建设领域。宁夏希望信息产业股份公司住房公积金管理电子政务系统在新疆全区成功推广应用，自主开发的“小事儿”智慧城市平台服务数百万人次；银川方达电子系统工程有限公司的社保一卡通、居民健康档案软件在医院、药房广泛使用；宁夏电通物联网科技股份公司自主开发的电梯物联网安全监管系统已推广到全国；宁夏赛恩科技股份公司的“小赛”智慧社区服务站已覆盖银川、石嘴山、固原、中卫等市；宁夏中阿跨境电子商务平台“优百贸”“丝路购”蓬勃发展，地方特色农产品电子商务平台“宁夏红酒网”“中国枸杞交易网”等提供了网上购物和创业服务。

2．云计算和大数据产业夯实基础

宁夏回族自治区依托西部云基地、银川滨河大数据中心等项目，着力构筑云制造、云应用、云服务产业集群，云创数据中心和滨投大数据中心被批准为首批国家绿色数据中心试点，大数据综合试验区方案已上报国家相关部委，两大产业基地已初步形成。一是西部云基地建设稳步推进。目前，西部云基地约有1万台服务器上线运营，主要用于信息安全、电子商务、工业信息化等商业大数据应用。二是银川滨河新区智慧产业园建设成效显著。园区建设包括智慧银川大数据中心、智慧产业大厦、智慧装备产业园3个模块。其中，智慧银川大数据中心项目已经完成智慧政务、智慧交通、智慧环卫等10大重点领域的建设。李克强总理和苗圩部长分别于2015年和2016年赴宁夏调研，肯定了智慧银川的建设。2016年银川承办了“TMF（国际电信论坛）全球智慧城市峰会”，获得广泛认可，近期启动500个智慧社区的建设，让更多群众享受大数据带来的发展红利。

3．成功举办了“两会一赛”等特色活动

举办了海峡两岸（宁夏）电子信息产业对接会，以“优势互补建设云基地，产需对接发展新能源”为主题，吸引了富士康等中国台湾地区的信息企业来宁夏考察，宁台两地企业签约5个项目。中央电视台《海峡两岸》节目、新华网、人民网、《宁夏日报》、宁夏电视台等媒体在第一时间进行了报道，新浪财经、搜狐证券、凤凰财经、中国日报网、中国网、今日头条等互联网媒体进行了转发，引起广泛关注。举办了中国（银川）国际智能工厂技术与设备展览会，吸引了200多家国内外企业参展，为宁夏回族自治区工业企业学习借鉴国际、国内先进智能装备技术和理念搭建了沟通合作的平台。举办了首届宁夏“互联网+工业”创新设计大赛，征集到能源、化工、装备、建材等工业领域的信息化解决方案，以及云计算、大数据、物联网等应用设计作品，其中，浙江维思无线网络技术有限公司的电力机器人作品获得金奖。

4．顺利完成了“十三五”规划编制工作

编制完成《宁夏电子信息产业“十三五”发展规划》，明确了“十三五”期间要发展云计算、大数据、工业软件、嵌入式软件等，将宁夏打造成为我国西部地区重要的电子信息产业集聚区，到2020年软件和信息服务业收入达到150亿元，其中，云计算产业收入达到100亿元。结合国家对信息化、两化融合、“互联网+”、双创平台等工作的布置和自治区实际，编制完成了《宁夏回族自治区两化融合“十三五”规划》。

5．制定出台了一系列政策文件

先后制定印发了《“中国制造2025”宁夏行动纲要》《关于进一步促进云计算产业发展的若干意见》《宁夏回族自治区云计算企业认定管理办法》《关于推进全区“互联网+工业”行动计划实施意见（2016—2018年）》《关于深化制造业与互联网融合发展的实施意见》《关于全面推进电梯电子监管系统建设的通知》等一系列政策文件，并按照财税〔2016〕49号文件核查全区享受所得税减免优惠的软件企业，落实2016年所得税减免共430万元，协调国税局为软件企业增值税退税共1072万元，使全区产业发展的政策环境得以持续优化。

6．两化深度融合工作取得新进展

系统总结第一批贯标试点企业经验，并以此为基础继续扩大两化融合贯标试点范围，积极向国家推荐申报贯标试点企业，最终宁夏中利科技有限公司等19家企业获批成为2016年国家级贯标试点企业，各试点企业均获得了区里发放的10万元资金补助，为贯标工作的深入开展提供了动力。另外，《宁夏两化融合整体性评估分析报告（2015年）》编制工作圆满完成，全区规模以上工业企业参加了2016两化融合整体性评估，并且在线填报数据，形成了《宁夏企业两化融合评估报告》，为全面了解宁夏回族自治区各行业、企业两化融合总体发展现状，制定两化融合相关政策的科学决策提供了依据。

7．工控系统信息安全管理工作全面展开

2016年年初，宁夏回族自治区印发了《2016年全区工业控制系统信息安全管理工作计划》，对全年工控系统信息安全管理工作提出了明确要求，安排部署了建立信息安全管理档案、建立信息安全标准体系、完善信息安全管理制度、开展信息安全检查等工作。同时，开展了全区工控系统生产企业摸底调查工作，下发了《关于开展全区工业控制系统生产企业摸底调查工作的通知》，将摸底调查情况按时、按质上报工业和信息化部。另外，为了进一步加强工控系统风险防范工作，宁夏回族自治区还下发了《关于转发〈工业控制设备默认密码清单被公布我国工业企业需加强核查与管理〉的通知》，要求5个城市的工业和信息化局及相关企业采取措施，做好信息安全核查、管理和防范工作。

【两化融合发展水平分析】

（一）综合分析

2016年，宁夏回族自治区两化融合发展指数为57.19，比2015年上升3.94个点。基础环境方面，2016年宁夏回族自治区基础环境指数为65.44，比2015年上升10.59个点。工业应用方面，2016年宁夏回族自治区工业应用指数为55.51，比2015年上升1.53个点。应用效益方面，2016年宁夏回族自治区应用效益指数为52.30，比2015年上升2.13个点（见表1和图1）。

表1　2015—2016年宁夏回族自治区两化融合指数情况

指　标	2015年指数	2016年指数	变化情况
基础环境	54.85	65.44	↑10.59
工业应用	53.98	55.51	↑1.53
应用效益	50.17	52.30	↑2.13
发展指数	53.25	57.19	↑3.94

数据来源：中国电子信息产业发展研究院

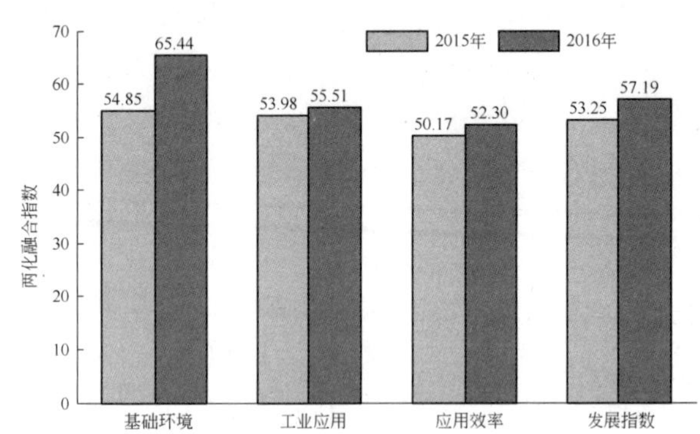

图1　2015—2016年宁夏自治区两化融合指数情况

数据来源：中国电子信息产业发展研究院

（二）具体分析

1．基础环境指数

2016年，宁夏回族自治区基础环境指数为65.44，比2015年上升10.59个点。在信息基础设施建设方面，2016年宁夏回族自治区城（省）域网出口带宽指数为38.86，比2015年提升23.86个点；固定宽带普及率指数为81.69，比2015年提高15.59个点；固定宽带端口平均速率指数为127.54，比2015年提高43.43个点；移动电话普及率指数为67.63，比2015年下降2.29个点。在互联网应用普及方面，2016年宁夏回族自治区互联网普及率指数为65.53，比2015年提高3.76个点。在两化融合政策环境建设方面，2016年宁夏回族自治区没有设立两化融合专项引导资金；重点行业典型企业信息化专项规划指数为42.72，比2015年下降0.40个点。

2．工业应用指数

2016年，宁夏回族自治区工业应用指数为55.51，比2015年提升1.53个点。具体来看，宁夏回族自治区重点行业典型企业ERP普及率指数为58.04，比2015年上升9.07个点；重点行业典型企业PLM普及率指数为64.48，比2015年上升8.71个点；重点行业典型企业MES普及率指数为44.54，比2015年下降4.3个点；重点行业典型企业SCM普及率指数为58.79，比2015年上升5.65个点；重点行业典型企业采购环节电子商务应用普及率指数为53.47，比2015年提高10.85个点；重点行业典型企业销售环节电子商务应用普及率指数为64.09，比2015年上升23.17个点；重点行业典型企业装备数控化率指数为50.12，比2015年提升28.73个点；国家新型工业化产业示范基地两化融合发展水平指数为52.06，比2015年下降63.36个点。

3．应用效益指数

2016年，宁夏回族自治区应用效益指数为52.30，比2015年上升2.13个点。具体来看，2016年宁夏回族自治区工业增加值占GDP比重指数为41.34，比2015年下降1.26个点；第二产业全员劳动生产率指数为129.88，比2015年上升3.06个点；工业成本费用利润率指数为19.17，比2015年下降5.48个点；单位工业增加值工业专利量指数为93.43，比2015年上升10.35个点；单位地区生产总值能耗为36.69，比2015年提高0.63个点。在信息产业发展水平方面，电子信息制造业主营业务收入指数为14.19，比2015年提升6.91个点；软件业务收入指数为6.55，比2015年略微提升1.37个点。

【优劣势评价】

宁夏回族自治区两化融合发展具有以下优势。

一是宁夏回族自治区已成为“一带一路”倡议实施的重要节点。宁夏回族自治区是国务院批复的内陆开放型经济试验区，是我国内陆地区向西开放的桥头堡，宁夏回族自治区和阿拉伯国家等的合作有着得天独厚的优势，它们之间有着情感认同、信仰认同、习俗认同和文化认同，与中国其他省份相比，宁夏回族自治区与阿拉伯国家开展公共外交和经贸、文化交流合作的潜力十分巨大。

二是多重政策机遇叠加，凸显宁夏回族自治区发展优势。《西部大开发战略》《关于进一步促进宁夏经济社会发展的若干意见》《关于宁夏内陆开放型经济试验区规划的批复》《中阿网上丝绸之路经济合作试验区暨宁夏枢纽工程》等政策措施，对于促进宁夏回族自治区经济、社会、文化长足发展，以及深入、全面对接国家“丝绸之路经济带”具有重要的意义，为宁夏回族自治区两化深度融合奠定了深厚的基础。

三是网络基础环境优势日益凸显。与东部地区相比，宁夏回族自治区的信息基础设施支撑能力相对较弱；但与西部地区其他省份相比，宁夏回族自治区的信息基础设施水平相对较高。2016年年底，宁夏回族自治区固定宽带端口平均速率指数、移动电话普及率指数分别达到127.54、67.63，高于全国平均水平3.18个点、2.03个点，与2015年相比，分别提升了43.43个点、2.29个点；城（省）域网出口带宽指数达到38.86，比2015年提升23.86个点；固定宽带普及率指数为81.69，比2015年提高15.59个点。信息基础设施对于两化深度融合的服务和支撑能力有了明显增强。

四是企业创新能力显著增强。近年来，宁夏回族自治区加快实施创新驱动战略，先后印发了《宁夏回族自治区知识产权战略纲要》《宁夏回族自治区知识产权战略实施行动计划（2015—2020年）》和《宁夏回族自治区人民政府办公厅印发〈贯彻落实国务院关于新形势下加快知识产权强国建设的若干意见实施方案〉的通知》等一系列文件，最大限度地激发企业创新积极性和主动性。2016年，宁夏回族自治区单位工业增加值工业专利量指数达到93.43，与2015年相比增加10.35个点，全国排名从2015年的第16名上升到2016年的第14名，专利量大幅增加，企业创新能力显著提升。

同时，宁夏回族自治区两化融合存在以下劣势。

一是基础环境仍然难以满足经济、社会快速发展的需要。宁夏回族自治区两化融合基础环境建设相对落后，绝大多数基础环境指标都处于全国中等偏下水平。2016年，宁夏回族自治区城（省）域网出口带宽、固定宽带普及率、互联网普及率、中小企业信息化服务平台数等指数均显著低于全国平均水平。

二是中小企业两化融合应用水平和效益偏低。宁夏回族自治区相当一部分企业是中小企业，受资金不足等因素的限制，其对信息化的重视程度不够，投入严重不足，应用水平和效益普遍偏低。2016 年，宁夏回族自治区重点行业典型企业 ERP 普及率、ERP 普及率、MES 普及率、SCM 普及率、装备数控化率及采购和销售环节电子商务应用等指数均低于全国平均水平，且工业成本费用利润率低，电子信息制造业和软件等领域主营业务收入均偏低，企业信息化应用效益较差。

【相关建议】

2016 年，对宁夏回族自治区两化融合提出以下建议。

（一）加快推进产业载体建设

一是进一步推动西部云基地、滨河智慧产业园、银川 IBI 育成中心等产业基地建设，完善、优化一批产业创新和应用体验展示平台，打造线上线下相结合的创新创业载体。二是建设宁夏工业大数据平台，广泛应用物联网技术，采集全区规模以上工业企业运行监测、能耗、项目进展等数据，建立 31 个工业园区、22 个县区工业大数据体系、5 个市工业大数据体系。三是加快推进西部云基地国家级数据备灾中心的建设，促进工业和信息化部数据中心项目的尽快落地。

（二）深化工业大数据创新应用

一是推动宁夏共享集团股份公司、宁夏汇川服装公司、宁夏巨能机器人系统公司国家互联网与工业融合创新试点项目完成并召开现场会。二是联合南京邮电大学举办第二届“互联网+工业”创新设计大赛，面向全国征集“互联网+工业”设计方案，搭建众创交流平台，引入智力，提高宁夏回族自治区大数据应用水平。

（三）促进行业大数据应用发展

一是建设一体化国家军民融合大数据中心。积极引进军工企业，建立集航天遥感、卫星导航、卫星通信等数据存储和应用于一体的大数据中心，深度开发军民融合产业。二是打造双创示范区。以银川 IBI 育成中心及现有各类政府和高校孵化器为依托，建成 3 个以上双创平台，推动商业模式的创新。三是建设医疗大数据创新应用平台。依托宁夏医科大学医疗集团显著的区域优势，运用大数据技术整合全区医疗机构的信息资源，实现互联互通互认，降低群众医疗费用，提供大数据精准治疗服务。

（四）加强交流与合作

一是通过网络开源平台，利用国内外创新要素，加强技术、人才、产业、标准等领域的交流与合作，融入网络大数据产业生态圈。二是组织参加工业和信息化部主办的中国软件博览会，做好论坛研讨、交流洽谈和信息发布等活动，走上国内大平台。三是举行江苏知名电子信息企业和台资企业宁夏行活动，共同谋划中阿“网上丝绸之路”的建设，共同开发大数据应用市场。

（五）持续打造宜业的政策环境

一是制定出台《促进宁夏回族自治区电子信息产业发展的意见》，争取软件企业在大工业电价、人才培养、土地价格、个人所得税等方面享受优惠政策，优化产业发展环境。二是积极参与《宁夏回族自治区大数据产业发展促进条例》的出台，为全区大数据应用服务、产业发展、基础建设、资源共享、数据安全提供法制保障。三是按照工业和信息化部《大数据产业发展规划》的要求，积极研究制定落实政策，建设国家一体化大数据试验区；定期召开全国云计算产业发展工作会，促进自治区云计算产业健康快速发展。

专题研究篇

智能制造的三个支点

国家信息化专家咨询委员会常务副主任　周宏仁

如何实施智能制造，需要考虑智能制造的三个支点：产品、装备和过程（见图1）。

第一个需要考虑的支点是推动智能制造的目标是什么。显然，企业追求的是产品，而不是要把企业搞得多么时髦。企业销售产品的时候，不是要宣传企业的生产线有多么漂亮、多么现代化，而是一定要说明这个产品的价值。产品是企业面向社会的表现。智能制造的目标是产品，而不是智能制造本身。因此，产品的智能化是企业必须考虑的首要问题之一。智能制造如果不能生产智能的产品，智能制造就失去了时代意义。另外，企业的产品如果不是智能化的产品，产品和企业今后被淘汰的可能性就很大。

第二个支点是装备，主要是生产过程（包括研发、设计）中每个关键环节上的装备，一定要智能化。如果装备智能化实现不了，劳动生产力和劳动效率就不可能得到大幅提高，企业可能就没有竞争力。如果不是数字化、网络化和智能化的生产装备，那就不能称作这个时代的先进制造装备。另外，如果设备没有智能化，就可能无法生产出企业想要生产的智能化产品。

第三个支点是企业生产过程的智能化问题。装备智能化解决的是生产过程中“点”的智能化问题；企业只有实现生产全过程的智能化，才能实现企业全局的智能化，才能实现智能化效益的最大化。

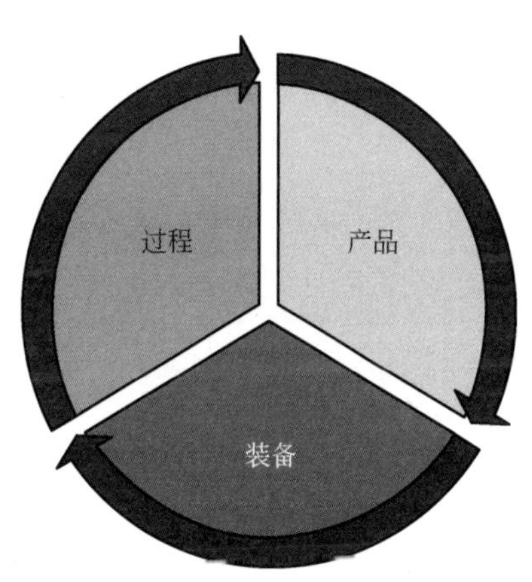

图1　智能制造的三个支点

【智能产品是第一支点】

一家机床生产厂的生产装备和生产过程如果都是智能化的，而它生产出来的机床却是一般的机床，没有智能化的要素，那么这家机床厂的前途堪忧。因为，机床制造者自己都不会购买这种不够智能化的机床。

因此，任何一个企业在考虑其智能制造如何发展的时候，首先应该想到的是自己的产品怎么实现智能化。即使生产过程没有部分或全部实现智能化，能够把智能的产品做出来，那么企业还是应该首先考虑产品的智能化问题。

产品的智能化是通过产品中包含的各种复杂程度不等的计算机系统（尤其是嵌入式系统）来实现的。嵌入式系统不仅是智能制造最重要、最具有代表性的技术，而且会形成一个庞大的产业链。中国嵌入式系统的发展速度比较缓慢——尽管起步并不晚。产品所用的嵌入式系统，绝大多数产品对于芯片的要求都不是特别高，一般也就几十纳米到上百纳米，甚至还可以再低一些。因此，技术难度并不大。

产品智能化是当今计算技术发展的一个重大趋势。计算技术发明的初衷是科学计算，随后发展为支持人类各种业务活动的信息处理和传播，即业务计算。业务计算的覆盖范围比科学计算要大得多。20 世纪 90 年代以后，随着互联网的发展，QQ、微信、Facebook 等开始崛起，计算技术逐渐渗入了人们的社会生活，大大地推动了社会计算的发展，计算技术的应用覆盖范围进一步扩大。

当前，计算技术开始向各种产品领域渗透，提升产品的智能化水平。智能产品数以百亿，甚至千亿计，产品计算的覆盖范围可以说“无远弗届”，一定会给整个计算技术产业带来巨大的变化。因此，计算技术应用的下一个热点，是产品计算。所有的产品都要程度不等地走向智能化，计算都有可能参与其中。这一点，与工业互联网快速发展的需求有很大的关系。

现在的智能产品跟以前所谓的嵌入式系统功能需求还不完全一样，主要功能体现在 3 个方面。第一个是传感，产品要能够感受外部的情况变化，或者能够整合产品内部的数据。第二个是计算，包括产品本身的操作系统，以及产品使用的各种应用系统。例如，从数据分析到高端计算——也就是人工智能。第三个是联网，随着全球物联网的发展，产品可能具有雾计算、边缘计算和云计算相连接的功能。因此，新一代的智能产品和以前嵌入式系统的概念已经大不相同。

【智能装备是最大难点】

装备是智能制造最大的难点。生产装备一般都比较复杂，而且批量生产的可能性不大，所采用的工业软件也往往非常复杂。这使得生产成本很高、市场很小，因此愿意或有实力从事智能装备制造的企业并不多。另外，由于装备的开发周期长，导致企业经营的风险很大。

装备制造的难点很大程度上在软装备方面，即以工业软件为代表的软装备，包括 CAD/CAE 这样的软件工具。没有软装备，就不可能有“数字化、网络化、智能化”。抽去软件，信息化的一切成果都不复存在。工业软件是一个工业产品，而且往往是高端工业产品。这是“中国制造 2025”主要的难点，而工业界对于这一点的认识还很不充分。

【过程智能化的实现】

发达国家的制造业在生产装备智能化方面，已经遥遥领先，尤其是日本和德国，已经基本上垄断了全球重大制造业生产装备的市场。智能制造的下一步发展，就是要实现过程的智能化，完成从装备这个“点”向过程这条“线”的发展。

过程智能化最典型的代表，正是“工业 4.0”和工业互联网的奋斗目标。“工业 4.0”提出，企业的信息系统要走向一体化，包括纵向一体化和横向一体化。纵向一体化就是《三论智能制造》系列之一中提到的企业的内部网；而横向一体化正是企业的外部网。当前，要把内部网和外部网完全整合在一起，将数据完全打通（见图 2）。

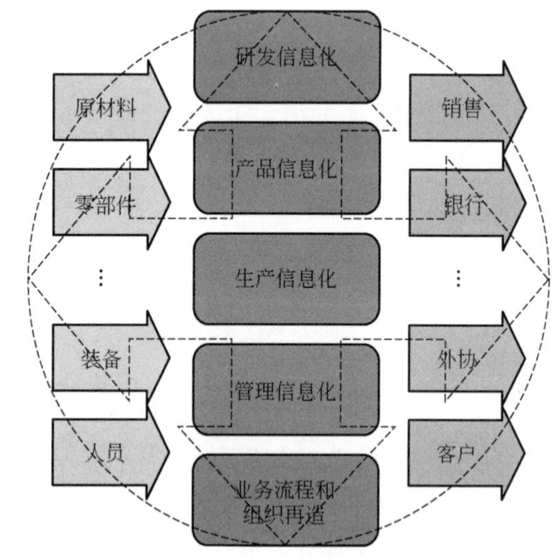

图 2　内部网和外部网的一体化

另外，要把整合之后的系统打造成一个智能物理系统（Cyber-Physical-System，CPS），其中 Cyber 是指计算机或计算机网络。在很多现代化企业中，不管内部网或外部网，都还只是一个独立的计算机网络或者系统，或者仅仅实现了初步的整合。如何将企业的内部网、外部网与企业这个物理实体融为一体，并有效地运转，是一门大学问。美国国家科学基金（NSF）在2006年的一份报告中指出，现有的、工业时代发展出来的系统科学（包括系统工程理论），尚不能很好地回答这类问题。

报告认为，企业这个物理实体与其内含的计算机和网络系统如何协同一致、高效精确的工作，如何增强这类系统的适应性、自主性、功能性、可靠性、安全性、可用性和效率，将会发展成为新的系统工程学，这是美国需要重点发展的前沿命题。实际上，美国关于CPS的研究报告非常多，对这个命题非常关注。

“工业4.0”或者工业互联网的目标是，不仅要把内部网、外部网连起来，而且要变成一个智能物理系统（CPS）。二者都可以通过一个“5C（五层）”结构来表述，如图3所示。

最下面一层是智慧连接层；第二层是数据信息转换层；第三层是计算网络（Cyber）层，是企业的云计算数据中心，第三层需要把第二层处理所得的有效数据与企业计算机系统中对应的期望值做对比分析；第四层是认知层，根据对比差异，找到问题所在及解决问题的方法，这一层实际上是决策层；第五层是配置层，可以按照决策要求，通过计算机网络对人、物、计算机重新配置或更改。

这样的一个五层结构，构成了一个标准的反馈控制系统，可以对企业的控制对象，即人（员工）、机器、计算机系统、各种物理实体等，进行实时的反馈和控制。这样的一个反馈控制系统，其各层次所对应的技术支撑如图3所示。正是因为利用了这些当下最时髦的先进技术，工业互联网实现了企业整个业务活动全过程的智能控制。

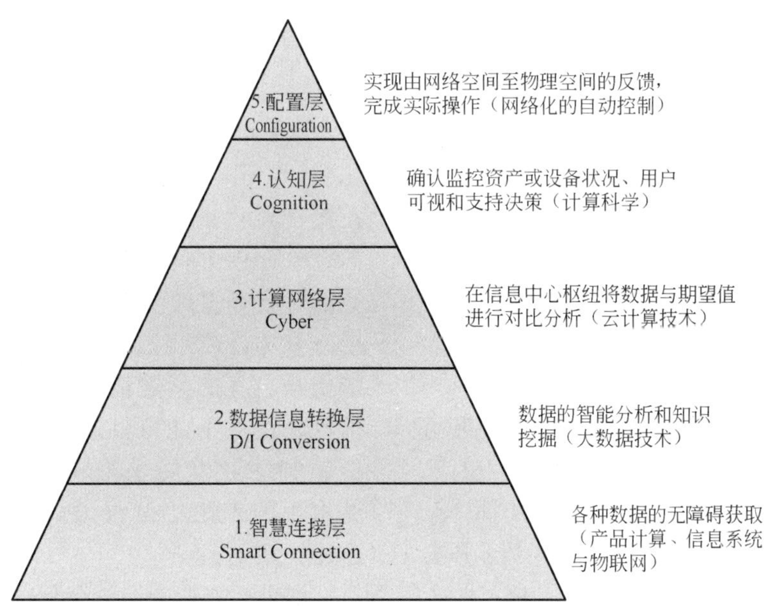

图3　工业互联网和“工业4.0的”“5C（五层）”架构

根据这个思路，“工业4.0”和工业互联网在2015年分别完成了系统的架构设计。工业互联网的参考架构，可以清楚地说明系统的要素及其相互之间的关系，并提供了一个开放的“工业互联网系统设计指南”。应该强调的是，这里所说的是指南，只是给出了一个大家共同努力、同向而行的方向，而不是标准。

图4所示的架构设计描述了工业互联网系统的内外3层结构。从边缘层，到平台层，再到企业层，如果把它看作一个球体的话，外面就是设备端的边缘层，中间是平台层（工业互联网平台，架构的核心；当然现在也有将工业互联网平台泛化的趋势），最内层是企业层。在边缘层上主要是边缘的网关，可以采集各种各样的数据；送到平台层之后，平台层对数据做必要的处理和分析；分析完之后，再送达企业层，即送到

企业的应用系统。企业会根据不同的应用做不同的分析，做出判断和决策，将数据再往回传送到平台层和边缘层，直至送达企业内外连接的各部门和单位。

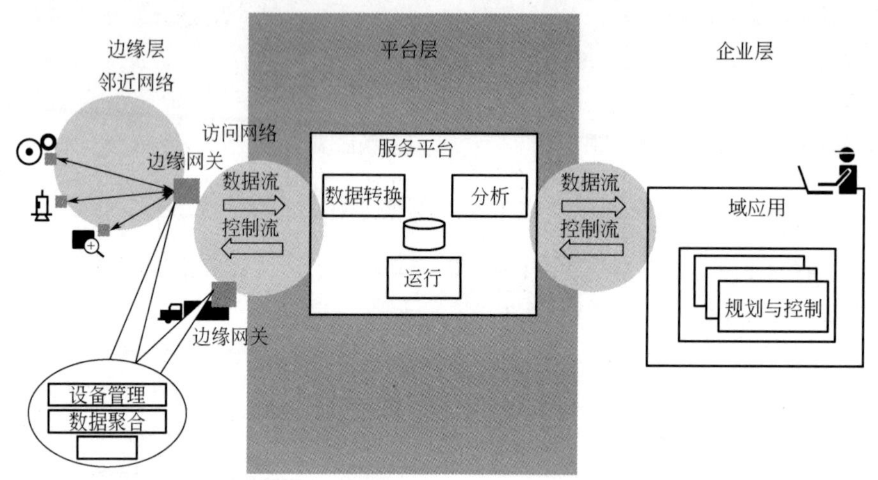

图 4 工业互联网架构的内外 3 层结构

显然，数据分析和处理在工业互联网系统中极为重要，包括端点数据的获取、从数据中提取信息的先进数据处理技术、各种决策模型的分析计算、系统结果的输出。其中，使用最多的是计算科学的办法：需要建模，需要算法，需要数据等，最后产生决策数据。当然，安全、可信、隐私等，在工业互联网结构中也有详细的考虑。

【智能制造与工业互联网】

目前，国内关于工业互联网平台的概念讨论很多。工业互联网平台是一个以企业为中心的平台，而不是在整个工业领域建一个大的所谓“工业互联网平台”。所谓平台化是发展的趋势，其实是指企业的平台化，每个大企业都会有自己的企业平台，而不会把自己的业务搬到其他企业的平台上。波音的平台不会到中航工业的平台上，空客的平台也不会到波音的平台上。如果一定要说有一个工业和产业共用、共享的平台，那这个平台就是全球物联网平台（Internet of Things，IoT），它不是为哪个工业、哪个部门设计的，而是面向全世界各行各业乃至为个人服务的全球物联网。

工业互联网平台是一个理想的“过程”智能化平台，虽然设想非常完美，但系统非常复杂。在实现过程当中，未知数较多，不同产业类别的企业平台之间的差异也很大。例如，中航工业的平台，几乎不太可能直接拿去给中石油使用，基本上都要推倒重建。所以，每个企业一定要从自身的紧迫需求和实际效益出发，分步推进，绝对不能盲目跟随，尤其是考虑到当前中国制造业发展水平和信息化水平与国际先进水平的差距仍然很大，“过程”智能化的路途还比较遥远。

如果把智能制造的全部资源和精力都投入工业互联网平台，又把平台理解为产业的平台，可能就误判了智能制造的发展方向。当务之急，还是产品和装备的智能化问题，这对当下的中国来讲，是智能制造的重点努力方向。

推动大数据治理体系建设

中国科学院院士　梅宏

随着大数据价值和潜能为全社会所认知、所关注，大批的企业、开源基金及风险投资纷纷进入大数据领域。全球大数据产业生态在 2012 年基本形成雏形，2013 年达到大数据宣传的顶峰，2014 年之后基本进入理性、健康的发展期。

【大数据产业生态】

2012 年，美国风险投资人迈克尔·塔克绘制的大数据产业生态地图第一次发布。从这几年大数据产业生态地图的发展可以看到产业生态的焦点、重点的变化。例如，2012 年，大数据领域最具影响力的技术和产品主要围绕数据的清洗、汇聚、存储、处理等基础技术和基础设施展开。到 2014 年，随着一批针对特定应用场景的大数据管理和处理解决方案的形成，数据驱动的人工智能取得突破性进展。人们分析数据，并从中萃取信息，这时数据分析产品就成为相关生态系统中最为活跃的部分。到 2016 年，虽然大数据技术还谈不上进入成熟阶段，但应该说体系已经比较完整，与传统行业、产业结合也日趋紧密，面向行业、领域大数据应用和相关企业的发展非常迅速，成为新的焦点，大数据生态趋于成熟。到 2017 年，随着行业领域应用的不断深入，数据作为基础性战略资源的地位也日益凸显。数据质量、数据安全、隐私保护、流通管控、共享开放等问题日益受到高度关注，并引发各界深度思考，大数据治理这个问题成为产业生态系统的新热点。

在大数据治理方面，已经有不少成功的研究和实践探索工作。例如，在国家政府层面，围绕促进数据共享开放、保障数据安全和保护公民隐私等方面陆续出台相关的政策和发展。贵阳出台了地方法规，促进政府数据的共享问题。欧盟史上最严厉的 GDP 案正式生效，也引起大家的热议，这些都是各层面所做的工作。另外，也有很多针对企业组织、机构怎样改善数据管理的能力成熟度模型陆续出现。中国在信标委领导下的大数据标准工作小组推出了一套能力成熟度模型，帮助相关企业建立数据管理的相关体制机制。从技术层面，面向数据质量保证的方法与技术，以及促进数据互操作的技术和规范标准也得到广泛关注，有很多研究成果，特别是近几年，数据质量、方法和研究工具受到广泛的关注，在市场上持续走高。然而，分析当前大数据治理现状发现还存在若干问题和不足。

第一，大数据治理概念的使用相对比较狭义。当前大数据治理主要以企业组织为对象，仅仅从企业组织的角度来考虑大数据治理相关问题。例如，从大数据类型、行业领域、治理科目等纬度来定义企业的大数据治理框架，指导企业编制相应的大数据治理计划，或者从原则、范围、实施与评估等纬度规范企业的大数据治理工作。然而，多元数据的聚集和跨组织、跨领域的数据深度融合挖掘才是展现大数据价值的前提。在价值驱动下，各界普遍存在对突破数据组织边界进行流动的需求。可以看到，随着数据流通技术及相关渠道逐步建立和完善，数据跨组织流动已经在发生，而且呈现日益普遍的趋势。这就需要大数据治理突破组织限制，从行业内到跨行业，从区域内到跨区域，从全国到全球多个层次进行考虑。

第二，大数据治理内涵的理解还没有形成共识。不同的研究者，不同的组织机构，从组织业务和管理流程设计、信息治理规则、数据管理应用等不同视角都在尝试给出大数据治理的不同定义。有的人认为大数据治理就是IT治理的延伸，是它的一部分；有的人认为大数据治理需要独立于IT治理，是数据管理的延伸；有的人着重大数据相关制度优化、隐私保护和数据变现政策；也有的人把大数据治理定位为企业对其数据可用性、可获性、完整性和安全性的措施及全面的管理，这些均说明大数据治理的定义是不一致的，形成共识还有待时日。

第三，大数据治理相关的研究和实践多条线索并行，关联性、完整性和一致性不足。例如，在国家层面，政策法规和法律制定等较少被学者纳入大数据治理视角。数据作为一种资产的地位还没有通过法律法规予以确立，这就对它的确权、流通带来很大影响。大数据治理已经有不少可用的技术与产品，但是缺少多层级管理体制和高效管理机制，怎样有效结合相关技术和标准规范，建立大数据共享开放环境仍然在探索之中。除不断完善相关技术以应对各种安全问题、新兴攻击和挑战之外，企业安全保障制度、行业自律监管机制和国家通过法律确定的强制手段等方面还需要完善，我国缺少或者还没有系统化地设计相关体系对大数据治理进行扩展和延伸，这样有可能会导致大数据治理的碎片化，以及一致性的缺失。未来，进行更多宏观层面的顶层设计，是大数据治理的发展趋势。

【大数据治理体系构建】

大数据治理体系必须要跳出单个组织的边界，从营造国家大数据产业发展环境的视角进行全面、系统化的考虑，主要包括4个方面的主要内容：一是数据资产地位的确立，二是数据的管控体制和管理机制，三是促进数据共享和开放，四是保障数据安全和隐私保护。这四个方面的内容涉及组织层面，也涉及行业、领域，甚至国家层面，是一件多层级的事情。大数据治理体系构建的具体手段包括制度的建立、法律法规的制定，以及标准规范（包含数据标准、技术标准）的制定、大量应用实践。实际上，现在的应用实践还远远不够，很多大数据治理经验还来不及总结和提炼，需要先行先试。

【大数据技术支撑体系建设】

在国家层面，需要明确大数据的资产地位，在法律法规层面，需要确立大数据的资产地位；我国要从管控体制和管理机制方面兼顾现状、看到未来的发展，建立适合国情的、良好的数据管控体制和相应的管理机制；也需要促进共享开放，需要制定促进数据共享开放的政策法规和标准规范，实现政府部门间的数据共享，规范市场主体间的数据流通和交易，建设政府主导的数据开放平台，促进政务数据和行业数据的融合应用；另外，要出台数据安全和隐私保护的法律法规，保障国家、组织和个人的数据安全，这是在政府的层面。

在行业层面，我国需要在国家相关法律框架的约束之下，考虑本行业中企业的共同利益和长效发展，构建相应的行业大数据治理规则，建立规范行业数据管理的组织机构，制定行业内的数据管控制度，制定行业内数据共享开放规则和相应的技术规范、数据规范，构建行业内数据共享交换平台，为本行业的企业提供数据服务，促进行业类数据的融合应用，制定行业内数据安全保障制度，确保行业类每个成员单位的数据安全、权益及相应的商业秘密。

在企业层次，每个企业都需要考虑通过企业内部的规章，把数据确定为自己的核心资产，这样才有利于有效的管理和应用。如果没有规章限制，企业数据甚至会成为它自身的负担。因此，需要建立适应数据资源完善、价值体现、质量保障等相关的组织架构和过程规范，提升企业对数据的全生命周期管理能力，也需要促进企业内部的数据共享。尤其是很多大企业，当规模大到一定程度后，企业内部的数据孤岛也越来越多，更需要加强对外的数据流通和交换，这是一种商业行为，要充分地盘活企业掌握的数据的价值。在安全隐私保护方面，企业需要结合政府层面、行业层面制定的法律法规，以及自身的管理规章和相应技术措施，既要保护企业自身的数据安全，也要保护客户的数据安全和隐私信息，所以企业的任务也是很重要的。

但是，以上 3 个层次如何发挥作用？在国家或者政府层次需要制定大数据立法来指导和监管行业和企业层次的大数据治理。行业层次通过行业自治模式，作为国家和企业的沟通桥梁，在自愿原则下形成行业联盟，在国家法规政策指导下制定行规行约及各类标准，监管企业行为；同时也积极地向政府传达行业的共同需求。在企业层次，每个单位和每个企业都要在国家和行业框架下确立自己的目标，优化对大数据的资源管理，最大化大数据获得的利益，并为行业和国家大数据发展不断贡献自己的成功案例。这 3 个环节是相互依存、相互促进的，这是大数据治理体系不可或缺的 3 个层次。

大数据治理体系建设是我国实施大数据战略的重要保障，是发挥大数据作用、做大做强大数据产业的重要因素和关键基础。大数据治理体系建设已经成为发展的重点，但当前还处于发展雏形阶段，体系性不足，分层次、多纬度推进大数据治理体系建设仍然任重道远，需要各界的共同努力。

发展工业互联网平台体系 推动两化融合迈上新台阶

工业和信息化部信息化和软件服务业司两化融合推进处处长 王建伟

党的十九大指出，“要加快建设制造强国，加快发展先进制造业，推动互联网、大数据、人工智能和实体经济深度融合。”2017 年 12 月，习近平总书记在中央政治局第二次集体学习时强调，要深入实施工业互联网创新发展战略，继续做好信息化和工业化深度融合这篇大文章。发展工业互联网成为新时代背景下两化融合的落脚点和着力点，工业互联网平台正成为领军企业竞争的新赛道、全球产业布局的新方向、制造大国竞争的新焦点。

【两化深度融合进入新阶段】

当前，工业化正加快从机械化、自动化向数字化、网络化、智能化方向发展，信息化加快从计算机、互联网、移动互联网向云计算、大数据、人工智能方向演进，推动两化融合从信息技术在单一业务环节中的单项应用，到信息技术与业务系统的综合集成，再到业务和发展模式的融合创新，引领一、二、三产业及大、中、小企业融通发展。两化融合经历了实践—认识—再实践—再认识的过程，步入了新阶段，呈现出新特性，主要表现如下。

一是新连接带来新数据。从传统的计算机到手机等移动设备，网络入口正在进一步向数百亿的工业设备终端扩张。无线通信网、NB-IoT 物联网、工业以太网等技术的广泛应用，使网络的连接对象逐渐从人延伸到机器设备、工业产品和工业服务。全球网络正在进入人与人、人与物、物与物全面互联的新时代。新连接带来的新数据具有 4V 的特征，即大规模（Volumn）、速度快（Velocity）、类型杂（Variety）、低质量（Veracity），还具有一般大数据不具备的多模态、强关联、高通量特征。

二是新技术引发新模式。以大数据、物联网、人工智能为代表的新一代信息通信技术加速向制造业渗透融合，推动了机器、车间、工厂、企业、用户乃至产业链与价值链各环节的全面深度交联，培育出网络化协同制造、个性化定制、服务型制造、分享制造等制造新模式，以及工业电子商务、产业链金融等制造新业态。基于互联网平台的赢者通吃模式正在加速从服务业向制造业演化，通过提高工业知识复用水平，构筑工业知识创造、传播和应用新体系，不断激发制造业创新活力，调整、改造、升级传统动能，培育新的经济增长点。

三是新产品创造新价值。技术革新引发的模式创新，推动了具有创新理念的新产品、新服务、新业态的快速发展，智能产品、智能装备等新产品不断涌现。新产品成为客户需求感知和客户服务平台，催生出实时响应、远程运维、产品全生命周期管理等新型服务模式，推动产品价值由传统的物理价值向服务价值转变，促进产业链各层紧密结合，形成正向反馈、合作共赢的生态系统，实现从产品制造为核心向产品服务为支撑的服务化转型，达到覆盖全产业链的多方共赢。

【工业互联网平台是推动两化深度融合升级的关键抓手】

制造业数字化、网络化、智能化不断向前推进，两化融合面临着不断变化的环境和不断更新的需求。在当前和今后一段时期内，两化融合需要依托工业互联网平台来应对环境和需求的各种变化。

一是连接海量设备，汇聚和配置工业资源的需要。传统制造业信息化水平提升、企业信息化改造已不再局限于生产过程的单一环节和单一领域。在底层，各类机床、锅炉、生产线等传统生产设备逐步产生数据互联需求。在上层，各类 ERP、CRM、CAM 等业务系统迫切需要实现数据的互通与共享。工业互联网平台体系是基于云计算、数据传感等基础面向海量设备互联的工业云平台解决方案。各类生产设备通过无线通信网络、NB-IoT 物联网、工业以太网等方式接入部署在企业内部的边缘计算设备，与工业互联网平台实现数据交互。工业互联网平台以 PaaS、IaaS 技术为企业提供个性化的数据和业务服务，打通 ERP、CRM、CAM 之间的数据壁垒，在云平台上汇聚各类工业资源，形成“生产要素即服务”的能力，实现资源的快速配置。

二是打通生产和消费，重塑制造体系的需要。产业链上下游密切互动，生产者与消费者互动，是两化融合发展的重要特征之一。伴随着企业发展，上下游企业生产效率提升速度不一，零件错配、生产浪费等现象会逐步加重。另外，消费者需求多样且多变。在传统的生产、零售模式中，生产者与消费者之间信息严重不对称，成为阻碍消费升级的一大障碍。工业互联网平台可以汇聚产业链上下游企业，打通生产与消费。企业可以快速感知用户需求的变化，并通过产业链上下游共享生产数据，匹配生产节奏，从而达到降低零件库存、提升资金周转率、降低资源浪费、提高整体生产效率的目的，实现用户及产业链的上下连通。

三是促进企业协同互动，培育新模式、新业态的需要。随着网络化协同制造、个性化定制、服务型制造、分享制造等制造新模式，以及工业电子商务、产业链金融等制造新业态的出现和发展，企业与企业、企业与用户之间的数据交互数量更大、内容更广、频率更高。传统的数据交流模式制约了制造业新模式的发展。工业互联网平台利用了集中化的海量数据存储空间，实现数据便捷共享，提供多样化的工业 App 满足各种制造业新模式的不同需求，实现生产企业的左右协同。工业互联网平台在区块链技术的加持下，对企业的生产、经营、交易等信息实现业务全要素记录，建立新型信任模式，简化交易环节和流程，降低资源配置成本，推动工业电子商务、产业链金融健康发展。

四是激发创新活力，转换新动能的需要。企业信息化发展积累的海量数据只有用好了，才能为企业带来价值。不可否认，数据创新产业是创新创业的重要阵地。在传统模式下，企业缺乏必要的技术基础完成数据清洗、数据挖掘、模式识别等分析工作。但是，一旦企业接入工业互联网平台，只要企业愿意，就可以向公众公开海量生产数据。各类数据分析机构、高校、科研院所、团体，甚至个人，都可以在公开的生产数据之上开发各种工业 App，建立具有广泛应用价值的数字模型。工业互联网平台，不仅把企业汇聚在一起，更打通了产学研用合作的渠道，实现了数字经济与知识经济的有机结合。

五是构建防护体系，保障工业信息安全的需要。从全局角度看，制造业企业的信息安全防护水平较低，防范网络安全威胁、抵御网络攻击的能力不足，而网络安全威胁及风险日益突出，面对制造企业的网络攻击事件逐渐增多。传统的企业级网络安全体系的投入巨大，远超过中小企业的可承担范围。工业互联网平台则可以通过集中统一的方式，肩负起广泛、全面提升制造业网络安全能力的责任。工业互联网平台企业可以组建一支专业化的网络安全队伍，承担设备日常运维、网络安全体系建设、抵御网络攻击等任务，为平台中的所有企业用户提供网络安全服务。

【发展工业互联网平台的工作考虑】

围绕贯彻落实国务院《关于“深化互联网+先进制造业”发展工业互联网的指导意见》，推动工业互联网平台建设及推广应用，下一步将重点开展以下工作。

（一）建平台，构建多层次工业互联网平台体系

抢抓战略机遇期，培育发展跨行业、跨领域和垂直行业领域的工业互联网平台。一方面，重点培育跨行业、跨领域的工业互联网平台，构建共性技术、经验、方法、模型等知识共享体系，打造生态级工业互联网平台，提升国际竞争力和影响力。另一方面，培育发展一批面向重点行业的企业级工业互联网，尤其是面向“块状经济”产业发展的工业互联网平台，带动重点行业和集聚产业整体提升。

（二）强基础，提升工业互联网平台核心能力

发挥行业骨干企业带动作用，集中突破一批核心关键技术。一是提升关键设备数据采集能力，制定工业设备数据开放规范，推动信息通信企业、设备厂商研发突破协议兼容、格式转换、边缘计算等关键技术，促进数据从边缘端到云端标准化传输，实现数据资源端到端集成。二是提升边缘计算能力，重点突破实时操作系统、高速缓存、轻量计算等关键技术，推动智能传感、工业网关等边缘计算软硬件开发与应用部署。三是提升工业建模能力，支持科研院所、高校、企业联合建设工业模型与微服务开源社区，开发一批行业知识库、模型库、专家库，促进工业知识沉淀、传播、复用与价值创造。四是提升新技术应用能力，推动人工智能、虚拟现实、区块链等新技术与工业互联网平台融合发展，促进机器学习、虚拟仿真、分布式合约等新技术在工业互联网平台体系推广应用。

（三）促生态，培育海量新型工业 App

打造资源富集、多方参与、合作共赢、协同演进的 App 开发生态，重构基于工业互联网平台的工业技术体系。一是实施培育百万工业 App 工程，研究制定工业 App 分级分类目录，建立高水平专家知识库，以及基础共性和行业通用的工业 App 资源库，培育海量企业专用工业 App，建立市场化测试认证和交易服务体系，提升工业 App 供给能力。二是引导建设工业 App 与微服务开发等领域的开发者社区，推动社区完善人才培训、认证、评价体系，培育开发者人才队伍，通过开发者创业创新大赛、设立产业基金等方式营造全社会开发工业 App 的良好氛围。

（四）优环境，强化公共支撑服务

工业互联网平台的建设和运营对行业监管提出了新的要求，亟待在标准规范、运行监测、测试评价等支撑服务领域取得突破。一是制定标准规范，建立政府主导和市场自主相结合的工业互联网平台标准体系，开展线上线下宣贯推广，推动标准理解与实施。二是加强运行监测，支持建

设运行监测平台，对工业互联网平台建设、新型工业 App 培育和企业上云情况进行实时、动态、可视化监测。三是开展测试认证，推动龙头制造企业、互联网企业、科研院所、高校等合作共建工业互联网平台测试床，围绕功能、性能、适配性、安全性、可靠性等关键指标开展技术验证与测试评估服务。

（五）广宣传，厚植工业互联网平台发展的土壤

工业互联网平台体系是一项新技术领域，尚未得到社会各界的深入理解，需要进一步厚植工业互联网平台发展的土壤。一是围绕工业互联网平台体系建设，通过开展深度行、召开宣传会等手段，在社会中营造良好的舆论氛围和社会环境，号召更多的人才加入工业互联网平台体系建设队伍。二是鼓励各大专院校设立专门的工业互联网技术课程，依托企业和科研院所建设工业互联网平台的体验和培训中心，大力推广工业互联网平台相关的职业教育培训，培育平台建设、工业 App 开发、运行维护、工控安全等各方面的多层次专业人才梯队。

引导工业企业上云 加快促进工业互联网平台发展

国家工业信息安全发展研究中心副主任 何小龙

全球制造业正从数字化向网络化阶段加速迈进，工业互联网平台在全世界范围内迅速兴起，正在重塑未来制造业竞争的新格局。2017 年 11 月，国务院印发了《关于深化“互联网+先进制造业”发展工业互联网的指导意见》，提出从工业互联网平台供给侧和需求侧两端发力，促进百万个工业企业上云。以大规模市场应用推动工业互联网平台相关技术、产业在快速迭代中不断完善壮大，对推动平台形成自循环良性市场生态具有重要意义。

【加快我国工业互联网平台应用推广的必要性】

工业互联网平台是工业互联网创新发展的关键，本质上是工业思维和能力与 IT 思维和能力的集成、融合和创新，带来全社会制造资源网络化动态配置，推动制造体系由封闭走向开放，促进制造业向数据驱动型创新体系和发展模式转变，正在构建新的制造业生态。超大规模的市场需求、完备的工业体系、创新引领的互联网生态、庞大的专业人才队伍是我国发展工业互联网平台的重要基础和关键优势。我国应发挥大国大市场体制机制优势，紧紧抓住市场应用这个“牛鼻子”，以大规模应用推动技术、产业在快速迭代中不断完善，逐步形成平台从探索到成熟的螺旋上升、自循环发展的良性生态，培育出若干个世界级的工业互联网平台。

然而，工业互联网平台总体上处于探索阶段，尽管国内外提出了一些工业互联网平台的体系架构，但描述的场景都过于庞大，目前还没有企业具备全面实施的能力，已开展大规模应用的平台寥寥无几，市场价值回报不足以支撑平台服务商全面投入。总体上看，工业互联网平台应用推广

的主要瓶颈表现如下。一是平台专业深耕能力不足。由于传统工业技术体系的封闭性，各行业专业差异明显，跨行业应用难度大，发展初期如果盲目求大求全，过于强调平台技术的先进性和功能的完备性，可能雷声大、雨点小，造成资源浪费，错失发展先机。在具体实践中，GE、西门子等国外企业已转向专注优势领域的应用场景，试图通过专业深耕的逐步叠加，实现横向拓展。二是平台缺乏大规模应用。制造能力平台化是工业互联网大规模应用的关键，目前能够数字化、模型化进而平台化的制造资源不够丰富，缺乏“撒手锏”应用，平台模式并未给企业带来更多价值，传统项目制推广模式用户黏性不足，难以培育形成规模化的用户群体。三是开放合作生态尚未建立。目前全球还没有一家公司能够独立提供工业互联网平台“云基础设施+终端连接+数据分析+应用服务”等端到端的解决方案，信息化水平高的制造业龙头企业、具备关键使能技术能力的ICT领军企业、深谙平台生态的互联网巨头、可提供共性公共服务的科研院所等具有不同比较优势，也都认识到只有开放合作才能够实现共建、共享、共赢，但受制于传统的合作模式和利益格局，缺乏构建开放价值生态的路径和机制。

【工业互联网应用推广的实施路径】

工业互联网平台构筑了从IT和OT的资源融合到能力交易再到价值共创的全新生态，工业企业上云不能片面理解为互联网、云计算在工业领域的应用，而是企业工业能力和IT能力的集成、融合和创新，促进企业数字化、网络化转型，通过需求引导不同类型企业资源在平台汇集和共享，从而带动全社会制造资源网络化动态配置，从而构建新的制造业生态。

（一）以服务化转型推动大企业上云，打造工业知识复用能力

全球工业服务化趋势逐渐显现，行业巨头如GE、西门子等纷纷通过建立平台来完成从制造向服务的战略转型。大企业是工业企业数字化、网络化转型的先锋力量，也承担着能力分享和平台建设的主要责任。龙头企业具备领先的技术、管理、应用等方面经验，具备为工业互联网平台提供成熟工业知识的能力，通过工业互联网平台，将工业技术、管理、应用等方面的经验和知识规则化、模块化、软件化，以微服务组件或工业App的方式提供给其他企业使用。例如，GE 通过Predix 平台提供其资产绩效管理、数字双胞胎等核心应用服务，西门子通过MindSphere平台提供预防性维护、能源数据管理及工厂资源优化等核心应用服务。

（二）以价值导向引导中小企业上云，培育规模化应用市场

在工业转型升级过程中，成本压力和个性化需求的不平衡导致中小企业提质增效的诉求最强烈，工业互联网平台能够有效解决这一问题。中小企业是工业互联网平台的主要应用方，广大的中小企业通过应用平台上各种微服务组件或工业 App，学习复制先行企业的工业知识，获得能力的快速提升，降低了企业技术门槛和应用成本，也大大降低了企业试错的风险，提高了企业的创新效率，带动其转型升级。通过工业互联网平台创新了工业知识传播的新载体、新方法和新体系，凭借企业规模化应用能够帮助平台快速试错、迭代，通过需求引导应用开发进入良性循环。

（三）以构筑开放生态加速大中小企业融通发展，促进新模式、新业态的发展

工业互联网平台价值创造过程不再主要依赖自身技术、资源为主的线性价值链，而是转向打造由利益相关者组成的价值网络。随着工业企业逐步将各类设备及设计、生产、管理、营销、服务等应用云化迁移至工业互联网平台，实现基于价值链的数字化、网络化、在线化、服务化，工业企业地域、组织、市场的界限将越来越模糊，推动人才、技术、设备设施、资金、知识等资源的大范围动态共享和按需提供，促进资源配置高效化、生产方式智能化、组织管理灵活化，不断催生个性化定制、网络化协同、服务型制造、精准供应链管理、产业链金融等新模式、新业态。

【以设备上云为切入点，推动工业企业加速应用工业互联网平台】

受限于设备上云成本和数据安全顾虑、设备制造商价值壁垒、平台市场不成熟等制约因素，当前工业企业上云动力严重不足，工业设备普遍未联网，成为制约平台发展的关键瓶颈。

（一）工业设备上云是制约工业互联网平台发展的关键因素

工业设备是生产数据、工业资源、制造能力在工业互联网平台汇聚的重要入口，设备联网率是工业互联网平台生态发展的基础条件。2017 年我国企业设备数字化率为 44.8%、数字化设备联网率为 39.0%，亟须大力推动工业设备上云，突破平台发展瓶颈。当前工业设备上云存在两类问题：一是工业设备量大面广、种类繁杂，设备之间技术标准差异大、数据质量良莠不齐，工艺流程标准化程度低、工业机理建模难，导致上云价值无法抵消上云的高额成本；二是技术和市场发展处于探索阶段，平台信度弱，难以消除企业对设备核心数据安全的顾虑。

（二）高能耗、高风险、高价值的重点工业设备上云的必要性和紧迫性

我国处于工业转型升级、新旧动能转换的重要阶段，工业企业优化生产流程、提升产品质量、降低能源消耗、消除安全隐患等需求逐渐迫切，行业龙头企业整合产业链上下游资源、后服务市场延伸、制造能力在线交易等需求日益升级。推动工业企业应用工业互联网平台是满足上述需求的重要途径，重点设备接入平台成为企业上云的关键聚焦点。对于传统产业中的高能耗、高安全隐患设备，能耗、污染和安全事故带来的巨额成本成为企业转型升级的沉重负担，迫切需要通过平台实现工况监控及预测；对新兴产业中的高智能化、重资产设备，通过平台提升运行效率、增加预测准度、降低运维成本是企业拓展网络化协同、供应链金融等新模式的前提条件。

（三）以应用价值推动工业企业和平台互促发展，构建工业互联网平台良性生态

跨地域、多类型工业重点设备为工业互联网平台提供关键流量，是工业知识模型构建、工业应用创新的数据基础。工业互联网平台应用的模块化、通用化特点能够帮助企业以低成本、高效率的方式实现设备运行监控、故障预警、预测性维护、能耗优化，进而推动企业开展协同制造、供应链金融、能力交易等服务，构建社会化制造资源池和工业知识库。以应用价值牵引企业上云：一方面，平台汇聚整合资源，帮助企业产品提质增效、管理优化升级，以实效调动企业上云积极性；另一方面，企业以应用促进市场发展，推动平台突破瓶颈、迭代升级，形成工业互联网平台良性生态。

用信息化提升国家管理能力

中国工程院院士、清华大学软件学院创始人　孙家广

随着网络化、智能化、数字化、服务化、协同化的“互联网+”产业生态体系逐步完善，政务

信息化将成为中国社会创新、协调、绿色、开放、共享发展的重要驱动力量。

【政务信息化催生新一代网络协议、架构及其设备】

政务信息化旨在以互联网为基础设施和创新要素推进互联网与各行业深度融合，创造新的发展生态。为满足政务信息化发展需求，要坚持自主创新：一方面推动以IP协议为核心的互联网不断演进；另一方面对互联网体系结构基本要素（如转发方式、传送格式等）进行变革，形成天、空、地、海综合集成的新一代互联网，如信息中心网络、软件定义网络等。目前，虽尚未对新一代互联网的架构形成共识，但有效服务于政务信息化须解决以下3个核心问题。

安全可信问题。避免重蹈现有网络受制于人和难以安全可控的弊病，需要新一代网络的基础服务和基础设施具有自主可控的能力，需要网络架构和核心协议具有内在的安全保障机制。

网络可演进问题。能持续支撑不断变革的应用模式（如按需服务的云计算模式），能不断融入快速发展的新技术（如量子通信、可见光通信等），从而使其具有自我演进的能力。

网络生态圈和谐发展问题。随着网络与各行各业的深度融合，网络牛态圈中的主体关系将会发生变化，新一代网络只有具有公平开放的生态环境才能有效支撑政务信息化的发展，只有网络服务供需双方的信息对称才能保证资源利用效率的最大化，须将大数据思想融入新一代网络的架构、协议和设备中去（如构建网络信息服务平面），从而建立高效的管理制度和良好生态圈。

【政务信息化促进传统实体经济转型升级】

我国制造业正在承受产业“双向转移”、整体利润率低下、“产业空心化”风险不断增加等巨大压力，全面重振“中国制造”刻不容缓。通过互联网与工业制造的深度融合，推动制造业高端产品和发展模式的创新，提升包括设计、制造、销售、服务等全生命周期在内的整个过程的创新力、凝聚力、生产力，形成广泛的以互联网为基础设施和实现工具的制造产业发展的新形态，充分发挥互联网在制造过程中对资源配置的优化集成与增效提质的作用，努力构建以实施智能制造工程为主体的新型制造体系，创新发展以第二产业为主导的现代生产性服务业。核心任务包括：在面向互联网创新驱动、企业转型发展、用户广泛参与的产品融合创新与迭代升级过程中，构建基于用户需求的、全生命周期的、产品互联的智慧研发平台；在面向国防、能源、医疗，环保等重点领域的装备制造过程中，研制基于智能生产、远程监控、可视化管理的智能生产设备；在面向大数据开发应用、供应链增值服务、系统结构技术创新维护的过程中，建立基于云模式的、支撑网络制造的、协同互利的智能供应体系；在面向客户个性化定制、制造业服务化的需求过程中，研发基于共享网络、客户反馈的移动互联、在线增值、个性化营销的服务云平台与决策优化智慧平台等。

广义的化学工业对我国的绿色发展具有重要的作用。2014年，化学行业主营收入14万亿元、利润8800亿元，但目前产能过剩严重，产业转型升级举步维艰。“互联网+化工产业”有望发挥关键作用。首先，化肥对粮食增产至关重要，但目前产品单一，施肥利用率低，污染严重，迫切需要变革生产模式。“互联网+”可推动消费主导的订单式生产模式，促进企业生产高效控释化肥等新产品，推动农民科学施肥。其次，基于市场信息的化工生产计划调度优化和化工过程强化可大幅度地提高生产效率、降低原料和能量消耗、减少“三废”、降低成本、提高投资回报率。“互联网+”可推动产学研结合，利用内涵、革新挖潜、节能减排。最后，基于“互联网+”的化工制造大数据分析、研究和应用，可对化工产品的全生命周期的风险进行评估和预警，提高危险化学品风险的泛在感知能力和透明度，加强事故预防和应急准备能力建设，保障化学品的安全、清洁生产。

基于互联网思维与互联网技术，构建以可再生能源为主的“开放、对等、清洁、高效”的新型能源系统，提高能源的利用效率和可再生能源在能源消费中的占比，降低GDP能源强度和污染强度，提升用户参与程度和用能体验；建立全新的能源互联网商业模式和服务模式，支撑能源消费、供给、体制和技术革命。重点构建提高清洁能源消纳能力的源荷对接平台，探索源荷互动的能量管理与运营模式，基于互联网平台有效对接需求与资源，显著改善我国大型能源基地弃水、弃风、弃光现状；开展基于清洁能源中枢的能源互联网示范园区建设，实现多能流协同能量管理，提高清洁能源利用率和终端能效，实现能源供应商与能源消费者多主体效益共赢；促进能源领域跨行业信息共享，加快建设能源大数据，挖掘基于能源大数据的能源互联网创新应用与商业模式，支撑分布式可再生能源、微网、用户在能源生产、消费、市场管理和服务中的地位和作用；实现分布式新能源发电、电动汽车、智能楼宇、智能家居的协同建模与优化，将未来广泛分布的能量产销者进一步汇聚构建成虚拟发电厂，为开放的能源市场体系提供支持。积极探索能源互联网与农业、工业、交通、商业、体育等不同行业融合发展的新途径。

【政务信息化创新服务新兴经济增长点】

利用政务信息化促进电子商务升级，加深对相关产业的渗透，改变商业生态，形成新的业务模式，提升整体经济效率。在消费端，实现购物场景个性化、碎片化、移动化、社交化；缩短供应链链条，重组供应链网络，提高供应链效率、响应速度；充分发挥市场信号的指挥、指导作用，实现按需制造、个性化定制、面向市场的研发、创新；打破企业信息系统的信息壁垒，促进信息流动，提升资源配置水平；提高市场主体信息透明度，建立公开公平的信用环境，降低交易成本，促进信用产品，如金融服务的创新和普惠发展。同时，利用政务信息化可以深度改造金融市场的运作机制，利用互联网金融中介使得资金需求更加透明，加快信息传递速度，扩大信贷活动范围，改变信贷合约的模式和内容，改造传统金融中介的信用中介职能。

“互联网+医疗健康”是实现“全民健康”、建设“健康中国”、实现“精准医疗”的必要技术手段。“互联网+医疗健康”是健康产业的必要组成部分。“互联网+传统医疗”促进医疗信息的标准化，改善传统医疗服务模式，为实现区域医疗、三级分诊提供技术基础；“互联网+移动健康可穿戴设备”实现了连续时间流的个人健康信息监测，从而提供了 24 小时陪伴式健康管理服务的能力；“互联网+基因检测”将促进组学大数据的临床应用。“互联网+”将传统的、新型的医疗资源连通、整合，形成医疗健康大数据平台，为提高诊疗质量、改善医患关系提供必要技术手段。更重要的是，通过“互联网+”技术实现健康管理关口前移，将重心从“治已病”转变到“治未病”，可以本质上变革目前全世界都不堪重负的卫生医疗模式。值得注意的是，个人健康信息涉及个人隐私，因此在通过“互联网+”帮助医疗健康信息开放、共享的同时，需要相应政策、法规明确数据的拥有权和使用权，保护敏感的个人隐私信息不被滥用。最后，“互联网+”为传统医疗健康带来了新的理念和新的技术，是“大众创业、万众创新”的丰沃土壤。

【政务信息化利于营造“人人皆学、处处能学、时时可学”的学习平台】

互联网技术和教育理论的不断发展，为有限投入前提下促进教育公平、提高教育质量提供可能。首先，要依托互联网技术和国内优质教育资源，发挥集中力量办大事的制度优势，加快建设国家精品在线开放课程及国家课程平台，加快实现随时随地学习的目标；其次，要利用在线教育资源加强意识形态工作，占领新的阵地，统筹优质资源，制作反映社会主义核心价值观、中华民族优秀传统文化的优质在线课程，促进社会主义精神文明在人民群众心中生根发芽；最后，要加大在线教育资源对外推广的力度，整合国内教育文化机构资源，制作反映我国历史、文化和传统的优质慕课，通过“学堂在线”等国际平台积极对外推广，真正发挥文化软实力的作用。

【政务信息化加速实现政府治理体系和治理能力现代化】

在推动政务信息化的实施过程中，各级政府应该找准和把握自我的定位。利用政务信息化推动政府改革与创新，主要包括以下 3 个层面。

借助政务信息化思维转变政府管理的理念。实现开放型政府、服务型政府和责任型政府，创新和重塑政府决策、管理和服务的模式，进而提供让社会满意的公共服务。

利用政务信息化进行政府管理流程的再造。通过对跨部门、跨领域的数据分析，实现更具公开性、超前性、准确性和科学性的政府决策，并对决策及执行及时做出评估和调整；优化审批流程，降低审批门槛，促进政策执行和业务流程的再造；利用政务信息化，大幅降低信息公开的成本，提高公众参与和监督政府运作的便利性和积极性，促进政府执行监督的外部化。

通过政务信息化创新政府管理的方式和手段。利用政务信息化提升政府市场监管水平，实行“互联网+监管”模式。加快部门间的信息共享，打破信息孤岛，探索企业和个人的征信体制建设，建立信息披露和诚信档案制度、失信联合惩戒机制和黑名单制度等系列管理机制。以政务信息化改变传统的“以批代管”“重审批轻监管”的管理方式，强化事中、事后监管，有效推动简政放权。同时，充分发挥政务信息化的在线化、数据化的优势，综合利用大数据等技术手段，加强政务信息化在服务民生、社会安全、灾害预测、抗灾减灾、应急管理等领域应用，实现公共服务的高效化和社会安全保障的精准化。

【政务信息化在发展中值得注意的倾向】

互联网技术深入融合到各行各业，产业数据已成为重要战略资产，事关国家安全与主权，互联网安全问题不可避免会越发突出，数据信息泄露仍然呈高发态势，企业容灾能力与用户安全意识薄弱，为此，必须坚持自主可控，确保政务信息化安全可信。

政府需要在国家层面统筹政务信息化的规划与有序发展，加强我国政务信息化技术能力的体系建设，对新兴产业提供政策保护和经费支持；要鼓励和支持对数据科学、数据资产化与数据交易等问题的基础性研究；要开展数据资源的开发利用、隐私和安全等领域的标准、政策和立法研究，为政务信息化的开发应用及其发展增加法律保障。

对集团型企业信息化建设的五条建议

赛迪顾问股份有限公司

在中国经济发展过程中，集团企业的贡献力量不容忽视，并且随着新时代经济形势的变化，集团企业重组和改制、整体上市步伐的加快，其对国民经济的影响力将更加显著。与此同时，集团企业对自身的经营管理水平与业务协同的要求也越来越高，依靠信息技术的创新应用增强核心竞争力、提高企业创新能力成为集团企业做强、做大、做优的必由之路。

【做好信息化顶层设计，实施切实可行的信息化专项规划】

成功企业的实践表明，信息化使企业从粗放

管理向精细化管理转变，从事前、事中、事后阶段性控制向实时控制转变，从管理软约束向管理硬约束转变，从封闭管理向开放、透明管理转变，从多层级管理向扁平化管理转变。为实现信息化对集团型企业的提升，企业应确定整体规划，明确目标、步骤和措施，力求战略性、整体性、规范性、协同性和安全性的协调一致，按照“六统一”原则做好机关信息化建设，拆除篱笆，消灭孤岛，必须从企业长远发展的高度，采取强有力的措施推进企业信息化建设持续发展。在企业内部，从集团总部到各级子企业，从董事会、监事会、经理班子到党委、工会、共青团，从行政一把手到每一位副手，从企业负责人到职能部门负责人，都应当从思想上、行动上对照信息化发展要求，认真找差距，采取更加有力、有效的措施，把信息化工作落实到企业上下各级领导的思想和行动上，真正做到责任层层传递、任务层层落实。

【充分利用信息技术，推动集团型企业转变自主创新方式】

信息化为创新提供更加高效的研发工作平台、更加高效的技术手段、革命性的工作方式和条件；研发管理信息系统把研发人员的经验等无形知识变成“可共享、可传承的企业的有形知识”，彻底改变了企业知识和能力积累的方式；信息化推动产品创新，包括采用信息技术提高设备的技术含量和附加值；信息化提高企业人力资本水平，提高企业的学习能力，推动创建“学习型企业”；信息化推动和支撑企业从全社会获得更多的知识共享和交流。在C919大型客机、“华龙一号”核电站、复兴号动车组和珠港澳大桥等重大工程中，信息化对自主创新提供了有力支撑。

当今信息技术发展日新月异，人工智能、云计算、大数据、物联网等新兴技术为企业信息化发展提供了新的动力。集团型企业要密切关注信息技术发展新趋势、新挑战，结合自身实际积极把握新技术带来的新机遇，深入研究，超前谋划，形成新的核心竞争力，掌握未来发展的主动权。

【建立合理良性机制，确保集团型企业信息化建设科学合理】

集团型企业信息化建设要加强领导，建立健全信息化相关工作体系。各级企业领导，特别是“一把手”最好要直接参与信息化重要决策，亲自协调推动重大信息化项目实施加强制度建设。第一，有条件的企业要设由企业领导成员担任的首席信息官（ClO）岗位，通过设立这个岗位，强化信息化建设的专业领导和指导能力；第二，集团公司及所属规模大、重要的生产企业必须建立独立的信息化专职管理部门。要编制适合集团型企业自身发展情况的信息化规划，统一编制集团公司的信息化规划是做好企业信息化的核心和基础。各集团型企业应结合自身行业的特点、生产经营规模、企业组织架构、企业所处的发展阶段等，统一编制信息化规划，规划一定要有前瞻性、可行性和可操作性，要有阶段性目标。要加强信息化建设预算管理。将信息化建设纳入企业预算管理制度，既要保证信息化建设和运行维护的资金投入，也要加强投资管理，提高资金使用效率。要探索建立信息化工作绩效考核制度，改变“有建设无考核”“重建设轻应用”的状况。

【深化信息技术应用，大力推进信息共享和业务协同】

信息化建设的动力来自需求，效益来自应用。应用系统是实现企业信息化各项功能的载体，是企业信息化建设的主要内容。目前，应用系统不能互联互通、信息孤岛的现象还比较普遍，成为制约企业信息化效能发挥的一个瓶颈。从应用系统建设一开始，就要与应用有机结合起来，要面向需求，选择企业信息化优先支持的业务，部署应用系统建设，推动应用系统的互联互通。对已建成的应用系统，要根据业务需求，通过管理规范、技术支持等手段推动互联互通；对在建的应用系统，要根据互联互通的要求，实事求是地进行必要的调整；对新建的应用系统要加强规范指导，把互联互通作为立项审批的重要条件。只有实现互联互通，才能做到信息共享和业务协同。信息共享和业务协同，是信息化应用水平的重要标志，也是提高集中管控能力的重要基础。必须按照职责明确、流程规范、功能完备、业务协同的要求，扩大信息交换范围，加快建立和完善信息共享机制。

【加强标准规范制定，保障信息安全】

标准规范制定是提升信息化服务水平的重要基础。在坚持标准和规范的前提下，满足客户的个性化需求。要继续完善信息基础设施和基础应用；要遵循国际标准和国家标准，制定符合企业特点的技术标准；要建立健全信息化管理规范体系，加大对技术标准和管理规范的执行力度。要认真贯彻“积极防御、综合防范”的方针，落实好国家有关“等级保护”“风险评估”的有关政策，把信息安全放在企业信息化的重要位置。要正确处理好加快信息化发展与保障安全的关系。坚持“发展是硬道理”，在加快信息化发展中解决信息安全问题，以信息安全保证信息化发展。要建立信息系统安全应急处理机制，做好信息系统灾难备份，做到日常管理、技术手段和应急机制相结合。

工业互联重塑企业数字化能力

美国工业互联网联盟（IIC）技术工作组及架构任务组联合主席　林诗万

当前，工业互联网受到广泛认同和重视，国家和部门政策相继出台，一系列的公共工业互联网云平台先后发布，很多企业加快了对工业互联网的规划和实施。对于工业互联网的概念和技术，媒体上已有很多的文章做了广泛的介绍和精辟的阐述。那么，工业互联网在制造业都有哪些实践中落地的场景与应用？如何利用工业互联网迅猛发展的态势，加快企业数字化进程，解决实际问题并实现业务价值？

【工业互联网核心理念与实施步骤】

工业互联网的理念很简单，它的出发点是利用互联网的孪生核心技术——计算和通信网络技术，把实体（包括传感器、产品和装备等）、信息系统、业务流程和人员连接起来，从中收集大量的数据；利用数据分析和人工智能等能力，实现对物理世界的实时状态感知，在信息空间通过计算做出最佳的决策，动态地优化资源的使用；其最终目的是创造新的经济成效和社会价值。

工业互联网具有广泛的应用，几乎可以涵盖所有的工业领域。制造业，由于其体量之庞大，是工业互联网应用的一个重要的、富有创造价值潜力的领域；同时，由于其高度的复杂性、多样化和高度的差异性，也是一个最具挑战性的领域。

工业互联网的兴起，是为了解决当前制造业发展面临的挑战。随着全球化的经济体系的形成和互联网消费文化的兴起，全球性市场竞争进一步加剧。在这个格局下，制造业关注的基本要素：成本、效率、质量，并没有改变，但要求更高。企业还必须考虑资源使用效率和环保的要求。怎样在可持续发展的前提下，低成本、高效率、优质地完成短周期、多品种、小批量的生产，是制造业面临的一大挑战。

要应对这个挑战，一个可行的方法是完善对业务经营和生产过程的数字化，并向智能化推进，在业务经营、产品研发与工艺设计、生产执行和过程控制等方面，通过最佳决策、最优的资源调配和使用、动态响应生产环境、供应链和市场需求的不断变化，进而实现最佳的成本、效率、质量等生产要素。

第一步，完善对各业务和生产环节的数字化。工业互联网对制造业数字化和智能化有着推动作用。对于制造业企业的数字化进程，简单而言，完善对各业务和生产环节的数字化是首要任务。例如，在以 EPR 为主线的价值链的各环节和以 PLM 为主的产品链的各环节，使用相应的专门工业软件；在这两条链的交叉点的生产环境中实施 MES。这些都是基础性的数字化实现。

第二步，把这些环节的专门工业软件互联互通，打通各环节的信息孤岛，在价值链和产品链上逐步实现流程的自动化，并使能对各环节数据的收集。例如，在产品链上，整合产品生命周期功能环节，建立数字主线，并建立产品数字模型——数字孪生体，进而集成数据（见图 1）。

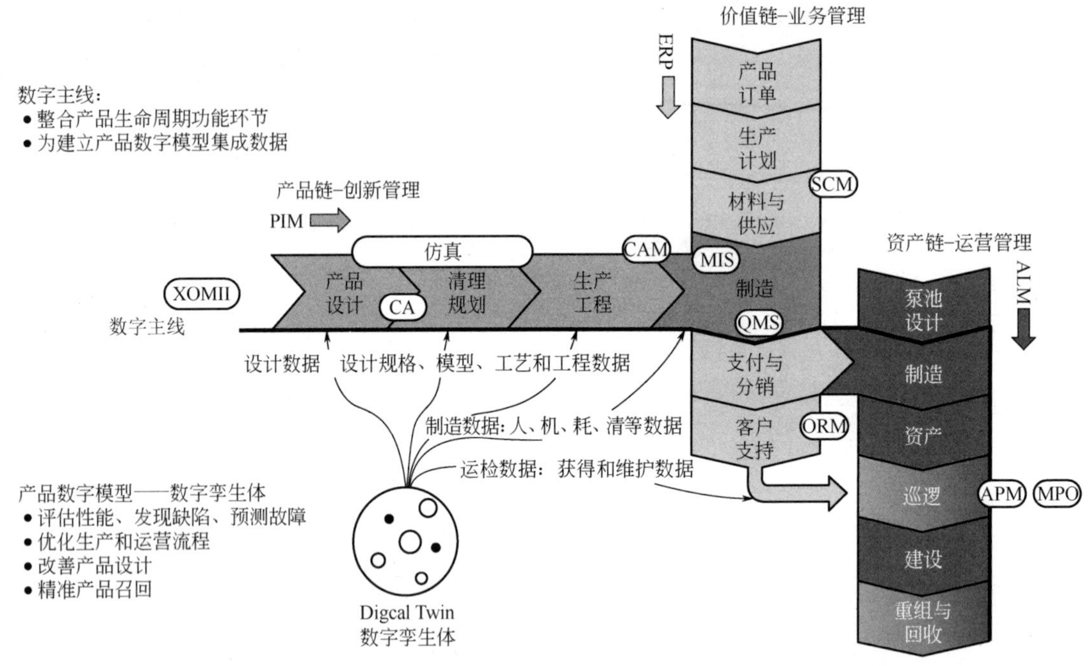

图 1 数字主线及产品数字模型——数字孪生体

第三步，生产过程和业务流程优化。作为工业互联网在制造业的应用，首先，对设备进行连接，收集设备运营和产品在生产过程中的数据，通过实时的数据分析，在线优化生产过程；其次，对产品、设备及生产过程和业务流程中收集的数据，对不同周期和跨越生产和业务环节及跨域组织范畴的综合性的大数据分析，识别和消除效率与绩效瓶颈，使能最佳化的业务决策，对整个生产过程和业务流程进行宏观性的优化。

在这个过程中，连接和数据采集是基础，通过模型对数据进行分析，得到对生产过程的洞察是关键；而通过专门工业应用，根据生产规则和业务目标，将洞察转换成最佳决策，并得以精准执行，以闭环反馈实现智能优化是核心目标。

第四步，打通在生态圈内企业间信息系统的互联，实现企业间的业务和生产协同，把优化的范畴扩展到生态圈及客户端，对客户部署的产品进行连接，通过对产品全生命周期的管理实现服务延伸，为企业的业务转型开拓机遇。

由此可见，工业互联网与现有的数字化成果，如 ERP、PLM 和 MES 等基础工业软件的使用相辅相成，并提高其基于状态感知和数据分析做出最佳决策的能力，是实现智能制造的必不可少的步骤。

【平台技术对工业软件架构和应用演变的推进】

由于工业互联网技术得益于最新的互联网技术，包括云计算（如虚拟和容器等计算资源管理技术）、大数据、机器学习和人工智能（AI），以及最新的应用开发与运营（DevOp）技术和方法论（如微服务），因而，基于这些技术的工业互联网平台，将加快面对特定行业和特定场景的机理，以及包括AI在内的数据模型和工业应用的开发，并把模型和应用耦合在一起，为解决特定的生产问题建立由数据驱动的智能化专属工业解决方案。在这些平台上运行的工业应用，也将具有更高的可靠性和可扩展性，而计算资源的使用效率也更高。

可以预测，工业互联网平台的部署，将促进工业软件的快速发展，加快工业技术和经验的模型化和软件化，有利于工业知识的积累、提升和创新。

不少业内专家认为，工业互联网平台的实施，将引入一个新型的工业软件架构，从目前垂直分层的架构向扁平的工业应用网格过渡。在应用方面，目前不少工业软件系列是由多个功能模块聚合而成的大型专有应用，复杂度高、封闭性强、缺少可操作性、难以拓展、难以适应多样易变的生产需求。为了解决这些问题，越来越多的工业软件将在新的工业互联网平台上，以微服务的方式实现，其优点是小而精、易于敏捷开发、可独立更新和管理。一方面，建立具有通用性的基本制造服务，将其功能作为API暴露出来，让其他应用调用；另一方面，针对特定的问题，以搭积木的方式，组合调用基本制造服务，搭建新的、轻量型的专属工业应用。这些工业服务和应用构成了一个具有活力的工业软件服务和应用网格。这样，工业互联网平台就成为工业模型和应用的开发、运营环境及承载数据驱动的工业应用的工业操作系统（OS）。在这样一个体系下，可以孵化出一种新的工业软件生态，不管是传统的工业软件供应商，还是新生的第三方应用开发者，都能比较容易地开发出更加切合客户需求的应用，并能对生产环境和需求的快速变化敏捷地演变、响应。

【工业互联网在生产现场的应用】

对于生产现场，也就是工厂车间的环境，本节初步探讨一些潜在的工业互联网的应用案例。生产管控是一个复杂的系统工程，涉及多个相互关联和约束的、跨部门和工厂的业务流程、生产流程及其众多的管理环节，以及大量的物理系统，包括物料、产品、生产设备和环境。生产管控的抽象简化概括如下。

生产管控的主要环节包括工艺设计、计划调度和生产执行，计划调度是其核心。生产计划调度在工艺规程和其他生产规则的约束下，根据客户订单的要求，在现有产能的范围内，统筹优化质量、产量、交期、物流周转、能耗、生产效率和综合成本等多项目标，制订生产计划。

生产执行，一般由MES软件实现，是将知识产权（产品设计和工艺技术）转为业务价值的枢纽，它管理的对象是生产能力和资源，是制造业企业资产的核心，对实现企业价值起着举足轻重的作用。它对上承接生产计划的要求，对下统管车间场景里的生产人员、工艺、设备、物料、能源的生产要素，实现动态的、精准的、最优化的配置和调度，高绩效、高质量、低成本地完成生产任务。

工业互联网在生产现场的应用关键在于如何利用或加强对生产环境的数据采集，实现或增强对生产过程的状态感知，并通过对数据的实时分析，做出最佳决策，通过独立或辅助现有的工业软件系统（如MES的功能模块）进行精准执行，完成对生产过程的闭环优化。

针对工业互联网在生产现场关键环节的潜在应用分别进行一些初步的讨论，概要性地描述相应的工业互联网解决方案，并提出一些为解决这些问题和需求所建立的一些新功能。

（一）质量闭环优化管控领域

问题与需求：产品质量稳定性是否需要提高？产品合格率是否有提高的空间？缺陷产品返工成本是否过高？废品的损失是否较大？质量检测的准确率是否需要提高？是否需要实现在线质量检测？是否需要优化工艺和过程参数？是否需要建立产品数字孪生体，对产品质量进行全过程追溯？

工业互联网解决方案如下：

智能质量检测判定或分类——提高质量检测的准确性和效率，降低检测成本；

缺陷产品原因的挖掘——降低缺陷或废品率；

在线质量检测或预测——动态寻优调整生产过程，中断废品生产流程；

实现工艺、物料、过程和质量的闭环关联——综合性地优化工艺参数，并对物料品质的控制提供反馈；

提供在线质量数据，支持数字孪生体——实现对产品质量的全过程追溯；

提供在线质量数据，支持在线成本核算和绩效预测与评估——提高生产管理水平。

（二）能耗闭环优化管理领域

问题与需求：能耗占生产成本的比例是否过高？是否有强制性的节能减排目标？能量（如燃气和蒸汽）的供给和使用的稳定性、平衡性是否满足不同工序生产的要求，或是需要动态调优以保障生产、减少浪费？生产过程中热能的使用是否有提升的空间？生产过程中能量的使用量和效率是否已实现在线或定期离线监控？能耗数据是否需要与工艺、物料、生产过程关联，为工艺和生产过程的优化提供反馈？

工业互联网解决方案如下：

能量使用和效率的监控——提高能耗的可见度，为实现节能减排提供确切依据；

对能量的供给和使用根据实时工况实现动态寻优，提高稳定性——保障生产，避免浪费；

对生产过程操作参数进行优化控制，提高生产过程的稳定性和实现最佳控制值——提高热能使用效率，降低能耗和减少排放；

实现工艺、物料、过程、质量和能耗的闭环关联——综合性地优化工艺参数；

提供能耗和排放在线数据，支持在线成本核算和绩效预测与评估——提高生产管理水平。

（三）业务绩效在线监控和预测领域

问题与需求：生产过程管理是否依赖手工报表？生产过程是否效率低、周期长，难以支撑管理的优化？生产过程管理是否需要实现在线的业务绩效监控？是否能把握目前或预测近期的生产状况，并针对生产问题给予及时和有效的纠正？生产过程管理是否需要把绩效 KPI 与过程数据结合，并从绩效问题入手，有效地追溯到生产过程中导致问题的根本原因，使其得到及时的解决？

工业互联网解决方案如下：

建立多层级的生产运营监控中心，提供短周期（每小时或更短）自动化的企业和工厂层级的生产和业务绩效在线报告——实现高透明度的绩效监控和预测，提升对生产和业务问题的响应能力，向智能管理方向迈进；

提供问题的追溯能力，系统性地快速确认问题的根源，并提出解决方案建议——提高及时有效解决问题的能力。

【制造业工业互联网平台的特定需求】

上文所述解决方案明显地共享着一条技术路线，包含几个共同的功能模块：数据采集和处理、（机理、数字和仿真）模型分析、通过应用进行决策和执行。不难预测，在同一个生产环境里将会同时实施多个以上所列举的应用。显然，这些应用不应单独重复实现和运行这些通用功能模块，而应在通用平台上共享这些功能。工业互联网平台提供的正是这样一个平台，在同一个平台上，同时支持多个工业应用的开发、运营和管理，并系统地保障其安全性、可靠性和可扩展性。综合其他考虑，制造业对工业互联网平台有如下特定需求。

（一）生产数据全生命周期管理

挑战：设备数据多源异构，高频率，大批量，高并发，需要长周期保存；现有的数据湖形成信息孤岛，无法有效利用。

能力：提供工业大数据平台，实现统一的数据采集、分析和管理。

（二）工艺技术、经验的模型化和软件化

挑战：工艺配置过于依赖经验，难以对工况、品质、成本和效率进行跟踪反馈，难以实现系统性积累并获得最优工艺参数；工业软件需要更新，

以适应生产的需求。

能力：提供轻量高效的工业模型和应用敏捷开发框架，简化软件开发和迭代提升过程。

（三）智能优化的生产管理

挑战：生产计划和排程未能根据现场的物料供应、工况、产品质量、产出效率数据进行实时反馈动态调优，无法实现需求拉动的生产管理。

能力：提供先进的数据分析、AI、仿真能力，通过对生产资源、环境和流程的状态感知，实现数据驱动的智能排产应用。

（四）设备和生产过程数字空间映射

挑战：设备和产品数字孪生体与仿真数据整合复杂、技术门槛高，不易实施。

能力：提供数字孪生体和仿真功能服务，降低难度，加快数字仿真在生产过程的应用。

（五）稳定、可靠和先进性

挑战：生产环境要求高度的可靠性、可扩展性、鲁棒性、低时延和技术的前瞻性。

能力：提供最新的机器学习、AI、仿真、大数据和云计算技术优化组合，满足工业级特定的系统和技术要求。

（六）自主、可控、安全

挑战：企业需要保障对系统的自主性及对数据、应用、知识产权和商业机密的完全可控和安全性。

能力：灵活部署企业内部和边缘的自主可控工业互联平台，保障系统和数据的安全性和可控性。

数字中国：跨越大数据“时空隧道”

工业和信息化部赛迪研究院软件产业研究所副所长　潘文

党的十九大报告指出，要建设数字中国。2017 年 12 月 8 日，习近平总书记在主持中共中央政治局就国家大数据战略进行第二次集体学习时强调，加快建设数字中国，更好服务我国经济社会发展和人民生活改善。这奠定了未来中国数字化转型的总基调。

事实上，数字中国已悄然渗透到经济、社会、文化、生活等方方面面。数字中国既是打造制造强国、网络强国的核心力量，也是改善政府治理、惠民利民的有效手段；同时，数字中国对转变经济发展方式、促进产业转型升级、创新社会管理、保障和改善民生也发挥着重要的促进作用，对提升整个社会的运行效率乃至国家的竞争力都发挥着至关重要的作用。

进入新时代，我国面临着世界范围内数字化转型带来的机遇与挑战，唯有坚持数字化发展理念，深入洞悉不断发展中的数字中国，统筹考虑数字化对科技、经济、文化与社会带来的全方位影响，并从战略高度谋划数字中国的发展，才能抢占时代先机、实现跨越式发展。

【时代呼唤数字中国】

（一）建设数字中国是谋求国家竞争新优势的战略选择

当前，数字化技术持续得到大规模应用，

与经济社会各方面加速融合发展，特别是以大数据为核心要素的集聚效应和资源吸附效应愈加显著，带来一系列新理念、新业态、新模式，也对政府治理和公共服务带来新机遇和新挑战。发达国家纷纷出台战略规划，为谋求竞争新优势、打造数字化国家做前瞻布局。未来一个时期，国际上围绕市场、技术、资本和产业转移的竞争将更加激烈，数字化浪潮将席卷全球。

（二）建设数字中国是打造中国经济升级版的必然要求

国际金融危机以来，全球经济进入缓慢曲折的复苏进程。以互联网为依托、以大数据为核心要素、以数字化技术为内生动力、以融合创新为典型特征的数字经济革故鼎新、大势已现。特别是，云计算、大数据、物联网、移动互联网创新发展及广泛渗透，在持续催生新兴产业的同时，不断激发传统产业的发展活力，数字经济呈现持续快速的增长态势，对经济增长的拉动作用愈加凸显。当前，中国经济进入转型升级攻坚期，通过推动互联网、大数据、人工智能和实体经济深度融合，加快发展数字经济，将有利于用新动能推动新发展，促进转型升级，拓展经济发展新空间。

（三）建设数字中国是化解新时代社会主要矛盾的重要抓手之一

党的十九大报告明确提出，我国社会主要矛盾已经转化为人民日益增长的美好生活需要和不平衡不充分的发展之间的矛盾。从需求侧来看，人民美好生活需要日益广泛，包括物质需要，还包括民主、法治、公平、正义、安全、环境等非物质需要；从供给侧来看，我国生产能力大幅增强，基本摆脱了原来落后的社会生产状况，但有效的、高质量的、普惠的供给还比较欠缺，仍然不能满足民众对不同产品结构和各种服务的需要。以创新为核心的数字化转型是解决这一矛盾的有效途径，尤其是在“互联网+”“中国制造 2025”“一带一路”倡议的推进下，化解新时代社会主要矛盾指日可待。

（四）建设数字中国是践行五大发展理念的集中体现

数字化技术本身引领创新变革，数字化将切实提高资源配置效率，有助于实现城乡之间、区域之间的协调发展，也有助于提高能源资源的使用效率，建设资源节约型、环境友好型社会。

【数字中国的喜与忧】

经过多年来的高速发展，我国已崛起为世界数字化大国，取得了许多可喜的成就，正成为塑造全球数字化格局的重要力量。以数字经济为例，2016 年中国数字经济规模已达到 22.6 万亿元，占 GDP 比重超过 30%，我国数字经济规模居世界第 2 位，已成为我国经济的重要组成部分。此外，电子政务内网平台、智慧城市建设、“互联网+”等也快速推进。

但也要看到，在数字中国崛起过程中还存在一些不可回避的挑战与问题，主要表现在以五个方面。

第一，缺乏顶层设计。我国亟待出台数字中国发展战略，须坚持顶层设计框架和系统工程推进机制相结合，推动数字中国建设迈上新台阶。

第二，面向新应用、新业态的政府监管体制亟须跟进。现有政府监管体系构建于各行业主管部门的分类设置，面对行业的数字化转型发展及数字经济新兴业态在本行业的衍生发展和快速生长，往往反应速度慢，容易错失发展机遇。

第三，数字化转型分化程度明显。不同行业领域融合创新能力和水平参差不齐，对数字化转型的需求各异，融合创新路径需要结合产业进行针对性的研究。

第四，智慧社会发展面临平台孤立风险。我国城市管理服务工作重复建设、分散建设问题突出，缺乏统一大平台予以支撑。全国各地教育、医疗、社保、出行、文化、政务等线上服务平台建设较为分散，不但为市民带来“极易混淆”的困扰，更为政府带来“平台孤岛”的问题。

第五，数据安全和数据权问题凸显。数字中国深入发展，带来了多领域、多环节、多主体、多层次数据的广泛收集、海量集中，为个人隐私保护和国家主权维护带来新挑战。

【全方位加速推进】

建设数字中国是打造国家信息化的升级版，也是实现“两个一百年”奋斗目标和中华民族伟大复兴中国梦的必然选择。着眼于数字中国建设现状，下一步我国还需要紧紧抓住全球数字化浪潮的历史性机遇，多措并举，从战略上推动数字中国发展。

制定数字中国发展战略，完善国家政策支撑体系。一是要从国家层面加强统筹谋划，研究制定数字中国发展战略，使各种发展要素相互配套。二是要做好统筹协调，加强部门、行业、区域、军地间合作，形成统一领导、分工合理、责任明确、运转顺畅的数字中国推进机制，建立促进数字中国发展的长效机制。三是加快完善产业、财税、金融、科技等领域配套政策措施，保障各地区、各部门有效衔接和同步推进。

发展以数据为核心要素的数字经济，完善现代化新经济体系。以数据为核心要素推动传统产业转型升级和新兴产业培育发展，打造形成世界一流的数字生产力。一是科学量化数字经济的社会价值，引发全社会对数字经济价值的重新认识，进而最大化发挥数字经济对国民经济社会的贡献。二是以供给侧结构性改革为主线，加快行业管理部门之间的协同合作，形成推动数字经济发展的有效管理和服务。三是持续重视两化融合工作，推进工业互联网创新发展。

建设感知互联的智慧社会，构筑造福大众的数字新生活。智慧社会是数字中国的重要部分，数字化引领下的智慧智能理念已广泛、深入地融入民生发展的各个领域。我国还须进一步健全国家智慧民生体系和信息惠民体系。一是以新型智慧城市为抓手，着力构建基于数据开放的城市基础资源体系和运行平台，提高城市管理、运行和服务水平。二是在就业、住房、交通出行等领域加速普及应用数字化技术，培育公共服务供给的新模式、新业态。三是加强生态环境、社会管理、扶贫攻坚等方面的数字化应用，增强政府的智慧管理和预测预警能力。

打造运行高效的数字政府，提升政府驾驭数字社会和数字经济的能力。数字政府是数字中国建设不可或缺的组成部分，我国应制定实施数据开放国家计划，尽快构建覆盖全国、统筹利用、统一接入的数据共享大平台，构建全国信息资源共享体系。另外，还应形成覆盖城乡的电子政务公共服务体系，建成廉洁高效的服务型政府。

构建可信可靠的数字安全基石，保护个人隐私和维护国家主权。数字化大发展带来的数据安全问题已不是一个新鲜的话题。数字中国建设不仅要从保护公民利益和规范市场行为角度出发，解决数据权属和个人隐私问题；更要从总体国家安全观出发，保障数据主权和大数据安全，塑造国家数字安全优势。这就需要强化《网络安全法》落实，制定重要数据安全防护指南，制定数据资源确权、交易等制度。

此外，中国已经是无可争议的世界互联网大国，应积极参与国际网络空间安全规则制定，统筹规划我国全球网络设施建设，参与国际合作以共建国际网络新秩序，提高我国在全球网络发展中的影响力。

数字中国开启我国信息化发展新征程

中国信息通信研究院总工程师　余晓晖

国家互联网信息办公室发布了《数字中国建设发展报告（2017）》（以下简称《报告》）。《报告》

分析了数字中国面临的形势，评估总结了党的十八大以来数字中国建设取得的重大成就和基本经验，提出了下一步努力的方向，是一份指导和推动我国信息化更好服务经济社会发展的重要报告。《报告》指出，数字中国开启我国信息化发展新征程。建设数字中国，是贯彻落实习近平新时代中国特色社会主义思想，特别是网络强国战略思想的战略举措，是抢抓信息革命机遇、构筑国家竞争新优势的必然要求，是推动信息化发展更好服务经济社会发展、加快建成社会主义现代化强国的迫切需要。

【建设数字中国是深化我国信息化发展的战略举措】

（一）建设数字中国是贯彻习近平网络强国战略思想的战略举措

18 年前，时任福建省省长的习近平同志，提出“数字福建”的战略部署，成为数字中国重要的思想源头和实践起点，是体系化、科学化推动经济社会信息化发展、引领驱动现代化建设的战略发端。党的十八大以来，以习近平同志为核心的党中央准确把握时代大势，作出实施网络强国、建设数字中国的战略决策。近年来，全球新一轮科技革命和产业变革孕育兴起，我国经济发展步入高质量发展阶段，社会发展进入整体转型期。在此形势下，建设数字中国成为引领经济高质量发展的新引擎，成为满足人民日益增长的美好生活需要的新举措。

（二）建设数字中国是新时代国家信息化发展的新战略

《国家信息化战略纲要》明确了未来十年国家信息化发展的战略目标和战略任务，提出要“加快建设数字中国”。《“十三五”国家信息化规划》将“数字中国建设取得显著成效”作为“十三五”时期我国信息化发展的总目标，这些战略部署为数字中国建设指明了方向。加快建设数字中国，加快释放信息化发展的巨大潜能，以信息化驱动现代化，是实现“两个一百年”奋斗目标和中华民族伟大复兴中国梦的必然选择。

（三）建设数字中国是我国信息化深化发展历史进程的集中体现

一段时间以来，各方面对数字中国有各种认识，有人理解为“数字化的中国”“大数据中国”“数字经济驱动的中国”等。个人理解，不能将数字中国建设简单理解为大数据的建设或数字经济发展，也不能片面理解为云计算、人工智能、区块链等某一类新一代信息技术的应用，因为不论是哪种技术，都可以视为我国信息化发展的一个侧面，都是数字中国内涵中不可割裂的重要组成部分。正是这些信息技术在经济社会发展中的创新、集成应用，推动了国民经济和社会事业的数字化、网络化、智能化发展，促进了国家治理体系和治理能力现代化，为满足人民日益增长的美好生活需要作出积极贡献。因此，建设数字中国，是信息化步入全面渗透、跨界融合、加速创新、引领发展的新阶段下，中国信息化历史进程的集中体现，涵盖经济、政治、文化、社会、生态等各领域信息化建设，包括“宽带中国”“互联网+”、大数据、云计算、人工智能、数字经济、电子政务、新型智慧城市、数字乡村等多方面内容，其内涵更加广泛，体系更加多维，战略意义也更为深远。

【建设数字中国面临的新形势】

当今世界，信息技术创新日新月异，数字化、网络化、智能化深入发展。当前乃至未来一个时期的信息化发展，都处于一个更为迫切、更为复杂的状态，要深刻理解数字中国建设所面临的新形势。

一是加快发展信息化，“不仅是”中国实现弯道超车的战略举措，更是决定国家前途命运的必然要求。“没有信息化就没有现代化”“必须敏锐抓住信息化发展的历史机遇”，是党和国家最高领导人根据国际形势作出的深刻战略判断。习近平总书记指出，当今世界，信息化发展很快，不进则退，慢进亦退。农业时代的国家，慢一拍可努力追赶；工业时代的国家，慢一拍可能要追赶若干年；而信息时代的国家，哪怕慢半拍可能要花百般力气追赶。当前，信息化自身能力的强弱，信息化与工业、农业、服务业和公共服务融合发展的深浅，信息领域网络空间规则权和话语权的多寡，已经成为决定国家战略竞争力的关键。数字中国建设，要突破核心技术瓶颈，形成自己的“撒手锏”和非对称优势，要充分融入全球生态体系，参与网络空间的规则制定和话语权争夺，发出中国声音，贡献中国方案，亮出与综合国力相匹配的网络强国姿态。

二是加快发展信息化，“不再是”实现目标的手段方式，而是引领中国经济社会创新发展赖以生存的基础环境。当前，随着信息技术从单点技术突破迈向体系化创新，信息基础设施从行业设施迈向无所不在的综合性战略性设施，信息化正从政府提升履职效率、民众获取公共服务的外延性手段，内化为增强国家现代化治理能力、满足人民美好生活需求的内生性动力源。信息化在中华民族伟大复兴、全面建成小康社会的历史进程中，日益展现出全局性、战略性作用，成为新时代发展的容器与土壤。习近平总书记指出，“没有信息化就没有现代化”。不能置身于信息化洪流中抢抓发展机遇，就如同缺失了滋养的无源之水、无本之木，难以实现创新发展。建设数字中国，加快推动信息化发展，将成为激发创新创业活力，推动新技术、新产业、新模式、新业态蓬勃发展的基础环境。

三是信息化“不等于”独立发展的简单自变量，而是深化体制机制改革、激发经济社会活力的复杂因变量。随着信息化向纵深发展，信息化与经济社会的物理变化渐渐引发更多的化学反应，信息化不再是曲高和寡的独立变量，而凭借其在打破信息垄断、消除不对称、动态优化要素配置等属性和特点，深度融入经济社会发展，对传统的分业监管、准入监管、条块分管管理运作机制产生根本性影响，倒逼体制机制改革，与经济社会转型发展形成密不可分的交织关系。通过合理设计、有效规范利益协调机制和激励机制，全面激发市场、社会和政府的活力，将更大范围、更深层次释放信息化红利，让信息化成为大变革时代经济社会转型的承载者、推动者和见证者。

【建设数字中国的三大着力点】

数字中国建设，要用习近平总书记网络强国战略思想武装头脑、指导实践。紧扣《国家信息化战略纲要》《“十三五”国家信息化规划》的部署要求，一方面，坚持问题导向，科学分析和挖掘制约信息化发展的技术能力、产业生态、应用成效、发展环境、网络安全等方面的短板，针对问题，创新引领，切实做到有所作为、有所创造、有所突破；另一方面，坚持目标导向，围绕全面建成小康社会总体目标，在技术与产业创新、信息基础设施建设、数字经济发展、信息服务普及等方面，合理制定并设置可量化、可执行的指标体系，以目标牵引和倒逼信息化建设，推动数字中国发展。具体而言，要从能力增强、应用服务和环境保障 3 个方面着力推动数字中国建设。

在信息化发展自身能力建设方面，要增强以信息技术、信息基础设施和信息资源为代表的信息化能力“三驾马车”。一是创新为要，以核心技术创新突破贯穿建设始终。要遵循技术发展规律，统筹基础研究、技术创新、产业发展、应用部署、标准制定与安全各环节联动协调发展，实现核心技术生态体系化建设、系统性突破。二是夯实基础，筑牢作为网络强国建设的战略基石。加快以信息传输为核心的网络设施向融合感知、传输、计算为一体的智能化综合信息基础设施的演进，形成空、天、地、海一体化信息基础设施。三是突破藩篱，推动信息资源共享开放释放数据红利。探索建立信息资源的登记、确权等管理制度，健全信息资源基本制度体系，构建数据交易流通规则，促进信息资源合法有序的充分流动。

在信息化应用服务成效方面，要围绕经济社会热点、难点、重点，释放数字经济活力，提升信息惠民、便民、利民水平。一是融合发展，围绕数字经济加快构建现代经济体系。大力推动互联网、大数据、人工智能和实体经济深度融合，加快制造业、农业、服务业数字化、网络化、智能化。二是以人民为中心，通过“互联网+”服务全面增强群众获得感。大力发展“互联网+”政务，深化网络扶贫，推动美丽中国行动，以远程化、网络化方式创新教育文化、医疗卫生、社会保障等民生领域服务提供模式，让城乡居民享受普惠、便利的公共服务。

在信息化发展政策与保障方面，要突出完善政策环境、优化对外开放格局、提升网络安全保障水平。一是完善环境，构筑和谐、合规的信息化发展政策环境。要营造监管创新环境，完善法律法规制度环境，优化市场参与环境，并注重加强数字中国发展与信息化战略规划的衔接、实施与评估。二是开放合作，拓展发展新空间。围绕基础设施、数字经济、跨境贸易、技术交流、人文合作等领域，加快发展与“一带一路”国家的互惠共赢合作。构建网络空间利益共同体，提升网络空间治理话语权。三是提升网络安全保障能力。树立整体、动态、开放、相对和共同的网络安全发展观念，落实网络安全责任制，安全可控地利用世界范围内的先进信息技术产品和服务，强化国家关键基础设施的管理和保护，全面增强网络安全防护能力。

信息化合作支撑“一带一路”倡议深入实施

中国信息通信研究院　陈才

在首届“一带一路”峰会上，习近平总书记提出，“要坚持创新驱动发展，加强在数字经济、人工智能、纳米技术、量子计算机等前沿领域合作，推动大数据、云计算、智慧城市建设，构建21 世纪的数字丝绸之路。”数字丝绸之路是“一带一路”倡议内涵体系的题中之意，而以创新驱动、绿色智能、融合发展为特征的信息化合作，是建设数字丝绸之路的必由之路。

【信息化成全球各国共识】

纵观世界文明发展史，正如铁器与农业技术的革新孕育了农业文明，蒸汽机与能源、机械的突飞猛进孕育了工业文明，当前，以数字化、网络化、智能化为特征的信息化浪潮蓬勃兴起，以互联网、人工智能为代表的信息技术正在引领世界各国步入信息文明时代。根据相关报告，国家互联网使用率每提升 10%，就能促进国家之间的商品贸易增长 0.4%；信息化连接指数每提升 1%，将提升国家竞争力 2.1%，生产力水平提升 2.3%。发展信息化，增强信息化能力，提升信息普惠水平，塑造国家长期竞争新优势，是世界各国的普遍共识和共同愿望。

“一带一路”倡议引领新型全球化。过去 30 多年的全球化为各国民众带来福音的同时，局部地区也出现贫富差距拉大、损害部分人利益的现象。尤其是在 2008 年全球金融危机之后，各国经济复苏乏力，全球经济下行，部分发达国家贸易保护主义抬头，出现逆全球化思潮。在此背景下，中国提出以“共商、共建、共享”为突出特征的“一带一路”倡议，修正全球化发展方向和路径，打破过去由发达国家控制的旧有全球化格局，以解决全球经济增长动能不足、治理滞后、发展失衡的三大突出矛盾，成为引领新一轮全球化发展的有效途径和创新之举。

信息化合作成为促进“一带一路”倡议深入发展的新思路。如果说全球化战略侧重在物理空间上的互惠合作，则共建数字丝绸之路，就是在网络空间上利用信息化合作实现多方的互利共赢。全球很多国家都把信息化纳入国家战略，“一带一路”沿线国家也是如此，纷纷通过加大 ICT 基础设施的投资与使能应用，加速数字化转型，推动数字贸易，希望通过信息化建设与开放合作，尽快驶入数字经济的快速发展道路。云计算、大数据、人工智能等前沿技术，以及分享经济、智能制造、工业互联网等新模式、新业态的蓬勃发展和推广普及，正为落后国家和地区提供跨越式发展的机会，推动着世界各国发展新经济、培育新动能，促进了多方协同合作，为“一带一路”倡议的落地提供了新思路和新方向。

【倡议秉承“三共”原则】

（一）共商共议，加强和促进机制、政策对接

要基于现有领导人对话、信息通信部长级会议和部门高官会议等不同层级的对话交流机制，加强双边、多边在信息通信领域的合作共商与议题会晤。要推动政府部门、国际组织、私营企业、社会团体、科研机构、智库等，围绕信息基础设施建设、信息技术标准合作与互联网应用推广等，开展多层次、宽领域、零距离的深入交流，分享成功经验，推广最佳实践。

（二）共建设施，加强和促进信息基础设施互联互通

要秉承市场主导、政府引导的原则，聚合各方力量共同推进跨境光缆、洲际海底光缆等通信干线网络建设，完善空中（卫星）信息通道，扩大与“一带一路”沿路各国的信息交流合作，提高国际通信互联互通水平，形成畅通、高速的“一带一路”信息丝绸之路，促进各国多元、自主、平衡、可持续发展。充分利用亚洲基础设施投资银行、丝路基金等通融资平台，将信息基础设施作为重点投资领域之一，加大对贫困地区的网络普及，推动普遍接入，缩小数字鸿沟，让“一带一路”沿线更多人们通过互联网了解世界、摆脱贫困。

（三）共享机遇，促进信息技术交流与应用服务互利共赢

要把握新一轮信息通信技术变革带来的难得机遇，深化光纤宽带、5G、人工智能、量子计算及物联网等新兴领域的交流，鼓励支持各国企业联合开展技术攻关、产业开发、应用推广，共同推动信息通信领域技术合作向纵深发展。要积极推动数字化应用服务成果惠及全民，开展跨境电子商务合作，提高通关、物流等便利化水平。利用在线教育、远程医疗等技术服务，增强各国公共服务合作能力。共同推动数字经济合作向纵深发展，为经济增长、产业转型、市场拓展注入强劲动力。

【信息化助力“一带一路”倡议】

（一）以设施互联互通为基础，全面推动信息化合作底层环境

《推动共建“丝绸之路经济带”和“21 世纪海上丝绸之路”的愿景与行动》中明确提出：“共同推进跨境光缆等通信干线网络建设，提高国际通信互联互通水平，畅通信息丝绸之路。”大力建设“一带一路”信息基础设施走廊，夯实信息化合作基础，实现“一带一路”建设的和平与发展、合作与共赢，是各国的共同愿望。

一是要将信息基础设施建设运营合作纳入对外合作大局，统筹规划我国海底光缆和跨境陆缆等设施，打通经中亚到西亚、经南亚到印度洋等陆上信息丝绸之路；积极推进美洲、欧洲、非洲等方向海缆建设。二是鼓励企业在“一带一路”沿线节点城市，以合适方式进行投资、建设和运营数据中心与云计算平台等应用设施，发挥云计算和大数据覆盖面广、支撑性强的作用，为“一带一路”沿线国家提供高质、低价的信息服务。三是加快北斗卫星导航系统及其应用产业国际化进程，建设完善若干北斗海外应用示范工程，提升北斗导航国际化综合服务能力。

（二）以跨境电商为突破点，推动数字贸易发展

如果说，在陆权、海权时代，各国依赖公路铁路网、港口航运网实现传统跨境贸易，那么在信息时代，要更加依托互联网基础设施，开辟跨境电商数字贸易新征程。经贸合作是“一带一路”倡议的重中之重，数字贸易是以信息资源、知识等为基础要素，加快贸易流转，提升效率的新型贸易方式。根据麦肯锡报告，当前全球贸易的 50% 来自数字贸易贡献。基于数据驱动的跨境电商，

有利于拉动双方经济增长，保持高频度经贸往来，扩大本地就业人口，将成为数字贸易皇冠上的明珠。

一是“一带一路”沿线国家围绕关、检、汇、税等关键环节，开展多边、双边政策沟通、标准协调，确保跨境贸易的一致性互认。二是建立全程在线、多方参与的跨境电商综合服务体系，打造高效率、低成本、便利化的跨境网络贸易通道。三是探索建立数据驱动的跨境电商支付体系、结算体系和信用体系。四是利用我国商务发展优势，帮助“一带一路”沿线落后国家和企业，开展产品展示、品牌传播、线上线下交易、仓储物流、售后客服等服务。

（三）以城市合作为基础，推进智慧城市、园区合作

智慧城市是信息化的集中承载和综合体现，也是信息化合作的主要抓手。近年来，在党中央、国务院的大力推动下，我国智慧城市发展取得长足进步。以城市网格化数字管理、综合智慧城市运营中心、“互联网+政务服务”等为代表的系列新应用和新模式，为“一带一路”沿线城市破解城市发展难题、提升城市治理水平提供了丰富的借鉴经验。同时，伴随着云计算、大数据、人工智能等新兴产业的兴起，我国涌现出一批软件和信息服务业龙头企业，基于数字经济的智慧产业，也已经具备了对外产能合作的基础。

一是依托现有友好城市合作，激发城市自身动力，将发展新型智慧城市合作纳入合作框架，努力将智慧城市合作打造成为中国—东盟信息港、中阿网上丝绸之路等国家重大项目的标杆旗舰。二是紧抓海外合作工业园区、产业园区，尤其是我国建立的园区快速发展机遇，以合作共建智慧园区为突破，吸引和带领运营商、IT 服务商、集成商抱团出海，拓展合作新空间。三是推动亚洲基础设施投资银行和丝路基金联合设立丝路智慧城市合作促进专项资金，从资本层面确保合作顺利推进。

信息消费：从引燃需求到加速供需精准对接

工业和信息化部赛迪研究院信息化研究中心主任　杨春立

党的十八大以来，我国实施了一系列政策，大力激发消费，特别是信息消费在扩内需、稳增长等方面的作用。2013 年国务院发布了《关于促进信息消费扩大内需的若干意见》，制定实施了促进信息消费的 24 项举措；同时，组织遴选了国家信息消费试点市（县、区）104 个，择优评选出国家信息消费示范城市 25 个、信息消费创新应用示范项目 60 个，积极探索信息消费发展新模式和新路径。4 年来，信息消费高速增长，消费层级不断提升，消费结构加速转型，信息消费正从提振国内需求发展到推动供需两端结构有效匹配，促使供给和需求协同发展。

【信息消费规模达到 3.9 万亿元】

信息消费发展基础支撑能力日益增强。4 年来，“宽带中国”战略、网络提速降费、电信普遍服务试点全面推进，宽带网络覆盖范围和支撑能

力大幅度提升，固定宽带迈入10MB时代。截至2016年年底，全国固定宽带家庭普及率达到61.4%，移动互联网用户达10.9亿户。移动互联网、在线支付、物流快递日益便利。2016年，杭州已有98%的出租车、超过95%的超市便利店可以使用移动支付。围绕构建安全可信的信息消费环境，发布《电信和互联网用户个人信息保护规定》等政策法规和个人信息保护行业标准，开展互联网基础管理专项行动，电话用户实名率达到100%，防范打击通信信息诈骗，强化移动互联网应用商店安全责任监督落实，推行移动应用程序第三方数字签名，从各环节强化网络与信息安全监管。

信息消费高速增长，成为带动最终消费的首要动力。2016年，信息消费规模达到3.9万亿元，比2013年增长77.3%，年均增长21%。信息消费对传统消费替代升级效果明显。2016年1—9月，商务部重点监测企业网络零售同比增长25.3%，增速比百货店、超市、购物中心分别高24.3个百分点、18.5个百分点、17.8个百分点。从增速来看，信息消费增速为同期最终消费增速的2.4倍；从占比来看，信息消费占最终消费的比重从7.99%提升至10%；从规模来看，2016年信息消费对最终消费增长的贡献率高达26%，已经成为带动最终消费整体增长的第一动力。从居民消费意愿来看，2016年我国人均信息消费约2763元，比2013年提高了56.5%，年均增长16%，比居民消费支出高5个百分点。从增长结构来看，2013年信息产品对信息消费规模增长贡献高达88%，这个趋势在近两年出现了根本逆转，2015年信息服务消费贡献首次突破50%，这主要是因为信息内容和应用服务消费年均超过27%的高速发展，特别是电子商务、网上票务、移动App、位置服务均超过37%的增速。例如，移动电商交易额从2013年的315亿元增加到2015年的6555亿元，数据流量消费占居民通信支出的比重由2013年的29.8%提高到2016年的51.6%，2016年网络订外卖业务增长达83.7%，数字化阅读率达68%，较2015年提高36个百分点。

【信息消费对经济增长贡献率为0.83%】

信息消费对经济增长的贡献不断取得新突破。2013年信息消费对经济增长的直接贡献率接近0.6%，2016年已达到0.83%。在新增产出效应方面，2016年信息消费的新增产出贡献超过2万亿元；在牵引信息技术领域投资需求方面，基础电信固定资产投资规模从2013年的3754.7亿元增长至2016年的4350亿元，年均增长5%。2016年上半年云计算、大数据领域分别获得6.2亿美元和9278万美元投资，比2015年同期增长97.6%和33.5%。另外，随着工业领域智能化改造进程加快，工业互联网、工业物联网、工控安全系统等领域投资持续加大。

信息消费牵引产业转型升级。近年来，信息消费的产业前向关联效应日益显著，推动资金、人才、技术加速向产业高端转移，带动信息技术创新、产品更新换代、系统升级和服务转型。2015年，我国智能手机销售量为4.7亿部、智能电视销售量为3412万台，分别比2011年增长近4倍、10倍。2015年新兴智能硬件销售规模为424亿元，2016年约为552亿元。电子商务、云计算、大数据、物联网、搜索引擎等平台类消费集中爆发，带动系统和服务向移动化、智能化、平台化升级。乐视、微鲸、小米等以数字电视为切入口，推动基于平台的音乐、影视、动漫等数字内容服务。荣威RX5将智能操作系统内嵌，积极拓展基于互联网的车载信息服务。“咕咚”围绕个人健康管理服务平台，前端拓宽手环、跑步盒子等健康数据采集渠道，后端打造运动社交和个人健康云，提供个性化健康管理解决方案。信息消费促进技术、服务、商业模式等一系列创新，催生出一批新业态，以“大众广泛参与、碎片资源共享、生产消费一体化”为核心的共享业态快速普及。沈阳i5机床创造性地发展了共享装备模式，海尔HOPE众创平台吸纳消费者深度参与设计和生产，在集众智、汇众力的过程中引领和创造共享工厂模式。

【大数据与各行业加速融合，信息消费新生态形成】

数据驱动的信息消费活力进一步释放。当前，大数据已经成为发现新知识、创造新价值、提升新能力的重要来源，成为挖掘信息技术应用潜能、激发数字经济发展活力的重要力量。大数据与各行业领域的加速融合，催生了越来越多的新产品、新服务、新业态，有效促进了信息消费发展。大数据融入智能可穿戴设备、智能家居、智能联网汽车的功能开发中，推动信息产品和服务的跨越式创新；大数据融入电子商务、金融、医疗的业务中，拓展了以数据信用、数据画像为核心的精准服务，精准营销、信用借贷、个人健康管理等新型信息消费服务焕发活力；大数据融入交通出行、社会保障、环境保护的管理中，推动形成数据驱动的管理决策，为社会公众提供更为个性化、更具针对性的服务。随着网络强国、"互联网+"、大数据等一系列重大战略和行动的推进实施，大数据对信息消费的拉升作用将进一步释放，助力信息消费向产品更智能、服务更优质、模式更多元阶段演进。

移动化、智能化、平台化信息消费新生态加速形成。当前，移动智能终端向经济社会各领域快速渗透扩张，计算和服务平台实现集中统一，终端操作系统、应用系统、平台系统集成融合，使得以移动智能终端为载体、云计算平台为支撑、智能服务为内容的信息消费新生态加速形成。多领域企业纷纷参与信息消费生态建设，开展了各类嫁接软硬优势资源、实现端到端服务的有益探索，带动一批新的产业主体、业务平台和信息消费新业态蓬勃兴起。硬终端、泛平台、软服务的一体化加剧了信息消费生态系统的竞争，将吸引更多服务主体加入，衍生出多元化商业模式。

信息消费不断催生应用亮点和新型供给，推动供需结构优化适配。例如，智能车载设备、智能联网汽车依托基于位置的出行信息服务发展高度契合绿色智能安全的交通出行需求。在消费需求的带动下，智能单车、智能医疗设备、无人机等智能硬件产品和服务正快速培育，预计到 2020 年产业整体规模将达到 1 万亿元，催生一大批新型供给，引爆海量信息消费需求。虚拟现实、增强现实技术的发展，使虚实交融的沉浸式场景成为可能；同时，通过叠加视频、游戏、娱乐、电子商务、本地信息服务等多元化应用，营造全方位、立体化的感官体验和消费服务，激发更多新业态发展。基于互联网的金融理财、成长教育、医疗健康、艺术设计、生活服务等领域的自由职业者大量涌现，越来越多个体的供给能力、消费能力、创新能力正在被唤醒，深度挖掘个性化和高端化需求，不断丰富和细化信息消费供给类型。

虚拟现实技术与传统行业的融合

工业和信息化部赛迪研究院电子信息产业研究所 温晓君　徐永健　徐丰

作为继计算机、智能手机之后又一潜在的通用型计算平台，虚拟现实真正的经济价值和社会效益，将体现在与传统行业领域的深度融合和广泛应用中。从全球来看，虚拟现实在基础技术方面仍存在一些共性难点和问题，全球企业都在寻找更可行的新技术和新方案，虚拟现实的技术体系和商业模式处于不断发展演进中。

目前，全球虚拟现实在 B 端行业应用市场已渐成燎原之势，前期应用领域主要包括军事、制造、教育、医疗、文化艺术、旅游等。行业应用的快速渗透和效益拉动，将为虚拟现实产业的真正爆发提供不竭动力。

【广阔的行业应用】

（一）军事：有效提高战场生还率

虚拟现实在武器系统的设计和性能评价、操作训练、大规模军事演习及战役指挥等方面发挥了重要作用并产生了巨大的经济效益，同时有效地降低了意外伤亡事故。据统计，未参加过实战的飞行员在首次执行任务时生还率只有 60%，而经模拟对抗训练后，生还率可提高到 90%以上。美军利用“虚拟舰艇作战指挥中心”仅需 5 个月就能培训出合格军官。未来，军事领域仍将围绕提高这 3 类虚拟系统能力展开，进一步开发包括战场环境数据融合与输出建模（包括地形绘制、天气描述、运动和传感、武器系统与效应、自主兵力部署等）、分布式多维武器系统交互等应用场景。

（二）制造：打破二维平面思维桎梏

虚拟现实技术在制造业的设计研发、装配、设备维护检修、培训等环节已实现初步应用。

在设计研发环节，虚拟现实技术可展现产品的立体形貌，使研发人员能够全方位设计产品的外形、结构、模具及零部件配置使用方案，特别是在飞机、汽车等大型、精密装备原型样品研制过程中，有效提升设计效率。福特公司自 2000 年以来就开始将虚拟现实应用于汽车设计过程，目前已将虚拟现实置于汽车开发的核心位置；法国达索公司开发了虚拟现实通用设计平台，波音公司采用该平台设计了波音 777 型飞机和波音 787 型飞机的 300 多万个零部件，使得设计错误修改量减少 90%、研发周期缩短了 50%、成本降低 60%。

在装配环节，虚拟现实技术主要应用于精密加工和大型设备的装配，通过高精度设备、精密测量、精密伺服系统与虚拟现实技术的协同，实现工件、加工环境、加工系统之间的精准配合，将系统误差和随机误差降到极低的水平。操作人员在产品原型实际加工之前即可全方位地检查零部件之间的装配间隙和干涉，也可通过程序自动检查装配状态，大大提高实际装配成功率并降低零件制作返工率。中国一拖集团采用我国本土企业曼恒数字研发的“数字化虚拟现实显示系统”打造了虚拟装配车间，可实现 360° 内部全景漫游，既能多角度观察每个装配工位，又能精准跟踪装配工件的生产工艺流程，为我国大型农业装备制造行业发展注入了技术创新的活力。

在设备维护检修环节，虚拟现实技术应用于复杂系统的检修工作中，能够实现从出厂前到销售后的全流程检测，提高服务效率，拓展服务内容，提升服务质量，将制造业服务化推向新的阶段。美国福特公司联合克莱斯勒公司与 IBM 合作开发了应用于汽车制造的虚拟现实环境，在汽车出厂前可以检验其存在的设计缺陷并辅助修正，在汽车出厂后还可以通过远程数据传输构建虚拟可视化检修环境，实现远程预判性和实时性的检测维修服务。

在培训环节，通过虚拟现实技术建立虚拟培训基地，能立体展现制造场景，帮助学员通过全方位的感知体验，获取高仿真、可重复、低风险的学习体验，有利于制造业从业人员提前熟悉制造场景、提升应用技能。当前，已有许多国内外企业运用虚拟现实技术开展培训工作。英国皇家装甲公司采用虚拟现实技术，对 14.5 吨的新型车辆进行车辆训练模拟，实现了对专用车型驾驶员的操作培训。

未来，虚拟现实尤其是增强现实技术应用的逐渐成熟，有助于实现大型物理系统与信息交互系统的实时感知和动态控制，可以打通从设计到制造再到服务的链条，从而为智能制造的发展提供强有力的支撑。

（三）教育：革新知识获取的渠道和交互方式

虚拟现实技术在教育领域的应用主要包括科学研究、虚拟学习环境、人体模型仿真等。虚拟现实提供的生动逼真、沉浸性和交互性体验，有助于营造自主学的环境，实现由传统的以教促学的学习方式向学习者自主感知并与环境信息交互汲取知识、技能的新型学习方式转变。IBM 开发的 AWEDU（Active Worlds Educational Universe）系统，可让教师甚至初学者在 3D 环境中快速构造和定制一个虚拟世界。中国科技大学开发的大学物理仿真教学软件开创了物理实验教学的新模式，它利用计算机将实验设备、教学内容（包括理论教学）、教师指导及学习者的思考、操作有机融合为一体，克服了实验教学长期受到课堂、课时限制，在内容上进行了扩展。未来，虚拟教育、虚拟课堂等应用将更加普及，虚拟现实技术将会更广泛地应用于学习情景的创设，大幅提升学习内容的形象性和趣味性。

（四）医疗：术前规划精准施治

虚拟现实技术在医疗健康领域的应用主要包括学习培训、手术模拟、精神康复质量等方面。汉堡大学开发了 VOXEL-MAN 虚拟平台，建立了融合医学影像学领域优秀成果及完备的医学知识库系统的三维可视化人体模型。用户可选择任意角度观察虚拟人体，可模拟解剖、外科手术，可模拟进行放射成像、测量距离等，可方便地进行术前模拟训练，提高手术成功率。通过提供具有真实感的环境和实时的触觉反馈，虚拟现实技术可帮助医生提高手术的熟练度和成功率，可虚拟有效的康复训练计划帮助病人术后康复，可帮助培训者快速地掌握医学要领。未来，虚拟现实在人体病理模型建模、药物研制开发等方面将大有可为。Rutgers 大学设计了一种敏感手套，可记录手指的运动和力，利用记录数据和力反馈信息虚拟相应的康复疗法，已在为有听力障碍者提高听力方面实现了应用。多伦多大学药品系分子结构设计和信息技术中心（MDIT）；虚拟现实中心推出高性能计算与具有高度沉浸感的可视化技术相结合的 SGIOnyx3800 系统，使研究人员能够更有效地研究分子之间的相互作用；运用应用软件完成计算化学所需的烦琐数字计算，进行新药品的开发。

（五）文化艺术：提升想象空间

虚拟现实在文化艺术领域的应用，主要包括：通过数字手段进行文物古迹复原、文物和艺术品展示，提供虚拟场景进行雕塑、立体绘画等艺术创作，以及作为一种新型工具进行建筑设计、汽车设计和室内设计。圆明园与清华大学、北京航空航天大学等合作，利用虚拟现实技术建立数字模型，通过光学显示将模型叠加到现存的废墟上，真实地再现圆明园原来的场景。《经济学人》媒体实验室用虚拟现实技术重构了被毁坏的伊拉克摩苏尔博物馆，还原了部分文物，包括石狮子、神像和图腾。体验者通过佩戴 VR 眼镜就可游览伊拉克摩苏尔博物馆。作为传输显示信息的媒体和新型设计工具，虚拟现实可将艺术动态化，将设计者构思变成看得见的虚拟物体和环境，将不复存在的文物进行复原展示，大幅提高表现能力，为文化艺术发展带来无限想象空间。

（六）旅游：虚拟体验

虚拟旅游是在现实旅游景观基础之上充分利用虚拟现实技术，通过模拟或还原现实中的旅游景区构建虚拟旅游环境，向旅游者提供虚拟体验的旅游形式。虚拟旅游可细致逼真、生动地再现旅游景点的风光风貌，带来虚拟导游、地图导航、酒店预订、社区、虚拟古迹等方面切实可观的效益。爱尔兰、菲律宾等国家的旅游部门和众多著名的旅游公司，如 STATravel、Starwood、Hyatt 等均在 SecondLife、OpenSim、ProjectWonderland 等在虚拟现实游戏中开发了虚拟旅游市场，吸引游客将其作为旅游目的地。截至 2015 年年底，全球旅游网上交易共达 130 亿美元，其增长速度甚至高于 IT 行业。

【构建开放生态体系】

虚拟现实在行业应用的共性结合点可归纳为 3 个方面：一是规划决策，二是设计评价，三是训练体验。虚拟现实的行业应用一定从高端装备制造、原型产品设计、流程仿真、高端虚拟平台服务等高附加值行业或价值链的高端环节兴起，新技术系统应用增加的成本须与所获得的效率之间达成权衡。

虚拟现实产业与应用发展的重点在于构建跨领域融合开放的产业生态体系，促进资源共享和协同创新。作为典型的跨界融合领域，虚拟现实基础层面与物联网、工业互联网、云计算、大数据等紧密联系，产品层面与智能手机、可穿戴设备、智能家居、智能汽车等智能设备息息相关，应用层面与智能制造、智慧医疗、智慧教育、智慧交通等领域关联密切，任何单一的企业均无法涵盖虚拟现实从技术、产品到应用的全产业链。在分行业应用的成功案例中，开放生态体系的搭建包括 3 个层次：一是底层基础资源共享，包括高校、科研院所、企业间核心技术和核心软硬件资源的合作；二是产业链的深度合作，包括行业事实标准体系的建立，产业链环节的互动和开放式协同创新等；三是建设经济上可持续、可维持的应用系统，通过智能终端融合应用、传统产业融合应用、互联网平台的融合应用来控制成本、提高盈利。

【促进虚拟现实行业应用】

从全球来看，虚拟现实在基础技术方面仍存在一些共性难点和问题，全球企业都在寻找更可行的新技术和新方案，虚拟现实的技术体系和商业模式处于不断发展演进中。作为一个新兴领域，国内外虚拟现实产业目前的发展基本同步，国外企业加快发展的同时，国内企业也在积极布局跟进。这为我国电子信息行业提供了同步参与国际创新、同台竞争、跨越式赶超的机遇，而行业应用的深入开展，既是中国特色“互联网+”的细化创新，也为“中国制造 2025”战略实施提供了强有力的保障。为此，提出以下建议。

（一）强化顶层设计

定义和构建若干典型应用场景，明确应用需求，分步、有序推进虚拟现实技术在各行业领域的融合应用。推动虚拟现实在设计研发、检测维护、操作培训、营销展示等环节的应用，提升辅助设计能力和制造服务化水平。将虚拟现实应用于协同制造、远程协作等方面，建立生产过程数据采集和分析系统，实现生产进度、现场操作、质量检验、设备状态、物料传送等生产现场数据的可视化管理，提高制造执行、过程控制的精确化程度。推进虚拟现实在产品全生命周期各环节和企业管理各方面的应用，实现设计、工艺、制造、管理、物流等环节的集成优化，推进企业数字化设计、装备智能化升级、工艺流程优化、精益生产、可视化管理、质量控制与追溯、智能物流等方面的快速提升。

（二）加强重点攻关

组织产、学、研、用各机构多方面力量解决关键共性技术问题，鼓励开发具有更好使用体验的创新型产品。突破工业互联网信息三维空间的注册定位、建模、搜索、显示与交互等核心技术，提升虚拟现实主控芯片、微显示器、高端传感器的供应能力，加快虚拟设计、虚拟装配制造、虚拟检测维修、虚拟培训等软件及工具包的开发及产业化，构筑大数据和虚拟现实相结合的智能服务云平台，提升产业自主创新能力和融合创新能力。

（三）制定标准规范

推动建立虚拟现实技术、产品和系统评价指标体系，开发相应的评价工具，保障虚拟现实产品性能和质量；构建基于虚拟现实技术的信息物理系统参考模型和综合技术标准体系；推动工业级虚拟现实软硬件标准，以及工业互联网设备、产品之间标识解析、数据交换、安全通信等标准的制定；建设虚拟现实应用测试验证平台和综合验证试验床，开展兼容适配、互联互通和互操作等测试验证。

（四）推进试点示范

推广宣传典型示范案例，提高相关企业、产品和品牌的影响力，进一步推动其市场化应用。面向汽车、钢铁、高端装备制造等重点行业，设立若干基于虚拟现实的智能制造应用示范区，打造智能制造单元、智能生产线、智能车间、智能工厂，通过应用验证反馈完善系统功能。培育一批系统解决方案供应商，组织开展行业系统解决方案应用试点，为中小企业提供标准化、专业化的系统解决方案。

政策法规篇

互联网新闻信息服务许可管理实施细则

【颁布单位】国家互联网信息办公室

【颁布时间】2017-5-22

第一条 为进一步提高互联网新闻信息服务许可管理规范化、科学化水平，促进互联网新闻信息服务健康有序发展，根据《中华人民共和国行政许可法》《互联网新闻信息服务管理规定》（以下简称《规定》），制定本细则。

第二条 国家和省、自治区、直辖市互联网信息办公室实施互联网新闻信息服务许可，适用本细则。

第三条 通过互联网站、应用程序、论坛、博客、微博客、公众账号、即时通信工具、网络直播等形式向社会公众提供互联网新闻信息服务，应当取得互联网新闻信息服务许可，禁止未经许可或超越许可范围开展互联网新闻信息服务活动。

第四条 互联网新闻信息服务，包括互联网新闻信息采编发布服务、转载服务、传播平台服务。

其中，采编发布服务，是指对新闻信息进行采集、编辑、制作并发布的服务；转载服务，是指选择、编辑并发布其他主体已发布新闻信息的服务；传播平台服务，是指为用户传播新闻信息提供平台的服务。

获准提供互联网新闻信息采编发布服务的，可以同时提供互联网新闻信息转载服务。获准提供互联网新闻信息传播平台服务，拟同时提供采编发布服务、转载服务的，应当依法取得互联网新闻信息采编发布、转载服务许可。

第五条 申请互联网新闻信息服务许可的，应当具备下列许可条件：

（一）在中华人民共和国境内依法设立的法人；

（二）主要负责人、总编辑是中国公民；

（三）有与服务相适应的专职新闻编辑人员、内容审核人员和技术保障人员；

（四）有健全的互联网新闻信息服务管理制度；

（五）有健全的信息安全管理制度和安全可控的技术保障措施；

（六）有与服务相适应的场所、设施和资金。

其中，申请互联网新闻信息采编发布服务许可的，应当是新闻单位（含新闻单位控股的单位）或新闻宣传部门主管的单位。新闻单位是指经国家有关部门依法批准设立的报刊社、广播电台、电视台、通讯社和新闻电影制片厂。控股是指出资额、持有股份占企业资本总额或股本总额50%以上，或出资额、持有股份的比例虽然不足50%，但依其出资额或持有股份已足以对企业决议产生重大影响。新闻宣传部门包括各级宣传部门、网信部门、广电部门等。

任何组织不得设立中外合资经营、中外合作经营和外资经营的互联网新闻信息服务单位。

第六条 根据《规定》第十条，申请互联网新闻信息服务许可的，应当提交下列申请材料。

（一）主要负责人、总编辑为中国公民的证明。包括主要负责人、总编辑的身份证复印件等。

（二）专职新闻编辑人员、内容审核人员和技术保障人员的资质情况。包括相关人员基本情况，以及国家新闻出版广电总局统一颁发的新闻记者证、新闻单位从业证明、相关培训考核证明等材料，具体人员数量应当与所提供的服务相适应。

（三）互联网新闻信息服务管理制度。包括网站总编辑制度、从业人员教育培训和考核制度等。

（四）信息安全管理制度和技术保障措施。包括信息发布审核制度、公共信息巡查制度、应急处置制度、用户个人信息保护制度等，以及相关技术保障措施的情况。

（五）互联网新闻信息服务安全评估报告。由有关部门或具有相关资质的机构出具的对于申请者信息安全管理制度和技术保障措施的安全评估报告。

（六）法人资格、场所、资金的证明。包括企业营业执照、事业单位法人证书、服务场所产权证书、租赁合同等材料复印件。

（七）互联网新闻信息服务许可申请书。包括申请表，以及对拟提供具体服务形式、服务方案的说明等。

第七条 申请互联网新闻信息采编发布服务许可的，除应当提交本细则第六条规定的申请材料外，还应当提交该单位或其控股方为新闻单位的证明，或其主管单位为新闻宣传部门的证明及该主管单位的意见。其中，新闻单位证明包括《报纸出版许可证》《广播电视播出机构许可证》《期刊出版许可证》（持有《期刊出版许可证》的，应当以提供《规定》第二条所称“新闻信息”服务为主营业务）等；主管单位意见内容主要包括，说明申请者与该主管单位的关系、就申请者是否符合许可条件提出评估意见并加盖单位公章等。

申请互联网新闻信息传播平台服务许可的，除应当提交本细则第六条规定的申请材料外，还应当提交平台账号用户管理规章制度、用户协议范本、投诉举报处理机制等。

申请者为企业法人的，除应当提交本细则第六条规定的申请材料外，还应当提供下列股权相关材料。

（一）股权结构图。包括股东名称、股权比例、出资方式、出资时间等信息。股东为非自然人主体的，须逐级追溯到自然人、事业单位以及国有独资公司，并就实际控制人情况作出说明。股权结构图须加盖单位公章，并由法定代表人签字。

（二）股东证明材料。股东为自然人的，须提供身份证明材料；股东为非自然人主体的，须提供该主体的名称、组织形式、法定代表人等材料。

（三）公司章程。包括公司章程及历次修改决议。

（四）无外资承诺书。申请者对股权结构图中所有股东均不含外资成分作出的书面承诺。

（五）专业机构意见书。律师事务所或会计师事务所就上述股权材料的真实性、准确性、完整性出具的书面证明，包括验资报告、法律意见书等材料。

第八条 根据《规定》第七条，互联网新闻信息服务单位与境内外中外合资经营、中外合作经营和外资经营的企业进行涉及互联网新闻信息服务业务的合作，应当报国家互联网信息办公室进行安全评估，并提交以下材料。

（一）拟合作企业的情况。包括该企业基本情况介绍、营业执照等法人资格证明。

（二）拟合作业务的情况。包括合作意向书、合作发展规划、合作可行性分析报告等材料。

主管单位为新闻宣传部门的，还应当提交该主管单位就该项业务合作的意见。

互联网新闻信息服务单位与境内外中外合资经营、中外合作经营和外资经营的企业进行涉及互联网新闻信息服务业务的合作，可能导致互联网新闻信息服务单位不再符合许可条件的，不予通过安全评估。

第九条 国家和省、自治区、直辖市互联网信息办公室收到申请材料后，应当根据情况依法作出处理：

（一）申请材料齐全、符合要求的，予以受理；

（二）申请材料不齐全、不符合要求的，当场或五个工作日内一次性告知申请者应予更正或补充的内容；

（三）对依法不需要取得互联网新闻信息服务许可的，不予受理，并即时告知申请者，退回申请材料；

（四）对申请事项不属于职权范围的，应当

即时作出不予受理的决定，并告知申请者向有关行政机关申请。

第十条 依法受理后，国家和省、自治区、直辖市互联网信息办公室按照本细则第五条、第六条、第七条的规定，对申请材料进行审核，包括申请者是否符合许可条件、材料是否真实等。

审核过程中，国家和省、自治区、直辖市互联网信息办公室可依据实际情况，约见申请者主要负责人、总编辑，到网站备案地、实际经营地、网站服务器所在地等其他相关场所进行实地检查。

第十一条 国家和省、自治区、直辖市互联网信息办公室应当依据《行政许可法》第四十二条，在规定期限内依法作出批准或不予批准的决定。批准的，核发《互联网新闻信息服务许可证》。

省、自治区、直辖市互联网信息办公室应当自作出批准决定之日起七个工作日内，向国家互联网信息办公室报告有关情况。

第十二条 根据《规定》第十七条，互联网新闻信息服务提供者变更以下事项，应当自变更之日起七个工作日内，向原许可机关申请办理变更手续：

（一）变更公司章程、服务场所、网站名称、接入服务提供者等事项；

（二）变更总编辑、主要负责人、股权结构、互联网地址等事项，或者进行上市、合并、分立。

其中，变更总编辑、主要负责人、股权结构、互联网地址等事项，或者进行上市、合并、分立，导致互联网新闻信息服务提供者不再符合许可条件的，根据《规定》第二十三条予以处罚。

互联网新闻信息服务提供者新增服务类别，应当根据《规定》第六条，依法取得相应的许可。

第十三条 互联网新闻信息服务提供者申请办理本细则第十二条相关变更手续，应当向原许可机关提交以下材料。

（一）变更申请书。包括申请变更事项、变更原因以及其他需要说明的问题，并加盖单位公章。

（二）变更事项材料。提交具体变更事项的说明、证明材料，包括变更人员基本情况、资格证书、任免证明，或者变更后的营业执照、公司章程、租赁合同等，并加盖单位公章。

变更股权结构的，应当按照本细则第七条规定，提供相关股权材料。涉及上市的，还应当提供有关上市活动具体实施方案、新三板挂牌方案以及战略投资机构有关情况等材料。

涉及许可证所列事项变更的，应当提交许可证原件。

第十四条 《互联网新闻信息服务许可证》有效期为三年。有效期届满，需继续从事互联网新闻信息服务活动的，应当于有效期届满三十日前，按照许可程序，向原许可机关申请续办，并提交以下材料。

（一）许可续办申请书。包括前期从业情况说明、涉及本细则第五条许可条件相关情况的说明，以及其他需要说明的问题，并加盖单位公章。

（二）许可证原件。

主管单位为新闻宣传部门的，还应当提交该主管单位的意见。

《互联网新闻信息服务许可证》有效期届满，未依法申请续办的，不得继续提供互联网新闻信息服务，原许可证作废。

第十五条 根据《行政许可法》第九条，互联网新闻信息服务许可不得转让。互联网新闻信息服务提供者不得因业务调整、合并、分立等原因擅自转让许可。

第十六条 互联网新闻信息服务提供者终止服务的，应当自终止服务之日起三十日内向原许可机关办理注销手续，并提交以下材料。

（一）注销申请书。包括注销原因以及其他需要说明的问题，并加盖单位公章。

（二）许可证原件。

第十七条 根据《规定》第十九条，国家和地方互联网信息办公室建立抽查、考核等日常检查和定期检查相结合的监督管理制度，加强对互联网新闻信息服务活动的监督检查，有关单位、个人应当予以配合。

监督检查结果，依法向社会公开，接受社会监督。

第十八条 本细则与《规定》同步施行。

政府网站发展指引

【颁布单位】国务院办公厅

【发文字号】国办发〔2017〕47 号

【颁布时间】2017-5-15

为进一步加强政府网站管理，引领各级政府网站创新发展，深入推进互联网政务信息数据和便民服务平台建设，提升政府网上服务能力，按照党中央、国务院关于全面推进政务公开和“互联网+政务服务”的要求，结合各地区、各部门政府网站工作实际，制定本指引。

本指引所称政府网站是指各级人民政府及其部门、派出机构和承担行政职能的事业单位在互联网上开办的，具备信息发布、解读回应、办事服务、互动交流等功能的网站。

各地区、各部门可参照本指引制定本地区、本部门政府网站管理办法，规范网站域名，严格开办流程，加强监管考核，推进资源集约，实现政府网站有序健康发展。

一、总体要求

（一）指导思想

全面贯彻党的十八大和十八届三中、四中、五中、六中全会精神，深入贯彻习近平总书记系列重要讲话精神和治国理政新理念新思想新战略，认真落实党中央、国务院决策部署，统筹推进“五位一体”总体布局和协调推进“四个全面”战略布局，牢固树立和贯彻落实创新、协调、绿色、开放、共享的发展理念，按照建设法治政府、创新政府、廉洁政府和服务型政府的要求，适应人民期待和需求，打通信息壁垒，推动政务信息资源共享，不断提升政府网上履职能力和服务水平，以信息化推进国家治理体系和治理能力现代化，让亿万人民在共享互联网发展成果上有更多获得感。

（二）发展目标

适应互联网发展变化，推进集约共享，持续开拓创新，到 2020 年，将政府网站打造成更加全面的政务公开平台、更加权威的政策发布解读和舆论引导平台、更加及时的回应关切和便民服务平台，以中国政府网为龙头、部门和地方各级政府网站为支撑，建设整体联动、高效惠民的网上政府。

（三）基本原则

1．分级分类

根据经济社会发展水平和公众需求，科学划定网站类别，分类指导，规范建设。统筹考虑各级各类政府网站功能定位，突出特色，明确建设模式和发展方向。

2．问题导向

针对群众反映强烈的更新不及时、信息不准确、资源不共享、互动不回应、服务不实用等问题，完善体制机制，深化分工协作，加强政府网站内容建设。

3．利企便民

围绕企业群众需求，推进政务公开，优化政务服务，提升用户体验，提供可用、实用、易用的互联网政务信息数据服务和便民服务。

4．开放创新

坚持开放融合、创新驱动，充分利用大数据、云计算、人工智能等技术，探索构建可灵活扩展的网站架构，创新服务模式，打造智慧型政府网站。

5．集约节约

加强统筹规划和顶层设计，优化技术、资金、人员等要素配置，避免重复建设，以集中共享的资源库为基础、安全可控的云平台为依托，打造协同联动、规范高效的政府网站集群。

二、职责分工

（一）管理职责

国务院办公厅是全国政府网站的主管单位，负责推进、指导、监督全国政府网站建设和发展。各省（自治区、直辖市）人民政府办公厅、国务院各部门办公厅（室）是本地区、本部门政府网站的主管单位，实行全系统垂直管理的国务院部门办公厅（室）是本系统网站的主管单位。主管单位负责对政府网站进行统筹规划和监督考核，做好开办整合、安全管理、考核评价和督查问责等管理工作。地市级和县级人民政府办公厅（室）承担本地区政府网站的管理职责。

中央网信办统筹协调全国政府网站安全管理工作。中央编办、工业和信息化部、公安部是全国政府网站的协同监管单位，共同做好网站标识管理、域名管理和ICP备案、网络安全等级保护、打击网络犯罪等工作。

（二）办站职责

（1）政府网站的主办单位一般是政府办公厅（室）或部门办公厅（室），承担网站的建设规划、组织保障、健康发展、安全管理等职责。主办单位可指定办公厅（室）内设机构或委托其他专门机构作为承办单位，具体落实主办单位的相关要求，承担网站技术平台建设维护、安全防护，以及展现设计、内容发布、审核检查和传播推广等日常运行保障工作。集约化网站平台的职责划分见本指引相关部分。

（2）政府网站内容素材主要由产生可公开政务信息数据和具有对外政务服务职能的业务部门提供。相关业务部门要积极利用政府网站发布信息、提供服务，确保所提供信息内容权威、准确、及时；建立保密审查机制，严禁涉密信息上网，不得泄露个人隐私和商业秘密；主动做好有关业务系统与政府网站的对接。政府网站要对接入的业务系统进行前端整合，统一展现。要根据业务部门的需要，灵活设置专栏专题，共同策划开展线上线下联动的专项活动，主动服务政府工作。

（3）政府网站内容编辑要有专门人员负责。具体负责网站内容的及时发布更新、数据资源的统一管理、信息服务的整合加工、互动诉求的响应处理、展现形式的优化创新等。做好信息内容的策划、采集、编制和发布，加强值班审看，及时发现和纠正错漏信息，确保网站内容准确、服务实用好用。

（4）政府网站技术运维要有专门人员负责。具体负责网站平台的建设和技术保障，做好软硬件系统维护、功能升级、应用开发等工作。按照网络安全法等法律法规和政策标准要求，开展检测评估和安全建设，并定期对网站进行安全检查，及时消除隐患。不断完善防攻击、防篡改、防病毒等安全防护措施，加强日常巡检和监测，发现问题或出现突发情况要及时妥善处理，确保网站平台安全、稳定、高效运行。

三、开设与整合

（一）网站开设

政府网站分为政府门户网站和部门网站。县级以上各级人民政府及其部门原则上一个单位最多开设一个网站。

1．分类开设

政府门户网站。县级以上各级人民政府、国务院部门要开设政府门户网站。乡镇、街道原则上不开设政府门户网站，通过上级政府门户网站开展政务公开，提供政务服务。已有的乡镇、街道网站要尽快将内容整合至上级政府门户网站。确有特殊需求的乡镇、街道，参照政府门户网站开设流程提出申请获批后，可保留或开设网站。

部门网站。省级、地市级政府部门，以及实行全系统垂直管理部门设在地方的县处级以上机构可根据需要开设本单位网站。

县级政府部门原则上不开设政府网站，通过县级政府门户网站开展政务公开，提供政务服务。已有的县级政府部门网站要尽快将内容整合至县级政府门户网站。确有特殊需求的县级政府部门，参照部门网站开设流程提出申请获批后，可保留或开设网站。

各地区、各部门开展重大活动或专项工作时，原则上不单独开设专项网站，可在政府门户网站或部门网站开设专栏专题做好相关工作。已开设的专项网站，只涉及单个政府部门职责的，要尽快将内容整合至相关政府网站；涉及多个政府部门职责的，要将内容整合至政府门户网站或牵头部门网站。

2．开设流程

（1）省级政府和国务院部门拟开设门户网站，报经本地区、本部门主要负责同志同意后，由本地区、本部门办公厅（室）按流程办理有关事宜，并报国务院办公厅备案。地市级、县级人民政府拟开设政府门户网站，要经本级政府主要负责同志同意后，由本级政府办公厅（室）向上级政府办公厅（室）提出申请，逐级审核，并报省（自治区、直辖市）人民政府办公厅批准。

省级、地市级人民政府部门拟开设部门网站，要经本部门主要负责同志同意后，向本级人民政府办公厅（室）提出申请，逐级审核，并报省（自治区、直辖市）人民政府办公厅批准。实行全系统垂直管理的基层部门拟开设部门网站，要经本部门主要负责同志同意后，向上级部门办公厅（室）提出申请，逐级审核，并报国务院有关部门办公厅（室）批准。

（2）政府网站主办单位向编制部门提交加挂党政机关网站标识申请，按流程注册政府网站域名；向当地电信主管部门申请 ICP 备案；根据网络系统安全管理的相关要求向公安机关备案。

（3）政府网站主办单位提交网站基本信息，经逐级审核并报国务院办公厅获取政府网站标识码后，网站方可上线运行。新开通政府门户网站要在上级政府门户网站发布开通公告；新开通部门网站要在本级政府门户网站发布开通公告。未通过安全检测的政府网站不得上线运行。

3．名称规范

政府门户网站和部门网站要以本地区、本部门机构名称命名。已有名称不符合要求的，要尽快调整，或在已有名称显示区域加注规范名称。政府网站要在头部标识区域显著展示网站全称。

4．域名规范

政府网站要使用以.gov.cn 为后缀的英文域名和符合要求的中文域名，不得使用其他后缀的英文域名。中央人民政府门户网站使用“www.gov.cn”域名，其他政府门户网站使用“www.□□□.gov.cn”结构的域名，其中□□□为本地区、本部门机构名称拼音或英文对应的字符串。例如，北京市人民政府门户网站域名为 www.beijing.gov.cn，商务部门户网站域名为 www.mofcom.gov.cn。

部门网站要使用本级政府或上级部门门户网站的下级域名，其结构应为“○○○.□□□.gov.cn”，其中○○○为本部门名称拼音或英文对应的字符串。例如，保定市水利局网站域名为 slj.bd.gov.cn。

政府网站不宜注册多个域名，已有域名不符合要求的，要逐步注销。如有多个符合要求的域名，应明确主域名。网站栏目和内容页的网址原则上使用“www.□□□.gov.cn/.../...”“○○○.□□□.gov.cn/.../...”形式。新开设的政府网站及栏目、内容页域名要按照本指引要求设置，原有域名不符合本指引要求的要逐步调整规范。

5．徽标和宣传语

徽标（Logo）是打造政府网站品牌形象的重要视觉要素。各地区、各部门可根据区域特色或部门特点设计网站徽标，徽标应特点鲜明、容易辨认、造型优美，便于记忆和推广。

政府网站一般不设置宣传语。如确有需要，可根据本地区、本部门的发展理念和目标等设计展示。

（二）网站整合

政府门户网站一般不得关停。网站改版升级应在确保正常运行的情况下进行。

1．网站迁移

政府网站因无力维护、主办单位撤销合并或

按有关集约化要求需永久下线的，原有内容应做整合迁移。整合迁移由主办单位提出申请，逐级审核，经省（自治区、直辖市）人民政府办公厅或国务院部门办公厅（室）审批同意后，方可启动。拟迁移网站要在网站首页显著位置悬挂迁移公告信息，随后向管理部门注销注册标识、证书信息（如 ICP 备案编号、党政机关网站标识、公安机关备案标识等）和域名，向国务院办公厅报告网站变更状态。网站完成迁移后，要在上级政府网站或本级政府门户网站发布公告，说明原有内容去向。有关公告信息原则上至少保留 30 天。

2．临时下线

政府网站由于整改等原因需要临时下线的，由主办单位提出申请，逐级审核，经省（自治区、直辖市）人民政府办公厅或国务院部门办公厅（室）审批同意后，方可临时下线，同时在本网站和本级政府门户网站发布公告。临时下线每年不得超过 1 次，下线时间不得超过 30 天。

政府网站如遇不可抗因素导致长时间断电、断网等情况，或因无法落实有关安全要求被责令紧急关停，相关省（自治区、直辖市）人民政府办公厅或国务院部门办公厅（室）要及时以书面形式向国务院办公厅报备，不计入当年下线次数。

未按有关程序和要求，自行下线政府网站或未按要求整改的，相关省（自治区、直辖市）人民政府办公厅或国务院部门办公厅（室）要对网站的主办单位负责人严肃问责。

3．网页归档

网页归档是对政府网站历史网页进行整理、存储和利用的过程。政府网站遇整合迁移、改版等情况，要对有价值的原网页进行归档处理。归档后的页面要能正常访问，并在显著位置清晰注明“已归档”和归档时间。

（三）变更备案

因机构调整、网站改版等原因，政府网站主办单位、负责人、联系方式、网站域名、栏目的主体结构或访问地址等信息发生变更的，应及时向上级主管单位备案并更新相关信息。网站域名发生变更的，要在原网站发布公告。

四、网站功能

政府网站功能主要包括信息发布、解读回应和互动交流，政府门户网站和具有对外服务职能的部门网站还要提供办事服务功能。中国政府网要发挥好政务公开第一平台和政务服务总门户作用，构建开放式政府网站系统架构，省级政府和国务院各部门网站要主动与中国政府网做好对接。

（一）信息发布

各地区、各部门要建立完善政府网站信息发布机制，及时准确发布政府重要会议、重要活动、重大决策信息。国务院文件在中国政府网公开发布后，各地区、各部门要及时在本地区、本部门网站转载，加大宣传力度，抓好国务院文件的贯彻落实。

政府网站要对发布的信息和数据进行科学分类、及时更新，确保准确权威，便于公众使用。对信息数据无力持续更新或维护的栏目要进行优化调整。已发布的静态信息发生变化或调整时，要及时更新替换。政府网站使用地图时，要采用测绘地信部门发布的标准地图或依法取得审图号的地图。

（1）概况信息。发布经济、社会、历史、地理、人文、行政区划等介绍性信息。

（2）机构职能。发布机构设置、主要职责和联系方式等信息。在同一网站发布多个机构职能信息时，要集中规范发布，统一展现形式。

（3）负责人信息。发布本地区、本部门、本机构的负责人信息，可包括姓名、照片、简历、主管或分管工作等，以及重要讲话文稿。

（4）文件资料。发布本地区、本部门出台的法规、规章、应主动公开的政府文件以及相关法律法规等，应提供准确的分类和搜索功能。如相关文件资料发生修改、废止、失效等情况，应及时公开，并在已发布的原文件上作出明确标注。

（5）政务动态。发布本地区、本部门政务要闻、通知公告、工作动态等需要社会公众广泛知晓的信息，转载上级政府网站、本级政府门户网站发布的重要信息。发布或转载信息时，应注明来源，确保内容准确无误。对于重要信息，有条件的要配发相关图片视频。

（6）信息公开指南、目录和年报。发布政府信息公开指南和政府信息公开目录，并及时更新。信息公开目录要与网站文件资料库、有关栏目内容关联融合，可通过目录检索到具体信息，方便公众查找。按要求发布政府信息公开工作年度报告。

（7）数据发布。发布人口、自然资源、经济、农业、工业、服务业、财政金融、民生保障等社会关注度高的本地区本行业统计数据。加强与业务部门相关系统的对接，通过数据接口等方式，动态更新相关数据，并做好与本级政府门户网站、中国政府网等网站的数据对接和前端整合。要按照主题、地区、部门等维度对数据进行科学合理分类，并通过图表图解、地图等可视化方式展现和解读。提供便捷的数据查询功能，可按数据项、时间周期等进行检索，动态生成数据图表，并提供下载功能。

（8）数据开放。在依法做好安全保障和隐私保护的前提下，以机器可读的数据格式，通过政府网站集中规范向社会开放政府数据集，并持续更新，提供数据接口，方便公众开发新的应用。数据开放前要进行保密审查和脱敏处理，对过期失效的数据应及时清理更新或标注过期失效标识。政府网站要公开已在网站开放的数据目录，并注明各数据集浏览量、下载量和接口调用等情况。国家政府数据统一开放平台与中国政府网要做好数据对接和前端整合，形成统一的数据开放入口。

（二）解读回应

（1）政府网站发布本地区、本部门的重要政策文件时，应发布由文件制发部门、牵头或起草部门提供的解读材料。通过发布各种形式的解读、评论、专访，详细介绍政策的背景依据、目标任务、主要内容和解决的问题等。国务院文件公开发布时，应在中国政府网同步发布文件新闻通稿和配套政策解读材料。

（2）政府网站应根据拟发布的政策文件和解读材料，会同业务部门制作便于公众理解和互联网传播的解读产品，从公众生产生活实际需求出发，对政策文件及解读材料进行梳理、分类、提炼、精简，重新归纳组织，通过数字化、图表图解、音频、视频、动漫等形式予以展现。网站解读产品须与文件内容相符，于文件上网后及时发布。

（3）政府网站应做好政策文件与解读材料的相互关联，在政策文件页面提供解读材料页面入口，在解读材料页面关联政策文件有关内容。及时转载对政策文件精神解读到位的媒体评论文章，形成传播合力，增强政策的传播力、影响力。

（4）对涉及本地区、本部门的重大突发事件，要在宣传部门指导下，按程序及时发布由相关回应主体提供的回应信息，公布客观事实，并根据事件发展和工作进展发布动态信息，表明政府态度。对社会公众关注的热点问题，要邀请相关业务部门作出权威、正面的回应，阐明政策，解疑释惑。对涉及本地区、本部门的网络谣言，要及时发布相关部门辟谣信息。回应信息要主动向各类传统媒体和新媒体平台推送，扩大传播范围，增强互动效果。

（三）办事服务

（1）各省（自治区、直辖市）人民政府、国务院有关部门要依托政府门户网站，整合本地区、本部门政务服务资源与数据，加快构建权威、便捷的一体化互联网政务服务平台。中国政府网是全国政务服务的总门户，各地区、各部门网上政务服务平台要主动做好对接。

政府网站要设置统一的办事服务入口，发布本地区、本部门政务服务事项目录，集中提供在线服务。要编制网站在线服务资源清单，按主题、对象等维度，对服务事项进行科学分类、统一命名、合理展现。应标明每一服务事项网上可办理程度，能全程在线办理的要集中突出展现。对非政务服务事项要严格审核，谨慎提供，确保安全。

（2）办事服务功能要有机关联文件资料库、互动交流平台、答问知识库中的信息资源，在事项列表页或办事指南页提供相关法律法规、政策文件、常见问题、咨询投诉和监督举报入口等，实现一体化服务。省级政府、国务院部门网站建设的文件资料库、答问知识库等信息服务资源应主动与中国政府网对接，形成互联互通的政务信息资源库。

（3）整合业务部门办事服务系统前端功能，利用电子证照库和统一身份认证，综合提供在线预约、在线申报、在线咨询、在线查询以及电子监察、公众评价等功能，实现网站统一受理、统一记录、统一反馈。

（4）细化规范办事指南，列明依据条件、流程时限、收费标准、注意事项、办理机构、联系方式等；明确需提交材料的名称、依据、格式、份数、签名签章等要求，并提供规范表格、填写说明和示范文本，确保内容准确，并与线下保持一致。

（5）全程记录企业群众在线办事过程，对查阅、预约、咨询、申请、受理、反馈等关键数据进行汇总分析，为业务部门简化优化服务流程、便捷企业群众办事提供参考。

（四）互动交流

（1）政府门户网站要搭建统一的互动交流平台，根据工作需要，实现留言评论、在线访谈、征集调查、咨询投诉和即时通讯等功能，为听取民意、了解民愿、汇聚民智、回应民声提供平台支撑。部门网站开设互动交流栏目尽量使用政府门户网站统一的互动交流平台。互动交流栏目应标明开设宗旨、目的和使用方式等。

（2）信息发布、解读回应和办事服务类栏目要通过统一的互动交流平台提供留言评论等功能，实现数据汇聚、统一处理。

（3）政府网站开设互动交流栏目，要加强审核把关和组织保障，确保网民有序参与，提高业务部门互动频率、增强互动效果。建立网民意见建议的审看、处理和反馈等机制，做到件件有落实、事事有回音，更好听民意、汇民智。地方和部门网站对中国政府网转办的网民意见建议，要认真研究办理、及时反馈。

（4）对收集到的意见建议要认真研判，起草的舆情信息要客观真实反映群众心声和关切重点，有参考价值的政策建议要按程序转送业务部门研究办理，提出答复意见。有关单位提供的回复内容出现敷衍推诿、答非所问等情况的，要予以退回并积极沟通，督促相关单位重新回复。

（5）做好意见建议受理反馈情况的公开工作，列清受理日期、答复日期、答复部门、答复内容以及有关统计数据等。开展专项意见建议征集活动的，要在网站上公布采用情况。以电子邮箱形式接受网民意见建议的，要每日查看邮箱信件，及时办理并公开信件办理情况。

（6）定期整理网民咨询及答复内容，按照主题、关注度等进行分类汇总和结构化处理，编制形成知识库，实行动态更新。在网民提出类似咨询时，推送可供参考的答复口径。

五、集约共享

集约化是解决政府网站“信息孤岛”“数据烟囱”等问题的有效途径。要通过统一标准体系、统一技术平台、统一安全防护、统一运维监管，集中管理信息数据，集中提供内容服务，实现政府网站资源优化融合、平台整合安全、数据互认共享、管理统筹规范、服务便捷高效。

（一）按职责推进集约化

（1）各省（自治区、直辖市）要建设本地区政府网站集约化平台。副省级城市、有条件的地级市或直辖市所辖的区（县）经省（自治区、直辖市）人民政府办公厅批准后，可建设本地区政府网站集约化平台，并与省级平台实现互联互通和协同联动。

国务院部门要建设本部门政府网站集约化平台，内设机构不得单独建设网站技术平台。实行全系统垂直管理的国务院部门原则上要建设本系统政府网站集约化平台，可根据实际情况建设国务院部门和省级垂直管理部门两级平台。

各省（自治区、直辖市）人民政府办公厅和国务院部门办公厅（室）负责本地区、本部门政府网站集约化工作的统筹推进、组织协调和考核管理，要指定专门机构研究集约化平台的建设需求、技术路线、系统架构、部署策略、运维机制、安全防护体系等。

（2）省级政府部门网站要部署在省级平台。地市级和县级政府门户网站、地市级政府部门网站、实行双重管理部门的网站，要部署在省级平台或经批准建设的地市级平台。

实行全系统垂直管理部门的网站，按照国务院有关部门要求部署在相应平台。已开设的国务院部门内设机构网站要集约至国务院部门集约化平台。

其他经批准开设的政府网站要部署在对应的省部级平台或经批准建设的地市级平台。

（3）集约化平台的管理部门和平台上政府网站的主办、承办单位要结合实际情况协商确定各自职责。原则上，各政府网站主办、承办单位负责本网站的栏目策划、内容保障等工作，并自行安排有关经费。集约化平台的管理部门要做好技术支撑和安全保障工作。如已建设的集约化平台无法满足有关政府网站个性化需求，集约化平台的管理部门应与各主办、承办单位沟通协商，积极配合并及时响应。

（4）在国务院部门集约化平台上部署的基层部门网站，应按照基层部门网站对应的主管单位要求做好信息内容保障工作。集约化平台的管理部门要积极响应基层部门网站开设整合、栏目定制等需求。

（二）平台功能和安全防护

（1）集约化平台要向平台上的政府网站提供以下功能：站点管理、栏目管理、资源管理、权限管理；内容发布、领导信箱、征集调查、在线访谈；站内搜索、评价监督；用户注册、统一身份认证；个性定制、内容推送、运维监控、统计分析、安全防护等。同时，要具备与政务公开、政务服务、电子证照库等系统和数据库对接融合的扩展性。可使用 CDN（内容分发网络）等技术，提升访问请求的处理效率和响应速度。

（2）集约化平台要充分利用云计算、大数据等相关技术，满足本地区、本部门、本系统政府网站的建设需求，可依托符合安全要求的第三方云平台开展建设。要加强对集约化平台的日常管理和考核监督，确保安全稳定运行。

（三）共享共用信息资源

（1）构建分类科学、集中规范、共享共用的全平台统一信息资源库，按照“先入库，后使用”原则，对来自平台上各政府网站的信息资源统一管理，实现统一分类、统一元数据、统一数据格式、统一调用、统一监管。

（2）基于信息资源库、电子证照库和统一身份认证系统，从用户需求出发，推动全平台跨网站、跨系统、跨层级的资源相互调用和信息共享互认。

（3）乡镇、街道和县级政府部门的信息、服务和互动资源原则上要无缝融入县级政府门户网站各相关栏目，由县级政府门户网站统一展现，实现信息、服务和互动资源的集中与共享。省级、地市级政府部门网站集约至统一平台后，信息资源要纳入统一的信息资源库共享管理，同时可按部门网站形式展现，保留相对独立的页面和栏目。实行全系统垂直管理部门的网站，信息资源原则上由国务院有关部门统一管理。

六、创新发展

（一）个性化服务

以用户为中心，打造个人和企业专属主页，提供个性化、便捷化、智能化服务，实现“千人千网”，为个人和企业“记录一生，管理一生，服务一生”。根据用户群体特点和需求，提供多语言服务。围绕残疾人、老年人等特殊群体获取网站信息的需求，不断提升信息无障碍水平。

优化政府网站搜索功能，提供错别字自动纠正、关键词推荐、拼音转化搜索和通俗语言搜索等功能。根据用户真实需求调整搜索结果排序，提供多维度分类展现，聚合相关信息和服务，实现“搜索即服务”。

通过自然语言处理等相关技术，自动解答用户咨询，不能答复或答复无法满足需求的可转至人工服务。利用语音、图像、指纹识别等技术，鉴别用户身份，提供快捷注册、登录、支付等功能。

（二）开放式架构

构建开放式政府网站系统框架，在满足基本要求的基础上，支撑融合新技术、加载新应用、扩展新功能，随技术发展变化持续升级，实现平滑扩充和灵活扩展。

开放网上政务服务接口，引入社会力量，积极利用第三方平台，开展预约查询、证照寄送以及在线支付等服务，创新服务模式，让公众享受更加便捷高效的在线服务。

建立完善公众参与办网机制，鼓励引导群众分享用网体验，开展监督评议，探索网站内容众创，形成共同办网的新局面。

（三）大数据支撑

对网站用户的基本属性、历史访问页面内容和时间、搜索关键词等行为信息进行大数据分析，研判用户的潜在需求，结合用户定制信息，主动为用户推送关联度高、时效性强的信息或服务。

研究分析网站各栏目更新、浏览、转载、评价以及服务使用等情况，对有关业务部门贯彻落实决策部署，开展信息发布、解读回应、办事服务、互动交流等方面工作情况进行客观量化评价，为改进工作提供建议，为科学决策提供参考。

（四）多渠道拓展

适应互联网发展变化和公众使用习惯，推进政府网站向移动终端、自助终端、热线电话、政务新媒体等多渠道延伸，为企业和群众提供多样便捷的信息获取和办事渠道。提高政务新媒体内容发布质量，可对来自政府网站的政务信息进行再加工和再创作，通过数字化、图表图解、音频视频等公众喜闻乐见的形式发布。开展响应式设计，自动匹配适应多种终端。建立健全人工在线服务机制，融合已有的服务热线资源，完善知识库，及时响应网民诉求，解答网民疑惑。加强与网络媒体、电视广播、报纸杂志等的合作，通过公共搜索、社交网络等公众常用的平台和渠道，多渠道传播政府网站的声音。开展线上线下协同联动的推广活动，提高政府网站的用户黏性、公众认知度和社会影响力。

七、安全防护

政府网站要根据网络安全法等要求，贯彻落实网络安全等级保护制度，采取必要措施，对攻击、侵入和破坏政府网站的行为以及影响政府网站正常运行的意外事故进行防范，确保网站稳定、可靠、安全运行。在网信、公安等部门的指导下，加强网络安全监测预警技术能力建设。网站安全与网站开设要同步规划、同步建设、同步实施。

（一）技术防护

（1）政府网站服务器不得放在境外，禁止使用境外机构提供的物理服务器和虚拟主机。优先采购通过安全审查的网络产品和服务。使用的关键设备和安全专用产品要通过安全认证和安全检测。被列为关键信息基础设施的政府网站要在严格执行等级保护制度的基础上，实行重点保护，不得使用未通过安全审查的网络产品和服务。按照要求定期对政府网站开展安全检测评估。

（2）部署必要的安全防护设备，应对病毒感染、恶意攻击、网页篡改和漏洞利用等风险，保障网站安全运行。操作系统、数据库和中间件等软件要遵循最小安装原则，仅安装应用必需的服务和组件，并及时安装安全补丁程序。部署的设备和软件要具备与网站访问需求相匹配的性能。划分网络安全区域，严格设置访问控制策略，建立安全访问路径。

（3）前台发布页面和后台管理系统应分别部署在不同的主机环境中，并设置严格的访问控制策略，防止后台管理系统暴露在互联网中。要对应用软件的代码进行安全分析和测试，识别并及时处理可能存在的恶意代码。对重要数据、敏感数据进行分类管理，做好加密存储和传输。加强后台发布终端的安全管理，定期开展安全检查，防止终端成为后台管理系统的风险入口。

（4）加强用户管理，根据用户类别设置不同安全强度的鉴别机制。禁止使用系统默认或匿名账户，根据实际需要创建必须的管理用户。要采用两种或两种以上组合的鉴别技术，确定管理用户身份。严格设定访问和操作权限，实现系统管理、内容编辑、内容审核等用户的权限分离。要对管理用户的操作行为进行记录。加强网站平台的用户数据安全防护工作。

（5）使用符合国家密码管理政策和标准规范的密码算法和产品，逐步建立基于密码的网络信任、安全支撑和运行监管机制。

（6）在网站建设中，应采用可信计算、云计算、大数据等技术，利用集约化手段，开展网站群建设，减少互联网出口，实现网站的统一管理、统一防护，提高网站综合防护能力。

（二）监测预警与应急处置

（1）建立安全监测预警机制，实时监测网站的硬件环境、软件环境、应用系统、网站数据等运行状态以及网站挂马、内容篡改等攻击情况，并对异常情况进行报警和处置。定期对网站应用程序、操作系统及数据库、管理终端进行全面扫描，发现潜在安全风险并及时处置。留存网站运行日志不少于六个月。密切关注网信、电信主管等部门发布的系统漏洞、计算机病毒、网络攻击、网络侵入等预警和通报信息，并及时响应。

（2）建立应急响应机制，制定应急预案并向本地区、本部门政府网站主管单位和网络安全应急主管部门备案，明确应急处置流程，开展应急演练，提高对网络攻击、病毒入侵、系统故障等风险的应急处置能力。发生安全事件时，要立即启动应急预案及时处置，并按照规定向有关管理部门报告。

（3）及时处置假冒政府网站。假冒政府网站是指以虚假政府机构名义、冒用政府或部门名义开办的，以及利用与政府网站相同或相似的标识（名称、域名、徽标等）、内容及功能误导公众的非法网站。对监测发现或网民举报的假冒政府网站，经核实后，相关省（自治区、直辖市）人民政府办公厅或国务院部门办公厅（室）要及时商请网信部门处理。网信部门协调电信主管、公安等部门积极配合，及时对假冒政府网站的域名解析和互联网接入服务进行处置。公安机关会同有关部门对假冒政府网站开办者等人员依法予以打击处理。

（三）管理要求

（1）明确政府网站安全责任人，落实安全保护责任。强化安全培训，定期对相关人员进行安全教育、技术培训和技能考核，提高安全意识和防范水平。对因工作失职导致安全事故的进行责任追究。被列为关键信息基础设施的政府网站，应对关键岗位人员进行安全背景审查。

（2）按照网络安全法等法律法规和政策标准要求，制定完善安全管理制度和操作规程，做好网站安全定级、备案、检测评估、整改和检查工作，提高网站防篡改、防病毒、防攻击、防瘫痪、防劫持、防泄密能力。

（3）建立政府网站信息数据安全保护制度，收集、使用用户信息数据应当遵循合法、正当、必要的原则。政府网站对存储的信息数据要严格管理，通过磁盘阵列、网页加速服务等方式定期、全面备份网站数据，提升容灾备份能力；利用对称、非对称的加密技术，对网站数据进行双重加密；通过设置专用加密通道，严格控制数据访问权限，确保安全，防止数据泄露、毁损、丢失。

八、机制保障

（一）监管机制

1．常态化监管

各地区、各部门要至少每季度对本地区、本部门政府网站信息内容开展一次巡查抽检，抽查比例不得低于 30%，每次抽查结束后要及时在门户网站公开检查情况。对问题严重的要进行通报并约谈有关责任人。安排专人每天及时处理网民纠错意见，在 1 个工作日内转有关网站主办单位处理，在 3 个工作日内答复网民。除反映情况不属实等特殊情况外，所有留言办理情况均要公开。定期组织对政府网站安全管理和技术防护措施进行检查。编制政府网站监管年度报表，每年 1 月 31 日前向社会公开。

2．考核评价

制定政府网站考评办法，把考评结果纳入政府年度绩效考核，列入重点督查事项。完善奖惩问责机制，对考评优秀的网站，要推广先进经验，并给予相关单位和人员表扬和奖励。对存在问题较多的网站，要通报相关主管、主办单位和有关负责人。对因网站出现问题造成严重后果的，要对分管领导和有关责任人进行严肃问责。可采用第三方评估、专业机构评定、社情民意调查等多种方式，客观、公正、多角度地评价工作效果。

3．人员培训

将政府网站工作纳入干部教育培训体系，定期组织开展培训，把提升网上履职能力作为培训的重要内容，不断提高机关工作人员知网、懂网、用网的意识和水平。加强专业人才培养，建设一支具备信息采集、选题策划、编辑加工、大数据分析和安全保障等综合能力，熟悉政务工作和互联网传播规律，具有高度政治责任感和工作担当的专业化队伍。积极开展试点示范，树立标杆典型，建立交流平台，加强业务研讨，分享经验做法，共同提高管网、建网、办网的能力。

（二）运维机制

1．专人负责制度

指定专人对政府网站信息内容和安全运行负总责。明确栏目责任人，负责栏目的选题策划、信息编发和内容质量等。严格审校流程，确保信息内容与业务部门提供的原稿一致，发现原稿有问题要及时沟通。转载使用其他非政府网站信息的，要加强内容审核和保密审查。

2．值班读网制度

建立24小时值班制度，及时处理突发事件，编辑、审核和发布相关稿件。设立质量管理岗位，加强日常监测，通过机器扫描、人工检查等方法，对政府网站的整体运行情况、链接可用情况、栏目更新情况、信息内容质量等进行日常巡检，每日浏览网站内容，特别要认真审看新发布的稿件信息，及时发现问题、纠正错漏并做好记录。

3．资源管理机制

网站栏目主编根据权限从信息资源库调取资源，配置完善栏目。资源库管理团队要做好入库资源的管理，详细记录资源使用情况，并进行挖掘分析，提出栏目优化和新应用开发的建议。

4．预算及项目管理制度

统筹考虑并科学核定内容保障和运行维护经费需要，把政府网站经费足额纳入部门预算，制定经费管理办法并加强管理。建立项目管理制度，规范做好项目立项、招投标和验收等工作，管理好项目需求、进度、质量和文档等。规范和加强采购管理，严格遵守政府采购制度规定和流程规范，凡属于政府采购范围的，必须按照国家法律法规执行，做到“应采尽采”。对外包的业务和事项，严格审查服务单位的业务能力、资质和管理制度，细化明确外包服务的人员、内容、质量和工作信息保护等要求，确保人员到位、服务到位、安全到位。

5．年报制度

要编制政府网站年度工作报表，内容主要包括年度信息发布总数和各栏目发布数、用户总访问量、服务事项数和受理量、网民留言办理情况，以及平台建设、开设专题、新媒体传播、创新发展和机制保障等情况，确保数据真实、准确、完整，于每年1月31日前向社会公开。

（三）沟通协调

（1）国务院办公厅建立与中央宣传部、中央网信办、中央编办、工业和信息化部、公安部的协同工作机制，县级以上地方人民政府办公厅（室）建立与本级宣传、网信、编制、电信主管和公安部门的协同机制，做好政府网站重大事项沟通交流、信息共享公示和问题处置等工作。

（2）各地区、各部门办公厅（室）要与宣传、网信部门建立政务舆情回应协同机制，及时通过政府网站、新闻媒体和网络媒体等发布回应信息，并同步向政务微博、微信等政务新媒体推送，扩大权威信息传播范围。政府网站要建立与新闻宣传部门及主要媒体的沟通协调机制，共同做好政策解读、热点回应和网站传播等工作。

（四）协同联动

（1）建立政府网站间协同联动机制，畅通沟通渠道。对上级政府网站和本级政府门户网站发布的重要政策信息，应在12小时内转载；需上级政府网站或本级政府门户网站发布的重要信息，应及时报送并协商发布，共同打造整体联动、同步发声的政府网站体系。

（2）国务院通过中国政府网、国务院客户端发布的对全局工作有指导意义、需要社会广泛知晓的重要政策信息，国务院各部门网站和地方各级政府网站及其政务新媒体要及时充分转载；涉及某个行业或地区的政策信息，有关部门和地方网站应及时转载。

（3）鼓励国务院各部门和省级政府入驻国务院客户端，及时发布国务院重要决策部署落实情况等，并提供办事服务。

政务信息系统整合共享实施方案

【颁布单位】国务院办公厅

【发文字号】国办发〔2017〕39 号

【颁布时间】2017-5-3

“十二五”以来，通过统筹国家政务信息化工程建设，实施信息惠民工程等一系列举措，政务信息系统整合共享在局部取得了积极成效，但未能从全局上和根本上解决长期以来困扰我国政务信息化建设的“各自为政、条块分割、烟囱林立、信息孤岛”问题。为更好推动政务信息系统整合共享，根据《国务院关于印发政务信息资源共享管理暂行办法的通知》（国发〔2016〕51 号）、《国务院关于印发“十三五”国家信息化规划的通知》（国发〔2016〕73 号）等有关要求，制定本实施方案。

一、总体要求

（一）指导思想

全面贯彻党的十八大和十八届三中、四中、五中、六中全会精神，深入贯彻习近平总书记系列重要讲话精神和治国理政新理念新思想新战略，认真落实党中央、国务院决策部署，紧紧围绕统筹推进“五位一体”总体布局和协调推进“四个全面”战略布局，牢固树立和贯彻落实创新、协调、绿色、开放、共享的发展理念，以人民为中心，紧紧围绕政府治理和公共服务的改革需要，以最大程度利企便民，让企业和群众少跑腿、好办事、不添堵为目标，加快推进政务信息系统整合共享，按照“内外联动、点面结合、上下协同”的工作思路，一方面着眼长远，做好顶层设计，促进“五个统一”，统筹谋划，锐意改革；另一方面立足当前，聚焦现实问题，抓好“十件大事”，重点突破，尽快见效。

（二）基本原则

按照“五个统一”的总体原则，有效推进政务信息系统整合共享，切实避免各自为政、自成体系、重复投资、重复建设。

1．统一工程规划

围绕落实国家政务信息化工程相关规划，建设“大平台、大数据、大系统”，形成覆盖全国、统筹利用、统一接入的数据共享大平台，建立物理分散、逻辑集中、资源共享、政企互联的政务信息资源大数据，构建深度应用、上下联动、纵横协管的协同治理大系统。

2．统一标准规范

注重数据和通用业务标准的统一，开展国家政务信息化总体标准研制与应用，促进跨地区、跨部门、跨层级数据互认共享。建立动态更新的政务信息资源目录体系，确保政务信息有序开放、共享、使用。

3．统一备案管理

实施政务信息系统建设和运维备案制，推动政务信息化建设和运维经费审批在同级政府政务信息共享主管部门的全口径备案。

4．统一审计监督

开展常态化的政务信息系统和政务信息共享审计，加强对政务信息系统整合共享成效的监督检查。

5．统一评价体系

研究提出政务信息共享评价指标体系，建立政务信息共享评价与行政问责、部门职能、建设经费、运维经费约束联动的管理机制。

（三）工作目标

2017 年 12 月底前，整合一批、清理一批、规范一批，基本完成国务院部门内部政务信息系统整合清理工作，初步建立全国政务信息资源目录体系，政务信息系统整合共享在一些重要领域取得显著成效，一些涉及面宽、应用广泛、有关联需求的重要政务信息系统实现互联互通。2018 年 6 月底前，实现国务院各部门整合后的政务信息系统接入国家数据共享交换平台，各地区结合实际统筹推进本地区政务信息系统整合共享工作，初步实现国务院部门和地方政府信息系统互联互通。完善项目建设运维统一备案制度，加强信息共享审计、监督和评价，推动政务信息化建设模式优化，政务数据共享和开放在重点领域取得突破性进展。

纳入整合共享范畴的政务信息系统包括由政府投资建设、政府与社会企业联合建设、政府向社会购买服务或需要政府资金运行维护的，用于支撑政府业务应用的各类信息系统。

二、加快推进政务信息系统整合共享的“十件大事”

（一）“审”“清”结合，加快消除“僵尸”信息系统

结合 2016 年国务院第三次大督查、2015 年审计署专项审计的工作成果，组织开展政务信息系统整合共享专项督查，全面摸清各部门政务信息系统情况。2017 年 6 月底前，通过信息系统审计，掌握各部门信息系统数量、名称、功能、使用范围、使用频度、审批部门、审批时间、经费来源等（审计署牵头，国务院各有关部门配合）。2017 年 10 月底前，基本完成对系统使用与实际业务流程长期脱节、功能可被其他系统替代、所占用资源长期处于空闲状态、运行维护停止更新服务，以及使用范围小、频度低的“僵尸”信息系统的清理工作（国务院各有关部门负责）。

（二）推进整合，加快部门内部信息系统整合共享

推动分散隔离的政务信息系统加快进行整合。整合后按要求分别接入国家电子政务内网或国家电子政务外网的数据共享交换平台。2017 年 6 月底前，国务院各部门根据自身信息化建设实际情况，制定本部门政务信息系统整合共享清单。2017 年 12 月底前，各部门原则上将分散的、独立的信息系统整合为一个互联互通、业务协同、信息共享的“大系统”，对以司局和处室名义存在的独立政务信息系统原则上必须整合（国务院各有关部门负责）。

（三）设施共建，提升国家统一电子政务网络支撑能力

加快推进国家电子政务内网政府系统建设任务落实（国务院办公厅牵头，各地区、各部门负责）。完善国家电子政务外网，健全管理体制机制，继续推进国家电子政务外网二期建设，拓展网络覆盖范围，逐步满足业务量大、实时性高的网络应用需求。2018 年 6 月底前，基本具备跨层级、跨地域、跨系统、跨部门、跨业务的支撑服务能力（国务院办公厅、国家电子政务外网管理中心负责）。除极少数特殊情况外，目前政府各类业务专网都要向国家电子政务内网或外网整合（国务院办公厅牵头，各地区、各部门负责）。

（四）促进共享，推进接入统一数据共享交换平台

加快建设国家电子政务内网数据共享交换平台，完善国家电子政务外网数据共享交换平台，开展政务信息共享试点示范，研究构建多级互联的数据共享交换平台体系，促进重点领域信息向各级政府部门共享（国务院办公厅、国家电子政务外网管理中心、各级数据共享交换平台建设管理单位负责）。2017 年 9 月底前，依托国家电子政务外网数据共享交换平台，初步提供公民、社会组织、企业、事业单位的相关基本信息，同时逐步扩大信息共享内容，完善基础信息资源库的覆盖范围和相关数据标准，优化便捷共享查询方式（国家发展改革委、公安部、民政部、工

商总局、中央编办等负责)。2018 年 6 月底前，各部门推进本部门政务信息系统向国家电子政务内网或外网迁移，对整合后的政务信息系统和数据资源按必要程序审核或评测审批后，统一接入国家数据共享交换平台（国务院办公厅会同国家发展改革委牵头组织，各有关部门负责)。

（五）推动开放，加快公共数据开放网站建设

依托国家电子政务外网和中央政府门户网站，建设统一规范、互联互通、安全可控的数据开放网站（www.data.gov.cn)。基于政务信息资源目录体系，构建公共信息资源开放目录，按照公共数据开放有关要求，推动政府部门和公共企事业单位的原始性、可机器读取、可供社会化再利用的数据集向社会开放，开展中国数据创新系列活动，鼓励和引导社会化开发利用（国家发展改革委、国家网信办、国务院办公厅等按职责分工负责)。

（六）强化协同，推进全国政务信息共享网站建设

依托国家电子政务外网，建设完善全国政务信息共享网站（data.cegn.cn)，将其作为国家电子政务外网数据共享交换平台的门户，支撑政府部门间跨地区、跨层级的信息共享与业务协同应用。2017 年 7 月底前，全国政务信息共享网站正式开通上线，按照“以试点促建设、以普查促普及、以应用促发展”的工作思路，加强共享网站推广（国家发展改革委、国家电子政务外网管理中心负责)。2017 年 12 月底前，实现信用体系、公共资源交易、投资、价格、自然人（基础数据以及社保、民政、教育等业务数据)、法人（基础数据及业务数据)、能源（电力等)、空间地理、交通、旅游等重点领域数据基于全国政务信息共享网站的共享服务（国家发展改革委牵头组织，各有关部门按职责分工负责)。2018 年 6 月底前，实现各部门政务数据基于全国政务信息共享网站的共享服务（国务院各有关部门负责)。

（七）构建目录，开展政务信息资源目录编制和全国大普查

落实《政务信息资源共享管理暂行办法》有关要求，加快建立政务信息资源目录体系。2017 年 6 月底前，出台《政务信息资源目录编制指南》（国家发展改革委、国家网信办负责)。组织完成面向各地区、各部门的政务信息资源目录体系建设试点和信息共享专题培训工作（国家发展改革委牵头，各有关地区、部门配合)。2017 年 12 月底前，开展对政务信息系统数据资源的全国大普查（国务院办公厅、国家发展改革委牵头，各有关地区、部门配合)。逐步构建全国统一、动态更新、共享校核、权威发布的政务信息资源目录体系。

（八）完善标准，加快构建政务信息共享标准体系

建立健全政务信息资源数据采集、数据质量、目录分类与管理、共享交换接口、共享交换服务、多级共享平台对接、平台运行管理、网络安全保障等方面的标准，推动标准试点应用工作。2017 年 10 月底前，完成人口、法人、电子证照等急需的国家标准的组织申报和立项（国家标准委牵头，国家数据共享交换平台建设管理单位等配合)。

（九）一体化服务，规范网上政务服务平台体系建设

加快推动形成全国统一政务服务平台，统筹推进统一、规范、多级联动的“互联网+政务服务”技术和服务体系建设。加快推动国家政务服务平台建设，着力解决跨地区、跨部门、跨层级政务服务信息难以共享、业务难以协同、基础支撑不足等突出问题（国务院办公厅牵头)。各地区、各部门要整合分散的政务服务系统和资源，2017 年 12 月底前普遍建成一体化网上政务服务平台。按照统一部署，各地区、各部门政务服务平台要主动做好与中央政府门户网站的对接，实现与国家政务服务平台的数据共享和资源接入（各地区、各部门负责)。

（十）上下联动，开展“互联网+政务服务”试点

围绕“互联网+政务服务”的主要内容和关键环节，组织开展培训交流和试点示范（国务院

办公厅、国家发展改革委牵头）。加快实施信息惠民工程，在 80 个城市大力推进“一号一窗一网”试点。2017 年 7 月底前，完成试点城市 2016 年工作评价（国家发展改革委牵头）。2017 年 12 月底前，试点城市初步实现跨地区、跨部门、跨层级的政务服务（各有关省级政府、试点城市政府负责）。

三、加大机制体制保障和监督落实力度

（一）加强组织领导

各级政府要建立健全政务信息系统统筹整合和政务信息资源共享开放管理制度，加强统筹协调，明确目标、责任、牵头单位和实施机构。强化各级政府及部门主要负责人对政务信息系统统筹整合和政务信息资源共享工作的责任，原则上部门主要负责人为第一责任人。对责任不落实、违反《政务信息资源共享管理暂行办法》规定的地方和部门，要予以通报并责令整改（各地区、各部门负责，国务院办公厅会同国家发展改革委督查落实）。

（二）加快推进落实

各地区、各部门要按照《政务信息资源共享管理暂行办法》有关要求，把信息共享有关工作列入重要日程，按照本方案要求统筹推动本地区、本部门政务信息系统整合共享工作，抓紧制定推进落实的时间表、路线图，加强台账和清单式管理，精心组织实施，每年 2 月底前向促进大数据发展部际联席会议报告上一年度政务信息资源共享情况（包括政务信息资源目录编制情况、政务信息系统接入统一共享平台进展、数据对接共享和支撑协同应用情况等，报告请径送联席会议办公室〔国家发展改革委〕），切实保障工作进度（各地区、各部门负责），经汇总后向国务院提交政务信息资源共享情况年度报告（促进大数据发展部际联席会议负责）。加强经费保障，政务信息资源整合共享相关项目建设资金纳入政府固定资产投资（各级发展改革部门牵头），政务信息资源整合共享相关工作经费纳入部门预算统筹安排（各级财政部门牵头）。

（三）强化评价考核

充分发挥国家电子政务工作统筹协调机制作用，建立政务信息共享工作评价常态化机制，督促检查政务服务平台体系建设、政务信息系统统筹整合和政务信息资源共享工作落实情况。2017 年 12 月底前，组织制定政务信息共享工作评价办法，每年对各部门提供和使用共享信息情况进行评估，并公布评估报告和改进意见（国务院办公厅、国家发展改革委、国家网信办、中央编办、财政部等负责）。

（四）加强审计监督

审计机关要依法履行职责，加强对政务信息系统的审计，保障专项资金使用的真实性、合法性和效益性，推动完善相关政策制度，审计结果及时报国务院（审计署牵头）。探索政务信息系统审计的方式方法，2017 年 12 月底前形成具体工作方案（审计署牵头，国家发展改革委、国家网信办配合）。

（五）优化建设模式

推动政务信息化建设投资、运维和项目建设模式改革，鼓励推广云计算、大数据等新技术新模式的应用与服务，提升集约化建设水平（国家发展改革委、财政部牵头）。2017 年 9 月底前，修订《国家电子政务工程建设项目管理暂行办法》，进一步简化审批流程，完善社会投资参与的相关规定（国家发展改革委牵头）。2017 年 12 月底前，制定电子政务服务采购管理相关办法，完善政府购买信息系统、数据中心、数据资源等信息化服务的相关政策（财政部牵头）。

（六）建立备案制度

相关部门申请政务信息化项目建设和运维经费时，应及时向同级政府政务信息共享主管部门全口径备案。加强项目立项建设和运行维护信息采集，掌握项目名称、建设单位、投资额度、运维费用、经费渠道、数据资源、应用系统、等级保护和分级保护备案情况等内容，在摸清底数的前提下，加大管理力度。对不符合共建共享要求的项目，相关部门不予审批，不拨付运维经费。

加大对国家统一电子政务网络、数据共享交换平台等公共性基础性平台的运维经费保障力度，逐步减少直至取消信息孤岛系统和利用程度低的专网的运维经费。2017 年 12 月底前，研究建立政务信息化项目建设投资审批和运维经费审批的跨部门联动机制（国务院办公厅、国家发展改革委、财政部、中央编办等负责）。

（七）加强安全保障

强化政务信息资源共享网络安全管理，推进政务信息资源共享风险评估，推动制定完善个人隐私信息保护的法律法规，切实按照相关法律法规要求，保障政务信息资源使用过程中的个人隐私（国家网信办牵头）。加强政务信息资源采集、共享、使用的安全保障工作，凡涉及国家秘密的，应当遵守有关保密法律法规的规定（各地区、各部门负责）。加强统一数据共享交换平台安全防护，切实保障政务信息资源共享交换的数据安全（各级数据共享交换平台建设管理单位负责）。

互联网新闻信息服务管理规定

【颁布单位】国家互联网信息办公室

【发文字号】国家互联网信息办公室令第 1 号

【颁布时间】2017-5-2

《互联网新闻信息服务管理规定》已经国家互联网信息办公室室务会议审议通过，现予公布，自 2017 年 6 月 1 日起施行。

主任 徐麟

2017 年 5 月 2 日

第一章　总则

第一条　为加强互联网信息内容管理，促进互联网新闻信息服务健康有序发展，根据《中华人民共和国网络安全法》《互联网信息服务管理办法》《国务院关于授权国家互联网信息办公室负责互联网信息内容管理工作的通知》，制定本规定。

第二条　在中华人民共和国境内提供互联网新闻信息服务，适用本规定。

本规定所称新闻信息，包括有关政治、经济、军事、外交等社会公共事务的报道、评论，以及有关社会突发事件的报道、评论。

第三条　提供互联网新闻信息服务，应当遵守宪法、法律和行政法规，坚持为人民服务、为社会主义服务的方向，坚持正确舆论导向，发挥舆论监督作用，促进形成积极健康、向上向善的网络文化，维护国家利益和公共利益。

第四条　国家互联网信息办公室负责全国互联网新闻信息服务的监督管理执法工作。地方互联网信息办公室依据职责负责本行政区域内互联网新闻信息服务的监督管理执法工作。

第二章　许可

第五条　通过互联网站、应用程序、论坛、博客、微博客、公众账号、即时通信工具、网络直播等形式向社会公众提供互联网新闻信息服务，应当取得互联网新闻信息服务许可，禁止未经许可或超越许可范围开展互联网新闻信息服务活动。

前款所称互联网新闻信息服务，包括互联网新闻信息采编发布服务、转载服务、传播平台服务。

第六条 申请互联网新闻信息服务许可，应当具备下列条件：

（一）在中华人民共和国境内依法设立的法人；

（二）主要负责人、总编辑是中国公民；

（三）有与服务相适应的专职新闻编辑人员、内容审核人员和技术保障人员；

（四）有健全的互联网新闻信息服务管理制度；

（五）有健全的信息安全管理制度和安全可控的技术保障措施；

（六）有与服务相适应的场所、设施和资金。

申请互联网新闻信息采编发布服务许可的，应当是新闻单位（含其控股的单位）或新闻宣传部门主管的单位。

符合条件的互联网新闻信息服务提供者实行特殊管理股制度，具体实施办法由国家互联网信息办公室另行制定。

提供互联网新闻信息服务，还应当依法向电信主管部门办理互联网信息服务许可或备案手续。

第七条 任何组织不得设立中外合资经营、中外合作经营和外资经营的互联网新闻信息服务单位。

互联网新闻信息服务单位与境内外中外合资经营、中外合作经营和外资经营的企业进行涉及互联网新闻信息服务业务的合作，应当报经国家互联网信息办公室进行安全评估。

第八条 互联网新闻信息服务提供者的采编业务和经营业务应当分开，非公有资本不得介入互联网新闻信息采编业务。

第九条 申请互联网新闻信息服务许可，申请主体为中央新闻单位（含其控股的单位）或中央新闻宣传部门主管的单位的，由国家互联网信息办公室受理和决定；申请主体为地方新闻单位（含其控股的单位）或地方新闻宣传部门主管的单位的，由省、自治区、直辖市互联网信息办公室受理和决定；申请主体为其他单位的，经所在地省、自治区、直辖市互联网信息办公室受理和初审后，由国家互联网信息办公室决定。

国家或省、自治区、直辖市互联网信息办公室决定批准的，核发《互联网新闻信息服务许可证》。《互联网新闻信息服务许可证》有效期为三年。有效期届满，需继续从事互联网新闻信息服务活动的，应当于有效期届满三十日前申请续办。

省、自治区、直辖市互联网信息办公室应当定期向国家互联网信息办公室报告许可受理和决定情况。

第十条 申请互联网新闻信息服务许可，应当提交下列材料：

（一）主要负责人、总编辑为中国公民的证明；

（二）专职新闻编辑人员、内容审核人员和技术保障人员的资质情况；

（三）互联网新闻信息服务管理制度；

（四）信息安全管理制度和技术保障措施；

（五）互联网新闻信息服务安全评估报告；

（六）法人资格、场所、资金和股权结构等证明；

（七）法律法规规定的其他材料。

第三章 运行

第十一条 互联网新闻信息服务提供者应当设立总编辑，总编辑对互联网新闻信息内容负总责。总编辑人选应当具有相关从业经验，符合相关条件，并报国家或省、自治区、直辖市互联网信息办公室备案。

互联网新闻信息服务相关从业人员应当依法取得相应资质，接受专业培训、考核。互联网新闻信息服务相关从业人员从事新闻采编活动，应当具备新闻采编人员职业资格，持有国家新闻出版广电总局统一颁发的新闻记者证。

第十二条 互联网新闻信息服务提供者应当健全信息发布审核、公共信息巡查、应急处置等信息安全管理制度，具有安全可控的技术保障措施。

第十三条 互联网新闻信息服务提供者为用户提供互联网新闻信息传播平台服务，应当按照《中华人民共和国网络安全法》的规定，要求用户提供真实身份信息。用户不提供真实身份信息的，互联网新闻信息服务提供者不得为其提供相关服务。

互联网新闻信息服务提供者对用户身份信息和日志信息负有保密的义务，不得泄露、篡改、毁损，不得出售或非法向他人提供。

互联网新闻信息服务提供者及其从业人员不得通过采编、发布、转载、删除新闻信息，干预新闻信息呈现或搜索结果等手段谋取不正当利益。

第十四条 互联网新闻信息服务提供者提供互联网新闻信息传播平台服务，应当与在其平台上注册的用户签订协议，明确双方权利义务。

对用户开设公众账号的，互联网新闻信息服务提供者应当审核其账号信息、服务资质、服务范围等信息，并向所在地省、自治区、直辖市互联网信息办公室分类备案。

第十五条 互联网新闻信息服务提供者转载新闻信息，应当转载中央新闻单位或省、自治区、直辖市直属新闻单位等国家规定范围内的单位发布的新闻信息，注明新闻信息来源、原作者、原标题、编辑真实姓名等，不得歪曲、篡改标题原意和新闻信息内容，并保证新闻信息来源可追溯。

互联网新闻信息服务提供者转载新闻信息，应当遵守著作权相关法律法规的规定，保护著作权人的合法权益。

第十六条 互联网新闻信息服务提供者和用户不得制作、复制、发布、传播法律、行政法规禁止的信息内容。

互联网新闻信息服务提供者提供服务过程中发现含有违反本规定第三条或前款规定内容的，应当依法立即停止传输该信息、采取消除等处置措施，保存有关记录，并向有关主管部门报告。

第十七条 互联网新闻信息服务提供者变更主要负责人、总编辑、主管单位、股权结构等影响许可条件的重大事项，应当向原许可机关办理变更手续。

互联网新闻信息服务提供者应用新技术、调整增设具有新闻舆论属性或社会动员能力的应用功能，应当报国家或省、自治区、直辖市互联网信息办公室进行互联网新闻信息服务安全评估。

第十八条 互联网新闻信息服务提供者应当在明显位置明示互联网新闻信息服务许可证编号。

互联网新闻信息服务提供者应当自觉接受社会监督，建立社会投诉举报渠道，设置便捷的投诉举报入口，及时处理公众投诉举报。

第四章 监督检查

第十九条 国家和地方互联网信息办公室应当建立日常检查和定期检查相结合的监督管理制度，依法对互联网新闻信息服务活动实施监督检查，有关单位、个人应当予以配合。

国家和地方互联网信息办公室应当健全执法人员资格管理制度。执法人员开展执法活动，应当依法出示执法证件。

第二十条 任何组织和个人发现互联网新闻信息服务提供者有违反本规定行为的，可以向国家和地方互联网信息办公室举报。

国家和地方互联网信息办公室应当向社会公开举报受理方式，收到举报后，应当依法予以处置。互联网新闻信息服务提供者应当予以配合。

第二十一条 国家和地方互联网信息办公室应当建立互联网新闻信息服务网络信用档案，建立失信黑名单制度和约谈制度。

国家互联网信息办公室会同国务院电信、公安、新闻出版广电等部门建立信息共享机制，加强工作沟通和协作配合，依法开展联合执法等专项监督检查活动。

第五章 法律责任

第二十二条 违反本规定第五条规定，未经许可或超越许可范围开展互联网新闻信息服务活动的，由国家和省、自治区、直辖市互联网信息办公室依据职责责令停止相关服务活动，处一万元以上三万元以下罚款。

第二十三条 互联网新闻信息服务提供者运行过程中不再符合许可条件的，由原许可机关责令限期改正；逾期仍不符合许可条件的，暂停新闻信息更新；《互联网新闻信息服务许可证》有效期届满仍不符合许可条件的，不予换发许可证。

第二十四条 互联网新闻信息服务提供者违反本规定第七条第二款、第八条、第十一条、第十二条、第十三条第三款、第十四条、第十五条第一款、第十七条、第十八条规定的，由国家和地方互联网信息办公室依据职责给予警告，责令限期改正；情节严重或拒不改正的，暂停新闻信息更新，处五千元以上三万元以下罚款；构成犯罪的，依法追究刑事责任。

第二十五条 互联网新闻信息服务提供者违反本规定第三条、第十六条第一款、第十九条第一款、第二十条第二款规定的，由国家和地方互联网信息办公室依据职责给予警告，责令限期改正；情节严重或拒不改正的，暂停新闻信息更新，处二万元以上三万元以下罚款；构成犯罪的，依法追究刑事责任。

第二十六条 互联网新闻信息服务提供者违反本规定第十三条第一款、第十六条第二款规定的，由国家和地方互联网信息办公室根据《中华人民共和国网络安全法》的规定予以处理。

第六章 附则

第二十七条 本规定所称新闻单位，是指依法设立的报刊社、广播电台、电视台、通讯社和新闻电影制片厂。

第二十八条 违反本规定，同时违反互联网信息服务管理规定的，由国家和地方互联网信息办公室根据本规定处理后，转由电信主管部门依法处置。

国家对互联网视听节目服务、网络出版服务等另有规定的，应当同时符合其规定。

第二十九条 本规定自 2017 年 6 月 1 日起施行。本规定施行之前颁布的有关规定与本规定不一致的，按照本规定执行。

关于促进移动互联网健康有序发展的意见

【颁布单位】中共中央办公厅 国务院办公厅

【颁布时间】2017-1-15

随着信息网络技术迅猛发展和移动智能终端广泛普及，移动互联网以其泛在、连接、智能、普惠等突出优势，有力推动了互联网和实体经济深度融合，已经成为创新发展新领域、公共服务新平台、信息分享新渠道。为深入贯彻落实习近平总书记网络强国战略思想，促进我国移动互联网健康有序发展，现提出如下意见。

一、重要意义和总体要求

（一）重要性和紧迫性

党的十八大以来，以习近平同志为核心的党中央高度重视网络安全和信息化工作，成立中央网络安全和信息化领导小组，作出一系列重大决策部署，有力推动了网信事业特别是移动互联网健康发展，对方便人民群众生产生活、促进经济社会发展、维护国家安全发挥了重要作用。当前，随着互联网技术、平台、应用、商业模式与移动通信技术紧密结合，移动互联网新技术快速演进、新应用层出不穷、新业态蓬勃发展，工具属性、媒体属性、社交属性日益凸显，生态系统初步形成、加速拓展，越来越成为人们学习、工作、生活的新空间。与此同时，移动互联网安全威胁和风险日渐突出，并向经济、政治、文化、社会、生态等领域传导渗透。面对新形势新挑战，移动互联网发展管理工作还存在一些短板：体制机制有待完善，法治建设仍显滞后，政策扶持力度不够，自主创新能力不足，核心技术亟须突破，管理基础相对薄弱，企业主体责任落实不到位，安全策略不完备等。这些问题已经制约移动互联网健康有序发展，必须高度重视、抓紧解决。

（二）指导思想

全面贯彻党的十八大和十八届三中、四中、五中、六中全会精神，以邓小平理论、“三个代表”重要思想、科学发展观为指导，深入贯彻习近平总书记系列重要讲话精神和治国理政新理念新思想新战略，紧紧围绕统筹推进“五位一体”总体布局和协调推进“四个全面”战略布局，积极践行新发展理念，坚持以人民为中心的发展思想，坚持鼓励支持和规范发展并行、政策引导和依法管理并举、经济效益和社会效益并重，凝聚共识、防范风险、争取人心、保障安全、促进发展，鼓励和支持技术创新，激发和保护企业活力，不断增强发展内生动力，全方位推进移动互联网健康有序发展，更好服务党和国家事业发展大局，让移动互联网发展成果更好造福人民。

（三）基本原则

坚持发展为民，充分发挥移动互联网优势，缩小数字鸿沟，激发经济活力，为人民群众提供用得上、用得起、用得好的移动互联网信息服务；坚持改革引领，完善市场准入，规范竞争秩序，优化发展环境，全面释放创新活力和市场能量；坚持创新为要，强化目标导向、问题导向、效果导向，发挥管理主体、运营主体、使用主体作用，全方位推进理念、机制、手段等创新；坚持内容为本，创新内容生产，拓展分享渠道，净化交互生态；坚持分类指导，对移动互联网信息服务实行分类管理；坚持安全可控，全面排查、科学评估、有效防范和化解移动互联网迅猛发展带来的风险隐患，切实保障网络数据、技术、应用等安全。

二、推动移动互联网创新发展

（四）完善市场准入制度

深入推进简政放权、放管结合、优化服务，进一步取消和下放相关行政审批事项，加快落实由先证后照改为先照后证，简化审批流程、提高审批效率。建立完善与移动互联网演进发展相适应的市场准入制度，健全电信业务分级分类管理制度，健全移动互联网新业务备案管理、综合评估等制度。在确保安全的前提下，引导多元化投融资市场发展，积极稳妥推进电信市场开放，推动形成多种资本成分和各类市场主体优势互补、相互竞争、共同发展的市场新格局。

（五）加快信息基础设施演进升级

全面推进第四代移动通信（4G）网络在城市地区深度覆盖、在农村地区逐步覆盖、在贫困地区优先覆盖。加快第五代移动通信（5G）技术研发，统筹推进标准制定、系统验证和商用部署。增强网络服务能力，简化电信资费结构，实现网络资费合理下降，提升服务性价比和用户体验。创新投资和运营模式，扩大用户宽带接入网普及范围，加快民航客机、高速铁路、城市交通等公共场所无线局域网建设和应用，带动引导商业性服务场所实现无线局域网覆盖和免费开放。加快建设并优化布局内容分发网络、云计算及大数据平台等新型应用基础设施。开放民间资本进入基础电信领域竞争性业务，深入推进移动通信转售业务发展，形成基础设施共建共享、业务服务相互竞争的市场格局。改善互联网骨干网网间互联质量，优化互联架构，探索建立以长期增量成本为基础的网间结算长效机制，更好满足用户携号转网需求，营造良好市场竞争环境。

（六）实现核心技术系统性突破

坚定不移实施创新驱动发展战略，在科研投入上集中力量办大事，加快移动芯片、移动操作系统、智能传感器、位置服务等核心技术突破和成果转化，推动核心软硬件、开发环境、外接设备等系列标准制定，加紧人工智能、虚拟现实、增强现实、微机电系统等新兴移动互联网关键技术布局，尽快实现部分前沿技术、颠覆性技术在全球率先取得突破。落实企业研发费用加计扣除政策，创新核心技术研发投入机制，探索关键核心技术市场化揭榜攻关，着力提升我国骨干企业、科研机构在全球核心技术开源社区中的贡献和话语权，积极推动核心技术开源中国社区建设。

（七）推动产业生态体系协同创新

统筹移动互联网基础研究、技术创新、产业发展与应用部署，加强产业链各环节协调互动。鼓励和支持企业成为研发主体、创新主体、产业主体，加快组建产学研用联盟，推动信息服务企业、电信企业、终端厂商、设备制造商、基础软硬件企业等上下游融合创新。推动信息技术、数字创意等战略性新兴产业融合发展。提高产品服务附加值，加速移动互联网产业向价值链高端迁移。完善覆盖标准制定、成果转化、测试验证和产业化投融资评估等环节的公共服务体系。加快布局下一代互联网技术标准、产业生态和安全保障体系，全面向互联网协议第六版（IPv6）演进升级。统筹推进物联网战略规划、科技专项和产业发展，建设一批效果突出、带动性强、关联度高的典型物联网应用示范工程。

（八）加强知识产权运用和保护

开展移动互联网领域专利导航工作，制定专利布局方向建议清单，鼓励企业面向战略前沿、交叉融合领域开展知识产权战略布局，充实核心技术专利储备。推进知识产权运营交易和服务平台建设，加快推进专利信息资源开放共享，鼓励大型移动互联网企业共同组建专利池，建立资源共享和利益分配机制。建立知识产权风险管理体系，加强知识产权预警和跨境纠纷法律援助。加大对移动互联网技术、商业模式等创新成果的知识产权保护，研究完善法律法规，规范网络服务秩序，提高侵权代价和违法成本，有效威慑侵权行为。

三、强化移动互联网驱动引领作用

（九）激发信息经济活力

加快制定完善信息经济发展政策措施，将发展移动互联网纳入国家信息经济示范区统筹推进，鼓励移动互联网领先技术和创新应用先行先试，扶持基于移动互联网技术的创新创业，促进经济转型升级、提质增效。加快实施“互联网+”行动计划、国家大数据战略，大力推动移动互联网和农业、工业、服务业深度融合发展，以信息流带动技术流、资金流、人才流、物资流，促进资源优化配置，促进全要素生产率提升。创新信息经济发展模式，增强安全优质移动互联网产品、服务、内容有效供给能力，积极培育和规范引导基于移动互联网的约车、租房、支付等分享经济新业态，促进信息消费规模快速增长、信息消费市场健康活跃。

（十）支持中小微互联网企业发展壮大

充分运用国家相关政策措施推动中小微互联网企业在移动互联网领域创新发展，支持和促进大众创业、万众创新。进一步发挥国家中小企业发展基金、国家创新基金等政策性基金引导扶持作用，落实好税费减免政策，在信用担保、融资上市、政府购买服务等方面予以大力支持，消除阻碍和影响利用移动互联网开展大众创业、万众创新的制度性限制。积极扶持各类中小微企业发展移动互联网新技术、新应用、新业务，打造移动互联网协同创新平台和新型孵化器，发展众创、众包、众扶、众筹等新模式，拓展境内民间资本和风险资本融资渠道。充分发挥基础电信企业、大型互联网企业龙头带动作用，通过生产协作、开放平台、共享资源等方式，积极支持上下游中小微企业发展。遏制企业滥用市场支配地位破坏竞争秩序，营造公平有序的市场竞争环境。

（十一）推进信息服务惠及全民

依托移动互联网加强电子政务建设，完善国家电子政务顶层设计，加快推进“互联网+政务服务”。在保障数据安全和个人隐私的前提下，推动公共信息资源开放利用，优先推进民生保障服务领域政府数据集向社会开放。加快实施信息惠民工程，构建一体化在线服务平台，分级分类推进新型智慧城市建设，促进移动互联网与公共服务深度融合，重点推动基于移动互联网的交通、旅游、教育、医疗、就业、社保、养老、公安、司法等便民服务，依托移动互联网广泛覆盖和精准定位等优势加快向街道、社区、农村等延伸，促进基本公共服务均等化。推动各级党政机关积极运用移动新媒体发布政务信息，提高信息公开、公共服务和社会治理水平。

（十二）实施网络扶贫行动计划

按照精准扶贫、精准脱贫要求，加大对中西部地区和农村贫困地区移动互联网基础设施建设的投资力度，充分发挥中央财政资金引导作用，带动地方财政资金和社会资本投入，加快推进贫困地区网络全覆盖。鼓励基础电信企业针对贫困地区推出优惠资费套餐，探索推出“人、机、卡、号”绑定业务，精准减免贫困户网络通信资费。以远程医疗服务、在线教育培训等为重点，大力推动移动互联网新技术新应用为贫困地区农产品销售、乡村旅游、生产指导、就业服务、技能培训等提供更加优质便捷的服务。依托网络公益扶贫联盟等各方力量，推动网信企业与贫困地区结对帮扶，组织知名电商平台为贫困地区开设扶贫频道，积极开发适合民族边远地区特点和需求的移动互联网应用。坚持经济效益和社会效益并重，在深入开展项目论证基础上，充分发挥中国互联网投资基金作用，大力推动基于移动互联网的教育、医疗、公共文化服务等民生保障项目落地和可持续实施。

（十三）繁荣发展网络文化

把握移动互联网传播规律，实施社会主义核心价值观、中华优秀文化网上传播等内容建设工程，培育积极健康、向上向善的网络文化。加大中央和地方主要新闻单位、重点新闻网站等主流媒体移动端建设推广力度，积极扶持各类正能量账号和应用。加强新闻媒体移动端建设，构建导向正确、协同高效的全媒体传播体系。在互联网新闻信息服务、网络出版服务、信息网络传播视听节目服务等领域开展特殊管理股试点。大力推动传统媒体与移动新媒体深度融合发展，加快布局移动互联网阵地建设，建成一批具有强大实力和传播力、公信力、影响力的新型媒体集团。

四、防范移动互联网安全风险

（十四）提升网络安全保障水平

牢固树立正确的网络安全观和动态、综合防护理念，坚持以安全保发展、以发展促安全，全方位、全天候感知移动互联网安全态势，不断强化移动互联网基础信息网络安全保障能力，大力推广具有自主知识产权的网络空间安全技术和标准应用。增强网络安全防御能力，落实网络安全责任制，制定完善关键信息基础设施安全、大数据安全等网络安全标准，明确保护对象、保护层级、保护措施。全面加强网络安全检查，摸清家底、认清风险、找出漏洞、督促整改，建立统一高效的网络安全风险报告机制、情报共享机制、研判处置机制。

（十五）维护用户合法权益

完善移动互联网用户信息保护制度，严格规范收集使用用户身份、地理位置、联系方式、通信内容、消费记录等个人信息行为，保障用户知情权、选择权和隐私权。督促移动互联网企业切实履行用户服务协议和相关承诺，完善服务质量管理体系，健全投诉处理机制，提供更加安全、优质、便捷、实用的产品和服务。加大对利用“伪基站”、非法网站、恶意软件等侵害用户权益行为的打击力度，切实维护消费者权益和行业秩序。

（十六）打击网络违法犯罪

坚决打击利用移动互联网鼓吹推翻国家政权、煽动宗教极端主义、宣扬民族分裂思想、教唆暴力恐怖等违法犯罪活动。严厉查处造谣诽谤、电信网络诈骗、攻击窃密、盗版侵权、非法售卖个人信息等违法犯罪行为。全面清理赌博、传销、非法集资、淫秽色情、涉枪涉爆等违法违规信息。

（十七）增强网络管理能力

强化网络基础资源管理，规范基础电信服务，落实基础电信业务经营者、接入服务提供者、互联网信息服务提供者、域名服务提供者的主体责任。创新管理方式，加强新技术新应用新业态研究应对和安全评估。完善信息服务管理，规范传播行为，维护移动互联网良好传播秩序。

五、深化移动互联网国际交流合作

（十八）拓展国际合作空间

围绕“一带一路”国家倡议，推进网上丝绸之路国际合作，促进移动互联网基础设施互联互通，大力发展跨境移动电子商务。在第五代移动通信（5G）、下一代互联网、物联网、网络安全等关键技术和重要领域，积极参与国际标准制定和交流合作。支持移动互联网企业走出去，鼓励通过多种方式开拓国际市场，加大移动互联网应用、产品、服务海外推广力度，构建完善跨境产业链体系，不断拓展海外发展空间。

（十九）参与全球移动互联网治理

全面参与全球移动互联网治理相关组织、机制和活动，加强各类双边、多边对话合作。深入参与、积极推动移动互联网领域规则和标准制定。充分发挥世界互联网大会等平台作用，大力宣介中国治网主张。建立健全信息共享机制，积极参与国际联合打击移动互联网违法犯罪行动。

（二十）加强国际传播能力建设

深化中外人文交流，积极利用各类社交平台，有效运用各种传播渠道，采用融通中外的概念、范畴、表述，讲好中国故事，展现中国形象。打造具有较强影响力的国际传播媒体，创新开展多语种、跨平台互动传播，不断提升移动互联网国际传播影响力。

六、加强组织领导和工作保障

（二十一）完善管理体制

在中央网络安全和信息化领导小组统一领导下，中央网信办要进一步强化移动互联网管理的统筹协调、督促检查，建立健全联席会议、工作例会等制度，研究处理各地区各部门移动互联网发展管理重大事项和情况，督促指导各地区各部门有效落实领导小组决定事项、工作部署和有关要求；工业和信息化、公安、文化、新闻出版广电等有关部门和军队要根据职责切实负起责任，依法加强对移动互联网相关业务的监督管理，制定出台支持和促进移动互联网技术、产业发展的政策措施。明确地方网信部门承担互联网信息内容的监督管理执法职责，健全中央、省、市三级管理体系，加大人员、经费、技术等保障力度。

（二十二）扩大社会参与

鼓励社会各界广泛参与移动互联网治理，加快移动互联网社会组织建设，支持中国互联网发展基金会、中国互联网协会等各方力量积极开展网络公益活动。引导广大移动互联网用户文明上网，积极参与净化网络环境、维护网络秩序。健全行业信用评价体系和服务评议制度，完善行业管理、企业自律、社会监督联动机制。

（二十三）推进人才队伍建设

加强网信战线人才培养体系建设，不断提升业务能力和综合素质，注重培养、选拔、任用熟悉移动互联网发展管理工作的领导干部。坚持先行先试，创新人才引进、评价、流动、激励机制，将各方面优秀人才凝聚到网信事业中来。着力打造高端智库群，为移动互联网发展管理工作提供智力支持。采取特殊政策，建立适应网信特点的人事制度和薪酬制度。

（二十四）强化法治保障

加快网络立法进程，完善依法监管措施，化解网络风险。全面贯彻实施网络安全法，加快推进电子商务法等基础性立法，制定修订互联网信息服务管理办法、关键信息基础设施安全保护条例、未成年人网络保护条例等行政法规。完善司法解释和政策解读，推动现有法律法规延伸适用于移动互联网管理。建立健全网络数据管理、个人信息保护等重点管理制度。完善移动互联网管理多部门执法协调机制，加快执法信息技术系统建设，提高对网络违法犯罪识别、取证、联动查处打击等能力。加强网络普法，强化网民法治观念，提升全民网络素养。

“十三五”国家信息化规划

【颁布单位】国务院

【发文字号】国发〔2016〕73 号

【颁布时间】2016-12-15

“十三五”时期是全面建成小康社会的决胜阶段，是信息通信技术变革实现新突破的发轫阶段，是数字红利充分释放的扩展阶段。信息化代表新的生产力和新的发展方向，已经成为引领创新和驱动转型的先导力量。围绕贯彻落实“五位一体”总体布局和“四个全面”战略布局，加快信息化发展，直面“后金融危机”时代全球产业链重组，深度参与全球经济治理体系变革；加快信息化发展，适应把握引领经济发展新常态，着力深化供给侧结构性改革，重塑持续转型升级的产业生态；加快信息化发展，构建统一开放的数字市场体系，满足人民生活新需求；加快信息化发展，增强国家文化软实力和国际竞争力，推动社会和谐稳定与文明进步；加快信息化发展，统筹网上网下两个空间，拓展国家治理新领域，让互联网更好造福国家和人民，已成为我国“十三五”时期践行新发展理念、破解发展难题、增强发展动力、厚植发展优势的战略举措和必然选择。

本规划旨在贯彻落实《“十三五”规划纲要》和《国家信息化发展战略纲要》，是“十三五”国家规划体系的重要组成部分，是指导“十三五”期间各地区、各部门信息化工作的行动指南。

一、发展现状与形势

（一）发展成就

党中央、国务院高度重视信息化工作。“十二五”时期特别是党的十八大之后，成立中央网络安全和信息化领导小组，通过完善顶层设计和决策体系，加强统筹协调，作出实施网络强国战略、大数据战略、“互联网+”行动等一系列重大决策，开启了信息化发展新征程。各地区、各部门扎实工作、开拓创新，我国信息化取得显著进步和成就。

信息基础设施建设实现跨越式发展，宽带网络建设明显加速。截至 2015 年底，我国网民数达到 6.88 亿，互联网普及率达到 50.3%，互联网用户、宽带接入用户规模位居全球第一。第三代移动通信网络（3G）覆盖全国所有乡镇，第四代移动通信网络（4G）商用全面铺开，第五代移动通信网络（5G）研发步入全球领先梯队，网络提速降费行动加快推进。三网融合在更大范围推广，宽带广播电视和有线无线卫星融合一体化建设稳步推进。北斗卫星导航系统覆盖亚太地区（见表1）。

信息产业生态体系初步形成，重点领域核心技术取得突破。集成电路实现28纳米（nm）工艺规模量产，设计水平迈向16/14nm。“神威·太湖之光”超级计算机继“天河二号”后蝉联世界超级计算机500强榜首。高世代液晶面板生产线建设取得重大进展，迈向10.5代线。2015年，信息产业收入规模达到17.1万亿元，智能终端、通信设备等多个领域的电子信息产品产量居全球第一，涌现出一批世界级的网信企业。

网络经济异军突起，基于互联网的新业态新模式竞相涌现。2015年，电子商务交易额达到21.79万亿元，跃居全球第一。“互联网+”蓬勃发展，信息消费大幅增长，产业互联网快速兴起，从零售、物流等领域逐步向一、二、三产业全面渗透。网络预约出租汽车、大规模在线开放课程（慕课）等新业态新商业模式层出不穷。

电子政务应用进一步深化，网络互联、信息互通、业务协同稳步推进。统一完整的国家电子政务网络基本形成，基础信息资源共享体系初步建立，电子政务服务不断向基层政府延伸，政务公开、网上办事和政民互动水平显著提高，有效促进政府管理创新。

社会信息化水平持续提升，网络富民、信息惠民、服务便民深入发展。信息进村入户工程取得积极成效，互联网助推脱贫攻坚作用明显。大中小学各级教育机构初步实现网络覆盖。国家、省、市、县四级人口健康信息平台建设加快推进，电子病历普及率大幅提升，远程会诊系统初具规模。医保、社保即时结算和跨区统筹取得新进展，截至2015年年底，社会保障卡持卡人数达到8.84亿人。

网络安全保障能力显著增强，网上生态持续向好。网络安全审查制度初步建立，信息安全等级保护制度基本落实，网络安全体制机制逐步完善。国家关键信息基础设施安全防护水平明显提升，国民网络安全意识显著提高。发展了中国特色社会主义治网之道，网络文化建设持续加强，互联网成为弘扬社会主义核心价值观和中华优秀传统文化的重要阵地，网络空间日益清朗。

网信军民融合体系初步建立，技术融合、产业融合、信息融合不断深化。网信军民融合顶层设计、战略统筹和宏观指导得到加强，实现了集中统一领导和决策，一批重大任务和重大工程落地实施。军民融合式网信产业基础进一步夯实，初步实现网络安全联防联控、网络舆情军地联合管控，信息基础设施共建合用步伐加快。

网络空间国际交流合作不断深化，网信企业走出去步伐明显加快。成功举办世界互联网大会、中美互联网论坛、中英互联网圆桌会议、中国—东盟信息港论坛、中国—阿拉伯国家网上丝绸之路论坛、中国—新加坡互联网论坛。数字经济合作成为多边、双边合作新亮点。一批网信企业加快走出去，积极参与“一带一路”沿线国家信息基础设施建设。跨境电子商务蓬勃发展，年增速持续保持在30%以上。

表1 “十二五”信息化发展基本情况

指 标	规划目标		实现情况	
	2015年	年均增长（%）	2015年	年均增长（%）
总体发展水平				
1. 信息化发展指数	>79	—	72.45	—
信息技术与产业				
2. 集成电路芯片规模生产工艺（纳米）	32/28	—	28	—
3. 信息产业收入规模（万亿元）	16	10	17.1	13
信息基础设施				
4. 网民数量（亿）	8.5	13.2	6.88	8.5
5. 固定互联网宽带接入用户（亿户）	>2.7	>15.7	2.1	10.1
6. 光纤入户用户数（亿户）	>0.77	>103.6	1.2	126.8
7. 城市家庭宽带接入能力（Mbps）	20	38.0	20	38.0
8. 农村家庭宽带接入能力（Mbps）	4	14.9	4	14.9
9. 县级以上城市有线广播电视网络实现双向化率（%）	80	〔55〕	53	〔28〕
10. 互联网国际出口带宽（Tbps）	6.5	42.7	3.8	37.5

续表

指　标	规划目标		实现情况	
	2015 年	年均增长（%）	2015 年	年均增长（%）
信息经济				
11. 制造业主要行业大中型企业关键工序数（自）控化率（%）	>70	>6.08	70	6.08
12. 电子商务交易规模（万亿元）	>18	>31.7	21.79	35.5
信息服务				
13. 中央部委和省级政务部门主要业务信息化覆盖率（%）	>85	〔>15〕	90.8	〔20.8〕
14. 地市级政务部门主要业务信息化覆盖率（%）	70	〔30〕	76.8	〔36.8〕
15. 县级政务部门主要业务信息化覆盖率（%）	50	〔25〕	52.5	〔27.5〕
16. 电子健康档案城乡居民覆盖率（%）	>70	〔>30〕	75	〔35〕
17. 社会保障卡持卡人数（亿）	8	50.7	8.84	53.7
注：〔 〕表示五年累计数。				

（二）发展形势

“十三五”时期，全球信息化发展面临的环境、条件和内涵正发生深刻变化。从国际看，世界经济在深度调整中曲折复苏、增长乏力，全球贸易持续低迷，劳动人口数量增长放缓，资源环境约束日益趋紧，局部地区地缘博弈更加激烈，全球性问题和挑战不断增加，人类社会对信息化发展的迫切需求达到前所未有的程度。同时，全球信息化进入全面渗透、跨界融合、加速创新、引领发展的新阶段。信息技术创新代际周期大幅缩短，创新活力、集聚效应和应用潜能裂变式释放，更快速度、更广范围、更深程度地引发新一轮科技革命和产业变革。物联网、云计算、大数据、人工智能、机器深度学习、区块链、生物基因工程等新技术驱动网络空间从人人互联向万物互联演进，数字化、网络化、智能化服务将无处不在。现实世界和数字世界日益交汇融合，全球治理体系面临深刻变革。全球经济体普遍把加快信息技术创新、最大程度释放数字红利，作为应对“后金融危机”时代增长不稳定性和不确定性、深化结构性改革和推动可持续发展的关键引擎。

从国内看，我国经济发展进入新常态，正处于速度换挡、结构优化、动力转换的关键节点，面临传统要素优势减弱和国际竞争加剧双重压力，面临稳增长、促改革、调结构、惠民生、防风险等多重挑战，面临全球新一轮科技产业革命与我国经济转型、产业升级的历史交汇，亟须发挥信息化覆盖面广、渗透性强、带动作用明显的优势，推进供给侧结构性改革，培育发展新动能，构筑国际竞争新优势。从供给侧看，推动信息化与实体经济深度融合，有利于提高全要素生产率，提高供给质量和效率，更好地满足人民群众日益增长、不断升级和个性化的需求；从需求侧看，推动互联网与经济社会深度融合，创新数据驱动型的生产和消费模式，有利于促进消费者深度参与，不断激发新的需求。

同时，我国信息化发展还存在一些突出短板，主要是：技术产业生态系统不完善，自主创新能力不强，核心技术受制于人成为最大软肋和隐患；互联网普及速度放缓，贫困地区和农村地区信息基础设施建设滞后，针对留守儿童、残障人士等特殊人群的信息服务供给薄弱，数字鸿沟有扩大风险；信息资源开发利用和公共数据开放共享水平不高，政务服务创新不能满足国家治理体系和治理能力现代化的需求；制约数字红利释放的体制机制障碍仍然存在，与先进信息生产力相适应的法律法规和监管制度还不健全；网络安全技术、产业发展滞后，网络安全制度有待进一步完善，一些地方和部门网络安全风险意识淡薄，网络空间安全面临严峻挑战。

综合研判，“十三五”时期是信息化引领全面创新、构筑国家竞争新优势的重要战略机遇期，是我国从网络大国迈向网络强国、成长为全球互联网引领者的关键窗口期，是信息技术从跟跑并跑到并跑领跑、抢占战略制高点的激烈竞逐期，也是信息化与经济社会深度融合、新旧动能充分释放的协同迸发期。必须认清形势，树立全球视野，保持战略定力，增强忧患意识，加强统筹谋划，着力补齐短板，主动顺应和引领新一轮信息革命浪潮，务求在未来五到十年取得重大突破、重大进展和重大成果，在新的历史起点上开创信息化发展新局面。

二、总体要求

（一）指导思想

全面贯彻党的十八大和十八届三中、四中、五中、六中全会精神，深入贯彻习近平总书记系列重要讲话精神，认真落实党中央、国务院决策部署，按照“五位一体”总体布局和“四个全面”战略布局，牢固树立创新、协调、绿色、开放、共享的发展理念，着力补齐核心技术短板，全面增强信息化发展能力；着力发挥信息化对经济社会发展的驱动引领作用，培育发展新动能，拓展网络经济空间，壮大网络信息等新兴消费，全面提升信息化应用水平；着力满足广大人民群众普遍期待和经济社会发展关键需要，重点突破，推动信息技术更好服务经济升级和民生改善；着力深化改革，激发创新活力，主动防范和化解风险，全面优化信息化发展环境。坚定不移走中国特色信息化发展道路，实施网络强国战略，让信息化更好造福国家和人民，为如期全面建成小康社会提供强大动力。

（二）主要原则

坚持以惠民为宗旨。把增进人民福祉、促进人的全面发展作为信息化发展的出发点和落脚点，着力发挥信息化促进公共资源优化配置的作用，以信息化提升公共治理和服务水平，促进人民生活水平和质量普遍提高。

坚持全面深化改革。正确处理政府和市场关系，坚持发挥市场在资源配置中的决定性作用，更好发挥政府作用，破除不利于信息化创新发展的体制机制障碍，激发创新活力，加强法治保障，释放数字红利，为经济社会发展提供持续动力。

坚持服务国家战略。围绕推进“一带一路”建设、京津冀协同发展、长江经济带发展等国家战略和经济、政治、文化、社会、生态、国防等重大需求，发挥信息化引领和支撑作用，做到国家利益在哪里、信息化就覆盖到哪里。

坚持全球视野发展。把握全球信息技术创新发展趋势和前沿动态，增强我国在全球范围配置人才、资金、技术、信息的能力，超前布局、加速赶超，积极推动全球互联网治理体系变革，提高我国国际话语权。

坚持安全与发展并重。树立科学的网络安全观，正确处理安全和发展的关系，坚持安全和发展双轮驱动，以安全保发展，以发展促安全，推动网络安全与信息化发展良性互动、互为支撑、协调共进。

（三）发展目标

到 2020 年，“数字中国”建设取得显著成效，信息化发展水平大幅跃升，信息化能力跻身国际前列，具有国际竞争力、安全可控的信息产业生态体系基本建立。信息技术和经济社会发展深度融合，数字鸿沟明显缩小，数字红利充分释放。信息化全面支撑党和国家事业发展，促进经济社会均衡、包容和可持续发展，为国家治理体系和治理能力现代化提供坚实支撑。

核心技术自主创新实现系统性突破。信息领域核心技术设备自主创新能力全面增强，新一代网络技术体系、云计算技术体系、端计算技术体系和安全技术体系基本建立。集成电路、基础软件、核心元器件等关键薄弱环节实现系统性突破。5G 技术研发和标准制定取得突破性进展并启动商用。云计算、大数据、物联网、移动互联网等核心技术接近国际先进水平。部分前沿技术、颠覆性技术在全球率先取得突破，成为全球网信产业重要领导者。

信息基础设施达到全球领先水平。“宽带中国”战略目标全面实现，建成高速、移动、安全、泛在的新一代信息基础设施。固定宽带家庭普及率达到中等发达国家水平，城镇地区提供 1000 兆比特/秒（Mbps）以上接入服务能力，大中城市家庭用户带宽实现 100Mbps 以上灵活选择；98%的行政村实现光纤通达，有条件的地区提供 100Mbps 以上接入服务能力，半数以上农村家庭用户带宽实现 50Mbps 以上灵活选择；4G 网络覆盖城乡，网络提速降费取得显著成效。云计算数据中心和内容分发网络实现优化布局。国际网络布局能力显著增强，互联网国际出口带宽达到 20 太比特/秒（Tbps），通达全球主要国家和地区的高速信息网络基本建成，建成中国—东盟信息港、中国—阿拉伯国家等网上丝绸之路。北斗导航系统覆盖全球。有线、无线、卫星广播电视传输覆盖能力进一步增强，基本实现广播电视户户通（见表2）。

表2 “十三五”信息化发展主要指标

指 标	2015年	2020年	年均增速（%）
总体发展水平			
1. 信息化发展指数	72.45	88	—
信息技术与产业			
2. 信息产业收入规模（万亿元）	17.1	26.2	8.9
3. 国内信息技术发明专利授权数（万件）	11.0	15.3	6.9
4. IT项目投资占全社会固定资产投资总额的比例（%）	2.2	5	〔2.8〕
信息基础设施			
5. 光纤入户用户占总宽带用户的比率（%）	56	80	〔24〕
6. 固定宽带家庭普及率（%）	40	70	〔30〕
7. 移动宽带用户普及率（%）	57	85	〔28〕
8. 贫困村宽带网络覆盖率（%）	78	90	〔12〕
9. 互联网国际出口带宽（Tbps）	3.8	20	39.4
信息经济			
10. 信息消费规模（万亿元）	3.2	6	13.4
11. 电子商务交易规模（万亿元）	21.79	>38	>11.8
12. 网络零售额（万亿元）	3.88	10	20.8
信息服务			
13. 网民数量（亿）	6.88	>10	>7.8
14. 社会保障卡普及率（%）	64.6	90	〔25.4〕
15. 电子健康档案城乡居民覆盖率(%)	75	90	〔15〕
16. 基本公共服务事项网上办理率(%)	20	80	〔60〕
17. 电子诉讼占比（%）	<1	>15	〔>14〕
注：〔 〕表示五年累计数。			

信息经济全面发展。信息经济新产业、新业态不断成长，信息消费规模达到6万亿元，电子商务交易规模超过38万亿元，信息化和工业化融合发展水平进一步提高，重点行业数字化、网络化、智能化取得明显进展，网络化协同创新体系全面形成。打破信息壁垒和孤岛，实现各部门业务系统互联互通和信息跨部门跨层级共享共用，公共数据资源开放共享体系基本建立，面向企业和公民的一体化公共服务体系基本建成，电子政务推动公共服务更加便捷均等。电信普遍服务补偿机制进一步完善，网络扶贫成效明显，宽带网络覆盖90%以上的贫困村。

信息化发展环境日趋优化。网络空间法治化进程全面推进，网络空间法律法规体系日趋完善，与信息社会相适应的制度体系基本建成，网信领域军民深度融合迈上新台阶。信息通信技术、产品和互联网服务的国际竞争力明显增强，网络空间国际话语权大幅提升。网络内容建设工程取得积极进展，媒体数字化建设成效明显。网络违法犯罪行为得到有力打击，网络空间持续清朗。信息安全等级保护制度得到全面落实。关键信息基础设施得到有效防护，网络安全保障能力显著提升。

三、主攻方向

统筹实施网络强国战略、大数据战略、“互联网+”行动，整合集中资源力量，紧密结合“大众创业、万众创新”“中国制造2025”，着力在引领创新驱动、促进均衡协调、支撑绿色低碳、深化开放合作、推动共建共享、主动防范风险等方面取得突破，为深化改革开放、推进国家治理体系和治理能力现代化提供数字动力引擎。

（一）引领创新驱动，培育发展新动能

全面助力创新型国家建设。聚焦构筑国家先发优势，发挥信息化引领创新的先导作用，全面推进技术创新、产业创新、业态创新、产品创新、市场创新和管理创新。推动信息技术与制造、能源、材料、生物等技术融合渗透，催生新技术，打造新业态。构建跨行业、跨区域、跨部门的创新网络，建立线上线下结合的开放式创新服务载体，整合利用创新资源，增强创新要素集聚效应。

拓展网络经济空间。建设高速、移动、安全、泛在的新一代信息基础设施，打通经济社会发展信息“大动脉”。解放和发展信息生产力，以信息流带动技术流、资金流、人才流、物资流，激发创业就业，优化资源配置，提升全要素生产率，提高经济发展质量和效益，推动经济持续增长。

创造激励创新的发展环境。加快构建适应信息时代跨界创新、融合创新和迭代创新的体制机制，打破部门和行业信息壁垒，推进简政放权、放管结合、优化服务改革，降低制度性交易成

本，优化营商环境，夯实企业创新主体、研发主体地位。完善人才激励机制，赋予创新领军人才更大的人财物支配权和技术路线决定权，激发创新活力。

（二）促进均衡协调，优化发展新格局

驱动新旧动能接续转换。以信息化改造提升传统动能，促进去产能、去库存、去杠杆、降成本、补短板，提高供给体系的质量和效率。以信息化培育新动能，加快基于互联网的各类创新，构建现代产业新体系，用新动能推动新发展。建立公平、透明、开放、诚信、包容的数字市场体系，促进新兴业态和传统产业协调发展，推动社会生产力水平整体提升。

支撑区域协调发展。依托区域优势，强化区域间信息基础设施互联互通和信息资源共建共享，促进要素跨地区跨部门跨行业有序流动、资源优化配置和环境协同治理，优化区域生产力布局，促进区域协调发展。立足西部开发、东北振兴、中部崛起和东部率先的区域发展总体战略和“一带一路”建设、京津冀协同发展、长江经济带发展等重大国家战略，实施区域信息化一体化发展行动，提高区域协同治理和服务水平。

推动基本公共服务城乡覆盖。发挥信息化辐射和带动作用，以远程化、网络化等提高基本公共服务的覆盖面和均等化水平。重点围绕教育文化、医疗卫生、社会保障、住房保障等民生领域，构筑立体化、全方位、广覆盖的信息服务体系，扩大公共服务和产品供给，创新服务方式和手段，为城乡居民提供均等、高效、优质的公共服务。

促进经济建设和国防建设融合发展。建设军民一体、平战结合、攻防兼备的网络安全体系，夯实军地资源优化配置、合理共享、技术兼容、优势互补的信息化发展基础，以信息化促进经济领域和国防领域技术、人才、资金等要素交流，构建全要素、多领域、高效益的军民深度融合发展格局。

（三）支撑绿色低碳，构建发展新模式

发展绿色生产模式。加快信息化和生态文明建设深度融合，利用新一代信息技术，促进产业链接循环化、生产过程清洁化、资源利用高效化、能源消耗清洁化、废物回收网络化。推广智能制造、绿色制造、能源互联网、智慧物流等，发展循环经济，促进一、二、三产业朝高端、智能、绿色的方向发展。积极推广节能减排新技术在信息通信行业的应用，加快推进数据中心、基站等高耗能信息载体的绿色节能改造。

推广绿色生活方式。以信息化促进资源节约集约循环利用，加强信息化与绿色化在城市管理、公共服务、居民生活等方面的融合应用，倡导可持续发展理念，发展分享经济，促进绿色消费。加快普及网络购物、在线教育、远程医疗、智慧交通、数字家庭、全民健身信息服务等，壮大信息消费，倡导绿色低碳、文明健康的生活方式，促进人与自然和谐共生。

创新生态环境治理模式。以解决生态环境领域突出问题为重点，深化信息技术在生态环境综合治理中的应用，促进跨流域、跨区域联防联控，实现智能监管、及时预警、快速响应，提升突发生态环境事件应对能力。全面推进环境信息公开，支持建立政府、企业、公众共同参与的生态环境协同治理体系。

（四）深化开放合作，拓展发展新空间

促进双向开放合作。发挥互联网在促进国际国内要素有序流动、资源高效配置、市场深度融合中的作用，建立企业全球化发展信息服务体系，提供全球政策法规、财税、金融、投融资、风险评估等信息服务，支持企业全球化发展。有序扩大网信开放领域，有效引进境外资金和先进技术，强化互利共赢。

服务“一带一路”建设。坚持共商共建共享，促进网络互联、信息互通，推动共建网上丝绸之路，推进数字经济、信息技术等合作，促进沿线国家和地区政策沟通、设施联通、贸易畅通、资金融通、民心相通。支持港澳地区网络基础设施建设和信息经济发展，发挥港澳地区在推进“一带一路”建设中的重要作用。

推动全球互联网治理体系变革。坚持尊重网络主权、维护和平安全、促进开放合作、构建良好秩序，积极参与全球网络基础设施建设，打造网上文化交流共享平台，推动网络经济创新发展，保障网络安全，推动建立多边、民主、透明的全球互联网治理体系。主动提出中国方案，加快共同制定国际信息化标准和规则。

（五）推动共建共享，释放发展新红利

增强特殊类型地区发展后劲。大力推进革命老区、民族地区、边疆地区、贫困地区的网络基础设施建设，为人民群众提供用得上、用得起、用得好的信息服务。发挥互联网在助推脱贫攻坚中的作用，以信息化推进精准扶贫、精准脱贫，培育特色优势产业，增强造血功能，促进人民生活明显改善。

构建面向特殊人群的信息服务体系。针对孤寡老人、留守儿童、困境儿童、残障人士、流动人口、受灾人员、失独家庭等特殊人群的实际需求，整合利用网络设施、移动终端、信息内容、系统平台、公共服务等，积极发展网络公益，统筹构建国家特殊人群信息服务体系，提供精准优质高效的公共服务。

提升边疆地区互联网服务能力。利用互联网充分宣传国家方针政策，丰富信息内容服务，确保及时传递到边疆、基层和每一个居民。普及农业科技、文化、商务、交通、医疗、教育等信息化应用，优化边疆地区生产力布局，打造一批有特色、可持续发展的“数字走廊”，促进边疆地区开发开放。

（六）防范安全风险，夯实发展新基石

主动防范和化解新技术应用带来的潜在风险。正确认识网络新技术、新应用、新产品可能带来的挑战，提前应对工业机器人、人工智能等对传统工作岗位的冲击，加快提升国民信息技能，促进社会就业结构调整平滑过渡。提高网络风险防控能力，以可控方式和节奏主动释放互联网可能引发的经济社会风险，维护社会和谐稳定。

提升网络安全保障能力。落实网络安全责任制，促进政府职能部门、企业、社会组织、广大网民共同参与，共筑网络安全防线。加强国家网络安全顶层设计，深化整体、动态、开放、相对、共同的安全理念，提升网络安全防护水平，有效应对网络攻击。

构建网络空间良好氛围。牢牢把握正确导向，创新舆论引导新格局，完善网络生态综合治理机制，加强网络内容建设，增强网络文化产品和服务供给能力，构建向上向善的网上舆论生态。坚持依法治网、依法办网、依法上网，加强网络违法犯罪监控和查处能力建设，依法严格惩治网络违法犯罪行为，建设健康、绿色、安全、文明的网络空间。

促进互联网企业健康发展。坚持鼓励支持和规范发展并重，引导互联网企业维护国家利益，坚守社会道德底线，加快自身发展，服务人民群众。依法防范和治理互联网市场恶性竞争、滥用市场支配地位、损害群众利益等问题，强化对互联网企业数据监管，确保数据安全，保障广大网民合法权益。

四、重大任务和重点工程

着力增强以信息基础设施体系为支撑、信息技术产业生态体系为牵引、数据资源体系为核心的国家信息化发展能力，着力提高信息化在驱动经济转型升级、推进国家治理体系和治理能力现代化、推动信息惠民、促进军民深度融合发展等重点领域的应用水平，着力优化支持网信企业全球化发展、网络空间治理、网络安全保障等的发展环境，加快推动我国信息化水平和安全支撑能力大幅提升。

（一）构建现代信息技术和产业生态体系

打造自主先进的技术体系。制定网络强国战略工程实施纲要，以系统思维构建新一代网络技术体系、云计算体系、安全技术体系以及高端制造装备技术体系，协同攻关高端芯片、核心器件、光通信器件、操作系统、数据库系统、关键网络设备、高端服务器、安全防护产品等关键软硬件设备，建设战略清晰、技术先进、产业领先、安全可靠的网络强国。统筹经济、政治、文化、社会、生态文明等领域网络安全和信息化发展，增强自主创新能力。

强化战略性前沿技术超前布局。立足国情，面向世界科技前沿、国家重大需求和国民经济主要领域，坚持战略导向、前沿导向和安全导向，

重点突破信息化领域基础技术、通用技术以及非对称技术，超前布局前沿技术、颠覆性技术。加强量子通信、未来网络、类脑计算、人工智能、全息显示、虚拟现实、大数据认知分析、新型非易失性存储、无人驾驶交通工具、区块链、基因编辑等新技术基础研发和前沿布局，构筑新赛场先发主导优势。加快构建智能穿戴设备、高级机器人、智能汽车等新兴智能终端产业体系和政策环境。鼓励企业开展基础性前沿性创新研究。

专栏 1　核心技术超越工程

制定网络强国工程实施纲要。列出核心技术发展的详细清单和规划，实施一批重大项目，加快科技创新成果向现实生产力转化，形成梯次接续的系统布局。攻克高端通用芯片、集成电路装备、基础软件、宽带移动通信等方面的关键核心技术，形成若干战略性先导技术和产品。

大力推进集成电路创新突破。加大面向新型计算、5G、智能制造、工业互联网、物联网的芯片设计研发部署，推动 32/28nm、16/14nm 工艺生产线建设，加快 10/7nm 工艺技术研发，大力发展芯片级封装、圆片级封装、硅通孔和三维封装等研发和产业化进程，突破电子设计自动化（EDA）软件。

提升云计算设备和网络设备的核心竞争力。重点突破高端处理器、存储芯片、I/O 芯片等核心器件，以及计算资源虚拟化、软件定义网络、超高速远程智能光传输等关键技术。大力推进高端服务器、智能终端设备、存储设备、网络与通信设备、工控设备及安全防护设备等的开发与产业化。

提高基础软件和重点应用软件自主研发水平。推进云操作系统、智能终端操作系统、嵌入式操作系统及相关领域的应用软件研发。面向重点工业领域，研制工控操作系统以及涵盖全生命周期的行业应用软件。

推进智能硬件、新型传感器等创新发展。提升可穿戴设备、智能家居、智能车载等领域智能硬件技术水平。加快高精度、低功耗、高可靠性传感器的研发和应用。

建立国家信息领域重大项目及关键技术引进报告制度。统筹信息化领域重大项目、重大科技攻关、重大技术引进的管理。

推动产业协同创新。统筹基础研究、技术创新、产业发展、市场应用、标准制定与网络安全各环节联动协调发展，强化创新链整合协同、产业链协调互动和价值链高效衔接，打通技术创新成果应用转化通道。引导和支持产学研用深度融合，推动龙头企业和科研机构成立开源技术研发团队，支持科技型中小企业发展，构建产学研用协同创新集群。加快新一代信息技术相关标准制定和专利布局。探索完善资本型协作机制，建立核心技术研发投资公司，发挥龙头企业优势，带动中小企业发展，增强上游技术研发与下游推广应用的协同互动效应。深化安全可靠应用部署，加快构建开放自主的产业生态，培育一大批龙头企业，夯实产业基础。

专栏 2　信息产业体系创新工程

构建先进、安全、可控的核心技术与产品体系。围绕云计算与大数据、新一代信息网络、智能终端及智能硬件三大领域，提升体系化创新能力。

完善开发核心技术的生态环境。增强底层芯片、核心器件与上层基础软件、应用软件的适配性，全面布局核心技术的知识产权，发挥资本市场对技术产业的积极作用。

创新核心技术突破的激励机制。探索关键核心技术的市场化揭榜攻关机制。加强产学研用协调，统筹利用国家科技计划（专项、基金等）、信息领域重大科学基础设施，按规定支持关键核心技术研发和重大技术试验验证，强化关键共性技术研发供给。

支持开源社区创新发展。鼓励我国企业积极加入国际重大核心技术的开源组织，从参与者发展为重要贡献者，在优势技术领域争当发起者，积极维护我国相关标准专利在国际开源组织中的权益。

培育核心技术创新企业。培育一批核心技术能力突出、集成创新能力强、引领重要产业发展的创新型企业，力争一批企业进入全球 500 强。

（二）建设泛在先进的信息基础设施体系

加快高速宽带网络建设。加快光纤到户网络

改造和骨干网优化升级，扩大4G网络覆盖，开展5G研发试验和商用，主导形成5G全球统一标准。推进下一代互联网演进升级，加快实施下一代互联网商用部署。全面推进三网融合，基本建成技术先进、高速畅通、安全可靠、覆盖城乡、服务便捷的宽带网络基础设施体系，消除宽带网络接入"最后一公里"瓶颈，进一步推进网络提速降费。推进下一代广播电视网建设和有线无线卫星融合一体化建设，推进广播电视融合媒体制播云、服务云建设，构建互联互通的广播电视融合媒体云。

建设陆海空天一体化信息基础设施。建立国家网络空间基础设施统筹协调机制，推动信息基础设施建设、应用和管理。加快空间互联网部署，整合基于卫星的天基网络、基于海底光缆的海洋网络和传统的陆地网络，实施天基组网、地网跨代，推动空间与地面设施互联互通，构建覆盖全球、无缝连接的天地空间信息系统和服务能力。持续推进北斗系统建设和应用，加快构建和完善北斗导航定位基准站网。积极布局浮空平台、低轨卫星通信、空间互联网等前沿网络技术。加快海上和水下通信技术的研发和推广，增强海洋信息通信能力、综合感知能力、信息分析处理能力、综合管控运维能力、智慧服务能力，推动智慧海洋工程建设。

专栏3　陆海空天一体化信息网络工程

陆地网络设施建设。继续加快光纤到户网络改造，推进光网城市建设，加快推进光缆到行政村，加快4G网络的深度覆盖和延伸覆盖。探索推进互联网交换中心试点，进一步优化互联网骨干网络架构，推动网间带宽持续扩容。适度超前部署超大容量光传输系统、高性能路由设备和智能管控设备。推动广播电视宽带骨干网、接入网建设，采取有线、无线、卫星相结合的方式，推进广播电视宽带网向行政村和有条件的自然村延伸。

海基网络设施建设。统筹海底光缆网络与陆地网络协调发展，构建连接海上丝绸之路战略支点城市的海底网络。加强大型海洋岛屿海底光电缆连接建设。积极研究推动海洋综合观测网络由近岸向近海和中远海拓展，由水面向水下和海底延伸。推进海上公用宽带无线网络部署，发展中远距水声通信装备。

空天网络设施建设。综合利用北斗导航、卫星、浮空平台和飞机遥感遥测系统，积极推进地面配套设施协调建设和军民融合发展，尽快形成全球服务能力。加快高轨和低轨宽带卫星研发和部署，积极开展卫星空间组网示范，构建覆盖全球的天基信息网络。

海外网络设施布局。畅通"一带一路"信息通道，连接经巴基斯坦、缅甸等国到印度洋、经中亚到西亚、经俄罗斯到中东欧国家的陆地信息通道。积极参与面向美洲、欧洲、东南亚和非洲方向海底光缆建设，完善海上信息通道布局，鼓励在"一带一路"沿线节点城市部署数据中心、云计算平台和内容分发网络（CDN）平台等设施。

统筹应用基础设施建设和频谱资源配置。适度超前布局、集约部署云计算数据中心、内容分发网络、物联网设施，实现应用基础设施与宽带网络优化匹配、有效协同。支持采用可再生能源和节能减排技术建设绿色云计算数据中心。推进信息技术广泛运用，加快电网、铁路、公路、水利等公共设施和市政基础设施智能化转型。建设完善国家应急通信保障体系。加强无线电频谱管理，维护安全有序的电波秩序。合理规划利用卫星频率和轨道资源，提高频率使用率，满足国家重大战略和相关行业用频需求。

加快农村及偏远地区网络覆盖。充分发挥中央财政资金引导作用，深入开展电信普遍服务试点工作，引导企业承担市场主体责任，推进未通宽带行政村光纤建设，对已通宽带但接入能力低于12Mbps的行政村进行光纤升级改造。利用中央基建投资，实施宽带乡村和中西部地区中小城市基础网络完善工程，加大对边远地区及贫困地区的网络覆盖与投资力度，通过移动蜂窝、光纤、低轨卫星等多种方式，完善边远地区及贫困地区的网络覆盖。

专栏4　乡村及偏远地区宽带提升工程

推进宽带乡村建设。加快推进电信普遍服务试点。实施宽带乡村工程。持续加强光纤到村建设，完善4G网络向行政村和有条件的自然村覆盖，到2020年，中西部农村家庭宽带普及率达到40%。推进农村基层政务信息化应用，发展满足农户农业、林业、畜牧技术需求的内容服务，推广农村电商、远程教育、远程医疗、金融网点进村等信息服务。

完善中西部地区中小城市基础网络。加快推进县城仅有铜缆接入宽带小区的光纤到户改造，完善乡镇驻地家庭用户光纤接入覆盖，大力推进城域网优化扩容，实现中西部城镇家庭用户宽带接入能力达到50Mbps以上，有条件地区可提供100Mbps以上接入服务能力，大力发展面向中小城市的信息化应用普及服务。

（三）建立统一开放的大数据体系

加强数据资源规划建设。加快推进政务数据资源、社会数据资源、互联网数据资源建设。全面推进重点领域大数据高效采集、有效整合、安全利用，深化政府数据和社会数据关联分析、融合利用，提高宏观调控、市场监管、社会治理和公共服务精准性和有效性。建立国家关键数据资源目录体系，统筹布局区域、行业数据中心，建立国家互联网大数据平台，构建统一高效、互联互通、安全可靠的国家数据资源体系。探索推进离岸数据中心建设，建立完善全球互联网信息资源库。完善电子文件管理服务设施。加强哲学社会科学图书文献、网络、数据库等基础设施和信息化建设，提升国家哲学社会科学文献在线共享和服务能力。

专栏5　国家大数据发展工程

统筹国家基础数据资源建设。全面建成人口、法人、自然资源和地理空间、法律法规、宏观经济、金融、信用、文化、统计、科技等基础信息数据库。整合各类政府信息平台、信息系统和数据中心资源，依托现有平台资源，集中构建统一的互联网政务数据服务平台和信息惠民服务平台。

建立国家治理大数据中心。统筹利用政府和社会数据资源，推动宏观调控决策支持、市场监督管理、社会信用、风险预警大数据应用，建设社会治理和公共服务大数据应用体系。

加强大数据关键技术及产品研发。支持数据存储、分析处理、信息安全与隐私保护等领域技术产品研发，突破大数据关键技术瓶颈。加强大数据基础研究，探索建立数据科学的学科体系。

提升大数据产业支撑能力。加快培育大数据龙头骨干企业，建立政产学研用联动、大中小企业协调发展的大数据产业体系。建立完善大数据产业公共服务支撑体系。

深化大数据应用。建设统一开放平台，逐步实现公共数据集开放，鼓励企业和公众挖掘利用。推动政府治理、公共服务、产业发展、技术研发等领域大数据创新应用。推进贵州等大数据综合试验区建设。

推动数据资源应用。完善政务基础信息资源共建共享应用机制，依托政府数据统一共享交换平台，加快推进跨部门、跨层级数据资源共享共用。稳步推进公共数据资源向社会开放。支持各类市场主体、主流媒体利用数据资源创新媒体制作方式，深化大数据在生产制造、经营管理、售后服务等各环节创新应用，支撑技术、产品和商业模式创新，推动大数据与传统产业协同发展。

强化数据资源管理。建立健全国家数据资源管理体制机制，建立数据开放、产权保护、隐私保护相关政策法规和标准体系。制定政府数据资源管理办法，推动数据资源分类分级管理，建立数据采集、管理、交换、体系架构、评估认证等标准制度。加强数据资源目录管理、整合管理、质量管理、安全管理，提高数据准确性、可用性、可靠性。完善数据资产登记、定价、交易和知识产权保护等制度，探索培育数据交易市场。

专栏6　国家互联网大数据平台建设工程

建立互联网大数据的采集机制。制定互联网数据管理办法，促进政府企业良好合作，制定国家或行业大数据平台技术标准，形成统一的数据采集、分析处理、安全访问等机制。

建设覆盖全国、链接畅通的数据中心。合理规划布局国家互联网大数据平台，考虑现有数据中心布局情况，选择条件适宜的地方建设区域性数据中心，依托安全可靠的通信网络，汇聚政府部门、电信运营商、互联网企业、各地区数据中心、大数据交易所、专业机构等渠道平台的数据，构建汇聚网民、企业和政府三类数据的大数据资源中心，提高信息的及时性、全面性和准确性。

互联网数据展示及应用。通过可视化和虚拟现实等技术，建立我国信息化、经济运行、环境保护、交通运输、综合监管、公共卫生等实时状况和趋势的统一视图，推进互联网大数据在国家治理、社会转型、产业升级等方面的广泛应用，服务科学决策。

注重数据安全保护。实施大数据安全保障工程，加强数据资源在采集、传输、存储、使用和开放等环节的安全保护。推进数据加解密、脱密、备份与恢复、审计、销毁、完整性验证等数据安全技术研发及应用。切实加强对涉及国家利益、公共安全、商业秘密、个人隐私、军工科研生产等信息的保护，严厉打击非法泄露和非法买卖数据的行为。建立跨境数据流动安全监管制度，保障国家基础数据和敏感信息安全。出台党政机关和重点行业采购使用云计算服务、大数据相关规定。

（四）构筑融合创新的信息经济体系

推进信息化和工业化深度融合。在推进实施“中国制造 2025”过程中，深化制造业与互联网融合发展，加快构建自动控制与感知技术、工业软硬件、工业云与智能服务平台、工业互联网等制造业新基础，建立完善智能制造标准体系，增强制造业自动化、数字化、智能化基础技术和产业支撑能力。组织实施“芯火”计划和传感器产业提升工程，加快传感器、过程控制芯片、可编程逻辑控制器等研发和产业化。加快计算机辅助设计仿真、制造执行系统、产品全生命周期管理等工业软件的研发和产业化，加强软件定义和支撑制造业的基础性作用。支持开展关键技术、网络、平台、应用环境的兼容适配、互联互通和互操作测试验证，推动工业软硬件与工业大数据平台、工业网络、工业信息安全系统、智能装备的集成应用。积极推进制造企业“双创”及工业云、工业大数据、工业电子商务等服务平台建设和服务模式创新，全面提升行业系统解决方案能力。推动工业互联网研发应用，制定工业互联网总体体系架构方案，组织开展工业互联网关键资源管理平台和核心技术试验验证平台建设，加快形成工业互联网健康发展新生态。组织实施企业管理能力提升工程，加快信息化和工业化融合管理体系标准制定和应用推广。

专栏 7　制造业与互联网融合发展应用与推广工程

培育一批制造企业“双创”平台。组织开展制造业与互联网融合发展试点示范，推动工业云、工业大数据、工业电子商务等技术的集成应用，培育众包研发、协同制造、精益管理、远程服务等新模式，发展面向制造环节的分享经济，促进供给与需求的精准匹配。

提升“双创”服务能力。培育一批支持制造业发展的“双创”示范基地。支持大型互联网企业、基础电信企业建设一批面向制造业中小企业的“双创”服务平台，鼓励大型制造企业开放“双创”平台聚集的各类资源，发展专业咨询、人才培训、检验检测、投融资等线上服务。

提升企业管理能力。加强两化融合管理体系标准制定和应用推广，推动业务流程再造和组织方式变革。依托中国两化融合服务平台，全面开展企业自评估、自诊断和自对标，建设全国两化融合发展数据地图。

强化核心技术研发及产业化。推动实施国家重点研发计划，加快推动自动控制与感知技术、核心工业软硬件、工业互联网、工业云与智能服务平台等新型基础设施和平台设施建设。支持建设信息物理系统监测验证平台，构建参考模型和综合技术标准体系。组织开展行业系统解决方案应用试点示范，培育一批系统解决方案供应商。

提高工业信息系统安全水平。开展工业企业信息安全保障试点示范，支持系统仿真测试、评估验证等关键共性技术平台建设，推动访问控制、追踪溯源、商业信息及隐私保护等核心技术产品产业化。建设国家工业信息安全保障中心，提升工业信息安全监测、评估、验证和应急处理能力。

推进农业信息化。实施“互联网+现代农业”行动计划，着力构建现代农业产业体系、生产体系、经营体系。推动信息技术与农业生产管理、经营管理、市场流通、资源环境融合。推进种植、畜牧、兽医、渔业、种子、农机、农垦、农产品加工、动植物检验检疫、农村集体资产财物管理、农业资源环境保护、农村污水、农村能源，以及水利设施、水资源、节水灌溉、饮水保障等行业和领域的在线化、数据化。加快补齐农业信息化短板，全面加强农村信息化能力建设，建立空间化、智能化的新型农村统计信息综合服务系统。着力发展精准农业、智慧农业，提高农业生产智能化、经营网络化、管理数据化、服务在线化水平，促进农业转型升级和农民持续增收，为加快农业现代化发展提供强大的创新动力。

专栏8　农业农村信息化工程
发展智慧农业。推进智能传感器、卫星导航、遥感、空间地理信息等技术应用，增强对农业生产环境的精准监测能力。组织实施农业物联网区域试验，开展农作物大田种植、设施农业、畜牧水产规模养殖等领域物联网技术应用试点。推进农机精准作业示范和北斗导航技术在农业生产中的应用。 发展农业农村电子商务。推进互联网技术在农业生产、加工、流通等各环节的应用与推广，促进农村和农产品现代市场体系建设，培育多元化农村电子商务市场主体。结合农产品现代流通体系建设，开展农业电子商务试点示范，支持农产品电子商务平台应用。 推动农业农村大数据应用。整合构建国家涉农大数据中心和国家农业云。打造农业走出去公共服务平台，开展全球农业数据调查分析系统建设，建立农业全产业链信息监测分析预警系统。建立国家农产品质量安全监管追溯管理信息平台，不断扩大信息化监管追溯覆盖面。建立农村集体资产监管平台，推动农村集体资产财务管理制度化、规范化、信息化，全面提升农业政务信息化能力和水平。 提升农业信息综合服务能力。大力推进信息进村入户，拓展“12316”的三农综合信息服务。推进农村社区信息化建设，开展农民手机应用技能培训，提升农民信息化应用能力，推动城乡信息服务均等化，缩小城乡数字鸿沟。建立水利大数据分析与应用服务工程，提升水利设施和水资源对农业生产及农村发展的支撑保障服务能力。开展农业信息经济示范区建设，完善现代农业信息服务体系。 增强农业信息化发展支撑能力。以应用为导向，推进农业信息基础设施智能化建设。推进农业信息化科技创新能力跨越，构建政产学研用紧密结合的农业信息化科技创新体系，有效支撑农业信息化产业发展。

发展电子商务。全方位规范电子商务市场竞争，加快电子商务模式、市场服务方式创新和科技水平提升，支持移动电商、社区电商、农村电商和跨境电商等新型电商模式发展，促进电子商务提质升级。大力推进“互联网+流通”，加强智慧流通基础设施建设，探索网络化定制、全渠道营销、服务到户等多种线上线下融合发展方式，推进电子商务与传统产业深度融合。健全电子商务要素配套服务产业链，大力发展电子商务人才和信息服务业、技术服务业、物流服务业，鼓励发展垂直类、专业类、行业类电子商务，进一步完善电子商务支撑体系，强化电子商务民生服务体系建设，扩大电子商务在医疗、健康、养老、家政服务等领域的应用。

培育发展新兴业态。推进“互联网+”行动，促进互联网深度广泛应用，带动生产模式和组织模式变革，形成网络化、智能化、服务化、协同化的产业发展形态。大力发展基于互联网的众创、众包、众扶和众筹，推进产业组织、商业模式、供应链创新。推动生产性服务业向专业化和价值链高端延伸，促进生活性服务业向精细化和高品质转变。鼓励企业利用互联网推动服务型制造发展，开展个性化定制、按需设计、众包设计等服务，创新生产制造和经营销售环节，提供网络化协同制造、全生命周期管理等业务。发展以开放、便捷、节约、绿色为特征的分享经济。推动宽带网络、移动互联网、物联网、云计算、大数据、三网融合等新一代信息技术融合发展，促进信息消费。积极规范发展互联网金融，促进金融信息服务业健康发展。逐步完善数字版权公共服务体系，促进数字内容产业健康发展。推动互联网在旅游各领域的融合与应用，培育智慧旅游、智慧休闲等创新业态。

专栏9　信息经济创新发展工程
设立信息经济示范区。深化信息技术在现代农业、先进制造、创新创业、金融等领域集成应用，依托现有新技术产业园区、创新园区，面向云计算、大数据、物联网、机器深度学习与新一代信息技术创新，探索形成一批示范效应强、带动效益好的国家级信息经济示范区。

发展分享经济。支持网约车、家庭旅馆借宿、办公场地短租和人人参与的在线知识技能互助等民生领域共享服务发展。探索建立分享经济网上信用平台。

发展电子商务。支持电子商务共性基础设施建设，加快构建电商诚信体系，促进重点领域电子商务创新和融合应用，推进农业、工业、服务业等领域的电子商务应用，大力培育电子商务服务业。推动实施电子商务综合通关提速工程和电子商务国际大通道建设工程。推动杭州等跨境电子商务综合试验区建设，稳步实施综合试验区扩围。

促进创业创新。完善中小企业公共服务平台网络，鼓励行业领军企业、高等院校、科研院所等依托互联网平台向全社会提供专业化创新创业服务，共助中小微企业和创业者成长。支持各类产业创新和商务合作平台发展，开展市场化、专业化、集成化、网络化的众创空间基地试点建设，加强创新创业项目的孵化培育和产业对接能力。

推进智慧物流。推动电子口岸、道路运输危险品监管平台和邮政业监管信息平台等公共信息平台建设。建立跨区域、跨行业的物流信息平台，形成开放、透明、共享的供应链协作模式。打造智能化的物流公共配送中心、中转分拨站，加强物流车辆的规范管理以及社区自提点、服务点的共建共享。

促进质量和品牌建设。实施质量提升行动，以信息化促进质量治理，推进国家质量基础能力建设，保障国民消费质量安全、国门生物安全和特种设备安全。建立国家宏观质量安全监测评价体系、国家质量信息公共服务体系和国家质量安全监测、分析、预警机制，提高国家质量公共服务信息化水平。

（五）支持善治高效的国家治理体系构建

服务党的建设工作。推动“互联网+党建”，支持统筹建设全国党员信息库和党员管理信息系统、党员教育信息化平台，提高党组织建设、党员教育管理服务工作网络化、智能化水平。推动整合基层党建信息化工作平台和网上民生服务，促进基层服务型党组织建设。支持建设监督执纪问责信息化平台，完善群众监督和宣传平台，丰富党风廉洁建设和反腐败工作数据资源，助力全面从严治党。

统筹发展电子政务。建立国家电子政务统筹协调机制，完善电子政务顶层设计和整体规划。统筹共建电子政务公共基础设施，加快推进国家电子政务内网建设和应用，支持党的执政能力现代化工程实施，推进国家电子政务内网综合支撑能力提升工程。完善政务外网，支撑社会管理和公共服务应用。支持各级人大机关信息化建设，有效满足立法和监督等工作需求，为人民代表大会及其常委会履职提供信息技术支撑。支持政协信息化建设，推进协商民主广泛多层制度化发展。支持“智慧法院”建设，推行电子诉讼，建设完善公正司法信息化工程。实施“科技强检”战略，积极打造“智慧检务”。创新电子政务投资、建设及服务模式，探索建立第三方建设运行维护机制。完善国家电子政务标准体系，建立电子政务绩效评估监督制度。加强国家电子文件管理，促进电子文件规范应用。

创新社会治理。以信息化为支撑，加强和创新社会治理，推进社会治理精细化、精准化。加快建设安全生产隐患排查治理体系、风险预防控制体系和社会治安立体防控体系，推进网上综合防控体系建设，建立和完善自然灾害综合管理信息系统、重大和重要基础设施综合管理信息系统、安全生产监管信息系统、国家应急平台、社会治安综合治理信息系统和公安大数据中心，加强公共安全视频监控联网应用，提升对自然灾害等突发事件和安全生产、社会治安的综合治理水平。推进多元矛盾纠纷化解信息化平台建设，有效预防和妥善化解各类矛盾纠纷，为社会风险防控提供支撑。完善全国信用信息共享平台，整合金融、工商、税收缴纳、交通违法、安全生产、质量监管等领域信用信息，发挥平台在信用信息共享中的“总枢纽”作用，逐步实现跨部门、跨地区信用信息共享与应用。推行网上受理信访、举报制度，拓展网上政民互动，畅通群众利益协调和权益保障渠道。推进智慧社区建设，完善城乡社区公共服务综合信息平台，建立网上社区居委会，发展线上线下结合的社区服务新模式，提高社区治理和服务水平。

（六）形成普惠便捷的信息惠民体系

拓展民生服务渠道。深入实施信息惠民工

程，加快推进信息惠民国家试点城市建设。全面开展“互联网+政务服务”，大力推进政务服务“一号申请、一窗受理、一网通办”，构建方便快捷、公平普惠、优质高效的政务服务信息体系，简化群众办事环节，让信息多跑路、群众少跑腿。全面推进政务公开，加强政民互动交流，建立政府同群众交流沟通的互联网平台，推动各级政府部门通过互联网了解群众，贴近群众，为群众排忧解难。基于互联网建立发扬人民民主、接受人民监督的新渠道，促进政府公共服务“一站式”网上办理及行政权力全流程监督。

创新民生服务供给模式。利用信息化手段不断扩大优质教育资源覆盖面，构建网络化、数字化、个性化、终身化的教育体系，建设学习型社会。深入推进社会保障一卡通工程，统筹推进全面覆盖城乡的社会保障、社会救助系统，实现基本医疗保险异地就医直接结算、社会保险关系网上转移接续。推广在线医疗卫生新模式。推进就业、养老、教育、职业培训、技能人才评价、工伤、生育、法律服务等信息全国联网，构建线上线下相衔接的信息服务体系。积极推进网络公益事业发展。推进交通一卡通互通，实现跨区（市）域、跨交通方式的互联互通，开展交通一卡通在出租汽车、长途客运、城际轨道、水上客运、公共自行车及停车场等交通运输领域的应用，方便居民出行。

专栏 10　信息惠民工程

全面开展“互联网+政务服务”。大力推进政务服务“一号申请、一窗受理、一网通办”，构建线上线下一体化政务服务体系，简化优化群众办事流程，提升政府行政效能，增强政务服务的主动性、精准性、便捷性，提高群众办事的满意度。

全面提升民生服务均等普惠水平。围绕当前群众广泛关注和亟待解决的医疗、教育、社保、就业、养老服务等民生问题，进一步推动跨部门、跨层级信息共享，促进公共服务的多方协同合作、资源共享、政策对接、制度创新，加快构建全人群覆盖、全天候受理、公平普惠的民生公共服务体系，增强民生服务有效供给能力，提升信息便民惠民利民水平。

全面推进政务公开。提高权力运行的信息化监督能力，推动法治政府、创新政府、廉洁政府和服务型政府建设。依托“信用中国”网站，全面推进行政许可和行政处罚等信息自作出行政决定之日起 7 个工作日内上网公开工作。支持各级政府有效利用政府网站、社交媒体、移动互联网等新型手段，建设政务新媒体矩阵。重视网络民意表达，畅通民主监督和参政议政渠道，在医疗、健康、养老、教育、社会保障等民生领域，提供实时在线互动的政务服务。

（七）打造网信军民深度融合发展体系

建立健全网信军民融合机制。健全领导管理体制和工作机制，加快网信军民融合立法进程、促进标准兼容，整合利用军民两方面优势，推动制度创新、管理创新、技术创新。加强网信军民融合评估和风险管理，完善网信动员体系，构建国家网信动员机制，常态化推进军地联合演训，推进网信建设项目贯彻国防要求联审联验，实施军地网信人才融合发展计划，完善接力培养机制。

推进信息基础设施共建共用共享。统筹军地信息传输网络建设，构建军民共用的国家光缆网。深化天基通信系统融合发展，加快推动军民共用全球移动通信卫星系统建设。推进电磁频谱管理专项工程建设，构建军民协同合作的电磁频谱监测、检测和探测网系。加强军民共用信息系统建设，鼓励军队以购买、外包等方式从市场获取高质量、低成本的信息产品，充分挖掘利用民间优势数据资源和数据开发能力。实施军民融合信息资源开发利用工程，完善安全可靠的军地信息资源共享交换平台，规范军事信息资源向社会开放，探索利用企业互联网平台和社会科技资源为军队服务。加强国防科技工业综合管理信息化建设。

加快军民技术双向转化。加大对相关核心关键信息技术科研项目的支持力度，鼓励开展联合攻关。孵化和支持一批具有重大潜在军事应用价值的项目，通过在军事领域的率先突破实现军事需求牵引技术创新。有序推动军民重点实验室相互开放。支持各类社会科技资源参与国防和军队网信建设。发展军民一体信息产业。

专栏 11　网信军民深度融合工程

开展军民融合试点示范。统筹推进航天领域军民融合，构建天地一体网络空间基础设施。建设军民一体航海管制系统，推动国家航海管制信息融合共享，形成全国统一的航海管制格局。为军队使用互联网提供便捷用网、规范用网、安全用网服务。统筹推进军警民一体指挥系统、军民兼容的国家大型计算存储和灾备设施、量子通信网络发展等重大工程建设。

实施网信军民融合协同创新中心建设，在体制机制、重大政策制度、融合发展重点工作等方面，选择基础条件好的区域开展创新试验，提升军地网信技术协同创新能力。

推动网信军民融合理论创新。聚合军地资源，重点建设战略性、综合性的高端智库，加强国际交流与合作，提升网信军民融合软实力。

（八）拓展网信企业全球化发展服务体系

建立开放共赢的国际合作体系。建立全球信息化合作服务平台，积极推动网信企业国际拓展，加快建设中国—东盟信息港、中国—阿拉伯国家等网上丝绸之路。建立网信企业走出去服务联盟，引导联盟成员在融资融智、技术创新等方面协同合作，拓展国际信息化交流合作渠道。加强主流媒体网站及新媒体的国际传播能力建设，准确阐述“一带一路”共商、共建、共赢理念，营造良好国际舆论氛围。

专栏 12　信息化国际枢纽工程

建设中国—东盟信息港。以广西为支点，加快建立面向东盟、服务西南中南的国际通信网络体系和信息枢纽，与东盟国家共同建设基础设施平台、技术合作平台、经贸服务平台、信息共享平台、人文交流平台。

建设中国—阿拉伯国家网上丝绸之路宁夏枢纽工程。以宁夏为支点构建中阿国际网络大通道，加快区域网络设施、通信光缆建设步伐，优化网络基础资源配置，推动4G、公共 WiFi 等普及，开展跨境电子商务合作。

建立企业走出去数据库。动态收集、滚动更新“一带一路”沿线国家和地区信息化发展水平、政治环境、经济开放程度、双边关系、当地税制等信息，服务企业走出去。

滚动支持一批合作项目。建立一批信息化合作项目库，支持网信企业积极参与“一带一路”沿线国家和地区的信息基础设施、重大信息系统和数据中心建设。围绕推进“一带一路”建设，编制网信领域海外研发基地建设行动方案，明确整体布局、建设规则、推进计划，优先启动建设一批海外研发基地，充分发挥其示范效应和带动作用。

鼓励和支持网信企业走出去。加大对网信企业走出去的政策支持力度，积极搭建对外投资金融和信息服务平台，构建信息服务体系。制定鼓励和引导跨境并购的扶持政策，引导网信企业采取贸易、绿地投资、海外并购等多种方式走出去，利用多边、双边投资贸易协定和财政担保措施，增强获取全球资源的能力。支持企业拓展海外业务布局，增设海外机构和业务网点，鼓励企业在科技资源密集的国家和地区设立海外研发中心，加快融入国际创新体系。推动区域数字经济合作，共建产业园区，结合网信企业全球化重点需求并综合考虑国际科技合作总体布局，建设一批高水平的海外大科学研究基地。实施网信援外计划，帮助发展中国家建设信息技术产业园区和网络空间实验室，实现技术研发合作、技术转移示范与技术培训相结合。发挥骨干企业和网络社会组织积极性，加快推进中国标准走出去，积极参与制定国际标准，组建跨国标准联盟。

健全企业走出去境外服务体系。完善领事保护机制，建立和完善海外应急及快速响应机制，最大限度地保护中国企业和公民的利益与安全。强化企业知识产权意识，加强对国外行业技术、知识产权等法律法规以及行业标准、评定程序和检验检疫规则的跟踪研判和分析评议，建立公益性专利信息服务平台，为我国企业提供必要的境外专利诉讼和代理、知识产权保护援助服务。

（九）完善网络空间治理体系

加强互联网基础资源管理。进一步推进互联网域名、IP 地址、网站等基础资源和网络互动平台真实身份信息注册登记工作。建设网络可信体系，探索建立全国统一的网络证照服务体系，推进网络身份可溯源和信息保护工作。

依法加强网络空间治理。加强网上正面宣传，用社会主义核心价值观、中华优秀传统文化和人类优秀文明成果滋养人心、滋养社会，做到正能量充沛、主旋律高昂，为广大网民特别是青少年营造一个风清气正的网络空间。推进依法办网，加强对所有从事新闻信息服务、具有媒体属性和舆论动员功能的网络传播平台的管理。健全网络与信息突发安全事件应急机制，完善网络安全和信息化执法联动机制。顺应广大人民群众呼声，重点加大对网络电信诈骗等违法行为打击力度，开展打击网络谣言、网络敲诈、网络诈骗、网络色情等专项行动。加强网络空间精细化管理，清理违法和不良信息，防范并严厉打击利用网络空间进行恐怖、淫秽、贩毒、洗钱、诈骗、赌博等违法犯罪活动，依法惩治网络违法犯罪行为，让人民群众安全放心使用网络。

专栏 13　网络内容建设工程

发挥互联网优势和特点，创新宣传形式，打造宣传平台，扩大宣传覆盖面，鼓励网民、网络社会组织互动，健全宣传支撑体系，推进国际传播、少数民族语种传播、媒体融合等项目。

网上理论传播。强化马克思主义中国化最新理论成果网上传播，推动基础理论鲜活化传播。持续加强网上理论宣传平台建设，突出抓好经济理论网上传播，加快推进理论传播国际化进程。

网络新闻传播。加快推动重点新闻网站建设，增强重点新闻网站在重大主题宣传、典型宣传、形势宣传和成就宣传等方面的能力。拓宽新闻传播渠道，提升传播技术，支持重点新闻网站做大做强，让党的主张成为网络空间最强音。

网络文艺。鼓励推出优秀网络原创作品，推动网络文学、网络音乐、网络剧、微电影、网络演出、网络动漫等新兴文艺类型繁荣发展，促进传统文艺与网络文艺创新性融合，鼓励作家、艺术家积极运用网络创作传播优秀作品。维护网络文艺创作传播秩序，举办网络文艺优秀作品进校园、进社区、进企业等活动。

创新网络社会治理。加强对互联网企业的引导，促进互联网企业健康发展。健全网络社会组织管理，规范和引导网络社团发展，鼓励多元主体参与网络治理，促进互联网行业自律自治。提升网络媒介素养，推进网络诚信建设制度化和互联网领域信用建设。完善全国网络违法信息举报工作体系，畅通公众参与网络治理渠道。加强网络伦理、网络文明建设。

专栏 14　网络文明建设工程

开展网上“讲文明树新风”活动。开展网络伦理、网络道德宣传，深化文明礼仪知识教育，打造一批“中国好网民”品牌项目，建设一批网络文明示范基地，引导人们文明办网、文明上网。推动文明城市、文明村镇、文明单位、文明家庭、文明校园等创建活动向互联网延伸，扩大覆盖面和影响力。

开展网络公益活动。推动各类网站广泛开展扶贫帮困、慈善捐助、支教助学、义务献血等公益活动，吸引网民广泛参与，让公益精神照亮网络。加快建设网上志愿服务招募注册、培训管理、服务对接、褒奖回馈等工作平台，大力推动完善志愿服务制度，全面提升志愿服务的运作水平和服务能力。

开展网络文化活动。鼓励网民创作格调健康的网络文化作品，制作适合互联网和移动端新兴媒体传播的文化精品佳作。加强网络诚信宣传，组织开展网络诚信宣传日活动。分系统分领域培养一批高素质、高水平、敢担当、负责任的网民，使网络空间进一步清朗起来。

深度参与国际网络空间治理。把世界互联网大会打造成网络空间合作最重要的国际平台之一，广泛传播我国治网主张，推动建立多边、民主、透明的国际互联网治理体系，构建网络空间命运共同体。完善网络空间多双边对话协商机制。深度参与互联网治理规则和技术标准制定，积极参加互联网名称和数字地址分配机构、互联网工程任务组等国际互联网技术和管理机构的活动。实施网络社会组织走出去战略，建立打击网络犯罪国际合作机制，共同防范和反对利用网络空间进行商业窃密、黑客攻击、恐怖犯罪等活动。

（十）健全网络安全保障体系

强化网络安全顶层设计。制定实施国家网络空间安全战略。完善网络安全法律法规体系，推动出台网络安全法、密码法、个人信息保护法，研究制定未成年人网络保护条例。建立完善国家网络安全相关制度，健全完善国家网络与信息安全信息通报预警机制，健全网络安全标准体系。加强网络空间安全学科专业建设，创建一流网络安全学院。

构建关键信息基础设施安全保障体系。实施网络安全审查制度，防范重要信息技术产品和服务网络安全风险。建立国家关键信息基础设施目录，制定关于国家关键信息基础设施保护的指导性文件，进一步明确关键信息基础设施安全保护要求。落实国家信息安全等级保护制度，全力保障国家关键信息基础设施安全。加强金融、能源、水利、电力、通信、交通、地理信息等领域关键信息基础设施核心技术装备威胁感知和持续防御能力建设，增强网络安全防御能力和威慑能力。加强重要领域密码应用。

全天候全方位感知网络安全态势。加强网络安全态势感知、监测预警和应急处置能力建设。建立统一高效的网络安全风险报告机制、情报共享机制、研判处置机制，准确把握网络安全风险发生的规律、动向、趋势。建立政府和企业网络安全信息共享机制，加强网络安全大数据挖掘分析，更好感知网络安全态势，做好风险防范工作。完善网络安全检查、风险评估等制度。加快实施党政机关互联网安全接入工程，加强网站安全管理，加强涉密网络保密防护监管。

专栏 15　网络安全监测预警和应急处置工程

网络安全信息共享。建立政府、行业、企业网络安全信息共享机制，制定国家网络安全信息共享指南，制定信息共享标准和规范，建设国家网络安全信息共享平台和网络安全威胁知识库，建立统一高效的网络安全风险报告机制、情况共享机制、研判处置机制。

网络安全态势感知。建立国家网络安全态势感知平台，利用大数据技术对网络安全态势信息进行关联分析、数据挖掘和可视化展示，绘制关键信息基础设施网络安全态势地图。建设工业互联网网络安全监测平台，感知工业互联网网络安全态势，为保障工业互联网安全提供有力支持。

重大网络安全事件应急指挥。建立国家重大网络安全事件应急指挥体系，建立政府部门协同、政企联动、全民参与的应急处置机制，研制分类分级网络安全事件应急处置预案。建立网络安全风险预警系统，提高网络安全事件的协同应对水平。

建设网络安全威胁监测处置平台，实现对国际出入口、境内骨干网络核心节点的网络安全威胁监测，提高对各类网络攻击威胁和安全事件的及时发现、有效处置和准确溯源能力。

建设互联网域名安全保障系统，加强对根及.cn 等重要顶级域名服务器异常事件的监测和应急处置，保障在根及重点顶级域服务系统异常状态下我国大陆境内域名服务体系的正常运行。

强化网络安全科技创新能力。实施国家信息安全专项，提高关键信息基础设施、重要信息系统和涉密信息系统安全保障能力及产业化支撑水平。实施国家网络空间安全重大科技项目，全面提升网络信息技术能力，构建国家网络空间安全技术体系。加快推进安全可靠信息技术产品创新研发、应用和推广，形成信息技术产品自主发展的生态链，推进党政机关电子公文系统安全可靠应用。建立有利于网络安全产业良性发展的市场环境，加快培育我国网络安全龙头企业。加强对新技术、新应用、新业务的网络安全保障和前瞻布局。

专栏 16　网络安全保障能力建设工程

关键信息基础设施安全防护。组织实施信息安全专项，建立关键信息基础设施安全防护平台，支持关键基础设施和重要信息系统，整体提升安全防御能力。强化安全监管、综合防护的技术手段支撑，提升我国域名体系的网络安全和应急处置能力。

网络安全审查能力建设。开展网络安全审查关键技术研究，统筹建立网络设备、大数据、云计算等重点实验室。

网络安全标准能力提升。加强我国网络安全标准专业队伍建设，建设网络安全标准验证和检测平台，重点构建基于芯片和操作系统的安全评测，完善网络安全标准信息共享和实施情况跟踪评估机制。

党政机关信息系统安全防护。完善党政机关互联网信息汇聚平台，扩建网络安全态势感知系统、失泄密监管系统和防窃密技术支持系统，推进基层党政机关网站向安全可靠云服务平台迁移的试点示范。

五、优先行动

遵循信息化发展规律，区分轻重缓急、实现循序渐进，把现代基础设施建设、农村人口脱贫、社会事业发展、生态环境保护、人民生活改善等领域信息化摆在优先位置，积极回应各方诉求，让人民群众在信息化发展中有更多获得感。

（一）新一代信息网络技术超前部署行动

行动目标：到2018年，开展5G网络技术研发和测试工作，互联网协议第6版（IPv6）大规模部署和商用；到2020年，5G完成技术研发测试并商用部署，互联网全面演进升级至IPv6，未来网络架构和关键技术取得重大突破。

加快推进5G技术研究和产业化。统筹国内产学研用力量，推进5G关键技术研发、技术试验和标准制定，提升5G组网能力、业务应用创新能力。着眼5G技术和业务长期发展需求，统筹优化5G频谱资源配置，加强无线电频谱管理。适时启动5G商用，支持企业发展面向移动互联网、物联网的5G创新应用，积极拓展5G业务应用领域。

加快推进下一代广播电视网建设与融合。统筹有线无线卫星协调发展，提升广播电视海量视频内容和融合媒体创新业务的承载能力，推动有线无线卫星融合一体化及与互联网的融合发展，构建天地一体、互联互通、宽带交互、智能协调、可管可控的广播电视融合传输覆盖网，支持移动、宽带、交互、跨屏广播电视融合业务的开展。

推动下一代互联网商用进程。加快网络基础设施全面向IPv6演进升级，提升内容分发网络对IPv6内容的快速分发能力。加快IPv6终端和应用系统研发，推动智能终端支持IPv6，实现4G对IPv6的端到端支持。加快推动基于IPv6的移动互联网商用进程，积极引导商业网站、政府及公共企事业单位网站向IPv6迁移。

超前布局未来网络。布局未来网络架构，加快工业互联网、能源互联网、空间互联网等新型网络设施建设，推动未来网络与现有网络兼容发展。加快构建未来网络技术体系，加快建立国家级网络试验床，推进未来网络核心技术重点突破和测试验证。加强未来网络安全保障，积极防范未来网络安全风险。

（二）北斗系统建设应用行动

行动目标：到2018年，面向“一带一路”沿线及周边国家提供基本服务；到2020年，建成由35颗卫星组成的北斗全球卫星导航系统，为全球用户提供服务。

统筹推进北斗建设应用。进一步完善北斗卫星导航产业的领导协调机制，持续推进北斗系统规划、建设、产业、应用等各层面发展。加快地基增强系统建设，搭建北斗高精度位置服务平台，积极开展应用示范。

加强北斗核心技术突破。加大研发支持力度，整合产业资源，完善型谱规划，综合提升北斗导航芯片的性能、功耗、成本等指标，鼓励与通信、计算、传感等芯片的集成发展，推动北斗卫星导航系统及其兼容产品在政府部门的应用，提高产业竞争力。

加快北斗产业化进程。开展行业应用示范，推动北斗系统在国家核心业务系统和交通、通信、广电、水利、电力、公安、测绘、住房城乡建设、旅游等重点领域应用部署。推动北斗导航产业链的发展和完善，促进高精度芯片、终端制造和位置服务产业综合发展。

开拓卫星导航服务国际市场。服务共建“一带一路”倡议，实施卫星导航产业国际化发展综合服务工程，加快海外北斗卫星导航地基增强系统建设，推进北斗在亚太的区域性基站和位置服务平台建设，加快建立国际化的产业技术联盟和专利池。

（三）应用基础设施建设行动

行动目标：到2018年，云计算和物联网原始创新能力显著增强，新建大型云计算数据中心电能使用效率（PUE）值不高于1.5；到2020年，形成具有国际竞争力的云计算和物联网产业体系，新建大型云计算数据中心PUE值不高于1.4。

统筹规划全国数据中心建设布局。优化大型、超大型数据中心布局，杜绝数据中心和相关园区盲目建设。加快推动现有数据中心的节能设计和改造，有序推进绿色数据中心建设。

提升云计算自主创新能力。培育发展一批具有国际竞争力的云计算骨干企业，发挥企业创新主体作用，增强云计算技术原始创新能力，尽快在云计算平台大规模资源管理与调度、运行监控与安全保障、大数据挖掘分析等关键技术和核心软硬件上取得突破。鼓励互联网骨干企业开放平台资源，加强行业云服务平台建设，支持政务系统和行业信息系统向云平台迁移，建设基于云计算的国家科研信息化基础设施，打造“中国科技云”。

积极推进物联网发展。推进物联网感知设施规划布局，发展物联网开环应用。实施物联网重大应用示范工程，推进物联网应用区域试点，建立城市级物联网接入管理与数据汇聚平台，深化物联网在城市基础设施、生产经营等环节中的应用。

（四）数据资源共享开放行动

行动目标：到 2018 年，形成公共数据资源开放共享的法规制度和政策体系，建成国家政府数据统一共享交换和开放平台，跨部门数据资源共享共用格局基本形成；到 2020 年，实现民生保障服务等领域的政府数据集向社会开放。

构建全国信息资源共享体系。制定政府数据资源共享管理办法，梳理制定政府数据资源共享目录体系，构建政府数据统一共享交换平台，推动信息资源跨部门跨层级互通和协同共享，打通信息壁垒。

稳步实施公共信息资源共享开放。各地区、各部门根据职能，梳理本地区、本部门所产生和管理的数据集，编制数据共享开放目录，依法推进数据开放。充分利用已有设施资源，建立统一的政府数据共享和开放平台。优先开放人民群众迫切需要、商业增值潜力大的数据集。加强对开放数据的更新维护，不断扩大数据开放范围，保证动态及时更新。

规范数据共享开放管理。加强共享开放数据的全生命周期管理。建立共享开放数据汇聚、存储和安全的管理机制。按照网络安全管理和密码管理等规范标准，加快应用自主核心技术及软硬件产品，提升数据开放平台的安全保障水平。加强数据再利用安全管理。

（五）“互联网+政务服务”行动

行动目标：到 2017 年，80 个信息惠民国家试点城市初步实现政务服务跨区域、跨层级、跨部门“一号申请、一窗受理、一网通办”，形成方便快捷、公平普惠、优质高效的政务服务信息体系；到 2020 年，全国范围内实现“一号一窗一网”目标，服务流程显著优化，服务模式更加多元，服务渠道更为畅通，群众办事满意度显著提升。

构建统一的政务服务信息系统。依托统一的数据共享交换平台，推动各部门业务系统互通对接、信息共享和业务协同，形成“前台综合受理、后台分类审批、统一窗口出件”的服务模式，拓展自助服务、社区代办、邮政快递等服务渠道，构建跨区域、跨层级、网上网下一体化的政务服务体系，实现一窗口受理、一平台共享、一站式服务。

建立电子证照体系和共享互认机制。按照分散集中相结合原则，建设自然人电子证照库，推进制证系统、业务办理系统与电子证照库对接联通，实现相关信息一次生成、多方复用，一库管理、互认共享。研究制定电子证照规范标准，建立跨区域电子证照互认共享机制，推进跨层级、跨区域、跨部门的电子证照互认共享，逐步实现全国范围内异地业务办理。

建立完善统一身份认证体系。以公民身份号码为唯一标识，探索运用生物特征及网络身份识别等技术，联通整合实体政务服务大厅、政府网站、移动客户端、自助终端、服务热线等不同渠道的用户认证，形成基于公民身份号码的线上线下互认的群众办事统一身份认证体系，实现群众办事多个渠道的一次认证、多点互联、无缝切换。

构建便民服务“一张网”。梳理整合教育、医疗卫生、社会救助、社会福利、社区服务、婚姻登记、劳动就业、住房公积金、社会保障、计划生育、住房保障、法律服务、法治宣传、公共安全等民生服务领域的网上服务资源，联通各个网上办事渠道，构建便民服务“一张网”，实现一次认证、一网通办。

（六）美丽中国信息化专项行动

行动目标：到 2018 年，自然资源和生态环境动态监测网络和监管体系基本建成，能源互联网建设取得明显成效；到 2020 年，能源利用效率显著提升，生产生活方式绿色化水平大幅提升。

推进“互联网+智慧能源”发展。探索建设多能源互补、分布式协调、开放共享的能源互联网，构建清洁低碳、高效安全的现代能源体系。推进绿色能源网络发展，构建能源消费生态体系，发展用户端智慧用能，促进能源共享经济发展和能源自由交易。实施国家能源管理与监管信息化工程，建立基于互联网的区域能源生产监测和管理调度信息公共服务平台，建设重点用能单位能耗在线监测系统。

加强自然资源动态监测和监管。实施自然资源监测监管信息工程，建立全天候的自然资源监测技术体系，构建面向土地、海洋、能源、矿产资源、水、森林、草原、大气等多种资源的立体监控系统。加强国土资源基础数据建设，建设不动产登记信息管理基础平台和农村土地流转管理信息平台，建立纵向联动、横向协同、互联互通的自然资源信息共享服务平台，为资源监管、国土空间优化开发提供有效支撑。推进测绘地理信息领域信息化建设，强化全国卫星导航定位基准站统筹建设和管理，建设地理信息公共服务平台。

创新区域环境污染防治与管理。实施生态环境监测网络建设工程，建立全天候、多层次的污染物排放与监控智能多源感知体系。支持利用物联网、云计算、大数据、遥感、数据融合等技术，开展大气、水和土壤环境分析，建立污染源清单。开展环境承载力评估试点，加强环境污染预测预警，建立环境污染源管理和污染物减排决策支持系统。推进京津冀、长江经济带、生态森林等重点区域、领域环境监测信息化建设，提高区域流域环境污染联防联控和共治能力。

大力发展绿色智慧产业。利用新一代信息技术提升环保技术装备水平，增强环保服务能力。探索培育用能权、用水权、碳排放权、排污权网上交易市场。大力推动“互联网+”再生资源回收利用、产业废弃物资源化利用，建立规范有序的回收利用体系，提升正逆向物流的耦合度，推动垃圾收运体系与再生资源回收体系的“两网融合”。在城乡固体废弃物分类回收、主要品种再生资源在线交易、再制造、产业共生平台等领域开展示范工程建设。鼓励老旧高耗能设备淘汰退网和绿色节能新技术应用，鼓励企业研发、应用节能型服务器，降低设备能耗。

（七）网络扶贫行动

行动目标：到 2018 年，建立网络扶贫信息服务体系，试点地区基本实现网络覆盖、信息覆盖、服务覆盖；到 2020 年，完成对 832 个贫困县、12.8 万个贫困村的网络覆盖，电商服务通达乡镇，通过网络教育、网络文化、互联网医疗等帮助贫困地区群众提高文化素质、身体素质和就业能力。

实施网络覆盖工程。加快贫困地区互联网建设和应用步伐，鼓励电信企业积极承担社会责任，确保宽带进村入户与脱贫攻坚相向而行。加快推进贫困地区网络覆盖，深入落实提速降费，探索面向贫困户的网络资费优惠。加快安全可靠移动终端研发和生产应用，推动民族语言语音、视频技术和软件研发，降低少数民族使用移动终端和获取信息服务的语言障碍。

实施电商扶贫工程。鼓励电子商务企业面向农村地区推动特色农产品网上定制化销售、推动贫困地区农村特色产业发展，组织知名电商平台为贫困地区开设扶贫频道，建立贫困县名优特产品网络博览会。依托现有全国乡村旅游电商平台，发展“互联网+旅游”扶贫，推进网上“乡村旅游后备箱工程”“一村一品”产业建设专项行动。扶持偏远、特困地区的支付服务网络建设。加快建设完善贫困地区产品质量管理、信用和物流服务体系。

实施网络扶智工程。充分应用信息技术推动

远程教育，促进优质教育资源城乡共享。加强对县、乡、村各级工作人员的职业教育和技能培训，丰富网络专业知识。支持大学生村官、“三支一扶”人员等基层服务项目参加人员和大学生返乡开展网络创业创新，提高贫困地区群众就业创业能力。

实施扶贫信息服务工程。逐步推进省级以下各级各部门涉农信息平台的“一站式”整合，建立网络扶贫信息服务体系，充分利用全国集中的扶贫开发信息系统以及社会扶贫信息服务平台，促进跨部门扶贫开发信息共享，使脱贫攻坚服务随时随地四通八达，扶贫资源因人因事随需配置。

实施网络公益工程。加快推进网络扶贫移动应用程序（App）开发使用，宣传国家扶贫开发政策，丰富信息内容服务，普及农业科技知识，涵盖社交、商务、交通、医疗、教育、法律援助等行业应用。依托中国互联网发展基金会、中国扶贫志愿服务促进会等成立网络公益扶贫联盟，广泛动员网信企业、广大网民参与网络扶贫行动。构筑贫困地区民生保障网络系统，建设社会救助综合信息化平台，提供个性化、针对性强的社会救助服务。

（八）新型智慧城市建设行动

行动目标：到 2018 年，分级分类建设 100 个新型示范性智慧城市；到 2020 年，新型智慧城市建设取得显著成效，形成无处不在的惠民服务、透明高效的在线政府、融合创新的信息经济、精准精细的城市治理、安全可靠的运行体系。

分级分类推进新型智慧城市建设。围绕新型城镇化、京津冀协同发展、长江经济带发展等战略部署，根据城市功能和地理区位、经济水平和生活水平，加强分类指导，差别化施策，统筹各类试点示范。支持特大型城市对标国际先进水平，打造世界级智慧城市群。支持省会城市增强辐射带动作用，形成区域性经济社会活动中心。指导中等城市着眼城乡统筹，缩小数字鸿沟，促进均衡发展。推动小城镇发展智慧小镇、特色小镇，实现特色化、差异化发展。开展新型智慧城市评价，突出绩效导向，强化为民服务，增强人民群众在智慧城市建设中的获得感。探索可复制可推广的创新发展经验和建设运营模式，以点带面，以评促建，促进城镇化发展质量和水平全面提升。

打造智慧高效的城市治理。推进智慧城市时空信息云平台建设试点，运用时空信息大数据开展智慧化服务，提升城市规划建设和精细化管理服务水平。推动数字化城管平台建设和功能扩展，统筹推进城市规划、城市管网、园林绿化等信息化、精细化管理，强化城市运行数据的综合采集和管理分析，建立综合性城市管理数据库，重点推进城市建筑物数据库建设。以信息技术为支撑，完善社会治安防治防控网络建设，实现社会治安群防群治和联防联治，建设平安城市，提高城市治理现代化水平。深化信息化与安全生产业务融合，提升生产安全事故防控能力。建设面向城市灾害与突发事件的信息发布系统，提升突发事件应急处置能力。

推动城际互联互通和信息共享。以标准促规范，加快建立新型智慧城市建设标准体系，制定分级分类的基础性标准以及信息服务、互联互通、管理机制等关键环节标准。深化网络基础设施共建共享，把互联网、云计算等作为城市基础设施加以支持和布局，促进基础设施互联互通。

建立安全可靠的运行体系。加强智慧城市网络安全规划、建设、运维管理，研究制定城市网络安全评价指标体系。加快实施网络安全审查，对智慧城市建设涉及的重要网络和信息系统进行网络安全检查和风险评估，保证安全可靠运行。

（九）网上丝绸之路建设行动

行动目标：到 2018 年，形成与中东欧、东南亚、阿拉伯地区等有关国家的信息经济合作大通道，促进规制互认、设施互联、企业互信和产业互融；到 2020 年，基本形成覆盖“一带一路”沿线国家和地区重点方向的信息经济合作大通道，信息经济合作应用范围和领域明显扩大。

建设网上丝绸之路经济合作试验区。充分发挥地方积极性，鼓励国内城市与“一带一路”重要节点城市开展点对点合作，在各自城市分别建立网上丝绸之路经济合作试验区，推动双方在信息基础设施、智慧城市、电子商务、远程医疗、“互联网+”等领域开展深度合作。

支持建立国际产业联盟。充分发挥企业的积极性，支持我国互联网企业、科研院所与国外互联网企业及相关机构发起建立国际产业联盟，形成网上丝绸之路的“软实力”，加速我国互联网企业与境外企业的合作进程，推动建立跨国互联网产业投融资平台，主导信息经济领域相关规范的研究制定，将我国互联网产业的比较优势转化为全球信息经济的主导优势。

鼓励支持企业国际拓展。鼓励网信企业以共建电子商务交易平台、物流信息服务平台、在线支付服务平台等多种形式，构建新型信息经济国际合作平台，拓展平台设计、人才培育、创意推广、供应链服务等各类信息技术服务的国际市场，带动国际商品流通、交通物流提质增效。

（十）繁荣网络文化行动

行动目标：到 2018 年，网络文化服务在公共文化服务体系中的比重明显上升，传统媒体和新兴媒体融合发展水平明显提升；到 2020 年，形成一批拥有较强实力的新型媒体集团和网络文化企业，优秀网络文化产品供给和输出能力显著提升。

加快文化资源数字化进程。进一步推动文化信息资源库建设，深化文化信息资源的开发利用。继续实施全国文化信息资源共享工程、数字图书馆推广工程和公共电子阅览室建设计划。进一步实施公共文化资源网络开放，建设适合网络文化管理和社会公共服务的基础信息数据库群、数据综合管理与交换平台。实施网络文艺精品创作和传播工程，扶持优秀原创网络作品创作，支持优秀作品网络传播。扶持一批重点文艺网站。

推动传统媒体与新兴媒体融合发展。围绕建立立体多样、融合发展的网络文化传播机制和传播体系，研究把握现代新闻传播规律和新兴媒体发展规律，加快推动传统媒体和新兴媒体融合发展，推动各种媒介资源、生产要素有效整合，推动信息内容、技术应用、平台终端、人才队伍共享融通，着力打造一批形态多样、手段先进、具有竞争力的新型主流媒体，建成若干拥有强大实力和传播力公信力影响力的新型媒体集团。

加强网络文化阵地建设。加快国家骨干新闻媒体的网络化建设，做大做强中央主要新闻网站和地方重点新闻网站，培育具有国际影响力的现代传媒集团。推动多元网络文化产业发展与整合，培育一批创新能力强、专业素质高、具有国际影响力的网络文化龙头企业，增强优秀网络文化产品创新和供给能力。

大力发展网络文化市场。规范网络文化传播秩序，综合利用法律、行政、经济和行业自律等手段，完善网络文化服务准入和退出机制。加大网络文化执法力度，发展网络行业协会，推动网络社会化治理。大力培育网络文化知识产权，严厉打击网络盗版行为，提升网络文化产业输出能力。

（十一）在线教育普惠行动

行动目标：到 2018 年，“宽带网络校校通”“优质资源班班通”“网络学习空间人人通”取得显著进展；到 2020 年，基本建成数字教育资源公共服务体系，形成覆盖全国、多级分布、互联互通的数字教育资源云服务体系。

促进在线教育发展。建设适合我国国情的在线开放课程和公共服务平台，支持具有学科专业和现代教学技术优势的高等院校开放共享优质课程，提供全方位、高质量、个性化的在线教学服务。支持党校、行政学院、干部学院开展在线教育。

创新教育管理制度。推进在线开放课程学分认定和管理制度创新，鼓励高等院校将在线课程纳入培养方案和教学计划。加强对在校教师和技术人员开展在线课程建设、课程应用以及大数据分析等方面培训。

缩小城乡学校数字鸿沟。完善学校教育信息化基础设施建设，基本实现各级各类学校宽带网络全面覆盖、网络教学环境全面普及，通过教育信息化加快优质教育资源向革命老区、民族地区、边远地区、贫困地区覆盖，共享教育发展成果。

加强对外交流合作。运用在线开放课程公共服务平台，推动国际科技文化交流，优先引进前沿理论、工程技术等领域的优质在线课程。积极推进我国大规模在线开放课程（慕课）走出去，大力弘扬中华优秀传统文化。

（十二）健康中国信息服务行动

行动目标：到 2018 年，信息技术促进医疗健康服务便捷化程度大幅提升，远程医疗服务体系基本形成；到 2020 年，基于感知技术和产品的新型健康信息服务逐渐普及，信息化对实现人人享有基本医疗卫生服务发挥显著作用。

打造高效便捷的智慧健康医疗便民惠民服务。实施国民电子健康信息服务计划，完善基于新型信息技术的互联网健康咨询、预约分诊、诊间结算、移动支付和检验检查结果查询、随访跟踪等服务，为预约患者和预约转诊患者优先安排就诊，全面推行分时段预约。

全面推进人口健康信息服务体系。全面建成统一权威、互联互通的人口健康信息平台，强化公共卫生、计划生育、医疗服务、医疗保障、药品供应、综合管理等应用信息系统数据集成、集成共享和业务协同，基本实现城乡居民拥有规范化的电子健康档案和功能完备的健康卡。实施健康中国云服务计划，构建健康医疗服务集成平台，提供远程会诊、远程影像、病理结果、心电诊断服务，健全检查检验结果互认共享机制。运用互联网手段，提高重大疾病和突发公共卫生事件应急能力，建立覆盖全国医疗卫生机构的健康传播和远程教育视频系统。完善全球公共卫生风险监测预警决策系统，建立国际旅行健康网络，为出入境人员提供旅行健康安全保障服务。

促进和规范健康医疗大数据应用。推进健康医疗临床和科研大数据应用，加强疑难疾病等重点方面的研究，推进基因芯片和测序技术在遗传性疾病诊断、癌症早期诊断和疾病预防检测中的应用，推动精准医疗技术发展。推进公共卫生大数据应用，全面提升公共卫生监测评估和决策管理能力。推动健康医疗相关的人工智能、生物三维打印、医用机器人、可穿戴设备以及相关微型传感器等技术和产品在疾病预防、卫生应急、健康保健、日常护理中的应用，推动由医疗救治向健康服务转变。

六、政策措施

（一）完善法律法规，健全法治环境

完善信息化法律框架，统筹信息化立法需求，优先推进电信、网络安全、密码、个人信息保护、电子商务、电子政务、关键信息基础设施等重点领域相关立法工作。加快推动政府数据开放、互联网信息服务管理、数据权属、数据管理、网络社会管理等相关立法工作。完善司法解释，推动现有法律延伸适用到网络空间。理顺网络执法体制机制，明确执法主体、执法权限、执法标准。加强部门信息共享与执法合作，创新执法手段，形成执法合力。提高全社会自觉守法意识，营造良好的信息化法治环境。

（二）创新制度机制，优化市场环境

加大信息化领域关键环节市场化改革力度，推动建立统一开放、竞争有序的数字市场体系。加快开放社会资本进入基础电信领域竞争性业务，形成基础设施共建共享、业务服务相互竞争的市场格局。健全并强化竞争性制度和政策，放宽融合性产品和服务准入限制，逐步消除新技术、新业务进入传统领域的壁垒，最大限度激发微观活力。建立网信领域市场主体准入前信用承诺制度，推动电信和互联网等行业外资准入改革，推动制定新兴行业监管标准，建立有利于信息化创新业务发展的行业监管模式。积极运用大数据分析等技术手段，加强对互联网平台企业、小微企业的随机抽查等事中事后监管，实施企业信用信息依法公示、社会监督和失信联合惩戒。推动建立网信领域信用管理机制，建立诚信档案、失信联合惩戒制度，加强网络资费行为监管，严格查处市场垄断行为。

（三）开拓投融资渠道，激发发展活力

综合运用多种政策工具，引导金融机构扩大对信息化企业信贷投放。鼓励创业投资、股权投资等基金积极投入信息化发展。规范有序开展互联网金融创新试点，支持小微企业发展。推进产融结合创新试点，探索股权债权相结合的融资服务。深化创业板改革，支持符合条件的创新型、成长型互联网企业上市融资，研究特殊股权结构的境外上市企业在境内上市的制度政策。鼓励金融机构加强产品和服务创新，在风险可控的前提下，加大对信息化重点领域、重大工程和薄弱环节的金融支持。积极发展知识产权质押融资、信用保险保单融资增信等新型服务，支持符合条件的信息通信类高新企业发行公司债券和非金融企业债务融资工具筹集资金。在具有战略意义、投资周期长的重点领域，积极探索政府和社会资本合作（PPP）模式，建立重大信息化工程PPP项目库，明确风险责任、收益边界，加强绩效评价，推动重大信息化工程项目可持续运营。

（四）加大财税支持，优化资源配置

完善产业投资基金机制，鼓励社会资本发起设立产业投资基金，重点引导基础软件、基础元器件、集成电路、互联网等核心领域产业投资基金发展。创新财政资金支持方式，统筹现有国家科技计划（专项、基金等），按规定支持关键核心技术研发和重大技术试验验证。强化中央财政资金的引导作用，完善政府采购信息化服务配套政策，推动财政支持从补建设环节向补运营环节转变。符合条件的企业，按规定享受相关税收优惠政策；落实企业研发费用加计扣除政策，激励企业增加研发投入，支持创新型企业发展。

（五）着力队伍建设，强化人才支撑

建立适应网信特点的人才管理制度，着力打破体制界限，实现人才的有序顺畅流动。建立完善科研成果、知识产权归属和利益分配机制，制定人才入股、技术入股以及税收等方面的支持政策，提高科研人员特别是主要贡献人员在科技成果转化中的收益比例。聚焦信息化前沿方向和关键领域，依托国家“千人计划”等重大人才工程和“长江学者奖励计划”等人才项目，加快引进信息化领军人才。开辟专门渠道，实施特殊政策，精准引进国家急需紧缺的特殊人才。加快完善外国人才来华签证、永久居留制度。建立网信领域海外高端人才创新创业基地，完善配套服务。建立健全信息化专家咨询制度，引导构建产业技术创新联盟，开展信息化前瞻性、全局性问题研究。推荐信息化领域优秀专家到国际组织任职。支持普通高等学校、军队院校、行业协会、培训机构等开展信息素养培养，加强职业信息技能培训，开展农村信息素养知识宣讲和信息化人才下乡活动，提升国民信息素养。

（六）优化基础环境，推动协同发展

完善信息化标准体系，建立国家信息化领域标准化工作统筹推进机制，优化标准布局，加快关键领域标准制修订工作，提升标准实施效益，增强国际标准话语权。加强知识产权运用和保护，制定融合领域关键环节的专利导航和方向建议清单，鼓励企业开展知识产权战略储备与布局；加快推进专利信息资源开放共享，鼓励大型信息服务企业和制造企业建立交叉交换知识产权池；建立知识产权风险管理体系，健全知识产权行政执法与司法保护优势互补、有机衔接的机制，提高侵权代价和违法成本。健全社会信用体系，加强各地区、各部门信用信息基础设施建设，推进信用信息平台无缝对接，全面推行统一的社会信用代码制度，构建多层次的征信和支付体系；加强分享经济等新业态信用建设，运用大数据建立以诚信为核心的新型市场监管机制。加快研究纳入国民经济和社会发展统计的信息化统计指标，建立完善信息化统计监测体系。

七、组织实施

各地区、各部门要进一步提高思想认识，在中央网络安全和信息化领导小组的统一领导和统筹部署下，把信息化工作提上重要日程，加强组织领导，扎实开展工作，提高信息化发展的整体性、系统性和协调性。中央网信办、国家发展改革委负责制定规划实施方案和年度工作计划，统筹推进各项重大任务、重点工程和优先行动，跟踪督促各地区、各部门的规划实施工作，定期开展考核评估并向社会公布考评情况。各有关部门要按照职责分工，分解细化任务，明确完成时限，加强协调配合，确保各项任务落地实施。地方各级人民政府要加强组织实施，落实配套政策，结合实际科学合理定位，扎实有序推动信息化发展。各地区、各部门要进一步强化责任意识，建立信息化工作问责制度，对工作不力、措施不实、造成严重后果的，要追究有关单位和领导的责任。

中央网信办、国家发展改革委要聚焦重点行业、重点领域和优先方向，统筹推进信息化试点示范工作，组织实施一批基础好、成效高、带动效应强的示范项目，防止一哄而起、盲目跟风，避免重复建设。各地区、各有关部门要发挥好试点示范作用，坚持以点带面、点面结合，边试点、边总结、边推广，推动信息化发展取得新突破。

附件

重点任务分工方案

序号	重点工作	负责单位
1	打造自主先进的技术体系，制定网络强国工程实施纲要，组织实施网络强国工程	中央网信办、国家发展改革委、工业和信息化部牵头，科技部、公安部、中科院等按职责分工负责
2	强化战略性前沿技术超前布局，加强新技术和新材料的基础研发和前沿布局，组织实施核心技术超越工程	科技部牵头，国家发展改革委、工业和信息化部、中央网信办、中科院、工程院、中央军委科学技术委员会等按职责分工负责
3	推进产业生态体系协同创新，统筹基础研究、技术创新、产业发展、市场应用、标准制定与网络安全各环节联动协调发展，组织实施信息产业体系创新工程	中央网信办、国家发展改革委、工业和信息化部牵头，科技部、公安部、教育部、国务院国资委、国家标准委、国家知识产权局等按职责分工负责
4	加快高速宽带网络建设，全面推进三网融合	工业和信息化部、新闻出版广电总局牵头，国家发展改革委、财政部、公安部、中央网信办等按职责分工负责
5	加强规划设计和组织实施，消除宽带网络接入“最后一公里”瓶颈，进一步推进网络提速降费	工业和信息化部牵头，中央网信办、国家发展改革委、住房城乡建设部、国务院国资委等按职责分工负责
6	建设陆海空天一体化信息基础设施，建立国家网络空间基础设施统筹协调机制，加快空间互联网部署，组织实施陆海空天一体化信息网络工程	工业和信息化部、国家发展改革委、中央网信办、国家国防科工局牵头，公安部、财政部、国家海洋局、军队有关部门等按职责分工负责

续表

序号	重点工作	负责单位
7	统筹建设综合基础设施，加快电网、铁路、公路、水利等公共设施和市政基础设施智能化转型	国家发展改革委、工业和信息化部、交通运输部、国家铁路局、国家能源局、住房城乡建设部、水利部、科技部、国务院国资委、国家标准委、国家海洋局等按职责分工负责
8	优化国家频谱资源配置，加强无线电频谱管理，合理规划利用卫星频率和轨道资源	工业和信息化部牵头，新闻出版广电总局、国家国防科工局、军队有关部门等按职责分工负责
9	加快农村及偏远地区网络覆盖，组织开展电信普遍服务试点工作，组织实施宽带乡村和中西部地区中小城市基础网络完善工程	工业和信息化部、财政部、国家发展改革委等按职责分工负责
10	加强数据资源规划建设，加快推进政务数据资源、社会数据资源、互联网数据资源建设，组织实施国家大数据发展工程	国家发展改革委、中央网信办牵头，中央办公厅、国务院办公厅、工业和信息化部、公安部、工商总局、交通运输部、国家卫生计生委、环境保护部、人力资源社会保障部、科技部、安全监管总局、国家国防科工局、国家海洋局等按职责分工负责
11	加强数据资源管理，建立数据产权保护、数据开放、隐私保护相关政策法规和标准体系	国家发展改革委、中央网信办牵头，工业和信息化部、公安部、国务院法制办、国家标准委、国家国防科工局等按职责分工负责
12	推动数据资源应用，稳步推进公共数据资源向社会开放，组织实施国家互联网大数据平台建设工程	国家发展改革委、中央网信办牵头，国务院办公厅、工业和信息化部、科技部、公安部、人力资源社会保障部、国土资源部、文化部、人民银行、工商总局、质检总局、安全监管总局、国务院法制办、国家统计局、国家测绘地信局、中科院、国家国防科工局、国家海洋局等按职责分工负责
13	加强数据安全保护，实施大数据安全保障工程，建立跨境数据流动安全监管制度	中央网信办、工业和信息化部、公安部牵头，安全部、海关总署、国家国防科工局、国家密码局等按职责分工负责
14	组织实施“互联网+”重大工程，推进“互联网+”行动	国家发展改革委牵头，工业和信息化部、中央网信办、公安部、农业部、人民银行、国家能源局、质检总局等按职责分工负责
15	推进信息化和工业化深度融合，实施“中国制造2025”，组织实施制造业与互联网融合发展应用与推广工程	工业和信息化部牵头，国家发展改革委、质检总局、安全监管总局等按职责分工负责
16	推进农业信息化，实施“互联网+”现代农业行动，组织实施农业农村信息化工程	农业部、水利部牵头，国家发展改革委、工业和信息化部、商务部、国家统计局、质检总局等按职责分工负责

续表

序　号	重点工作	负责单位
17	发展电子商务，大力推进“互联网+流通”发展，加强智慧流通基础设施建设，支持移动电商、社区电商、农村电商和跨境电商等新型电商模式发展	商务部牵头，工业和信息化部、国家发展改革委、农业部、交通运输部、国家卫生计生委、教育部、国家统计局、海关总署、质检总局、中央网信办等按职责分工负责
18	培育发展新兴业态，组织实施信息经济创新发展工程。	中央网信办、国家发展改革委牵头，工业和信息化部、农业部、商务部、交通运输部、人民银行等按职责分工负责
19	统筹发展电子政务，建立国家电子政务统筹协调机制，统筹共建电子政务公共基础设施，加快推进人大信息化建设，加快政协信息化建设，大力推进“智慧法院”建设，积极打造“智慧检务”，加强国家电子文件管理	中央网信办、国家发展改革委牵头，中央办公厅、国务院办公厅、全国人大常委会办公厅、全国政协办公厅、最高人民法院、最高人民检察院、工业和信息化部、科技部、公安部、国家标准委等按职责分工负责
20	区分轻重缓急分级分类持续推进打破信息壁垒和孤岛，采取授权使用等机制解决信息安全问题，构建统一高效、互联互通、安全可靠的国家数据资源体系，打通各部门信息系统，推动信息跨部门跨层级共享共用。“十三五”时期在政府系统率先消除信息孤岛	国家发展改革委、中央网信办牵头，各有关部门按职责分工负责
21	创新社会治理，加快建设安全生产隐患排查治理体系、风险预防控制体系和社会治安立体防控体系，推进网上综合防控体系建设，建立和完善自然灾害综合管理信息系统、重大和重要基础设施综合管理信息系统、安全生产监管信息系统、国家应急平台、社会治安综合治理信息系统和公安大数据中心	公安部、民政部、国家发展改革委、安全监管总局、司法部、国务院办公厅、中央网信办等按职责分工负责
22	实施信息惠民工程，拓展民生服务渠道，创新民生服务供给模式，加快推进交通一卡通互联互通，建立全人群覆盖、全天候受理、公平普惠的民生公共服务体系	国家发展改革委牵头，财政部、教育部、公安部、民政部、人力资源社会保障部、国家卫生计生委、国家民委、司法部、交通运输部、国家标准委等按职责分工负责
23	建立健全网信军民融合机制，加快网信军民融合立法进程，实施军地网信人才融合发展计划	中央网信办、中央军委战略规划办公室牵头，国家发展改革委、工业和信息化部、公安部、国家国防科工局、国务院法制办、中央军委训练管理部、中央军委装备发展部等按职责分工负责
24	推进信息基础设施共建共用共享，组织实施网信军民深度融合工程	中央网信办、中央军委战略规划办公室牵头，国家发展改革委、工业和信息化部、公安部、国家国防科工局、中央军委训练管理部、中央军委装备发展部等按职责分工负责

续表

序　号	重点工作	负责单位
25	加快军民技术双向转化，有序推动军民重点实验室互相开放，发展军民一体信息产业	中央网信办、中央军委战略规划办公室牵头，国家发展改革委、科技部、工业和信息化部、国家国防科工局、中央军委装备发展部、中央军委科学技术委员会、国家标准委等按职责分工负责
26	建立开放共赢的国际合作体系，组织实施信息化国际枢纽工程	国家发展改革委、中央网信办、中央军委装备发展部牵头，外交部、商务部、工业和信息化部、科技部、国家国防科工局、中科院、国家标准委等按职责分工负责
27	鼓励和支持网信企业走出去，推动区域数字经济合作，实施网信援外计划，加快推进中国标准走出去	中央网信办牵头，国家发展改革委、财政部、工业和信息化部、商务部、外交部、国家标准委等按职责分工负责
28	健全企业走出去境外维权援助体系，完善领事保护机制，建立公益性专利信息服务平台	外交部、国家知识产权局、中央网信办等按职责分工负责
29	顺应广大人民群众呼声，加强对网络安全环境的治理，依法严厉打击网络电信诈骗等违法行为，形成高压态势，让人民群众安全放心使用网络	公安部牵头，工业和信息化部、人民银行、中央网信办等按职责分工负责
30	依法加强网络空间治理，组织实施网络内容建设工程	中央网信办牵头，中央宣传部、文化部、公安部、新闻出版广电总局、国家保密局等按职责分工负责
31	加强互联网基础资源管理，建设网络可信体系，探索建立全国统一的网络证照服务体系	中央网信办、公安部、工业和信息化部牵头，其他相关部门按职责分工负责
32	创新网络社会治理，组织实施网络文明建设工程	中央网信办牵头，中央宣传部、中央文明办、民政部、公安部、文化部等按职责分工负责
33	深度参与国际网络空间治理，推动建立多边、民主、透明的国际互联网治理体系	中央网信办、外交部牵头，工业和信息化部、公安部等按职责分工负责
34	强化网络安全顶层设计，完善网络安全法律法规体系，建立完善网络安全管理制度和标准体系，创建一流网络安全学院	中央网信办牵头，工业和信息化部、公安部、教育部、国务院法制办、国家标准委等按职责分工负责
35	构建关键信息基础设施安全保障体系	中央网信办、公安部、国家保密局牵头，中央办公厅、国家发展改革委、工业和信息化部、安全部、财政部、国家国防科工局、国家密码局等按职责分工负责
36	实施网络安全审查制度	中央网信办牵头，公安部、工业和信息化部、安全部、科技部、国家国防科工局等按职责分工负责

续表

序号	重点工作	负责单位
37	全天候全方位感知网络安全态势，组织实施网络安全监测预警和应急处置工程	中央网信办、公安部牵头，工业和信息化部、国家发展改革委、国家保密局等按职责分工负责
38	强化网络安全科技创新能力，组织实施网络安全保障能力建设工程	中央网信办、国家发展改革委牵头，科技部、工业和信息化部、公安部、国家标准委、国家保密局等按职责分工负责
39	组织实施信息安全专项，建立关键信息基础设施安全防护平台，支持关键基础设施和重要信息系统，整体提升安全防御能力	国家发展改革委牵头，中央网信办、工业和信息化部、公安部、国务院国资委等按职责分工负责
40	组织实施新一代信息网络技术超前部署行动，加快推进5G技术研究和产业化，加快推进下一代广播电视网建设与融合，推动下一代互联网商用进程，超前布局未来网络	工业和信息化部、新闻出版广电总局、国家发展改革委、科技部、中科院、中央网信办等按职责分工负责
41	组织实施北斗系统建设应用行动，统筹推进北斗建设应用，加强北斗核心技术突破，加快北斗产业化进程，开拓卫星导航服务国际市场	中央网信办、中央军委装备发展部、中央军委联合参谋部、国家发展改革委牵头，工业和信息化部、科技部、财政部、公安部、国家国防科工局、国家测绘地信局等按职责分工负责
42	组织实施应用基础设施建设行动，统筹规划全国数据中心建设布局，提升云计算自主创新能力，积极推进物联网发展	国家发展改革委、工业和信息化部、科技部、财政部、中央网信办、公安部等按职责分工负责
43	组织实施数据资源共享开放行动，构建全国信息资源共享体系，稳步实施公共信息资源共享开放，规范数据共享开放管理	国家发展改革委牵头，中央网信办、工业和信息化部、公安部等按职责分工负责
44	组织实施“互联网+政务服务”行动，构建形成方便快捷、公平普惠、优质高效的政务服务信息系统	国务院办公厅、国家发展改革委牵头，财政部、教育部、公安部、民政部、人力资源社会保障部、住房城乡建设部、国家卫生计生委、国务院法制办、国家标准委、司法部、安全监管总局等按职责分工负责
45	组织实施美丽中国信息化专项行动，加强自然资源动态监测和监管，创新区域环境污染防治与管理，大力发展绿色智慧产业。推进“互联网+智慧能源”发展	环境保护部牵头，国家发展改革委、国家能源局、国土资源部、工业和信息化部、水利部、国家海洋局等按职责分工负责
46	组织实施网络扶贫行动，实施网络覆盖工程、电商扶贫工程、网络扶智工程、扶贫信息服务工程、网络公益工程	中央网信办、国家发展改革委、国务院扶贫办牵头，中央组织部、教育部、科技部、工业和信息化部、民政部、财政部、人力资源社会保障部、交通运输部、农业部、水利部、商务部、国家卫生计生委、国家旅游局、国家邮政局、共青团中央、全国妇联、国家民委、司法部、供销合作总社等按职责分工负责

续表

序号	重点工作	负责单位
47	组织实施新型智慧城市建设行动，分级分类推进新型智慧城市建设，打造智慧高效的城市治理，推动城际互联互通和信息共享，建立安全可靠的运行体系	国家发展改革委、中央网信办牵头，住房城乡建设部、科技部、工业和信息化部、公安部、安全监管总局等按职责分工负责
48	组织实施网上丝绸之路建设行动，推动网上丝绸之路经济合作试验区建设	国家发展改革委、中央网信办牵头，工业和信息化部、财政部、商务部、海关总署、税务总局、工商总局、质检总局、社科院等按职责分工负责
49	组织实施繁荣网络文化行动，加快文化资源数字化进程，推动传统媒体与新兴媒体融合发展，加强网络文化阵地建设，大力发展网络文化市场	中央网信办、文化部、中央宣传部、国家发展改革委、新闻出版广电总局、社科院等按职责分工负责
50	组织实施在线教育普惠行动，促进在线教育发展，创新教育管理制度，缩小城乡学校数字鸿沟，加强对外交流合作	教育部牵头，中央组织部等按职责分工负责
51	组织实施健康中国信息服务行动，打造高效便捷的智慧健康医疗便民惠民服务，全面推进面向全民的人口健康信息服务体系，促进和规范健康医疗大数据应用，完善全球公共卫生风险监测预警决策系统，建立国际旅行健康网络，为出入境人员提供旅行健康安全保障服务	国家卫生计生委、质检总局牵头，国家发展改革委、工业和信息化部、财政部、人力资源社会保障部、公安部、食品药品监管总局、国家中医药局、国家旅游局、外交部、交通运输部、中国民航局等按职责分工负责
52	加快信息化法律制度建设，优先推进电信、网络安全、密码、个人信息保护、电子商务、电子政务、关键信息基础设施等重点领域相关立法工作，加快推进政府数据开放、互联网信息服务管理、数据权属、数据管理、网络社会管理等相关立法工作	中央网信办、全国人大常委会法工委、国务院法制办牵头，国家发展改革委、工业和信息化部、公安部、商务部、工商总局、国家保密局、国家密码局、国家国防科工局等按职责分工负责
53	推动信息化领域市场开放，健全并强化竞争性制度和政策，放宽融合性产品和服务准入限制，逐步消除新技术新业务进入传统领域的壁垒，最大限度激发微观活力	国家发展改革委、工业和信息化部、中央网信办、社科院、国家保密局、商务部、工商总局、交通运输部、人民银行、银监会、证监会、保监会等按职责分工负责
54	创新监管制度，建立信息领域市场主体准入前信用承诺制度，完善电信和互联网等网信行业外资准入改革	商务部、工商总局、中央网信办、工业和信息化部、公安部等按职责分工负责
55	强化事中事后监管，实施企业信用信息依法公示、社会监督和失信联合惩戒，推动建立网信领域信用管理机制，建立诚信档案和失信联合惩戒制度	国家发展改革委、工商总局、商务部、人民银行、银监会、证监会、保监会、最高人民法院、最高人民检察院、工业和信息化部、公安部、安全监管总局等按职责分工负责

续表

序 号	重点工作	负责单位
56	规范有序开展互联网金融创新试点，支持小微企业发展。推进产融结合创新试点，探索股权债权相结合的融资服务。深化创业板改革，支持符合条件的创新型、成长型互联网企业上市融资，研究特殊股权结构的境外上市企业在境内上市的制度政策	人民银行、银监会、证监会、保监会、工业和信息化部、国家发展改革委、中央网信办、工商总局、商务部等按职责分工负责
57	完善金融服务，积极发展知识产权质押融资、信用保险保单融资增信等新型服务，支持符合条件的信息通信类高新企业发行公司债券，通过债券融资方式支持信息化发展	人民银行、工业和信息化部、银监会、证监会、保监会、国家知识产权局等按职责分工负责
58	完善产业投资基金机制，鼓励社会资本发起设立产业投资基金	国家发展改革委、财政部、工业和信息化部、科技部等按职责分工负责
59	统筹现有国家科技计划（专项、基金等），支持关键核心技术研发和重大技术试验验证，强化关键共性技术研发供给	科技部、国家发展改革委、工业和信息化部等按职责分工负责
60	创新财政资金支持方式，强化中央财政资金引导，完善政府采购信息化服务配套政策	财政部、国家发展改革委、工业和信息化部等按职责分工负责
61	落实企业研发费用加计扣除等支持创新型企业发展的税收优惠政策	财政部、税务总局按职责分工负责
62	健全人才激励体制，建立适应网信特点的人事制度、薪酬制度、评价机制，建立信息化领域产权激励机制	人力资源社会保障部、国家发展改革委、教育部、科技部、工业和信息化部、财政部、国家知识产权局、社科院按职责分工负责
63	加强海外高端人才引进力度，加快引进信息化人才，建立网信领域海外高端人才创新创业基地	中央组织部、国家发展改革委、教育部、科技部、工业和信息化部、人力资源社会保障部、外交部、财政部、国家外专局、中科院、社科院、工程院按职责分工负责
64	加强高端智库建设，建立健全信息化领域专家咨询制度，引导构建产业技术创新联盟	中央网信办、国家发展改革委、工业和信息化部牵头，教育部、科技部、中科院、社科院、国家外专局按职责分工负责

续表

序 号	重点工作	负责单位
65	提升国民信息素养，支持普通高等学校、军队院校、行业协会、培训机构等开展信息素养培养，加大重点行业工人职业信息技能培训力度，完善失业人员再就业技能培训机制，开展农村信息素养知识宣讲和信息化人才下乡活动	中央网信办牵头，教育部、民政部、人力资源社会保障部、农业部、中央军委训练管理部等按职责分工负责
66	健全和完善信息化标准体系，建立国家信息化标准统筹协调推进机制，开展关键领域标准制修订工作	中央网信办、工业和信息化部、国家标准委牵头，国家发展改革委、科技部、公安部等按职责分工负责
67	加强知识产权运用和保护，制定融合领域关键环节的专利导航和方向建议清单，加快推进专利信息资源开放共享	国家知识产权局、中央网信办等按职责分工负责
68	健全社会信用体系，持续推进各领域信用信息平台无缝对接，构建多层次的征信和支付体系。健全互联网领域信用体系，推动运用大数据建立以诚信为核心的新型市场监管机制	国家发展改革委牵头，人民银行、工商总局、中央综治办、中央网信办、公安部等按职责分工负责
69	建立信息化统计监测体系，完善信息化统计监测工作机制	中央网信办、国家统计局牵头，工业和信息化部、国家发展改革委等按职责分工负责
70	加强组织领导，加强全国信息化工作的统一谋划、统一部署、统一推进、统一实施	中央网信办牵头，各地区、各部门按职责分工负责
71	有序推进实施，制定规划实施方案和年度工作计划，统筹推进规划确定的重大任务、重点工程和优先行动	中央网信办、国家发展改革委牵头，各地区、各部门按职责分工负责
72	规范试点示范，防止一哄而起、盲目跟风，避免重复建设	中央网信办、国家发展改革委牵头，各地区、各部门按职责分工负责
73	完善考核评估，向社会公开发布各地区、各部门信息化考核评估情况	中央网信办、国家发展改革委牵头，各地区、各部门按职责分工负责
74	强化责任意识，建立信息化工作问责制度	中央网信办、国家发展改革委牵头，各地区、各部门按职责分工负责

中华人民共和国网络安全法

【颁布单位】全国人民代表大会常务委员会
【发文字号】主席令 12 届第 53 号
【颁布时间】2016-11-7

目　录

第一章　总　　则

第一条　为了保障网络安全，维护网络空间主权和国家安全、社会公共利益，保护公民、法人和其他组织的合法权益，促进经济社会信息化健康发展，制定本法。

第二条　在中华人民共和国境内建设、运营、维护和使用网络，以及网络安全的监督管理，适用本法。

第三条　国家坚持网络安全与信息化发展并重，遵循积极利用、科学发展、依法管理、确保安全的方针，推进网络基础设施建设和互联互通，鼓励网络技术创新和应用，支持培养网络安全人才，建立健全网络安全保障体系，提高网络安全保护能力。

第四条　国家制定并不断完善网络安全战略，明确保障网络安全的基本要求和主要目标，提出重点领域的网络安全政策、工作任务和措施。

第五条　国家采取措施，监测、防御、处置来源于中华人民共和国境内外的网络安全风险和威胁，保护关键信息基础设施免受攻击、侵入、干扰和破坏，依法惩治网络违法犯罪活动，维护网络空间安全和秩序。

第六条　国家倡导诚实守信、健康文明的网络行为，推动传播社会主义核心价值观，采取措施提高全社会的网络安全意识和水平，形成全社会共同参与促进网络安全的良好环境。

第七条　国家积极开展网络空间治理、网络技术研发和标准制定、打击网络违法犯罪等方面的国际交流与合作，推动构建和平、安全、开放、合作的网络空间，建立多边、民主、透明的网络治理体系。

第八条　国家网信部门负责统筹协调网络安全工作和相关监督管理工作。国务院电信主管部门、公安部门和其他有关机关依照本法和有关法律、行政法规的规定，在各自职责范围内负责网络安全保护和监督管理工作。

县级以上地方人民政府有关部门的网络安全保护和监督管理职责，按照国家有关规定确定。

第九条　网络运营者开展经营和服务活动，

必须遵守法律、行政法规，尊重社会公德，遵守商业道德，诚实信用，履行网络安全保护义务，接受政府和社会的监督，承担社会责任。

第十条 建设、运营网络或者通过网络提供服务，应当依照法律、行政法规的规定和国家标准的强制性要求，采取技术措施和其他必要措施，保障网络安全、稳定运行，有效应对网络安全事件，防范网络违法犯罪活动，维护网络数据的完整性、保密性和可用性。

第十一条 网络相关行业组织按照章程，加强行业自律，制定网络安全行为规范，指导会员加强网络安全保护，提高网络安全保护水平，促进行业健康发展。

第十二条 国家保护公民、法人和其他组织依法使用网络的权利，促进网络接入普及，提升网络服务水平，为社会提供安全、便利的网络服务，保障网络信息依法有序自由流动。

任何个人和组织使用网络应当遵守宪法法律，遵守公共秩序，尊重社会公德，不得危害网络安全，不得利用网络从事危害国家安全、荣誉和利益，煽动颠覆国家政权、推翻社会主义制度，煽动分裂国家、破坏国家统一，宣扬恐怖主义、极端主义，宣扬民族仇恨、民族歧视，传播暴力、淫秽色情信息，编造、传播虚假信息扰乱经济秩序和社会秩序，以及侵害他人名誉、隐私、知识产权和其他合法权益等活动。

第十三条 国家支持研究开发有利于未成年人健康成长的网络产品和服务，依法惩治利用网络从事危害未成年人身心健康的活动，为未成年人提供安全、健康的网络环境。

第十四条 任何个人和组织有权对危害网络安全的行为向网信、电信、公安等部门举报。收到举报的部门应当及时依法作出处理；不属于本部门职责的，应当及时移送有权处理的部门。

有关部门应当对举报人的相关信息予以保密，保护举报人的合法权益。

第二章 网络安全支持与促进

第十五条 国家建立和完善网络安全标准体系。国务院标准化行政主管部门和国务院其他有关部门根据各自的职责，组织制定并适时修订有关网络安全管理以及网络产品、服务和运行安全的国家标准、行业标准。

国家支持企业、研究机构、高等学校、网络相关行业组织参与网络安全国家标准、行业标准的制定。

第十六条 国务院和省、自治区、直辖市人民政府应当统筹规划，加大投入，扶持重点网络安全技术产业和项目，支持网络安全技术的研究开发和应用，推广安全可信的网络产品和服务，保护网络技术知识产权，支持企业、研究机构和高等学校等参与国家网络安全技术创新项目。

第十七条 国家推进网络安全社会化服务体系建设，鼓励有关企业、机构开展网络安全认证、检测和风险评估等安全服务。

第十八条 国家鼓励开发网络数据安全保护和利用技术，促进公共数据资源开放，推动技术创新和经济社会发展。

国家支持创新网络安全管理方式，运用网络新技术，提升网络安全保护水平。

第十九条 各级人民政府及其有关部门应当组织开展经常性的网络安全宣传教育，并指导、督促有关单位做好网络安全宣传教育工作。

大众传播媒介应当有针对性地面向社会进行网络安全宣传教育。

第二十条 国家支持企业和高等学校、职业学校等教育培训机构开展网络安全相关教育与培训，采取多种方式培养网络安全人才，促进网络安全人才交流。

第三章 网络运行安全

第一节 一般规定

第二十一条 国家实行网络安全等级保护制度。网络运营者应当按照网络安全等级保护制度的要求，履行下列安全保护义务，保障网络免受干扰、破坏或者未经授权的访问，防止网络数据泄露或者被窃取、篡改：

（一）制定内部安全管理制度和操作规程，确定网络安全负责人，落实网络安全保护责任；

（二）采取防范计算机病毒和网络攻击、网络侵入等危害网络安全行为的技术措施；

（三）采取监测、记录网络运行状态、网络安全事件的技术措施，并按照规定留存相关的网络日志不少于六个月；

（四）采取数据分类、重要数据备份和加密等措施；

（五）法律、行政法规规定的其他义务。

第二十二条 网络产品、服务应当符合相关国家标准的强制性要求。网络产品、服务的提供者不得设置恶意程序；发现其网络产品、服务存在安全缺陷、漏洞等风险时，应当立即采取补救措施，按照规定及时告知用户并向有关主管部门报告。

网络产品、服务的提供者应当为其产品、服务持续提供安全维护；在规定或者当事人约定的期限内，不得终止提供安全维护。

网络产品、服务具有收集用户信息功能的，其提供者应当向用户明示并取得同意；涉及用户个人信息的，还应当遵守本法和有关法律、行政法规关于个人信息保护的规定。

第二十三条 网络关键设备和网络安全专用产品应当按照相关国家标准的强制性要求，由具备资格的机构安全认证合格或者安全检测符合要求后，方可销售或者提供。国家网信部门会同国务院有关部门制定、公布网络关键设备和网络安全专用产品目录，并推动安全认证和安全检测结果互认，避免重复认证、检测。

第二十四条 网络运营者为用户办理网络接入、域名注册服务，办理固定电话、移动电话等入网手续，或者为用户提供信息发布、即时通讯等服务，在与用户签订协议或者确认提供服务时，应当要求用户提供真实身份信息。用户不提供真实身份信息的，网络运营者不得为其提供相关服务。

国家实施网络可信身份战略，支持研究开发安全、方便的电子身份认证技术，推动不同电子身份认证之间的互认。

第二十五条 网络运营者应当制定网络安全事件应急预案，及时处置系统漏洞、计算机病毒、网络攻击、网络侵入等安全风险；在发生危害网络安全的事件时，立即启动应急预案，采取相应的补救措施，并按照规定向有关主管部门报告。

第二十六条 开展网络安全认证、检测、风险评估等活动，向社会发布系统漏洞、计算机病毒、网络攻击、网络侵入等网络安全信息，应当遵守国家有关规定。

第二十七条 任何个人和组织不得从事非法侵入他人网络、干扰他人网络正常功能、窃取网络数据等危害网络安全的活动；不得提供专门用于从事侵入网络、干扰网络正常功能及防护措施、窃取网络数据等危害网络安全活动的程序、工具；明知他人从事危害网络安全的活动的，不得为其提供技术支持、广告推广、支付结算等帮助。

第二十八条 网络运营者应当为公安机关、国家安全机关依法维护国家安全和侦查犯罪的活动提供技术支持和协助。

第二十九条 国家支持网络运营者之间在网络安全信息收集、分析、通报和应急处置等方面进行合作，提高网络运营者的安全保障能力。

有关行业组织建立健全本行业的网络安全保护规范和协作机制，加强对网络安全风险的分析评估，定期向会员进行风险警示，支持、协助会员应对网络安全风险。

第三十条 网信部门和有关部门在履行网络安全保护职责中获取的信息，只能用于维护网络安全的需要，不得用于其他用途。

第二节 关键信息基础设施的运行安全

第三十一条 国家对公共通信和信息服务、能源、交通、水利、金融、公共服务、电子政务等重要行业和领域，以及其他一旦遭到破坏、丧失功能或者数据泄露，可能严重危害国家安全、国计民生、公共利益的关键信息基础设施，在网络安全等级保护制度的基础上，实行重点保护。关键信息基础设施的具体范围和安全保护办法由国务院制定。

国家鼓励关键信息基础设施以外的网络运营者自愿参与关键信息基础设施保护体系。

第三十二条 按照国务院规定的职责分工，负责关键信息基础设施安全保护工作的部门分别编制并组织实施本行业、本领域的关键信息基础设施安全规划，指导和监督关键信息基础设施运行安全保护工作。

第三十三条 建设关键信息基础设施应当确保其具有支持业务稳定、持续运行的性能，并保证安全技术措施同步规划、同步建设、同步使用。

第三十四条 除本法第二十一条的规定外，关键信息基础设施的运营者还应当履行下列安全保护义务：

（一）设置专门安全管理机构和安全管理负责人，并对该负责人和关键岗位的人员进行安全背景审查；

（二）定期对从业人员进行网络安全教育、技术培训和技能考核；

（三）对重要系统和数据库进行容灾备份；

（四）制定网络安全事件应急预案，并定期进行演练；

（五）法律、行政法规规定的其他义务。

第三十五条 关键信息基础设施的运营者采购网络产品和服务，可能影响国家安全的，应当通过国家网信部门会同国务院有关部门组织的国家安全审查。

第三十六条 关键信息基础设施的运营者采购网络产品和服务，应当按照规定与提供者签订安全保密协议，明确安全和保密义务与责任。

第三十七条 关键信息基础设施的运营者在中华人民共和国境内运营中收集和产生的个人信息和重要数据应当在境内存储。因业务需要，确需向境外提供的，应当按照国家网信部门会同国务院有关部门制定的办法进行安全评估；法律、行政法规另有规定的，依照其规定。

第三十八条 关键信息基础设施的运营者应当自行或者委托网络安全服务机构对其网络的安全性和可能存在的风险每年至少进行一次检测评估，并将检测评估情况和改进措施报送相关负责关键信息基础设施安全保护工作的部门。

第三十九条 国家网信部门应当统筹协调有关部门对关键信息基础设施的安全保护采取下列措施：

（一）对关键信息基础设施的安全风险进行抽查检测，提出改进措施，必要时可以委托网络安全服务机构对网络存在的安全风险进行检测评估；

（二）定期组织关键信息基础设施的运营者进行网络安全应急演练，提高应对网络安全事件的水平和协同配合能力；

（三）促进有关部门、关键信息基础设施的运营者以及有关研究机构、网络安全服务机构等之间的网络安全信息共享；

（四）对网络安全事件的应急处置与网络功能的恢复等，提供技术支持和协助。

第四章　网络信息安全

第四十条 网络运营者应当对其收集的用户信息严格保密，并建立健全用户信息保护制度。

第四十一条 网络运营者收集、使用个人信息，应当遵循合法、正当、必要的原则，公开收集、使用规则，明示收集、使用信息的目的、方式和范围，并经被收集者同意。

网络运营者不得收集与其提供的服务无关的个人信息，不得违反法律、行政法规的规定和双方的约定收集、使用个人信息，并应当依照法律、行政法规的规定和与用户的约定，处理其保存的个人信息。

第四十二条 网络运营者不得泄露、篡改、毁损其收集的个人信息；未经被收集者同意，不得向他人提供个人信息。但是，经过处理无法识别特定个人且不能复原的除外。

网络运营者应当采取技术措施和其他必要措施，确保其收集的个人信息安全，防止信息泄露、毁损、丢失。在发生或者可能发生个人信息泄露、毁损、丢失的情况时，应当立即采取补救措施，按照规定及时告知用户并向有关主管部门报告。

第四十三条 个人发现网络运营者违反法律、行政法规的规定或者双方的约定收集、使用其个人信息的，有权要求网络运营者删除其个人信息；发现网络运营者收集、存储的其个人信息有错误的，有权要求网络运营者予以更正。网络运营者应当采取措施予以删除或者更正。

第四十四条 任何个人和组织不得窃取或者以其他非法方式获取个人信息，不得非法出售或者非法向他人提供个人信息。

第四十五条 依法负有网络安全监督管理职责的部门及其工作人员，必须对在履行职责中知悉的个人信息、隐私和商业秘密严格保密，不得泄露、出售或者非法向他人提供。

第四十六条 任何个人和组织应当对其使用网络的行为负责，不得设立用于实施诈骗，传授犯罪方法，制作或者销售违禁物品、管制物品等违法犯罪活动的网站、通讯群组，不得利用网络发布涉及实施诈骗，制作或者销售违禁物品、管制物品以及其他违法犯罪活动的信息。

第四十七条 网络运营者应当加强对其用户发布的信息的管理，发现法律、行政法规禁止发布或者传输的信息的，应当立即停止传输该信息，采取消除等处置措施，防止信息扩散，保存有关记录，并向有关主管部门报告。

第四十八条 任何个人和组织发送的电子信息、提供的应用软件，不得设置恶意程序，不得含有法律、行政法规禁止发布或者传输的信息。

电子信息发送服务提供者和应用软件下载服务提供者，应当履行安全管理义务，知道其用户有前款规定行为的，应当停止提供服务，采取消除等处置措施，保存有关记录，并向有关主管部门报告。

第四十九条 网络运营者应当建立网络信息安全投诉、举报制度，公布投诉、举报方式等信息，及时受理并处理有关网络信息安全的投诉和举报。

网络运营者对网信部门和有关部门依法实施的监督检查，应当予以配合。

第五十条 国家网信部门和有关部门依法履行网络信息安全监督管理职责，发现法律、行政法规禁止发布或者传输的信息的，应当要求网络运营者停止传输，采取消除等处置措施，保存有关记录；对来源于中华人民共和国境外的上述信息，应当通知有关机构采取技术措施和其他必要措施阻断传播。

第五章 监测预警与应急处置

第五十一条 国家建立网络安全监测预警和信息通报制度。国家网信部门应当统筹协调有关部门加强网络安全信息收集、分析和通报工作，按照规定统一发布网络安全监测预警信息。

第五十二条 负责关键信息基础设施安全保护工作的部门，应当建立健全本行业、本领域的网络安全监测预警和信息通报制度，并按照规定报送网络安全监测预警信息。

第五十三条 国家网信部门协调有关部门建立健全网络安全风险评估和应急工作机制，制定网络安全事件应急预案，并定期组织演练。

负责关键信息基础设施安全保护工作的部门应当制定本行业、本领域的网络安全事件应急预案，并定期组织演练。

网络安全事件应急预案应当按照事件发生后的危害程度、影响范围等因素对网络安全事件进行分级，并规定相应的应急处置措施。

第五十四条 网络安全事件发生的风险增大时，省级以上人民政府有关部门应当按照规定的权限和程序，并根据网络安全风险的特点和可能造成的危害，采取下列措施：

（一）要求有关部门、机构和人员及时收集、报告有关信息，加强对网络安全风险的监测；

（二）组织有关部门、机构和专业人员，对网络安全风险信息进行分析评估，预测事件发生的可能性、影响范围和危害程度；

（三）向社会发布网络安全风险预警，发布避免、减轻危害的措施。

第五十五条 发生网络安全事件，应当立即启动网络安全事件应急预案，对网络安全事件进行调查和评估，要求网络运营者采取技术措施和其他必要措施，消除安全隐患，防止危害扩大，并及时向社会发布与公众有关的警示信息。

第五十六条 省级以上人民政府有关部门在履行网络安全监督管理职责中，发现网络存在较大安全风险或者发生安全事件的，可以按照规定的权限和程序对该网络的运营者的法定代表人或者主要负责人进行约谈。网络运营者应当按照要求采取措施，进行整改，消除隐患。

第五十七条 因网络安全事件，发生突发事件或者生产安全事故的，应当依照《中华人民共和国突发事件应对法》《中华人民共和国安全生产法》等有关法律、行政法规的规定处置。

第五十八条 因维护国家安全和社会公共秩序，处置重大突发社会安全事件的需要，经国务院决定或者批准，可以在特定区域对网络通信采取限制等临时措施。

第六章 法律责任

第五十九条 网络运营者不履行本法第二十一条、第二十五条规定的网络安全保护义务的，由有关主管部门责令改正，给予警告；拒不改正或者导致危害网络安全等后果的，处一万元以上十万元以下罚款，对直接负责的主管人员处五千元以上五万元以下罚款。

关键信息基础设施的运营者不履行本法第三十三条、第三十四条、第三十六条、第三十八条规定的网络安全保护义务的，由有关主管部门责令改正，给予警告；拒不改正或者导致危害网络安全等后果的，处十万元以上一百万元以下罚款，对直接负责的主管人员处一万元以上十万元以下罚款。

第六十条 违反本法第二十二条第一款、第二款和第四十八条第一款规定，有下列行为之一的，由有关主管部门责令改正，给予警告；拒不改正或者导致危害网络安全等后果的，处五万元以上五十万元以下罚款，对直接负责的主管人员处一万元以上十万元以下罚款：

（一）设置恶意程序的；

（二）对其产品、服务存在的安全缺陷、漏洞等风险未立即采取补救措施，或者未按照规定及时告知用户并向有关主管部门报告的；

（三）擅自终止为其产品、服务提供安全维护的。

第六十一条 网络运营者违反本法第二十四条第一款规定，未要求用户提供真实身份信息，或者对不提供真实身份信息的用户提供相关服务的，由有关主管部门责令改正；拒不改正或者情节严重的，处五万元以上五十万元以下罚款，并可以由有关主管部门责令暂停相关业务、停业整顿、关闭网站、吊销相关业务许可证或者吊销营业执照，对直接负责的主管人员和其他直接责任人员处一万元以上十万元以下罚款。

第六十二条 违反本法第二十六条规定，开展网络安全认证、检测、风险评估等活动，或者向社会发布系统漏洞、计算机病毒、网络攻击、网络侵入等网络安全信息的，由有关主管部门责令改正，给予警告；拒不改正或者情节严重的，处一万元以上十万元以下罚款，并可以由有关主管部门责令暂停相关业务、停业整顿、关闭网站、吊销相关业务许可证或者吊销营业执照，对直接负责的主管人员和其他直接责任人员处五千元以上五万元以下罚款。

第六十三条 违反本法第二十七条规定，从事危害网络安全的活动，或者提供专门用于从事危害网络安全活动的程序、工具，或者为他人从事危害网络安全的活动提供技术支持、广告推广、支付结算等帮助，尚不构成犯罪的，由公安机关没收违法所得，处五日以下拘留，可以并处五万元以上五十万元以下罚款；情节较重的，处五日以上十五日以下拘留，可以并处十万元以上一百万元以下罚款。

单位有前款行为的，由公安机关没收违法所得，处十万元以上一百万元以下罚款，并对直接负责的主管人员和其他直接责任人员依照前款规定处罚。

违反本法第二十七条规定，受到治安管理处罚的人员，五年内不得从事网络安全管理和网络运营关键岗位的工作；受到刑事处罚的人员，终身不得从事网络安全管理和网络运营关键岗位的工作。

第六十四条 网络运营者、网络产品或者服务的提供者违反本法第二十二条第三款、第四十一条至第四十三条规定，侵害个人信息依法得到保护的权利的，由有关主管部门责令改正，可以根据情节单处或者并处警告、没收违法所得、处违法所得一倍以上十倍以下罚款，没有违法所得的，处一百万元以下罚款，对直接负责的主管人员和其他直接责任人员处一万元以上十万元以下罚款；情节严重的，并可以责令暂停相关业务、停业整顿、关闭网站、吊销相关业务许可证或者吊销营业执照。

违反本法第四十四条规定，窃取或者以其他

非法方式获取、非法出售或者非法向他人提供个人信息，尚不构成犯罪的，由公安机关没收违法所得，并处违法所得一倍以上十倍以下罚款，没有违法所得的，处一百万元以下罚款。

第六十五条 关键信息基础设施的运营者违反本法第三十五条规定，使用未经安全审查或者安全审查未通过的网络产品或者服务的，由有关主管部门责令停止使用，处采购金额一倍以上十倍以下罚款；对直接负责的主管人员和其他直接责任人员处一万元以上十万元以下罚款。

第六十六条 关键信息基础设施的运营者违反本法第三十七条规定，在境外存储网络数据，或者向境外提供网络数据的，由有关主管部门责令改正，给予警告，没收违法所得，处五万元以上五十万元以下罚款，并可以责令暂停相关业务、停业整顿、关闭网站、吊销相关业务许可证或者吊销营业执照；对直接负责的主管人员和其他直接责任人员处一万元以上十万元以下罚款。

第六十七条 违反本法第四十六条规定，设立用于实施违法犯罪活动的网站、通讯群组，或者利用网络发布涉及实施违法犯罪活动的信息，尚不构成犯罪的，由公安机关处五日以下拘留，可以并处一万元以上十万元以下罚款；情节较重的，处五日以上十五日以下拘留，可以并处五万元以上五十万元以下罚款。关闭用于实施违法犯罪活动的网站、通讯群组。

单位有前款行为的，由公安机关处十万元以上五十万元以下罚款，并对直接负责的主管人员和其他直接责任人员依照前款规定处罚。

第六十八条 网络运营者违反本法第四十七条规定，对法律、行政法规禁止发布或者传输的信息未停止传输、采取消除等处置措施、保存有关记录的，由有关主管部门责令改正，给予警告，没收违法所得；拒不改正或者情节严重的，处十万元以上五十万元以下罚款，并可以责令暂停相关业务、停业整顿、关闭网站、吊销相关业务许可证或者吊销营业执照，对直接负责的主管人员和其他直接责任人员处一万元以上十万元以下罚款。

电子信息发送服务提供者、应用软件下载服务提供者，不履行本法第四十八条第二款规定的安全管理义务的，依照前款规定处罚。

第六十九条 网络运营者违反本法规定，有下列行为之一的，由有关主管部门责令改正；拒不改正或者情节严重的，处五万元以上五十万元以下罚款，对直接负责的主管人员和其他直接责任人员，处一万元以上十万元以下罚款：

（一）不按照有关部门的要求对法律、行政法规禁止发布或者传输的信息，采取停止传输、消除等处置措施的；

（二）拒绝、阻碍有关部门依法实施的监督检查的；

（三）拒不向公安机关、国家安全机关提供技术支持和协助的。

第七十条 发布或者传输本法第十二条第二款和其他法律、行政法规禁止发布或者传输的信息的，依照有关法律、行政法规的规定处罚。

第七十一条 有本法规定的违法行为的，依照有关法律、行政法规的规定记入信用档案，并予以公示。

第七十二条 国家机关政务网络的运营者不履行本法规定的网络安全保护义务的，由其上级机关或者有关机关责令改正；对直接负责的主管人员和其他直接责任人员依法给予处分。

第七十三条 网信部门和有关部门违反本法第三十条规定，将在履行网络安全保护职责中获取的信息用于其他用途的，对直接负责的主管人员和其他直接责任人员依法给予处分。

网信部门和有关部门的工作人员玩忽职守、滥用职权、徇私舞弊，尚不构成犯罪的，依法给予处分。

第七十四条 违反本法规定，给他人造成损害的，依法承担民事责任。

违反本法规定，构成违反治安管理行为的，依法给予治安管理处罚；构成犯罪的，依法追究刑事责任。

第七十五条 境外的机构、组织、个人从事攻击、侵入、干扰、破坏等危害中华人民共和国的关键信息基础设施的活动，造成严重后果的，依法追究法律责任；国务院公安部门和有关部门并可以决定对该机构、组织、个人采取冻结财产或者其他必要的制裁措施。

第七章 附 则

第七十六条 本法下列用语的含义：

（一）网络，是指由计算机或者其他信息终端及相关设备组成的按照一定的规则和程序对信息进行收集、存储、传输、交换、处理的系统。

（二）网络安全，是指通过采取必要措施，防范对网络的攻击、侵入、干扰、破坏和非法使用以及意外事故，使网络处于稳定可靠运行的状态，以及保障网络数据的完整性、保密性、可用性的能力。

（三）网络运营者，是指网络的所有者、管理者和网络服务提供者。

（四）网络数据，是指通过网络收集、存储、传输、处理和产生的各种电子数据。

（五）个人信息，是指以电子或者其他方式记录的能够单独或者与其他信息结合识别自然人个人身份的各种信息，包括但不限于自然人的姓名、出生日期、身份证件号码、个人生物识别信息、住址、电话号码等。

第七十七条 存储、处理涉及国家秘密信息的网络的运行安全保护，除应当遵守本法外，还应当遵守保密法律、行政法规的规定。

第七十八条 军事网络的安全保护，由中央军事委员会另行规定。

第七十九条 本法自 2017 年 6 月 1 日起施行。

国家信息化发展战略纲要

【颁布单位】中共中央办公厅 国务院办公厅

【颁布时间】2016-7-27

当今世界，信息技术创新日新月异，以数字化、网络化、智能化为特征的信息化浪潮蓬勃兴起。没有信息化就没有现代化。适应和引领经济发展新常态，增强发展新动力，需要将信息化贯穿我国现代化进程始终，加快释放信息化发展的巨大潜能。以信息化驱动现代化，建设网络强国，是落实“四个全面”战略布局的重要举措，是实现“两个一百年”奋斗目标和中华民族伟大复兴中国梦的必然选择。

本战略纲要是根据新形势对《2006－2020 年国家信息化发展战略》的调整和发展，是规范和指导未来 10 年国家信息化发展的纲领性文件，是国家战略体系的重要组成部分，是信息化领域规划、政策制定的重要依据。

一、国家信息化发展的基本形势

（一）人类社会经历了农业革命、工业革命，正在经历信息革命

当前，以信息技术为代表的新一轮科技革命方兴未艾，互联网日益成为创新驱动发展的先导力量。信息技术与生物技术、新能源技术、新材料技术等交叉融合，正在引发以绿色、智能、泛在为特征的群体性技术突破。信息、资本、技术、人才在全球范围内加速流动，互联网推动产业变革，促进工业经济向信息经济转型，国际分工新体系正在形成。网信事业代表新的生产力、新的

发展方向，推动人类认识世界、改造世界的能力空前提升，正在深刻改变着人们的生产生活方式，带来生产力质的飞跃，引发生产关系重大变革，成为重塑国际经济、政治、文化、社会、生态、军事发展新格局的主导力量。全球信息化进入全面渗透、跨界融合、加速创新、引领发展的新阶段。

随着世界多极化、经济全球化、文化多样化、社会信息化深入发展，全球治理体系深刻变革，谁在信息化上占据制高点，谁就能够掌握先机、赢得优势、赢得安全、赢得未来。发达国家持续推动信息技术创新，不断加快经济社会数字化进程，全力巩固领先优势。发展中国家抢抓产业链重组和调整机遇，以信息化促转型发展，积极谋求掌握发展主动权。世界各国加快网络空间战略布局，围绕关键资源获取、国际规则制定的博弈日趋尖锐复杂。加快信息化发展，建设数字国家已经成为全球共识。

（二）进入新世纪特别是党的十八大以来，我国信息化取得长足进展，但与全面建成小康社会、加快推进社会主义现代化的目标相比还有差距，坚持走中国特色信息化发展道路，以信息化驱动现代化，建设网络强国，迫在眉睫、刻不容缓

目前，我国网民数量、网络零售交易额、电子信息产品制造规模已居全球第一，一批信息技术企业和互联网企业进入世界前列，形成了较为完善的信息产业体系。信息技术应用不断深化，“互联网+”异军突起，经济社会数字化网络化转型步伐加快，网络空间正能量进一步汇聚增强，信息化在现代化建设全局中引领作用日益凸显。同时，我国信息化发展也存在比较突出的问题，主要是：核心技术和设备受制于人，信息资源开发利用不够，信息基础设施普及程度不高，区域和城乡差距比较明显，网络安全面临严峻挑战，网络空间法治建设亟待加强，信息化在促进经济社会发展、服务国家整体战略布局中的潜能还没有充分释放。

我国综合国力、国际影响力和战略主动地位持续增强，发展仍处于可以大有作为的重要战略机遇期。从国内环境看，我国已经进入新型工业化、信息化、城镇化、农业现代化同步发展的关键时期，信息革命为我国加速完成工业化任务、跨越“中等收入陷阱”、构筑国际竞争新优势提供了历史性机遇，也警示我们面临不进则退、慢进亦退、错失良机的巨大风险。站在新的历史起点，我们完全有能力依托大国优势和制度优势，加快信息化发展，推动我国社会主义现代化事业再上新台阶。

二、指导思想、战略目标和基本方针

（一）指导思想

高举中国特色社会主义伟大旗帜，全面贯彻落实党的十八大和十八届三中、四中、五中全会精神，以邓小平理论、“三个代表”重要思想、科学发展观为指导，深入学习贯彻习近平总书记系列重要讲话精神，紧紧围绕“五位一体”总体布局和“四个全面”战略布局，牢固树立创新、协调、绿色、开放、共享的发展理念，贯彻以人民为中心的发展思想，统筹国内国际两个大局，统筹发展安全两件大事，坚持走中国特色信息化发展道路，坚持与实现“两个一百年”奋斗目标同步推进，以信息化驱动现代化为主线，以建设网络强国为目标，着力增强国家信息化发展能力，着力提高信息化应用水平，着力优化信息化发展环境，推进国家治理体系和治理能力现代化，努力在践行新发展理念上先行一步，让信息化造福社会、造福人民，为实现中华民族伟大复兴的中国梦奠定坚实基础。

（二）战略目标

到 2020 年，固定宽带家庭普及率达到中等发达国家水平，第三代移动通信（3G）、第四代移动通信（4G）网络覆盖城乡，第五代移动通信（5G）技术研发和标准取得突破性进展。信息消费总额达到 6 万亿元，电子商务交易规模达到 38 万亿元。核心关键技术部分领域达到国际先进水平，信息产业国际竞争力大幅提升，重点行业数字化、网络化、智能化取得明显进展，网络化协同创新体系全面形成，电子政务支撑国家治理体系和治理能力现代化坚实有力，信息化成为驱动

现代化建设的先导力量。

互联网国际出口带宽达到 20 太比特/秒（Tbps），支撑“一带一路”建设实施，与周边国家实现网络互联、信息互通，建成中国—东盟信息港，初步建成网上丝绸之路，信息通信技术、产品和互联网服务的国际竞争力明显增强。

到 2025 年，新一代信息通信技术得到及时应用，固定宽带家庭普及率接近国际先进水平，建成国际领先的移动通信网络，实现宽带网络无缝覆盖。信息消费总额达到 12 万亿元，电子商务交易规模达到 67 万亿元。根本改变核心关键技术受制于人的局面，形成安全可控的信息技术产业体系，电子政务应用和信息惠民水平大幅提高。实现技术先进、产业发达、应用领先、网络安全坚不可摧的战略目标。

互联网国际出口带宽达到 48 太比特/秒（Tbps），建成四大国际信息通道，连接太平洋、中东欧、西非北非、东南亚、中亚、印巴缅俄等国家和地区，涌现一批具有强大国际竞争力的大型跨国网信企业。

到本世纪中叶，信息化全面支撑富强民主文明和谐的社会主义现代化国家建设，网络强国地位日益巩固，在引领全球信息化发展方面有更大作为。

（三）基本方针

——统筹推进。信息化事关国家经济社会长期可持续发展、事关国家长治久安、事关人民群众福祉，必须胸怀大局、把握大势、着眼大事，统筹中央和地方，统筹党政军各方力量，统筹发挥市场和政府作用，统筹阶段性目标和长远目标，统筹各领域信息化发展重大问题，确保国家信息化全面协调可持续健康发展。

——创新引领。全面实施创新驱动发展战略，把创新发展作为应对发展环境变化、增强发展动力、把握发展主动权，更好引领经济发展新常态的根本之策，以时不我待、只争朝夕的精神，努力掌握核心技术，快马加鞭争取主动局面，占据竞争制高点。

——驱动发展。最大程度发挥信息化的驱动作用，实施国家大数据战略，推进“互联网+”行动计划，引导新一代信息技术与经济社会各领域深度融合，推动优势新兴业态向更广范围、更宽领域拓展，全面提升经济、政治、文化、社会、生态文明和国防等领域信息化水平。

——惠及民生。坚持以造福社会、造福人民为工作的出发点和落脚点，发挥互联网在助推脱贫攻坚中的作用，推进精准扶贫、精准脱贫，不断增进人民福祉；紧紧围绕人民期待和需求，以信息化促进基本公共服务均等化，让亿万人民在共享互联网发展成果上有更多获得感。

——合作共赢。坚持国家利益在哪里、信息化就推进到哪里，围绕“一带一路”建设，加强网络互联、促进信息互通，加快构建网络空间命运共同体；用好国内国际两个市场两种资源、网上网下两个空间，主动参与全球治理，不断提升国际影响力和话语权。

——确保安全。网络安全和信息化是一体之两翼、驱动之双轮，必须统一谋划、统一部署、统一推进、统一实施，做到协调一致、齐头并进；切实防范、控制和化解信息化进程中可能产生的风险，以安全保发展，以发展促安全，努力建久安之势、成长治之业。

三、大力增强信息化发展能力

（一）发展核心技术，做强信息产业

信息技术和产业发展程度决定着信息化发展水平。我国正处于从跟跑并跑向并跑领跑转变的关键时期，要抓住自主创新的牛鼻子，构建安全可控的信息技术体系，培育形成具有国际竞争力的产业生态，把发展主动权牢牢掌握在自己手里。

（1）构建先进技术体系。制定国家信息领域核心技术设备发展战略纲要，以体系化思维弥补单点弱势，打造国际先进、安全可控的核心技术体系，带动集成电路、基础软件、核心元器件等薄弱环节实现根本性突破。积极争取并巩固新一代移动通信、下一代互联网等领域全球领先地位，着力构筑移动互联网、云计算、大数据、物联网等领域比较优势。

（2）加强前沿和基础研究。加快完善基础研究体制机制，强化企业创新主体地位和主导作用，面向信息通信技术领域的基础前沿技术、共

性关键技术，加大科技攻关。遵循创新规律，着眼长远发展，超前规划布局，加大投资保障力度，为前沿探索提供长期支持。实施新一代信息技术创新国际交流项目。

（3）打造协同发展的产业生态。统筹基础研究、技术创新、产业发展与应用部署，加强产业链各环节协调互动。提高产品服务附加值，加速产业向价值链高端迁移。加强专利与标准前瞻性布局，完善覆盖知识产权、技术标准、成果转化、测试验证和产业化投资评估等环节的公共服务体系。

（4）培育壮大龙头企业。支持龙头企业发挥引领带动作用，联合高校和科研机构打造研发中心、技术产业联盟，探索成立核心技术研发投资公司，打通技术产业化的高效转化通道。深化上市发审制度改革，支持创新型企业在国内上市。支持企业在海外设立研发机构和开拓市场，有效利用全球资源，提升国际化发展水平。

（5）支持中小微企业创新。加大对科技型创新企业研发支持力度，落实企业研发费用加计扣除政策，适当扩大政策适用范围。完善技术交易和企业孵化机制，构建普惠性创新支持政策体系。完善公共服务平台，提高科技型中小微企业自主创新和可持续发展能力。

（二）夯实基础设施，强化普遍服务

泛在先进的基础设施是信息化发展的基石。要加快构建陆地、海洋、天空、太空立体覆盖的国家信息基础设施，不断完善普遍服务，让人们通过网络了解世界、掌握信息、摆脱贫困、改善生活、享有幸福。

（6）统筹规划基础设施布局。深化电信业改革，鼓励多种所有制企业有序参与竞争。统筹国家现代化建设需求，实现信息基础设施共建共享，推进区域和城乡协调发展。协调频谱资源配置，科学规划无线电频谱，提升资源利用效率。加强信息基础设施与市政、公路、铁路、机场等规划建设的衔接。支持港澳地区完善信息基础设施布局。

（7）增强空间设施能力。围绕通信、导航、遥感等应用卫星领域，建立持续稳定、安全可控的国家空间基础设施。科学规划和利用卫星频率和轨道资源。建设天地一体化信息网络，增强接入服务能力，推动空间与地面设施互联互通。统筹北斗卫星导航系统建设和应用，推进北斗产业化和走出去进程。加强陆地、大气、海洋遥感监测，提升对我国资源环境、生态保护、应急减灾、大众消费以及全球观测的服务保障能力。

（8）优化升级宽带网络。扩大网络覆盖范围，提高业务承载能力和应用服务水平，实现多制式网络和业务协调发展。加快下一代互联网大规模部署和商用，推进公众通信网、广播电视网和下一代互联网融合发展。加强未来网络长期演进的战略布局和技术储备，构建国家统一试验平台。积极开展第五代移动通信（5G）技术的研发、标准和产业化布局。

（9）提高普遍服务水平。科学灵活选择接入技术，分类推进农村网络覆盖。发达地区优先推进光纤到村。边远地区、林牧区、海岛等区域根据条件采用移动蜂窝、卫星通信等多种方式实现覆盖。居住分散、位置偏远、地理条件恶劣的地区可结合人口搬迁、集中安置实现网络接入。完善电信普遍服务补偿机制，建立支持农村和中西部地区宽带网络发展长效机制，推进网络提速降费，为社会困难群体运用网络创造条件。

（三）开发信息资源，释放数字红利

信息资源日益成为重要的生产要素和社会财富，信息掌握的多寡、信息能力的强弱成为衡量国家竞争力的重要标志。当前，我国信息资源开发利用不足与无序滥用的现象并存，要加强顶层设计和系统规划，完善制度体系，全面提升信息采集、处理、传输、利用、安全能力，构筑国家信息优势。

（10）加强信息资源规划、建设和管理。推动重点信息资源国家统筹规划和分类管理，增强关键信息资源掌控能力。完善基础信息资源动态更新和共享应用机制。创新部门业务系统建设运营模式，逐步实现业务应用与数据管理分离。统筹规划建设国家互联网大数据平台。逐步开展社会化交易型数据备份和认证，确保数据可追溯、可恢复。

（11）提高信息资源利用水平。建立公共信息资源开放目录，构建统一规范、互联互通、安全

可控的国家数据开放体系，积极稳妥推进公共信息资源开放共享。发展信息资源市场，促进信息消费。引导和规范公共信息资源增值开发利用，支持市场主体利用全球信息资源开展业务创新。

（12）建立信息资源基本制度体系。探索建立信息资产权益保护制度，实施分级分类管理，形成重点信息资源全过程管理体系。加强采集管理和标准制定，提高信息资源准确性、可靠性和可用性。依法保护个人隐私、企业商业秘密，确保国家安全。研究制定信息资源跨境流动管理办法。

（四）优化人才队伍，提升信息技能

人才资源是第一资源，人才竞争是最终的竞争。要完善人才培养、选拔、使用、评价、激励机制，破除壁垒，聚天下英才而用之，为网信事业发展提供有力人才支撑。

（13）造就一批领军人才。依托国家重大人才工程，加大对信息化领军人才支持力度，培养造就世界水平的科学家、网络科技领军人才、卓越工程师、高水平创新团队和信息化管理人才。吸引和扶持海外高层次人才回国创新创业，建立海外人才特聘专家制度，对需要引进的特殊人才，降低永久居留权门槛，探索建立技术移民制度，提高我国在全球配置人才资源能力。

（14）壮大专业人才队伍。构建以高等教育、职业教育为主体，继续教育为补充的信息化专业人才培养体系。在普通本科院校和职业院校中设置信息技术应用课程。推广订单式人才培养，建立信息化人才培养实训基地。支持与海外高水平机构联合开展人才培养。

（15）完善人才激励机制。采取特殊政策，建立适应网信特点的人事制度、薪酬制度、人才评价机制，打破人才流动的体制界限。拓宽人才发现渠道，支持开展创新创业大赛、技能竞赛等活动，善用竞争性机制选拔特殊人才。完善技术入股、股权期权等激励方式，建立健全科技成果知识产权收益分配机制。

（16）提升国民信息技能。改善中小学信息化环境，推进信息化基础教育。全面开展国家工作人员信息化培训和考核。实施信息扫盲行动计划，发挥博士服务团、大学生村官、大学生志愿服务西部计划、“三支一扶”等项目的作用，为老少边穷地区和弱势群体提供知识和技能培训。

（五）深化合作交流，拓展发展空间

互联网真正让世界变成了地球村，让国际社会越来越成为你中有我、我中有你的命运共同体。要积极开展双边、多边国际交流合作，共同应对网络安全面临的挑战，共同维护网络空间的公平正义，共同分享全球信息革命的机遇和成果。

（17）深化国际合作交流。加强在联合国、二十国集团、金砖国家、亚太经济合作组织、上海合作组织等国际框架和多边机制内的协调配合，推动建立信息化领域国际互信对话机制。组织搭建合作渠道，建设全球信息化最佳实践推广平台。实施中美、中欧、中英、中德数字经济合作项目。

（18）参与国际规则制定。积极参与国际网络空间安全规则制定。巩固和发展区域标准化合作机制，积极争取国际标准化组织重要职位。在移动通信、下一代互联网、下一代广播电视网、云计算、大数据、物联网、智能制造、智慧城市、网络安全等关键技术和重要领域，积极参与国际标准制定。鼓励企业、科研机构、社会组织和个人积极融入国际开源社区。

（19）拓展国际发展空间。推进“一带一路”建设信息化发展，统筹规划海底光缆和跨境陆地光缆建设，提高国际互联互通水平，打造网上丝绸之路。加快推动与周边国家信息基础设施互联互通，打通经中亚到西亚、经南亚到印度洋、经俄罗斯到中东欧国家等陆上通道，积极推进美洲、欧洲、非洲等方向海底光缆建设。合作建设中国－中亚信息平台、中国－东盟信息港、中阿网上丝绸之路。统筹规划我国全球网络设施建设，支持企业拓展海外业务与节点布局，提升我国在全球网络中的影响力。

（20）共建国际网络新秩序。坚持尊重网络主权、维护和平安全、促进开放合作、构建良好秩序的原则，推动建立多边、民主、透明的国际互联网治理体系。积极参与和推进互联网名称与数字地址分配机构（ICANN）国际化改革。加强国际网络空间执法合作，推动制定网络空间国际

反恐公约。健全打击网络犯罪司法协助机制，共同维护网络空间和平安全。

四、着力提升经济社会信息化水平

（一）培育信息经济，促进转型发展

加快建设数字中国、大力发展信息经济是信息化工作的重中之重。要围绕推进供给侧结构性改革，发挥信息化对全要素生产率的提升作用，培育发展新动力，塑造更多发挥先发优势的引领型发展，支撑我国经济向形态更高级、分工更优化、结构更合理的阶段演进。

（21）推进信息化和工业化深度融合。加快实施《中国制造 2025》，推动工业互联网创新发展。以智能制造为突破口，加快信息技术与制造技术、产品、装备融合创新，推广智能工厂和智能制造模式，全面提升企业研发、生产、管理和服务的智能化水平。普及信息化和工业化融合管理体系标准，深化互联网在制造领域的应用，积极培育众创设计、网络众包、个性化定制、服务型制造等新模式，完善产业链，打造新型制造体系。

（22）加快推进农业现代化。把信息化作为农业现代化的制高点，推动信息技术和智能装备在农业生产经营中的应用，培育互联网农业，建立健全智能化、网络化农业生产经营体系，加快农业产业化进程。加强耕地、水、草原等重要资源和主要农业投入品联网监测，健全农业信息监测预警和服务体系，提高农业生产全过程信息管理服务能力，确保国家粮食安全和农产品质量安全。

（23）推进服务业网络化转型。支持运用互联网开展服务模式创新，加快传统服务业现代化进程，提高生活性服务业信息化水平。积极培育设计、咨询、金融、交通、物流、商贸等生产性服务业，推动现代服务业网络化发展。大力发展跨境电子商务，构建繁荣健康的电子商务生态系统。引导和规范互联网金融发展，有效防范和化解金融风险。发展分享经济，建立网络化协同创新体系。

（24）促进区域协调发展。转变城镇化发展方式，破解制约城乡发展的信息障碍，促进城镇化和新农村建设协调推进。加强顶层设计，提高城市基础设施、运行管理、公共服务和产业发展的信息化水平，分级分类推进新型智慧城市建设。实施以信息化推动京津冀协同发展、信息化带动长江经济带发展行动计划。支持港澳地区发展信息经济。

（25）夯实发展新基础。推进物联网设施建设，优化数据中心布局，加强大数据、云计算、宽带网络协同发展，增强应用基础设施服务能力。加快电力、民航、铁路、公路、水路、水利等公共基础设施的网络化和智能化改造。发挥信息化支撑作用，推动安全支付、信用体系、现代物流等新型商业基础设施建设，形成大市场、大流通、大服务格局，奠定经济发展新基石。

（26）优化政策环境。完善互联网企业资本准入制度，设立中国互联网投资基金，引导多元化投融资市场发展。发挥中国互联网发展基金会的作用，组建中国“互联网+”联盟，支持中小微互联网企业成长。深入推进简政放权、放管结合、优化服务。设立国家信息经济示范区。

（二）深化电子政务，推进国家治理现代化

适应国家现代化发展需要，更好用信息化手段感知社会态势、畅通沟通渠道、辅助科学决策。持续深化电子政务应用，着力解决信息碎片化、应用条块化、服务割裂化等问题，以信息化推进国家治理体系和治理能力现代化。

（27）服务党的执政能力建设。推进党委信息化工作，提升党委决策指挥的信息化保障能力。充分运用信息技术提高党员、干部、人才管理和服务的科学化水平。加强信息公开，畅通民主监督渠道，全面提高廉政风险防控和巡视工作信息化水平，增强权力运行的信息化监督能力。加强党内法规制度建设信息化保障，重视发挥互联网在党内法规制定和宣传中的作用。推进信息资源共享，提升各级党的部门工作信息化水平。

（28）提高政府信息化水平。完善部门信息共享机制，建立国家治理大数据中心。加强经济运行数据交换共享、处理分析和监测预警，增强宏观调控和决策支持能力。深化财政、税务信息化应用，支撑中央和地方财政关系调整，促进税

收制度改革。推进人口、企业基础信息共享，有效支撑户籍制度改革和商事制度改革。推进政务公开信息化，加强互联网政务信息数据服务平台和便民服务平台建设，提供更加优质高效的网上政务服务。

（29）服务民主法治建设。建立健全网络信息平台，密切人大代表同人民群众的联系。加快政协信息化建设，推进协商民主广泛多层制度化发展。实施“科技强检”，推进检察工作现代化。建设“智慧法院”，提高案件受理、审判、执行、监督等各环节信息化水平，推动执法司法信息公开，促进司法公平正义。

（30）提高社会治理能力。加快创新立体化社会治安防控体系，提高公共安全智能化水平，全面推进平安中国建设。构建基层综合服务管理平台，推动政府职能下移，支持社区自治。依托网络平台，加强政民互动，保障公民知情权、参与权、表达权、监督权。推行网上受理信访，完善群众利益协调、权益保障机制。

（31）健全市场服务和监管体系。实施“多证合一”“一照一码”制度，在海关、税务、工商、质检等领域推进便利化服务，加强事中事后监管与服务，实现服务前移、监管后移。以公民身份号码、法人和其他组织统一社会信用代码为基础，建立全国统一信用信息网络平台，构建诚信营商环境。建设食品药品、特种设备等重要产品信息化追溯体系，完善产品售后服务质量监测。加强在线即时监督监测和非现场监管执法，提高监管透明度。

（32）完善一体化公共服务体系。制定在线公共服务指南，支持各级政府整合服务资源，面向企业和公众提供一体化在线公共服务，促进公共行政从独立办事向协同治理转变。各部门要根据基层服务需求，开放业务系统和数据接口，推动电子政务服务向基层延伸。

（33）创新电子政务运行管理体制。建立强有力的国家电子政务统筹协调机制，制定电子政务管理办法，建立涵盖规划、建设、应用、管理、评价的全流程闭环管理机制。大力推进政府采购服务，试点推广政府和社会资本合作模式，鼓励社会力量参与电子政务建设。鼓励应用云计算技术，整合改造已建应用系统。

（三）繁荣网络文化，增强国家软实力

互联网是传播人类优秀文化、弘扬正能量的重要载体。要始终坚持社会主义先进文化前进方向，坚持正确舆论导向，遵循网络传播规律，弘扬主旋律，激发正能量，大力培育和践行社会主义核心价值观，发展积极向上的网络文化，把中国故事讲得愈来愈精彩，让中国声音愈来愈洪亮。

（34）提升网络文化供给能力。实施网络内容建设工程。加快文化资源数字化建设，提高网络文化生产的规模化、专业化水平。整合公共文化资源，构建公共文化服务体系，提升信息服务水平。引导社会力量积极开发适合网络传播特点、满足人们多样化需求的网络文化产品。

（35）提高网络文化传播能力。完善网络文化传播机制，构建现代文化传播体系。推动传统媒体和新兴媒体融合发展，有效整合各种媒介资源和生产要素。实施中华优秀文化网上传播工程，加强港澳地区网络传播能力建设，完善全球信息采集传播网络，逐步形成与我国国际地位相适应的网络国际传播能力。

（36）加强网络文化阵地建设。做大做强中央主要新闻网站和地方重点新闻网站，规范引导商业网站健康有序发展。推进重点新闻网站体制机制创新。加快党报党刊、通讯社、电台电视台数字化改造和技术升级。推动文化金融服务模式创新，建立多元网络文化产业投融资体系。鼓励优秀互联网企业和文化企业强强联合，培育一批具有国际影响力的新型文化集团、媒体集团。

（37）规范网络文化传播秩序。综合利用法律、行政、经济和行业自律等手段，规范网络信息传播秩序。坚决遏制违法有害信息网上传播，巩固壮大健康向上的主流舆论。完善网络文化服务市场准入和退出机制，加大网络文化管理执法力度，打击网络侵权盗版行为。

（四）创新公共服务，保障和改善民生

围绕人民群众最关心最直接最现实的利益问题，大力推进社会事业信息化，优化公共服务资源配置，降低应用成本，为老百姓提供用得上、用得起、用得好的信息服务，促进基本公共服务

均等化。

（38）推进教育信息化。完善教育信息基础设施和公共服务平台，推进优质数字教育资源共建共享和均衡配置，建立适应教育模式变革的网络学习空间，缩小区域、城乡、校际差距。建立网络环境下开放学习模式，鼓励更多学校应用在线开放课程，探索建立跨校课程共享与学分认定制度。完善准入机制，吸纳社会力量参与大型开放式网络课程建设，支撑全民学习、终身教育。

（39）加快科研信息化。加强科研信息化管理，构建公开透明的国家科研资源管理和项目评价机制。建设覆盖全国、资源共享的科研信息化基础设施，提升科研信息服务水平。加快科研手段数字化进程，构建网络协同的科研模式，推动科研资源共享与跨地区合作，促进科技创新方式转变。

（40）推进智慧健康医疗服务。完善人口健康信息服务体系，推进全国电子健康档案和电子病历数据整合共享，实施健康医疗信息惠民行动，促进和规范健康医疗大数据应用发展。探索建立市场化远程医疗服务模式、运营机制和管理机制，促进优质医疗资源纵向流动。加强区域公共卫生服务资源整合，探索医疗联合体等新型服务模式。运用新一代信息技术，满足多元服务需求，推动医疗救治向健康服务转变。

（41）提高就业和社会保障信息化水平。推进就业和养老、医疗、工伤、失业、生育、保险等信息全国联网。建立就业创业信息服务体系，引导劳动力资源有序跨地区流动，促进充分就业。加快社会保障“一卡通”推广和升级，实行跨地区应用接入，实现社会保险关系跨地区转移接续和异地就医联网结算。加快政府网站信息无障碍建设，鼓励社会力量为残疾人提供个性化信息服务。

（42）实施网络扶贫行动计划。构建网络扶贫信息服务体系，加快贫困地区互联网建设步伐，扩大光纤网、宽带网有效覆盖。开展网络公益扶贫宣传，鼓励网信企业与贫困地区结对帮扶，开发适合民族边远地区特点和需求的移动应用，建立扶贫跟踪监测和评估信息系统。

（五）服务生态文明建设，助力美丽中国

建设生态文明是关乎人民福祉和民族未来的长远大计。要着力破解资源约束趋紧、环境污染严重、生态系统退化问题，构建基于信息化的新型生态环境治理体系，加快建设天蓝、地绿、水净的美丽中国。

（43）创新资源管理和利用方式。开展国家自然生态空间统一确权登记。整合自然生态空间数据，优化资源开发利用的空间格局和供应时序。完善自然资源监管体系，逐步实现全程、全覆盖动态监管，提高用途管制能力。探索建立废弃物信息管理和交易体系，形成再生资源循环利用机制。

（44）构建新型生态环境治理体系。健全环境信息公开制度。实施生态文明和环境保护监测信息化工程，逐步实现污染源、污染物、生态环境全时监测，提高区域流域环境污染联防联控能力。推动建立绿色低碳循环发展产业体系，鼓励有条件地区探索开展节能量、碳排放权、排污权、水权网上交易。利用信息技术提高生态环境修复能力，促进生态环境根本性改善。

（六）加快信息强军，构建现代军事力量体系

积极适应国家安全形势新变化、信息技术发展新趋势和强军目标新要求，坚定不移把信息化作为军队现代化建设发展方向，贯彻军民融合深度发展战略思想，在新的起点上推动军队信息化建设跨越发展。

（45）加强体系化建设。创新发展信息化军事理论，加强信息化建设集中统管，发挥作战需求牵引作用，推进机械化信息化有机融合。完善信息基础设施，推动指挥信息系统集成运用，加大信息资源开发利用力度，构建信息安全防御体系，全面提高打赢信息化局部战争能力。

（46）提高实战化训练水平。适应战争形态演变趋势，依托网络信息系统，开展以信息主导、体系对抗、精确作战、全域机动、网络防控为主要特征的检验性、对抗性演习，推进军事训练向实战化转变，提高以夺取制信息权为核心的战场综合控制权能力。

（47）深化军事斗争准备。充分发挥信息化融合、渗透作用，深化国防和军队改革，推进军队组织形态现代化。健全国防信息动员领导管理体制机制，完善国防信息动员与应急保障预案。大力培养信息化作战指挥、信息技术专业、信息系统组织运用及操作维护等作战急需人才，不断增强官兵运用信息系统和信息化装备打胜仗的能力。

五、不断优化信息化发展环境

（一）推进信息化法治建设

依法推进信息化、维护网络安全是全面依法治国的重要内容。要以网络空间法治化为重点，发挥立法的引领和推动作用，加强执法能力建设，提高全社会自觉守法意识，营造良好的信息化法治环境。

（48）完善信息化法律框架。以网络立法为重点，加快建立以促进信息化发展和强化网络安全管理为目标，涵盖网络基础设施、网络服务提供者、网络用户、网络信息等对象的法律、行政法规框架。

（49）有序推进信息化立法进程。坚持急用先行，加快出台急需法律法规和规范性文件。强化网络基础设施保护，加快制定网络安全法、电信法、电子商务法，研究制定密码法。加强网络用户权利保护，研究制定个人信息保护法、未成年人网络保护条例。规范网络信息服务与管理，修订互联网信息服务管理办法。研究制定电子文件管理条例。完善司法解释，推动现有法律延伸适用到网络空间。

（50）加强执法能力建设。加强部门信息共享与执法合作，创新执法手段，形成执法合力。理顺网络执法体制机制，明确执法主体、执法权限、执法标准。

（二）加强网络生态治理

网络空间是亿万民众共同的精神家园。网络空间天朗气清、生态良好，符合人民利益。坚持正能量是总要求、管得住是硬道理，创新改进网上正面宣传，加强全网全程管理，建设为民、文明、诚信、法治、安全、创新的网络空间，使网络空间清朗起来。

（51）强化互联网管理。坚持积极利用、科学发展、依法管理、确保安全的方针，建立法律规范、行政监管、行业自律、技术保障、公众监督、社会教育相结合的网络治理体系。落实网络身份管理制度，建立网络诚信评价体系，健全网络服务提供者和网民信用记录，完善褒奖和惩戒机制。加强互联网域名、地址等基础资源管理，确保登记备案信息真实准确。强化网络舆情管理，对所有从事新闻信息服务、具有媒体属性和舆论动员功能的网络传播平台进行管理。依法完善互联网信息服务市场准入和退出机制。

（52）形成全社会参与的治理机制。坚持依法治网，加快建立政府引领，企业、社会组织、技术社群、公民共同参与、相互协作的互联网治理机制。强化互联网企业的主体责任，引导企业公平竞争、自我管理和改善服务。建立健全网络社会组织，充分发挥社会组织自我管理、自我监督作用。加强社会力量引导，积极培育“中国好网民”。

（53）维护公民合法权益。依法保护信息自由有序流动，切实保障公民基本权利和自由。全面规范企业和个人信息采集、存储、使用等行为，防范信息滥用。加强个人数据保护，依法打击网络违法犯罪。

（三）维护网络空间安全

树立正确的网络安全观，坚持积极防御、有效应对，增强网络安全防御能力和威慑能力，切实维护国家网络空间主权、安全、发展利益。

（54）维护网络主权和国家安全。依法管理我国主权范围内的网络活动，坚定捍卫我国网络主权。坚决防范和打击通过网络分裂国家、煽动叛乱、颠覆政权、破坏统一、窃密泄密等行为。

（55）确保关键信息基础设施安全。加快构建关键信息基础设施安全保障体系，加强党政机关以及重点领域网站的安全防护，建立政府、行业与企业网络安全信息有序共享机制。建立实施网络安全审查制度，对关键信息基础设施中使用的重要信息技术产品和服务开展安全审查。健全信息安全等级保护制度。

（56）强化网络安全基础性工作。加强网络安全基础理论研究、关键技术研发和技术手段建设，建立完善国家网络安全技术支撑体系，推进网络安全标准化和认证认可工作。提升全天候全方位感知网络安全态势能力，做好等级保护、风险评估、漏洞发现等基础性工作，完善网络安全监测预警和网络安全重大事件应急处置机制。实施网络安全人才工程，开展全民网络安全教育，提升网络媒介素养，增强全社会网络安全意识和防护技能。

六、体制保障和组织实施

要加强统筹协调，有力整合资源，形成推进合力，切实将各项战略任务落到实处，确保战略目标如期实现。

（一）强化组织领导

坚持中央网络安全和信息化领导小组对国家信息化发展的集中统一领导，信息化领域重大政策和事项须经领导小组审定。各级网络安全和信息化领导小组要加强统筹，研究解决本地区信息化发展中的重大问题。

（二）健全工作机制

中央网络安全和信息化领导小组办公室负责统筹协调本战略纲要的实施和督促检查。各级网络安全和信息化主管部门要充分发挥组织协调作用，加强部门、行业、区域、军地间合作，形成统一领导、分工合理、责任明确、运转顺畅的信息化推进机制。加快中国特色新型信息化智库建设，完善重大政策、重大项目专家咨询制度。

（三）完善配套政策

各地区各部门要将本战略纲要提出的任务与经济社会发展规划有效衔接、同步推进，制定好“十三五”信息化发展规划和相关专项规划。相关部门要加快完善产业、财税、金融、科技、教育等领域配套政策措施，加大财政投入和管理，重点支持关键性、基础性、公共性领域的信息化建设和网络安全保障。加大政府购买服务力度，创新信息化投融资机制，在信息化领域实行有利于商业运作、持续运营的政策，为社会投资参与创造条件。

（四）加强督促落实

各地区各部门要按照职责分工细化任务，明确时限，逐级落实。建立和完善信息化统计指标体系，加强信息化统计监测和评估工作，组织开展战略实施年度检查与绩效评估。加大信息化工作考核力度，将考核结果作为评价有关领导干部的内容。

关于深化制造业与互联网融合发展的指导意见

【颁布单位】国务院

【发文字号】国发〔2016〕28 号

【颁布时间】2016-5-13

各省、自治区、直辖市人民政府，国务院各部委、各直属机构：

制造业是国民经济的主体，是实施“互联网+”行动的主战场。我国是制造业大国，也是互联网大国，推动制造业与互联网融合，有利于形成叠加效应、聚合效应、倍增效应，加快新旧发展动能和生产体系转换，前景广阔、潜力巨大。当前，我国制造业与互联网融合步伐不断加快，在激发“双创”活力、培育新模式新业态、推进供给侧结构性改革等方面已初显成效，但仍存在平台支撑不足、核心技术薄弱、应用水平不高、安全保障有待加强、体制机制亟须完善等问题。为进一步深化制造业与互联网融合发展，协同推进“中国制造 2025”和“互联网+”行动，加快制造强国建设，现提出以下意见。

一、总体要求

（一）指导思想

全面贯彻党的十八大和十八届三中、四中、五中全会精神，按照国务院决策部署，牢固树立和贯彻落实创新、协调、绿色、开放、共享的发展理念，以激发制造企业创新活力、发展潜力和转型动力为主线，以建设制造业与互联网融合“双创”平台为抓手，围绕制造业与互联网融合关键环节，积极培育新模式新业态，强化信息技术产业支撑，完善信息安全保障，夯实融合发展基础，营造融合发展新生态，充分释放“互联网+”的力量，改造提升传统动能，培育新的经济增长点，发展新经济，加快推动“中国制造”提质增效升级，实现从工业大国向工业强国迈进。

（二）基本原则

坚持创新驱动，激发转型新动能。积极搭建支撑制造业转型升级的各类互联网平台，充分汇聚整合制造企业、互联网企业等“双创”力量和资源，带动技术产品、组织管理、经营机制、销售理念和模式等创新，提高供给质量和效率，激发制造业转型升级新动能。

坚持融合发展，催生制造新模式。促进技术融合与理念融合相统一，推动制造企业与互联网企业在发展理念、产业体系、生产模式、业务模式等方面全面融合，发挥互联网聚集优化各类要素资源的优势，构建开放式生产组织体系，大力发展个性化定制、服务型制造等新模式。

坚持分业施策，培育竞争新优势。深刻把握互联网技术在不同行业、环节的扩散规律和融合方式，针对不同行业、企业融合发展的基础和水平差异，完善融合推进机制和政策体系，培育制造业竞争新优势。

坚持企业主体，构筑发展新环境。充分发挥

市场机制作用，更好发挥政府引导作用，突出企业主体地位，优化政府服务，妥善处理鼓励创新与加强监管、全面推进与错位发展、加快发展与保障安全的关系，形成公平有序的融合发展新环境。

（三）主要目标

到 2018 年年底，制造业重点行业骨干企业互联网"双创"平台普及率达到 80%，相比 2015 年底，工业云企业用户翻一番，新产品研发周期缩短 12%，库存周转率提高 25%，能源利用率提高 5%。制造业互联网"双创"平台成为促进制造业转型升级的新动能来源，形成一批示范引领效应较强的制造新模式，初步形成跨界融合的制造业新生态，制造业数字化、网络化、智能化取得明显进展，成为巩固我国制造业大国地位、加快向制造强国迈进的核心驱动力。

到 2025 年，制造业与互联网融合发展迈上新台阶，融合"双创"体系基本完备，融合发展新模式广泛普及，新型制造体系基本形成，制造业综合竞争实力大幅提升。

二、主要任务

（四）打造制造企业互联网"双创"平台

组织实施制造企业互联网"双创"平台建设工程，支持制造企业建设基于互联网的"双创"平台，深化工业云、大数据等技术的集成应用，汇聚众智，加快构建新型研发、生产、管理和服务模式，促进技术产品创新和经营管理优化，提升企业整体创新能力和水平。鼓励大型制造企业开放"双创"平台聚集的各类资源，加强与各类创业创新基地、众创空间合作，为全社会提供专业化服务，建立资源富集、创新活跃、高效协同的"双创"新生态。深化国有企业改革和科技体制改革，推动产学研"双创"资源的深度整合和开放共享，支持制造企业联合科研院所、高等院校以及各类创新平台，加快构建支持协同研发和技术扩散的"双创"体系。

（五）推动互联网企业构建制造业"双创"服务体系

组织实施"双创"服务平台支撑能力提升工程，支持大型互联网企业、基础电信企业建设面向制造企业特别是中小企业的"双创"服务平台，鼓励基础电信企业加大对"双创"基地宽带网络基础设施建设的支持力度，进一步提速降费，完善制造业"双创"服务体系，营造大中小企业合作共赢的"双创"新环境，开创大中小企业联合创新创业的新局面。鼓励地方依托国家新型工业化产业示范基地、国家级经济技术开发区、国家高新技术产业开发区等产业集聚区，加快完善人才、资本等政策环境，充分运用互联网，积极发展创客空间、创新工场、开源社区等新型众创空间，结合"双创"示范基地建设，培育一批支持制造业发展的"双创"示范基地。组织实施企业管理能力提升工程，加快信息化和工业化融合管理体系标准制定和应用推广，推动业务流程再造和组织方式变革，建立组织管理新模式。

（六）支持制造企业与互联网企业跨界融合

鼓励制造企业与互联网企业合资合作培育新的经营主体，建立适应融合发展的技术体系、标准规范、商业模式和竞争规则，形成优势互补、合作共赢的融合发展格局。推动中小企业制造资源与互联网平台全面对接，实现制造能力的在线发布、协同和交易，积极发展面向制造环节的分享经济，打破企业界限，共享技术、设备和服务，提升中小企业快速响应和柔性高效的供给能力。支持制造企业与电子商务企业开展战略投资、品牌培育、网上销售、物流配送等领域合作，整合线上线下交易资源，拓展销售渠道，打造制造、营销、物流等高效协同的生产流通一体化新生态。

（七）培育制造业与互联网融合新模式

面向生产制造全过程、全产业链、产品全生命周期，实施智能制造等重大工程，支持企业深化质量管理与互联网的融合，推动在线计量、在线检测等全产业链质量控制，大力发展网络化协同制造等新生产模式。支持企业利用互联网采集并对接用户个性化需求，开展基于个性化产品的研发、生产、服务和商业模式创新，促进供给与需求精准匹配。推动企业运用互联网开展在线增值服务，鼓励发展面向智能产品和智能装备的产品全生命周期管理和服务，拓展产品价值空间，实现从制造向“制造+服务”转型升级。积极培育工业电子商务等新业态，支持重点行业骨干企业建立行业在线采购、销售、服务平台，推动建设一批第三方电子商务服务平台。

（八）强化融合发展基础支撑

推动实施国家重点研发计划，强化制造业自动化、数字化、智能化基础技术和产业支撑能力，加快构筑自动控制与感知、工业云与智能服务平台、工业互联网等制造新基础。组织实施“芯火”计划和传感器产业提升工程，加快传感器、过程控制芯片、可编程逻辑控制器等产业化。加快计算机辅助设计仿真、制造执行系统、产品全生命周期管理等工业软件产业化，强化软件支撑和定义制造业的基础性作用。构建信息物理系统参考模型和综合技术标准体系，建设测试验证平台和综合验证试验床，支持开展兼容适配、互联互通和互操作测试验证。

（九）提升融合发展系统解决方案能力

实施融合发展系统解决方案能力提升工程，推动工业产品互联互通的标识解析、数据交换、通信协议等技术攻关和标准研制，面向重点行业智能制造单元、智能生产线、智能车间、智能工厂建设，培育一批系统解决方案供应商，组织开展行业系统解决方案应用试点示范，为中小企业提供标准化、专业化的系统解决方案。支持有条件的企业开展系统解决方案业务剥离重组，推动系统解决方案服务专业化、规模化和市场化，充分发挥系统解决方案促进制造业与互联网融合发展的“黏合剂”作用。

（十）提高工业信息系统安全水平

实施工业控制系统安全保障能力提升工程，制定完善工业信息安全管理等政策法规，健全工业信息安全标准体系，建立工业控制系统安全风险信息采集汇总和分析通报机制，组织开展重点行业工业控制系统信息安全检查和风险评估。组织开展工业企业信息安全保障试点示范，支持系统仿真测试、评估验证等关键共性技术平台建设，推动访问控制、追踪溯源、商业信息及隐私保护等核心技术产品产业化。以提升工业信息安全监测、评估、验证和应急处置等能力为重点，依托现有科研机构，建设国家工业信息安全保障中心，为制造业与互联网融合发展提供安全支撑。

三、保障措施

（十一）完善融合发展体制机制

深入推进简政放权、放管结合、优化服务改革，放宽新产品、新业态的市场准入限制，加强事中事后监管，提升为企业服务的能力和水平，营造有利于制造业与互联网融合发展的环境。适应制造业与互联网跨界融合发展趋势，积极发挥行业协会和中介组织的桥梁纽带作用，鼓励建立跨行业、跨领域的新型产学研用联盟，开展关键共性技术攻关、融合标准制定和公共服务平台建设。围绕新商业模式知识产权保护需求，完善相关政策法规，建设结构合理、层次分明、可持续发展的知识产权运营服务网络。

（十二）培育国有企业融合发展机制

鼓励中央企业设立创新投资基金，引导地方产业投资基金和社会资本，支持大企业互联网“双创”平台建设、创新创意孵化、科技成果转化和新兴产业培育。建立有利于国有企业与互联网深度融合、激发企业活力、积极开展“双创”的机制，完善国有企业内部创新组织体系和运行机制，探索引入有限合伙制，完善鼓励创新、宽容失败的经营业绩考核机制，研究建立中央企业创新能力评价制度，建立促进创新成果转让的收益分配、工资奖励等制度，对企业重要技术人员和经营管理人员实施股权和分红激励政策。

（十三）加大财政支持融合发展力度

利用中央财政现有资金渠道，鼓励地方设立融合发展专项资金，加大对制造业与互联网融合发展关键环节和重点领域的投入力度，为符合条件的企业实施设备智能化改造、“双创”平台建设运营和应用试点示范项目提供支持。充分发挥现有相关专项资金、基金的引导带动作用，支持系统解决方案能力提升和制造业“双创”公共服务平台建设。制造业与互联网融合发展相关工作或工程中涉及技术研发、确需中央财政支持的，通过优化整合后的科技计划（专项、基金等）统筹予以支持。创新财政资金支持方式，鼓励政府采购云计算等专业化第三方服务，支持中小微企业提升信息化能力。

（十四）完善支持融合发展的税收和金融政策

结合全面推开营改增试点，进一步扩大制造企业增值税抵扣范围，落实增值税优惠政策，支持制造企业基于互联网独立开展或与互联网企业合资合作开展新业务。落实研发费用加计扣除、高新技术企业等所得税优惠政策，积极研究完善科技企业孵化器税收政策。选择一批重点城市和重点企业开展产融合作试点，支持开展信用贷款、融资租赁、质押担保等金融产品和服务创新。鼓励金融机构利用“双创”平台提供结算、融资、理财、咨询等一站式系统化金融服务，进一步推广知识产权质押，创新担保方式，积极探索多样化的信贷风险分担机制。

（十五）强化融合发展用地用房等服务

支持制造企业在不改变用地主体和规划条件的前提下，利用存量房产、土地资源发展制造业与互联网融合的新业务、新业态，实行5年过渡期内保持土地原用途和权利类型不变的政策。鼓励有条件的地方因地制宜出台支持政策，积极盘活闲置的工业厂房、企业库房和物流设施等资源，并对办公用房、水电、网络等费用给予补助，为致力于制造业与互联网融合发展的创业者提供低成本、高效便捷的专业服务。

（十六）健全融合发展人才培养体系

深化人才体制机制改革，完善激励创新的股权、期权等风险共担和收益分享机制，吸引具备创新能力的跨界人才，营造有利于融合发展优秀人才脱颖而出的良好环境。支持高校设置“互联网+”等相关专业，推进高等院校专业学位建设，加强高层次应用型专门人才培养。在重点院校、大型企业和产业园区建设一批产学研用相结合的专业人才培训基地，积极开展企业新型学徒制试点。结合国家专业技术人才知识更新工程、企业经营管理人才素质提升工程、高技能人才振兴计划等，加强融合发展职业人才和高端人才培养。在大中型企业推广首席信息官制度，壮大互联网应用人才队伍。

（十七）推动融合发展国际合作交流

积极发起或参与互联网领域多双边或区域性规则谈判，提升影响力和话语权。推动建立中外政府和民间对话交流机制，围绕大型制造企业互联网“双创”平台建设、融合发展标准制定以及应用示范等，开展技术交流与合作。结合实施“一带一路”等国家重大战略，运用丝路基金、中非发展基金、中非产能合作基金等金融资源，支持行业协会、产业联盟与企业共同推广中国制造业与互联网融合发展的产品、技术、标准和服务，推动制造业与互联网融合全链条“走出去”，拓展海外市场；提升“引进来”的能力和水平，利用全球人才、技术、知识产权等创新资源，学习国际先进经营管理模式，支持和促进我国制造业与互联网融合发展。

各地区、各部门要高度重视深化制造业与互联网融合发展工作，统一思想，提高认识，加大工作力度，切实抓好本意见实施。国家制造强国建设领导小组要统筹研究完善制造业与互联网融合发展推进机制，加强对重大问题、重大政策和重大工程的综合协调，部署开展督导检查，推动各项任务落实。各有关部门要按照职责分工，加强协同配合，做好指导协调，抓紧出台配套政策，完善相关规章制度，强化跟踪督查，及时帮助有关方面解决遇到的困难和问题。国家制造强国建设战略咨询委员会要充分发挥作用，组织开展基础性、前瞻性、战略性研究，为重大决策及相关工程实施提供咨询。各地区要结合实际建立健全工作机制，制定具体实施方案，加强考核评估，确保融合发展各项任务落到实处。

国务院

2016年5月13日

国家信息化相关法律法规目录

【法规标题】关于深入推进信息化和工业化融合管理体系的指导意见
【颁布单位】工业和信息化部 国务院国有资产监督管理委员会 国家标准化管理委员会
【发文字号】工信部联信软〔2017〕155号
【颁布时间】2017-6-26

【法规标题】关于稳步推进财政电子票据管理改革的试点方案
【颁布单位】财政部
【发文字号】财综〔2017〕32号
【颁布时间】2017-6-19

【法规标题】全国投资项目在线审批监管平台运行管理暂行办法
【颁布单位】国家发展和改革委员会 工业和信息化部 国土资源部等
【颁布时间】2017-5-25

【法规标题】互联网新闻信息服务许可管理实施细则
【颁布单位】国家互联网信息办公室
【颁布时间】2017-5-22

【法规标题】政府网站发展指引
【颁布单位】国务院办公厅
【发文字号】国办发〔2017〕47号
【颁布时间】2017-5-15

【法规标题】关于开展汽车维修电子健康档案系统建设工作的通知
【颁布单位】交通运输部办公厅
【发文字号】交办运〔2017〕69号
【颁布时间】2017-5-12

【法规标题】政务信息系统整合共享实施方案
【颁布单位】国务院办公厅
【发文字号】国办发〔2017〕39号
【颁布时间】2017-5-3

【法规标题】网络产品和服务安全审查办法（试行）
【颁布单位】国家互联网信息办公室
【颁布时间】2017-5-2

【法规标题】互联网信息内容管理行政执法程序规定
【颁布单位】国家互联网信息办公室
【颁布时间】2017-5-2

【法规标题】互联网新闻信息服务管理规定
【颁布单位】国家互联网信息办公室
【发文字号】国家互联网信息办公室令第1号
【颁布时间】2017-5-2

【法规标题】工商总局关于全面推进企业电子营业执照工作的意见
【颁布单位】国家工商行政管理总局
【发文字号】工商企注字〔2017〕47号
【颁布时间】2017-4-11

【法规标题】工商总局关于推行企业登记全程电子化工作的意见
【颁布单位】国家工商行政管理总局
【发文字号】工商企注字〔2017〕43 号
【颁布时间】2017-4-10

【法规标题】关于全面推进教师管理信息化的意见
【颁布单位】教育部
【发文字号】教师〔2017〕2 号
【颁布时间】2017-3-31

【法规标题】关于进一步做好增值税电子普通发票推行工作的指导意见
【颁布单位】国家税务总局
【发文字号】税总发〔2017〕31 号
【颁布时间】2017-3-21

【法规标题】关于修改《最高人民法院关于公布失信被执行人名单信息的若干规定》的决定
【颁布单位】最高人民法院
【发文字号】法释〔2017〕7 号
【颁布时间】2017-2-28

【法规标题】关于实行行政审批中公民、企事业单位和社会组织基本信息共享的通知
【颁布单位】公安部 民政部 国家工商行政管理总局等
【颁布时间】2017-2-28

【法规标题】关于推进重要产品信息化追溯体系建设的指导意见
【颁布单位】商务部 工业和信息化部 公安部等
【发文字号】商秩发〔2017〕53 号
【颁布时间】2017-2-16

【法规标题】关于进一步推进中小企业信息化的指导意见
【颁布单位】工业和信息化部
【发文字号】工信部企业〔2016〕445 号
【颁布时间】2017-1-24

【法规标题】关于建立车辆购置税完税证明和机动车销售发票信息共享核查机制有关工作的通知
【颁布单位】国家税务总局 公安部
【发文字号】税总发〔2017〕12 号
【颁布时间】2017-1-20

【法规标题】教育信息化专项—教育业务管理信息系统子项目管理细则（试行）
【颁布单位】教育部办公厅
【发文字号】教技厅函〔2017〕4 号
【颁布时间】2017-1-16

【法规标题】关于促进移动互联网健康有序发展的意见
【颁布单位】中共中央办公厅 国务院办公厅
【颁布时间】2017-1-15

【法规标题】网络购买商品七日无理由退货暂行办法
【颁布单位】国家工商行政管理总局
【发文字号】国家工商行政管理总局令第 90 号
【颁布时间】2017-1-6

【法规标题】关于加快推进“互联网+农业政务服务”工作方案
【颁布单位】农业部
【发文字号】农办发〔2017〕1 号
【颁布时间】2017-1-5

【法规标题】卫星网络申报协调与登记维护管理办法（试行）
【颁布单位】工业和信息化部
【发文字号】工信部无〔2017〕3 号
【颁布时间】2017-1-3

【法规标题】关于规范电信服务协议有关事项的通知
【颁布单位】工业和信息化部
【发文字号】工信部信管〔2016〕436 号
【颁布时间】2016-12-28

【法规标题】信息基础设施重大工程建设三年行动方案
【颁布单位】国家发改委 工业和信息化部
【发文字号】发改高技〔2016〕2763 号
【颁布时间】2016-12-27

【法规标题】“互联网+政务服务”技术体系建设指南
【颁布单位】国务院办公厅
【发文字号】国办函〔2016〕108 号
【颁布时间】2016-12-20

【法规标题】关于办理电信网络诈骗等刑事案件适用法律若干问题的意见
【颁布单位】最高人民法院 最高人民检察院 公安部
【发文字号】法发〔2016〕32 号
【颁布时间】2016-12-19

【法规标题】移动智能终端应用软件预置和分发管理暂行规定
【颁布单位】工业和信息化部
【发文字号】工信部信管〔2016〕407 号
【颁布时间】2016-12-16

【法规标题】“十三五”国家信息化规划
【颁布单位】国务院
【发文字号】国发〔2016〕73 号
【颁布时间】2016-12-15

【法规标题】关于同意建立网络市场监管部际联席会议制度的函
【颁布单位】国务院办公厅
【发文字号】国办函〔2016〕99 号
【颁布时间】2016-12-9

【法规标题】电信网络新型违法犯罪案件冻结资金返还若干规定实施细则
【颁布单位】中国银行业监督管理委员会办公厅 公安部办公厅
【发文字号】银监办发〔2016〕170 号
【颁布时间】2016-12-2

【法规标题】中华人民共和国无线电管理 条例
【颁布单位】国务院 中央军事委员会
【发文字号】令第 672 号
【颁布时间】2016-11-11
【法规标题】中华人民共和国网络安全法
【颁布单位】全国人民代表大会常务委员会
【发文字号】主席令 12 届第 53 号
【颁布时间】2016-11-7

【法规标题】关于网络预约出租汽车经营者申请线上服务能力认定工作流程的通知
【颁布单位】交通运输部办公厅 工业和信息化部办公厅 公安部办公厅等
【发文字号】交办运〔2016〕143 号
【颁布时间】2016-11-3

【法规标题】网络交易价格举报管辖规定（试行）
【颁布单位】国家发展和改革委员会
【发文字号】发改价监规〔2016〕2245 号
【颁布时间】2016-10-25

【法规标题】关于加快推进“互联网+政务服务”工作的指导意见
【颁布单位】国务院
【发文字号】国发〔2016〕55 号
【颁布时间】2016-9-25

【法规标题】关于办理刑事案件收集提取和审查判断电子数据若干问题的规定
【颁布单位】最高人民法院 最高人民检察院 公安部
【颁布时间】2016-9-20

【法规标题】建立和管理网络服务提供者名单库的办法
【颁布单位】最高人民法院
【发文字号】法发〔2016〕23 号
【颁布时间】2016-9-19

【法规标题】互联网信息安全管理系统使用及运行维护管理办法（试行）
【颁布单位】工业和信息化部办公厅
【发文字号】工信厅网安〔2016〕135 号
【颁布时间】2016-9-7

【法规标题】全国重点营运车辆联网联控系统考核管理办法
【颁布单位】交通运输部
【发文字号】交运发〔2016〕160 号
【颁布时间】2016-9-5

【法规标题】政务信息资源共享管理暂行办法
【颁布单位】国务院
【发文字号】国发〔2016〕51 号
【颁布时间】2016-9-5

【法规标题】公开募捐平台服务管理办法
【颁布单位】民政部 工业和信息化部 国家新闻出版广电总局等
【发文字号】民发〔2016〕157 号
【颁布时间】2016-8-30

【法规标题】关于人民法院在互联网公布裁判文书的规定
【颁布单位】最高人民法院
【发文字号】法释〔2016〕19 号
【颁布时间】2016-8-29

【法规标题】关于食品跨境电子商务企业有关监管问题的复函
【颁布单位】国家食品药品监督管理总局办公厅
【发文字号】食药监办食监二函〔2016〕630 号
【颁布时间】2016-8-29

【法规标题】关于推进交通运输行业数据资源开放共享的实施意见
【颁布单位】交通运输部办公厅
【发文字号】交办科技〔2016〕113 号
【颁布时间】2016-8-25

【法规标题】食品安全信用信息管理办法
【颁布单位】国家食品药品监督管理总局
【发文字号】食药监食监二〔2016〕110 号
【颁布时间】2016-8-22

【法规标题】网络借贷信息中介机构业务活动管理暂行办法
【颁布单位】工业和信息化部 公安部 国家互联网信息办公室等
【发文字号】国家互联网信息办公室令 2016 年第 1 号
【颁布时间】2016-8-17

【法规标题】新型农村合作医疗跨省就医联网结报转诊流程与信息交换操作规范（试行）
【颁布单位】国家卫生和计划生育委员会办公厅
【发文字号】国卫办基层函〔2016〕900 号
【颁布时间】2016-8-17

【法规标题】关于启用“国土资源部网络安全和信息化领导小组办公室”印章的通知
【颁布单位】国土资源部办公厅
【发文字号】国土资厅函〔2016〕1332 号
【颁布时间】2016-8-15

【法规标题】关于全面加强食品药品监管系统法治建设的实施意见
【颁布单位】国家食品药品监督管理总局
【发文字号】食药监法〔2016〕101 号
【颁布时间】2016-8-8

【法规标题】关于在政府采购活动中查询及使用信用记录有关问题的通知
【颁布单位】财政部
【发文字号】财库〔2016〕125 号
【颁布时间】2016-8-1

【法规标题】推进“互联网+”便捷交通 促进智能交通发展的实施方案
【颁布单位】国家发展和改革委员会 交通运 输部
【发文字号】发改基础〔2016〕1681 号
【颁布时间】2016-7-30

【法规标题】“互联网+”高效物流实施意见
【颁布单位】国家发展和改革委员会
【发文字号】发改经贸〔2016〕1647 号
【颁布时间】2016-7-29

【法规标题】网络预约出租汽车经营服务管理暂行办法
【颁布单位】交通运输部 公安部 商务部等
【发文字号】交通运输部令 2016 年第 60 号
【颁布时间】2016-7-27

【法规标题】国家信息化发展战略纲要
【颁布单位】中共中央办公厅 国务院办公厅
【颁布时间】2016-7-27

【法规标题】关于做好《互联网广告管理暂行办法》贯彻实施工作的通知
【颁布单位】国家工商行政管理总局
【发文字号】工商广字〔2016〕148 号
【颁布时间】2016-7-26

【法规标题】关于加强增值税税控系统管理有关问题的通知
【颁布单位】国家税务总局
【发文字号】税总函〔2016〕368 号
【颁布时间】2016-7-19

【法规标题】网络食品安全违法行为查处 办法
【颁布单位】国家食品药品监督管理总局
【发文字号】药监局令第 27 号
【颁布时间】2016-7-13

【法规标题】促进国土资源大数据应用发展实施意见
【颁布单位】国土资源部
【发文字号】国土资发〔2016〕 72 号
【颁布时间】2016-7-4

【法规标题】关于加强网络表演管理工作的通知
【颁布单位】文化部
【发文字号】文市发〔2016〕12 号
【颁布时间】2016-7-1

【法规标题】移动互联网应用程序信息服务管理规定
【颁布单位】国家互联网信息办公室
【颁布时间】2016-6-28

【法规标题】关于中韩自贸协定原产地电子联网及进出口货物报关单填制规范有关事宜的公告
【颁布单位】海关总署
【发文字号】公告〔2016〕39 号
【颁布时间】2016-6-28

【法规标题】互联网信息搜索服务管理规定
【颁布单位】国家互联网信息办公室
【颁布时间】2016-6-25

【法规标题】公共资源交易平台管理暂行 办法
【颁布单位】国家发展和改革委员会 工业和信息化部 财政部等
【发文字号】发改委令 2016 年第 39 号
【颁布时间】2016-6-24

【法规标题】工商总局关于进一步做好查处网络传销工作的通知
【颁布单位】国家工商行政管理总局
【发文字号】工商竞争字〔2016〕115 号
【颁布时间】2016-6-24

【法规标题】关于促进和规范健康医疗大数据应用发展的指导意见
【颁布单位】国务院办公厅
【发文字号】国办发〔2016〕47 号
【颁布时间】2016-6-21

【法规标题】关于加快推进农产品质量安全追溯体系建设的意见
【颁布单位】农业部
【发文字号】农质发〔2016〕8 号
【颁布时间】2016-6-21

【法规标题】教育信息化“十三五”规划
【颁布单位】教育部
【发文字号】教技〔2016〕2 号
【颁布时间】2016-6-7

【法规标题】关于加强网络安全学科建设和人才培养的意见
【颁布单位】国家发展和改革委员会 教育部 科学技术部等
【发文字号】中网办发文〔2016〕4 号
【颁布时间】2016-6-6

【法规标题】关于开展 2016 年电信和互联网行业网络安全试点示范工作的通知
【颁布单位】工业和信息化部
【发文字号】工信部网安函〔2016〕203 号
【颁布时间】2016-5-30

【法规标题】关于优化完善增值税发票查询平台功能有关事项的公告
【颁布单位】国家税务总局
【发文字号】国家税务总局公告 2016 年第 32 号
【颁布时间】2016-5-27

【法规标题】关于推动电子商务发展有关工作的通知
【颁布单位】国家发展和改革委员会办公厅 海关总署办公厅 商务部办公厅等
【发文字号】发改办高技〔2016〕1284 号
【颁布时间】2016-5-20

【法规标题】“互联网+”人工智能三年行动实施方案
【颁布单位】国家发展和改革委员会 科学技术部 工业和信息化部等
【发文字号】发改高技〔2016〕1078 号
【颁布时间】2016-5-18

【法规标题】关于深化制造业与互联网融合发展的指导意见
【颁布单位】国务院
【发文字号】国发〔2016〕28 号
【颁布时间】2016-5-13

【法规标题】关于深入实施“互联网+流通”行动计划的意见
【颁布单位】国务院办公厅
【发文字号】国办发〔2016〕24 号
【颁布时间】2016-4-15

【法规标题】关于规范粮食行业信息化建设的意见
【颁布单位】国家粮食局
【发文字号】国粮财〔2016〕74 号
【颁布时间】2016-4-15

【法规标题】关于转发国家发展改革委等部门推进“互联网+政务服务”开展信息惠民试点实施方案的通知
【颁布单位】国务院办公厅
【发文字号】国办发〔2016〕23 号
【颁布时间】2016-4-14

【法规标题】关于加强校园不良网络借贷风险防范和教育引导工作的通知
【颁布单位】教育部办公厅 中国银行业监督管理委员会办公厅
【发文字号】教思政厅函〔2016〕15 号
【颁布时间】2016-4-13

【法规标题】关于加快推进广播电视村村通向户户通升级工作的通知
【颁布单位】国务院办公厅
【发文字号】国办发〔2016〕20 号
【颁布时间】2016-4-5

【法规标题】教育信息化项目管理暂行办法
【颁布单位】教育部
【发文字号】教技厅函〔2016〕37 号
【颁布时间】2016-3-22

【法规标题】关于试点法院通过网络查询、冻结被执行人证券有关事项的通知
【颁布单位】最高人民法院 中国证券监督管理委员会
【发文字号】法〔2016〕72 号
【颁布时间】2016-3-4

【法规标题】民用航空安全信息管理规定（2016）
【颁布单位】交通运输部
【发文字号】交通运输部令 2016 年第 8 号
【颁布时间】2016-3-4

【法规标题】2016年西部开发远程学习网络培训计划和改进西部开发远程学习网管理运行机制的指导意见
【颁布单位】国家发展和改革委员会办公厅
【发文字号】发改办西部〔2016〕518号
【颁布时间】2016-3-2

【法规标题】关于印发《加强信息共享促进产融合作行动方案》的通知
【颁布单位】工业和信息化部 中国人民银行 中国银行业监督管理委员会
【发文字号】工信部联财〔2016〕83号
【颁布时间】2016-3-2

【法规标题】关于加快推进 12328 电话系统联网运行有关工作的通知
【颁布单位】交通运输部办公厅
【发文字号】交办运函〔2016〕168号
【颁布时间】2016-2-25

【法规标题】关于推进“互联网+”智慧能源发展的指导意见
【颁布单位】国家发展和改革委员会 国家能源局 工业和信息化部
【发文字号】发改能源〔2016〕392号
【颁布时间】2016-2-24

【法规标题】网络出版服务管理规定
【颁布单位】国家新闻出版广电总局 工业和信息化部
【发文字号】国家新闻出版广电总局 中华人民共和国工业和信息化部令第5号
【颁布时间】2016-2-4

【法规标题】关于加强互联网平台保证保险业务管理的通知
【颁布单位】中国保险监督管理委员会
【发文字号】保监产险〔2016〕6号
【颁布时间】2016-1-19

【法规标题】关于同意在天津等12个城市设立跨境电子商务综合试验区的批复
【颁布单位】国务院
【发文字号】国函〔2016〕17号
【颁布时间】2016-1-12

【法规标题】关于促进网络服务交易健康发展规范网络服务交易行为的指导意见（暂行）
【颁布单位】国家工商行政管理总局
【发文字号】工商网监字〔2016〕2号
【颁布时间】2016-1-8

地方信息化相关法律法规目录

【法规标题】邯郸市创建国家电子商务示范城市工作方案
【颁布单位】河北省邯郸市人民政府办公厅
【发文字号】邯政办字〔2017〕73号
【颁布时间】2017-6-23

【法规标题】阳泉市促进大数据发展应用的落实意见
【颁布单位】山西省阳泉市人民政府办公厅
【发文字号】阳政办发〔2017〕60号
【颁布时间】2017-6-16

【法规标题】丽水市本级政府投资信息化项目管理办法
【颁布单位】浙江省丽水市人民政府办公室
【发文字号】丽政办发〔2017〕66 号
【颁布时间】2017-6-16

【法规标题】嘉兴市 2017 年“互联网+政务服务”暨政务服务网工作方案
【颁布单位】浙江省嘉兴市人民政府办公室
【发文字号】嘉政办发〔2017〕26 号
【颁布时间】2017-6-9

【法规标题】关于贵阳市加快推进政府数据共享开放的实施意见
【颁布单位】贵州省贵阳市人民政府
【发文字号】筑府发〔2017〕6 号
【颁布时间】2017-6-9

【法规标题】关于鼓励和规范互联网租赁自行车健康发展的若干意见
【颁布单位】河北省石家庄市人民政府办公厅
【发文字号】石政办函〔2017〕93 号
【颁布时间】2017-6-5

【法规标题】关于推进“互联网+”现代农业行动的实施意见
【颁布单位】河北省人民政府办公厅
【发文字号】冀政办字〔2017〕59 号
【颁布时间】2017-5-27

【法规标题】石家庄市推进智慧城市建设行动计划（2017—2019 年）
【颁布单位】河北省石家庄市人民政府
【发文字号】石政发〔2017〕23 号
【颁布时间】2017-5-26

【法规标题】江苏省“互联网+”公共资源交易实施方案（2017—2018 年）
【颁布单位】江苏省人民政府办公厅
【发文字号】苏政办发〔2017〕82 号
【颁布时间】2017-5-26

【法规标题】江苏省“十三五”智能制造发展规划
【颁布单位】江苏省人民政府办公厅
【发文字号】苏政办发〔2017〕83 号
【颁布时间】2017-5-26

【法规标题】关于加快推进“互联网+政务服务”工作的实施意见
【颁布单位】河北省邯郸市人民政府
【发文字号】邯政发〔2017〕1 号
【颁布时间】2017-5-26

【法规标题】关于进一步落实政务服务“一张网”建设工作任务的通知
【颁布单位】江苏省徐州市人民政府办公室
【发文字号】徐政办发〔2017〕74 号
【颁布时间】2017-5-10

【法规标题】“13710”信息督办系统使用管理暂行办法及省级重点工作任务等督办制度
【颁布单位】山西省人民政府办公厅
【发文字号】晋政办发〔2017〕51 号
【颁布时间】2017-5-11

【法规标题】吕梁市深化制造业与互联网融合发展实施方案
【颁布单位】山西省吕梁市人民政府
【发文字号】吕政发〔2017〕6 号
【颁布时间】2017-4-29

【法规标题】市政府办公厅转发市经信委关于南京市加快推进制造业与互联网融合发展实施方案的通知
【颁布单位】江苏省南京市人民政府办公厅
【发文字号】宁政办发〔2017〕97 号
【颁布时间】2017-4-28

【法规标题】承德市“互联网+政务服务”推进工作实施方案
【颁布单位】河北省承德市人民政府办公室
【发文字号】承市政办字〔2017〕63 号
【颁布时间】2017-4-25

【法规标题】关于加快推进“互联网+政务服务”工作实施方案的通知
【颁布单位】河北省邢台市人民政府
【发文字号】邢政字〔2017〕9号
【颁布时间】2017-4-1
【法规标题】关于加快推进农业农村电子商务发展的实施意见
【颁布单位】江苏省人民政府办公厅
【发文字号】苏政办发〔2017〕53号
【颁布时间】2017-3-31

【法规标题】南京市“十三五”工业和信息化发展规划
【颁布单位】江苏省南京市人民政府办公厅
【发文字号】宁政办发〔2017〕74号
【颁布时间】2017-3-29

【法规标题】连云港市电子政务外网暨大数据中心建设实施方案
【颁布单位】江苏省连云港市人民政府办　公室
【发文字号】连政办发〔2017〕49号
【颁布时间】2017-3-28

【法规标题】南京市“十三五”互联网经济发展规划
【颁布单位】江苏省南京市人民政府办公厅
【发文字号】宁政办发〔2017〕64号
【颁布时间】2017-3-17

【法规标题】浙江省公共数据和电子政务管理办法
【颁布单位】浙江省人民政府
【发文字号】令2017年第354号
【颁布时间】2017-3-16

【法规标题】山西省大数据发展规划（2017—2020年）
【颁布单位】山西省人民政府
【发文字号】晋政发〔2017〕5号
【颁布时间】2017-3-13

【法规标题】山西省促进大数据发展应用若干政策
【颁布单位】山西省人民政府
【发文字号】晋政发〔2017〕6号
【颁布时间】2017-3-13
【法规标题】山西省促进大数据发展应用2017年行动计划
【颁布单位】山西省人民政府办公厅
【发文字号】晋政办发〔2017〕15号
【颁布时间】2017-3-13

【法规标题】关于同意建立山西省网络市场监管厅际联席会议制度的复函
【颁布单位】山西省人民政府办公厅
【发文字号】晋政办函〔2017〕26号
【颁布时间】2017-3-10

【法规标题】宿迁市“十三五”电子商务产业发展规划
【颁布单位】江苏省宿迁市人民政府办公室
【发文字号】宿政办发〔2017〕60号
【颁布时间】2017-3-7

【法规标题】苏州市电子政务“十三五”发展规划
【颁布单位】江苏省苏州市人民政府办公室
【发文字号】苏府办〔2017〕44号
【颁布时间】2017-3-2

【法规标题】天津市生态环境监测网络建设工作方案
【颁布单位】天津市人民政府办公厅
【发文字号】津政办发〔2017〕29号
【颁布时间】2017-3-1

【法规标题】关于加快推进我市电子政务外网建设工作的通知
【颁布单位】山西省临汾市人民政府办公厅
【发文字号】临政办发〔2017〕9号
【颁布时间】2017-3-1

【法规标题】关于加快推进“互联网+政务服务”工作的实施意见
【颁布单位】河北省人民政府
【发文字号】冀政发〔2017〕4 号
【颁布时间】2017-2-28

【法规标题】关于加快推进信息化与工业化深度融合的实施意见
【颁布单位】山西省长治市人民政府
【发文字号】长政发〔2017〕16 号
【颁布时间】2017-2-28

【法规标题】关于深入推进“互联网+流通”行动计划的实施意见
【颁布单位】河北省承德市人民政府办公室
【发文字号】承市政办字〔2017〕25 号
【颁布时间】2017-2-23

【法规标题】关于加快推进“互联网+”现代农业发展的意见
【颁布单位】江苏省南京市人民政府办公厅
【发文字号】宁政办发〔2017〕38 号
【颁布时间】2017-2-20

【法规标题】长治市生态环境监测网络建设工作方案
【颁布单位】山西省长治市人民政府办公厅
【发文字号】长政办发〔2017〕12 号
【颁布时间】2017-2-15

【法规标题】“十三五”智慧南京发展规划
【颁布单位】江苏省南京市人民政府办公厅
【发文字号】宁政办发〔2017〕26 号
【颁布时间】2017-2-2

【法规标题】上海市工业互联网创新发展应用三年行动计划（2017—2019 年）
【颁布单位】上海市人民政府办公厅
【发文字号】沪府办发〔2017〕15 号
【颁布时间】2017-1-26

【法规标题】关于转发市经信委南京市促进智能电网发展实施意见的通知
【颁布单位】江苏省南京市人民政府办公厅
【发文字号】宁政办发〔2017〕20 号
【颁布时间】2017-1-22

【法规标题】本市落实《国务院关于加快推进“互联网+政务服务”工作的指导意见》工作方案
【颁布单位】上海市人民政府
【发文字号】沪府发〔2017〕5 号
【颁布时间】2017-1-12

【法规标题】关于加快大数据产业发展的若干意见
【颁布单位】浙江省台州市人民政府
【发文字号】台政发〔2017〕4 号
【颁布时间】2017-1-12

【法规标题】关于转发市经济信息化委制订的《上海市智能网联汽车产业创新工程实施方案》的通知
【颁布单位】上海市人民政府办公厅
【发文字号】沪府办发〔2017〕7 号
【颁布时间】2017-1-6

【法规标题】关于转发市工业和信息化委拟定的天津市加快推进制造业与互联网融合发展实施方案的通知
【颁布单位】天津市人民政府办公厅
【发文字号】津政办发〔2016〕118 号
【颁布时间】2016-12-30

【法规标题】关于推进制造业与互联网融合发展的实施意见
【颁布单位】江苏省人民政府办公厅
【发文字号】苏政办发〔2016〕161 号
【颁布时间】2016-12-30

【法规标题】关于成立连云港市新型智慧城市建设领导小组的通知
【颁布单位】江苏省连云港市人民政府办 公室
【发文字号】连政办发〔2016〕170 号
【颁布时间】2016-12-30

【法规标题】天津市加快推进“互联网+政务服务”工作实施方案
【颁布单位】天津市人民政府
【发文字号】津政发〔2016〕26 号
【颁布时间】2016-12-28

【法规标题】温州市政务数据资源共享管理办法（试行）
【颁布单位】浙江省温州市人民政府办公室
【发文字号】温政办〔2016〕138 号
【颁布时间】2016-12-28

【法规标题】关于转发市交通运输委等八部门拟定的天津市网络预约出租汽车经营服务管理暂行办法的通知
【颁布单位】天津市人民政府办公厅
【发文字号】津政办发〔2016〕112 号
【颁布时间】2016-12-22

【法规标题】智慧阳泉手机 App 项目建设 方案
【颁布单位】山西省阳泉市人民政府办公厅
【发文字号】阳政办发〔2016〕153 号
【颁布时间】2016-12-19

【法规标题】关于加快推进“互联网+”现代农业发展的意见
【颁布单位】江苏省人民政府办公厅
【发文字号】苏政办发〔2016〕149 号
【颁布时间】2016-12-19

【法规标题】关于加快跨境电子商务发展的实施意见
【颁布单位】浙江省杭州市人民政府
【发文字号】杭政函〔2016〕188 号
【颁布时间】2016-12-19

【法规标题】盐城市“十三五”国民经济和社会发展信息化规划
【颁布单位】江苏省盐城市人民政府办公室
【发文字号】盐政办发〔2016〕87 号
【颁布时间】2016-12-19

【法规标题】阳泉市网上政务服务平台建设方案
【颁布单位】山西省阳泉市人民政府办公厅
【发文字号】阳政办发〔2016〕154 号
【颁布时间】2016-12-19

【法规标题】关于推进制造业与互联网融合发展的实施意见
【颁布单位】河北省邢台市人民政府
【发文字号】邢政发〔2016〕33 号
【颁布时间】2016-12-17

【法规标题】关于优化行政流程推进网上审批的通知
【颁布单位】浙江省绍兴市人民政府办公室
【发文字号】绍政办发〔2016〕102 号
【颁布时间】2016-12-9

【法规标题】山西省深化制造业与互联网融合发展实施方案
【颁布单位】山西省人民政府
【发文字号】晋政发〔2016〕63 号
【颁布时间】2016-12-7

【法规标题】阳泉市突发事件预警信息发布系统运行管理办法（试行）
【颁布单位】山西省阳泉市人民政府办公厅
【发文字号】阳政办发〔2016〕147 号
【颁布时间】2016-12-1

【法规标题】吕梁市工业和信息化第十三个五年发展规划
【颁布单位】山西省吕梁市人民政府办公厅
【发文字号】吕政办发〔2016〕83 号
【颁布时间】2016-11-30

【法规标题】关于成立山西省大数据发展领导小组的通知
【颁布单位】山西省人民政府办公厅
【发文字号】晋政办函〔2016〕117 号
【颁布时间】2016-11-29

【法规标题】关于印发泰州市电子政务发展规划（2017—2019）的通知
【颁布单位】江苏省泰州市人民政府办公室
【发文字号】泰政办发〔2016〕154 号
【颁布时间】2016-11-24

【法规标题】镇江市“十三五”信息通信业发展规划
【颁布单位】江苏省镇江市人民政府办公室
【发文字号】镇政办发〔2016〕212 号
【颁布时间】2016-11-23

【法规标题】关于推进“互联网+”行动的实施意见
【颁布单位】河北省承德市人民政府
【发文字号】承市政字〔2016〕153 号
【颁布时间】2016-11-17

【法规标题】关于促进和规范健康医疗大数据应用发展的实施意见
【颁布单位】河北省人民政府办公厅
【发文字号】冀政办字〔2016〕176 号
【颁布时间】2016-11-4

【法规标题】关于加快制造业与互联网融合发展的实施意见
【颁布单位】河北省石家庄市人民政府
【发文字号】石政发〔2016〕54 号
【颁布时间】2016-11-4

【法规标题】山西省投资项目在线审批监管平台管理暂行办法
【颁布单位】山西省人民政府办公厅
【发文字号】晋政办发〔2016〕155 号
【颁布时间】2016-11-1

【法规标题】山西省“十三五”工业和信息化发展规划
【颁布单位】山西省人民政府
【发文字号】晋政发〔2016〕56 号
【颁布时间】2016-10-29

【法规标题】关于实施“互联网+”行动计划的实施意见
【颁布单位】山西省吕梁市人民政府办公厅
【发文字号】吕政办发〔2016〕78 号
【颁布时间】2016-10-20

【法规标题】上海市电子政务云建设工作　方案
【颁布单位】上海市人民政府办公厅
【发文字号】沪府办发〔2016〕47 号
【颁布时间】2016-10-13

【法规标题】南通市“十三五”信息化和互联网经济发展规划
【颁布单位】江苏省南通市人民政府办公室
【发文字号】通政办发〔2016〕117 号
【颁布时间】2016-10-6

【法规标题】山西省深入实施“互联网+流通”行动计划方案
【颁布单位】山西省人民政府办公厅
【发文字号】晋政办发〔2016〕135 号
【颁布时间】2016-9-30

【法规标题】关于深入推进“互联网+流通”行动计划的实施意见
【颁布单位】河北省邯郸市人民政府办公厅
【发文字号】邯政办字〔2016〕155 号
【颁布时间】2016-9-29

【法规标题】关于加快推进“互联网+流通”行动计划的实施意见
【颁布单位】河北省衡水市人民政府办公室
【发文字号】衡政办字〔2016〕147 号
【颁布时间】2016-9-23

【法规标题】常州市“十三五”信息化总体规划
【颁布单位】江苏省常州市人民政府办公室
【发文字号】常政办发〔2016〕129 号
【颁布时间】2016-9-21

【法规标题】关于加快制造业与互联网融合发展的实施意见
【颁布单位】河北省邯郸市人民政府
【发文字号】邯政字〔2016〕77号
【颁布时间】2016-9-20

【法规标题】上海市推进智慧城市建设“十三五”规划
【颁布单位】上海市人民政府
【发文字号】沪府发〔2016〕80号
【颁布时间】2016-9-19

【法规标题】上海市大数据发展实施意见
【颁布单位】上海市人民政府
【发文字号】沪府发〔2016〕79号
【颁布时间】2016-9-15

【法规标题】石家庄市政务数据资源管理规定
【颁布单位】河北省石家庄市人民政府办公厅
【发文字号】石政办发〔2016〕56号
【颁布时间】2016-9-12

【法规标题】石家庄市智慧城市建设项目管理办法
【颁布单位】河北省石家庄市人民政府办公厅
【发文字号】石政办发〔2016〕55号
【颁布时间】2016-9-12

【法规标题】南昌市公共安全视频图像信息系统管理办法
【颁布单位】江西省南昌市人民政府
【发文字号】令2016年第157号
【颁布时间】2016-8-19

【法规标题】转发市发展改革委关于积极推进“互联网+”行动实施意见的通知
【颁布单位】天津市人民政府办公厅
【发文字号】津政办发〔2016〕68 号
【颁布时间】2016-8-10

【法规标题】湖南省全面推进三网融合实施方案
【颁布单位】湖南省人民政府办公厅
【发文字号】湘政办发〔2016〕57号
【颁布时间】2016-8-8

【法规标题】常州市“十三五”信息基础设施建设发展专项规划
【颁布单位】江苏省常州市人民政府办公室
【发文字号】常政办发〔2016〕110号
【颁布时间】2016-8-5

【法规标题】南通市整合建立统一的公共资源交易平台实施方案
【颁布单位】江苏省南通市人民政府办公室
【发文字号】通政办发〔2016〕82号
【颁布时间】2016-8-2

【法规标题】常州市市级党政群机关事业单位政务网站群建设管理实施办法（试行）
【颁布单位】江苏省常州市人民政府办公室
【发文字号】常政办发〔2016〕100号
【颁布时间】2016-7-27

【法规标题】吉林省生态环境监测网络建设实施方案
【颁布单位】吉林省人民政府办公厅
【发文字号】吉政办发〔2016〕54号
【颁布时间】2016-7-11

【法规标题】关于加快高速宽带网络建设的意见
【颁布单位】湖南省人民政府办公厅
【发文字号】湘政办发〔2016〕50号
【颁布时间】2016-6-30

【法规标题】关于促进跨境电子商务发展的实施意见
【颁布单位】山西省人民政府办公厅
【发文字号】晋政办发〔2016〕85号
【颁布时间】2016-6-24

【法规标题】吉林政务服务“一张网”建设工作方案
【颁布单位】吉林省人民政府办公厅
【发文字号】吉政办发〔2016〕46号
【颁布时间】2016-6-23

【法规标题】关于深入推进“互联网+流通”行动计划的实施意见
【颁布单位】河北省人民政府办公厅
【发文字号】冀政办字〔2016〕99 号
【颁布时间】2016-6-16

【法规标题】四平市全面推进寄递渠道登记验视信息化工作方案
【颁布单位】吉林省四平市人民政府办公室
【发文字号】四政办发〔2016〕37 号
【颁布时间】2016-6-16

【法规标题】阳泉市“互联网+”行动联席会议制度
【颁布单位】山西省阳泉市人民政府办公厅
【发文字号】阳政办发〔2016〕72 号
【颁布时间】2016-6-15

【法规标题】阳泉市促进大数据发展联席会议制度
【颁布单位】山西省阳泉市人民政府办公厅
【发文字号】阳政办发〔2016〕73 号
【颁布时间】2016-6-15

【法规标题】衡水市推进三网融合实施方案
【颁布单位】河北省衡水市人民政府办公室
【发文字号】衡政办字〔2016〕86 号
【颁布时间】2016-6-1

【法规标题】关于进一步加强政府网站建设和管理有关工作的通知
【颁布单位】河北省衡水市人民政府办公室
【发文字号】衡政办字〔2016〕84 号
【颁布时间】2016-5-30

【法规标题】关于支持电子商务加快发展的实施意见
【颁布单位】河北省邢台市人民政府办公室
【发文字号】邢政办发〔2016〕9 号
【颁布时间】2016-5-23

【法规标题】赤峰市促进电子政务协调发展实施方案
【颁布单位】内蒙古自治区赤峰市人民政府办公厅
【发文字号】赤政办字〔2016〕68 号
【颁布时间】2016-5-20

【法规标题】关于加快推进“互联网+”产业集群建设的实施意见
【颁布单位】河北省衡水市人民政府办公室
【发文字号】衡政办字〔2016〕71 号
【颁布时间】2016-5-17

【法规标题】关于实施宽带晋城行动计划促进提速降费三网融合及创建“宽带中国”示范城市的意见
【颁布单位】山西省晋城市人民政府办公厅
【发文字号】晋市政办〔2016〕40 号
【颁布时间】2016-5-9

【法规标题】台州市政府投资信息化项目及资金管理办法
【颁布单位】浙江省台州市人民政府办公室
【颁布时间】2016-4-28

【法规标题】乌兰察布市“互联网+”行动计划
【颁布单位】内蒙古自治区乌兰察布市人民政府办公厅
【发文字号】乌政办发〔2016〕10 号
【颁布时间】2016-4-28

【法规标题】关于推进大数据发展的实施意见
【颁布单位】河北省石家庄市人民政府
【发文字号】石政发〔2016〕13 号
【颁布时间】2016-4-21

【法规标题】关于涉及网络知识产权案件的审理指南
【颁布单位】北京市高级人民法院
【颁布时间】2016-4-13

【法规标题】关于积极推进吉林省“互联网+”行动的实施意见
【颁布单位】吉林省人民政府
【发文字号】吉政发〔2016〕15 号
【颁布时间】2016-4-13

【法规标题】关于朔州市促进电子政务协调发展实施方案的通知
【颁布单位】山西省朔州市人民政府办公厅
【发文字号】朔政办发〔2016〕28 号
【颁布时间】2016-4-8

【法规标题】关于成立廊坊市城区无线 WiFi 覆盖工程建设工作领导小组的通知
【颁布单位】河北省廊坊市人民政府办公室
【颁布时间】2016-4-5

【法规标题】阳泉市推广三网融合工作方案
【颁布单位】山西省阳泉市人民政府办公厅
【发文字号】阳政办发〔2016〕36 号
【颁布时间】2016-4-5

【法规标题】山东省信息化促进条例
【颁布单位】山东省人大常委会
【颁布时间】2016-3-30

【法规标题】关于促进互联网金融规范健康发展的若干意见
【颁布单位】吉林省人民政府办公厅
【发文字号】吉政办发〔2016〕18 号
【颁布时间】2016-3-29

【法规标题】关于大力发展电子商务加快培育经济新动力的实施意见
【颁布单位】吉林省人民政府
【发文字号】吉政发〔2016〕8 号
【颁布时间】2016-3-28

【法规标题】关于加快推进教育信息化建设工作的意见
【颁布单位】内蒙古自治区乌兰察布市人民政府
【发文字号】乌政发〔2016〕11 号
【颁布时间】2016-3-26

【法规标题】关于促进农村电子商务加快发展的实施意见
【颁布单位】山西省人民政府办公厅
【发文字号】晋政办发〔2016〕29 号
【颁布时间】2016-3-21

【法规标题】关于加快高速宽带网络建设推进网络提速降费创建“宽带中国”示范城市的实施意见
【颁布单位】山西省太原市人民政府办公厅
【发文字号】并政办发〔2016〕8 号
【颁布时间】2016-3-19

【法规标题】关于发展跨境电子商务的实施意见
【颁布单位】内蒙古自治区人民政府办公厅
【发文字号】内政办发〔2016〕28 号
【颁布时间】2016-3-18

【法规标题】邯郸市民网 2016 年建设管理工作方案
【颁布单位】河北省邯郸市人民政府办公厅
【发文字号】邯政办字〔2016〕37 号
【颁布时间】2016-3-18

【法规标题】邯郸市生态环境监测网络建设实施方案
【颁布单位】河北省邯郸市人民政府办公厅
【发文字号】邯政办字〔2016〕36 号
【颁布时间】2016-3-14

【法规标题】忻州市农村电子商务行动计划（2016—2020）
【颁布单位】山西省忻州市人民政府办公厅
【发文字号】忻政办发〔2016〕20 号
【颁布时间】2016-3-9

【法规标题】吉林省加强互联网领域侵权假冒行为治理实施方案
【颁布单位】吉林省人民政府办公厅
【发文字号】吉政办发〔2016〕15 号
【颁布时间】2016-3-8

【法规标题】延边州整合建立统一的公共资源交易平台工作实施方案
【颁布单位】吉林省延边朝鲜族自治州人民政府办公室
【发文字号】延州政办发〔2016〕2 号
【颁布时间】2016-3-4

【法规标题】关于推进农村电子商务全覆盖的实施意见
【颁布单位】河北省廊坊市人民政府办公室
【发文字号】廊政办〔2016〕13 号
【颁布时间】2016-3-3

【法规标题】邯郸市城区地下管线普查与信息化建设工作方案
【颁布单位】河北省邯郸市人民政府办公厅
【发文字号】邯政办字〔2016〕20 号
【颁布时间】2016-2-25

【法规标题】关于进一步加强金融运行情况动态监测督导和政银企服务信息共享平台建设工作的通知
【颁布单位】河北省衡水市人民政府办公室
【发文字号】衡政办字〔2016〕22 号
【颁布时间】2016-2-24

【法规标题】通辽市人民政府办公厅关于“政务即时通”手机信息报送平台报送信息的通知
【颁布单位】内蒙古自治区通辽市人民政府办公厅
【发文字号】通政办字〔2016〕13 号
【颁布时间】2016-2-2

【法规标题】关于推进线上线下互动加快商贸流通创新发展转型升级的实施意见
【颁布单位】吉林省人民政府办公厅
【发文字号】吉政办发〔2016〕5 号
【颁布时间】2016-1-25

【法规标题】关于推动农村电子商务加快发展的实施意见
【颁布单位】吉林省人民政府办公厅
【发文字号】吉政办发〔2016〕3 号
【颁布时间】2016-1-25

【法规标题】关于推进“互联网+”行动的实施意见
【颁布单位】河北省石家庄市人民政府
【发文字号】石政发〔2016〕2 号
【颁布时间】2016-1-20
【法规标题】关于印发山西省推广三网融合工作方案的通知
【颁布单位】山西省人民政府办公厅
【发文字号】晋政办发〔2016〕11 号
【颁布时间】2016-1-20

【法规标题】关于加强互联网领域侵权假冒行为治理的实施意见
【颁布单位】河北省石家庄市人民政府办公厅
【发文字号】石政办发〔2016〕5 号
【颁布时间】2016-1-19

【法规标题】关于积极推进“互联网+”行动的实施意见
【颁布单位】北京市人民政府
【发文字号】京政发〔2016〕4 号
【颁布时间】2016-1-9

先进典范篇

优秀单位

中国铝业集团有限公司

中国铝业集团有限公司（以下简称中铝集团）成立于2001年，是中央直接管理的国有重要骨干企业。中铝集团主要从事矿产资源开发、有色金属冶炼加工、相关贸易及工程技术服务等，是目前全球第二大氧化铝供应商、第三大电解铝供应商，铜业综合实力位居全国第一，是国家相关部门备案的大型稀土企业集团之一。中铝集团现有骨干企业68家，业务遍布全球20多个国家和地区，集团资产总额达5300亿元，2017年营业收入超过3100亿元，自2008年以来连续跻身世界500强企业行列。中铝集团5家控股子公司实现了境内外上市。中铝集团的中长期发展战略是做强铝业，做优铜业，做精稀有稀土，做大工程技术、矿产资源和产业金融等多元业务，加快向四大矿产资源（铝、铜、稀土、铁）产业链前端和铝铜精深加工等价值链高端转型，提高国家战略性矿产资源和国防军工材料保障能力，建设具有全球竞争力的世界一流企业。

中铝集团已经形成覆盖主营业务的多个信息化应用系统，正在深入开展两化融合，加快推进智能工厂建设，不断完善网络和信息安全保障体系，信息化系统作为集团信息流、资金流、物流的重要载体，日益成为集团生产运营的“神经”系统，成为集团管控和业务运作的重要支撑平台，信息化逐步成为中铝集团核心竞争力的重要组成部分之一。

【建立信息化顶层设计和管控体系】

中铝集团历届党组和经营班子都高度重视信息化工作，在集团层面成立了信息化工作领导小组，负责集团信息化工作重大事项的协调、指导、决策，领导小组由党组副书记、总经理任组长，党组成员任副组长，各板块和总部部门主要负责人为领导小组成员。集团信息化工作由党组成员、副总经理分管。集团总部设立职能部门——信息化管理部，具体承办信息化业务和日常管理工作。

中铝集团信息化工作在逐年的发展过程中，逐步确立了信息化建设与管理应遵循的原则和思路，网络安全和信息化工作遵循“统一规划、分步实施，统一标准、互联互通，效益优先、应用优先，数据共享、高度集成，业务引领、深化应用”的原则，推进重点项目建设，确保重大信息化系统的可集成性及可拓展性。严格遵守国家《网络安全法》和国家信息安全等级保护制度，推动集团网络安全和信息安全工作，夯实信息安全防护能力，防范重大信息安全风险，促进集团信息化应用健康发展。

中铝集团持续加强信息化基础管理工作，不断完善集团网络安全和信息化工作制度体系，制定了中铝集团《信息化管理办法》《信息化项目管理办法》《软件管理规定》《网络安全事件应急预案》等20余项信息化制度，各板块公司和实体企业根据具体情况，制定了本单位信息化管理制度

350 余项，理顺了集团总部、板块事业部和实体企业信息化部门的职能、职责和工作流程。随着中铝集团改革不断深化，中铝集团从总部到企业网络安全和信息化管理体系逐步完善和加强，管理职能和岗位职责逐步明晰。

【信息化建设和应用取得重要进展】

在中铝集团信息化工作领导小组的统一部署和领导下，经过多年建设，中铝集团在总部和铝、铜、稀有稀土、工程技术等各业务板块及实体企业相继建成投用了管理层决策支持系统、综合办公平台、人力资源管理信息化系统、财务管控信息化平台、ERP 系统、电子采购交易系统、风险管理与审计系统、法律事务管理系统、视频会议系统及网络和信息安全保障系统，为集团生产经营和运营管控发挥了重要作用。铝板块已逐步形成了“铝矿山—氧化铝—电解铝”较完善的铝产业链经营管理信息化系统。铜、稀有稀土、工程技术等板块及所属各企业根据各自的业务特点，初步形成了适合本企业生产经营业务需要的信息化管理系统。

2017 年，中铝集团人力资源管理信息化系统、财务管控信息化平台、“互联网+”总部云服务管理平台、党建信息化系统、中国铝业股份有限公司（以下简称中铝股份）ERP 系统推广等一批提升集团管控能力的信息化项目实现上线运行。集团制订了电解铝、氧化铝、矿山智能制造顶层设计和实施方案，所属企业包头铝业、中铝瑞闽智能制造试点项目进入全面建设阶段。

中铝集团信息化工作多次获得工业和信息化部等部委政策和资金支持。2017 年，中铝股份铝行业氧化铝制造过程信息物理系统安全可靠一体化平台、有色行业“双创”汇聚平台两个项目，分别列入国家制造业与互联网融合试点示范项目计划、制造业“双创”平台试点示范项目计划；兰州分公司铝电解智能工厂列入工业和信息化部智能制造试点示范项目计划；中铝瑞闽高端铝合金功能材料智能制造新模式列入工业和信息化部智能制造综合标准化与新模式应用示范工程项目；中铝广西国盛稀土开发有限公司“稀土冶炼智能工厂试点示范项目”列入工业和信息化部2015 年智能制造试点示范项目名单。2014—2017 年，中铝股份、中铝国际、中铝国贸、云南铜业、广西分公司、山西分公司、中州铝业、中铝瑞闽、中铝广西稀土、兰州分公司、连城分公司、包头铝业、中铝山东、东轻共 14 家企业列入国家两化融合管理体系贯标试点单位。云南铜业、中铝山东、包头铝业、甘肃华鹭等 11 家企业能源管理中心信息化项目获得国家能源管理中心财政补贴。

【持续推进重点信息化系统建设】

（一）建设中铝集团财务管控信息化平台

中铝集团建立了集团全级次财务核算系统和报表系统统一平台，实现了集团财务管控及共享服务体系，在此体系基础上实现了 178 家单位核算系统上线，全集团的数据集及 480 余户的合并报表系统上线；费用报销共享服务在集团及在京单位的大部分企业上线和应用。截至目前，财务管控体系平台基本搭建完成，实现了集团统一的财务管理体系，相关信息系统在集团集中部署，为下一步扩展平台业务功能、实现全面财务共享奠定了良好基础。

（二）建立中铝集团统一的人力资源管理信息平台

中铝集团人力资源管理信息平台实现了人力资源系统数据互联互通和共享，规范了集团人力资源基础管理，实现了手机客户端快速审批人力资源事项。集团使用该系统进行集团年度绩效考核测评，极大提高了测评工作效率。已有集团总部、各板块本部及中铝国际所属 10 家企业、中铝股份所属 4 家企业上线投用。集团人力资源管理信息平台二期推广项目已经启动，正在推进实施。

（三）ERP、电子采购交易系统应用逐步深化

中铝股份 ERP 系统建成投用已超过 10 年，ERP 系统将人力资源、财务和营销这三大业务整合在一个统一平台上。2017 年，中铝股份再次启动 ERP 系统推广建设项目，实施范围涵盖中铝股份所属全部未实施 ERP 系统的企业，已经分两批实施并成功上线运行，至此中铝股份 ERP 系统基本覆盖了本部及所属企业，实现生产经营信息共

享。这次 ERP 系统的推广实施还刷新了中铝 ERP 系统建设最短时间记录，山西分公司和山西华泽重组合并后 ERP 系统实施仅用时 1 个月，而且投用效果良好。

持续推进中铝集团电子采购交易系统的深化应用，在已有功能基础上，根据业务需求进行功能拓展和完善，提升系统的易用性，进一步挖掘系统功能，加强供应商管理、合同管理、统计分析对标等功能的应用推广，逐步提升企业和供应商的使用效率，实现采购业务全流程电子化。中铝股份电子采购交易系统平台整体使用率达到 99.33%，其中，备品备件使用率达 99.54%，原辅材使用率达 99.31%，为降本增效工作提供了重要支撑。

云南铜业建设 4S1P 项目将信息化全面渗透到生产经营管理的各环节，基本实现了强化管控、整合流程、优化协同、推动管理、科学决策的建设目标。中铝财务有限责任公司信息化建成了核心业务系统、资金结算系统、财务核算系统，完成了异地灾备系统建设，风险管理水平不断提升。

（四）推进党建工作信息化建设

建设了中铝集团党建信息化系统，直属党委所属单位已上线投用。利用蓝信系统创建“党课随身听”等方式，使“两学一做”教育活动常态化，通过蓝信系统成功举办了“党的十九大知识竞答活动”。

（五）加强集团主数据管理

2017 年实现与中铝集团人力资源系统、财务核算系统主数据对接，启动供应商准入平台开发，推进集团供应商统一注册平台开发。

【增强信息化对管控与生产经营业务的支撑作用】

（一）全景仿真视频会议系统建设及应用取得新成效

中铝集团充分利用现代信息化技术和视频技术，率先建成投用全景仿真视频会议系统，截至 2017 年年底已建成 58 套全景仿真视频会议系统，覆盖中铝集团总部及 50 家实体企业，基本覆盖集团主要生产经营板块的核心企业，总部与企业的沟通更加顺畅、交流更加便捷。中铝集团总部及 51 家企业完成视频会议高清改造，解决了集团高清视频会议系统与全景仿真视频会议系统的互联互通问题，扩大了视频会议参会人员规模。2017 年中铝集团总部及各板块本部召开各类全景仿真视频会议 1738 次，主会场及分会场参会约 8 万人次，提高了会议效率，节省差旅费 5000 多万元。

（二）开展“互联网+”云服务平台建设，推进集团综合信息平台和移动办公平台功能拓展与优化

中铝集团大力推进集团综合信息平台和移动办公平台及“互联网+”云服务平台的建设，促进平台系统在各业务层面的应用，深化平台系统功能拓展，平台得到不断调整优化和功能增强，具有发文和收文登记、文件远程审批、会议管理、信息上报、简讯报送、督办管理、行政服务管理、电子护照管理、员工考勤管理等功能，实现对中铝集团总部及所属单位收发文等一系列办公流程的功能拓展与优化。

中铝集团企业微信系统（蓝信）实现了集团内部高效便捷沟通、新闻公告及时准确发布、知识广泛传播共享。中铝集团移动办公平台与蓝信深度融合，实现了信息、待办事项实时推送，以及中铝集团、中铝股份、中国铜业、中国稀有稀土相关公文移动处理、各种信息实时查看。会议管理系统可以充分满足中铝集团对会议管理高效、节约的要求。通过充分利用 iPad 客户端及蓝信手机客户端，中铝集团总部实现无纸化会议。文件流转监控系统有效促进了中铝集团总部文件流转的精确化管理，提升了公文的运转效率，进而促进中铝集团管理效率的整体提升。

（三）建设集团“3002”运行监控中心，实现企业生产现场视频监控

中铝集团“3002”运行监控中心于 2016 年 12 月底正式上线投用，已经实现对企业生产现场视频及项目建设施工现场视频的接入。通过手机 App 查看现场视频，在集团降本增效、提升管理、转型升级中逐步发挥重要作用。宁夏能源、兰州分公司、山东华宇、贵阳院、中铝华润轻合金项

目、中铝东南铜业项目、广西华磊新材料等8家企业项目现场视频监控系统已经成功接入"3002"运行监控中心。"3002"运行监控中心还为中铝集团分析生产和经营活动、召开早调会、创新在线互动、实现精准管理提供了有效的信息化技术支撑，有助于中铝集团及时掌握企业生产经营运行数据，第一时间快速应对生产经营中的突发情况。

【开展智能制造顶层设计】

围绕公司发展战略，以智能化应用和生产管控一体化为主线，开展公司智能制造顶层设计，并且在试点企业实施。2017年，中铝集团完成了电解铝、氧化铝、矿山智能制造顶层设计和实施方案，包头铝业电解铝智能制造试点项目及中铝瑞闽铝加工智能制造试点已经启动实施，进入全面建设阶段。中铝集团将通过推进智能矿山、智能工厂、智能车间建设，着力提高企业集中共享、业务协同能力，提升企业智能制造能力，逐步实现矿山、氧化铝和电解铝生产运营的自动化、数字化、可视化和集成化。

【强化网络安全保障体系建设】

2017年，中铝集团完成网络安全等级保护管理和预警通报平台建设，实现对集团总部和各板块事业部32个网站、11个重要信息系统的集中监控和防护，拦截和及时处置攻击预警25000余次，其中，拦截高危预警40余次，发布网络安全预警和通报信息230余次，有效保障了集团网站和重要信息系统的安全。中铝集团总部实现电子文档加密标密系统升级及试点企业的分级部署；组织集团各板块及所属企业开展网络与信息安全检查，2017年共排查漏洞79316个，通过即查即改、全面整改，加强了集团生产经营数据的保护。党的十九大和"一带一路"高峰论坛期间，按照中铝集团统一工作部署要求，采取严密措施，保障集团网络、网站与信息系统安全、稳定运行，实现网络安全零事故，全面保障集团网络与信息系统安全。

中国第一汽车集团有限公司

2017年是中国第一汽车集团有限公司（以下简称一汽集团）深化改革的开局之年。为加快实现"国内第一、世界一流"的公司愿景，一汽集团针对信息化工作启动了一系列卓有成效的改进工作。

【落实信息战略规划，推进标准规范建设】

在充分研究一汽集团公司经营红旗的业务战略重点后，结合信息化技术发展趋势，对标汽车行业信息化建设情况，形成了一汽集团"五位一体"的数字化管理体系，即以支撑实现公司战略和公司运营为目标，围绕"客户及其体验"，创新思维，融合信息技术，构建流程、制度、标准、组织、IT 完整的、可迭代的、"五位一体"的数字化管理体系，不断提升公司核心竞争力，武装"红旗"产业生态系统，塑造数字化运营和数字化经济管理基础，引领公司运营生态创新，最终助力企业实现从传统产品利润向数字化生态利润的转移。

在数字化管理体系战略规划方面，一汽集团制定了“急用先行、问题导向；除本增效、目标导向；推进转型、战略导向”3 条路径齐头并进的、“五位一体”殊途同归的建设策略。一汽集团设计了集团传统体系构架，实现了“数字化研发、智能制造、全渠道营销服务、共享服务”领域的业务流程、标准、制度、组织与 IT 系统的融合建设，保障“红旗”运营。一汽集团构建了“共享工业互联中台、用户体验服务平台、‘红旗’数据资产平台、安全的基础设施混合云平台、生态云应用经济平台”五大新型 IT 平台，推进集团新型体系构架的变革，提升集团核心竞争力。一汽集团构建了技术领先、团队专业、管控规范、运营高效的自身管理体系。

为了保障集团信息化战略规划的落地，一汽集团组织编制了《一汽集团信息化标准规范》，该标准规范对集团信息系统建设原则、功能架构、技术架构、建设模式选择、选型评价标准，以及云平台、数据中心、网络、数据存储等建设标准进行了全面的定义，指导了一汽集团信息化建设的有序开展；制订了一汽集团 IT 治理方案，从 IT 组织架构、IT 流程标准体系、IT 能力建设等方面进行详细的设计。

【加强信息化运营管理，推进应用系统整合】

（一）产品研发方面

一汽集团以乘用车产品研发业务为先导，完成产品项目管理系统的一期建设，以项目管理业务流程为基础，实现基于模板推动项目管理的标准化，以及产品项目管理业务在研发领域的信息化。按照“一套系统、一套标准、一套流程”的原则，以组织、流程、标准为基础，以 IT 为载体，完成了商用车 PDM 系统的整合、乘用车 PDM 系统的整合规划，实现了数据共享、数据统一。一汽集团持续完善及优化试验数据管理系统、对标数据管理系统的功能和流程，以满足业务需求。

一汽集团实现商用车产品基于订单需求驱动的超级 BOM 管理、全三维模块化设计，实现设计制造服务一体化管理；实现乘用车产品数据的统一，便于乘用车产品的通用化、平台化和模块化设计；完成仿真数据管理系统的升级，以 NVH 研究所为试点，实现仿真业务的自动化脚本开发及封装，提升效率；完成试验数据管理系统和对标数据管理系统的迭代优化和完善，满足业务需求，提升业务及数据管理目标；完成新能源试验室管理系统实施，实现试验室信息化管理目标；完成试制管理系统实施，以试制过程管理为导向，通过适配试制业务流程和工作模式，加强试制工作相关方的协同；使得试制过程的全流程管理达到工作状态透明化、信息共享及时化、工作处理高效化；完成集团标准管理系统实施，建设集团统一管理的标准知识平台，实现资源共享、标准统一，使数据管理及时有效。

（二）生产制造方面

一汽集团深化应用采购管控平台，一是着力于集团化采购管控平台，纵向推动集团采购建立标准，横向打通同步开发、生产准备等领域的采购流程，并初步完成在“奔腾”“红旗”的试点工作；二是依托集团子公司供应商资源库，建立集团供应商资源库，以支撑未来集团级供应商战略资源体系建设。

启动 ERP 全面推广计划，在解放公司、技术中心、富维公司、夏利公司、行政事务中心等 8 家单位部署实施。完成新版 ERP（V5.0）的方案策划并启动系统研发，新版 ERP 将在公司工厂分离、公司业务标准化的总体思路下，开展用户体验、成本功能增强、组件化、性能优化等重点工作。

完成质量管理系统策划工作，并按计划开展“红旗”公司质量系统实施工作。组织集团质保部、轿车公司及解放公司质保部完成全过程质保业务职能、标准、流程及系统的现状调研及梳理工作，形成涵盖质量数据层、问题解决层、分析层共 3 层质量系统架构。通过与质保部、“红旗”工厂质保处充分的调研沟通，以解决现有质量问题为目的，明确“红旗”工厂质量系统的建设目标及实施步骤，目前已完成系统第一期的需求确认工作。

完善 MES 系统规划，通过试点验证的方式形成整车、零部件和热加工领域 3 个版本的产品，组织发展部、生产部、轿车等子公司完成了现状及问题分析、行业标准解读及车企对标，明确了 MES 系统对数字化工厂的支撑定位及具体的建设方案。按照 MES 系统规划，完成整车、零部件和热加工 3 个版本的系统研发，并在轿车公司、发传中心、铸造公司开展系统试点验证工作。

（三）营销服务方面

实现“红旗”销售公司的营销服务管理系统和面向“红旗”全网体验中心的经销商管理系统的快速上线。开发完成了服务于中国式新高尚至尊情怀人士高端选配的“红旗”至尊系 L5 定制系统，该系统采用虚拟现实的全三维实时渲染技术，将“红旗”至尊系 L5 基于外观、主题、内饰、功能、专属 Logo、驾驶辅助的百余个定制项通过大屏幕呈现在客户面前，给客户一种所见即所得的高端定制体验。目前正在实施服务“红旗”经销商的移动接待系统，通过销售助手 App 和服务助手 PAD 端功能的实现，可以提高客户接待效率、减免服务环节纠纷、确保车辆关键数据准确以保证终身质保政策的有效执行，并且显著提升“红旗”品牌形象。

（四）客户服务方面

秉承以客户为中心的原则，策划完成并正在建设涵盖呼叫中心、智能客服、客户管理、会员管理、线索管理、知识管理、数据分析六大功能，连通电话、微信、QQ、网页、微博、App、网联车六大触点，基于微服务架构和阿里云的“红旗”客户互动平台，该平台的建成将全面打通智能网联平台和“红旗”会员粉丝平台，实现社交化触点的全渠道接入，直接触达终端客户（保客/潜客），支撑“红旗心服务”体系建设，促进“红旗”精准营销达成，助力企业从“以产品为中心”向“以客户为中心”的战略转变。

（五）共享服务方面

一汽集团致力于管理与支持平台建设，完成了集团人力资源管理平台和法律事务平台在全集团各级单位的实施推广，系统采用集中部署方式，实现了在人力资源、法律合规业务的标准化和数据的全面共享；对集团协同办公平台进行了全面改版升级并实现移动化，企业门户、企业微信、新公文系统、行政事务审批、督办任务、管理文件、知识共享、新邮件系统、会议与日程管理等相继上线，并且完成了对各领域已上线业务系统的集成，实现了一站式办公。完成了集团现有各类网站的梳理，对网站分散建设、各自为政、功能缺少统一规划、信息不共享和滞后、“有人建、没人管，有人用、没人防”及被动防护、屡遭攻击篡改等诸多问题进行了综合分析，制定了统一网站内容规划、统一网站建设标准、统一网站运维管理的集团网站群平台建设方案，对网站进行统一管理、统一防护、统一监测。

（六）财务管控方面

优化搭建财务管控平台，完成财务管控平台的全部项目的研发工作及现有系统在集团范围内的实施推广工作。基于一汽集团商用车、乘用车与零部件预算管理模式，完成全面预算管理系统在所有整车单位与零部件单位的深化应用与覆盖；完成资金管理、财务合并管理、统计管理和资产管理在集团范围内的实施推广；完成成本、收益与价格管理、税务管理、产权管理及财务分析系统的研发；完成财务管控平台总结和论文集整理工作。

【开展大数据分析，建设智能网联服务平台，加快推进工业互联网应用】

开展大数据分析搜索，以高质量的数据源为目标开展集团内部、外部数据的采集和整合。实现锻造、铸造、解放车桥生产经营系统的数据采集，构建集团公共指标库 43 个指标，数据覆盖了集团所有自主整车单位（除“红旗”外）。完成合资体系投诉数据采集，支撑客户投诉的统计分析，同时将合资数据逐步接入体系。开展数据的洞察与分析，以财务分析和质量分析为主构建分析系统，从产品研发、生产、营销领域拓展分析，包括“红旗”“奔腾”全面质量分析、“奔腾”与“解放”舆情分析、微信程序化推荐和生产车序推荐、市场产品标签库、竞品分析等 21 个业务场景的大数据洞察与分析。建立数据管理流程、数据管理规范、模型设计、模型管理、数据检查、数据安全 6 个管理规范，建立集团数据技术标准，以数据质量为切入点，形成业务系统优化的建议报告。

智能网联服务平台成功支撑集团四大乘用车

厂智能网联车型年度接入计划，支持传统车远控、娱乐需求和 EV 车合规监管需求；完成与车型接入紧密相关的流程、标准、规范制定；吉汽 R7、T80、V80，轿车 X40、A1EV，夏利 U066、A2EV，“红旗”H5、PHEV 等数十款车型按计划接入；完成平台和App两轮评测和CA证书App部分建设；统一了 SIM 卡和流量管理。

加快推进工业互联网创新发展。作为中国工业互联网产业联盟副理事长单位，一汽集团认真贯彻落实《深化“互联网+先进制造业”发展工业互联网的指导意见》，积极推动成立“工业互联网产业联盟——汽车行业特设组”，参与标准规则的研讨和制定，内部形成规划能力转化机制，逐步清晰化一汽集团工业互联网发展路线并推进落实。

目前一汽集团工业互联网平台建设分为 3 个层面。第一，数据采集是基础，其本质是利用泛在感知技术对多源设备、异构系统、运营环境、人等要素信息实时、高效采集和云端汇聚。第二，工业 PaaS 是核心，其本质是在现有成熟的 IaaS（基础设施即服务）平台上构建一个可扩展的操作系统，为工业应用软件开发提供一个基础平台。第三，工业 App 是关键，通过对工业 PaaS 微服务的调用、组合、封装和二次开发，开发形成特定场景的工业 App，通过对工业 App 的调用实现对特定制造资源的优化配置。

【加强网络安全建设，夯实运行管理体系】

在继续优化完善一汽集团信息安全体系的基础上，面向新业务、新需求、新挑战展开工作。2017 年为配合一汽集团智能网联战略，设计制订覆盖云端、网络端、车端、手机端等的信息安全测试方案，并在“红旗”“奔腾”“森雅”等车型展开测试，保障了相关车型的上线和业务的开展。另外，在全行业内率先探索建立以 PKI 数字证书为基础的智能网联身份鉴别、数字签名、加密通信技术的体系，并取得初步成果，完成 CA 认证平台搭建及测试，用信息安全定义“红旗”品牌“中国安全”新内涵。

紧跟“中国制造 2025”战略，一汽集团顺势打造工业互联网平台。为此，一汽集团结合自身发展开展工业互联网安全建设工作，选取了以一汽模具公司为代表的试点工程，针对其设备、业务特点，引入工业防护设备和集中管控平台，通过一系列安全技术和安全策略的制定、实施和优化，实现了对现场设备的安全防护，大大提升了一汽模具公司的工业信息安全水平。同时，探索建立更具有行业特性的工业互联网安全防护体系，为一汽集团工业互联网安全建设的大力推进奠定坚实的基础。

鞍钢集团有限公司

为加快推进鞍钢集团有限公司两化深度融合与智能制造建设，有效支撑集团“631”产业结构发展及转型升级，2017 年鞍钢集团有限公司全面落实《鞍钢集团公司“十三五”信息化发展战略规划》的工作部署，以强基础、保安全、促协同、上水平为重点，深入开展了信息化工作，为实现打造“智能鞍钢”的奋斗目标做了有益探索。

2017 年 3 月 7 日，习近平总书记在十二届全国人大五次会议辽宁代表团讲话中对中央企业进一步提出了全面推动产业结构升级、推动信息化和工业化深度融合的要求。在这样的背景下，鞍钢集团有限公司提出了两化深度融合的发展思路，提出了“631”产业结构调整的发展战略。信息化工作立足企业实际，一手抓设计，一手抓推进。2017年是鞍钢集团有限公司由自动化、信息化向智能化转变的过渡之年，也是鞍钢集团有限公司两化深度融合的储备之年、蓄势之年，实现了强化信息化基础、转变信息化认识的关键变化，信息化基础进一步夯实、信息化系统进一步完善、信息化平台进一步丰富、网络进一步安全，为鞍钢集团有限公司的智能制造建设打下了坚实的基础。

【信息化顶层规划设计更加完善】

鞍钢集团有限公司制定了两化融合发展规划，提出了建设“智能鞍钢”的奋斗目标和策略。各子企业制定了支撑自身发展的两化融合专项规划，重点围绕基础自动化填平补齐、全流程数字化工厂、智能制造新模式、工业互联网平台等领域开展深入研究，选定试点区域，落实具体项目，为全面推进两化深度融合与智能制造建设打下基础。

鞍钢集团有限公司组织制定了集团两化融合发展规划，充分解读“中国制造2025”“工业4.0”等国内外智能制造纲领性文件，跟踪研究高新技术应用，对标行业先进企业的发展规划，通过与鞍钢集团有限公司战略发展规划及建设现状相结合，组织制定了《鞍钢集团有限公司两化融合发展规划》，提出了引领鞍钢集团有限公司未来发展的“一个中心、两个体系、四个平台”的架构体系及全力打造“智能鞍钢”的奋斗目标，为鞍钢集团有限公司两化融合及智能制造建设指明了方向；组织鞍山钢铁、攀钢、矿业公司等子企业制定了支撑自身发展的两化融合专项规划，形成了以集团规划为统领、子企业规划为支撑的两化融合规划体系。

【核心信息系统服务能力进一步增强】

鞍钢集团有限公司重点围绕人力资源共享、财务共享、客商共享、主数据管理、企业内部门户、法律管理、企业外部网站等20余个信息系统开展建设，将分散、独立的信息系统化散为整，实现跨区域、跨板块的业务协同与信息共享，满足集团总部、子企业、单元企业各级业务管理的需要。

推进共享服务平台建设，实现业务协同与信息共享。重点围绕人力资源、财务、客商三大共享平台开展建设，目前各平台建设均按计划取得了阶段性成果。其中，人力资源共享平台及员工自助平台在股份公司、矿业公司部分试点单位成功上线；财务共享平台核算部分在163家单位成功上线，共享部分在人力资源共享服务中心、财务共享服务中心两家试点单位成功上线；客商共享平台的注册及信息管理模块已成功上线，该平台作为集团客商注册的统一入口，为客户、供应商的规范管理奠定了基础。

推进信息系统优化改造，使系统与业务结合更加紧密。结合鞍钢集团有限公司差异化管控及总部部门业务权限调整，组织开展了现有信息系统的优化改造工作，全面提升系统性能，优化完善系统功能，扩展系统覆盖范围，进一步打通与其他相关系统之间的工作流和数据流，改善界面友好度和应用体验。其中，OA办公系统完成了系统提速及功能优化，提高了用户交互友好度，完成了与攀钢、矿业公司OA办公系统的审批对接，实现了审批流程的全程跟踪可控；决策支持系统移动端成功上线，使系统用户可随时、随地查询所需要的信息；企业官网完成改造，实现了页面功能的全面升级，全面加强了网站安全措施。

推进专业管理信息系统建设，支撑部门业务的规范开展。组织各业务部门重点推动专业管理信息系统建设，对鞍钢集团总部各专业管理提供流程化、规范化、数字化的系统支撑，并为决策分析提供数字化的手段和依据。其中，法律管理系统已完成一期功能开发，具备上线条件；投资管理系统已成功上线，实现了集团项目投资状况的全面、及时、准确监控；网络问企系统已完成向攀钢地区全覆盖，真正实现集团范围内的问计、问需于民；外事管理系统、境外企业视频监控系统等按计划推进；安全管理系统、环保节能管理系统、六位一体综合管理系统已完成项目可研论证工作，具备实施条件。

【信息化资源统一管理能力进一步加强】

重点推进鞍钢集团有限公司数据中心整体规划及建设，满足集团公司及子企业信息化发展需要；开展集团广域网整体设计，待建成后可彻底解决鞍钢、攀钢IP地址冲突问题，真正实现集团范围内的互联互通；扩展非钢板块的网络覆盖建设，全年共新增网络覆盖单位近300家，新增网络接入用户3332户，基本实现了非钢板块网络到楼宇的全覆盖；推进集团主数据管理体系建设，一期已实现通用基础类、企管类、人事类和财务类4类主数据的在线管控。

推进鞍钢集团有限公司数据中心建设，满足集团公司及子企业信息化发展需要。组织信息产业公司及相关子企业依据《鞍钢集团数据中心整体规划》，在现有环境条件的基础上经过充分论证，重点围绕数据中心先进性及智能性原则，形成《鞍钢集团数据中心建设项目方案》，并且组织推动。

开展网络顶层规划设计，为鞍钢集团有限公司网络未来发展指明了方向。依据《鞍钢集团网络架构规划》，组织完成了集团广域网的整体规划设计，通过开展集团核心网络搭建、统一IP地址规划、园区网规范接入等工作，实现集团核心网络与各园区网的互联互通，形成覆盖集团范围的、统一的广域网。

推进非钢板块网络覆盖建设，为非钢产业信息化发展奠定基础。组织开展非钢板块网络覆盖建设工作，实现集团ERP网、综合信息网由主体区域公司向板块公司的全面扩展，全年共新增终端用户300家、3332户，对彻底消除集团信息孤岛、增强集团管控力度和非钢板块信息化建设奠定了坚实的基础。

推进主数据管理体系建设，实现集团范围内基础主数据的统一管理。为加强集团信息系统主数据及代码的规范管理，奠定集团大数据平台建设的基础，组织开展主数据管理体系建设工作。通过全面梳理集团主数据管理业务及信息化现状，从业务领域和数据代码两个维度入手，制定了涵盖集团15个大类、47个中类业务的主数据管理体系，印发了《鞍钢集团公司代码设计基准书》，形成了鞍钢集团10余项数据标准，规范了各级单位信息代码20余万条，搭建了通用、可扩展的主数据管理平台，一期已实现通用基础类、企管类、人事类和财务类4类主数据的在线管控。

【网络和信息系统更加可靠安全】

加强网络安全监管及边界防护建设，构建了“基础+技术+机制”三位一体的网络安全防护体系。在基础层面加强入侵检测、防火墙、网闸等防护设备的监管，强化系统数据备份机制，推进灾备建设，确保网络能够守得住边界、经得起灾难；在技术层面强化防病毒管理，充分运用监控、漏洞扫描、安全审计等手段，确保网络安全可靠；在机制层面明确各级职责、加强宣传培训、开展应急演练、定期检查通报，提升安全防护整体水平。

基础层面建设。依据信息系统安全评估报告及测评整改意见，跟踪推进各单位开展网络和信息系统安全整改工作，完善了网络边界防护技术措施，健全了数据备份机制，确保了信息化基础安全；组织各单位开展灾备系统演练，确保了灾备系统可用性和预案的合理性，锻炼了灾备团队应急响应能力。

技术层面建设。针对勒索病毒爆发，及时组织相关单位制订防护方案，指导集团各单位开展病毒防护工作，集团未发生感染案例；推进集团统一终端防病毒工作，组建工作组招标选定了防病毒产品，计划2016年年底前完成一级控制服务器搭建和第一批单位覆盖；充分利用漏洞扫描和渗透测试等安全技术开展了安全自查评估工作，针对发现的风险隐患及时组织整改，不断改进完善网络安全防护体系。

机制层面建设。一是鞍钢集团有限公司成立了网络安全和信息化领导小组，各子企业分别成立相应领导组织，进一步加强网络安全的组织领导建设；二是贯彻信息系统安全等级保护工作，推进各子企业新建信息系统开展等备案及测评整改；三是组织完成国家重大活动期间鞍钢集团有限公司网络和信息安全的保障工作，确保了党的十九大期间鞍钢集团有限公司未发生网络和信息安全事件；四是根据中央网信办等单位发布的风险预警，及时发布多期鞍钢集团有限公司网络和信息安全情况通报；五是组织开展了首届网络和信息系统安全周活动，通过一次会议、两个培训、一次展览、一本手册和一个互动等一系列活动，切实取得了强化意识、普及常识、增强技能的效果。

【信息系统运维管理进一步加强】

鞍钢集团有限公司规范和强化了信息系统运行维护服务流程管理，增强服务意识、服务观念，全集团信息系统稳定运行率达到99%以上。

健全信息系统运维管理体系，确保了鞍钢集团信息系统稳定运行。结合国际ISO 20000运维标准进一步健全了鞍钢集团信息系统运维管理体系，包括建立定期检查评价工作机制、快速响应机制及评价考核机制等，明确信息系统运维服务的技术及管理工作要求。通过在鞍钢集团总部设立运维服务工作站，有效地提高了运维工作效率，确保了集团OA系统、人力资源系统等13个集团层级信息系统正常稳定运行。

发挥部门监管作用，提高了鞍钢集团信息系统稳定运行率。充分发挥鞍钢集团部门的管理和服务职能，以制定的信息系统运维管理体系为基础，重点推动子企业信息系统的运维管理工作，鞍钢集团信息系统稳定运行率比2016年提高了0.4个百分点，达到了99%以上，为鞍钢集团生产经营提供了坚实的信息系统保障。

【子企业专业信息系统建设水平显著提升】

鞍钢集团有限公司推动子企业重点围绕现有信息系统的填平补齐及优化完善、“互联网+”应用新模式探索、信息化专业技术输出等方面做了富有成效的尝试，不仅更好地支撑了企业产业结构调整及业务发展，而且通过与集团层级信息系统做好对接，实现了业务全流程的跟踪、管控及信息共享，提升了鞍钢集团有限公司信息化的整体品牌价值。

鞍山钢铁以企业“三层五级”信息化架构体系为核心，开展了智慧物流（铁运）、炼钢大数据分析技术应用、大型厂轨梁分厂数字化车间及物料智能跟踪平台、市场化运营核算等项目的可行性研究及建设推进工作，开展了现有信息系统的功能优化完善工作，前10个月共组织实施产销系统及SAP系统各类变更890余项。通过项目建设及运维进一步提高了鞍山钢铁各级单位的生产效率和管理水平，可以更好地服务客户。

攀钢集团充分运用“互联网+”发展思维，大力推进CIII产业平台的优化完善建设，以客户需求为源头、以高效服务为宗旨，实现了销售、仓储、加工、物流配送、金融服务的全产业链一体化服务集成，其中，积微电商荣获中国物流与采购联合会授予的“2017年无车承运人应用优秀案例”、中国金属材料流通协会授予的“十大具有发展力企业”，并且入选全国大宗商品百强企业。

矿业公司充分挖掘内部信息化人才潜力，组建团队远赴澳大利亚开展卡拉拉信息化项目的建设工作，形成了报表合并及成本核算信息化支撑方案、Ellipse替代或升级建议方案、卡拉拉相关业务管理工作建议等专业报告，快速、高效地推动了卡拉拉信息化建设，同时在国内实现了卡拉拉信息系统的远洋运维，极大地降低了系统的维护成本。

工程、实业、信息产业、财务、合谊地产、总医院结合自身业务发展，组织开展了专业信息系统的建设工作，包括国贸ERP、财务公司金融服务平台、合谊地产房地产综合管理系统等项目，利用信息化手段提升了管理水平、提高了工作效率。

【对外沟通合作取得新进展】

鞍钢集团有限公司加强与国家、省（自治区、直辖市）相关部委及高等院校、研究院所、信息系统集成商的沟通协作，充分解读国家政策及专项申报指南，组织开展国家智能制造重大专项及建设成果的申报工作，争取国家政策扶持。

加强对外沟通交流。组织鞍山钢铁、矿业公司分别与辽宁省工信委、鞍山市经信委对接，交流国家智能制造相关政策，并且针对专项申报工作进行了专题辅导，组织鞍山钢铁与大连理工大学、北京科技大学等高等院校对接，介绍钢铁行业智能制造先进技术及应用案例，研讨钢铁智能制造专项申报的相关事项。

组织国家重大专项申报。组织开展国家智能制造重大专项的申报工作，其中，“大型钢铁企业智能物流系统的构建与实施”“基于大规模个性化定制模式的攀钢钢铁产品智能制造”“冶金智慧矿山生产新模式研究与应用”等 7 个项目入选工业和信息化部智能制造重大项目库，“鞍钢股份冷轧 2130 线数字化车间关键技术研究与应用项目”等 9 个项目入选辽宁省智能制造重大项目库。

组织国家重大成果申报。组织子企业参加国家制造业与互联网融合发展试点示范、第四届世界互联网大会领先科技成果等重大成果的申报工作，其中，鞍钢股份公司被工业和信息化部评选为 2017 年两化融合管理体系贯标示范企业，攀钢积微物联被四川省评选为两化融合创新典型、服务型制造示范企业。

中国海洋石油集团有限公司

2017 年是党的十九大胜利召开之年，也是中国海洋石油集团有限公司（以下简称为中国海油）狠抓质量效益、全面从严治党的奋进之年。在中国海油党组领导下，全体员工努力拼搏、攻坚克难，圆满完成了各项主要生产经营指标，漂亮地打赢了一场生产经营的“翻身仗”。在连续 13 年、4 个任期被国务院国资委考核评定为 A 级的基础上，中国海油 2017 年利润总额又重回中央企业前 10 位。信息化在此过程中发挥了较好的支撑保障作用，做出了应有的贡献。

【网络安全和信息化工作有效推进】

按照中国海油 2017 年年初工作会议“坚定不移抓党建、全力以赴促发展”的精神指导，全体员工认真把握新时代下信息化工作的新特点、新要求，坚持“业务驱动、IT 引领”的方针，持续推进以智能油田为核心的生产信息化建设、以 ERP 系统为核心的管理信息化建设、以区域数据中心为核心的海外信息化建设，在加快推动系统深化应用整合、持续提升基础设施和网络安全保障水平等方面开展了一系列卓有成效的工作，具体表现在以下 3 个方面。

（一）增强网络安全领导力，圆满完成党的十九大保障任务

2017 年 9 月，中国海油成立了网络安全和信息化领导小组，由杨华董事长担任组长，由刘健总经理和李辉副总经理担任副组长，明确了第一责任人、直接责任人及监管责任人的责任体系，为中国海油网信工作建立了强有力的组织保障，领导力持续增强。为了迎接党的十九大的召开，按照中央网信办、公安部等国家部委的要求，中国海油制订了专项网络安全保障方案，在集团公司网信领导小组的高度重视和具体部署下，在各级信息化部门的有效组织和层层落实下，由 20 个单位共 128 名值班人员组成的保障组坚持 7×24 小时值守，对中国海油重要网站及信息系统每隔 1 小时检查 1 次，对 218 个重点保障系统的漏洞进行排查并组织整改和加固，通过多种手段加强防护。截至党的十九大保障期结束，中国海油实现了网络安全零事故，圆满地完成了党的十九大网络安全保障任务。中国海油还从管理、控制、技术 3 个方面加强信息系统安全建设，实施了北

京、上海、深圳、湛江、渤海、海南地区互联网出口安全监测项目，基本完成集团网络安全架构建设、边界防护和纵深防御；中国海油终端安全管理实现了对国内办公计算机的全面覆盖，三级系统达到公安部等级保护的要求，初步建立关键节点实时监控和重要信息系统定期巡查扫描的常态化机制，网络安全防护能力明显增强，得到了监管部门、第三方及同行的认可和肯定。中国海油数据中心如图 1 所示。

图 1　中国海油数据中心

（二）积极推进重点工作，信息化应用水平不断提高

1．基础设施方面

通过周密组织和精心部署，完成了燕郊灾备中心设备整体迁移至未来科学城数据中心的工作，中国海油“两地三中心”的灾备体系全面运行。中国海油还重点开展了基础设施云管理平台在多地的试点建设，发布了《中国海油云服务目录》，实现资源可计量可计费，初步建成中国海油云运营体系及云安全体系；此外，还完成了北京市东直门和芍药居大厦无线局域网的统一接入认证，实现终端设备在北京市各大楼便捷地漫游接入。截至 2017 年年底，中国海油广域网覆盖国内外 177 个节点，开通线路 190 条，实现约 56GB 接入总带宽。

2．管理信息化方面

ERP 系统不断得以深化应用，合同管理、科技管理和质量管理等系统如期上线，信息系统覆盖中国海油 90%以上的管理职能，管理精细化和规范化水平不断提高。其中，2017 年建成的天津分公司远程物流管理系统有效提升了物资及物流管理效率和水平；海油工程基于报表四化平台建立了财务科目与预算科目的映射机制及全面、综合的项目成本分析平台，实现了对项目成本的准确核算。同时，中国海油主要经营管理业务信息化建设和应用工作也稳步推进，中国海油财务共享中心、资金管理建设、大数据审计等研究工作取得了实质性进展；合同管理、科技管理和质量管理等一批加强规范管理的系统如期上线，较好地促进了中国海油精细化管理水平的不断提升。

3．生产信息化方面

按照工业和信息化部、国资委等国家部委关于深入推进两化融合的具体要求，各单位都结合生产实际需求，积极应用信息技术开展现场生产数据的采集和应用工作，不断提高设备巡检、运营调度、生产决策的数字化和智能化管理水平，生产数据采集率超过 70%。按照“智能油田”的总体规划，各分公司持续推进相关试点建设，生产作业协同指挥平台（二期）在上海分公司全部海陆生产装置投入使用；完善并推进随钻实时决策支持系统，在 4 个分公司全面应用，累计应用井数超过 1000 多口，直接经济效益达 16 亿元；勘探开发一体化数据整合和数据中心建设（A2）推广实施工作也全面开展。

气电集团积极探索新技术提高对生产现场的支持水平，通过实施安全生产智能管理系统提升生产现场的安全管理水平；利用移动智能终端实时采集文字、图片、声音、视频反映现场工作进展；借助非接触的近场通信技术实现现场人员定位、安全提醒功能，保障生产作业现场人员安全和设备稳定运行；建设 LNG 接收站能源综合管理系统，实现气电集团能源介质集中监控、统一调度和平衡优化。

炼化公司围绕生产经营精细化、智能化的要求，突出“安全、创新、提升”工作主线，以两化融合引领智能炼厂建设应用，打造了生产经营“十化”生态圈，基于“工业互联网+六有工作法”实施作业受控系统，实现生产管控、运营优化、企业一体化管理；并且完善智能炼厂顶层设计，形成基于工业互联网的智能炼厂应用框架。

油服公司完成全球 30 口钻井的平台资产管理系统 AMOS 整合，形成 400 多万条数据，基于数据分析优化资产管理，有效降低设备维保成本，支撑钻井平台“安、稳、长、满、优”运营，进一步提升海外市场的竞争力。

4．海外信息化方面

中国海油开展了与尼克森公司信息系统整合的研究工作，完成尼克森公司IT基础架构整合前期方案、工作计划的编制；并在充分调研的基础上提出了美洲区域IT共享支持中心的建设方案，得到中国海油网信领导小组及CIO工作会议的批准。通过编制一系列海外信息化管理办法和要求，进一步完善落实海外信息化管理体系，梳理明确海外信息化管理秩序；并且开展了全球软硬件协议的谈判与签订工作，完成SAP和Oracle软件全球协议的签署，应用至尼克森公司及其他海外机构，发挥整合效益，实际带来成本节省超过百万美元。此外，积极拓展海外ERP系统的深化应用；基本完成海外文档管理平台选型和试点实施工作；开展了全球企业社区软件的研究，完成系统方案设计及试开发等工作。

5．办公应用方面

中国海油积极响应业务需求，快速推广移动应用。随着无纸会议和移动考评系统投入使用，终端用户的办公应用体验得到明显的改善和提高。2017年12月底，中国海油移动云上线51个移动端应用，完成18套业务系统移动化接入和上线。注册用户已达5800人，日访问量超过20000次，周活跃用户数超过2000人，各业务系统移动审批数已达10000次以上；该平台顺利通过国家权威机构的测评，较好实现了集团各业务系统应用的快速移动化、便捷安全审批和资讯查询。

6．“互联网+”创新方面

积极推动云计算、物联网、移动互联网、大数据等新技术的应用，围绕终端销售开展了许多有益的探索，通过“借船出海”电商平台、微信公众号及与互联网企业合作等方式促进了LNG业务布局和终端销售能力的提升，2017年LNG销售客户同比增长了3倍。为落实中国海油创新驱动发展战略，满足中国海油销售业务转型的迫切需求，解决“借船出海”电商平台的固有问题，中国海油还开展了“造船出海”自建电商平台咨询工作，更好地明确了未来自建电商平台的业务模式、运营模式和平台架构。结合“互联网+”新技术的创新应用，通过微信公众号及与互联网企业合作等方式，中国海油还在终端销售领域大胆尝试，例如，以一卡通系统为基础，丰富微信公众号、第三方支付等营销手段，提升用户体验，探索经营协同化。2017年中国海油完成了卡系统和HOS系统的系统迁移和网络切换，零管系统已覆盖炼化公司、气电集团所有加油加气站。

7．信息化管理方面

中国海油扎实推动规划体系完善、年度滚动规划编制等工作，发布了《信息化规划体系及管理办法（试行）》，构建“二级、三层、四类”的信息化规划体系；2017年组织中国海油12家主要二级单位及时完成规划滚动更新工作，将规划主要任务分解至各单位年度具体工作中，使得规划任务与具体项目紧密挂钩，更利于规划与年度计划的合理衔接和延续。2017年第三季度、第四季度，中国海油集中对27家二级、三级单位进行调研，重点了解各板块、各单位的业务和经营情况，实地考察基层信息化工作的开展情况，宣贯信息化管控要求和技术路线。另外，中国海油还组织开展信息化对标体系研究和探索，通过参考国资委发布的央企信息化水平评价指标，承接公司发展战略，结合埃森哲和Gartner行业最佳实践和信息化价值体系总体框架进行信息化对标分析，评估中国海油信息化优势和差距，研究信息化投入与建设成效匹配度问题，明确未来几年发展方向及重点任务，更好地指导未来信息化建设的有序发展。严抓采办合同风险管控，降低对外议标比例，加大公开招标力度，全年公开招标项目较2016年增加近1倍；新建项目均采用公开招标方式，研究制定了《中国海油信息化部采办实施细则》，以更好地应对和规避潜在风险；中国海油总部机关在严格预算管理基础上，通过加强采办管理节约了10%的预算资金，达到了拧干水分、降本增效的目标。中国海油还按照“厚平台、易应用”的原则，在统一技术架构、路线和平台认识，以及强化技术路线遵从管理的基础上，开展了已有各条技术路线的深化应用，制定了技术路线需求管理、路线开发和路线应用3个管理细则，不断提高技术路线的响应能力。2017年，中国海油组织完成了海油协同平台建设项目、财务公司金融专业系统、深圳分公司生产实时数据库等16个项目的后评价工作，有力地促进了系统深化应用，推动了问题整改，进一步提升了信息化工作绩效考评管理水平。

此外，中国海油 EMEA 区域工厂共享支持中心授牌，如图 2 所示。

图 2　中国海油 EMEA 区域 IT 共享支持中心授牌

（三）不断加强党建工作，锤炼信息化队伍执行力

中国海油按照“坚定不移抓党建、全力以赴促发展”的目标，结合网络安全和信息化工作的实际，深入推进“两学一做”学习教育常态化和“支部达标”活动，坚持规定动作与自选动作相结合，坚持集体学习与自主学习相结合，坚持理论学习与实际工作相结合，通过学习党的十九大报告，学习党章和习近平总书记系列重要讲话，深刻理解新时代网络安全和信息化工作的新特点、新要求，自觉在思想上、政治上、行动上与以习近平同志为核心的党中央保持高度一致。牢固树立廉洁从业理念，强化红线意识，树立底线思维，不断加强信息化项目采办过程管理，切实增强廉洁从业的自觉性和自律性。充分发挥共产党员尤其是党员干部的先锋模范作用，大力倡导担当精神，咬定重点工作目标，强化执行能力，以积极进取的态度、高度负责的精神完成 2017 年各项工作任务。2017 年，中国海油信息技术中心海外信息技术共享支持服务建设班组荣获中央企业团工委授予的“中央企业青年文明号”荣誉称号、“第三届中国海油金牌青年先锋队”荣誉称号，在平凡的岗位上做出了不平凡的业绩。

总体来看，中国海油 2017 年信息化工作取得了良好的成效，也收获了一系列荣誉，包括：惠州石化获得了工业和信息化部 2017 年两化融合管理体系贯标示范企业称号；中山嘉明电力有限公司、珠海金湾液化天然气有限公司、浙江宁波液化天然气有限公司和山东海化集团有限公司共 4 家单位被评为工业和信息化部 2017 年两化融合管理体系贯标试点企业；中国海油“官方微信”获评最具影响力中央企业新媒体；惠州石化智能工厂荣获了工业和信息化部智能制造试点示范项目和工业互联网应用试点示范项目；典型海工装备绿色供应链系统入选国家 2017 年绿色制造集成项目；以打造海上智能油气田为目标的井口平台无人化管理等 3 项成果获全国石油石化企业管理现代化创新优秀成果一等奖（见图 3），占中国海油一等奖数量的 50%；无人机研究与应用项目获中国石油石化行业无人机科技成果一等奖；在 2017 年中央企业网络安全和信息化工作会上，国资委领导对中国海油的智能制造项目、信息化考核等工作进行了表扬。

图 3　中国海油海上钻井平台

【扎实推进 2018 年网络安全和信息化工作】

习近平总书记在党的十九大报告中提出，“推动新型工业化、信息化、城镇化、农业现代化同步发展”“推动互联网、大数据、人工智能和实体经济深度融合”；在中共中央政治局第二次集体学习中，习近平总书记又强调，“要主动实施国家大数据战略，加快建设数字中国。”因此，加快信息化建设、提高应用水平，既是学习党的十九大报告、落实党中央和国务院部署的要求，也是顺应技术发展趋势、提高企业核心竞争力、建设中国特色国际一流能源公司的需要。

2018 年是贯彻党的十九大精神的开局之年，

也是落实“十三五”规划承上启下的关键一年。中国海油将深入贯彻落实党的十九大精神，认真学习贯彻习近平新时代中国特色社会主义思想，牢固树立新发展理念，努力促进信息技术与中国海油生产经营管理深度融合，加快“数字海油”建设，积极向“智慧海油”迈进，增强网络安全和信息化能力，提高生产力水平，为建设中国特色国际一流能源公司注入新动能。

内蒙古中煤蒙大新能源化工有限公司

内蒙古中煤蒙大新能源化工有限公司（以下简称中煤蒙大公司），是中煤能源股份公司旗下全资子公司，项目概算总投资 106.64 亿元，2016 年 4 月装置一次开车成功，装置开车以来，与同类规模企业相比，在建设周期、项目投资、安全管控、开车时间、创造效益等方面都名列前茅。装置主要原料是甲醇、异戊烷；主要产品是 30 万吨聚丙烯、30 万吨聚乙烯、2-丁烯、丙烷、MTBE 等。公司有 8 套主要生产装置——DMTO 甲醇制烯烃、烯烃分离、聚乙烯、聚丙烯、C4、制氢、空分空压、热电动力，所有装置全部应用先进可靠的 DCS、PLC、SIS 系统实现自动化控制（见图 1）。

图 1　中煤蒙大公司装置航拍照片

中煤蒙大公司根据中煤集团信息化整体发展战略规划，立足于生产装置“安、稳、长、满、优”运行，以体现效率、效益为原则，对自动化、信息化和智能化建设进行全面规划和设计，构建数据信息统一共享平台，形成了覆盖全厂的高效安全、信息共享、自动化、智能化的“数字化企业”支撑体系。中煤蒙大公司重点建设了 4G 专网、装置 3D 可视化虚拟平台、实时数据库及数据综合集成管理平台，突破了企业传统控制体系的层次概念，统一数据管理、统一通信、统一平台，将分散的控制系统、生产调度系统和管理决策系统等有机地集成起来，综合运用自动化、信息化、计算机、生产加工、设备管理等技术和现代管理科学，从生产过程的全局出发，通过对生产经营所需的各种信息的集成，建设成能适应各种生产环境和市场需求、总体最优、高质量、高效益、本质安全、绿色环保的现代化企业。通过信息化项目的建设与应用，中煤蒙大公司全员工作效率和工作质量明显提高，劳动力成本、安全事故明显减少，还减少了人为因素造成的工作干扰。工艺操作可追溯，生产安全可管控，信息系统能自动记录生产工艺参数及生产过程状态，确保产品品质稳定，质量达标。中煤蒙大公司智能工厂总体架构如图 2 所示。

中煤蒙大公司信息化建设工作以“业务”为驱动，以“流程”为主线，围绕提高企业价值创造能力，积极促进工业生产、企业管理与信息化的高度融合，实现各项业务自动化、数字化、可视化、模型化、集成化。按照“顶层规划、分期实施、关键先行、有序推进”的工作思路，本着“全面感知、优化协同、绿色环保、价值提升、智能蒙大”的发展方针，重点推进生产管控、设备管理、能源管理、供应链管理、HSE 管理、经营战略管理等业务领域建设。完善提升以 ERP 为核心的经营管理系统、以 MES 为核心的生产运营系统建设，实现以制度为核心的公司各项业务管理制度化、制度流程化、流程表单化、表单信息化。

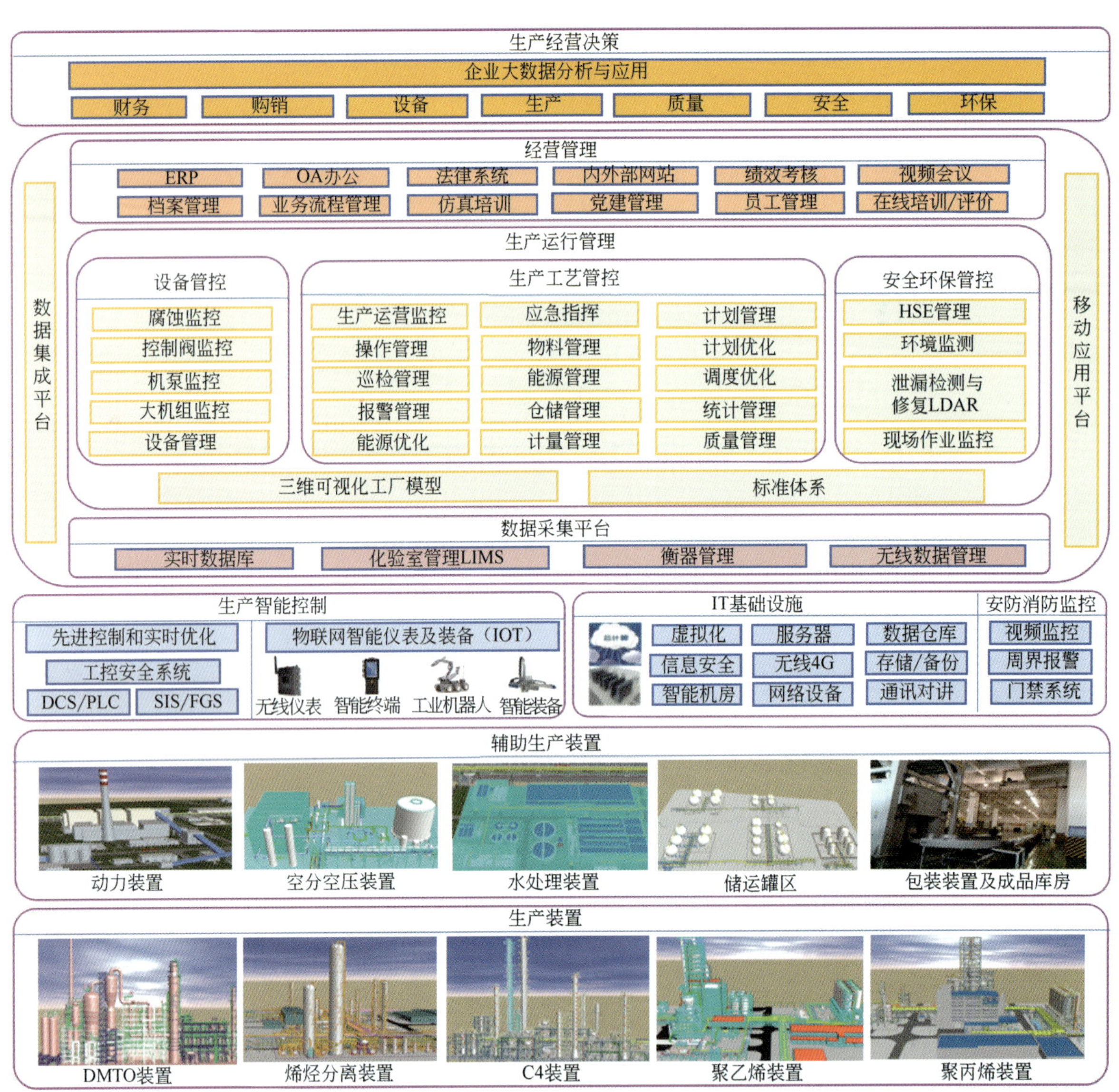

图 2　中煤蒙大公司智能工厂总体架构

中煤蒙大公司目前已经实现了企业管理流程化、绩效考核信息化、生产数据采集自动化。物料、能耗等生产数据做到了“班跟踪、日平衡、月结算”，实现了电子交接班管理；借助三维可视化工厂模型、远程智能诊断技术、4G 无线网络强化设备安全管理和现场作业监控，打造本安型企业、无泄漏工厂。坚持业务驱动，跟踪先进信息技术，推广使用无线仪表和智能设备，努力推动蒙大公司智能工厂建设。

【智能工厂实践】

（一）三维可视化工厂建设

中煤蒙大公司在原有的工厂管理模式下，引入三维可视化技术，将传统的管理方式与装置三维几何空间模型结合起来，利用各设计院提供的三维模型、设计图纸，通过导入装置设计模型、绘制 3DMAX 外观模型、绘制地下管网系统等建立了全厂三维可视化工厂模型，实现了全厂装置的数字化（见图 3）。

三维可视化工厂作为以资产为核心的企业管理平台，是智能工厂的重要部分，该技术把三维空间与设备资产动静态数据、实时数据库、装置巡检、视频监控、可燃气体报警、安全作业等进行集成，消除了信息孤岛，使各管理域可以在三维虚拟空间协同运行，为各管理域的智能化提供三维模型、运行数据、仿真服务，可查看工艺及设备流程、地上地下管网流程、装置设备档案资料、装置实时生产和设备运行数据、人员巡检等信息；可模拟吊车吊装、脚手架搭设、土方挖掘等施工方案并自动计算施工材料用量等，实现了资产的动态管理，提高了企业的整体管理效率，降低了管理成本与安全风险。

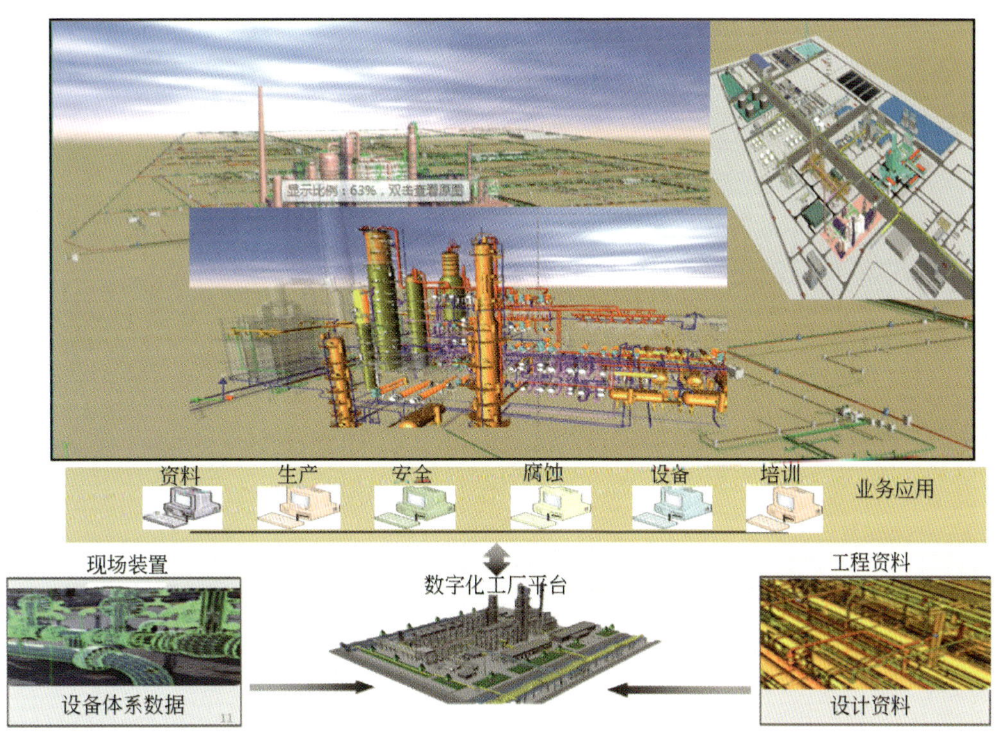

图 3 中煤蒙大公司三维可视化工厂模型

（二）实现了 4G 网络全覆盖

利用先进的 LTE-4G 网络技术，中煤蒙大公司建立了 2 座 LTE-4G 无线网络基站，实现了厂区无盲区全覆盖，为视频监控、无线仪表、智能终端、无人机等应用提供网络接入通道，可实时将无线仪表信号、现场监测数据、视频、作业画面、智能手环的心率数据、作业现场周边的有毒有害气体浓度、智能巡检等信息上传至中央控制室和生产指挥中心，为安全生产、协调指挥、作业监控提供了真实的现场信息。在无线仪表应用方面，中煤蒙大公司解决了边远场所电缆敷设困难、资金投入大等问题；利用 4G 手持终端、无人机等，改变了传统对讲与巡检的概念，为降本增效提供有力支撑。

（三）大机组状态监测诊断分析

中煤蒙大公司应用大机组状态监测技术和远

程诊断服务，实现了对14台大机组的设备管理及检维修工作数字化，为设备管理人员提供分析决策依据，及时识别机组的运行状态，发现故障的早期征兆，对故障真伪、故障部位、故障类型、故障严重程度、故障发展趋势做出准确判断。系统在线连续监测各类旋转机械运行过程中的工艺参数，自动存储振动分频、相位、波形、起停机等有诊断价值的数据，通过网络进行数据传输，提供专业诊断图谱和报表，从而及早消除故障隐患，避免事故的发生，提高设备的可靠性，降低维修成本。

（四）两聚产品包装自动化

中煤蒙大公司两聚产品共建设6条全自动生产线，应用全自动智能化系统，自动包装机实现了物料装袋、自动称重、袋口热封、满袋输出等功能。自动包装机结构紧凑，一体化程度高，制袋、填充、封口自动完成，包装速度高；自动称重系统实现精确计量，具有先进的现场总线技术、友好的人机界面，可提供智能诊断与操作帮助；全自动码垛机按照预定方式对料袋进行转位、编组、推袋、分层、码放及满垛输出，极大的减轻了劳动强度，提高了工作效率和安全可靠性。

（五）甲醇卸车信息化

中煤蒙大公司的甲醇采购入厂实现了信息化管理，将门卫登记、计量室业务统一在计量室，实现一站式信息化办理，卸车、装车车辆在现场自动称重计量。

在中煤蒙大公司大门装有射频读卡器，信息系统自动读取入厂、出厂车辆牌号及运输公司名称、贸易单位和货物重量等信息写入卡内；计量室配置身份证读卡器和计算机，管理入厂人员及车辆，减少了人工登记错误，缩短了入厂司机登记时间，减少了大门外等待入厂的车辆数量。

在称重衡器方面，中煤蒙大公司配备了红外线检测装备、红绿灯指示、挡车器、过磅小票打印机、大屏数码显示、扩音广播等设施，车辆称重时，重车或空车经过射频读卡器读取车辆信息，系统自动计算货物重量，并记录存储相应信息。

【智能工厂探索】

中煤蒙大公司将持续推进智能制造应用和智能工厂建设步伐，将主要从以下几方面开展工作。

（一）生产装置实施智能控制与优化

充分利用装置生产大数据和工业控制优化等先进技术，对甲醇制烯烃和锅炉等装置开发全流程智能控制和先进控制，解决装置存在的多变量、强耦合、非线性、大时滞、多目标、多约束等难题，提高生产装置的智能化控制水平，实现卡边操作和优化控制，促进降本增效，保证装置“安、稳、长、满、优”运行。

（二）4G无线网络及无线仪表深化应用

中煤蒙大公司实现工厂4G无线网络全覆盖，应用振动、温度、声音、可燃气体浓度、工业视频、测厚等无线仪表，通过编制软件对装置运行全方位管控，当生产出现异常时自动报警、自动跟踪，消除巡检时间盲点，减少巡检频次，及时发现故障，减少维修时间，避免“过剩维修”，防止因不必要的拆卸使设备精度降低，延长设备使用寿命，如图4所示。

（三）作业智能安全管控

应用视频分析、人脸和图像识别、智能手环（心率、血压、SOS呼救）等技术，对作业人员工作状态、身体健康状况、作业资质、劳保着装等情况进行分析判断，实现作业人员上岗前的安全监测及作业的智能安全管控。

（四）热成像技术、光纤振动检测技术的应用

应用热成像技术显示设备温度，分析判断设备局部是否过热、管壁是否减薄、管束是否内漏等故障现象；同时，对温度过热等信息进行报警，防范火灾事故发生。

应用光纤振动检测技术，对机泵运行状态进行监测、分析，提前预判故障，避免设备损坏和发生事故。

（五）三维可视化智能巡检系统

三维可视化智能巡检系统应用计算机视觉、

光纤传感器、智能摄像头、无线仪表等技术，集成视频监控及有毒有害气体、振动、温度和声音传感器数据，一方面通过多种传感途径进行自动化、智能化风险识别和情景化展示；另一方面通过视频监控、工作人员在三维可视化空间中虚拟巡检这两种方式，实现虚拟巡检代替人工巡检。

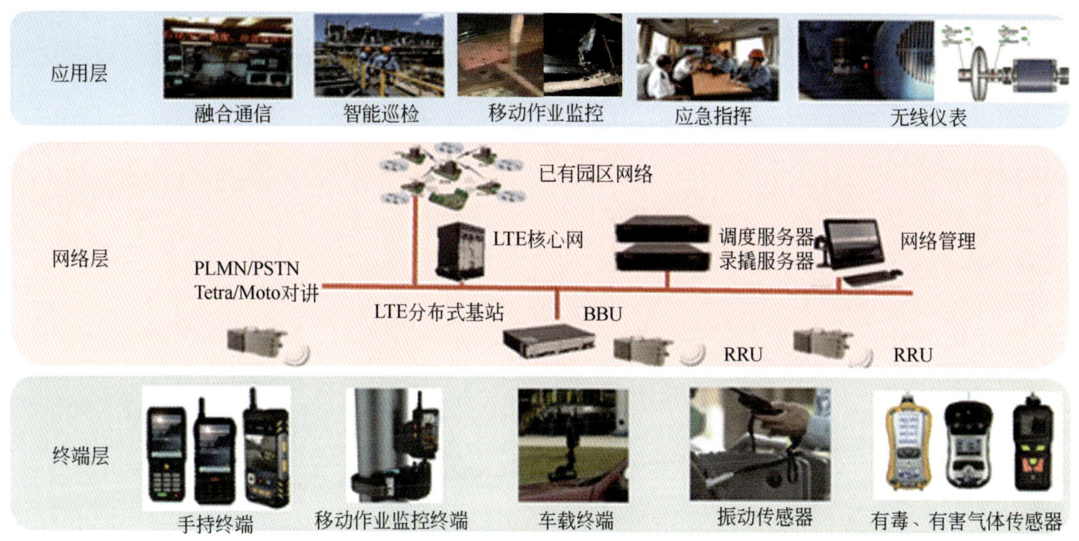

图 4　4G 无线网络应用架构

（六）完善应急指挥平台

建立集应急指挥、安全环保、消防演练、事故预警、事故处理、抢修抢险、物资供应、医疗保障、人员疏散等多位一体的信息平台，功能包括：装置区域巡检人员定位，自动统计装置区域内人员总数；设置电子围栏，当非授权人员进入生产装置时系统自动报警；通信工具互联互通（对讲机、智能终端、固话、扩音对讲）；气象站、机器人、单兵、无人飞机、各种视频、智能装备、GPS、GIS 等技术广泛应用。

（七）质量管控前移

运用智能在线分析设备和软仪表，实时分析原材料、中间产品及成品的质量，通过对工艺流程控制、中间过程分析、化验分析等数据进行大数据分析，挖掘数据内部关联，建立智能化大数据质量管控系统，对生产全过程进行质量控制，提升产品合格率，保障产品品质；同时，通过对介质组分在线分析，判断设备介质是否出现内漏，避免物料损失及发生安全环保事故。

（八）VR 与 AR 技术应用

将三维可视化工厂模型生成 VR 模型，实现对装置的立体空间浏览、巡查；AR 智能巡检是以 AR 眼镜作为 AR 识别的远程技术支持系统，可与后端服务进行音频、视频和文字交流，后端服务系统经过模型智能分析，实时将设备存在的隐患与故障处理方案提交给现场人员，给巡检维护人员提供强力的信息交互和远端服务。

（九）智能装备应用

应用全景高点智能监控系统，在实现全装置视频观看的同时，对监控范围内多个目标进行持续跟踪，并进行视频分析和联动报警；对于视频图像变化，系统进行报警提示；现场摄像头与其相近的可燃气体报警器关联，当有报警发生时，摄像头自动对准安装报警器的场所；根据需要监控检维修作业现场，将视频传输到指挥中心大屏幕，实现企业安防的智能化。

应用单兵，实现工厂应急现场指挥、日常巡检、现场检修、现场视频采集及现场临时监控等应用，与视频监控服务器、客户端监控软件一起组建网络视频监控系统。

应用工业机器人，在危机场所进行初期灭火、开关阀门、视频画面回传、有毒有害气体监测等工作；代替人工从事烦琐、劳累及危险环境下的工作。具有视频监控、气体分析、人脸和车牌识别、语音识别、初期消防等功能；携带图像、红外、声音、可燃气体等多种传感器检测设备，在工作区域内进行智能巡检，将检测数据实时传输至远端监控系统，在发现问题后及时发出报警信息。工业机器人还可替代消防救援人员进入易燃易爆、有毒、有害、缺氧、浓烟等事故现场，完成数据采集、处理、反馈及火情控制等作业。

应用无人机，监测全厂装置生产动态，具备自主起降和航线飞行控制等功能，在执行任务过程中可随时悬停，对装置重要部位进行巡查和探测，并将数据和视频图像实时传输到应用管理平台。

建立气象站，采集温度、湿度、风向、风速、气压等多项信息，并实时传输以进行趋势分析，为生产管理和应急指挥提供气象信息。

中煤蒙大公司将持续以科技创新、生产安全管控为主题，以降本增效为中心，加快信息化与装置生产的深度融合，积极推进智能制造应用和智能工厂建设，把中煤蒙大公司建设成高效、绿色、智能、可持续发展的新型化工企业！

本篇作者简介

智斌海

1988 年 7 月毕业于西北大学激光物理专业，先后从事过计算机教学、系统开发、计算机硬件及系统维护、信息安全等工作。2013 年 8 月入职中煤蒙大公司，现任技术质量部副经理，负责信息化建设工作。

陈美军

2012 年 7 月毕业于内蒙古科技大学测控技术与仪器专业。2012 年 7 月入职中煤蒙大公司，主要负责仪电中心 DCS 自动控制；2016 年 9 月开始参与信息化建设工作。

国网大连供电公司

国网大连供电公司（简称大连供电）隶属于国家电网公司，是特大型供电企业，供电区域达 1.26 万平方千米，用电客户约 376 万户。大连供电在职全民职工为 4387 人，固定资产原值为 253.22 亿元、净值为 101.55 亿元，资产总额为 113.75 亿元。大连供电管辖 66 千伏及以上（含 35 千伏）变电站 255 座，变电容量达 2386 万千伏安，输电线路达 6103 千米。2017 年，大连供电完成售电量 277.1 亿千瓦时，在东北地区名列前茅，是全国首批一流供电企业。大连供电先后荣获中央企业先进集体、全国供电可靠性 A 级企业、国家级两化深度融合示范企业等荣誉称号。近年来，大连供电积极响应国网公司电能替代发展战略，大力推动电网新能源业务拓展，持续优化地区能源结构，有力促进地方绿色环境建设和经济社会可持续发展。

大连供电紧密依托国网公司电能替代发展战略，以服务地方绿色环境建设与提高企业经营业绩双赢为目标，以实施国家科技项目及辽宁省煤改电试点项目为牵引，科学制定新能源发展规划，明确一体化业务拓展思路，结合大连电网实际构建一体化的电网新能源业务拓展机制，研发新技术助力新能源业务拓展，构建源网荷友好互动关系，提升新能源一体化应用水平，建立营销大数据平台，创新客户服务模式，从而转变大连供电发展方式，优化地区能源结构，提高企业核心竞争力，促进地方经济、社会绿色发展。

【科学制定新能源发展规划，明确一体化业务拓展思路】

在《大连供电“十三五”发展规划》中，大连供电明确将“落实国家新能源发展战略，大力推动两个替代实施，提升清洁电能终端占比，转变电网发展方式”作为电网新能源发展战略方向，在总体规划中单独增加新能源拓展部分，实现电网发展与新能源拓展一体化规划。

电网新能源业务涉及的专业范围广泛，内外部关系复杂，技术融合度高，传统电网业务各自独立推进的工作模式已经不能满足新能源业务拓展要求，必须加强电网企业与外部环境协同发展，以一体化业务拓展为主要工作思路，将新能源拓展与电网发展进行一体化规划，构建一体化的业务拓展机制，建立一体化的新能源技术体系，构建源网荷友好互动关系，提升新能源一体化应用水平，拓展客户服务新模式，从而提高新能源应用比例，增加供电企业电量销售收入，实现服务地方绿色环境建设与提高企业经营业绩双赢的发展目标。

【构建一体化的电网新能源业务拓展机制】

（一）建立健全新能源业务拓展组织体系

大连供电成立以公司总经理、书记为组长的新能源业务拓展领导小组，实现对电网新能源拓展工作的集中管理。下设办公室，统筹协调公司各部门高效推进新能源拓展实施工作。由发展策划部、营销部（客服中心）、运维检修部、调度控制中心、信息通信公司组成专业管理小组，负责本专业内部新能源拓展相关工作。由办公室统一牵头，建立新能源接入技术标准 13 项、管理办法 7 项，优化业务流程 12 项（其中，合并业务流程 8 项，废止冗余业务流程 4 项），减少用户办理节点 23 个。将新能源业务考核纳入公司综合业绩考核中，实现一体化管理。在新能源业务的所有节点中均设置办理时限和考核点，避免责任不清导致的推诿阻塞，确保业务流程能够高效执行，2017 年公司新能源业务考核全部达标。

（二）采用内外协同的新能源拓展工作方式

大连供电加强与政府部门及社会企业合作，对外通过理顺源网荷三者供需关系，推动大连市政府出台新能源发展及电能替代激励政策；对内创新服务模式，争取更多新能源客户和业务，通过内外协同的工作方式，有力推动多种类新能源发展，不断拓展电网新能源业务范围。2017 年与大连市政府签订合作发展新能源框架协议，协同红沿河核电站建设 500 千伏核南线送出工程，与大连市宜家家居等 25 家企业协作建立光伏电站，持续完善多方合作共赢机制。在客户服务方面，变被动报修为主动服务，深入风电厂、光伏发电企业、大连港等新能源应用企业宣传优惠政策，2017 年新增入网新能源企业 46 家，新增新能源业务 455 项。

（三）建立适应新能源接纳的电网调控一体化管理模式

新能源的开发及利用涉及发电、输电、变电、配电及用电等电力系统各环节，既要保证新能源安全有序地并入电网，又要满足用户的服务诉求，还需要考虑各级电网的输送和配电抢修，这对传统电网调度模式提出了的巨大挑战。大连供电通过开展数字化变电站改造、智能电网调度技术支持系统建设、地县调控集成及大数据中心等多个项目，建立电网调控一体化管理模式，实现新能源与传统能源调控一体化管控。通过新增地调防护屏、地调防误操作系统等安全模块，大幅提升调度指令和操作准确性，确保一体化电网调度的安全稳定；同步推进 D5000、CC2000、第二核心汇聚等多业务支撑系统，加快潮流分析速度，对核电、风电、光伏发电制定不同的接入序列和容量，稳步增加新能源入网比例，2017 年新能源入网比例提高了 34 个百分点。

（四）协同辽宁省、大连市政府一体化推进“煤改电”试点工作

2017 年，财政部、住建部、环保部、国家能源局联合发布通知支持北方地区冬季清洁取暖试点工作，大连供电作为辽宁省实施“煤改电”试点企业，与辽宁省政府及大连市政府紧密协调高耗能供暖企业，一体化推进“煤改电”试点工作。加大宣传力度和技术指导，引导并促成客户完成煤锅炉改电锅炉的立项工作，主动将供电半径延伸到企业锅炉房的“红线处”，同时向上级部门申请电锅炉供暖的优惠电价，降低客户电采暖成本，“以电带煤”工作成效显著，得到辽宁省委、省政府的高度肯定。2017 年年底已完成大连棒棰岛国宾馆、大连市热电集团有限公司等电锅炉替代燃煤锅炉 50 余项，预计投运锅炉 100 台，增加用电容量 13.9 万千伏安，涉及供暖面积 33.68 万平方米，实现年替代电量 2800 万千瓦时，相当于减少煤炭消耗 4850 吨，减排二氧化碳近 1.47 万吨。

【研发多项新技术，助力新能源业务拓展】

（一）依托国家科技项目，推进风光储一体化发展

近年来，为应对大规模风电与光伏发电接入电网的需求，大连供电将大容量储能系统引入电力系统，从电源侧提高新能源的接入品质，从电网侧通过广域协调调度提高电网对新能源的接纳能力，从而实现风光储一体化发展。根据光伏与风电并网功率调控的目标，同时考虑不同类型储能技术的互补协调特性，需要构建高功率、高能量密度的复合储能系统，充分发挥储能技术功率响应特性，有效提高分布式电源的接入能力。

提高电制热储能效率是风光储一体化面临的技术难题。大连供电积极争取国家科技项目，与中国电力科学研究院、中国科学院过程工程研究所、浙江大学和上海交通大学紧密协作，共同承担国家科技部的“国家科技支撑计划”能源领域 2015 年项目——高压电制热储热提升可再生能源消纳技术。大连供电充分利用风电及光伏各类项目的实施经验和采集的现场实测数据，为研究热协调优化调度模型、策略和算法的建立与测试提供基础数据支撑。在项目研究过程中，突破大容量电热——相变储热关键技术，开发具有自主知识产权的 10 千伏及以上电压等级大功率电热——相变储热系统，大幅提高储热密度，有力推进风光储一体化向纵深发展。

（二）超前研究新能源汽车充放电与电网互动技术

大力发展新能源汽车，加快推进“以电带油”进程，是有效应对能源和环境挑战的必然选择。如何避免大量新能源汽车的无序充电给电力系统带来的供电压力，增强电网的消峰填谷能力，是国内外电网企业亟待解决的问题。

大连供电紧密结合国家“863”课题“新能源汽车与电网互动技术”，与国网南瑞科技股份有限公司和国网电科院组成项目研发团队，共同研制新能源汽车有序充放电协调控制系统，增强电源、电网、新能源汽车间的有序互动，减少了新能源汽车无序充电造成的谐波污染和对电网的不利影响，提高了新能源的利用效率和电网的稳定水平；提出基于时空分布的新能源充电需求评估分析方法，有效控制不同空间位置充电站的充电高峰负荷，提高新能源汽车对电网的平峰填谷能力。利用新能源汽车储存清洁能源再稳定送入电网，大连电网清洁能源上网比例提升至 37.89%；增强电网的消峰填谷能力，降低高峰负荷值达 9.14 千瓦，给企业带来可观的电网容量效益。

（三）研发自适应港口岸电系统

近年来，随着大连港口建设快速发展，码头停靠船舶的数量和密度大幅增加，消耗的大量燃油形成了规模壮观的“海上流动烟囱”，对港口城市环境造成了巨大的破坏。

为有效缓解港口环境污染及推动“以电带油”，大连供电采用多种新技术解决了岸电与船舶连接问题。在自适应港口岸电系统设计中，东北地区首次采用电能质量智能调节装置，确

保船舶安全、稳定接用岸电；利用智能变频变压技术，实现6千伏/50赫兹或6.6千伏/60赫兹双频双压输出，满足不同靠港船舶的用电需求；可在船载发电机不停机的状态下，实现船舶带负荷并网，达到船电与岸电的无缝切换，实现不间断供电。

现已投入运行的大连港自适应岸电示范项目在大连港大窑湾二期集装箱码头及三期集装箱码头分别建设一套港口岸电系统，总容量达到5兆伏安。2017年一万标箱集装箱中远荷兰号货轮在大窑湾集装箱码头成功驳接自适应岸电系统，实现东北地区高压自适应岸电系统连船零的突破。自适应港口岸电系统的应用每年可节约燃油超过70万吨，减少氮氧化物和二氧化硫排放超过1.2万吨，节能减排效果十分显著。

【建立营销大数据平台，创新新能源客户服务模式】

（一）建立市、县两级新能源客户服务管理模式

为深入基层开拓新能源客户和项目，建立市、县两级新能源客户服务管理模式，积极推动市、县两级政府、企业及社会用能单位参与电能替代工作，大连供电制定电能替代12项主要工作措施，争取到259个新能源配套项目；充分发挥营销大数据平台的精准分析和辅助决策优势，在市、县两级有针对性地宣贯电能替代优惠政策，开展经验交流及新技术、新产品、新设备推广活动，截至2017年年底，走访市、县两级企业179家，发放节能宣传材料10万余份；遴选符合条件、有意愿的新能源客户参加能效服务活动小组，对小组成员开展跟踪服务，收集小组成员的用能信息，对用能习惯和需求提出改进措施，2017年帮助大连港、西太平洋石化等高耗能企业实施电能替代项目11个。

进一步简化市、县两级新能源客户入网手续，首先，开通绿色通道，为新能源客户并网申请提供便利条件；其次，在受理申请阶段，分别召开协调会议、方案审核会、设计审核会，提供多套并网方案；最后，在实施阶段，提供一站式服务，从设备安装、并网调试、产权划分、合同签订、技术支持与售后各环节，保证新能源并网工作高效、便捷完成。

（二）建设适应新能源拓展的全能型供电营业所

随着风电、光伏等新能源的并网接入及新能源汽车等各类电能替代项目的实施，传统的供电营业所受专业限制已经无法适应电网新能源业务的快速发展。为此，大连供电建设全能型供电营业所，涵盖新能源业务受理、项目实施及运维、电量电费监测分析及客户服务等功能，利用营销大数据平台中“站、线、变、箱、户”的拓扑关系，积极拓展配电网与新能源设备之间的连接通道；以业务协同运行、人员一专多能、服务一次到位为目标，实现电网末端业务融合，提升新能源业务能力。大连供电将全能型供电营业所建设作为拓展电网新能源业务的重点工作，加快推进建设步伐，编制三年推进计划，做好保障措施，截至2017年年底共优化整合59个全能型供电营业所，新能源业务量增长33.6%，客户服务投诉率降低65%，客户满意率上升77%。

【显著提升城市绿色环境保护水平】

2017年，大连供电大力推动新能源的消纳及电能替代实施，积极参与国家高压电制热储热科技项目，协同大连市政府推动辽宁省“煤改电”试点工作，累计减少煤炭消耗6万吨，减排二氧化碳近1.47万吨，而新能源汽车推广应用及与电网互动，每年可减少二氧化氮、二氧化碳等气体排放约135.28万吨，从而大幅降低地区化石和燃煤消耗，碳排放及氮氧化合物排放得到有效控制。风光储一体化建设大幅提升新能源应用比例，大连电网新能源上网发电比例提升至37.89%，地区能源结构得到有效改善，城市生态环境质量取得新突破，2017年大连市区空气质量优良天数达300天，空气质量达标率比2016年提高7.7个百分点。大连电网新能源一体化业务的拓展为地方绿色环境建设提供了有力支撑，对促进辽宁省地区经济、社会和环境可持续发展，以及建设碧海

蓝天的“老工业基地”发挥了重要作用。

【实施电能替代，有力推进地区能源转型】

大连供电与大连市政府紧密协作，稳步推进电能替代工作，在电网上游不断提升新能源的接纳能力，扭转大连电网单一火力发电模式，地区能源结构实现多元化，有力推动地区能源转型发展。截至 2017 年年底，大连电网中核电、风电、光伏发电等新能源占比提升了 23.6%，而在大连电网下游，煤炭、化石能源消耗逐步下降，“煤改电”试点中增加用电容量 13.9 万千伏安，实现电能替代 2800 万千瓦时，岸电系统实施后可减少船舶燃油消耗 73.5 万吨，减少氮氧化物排放 8000 余吨、二氧化硫排放 4000 余吨。新能源汽车的蓬勃发展及与电网的互动，增强了电网的消峰填谷能力，降低了高峰负荷值 9.14 千瓦，平均每年带来 500 万千瓦时的电网容量效益。2017 年大连市综合统计数据表明，新能源的接纳及应用相比传统能源提升了 34.2%，而电能占综合能源比例提升至 66.5%，地区能源转型成效显著。

本篇作者：杨万清、吴江宁、刘冰、张葆刚、王跃东。

先进人物

包　宇

协信控股信息技术中心总监，兼金融板块 IT 负责人。曾就职于荷兰国际集团、德国电信、新加坡电信、中国惠普等全球企业。拥有金融、电信、制造业及地产等多行业经验。持有 CBOIT、TOGAF、ITIL 等多项治理、管理国际认证证书。主导完成协信控股信息技术中心全业务板块 3 年 IT 战略规划及修编，完成协信控股信息技术中心 IT 条线转型规划，完成业务数据决策平台规划，完成主数据中心及异地容灾数据中心建设，实现不动产板块整体业务的异地热迁移。曾主导、设计、参与、实施及完成多项大型战略规划及业务转型项目。其中，作为主要负责人完成浙江移动服务转型的战略规划、大连商品交易所 IT 转型规划、华晨马宝业务支撑转型规划、瑞迪科芯片研发私有云规划、河北移动应急体系规划等项目的整体交付及落地。曾荣获 2017 年上海市十佳首席信息官、2017 年度中国优秀首席信息官。

边荣国

电子与通信工程硕士，高级项目经理，高级工程师，现任金鹏电子信息机器有限公司副总经理兼 CIO。1996 年 7 月本科毕业于华中理工大学电信系无线电技术专业。同年，留校任电信系信息教研室技术干部。1997 年加入金鹏电子信息机器有限公司，并于 2002 年获得华中科技大学电子与通信工程硕士学位。历任金鹏电子信息机器有限公司研发中心系统管理项目组组长、VLR 项目组组长、系统部部长、工程技术部部长、信息系统部部长、运营中心总监、副总经理兼 CIO。主要从事移动通信研发、信息系统集成、企业信息化、体系管理等相关工作。工作期间，秉持不断学习、实践和创新的理念，坚持严谨、细致、科学的工作方法，长期从事企业信息技术和信息管理工作，致力于以信息技术为支撑、以管理体系为抓手、结合业务过程优化转型、实现企业战略目标。2017年获评全国优秀首席信息官。

工作20多年来，在企业信息化领域，主持多项信息化建设项目，包括金鹏集团产业基地信息化建设项目、企业信息化应用系统改造项目、企业无线接入系统建设项目、项目协同系统升级应用项目、企业项目业务数字化转型改造项目等。在信息化相关体系建设领域，成功导入ITSS信息技术服务标准、ISO 27001信息安全管理体系、知识产权管理体系等，积极推进两化融合管理体系贯标。不断探索以移动化、数字化、智能化为特征的新一代信息技术，实现传统企业运营管理的转型升级之路。

曹　峰

中共党员，研究生学历，高级经济师，高级标准化工程师，高级职业经理人，淮南泰隆机械制造有限公司（以下简称泰隆公司）党委书记、董事长、总经理。

任泰隆公司党政负责人以来，始终高度重视加强创新，通过提升科技研发能力，不断加强公司核心能力建设，为公司转型升级和持续、健康发展提供支持和动力。近年来，先后组织申报及获取国家专利17项，其中发明专利1项，为企业成功申报高新技术企业资质认定奠定了基础。

加强市场开拓，提升产品市场占有率。作为东辰集团重点打造的地方专业化公司，公司在服务好本土煤矿的同时，主动对接外部市场，改变了工矿产品外部销售“零市场”的缩影。特别是面对去产能政策等综合情况，以曹峰同志为首的领导班子，充分发挥头雁作用，敢于担当，主动作为，积极实施“走出去”发展战略，公司产品外部销售收入稳步提升。注重人才队伍建设，加强与煤科院和学院的合作，及时掌握煤矿支护领域替代性前沿技术，把技术优势、成本优势、服务优势转化为参与市场化竞争的优势，不断提高产品的市场竞争力。

加强信息化建设，提高企业管理效能。作为高新技术企业，曹峰同志高度重视工业和信息化深度融合，2017年泰隆公司通过两化融合贯标，信息化环境下的新型能力得到提升，2017年11月通过了省级两化融合贯标试点单位认定，12月被工业和信息化部评为全国企业信息化建设最佳方案创新单位，2018年3月取得两化融合管理体系评定证书，同时曹峰同志获得中国优秀职业经理人称号。

曹国钧

中国医药集团广东跑合中药材电子商务有限公司副总经理。2007—2012年，基于供应链管理思想带领技术团队完成国药控股CMS分销系统总体设计，指导技术队伍的开发与实施，并且在全国近400家国药集团子公司获得应用与推广，为公司直接节省了5000万元；基于分布式管理思想，完成国药控股全国物流平台总体框架设计，并与国药控股CMS分销系统、Oracle财务系统、招行资金结算系统等无缝对接，解决了许多分布式与集中式管理技术难题；基于产业链思想完成国药控股医院供应链管理系统总体设计，与物流系统、CMS分销系统及医院HIS系统实现良好的对接，建立了标准化管理流程，已在全国1000多家医院及400多家国药集团子公司获得成功应用。

2010—2012年国内首次独创在云计算体系上部署与运行大型Oracle Retak/ERP系统，采用分布式与集中式管理思想，在国药集团国大药房5000多家全国门店施行，为公司节省近1000万元。

2017年至今，筹备广东跑合中药材电子商务有限公司，组建技术团队，基于供应链管理理念完成了跑合网B2B系统总体架构设计，指导技术团队完成了B2B基础平台研发，首次创新地在B2B平台中引入了中药材追溯区块链技术、电子合同、电子签章、电子发票等技术与管理特色功能，并与物流系统、金融机构等进行无缝链接，已在网上完成3000多家B端客户、600家完成企业认证。跑合网B2B电子商务系统、交易中心系统因其架构设计先进，在山西晋城无烟煤B2B、上海粮油B2B、广农数链B2B等得到广泛应用，已获得10多项跑合网自主知识产权的软件著作权。

2012年因信息化管理及技术成效卓越，国药集团公司荣获中国信息化500强，并位列前茅；由于信息化引导业务变革成功，2012年被IT价值联盟机构授予“2012年度商业价值大奖”。

国药集团系统最早引入大数据、安全架构体系及云计算理念，在医药行业信息化管理与服务产品始终处于领先地位，得到国家行业人士（如中国互联网协会理事长邬贺铨、全国工商联前主席王钦敏等）的高度赞同，并成为2015年度“中国信息化百人会”的3位重要点评嘉宾之一。

因信息化管理先进，被多家国家著名机构评为2009—2015年度中国最具价值企业、中国优秀CIO、优秀首席信息官等荣誉称号；2017年被工业和信息化部授予国家级“2017优秀首席信息官领军人物”荣誉称号。

1991—2006年相继参加多个全国性管理计算机方面的学术会议，在许多国家级杂志上发表了多篇技术性文章，其优秀事迹已收录到《中华人物辞海（当代文化卷）》《世界文化名人辞海》《世界优秀人才大典》《中华人物丛书：中国当代学者风采录（下册）》，且荣获“世界文化名人成就奖”。“2.13H、SPDOS与Windows3.1联用技巧”成果通过“国际经济评价（香港）中心”鉴定，收录到《世界华人重大学术成绩公报（第二卷）》中，同时获得“世界华人重大成果证书”。在清华大学出版社、科学出版社等国内多家著名出版社出版计算机专著近百本，在PC/Computing、软件世界等国内外期刊发表近500多篇论文。

在大数据、云计算、区块链、电子商务、移动互联、商业模式、智慧城市、虚拟运营、“互联网+”金融、医疗健康等领域具有较深造诣，是这些领域的“典型的跨界领军人物”。

陈　荣

奥普家居股份有限公司（以下简称奥普公司）首席信息官，浙江省企业信息化促进会副会长。2004年进入奥普公司，开始对企业信息化建设展开全面规划、分步实施、资源整合、集中控制等工作。

奥普公司以销售为龙头，2005年启动全国分销系统，搭建了总部与分支机构网络销售管理平台，即营销服务体系。

2006年奥普公司启动集团财务系统，为奥普公司成功上市垫定坚实的基础，使信息及时披露，实现了财务数据化及规范化管理。

2007年奥普公司启动仓储物流条码系统建设，优化库存管理。

2008年奥普公司启动客服系统建设，对客户资源进行整合，实现服务网点的远程监管与考核，建立了完善的知识库和客户服务系统。

2017年奥普公司启动OA协同办公系统，提高了整体工作效率。

奥普公司曾荣获杭州市信息化建设示范试点企业、杭州市信息化质量奖等荣誉。

陈培敦

山东泰山钢铁集团有限公司副总经理、技术总监，兼任全国钢标准化委员会委员、中国金属学会青年工作委员会委员、中国金属学会特殊钢分会特钢冶炼学术委员会委员、中国循环经济协会精密成型与再制造专业委员会首席技术专家等。

近年来组织解决企业及行业技术难题170余项，技术水平达到国际先进的约15项；获得省级、市级以上科技奖40项，拥有授权专利39项（其中发明专利21项），发表科技论文27篇（其中EI收录5篇），在不锈钢工艺技术研究、系列不锈钢品种开发、冶金资源循环利用等方面取得显著成绩。先后荣获“全国优秀科技工作者”“山东省有突出贡献的中青年专家”“莱芜青年五四奖章”等多项荣誉称号，担任山东省电子商务协会副理事长、山东省首席信息官联盟副理事长、山东省科学技术协会常委等职务。2015 年 10 月，被评为山东省优秀首席信息官；2015 年 12 月，被评为 2015 年度全国百佳首席信息官；2016 年 12月被山东省信息化与工业化融合促进中心授予山东省两化融合先进个人；2017 年 12 月被山东省电子商务协会授予电子商务领军人才。

近年主要成果如下：

2014—2016 年主持完成“海洋工程用经济型双相不锈钢产业化开发项目”，被列入山东省自主创新及成果转化专项；

2010—2013 年主持完成“泰钢产销一体化项目”，经山东省冶金工业总公司鉴定达国内领先水平，该项目获莱芜市先进科学进步奖；

2015 年 7 月，主持的“高效环保型不锈钢板带材关键技术集成创新与应用研究”被中国钢铁工业协会、中国金属学会授予冶金科学技术奖三等奖；

2017 年 4 月，主持的“微纳米超细铁粉的研究与制备”被山东省冶金工业总公司授予山东省冶金科技进步奖三等奖；

2017 年 4 月，主持的“旋翼多级导叶泵精密铸造技术研究及应用”被山东省冶金工业总公司授予山东省冶金科技进步奖三等奖；

2015 年 5 月，在第二届中国钢铁产业企业家年会做了“调整结构，优化延伸产业链条，争取更大发展空间”的特邀报告；

2017 年 7 月，在 2017 年中国钢铁工业智能制造协同创新发展论坛做了“加快两化深度融合，促进转型升级与绿色发展”的特邀 报告；

2017 年 12 月，主持完成的“基于物联网及大数据分析的绿色能源管理平台”“企业集团五级市场化底层数据融合系统”两个成果被山东省冶金工业总公司鉴定达到国内领先水平。

程 翔

杭州海兴电力科技有限公司信息管理部总监。2004 年本科毕业于浙江大学计算机科学与技术专业，浙江省企业信息化促进会常务理事，浙江省首席信息官协会理事。从业 10 余年，长期负责杭州海兴电力科技有限公司的全面信息化规划及各大信息系统的建设，专注管理模式和技术创新，在两化融合管理体系、信息安全、智能制造、云计算、大数据、虚拟化、移动应用方面有丰富的实战经验和理论基础。

2017—2018 年主持杭州海兴电力科技有限公司及其下属子公司的 SAP ERP 及 360 度运营管控项目建设，并创新性地通过 ERP 360 监控软件实现了上线同时就能监控分析 ERP 系统中关键业务指标，优化提升管理水平。该项目获得“2017 年度浙江省企业信息化创新奖（省级前 10 名）”。

2014 年主持推动并完成了聚光科技的两化融合管理体系贯标，使聚光科技成为全国首批通过贯标认证的企业之一；作为两化融合培训的授课老师指导宁波市企业开展两化融合贯标的培训工作。

2008—2010 年成功主导实施了聚光科技 PLM 项目（一期、二期），参与选型到项目上线的全过程。

项目从无到有、从弱到强实现了国产 PLM 软件在高科技离散制造业一次成功的项目管理应用，并据此在国家级核心刊物发表了两篇论文《聚光科技信息化建设研讨》《基于一体化集成产品开发（IPD）的产品全生命周期项目管理》。

范天月

浙江恒逸集团有限公司信息与数据中心总经理助理兼智能制造经理。拥有超过 17 年企业信息化管理及实践经验，擅长信息化、数字化工厂、智能化工厂顶层规划及设计。拥有 10 年以上团队管理经验，以及智能制造、工业大数据、经营管理信息化三大方向项目实施管理经验。拥有 9 年以上 SAP-ERP 项目实施管理经验。具有创新和探索精神，对“互联网+”在工业领域应用进行了深入探索（包括供应链金融、石化行业垂直电商平台规划、O2O、人工智能、物联网、边缘计算、区块链等）。在大数据分析实践方面经验丰富，在营销管理分析、能耗优化、质量提升、成本降低等方面都有实施经验，如客户分层分级、产品智能定价、燃煤优化提升、工艺参数软测量、产品优等率提升等。企业信息化项目、智能制造项目材料编写、申报经验丰富，帮助浙江恒逸集团有限公司成功申报多个项目，如省级、市级智能制造示范试点项目及杭州市工厂物联网示范试点项目等。

封一丁

河钢集团钢铁技术研究总院副院长。长期从事钢铁企业计量检测、自动控制系统、通信、计算机应用、企业信息化和智能制造等专业技术和管理工作，2005 年以来共获得了 3 项荣誉称号，完成了 8 项科研成果、1 项国家专利，发表了 4 篇论文，与他人合著教材 1 本。

2008 年被评为河北省有突出贡献中青年专家（享受河北省政府特殊津贴专家），2007 年荣获石钢公司科技标兵荣誉称号，2005 年被评为全国冶金计控先进工作者。

结合日常工作，注意日常实际工作和理论的结合，在完成业务工作的同时，先后发表了多篇论文，主要有《利用信息技术构建和优化基础数据平台》《钢铁生产实时信息平台建设与应用》《转炉生产工艺过程控制管理系统》《计量数据分析在焦炭管理中的应用》。与他人合著的教材为《工厂供配电技术》于 2007 年在高等教育出版社出版。 另外，近年来还担任首钢、太钢、邯钢、唐钢等企业的信息化建设项目指导专家。

郭　松

厦门厦工机械股份有限公司常务副总裁，曾荣获 2009 年度中国优秀 CIO、2012 年度最具价值 CIO、2014 年度全国百佳优秀首席信息官、2016 年度全国优秀首席信息官等称号。

从集团和企业的发展战略出发，先后编制了海翼集团、银华机械等 3 个集团和企业的信息化战略五年规划，统筹建设了 IT 基础设施及四大核心应用系统平台；同时，构建了 3 个体系，即数据标准体系、信息安全体系和运维管理体系；明确了 IT 治理结构，引入 COBIT、ITIL、PMBOK 等管理最佳实践，在 IT 项目管理、系统开发、运维服务和团队建设方面，不断创新管理模式、提升管理水平，完成了 200 多个项目，自主开发产品 10 余个，近 3 年来实现营业收入 1000 多万元，连续 6 年被评为集团“优秀团队”。为海翼集团和银华机械导入两化融合管理体系，持续打造信息化环境下的新型能力。响应国家政策号召带领信息化团队重点研习和探讨“中国制造 2025”“互联网+”、大数据等新战略、新技术的实施和应用，研究数控机床和农机智能化技术，以银华机械为智能制造试点企业，通过信息化建设推动制造装备智能化升级和改造，并将智能制造试点企业的经验和成果推广到其他重点企业。

1. 建立了一套完整的信息化项目体系

学习并借鉴 PMBOK、PRINCE2、P30 等国际项目管理最佳管理实践，结合海翼集团的信息化建设实际情况，制定《海翼集团信息化项目管办法》，根据信息化项目实施“三分技术，七分管理”的特点，建立了“7+7”的项目管理模式，从项目管理的流程规范、表单模板、系统工具、评价标准，实现了项目管理全过程的规范化和透明化，确保项目实施的品质。基于项目群管理理念、管理框架和工具方法，成立信息化项目管理办公室 IT PMO，收集集团及各企业信息化项目需求，编制年度信息化项目推进规划和资源规划，对项目立项、执行和收尾的全过程进行跟踪和指导，实施并维持项目管理流程、方法和工具的应用。

2. 以用户为中心，持续提升用户满意度

引入 IT 服务管理框架（ITIL）最佳实践，树立以用户为中心的服务导向，通过建立标准化、可衡量的 IT 服务水平绩效管理体系，对服务过程、服务质量及服务时间进行考核，为海翼集团及所属企业构建客观、严谨、可量化的服务标准及运维规范，自主研发了“海翼 IT 服务管理系统”，并在集团内实施推广应用，全面推进海翼集团IT运维服务工作的标准化。组织完成海翼集团IT人员的ITIL管理理念的宣贯培训，先后共有8名IT人员获得ITIL V3 Foundation专业资格认证，自海翼集团信息中心成立起，连续7年对集团的IT用户进行年度满意度调查，对IT服务现状进行跟踪及沟通，全面地评估集团及所属企业的IT服务现状，满意度分数由最初的79.2分持续提升至87.6分，为持续不断改进IT服务质量和用户满意度提供依据和方向。

3. 搭建共享平台，传递最佳实践，打造学习型IT团队

组织年度优秀信息化项目评选活动，分享项目经验，总结项目成果，为海翼集团优秀的信息化项目和实施团队提供展示和交流平台，所有项目分享材料均纳入项目知识文档库；同时，活动评选出的优秀项目则纳入项目最佳实践库在集团分享。开展新技术、新平台的研习，组织"翼"成长活动，每年至少4次均达20个课题的研习和应用分享，逐步积累团队的两化融合管理体系项目经验，协助下属企业梳理两化融合管理体系。

4. 驱动创新，服务智造，打造智能试点企业，以信息化推动制造装备智能化升级和改造

①推进技术创新，自主研发应用系统。提出了"软件产品化、设计标准化、开发流程化"的软件研发理念，不断提高软件生产效率和生产工艺，脚踏实地打造新时代"软件工匠"，组织团队成员钻研企业应用、移动互联网、大数据、云计算等技术，已经建成2个自主开发平台，自主研发系统达15个。②两化深度融合，循序推进智能制造。以海翼集团下属企业银华机械为智能制造试点企业，通过信息化技术推动制造企业的智能化升级和改造，积极推动财务业务集成、管理与控制集成、研发与制造集成、决策一体化，在完成SAP-ERP、PDM、"翼"平台等核心系统建设后，更为企业量身打造生产可视化、派工报工、设备管理、现场工艺服务、质量追踪等系统建设，产品的生产、服务及客户体验的设计、制造、试验和管理各项工作取之有"数"，考核有据。

5. 部署移动应用，提升运营管理效率

运用移动互联应用平台，拓展移动应用，搭建微翼企业号、安全巡检、移动仓储、采购订单执行追踪系统、微营销、微课堂等应用系统，拓宽现场数据采集反馈渠道，信息的交互摆脱了时间和空间的束缚，随时随地、通畅地进行交互流动，使工作更轻松、更有效，提升了整体运作效率，助力企业创新供应链服务体系。

6. 推行全员目标管理，建立透明公开的IT项目绩效体系

围绕项目绩效这个核心，将项目整体绩效指标列入项目负责人的个人绩效指标，将项目任务达成情况纳入项目成员的个人绩效指标，量化IT人员年度绩效中项目管理和项目支持部分的评估结果，全面推进项目精细化和专业化管理，提升项目管理质量。实现信息化战略规划落地。

7. 充分发挥已建成系统的整体优势和团队的服务功能

积极推进市场化运营进程，为集团内外部企业提供软硬件平台空间租赁、开发、实施及咨询服务，实现财务收益1000余万元。

郭 岩

中信集团天津外包服务有限公司项目管理及技术支持部经理，软件工程专业硕士，中国电子学会第一届两化融合技术指导体系委员会专家委员。2016年度全国百佳首席信息官获得者，2017年度全国优秀首席信息官获得者，具有国际PMP项目管理证书、国际ACP敏捷项目管理证书，具备国际PgMP项目集学习管理经验、扎实的计算机专业背景、丰富的上市集团化公司信息化管理经验。

从业16年以来，为联通集团、移动集团、铁通集团、中国石油集团、泰达集团、红日药业集团、中信外包服务集团提供企业信息化规划、信息化建设服务，具有丰富的信息化软件和硬件运营团队、实施团队及售后团队管理经验。

现任中信集团金融服务外包板块项目技术部负责人，负责中信集团外包板块的信息化系统规划建设工作、基建类项目管理工作、政策类和体系类管理制度建设工作。对于集团公司ISO体系认证（9001、140001、180001、20001、27001）管理、软件CMMI3级体系管理、两化融合体系

管理、高新及软件著作权专利管理、公司知识产权管理有着较高的战略视角。

在信息化建设工作方面，提倡理论与实践相结合的方法论，曾经负责的项目有电商系统、SAP ERP 系统、CRM 系统、BI 系统、OA 系统、CSM 系统、QMS 系统、DMS 系统、MES 系统、SCADA 系统、LIMS 系统、DCS 中控系统、安捷伦数据管理系统、费控系统、合同系统、项目管理系统、RFID 条码系统、药品追溯系统、中药颗粒调剂系统、档案仓储运营系统、档案数字化系统等。

韩子森

中共党员。现任天津赛象科技股份有限公司董事、常务副总经理、公司党委书记。

推进用友 ERP U8 销售管理、采购管理、库存管理、财务管理，实现了公司初级财务及进销存的一体化管理。

推进 Autodesk 的二维 CAD 系统（机械、电气版），实现设计的标准化工作。

推进用友 PDM 软件，实现了统一编码管理、对设计项目的全流程管理。

推进 OA 办公协同软件，实现了表单与流程的统一化管控，实现了移动端的审批。

推进用友 ERP U9 软件项目，全面替代 ERPU8 软件，实现了财务管理、库存管理、销售管理、采购管理、外协管理、生产管理、现场管理的条码化，实现了从生产项目立项、计划下达、计划监控，到检验、交付的全过程管控。

推进供用友 CRM 系统，实现对售前客户、联系人的管理，实现对潜在销售客户的统一管理。

推进供应商门户管理，提升公司与供应商之间的业务效率，实现双赢。

推进机房、网络及软硬件改造，实现原有机房的扩容，新购置硬件存储、网络控制等设备，进一步保障公司信息数据的安全。

推进企业虚拟化的应用，加速推进“百兆到办公、千兆到设计”的网络改造。

推进兰光 DNC（MDC）系统的应用，实现部分数控设备的统一联网管理，实现数控程序的统一管理，在提升程序准确传输的同时，也提升了现场设备的利用率。

推动天津市服务业转型升级专项项目——轮胎橡胶机械设备远程实时在线管控云服务平台，获得政府支持资金 100 万元。

何清刚

威高集团有限公司信息化总监、工学博士，在高校、企业分别工作多年，一直从事互联网应用及企业信息化建设应用研究，组织参与多个 ERP、SCM、CRM、PLM、MES 及网络安全等项目的实施，对两化深度融合、“互联网+”、智能制造、企业信息化建设及企业管理咨询有深刻的体验和丰富的经验。

1988—2000 年，辽宁石油化工大学机械系教师，主要讲授工艺、液压传动、CAD、制图等课程。参与企业计算机应用项目 10 余项，主编、参编《机械制图》《CAD/CAM》教材，发表论文 20 余篇。

2000—2006 年，海尔集团，曾任规划中心副主任、总工，以及北京海尔信息科技公司负责人、青岛海尔管理咨询公司副总、海尔集团 IT 事业部副总工、青岛市制造业信息化专家组成员、青岛市计算机协会成员。组织实施企业流程优化及信息化项目 40 余项，涉及企业网络建设、安全管理、电子商务应用、企业资源规划 ERP、产品全生命周期管理 PLM、生产执行管理 MES、客户关系管理 CRM、仓储物流、售后服务及决策支持等领域。

2006—2013 年，哈尔滨工业大学（威海）计算机科学与技术学院教师。主要讲授软件测试、项目管理、市场营销、电子商务、企业经营沙盘模拟等课程。

2007—2013 年，威高集团 IT 顾问，参与企业信息化建设及管理改善。

2013 年至今，威高集团信息化总监，负责集团流程管理及信息化建设。

侯贵宾

河北港口集团信息与技术中心主任，燕山大学信息工程学院计算机应用技术专业博士研究生，北京大学CIO班学员。2003年至今担任河北港口集团信息与技术中心副主任、主任，正高级工程师、高级企业信息化管理师，ITIL认证工程师；现任河北省信息化咨询委员会专家委员、中国数据中心大数据产业联盟专家委员、中国计算机学会第十届全国会员代表、河北省信息产业及信息化协会副会长、河北省科技进步奖评审专家、河北省现代物流协会常务理事等。

多年来一直从事信息化管理和项目建设工作，在河北港口集团的信息化方面取得了全面建设成就。主持编制了河北港口集团"IT架构标准""信息资源标准"和国家交通行业"港口信息系统数据元"3项信息化建设标准，编制了河北港口集团"十一五""十二五""十三五"信息化发展规划；主持完成了河北港口集团"数字港口"的建设，正在主持建设的"一键通"大宗散货智慧港口物流系统项目成功列入原交通部智慧港口示范工程建设计划。主持承担了河北省重大科技支撑计划项目、科技计划项目7项，河北省交通运输科技计划项目5项，河北省信息化专项1项，中国物流学会科研课题4项，通过河北省科技成果鉴定成果28项，企业取得专利授权37项，取得计算机软件著作权38项。主持完成的科研成果获得了省部级科技奖励23项，其中，河北省科技进步二等奖、三等奖3项，中国航海科技进步二等奖1项，河北省优秀发明奖1项，中国港口科技进步奖11项，中国物流学会优秀科技成果二等奖、三等奖3项，河北省青年科技进步奖二等奖1项，河北省交通科技成果一等奖1项。在省部级以上核心期刊发表科技论文20余篇，其中，EI收录5篇，获得中国信息化优秀论文1篇。获得了2010年度河北省有突出贡献中青年专家、2014年度中国百佳首席信息官、第九届河北省优秀科技工作者等多项荣誉称号。

胡　浩

中海达集团项目总监兼信息部经理，负责全集团IT管理咨询、实施、规划等统筹管理工作；帮助中海达集团推行信息化管控模式，2016年度获评首届广东省优秀CIO，2017年度获评全国百佳CIO。

1．工作资历

拥有3家上市集团企业IT部门的集团信息化实战工作经验；以及12年企业信息系统建设管理工作经验；精通主流的信息系统，包括ERP、PDM、CRM、OA、HR等信息化管理软件的实施、优化；擅长对信息化资源整合，并结合企业发展规划构建信息化基础平台；具备丰富的中大型IT项目实施经验，拥有需求设计和过程实施、业务流程分析、质量管理、风险评估、KPI制定及成效监督等能力。

2．核心能力

可根据企业的经营战略和信息化目标及需求，拟定不同类型企业信息化建设的平台、总体规划、组织建设、风险管控。

善于根据技术和行业前瞻性，利用新兴IT科技、工具及平台，推进数据化、透明化和自动化管理。

具备丰富的中大型IT项目实施、IT治理经验，拥有需求设计和过程实施、业务流程分析、质量管理、风险评估、KPI制定、成效监督能力。

拥有4家公司（其中3家上市企业）实施信息化战略经验，以及多年主导企业信息化运作及管理经验。

熟悉制造业和其他企业运营管理环境；在构建以平台化、流程化、移动化和智能化为基础的先进信息化系统体系，以及建立全业务模式下统一的信息化平台等方面有较好的运作信息化最佳实践，可保障信息化项目全过程的落地。

有较好的IT运维（包括网络、服务器、操作系统、数据库、监控、机房设备、信息安全等）及各项制度、流程的建设管理经验。

3．团队建设

运作过多个信息系统，在IT项目管理、信息系统规划建设、IT运作、IT规划、信息安全、IT团队建设等信息化建设方面有丰富的经验。具有良好、全面、系统性的思维，很强的IT统筹管理能力，善于通过IT规划与方案整合促进业务推动、提升管理水平、提升效率及评核；重视信息化人才团队建设、工作气氛培育与项目管理；具备带领团队突破工作瓶颈、提升工作能力、达成信息化与企业运营相匹配目标的能力。

4．平台建设

在全面整合企业信息系统、优化企业运营管理流程、推动业务（管理）与信息系统融合、建立信息安全体系方面有效支撑了企业信息化平台的建设（尤其重视信息系统平台规划、主数据、业务流程系统建设）。负责规划与实施各项IT应用方案，协同业务部门推进各方案的实施及应用，全面对管理层及业务层进行配合，全面实现数据化、透明化、自动化管理模式与业务发展。

5．软件系统

成功实施协商PDM、普维PLM、达索EPDM（含项目管理）；对市场上主流的国内外PDM系统，如西门子、PTC、开目、华喜、三品、协商、睿智、用友PLM等PDM有全方位了解；

成功实施（SAP、金蝶、用友、鼎捷）ERR系统；熟悉天心、丽晶、四班等国内外ERP系统；

成功实施赛捷CRM、金蝶CRM系统；熟悉用友、ORACLE、纷享销客等国内外主流CRM系统；

主导开发过MES、售后、电商平台等业务应用系统。

黄德竣

福建永荣控股集团CIO，中国杰出/百佳CIO（2014—2017年），福建省首席信息官CIO协会副会长，福建省两化融合促进会副会长。积极推动福建永荣控股集团在数字化时代及工业互联网的背景下，通过工业互联与数字智造，促进集团转型升级。其中，在工业互联网转型升级方面，通过“智能制造”“智慧供应链”“全流程全价值链协同”3个方面，结合大数据应用进行深度实践，助力集团战略目标的实现。

多年来持续加大“工业4.0”及互联网、数字化转型力度，积极推动集团以创新引领的传统制造业的升级转型；帮助集团实现向信息化驱动管理的转变，通过主导的项目制管理，管理集团在建项目总投资额200亿元以上，年增利润预计达20亿元，年缴纳税收达10多亿元。通过主导的提案改善集团管理方式，实现年均降本6000万元，累计降本上亿元。

秉承“一个集团、一个标准、一个平台”三个一体化解决思路，依托信息化管理手段，建立纵向贯通企业的管控体系、横向协同的供销存运作体系，实现集团业务标准统一、运营管理可控。在调结构、提品质、降成本、去库存、补短板、数据化、证券化等方面形成IT解决方案，有效支撑并引领集团规模化扩张、国际化发展、供应链优化、流程型变革的战略转型。

江志东

铜陵有色金属集团股份有限公司（以下简称铜陵有色）电子信息高级工程师、企业管理部副部长，近年来组织推进了ERP系统、商务智能BI系统等重大信息化项目，使铜陵有色信息化迈入综合集成的行业先进水平。主持编制了铜陵有色《基于两化深度融合的集团公司信息化建设》和《“十三五”信息化建设规划》，以及铜陵有色《ERP管理操作指南》《ERP系统主产品业务操作规范》等企业规范。由于江志东同志积极践行两化融合促进企业转型升级的发展战略，铜陵有色被工业和信息化部评选为国家首批“信息化与工业化深度融合示范企业”。2017年，铜陵有色被评为“2017年安徽省工业和信息化领域标准化示范企业”和“安徽省2017年制造业与互联网融合发展试点企业”。

江志东撰写的《战略驱动下的企业信息化建设》和《两化融合：促进企业转型升级的重要抓

手》两篇论文，均获得 2013 年度中国有色金属工业企业管理优秀论文三等奖、铜陵有色金属集团 2013 年度企业管理优秀论文一等奖。2017 年 11 月被中国首席信息官联盟评为 2017 年度全国优秀首席信息官。

姜　波

山东鲁花集团有限公司副总经理，烟台市政协委员。拥有 14 年集团 CIO 经验，负责过两个集团信息化规划及建设项目，拥有近 20 个行业项目经验；精通电子商务建设运营、集团 ERP 实施、财务及成本管理、EHR、生产制造、云计算、大数据挖掘决策支持 BI、移动互联网、客户关系管理、设备管理、资金管理、预算管理、流程管理、分销管理等实务及信息系统开发建设。拥有房地产行业、快速消费品行业、物流行业、房地产、建筑、石油化工、农药化工、酿造食品、蔬菜加工、造纸、超市、教育、热电环保、农林渔牧等行业经验。曾任山东省电子商务协会常务理事、副理事长及塑料化工行业分会会长等职务。近几年取得的主要社会荣誉有中国首席信息官联盟 2017 领军人物、2017 山东省优秀 CIO、2013 年度信息化贡献人物、2012 年度最有价值会员、2011 年度中国制造业优秀 CIO、2010 年度中国最有价值 CIO 等。

李　坚

福建省三钢（集团）股份有限责任公司（以下简称三钢集团）福建闽光软件股份有限公司副总经理，1993 年毕业于华侨大学电气自动化专业，清华大学信息管理专业在职研究生学历，1993 年至今在福建省三钢（集团）股份有限责任公司从事信息技术与管理工作。2002 年获冶金行业岗位技能大赛第 5 名，获行业技术能手称号；2004 年获三钢集团十佳青年称号；2014 年获三钢集团十佳科技创新带头人称号。

在生产管理方面，完成了三钢集团及子公司覆盖铁前、钢后全流程的 MES 系统建设、能源管理中心系统建设、ERP 系统建设，开发了基于信息系统的岗位实时自动考核体系、一键式奖金考核系统，实现了生产过程的精确控制和精准考核。在公共服务方面，建设覆盖全厂区的视频监控系统、协同办公系统、供销服务平台、移动办公平台、建立移动社区服务系统、物业综合服务系统等，通过网络平台提升企业形象，提高企业服务质量，推进“互联网+”行动，提升企业综合竞争力。2017 年，启动人力资源管理系统、设备管理系统、物联云商系统建设，进一步提升三钢集团信息化管理水平。

2006 年，组织参与的“生产过程制造执行系统的应用与开发项目”获福建省 2006 年度科技进步奖二等奖；2010 年，组织参与的“能源管理中心系统建设项目”符合国家财政部《关于组织申报 2010 年工业企业能源管理中心建设示范项目财政补助资金的通知》规定的申报条件，获福建省财政厅 2000 万元项目专项资金财政补助；2013 年，组织参与的“面向生产经营全过程的制造物联集成系统的研发与示范作用”被福建省科技厅列为科技计划重大专项专题项目；2017 年通过验收；2017 年，三钢集团在流程制造方面被认定为第二批福建省智能制造试点示范企业。另外，组织的炼钢一中板 MES 信息系统项目、二炼钢和轧钢 MES 系统开发项目、铁前 MES 系统开发、能源管控中心系统建设与应用、ERP 一期项目建设等 10 余个项目获得三钢集团科技进步奖特等奖。

李　亮

福耀玻璃工业集团股份有限公司信息部副总监。两化融合管理体系等 3 项国家标准主要起草人；还主导起草了潍柴集团信息化战略总体规划、智能制造总体规划、福耀集团智能制造总体规划。曾荣获 2016 年度全国优秀信息官、2017 年度全球百佳 CIO 等。

李宏阳

欣贺股份有限公司信息管理中心总监，2017 年度中国百佳首席信息官。

超过 17 年的 IT（线上&线下新零售、数据运营、流程&标准、ERP 项目、应用系统、基础设施、IT 服务、信息安全）部门管理、项目管理和执行经验，超过 5 年的生产及供应链行业经验。

掌握全渠道新零售知识，对线上&线下的组织、架构、支撑和运营有系统的知识和实践。

具备精益管理、跨部门流程优化、成本管理经验及团队建设、管理经验。

曾主持实施鞋服企业 ERP 整合方案，包括订货会管理、分销管理、智慧门店、电商、商品设计管理、采购、生产供应链管理、电子商务、人力资源、客户关系、自动办公等功能整合。

主导实施 SAP R/3 核心模块（MM、SD、PP、QM）；SAP R/3 财务相关专业模块（GL、AR、AP、资产管理、SEM、业务库存）、分销零售相关模块和终端门店 POS 等工作。

具备 SD、MM、PP 模块的专业知识（合同流程的 SOP、PIR、MRP、MPS，买卖及国内销售模型；存货物流模型，批量管理，BOM 管理，定价管理）；主持设计与实施系统基础设施配置、项目和业务组织结构、最优业务流程；设计并管理文档战略、培训战略、数据转换战略及数据维护战略，系统整合测试战略、用户接受度测试战略、持续支持战略。

李慧勇

北京德威特继保自动化科技股份有限公司副总经理兼研发中心总经理，中国科学院硕士学历，高级工程师。主要研究方向为变电站综合自动化技术、软件技术、软件系统架构。2002 年硕士毕业进入北京德威特继保自动化科技股份有限公司，历经公司所有重大产品研发，并在主要产品研发中担任项目经理或总负责人。曾负责通信管理系统 DVP-602 研发，填补了公司在该领域的产品空白；参与公司第二代保护 DVP-9000 平台开发，该项目被中国电力联合会评定为部分指标“具有国际先进水平”。

作为项目负责人，负责“基于 SCADA 支撑平台的变电站综合自动化系统”开发，该项目获得北京市火炬计划项目资助，并于 2007 年获得中国石油和化工自动化应用协会科技进步二等奖。负责第二代软件系统 DVPS-9000 变电站计算机监控软件平台开发，完成系统架构、整体设计、底层框架设计，该系统现为公司主流软件系统，该项目获得北京市海淀区科委专项经费支持，该产品获得“2010 年北京市自主创新产品”证书。担任总负责人，开展一体化变电站智能控制系统开发。2014 年起担任高效集约型变配电系统负责人，并负责申报筹建北京市发改委认定的“高效集约型变配电技术北京市工程实验室”；兼任实验室主任，负责组织北京市工程实验室具体建设实施工作。2017 年组织“基于物联网的智能云配电公共创新服务平台”工作参评北京市双创项目，该项目入选北京市双创顺义区重点项目。2017 年 7 月组织“基于物联网云计算的一二次融合节能管控服务系统”的项目申报及答辩，项目成功入选工业和信息化部首批国家级服务型制造示范项目。2017 年 8 月主持国家发改委组织的“基于物联网的电力节能管控技术国家地方联合工程研究中心”评审工作，项目已获批复，这是该领域唯一的国家级工程联合研究中心；担任中心执行主任，负责中心组建、组织建设、建章建制、系列项目预研储备、关键技术攻关。2017 年，组织申报并获批“全国博士后科研工作站”北京德威特继保自动化科技股份有限公司分站，并任执行站长，主管工作站的相关工作。曾获“海淀园优秀共产党员”荣誉称号，获科技进步二等奖 2 次；申报发明专利 4 项、实用新型专利 5 项、软件著作权多项，发表论文 1 篇。

李俊杰

男，1966 年 8 月出生，中共党员，大学本科学历，教授级高级工程师，现任内蒙古中煤蒙大新能源化工有限公司（以下简称中煤蒙大公司）党委书记、总经理。

李俊杰同志 1988 年 7 月参加工作，在近 30 年的职业生涯中，曾先后在中国石油天然气集团公司、中国神华集团公司、中国大唐集团公司和中国中煤能源集团公司等大型国有企业担任职务，具有扎实的专业理论知识和丰富的管理实践经验，是煤化工行业和信息管理领域的资深专家。2003 年获得中国石油天然气集团公司大庆炼化公司科技标兵，2004 年获得黑龙江省大庆市劳动模范；2015 年被聘任为“石化企业智能工厂应用体系”课题研究专家组专家及中国仪器仪表学会煤化工测控专家组副组长，获得全国石油和化工行业两化融合优秀推进奖、全国优秀首席信息官荣誉称号和全国百佳首席信息官称号。

在中国中煤能源集团公司陕西公司工作期间，积极推动企业信息化建设工作，2016 年获得煤炭工业两化融合先进个人荣誉称号，中国中煤能源集团公司陕西公司获得中国石油化工联合会两化融合优秀企业、全国质量标杆企业及全国供应链十佳企业荣誉称号、工业和信息化部煤化工行业唯一智能制造试点示范企业荣誉称号。在中煤蒙大公司工作期间，全力推进智能工厂建设，2017 年被评为中国石化行业供应链管理十佳人物，中煤蒙大公司获得中国石油和化工企业 500 强称号、高新技术企业称号。2018 年出任中国化工企业管理协会企业家联谊会副会长，被中国化工经济技术发展中心聘为石油和化工智能制造智库专家。2018 年，中煤蒙大公司通过了工业和信息化部、财政部“2018 年智能制造综合标准化与新模式应用项目——甲醇制烯烃数字化工厂新模式应用”和“2018 年智能制造试点示范（智能制造新模式应用）项目”的评审，并获得了内蒙古自治区智能制造试点示范称号。

李俊杰同志在工作和学术研究领域刻苦钻研、不懈努力，锻炼了过硬的工作作风，具备了扎实的专业理论素养，近几年先后在国家级刊物发表了《煤化工行业智能工厂理论与应用》《石化行业智能工厂应用体系》等多篇专业技术论文，任职期间全面参与并指导企业职工获得了多项国家和行业技术专利。

龙军芳

北京金朋达航空科技有限公司信息化兼保密办公室主任，控制理论与控制工程硕士。负责现有信息化系统维护、引进新信息技术与系统、两化融合体系的建立等工作。北京金朋达航空科技有限公司属于二级保密单位，信息系统、信息设备及存储设备的运行及使用要符合国家保密要求。

骆学农

中国中纺集团公司棉花事业部副总经理兼信息化中心主任。1970 年出生，1997 年硕士研究生毕业于北京工业大学计算机科学系，目前人民大学 EMBA 在读，历任湖北省百货公司财务电算化工程师、清华紫光自控中心高级软件工程师、中国中纺集团公司系统管理工程师等职位，具有国家企业高级信息化管理师职业资格。

主持实施过中国中仿集团公司几乎全部信息化系统，主要包括：大厦网络硬件集成项目（一期、二期、三期）、“私有云”改造项目、ORACLE ERP 项目（一期、二期、三期、四期）、久其财务报告及分析管理系统、九恒星资金管理系统、OA 办公自动化系统（一期、二期）人力资源 e-HR PS 人力资源系统（一期、二期）、BI 领导决策支持系统、全面风险管理系统、法律合同评审系统、移动办公系统、数字粮库项目（一期）、合并报表系统、中纺粮油 BI 领导决策支持系统、中纺粮油全面预算和费用控制系统、中国纺织 E-棉商信息系统等，以上信息化系统全部成功实施上线，目前均在各自的业务部门和职能部门发挥着不可或缺的支撑作用。

2017—2018 年，负责的中纺集团 SAP 暨 E-棉商信息系统成功实施上线，该项目也是中粮集团“粮油糖棉”一体化 SAP 项目的一部分，实现了对中国纺织棉花核心主业的全覆盖，达成了项目预定的四个“一体化”目标：“财务业务流程数据一体化”“办事处与本部业务协同一体化”“现货与期货风控一体化”；“电脑与手机操作一体化”，获得了用户和上级集团的高度赞扬与肯定。

曾荣获中国 2010 年度最佳 CIO、2011 年度信息化贡献人物、2011 中国绿色 IT 应用 CIO、2016 最具领导力 CIO 等荣誉；目前也是国家两化融合联盟云计算应用创新专业委员会专家组成员，协助委员会起草了《企业云战略规划指导框架》《企业移动化应用战略指导框架》，指导广企业推进“云、大、物、移、智”战略，履行着推进国家信息化与工业化深度融合的社会责任。

马江胜

上海回天新材料有限公司 CIO。长期致力于加快企业智能信息化管理进程，以提升财务业务、产销管控一体化协同智能化办公效率。

2005—2008 年：主导 BOSCH 热能 IFS 制造系统实施、上线。

2008—2014 年：从生产 ERP 过渡到 SAP AFS&RETAIL，构建以 SAP 为核心的 O2O 线上线下一体化业务平台架构实施及上线。

2014—2017 年：主导上海回天新材料有限公司 EAS 制造供应链系统实施、上线。

2014 年：主导湖北回天财务供应链项目，通过襄阳市两化融合审批及政府专项资金补助。

2015 年：主导上海回天财务供应链项目，通过上海市两化融合审批及政府专项资金补助。

2016 年：主导常州回天常州工厂 MES 项目的实施，并荣获“2017 年常州市智能制造工厂示范车间”称号。

2017 年：主导上海回天生产供应链项目通过“上海市松江区信息化和工业化融合专项资金项目”评审，并获得政府专项资金补助。

马云涛

南京医药股份有限公司信息技术管理部信息总监，东南大学计算机硕士，南京大学工商管理硕士（MBA），中国医药商业协会医药信息技术专业委员会会员，中国医疗器械行业协会医疗器械物联网管理专委会委员。曾先后在世界五百强企业、国内大型电信运营商、民营企业担任项目经理、部门经理、技术总监、公司总经理等职务，涉及通信、互联网金融、智能交通、智慧医疗等行业，具有丰富的研发、产品开发及市场管理经验。其中，主持开发的多个产品在全国推广并在中央电视台报道，受到国家领导人的接见，曾获得中国 RFID 金蚂蚁推广奖、2017 年中国电子学会全国优秀首席信息官领军人物、2017 年江苏省企业信息化协会江苏省企业优秀团队。发表论文 6 篇以上，获得专利授权 2 项。

戚建国

江阴兴澄特种钢铁有限公司计算机中心主任，钢铁行业信息化自动化专家组成员。

2000 年参与第一期 XC-CIMS 信息化建设项目，2002 年获省级鉴定；2006 年江阴兴澄特种钢铁有限公司“产销财务一体、管控衔接、三流同步”信息化项目，列入 2007 年信息技术应用“倍增计划”，2009 年 3 月项目通过专家验收。2009 年任江阴兴澄特种钢铁有限公司计算机中心主任，负责公司信息化建设与管理工作，公司分别在 2012 年被工业和信息化部评为国家级两化深度融合示范企业、2014 年被评为两化融合管理体系贯标试点、2015 年首批通过两化融合管理体系贯标认证、2016 年被评为江苏省两化融合网络信息安全示范企业。

沈彦明

泰山玻璃纤维有限公司（以下简称泰山玻纤）总经理助理、副总工程师。

1994 年开始主攻计算机安全，是华北工学院安全专业计算机安全方向的第一批毕业生，成功开发出能够使用特征码、特征行为方式识别病毒，并采用修改关键代码或者脱壳方式进行查杀的杀毒软件。

1994 年进入泰山复合材料工程筹建处，开始涉猎工业自动化控制领域，从此开始将工业自动化、信息化、电气化结合起来。相继主导规划并建设了泰山玻纤千兆、万兆骨干网络，主持了泰山玻纤信息化建设的整体框架设计，推进了泰山玻纤数据中心、数字化网络、工业控制网络、MES 系统、SRM 系统、SAP 系统等整个信息化软件、硬件系统的全面实施。

2013 年主导规划、设计和建设的泰山玻纤满莊 F02 生产线于 2014 年正式投产，因其自动化、信息化及工艺技术的全面领先性，该生产线成为世界玻纤行业最先进的生产线，成功入选 2015 年工业和信息化部全国首批 48 家智能制造项目名单。

2015 年主导规划、设计、建设并投产的满莊 F03/F04 生产线在自动化、信息化方面进一步提升，实现了从企业 ERP 到底层数据的 5 个层次的贯通与集成，并再次入选 2016 年工业和信息化部智能制造应用新模式名单。

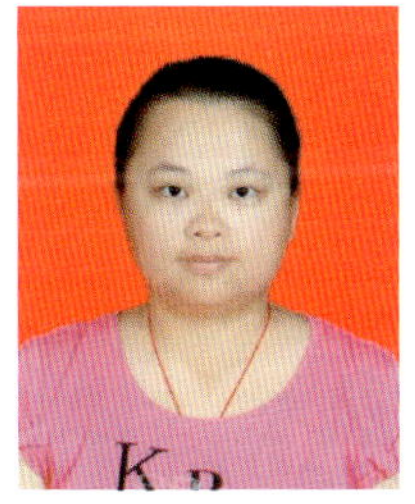

汪慧敏

信息系统项目管理师（高级）。2009 年 8 月至 2016 年 3 月，就职于福建省三钢集团信息化部，主要负责铁前 MES 系统采购模块、结算模块、销售模块及相关物流模块的开发和维护工作，承担开发三钢集团中层干部考核系统。2016 年 4 月至今就职于福建省三钢集团设备动力部，主要负责三钢集团信息化管理工作，参与三钢集团设备管理信息系统项目建设工作。

在三钢集团工作期间积极参与三钢集团技术攻关、管理创新项目建设工作，参与项目及获得成就如下：“二炼钢、轧钢 MES 系统开发”获得 2010 年三钢集团科技进步奖特等奖，“铁前 MES 系统开发”获得 2011 年三钢集团科技进步奖特等奖，“三化一体化 MES 管理系统”获得 2012 年三钢集团科技进步奖二等奖，“深化三项制度改革，提高企业市场竞争力（将三钢集团组织部《推动领导干部年度绩效与素质评价考核网络化》并入）”获得 2015 年三钢集团管理创新成果一等奖。

吴睿东

安徽江淮汽车集团控股有限公司信息管理部部长。长期从事企业信息化建设工作，熟悉制造业研发、制造、采购、销售、财务等方面的信息化业务，对研发生产制造、数据管理等方面信息化工作有深入应用研究，在企业流程管理与信息化方面有丰富的经验；承担江淮汽车 OA、ERP、MES、DMS、CRM、全球研发协同平台、数字化研发能力提升、信息系统集成平台等重大信息化项目，精通制造业信息化建设和管理，推进企业信息化与工业化深度融合；重点参与实施包括国家“863”计划、国家科技支撑计划等多项国家级重大信息化课题，承担项目多次获得国家、省级、市级专项资金和荣誉。

参与《制造物联关键技术与标准研究蓝皮书》撰写；参与 2015 年 6 月 国家科技支撑计划“制造过程物联关键技术及标准规范研究”课题；参与《集团企业经营管理业务参考模型》国家标准草案制定；兼任数字化智能化制造技术与应用协同创新中心研究员。

夏乐冰

福耀玻璃工业集团股份有限公司副总裁。主持福耀集团智能制造总体规划。曾荣获2016年度中国优秀青年科技创业奖。

杨雪娇

北京国华恒源科技开发有限公司董事长，管理学硕士，曾主持项目如下：

2017年2—9月，北京建筑大学——北京新机场航站楼钢结构C1区1∶10缩尺模型实验项目预算及实施；

2016年5—2017年9月，北京北一机床“高档数控机床与基础制造装备”科技重大专项课题，课题组成员；

2014年5月—2016年9月，北京工业大学地下空间岩土工程重点实验室建设预算专项审计；

2011年5—2013年7月，北京国华置业有限公司、北京久其软件股份有限公司等大型企业年度审计项目经理；

2009年5月—2010年7月，青海重型机床有限责任公司物资部内审组长。

于亚东

中国巨石股份有限公司信息技术部总经理。

工作15年以来，一直负责信息化建设的规划和执行工作，对环保、节能减排及体系流程有两年分管工作经验。领导和推动中国巨石股份有限公司的信息化建设取得了较快的发展，目前各类应用系统已经建设完成，并有效服务于企业。特别是近5年随着企业的转型升级和互联网、大数据、人工智能等信息技术的发展，智能制造成为企业转型升级的重要手段，主持企业在这方面做了大量的研究和实践工作。规划了智能制造三期项目和ERP迭代升级实施方案，明确了信息化“十三五”战略，牵头组织将智能制造定位为中国巨石股份有限公司“第四次创业”的主攻方向，将全面推进智能制造在玻璃纤维生产中的应用和发展。

张　灏

赢胜节能集团有限公司CIO，曾荣获2017年全国创新型优秀CIO等称号。自2007年年初起工作，从事企业的信息化规划、实施与管理工作10余年，先后任职于阿里、普元等多家IT公司，目前担任兆胜集团旗下二级子集团赢胜节能集团有限公司CIO。2014年针对集团现行管理运营体系提出信息化解决方案，研发条码管理系统与SAP系统进行兼容，并且成功实施上线，提高了原有发货速度2倍以上，准确率达到100%，成为本行业全球首家以仓库条码管理的企业。2016年，集团布局全球，分别在广州市、武汉市、山东省、市设厂，2017年上半年，集团广东省分公司条码管理系统成功上线。同时，集团总部园区建成，规划了新型数据中心，集团内部已基本实现无纸化办公，各系统杜绝信息孤岛，高度集成协同。现阶段，赢胜节能集团从市场战略及企业内部管理手段两方面着手提升，并且取得了显著的效果，从最原始的进销存管家婆软件转化为拥有SAP生产管理系统、OA办公管理系统、CRM客户管理系统、供应商管理系统、人脉管理系统、大项目管理系统、条码管理系统等相关一体化软件的信息化集团，并且做到以OA为基石，完美将各系统集成于此，实现无信息化孤岛、各系统高度集成。尤其是条码管理系统，是橡塑行业全球首个条码管理系统，极大改善了企业的发货效率，提高了库存的准确性，将抛货材料的管理做快、做细、做准，更好地为客户提供优质的服务。

随着公司的不断壮大，以及各地分工厂的逐

步建立，分工厂与集团总部的信息化沟通畅通无阻，根据各分工厂不同的情况建立独特的信息化系统，与总部系统进行数据自动互通。2016年，赢胜集团成为泰州市两化融合试点单位；赢胜集团是泰兴地区首家自主开展并通过两化融合贯标企业，同时荣获泰兴市互联网提升优秀企业，2018年，赢胜集团将会持续在广东省、山东省、武汉市工厂进行两化融合贯标推进工作。

张吾胜

马钢（集团）控股有限公司（以下简称马钢）管理创新部部长。长期从事信息化管理、企业管理工作。

1998年年底，开始主持马钢信息化建设工作，负责“大型钢铁联合企业计算机管理信息系统示范工程”的实施。该项目于2002年12月获得冶金行业科技进步二等奖。

2003年，主持“马钢冷热轧薄板信息化项目”建设，并引入先进的ERP管理理念及信息集成技术，着手构建马钢4层系统架构，在“产销一体化”“质量设计与检判一体化”等方面开始了较深入的应用实践。

2006—2009年，以马钢“十一五”新区500万吨板材配套产能及老区改造为契机，开始主持“马钢整体信息化系统项目”建设，把面向职能的管理逐步转化为面向流程的管理，真正实现了企业管理以财务为中心，为马钢建立健全快速市场反应机制提供了完整的信息平台。

2011年以来，作为马钢集团、马钢股份公司信息化管理核心成员开始负责公司信息化管理、企业管理体系运行与改善等管理工作，在两化融合深度应用、信息化提升企业管理创新能力等方面成绩显著。

2016年，主持马钢股份公司ERP（SAP系统）升级迁移项目，将马钢SAP系统全面升级并整体迁入云平台，SAP ECC、BW数据库从Oracle迁移到HANA平台，是国内钢铁企业首例实现在线数据大规模迁移至HANA平台的经典案例，在行业内具有示范效应。该项目被评为安徽省2016年度信息化十件大事。

2017年，组织完成马钢集团信息化试点并成功上线；完成马钢股份公司客户服务管理移动平台上线试运行；推进“十三五”长材系列技改工程配套信息化项目前期工作；跟踪推进统一协同办公平台在集团范围内全面上线运行；组织开展集团新人力资源HR系统需求整理及实施路径论证等项目前期工作等；配合机构调整、管理变革举措及业务提升要求，及时组织信息系统改造及新项目开发实施等。

近年来，积极参与相关政府部门、行业协会组织的信息化咨询、评审项目。例如，参与了钢协组织的行业信息化与工业化融合评估方案的制订与评审；参与了安徽省科委组织的一些省内企业信息化项目方案及成果的评审工作。2014年、2015年连续两年获全国优秀首席信息官称号，获2017年钢铁行业优秀首席信息官称号。

赵宇乾

大连光洋科技集团有限公司首席信息官。曾任沈飞网信中心室主任，负责飞机制造的信息化、数字化建设工作，研究方向为数字化车间、知识工程、三维工艺、设计协同、车间管控等；参与了中航工业集团的“十三五”信息化规划编写；带队研发的“基于规则的创成式快速工艺设计系统”，为公司每年节省经费1000多万元，已在无人机、舰载机、军用战斗机多个重点型号上应用。2016年5月作为大连市特殊人才引进到大连光洋科技集团有限公司，任集团首席信息官。

在工作期间，协助企业决策层、管理层、执行层建立了对企业信息化的认知；对外产品输出增加了信息化、数字化模块，形成整体解决方案，提升了企业对市场的交钥匙能力；通过数字化管控技术，将设备、工艺集成，实现了柔性数字化生产线解决方案，全面支持了国家智能制造示范试点工作，并在飞航导弹、飞机发动机等军工生产线上开展推广应用。另外，从设计、研发、工艺、分析、仿真、制造、售后等多方面对企业管理逐步进行信息化改造工作，培养了一支十几人的自主研发团队。参与了“863”“04”“换脑工程”、智能制造等国家重大专项及课题，并负责信息化部分的建设；参与制定了国家及行业相关标准，包括数控行业互联互通互操作国家标准、机器人信息模型国家标准等；曾荣获工业和信息化部指导评选的2017年全国十大创新型CIO等荣誉称号。

赵振锐

河钢唐钢信息自动化专业首席专家，正高级工程师。自2006年起，历任首钢京唐信息自动化部副部长、唐钢计控管理部副部长、唐钢运营改善部副部长、唐钢信息自动化部部长；中国金属学会专家委员会成员、钢铁行业信息化自动化专家、全国优秀首席信息官、工业信息化领域急需紧缺人才；精通钢铁冶金工艺，长期从事钢铁企业信息化规划设计及实施工作。

在首钢工作期间，完成了首钢京唐整体信息化蓝图设计架构设计，实现了首钢京唐经营管理模式软件体系的建立及基础建设，为首钢信息化建设奠定了坚实的基础。在唐钢工作期间，大力推进企业信息化建设，先后主持了测量管理体系管理系统、客户关系暨电子商务平台、物流集中管控平台、日清日结等项目的开发与实施。自2014年起，主持开展了面向智能制造的信息系统架构设计工作，实施公司级计划排程系统、公司级订单设计系统、公司级质量管理系统、高强汽车板MES系统等项目，形成了完善的产销一体化及质量一体化管控平台，实现了唐钢有限产能约束下的销产转换和钢轧一体化的优化排程，实现了对客户所需产品准确的交期应答，实现了全订单、全产品、全流程的质量设计标准化。项目的整体实施获批2016年工业和信息化部遴选的智能制造试点示范。

仲伟克

包钢（集团）公司信息服务中心副经理，正高级工业自动化工程师内蒙古自治区第一批国家电子数据司法鉴定专家。1987年毕业于包头钢铁学院工业自动化专业，曾任包钢自动化研究所高级工程师、包钢（集团）公司办公厅信息化管理处长负责包钢（集团）公司信息化管理业务；承担了包钢（集团）公司“十一五”“十二五”“十三五”信息化发展规划的编制工作，负责包钢（集团）公司信息化一期、二期工程实施方案的制订工作，负责包钢（集团）公司信息化专业管理工作，是信息化建设方案具体制订者和实施者，多次承担了重大项目的技术实施，并获得内蒙古自治区政府科技进步三等奖1项，获得包钢（集团）公司科技进步一等奖2项。在国家核心专业期刊上发表了4篇论文，其中3篇论文为第一作者。

信息化大事记

2016年1月12日，国务院同意在天津市等12个城市设立跨境电子商务综合实验区。天津市、上海市、重庆市、合肥市、郑州市、广州市、成都市、大连市、宁波市、青岛市、深圳市、苏州市12个城市将设立跨境电子商务综合试验区，名称分别为中国（城市名）跨境电子商务综合试验区。

2016年1月15日，中国海关推出官方App。据海关官方介绍，推出App的目的是适应新媒体的快速发展，扩大海关宣传影响力。App将与海关总署门户网站同步发布新闻资讯、统计快报、法律法规、总署令和总署公告等信息。

2016年1月19日，农业部办公厅印发《农业电子商务试点方案》。农业部在北京、河北、吉林、黑龙江、江苏、湖南、广东、海南、重庆、宁夏10个省（自治区、直辖市）开展农业电子商务试点。方案确定主要目标，北京、河北、吉林、湖南、广东、重庆、宁夏7个省（自治区、直辖市）重点在鲜活农产品电子商务方面开展试点，吉林、黑龙江、江苏、湖南4个省重点在农业生产资料电子商务方面开展试点，北京市、海南省在休闲农业电子商务方面开展试点。

2016年1月27日，国务院常务会议决定推动“中国制造2025”与“互联网+”融合发展。会议指出，实施“中国制造2025”对促进制造业升级等发挥了积极作用，这也是深化供给侧结构性改革的重要内容。必须坚持市场导向，引导企业适应和引领市场，在“中国制造+互联网”上尽快取得突破，实现中国制造迈向中高端。

2016年1月28日，国家工商总局与奇虎360公司签署网络交易监管服务战略合作协议。国家工商总局委托奇虎360公司承担“全国网络交易平台监管服务系统”的研发、建设和运维工作。平台建成后，各地工商部门可以利用该平台随时发现和查处存在3类问题的网店，这3类问题包括：过往交易中频繁出现假冒伪劣商品，先提价再降价等虚假促销，购物欺诈。

2016年1月29日，中国保监会印发《关于加强互联网平台保证保险业务管理的通知》（以下简称《通知》）。《通知》针对互联网平台解决保险业务存在的问题，重点对互联网平台选择、信息披露、内控管理等提出明确要求。

2016年2月1日，“工业互联网产业联盟”成立大会在北京举行。“工业互联网产业联盟”接受工业和信息化部业务指导，联盟组织机构包括会员大会、专家委员会、理事会、常务理事会，理事会下设秘书处。中国信息通信研究院是联盟理事长单位，联盟还包括航天科工、中国电信、海尔、华为等9家副理事长单位，以及三一重工、潍柴动力、中国移动、中国电科集团等34家理事单位。联盟首批成员单位143家，包括56家工业企业、48家信息通信企业、7家信息通信安全公司、6家协会、15家高校级科研院所及11家境外企业。

2016年2月2日，国内首个网络安全领域的专项基金启动。专项基金启动资产达3亿元。专项基金设在中国互联网发展基金会之下，主要用于奖励网络安全优秀人才、优秀教师、优秀标准、优秀教材，资助网络安全专业优秀学生的学习和生活，支持网络安全人才培养基地等重要工作。

2016年2月4日，教育部印发了《2016年教育信息化工作要点》。明确了“加快推进教育信息化”的重点任务，要印发《教育信息化“十三五”规划》，加快推动信息技术与教育教学融合创新发展；大力推进“三通两平台”建设与应用，完善偏远农村中小学信息化基础设施建设，深入开展“一师一优课、一课一名师”活动，加快推进“网络学习空间人人通”，提高师生信息素养，普及信息化教学常态应用，完善国家教育资源公共服务体系；充分利用市场机制建设在线开放课程等优质数字教育资源，推进线上线下结合的课程共享与应用；推动教育信息管理系统的整合与应用；落实信息安全等级保护制度，提升信息安全保障能力。

2016 年 2 月 17 日，中共中央办公厅、国务院办公厅印发了《关于全面推进政务公开工作的意见》（以下简称《意见》）。《意见》提出，到 2020 年政务公开工作总体迈上新台阶，依法积极稳妥施行政务公开负面清单制度，公开内容覆盖权力运行全流程、政务服务全过程，公开制度化、标准化、信息化水平显著提升，公众参与度高，用政府更加公开透明赢得人民群众更多理解、信任和支持。

2016 年 2 月 20 日，中国支付清算协会互联网金融风险信息共享系统完成了第二批互联网金融企业的系统对接。实现此次对接的有捷越联合、京东金融、美利金融等 50 多家企业。至此，系统累计接入企业达到 60 家，通过接入企业的风险数据共享，互联网金融行业有望打破行业黑名单信息不共享的僵局。

2016 年 2 月 29 日，国家发改委发布《关于推进“互联网+”智慧能源发展的指导意见》（以下简称《意见》）。《意见》明确了能源互联网建设十大重点任务。一是推动建设智能化能源生产消费基础设施；二是加强智能协同综合能源网络建设；三是推动能源与信息通信基础设施深度融合；四是营造开放共享的能源互联网生态体系，培育售电商、综合能源运营商和第三方增值服务供应商等新型市场主体；五是发展储能和电动汽车应用新模式；六是发展智慧用能新模式；建设面向智能家居、智能楼宇、智能小区、智能工厂的能源综合服务中心；七是培育绿色能源灵活交易市场模式；八是发展能源大数据服务应用；九是推动能源互联网的关键技术攻关；十是建设国际领先的能源互联网标准体系。

2016 年 3 月 1 日，《快递电子运单》邮政行业标准（YZ/T 0148—2015）正式实施。《快递电子运单》邮政行业标准规定了国内快递电子运单的类别、组成及规格、区域划分及信息内容、技术要求、环保、试验方法、运输和贮存等要求。根据标准的定义，快递电子运单是将快件原始收寄等信息按一定格式存储在计算机信息系统中，并通过打印设备将快递原始收寄信息输出至热敏纸等载体上所形成的单据。

2016 年 3 月 3 日，国内首批跨境电子商务通关地方标准通过评审。由深圳市检验检疫科学研究院主导编制的 3 项深圳市跨境电子商务通关系列地方标准顺利通过评审，该系列标准是国内首批针对跨境电子商务通关检验检疫业务所制定的标准化指导性技术文件，标志着深圳跨境电子商务通关业务管理由“保守、无序”向“科学、有序、规范”转变，对促进深圳市跨境电子商务规范有序发展、提升贸易通关便利化水平等具有重要指导性作用。

2016 年 3 月 10 日，《网络出版服务管理规定》正式实施。

2016 年 3 月 17 日，《国家“十三五”规划纲要》（以下简称《刚要》）发布。《纲要》提出，实施国家大数据战略，把大数据作为基础性战略资源，全面实施促进大数据发展行动，加快推动数据资源共享开放和开发应用，助力产业转型升级和社会治理创新。

2016 年 3 月 23 日，商务部印发《2016 年电子商务和信息化工作要点》（以下简称《要点》）。《要点》指出，2016 年电子商务和信息化工作要按中央经济工作会议要求和全国商务工作会议部署，贯彻落实《政府工作报告》和《国务院办公厅关于推进线上线下互动加快商贸流通创新发展转型升级的意见》，深入推进“互联网+流通”行动计划，创新政策举措，提升公共服务，加快构建资源融合、协同共享的电子商务产业链和电子政务应用体系。

2016 年 3 月 24 日，第二届中国智慧城市（国际）创新大会在济南市召开。大会以新型智慧城市为主题，围绕智慧城市发展形势、热点问题及新型智慧城市相关政策等进行了深入研讨，来自公安部、农业部、国家旅游局、国家测绘地理信息局、国家标准委等部门的领导，73 个城市的代表、10 多个国家相关机构的代表，以及智慧城市知名企业、重点新闻媒体等 1200 余人参加了会议。

2016年3月24日，财政部、海关总署、国家税务总局三部委公布，我国将自4月8日起实施跨境电子商务零售进口税收新政策并调整行邮税政策。跨境电子商务零售进口商品将不再按邮递物品征收行邮税，而是按货物征收关税和进口环节增值税、消费税。

2016年3月31日，中国—土耳其跨境电子商务平台上线启动会在重庆市召开。中国—土耳其跨境电子商务平台由敦煌网建设，依托重庆市政策优势和区位优势，旨在打造服务中土两国企业，特别是服务两国中小企业互联网经贸合作平台，是推进中土网上丝绸之路建设合作的重要内容，必将深化和推动中土经贸合作迈上新台阶。重庆市政府、土耳其国家代表和有关企业代表近百人参加了会议。

2016年4月6日，水利部审议通过了《全国水利信息化“十三五”规划》《水利部信息化建设与管理办法》。

2016年4月6日，全国电子商务质量管理标准化技术委员会成立。该委员会将主要围绕电子商务的质量管理、质量诚信、质量监管、质量风险防控等制定国家标准，完善标准体系，推动标准化综合改革并参与国际标准化活动。

2016年4月11日，新型智慧城市建设部际协调工作组召开第一次会议。会议集体学习了中央领导同志关于智慧城市建设的重要批示、指示精神，听取了部际协调工作组办公室关于部际协调工作组2016—2018年工作分工的汇报，以及国家标准委关于新型智慧城市评价指标体系制定情况的汇报。

2016年4月13日，阿里巴巴正式宣布加入国际反仿冒品联盟（IACC），成为该国际组织首个电子商务成员。

2016年4月14日，国务院转发《推进“互联网+政务服务”开展信息惠民试点实施方案》（以下简称《方案》）。《方案》提出，要以解决群众办事过程中“办证多、办事难”等问题为核心，运用大数据等现代信息技术，加快推进部门间信息共享和业务协同，简化群众办事环节，推动实现3个转变：变“群众跑腿”为“信息跑路”，变“群众来回跑”为“部门协同办”，变“被动服务”为“主动服务”。

2016年4月19日，国家主席、中央军委主席、中央网络安全和信息化领导小组组长习近平在京主持召开网络安全和信息化工作座谈会并发表重要讲话。讲话强调按照创新、协调、绿色、开放、共享的发展理念推动我国经济社会发展，是当前和今后一个时期我国发展的总要求和大趋势，我国网信事业发展要适应这个大趋势，在践行新发展理念上先行一步，推进网络强国建设，推动我国网信事业发展，让互联网更好造福国家和人民。

2016年4月22日，农业部等8部委联合印发《“互联网+”现代农业三年行动实施方案》（以下简称《方案》）。《方案》提出，到2018年，互联网与“三农”的融合发展取得显著成效，农业的在线化、数据化取得明显进展，管理高效化和服务便捷化基本实现，生产智能化和经营网络化迈上新台阶，城乡“数字鸿沟”进一步缩小，“大众创业、万众创新”的良好局面基本形成，有力支撑农业现代化水平明显提升。

2016年4月25日，国家税务总局App正式上线。App设置税闻、政策、服务和咨询4个栏目，主要发布财税热点头条、权威解读及税务咨询，并为纳税人提供办税导航、信用查询等各类涉税服务，还支持点赞、收藏和社会化分享等功能。纳税人可第一时间获知税收新政、阅读最新税闻，以及随时随地查询税务信息、咨询税务问题。用户可在国家税务总局官方网站上扫码下载，或者通过AppStore及各应用商店搜索“国家税务总局App”下载iOS版和安卓版。

2016年5月4日，国家工商总局开展“2016网络市场监管专项行动”，并印发了《2016网络市场监管专项行动方案》（以下简称《行动方

案》）。《行动方案》显示，专项行动分为3个阶段组织实施：5月上中旬为动员部署阶段，各地工商、市场监管部门制订工作方案，部署整治工作任务，组织媒体加大宣传，营造良好舆论氛围；5月下旬至11月中旬为集中整治阶段，根据具体任务措施，针对重点问题进行专项治理；11月为督查评估阶段，督查整治工作，巩固整治成果，总结经验做法，分析问题不足。

2016年5月8日，国务院办公厅印发《关于建设“大众创业、万众创新”示范基地的实施意见》（以下简称《意见》）。《意见》指出，为在更大范围、更高层次、更深程度上推进“大众创业、万众创新”，加快发展新经济、培育发展新动能、打造发展新引擎，按照政府引导、市场主导、问题导向、创新模式的原则，加快建设一批高水平的双创示范基地，扶持一批双创支撑平台，突破一批阻碍双创发展的政策障碍，形成一批可复制、可推广的双创模式和典型经验。

2016年5月11日，《2015—2016年中国互联网+法律报告》正式发布（以下简称《报告》）。《报告》发布了“年度十大互联网+领域典型法律案例”：首例微信传销案、南京网络恶意刷单第1案、聪明狗告淘宝天猫屏蔽索赔百万、乐视“9·19”发货门事件、全国首例众筹融资案、浙江首例P2P被判集资诈骗案、短融网诉融360不正当竞争案、大众点评状告百度侵权案、上海消保委告三星手机预装44个软件案、酷派奇酷“撕逼”大战。

2016年5月13日，国务院印发《关于深化制造业与互联网融合发展的指导意见》。部署深化制造业与互联网融合发展，协同推进“中国制造2025”和“互联网+”行动，加快制造强国建设。

2016年5月15日，国家质量监督检验检疫总局发布公告，对关于跨境电商零售进口通关单的政策做了进一步说明。在该说明中，质检总局强调了跨境电商网购保税进口商品的属性为“货物”，检验检疫应依法签发通关单，只有跨境电商直购商品可以免于签发通关单。说明中指出，实际上，需要通关单的产品只占正面清单的36%；同时，为了提高通关效率，质检总局在通关单的管理上会采取一系列便利措施。

2016年5月19日，中共中央、国务院印发《国家创新驱动发展战略纲要》（以下简称《纲要》）。《纲要》包括战略背景、战略要求、战略部署、战略任务、战略保障、组织实施6个部分。《纲要》提出“三步走”战略目标：第一步，到2020年进入创新型国家行列，基本建成中国特色国家创新体系，有力支撑全面建成小康社会目标的实现；第二步，到2030年跻身创新型国家前列，发展驱动力实现根本转换，经济社会发展水平和国际竞争力大幅提升，为建成经济强国和共同富裕社会奠定坚实基础；第三步，到2050年建成世界科技创新强国，成为世界主要科学中心和创新高地，为我国建成富强民主文明和谐的社会主义现代化国家、实现中华民族伟大复兴的中国梦提供强大支撑。

2016年5月21日，首家“中俄远东国际电子商务培训中心”在黑河正式成立。中心旨在培养具有互联网思维、会运用电子商务创业的中俄青年，打造两国跨境电子商务创新成果的互换平台、创业交流合作平台。

2016年5月23日，国家发改委、科技部、工业和信息化部、中央网信办制定了《“互联网+”人工智能三年行动实施方案》（以下简称《方案》）。《方案》指出，到2018年，打造人工智能基础资源与创新平台，人工智能产业体系、创新服务体系、标准化体系基本建立，基础核心技术有所突破，总体技术和产业发展与国际同步，应用及系统级技术局部领先。在重点领域培育若干全球领先的人工智能骨干企业，初步建成基础坚实、创新活跃、开放协作、绿色安全的人工智能产业生态，形成千亿元级的人工智能市场应用规模。

2016年5月24日，财政部、公安部、工商总局、民政部、体育总局联合发布通知，要求

做好查处擅自利用互联网销售彩票工作，未经批准，任何单位或个人不得擅自利用互联网销售彩票。

2016 年 5 月 31 日，第一届全球 5G 大会在北京举行。本次会议由中国、欧盟、美国、日本和韩国的 5 个 5G 推进组织联合主办。本次大会以“构建 5G 技术生态”为主题，邀请了中国、欧盟和日本等国家和地区政府领导、5G 国际组织负责人、数十家国内外主流移动通信和相关应用单位专家 500 多人参会，发布了 5G 研究的最新成果。

2016 年 5 月 31 日，国家发改委、商务部、人民银行、海关总署、税务总局、工商总局、质检总局将启动第三批电子商务示范城市创建工作，并组织实施国家电子商务示范城市电子商务重大工程。

2016 年 6 月 1 日，《网络产品和服务安全审查办法（试行）》（以下简称《办法》）实施。《办法》指出，网络产品和服务安全审查重点审查网络产品和服务的安全性、可控性，主要包括：①产品和服务自身的安全风险，以及被非法控制、干扰和中断运行的风险；②产品及关键部件生产、测试、交付、技术支持过程中的供应链安全风险；③产品和服务提供者利用提供产品和服务的便利条件非法收集、存储、处理、使用用户相关信息的风险；④产品和服务提供者利用用户对产品和服务的依赖，损害网络安全和用户利益的风险；⑤其他可能危害国家安全的风险。

2016 年 6 月 1 日，《互联网信息内容管理行政执法程序规定》（以下简称《规定》）实施。《规定》旨在规范和保障互联网信息内容管理部门依法履行行政执法职责，正确实施行政处罚，保护公民、法人和其他组织的合法权益，促进互联网信息服务健康有序发展。

2017 年 6 月 1 日，《互联网新闻信息服务管理规定》（以下简称《规定》）实施。《规定》分总则、许可、运行、监督检查、法律责任和附则 6 章，共 29 条。旨在进一步加强网络空间法治建设，促进互联网新闻信息服务健康有序发展。

2016 年 6 月 1—2 日，全国商务领域贯彻落实“互联网+流通”行动计划工作会议在上海市召开。会议交流了部分省级商务主管部门、电子商务与物流快递协同发展试点城市和相关企业在政府开展工作和企业创新发展方面的典型经验，参观了上海市在“互联网+流通”领域具有特色和代表性的企业。

2016 年 6 月 7 日，我国互联网“保民”超 3.3 亿人。蚂蚁金服保险和 CBNData 日前联合发布的国内首份《互联网保险消费行为分析》年度报告显示：截至 2016 年 3 月，接受互联网保险服务的用户已经超过 3.3 亿人，同比增长 42.5%，互联网“保民”人数已经是“股民”人数的 3 倍，“基民”人数的 1.5 倍。分人群来看，目前 80 后占“保民”的 47%，90 后占“保民”的 33%，二者是绝对的主力人群；有孩子的用户，投保意外险的意愿是没孩子用户的 2.6 倍，投保健康险的意向则是没孩子用户的 2.4 倍。

2016 年 6 月 7 日，商务部微信公众订阅号“商务微新闻”正式上线。商务部将通过这一平台，在第一时间提供最新商务信息、商务运行数据及商务发展故事。

2016 年 6 月 8 日，国务院常务会议确定发展和规范健康医疗大数据应用的措施，通过“互联网+”医疗更好地满足群众需求。会议认为，发展和应用好健康医疗大数据，是以创新推进供给侧结构性改革的重大民生工程，有利于提高健康医疗服务效率和质量、增加有效供给、满足群众需求、促进培育新业态、形成新的经济增长点。会议确定，一是按照安全为先、保护隐私的原则，优先整合利用现有资源，建设互联互通的国家、省、市、县 4 级人口健康信息平台，实现部门、区域、行业间数据开放融合、共建共享；二是集成医学大数据资源，构建临床决策、疾病诊断、药物研发等支持系统，拓展公共卫生监测评估、传染病疫情预警等应用，重点推进网上预约分诊、检查检验结果共享互认、医保联网异地结算等便民惠民应用，发展远程医疗和智能化健康医疗设备；三是制定完善法律法规和标准，建立健康档案等基础数据库，规范居民健康信息服务管理，严格健康医疗大数据应用准入，建设实名认证等控制系统，保护个人隐私和信息安全。

2016 年 6 月 10 日，农业部网站开通“全国农业办事查询服务”窗口。该窗口设事项查询、地域查询和监督咨询 3 个版块。社会公众可以通过关键字进行事项搜索，然后选择相关省份进入办事；也可以直接进入省级农业网上办事大厅，进行相关业务咨询、办理；还可以通过窗口提供的电话和网址，寻求咨询监督、投诉举报等服务。

2016 年 6 月 21 日，国务院印发《关于促进和规范健康医疗大数据应用发展的指导意见》。部署通过“互联网+健康医疗”探索服务新模式、培育发展新业态，努力建设人民满意的医疗卫生事业，为打造健康中国提供有力支撑。

2016 年 6 月 22 日，中国互联网络信息中心（CNNIC）发布《2015 年中国网络购物市场研究报告》（以下简称《报告》）。《报告》显示，截至 2015 年 12 月，我国手机网购用户规模达 3.4 亿户，同比增长 43.9%，手机网购的使用比例由 42.4%提升至 54.8%。

2016 年 6 月 25 日，国家互联网信息办公室发布《互联网信息搜索服务管理规定》（以下简称《规定》）。《规定》旨在规范互联网信息搜索服务，促进互联网信息搜索行业健康有序发展，保护公民、法人和其他组织的合法权益，维护国家安全和公共利益。《规定》要求，互联网信息搜索服务提供者应当落实主体责任，建立健全信息审核、公共信息实时巡查等信息安全管理制度，不得以链接、摘要、联想词等形式提供含有法律法规禁止的信息内容；提供付费搜索信息服务应当依法查验客户有关资质，明确付费搜索信息页面比例上限，醒目区分自然搜索结果与付费搜索信息，对付费搜索信息逐条加注显著标识；不得通过断开相关链接等手段，牟取不正当利益。

2016 年 6 月 28 日，国家互联网信息办公室发布《移动互联网应用程序信息服务管理规定》（以下简称《规定》）。国家互联网信息办公室有关负责人表示，出台《规定》旨在加强对移动互联网应用程序（App）信息服务的规范管理，促进行业健康有序发展，保护公民、法人和其他组织的合法权益。

2016 年 7 月 1 日，全国网络交易平台监管服务系统将正式上线。一些销售假冒伪劣产品的网店将被贴上“黑网店”的标签，并且会显示在网店主页上。用户访问该店铺页面时，会提示该网店的信誉级别。该监管系统可以有效地提醒用户，当然主要针对的还是淘宝平台，因为淘宝电商平台上的假货非常多，黑网店的数量自然也较多，这些黑网店出售大量低质量的商品，而买家往往难以分辨。

2016 年 7 月 7 日，国家工商总局发布《网络市场监管工作年度报告（2015 年）》（以下简称《报告》）。《报告》显示，2015 年全国工商和市场监管部门受理网络购物投诉 14.58 万件，同比增长 87.3%，与“十一五”末期相比增长了 77.67 倍，连续两年排在服务类投诉首位。

2016 年 7 月 10 日，财政部、商务部发布《关于 2016 年度外经贸发展专项资金重点工作的通知》。支持国务院批准设立的跨境电子商务综合试验区，结合当地实际和优势完善统计监测、信息共享、现代物流、金融服务、信用管理、风险防控、“单一窗口”、市场开拓和营销等服务体系，有效引导社会资源，合理配置公共资源，帮助企业有效利用电子商务开展对外贸易。

2016 年 7 月 11 日，商务部印发《农村电子商务服务规范》（试行）和《农村电子商务工作指引》（试行）。

2016 年 7 月 11 日，我国交通行业首个“综合性、专业化、门户型”智库平台——中国交通

智库正式发布。智库平台上包括门户网站、手机App在内的首期产品将于8月8日正式上线。中国交通智库是互联网技术与交通行业深度融合的产物，通过精准搜索、资讯共享、社群互动和专业咨询等核心功能，有效对接行业供需沟通渠道，同时为释放新需求、创造新供给打开新局面。

2016年7月12日，多部委联合启动“剑网2016”专项行动。“剑网2016”专项行动的整治范围包括：整治未经授权非法传播网络文学、新闻、影视等作品的侵权盗版行为，保障有关权利人的合法权益；重点查处通过智能移动终端第三方应用程序（App）、电子商务平台、网络广告联盟、私人影院（小影吧）等平台进行的侵权盗版行为，维护网络版权正常秩序；进一步规范网络音乐、网络云存储空间、网络转载新闻作品的版权秩序，营造网络版权良好生态。

2016年7月13日，《网络食品安全违法行为查处办法》颁布。《网络食品安全违法行为查处办法》于2016年10月1日起施行，具体内容包括7个方面：一是强化平台和入网食品生产经营者义务；二是细化严重违法行为的具体情形；三是明确违法行为的管辖；四是强化调查处理职责；五是细化抽样程序；六是明确责任约谈的情形；七是强化法律责任。

2016年7月20日，国务院常务会议部署推进“互联网+物流”，降低企业成本便利群众生活。一要构建物流信息互联共享体系，建立标准规范，加快建设综合运输和物流交易公共信息平台，提升仓储配送智能化水平；鼓励发展冷链物流。二要推动物流与“双创”相结合，发展多种形式的高效、便捷物流新模式，促进物流与制造、商贸、金融等互动融合；推进“互联网+车货”匹配、运力优化，实现车辆、网点、用户等精准对接；探索实行“一票到底”的联运服务，推动仓储资源在线开放和实时交易。三要加大用地等政策支持，结合营改增创新财税扶持，简化物流企业设立和业务审批，鼓励金融机构重点支持小微物流企业发展；创新监管方式，规范市场秩序，强化安全管理；使现代物流更好服务发展、造福民生。

2016年7月22日，《推进煤炭大数据发展的指导意见》（以下简称《指导意见》）发布。《指导意见》提出，以全国煤炭交易数据平台为基础，力争2020年前建成全国煤炭大数据平台，实现煤炭数据资源适度向社会开放，为煤炭企业探索新业态、新模式和行业转型升级提供支撑。

2016年7月27日，中共中央办公厅、国务院办公厅印发《国家信息化发展战略纲要》（以下简称《纲要》）。《纲要》是规范和指导未来10年国家信息化发展的纲领性文件。《纲要》要求将信息化贯穿我国现代化进程始终，加快释放信息化发展的巨大潜能，以信息化驱动现代化，加快建设网络强国。

2016年8月1日，工业和信息化部、财政部、中国人民银行、银监会联合印发《关于组织申报产融合作试点城市的通知》（以下简称《通知》）。《通知》明确了产业与金融合作试点城市的总体要求、基本原则和主要内容，并正式启动产业与金融合作试点城市申报工作。

2016年8月9日，《2016中国城市电子政务调查报告》（以下简称《报告》）发布。《报告》由国家行政学院电子政务研究中心组织开展编写。《报告》显示，我国主要城市电子政务发展水平有了一定程度的提高，中国城市电子政务发展指数（EGDI）排名前10名的城市依次为广州、北京、深圳、厦门、上海、杭州、青岛、温州、绍兴、成都。此次调查评估的对象为我国地级以上城市（包括直辖市、计划单列市、省会城市、地级市共338个），重点调查评估人民群众关注度高的10类服务：婚育、户籍、教育、社保、医疗、住房、交通、就业、出入境、便民服务。

2016年8月10日，“2016中国能源互联网大会暨智慧能源产业博览会”在秦皇岛国际展览中心开幕。会议由中国智慧能源产业技术创新战略联盟联手秦皇岛经济技术开发区管理委员会主办，大会以“互联网+智慧能源，开启能源互联网新模式”为主题，聚合近 80 家智慧能源产业链展商参会。

2016 年 8 月 16 日，第四届中国互联网安全大会在北京召开。互联网安全大会以“协同联动，共建安全命运共同体”为主题，来自全球 70 多家相关机构和企业的代表发表演讲，共同探讨网络安全话题。

2016 年 8 月 22 日，“政务公开在行动 2016”专题在中国政府网上线。该专题由国务院办公厅开设，专题设置“读政策”“看举措”“跟进展”“解读评论”“视频与图解”等版块，集中发布党中央、国务院关于政务公开的决策部署，方便公众了解省级政府、国务院部门的落实举措，跟踪政务公开进展情况。专题将动态更新，及时发布政务公开的新部署、新要求，交流政务公开的新经验、新做法，欢迎公众特别是广大网民朋友对专题持续关注。

2016 年 8 月 23 日，北京市工商局与京东、天猫、亚马逊、苏宁、国美等 11 家知名网络交易平台签署了《加强网络交易消费者权益保护框架协议》。这是行政部门首次和网络交易平台的主体信息、质量监管、消费维权数据交换。

2016 年 8 月 24 日，中央网信办、国家质检总局、国家标准委联合印发《关于加强国家网络安全标准化工作的若干意见》，对加强网络安全标准化工作进行部署。

2016 年 8 月 24 日，全国导游公共服务监管平台正式上线。全国导游公共服务监管平台具有五大功能：一是导游执业管理；二是导游执业信息全记录；三是导游服务评价和投诉；四是旅游部门监管执法；五是其他公共服务。

2016 年 8 月 26 日，国家互联网金融安全技术专家委员会成立。国家信息化专家咨询委员会常务副主任周宏仁担任专家委员会主任，全国人大财经委副主任委员吴晓灵、国家知识产权局原局长高卢麟担任专家委员会副主任。专家委员会在国家互联网应急中心设立秘书处，负责日常工作。

2016 年 9 月 1 日，《电子商务物流服务规范》（以下简称《规范》）正式实施。《规范》深入电子商务物流系统、仓储、运输、配送、退换货等各环节，规定了电子商务物流服务的服务能力、服务要求和作业要求；规定了电子商务物流业的术语、服务能力、作业要求、服务要求等，通过标准对保健服务业进行科学分类。

2016 年 9 月 1 日，农业部正式发布《“十三五”全国农业农村信息化发展规划》（以下简称《规划》）。《规划》提出未来 5 年农业农村信息化发展的总体目标：到 2020 年，“互联网+现代农业”建设取得明显成效，农业农村信息化水平明显提高，信息技术与农业生产、经营、管理、服务全面深度融合，信息化成为创新驱动农业现代化发展的先导力量。

2016 年 9 月 1 日，教育部与中国移动在北京签署了为期五年的第二期战略合作框架协议。双方在前期合作的基础上，进一步深化合作内容、扩大合作领域，在教育信息化方面继续全面开展战略性合作。

2016 年 9 月 1 日，《互联网广告管理暂行办法》正式施行。《互联网广告管理暂行办法》突出互联网广告特点，突出问题导向，突出可操作性，着力解决基层监管执法中迫切需要解决的问题，厘清各参与主体之间的义务和责任。

2016 年 9 月 1 日，电子口岸企业入网联网资格审查系统上线试运行。这项工作由国家口岸管理办公室牵头，海关总署、商务部、税务总局、工商总局、质检总局、外汇管理局 6 个部委共同推动，旨在贯彻落实国务院简政放权、放管结合、优化服务改革要求，配合国家统一社会信用代码改革，通过实现电子口岸联网自动审核，进一步优化电子口岸企业入网办事流程。系统于 2016 年 8 月 10 日顺利通过海关总署、商务部等六部委联合验收。

2016年9月1日，《"十三五"全国农业农村信息化发展规划》（以下简称《规划》）正式印发。《规划》提出，到2020年，"互联网+现代农业"建设取得明显成效，农业农村信息化水平明显提高，信息技术与农业生产、经营、管理、服务全面深度融合，信息化成为创新驱动农业现代化发展的先导力量。

2016年9月5日，国务院印发《政务信息资源共享管理暂行办法》（以下简称《办法》）。《办法》指出，要加快推动政务信息系统互联和公共数据共享，充分发挥政务信息资源共享在深化改革、转变职能、创新管理中的重要作用，增强政府公信力，提高行政效率，提升服务水平。政务信息资源包括政务部门依法采集、依法授权管理和在履行职责过程中产生的信息资源。按照资源共享属性，政务信息资源分为无条件共享、有条件共享、不予共享这3种类型；同时严格规定，"凡列入不予共享类的，必须有法律、行政法规和党中央、国务院政策依据。"

2016年9月6日，全国"互联网+现代农业"工作会议暨新农民创业创新大会在江苏省苏州市召开。国务院副总理汪洋强调，发展"互联网+现代农业"，是提高农业发展质量和效益、促进农民增收的重大举措，是加强农村社会管理和服务的有效途径。要认真贯彻落实党中央、国务院的决策部署和全国科技创新大会有关精神，把信息化作为农业现代化的一个重要制高点，紧紧围绕农业现代化和农业供给侧结构性改革的目标任务，加快现代信息技术在农业农村领域的推广应用，推进"互联网+现代农业"健康发展。

2016年9月6日，国家林业局正式印发《关于推进全国林业电子商务发展的指导意见》（以下简称《指导意见》）。《指导意见》指出，加快林业电子商务发展是完善林产品市场机制的重要举措，是推动林业产业转型升级的重要抓手，也是促进林业现代化发展的重要途径。开展林业电子商务工作应坚持"政府引导，市场运作；产业联动，示范带动；强化应用，促进融合；规范有序，健康发展"的基本原则；力争到2020年，实现林业电子商务水平显著提升，使得林业发展环境良好，对完善林产品市场流通体系、拉动消费需求、促进林农就业、繁荣林区经济、助力林业精准扶贫起到明显带动作用。

2016年9月8日，司法部召开全国司法行政信息化建设推进会议。司法部部长、党组书记吴爱英出席会议并讲话。吴爱英强调，坚持把司法行政信息化建设作为重大战略任务，坚持规划先行，坚持建设、管理、应用相结合，大力加强司法行政信息化建设，加快建设司法行政信息化升级版，进一步提高司法行政服务管理效能，以信息化推动司法行政工作实现新发展。

2016年9月8日，全国检察机关电子检务工程暨科技强检工作推进会召开。最高人民检察院副检察长李如林在会上指出，2009年以来，最高检坚持"统一规划、统一标准、统一设计、统一实施"的"四统一"原则，加大投入、科学实施，检察科技装备和检察信息化建设取得长足发展。今后五年，各级检察机关要把科技强检摆在更加突出的位置，以《"十三五"时期科技强检规划纲要》作为指引，建立"感、传、知、用、管"五维一体的智慧检务体系，实现广泛透彻感知、安全高效传输、智能信息服务、全面覆盖应用、先进适用管理，促进持续实施科技强检战略。要以科研项目的深入实施为助力，充分发挥先进示范院的典型带动作用，推动科技强检工作的整体发展。

2016年9月14日，李克强主持召开国务院常务会议部署加快推进"互联网+政务服务"，以深化政府自身改革更大程度利企便民；决定大力发展装配式建筑，推动产业结构调整升级。

2016年9月15日，中国成为世界上最大的互联网市场。联合国宽带委员会发布的《2016年宽带状况》显示，中国以7.21亿的网民人数成为全球第一大互联网市场。根据国际电信联盟的最新统计数字，到2016年年底，将有35亿人用上互联网，高于2015年的32亿人，相当于47%的全球人口。48个联合国认定的最不发达国家实现了令人鼓舞的进步，15%的最不发达国家人口实现联网的目标有望于2016年年底实现。

2016年9月18日，银监会、公安部颁布实施《电信网络新型违法犯罪案件冻结资金返还若干规定》（以下简称《规定》）。《规定》明确，电信网络新型违法犯罪案件是指不法分子利用电信、互联网等技术，通过发送短信、拨打电话、植入木马等手段，诱骗（盗取）被害人资金汇（存）入其控制的银行账户，实施的违法犯罪案件。冻结资金是指公安机关依照法律规定对特定银行账户实施冻结措施，并由银行业金融机构协助执行的资金。

2016年9月19日，《关于推进商品交易市场转型升级的指导意见》（以下简称《指导意见》）发布。《指导意见》明确提出我国商品交易市场转型升级的目标是：商品市场信息化、标准化、集约化建设水平明显提高，供应链管理和平台化发展成效显著，多功能、多层级商品市场体系更加完善；到2020年，形成一批转型升级绩效较好的百亿级专业市场和千亿级综合市场，建设一批平台化示范市场。

2016年9月19日，国务院印发《政务信息资源共享管理暂行办法》（以下简称《办法》）。《办法》对当前和今后一个时期推进政务信息资源共享管理的原则要求、主要任务和监督保障进行了规定。

2016年9月20日，“2016年中国国际信息通信展览会”在北京中国国际展览中心举行。展览会由工业和信息化部、中国国际贸易促进委员会主办，中国邮电器材集团公司、中国国际展览中心集团公司承办，以“网聚万物，融合创新”为主题，聚焦5G、云计算、物联网、智能硬件等前沿科技，展现行业发展最新趋势，并同期举办“ICT中国·2016高层论坛”，ICT（信息通信技术）领军者就ICT数字化转型和融合创新等行业趋势开展深度研讨。

2016年9月21日，最高人民法院、最高人民检察院、公安部三部门联合制定并下发了《关于办理刑事案件收集提取和审查判断电子数据若干问题的规定》。

2016年9月21—23日，中国—东盟基于互联网的新业态和新应用研讨会在上海举行。研讨会由工业和信息化部主办，中国信息通信研究院承办，来自文莱、柬埔寨、印度尼西亚、老挝、马来西亚、缅甸、菲律宾、新加坡、泰国、越南等东盟成员国家信息通信主管部门的22名代表，以及我国电信运营企业、通信设备制造企业、互联网企业和信息通信研究院近20位专家参加研讨会并做了专题演讲。

2016年9月23日，云南开启“互联网+政府法治”时代。云南省政府法制办公室行政复议系统和行政执法主体资格查询系统完成安装、调试等工作，成功链接到云南省政府法制信息网，正式投入使用。

2016年9月25日，“12301”全国旅游投诉举报平台正式上线。“12301”平台是各级旅游质监执法人员受理及处理旅游投诉的统一平台，实现了属地直办、全程监控、多渠道入口统一的闭环投诉受理和处理。平台强化了各级旅游部门质监执法职能，有旅游投诉发生时，能够在第一时间内将投诉信息转发到属地旅游质监执法机构，同时国家和省（自治区、直辖市）质监执法机构可对重点投诉案件适时进行督办、督查，各级质监执法机构可以实时掌握和监控投诉案件处理进度及状态。

2016年9月25日，国务院发布了《关于加快推进“互联网+政务服务”工作的指导意见》（以下简称《意见》）。《意见》从解决人民群众反映强烈的“办事难、办事慢、办事繁”等问题出发，简化、优化办事流程，推进线上线下融合，及时回应社会关切的问题，提供渠道多样、简便易用的政务服务。

2016年9月25日，中共中央办公厅、国务

院办公厅印发《关于加快推进失信被执行人信用监督、警示和惩戒机制建设的意见》（以下简称《意见》）。《意见》提出，要加强信息公开，人民法院要及时、准确地更新失信被执法人名单信息，并将全国法院失信被执行人名单信息通过查询平台、有关网站、移动客户端、户外媒体等多种形式向社会公开，供公众免费查询。

2016年9月26日，公安机关专项打击整治网络侵犯公民个人信息犯罪成效显著。自2016年4月公安部部署全国公安机关开展打击整治网络侵犯公民个人信息犯罪专项行动以来，截至目前，全国公安机关网络安全保卫部门累计查破刑事案件1200余起，抓获犯罪嫌疑人3300余人，其中，抓获银行、教育、电信、快递、证券、电商网站等行业内部人员270余人，抓获网络黑客90余人，查获信息290余亿条，抓获清理违法有害信息42万余条，关停网站、栏目近900个。

2016年9月27日，国家工商总局公布《网络购买商品七日无理由退货实施办法（征求意见稿）》（以下简称《意见》），并且向社会公开征求意见。《办法》明确消费者应当自收到商品之日起七日内向网络商品销售者发出退货通知，销售者应履行七日无理由退货义务，并在收到退回商品之日起七日内向消费者返还已支付的商品价款。

2016年9月27日，国家工商总局电子商务“12315”投诉维权（杭州）中心和网络商品质量监测（杭州）中心落户杭州（以下简称“两中心”）。“两中心”主要承担5项职能：受国家工商总局委托，开展跨境电子商务消费维权工作，探索建立适应跨境电子商务发展的消费者权益保护体制机制；开展跨区域消费维权执法协作，探索建立在线电子商务消费维权信息共享机制；组织开展网络商品质量监督抽查工作，承担国家工商总局交办的网络商品质量监测等任务；组织电子商务消费维权、网络商品质量情况数据采集和分析应用，为全国网络消费维权工作提供大数据支持；开展电子商务消费维权宣传教育引导工作，督促电子商务企业履行主体责任。

2016年9月27日，“2016世界互联网工业大会”召开。会议由工业和信息化部、中国工程院指导，青岛市人民政府、中国机械工程学会共同主办，以“第四次工业革命：互联网工业的创新实践”为主题，深入探讨制造业与互联网融合创新实践路径，展示智能制造装备与关键技术最新成果，分享重点行业智能制造解决方案，进一步深化国际产业合作，共同促进制造业与互联网融合发展，迎接第四次工业革命浪潮的到来。大会为期两天，共设置了主题演讲、解读分享、中外企业家沙龙、分论坛、互联网工业展、现场观摩共六大板块。

2016年9月28日，“互联网+交通出行服务”论坛举办。论坛由公安部交通管理局指导，公安部交通管理科学研究所、人民日报媒体技术股份有限公司等联合主办，以“智慧交通、融合创新”为主题。与会代表分别围绕大数据在交通管理中的创新趋势、“互联网+道路交通出行服务”创新、共享出行的大数据调度等话题进行交流研讨。

2016年9月28日，ETC用户数量一年增长7倍。我国自2015年9月28日起实现电子不停车收费系统（ETC）全国联网，联网区域共建成ETC专用车道13291条，较2014年4月（联网初期）增长了近1倍；ETC用户近4000万户，增长了近7倍；服务网点覆盖全部联网县（区）；日均交易量达800万笔，占高速公路通行量的28.65%。经初步测算，联网运行一年来，共节约车辆燃油8万吨，能源节约效益约7亿元，减少氮氧化物排放约190吨、碳氢化合物排放约634吨、一氧化碳排放约2.38万吨。

2016年9月28日，全国电子政务工作座谈会在福建省福州市召开。会议强调，今后一段时期推进国家电子政务发展的主要任务是：一要建立健全电子政务统筹协调机制，解决多头管理、职能分散、职能交叉等问题；二要加强国家电子政务顶层设计，改变“重建设轻应用”“重技术轻业务”“重管理轻服务”等错误观念；三要建立信息资源共享制度，打破信息壁垒，提升服务效率；四要加快构建面向百姓的一体化在线服务体系，切实提高各级政府部门的公共服务水平。

2016年9月29日，最高人民检察院印发实施了《"十三五"时期科技强检规划纲要》（以下简称《纲要》）。《纲要》提出以"智慧、融合、创新"为总体思路，逐步构建"感、传、知、用、管"五维一体的智慧检务应用体系，实现"科技强检"工作向"智慧检务"的跃升，全面推进"科技强检"工作跨越式发展。

2016年10月1日，全国首部关于智慧城市建设方面的地方性法规《银川市智慧城市建设促进条例》（以下简称《条例》）正式实施。《条例》对智慧城市建设发展规划、信息基础设施共享、信息采集共享、应用推广措施、法律责任等方面制定了明确的规定。《条例》规定市（县、区）人民政府应将智慧城市建设及其管理纳入国民经济和社会发展规划，智慧城市大数据主管部门要建立公共数据开放清单制度，建立智慧城市大数据平台，鼓励其他信息系统向大数据平台迁移，通过共享平台向社会开放。

2016年10月9日，中央政治局就实施网络强国战略进行第三十六次集体学习。中共中央总书记习近平在主持学习时强调，加快推进网络信息技术自主创新，加快数字经济对经济发展的推动，加快提高网络管理水平，加快增强网络空间安全防御能力，加快用网络信息技术推进社会治理，加快提升我国对网络空间的国际话语权和规则制定权，朝着建设网络强国目标不懈努力。

2016年10月13日，国家新闻出版广电总局发布《关于加快新闻出版业实验室建设的指导意见》（以下简称《意见》）。《意见》提出要通过建设重点突出、布局合理、规模适度的实验室群，全面推进关键技术研发，深入开展标准研制，提升行业科技成果的应用水平，全面推动数字化转型升级，积极探索融合发展的模式创新，促进人才培养与队伍建设，优化创新环境，发挥新闻出版业实验室群的创新驱动力，推动新闻出版业创新体系建设。

2016年10月25—27日，中国教育和科研计算机网CERNET第二十三届学术年会暨会员代表大会在重庆市举办。大会以"乘'互联网+'的浪潮，推进教育信息化的创新"为主题，就下一代互联网创新、国家信息化规划及立法、中国大学CIO机制体制、教育信息化与校园网的发展等话题进行了深入的学术交流，来自各省（自治区、直辖市）教育厅（局）、CERNET高校会员单位代表、厂商代表1200余人参加，期间还举办了"2016中国高校CIO论坛"。

2016年10月26日，2016年全国交通运输通信信息中心主任工作交流会召开。会议主题为"网络安全和大数据"。交通运输信息化领域相关政府部门和科研机构，围绕交通信息资源开放共享、大数据应用及网络安全等议题进行深入交流。会议倡议，推进数据开放共享，牢守网络安全底线。

2016年10月28日，国家工商总局审议通过《工商行政管理信息化发展"十三五"规划》（以下简称《规划》）。《规划》指出，到"十三五"末，基本建立结构科学、层级衔接、互联互通、资源共享、运转高效、全国统一的工商信息化体系，形成以规划设计、标准规范、应用系统、数据资源、服务门户、支撑平台、信息安全、制度保障为主构成的有机整体，不断增强工商信息化发展能力，不断提升信息化应用水平，不断优化信息化发展环境，构建"大监管共治、大系统融合、大数据慧治、大服务惠民、大平台支撑"的工商信息化创新格局。

2016年10月31日，国务院常务会议确认全面实施政务公开相关细则。会议确定，一是将决策、执行、管理、服务、结果"五公开"的要求稳步有序纳入政务活动各环节；二是强化政策解读；三是积极回应社会关切的问题，特别是对涉及群众切身利益、影响市场预期和突发公共事件等重点信息，有关地方和部门要及时主动发声，对群众反映的实际困难和重大问题，研究解决或调查处置情况要及时公布；四是加强政府网站等平台建设，注重运用全媒体手段，扩大政务信息覆盖面和影响力；五是拓宽公众参与政策制定、执行和监督的渠道。

2016 年 10 月 31 日，国务院教育督导委员会办公室公开发布了《2016 年全国教育信息化工作专项督导报告》（以下简称《报告》）。《报告》总结了各地推进教育信息化的工作成效和主要做法，分析了存在的问题，提出“加大统筹推进力度，加快健全体制机制”“大力推进应用创新，不断提升应用水平”“培育资源服务市场，广泛共享优质资源”“建立可持续的投入机制，保障有效运行维护”4 条督导意见。

2016 年 11 月 3 日，《信息化和工业化融合发展规划（2016—2020 年）》（以下简称《规划》）正式发布。《规划》以激发制造业创新活力、发展潜力和转型动力为主线，部署了构建基于互联网的制造业“双创”新体系、推广网络化生产新模式、培育平台化服务新业态、营造跨界融合新生态、普及两化融合管理体系标准、发展智能装备和产品、完善基础设施体系 7 项任务，明确了制造业“双创”培育、制造业与互联网融合发展、系统解决方案能力提升、企业管理能力提升、核心技术研发和产业化、工业信息安全保障 6 项重点工程，围绕实施机制、财税金融、标准体系、人才培养、国际交流提出了 5 项保障举措。

2016 年 11 月 4 日，国家互联网信息办公室发布《互联网直播服务管理规定》（以下简称《规定》）。《规定》明确，互联网直播服务提供者和互联网直播发布者在提供互联网新闻信息服务时，都应当依法取得互联网新闻信息服务资质，并在许可范围内开展互联网新闻信息服务。互联网直播服务提供者应对互联网新闻信息直播及其互动内容实施先审后发管理，提供互联网新闻信息直播服务的，应当设立总编辑。

2016 年 11 月 7 日，第十二届全国人大常委会第二十四次会议表决通过《中国人民共和国网络安全法》。作为我国第一部全面规范网络空间安全管理的基础性法律，它的施行标志着我国网络安全从此有法可依，网络空间治理、网络信息传播秩序规范、网络犯罪惩治等即将翻开崭新的一页，对保障我国网络安全、维护国家总体安全具有深远而重大的意义。

2016 年 11 月 8 日，智慧城市建设服务总包（EPC）联合实验室成立。该实验室是中国城市科学研究会智慧城市联合实验室最新成立的专项联合实验室，将重点研究对工程建设项目的设计、采购、施工、试运行等实行全过程或若干阶段的承包，通过科学的管理方法，实现过程与结果的统一性，实现资源的集约化利用，提高工程建设项目一体化管理水平，建设智慧、安全、可控的建设服务总包标准规范与应用示范。

2016 年 11 月 10 日，国务院办公厅印发《关于全面推进政务公开工作的意见实施细则》（以下简称《实施细则》），对全面推进政务公开工作做出具体部署。《实施细则》要求着力推进决策、执行、管理、服务、结果公开，将“五公开”要求落实到公文办理程序和会议办理程序，对公开内容进行动态扩展和定期审查。国务院各部门要就本部门、本系统主动公开的内容、主体、时限、方式等编制目录并动态更新。在全国选取 100 个市（县、区），围绕土地利用规划、拆迁安置、环境治理、扶贫救灾、就业社保等开展政务公开标准化、规范化试点。

2016 年 11 月 16 日，国家新闻出版广电总局数字出版司公布《新闻出版业数字化转型升级软件技术服务商推荐名录（2016）》。

2016 年 11 月 16 日，第三届世界互联网大会在浙江乌镇开幕。大会由国家互联网信息办公室和浙江省人民政府联合主办，本届大会以“创新驱动 造福人类——携手共建网络空间命运共同体”为主题，在全球范围内邀请 1200 位来自政府、国际组织、企业、技术社群和民间团体的互联网领军人物，围绕互联网经济、互联网创新、互联网文化、互联网治理和互联网国际合作 5 个方面进行探讨交流。

2016 年 11 月 16 日，在深圳市召开的第十八

届中国国际高新技术成果交易会期间，国家发改委、工业和信息化部、国家互联网信息办公室和深圳市人民政府共同举办了2016中国“互联网+”峰会。本次峰会以“融合创新转型”为主题，旨在促进“互联网+”的宣传引导、经验交流和推进落实，深入推进“互联网+”行动，助力我国经济转型升级。国家发改委副主任林念修、工业和信息化部副部长怀进鹏、深圳市市长许勤出席峰会并致辞。来自中央部门、地方政府、研究机构、骨干企业和新闻媒体共800余人参加了会议。

2016年11月18日，中国互联网络信息中心发布《国家信息化发展评价报告（2016）》。报告显示中国的信息化排名从2012年的第36位攀升至2016年的第25位。中国信息化发展在产业规模、信息化应用效益等方面取得长足进步，已经跃居全球领先位置。

2016年11月22日，国家发改委、中央网信办、国家标准委联合发布《关于组织开展新型智慧城市评价工作务实推动新型智慧城市健康快速发展的通知》，正式启动2016年新型智慧城市评价工作。

2016年11月24日，人民法院专网实现了人民法庭全覆盖。全国所有3523个法院、9239个人民法庭和 38 个海事派出法庭实现互联互通，为全国法院干警“一张网”办案、办公、学习、交流及实现全业务网上办理创造了至关重要的条件。通过这张网，人民法院实现了业务支持、数据汇聚和安全监管的全覆盖。

2016年11月25日，公安部出台《关于进一步推进“互联网+公安政务服务”工作的实施意见》（以下简称《意见》）。《意见》要求认真贯彻落实中央关于全面深化公安改革部署要求，紧紧抓住直接面向社会公众提供的具体办事服务事项，充分运用“互联网+”思维优化再造公安政务服务流程，创新、丰富服务内容和服务方式，着力提升公安政务服务的标准化、网络化、智慧化水平，努力为促进经济社会发展、方便群众办事创业提供更加优质、高效的服务。

2016年11月25日，国家发改委与国家林业局共同签署了《关于联合开展生态大数据应用与研究工作的战略合作协议》。战略合作着重加强生态大数据服务与应用，以及运用大数据手段，重点开展生态大数据分析应用。一是建设国家生态大数据应用平台，整合双方各自的资源和力量，实现数据交换共享和分析应用。二是建设服务于智慧林业的大数据监测分析应用，完善生态安全监测评价体系、生态红线动态保护体系、“三个系统一个多样性”动态决策体系等服务体系，促进智慧林业发展。三是建设服务于国家宏观经济运行的大数据分析应用，以国家林业局“京津冀、长江经济带、‘一带一路’林业数据资源协同共享项目”为支撑，开展三大战略覆盖试点区域生态专题分析应用，运用大数据分析挖掘和可视化展现技术开展专项分析。

2016年11月28日，工业和信息化部启动互联网基础管理专项行动。专项行动主要为了加强网站备案、IP地址、域名等互联网基础管理，严格落实实名制。

2016年11月29日，全国国土资源信息化工作会议在北京市召开。会议提出，要以信息化驱动国土资源治理体系和治理能力现代化，用信息化思维推进国土资源事业新发展，创新资源监管方式，提升服务民生能力，努力开创国土资源信息化工作新局面。

2016年11月29日，《“十三五”国家战略性新兴产业发展规划》（以下简称《规划》）发布。《规划》对“十三五”期间我国战略性新兴产业发展目标、重点任务、政策措施等做出全面部署安排。

2016年12月14日，教育部成立教育管理信息化专家组。专家组在教育部网络安全和信息化领导小组领导下，对教育管理信息化工作进行研究、咨询、指导，保证教育管理信息化相关项目建设、运维与教育业务管理信息系统服务的科学、规范、协调与高效。专家组成员由教育管理信息化领域具有深入研究和丰富经验的 10 位专家、学者组成。

2016年12月15日，“国新发布”App和“网上新闻发布厅”上线试运行。“国新发布”App是依托国务院新闻办公室新闻发布和各地方、各部门新闻发布的、面向社会公众及海外用户提供权威新闻发布的中英双语新媒体平台，设置新闻间、发布会、News、我的空间四大栏目，实时纵览中国权威信息，直击国务院新闻办公室、中央部门与地方每年上千场新闻发布会、吹风会，用中英文讲述中国最新发展变化，并为用户提供个性化信息服务。“网上新闻发布厅”是国务院新闻办公室专门向在该办注册的中外媒体记者精准投放和推送中国权威信息和采访活动信息的综合平台，设置发布区、互动区、服务区、我的厅“三区一厅”，主要功能包括发布信息推送、采访信息服务、在线沟通等，旨在提供中国最权威的专业资讯和最便捷的信息服务。

2016年12月15日，国务院印发《“十三五”国家信息化规划》（以下简称《规划》）。《规划》指出，“十三五”时期是信息化引领全面创新、构筑国家竞争新优势的重要战略机遇期，是我国从网络大国迈向网络强国、成长为全球互联网引领者的关键窗口期，是信息技术从跟跑并跑到并跑领跑、抢占战略制高点的激烈竞逐期，也是信息化与经济社会深度融合、新旧动能充分释放的协同迸发期，必须加强统筹谋划，主动顺应和引领新一轮信息革命浪潮。

2016年12月15日，国家发改委4个平台实现从1.0版本到4.0版本的跨越升级。4个平台包括投资项目在线审批监管平台、全国信用信息共享平台、“12358”价格监管平台、国家公共资源交易平台。

2016年12月15日，全国综合气象信息共享平台（CIMISS）在北京市等25个省（自治区、直辖市）气象局正式投入业务化运行。至此，加上第一批实现CIMISS正式业务化运行的国家级气象业务单位及6个省（自治区、直辖市）气象局，该系统在全国范围内全部实现业务化运行。

2016年12月16日，国家发改委印发《关于组织实施2017年新一代信息基础设施建设工程和“互联网+”重大工程的通知》。

2016年12月20日，国务院印发《“互联网+政务服务”技术体系建设指南》（以下简称《建设指南》）。《建设指南》按照“坚持问题导向、加强顶层设计、推动资源整合、注重开放协同”的原则，以服务驱动和技术支撑为主线，围绕“互联网+政务服务”业务支撑体系、基础平台体系、关键保障技术、评价考核体系等方面，提出了优化政务服务供给的信息化解决路径和操作方法，为构建统一、规范、多级联动的“互联网+政务服务”技术和服务体系提供保障。

2016年12月20日，国家新闻出版广电总局新闻出版重大科技工程——数字版权保护技术研发工程竣工大会在北京市召开。

2016年12月22日，国家企业信用信息公示系统正式上线运行。该系统是集信息归集、信息公示、公众查询、部门监管于一体的新型信息化平台，既是全国企业进行年报的法定平台，又是政府部门开展“双随机”“双告知”、联合惩戒的监管平台，也是为社会公众提供涉企信息查询的服务平台。

2016年12月23日，国家新闻出版广电总局公布首批新闻出版业科技与标准重点实验室。

2016年12月23日，国务院办公厅印发《关于加强个人诚信体系建设的指导意见》（以下简称《意见》）。《意见》强调，要依托全国信用信息共享平台，逐步建立跨区域、跨部门、跨行业的个人公共信用信息互联、互通、互查机制。

2016年12月27日，国家互联网信息办公室发布《国家网络空间安全战略》（以下简称《战略》）。《战略》指出，互联网等信息网络已经成为信息传播的新渠道、生产生活的新空间、经济发展的新引擎、文化繁荣的新载体、社会治理的新平台、交流合作的新纽带、国家主权的新疆域。

随着信息技术深入发展，网络安全形势日益严峻，利用网络干涉他国内政及大规模网络监控、窃密等活动严重危害国家政治安全和用户信息安全，关键信息基础设施遭受攻击破坏、发生重大安全事件严重危害国家经济安全和公共利益，网络谣言、颓废文化及淫秽、暴力、迷信等有害信息侵蚀文化安全和青少年身心健康，网络恐怖和违法犯罪大量存在直接威胁人民生命财产安全、扰乱社会秩序，围绕网络空间资源控制权、规则制定权、战略主动权的国际竞争日趋激烈，网络空间军备竞赛挑战世界和平。网络空间机遇和挑战并存，机遇大于挑战，必须坚持积极利用、科学发展、依法管理、确保安全等原则，坚决维护网络安全，最大限度利用网络空间发展潜力，更好惠及 13 亿多中国人民，造福全人类，坚定维护世界和平。

2016 年 12 月 27 日，国家发改委、工业和信息化部印发《信息基础设施重大工程建设三年行动方案》。

国际资料篇

世界信息化发展现状

【世界信息化发展特点】

（一）天地一体化网络基础设施快速部署

由宽带、移动互联网、WiFi、卫星互联网和海底光缆等组成的天地一体化泛在网络正在全球范围内广泛部署，云计算、数据中心等应用基础设施也在加快建设。

世界主要发达国家都很重视卫星互联网。美国政府和企业都大力支持卫星互联网发展。2016年4月，美国国家航空航天局表示，美国政府会在未来三四年内将太空资产转移至深空轨道，把低轨留给商业公司；2016年10月，在美国发放的3亿美元创新基金中，有3000万美元用于小卫星技术。谷歌和Facebook等企业近几年一直投入发展卫星互联网。2016年3月，谷歌发射了6颗卫星，向全球免费无线网络的方向迈出了第一步；2016年11月，Facebook在印度开展互联网无人机Aquila的试点项目，SpaceX公司向美国联邦通信委员会（FCC）提交的申请文件披露发射4425颗卫星的计划，为全球提供互联网。

很多国家继续大力推进宽带部署，并积极建设高容量、高速度的海底电缆。2016年5月，巴西发布了新版本的国家宽带计划，希望到2018年实现光纤覆盖到全国70%的城市，并提高全国128000个学校的网络质量。2016年5月，欧盟委员会批准了英国2016—2020年国家宽带计划；2016年11月，欧盟委员会批准了法国价值130亿欧元的超高速宽带计划。谷歌出资3亿美元，联合5家亚洲电信企业合作建设的连接美国与日本的海底光缆“Faster”正式启用，比正常光缆传输速率快1000万倍；韩国电信KT公司宣布启用一条连接亚洲9个国家的大容量海缆系统，即APG海缆系统，用于韩国5G网络试运营服务。

5G网络建设是最近几年网络建设的热点，目前，相关技术标准仍在制定过程中，技术合作和测试、部署逐步开展。2016年2月，继与韩国、日本、中国等国家签约之后，欧盟又与巴西签订合作开发5G技术的协议。2016年6月，瑞士电信携手爱立信等共同推出“瑞士5G”项目，以便为5G做好准备。2016年7月，美国最大的无线运营商Verizon表示，已经为5G部署制定了相关规格，包括网络架构、处理器和设备规格。2016年10月，荷兰成立了一个新的5G测试平台；日本宣布将为建设超高速第5代移动通信系统制定基本战略。2016年12月，美国电信巨头AT&T宣布开始向企业客户提供首个5G试运营服务。

在各国不断推进网络建设的同时，网络接入的“数字鸿沟”问题依然严峻。2016年7月，ITU发布的“2016年ICT事实与数字”表明，全球仍有39亿人无法上网。为此，相关国家一直在不懈努力。2016年5月，美国联邦通信委员会（FCC）宣布未来十年计划追加投资20亿美元，以发展农村地区宽带。2016年7月，德国政府承诺将向网络基础设施欠发达地区额外拨款13亿欧元，用于发展宽带网络。

云计算和远程数据中心等应用基础设施快速发展。美国广泛统一的法律环境、较大的市场规模、适应数字应用的用户群，使其成为云计算领域的先行者。2016年4月，欧盟委员会提出了雄心勃勃的“欧洲云倡议”项目，计划投资 47 亿欧元，开展“欧洲开放科学云计划”和价值 35 亿欧元的“欧洲数据基础设施建立计划”。这两项计划旨在提高欧洲的高性能计算能力，为研究人员、企业和公共产业提供连接、数据和软件服务，目的是拓展访问渠道、提高使用率。

（二）信息技术创新活跃，产业整合趋势加快

在移动互联网浪潮已接近尾声，而下一波科技趋势尚未明了之时，网信技术总体上处于不断发展、产业不断整合、大型科技企业广泛布局的阶段。在这种情况下，一方面，科技企业广泛结盟，取得了在相关领域的优势；另一方面，不少企业积极投资初创企业或并购有关企业，以加速布局新技术、新生态。

2016 年，企业之间的并购非常活跃，很多并购往往着眼于未来竞争优势。例如，美国 AT&T 公司以 854 亿美元收购时代华纳，Verizon 以 48 亿美元收购雅虎 Web 资产，微软以 262 亿美元收购 LinkedIn，甲骨文以 93 亿美元收购云计算服务商 NetSuite，软银以 320 亿美元收购 ARM，NTT 数据斥资 31 亿美元收购戴尔公司 IT 咨询业务，戴尔公司以 600 亿美元收购存储公司 EMC，通用电气（GE）以合计 14 亿美元收购欧洲两家金属 3D 打印巨头——瑞典 Arcam 公司和德国 SLM Solutions 集团，通用电气还收购了可以为工业应用提供海量数据“摄取”的机器学习公司 Wise.io 和 Bit Stew Systyms，西门子以总价 45 亿美元收购工业软件公司 Mentor，高通斥资 470 亿美元收购荷兰半导体企业恩智浦半导体公司（NXP）。

同时，很多公司为了能及时把握前沿科技而设立了专门的投资公司或独立的投资部门，以关注初创企业发展并进行投资。2016 年，西门子公司表示，将在未来五年内投资 10 亿欧元成立一个独立业务部门“Next47”，用于支持具有“颠覆性想法”的初创企业并加速研发新技术；惠普公司正式成立“惠普科技风投公司”（HP Tech Ventures），主要为 3D 打印、物联网、沉浸式计算、人工智能及机器人等领域的科技初创企业提供早期资金支持；微软成立了隶属于“微软创投”（Microsoft Ventures）的新投资基金，投资人工智能创业公司；软银宣布与沙特主权财富基金 PIF 联手打造一只实力雄厚的科技投资基金——软银愿景基金（Soft Bank Vision Fund），未来基金总规模将达到 1000 亿美元，苹果等公司都在考虑向其注资。

下面对 2016 年各企业投资的热点技术——人工智能、物联网、虚拟现实、区块链的发展情况逐一进行介绍。

1. 人工智能成为最受关注的热点技术

从各方观点来看，人工智能技术最有可能成为下一个技术热点。2016 年，谷歌 AlphaGo 的高调亮相引起了世人对人工智能技术的广泛关注。事实上，除了谷歌外，其他主要的科技企业均在布局人工智能技术。苹果语音助手、亚马逊购物推荐和特斯拉自动驾驶汽车的运行等无一不与人工智能技术息息相关。Facebook 拥有两大人工智能实验室，即专注于基础研究和长期研究的 Facebook AI 研究项目（FAIR）、将 AI 技术用于现有 Facebook 产品的应用机器学习部门（AML）。微软语音识别能力已不输于人类，其识别的词汇差错率仅为 5.9%，已基本接近正常人类。

基于人工智能技术和机器人的广阔前景，美国抓紧进行政策部署。2016 年 6 月，白宫科技政策办公室面向公众征集有关人工智能的信息，最终得到 161 份意见，白宫将征集的所有内容汇总为长达 389 页的《人工智能大未来》报告，并对外发布。之后，白宫成立“人工智能和机器学习委员会”，以协调全美各界在人工智能领域的行动。2016 年 10 月，美国发布了《国家人工智能研究与发展战略规划》，为国家资助人工智能的研究和发展制定了战略。英国政府 2016 年也发布了《人工智能：未来决策制定的机遇与影响》，阐述了人工智能的未来发展对英国社会和政府的影响，论述了如何利用英国的独特人工智能优势，增强英国国力。

人工智能广泛应用于机器人，使机器人的智能水平更高，应用范围更广。2016 年 11 月，美国机器人虚拟组织研究网络（Robotics VO）发布了由产学界 150 多位专家共同完成的《2016 年版美国机器人路线图》，旨在帮助美国国会考虑如何分配基金、鼓励创新、保证人类安全，以及如何保证美国的全球领导地位。美国首份《机器人路线图》发布于 2009 年，当时启发奥巴马政府

在 2011 年启动“国家机器人计划”。《2016 年版美国机器人路线图》更为翔实，包含更详细的技术建议，概述了目前社会在发展中的机遇和亟待解决的问题，同时介绍了美国政府为保持机器人产业领先地位所做的努力。

2．物联网逐步落地

全球日益扩张的互联网连接、不断扩大的移动普及率、低成本的传感器、更大规模的物联网投资等推动近两年物联网的迅速发展。市场研究机构 Gartner 的全球调查称，到 2016 年年底，全球企业的物联网采用率有望达到 43%。

2016 年，物联网相关平台、标准逐步建立。高通宣布推出联网汽车参考平台，借此加速推动车联网应用发展。微软收购了物联网平台 Solair，将其整合到微软 Azure 物联网套件（Azure IoT Suite）中，可帮助企业兼容互联网设备。2016 年 7 月，GE 和微软宣布开展合作，在微软 Azure 云上运行 GE 的 Predix 平台。同月，波音及旗下两家子公司 AerData 和 Jeppesen 也决定，将其基于云计算的航空分析应用转移至微软 Azure 云计算平台上。KPN、爱立信、高通、中兴通信和 InterDigital 联合推出了新的无线专利授权平台——“Avanci”，旨在帮助物联网公司轻松地在其连接设备中嵌入蜂窝技术。2016 年 8 月，俄罗斯电信公司与俄罗斯太空系统公司联合成立了俄罗斯工业物联网国家联盟，作为俄罗斯国内促进与协调工业物联网（IIoT）发展的主导机构。

用于物联网发展的通信技术也正在全球范围内开发，低功耗广域网通信技术中最具发展前景的三大通信网络技术——LoRa（超长距低功耗数据传输技术，Long Range）、Sigfox（超窄带技术）、NB-IoT（基于蜂窝的窄带物联网，Narrow Band Internet of Things）正在全球迅速部署。2016 年 9 月，软银宣布，计划 2016 财年在日本推出基于 LoRaWAN 的物联网。2016 年 10 月，德国电信宣布已经在德国激活全球首个完全标准化的 NB-IoT 网络。

2016 年，一些国家已经开始制定物联网战略政策，加强技术和标准合作等。欧盟提出的“欧洲产业数字化新措施”，列出了与物联网相关的 3 项具体行动：建构物联网单一市场；强力发展物联网生态系统；深化以人为中心的物联网。日本决定制定“能源革新战略”，创建利用物联网新技术调控电力供需、提高能源效率的机制。日本物联网推进联盟还与美国、德国达成合作意向，将共同制定物联网国际标准和标准技术。

同时，很多国家也高度关注物联网安全，制定了相关的政策法规。美国国土安全部发布了《保障物联网安全战略原则》，美国国会开始探讨《物联网发展创新及扩大法案》。日本内阁官房公布了《安全物联网系统的基本安全结构》，日本经济产业省公布了“物联网安全指南 1.0”。欧盟委员会宣布制定物联网设备安全新规范，强制企业遵守安全标准，通过多管齐下的认证流程确保物联网隐私安全，这是欧盟电信法改革计划的一部分。

3．虚拟现实进入消费市场

2014 年，Facebook 以 20 亿美元收购了行业领头企业 Oculus，完成了科技界巨头对于虚拟现实行业布局的第一步。这一布局引起业界广泛关注，众多巨头纷纷跟进。2016 年也被业界称为“VR 元年”，这一年，Facebook、索尼、谷歌 3 家公司分别发布了自身研发设计的虚拟现实产品，标志着虚拟现实技术真正从行业应用进入消费者市场。2016 年 12 月，虚拟现实业界最大的企业谷歌、HTC、三星、索尼、Oculus 和宏碁成立了全球虚拟现实协会（GVRA），以期将虚拟现实技术标准化，释放产业潜力。

虚拟现实技术市场前景广阔。因此，一些国家已经开始布局虚拟现实技术。2016 年 10 月，韩国文化部和文化产业振兴院决定，将拟定虚拟现实与内容产业扶持政策，2017 年将划拨 520 亿韩元（约合 3.12 亿元人民币）开发相关产业。

虚拟现实技术几乎可以应用到所有领域，能与教育、军事、制造、娱乐、医疗、文化艺术、旅游等行业深度融合，促进相关产业的变革。例如，在医疗领域，大多数医生看到的都是 2D 的 CT 扫描图像，这意味着他们无法了解病患身体内部和周围所有细节，很难找到症结所在；但借助虚拟现实技术和 3D 眼镜，内部器官能以全息图像的形式显示出来，医生可以在虚拟空间中从各个角度检查病症，提高医疗效率。

4．区块链成为前景广阔的底层加密技术

区块链通过加密技术形成了一个去中心化的可靠、透明、安全、可追溯的分布式数据库，推动了互联网数据记录、传播及存储管理方式的变革，大大降低了信用成本，简化了业务流程，提高了交易效率，重塑了现有产业组织模式、社会管理模式，提高了公共服务水平，实现了互联网从信息传播向价值转移的转变。区块链可以广泛应用于一切与价值转移相关的领域。德勤加密货币社区（DC3）在过去两年通过与全球商界的沟通和讨论，已经开发的区块链应用案例达到 50 多个，涉及金融、汽车、酒店、医疗、媒体娱乐等行业。

金融服务各流程环节存在的效率瓶颈、交易时滞、欺诈和操作风险等痛点，大多数有望在区块链技术应用后得到解决。所以，金融领域成为区块链技术应用最早、发展最积极的领域，深刻影响着目前金融业的存在形式、商业模式及政府监管方式等。国际证券机构交易通信协会发起的调查显示，当前区块链技术正在成为金融公司投资的新焦点。高盛、美国银行、瑞银集团等几十家银行都加入了名为“R3”的组织，共同开展区块链研究。国际金融机构和各国金融主管机构也在积极探讨区块链技术的运用和管理。国际货币基金组织在其首份数字货币报告中明确指出，“区块链具有改变金融的潜力。”欧洲证券及市场管理局也指出，“区块链对整个金融行业产生巨大、深刻的变化。”美国证券与交易委员会已经批准将区块链技术用于公开交易的股份，纳斯达克已借助区块链建立私人股权交易平台 Linq。澳大利亚股票交易所也正在用区块链交易系统替代原有的交易系统。德国联邦金融监管局认为区块链具有为金融市场建立新标准的潜力。新加坡金融管理局积极运用包括区块链技术在内的各种金融技术解决方案来发展“智能金融中心”。英国政府在其发布的《分布式账本技术：超越区块链》中明确指出，区块链技术将首先应用于传统金融行业，英国央行已经在考虑发行数字货币。世界经济论坛 2016 年 8 月的报告预计，比特币的底层技术区块链将会在全球金融系统中占据核心地位。

对于政府部门来说，区块链有助于政府法规及内部规则和流程的合规性，具有降低成本、提升质量、减少风险的特质。不少国家已经开始尝试将区块链用于政务系统建设。英国政府认为，区块链技术重新定义了政府和公民之间的数据共享、透明度和信任度，将会主导政府数字改造规划方案。除了创建一个基于区块链的公共平台为全民和社会提供服务外，英国政府还计划开发一个在政府和公共机构之间使用的应用系统。此外，2015 年 11 月，乌克兰政府宣布创建基于区块链的政务系统；新加坡也采用区块链技术建设“智能国家”。区块链还可以用于征收税款、登记政府资产、选举投票等。2016 年 2 月，纳斯达克在爱沙尼亚塔林证券交易所开发了一套基于区块链技术的股东电子投票系统。澳大利亚流动党则尝试将区块链技术用于选举投票。

（三）数字经济繁荣发展，各国努力提升数字技能

为了推动数字经济发展，很多国家都发布了相应战略。2016 年 3 月，德国发布“数字战略 2025”，该战略是继“数字议程”之后，德国联邦政府首次就数字化发展做出的系统安排，涉及数字基础设施扩建、促进数字化投资与创新、发展智能互联等内容。2016 年 4 月，欧盟委员会表示，希望促进数字经济发展，建设和扩展欧洲数字分析基础设施，赋予企业交互操作体系，增强对云计算的信任，重视标准制定，在数字单一市场为网络创造无缝的即插即用环境，协调国别、行业战略，提升欧洲劳动力数字技能。2016 年 4 月，泰国发布了一项为期 20 年的“数字泰国”（Digital Thailand）发展计划，包括数字基础、数字融入和全面转型几个阶段，旨在使泰国在 10 年内转变为发达国家和全球数字化的领导者。2016 年 6 月，英国表示将出台新的《数字经济法案》，以利用技术持续推动经济、社会及政府的转型与变革。2016 年 8 月，荷兰政府发布新的数字议程，包括教育、基础设施、数字安全、创业、经济社会利益 5 个重点领域。2016 年 12 月，俄罗斯总统普京向联邦议会发表年度国情咨文，提出推进俄罗斯向数字经济转变的政策。

（四）数据驱动政务革新，智慧城市建设稳步发展

近年来，各国依托移动通信、社交媒体、云计算、大数据等新技术勇于创新，使电子政务迈向了深化应用的新阶段，公共服务进一步向一体化、开放化、数字化的方向发展。同时，各国政府也将利用物联网等新技术手段推进智慧城市建设稳步发展。

2016 年各国智慧城市的建设与发展呈现新特点，其中，评估评价工作增色不少，评价指标体系更加完善充实，评价结果也更具影响力，在更大范围内引导和传播智慧城市先进理念和优秀案例。全球智慧社区论坛（ICF）的“年度智慧社区”评选活动久负盛名，2016 年仍然实行 21 选 7 再选 1 的方式，依据宽带连接、知识型劳动力、创新、数字公平、可持续性、营销宣传六大指标，最终加拿大魁北克省的蒙特利尔当选年度智慧社区。欧洲数字城市指数（EDCi）更新为 10 个一级指标和 40 个二级指标，以此来描述欧洲城市支持数字创业的程度，2016 年伦敦高居榜首。发改委联合多部委和大型机构共同推进新型智慧城市工作，首次发布了“新型智慧城市评价指标”，并打造了 100 个新型智慧城市试点。除此之外，很多国家也通过竞赛、评选等活动树立智慧城市典型，例如，哥伦布市赢得了美国“智慧城市挑战赛”冠军，印度打造“百座智慧城市”初见成效等。

在国家战略层面，很多国家也不甘落后。澳大利亚推出了《联邦智慧城市计划》，通过“智慧投资、智慧政策、智慧科技”来实现国家“灵活、创新和繁荣”的智慧愿景，其中不乏开展“城市交易”项目等建设亮点，也阐述了机制改革等重要保障措施。巴西则发布了以“智慧巴西”命名的《国家宽带计划》，以基础设施建设和 5G 为代表的信息技术为突破口，通过一系列大型项目，升级巴西宽带水平，努力缩小“数字鸿沟”。美国白宫继 2015 年“智慧城市行动倡议”之后，在 2016 年又增加了 8000 万美元投资，支持超过 70 个城市和社区建设智慧城市，并充分调动政府部门、企业和其他机构积极参与投资、研发和建设。

在实际操作层面，智慧城市建设的具体内容与推进方式也更加成熟、完善、务实。联合国发布了《智慧城市与基础设施》报告，在明确智慧城市及基础设施的特点和重要作用之后，分析了项目实施过程中遇到的主要挑战，以及由科技创新驱动的政策工具如何发挥作用，最后还倡导了智慧城市基础设施建设的基本模式和实施原则。为了推动智慧城市建设，美国相继发布了两份报告，一是《技术与城市未来报告》，从交通、能源、建筑与住房、水、城市制造业、城市农业 6 个维度提出了未来城市建设的要点，分析了提升城市创新力及运营管理水平的具体路径；二是《建立合作伙伴关系，为智慧城市建设赋能：地方组织工具包》，设计了一个建立公私合作伙伴关系的方案，通过分析案例，指导地方政府更好地利用各方资源。

美国政府承诺在未来五年提供约 1.6 亿美元用于支持智慧城市计划，与其他国家正在进行的智慧城市发展投资相比，美国的投资有所减少。例如，印度总理纳伦德拉 • 莫迪（Narendra Modi）在 2015 年宣布了一项 74 亿美元的计划，要在 2020 年前建成 100 个智慧城市；新加坡的李显龙总理发起了“智慧国家倡议”，在过去三年中，相关技术投资近 75 亿美元。

由欧盟委员会牵头组织，由政府部门、汽车制造商、电信公司等公共部门和私企代表组成的协同智慧交通系统平台发布了一项新报告，勾勒出欧盟地区建设协同智慧交通系统的共同愿景。报告提出，协同智慧交通是指通过技术实现道路车辆与其他车辆、交通信号、路边基础设施及其他道路使用者之间的通信。

中国则探索了独具特色的智慧城市道路——智慧小镇，以互联网大会永久会址乌镇为代表，在基础设施、智慧旅游、智慧医疗、智慧养老、智慧安防等方面积极创新，吸引了全世界的目光，这些探索也为智慧城市多元化发展提供了借鉴。

物联网的发展对智慧城市影响很大。高德纳咨询公司认为，物联网技术将为全球城市带来变革。2017 年，大约 3.8 亿个联网物件将用于城市，而到 2020 年，这个数字会增加到 13.9 亿，在所

有智慧城市联网物件中占20%。2020年，智慧城市目标中的气候变化、弹性和可持续性发展这几个关键绩效指标的计算都可以通过具有物联网功能的智慧城市解决。

在智慧城市创新技术应用方面，虚拟现实技术逐渐应用到城市生活中，逐步改变了民众的消费和生活理念，让生活更加便捷、智慧。与此同时，车联网和自动驾驶汽车成了2016年的亮点，智能家居、智慧报亭、可穿戴设备等的发展也突飞猛进，但这些创新技术尚未充分市场化，物联网安全问题和深层次的架构也需要更多研究，技术与监管如何权衡和把握也是需要决策者思考的问题。

（五）网络安全面临严峻挑战，各国积极加以应对

2016年，全球范围内的网络安全事件此起彼伏，多起严重的数据泄露事件警示了网络安全问题的严峻性，网络犯罪更是给企业和用户带来了巨大损失。因此，世界各国纷纷采取措施应对网络安全威胁。

1．网络安全事件层出不穷

过去一年，全球发生了众多网络安全事件。国家的电子政务系统和公民信息系统屡遭攻击，互联网企业的用户数据频频被窃，关键基础设施的安全风险日益突出。

政务系统遭受攻击，给相关国家政治安全和民主制度带来极大威胁。美国联邦调查局指出，2016年8月，亚利桑那州和伊利诺伊州的选举数据库遭遇黑客攻击，涉嫌干涉大选结果。美国华盛顿政府甚至认为，黑客通过操控计票电脑左右了大选结果。随着法国、德国大选日益临近，欧洲各国也开始担心来自黑客的攻击。2016年4月，菲律宾选民数据库遭遇匿名攻击，5500万名选民的护照信息和指纹数据等敏感信息被盗。除此之外，在土耳其政府的公民数据库中，5000万公民的姓名、身份证号、父母姓名、住址等敏感信息遭遇泄露。墨西哥也经历了同样遭遇，9340万名选民的信息被“晒”在网上，包括公民姓名、地址、出生日期、父母姓名、当前职业及选民ID等个人信息。

随着越来越多的信息和服务开始线上化，互联网企业收集的个人信息日益庞大，然而这些个人数据却频频泄露，其安全性成为政府和个人关心的焦点。LinkedIn公司的数据泄露事件影响了1.17亿用户，MySpace公司数据泄露事件影响了4.27亿用户，Tumblr公司数据泄露事件影响了6500万用户，VK公司安全事件影响了9300万用户，DropBox公司安全事件影响了6900万用户，Adult Friend Finder公司数据泄露事件影响了4亿用户。雅虎甚至被曝出曾有10亿用户数据被泄露，雅虎也因这一信息披露不及时而遭到联邦证券交易委员会调查。此外，微软、谷歌等知名企业也遭遇了数据泄露事件，在线用户的数据安全受到严重威胁。

2．网络攻击和敲诈勒索行为增多

2016年，大量网络攻击和网络敲诈勒索行为的出现给全球经济带来了巨大损失。

国家关键基础设施成为网络安全的一大软肋。一些国家的电力系统、银行系统及医院系统、地铁系统等都遭遇了大规模网络攻击，严重影响了国家稳定和人民生活，尤其是金融机构，2016年受到的影响尤为严重。作为国际银行同业间的结算系统，SWIFT（环球同业银行金融电讯协会）用户成为网络罪犯的攻击对象，网络罪犯入侵该组织内部，向顾客发送诈骗性资金转账请求，窃取银行资金。孟加拉国央行、乌克兰国内银行、厄瓜多尔银行等几十家银行都遭遇了类似攻击，造成的经济损失高达数亿美元。

网络攻击，尤其是分布式拒绝服务（DDoS）攻击成为一种应用越来越普遍的新形式。互联网监控公司Arbor Networks表示，2011—2014年，全球DDoS攻击量增加了30倍以上。Akamai发布的季度全球互联网安全报告指出，DDoS攻击每年增长速度超过100%。DDoS攻击强度也越来越大。2016年9月与10月发生的一系列DDoS攻击创历史新高，流量每秒达千兆比。由此证明，DDoS能击垮互联网上最佳的防御。这一系列DDoS攻击的受害对象包括托管服务网站、域名服务提供商、大型内容分发网络、知名安全博客网站Brian Krebs。另外，2016年，推特、亚马逊和Paypal等各大网站因为它们的域名系统提供商Dyn受到一系列DDoS攻击，遭遇了服

务大范围中断，引起公众对相关安全问题的广泛关注。

随着勒索攻击手法的不断翻新，网络勒索数量快速攀升，2016年俨然成为网络勒索之年。勒索软件是一类高速增长型的恶意软件，此类软件利用电脑漏洞进行数据绑架，攻击者通过加密受害者的数据，要求受害者为解密支付费用。2016年上半年勒索软件数量暴增了172%，而商务电子邮件入侵（Business Email Compromise，BEC）攻击更造成了高达30亿美元的经济损失。根据美国联邦调查局（FBI）的调查，勒索软件的赎金平均金额从2015年年底的295美元增加至2016年的679美元，赎金总额由2015年的2400万美元跃升至2016年的10亿美元，增长了4067%。苹果公司、好莱坞长老会医学中心等都因勒索软件受到严重损失。另外，暗网交易、支付欺诈、数据滥用等网络罪行依然在全球范围内猖狂横行，威胁着网络安全。

3．各国采取措施捍卫国家网络安全

随着网络安全威胁的不断升级，网络犯罪分子愈加猖狂，各国纷纷将网络安全上升为国家战略，通过完善立法、发布网络安全战略、设立专门机构、培养网络安全人才、提高全民网络安全意识等措施，积极应对网络安全问题。

2016年，很多国家都相继出台了网络安全相关战略。例如，美国发布《网络安全国家行动计划》《网络安全规程部署计划》《联邦网络安全研发战略计划》，欧盟通过首部网络安全法——《网络与信息系统安全指令》，英国发布《国家网络安全战略（2016—2021年）》，澳大利亚发布《澳大利亚网络安全战略》，韩国、日本分别发布《信息安全行业五年战略规划》《网络安全经营方针》等。英国建立了网络安全和信息保障办公室（OCSIA），新加坡建立了网络安全局以加强对网络安全的全面管理。这些网络安全战略普遍包括以下内容：网络安全信息共享、网络安全研发、网络安全人才培养、增加网络安全防御经费、强化数据加密、创建网络安全一站式服务平台等。

各国注重加强联合执法等网络安全国际合作。美国与以色列签署了双边网络安全合作法案；美国与加拿大加强网络战略合作，以维护北美电网安全；美国与新加坡签署了网络安全谅解备忘录。欧盟成员国也将在“网络与信息系统安全指令”的要求下，建立一个合作团体（Cooperation Group），由成员国代表、欧盟委员会、欧盟网络与信息安全局（ENISA）组成，共享网络安全信息；欧盟还与北大西洋公约组织达成一项技术协议，强化双方网络安全合作。英国在网络安全战略中也强调，将积极采取“国际合作行动”，不断扩大与国际伙伴的合作范围，实现共同安全。韩国在“韩国ICT2020”五年战略规划中，号召成立“网络安全互助联盟”（CAMP），建立网络安全的全球合作伙伴关系。

各国注重加强网络安全人才培养。美国白宫发布首个《联邦网络安全人才战略》，旨在挑选、招募、培养、留住网络安全人才并扩大网络安全人才队伍。美国国家标准及技术研究所推出交互式工具，帮助网络安全人才供需双方及时对接。英国“网络安全战略”也强调，要研讨并出台一项技能策略，将网络安全融入教育系统；不断更新网络安全教育培训体系；资助博士生，增加国内网络安全学者数量。日本内阁官房通过举办训练营发掘网络安全人才。韩国国防部资助高丽大学设立网络防御专业，免费培养学生黑客，参与未来的网络战。此外，一些国家大力强化网络战队伍。美国国防部已明确提出开发数字武器，率先打造黑客部队；法国也打造了首支网络部队。

世界数字经济发展情况

【制造业掀起数字化革命】

未来制造业将掀起数字化革命。麦肯锡公司认为，尽管制造业生成了比其他任何行业更多的数据，但很少有公司能充分利用这些数据。在未来十年里，数字化制造技术将会使企业通过“数字线”连接实物资产，促进数据在产业链上的无缝流动，覆盖连接产品生命周期的每个阶段，包括设计、采购、测试、生产、配送、销售和使用。罗兰贝格咨询公司预测到 2035 年，采用“工业 4.0”解决方案的企业比例将达到 50%。制造业对很多国家的综合国力与经济繁荣都很重要。以美国为例，制造业每年对美国经济的贡献量达 2 万亿美元，占美国出口总额的 60%，在私营领域研发支出的占比达 3/4。美国政府也一直很重视制造业。2016 年 2 月 19 日，美国商务部部长、总统行政办公室、国家科学与技术委员会、先进制造国家项目办公室，向美国国会联合提交了首份《国家制造创新网络年度报告》和《国家制造创新网络计划战略规划》。《国家制造创新网络年度报告》描述了该计划的历史和现状，以及各制造创新机构的详细情况；《国家制造创新网络计划战略规划》制定了国家制造创新网络计划的未来发展目标，包括提升竞争力、促进技术转化、加速制造业劳动力发展、支持有助于制造业创新中心稳定和可持续发展的商业模式。

2016 年 5 月，欧盟在整合成员国工业数字化战略的基础上，制定了“欧洲产业数字化战略”，计划投入近 50 亿欧元，重点从以下几个方面推动欧洲产业数字化：组织各方对话，形成欧盟层面的产业数字化战略；推动各方建立产业数字化公私伙伴关系；投资 5 亿欧元建设泛欧数字化创新网络；实施大型试点项目；完善配套的法律法规；研究制定欧盟技能行动议程。

日本也很重视制造业的发展。日本经济产业省自 2015 年 8 月起就召开了数次研讨会以制定“新产业结构愿景”。2016 年 4 月，日本经济产业省公布了相关讨论结果，主要内容是引领第四次产业革命的战略，具体内容包括 7 项，即整顿环境以促进数据利用、加强人才培养、加快创新与技术研发、加强金融功能、优化产业结构、将“第四次产业革命”推广至中小企业与地方、面向“第四次产业革命”改善经济社会体系。2016 年 8 月，日本提出要利用机器人和人工智能推进“第四次产业革命”，实现产业结构转型，并提出了 2030 年前后的“新产业结构愿景”。

制造业数字化将给各方面带来巨大影响。欧盟认为，在技术层面，“工业 4.0”所倡导的定制化生产为知识产权保护带来了新挑战；在社会层面，将影响整个人才供需关系，在人才缺口加大的同时导致大量低技术劳动力失业。此外，“工业 4.0”还将带来一系列生产和管理变革，包括去中心化的管理，以及将泰勒模式转为整体模式的管理方式。世界经济论坛也认为，“第四次工业革命”会加剧不平等，甚至可能颠覆劳动力市场，这会导致收入差距日益扩大、中等收入阶层的机会受限、民主衰退和虚位。无处不在的数字化技术和信息共享也会点燃不满情绪，为极端主义思想和意识形态提供温床。

【金融科技创新服务正在崛起】

近年来，在全球范围内，被称为“FinTech”（金融科技）的金融创新服务高速发展，它融合了 Finance（金融）和 Technology（技术），通过运用 ICT 和大数据，在现有金融机构未能涉及的领域为民众提供廉价的、便利的金融服务，逐渐成为金融服务的主流。

金融科技的崛起使银行受到巨大冲击。麦肯锡公司指出，银行若不采取任何转型措施，到 2025 年，占银行业营业收入 10%～40%的五大零售银行业务——消费者融资、抵押贷款、向中小企业贷款、零售支付、财富管理——就可能面临风险。毕马威咨询公司也预测，到 2030 年金融科技将为客户带来无形的银行服务，例如，Siri 等人工智能助理将自动采集生活数据，完成个人日常金融服务。金融科技革命将会淘汰大量传统银行，在最坏的情况下，银行可能会沦落至白标签产品供应商。

很多国家看到了金融科技的潮流，纷纷出台相关产业政策。美国财政部发布了《P2P 行业监管白皮书》，这是美国监管机构首次就 P2P 行业监管制定框架。美国财政部还敦促美国金融监管机构成立跨部门联合工作组，研究 P2P 行业需要加强监管的领域。日本金融监督主管部门金融厅除了在国会提出《银行法修正案》并促成其在 2016 年 5 月获得批准外，还设立了“Fintech Support Desk”（金融科技咨询处），主动支援想要革新的金融机构。为了加强金融科技领域的合作，日本金融界和 IT 界召开研讨会，制定企业利用银行信息的统一安全标准。

金融科技还有助于促进经济包容性发展，促进发展中国家经济发展。布鲁金斯学会 2016 年度的金融和数字包容项目（FDIP）发现，全球金融包容度正在取得持续进展，这些数字化金融服务领域取得的进展，都有助于新兴经济体中弱势群体获取正规的金融服务。麦肯锡咨询公司也发现，到 2025 年数字金融的普及可极大地提高所有新兴经济体国内生产总值，国内生产总值预计大约增加 6%或 3.7 万亿美元。数字支付及电子记录每年也能为政府节省 1100 亿美元开支，并能有效追踪公共项目支出和税收流向。

中国互联网金融发展迅速，在亚太乃至全世界都居于首位。《华尔街日报》指出，中国互联网金融领先于世界，应用范围超出美国。中国互联网企业已将普通智能手机变为无现金交易、银行转账、贷款和投资的平台，其应用范围已远超在美国普遍使用的功能。花旗银行指出，2015 年，中国互联网金融业的用户量已追平传统银行，突破了金融变革的临界点。此外，中国的互联网金融行业无论技术，还是规模都已超越美国。麦肯锡咨询公司的研究显示，截至 2015 年年底，中国互联网金融市场规模达到 12 万亿～15 万亿元，互联网金融用户超过 5 亿人，居世界第 1 位。其中，P2P 网贷交易额居世界第 1 位，第三方支付交易额亦全球领先，72%的智能手机渗透率远超过发达国家水平。中国传统银行积极推进数字化，其数字化程度处于世界领先水平。

随着中国金融科技的发展，英国可能失去全球领先金融科技中心的地位。毕马威咨询公司与投资公司 H2 Ventures 的年度研究表明，全球排名前 5 名的金融科技创新企业中有 4 家来自中国，名列榜首的是蚂蚁金服。这份报告显示，英国正在丧失自己的阵地，2015 年有 18 家英国公司进入全球前 100 名，而 2016 年为 13 家，且只有 Atom 跻身前 10 名。Atom 是英国 2016 年 4 月上线的家专注于移动业务的数字银行。

【电子商务深入发展】

全球电子商务依然呈现强劲的发展态势，对经济发展起到了很好的带动作用。据联合国统计，2015 年全球电子商务交易额超过 22 万亿美元，比 2013 年增加了 38%，由此创造了大量新的就业岗位和发展机会。但是，电子商务在各国发展得很不均衡。在丹麦、卢森堡、英国等发达国家，网购民众的比例超过 70%；而在孟加拉国、加纳、印度尼西亚等很多发展中国家，网购人口却不到 2%。为此，2016 年 7 月，联合国贸发会议第十四次大会发起了一项“全民电子贸易”（eTrade for All）行动，通过提供技术援助和融资渠道，帮助发展中国家发展电子商务。

目前，中国是世界上最大的网络零售市场，网络购物用户规模和交易额均居全球第 1 位，并主导了移动电子商务的发展。尼尔森咨询公司也指出，中国电子商务发展迅猛，在线购物销售额的同比增长率也始终保持着两位数的强劲增长速度。与此同时，中国消费者使用移动设备购物的频率要明显高于受调查其他国家的平均水平。毕马威咨询公司通过对 2016 年中国互联网消费者的调查也认为，中国消费者主导着全球移动商务的转型。近 1/4 的中国消费者喜欢通过移动端进行网上购物，而美国和全球消费者网上购物的比例分别为 5.2%和 8.5%。益索普的研究还显示，中国首次成为最受全球网购消费者欢迎的海淘国家。

除了中国，印度的电子商务发展也很迅速。Forrester Research 的数据显示，印度电子商务市场每年增长 50%，吸引了大量外国企业进军印度市场。《经济学人》也指出，印度电子商务发展潜力巨大，成为其他新兴市场电子商务发展的样板。印度三大电商 Flipkart、Snapdeal 和亚马逊（印度）总销售额已经超过全国前十大线下零售店的总和。不过，印度目前对外国企业投资电子商务有一定限制。印度工商部宣布，只允许外国直接投资者投资印度的平台型电商，而不能投资自营模式的电商。

俄罗斯也位列全球前十大电子商务经济体。2016 年 4 月，俄罗斯经济发展部表示已研发出“俄罗斯版阿里巴巴”项目，将利用统一的互联网平台出口俄罗斯产品。2016 年 8 月，俄罗斯联邦委员会展示了发展网络贸易的“路线图”，调整了俄罗斯与外国企业之间的经营环境，可以更便利地为外国网络商店进行税务登记。

另外，在国家“移动先行”战略的扶持下，印度尼西亚的电子商务市场也迅速崛起，预计该国电子商务年均增幅可达 50%，2020 年电商总产值可达 1300 亿美元，在亚洲仅次于中国和印度。

为了推动电子商务健康发展，经济合作与发展组织（OECD）一直强调对电子商务中的消费者加强保护。1999 年，OECD 理事会就通过了第一个国际合约性文书《电子商务环境下的消费者保护》。2016 年 3 月 24 日，OECD 理事会修改了该文案，并提出消费者在今天多元化的电子商务市场所面临的新发展趋势和挑战。

【分享经济成为各国普遍支持的新型商业模式】

分享经济的益处很明显，因此，不少国家都发布了支持分享经济发展的政策。2016 年，欧盟发布了《分享经济指南》，旨在破除分享经济发展所面临的法律政策壁垒等，以利于分享经济在欧盟的长远发展。在欧洲各国中，英国对分享经济支持力度最大。英国商务部发布了《分享经济调查报告》，表明英国政府决心促使分享经济在公共部门中得到更广泛的运用，并清除那些不必要的障碍。报告指出，1/4 的英国人已经参与分享经济。英国政府还宣布了税务减免计划，以促进分享经济发展。美国商务部发布了《数字平台企业：“共享经济”领域的新定义》，将“数字平台企业”定义为提供网络平台（或市场）并帮助服务提供者与客户进行匹配的实体，并指出数字平台企业及其拥有的技术都具有很大潜力，但这些企业也有可能带来一些负面影响，所以报告建议将数字平台企业整合到监管框架中。

很多企业也积极投入分享经济领域，尤其是汽车共享（Car-sharing）和乘坐共享（Ride-sharing）服务成为 2016 年科技企业投资的热点。2016 年 1 月，通用公司表示，向美国第二大汽车共享企业 Lyft 注资 5 亿美元，推出自家的汽车共享服务 Maven，客户使用智能手机软件或其他智能设备就可接入车辆，并自己驾驶汽车。2016 年 5 月，丰田汽车公司和 Uber 宣布，将联手开拓拼车业务。同月，谷歌母公司 Alphabet Inc.推出一款拼车应用程序，这意味 Alphabet 有可能利用 Waze 进军拼车业务。2016 年 12 月，大众集团发布全新独立品牌 Moia，Moia 能提供类似公交车和打车软件的服务，车辆可以通过手机 App 进行呼叫，同时用户之间可以共享车辆。

分享经济的发展也存在一些问题和挑战。例如，分享车辆可能会极大地改变城市景观，影响城市规划。又如，分享经济尽管产生了巨大价值，但这部分收益尚未充分计入 GDP 中。

【各国努力提高数字技能】

数字经济发展面临监管不统一、数字接入鸿沟、数字技能不足等多方面障碍。2016 年，很多国际组织和国家都提出了促进数字技能提高的政策。

2016年，经济合作与发展组织发布了《数字世界的技能——2016数字经济部长级会议报告》，讨论了适应数字经济技能发展的关键政策。经济合作与发展组织制定了一个全面的技能策略，帮助各国确定其技能系统的优势和劣势，并制定国际基准和研发政策以便于把更好的技能转化为更好的就业机会，促进经济增长和社会包容性。

2016年，美国奥巴马政府提出“全民计算机科学行动计划”，决定投资40多亿美元，推动计算机教学进入美国所有中小学课堂。在过去的十年里，美国经济行业增加了超过110万个ICT相关的新工作，同比增长36%；而与此相比，美国职业市场就业岗位整体只增加了3%。由于供应短缺，数字技能岗位的薪水都较高。据估计，计算机科学专业和工程专业毕业生的起薪平均为67300美元和64400美元，比人文专业和艺术专业的起薪高80%。但是，只有大约25%的高中开设计算机科学相关课程，而且，这些课程或缺少严谨性，或太过重视计算机使用，或跳过探究计算机科学原理直接教授编程知识。除了美国联邦政府外，美国州政府也非常重视数字技能教育。2015年，阿肯色州就通过立法要求所有公共和特许高中提供计算机科学课程；弗吉尼亚州正在立法，要求所有中小学（K-12）将计算机科学作为核心学科。未来十年内，纽约所有的公立学校都将提供计算机科学课程。

欧盟发布了《2015欧盟数字技能宣言》《欧洲新技能议程——通力合作强化人力资本、就业能力和竞争力》，为提高欧洲数字技能提出了建议。其中，欧洲社会基金与欧洲区域发展基金共同注资超过300亿欧元来支持2014—2020年的技能培养。伊拉斯莫奖学金项目（Erasmus+ Programme）也提供了约1150亿欧元支持教育培训中的技能培养。加拿大信息与通信技术委员会发布了《数字经济时代的国家人才发展战略》，鼓励全国从幼儿园到高中普遍开设计算机课程。

世界信息基础设施发展概况

【网络覆盖率大幅提高】

2016年9月15日，联合国宽带委员会发布了《2016年宽带状况报告》，描述了全球160多个经济体的网络接入和价格可承受性情况。报告显示，截至2016年年底，全球有35亿人口接入互联网，约占世界总人口的47.1%，但仍有超过一半的人口——约39亿人没有联网。这些人没有接入网络可能是因为：居住在偏远地区或者无法接触到数字基础设施，可用数字内容缺乏而没有认识到接入互联网的好处，没有受过教育，过于贫穷。帮助这些人口接入互联网，确保人人有机会平等参与数字经济并分享数字红利，对各国在2030年之前实现可持续发展目标至关重要。

2016年，世界各国政府大力推动宽带覆盖和网络提速升级，城市宽带网络普及率快速提升，但偏远的农村地区和低收入人口中“触网”比例仍然不高。为此，各国纷纷推出网络普惠政策，加速网络服务向偏远地区和低收入群体渗透，不断提高宽带网络覆盖率。

（一）加大政府投入力度，降低网络使用门槛

2016年4月，作为世界经济论坛未来互联网

全球变革倡议（Global Challenge Initiative on the Future of the Internet）接入/使用版块的一部分，世界经济论坛和波士顿咨询公司共同发布了《全民联网白皮书：加快互联网接入与使用的框架》（*Internet for All: A Framework for Accelerating Internet Access and Adoption*），报告指出，对于生活在国际贫困线以下的世界13%的人口来说，可支付能力是他们面临的最大障碍，过高的上网费用使他们无法通过使用网络得到回报。这一问题在各国都存在，对此，各国政府也纷纷出台了优惠政策。

根据白宫公布的统计数字，2001—2014年，美国能够上网的家庭数量增加50%，如今3/4的美国家庭能够上网；但“数字鸿沟”现象依然存在，年收入低于2.5万美元的家庭只有不到一半可以上网，而高收入家庭则有95%可以上网。2016年3月，美国政府推出“全民联网”（Connect All）宽带网普及计划，目标是到2020年为2000万低收入美国人提供高速互联网服务。奥巴马政府希望通过该计划为低收入家庭每个月提供9.25美元的上网补贴，这将帮助低收入家庭灵活、便捷地选择最适合的网络服务及供应商。这一计划实际上是对“生命线”项目的改革。20世纪80年代，时任美国总统里根设立了“生命线”项目，旨在为低收入家庭提供经济补助，让美国人都能用上固定电话。2005年，时任总统布什将“生命线”项目扩大至移动电话。奥巴马政府则希望“生命线”项目的范围能扩展到宽带网络。为保证“全民联网”项目顺利实施，白宫发起了全国性的“数字文化试点项目”，侧重提供数字文化培训。此项目计划派遣志愿者在图书馆、博物馆及社区中心为低收入人群提供计算机知识培训，并寻求慈善机构和私营机构的支持为这些机构提供硬件设施。

2016年9月，欧盟委员会宣布，计划到2020年在公共场合提供免费WiFi服务，到2025年力争在欧盟国家全面普及5G网络，让互联网惠及每位欧盟民众，届时欧盟公民家庭网络下载速度将全面突破100Mbps。这意味着欧盟将在2020年之前在欧洲每个村庄和每座城市的主要公众生活区周围提供免费WiFi接入服务，为此欧盟将投入1.2亿欧元。

巴西政府也意识到，实现宽带网络覆盖对于巴西的发展至关重要。2016年5月，巴西通信部（Ministry of Communication）发布了一项名为“智慧巴西”（Brasil Inteligente）的国家宽带发展计划。根据世界银行发布的《2016年世界发展报告：数字红利》，巴西互联网用户总数位列世界前5名，但仍有9800万人无法接触到网络。“智慧巴西”计划提出，到2019年巴西将拥有光纤网络的城镇比例由目前的53%提高至70%，宽带网络将覆盖巴西95%的人口。根据计划，多个大型网络基础设施建设项目将陆续开工，包括在亚马逊区域铺设网络，以及2017年发射一颗国防和通信地球同步卫星。巴西通信部还宣布，将建设6条海底光缆，连接巴西与欧洲、非洲和美国，用以提高网络数据传输能力，保障通信安全。海底光缆建成后能为巴西网络连接降低20%的成本。

2016年2月，韩国首尔市政府宣布，到2017年，全市所有的公共区域都将提供免费的WiFi服务，这也是首尔市进一步打造数字平台的举措之一。首尔市政府将在未来五年内投资4605亿韩元（约合24.87亿元人民币）用于促进数字经济增长。按照《首尔数字总规划2020》，首尔还将扩大物联网的应用，建立一个综合停车系统，让车主可以利用智能手机检查车辆停放的位置，到2020年，该系统将覆盖550个公共和私人停车位。根据规划，首尔将借助数字手段，加强与市民的沟通。到2020年，还将扶持30个智能相关企业发展。此外，首尔市政府还会建设综合生活福利信息系统，为市民提供更智能的数字化服务。

（二）加强农村宽带建设，缩小地区间“数字鸿沟”

作为推动网络服务惠及全民的重要举措，2016年，各国政府推动财政支出向农村及偏远地区倾斜，鼓励和引导各类社会资本参与欠发达地区宽带网络建设，帮助生活在这些地区的民众使用互联网。

为提升农村地区宽带普及水平，2016年5月，美国联邦通信委员会（Federal Communications Commission，FCC）宣布未来十年计划为农村地区宽带网络建设追加投资20亿美元。FCC决定采取竞争性招标的方式，充分利用市场力量有针对性地分配这笔资金，扩展农村地区宽带。

2016年12月12日，欧盟委员会和欧洲投资银行（European Investment Bank）宣布启动宽带基础设施基金——连接欧洲宽带基金（Connecting Europe Broadband Fund）。该基金将成为一个融合公共投资和私人投资的平台，德国复兴信贷银行、意大利国有银行和法国信托投资局将作为主要投资者参与这一计划。连接欧洲宽带基金将对欧洲网络欠发达地区的宽带网络基础设施进行投资，其目标是在2017—2021年，每年对7～12个宽带项目进行股本和准股本投资，包括夹层债务和次级债务。该基金投资规模为100万～3000万欧元，投资项目的总成本不高于1.5亿欧元。预计该基金在尚未部署超高容量网络的地区，将投资10亿～17亿欧元用于宽带网络部署。该基金的目标是在2021年前向20个国家进行投资。

德国致力于发展千兆网络社会，加大资源投入力度，促进农村宽带网络升级改造，让德国每个地方的每个人都能享受到超高速宽带。德国部分农村宽带发展水平低，农村地区网络宽带30MB以上的家庭用户占比仅为城市地区的一半，50MB以上的家庭用户占比不及城市地区的1/3。2016年7月13日，德国政府宣布，将向网络基础设施欠发达的偏远地区额外拨款13亿欧元用于发展宽带网络。在资源分配上，德国政府推动700MHz频谱用于农村地区移动通信网络连接，解决农村宽带“空白”区域的网络覆盖难题。

2016年2月，印度电信监管机构（Telecom Regulatory Authority of India）建议通过公私合营的模式为农村地区建设宽带网络。印度电信监管机构表示特许经营商负责部署光纤电缆及其他网络基础设施，并在合同期内运营；合同有效期为25年，可延长至30年。为确保特许经营商在给予服务供应商光纤接入上一视同仁，印度电信监管机构建议特许经营商与服务供应商之间应该保持适当的距离，另为电信和有线电视服务供应商保留50%的光纤接入。此外，政府需要持有26%的股份，成为特许经营商的少数股东，这样既能降低财政成本和风险，又可以帮助政府对特许经营商进行垄断行为检查。印度政府还宣布将加大对“数字印度”战略（Digital India）有关项目的扶持力度。印度于2015年7月初提出推进“数字印度”战略的具体计划，旨在进一步提高印度人口的网络连接水平。“数字印度”核心政策之一就是通过建造光纤网络，推动互联网普及率提高，印度政府计划到2019年前使光纤网络覆盖25万个印度村庄。

（三）加快网络提速升级，提升民众使用体验

2016年9月14日，欧盟委员会通过了《欧洲千兆互联社会战略》（*Connectivity for a European Gigabit Society*）。作为欧盟“数字化单一市场”战略的组成部分，《欧洲千兆互联社会战略》为欧洲设想了一个愿景，即搭建高容量网络，促进数字单一市场内产品、服务和应用的广泛使用，并设立了到2025年实现的3个目标：所有主要社会经济发展驱动力（学校、港口、公共服务提供者、数字化企业）之间实现千兆级互联；所有城市地区和主要陆地交通路线经过的地区享受不间断的5G覆盖；所有欧洲家庭能够以至少100Mbps的速度连接网络。伴随着该战略的发布，一系列支撑政策也相继出台，最主要的3个支撑政策为：《欧洲电子通信法规修订提案》（*Proposed Directive Establishing the European Electronic Communications Code*），该提案提出了欧洲范围内电信产业的共用法规和目标；《欧洲5G行动计划》（*5G for Europe Action Plan*），该行动计划为欧盟成员国和产业主体提供了一个围绕5G技术研发和商用合作的框架；《欧洲免费WiFi计划》（*WiFi 4EU Scheme*），该计划将投资1.2亿欧元支持地方政府在公共场所、医疗中心、公园和广场提供免费WiFi接入。

2016年3月，德国联邦政府发布了“数字战略2025”，在国家层面明确了德国数字化转型的基本路径，并提出了十大行动步骤。面对数字经济加速发展的需求，德国对解决网络基础设施落后这个“卡脖子”问题表现出日益强烈的紧迫感，“数字战略2025”将构建千兆光纤网络作为十大行动之首，从资金、技术、政策等多方面着手，助力智能制造和数字化转型。在固定宽带方面，德国政府将着力加快光纤宽带网络建设步伐，到2025年计划投资1000亿欧元用于光纤网络扩张，同时协同各类基金项目支持制造企业和商业中

心的宽带连接。在移动宽带方面，鼓励企业加大4G网络投资，积极推进5G关键技术研发和标准制定，实现到2018年50MB以上高速宽带网络无处不在的发展目标，为“工业4.0”发展奠定新基础。

2016年4月，瑞士联邦议会审议通过了“数字瑞士战略”（Digital Switzerland Strategy），战略提出的核心目标之一就是保障所有公民都能够平等、低价、非歧视性地使用高质量的网络基础设施，在确保民众使用互联网的便利性上——无论是固定宽带还是移动宽带，应力争走在世界前列，到2020年，要在所有城市实现高速宽带网络覆盖，打造一个创新、增长和繁荣的“数字瑞士”。

【5G技术研发进程提速】

移动互联网是帮助更多人口上网的最便利方式。5G网络的传输速度大约是4G LTE的100倍，5G的发展将使宽带化的移动互联网应用变得无处不在，预计在2020年5G技术将深度整合到卫生、教育、智慧城市、工业互联网、网络化汽车等垂直应用中。根据国际电联（ITU）公布的5G发展时间表，ITU将在2017年开始征集5G技术方案，5G标准化工作不晚于2020年完成。2016年，主要国家和地区均在推动5G技术发展，不断加大研发投入，布局5G标准制定，抢抓5G技术发展的先发优势。

（一）美国：加大资金投入，抢先释放频谱资源

2016年7月，美国政府正式为5G网络分配频谱资源，成为全球第一个为5G通信技术规划频谱的国家。美国联邦通信委员会全票通过了《“频谱新领域”提案》，此提案确定向5G开放24GHz以上高频频谱，此次FCC开放的频段共计10.85GHz。其中，许可频段数量是目前FCC已授权许可频段数量的4倍，免许可频谱资源数量是WiFi所使用频谱资源数量的15倍。新的规则实现了不同频谱接入方式的平衡，包括独家使用许可、共享接入和未授权接入，以满足各种不同的需求。FCC还通过其他服务和技术法规，使新技术和创新能够在排除不必要规定性管制的前提下演进。另外，FCC正在进一步研究开放其他频段给5G业务的可能性，通过采用频谱共享机制，在新型无线服务、当前和未来的卫星业务、联邦应用之间进行频谱需求的平衡，以确保联邦和非联邦机构、卫星和地面系统、固定和移动业务等可以并存发展。

2016年7月15日，美国白宫发表声明称，在未来7年内，将会投资5亿美元，资助下一代无线网络研究。按照这项“先进无线研究计划”（Advanced Wireless Research Initiative），美国将在未来7年建设4个小城市规模的5G无线技术测试平台。美国国家科学基金会将会从2017财年开始提供总计5000万美元的建设费用，英特尔、三星等20多家公司及有关协会将投入总计3500万美元的建设费用。国家科学基金会还将在未来7年另投入3.5亿美元支持基于这些平台开展的学术研究。

5G已成为各通信终端厂商新一轮激烈角逐的竞技场，这一进展也是将5G带给普通用户的一个重要里程碑。除了政府系统性的技术研发外，电信运营商也开始在5G领域发力。2016年2月，美国电信运营商AT&T宣布，已经推出了美国首例基于毫米波技术的5G商业客户试验服务。英特尔成为首例5G试验服务的客户，AT&T为该场所提供了G级带宽。双方将同时测试互联网接入、VPN、统一通信应用、4K视频流等服务，该试验还将展示15GHz和28GHz频段5G VoIP的表现。这两家公司称，届时传输速率最高可达14.4Gbps。AT&T在5G方面的主要竞争对手Verizon已在6月宣布试运营5G网络；7月宣布完成了5G技术规范的制定和外场测试，以及与合作伙伴探讨了5G技术如何利用无线电波、基础设施等问题。

2016年2月，Verizon宣布与三星合作进行5G网络开发。Verizon的5G网络已经正式发布，美国其他一些主要运营商也在加紧步伐，AT&T和T-Mobile都选择与诺基亚进行5G网络测试合作。运营商与科技公司在5G网络上合作的密切程度要超过4G LTE网络时期。与Verizon进行5G网络合作开发的公司包括思科、爱立信、英特尔、LG、诺基亚、高通和三星。2016年7月，

Verizon 宣布，计划成为首家公布 5G 无线规范的运营商，此前美国市场的 4G LTE 网络也是由 Verizon 启动的。Verizon 表示，已经完成 5G 无线规范的标准制定，这些标准将被智能手机制造商和组件供应商采用，同时一些厂商也将及时推出 5G 网络维护服务。

（二）欧洲：制订研发时间表，明确 5G 发展路线图

欧盟在 5G 技术研发上起步较早，在 2013 年就启动了面向 5G 研发的规划，并于 2015 年正式公布了 5G 的公私合作愿景。欧盟一直将发展 5G 视为重要契机，希望通过引领 5G 商用部署和国际标准制定，确保其在数字时代的领先地位。

2016 年 6 月，欧盟 5G 公私合资合作研发机构（5G PPP）发布了白皮书《对 5G 架构的观点》（*View on 5G Architecture*），总结了欧盟 5G PPP 的 16 个项目在过去一年中的研发成果（涉及 5G 物理层架构到总体架构、逻辑与功能架构、网络管理、软件网络与技术等各个领域）及共同特征、发展趋势，并提出为最终满足 5G 需求需要解决的挑战性问题，最后讨论了通用 5G 参考框架对于 5G 标准化的影响。欧盟 5G PPP 认为，一种全新的 5G 网络总体架构，应能通过部署网络切片技术（以高成本效率的方式），支持原生的（网络）软件化、集成/整合通信与计算、集成/整合各种异构的接入技术（包括固网接入技术与无线网接入技术），来满足诸多潜在应用场景（自动驾驶、机器人远程控制、触觉应用等）对于 5G 网络的需求（相关需求的差异将会很大，这也是 5G 面临的最大挑战，从而就需要增强 5G 架构的灵活性）。另外，该白皮书还详细讨论了这种 5G 总体架构对于移动网络、物理组网与计算设施、业务与基础设施管理及编排、托管与系统部署的影响。

2016 年 9 月 14 日，欧盟委员会公布了《欧洲 5G 行动计划》（*5G for Europe : An Action Plan*），作为《欧洲千兆互联社会战略》的一个支撑文件，该计划旨在推动欧盟各国未来 5 年（到 2020 年）在 5G 基础设施和服务部署方面的工作，并为欧盟 5G 领域的公私投资设计了一套清晰、翔实的路线图。计划的公布意味着欧盟 5G 建设进入试验和部署规划阶段，同时也被视为对美国公布 5G 计划的一个回应。

为推动 5G 系统 2020 年能够在欧洲大规模商用，欧盟委员会要求欧盟委员会无线频谱政策组（The Radio Spectrum Policy Group，RSPG）研究 5G 频谱战略。RSPG 于 2016 年 6 月 8 日制定了 5G 频谱战略草案，在欧盟范围内公开征求意见；7 月 31 日征求意见结束之后，RSPG 经过 3 个月的研究和协商，于 2016 年 11 月 10 日正式发布了欧盟 5G 频谱战略。战略主要包括以下几点：3400～3800MHz 频段是 2020 年前欧洲 5G 部署的主要频段，连续 400MHz 的带宽有利于欧盟在全球 5G 部署中占得先机；1GHz 以下频段，特别是 700MHz 的带宽将用于 5G 广覆盖；24GHz 以上频段是欧洲 5G 潜在频段，RSPG 将根据各频段现有业务和清频难度为 24GHz 以上频段制定时间表；建议将 24.25～27.5GHz 频段作为欧洲 5G 先行频段，建议欧盟在 2020 年前确定此频段的使用条件，建议欧盟各成员国保证 24.25～27.5GHz 频段的一部分在 2020 年前可用于满足 5G 市场需求；RSPG 将研究对 24.25～27.5GHz 频段上现有的卫星地球探测业务、卫星固定业务、卫星星间链路及无源业务的保护；31.8～33.4GHz 也是适用于欧洲的潜在 5G 频段，RSPG 将继续研究此频段的适用性，建议现阶段避免其他业务向此频段迁移，保证此频段在未来能方便地被规划用于 5G；40.5～43.5GHz 从长期来看可用于 5G 系统，建议现阶段避免其他业务向此频段迁移，保证此频段在未来便于规划用于 5G；此外，RSPG 将制定相关技术和规则措施，保证 5G 系统的使用。

欧盟不断推动 5G 技术领域的双边和多边合作。2016 年 2 月 23 日，欧盟委员会发布公报称，继与韩国、日本、中国等国家签订合作开发 5G 技术的协议后，欧盟又与巴西签订了合作开发 5G 技术的协议。公报称，欧盟和巴西的合作将致力于为 5G 技术制定一个全球适用的定义，并确立 5G 技术优先应用领域。双方还将力求制定 5G 技术全球通用标准，以便在全球 5G 技术研发中获得更大话语权。此外，欧盟和巴西将在国际电信联盟框架下合作找出最有应用前景的无线电频

率，满足 5G 技术发展对频谱的额外需求。双方还将在智慧城市、农产品、教育、医疗、交通等领域推动 5G 技术部署。

2016 年 1 月，法国政府与爱立信公司、高通公司针对未来 5G 移动网络采用授权频谱共享（Licensed Shared Access，LSA）的管理方式推出无线频谱共享试点。LSA 为将来更加有效地利用无线电频谱提供了重要方式，它允许移动网络运营商与相关组织机构在适当的防护措施下共享未使用的频谱，从而能为移动服务释放更多的网络容量。在试点方案中，法国国防部（Ministère de la Défense）将与爱立信共享 2.3～2.4GHz 频段的无线接入网络。未来两年内，此类试点工作将释放法国大量授权频谱供公众使用。足量的可用频谱是部署 5G 服务的关键资产，能保证预期的网络容量和服务质量。理论上，欧洲范围内 2.3～2.4GHz 频段的 LSA 申请释放出的频谱足够所有欧盟民众使用 5G 服务。在法国的试点中，爱立信将会建设包括载波聚合和无线点技术的无线接入系统，可部署高性能的室内语音和数据覆盖，以及大容量的小型蜂窝基站；红色科技将提供频谱管理平台，它是基于现场无线网络环境地图和自组织网络的引擎；高通则提供在试验中使用的 4G 设备。授权频谱共享是不同于传统的频谱授权或免许可使用之外的新型频谱管理方式。在这种方式下，每个要使用共享频段的用户都必须获得授权，这种许可与一般的频谱使用许可不同，是非排他性的，但该频段授权的共享用户必须保证不能影响此频段原有者的服务质量，这种对原有服务的保证与频谱使用的授权是结合在一起的。

2016 年 9 月，德国政府提出，将推出德国 5G 发展战略，该战略分 5 步：第一步，到 2018 年制定 5G 频率商用的框架条件；第二步，建立电信行业与应用行业之间的对话论坛；第三步，推进 5G 研究，使德国取得技术上的优势，并共同制定未来国际 5G 标准；第四步，应用项目，如 5G 实验城市，联邦政府可为此资助 200 万欧元，总额超过 8000 万欧元的自动驾驶汽车项目也将促进 5G 发展；第五步，促进基础设施建设，最迟到 2025 年在所有联邦主干道、最少 20 个大城市覆盖 5G。

（三）日韩：加快关键技术试验，推动 5G 商用部署

日本和韩国都是有线宽带领域的领跑者。2016 年，日、韩两国政府分别联合运营商和电信设备制造商，开展了相应的技术研究和产业布局。两国政府希望借助 2020 年日本东京奥运会和 2018 年韩国平昌冬季奥运会的机会，向世界展示他们在无线宽带领域的领先地位。

2016 年 9 月 8 日，日本运营商软银（SoftBank）和旗下的 Wireless City Planning 召开新闻发布会，宣布面向下一代高速通信标准 5G 的项目“5G Project”正式启动。作为“5G Project”启动的第一阶段，软银将商用可大幅扩展网络容量的 Massive MIMO 技术。Massive MIMO 通过在基站利用大量天线，对多个移动终端用户同时进行通信服务，这是 5G 的核心技术之一。软银 5G（S5G）具有划时代的意义，这是全球首个将 5G 技术进行商用的案例，说明作为 5G 核心技术的 Masive MIMO 已经具备了商用能力，能明显提升移动通信网络的服务能力。2016 年 10 月 11 日，日本政府宣布将制定 5G 建设战略。日本总务省瞄准到 2020 年实现 5G 投入实际应用而推进研发，计划从 2017 年开始在全国启动实证研究。

2016 年 12 月，韩国运营商 SK 电信宣布，将和爱立信、高通联手进行 5G 无线标准（5G New Radio）下的互操作性测试和空中现场试验，试图加速 5G NR 科技的商业化进程及移动 5G 生态系统的形成，让符合 3GPP Rel-15 标准的 5G NR 基础设施和设备能够就绪，以支持商用网络的及时部署。在试验中，3 家通信巨头将展示新的 5G NR 技术，利用高频带宽来增加网络容量并实现每秒数千兆比特的数据传输。这一项技术的实现对虚拟现实、增强现实及一些具有极高网络环境要求的云服务具有重大意义。5G NR 技术不仅可以降低成本，还可以让更多家庭享受到千兆比特互联网服务。试验将采用具有自适应波束成形和波束跟踪技术的 3GPP 5G NR 多输入多输出（MIMO）天线技术，以在高频带（包括非视距环境）提供强大并持续的移动宽带通信。这次试验将会紧密跟踪 sub-6GHz 和 mmWave 频谱带的全球 5G 标准中的 3GPP 5G NR 规范的表现，它将促进和验

证目前全球5G标准的正确性和实用性，加快5G普及，还将提高未来3GPP 5G NR技术的兼容性。

2016年11月9日，韩国电信KT公司宣布，已经启用一条连接亚洲9个国家的大容量海缆系统，即Asia Pacific Gateway海缆系统。该海缆系统连接韩国和亚洲其他8个国家，包括日本、中国、泰国和马来西亚，全长近11000千米，传输速率高达54.8Tbps。韩国电信公司表示，这条海缆的投产将用于韩国5G网络试运营服务。韩国电信计划在2018年平昌冬季奥运会期间启动5G网络试运营。2017年，韩国电信还计划启用连接韩国和美国的泛太平洋海缆系统，全长达到14000千米，这将帮助韩国电信实现向全世界传输高清视频和虚拟服务等内容。

【互联网企业积极布局网络基础设施】

2016年，谷歌、微软、Facebook等国际互联网巨头不断加大对信息基础设施建设的投入力度，这些举动旨在降低成本、提升网络服务品质，并保证自身能满足在线视频、照片、游戏和其他服务对流量不断增长的需求。

（一）持续推进“全球联网”，探索业务模式创新

为帮助世界各地无法联网的民众能够使用互联网，探索未来业务发展模式，互联网公司大力推动技术创新，不断扩展网络接入范围。谷歌气球项目、Facebook无人机项目已进入试验阶段，并取得初步进展，为互联网企业探索新的商业模式提供了更大的可能性。

2016年2月，谷歌气球开始在斯里兰卡进行测试，总共放飞了十几个气球。斯里兰卡共有2000万人，目前只有不到1/4的人民能够联网。斯里兰卡约有330万户移动数据连接用户，以及63万户固定互联网用户。目前，这个测试项目进展十分顺利，预计最多只需要花费一年，就能正式投入运营。如果试验成功，斯里兰卡将成为继梵蒂冈之后全世界第二个全境覆盖LTE网络的国家。

2016年3月27日，一枚搭载6颗谷歌卫星的运载火箭发射升空。谷歌计划通过数百颗卫星向全球提供免费无线网络服务，可以做到全球无盲区、无死角，任何人不管身处高山、大漠、极地还是海洋，只要有一部由电池供电的、路由器般大小的、价值几十美元的中继转发器，便可以实现无线网络功能的设备联入互联网。

2016年6月28日，Facebook的Aquila无人机在美国亚利桑那州的一个军用机场成功首航。Aquila首航在低空飞行了96分钟，飞行时间超过Facebook此前预期的3倍。Aquila是由太阳能面板供电的，速度达到每小时120千米；虽然翼展接近波音737飞机，但重量仅有453千克，比大部分汽车还要轻；当开启巡航模式时，耗电仅为5000瓦，功耗仅仅相当于3个吹风机或者1台微波炉。按照设计规划，这架无人机可以在18000米的高空飞行，通过激光和毫米波技术，为那些传统网络设备无法抵达的偏远地区推送互联网，网络覆盖半径为96千米。目前，太阳能无人机的续航记录是两个星期，理论上最长可以续航3个月，要达到这个预期还要进行诸多后续研发。

2016年10月，埃隆·马斯克的美国太空探索技术公司（SpaceX）向美国政府提出发射申请，计划发射几千颗卫星用于提供互联网全球宽带接入服务。在提交给美国联邦通信委员会的申请文件中，太空探索技术公司详细解释了组建一个由4425颗卫星构成的庞大卫星网络的计划。卫星高度为1150～1325千米，这一数字远远高于国际空间站（ISS），但远低于地球静止轨道卫星。此外，公司还将遵循美国联邦政府的指导方针来减少轨道碎片。SpaceX的卫星系统可以提供最高容量达每个用户1Gbps的宽带服务。由于系统使用的是低轨道卫星，因此可以将延时控制在25～35ms。在系统完全部署后，该公司的网络将从地球上几乎所有地方的上空经过，原则上能够提供无所不在的全球服务。

（二）投资海底光缆建设，应对网络数据爆炸性增长

网络的高速普及为互联网公司提出了新的挑战，为了应对数据的爆炸性增长、提供更好的服务，互联网企业纷纷加大全球网络基础设施投资力度。目前，世界上有350多条海底光缆，承担着全球绝大部分跨国电话通信和互联网数据

通信。海底光缆一般由电信公司建设和运营，但美国互联网公司的海底光缆长度和设计容量正在赶超传统电信公司。美国互联网巨头热衷新建海底光缆的主要原因是支持互联网业务高速发展及其带来的数据使用量爆炸式增长。美国电信地理调研公司的调查显示，2014 年，像谷歌、Facebook、微软之类的互联网内容供应商对跨大西洋海底光缆带宽的用量首次超过电信公司等其他用户的用量。全球带宽需求在 2012—2014 年翻了一番，2014 年增长了 44%，主要推动者就是内容供应商。随着互联网业务和云服务的发展，这种需求还在持续增长。

2016 年 3 月，谷歌委托巴西光纤通信技术供应商 Padtec 来管理及实施连接里约热内卢和圣保罗的高容量海底电缆网络的部署。这条海底电缆被命名为 Junior（巴西著名画家的名字），将连接里约热内卢的普拉亚达马库姆达海滩和圣保罗的普拉亚格兰德海滩。Padtec 提供的总承包海底电缆长约 390 千米，将能互联到谷歌在该地区的其他海底和陆地基础设施。这个海底电缆系统将包括 8 对光纤组，利用 Padtec 的海底光纤线路放大器，以及展示其具备超长距离传输的、高容量低冗余光纤集成平台 LighPad i6400G SLTE。从里约热内卢到圣保罗的海底电缆系统于 2017 年下半年投建。

2016 年 5 月 26 日，微软和 Facebook 宣布将共同投资建设一条跨大西洋的高速海底光缆，以帮助用户高速、可靠地连接这两家公司的云服务和在线服务。海底光缆代号为 MAREA，由 8 对光纤组成，该海底光缆将是设计容量最大的跨大西洋海底光缆，初步设计数据传输能力（带宽）为每秒 160Tbps。MAREA 全长约 6600 千米，将连接美国东部弗吉尼亚州弗吉尼亚比奇和西班牙毕尔巴鄂，计划 2016 年 8 月开工，2017 年 10 月完工。

2016 年 6 月 30 日，谷歌宣布启用迄今世界上最快的海底光缆，新网络的传输速率将增加 1000 万倍。谷歌的这项超级海底光缆项目开始于 2014 年，与中国移动国际、中国电信国际、日本 KDDI、新加坡电信 Singtel 和马来西亚 Global Transit 5 家亚洲电信企业合作，出资 3 亿美元，打造这个连接美国与日本的海底光缆，此光缆名为 Faster。这条光缆的带宽高达 60Tbps，东接美国俄勒冈州班登（Babdon）登录站，西接日本千仓（Chikura）和志摩（Shima）登录站，中间还连接美国西海岸的诸多中枢，包括洛杉矶、旧金山湾区、波特兰及西雅图等，光缆总长度为 9000 千米。

2016 年 10 月 12 日，谷歌宣布将与 Facebook、中国软实力科技集团（China Soft Power Technology Holdings Limited）旗下子公司 Pacific Light Data Communication 达成战略合作，三方合力研发一条跨太平洋的海底通信光缆。这条跨太平洋光缆（Pacific Light Cable Network，PLCN）从美国洛杉矶到中国香港，将能够以最高 120Tbps 的速率传输数据。为了支持数据消费的开发及云技术，并且应对在线服务的快速增长，谷歌、微软、亚马逊投入重金打造跨洋海底光缆。PLCN 光缆最早将于 2018 年正式投入使用，搭建 PLCN 的主要目的是减少谷歌应用套件 G Suite 和谷歌云平台在某些情况下的延迟。从谷歌的目的来看，这一举措更多是为谷歌云服务提供基础帮助。2016 年 9 月底，谷歌对云服务的各项业务进行大的整合，首先将 Google for Work、谷歌云平台（Google's Cloud Platform）及其他谷歌的云服务都合并到一个品牌“谷歌云”（Google Cloud）。谷歌旨在集中技术和人才资源对抗亚马逊 AWS 和微软 Azure。

【应用基础设施发展势头迅猛】

当前，网络流量增长和互联网业务创新对基础设施提出了更高的要求。作为互联网通信的关键环节，应用基础设施的功能与内涵不断扩展。在全球范围内，物联网设施、云计算数据中心等应用基础设施呈现快速增长的势头，这将对经济、社会发展产生巨大的影响。未来几年内，物联网设备连接数量将达到数百亿台，相比移动互联网，物联网市场规模是其数十倍的容量。麦肯锡统计数据显示，物联网相关设备预计将从 2015 年的 150 亿台增加到 2020 年的 500 亿台。物联网市场目前价值为 6558 亿美元，到 2020 年应该达到 1.7 万亿美元，到 2025 年价值应为 3.9 万亿～11.1 万亿美元。物联网技术在企业发展、卫生、农业、能源等领域的应用潜能逐步显现。

2016年1月19日，国际电联与思科系统公司发布的最新报告指出，物联网的广泛应用将为全球发展带来新机遇，有助于扭转发展中经济体的落后局面，极大地改善成千上万人的生活。据国际电联估计，2015年出货的无线物联网设备超过10亿台，比2014年增长了60%；安装基数达到被预测的28亿台，预计到2020年，将有250亿台联网装置实现互联，使物联网成为世界范围内最大的设备市场。报告强调，可用性、价格可承受性及可扩展性将成为物联网在发展中国家引发“物联网革命”的3个决定性条件。报告指出，物联网领域是快速演变发展的信息通信技术行业最令人振奋的领域之一，孕育着实现突变和变革的巨大潜力。通过改善发展中国家民众的生活，物联网的广泛应用可防止“数字鸿沟”的产生，避免出现两极分化世界。

2016年3月，欧洲著名智库经济与商业研究中心（Centre for Economics and Business Research）发布报告称，2020年大数据和物联网将为英国创造18.2万个工作岗位，带来3220亿英镑的经济收益。目前，56%的企业采用了大数据分析，到2020年该比例将蹿升至67%。同一时段内，受智能家居、可穿戴设备及其他连接设备的影响，物联网的采用率将从30%增至45%。

2016年5月，美国政府发布了《联邦大数据研究与开发战略计划》（*The Federal Big Data Research and Development Strategic Plan*），其目标是对联邦机构的大数据相关项目和投资进行指导。该计划主要围绕代表大数据研发关键领域的7个战略进行，包括：促进人类对科学、医学和安全所有分支的认识；确保美国在研发领域继续发挥领导作用；通过研发来提高美国和世界解决紧迫社会和环境问题的能力等。建立和加强对网络基础设施的研究，使大数据创新可以为机构使命提供支持。共同的基准、标准和指标对于一个运作良好的网络基础设施生态系统来说是必不可少的。参与式设计也是不可或缺的，它可以被用于优化基础设施的实用性，并且能将其影响降到最低。教育和培训对于个人能力的构建来说也是至关重要的：用户必须得到正确的教育和培训，这样才能充分利用提供给他们的工具。

2016年8月1日，美国政府发布《数据中心优化行动计划》（*Data Center Optimization Initiative*），将继续在已有基础上努力，保证《联邦信息科技采购改革法案》（*The Federal Information Technology Acquisition Reform Act*）中数据中心有关条款的有力执行。《数据中心优化行动计划》旨在推动各联邦机构的数据中心管理战略在3个方面实现进步。（1）最优化：联邦机构需要安装能源计量表追踪能源消耗等5个最优化目标来提升联邦数据中心的效率。（2）关闭数据中心：除了提高已有数据中心的效率，还设立大胆但可实现的目标来关闭和整合重复性的数据中心。（3）节约成本：优化和整合联邦数据中心将节约大量成本。

欧洲是目前世界上最大的科学数据生产地，但数据基础设施不足和分割导致大数据的发展潜力很难在欧盟完全释放。2016年4月19日，欧盟委员会出台《产业数字化新规划》，其中包括：为云计划投资67亿欧元，为欧盟170万名科研人员和7000万名科学技术专业人员提供“开放科学云”来存储、共享和重新使用跨学科和跨边界的数据。2016—2020年，欧盟地平线2020（Horizon2020）将为云计划提供20亿欧元启动资金，另外47亿欧元将由欧盟结构与投资基金、成员国公共财政和私人行业等投资筹集。行动计划主要由相互关联的两大部分组成：一是欧盟开放科学云系列行动，致力于为欧盟170万名科研人员和7000万名从事科技创新活动的在职人员创造一个共同的虚拟在线环境，存储、共享和再利用跨成员国、跨行业、跨学科的科研信息数据；二是欧盟大数据基础设施行动，致力于在欧盟范围内全面部署必要的高速宽带网络、大规模数据存储便利设施和高性能计算能力，确保欧盟云计算大型数据集储存的有效处理和高效访问。欧盟云计算行动计划，将首先在欧洲乃至全球合作伙伴的科技界实施，然后逐步向其他公共部门和各行各业用户拓展。欧盟委员会将采取“一揽子行动”举措，降低大数据存储与高性能计算成本，促进科技创新人员开放、共享、再利用科研信息数据，协助创新型中小企业与初创企业提升竞争力，推动欧盟数据经济加速发展。

世界智能制造发展情况

【智能制造核心要素】

（一）万物互联

互联网技术是智能制造的重要技术支持。透过各种有关智能制造战略的外表，其本质都是在生产过程的网络环境下，将人与人、人与设备、设备与设备，甚至工厂与工厂交互联接成为一个智能的整体。通过信息物理系统（CPS）联通物理世界与数字世界，使制造过程中工厂内部、工厂之间的材料、能源、信息有效流通，最终不仅仅完成自动化工厂的建立，更将单个自动化工厂相互连接形成包含柔性制造单元、数字化车间、智能工厂等的整体智能化制造系统。

工业互联网是支撑万物互联理念实现的先进技术，近两年的发展也引人瞩目。“大数据”与“大机器”的融合使物理世界与数字世界边界模糊的同时，也为生产力的进一步飞跃创造了机遇。依托工业物联网，智能制造不但可以在生产过程中展现智能，还可以在生产过程之外保障机器的维护及预防突发事故。物联网作为其中一项重要技术，近年来发展迅速。国际电联的数据显示，2015 年无线物联网设备出货量已超过 10 亿台，且数量还将持续增长，到 2020 年将有 250 亿台联网装置实现互联。虽然技术尚不十分成熟，但是物联网通过其可用性、可负担性及可扩展性，已广泛地应用于全球范围内的制造业，并将持续深入影响制造业的未来。工业互联网在制造业中的普及不仅是对单个工厂内部生产流程的优化，也是对整个生产过程中整条供应链的优化，更是对整个国家制造业整体竞争力的优化。2016 年普华永道的研究显示，全球 90%的工业制造行业 CEO 计划围绕信息化，主要以工业物联网（IIoT）为手段实施变革。以工业互联网为代表的万物互联智能制造已成为不可逆转的趋势与机遇。

（二）组织变革

面对信息化带来的市场变化，为了满足“工业 4.0”时代的要求，智能制造将在以下两个方面引导制造业企业完成组织变革：一是改变内部组织结构；二是改变组织对外关系模式。

首先，信息科技手段与现代管理理念的不断发展，为企业高效应对外界变化提供了丰富的技术和理论支持。互联网、物联网、大数据等技术的运用使企业收集、处理、整合、优化各种资源方面的能力与效率大幅提高，在这些技术推动下产生的管理理论，如扁平化组织结构、创新型组织结构、虚拟化组织、结构形式弹性化和网络化等，驱动了由智能制造引导的组织变革，而通过内部组织管理的变革可构建以激发人创造性为导向的高效组织结构。美国戴尔公司在面对竞争日益激烈的个人计算机市场时，实施组织结构扁平化设计，将几十个智能部门平行分布，在信息化技术的支持下使资源与信息在各部门间畅通无阻，消除了原有冗杂的中间环节，节约了成本，缩短了产品上市时间。

其次，技术手段的革新不但提高了企业内部效率，更重要的是使企业与企业、企业与客户之间的连接更加紧密、高效。另外，战略联盟等管理理念的推动，使市场内的信息传递变得更加有效、及时、透明，促使企业构建以客户为中心，并且模糊企业与客户、企业与企业边界的跨企业业务体系，改变原有的对外关系模式。德国宝马公司作为全球最大的汽车制造商之一，在生产环节和客户服务方面不断依靠智能制造技术创新发展，具体如下：依靠维修工厂提供的用户数据，在新款汽车的设计制造中有针对性地应对可预测的潜在漏洞；依靠物联网技术为用户提供预防性服务与及时的安全救援；依托信息技术推出各种智能辅助驾驶助手使驾驶更便捷。

（三）数据驱动

数据作为推动信息化社会发展的重要驱动力，制造业中无论是物联网设备、云服务，还是解决方案都需要数据作为支持。数据技术也从20世纪 90 年代限于企业内部使用的数据仓库时代和互联网公司兴起的 Web2.0 时代，发展到崭新的以物联网和 O2O 为代表的大数据时代。同时，数据的规模与范围还在不断扩大，数据已成为智能制造的重要驱动力。

各国竞相发展数据技术以支持数据驱动智能制造的发展，例如，美国于 2012 年推出《大数据研究与开发计划》后，又在 2016 年发布《联邦大数据研究与开发战略计划》；欧盟公布云计划蓝图，计划成为数据驱动型经济的领航者；韩国政府投资大数据产业的经费提高了 42%，达到490 亿韩元。

（四）综合集成

“工业 4.0”变革的 3 个重要特征——垂直集成、水平集成、端对端高度集成，体现了智能制造综合集成的核心要素。德国“工业 4.0”展示了综合集成这个核心要素的实施步骤，在智能制造先进技术的支持下，由微观到宏观：多个设备互联组成整条生产线，达到设备组自我管理、配置、优化；多条生产线互联组成整个工厂，实现生产各过程数字化无缝衔接，使复杂的生产流程简化便于管理；多个工厂互联成一个制造系统，通过同类企业间信息物理系统（CPS）的联接达到横向集成，通过同一条供应链上信息资源的整合达到纵向集成；最终通过互联网与物联网将不同领域相联、各终端相联形成一个智能制造的世界。综合集成使制造业企业达到企业间、供应链上多种不同资源的高效整合、信息共享、业务协同。

（五）协同创新

智能制造本身就是制造业基于信息化技术进行创新的过程，创造制造业从技术、产品到模式、组织、业态的全面创新、全球智慧的新环境。协同创新不但是智能制造的最终目标，同时也是原始驱动力。各国从政策、战略、技术等方面不断创新，持续为智能制造的发展提供原始驱动力，为抢占新的产业竞争制高点而努力。目前，世界范围内已形成包含网络化协同制造、大规模个性化定制和服务型制造的三大模式。

在工业互联网技术的驱动下形成的开源平台和众包等手段激发了全球智慧，创造了新的创新生态系统，为网络化协同制造、服务型制造开辟了渠道。GrabCAD 等众包平台能够吸引世界各地的工程师为企业解决问题，GE 于 2016 年上传的一个飞机发动机支架方面的问题就收到了近700 个解决方案，最终，来自印度尼西亚的方案脱颖而出并使机身减重超过 80%。另外，增材制造和 3D 打印等智能制造新技术的迅速发展，也为大规模个性化定制发展提供了可能性。GE 预测，在 2020 年使用增材制造方式生产的零部件将超过 100000 个，但目前在美国也只有 0.02%的产品是通过此类技术生产的，因而还有很大提升空间。三大模式的迅速发展，最终将实现智能制造业协同创新价值网络的形成。

【各国智能制造的发展状况】

（一）德国

作为传统制造业的领军者，德国在智能制造领域也取得全球领先地位。德国依托稳固的工业基础、雄厚的资金支持、出色的人才培育体系率先在 2011 年提出了有关智能制造的第一个国家战略“工业 4.0”。“工业 4.0”不断发展传播，受到世界各国的认可，并成为多个国家制定智能制造国家战略的比照和标尺。随着智能制造的进一步深入，德国对智能制造日益重视。2016 年德国经济报告就以“抓住数字转型机遇”为主题，表示“工业4.0”将贯穿制造业的整条价值链；2016年3月德国又发布“数字战略2025”，投入1000亿欧元发展数字化信息建设，助力中小企业、手工业数字化转型，帮助德国企业推行“工业4.0”。

除了着眼于国内智能制造的发展外，德国还持续把“工业4.0”的理念向外推广。2016年1月11日，德国机械装备制造业联合会副会长哈特穆特·豪恩在欧盟为计划通过“数字化工业”战略的会议上呼吁，“应当实施与‘工业4.0’接轨的法规，废除阻碍创新的规定。”德国还在2016年4月25日正式设立“工业4.0”标准化理事会，旨在全球范围内推广协调“工业4.0”相关的国际化统一标准。虽然近来欧盟委员会在“工业4.0”的一些具体概念、措施的理解与实施方面并不完全赞同德国，使德国“工业4.0”的对外传播受到一定阻力。但是，德国制造业在智能制造领域的发展依旧保持了强劲的势头。智能制造领头羊西门子安贝格工厂依旧是全球最接近“工业4.0”时代的行业高地，它以雄厚的实力引领新一次工业革命的风潮。

德国汽车行业的相关企业也是智能制造业的全球领跑者：在生产过程中，通过智能制造技术的运用使每款新车的发布成本降低1亿美元；在销售过程中，通过大数据技术的运用在未来14年内，制造商将增加6000亿美元的利润；而3D打印将完全改变维修工厂的工作方式，在提高其效率与质量的同时降低成本。除制造企业外，软件服务提供商SAP为推进“工业4.0”的发展，通过收购和协作不断发展其云服务业务，2016年SAP相关资本支出达到8.12亿美元。德国政府在颁布国家战略与支持性法规的同时，搭建合作与交流的国际性平台，如汉诺威工业博览会等，以保护本国智能制造业企业的权益、支持它们的发展。

（二）美国

相对于德国依靠整个产业的总体优势，同为智能制造领先梯队的美国，由于其处于世界信息技术发展的尖端地位，它在智能制造方面更加注重高新技术产业。依托拥有绝对优势的互联网技术，美国提出了顺应“工业4.0”时代的“工业互联网”理念以实现“再工业化”。

国际金融危机后，美国政府更将发展智能制造上升为国家战略。2011年、2012年先后提出《先进制造伙伴计划》《先进制造业国家战略计划》，2016年6月20日，奥巴马公布新的振兴美国制造业方案——“智能制造业”，美国政府不断从国家战略与政策法规方面支持与促进制造业进入智能制造时代。仅2016年，美国政府就发布了《国家制造业创新网络项目战略（2015—2018年）》《联邦大数据发展战略》《先进制造：联邦政府有限技术领域概念》《机器人产业发展规划（2016—2020年）》等一系列政策。在政策支持的同时，美国政府还着力于为智能制造企业搭建交流与共享的平台，例如，组织产业界代表、学术界和非营利组织代表成立智能制造业领导联盟，并促使其与能源部联手成立“智能制造创新研究所”。资金保障方面，在2014年50亿美元的基础上，美国政府2016年对智能制造设备的投入预算将额外增加3.5亿美元的自由基金，对物联网的投入在3年后就将达到3570亿美元；智能制造业领导联盟也将在政府的支持下获得来自能源部和私人捐款的1.4亿美元，用于开发智能感应器和数码技术以提高制造业效率；美国劳工部也通过了包含1.75亿美元的“美国学徒竞争项目”，在人才培养方面支持智能制造。经过一整套的政府行为之后，在联合国工业发展组织公布的《2016年工业发展报告》中，美国成为唯一一个在世界制造业增加值中占比接近20%的国家。

在政府的大力支持下，美国制造业企业在智能领域取得了长足的发展。通过数字化工厂的普及，汽车行业在提高生产效率和产品质量的同时，有望每年节约160亿～320亿美元，相当于10%～20%的可计算成本。达索助力公司通过开发智能制造系统将在2016年向市场投放第一台3D打印汽车。大量高科技企业，如GE、思科等，还不断通过技术优势、资金优势在海外寻求智能制造理念与技术的合作，思科就在2016年3月宣布向德国投资3亿美元以推动德国数字化建设，助力“工业4.0”。

（三）韩国与日本

韩国虽然是智能制造的“后进军”，但它借鉴西方国家先进经验，并依托汽车工业和数字产业的优势，成为亚洲智能制造强国。在 2014 年推出《制造业创新 3.0 战略》后，又于 2015 年出台了《制造业创新 3.0 战略实施方案》作为补充和完善。在 2016 年“彭博创新指数”中，韩国夺得第一，创新不但是智能制造的基础推动力，也是最终目标的一部分。在机器人领域，韩国成为 2014 年自动化程度最高的市场之一，成为全球第四大市场，并且达到世界最高机器人使用密度（478 台）。在大数据领域，“2015 年大数据市场现状调查”显示，韩国大数据产业正在经历一个全盛时期。企业一直是韩国智能制造的核心元素，无论是电子产业巨头三星、LG，还是汽车工业巨头起亚、现代，都在智能制造的发展中显示了强劲的竞争力。同时，韩国政府也在不断为智能制造的发展提供有力支持，2016 年韩国政府将“产业育成政策”的重心转移到与智能制造紧密相关的无人驾驶汽车、无人机、智慧城市、零耗能建筑等产业上。同时，韩国政府还计划在 2020 年建设 10000 个智能生产工厂。

作为人工智能的领先国家，日本也走在智能制造的前列。经历了数次有关“新产业结构愿景”的研讨会后，2016 年日本经济产业省发布了“引领智能制造”的产业革命战略，并在《制造业白皮书》中指明了智能制造的重要性。在此之前，日本政府于 2015 年发布了《机器人新战略》，并预计到 2020 年将其产值发展到 2.67 万亿日元，以保持在产业机器人方面的优势，并支持智能制造的发展。日本宝熊智慧型工厂也因为全天候、全自动化智能生产成为智能制造的标杆。日本经济产业省计划投入 195 亿日元用于建设工业和医疗领域的人工智能基地，同时为人工智能与物联网相关的中小企业提供 1001 亿日元的补助。丰田汽车与日产汽车作为日本汽车业的领军者，将与日本政府在汽车智能制造领域密切合作，收集整合汽车驾驶数据。在人才培养方面，近年来日本除大力发展本国智能制造顶尖人才培养体系外，还于 2016 年提出了吸引外国优秀人才的战略。

（四）英国、法国及欧洲其他国家

另一个制造业传统强国——英国，在去工业化趋势明显及脱欧带来的不确定性的影响下，一直以政府主导的方式推进制造业的复苏。英国政府通过每年 5000 万英镑的直接资金支持和创新中心的建设支持重振制造业并发展智能制造。尤其在创新中心的打造方面，英国甚至早于美国，并为包括美国在内的其他各国提供了许多可行性经验。百年英国车企劳斯莱斯一直紧跟时代脚步，将航空引擎的生产代入了智能制造。在 2016 年 4 月的汉诺威工业博览会上，劳斯莱斯与微软宣布合作开发基于 Azure 物联网和 Cortana 的智能云引擎，预计此项基于大数据和物联网的智能制造技术每年可以为航空公司节省上百万美元的成本。在创新方面，英国也走在了世界前列。据 Nesta 的报告，已有超过 1/4 的英国人参与分享经济活动，随着智能制造的发展，在智能制造领域的分享经济活动还将持续保持快速的增长势头。

法国制造业如今已不再那么强大，其产值只占法国 GDP 的 12%，借助智能制造完成工业复兴成为法国的必然选择。在 2013 年发布《新工业法国》战略之后，2015 年法国又对计划进行了调整，发布《新工业法国 2》，进一步满足智能制造时代的要求，以更好地对接“工业 4.0”。法国政府不但将提供超过 7.3 亿欧元支持智能制造技术的研发，还将在 2016 年打造一个工业技术平台为企业提供一个测试与培训的机会。同时，法国工业机器人市场也在逐步大幅回升，相比 2013 年，2014 年机器人销量接近 3000 台，上涨了 35%。法国还一直致力于国际智能制造领域的合作，积极参与欧盟智能制造规范化标准的制定，提升其在“欧洲 2020 地平线”战略中的影响力。在“欧盟 2020 地平线”战略于 2016 年公布的在机器人领域的新项目中，法国将牵头完成两项智能制造方面的机器人研发项目。

除英国、法国两个欧洲智能制造领域的先行军外，欧洲各国也在逐步发展智能制造。首先是欧盟国家，2016 年欧盟通过了“数字化工业”战略，以引领智能制造的新时代。除英国、法国外，其他欧盟各成员国也在积极配合，大力发展智能制造。2016 年，意大利公布了“工业 4.0”计划，预计投资规模将达到 130 亿欧元，并将在 2017 年开始实施一系列税费优惠政策支持智能制造企业发展。瑞士 ABB 公司在本国人力成本过高的环境下，每年约花费收入的 4%大力发展智能制造技术，预计到 2017 年这些技术可为公司节约上亿美元的成本。在欧盟委员会的大力支持下，丹麦已成为欧洲机器人中心，以优傲机器人公司为例，该公司生产的大量机器人及机器人研发技术，已经渗透到中小型制造业企业中，为企业优化生产线、减轻员工工作负荷、降低制造成本等方面助力。其次是俄罗斯，除欧盟国家之外，俄罗斯是欧洲大陆另一个主要的智能制造基地。2016 年，面对压力减缓的国内经济形势，俄罗斯政府更加意识到智能制造的重要性。俄罗斯电信公司鲍里斯•格拉兹科夫也表示，“工业 4.0”是全球的焦点，俄罗斯必须进一步发展智能制造提高生产效率，提升竞争力，加大与领域内先进国家的合作。

世界电子商务发展情况

【全球电子商务呈现强劲的发展态势】

全球电子商务发展迅速。据联合国统计，2015 年全球电子商务交易额超过 22 万亿美元，比 2013 年增加了 38%，由此创造了大量新的就业岗位和发展机会。但是，各国电子商务发展水平非常不均衡。在丹麦、卢森堡、英国等发达国家，参与网购的民众比例超过 70%；然而，在孟加拉国、加纳、印度尼西亚等发展中国家，仅有不足 2%的人用过互联网购物。

（一）中国零售电子商务发展成为全球瞩目的焦点

中国目前是世界上最大的网络零售市场，在网络购物用户规模和交易额方面均位居全球第一。阿里巴巴实时数据显示，2016 年天猫“双十一”当天交易额突破千亿元，达到 1207 亿元，覆盖 235 个国家和地区，一举创下全球零售史上的奇迹。联合国贸发会议和 WTO 的附属机构国际贸易中心（Internationl Trade Center）发布的《中国电子商务：对亚洲企业的机遇》，高度认可中国零售的国际地位，同时指明中国是 2016 年全球最大的零售电子商务市场。eMarketer 发布的《中国的千禧一代：了解 80 后和 90 后》指出，中国有 4 亿千禧一代消费者，占中国总人口的 1/3，甚至超过美国和西欧劳动人口的总和。贝恩咨询发布的《如何把握双速前行中的中国购物者——2016 年中国购物者报告》认为，中国的实体零售商也开始正视新现实，随着越来越多的消费者转投线上，线下渠道开始更多地承担起补充线上销售的角色，改变自己的业务模式以保持竞争力；并且线上购买品类的多样化、进口产品的显著增长及促销活动吸引了大批消费者，共同推动了线上销售迅速增长。

随着电子商务的发展，中国在线支付、移动支付也呈现领跑全球之势。英国网站 Banking Technology 报道，2016 年上半年诸多调查表明，中国已成为数字支付的领先国家。美国市场调研公司 Nielsen 的研究报告发现，86%的中国被调查对象表示自己通过数字支付系统结算网购商品，远高于43%的全球平均水平。

（二）西方国家电子商务应用渗透率逐步提升

备受争议的美国大选和英国脱欧等国际事件都对全球经济增长和稳定产生了一定影响，但电子商务以不可逆转之势在全球蓬勃发展。

1．美国电子商务持续健康增长

美国的促销节日有感恩节（Thanksgiving）、黑色星期五（Black Friday）、网购星期一（Cyber Monday），而美国及欧洲的电子商务平台有以下几个网站：Amazon、Best Buy、Target、Walmart、Macy's、kohl's、eBay。据市场研究公司 Statista 公布的统计数据，2016 年美国居民在感恩节用于网购的开支达到 87.2 亿美元，其中，感恩节当天的电商销售额为 19.3 亿美元，黑色星期五的电商销售额为 33.4 亿美元，网购星期一的电商销售额为 34.5 亿美元。随着在线销售额继续超过零售市场总额，商家将更专注于通过数字渠道增强其平台功能，以满足消费者日益多样化的需求。

根据 eMarketer 的预测，2017 年是美国电子商务里程碑的一年，因为有高达 9510 万的互联网用户（14 岁及以上）将会至少在智能手机上完成一次购物，占整个互联网用户的比重为 51.2%，2016 年这一比例为 48%。

2．欧盟电子商务政策环境逐步完善

欧盟在电子商务的发展方面更多地关注于企业电子商务应用情况。根据欧盟统计局 Eurostat 发布的数据，2016 年欧盟 28 个国家企业电子商务销售额占总营业额的 16%，有 18%的企业利用电子商务促进销售额的增长，其中丹麦、爱尔兰和德国此数值逼近 30%，42%的企业利用电子商务进行采购。从零售角度看，56%的人利用电子商务采购，其中 80%的通过移动电子商务（欧盟不统计电子商务销售或采购总额）采购。其中，2016 年德国网络零售商销售的产品总价值为 463 亿欧元，相当于德国总零售销售额的 10%左右。意大利人经常使用在线服务进行购物，其中 41%的人通过智能手机购物。

欧盟在 2016 年对现有的《增值税指令》（*VAT Directive*）进行了扩充，新增了《增值税行动计划》（*VAT Action Plan*）。《增值税指令》是在互联网兴起之前欧盟所有成员国之间商定的，用于促进跨境销售的繁荣。这份指令存在以下问题。①企业缴纳增值税的成本高。在线销售商品的公司支付每个欧盟国家的增值税合规成本约 8000 欧元。这个巨大的成本制约了在线交易的发展，特别是中小企业的发展。②成员国的收入损失。据估计，由于不遵守跨境在线销售规则，欧盟每年损失 50 亿欧元增值税。③竞争环境不公平。根据指令规定，从非欧盟国家在线购买的进口商品，如果成本低于 22 欧元，则免缴增值税，导致非欧盟公司欺诈性标记昂贵的商品，如手机和平板电脑标价低于 22 欧元，明显不利于欧盟企业。

为了解决这 3 个问题，欧盟委员会在 2016 年年底前提出提案，以修改跨境电子商务增值税规则。新规则允许在线销售商品的公司通过“一站式服务”（当地税务管理机构负责）的数字在线门户网站履行所有增值税义务；为了支持初创企业和微型企业，每年增加 10 万欧元的增值税门槛，将在线公司的跨境销售视为国内销售；取消非欧盟企业小批货物进口增值税的现行豁免权，使会员国能够对电子出版物（如电子书和在线报纸）适用相同的增值税税率。这些新规则将降低合规成本、减少行政负担，同时会对在线销售商品和服务的公司产生重大影响。

欧盟委员会于 2016 年 9 月发布了在数字单一市场战略背景下针对电子商务领域所进行的行业调查结果显示：制造商通过品质标准对分销渠道进行控制，限制零售商设定价格的自由；部分网站禁令使用比价功能，限制电子商务的透明度，阻碍消费者比较产品功能和价格；“搭便车”情况需要被关注，即消费者从实体商店提供的服务中获得选择，然后在线购买产品，这可能会带来实体店倒闭的风险。

3．英国电子商务发展稳步推进

根据 Ecommerce Foundation 发布的欧洲电商报告数据，2015 年有超过 4300 万英国人网上购物，其中 20%的人在移动设备上操作，人均消费 3652 欧元。预计，2016 年英国电商销售额将增长 10.5%，将近 1740 亿欧元。2016 年以来，英国电商销售额增长放缓，和许多其他国家一样，服装是英国人目前最喜欢的产品类别，鞋类、生活用品、媒体和娱乐商品也是很受欢迎的类别。在网上服务方面，英国消费者在旅游服务上开支最大，其次是飞机及酒店预订服务，最后是旅行套餐和私人交通服务。

（三）发展中国家电子商务发展前景广阔

电子商务在发展中国家被当作新的经济增长动力，俄罗斯和印度都积极拥抱电子商务。

1．俄罗斯电子商务蓬勃发展

据俄罗斯电商协会统计，2016 年上半年俄罗斯网购规模同比增长 26%，达到 4050 亿卢布，但全年网购规模增速降至 18.4%。2016 年俄罗斯跨境网购增速持续增长，上半年增长 37%，全年增长 45%，超过俄罗斯网购总规模的 1/3。俄罗斯绝大多数海外网购商品来自中国。由于俄罗斯在轻工业方面的基础薄弱，因此中国品牌很快就凭借丰富的产品线及价格优势，在俄罗斯获得了一席之地。

俄罗斯总统普京指出：欧亚经济联盟国家在全球电子商务和跨行业数字平台领域的落后状况可能影响俄罗斯在联盟内外市场的竞争力。因此，俄罗斯政府非常重视电子商务发展。其中，Oborot.ru 是俄罗斯最大的电子商务门户网站，致力于帮助中小企业获得电商行业的一线信息，并帮助其实现网络交易自动化。

2．印度电子商务蓄势待发

印度网民规模庞大，为电子商务发展奠定了良好基础。据《G20 国家互联网发展研究报告》统计，2015 年印度网民增速高达 51.9%，成为 G20 成员国网民增速最快的国家。根据互联网女皇玛丽•米克尔（Mary Meeker）的《2016 年互联网趋势报告》，印度互联网用户达到 2.77 亿户，同比增长 40%，印度超过美国成为全球第二大互联网市场，仅次于中国。基于庞大的网民人群，印度电子商务正在快速发展。《经济学人》指出，印度电子商务发展潜力巨大，将对金融、物流、科技、零售业本身带来深刻变化，成为其他新兴市场电子商务发展的样板。虽然印度电商销售额仍然很少，2015 年只有 160 亿美元，却是全球发展最快的电子商务市场。

【全球电子商务应用模式多元化发展】

（一）跨境电子商务成为重点增长领域

1．中国、俄罗斯成为跨境电子商务主力军

2016 年，PayPal 和 Ipsos 联合发布了《第三届全球跨境贸易报告》，该研究调查了来自 32 个国家 28000 多名国内和跨境网购消费者的消费习惯。报告显示，中国首次成为最受全球网购消费者欢迎的海淘国家（21%的受访消费者表示过去一年曾在中国网站进行海淘），其次是美国（17%）和英国（13%），另外亚太地区成为移动端跨境网购的主力。

Pitney Bowes 最近发布了《2016 年全球网络购物报告》，调查发现跨境电子商务已经成为一种流行的趋势，超过 2/3 的消费者（66%）进行跨境网络购物。在全球所有受访消费者中，76%的消费者表示他们之所以选择海淘而不是在本国购物，是因为前者的价格更加优惠。根据 Ipsos 的调查，俄罗斯的消费者要比其他欧洲国家的消费者更常从国外网站购物。俄罗斯的免税额很高，每人每个月的免税额为 1000 欧元，为跨境电商创造了良好的发展条件。中国银行和英国国际贸易部（DIT）联合发布的《中国银行跨境电子商务服务白皮书》（*White Paper of Bank of China on Cross-border E-commerce Service*），介绍了中国跨境电子商务的模式和政策、跨境电子商务进口试点城市等内容，旨在帮助英国企业与中国开展跨境电子商务。

2．跨境电子商务对欧盟数字单一市场提出挑战

欧洲监管机构非常关注欧盟的“数字单一市场计划”，旨在创建一个开放的市场，所有欧盟居民都可以平等地获得来自成员国的数字商品和服务，使欧盟居民在其他欧盟国家获得更好的购物体验，并在不需要额外费用的情况下跨州获得服务。然而，跨境电子商务对欧盟是一种挑战，据欧盟《电子商务部门初步查询报告》（*Preliminary Report on The E-commerce Sector Inquiry*）统计，欧盟跨境消费者的数量相对较低主要因为以下几个因素：语言障碍；跨境物流信任问题；更换货品等售后信任问题；市场歧视的结构性问题；地理封锁（Geo-blocking），即卖家

仅向国内购物者提供折扣和特别优惠，以避免跨境销售的更高成本。

但是，欧洲监管机构ANEC的一项调查显示，尽管存在跨境交易的这些障碍，欧洲在线购物者的跨境交易额仍在增长中。调查发现，欧盟15%的在线购物者与另一个欧盟国家的商家完成了跨境购买，较2015年同期的12%有所上升。PayPal的《2016年跨境消费者研究报告》发现，某些欧盟成员国（如爱尔兰和葡萄牙）的消费者最有可能在其他国家的网上商店购物。

（二）移动电子商务是渠道转化关键点

Criteo最近发布的《2016年上半年移动电子商务报告》显示，许多数字零售流量发生在移动设备上，日本、英国和韩国是移动渠道转化率最高的国家；美国的移动渠道在电子商务增长方面处于领先地位。Demandware的季度购物指数显示，尽管移动设备已经超过桌面设备作为主要浏览渠道，但并没有完全转化为实际购买。一旦转化率通过购买按钮或一步结账等工具提高，移动支付数量就会急剧上升，从而帮助零售商实现数字销售额增长，推动电子商务领域向移动端转型。

（三）分享经济引领电子商务创新

1．分享经济电子商务引领行业创新

国家信息中心和中国互联网协会发布的《中国分享经济电子商务发展报告2016》提出，“按分享对象划分，分享经济电子商务主要包括以下类别。一是产品分享，如汽车、设备、玩具、服装等的分享，代表性平台企业有滴滴出行、Uber、RenttheRunway、易科学等。二是空间分享，如住房、办公室、停车位、土地等的分享，代表性平台企业有Airbnb、小猪短租、Wework、Landshare等。三是知识技能分享，如智慧、知识、能力、经验等的分享，代表性平台企业有猪八戒网、知乎网、Coursera、名医主刀等。四是劳务分享，主要集中在生活服务行业，代表性平台企业有河狸家、阿姨来了、京东到家等。五是资金分享，如P2P借贷、产品众筹、股权众筹等，代表性平台企业有LendingClub、Kickstarter、京东众筹、陆金所等。六是生产能力分享，主要表现为一种协作生产方式，包括能源、工厂、农机设备、信息基础设施等的分享，代表性平台企业有Applestore、Maschinenring、沈阳机床厂I5智能化数控系统、阿里巴巴‘淘工厂’、WiFi万能钥匙等。”

分享经济已经成为电子商务新型模式创新风潮的引领者，推动了传统企业转型升级。据腾讯研究院的《2016分享经济电子商务海外发展报告》统计，国外分享经济电子商务已经渗透到农业、能源等领域。例如，在C2C领域，有SWIIM水资源分享平台，帮助农民更有效地管理水资源；有Machinery Link农业设备分享平台，在淡季向数百万千米以外的区域出租闲置的农业设备；有Yeloha电子分享平台，通过太阳能供电共享项目，用户能够向邻居买电。在B2B领域，有Cohealo医疗设备共享平台，医院之间可以互借医疗器械；有建筑设备共享平台Yardclub，分享挖掘机、推土机等建筑业重型机械；有运力共享平台Cargomatic，连接运货商和空余车载量的货车；有Flexe仓储共享平台，连接有闲置储位的出租者和有额外需求的承租者。

2．分享经济电子商务政策指导监管成为热点

欧盟各国已经开始认可分享经济电子商务应用，并针对该现象进行了一些良好的实践，主要包括以下几点：为临时提供服务的提供者，分别设定不同的门槛；与分享经济电子商务平台合作记录经济活动，以促进并提高赋税的征收，同时尊重数据保护立法；发布相关指南，阐释劳动规则和市场准入，要求适用于新的商业模式；对主要住宅的短租不要求事先授权；评估交通运输领域的数量限制，并为所有经营者简化并统一市场准入。

2016年，欧盟委员会（European Commission）出台了《欧盟分享经济议程》（*A European Agenda for the Collaborative Economy*），旨在破除分享经济电子商务所面临的法律政策等壁垒，从而保证分享经济电子商务的长远发展，主要内容包括市场准入、责任承担、消费者保护、劳动关系、税收、下一步举措等。《欧盟分享经济议程》出台的背景，一方面是一些欧盟成员国对分享经济电子商务的限制和不公平待遇；另一方面是分享经

济电子商务对促进欧盟的就业、经济增长，以及消费者福利的显著贡献。在这种利益纠葛中，欧盟委员会明智地选择了支持分享经济电子商务。2015 年，欧盟分享经济电子商务收入总额为 280 亿欧元，在短租、公共交通、家政服务、专业和技术服务、分享金融 5 个主要经济领域的收入总额比 2014 年几乎翻了一番，并且继续呈现强劲的增长势头。

（四）社交电子商务发挥后劲之力

社交电子商务在国外的使用率极高，以 Facebook、LinkedIn、Twitter、Instagram、Shopify、YouTube、Pinterest 等社交网站为载体，整合电子商务，增加点击购买功能，逐步拓展商业合作对象、延伸销售渠道，是企业电子商务非常重要的手段。在中国，商家依托微博、微信平台开展电子商务销售的模式也逐步兴起；依托口碑营销的电子商务开始在消费者心里扎根。

咨询公司 Bain&Co. 预计，2016 年东南亚社交电子商务销售额将占该地区电子商务销售总额的 30%。东南亚是一个非常适合社交电子商务发展的地区，该地区的人口以年轻人为主，智能手机和社交网络快速普及。BrightLocal 最近调查了网民对网上评价的态度发现，84%的消费者相信网上评价，就像相信个人推荐一样，可见社交圈对购买决策的巨大影响。

Clutch 的 2016 年社交媒体营销调查显示，B2B 企业更愿意选择 LinkedIn，而不是 YouTube。据欧盟统计，77%的企业有自己的网站，45%的企业运用社交媒体开展电子商务，25%的企业利用互联网广告。Facebook 仍然是最受欢迎的社交媒体营销平台，社交媒体营销的主要好处包括提高网站流量、提升品牌形象、改善消费者定位能力。CMI 发布的《2016 年北美 B2C 内容营销标杆、预算及趋势报告》提出，B2B 多采用内容营销方式，包括社交媒体、平面广告、搜索引擎、推广帖子、新闻、博客、信息图、视频等。调查显示，64%的企业认为搜索引擎是 B2B 最有效的手段，61%的企业认为推广帖子很有效，59%的企业认为社交媒体效率高。

【全球电子商务发展趋势展望】

（一）先进技术突破促进电子商务发展

区块链技术的发展将改变消费卡支付的验证方式。区块链技术可以帮助解决电子商务交易中的两个主要障碍，一是交易环节透明度不足，二是仓储物流环节信息不准确。通过区块链技术的“多副本共同记账”特性，可以实现多方见证，确保交易的真实性、准确性。区块链技术的去中心化和不可窜改性，保证了数据源的准确性，为电子商务交易平台提供供应链金融、融资抵押等新兴资金手段提供了保障。

物联网（Internet of Things，IoT）技术的发展将让场景营销、产品追溯等功能成为现实。虚拟现实、增强现实等技术的发展将大力增强客户远程体验，提高电子商务交易的可靠性。通过物联网，企业和消费者可以实现电子商务物流追踪环节对每件产品的实时监控。对物流体系进行管理，不仅可对产品在供应链中的流通过程与客户直接进行监督和信息共享，还可对产品在供应链及物流各阶段的信息进行分析和预测，估计未来的趋势或意外发生的概率，从而及时采取补救措施或预警，极大地提高了企业对市场的反应能力。

（二）新型电子商务模式开拓新经济、新态势

联合营销属于当下众多公司发展的方向。联合营销是企业利用彼此的品牌去追随同一组客户的营销方式。在消费领域，许多公司存在潜在客户的重叠，彼此联合起来进行市场推广，能以更低的成本实现更高的转换率。

如果产品有缺陷，客户将退回产品，制造公司必须组织缺陷产品的运输、测试、拆卸、修理、回收或处置。产品将通过供应链网络反向运行，任何产品售后的过程或管理都涵盖在逆向物流中，与产品和材料的再利用相关的所有操作、再制造和翻新活动也可以包括在逆向物流中。零售商可以通过有效的逆向物流功能回收高达总产品成本的 32%。电子商务的兴起增加了对有效的逆向物流解决方案的需求。

世界电子政务发展情况

2016 年，全球电子政务进展明显。联合国发布的《2016 电子政务调查报告——电子政务促进可持续发展》显示，联合国 193 个成员国全部配备在线服务，在线服务指数较高的国家数量已经从 2014 年的 22 个增加到 2016 年的 32 个，其中 29 个国家的电子政务发展指数（EGDI）达到“非常高”的水平，而在线服务指数较低的国家数量从 71 个减少到 53 个，越来越多的国家开始利用网络、手机及其他工具收集、存储、分析数据及分享信息，进而提供在线公共服务。

在技术快速发展的新形势下，各国政府强调应用新技术改善电子政务系统，打破部门间界限为民众提供整体服务，打造在线沟通平台加强政民互动，同时缩小数字鸿沟，解决政府系统中的安全和隐私等问题。

【整合公共服务，提供整体服务】

政府部门间的协同合作与信息共享、开发数字身份技术提供组合服务成为 2016 年各国发展电子政务的重点。

（一）促进跨部门信息共享

目前，各国政府力争利用信息技术把松散的政府组织联系起来，使其成为一个有机整体，但很多国家鉴于制度、标准、技术等方面的限制，政府内的信息资源依然无法共享。每次申请在线公共服务时，个人都需要重新输入个人资料，费时又费事。

为打破政府内部的“信息孤岛”，2016 年 1 月，新加坡资讯通信发展管理局和财政部推出名为“MyInfo”的功能，用户只需要用电子政务密码 Singpass 登录 MyInfo 官方网站（www.myinfo.gov.sg）进行注册，网站便会从各个政府部门，如移民与关卡局、国内税务局等，自动调出用户的身份证号码、住址和收入等个人资料。将个人信息补充完全后，用户下次再申请在线服务需要填表时只须按一个键，同意该网站使用较早前存入的资料即可。到 2018 年，新加坡国内 200 多项在线公共服务都将设置 MyInfo 功能。此外，新加坡政府也在探讨同银行合作的可能性，让银行用户也能使用 MyInfo 申请信用卡或进行其他交易。这样的话，当用户申请信用卡时，再也不需要提供身份证复印件和年收入记录。

英国、美国、澳大利亚等电子政务水平较高的国家十分强调部门间的协同工作。2015 年 9 月，澳大利亚政府提供 4300 多亿欧元，成立数字化改革办公室（Digital Transformation Office，DTO），专门负责整合跨机构的服务数据。

大数据分析技术在政务中应用得越来越广泛，美国政府尤其注重从资源丰富的大数据中获得最大的效益。2016 年 5 月，美国发布了《联邦大数据研究与开发战略计划》，目标是对联邦机构的大数据相关项目和投资进行指导。该计划的一项战略是通过促进数据共享和管理政策，鼓励共享数据、接口和标准，提高相关基础设施互操作性，以及现有数据的可访问性和价值。

英国于2016年6月审议的《数字经济法案》，也强调政府部门间共享个人信息，尤其是出生、死亡、婚姻等方面的登记信息，用于改善用户服务，避免发送不必要的信息，同时避免福利欺诈等问题。

欧盟尤其注重打破国家间的界限，提供一站式服务。2016年4月，欧盟发布《电子政务行动计划：加速政府数字转型（2016—2020年）》，坚持采用“仅需要一次”和“默认跨国界”的原则，消除现有的数字单一市场障碍，帮助协调会员国的资金、资源和举措。该行动计划的目标是：到2020年，欧盟各国政府和公共机构实现开放、高效、包容，能给欧盟范围内所有民众和企业提供无国界、个性化、用户友好的端到端数字公共服务，能运用创新性方法满足用户需求，能便利地与各方互动。

（二）依托数字身份证提供组合型服务

通过数字身份证，用户可以控制个人信息，决定与谁共享，从而保留了对身份、健康、财务、人口和其他个人数据的控制权。爱沙尼亚率先启动“数字身份证项目”。每个爱沙尼亚居民一辈子都会跟着一组ID代码。居民只要将身份证插入读卡器，就可以使用上千项在线公共服务（见表1），从纳税申报、跨区取药、办理证件，到投票都可以实时在线完成。目前，在线纳税的比例达95%，在线转账的比例达99%。商业交易一样可以用身份证完成。双方谈妥条款后，卖方会通过电邮传送合约给买方；买方只须插入读卡器，打入第一个密码，即等同于已签名，然后寄回电信公司，交易就完成了。

爱沙尼亚数字身份证内存储的个人资料和数码签名都已存入该国的电子政务系统——X-Road，只要持卡人授权，即插卡、输入密码，政府部门便能直接从数据库中提取个人数据，这样用户便可以打破部门间的界限，享受多种在线服务。

西班牙2006年便开始为国民发放嵌入一小块芯片的数字身份证，芯片中存储的内容包括持证人的姓名、年龄、照片等必备资料，身份证背面还有持证人的手写签名、指纹及个人密码等资料，可以当作护照、驾照、信用卡、医疗保健卡、借书卡等使用。这样一张数字身份证可以让民众享受驾驶车辆、支取费用、银行转账、接受治疗、入住饭店、在线电子报税、在线支付、退税补税等多项服务。

印度身份证管理局（Unique Identification Authority of India，UIDAI）早在2009年就启动了身份识别项目（Unique Identification Project，Aadhaar计划）。据2016年5月的最新数据统计，已有超过10亿位居民获得独一无二的生物识别编号，覆盖了印度83%的人口。每位居民的详细身份信息，如虹膜、指纹、面部、银行账户、手机号码、地址等都被录入政府数据库中。在国家层面建立身份证数据库之后，不同政府部门可以调用数据库中的身份信息，将银行账户与具体人员，尤其是贫困民众进行联系，防止福利欺诈，保证社会救济发放给真正有需要的人。除帮助阻止印度福利系统内的犯罪外，数以百万计的印度居民还可以通过该数据库享受其他服务，如接收政府发放的电子货币以购买食物、染料及化肥等，或者接收养老金和工资等。政府还计划在Aadhaar计划中添加其他服务，包括教育和健康医疗等。

2016年9月，新加坡资讯通信发展管理局（IDA）推出CorPass（企业准入）项目。该项目主要面向企业和非营利组织、协会等其他实体，建立非营利组织和协会的一种数字身份证。用户只须通过数字身份证即可与多个政府机构完成交易，给企业带来便利。同时，CorPass项目也将增强企业的控制能力，企业可以拥有赋予并管理员工享受政府在线服务的权限。

【提升政民沟通渠道，提高民众参与度】

政民互动是各国发展电子政务的重要组成部分，利用信息技术打造在线交流渠道，实现政府与公民“零距离”沟通，可使民众参与决策制定，真正贯彻“以人为本”的理念。

（一）扩大在线信息发布渠道

政府在线发布信息是民众在线参与决策的

先决条件，也是政府提供的最基本的在线服务。据《2016 联合国电子政务调查报告》统计，全球多达 183 个国家（约占全球国家总数的 95%）在线发布关键领域的信息，包括教育、卫生、金融、环境、社会保障等；只有 9 个国家没有共享此类信息。开放政府数据可以使民众免费分享政府数据，并利用政府数据进行创新，近年来，开放政府数据已经成为各国普遍认可的理念和做法。

1．多国出台开放政府数据政策

各国政府已认识到开放政府数据的重要性，纷纷出台政策要求各部门在线提供政府数据，供民众在线查询。美国尤其注重开放政府数据，推动开放政府进程。时任美国总统奥巴马就明确要求，政府要更加透明、开放，几年来他一直在推进相关工作。

2016 年 4 月，美国出台了《开放政府数据法案》（*The Open，Permanent，Electronic，and Necessary，Government Data Act，OPEN*），进一步规范了美国开放数据的做法，使其制度化。根据该法案，在默认情况下，政府发布的数据应使用开放和机器可读格式，不限制其重复使用；企业应公布已公开的数据目录，引导企业、民众、新闻记者及其他成员更好地理解开放数据的流程，持续改进开放数据的做法。

2016 年 6 月，美国众议院通过《信息自由法》改进《开放政府数据法案》，要求基于“公开给一个人就是公开给所有人”的原则促进更广泛的记录公开，各机构必须以电子版形式公布信息，除非“该机构能够合理地预知公布该信息会对获得豁免保护的利益造成损害”或“法律禁止披露该信息”。

2016 年 7 月，美国又发布《2016 年开放政府计划》，要求各联邦部门制定详细的、可量化的步骤，并于 9 月 15 日前在各自的开放政府网站上公布《2016 年开放政府计划》，供公众下载、审阅和分析其中的信息与数据。为响应联邦政府的号召，美国国家科学基金会（NSF）发布《开放政府计划(4.0 版)》，规定在 Data.gov、USASpending.gov、IT 仪表板、复苏网站 Recovery.gov 等相关网站上公布基金会资助的项目信息，还将积极参与、支持美国政府范围内的开放政府相关计划，以使公众更好地了解基金会所资助的研究，从而更好地将公众意见集成到基金会的核心目标中，提高工作的透明度，提升基金会的创新性和效率。

欧洲地区的政府数据开放进程也不甘落后。2016 年 4 月，欧盟着手实施《电子政务行动计划：加速政府数字轻型（2016—2020 年）》，要求政府在线公开政府数据，消除现有的数字单一市场的障碍，并避免在政府现代化的背景下出现碎片化情形。2016 年 3 月，在政府数字服务小组（GDS）Sprint 15 会议上，英国外交及联邦事务部数字化转型领导人艾莉森·丹尼尔斯宣布启动“国家注册平台”，这是一个取代了政府各部门间相似又重复的数据集而建立的国家数据库。该数据库将成为一个权威的“数据列表”，拥有可靠的数据源和实时更新的最新数据，并可供英国政府、民众和其他部门访问、使用、共享。

2016 年 5 月，加拿大推出《开放政府新计划（2016—2018 年）》，为实现政府机构的公开和透明制定了 22 项承诺，主要包括 4 类内容：默认公开，财政透明，创新、繁荣和可持续发展，鼓励加拿大人民参与世界范围内提升政府公开度、透明度的活动。《开放政府新计划（2016—2018 年）》尤其强调由联邦政府主动提供支出信息，使公民能够追踪钱款的去向，更清楚地知道所缴税款的去向，以及政府如何制定财政决策。未来 5 年，加拿大将投入 1290 万美元用于改善政府公开数据，包括公民的个人信息投资；投资 1150 万美元用于提高民众的在线参与度，提升政府提供数字内容的能力。

2．各国开放政府数据评估情况

在开放政府数据方面，许多国家不仅制定了实施开放数据的国家战略，还启动了政府数据门户网站的建设，全面推动政府数据的开发与再利用工作。

开放政府数据已经成为各国关注的热点，政策制定者纷纷将此问题列入国家战略，成立专门部门或职位，提高政府部门工作人员开放数据的意识，营造开放政府数据的环境。联合国《2016 年电子政务调查报告》显示，193 个国家中有 128 个国家（66%）提供政府支出数据的电脑可读模式，105 个国家（54%）制定了开放政府数据政策，113 个国家（58%）制定了数据保护法和其他类似法案。

目前，全球开放政府数据评估项目分为对开放政府数据的准备度和发展性两方面的评估。其中，开放政府数据准备度评估侧重于分析开放政府数据建设的环境生态，如政治高层的意愿、法律、技术及条件准备等，包括联合国的“开放政府数据调查”、世界银行的“开放数据准备度”等指数；开放政府数据发展性评估主要考察国家或地区实施开放政府数据的发展过程，呈现相关国家和地区开放政府数据的发展水平，主要包括世界经济合作组织的“开放政府数据指数”、互联网基金会的“全球开放数据晴雨表”、开放知识基金会的“全球开放数据指数”、欧盟地区的“欧洲公共部门信息记分牌”“欧洲开放数据监督项目”等评估方法，力求系统地分析全球开放数据的发展趋势。

其中，互联网基金会发布的“全球开放数据晴雨表”从准备度、执行度和影响力 3 个维度对不同国家或地区开展开放政府数据项目的评估进行排名，是目前最权威的评估项目。互联网基金会 2016 年度的报告显示，在评估的 92 个国家和地区中，英国的开放政府数据水平最高，美国、法国、加拿大、丹麦紧随其后；欧美国家在榜单中总体居前，其次是亚太地区；在亚洲国家中，韩国的排名最高，居第 8 位，其后为日本（居第 15 位）、新加坡（居第 24 位）、以色列（居第 29 位）；中国排名第 55 位，排名比 2015 年下降了 9 位。

（二）通过在线协商支持民众议政

政府的在线咨询工具主要分为两大类——专门的在线协商平台和社交媒体账号。2016 年 6 月，为了配合欧盟《电子政务行动计划：加速政府数字转型（2016—2020 年）》的实施，欧盟委员会开通了公众参与的在线平台。该平台旨在为普通公众、商业企业及政府部门专门开辟发表意见和建议的渠道，以群策群力、集思广益，发挥全社会力量，共同促进欧盟电子政务发展。

爱沙尼亚创建了一个专门的门户网站“Osale.ee”，了解公众对政策的意见，保障每个人都可以在线参与协商，并监督已提交政策草案的进展。丹麦推出全国性辩论和投票平台“borger.dk”，允许民众参与辩论和投票。英国政府网站“Gov.uk”在主页上邀请用户审查政府政策、通知和出版物，并可发表意见，只须点击“协商”按钮，用户便可以选择一项由政府提出的政策议题，发表意见，关闭时可阅读协商的结果及政府的评价。在原中国环保部的网站上，民众也可以就政府文件草稿提出意见。

为发掘创新人才、动员全民参和社会和科学问题的探讨，2016 年 4 月，美国政府推出公民科学与众包科学门户网站 CitizenScience.gov，该网站提供了 25 个联邦部门支持的 300 多项公民科学与众包科学项目，以及相关案例研究，如成功案例、开发人员在设计与开发项目中遇到的挑战、外部资源、法律与政策方面的建议等，为愿意或有意向参与公民科学与众包科学项目的人员提供信息。为了不断完善公民科学与众包科学项目，政府还召集 35 家以上机构的代表及数百位联邦雇员组成联邦公民科学与众包科学实践团体，通过定期召开会议共享经验，为公民科学与众包科学项目研讨提供最佳实践和改进方案。

许多国家也在社交媒体上开通了官方账号，以促进和公众的沟通。美国时任总统奥巴马是第一位在 Twitter 上开通“@总统”服务的领导、第一位用 Facebook 与民众交流的总统、第一位在 YouTube 网站上回答民众问题的总统、第一位在 Snapchat 上发布图片的总统。过去 8 年中，美国总统、副总统、第一夫人及政府部门都在利用 Facebook、Twitter、Snapchat、Flickr、Vimeo、iTunes 和聚友网等社交媒体的账号与全国乃至世界各地的民众对当下最重要的问题进行探讨互动。此外，美国 34 个州开始利用新媒体的某种形式打造信息分享平台，30 个州使用 Twitter 发布官方信息。社交媒体或专用在线审议工具的应用均为公众在线参与政府决策奠定了基础。

【加快建设智慧政府】

随着移动互联网、大数据、区块链等新一代信息技术的发展，各国的电子政务系统建设正朝着数字化、智能化、人性化的方向发展，建设“智慧政府”成为各国发展的重要内容之一。

为了帮助政府及时利用新技术、改善公共服务，有些国家成立了专门部门为政府应用最新技术提供建议。2016年3月，英国内阁办公室大臣马特·汉考克宣布设立政府数字服务小组（GDS）咨询委员会，其成员均由数字化数据和技术零售部门的专家组成。委员会将每季度召开一次会议，主要任务是建议政府“为用户提供更完善的服务，并评估如何将新兴数字技术应用于公共服务”，以改善英国政府的数字服务，提高服务质量和用户体验。

（一）基于智能手机提供移动服务

近年来，各国都在推出移动政务服务。新加坡“mGov”计划可以使公民和企业享受到300多项移动服务，民众可随时查询各政府机构能够办理的服务，并查看离所在地最近的服务机构。美国发布了联邦移动政务战略，在政府范围内建设一个可以向各部门提供移动服务的基础平台，通过移动技术推动跨部门协作、为联邦移动政务制定一套治理架构。韩国提出“政府3.0”的概念，通过移动技术和大数据实现政府为个人提供差异化一对多行政服务的目标。英国推出的“游牧项目”搭建了一个地方政府运用移动技术改善公共服务的实践成果分享平台，并组织和引导地方政府在公共服务与管理方面应用移动技术。

随着移动政务的发展，基于智能手机的App应用程序已成为政府提供公共服务的新选择。美国政府在App开发方面已走在全球前列，建立了移动Apps子站点（apps.usa.gov），整合了各政府部门的Apps应用程序。韩国政府也搭建了政府App平台，私营企业与开发者都能利用政府公开的信息开发各类移动应用软件，令公众在该平台上获得更多公共信息。印度电子与信息技术部发布了政府App商店，公众能下载应用程序，获得更多的服务与资讯，大大提高了政府部门信息的透明度，也增强了服务的便捷性。英国、新加坡等国政府都鼓励开发者运用政府开放资源实现创新应用，开发App平台。

智能手机中的GPS功能使地理信息服务（GIS）成为可能，很多国家和地区开始为民众提供基于地理位置的公共服务，提高公共服务的精准性。2016年3月，中国香港地政总署推出配备语音功能的免费流动地图应用程序“香港有声地图”（Voice Map HK），结合智能手机的“语音功能”，读出用户当前位置信息，同时提供方向及距离数据，以及周边建筑物、公共设施、铁路站出入口、巴士站位置等信息，令用户更容易掌握和了解周边环境，特别是方便了视障人士了解周边地理信息，深受民众欢迎。

为了保护女性的人身安全，印度政府于2016年4月公布了一项新法案，要求自2017年1月1日起包括iPhone在内的所有手机都必须配置紧急呼叫按钮及GPS定位功能，为印度妇女在紧急状态下提供应急电话和定位服务。这就意味着，在印度所有智能手机都必须增加专门用于紧急呼救的物理按钮，或通过对电源按键的操作实现紧急呼救，当紧急呼救被激活后，手机会将信号发送至最近的安全部门；同时通过GPS定位功能，安全部门能更快地响应紧急呼救。

印度的公共基础设施一直饱受诟病，民众难以找到干净的公共厕所。为此，印度城市发展部门与谷歌于2016年11月合作推出了“厕所定位服务”，为用户提供公用厕所及地铁、医院、商场内的厕所位置信息。该定位服务内嵌在谷歌地图中，用户只须输入英文“toilet”或北印度语“swach”“shulabh”，地图就会指向最近的厕所，使用户在最短的时间内找到干净、可用的厕所。当用户到达最近的厕所后，如果发现厕所不能使用或卫生状况很差，可以留下评论，便于其他用户做出正确选择。

（二）政务人员远程办公开始推广

网络和信息技术的发展使政府工作人员可以在家或在公司外不受地点和时间限制灵活地开展工作，即远程办公。

日本政府几年前就开始实施远程办公。2015年，公务员中远程办公人数比2014年增加了3倍；2014年日本远程办公人数为1592人，2015

年达 6841 人。日本总务省于 2016 年 11 月展开调查，总结了各地远程办公的推进状况。日本全国 47 个行政区中共有 13 个行政区已经实施远程办公，9 个行政区正在试行阶段。

（三）区块链技术开始被引入政务

区块链技术作为一种新型技术，率先应用于金融领域。2016 年，一些政府开始探索在政务领域应用区块链技术。

2016 年 1 月 19 日，英国政府办公室发布报告——《分布式账本技术：超越区块链》，推荐政府部门探索、试验运用区块链与分布式账本技术。该报告强调分布式账本技术可以实现完全透明的信息更新与共享，减少政府工作中欺诈、腐败、错误的发生，降低办公成本，提升工作效率。区块链技术能运用于政府支付系统、税收系统，此外，还能运用于签发护照、记录土地登记、跟踪供应链、确保政府档案和诚信服务完整性等方面。

2016 年 8 月，在英国《政府云 8 框架协议》（G-Cloud 8）中，英国政府网皇家商业服务委员会（CCS）与区块链平台供应商 Credits 合作，为英国公共部门提供区块链即服务（Blockchain-as-a-Service，BaaS）平台，提供强大的身份管理工具，保护数据安全，减少公共部门遇到的欺诈，降低运营成本。所有公共机构都可以使用该平台，这有助于提高援助支出的可追踪性，保护重要基础设施安全，登记知识产权、遗嘱、医疗数据和养老金等，减少福利欺诈。

爱沙尼亚在区块链投入和应用方面一直遥遥领先于其他国家，很早便将区块链技术应用于居民身份验证、股东投票等方面。由于黑客、恶意软件等问题的广泛存在，敏感数据极容易被篡改、删除或被错误升级，而区块链技术可以保证数据的真实、完整，并且能完全记录数据变更的过程，让数据篡改变得不可能。因此，2016 年 3 月，爱沙尼亚电子卫生基金会宣布启动基于区块链的医疗健康档案安全项目，把区块链应用扩展到电子健康档案保管领域，保障 100 万份病人医疗记录的安全。

澳大利亚政府也积极支持区块链技术的发展。澳大利亚国家邮政局于 2016 年 3 月透露有关区块链研究的细节，政府正在调研基于区块链的认证和电子投票机制，帮助政府简化身份确认流程。到 2017 年 3 月，澳大利亚有望利用区块链技术进行数字投票，这不仅能够确保数据的真实性，还能保证数据的可追溯性，同时依然保持匿名性，解决网络投票中保密、预防腐败、便于验证等问题。

（四）积极运用人工智能技术打造“智慧政府”

2016 年 10 月，美国先后发布了《为未来人工智能做好准备》《国家人工智能研究与发展策略规划》等多份重要报告，详述了政府部门如何利用人工智能技术提升社会福利、改进政府的执政水平。为了快速推动政府部门运用人工智能技术，美国国家科学与技术委员会将成立专门管理机器学习与人工智能的下属委员会，增加对人工智能和机器学习的使用频次，以提高政府服务的质量，包括鼓励政府部门和公共机构试验性地运行一些项目以评估新的人工智能驱动方法；并且加大力度投入利用人工智能提升政府工作效率的相关研究中。

继美国发布关于人工智能的报告后，2016 年 12 月，英国政府也发布了名为《人工智能：未来决策制定的机遇与影响》的报告，阐述了人工智能的发展对英国社会和政府的影响。该报告鼓励政府利用机器学习等技术，通过预测需求及提供更准确的定制服务，使现有服务（如健康、社保、紧急服务等）更有效率，使资源得到最有效率的分配；使政府官员能更好地使用更多数据进行决策，并降低欺诈和出错概率；通过采集过程背后的数据，或通过数据可视化使决策更加透明；帮助政府各部门更好地了解服务对象，确保向每个人提供适当的服务。

日本国会积极引进人工智能技术分析过去 5 年国会议程的结论，期望人工智能系统帮助政府工作人员总结出一份“备选答案清单”，以应对未来可能出现的问题。如果这个系统运行正常，预计未来会推广到其他政府部门。澳大利亚民政服务部也正在研发一款基于人工智能技术的“聊天机器人”，以缩短民众的等待时间。

对于公共服务效率低下的印度政府来说，引入人工智能技术更是当务之急。随着 IT 技术在政府部门的全面应用，印度各政府部门产生了大量的可读数据，人工智能技术通过对这些数据的运算和分析，有可能快速检测一项政策是否得到了有效实施，从根本上变革印度的政府治理方式。

【努力提供普惠服务，加强个人数据保护】

尽管全球各国在电子政务建设方面硕果累累，但是，“数字鸿沟”问题、安全与隐私问题等始终给电子政务的发展造成了巨大障碍，各国政府也一直为此进行着不懈努力。

（一）努力跨越“数字鸿沟”提供普惠政府服务

一些国家积极创新电子政务发展路径，“填平”和“跨越”电子鸿沟，积极推进信息资源的合理配置和公平分配。

1.“数字鸿沟”的存在影响了政务服务的获取

2016 年 1 月，世界银行发布的报告《数字红利》指出，数字技术总体影响不足，分布不均，数字差距依然巨大，“全球约 60 亿人无法连接高速的宽带互联网，其中约 40 亿人完全不能上网，近 20 亿人没有手机。”在欧盟，最富裕国家使用在线服务的公民数是最贫穷国家的 3 倍；世界其他国家内部的贫富人群之间也存在类似差距。

2016 年 7 月，联合国在《2016 电子政务调查报告》中也提到“数字鸿沟”的严重性，“截至 2015 年，全球仅有 43%的人能够上网，其中 41%的女性能够上网，而 80%的网络内容仅以少数语言形式存在。穷人被排除到信息通信技术产生的红利之外。因此，整合发达国家和发展中国家，缩小男性和女性之间的“数据鸿沟”，给公民提供负担得起的信息通信技术以获取政府信息，在政务数据开放行动中充分获利是最为重要的事情。”

2016 年 9 月，联合国宽带委员会在《2016 年宽带状况》报告中也提到了“数字鸿沟”问题，报告提出，“到 2016 年年底，全球仍有 39 亿人仍然无法上网，占全球总人口的 53%。”因此，将未连通人群接入互联网，确保人人均有机会平等参与数字经济并获取互联网所给予的、增强其能力并丰富其生活的各种信息机遇，这一点至关重要。

2．为弱势群体提供平等的服务机会

为了解决“数字鸿沟”问题，各国政府纷纷出台相关政策和措施，全力缩小互联网差距，为全民尤其是弱势群体提供公平的服务机会。联合国《2016 电子政务调查报告》显示，面向青年群体提供服务的国家数量增长最多，从 2014 年的 62 个国家增加到 2016 年的 88 个国家，紧随其后的是面向贫困人群、残疾人、老年人与移民的服务；针对女性提供服务的国家数量增加了 1 倍左右，从 2014 年的 36 个增加到 2016 年 61 个。除面向特定群体提供在线服务以外，更多的政府拓宽了在线服务的语言版本，2014 年有 142 个国家提供不止 1 种官方语言的在线服务，而到 2016 年这个数字增加到 166 个；另外，增添了在线服务指导或教程的国家从 58 个增至 91 个。但是，在过去两年，提供有声内容的国家并未增加，提供字体与字号设置功能的国家仅新增 7 个。就不同区域而言，欧洲面向弱势群体提供在线服务的国家增加了 20%，在各大洲中居于领先地位；超过 60%的欧洲国家至少为一种弱势群体提供电子邮件或短信订阅更新服务；非洲是发展最快的地区，有 7 个国家新增了面向弱势群体的针对性服务。

为了缩小“数字鸿沟”、提供更公平的公共服务，2016 年 3 月，美国政府发布了《全民联网计划》，目标是“到 2020 年，为 2000 万低收入美国公民提供高速互联网服务”；每个月为低收入家庭提供 9.25 美元的上网补贴，帮助低收入家庭灵活、便捷、直接地选择最适合自己的服务及网络供应商。同时，《全民联网计划》将与政府其他计划协同开展，符合“生命线”项目资格的家庭也将享受到政府其他计划的援助。2016 年 12 月，美国纽约政府为移民老人免费提供智能手机，还附赠每月 500 分钟通话时间和 500MB 上网流量。只要持有白卡、年龄在 60 岁以上的老人，就可以带上证件、地址证明及社会安全号后4位，找各地专员在线填表申办。美国政府此举就是为了给弱势群体提供享受在线服务的渠道。

2016年6月，英国国家医疗服务部门发布了该部门主导的“扩大数字化参与项目”（Widening Digital Participation Programme）的实施情况。该项目致力于帮助弱势群体使用互联网在线搜索病症或治疗方法，利用数字医疗工具（如App等）监控个人健康状况。根据研究结果，65%的用户表示获取的信息更丰富了，52%的用户表示不再感到孤单，62%的用户表示因为社交沟通感觉更加幸福。此外，电话或上门咨询家庭医生的数量减少了21%，急诊数量减少了6%，节省了600万英镑相关费用。

（二）政府提高警惕，强化个人数据保护

1. 政府部门的电子政务系统频遭攻击

2016年年初，安全公司Gemalto发布了一份针对2015年黑客攻击和数据泄露的调查，结果表明，医疗保健行业和政府部门已经成为最容易发生数据泄露的部门；在所有的数据泄露事件中，与政府部门有关的泄露事件数量占43%，其中，与身份信息类数据相关的泄露事件占53%，泄露的身份信息类数据占所有泄露数据的40%。

2016年2月，美国联邦调查局和国土安全部的员工信息，包括姓名、职务和联系方式等遭到泄露。2016年4月，土耳其公民数据库中5000万名公民的数据遭到泄露，包括姓名、身份证号、父母名字、住址等一连串敏感信息；此次黑客事件波及的人数超过该国总人口的7成，是有史以来最大规模的国家数据库泄密事件。与此同时，9340万名墨西哥选民的信息也被“晒”在网上。

2016年8月，美国联邦调查局指出，亚利桑那州和伊利诺伊州的选举数据库遭遇黑客攻击，更为糟糕的是，黑客还盗走了20万名选民的个人资料。2016年11月，美国白宫指控俄罗斯黑客攻击大选系统，操纵大选结果。

2. 政府采取多项措施保护个人数据

电子政务系统频遭攻击，个人信息泄露愈加泛滥，为此各国政府纷纷探讨解决之道。

美国政府高举“保护在线个人隐私”的大旗，出台了系列新举措。2016年2月，美国白宫出台《网络安全国家行动计划》，提出设立联邦隐私委员会，汇集政府各部门负责保护隐私的官员，制定并实施更具有战略性和综合性的联邦隐私准则，保护个人隐私。2016年10月，应《网络安全国家行动计划》的要求，美国白宫宣布首席信息安全官（CISO）由退役空军准将雷戈里·陶希尔担任，保障各部门在线系统的安全性。

2016年6月，美国国家科学技术委员会和科技政策办公室联合发布《国家隐私研究战略》，主要为联邦资助的隐私研究（机构外和政府内的研究）设立了目标，为增强隐私技术的研发提供了框架。美国政府还发布了“HTTPS-Only标准”，要求所有政府网站在2016年年底强制使用HTTPS，通过安全连接（HTTPS Only）访问所有的网站和服务，尤其是涉及与个人身份信息交互的、本质上特别敏感的或须经高级别保密通信的Web服务更要部署HTTPS。

英国政府也发布官方声明称，从2016年10月1日起，所有政府网站强制使用HTTPS加密连接，并设置HSTS（HTTP严格传输安全）保护，还规定使用DMARC协议对电子邮件进行认证。

斯诺登事件后，加拿大政府十分重视在线隐私问题。为了更好地了解民众在涉及在线隐私时的优先事项和期望，加拿大政府于2014年10—11月推出隐私计划项目，在社交媒体上进行广泛的宣传和报道，通过调查问卷对一系列的隐私优先事项进行排序，了解民众的关注重点。调查于2016年年初结束，通过分析问卷结果并结合专家意见，该调查形成了一份《加拿大隐私计划》，提出24项具体的政策建议以解决加拿大公民关心的隐私问题。

世界智慧城市发展情况

【智慧城市评估评价有序推进】

2016 年智慧城市发展的一大亮点在于评估评价工作有了新的进展，更利于引导和传播智慧城市先进理念。全球智慧社区论坛举办了新一届“智慧社区”评选活动；欧盟连续第二年发布“欧洲数字城市指数”；中国也积极投入新型智慧城市工作，首发“新型智慧城市评价指标”；此外，美国、印度等国家也展开了智慧城市的评选活动，激发了城市活力。

（一）全球智慧社区论坛发布新一轮智慧城市排名

全球智慧社区论坛（Intelligent Community Forum，ICF）的评选活动在国际上非常有影响力。ICF 对“智慧社区”（Intelligent Community）的理解已经超越“智慧城市”（Smart City）的内涵，不管是大城市还是小社区，只要能意识到“宽带经济”所带来的巨大影响和挑战，并能采取措施实现数字经济繁荣，都可被称为“智慧社区”。

ICF 在 2016 年度峰会上公布了“年度智慧城市”的获奖名单，历时 12 个月的评选活动也随之被推向高潮。2016 年 2 月提名进入决赛的 7 个城市是中国台湾新竹、中国台湾台北、加拿大英属哥伦比亚省萨里、加拿大魁北克省蒙特利尔、新西兰旺阿努伊、德国米尔海姆、加拿大温尼伯。2016 年 2—6 月，ICF 委托第三方调查公司基于大量事实和信息数据对候选城市的详细资料进行定量分析，计算每个候选城市的综合评分。同时，由政府官员、商业领袖、专家学者组成的论坛评审小组对 7 个城市进行逐一考察，并对相应资料进行了审核，再进行排名和打分。最终，ICF 根据第三方数据调查得分和评审小组评分综合评定最后的获奖城市。经过两轮激烈的竞争，加拿大魁北克省的蒙特利尔最终摘取了桂冠。

（二）欧盟逐年优化“欧洲数字城市指数”

“欧洲数字城市指数”（European Digital City Index，EDCi）主要衡量欧洲城市支持数字创业的程度。欧盟从 2015 年起发布该指数，作为欧洲数字论坛的组成部分，这个指数旨在支持整个欧洲的数字创业。对新兴公司和扩大规模的公司来说，该指数提供了当地生态系统的优势和劣势等情况，使它们能够做出相应规划。对于旨在鼓励数字创业的政策制定者来说，该指数能帮助识别已有的和潜在的活动中心，从而借鉴经验，合理配置资源。此外，该指数还将评估数据与其他欧洲城市对比，协助确定应当列为重点的政策领域。

“欧洲数字城市指数”囊括了欧盟所有成员国的首都，还涵盖了 32 个作为数字创业中心的非首都城市。这 32 个城市是根据其他数字活动或创业指数挑选出来的。2016 年排名前十的城市是伦敦、斯德哥尔摩、阿姆斯特丹、赫尔辛基、巴黎、柏林、哥本哈根、都柏林、巴萨罗那、维也纳。

（三）中国启动“新型智慧城市评价指标”

中国近几年也高度重视智慧城市的发展和评估评价工作，很多智库和研究机构都积极进行智慧城市评价体系的构建，每年也发布相关评估报告。

但从国家层面来说，2016年开始首次部署全国新型智慧城市评价工作。2016年11月11日，在发改委、中央网信办牵头的“新型智慧城市建设部际协调工作组”指导下，由工作组办公室秘书处组织工作组成员单位、城市、联盟、企业和专家等联合撰写的第一本国家层面的智慧城市年度综合发展报告《新型智慧城市发展报告（2015—2016）》正式发布。2016年11月，国家发改委还联合中央网信办、国家标准委发布了《关于组织开展新型智慧城市评价工作务实推动新型智慧城市健康快速发展的通知》，同时下发《新型智慧城市评价指标（2016年）》等相关附件，旨在推动新型智慧城市健康有序发展，推进新一代信息通信技术与新兴城镇化发展战略深度融合，提高城市治理能力现代化水平，提升人民群众幸福感和满意度，促进城市发展方式转型升级。

《新型智慧城市评价指标（2016年）》按照“以人为本、惠民便民、绩效导向、客观量化”的原则制定，包括客观指标、主观指标、自选指标3个部分。客观指标侧重对城市发展现状、发展空间、发展特色进行评价，旨在反映智慧城市建设实效并发现极具发展潜力的城市；主观指标通过“市民体验问卷”引导评价工作，注重公众满意度和社会参与程度；自选指标是地方参照客观指标自行制定的指标，旨在反映本地特色。

（四）世界各地争先树立智慧城市典型

除国际组织和各国的评估评价工作之外，世界各地也积极开展智慧城市的评选或者比赛，旨在树立典型、扩大城市的智慧示范效应。

2015年年底，美国交通运输部宣布启动“智慧城市挑战赛”活动，呼吁城市提出计划重塑交通系统，旨在利用技术、数据和创造力提升城市交通水平，重新定义出行和物流的方式。2016年6月，美国俄亥俄州的哥伦布市凭借对技术应用全局性的愿景脱颖而出，获得了交通部提供的4000万美元奖金、Vulcan公司提供的1000万美元赞助及非联邦资源1亿美元融资以帮助实施其智慧城市计划。

2015年印度开始进行规划打造“百座智慧城市”。2015年6月25日，印度城市发展部公布了“智慧城市”选拔标准及城市发展纲要，规定各邦及中央直属管辖区依据四大标准、13项条目给所属城市打分。在选拔标准中，城市电子政务发展水平成为最重要的评选指标，在13项评选条目中有8项涉及网络化办公。最后得分靠前的100座城市将获“百座智慧城市”提名，其中综合得分领先的前 20 座城市将被纳入本财年城市发展规划，之后 5 年这 20 座城市每年将各获得中央政府 10 亿卢比（约合 1 亿元）的财政拨款，其余80座城市将被分成2批，在2年后择优获得政府拨款。2016年年初该计划取得了阶段性成果，位于印度东部奥里萨邦的布巴内斯瓦尔市在评选中排名第1位。

此外，中国也于 2016 年开展了 100 座新型智慧城市评选活动。世界各地关于智慧城市的这些评选活动，不仅帮助优者更优，还能起到了示范作用，从而引领智慧城市发展的热潮。

【智慧城市战略规划持续更新】

2016年，很多国家也陆续开启“智慧城市”建设模式。澳大利亚推出了《联邦智慧城市计划》，巴西发布了“智慧巴西”，即《国家宽带计划》，都在国家战略层面推动智慧城市建设。美国白宫继2015年发布了《智慧城市行动倡议》之后，2016年增加投资，继续深入推进这一项计划。

（一）澳大利亚推出《联邦智慧城市计划》

2016年，澳大利亚总理内阁部发布了《联邦智慧城市计划》（简称《计划》），这意味着澳大利亚从国家层面对智慧城市进行重新部署和重点关注，能够为城市带来更多机遇，从而推动国家走向灵活、创新和繁荣。

《计划》规划了澳大利亚政府关于城市发展和潜力最大化的愿景，通过“智慧投资”“智慧政策”“智慧科技”来实现。

“智慧投资”包括：优先重点发展满足广泛经济和城市目标的项目，如就业、住房和卫生环境；把基础设施融资作为长期投资，确保为城市发展和筹集私人资本创造机遇；创新融资手段，对资产负债进行平衡调整，更快地建立重要的基础设施。

“智慧政策”包括：在各级政府开展“城市交易”项目，在重要经济中心启动公共和私人投资；通过激励改革，推动额外经济效益，使城市成为更优秀的居住地和商业区；收集和分析城市各项发展数据，并且对结果进行量化，进而开展决策、绩效评估以应对新需求。

“智慧技术”包括：采用具有潜力的新技术，对城市规划、运作及经济增长进行改革；充分利用和部署交通、通信和节能等方面的颠覆性创新技术；利用开放和实时数据解决方案，支持商业化创新行业的投资，推动澳大利亚经济增长。

（二）巴西发布《国家宽带计划》

近年来，巴西信息化快速发展。根据世界银行发布的《2016 年世界发展报告：数字红利》，巴西互联网用户总数位列世界前五，移动覆盖率达到 127%，固网覆盖率达到 72%，都高于南美洲平均水平；同时，巴西智能机用户为 1.2 亿人，渗透率达到 43.3%，移动互联网使用强度达每日 3.9 小时，是世界上移动互联网使用强度最高的国家。尽管如此，巴西仍面临着很大的“数字鸿沟”，亚马孙河流域目前至少还有 70 个部落过着与世隔绝的生活，约 9800 万人无法接触到网络，通信市场和产业也不景气。

巴西通信部于 2016 年启动了新一阶段的《国家宽带计划》（*National Broadband Program*，PNBL），并将其定名为“智慧巴西”。该计划旨在通过光纤普及互联网，将高速网络连接到 30000 所公立学校，并投资第 5 代移动通信技术（5G）的创新和发展。《国家宽带计划》的具体目标包括：到 2019 年，拥有光纤网络的城镇数量将从 52%增加到 70%，宽带网络也将覆盖 95%的人口；30000 所公立学校将连通宽带网络，平均网络速度达到 72Mbps，并优先采用教育部收集的低指标；鼓励创新，投资研究 5G 及物联网在房屋、产业和智慧城市等方面的应用服务。《国家宽带计划》预计 2016—2017 年将耗资 7.62 亿雷亚尔（约合 2.17 亿美元），资金主要来自 2016 年年初移动通信频率使用权的拍卖所得；到 2019 年，投入的资金总额将达到 18.5 亿雷亚尔（约合 5.29 亿美元）。

在基础设施建设方面，巴西将陆续开工实施多个大型网络基础设施建设项目，其中“Minha Casa Minha Vida3”项目中的装置将建成并准备接收光纤网络。为了加强网络建设，巴西将在 2017 年年底发射一颗国防和通信地球同步卫星；2018 年启动计划，将在 2021 年发射第二颗人造卫星，以满足商业和军事应用等日益增长的需求。巴西通信部还将建设 6 条海底光缆，将巴西与欧洲、非洲和美国相连接，用以提高网络数据传输能力，保障通信安全。据称，海底光缆建成后能为巴西网络连接降低 20%的成本。此外，巴西通信部、国防部和科技创新部合作制定实施一项名为“亚马逊连接”（Amazônia Conectada）的项目，该项目将服务于北部区域，在 Solimões、Negro、Purus、Juruá 和 Madeira 河流的河床上修建 7800 千米的光纤网络，这必将惠及 45 个城市，该项目还适用于数字融合、军事通信和环境监测。

“智慧巴西”还预测了巴西在 5G 发展中的作用，目标是使巴西成为这项技术的出口国。为此，这个领域的研究机构将获得由电信技术开发基金提供的资源。未来，5G 将允许部署物联网，同时连接各种设备和对象，也为智慧城市应用（如交通控制、街道照明等）创造了机会。巴西通信部部长也表示该项目将推动巴西实现技术突破，从 5G 商业化开始到 2020 年，巴西有望努力并取得不俗进展。

（三）美国强化《智慧城市行动倡议》计划

2015 年 9 月，美国白宫启动了《智慧城市行动倡议》（以下称为《倡议》），并投资 1.6 亿美元支持《倡议》实施。在 2016 年 9 月的“智慧城市”活动中，美国白宫再次宣布增加 8000 万美元拨款，继续推动该倡议。倡议的创立是为了帮助部分城市解决它们最具挑战性的问题，包括公共安全、交通系统的弹性等，也涉及政府、大学及私人部门之间的合作。目前，《倡议》的总体投资达到 2.4 亿美元，可支持超过 70 个城市和社区建设智慧城市，使参与者翻倍，并在 2017 年启动若干新项目，包括“全球城市团队挑战赛”“更好社区联盟”“都市实验室网络”等。

2016 年美国政府多个部门继续开展多项行动，以支持智慧城市相关活动的开展。美国国家科学基金会（NSF）在 2016 财年拨付智慧城市相关资金 6000 万美元，2017 财年还会继续投资，投资研究的项目也非常丰富，包括：车联网和自动驾驶汽车、部署传感器和社交媒体相结合的洪水预警试点、高风险高回报的概念性实验室研究项目（2450 万美元）；通过 US Ignite 计划支持下一代互联网应用（1000 万美元）；新创新伙伴关系，涵盖建设创新能力项目（700 万美元）、关注智能互联社区的新物理信息系统奖励项目（400 万美元）、将大数据区域创新中心扩大的新“Spokes”项目（200 万美元）、大数据研究项目（140 万美元）、智能和互联健康医疗研究奖励项目（150 万美元）、2016 年美国国家标准与技术研究院（NIST）全球城市团队挑战赛（100 万美元）等。美国能源部（DOE）的重点项目是“更好建筑倡议”（Better Building Initiative），围绕该项目能源部宣布成立新的联盟——“更好社区联盟”，来建设更清洁、更智慧的社区（初期由 59 个城市和机构组成），拨款 1500 多万美元开发分布式清洁能源，“更好建筑加速器”以发展“零能量排放区”，智慧能源分析项目活动，扩大 SMART Mobility 团体支持智慧节能的城市运输系统并建立“城市技术人员”试点（1000 万美元）、社区开发分布式清洁能源研究项目（700 万美元）等。NIST 正在继续扩大智慧城市运动并支持物联网的技术研究，支持项目包括探索制定基于物联网的智慧城市框架、集合多城市多社群的全球城市团队挑战赛、使多个城市和社区共同完成创新智慧城市解决方案（35 万美元）等。美国商务部下属的国家电信和信息管理局（NTIA）研究发布一个新的智慧城市工具包。美国国土安全部（DHS）科技局宣布投资 350 万美元用于通过 Flood Apex 项目开发低成本传感器技术。网络和信息技术研究和发展项目宣布成立联邦智慧城市和社区工作组。

除此之外，《倡议》还补充了很多其他项目，包括：纽约州立大学奥尔巴尼校区政府技术中心正在为中小城市创建智慧城市指南；纽约市正在推出一个新的数字平台，帮助地方政府引导智慧城市市场发展；建立在芝加哥的城市数字化（City Digital）组织宣布 2015 年试点项目的结果；达拉斯创新联盟和 Envision Charlotte 开启了“为了城市，通过城市”的合作项目；达拉斯创建联盟还将建设达拉斯创新区；Mapbox 公司宣布推出 Mapbox 城市实验室，为城市免费提供在线工具和支持；微软公司也宣布了新的智慧城市相关资源，以帮助全国的社区利用技术改善公共安全和交通；Orange Silicon Valley 将举办研讨会，讨论 B2B 数据开放。

【智慧城市建设推进更加成熟】

随着智慧城市建设的推进，其具体内容与推进方式更加成熟、完善和务实。例如，联合国发布了《智慧城市与基础设施》，提出智慧城市的基本模式；美国发布了《技术与城市未来报告》，从 6 个维度提出了未来城市建设的要点，还发布了《智慧城市建设工具包》，以指导地方政府更好地利用各方资源，形成和维护良好的合作伙伴关系；中国则探索出独具特色的智慧城市道路——智慧小镇，以乌镇为代表的智慧小镇依托世界互联网大会，吸引了全世界的目光。这些探索也为智慧城市建设打下了良好基础，为其多元化发展提供了有益的借鉴。

（一）联合国提出智慧城市发展的基本模式

联合国作为政府间国际组织，对于智慧城市议题非常关注。联合国开发计划署于 2015 年发布了《2030 年可持续发展议程》，对人类生存发展提出了更高的目标。2016 年联合国发布了《智慧城市与基础设施》，对智慧城市的基础设施进行描述和分析，提出相关建议，为智慧城市发展奠定了基础。

联合国发布的《智慧城市与基础设施》提出，“智慧可持续城市”是利用信通技术和其他手段来改善生活质量、提高城市运行和服务效率及竞争力，同时确保城市满足今世后代在经济、社会和环境方面需求的创新型城市。”《智慧城市与基础设施》还对智慧基础设施做出了解释，指出智慧基础设施为与智慧城市相关的所有关键主题提供基础，智慧建筑、智慧出行、智慧能源、智慧水务、智慧废物管理、智慧保健、智慧数字层等都是其重要组成部分。

《智慧城市通用基础设施》对会员国、国际社会、委员会在智慧城市的设计和发展方面提出了针对性建议：采用参与式方法进行智慧城市开发；因地制宜，将智慧城市建设纳入国家政策发展议程；强化信息通信核心基础设施，并提供支撑生态系统；鼓励将智慧城市及基础设施纳入国家科技创新系统；采用综合方法进行顶层设计，促进公共服务和资源配置；鼓励政府运用多种政策工具应对挑战；充分考虑和解决社会边缘阶层的特殊需求和性别需求；开展培训，提高人员技能；促进开放数据和开放科学模式来引发本地创新；确保各项原则纳入智慧城市设计开发中；及时公开数据，促进有效沟通。此外，还应关注标准化发展，促进区域协调和项目实施，充分利用平台和论坛等资源开展咨询和分享活动。

（二）美国提出智慧城市建设的解决方案

如前所述，美国白宫发布了《智慧城市行动倡议》，其中，美国总统科技顾问委员会（PCAST）发布的《技术与城市未来报告》和NTIA发布的《智慧城市建设工具包》，都提出了提升智慧城市水平的具体解决方案。

1.《技术与城市未来报告》

2016年2月23日，PCAST发布了《技术与城市未来报告》（以下简称《报告》），提出了政府应抓住新的城市化发展机遇，整合新的物质和数字技术，创造新的解决方案，为城市化发展提供最好的机遇。

《报告》指出，美国的城市化进程可以分为4个阶段：第一个阶段的标志是蒸汽机的发明；第二个阶段是电网和大众交通的普及（如地铁系统）；第三个阶段是1920—2010年，其标志是个人汽车的流行，带来了郊区和高速公路的快速发展；第四个阶段是2011年以来，千禧一代与婴儿潮一代引领了追求城市核心区的社会联系与生活便捷性的潮流，城市核心区在不断扩张，美国进入新的城市化阶段。新型城市化表现为不同的区域和副中心补充单一的市中心。因此，城市设计、基础设施和服务的需求正在不断增长和变化。其中，重要的需求包括更有效地利用有限空间、更好的流通性、为不同收入群体提供服务支持、应对气候变化及其他自然或人为灾难。新型城市化所面临的挑战主要包括：提供优质工作岗位、素质教育、适宜培训；提供医疗保健、儿童看护、新鲜食物等服务与产品；提供安全与健康的生活与工作环境；有效利用建筑与交通能源；减少暴力，消除不安全感。

2.《智慧城市建设工具包》

在借鉴过去几年经验和教训的基础上，《智慧城市建设工具包》设计了一个建立公私合作伙伴关系（PPP）的方案，主要包括以下4个方面的内容：了解典型的合作伙伴关系结构、选择正确的合作伙伴、确定每个合作伙伴的贡献、发展合作伙伴关系框架。此外，《智慧城市建设工具包》还给出了一个能够帮助地方组织开展规划工作的检查表。

（三）中国走出智慧小镇的特色道路

在以信息化改造提升传统动能、助推供给侧结构性改革的过程中，中国走出了独具特色的智慧小镇的发展道路，为智慧城市的建设与发展探明了方向。智慧小镇小而全：“小”意味着易切入，容易把智慧城市建设中不易打通的“信息孤岛”打通；“全”意味着复杂，能够发现问题，起到示范作用。随着世界经济加速向以网络信息技术产业为重要内容的经济活动转变，智慧小镇的特色道路为推动传统产业升级、探索智慧城市建设贡献出了独特的力量。

【智慧城市创新技术任重道远】

在过去的几年中，物联网发展如日中天，为智慧城市的发展添砖加瓦。2016年，新技术的发展继续为推动智慧城市的建设贡献力量，也产生了一些新的变化。其中，虚拟现实技术逐渐融入智慧城市，引领了智慧城市建设的新潮流；自动驾驶汽车和车联网等得到进一步发展和规范，但未来智慧交通仍然有很长的路要走；智能家居和可穿戴设备等虽然发展较快，但其标准统一性、设备故障率和安全性等问题逐渐突出，为真正市场化带来障碍。

（一）虚拟现实技术引领潮流

当大多数人对虚拟现实（VR）的认知还停留在游戏、娱乐等消费层面的时候，虚拟现实技术已无声无息地渗透到智慧城市建设的各个角落，引领了智慧城市建设的新潮流。

虚拟现实技术用于城市管道建设。目前，中国已有管道公司（如中冶集团）利用虚拟现实技术模拟城市地下管道场景，为人们了解地下空间提供参考。位于珠海横琴的综合管廊项目全长33千米，集给水、电力、通信、中水和真空垃圾管道等多种管线于一体，是我国迄今为止建成的最长、最先进的现代化城市地下综合管廊。通过现场的实景搭建、触摸互动、数字沙盘，人们可以身临其境地参观这个现代城市地下管廊。这条地下管廊将各种管线集中统一管理，通过自动报警、视频监控、自动控制、互联网检测等多种技术手段，实现了安全、透明、可视化的实时管理，其平均使用寿命达到50年，远超直埋管道25年的平均使用寿命。

虚拟现实技术提供智慧商业解决方案。目前，中国购物中心、百货和超市利用虚拟现实技术将虚拟试衣镜、云POS、酒店自助一体机等智能设备应用起来进行互联网转型。未来将不需要试衣间，只要在虚拟试衣镜的屏幕前，选中自己想试的衣服，站好之后，衣服将以虚拟的方式穿在人们身上，胖瘦也可以看出来。虚拟现实互动、实景购物、人脸识别、App交互等先进技术打造了一系列未来的商业场景，最新的云计算、大数据分析管理、职能定位、移动支付等手段则改进、优化了实体商业的传统运营模式，增加了线下场景的丰富性。

虚拟现实技术与智慧教育无缝对接。北京市中关村二小等小学成功利用“IES沉浸式课堂系统”开设高年级公开课。该系统将虚拟现实技术无障碍地应用于教学，不受时空等物理条件和师资力量的限制，通过一键式统计和分析功能，教师可全程实现对学生的注意力管控，并随时调整教学策略。同时，虚拟现实技术还提供技能操作课程的仿真体验，模具拆装课程中利用虚拟现实操作和真实感觉一样。

未来，与智慧城市其他方面的对接也成了该技术要突破和创新的重点。

（二）智慧交通建设日新月异

告别交通拥堵将带来十分诱人的好处，如更安全的道路、更少的污染等，然而，实现这个目标的技术——智慧交通，仍需要很大的改进。

美国交通运输部在智慧城市挑战赛中为冠军准备了5000万美元的大奖。据美国科技杂志*Government Technology*报道，虽然只有一个城市能够获得这份大奖，但这个奖项引燃了各城市的激情，为未来很长一段时间内智慧交通项目的发展奠定了基础。为了进入智慧城市挑战赛决赛，很多城市积极部署了一些新兴的技术项目，如自动驾驶汽车、车辆与基础设施的连接及无线电车充电等。

智慧城市挑战赛中的人行道实验室（Sidewalk Lab）为获胜的城市提供了100多个有WiFi基站功能的智慧报刊亭。事实上，很多城市已经将WiFi报刊亭纳入智慧城市项目。这种报刊亭可以作为一种新的基础设施，成为未来收集数据的传感器基地；另外，这种报刊亭可以帮助用户叫车，便于民众上网；还可以收集交通路况数据、提供停车位信息，甚至可以调整交通信号灯，为必要的交通需求提供优先级。

提到智慧交通，必然要提到自动驾驶汽车。在美国智慧城市挑战赛中，已经有城市在考虑或者尝试用自动驾驶车辆为核心区域（机场、市中心或学校）提供班车服务。但是，为减少不可预测事件的发生，这些班车仅在固定的轨道上行驶，并且行驶速度很慢。事实上，车辆之间、车辆与基础设施之间的互联，可以帮助自动驾驶汽车导航和应对突发情况，从而减小拥堵状况、应对复杂天气状况、降低因司机疲劳而发生事故的概率。业内人士普遍认为自动驾驶汽车更安全、更节约时间、更环保。然而，自动驾驶汽车的发展并非一片坦途。2016年5月7日，特斯拉Model S电动汽车发生了自动驾驶状态下的第一起致命事故，引起了人们的热议。为了规范自动驾驶汽车，美国交通部于2016年9月发布了《美国自动驾驶汽车政策指南》，旨在增强道路安全性，引领下一场革命。

在中国，智慧交通蓬勃发展。据中国交通运输部介绍，2016年高速公路电子不停车收费系统

（ETC）用户突破3400万户。无车承运、网约车、分时租赁等新业态蓬勃兴起。滴滴平台的数据显示，快车拼车和顺风车两个产品，每天帮城市减少出行车辆114万辆，相当于北京出行车辆每天减少2.1%，2016年共节省5.1亿升汽油，减少1355万吨碳排放，相当于多种11.3亿棵树的生态补偿。自动驾驶方面，科技巨头百度已成功测试第一辆自动驾驶汽车，它还携手宝马公司，计划在5年内将自动驾驶汽车推向市场。

（三）智能家居发展面临挑战

智能家居常常被视为物联网发展最大的机遇之一。物联网通过将传感器和上网功能添加到日常物品中，使之形成网络；而智能家居利用物联网技术将家常用品连接起来，使人们的日常生活变得智能，通过自动化提升效率、节约能源和成本、提高家庭安全，并满足消费者对便利性、可持续性和安全性日益增长的要求。然而，根据《经济学人》的报道，目前，多数消费者不愿意对家居产品智能升级。这并不是因为企业对智能家居的投入不够，而是因为很多智能硬件的价格过高，且技术不够成熟。

智能家居设备采用了不同的标准和技术手段，影响了设备的兼容性。苹果推出了Homekit，谷歌拥有Brillo和Weave，亚马逊推出数字助理Echo，而三星则在推广SmartThings。与此同时，ZigBee、Wink及其他一些技术也在参与竞争。在理想状态下，所有设备都采用同样的标准，设备与设备之间可以相互传递数据，所有设备可以通过同一款应用来控制。然而，实际情况并非如此，各种类型的设备技术多样、标准不统一，消费者必须谨慎地研究每一款设备，确保其兼容性，并可在控制不同设备时轻松切换。

智能设备的故障率也是人们关心的内容，因为智能设备的故障可能会影响生活质量。例如，有用户反映谷歌旗下的Nest智能恒温器出现故障，导致家中气温变冷，宝宝因此大哭。

用户对安全问题的担忧是智能设备普遍使用的最大障碍。许多智能设备没有对用户的隐私信息进行加密，因此，物联网没有想象中那么安全。例如，研究人员指出，Nest智能恒温器会以明文形式泄露用户信息，使处于同一个互联网服务提供商网络内的黑客可以轻易窃取用户信息。尽管在问题暴露后，Nest迅速修复了漏洞，但是并不清楚该漏洞在被修复之前存在了多久。诸如此类的安全性问题使人们在使用这类设备时采取谨慎的态度。

基础数据篇

2012—2016 年全国主要电子信息产品出口情况

指　标	单　位	2012 年	2013 年	2014 年	2015 年	2016 年
集成电路	亿块	—	—	—	—	—
微型计算机	万部	—	33674.8	—	—	—
笔记本电脑	万部	—	32668.2	—	—	—
移动通信手机	亿部	10.1	11.9	13.1	13.4	12.7
彩色电视机	万台	6148	5959	7406	7183	8064
数字激光视盘机	万台	10497	8954	8267	6722	5395

数据来源：工业和信息化部

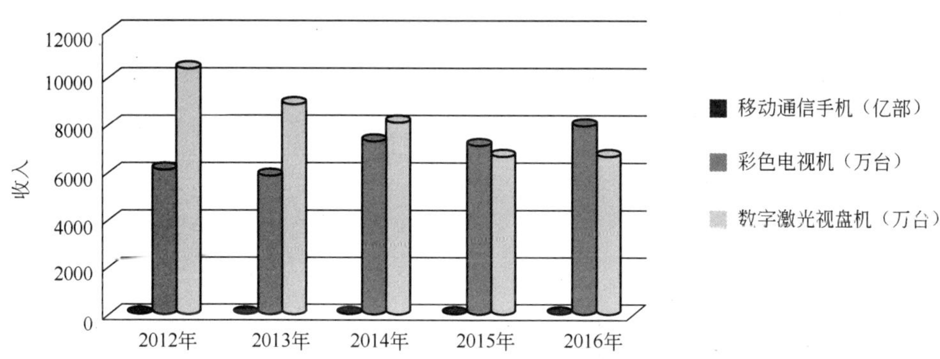

2012—2016 年全国软件和信息技术服务业主要经济指标完成情况

指　　标	单　位	2012 年	2013 年	2014 年	2015 年	2016 年
软件业务收入	亿元	24793.8	30587.5	37026.4	42847.9	48232.2
软件产品收入	亿元	7857.2	9876.8	12198.5	13656.1	15027.8
信息技术服务收入	亿元	12944.9	16030.5	18711.1	22211.0	26090.4
嵌入式系统软件收入	亿元	3991.6	4680.1	6116.8	6980.8	7114.0
软件业务出口额	亿美元	394.2	469.1	486.7	494.9	499.5

注：本表统计口径为主营业务收入 100 万元以上的软件和信息技术服务业等企业。

数据来源：《中国统计年鉴》

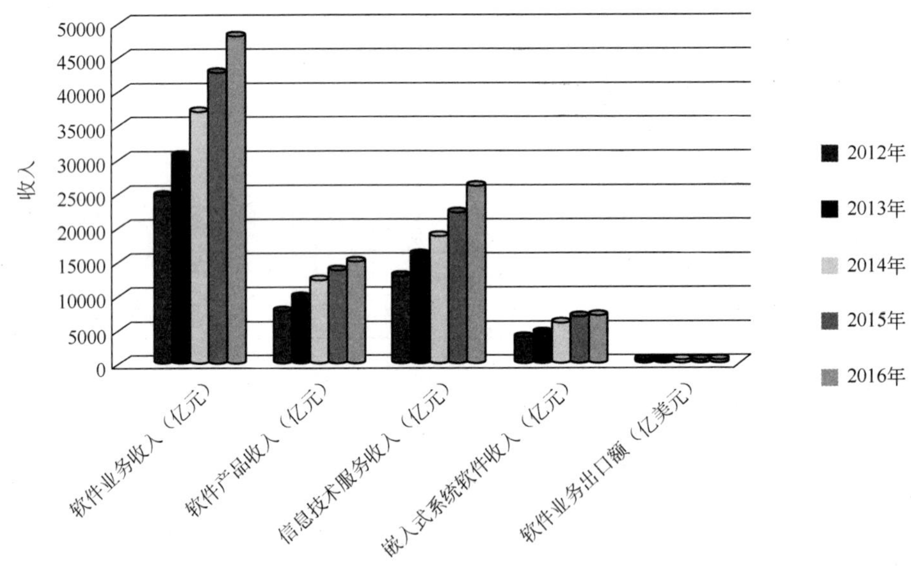

2016 年全国各省（自治区、直辖市）软件和信息技术服务业发展情况

省（自治区、直辖市）	软件业务收入（万元）	软件产品收入（万元）	信息技术服务收入（万元）	嵌入式系统软件收入（万元）	软件业务出口额（万美元）
北　京	64160228.4	24448314.0	39571159.0	140755.4	256703.0
天　津	11858458.5	2824402.1	7568853.0	1465203.4	8347.4
河　北	2101821.9	365043.1	1721879.6	14899.2	3805.0
山　西	239171.7	104621.3	125910.8	8639.7	—
内蒙古	279597.5	163399.2	115022.6	1175.7	—
辽　宁	18903340.6	7906035.2	10340257.3	657048.1	292433.8
吉　林	5110866.6	1668621.5	2708275.0	733970.1	8261.2
黑龙江	1679760.8	608601.0	940402.0	130757.8	4200.0
上　海	38158599.7	11922807.2	24385984.2	1849808.3	361876.8
江　苏	81656015.1	18513795.1	37455567.8	25686652.2	669714.2
浙　江	36000229.8	10866988.0	21893586.2	3239655.7	351178.6
安　徽	2600306.0	909752.0	1488655.4	201898.6	15314.3
福　建	21578984.8	7776169.9	12307126.1	1495688.7	40938.8
江　西	870066.7	338926.9	520876.4	10263.5	9625.0
山　东	42610827.7	15610361.9	18912594.8	8087871.1	189790.0
河　南	2963542.7	1117252.2	1834942.5	11348.0	860.3
湖　北	13305110.7	6937090.7	5711965.7	656054.4	19555.0
湖　南	3960107.4	1140826.6	2283921.6	535359.3	368.6
广　东	82233914.9	19612172.4	38958597.3	23663145.2	2507067.3
广　西	729215.1	100953.5	622851.1	5410.5	0.6
海　南	767042.4	261981.2	505061.2	—	1126.3
重　庆	10249597.2	2386353.7	6596127.3	1267116.2	14709.2
四　川	24230869.8	9586500.4	14487056.2	157313.2	147392.9
贵　州	1278329.0	502687.0	767758.0	7884.0	5.0
云　南	502951.2	123644.7	377760.4	1546.1	198.0
陕　西	13001963.6	4204165.9	7702833.4	1094964.3	91054.4
甘　肃	414210.4	105954.0	303775.8	4480.6	—
青　海	11541.0	3983.1	6690.8	867.1	82.0
宁　夏	132037.0	61854.8	61418.5	8763.6	—
新　疆	733526.8	104994.0	627322.8	1210.0	—

注：本表统计口径为主营业务收入 100 万元以上的软件和信息技术服务业等企业。

数据来源：《中国统计年鉴》

2012—2016 年全国电子信息产业主要经济指标完成情况

指　　标	单　位	2012 年	2013 年	2014 年	2015 年	2016 年
主营业务收入	万亿元	11.0	12.4	14	15.4	17.1
固定资产投资*	亿元	9591.5	10828	12065	13775	—
进口总额	亿美元	4888	5495	5340	5277	5035
出口总额	亿美元	6980	7807	7897	7811	7210

注：带“*”数据为 500 万元以上项目完成的固定资产投资额。

数据来源：工业和信息化部

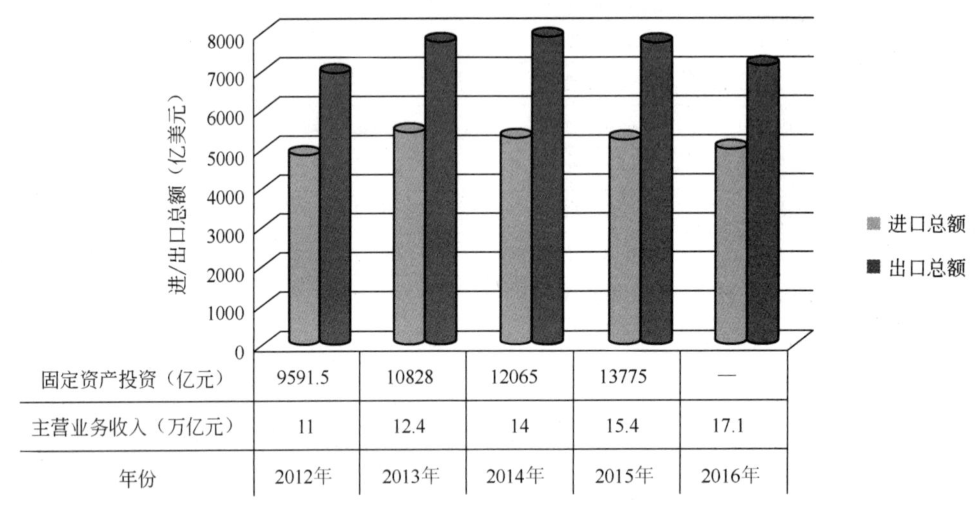

2012—2016 年全国电子信息产品制造业主要经济指标完成情况

指　　标	单　位	2012 年	2013 年	2014 年	2015 年	2016 年
主营业务收入	万亿元	8.46	9.32	10.30	11.13	12.2
工业增加值增长率	%	12.1	11.3	12.2	10.5	10.0
利润总额	亿元	3506	4152	5052	5602	6464
税金总额	亿元	1513	1845	2021	2470	—

注：表中为规模以上制造业数据。

数据来源：工业和信息化部

2012—2016 年全国主要电子信息产品产量情况

指　　标	单　位	2012 年	2013 年	2014 年	2015 年	2016 年
集成电路	亿块	779.61	903.46	1015.53	1087.20	1317.95
程控交换机	万线	2829.08	2698.53	2148.15	1880.30	1457.69
微型计算机	万部	31806.71	35348.41	35079.63	31418.70	29008.51
笔记本电脑	万部	25289.37	24041.53	22728.73	17436.03	16498.14
移动通信手机	万部	118154.57	152343.90	168202.75	181261.4	205819.34
彩色电视机	万台	12823.52	12745.21	14128.90	14475.73	15769.64
数字激光视盘机*	万台	12578	9557	8866	7226	6600

数据来源：带“*”数据来自工业和信息化部，其他数据来自《中国统计年鉴》

2012—2016 年全国通信业务主要经济指标完成情况

指　　标	单　位	2012 年	2013 年	2014 年	2015 年	2016 年
通信业务总量*	亿元	15019.28	18432.2	21834.4	28425.0	—
电信业务总量*	亿元	12982.44	15707.2	18138.3	23346.3	15617.0
邮政业务总量*	亿元	2036.84	2725.1	3696.1	5078.7	7397.2
通信业务收入	亿元	12743.8	14236.9	14744.4	15290.7	17272.2
电信业务收入	亿元	10762.9	11689.1	11541.1	11251.4	11893
邮政业务收入**	亿元	1980.9	2547.8	3203.3	4039.3	5379.2
电信固定资产投资额	亿元	3616.2	3754.7	3993.6	4539.1	4350

注：通信业务总量、邮政业务总量、2012—2015 年电信业务总量按 2010 年不变价格计算，2016 年电信业务总量按 2015 年不变价格计算；邮政业务总量为规模以上（年业务收入 200 万元以上）邮政业法人企业数据。

数据来源：带“*”数据来自《中国统计年鉴》，带“**”数据来自国家邮政局，其他数据来自工业和信息化部

2012—2016 年全国通信业务使用情况

指　　标	单　位	2012 年	2013 年	2014 年	2015 年	2016 年
移动电话通话时长	亿分钟	55444.9	58229.7	59012.7	57648.9	56599.0
固定本地电话通话时长	亿分钟	3577.7	3023.1	2613.9	2251.1	1876.4
固定长途电话通话时长	亿分钟	700.7	590.6	530.1	472.6	400.8
移动短信业务量	亿条	8973.1	8921.0	7674.2	6991.8	6670.9

数据来源：《中国统计年鉴》

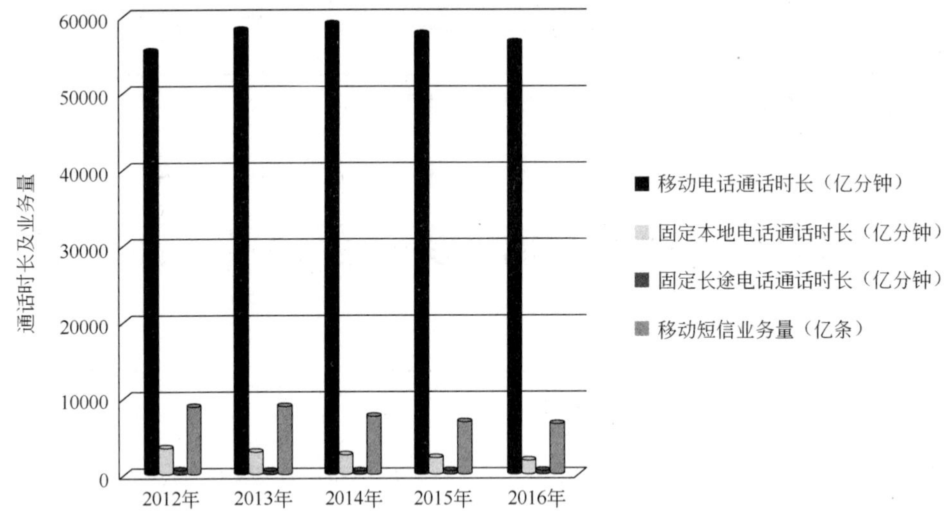

2012—2016 年全国通信网络基础设施发展情况

指　　标	单　位	2012 年	2013 年	2014 年	2015 年	2016 年
光缆线路长度	万公里	1479.33	1745.37	2061.25	2486.33	3042.08
长途光缆线路长度	万公里	86.8	89.0	92.8	96.5	99.41
固定长途电话交换机容量	万路端	1579.7	1280.5	982.9	811.1	681.1
局用交换机容量	万门	43749.3	41089.3	40517.1	26446.5	22441.6
移动电话交换机容量	万户	184023.8	196557.3	205024.9	218150.0	218540.0
移动电话基站	万个	206.6	241.0	350.8	465.6	559.4
互联网宽带接入端口	万个	32108.4	35945.3	40546.1	57709.4	71276.9

数据来源：《中国统计年鉴》

2012—2016 年全国电话用户发展情况

指　标	单　位	2012 年	2013 年	2014 年	2015 年	2016 年
固定电话用户	万户	27815.3	26698.5	24943.0	23099.6	20662.4
城市电话用户	万户	18893.4	18456.8	17627.9	17320.8	15619.2
农村电话用户	万户	8921.9	8241.7	7315.1	5778.9	5043.3
移动电话用户	万户	111215.5	122911.3	128609.3	127139.7	132193.4
3G 移动电话用户	万户	23280.3	40161.1	48525.5	27573.0	17080.5
4G 移动电话用户	万户	—	—	9728.4	43038.1	76994.9

注：2015 年移动电话用户及 3G 移动电话用户统计口径有调整，与往年不可比。

数据来源：《中国统计年鉴》

2011—2016 年全国电话普及情况

指　标	单　位	2012 年	2013 年	2014 年	2015 年	2016 年
电话普及率*	部/百人	103.10	109.95	112.26	109.30	110.55
固定电话普及率	部/百人	20.60	19.62	18.24	16.80	14.94
移动电话普及率	部/百人	82.50	90.33	94.03	92.49	95.60
已通宽带行政村比重	%	87.90	91.00	93.50	94.80	96.70

注：带“*”数据包括固定电话和移动电话；2015 年移动电话用户口径有调整，移动电话普及率与往年不可比。

数据来源：《中国统计年鉴》

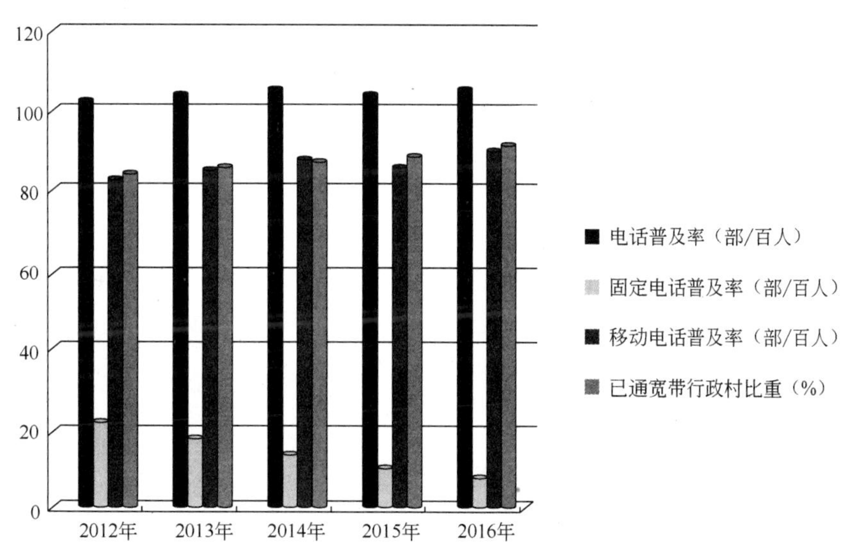

2013—2016 年全国居民家庭平均每百户固定电话、移动电话、计算机拥有量

单位：台/百户

指　　标	2013 年	2014 年	2015 年	2016 年
固定电话	41.6	48.2	—	—
其中：城镇居民	48.6	55.5	—	—
农村居民	32.6	38.9	—	—
移动电话	203.2	215.9	224.8	235.4
其中：城镇居民	206.1	216.6	223.8	231.4
农村居民	199.5	215.0	226.1	240.7
计算机	48.9	53.0	55.5	57.5
其中：城镇居民	71.5	76.2	78.5	80.0
农村居民	20.0	23.5	25.7	27.9

数据来源：《中国统计年鉴》

2016 年全国各省（自治区、直辖市）邮电业务量

省（自治区、直辖市）	电信业务总量（亿元）	邮政业务总量（亿元）
北　京	593.08	386.00
天　津	183.09	86.52
河　北	623.20	196.79
山　西	328.73	56.87
内蒙古	249.64	27.25
辽　宁	512.71	101.44
吉　林	264.31	46.03
黑龙江	320.28	68.72
上　海	509.97	564.25
江　苏	1206.60	663.69
浙　江	1116.48	1250.75
安　徽	489.54	174.91
福　建	588.52	300.69
江　西	386.54	100.32
山　东	863.38	301.61
河　南	757.67	233.22
湖　北	515.29	192.10
湖　南	555.75	143.37
广　东	1991.31	1886.25
广　西	388.96	63.70
海　南	125.95	16.89
重　庆	349.01	79.22
四　川	714.93	199.04
贵　州	336.23	42.69
云　南	500.98	50.05
西　藏	32.95	3.12
陕　西	464.99	92.03
甘　肃	232.05	22.19
青　海	67.21	4.83
宁　夏	94.73	15.20
新　疆	252.85	27.50

注：邮政业务总量按 2010 年不变价格计算，电信业务总量按 2015 年不变价格计算。

数据来源：《中国统计年鉴》

2016 年全国各省（自治区、直辖市）电话用户数

省（自治区、直辖市）	固定电话 年末用户（万户）	移动电话 年末用户（万户）	3G 移动电话 年末用户（万户）	4G 移动电话 年末用户（万户）
北　京	695.0	3869.0	502.9	2305.2
天　津	311.3	1499.8	223.6	848.2
河　北	850.6	7121.0	775.4	4034.7
山　西	343.7	3365.7	374.2	1885.5
内蒙古	268.1	2470.8	338.3	1317.9
辽　宁	890.6	4427.1	520.5	2455.8
吉　林	520.3	2654.8	338.6	1394.4
黑龙江	497.4	3445.6	483.9	1691.8
上　海	731.6	3156.1	512.5	1877.6
江　苏	1708.3	8198.8	897.8	5396.8
浙　江	1287.2	7225.9	714.6	4666.3
安　徽	613.9	4343.0	545.7	2547.8
福　建	815.7	4159.0	448.7	2567.0
江　西	517.5	3140.7	307.1	1914.8
山　东	970.4	9594.5	1250.3	4647.5
河　南	798.6	7889.0	1031.8	4403.5
湖　北	731.7	4683.8	567.0	2770.0
湖　南	682.7	4993.6	384.6	3360.4
广　东	2609.7	14349.0	1578.6	9085.3
广　西	348.9	3774.2	442.9	2325.3
海　南	169.2	942.3	99.6	594.3
重　庆	541.6	2880.1	338.4	1747.8
四　川	1490.1	7294.5	1340.8	4124.8
贵　州	258.7	3082.7	307.2	1807.0
云　南	335.0	3942.8	448.1	2388.1
西　藏	38.9	284.4	162.7	11.4
陕　西	679.9	3813.3	441.7	2496.7
甘　肃	312.3	2203.8	334.6	1332.5
青　海	102.1	539.8	104.7	279.3
宁　夏	70.5	716.4	83.3	451.9
新　疆	471.0	2132.1	1180.5	265.4

数据来源：《中国统计年鉴》

2016 年全国各省（自治区、直辖市）电信主要通信能力

省（自治区、直辖市）	固定长途电话交换机容量（路端）	局用交换机容量（万门）	移动电话交换机容量（万户）	光缆线路总长度（公里）	长途光缆线路长度（公里）	互联网宽带接入端口（万个）
北　京	458340	1233.3	5230.0	306658	4465	1784.0
天　津	117778	476.1	2585.0	183854	3776	724.3
河　北	254380	1219.4	11930.7	1179976	36970	3841.1
山　西	215190	470.8	5096.5	904758	31629	1582.9
内蒙古	100809	327.4	6294.1	586203	77483	1200.7
辽　宁	233606	1311.0	6775.2	1035314	24114	3239.5
吉　林	86288	485.2	3851.5	411279	23397	1560.7
黑龙江	278454	4899.9	8546.9	615654	50222	1964.9
上　海	463517	991.0	4424.0	532551	5565	1595.7
江　苏	375551	698.1	10863.1	2939498	39083	5676.8
浙　江	851520	504.3	11698.7	2287947	26273	4720.6
安　徽	53670	203.1	8407.8	1360127	32222	2527.3
福　建	95082	399.7	7963.6	1025648	24282	2482.3
江　西	207480	467.5	4183.9	683454	21496	2055.6
山　东	232143	1138.3	12667.9	1766638	39093	4680.0
河　南	188040	901.1	12357.0	1738627	32533	4345.8
湖　北	74336	491.7	8748.7	1223700	32372	2594.7
湖　南	409670	477.6	7257.5	1285323	41526	2395.3
广　东	581124	1656.8	21982.3	2101665	58120	6515.6
广　西	279605	1158.1	5191.1	889400	38877	2094.9
海　南	41108	62.8	1612.4	200215	3376	522.9
重　庆	65016	241.5	4037.0	817013	8309	1643.6
四　川	373770	751.7	16408.3	1897078	61204	3709.6
贵　州	27327	373.6	4908.0	792205	36500	1113.9
云　南	199044	653.6	5759.5	914164	51175	1674.4
西　藏	12870	10.5	2423.0	135365	35713	107.2
陕　西	198347	402.4	5111.5	895886	29949	2083.1
甘　肃	72017	116.5	3128.0	598208	33409	946.0
青　海	131252	22.2	1308.0	179708	42470	262.2
宁　夏	59882	90.6	1414.0	161376	10910	307.1
新　疆	27930	204.5	6375.0	771264	37579	1323.9

注：电话交换机容量中不包括用户交换机容量。

数据来源：《中国统计年鉴》

2012—2016 年全国互联网用户发展情况

指　标	单　位	2012 年	2013 年	2014 年	2015 年	2016 年
互联网普及率	%	42.1	45.8	47.9	50.3	53.2
互联网上网人数	万人	56400	61758	64875	68826	73125
手机上网人数	万人	41997	50006	55678	61981	69531
互联网宽带接入用户数*	万人	17518.3	18890.9	20048.3	25946.6	29720.7
互联网拨号接入用户数*	万人	569.8	485.1	441.6	331.6	306.3
移动互联网用户数*	万户	—	—	87522.1	96447.2	109395.0

数据来源：中国互联网络信息中心，带“*”数据来自《中国统计年鉴》

2012—2016 年全国互联网资源发展情况

指　标	单　位	2012 年	2013 年	2014 年	2015 年	2016 年
IPv4 地址数	万个	33053	33031	33199	33652	33810
Ipv6 地址数	块/32	12535	16670	18797	20594	21188
域名数	万个	1341	1844	2060	3102.1	4227.6
.CN 域名数	万个	750.8	1082.9	1108.9	1636.4	2060.8
网站数	万个	268.1	320.1	334.9	422.9	482.4
.CN 下网站数	万个	103.7	131.1	158.3	213.1	258.7
国际出口带宽	Mbps	1899792	3406824	4118663	5392116	6640291

数据来源：中国互联网络信息中心

2012—2016年全国各地区网民规模和互联网普及率

地　区	2012年		2013年		2014年		2015年		2016年	
	网民数（万人）	普及率（%）	网民数（万人）	普及率（%）	网民数（万人）	普及率（%）	网民数（万人）	普及率（%）	网民数（万人）	普及率（%）
北　京	1458	72.2	1556	75.2	1593	75.3	1647	76.5	1690	77.8
天　津	793	58.5	866	61.3	904	61.4	956	63.0	999	64.6
河　北	3008	41.5	3389	46.5	3603	49.1	3731	50.5	3956	53.3
山　西	1589	44.2	1755	48.6	1838	50.6	1975	54.2	2035	55.5
内蒙古	965	38.9	1093	43.9	1142	45.7	1259	50.3	1311	52.2
辽　宁	2199	50.2	2453	55.9	2580	58.8	2731	62.2	2741	62.6
吉　林	1062	38.6	1163	42.3	1243	45.2	1313	47.7	1402	50.9
黑龙江	1329	34.7	1514	39.5	1599	41.7	1707	44.5	1835	48.1
上　海	1606	63.1	1683	70.7	1716	71.1	1773	73.1	1791	74.1
江　苏	3952	50.0	4095	51.7	4272	53.8	4416	55.5	4513	56.6
浙　江	3221	59.0	3330	60.8	3458	62.9	3596	65.3	3632	65.6
安　徽	1869	31.3	2150	35.9	2225	36.9	2395	39.4	2721	44.3
福　建	2280	61.3	2402	64.1	2471	65.5	2648	69.6	2678	69.7
江　西	1267	28.5	1468	32.6	1543	34.1	1759	38.7	2035	44.6
山　东	3866	40.1	4329	44.7	4634	47.6	4789	48.9	5207	52.9
河　南	2856	30.4	3283	34.9	3474	36.9	3703	39.2	4110	43.4
湖　北	2309	40.1	2491	43.1	2625	45.3	2723	46.8	3009	51.4
湖　南	2200	33.3	2410	36.3	2579	38.6	2685	39.9	3013	44.4
广　东	6627	63.1	6992	66.0	7286	68.5	7768	72.4	8024	74.0
广　西	1586	34.2	1774	37.9	1848	39.2	2033	42.8	2213	46.1
海　南	384	43.7	411	46.4	421	47.0	466	51.6	470	51.6
重　庆	1195	40.9	1293	43.9	1357	45.7	1445	48.3	1556	51.6
四　川	2562	31.8	2835	35.1	3022	37.3	3260	40.0	3575	43.6
贵　州	991	28.6	1146	32.9	1222	34.9	1346	38.4	1524	43.2
云　南	1321	28.5	1528	32.8	1643	35.1	1761	37.4	1892	39.9
西　藏	101	33.3	115	37.4	123	39.4	142	44.6	149	46.1
陕　西	1551	41.5	1689	45.0	1745	46.4	1886	50.0	1989	52.4
甘　肃	795	31.0	894	34.7	951	36.8	1005	38.8	1101	42.4
青　海	238	41.9	274	47.8	289	50.0	318	54.5	320	54.5
宁　夏	258	40.3	283	43.7	295	45.1	326	49.3	339	50.7
新　疆	962	43.6	1094	49.0	1139	50.3	1262	54.9	1296	54.9

数据来源：中国互联网络信息中心

2012—2016 年各类网络应用用户规模和使用率

应　用	2012 年		2013 年		2014 年		2015 年		2016 年	
	用户规模（万户）	使用率（%）	用户规模（万户）	使用率（%）	用户规模（万户）	使用率（%）	用户规模（万户）	使用率（%）	用户规模（万户）	使用率（%）
即时通信	46775	82.9	53215	86.2	58776	90.6	62408	90.7	66628	91.1
搜索引擎	45110	80.0	48966	79.3	52223	80.5	56623	82.3	60238	82.4
网络新闻	—	—	49132	79.6	51894	80.0	56440	82.0	61390	84.0
网络视频	37183	65.9	42820	69.3	43298	66.7	50391	73.2	54455	74.5
网络音乐	43586	77.3	45312	73.4	47807	73.7	50137	72.8	50313	68.8
网上支付	22065	39.1	26020	42.1	30431	46.9	41618	60.5	47450	64.9
网络购物	24202	42.9	30189	48.9	36142	55.7	41325	60.0	46670	63.8
网络游戏	33569	59.5	33083	54.7	36585	56.4	39148	56.9	41704	57.0
网上银行	22148	39.3	25006	40.5	28214	43.5	33639	48.9	36552	50.0
网络文学	23344	41.4	27441	44.4	29385	45.3	29674	43.1	33319	45.6
旅行预订	11167	19.8	18077	29.3	22173	34.2	25955	37.7	29922	40.9
电子邮件	25080	44.5	25921	42.0	25178	38.8	25847	37.6	24815	33.9
团购	8327	14.8	14067	22.8	17267	26.6	18022	26.2	—	—
论坛/BBS	14925	26.5	12046	19.5	12908	19.9	11901	17.3	12079	16.5
互联网理财	—	—	—	—	7849	12.1	9026	13.1	9890	13.5
网络炒股或炒基金	3423	6.1	—	—	3819	5.9	5892	9.6	6276	8.6
微博	30861	54.7	28078	45.5	24884	38.4	23045	33.5	27143	37.1
地图查询	—	—	—	—	—	—	37997	55.2	46166	63.1
网上订外卖	—	—	—	—	—	—	11356	16.5	20856	28.5
在线教育	—	—	—	—	—	—	11014	16.0	13764	18.8
互联网医疗	—	—	—	—	—	—	15211	22.1	19476	26.6
互联网政务	—	—	—	—	—	—	—	—	23897	32.7

注：“旅游预订”定义为最近半年在网上预订过机票、酒店、火车票或旅行行程；“社交应用”仅包括社交网站、微博以及各垂直社交应用；“即时通信”工具用户规模较大，作为典型应用单独呈现，不包含在社交应用里。

数据来源：中国互联网络信息中心

2016年全国按行业分企业信息化情况

行　业	企业数（个）	使用计算机数（台）	每百人使用计算机数（台）	企业拥有网站数（个）	每百家企业拥有网站数（个）
总计	943843	44884674	25	532292	56
采矿业	11939	1179581	19	4764	40
制造业	348812	16609496	20	240312	69
电力、热力、燃气及水生产和供应业	10448	2024141	61	5719	55
建筑业	94422	3666889	8	41504	44
批发和零售业	191624	5274078	45	87406	46
交通运输、仓储和邮政业	38746	2248072	29	17130	44
住宿和餐饮业	45160	937580	23	22448	50
信息传输、软件和信息技术服务业	16342	5129338	130	17360	106
房地产业	103190	2144085	37	42466	41
租赁和商务服务业	33003	1962901	36	20833	63
科学研究和技术服务业	20538	2035493	76	14023	68
水利、环境和公共设施管理业	5336	150770	19	2946	55
居民服务、修理和其他服务业	6515	121405	14	2880	44
教育	4986	531213	91	3265	66
卫生和社会工作	5057	391799	49	3921	78
文化、体育和娱乐业	7725	477833	65	5315	69

数据来源：《中国统计年鉴》

2016 年全国按行业分企业电子商务情况

行　业	有电子商务交易活动		电子商务销售额（亿元）	电子商务采购额（亿元）
	企业数（个）	比重（%）		
总计	102761	10.9	107321.8	63347.2
采矿业	388	3.2	687.8	647.0
制造业	39529	11.3	41682.0	27691.1
电力、热力、燃气及水生产和供应业	831	8.0	277.3	5529.5
建筑业	4530	4.8	61.6	3467.0
批发和零售业	20740	10.8	44035.7	22293.3
交通运输、仓储和邮政业	2623	6.8	3844.0	220.6
住宿和餐饮业	14571	32.3	482.3	27.6
信息传输、软件和信息技术服务业	4485	27.4	11274.6	1487.4
房地产业	5174	5.0	96.0	27.4
租赁和商务服务业	3568	10.8	3862.8	1663.5
科学研究和技术服务业	1951	9.5	650.1	246.8
水利、环境和公共设施管理业	862	16.2	43.2	12.3
居民服务、修理和其他服务业	582	8.9	14.5	11.1
教育	364	7.3	29.7	1.2
卫生和社会工作	496	9.8	2.9	14.3
文化、体育和娱乐业	2067	26.8	277.5	7.0

注：有电子商务交易活动的企业是指通过互联网开展电子商务销售或采购的企业。

数据来源：《中国统计年鉴》

2016年分地区企业信息化情况

地　区	企业数（个）	使用计算机数（台）	每百人使用计算机数（台）	企业拥有网站数（个）	每百家企业拥有网站数（个）
北　京	31523	4033558	66	20305	64
天　津	18640	912195	33	9848	53
河　北	29468	1120877	19	16748	57
山　西	13761	667447	21	6204	45
内蒙古	11383	491371	25	5706	50
辽　宁	24964	1199429	28	13540	54
吉　林	15694	547720	24	6474	41
黑龙江	11121	484991	26	5114	46
上　海	31740	3182910	50	23501	74
江　苏	103749	4543589	21	65854	64
浙　江	82030	3636657	22	47649	58
安　徽	39318	1224293	20	26314	67
福　建	42403	1557898	18	20786	49
江　西	22437	743753	15	11828	53
山　东	84057	2661528	19	45228	54
河　南	59267	1596175	14	26700	45
湖　北	38531	1525391	22	23191	60
湖　南	33145	1094153	19	18827	57
广　东	99568	7024193	32	65556	66
广　西	15077	670329	21	2222	15
海　南	2838	173547	39	1963	69
重　庆	23388	988132	20	11406	49
四　川	36883	1682507	23	21654	59
贵　州	14216	478722	25	6331	45
云　南	15145	655808	27	7194	48
西　藏	623	24848	30	424	68
陕　西	18859	925114	26	10644	56
甘　肃	8448	302904	20	4643	55
青　海	2150	113909	27	1246	58
宁　夏	3314	160547	28	1764	53
新　疆	10103	460179	25	3428	34

数据来源：《中国统计年鉴》。

2016年分地区企业电子商务情况

地　区	有电子商务交易活动		电子商务销售额（亿元）	电子商务采购额（亿元）
	企业数（个）	比重（%）		
北　京	5661	18.0	12026.7	9340.6
天　津	1575	8.4	3035.0	1434.8
河　北	2473	8.4	2416.1	1045.5
山　西	1110	8.1	680.3	621.4
内蒙古	861	7.6	1587.6	1026.9
辽　宁	1453	5.8	2125.1	1058.3
吉　林	807	5.1	504.7	236.1
黑龙江	618	5.6	299.3	238.9
上　海	3979	12.5	16037.7	8175.8
江　苏	10008	9.6	5351.9	4406.3
浙　江	12240	14.9	6846.8	2261.6
安　徽	5001	12.7	2894.7	1967.7
福　建	5158	12.2	2399.3	877.9
江　西	1637	7.3	2288.1	657.6
山　东	8358	9.9	9890.2	6349.1
河　南	4011	6.8	4135.3	1596.4
湖　北	4359	11.3	2741.0	1455.2
湖　南	3603	10.9	2227.5	966.7
广　东	11542	11.6	17595.1	12854.7
广　西	1660	11.0	970.9	637.8
海　南	521	18.4	526.0	263.3
重　庆	2716	11.6	3210.2	1228.9
四　川	5120	13.9	2381.2	1228.8
贵　州	1767	12.4	1518.7	845.0
云　南	1996	13.2	1249.7	617.0
西　藏	109	17.5	73.1	40.3
陕　西	2300	12.2	1047.5	698.4
甘　肃	886	10.5	325.0	376.3
青　海	233	10.8	441.7	449.4
宁　夏	371	11.2	169.2	117.7
新　疆	628	6.2	326.2	272.6

注：有电子商务交易活动的企业是指通过互联网开展电子商务销售或采购的企业。

数据来源：《中国统计年鉴》。

2011—2015 年世界主要国家和地区信息和通信技术产品进口占产品进口总量的比重

单位：%

国家和地区	2011 年	2012 年	2013 年	2014 年	2015 年
世界	11.06	11.25	11.06	11.61	12.73
阿尔巴尼亚	3.60	2.97	2.97	1.02	3.58
阿尔及利亚	3.40	4.03	4.15	5.08	5.38
阿根廷	3.80	8.29	8.51	7.35	9.40
亚美尼亚	4.20	3.69	2.98	3.51	3.19
澳大利亚	9.80	8.89	8.86	9.18	9.99
奥地利	4.90	5.14	5.24	5.25	5.41
阿塞拜疆	3.50	3.31	2.41	2.97	2.84
巴哈马	2.70	3.89	2.90	3.00	3.55
巴林	5.80	—	—	3.77	4.60
巴巴多斯	5.00	4.43	5.43	5.37	5.45
白罗斯	1.70	2.44	3.62	3.17	2.88
比利时	3.40	3.10	2.75	2.88	2.96
伯利兹	2.40	3.56	2.83	2.94	3.35
玻利维亚	3.30	3.24	2.74	3.73	4.35
波黑	2.60	2.68	2.80	2.93	3.02
博茨瓦纳	2.50	2.45	2.23	2.57	2.37
巴西	8.80	8.82	8.65	8.79	8.41
保加利亚	5.60	6.20	4.71	4.93	5.15
布吉纳法索	3.20	—	1.85	2.35	3.25
布隆迪	1.71	1.94	—	4.48	7.52
柬埔寨	2.10	1.68	1.48	—	2.51
喀麦隆	2.80	2.71	—	4.21	3.40
加拿大	8.00	7.32	7.30	6.87	7.13
佛得角	3.30	3.67	3.89	4.41	4.53
智利	7.10	7.26	7.64	7.18	8.55
中国	18.00	19.56	20.55	19.72	23.46
哥伦比亚	8.50	8.97	9.95	10.17	9.33
哥斯达黎加	18.20	18.31	18.47	—	9.16

续表

国家和地区	2011 年	2012 年	2013 年	2014 年	2015 年
克罗地亚	4.20	4.35	5.45	4.86	5.23
塞浦路斯	4.60	4.11	4.44	4.26	4.73
捷克	15.80	14.73	13.69	14.11	15.63
丹麦	7.90	8.22	7.26	7.28	7.68
多米尼克	—	4.31	—	—	—
多米尼加共和国	3.50	3.24	—	3.67	3.87
厄瓜多尔	6.31	6.43	6.64	6.58	5.65
萨尔瓦多	5.03	5.01	4.98	5.16	5.38
爱沙尼亚	11.43	10.67	10.72	11.49	11.20
埃塞俄比亚	3.83	3.45	3.33	4.56	6.30
斐济	3.67	4.25	3.66	5.72	4.37
芬兰	7.13	6.91	5.77	6.24	6.89
法国	6.54	6.22	6.25	6.21	6.67
法属波利尼西亚	5.64	5.17	5.37	4.95	4.63
冈比亚	1.90	—	1.76	2.20	—
格鲁吉亚	4.92	4.90	5.10	5.50	4.49
德国	7.95	7.55	7.20	7.74	8.44
加纳	5.30	4.42	3.77	—	—
希腊	5.00	5.10	3.95	4.17	4.89
危地马拉	6.00	5.65	5.65	5.87	6.16
几内亚	—	—	—	3.20	—
圭亚那	3.62	5.80	2.45	2.34	2.42
洪都拉斯	4.79	5.00	—	5.20	—
中国香港地区	40.41	40.79	38.76	43.52	47.66
匈牙利	17.48	16.15	15.10	12.51	12.58
冰岛	4.37	4.09	4.79	5.12	5.37
印度	5.97	5.31	5.78	6.31	8.56
印尼	7.41	7.08	7.09	7.00	7.63
爱尔兰	9.33	9.02	9.01	9.44	8.99
以色列	8.73	8.86	8.76	9.00	11.46
意大利	6.21	—	4.64	4.81	5.19
牙买加	2.87	2.50	2.58	3.65	4.73
日本	10.14	10.24	10.89	11.26	12.79
约旦	4.10	—	3.45	3.17	4.40
哈萨克斯坦	5.74	5.81	5.83	5.99	4.89
韩国	10.43	9.79	10.44	11.42	14.67
科威特	—	—	6.84	7.21	7.63
吉尔吉斯斯坦	3.82	2.34	2.21	—	2.80
拉脱维亚	5.44	5.96	7.02	8.95	10.18

续表

国家和地区	2011 年	2012 年	2013 年	2014 年	2015 年
黎巴嫩	2.34	2.18	3.14	2.52	—
立陶宛	3.70	3.63	3.61	4.07	5.10
卢森堡	4.02	4.06	3.79	3.96	4.25
中国澳门地区	13.20	14.49	—	12.35	13.73
马其顿	3.69	4.01	4.01	3.92	3.72
马达加斯加	2.56	2.38	1.41	2.47	3.29
马拉维	3.54	—	2.15	3.37	3.33
马来西亚	25.62	23.09	22.61	23.08	24.01
马里	2.95	3.62	—	—	—
马耳他	13.00	10.88	11.49	6.86	8.67
毛里求斯	4.35	5.12	5.60	9.70	10.83
墨西哥	17.28	16.51	17.11	16.34	16.45
摩尔多瓦	3.45	3.34	3.32	3.10	3.23
蒙古	—	—	3.46	3.88	5.01
摩洛哥	4.78	3.51	3.61	3.80	4.10
莫桑比克	1.48	2.25	3.01	3.97	3.27
纳米比亚	3.62	3.10	3.51	3.02	—
荷兰	12.85	12.09	12.56	12.90	13.46
新西兰	8.03	7.67	7.55	6.91	7.84
尼加拉瓜	4.40	4.13	4.39	5.25	5.53
尼日尔	3.19	1.85	2.67	2.86	3.70
挪威	6.92	7.07	6.91	6.89	6.62
阿曼	2.91	2.98	2.38	3.01	3.13
巴基斯坦	3.56	4.36	3.79	4.59	4.90
巴拿马	8.08	—	5.26	4.86	4.96
巴拉圭	21.56	19.11	17.78	14.55	11.53
秘鲁	7.39	7.82	7.85	8.99	9.56
菲律宾	13.16	24.75	23.21	20.89	27.47
波兰	7.33	8.20	8.62	8.88	9.79
葡萄牙	5.01	5.06	4.68	4.67	4.93
卡塔尔	—	—	5.57	5.57	5.77
罗马尼亚	7.98	6.77	7.06	7.08	7.28
俄罗斯	7.16	7.50	6.84	7.88	9.14
卢旺达	7.04	7.80	7.05	9.17	9.82
萨摩亚	2.76	2.74	2.71	3.76	3.68
沙特阿拉伯	7.99	—	7.41	—	7.77
塞内加尔	2.68	2.18	—	2.76	3.81
塞尔维亚	3.92	3.78	3.72	3.17	3.96
新加坡	23.54	23.41	24.87	24.48	28.01

续表

国家和地区	2011 年	2012 年	2013 年	2014 年	2015 年
斯洛伐克	11.53	12.81	14.23	14.50	15.01
斯洛文尼亚	3.97	3.57	3.28	3.75	4.05
南非	8.38	7.64	8.18	7.82	8.80
西班牙	5.24	4.62	4.54	4.60	4.98
斯里兰卡	3.54	3.72	3.78	3.39	4.22
圣文森特和格林纳丁斯	3.60	—	—	—	4.43
苏丹	3.68	3.80	—	—	2.22
瑞典	10.67	10.05	9.72	9.89	10.17
瑞士	5.59	5.45	5.58	4.08	4.14
坦桑尼亚	3.66	3.63	3.44	3.08	3.88
泰国	11.92	11.82	11.30	12.62	13.87
多哥	4.52	1.86	1.34	—	3.30
突尼斯	6.63	—	4.96	—	5.60
土耳其	3.83	4.18	4.57	5.09	5.67
乌干达	7.82	6.63	5.39	4.26	5.24
乌克兰	2.59	3.77	3.79	3.56	4.01
英国	8.19	7.30	7.86	7.82	8.29
美国	12.84	12.82	12.96	13.06	13.80
乌拉圭	5.26	5.64	6.09	6.95	6.48
委内瑞拉玻利瓦尔共和国	6.39	—	4.19	—	—
越南	10.17	—	19.93	19.14	21.13
也门共和国	0.99	1.03	1.16	1.33	1.13
赞比亚	2.97	—	2.22	2.48	2.61
津巴布韦	2.84	3.37	3.78	3.87	4.88

数据来源：世界银行数据库

2012—2016 年世界主要国家和地区高技术产品出口占工业制成品出口的比重

单位：%

国家和地区	2011 年	2012 年	2013 年	2014 年	2015 年
世界	10.01	10.38	9.79	10.83	11.09
阿尔巴尼亚	0.52	0.39	0.36	0.07	0.79
阿根廷	0.10	0.10	0.15	0.23	0.12
亚美尼亚	0.73	1.26	0.16	0.26	0.15
澳大利亚	0.85	0.88	0.92	1.08	1.40
奥地利	3.79	3.89	4.21	4.28	4.12
巴哈马	1.69	0.23	0.26	0.62	1.40
巴林	0.57	—	—	1.71	4.03
巴巴多斯	0.66	0.76	0.70	0.77	1.56
白罗斯	0.38	0.63	0.66	0.56	0.52
比利时	2.19	2.06	1.74	1.75	2.08
波黑	0.14	0.19	0.18	0.17	0.26
博茨瓦纳	0.14	0.19	0.10	0.11	0.15
巴西	0.70	0.55	0.48	0.39	0,45
保加利亚	2.13	1.96	2.35	2.52	2.90
布吉纳法索	0.04	—	0.04	0.03	0.02
布隆迪	0.18	0.15	—	0.57	0.50
柬埔寨	0.05	0.18	1.23	—	2.18
喀麦隆	0.04	0.02	—	0.03	0.03
加拿大	2.48	2.27	2.10	1.93	2.14
智利	0.36	0.34	0.40	0.50	0.46
中国	26.76	27.06	27.42	25.94	26.63
哥伦比亚	0.10	0.12	0.15	0.18	0.24
哥斯达黎加	19.49	19.45	21.87	—	—
克罗地亚	1.55	1.89	1.45	2.01	2.45
塞浦路斯	5.64	3.48	3.88	4.98	6.22
捷克	15.33	14.53	13.09	13.42	13.54
丹麦	3.44	3.49	3.34	3.61	3.66
多米尼克	—	7.77	—	—	—
多米尼加共和国	2.07	0.93	—	1.01	1.00
厄瓜多尔	0.12	0.07	0.07	0.05	0.08

续表

国家和地区	2011 年	2012 年	2013 年	2014 年	2015 年
阿拉伯埃及共和国	0.23	0.24	0.42	2.84	3.70
萨尔瓦多	0.32	0.37	0.45	0.39	0.26
爱沙尼亚	11.47	10.89	11.61	12.72	11.92
埃塞俄比亚	0.13	0.16	0.08	0.18	0.24
斐济	0.83	0.83	0.83	4.33	0.76
芬兰	4.92	3.98	2.31	2.62	2.46
法国	4.27	4.08	3.96	3.86	4.02
法属波利尼西亚	0.52	0.41	0.52	0.86	—
冈比亚	0.11	—	0.10	0.14	—
格鲁吉亚	0.30	0.46	0.69	0.63	1.05
德国	4.60	4.41	4.27	4.52	4.65
加纳	0.05	0.05	0.19	—	—
希腊	2.01	1.68	1.36	2.41	3.07
危地马拉	0.32	0.32	0.25	0.24	0.27
几内亚	—	—	—	0.04	0.04
圭亚那	0.28	0.09	0.08	0.09	0.05
洪都拉斯	0.20	0.29	—	0.17	—
中国香港地区	42.48	42.18	41.54	45.50	48.65
匈牙利	21.58	17.39	14.80	11.95	11.62
冰岛	0.07	0.17	0.10	0.15	0.18
印度	2.18	1.98	1.59	0.97	0.89
印尼	3.86	4.06	3.62	3.47	3.52
爱尔兰	5.78	5.76	5.83	5.75	6.00
以色列	10.69	11.70	11.84	11.19	14.33
意大利	2.10	—	1.75	1.67	1.90
牙买加	0.74	0.39	0.34	0.29	0.27
日本	9.23	9.15	8.64	8.37	8.52
约旦	1.47	—	1.39	1.89	1.78
哈萨克斯坦	0.14	0.44	0.34	0.84	0.19
韩国	17.99	17.16	19.14	19.79	21.72
科威特	—	—	0.05	0.06	0.16
吉尔吉斯斯坦	0.24	0.08	0.06	—	0.07
拉脱维亚	5.39	6.14	7.67	9.80	11.52
黎巴嫩	0.95	0.65	0.86	1.04	—
立陶宛	2.40	2.27	2.43	2.94	3.95
卢森堡	2.87	2.74	2.04	1.99	2.29
中国澳门地区	5.20	14.86	—	12.17	6.42
马达加斯加	0.22	0.13	0.11	0.06	0.09
马拉维	0.24	—	0.06	0.63	0.13

续表

国家和地区	2011 年	2012 年	2013 年	2014 年	2015 年
马来西亚	29.44	27.92	28.18	28.73	30.05
马里	0.09	0.05	—	—	—
马耳他	22.89	20.20	18.80	15.17	22.53
毛里求斯	0.55	0.76	2.84	11.76	12.80
墨西哥	16.98	16.85	16.27	16.03	16.19
摩尔多瓦	0.56	0.26	0.17	0.20	0.26
蒙古	—	—	0.19	0.07	0.08
摩洛哥	3.26	3.08	2.87	2.71	2.17
莫桑比克	0.02	0.01	0.11	0.03	0.10
纳米比亚	0.63	0.65	0.64	0.87	0.10
荷兰	11.91	10.20	10.33	10.82	10.92
新西兰	1.18	1.13	0.98	0.88	1.08
尼加拉瓜	0.14	0.18	—	0.08	0.07
尼日尔	0.27	0.19	0.45	0.40	—
挪威	1.04	0.79	0.80	0.88	1.08
阿曼	0.14	0.11	0.09	—	0.16
巴基斯坦	0.24	0.24	0.23	0.19	0.24
巴拉圭	0.07	0.09	0.05	0.14	0.24
秘鲁	0.05	0.08	0.12	0.10	0.15
菲律宾	22.74	29.47	31.60	34.62	42.91
波兰	7.04	7.04	6.82	7.74	8.12
葡萄牙	3.83	3.38	2.70	2.28	2.44
卡塔尔	0.02	—	—	0.00	0.08
罗马尼亚	7.82	4.99	3.97	3.83	3.66
俄罗斯	0.24	0.31	0.42	0.80	0.81
卢旺达	0.47	0.23	0.46	1.12	0.81
萨摩亚	0.51	0.14	0.06	0.37	—
沙特阿拉伯	0.11	—	0.22	—	0.16
塞内加尔	0.44	0.31	—	0.36	1.05
塞尔维亚	1.42	2.11	1.50	1.39	1.21
新加坡	28.91	28.40	29.94	29.95	33.46
斯洛伐克	16.10	16.60	17.55	17.63	16.65
斯洛文尼亚	1.92	1.79	1.67	1.88	2.02
南非	0.82	1.05	1.22	1.59	1.44
西班牙	1.53	1.27	1.07	1.13	1.26
斯里兰卡	0.39	0.50	0.30	0.62	0.35
圣文森特和格林纳丁斯	0.67	2.48	—	—	1.72
苏丹	0.01	0.01	—	—	0.01
瑞典	9.17	7.22	6.72	6.92	6.95

续表

国家和地区	2011 年	2012 年	2013 年	2014 年	2015 年
瑞士	1.47	1.45	1.48	—	—
坦桑尼亚	0.15	0.14	0.17	0.40	6.07
泰国	15.57	16.04	15.59	16.03	16.61
多哥	0.07	0.04	0.03	0.78	0.12
突尼斯	7.38	—	5.85	—	5.41
土耳其	1.66	1.74	1.45	1.52	1.47
乌干达	6.35	6.55	2.32	0.67	1.42
乌克兰	0.89	1.10	0.93	0.96	0.82
阿拉伯联合酋长国	—	7.49	8.89	8.87	2.26
英国	5.00	4.24	3.82	4.16	4.10
美国	9.50	9.02	8.87	8.97	9.43
乌拉圭	0.06	0.09	0.08	0.10	0.15
委内瑞拉玻利瓦尔共和国	0.01	—	0.00	—	—
越南	11.64	—	24.54	23.97	29.37
也门共和国	0.01	0.01	0.01	0.08	0.08
赞比亚	0.04	—	0.23	0.10	0.47
津巴布韦	0.03	0.04	0.04	0.06	0.06

数据来源：世界银行数据库

2011—2015年世界主要国家和地区信息和通信技术服务出口占服务出口总量的比重

单位：%

国家和地区	2011年	2012年	2013年	2014年	2015年
世界	31.07	31.69	31.66	31.30	31.52
阿尔巴尼亚	10.54	10.92	11.07	9.18	10.07
阿尔及利亚	61.69	59.43	60.46	49.45	50.67
阿根廷	45.46	46.01	47.12	42.09	45.06
亚美尼亚	13.34	13.46	14.86	11.02	11.44
澳大利亚	17.79	18.54	19.69	18.29	19.16
奥地利	28.58	30.75	30.62	31.48	31.53
阿塞拜疆	14.14	14.99	17.18	12.91	10.68
孟加拉国	37.73	26.54	25.14	27.42	28.29
白罗斯	17.26	17.97	18.35	20.16	23.65
比利时	41.89	43.14	44.40	46.11	46.12
玻利维亚	9.83	11.79	10.29	8.53	8.29
博茨瓦纳	45.33	40.89	33.82	13.76	12.33
巴西	52.86	55.75	54.23	57.16	56.43
保加利亚	20.21	22.80	21.30	21.14	25.68
柬埔寨	7.85	8.42	8.44	7.90	—
喀麦隆	37.81	29.74	26.43	—	23.69
加拿大	42.17	41.15	42.83	42.31	40.77
佛得角	5.37	4.56	6.05	9.36	7.40
智利	20.36	21.13	26.03	27.00	30.50
中国	32.85	34.92	34.56	31.76	38.16
哥伦比亚	14.21	18.55	15.53	13.75	16.60
哥斯达黎加	32.24	32.15	31.63	42.46	46.47
克罗地亚	12.66	14.51	12.67	11.98	13.02
塞浦路斯	24.98	25.06	15.38	14.62	—
捷克	34.98	36.10	32.52	31.98	31.86
多米尼加共和国	4.30	4.35	6.11	5.39	5.85
阿拉伯埃及共和国	7.04	7.28	—	10.47	6.92
萨尔瓦多	10.47	11.47	8.96	9.46	10.67

续表

国家和地区	2011 年	2012 年	2013 年	2014 年	2015 年
埃塞俄比亚	5.97	6.48	—	—	—
斐济	4.18	4.30	4.44	—	3.76
芬兰	42.63	45.70	39.29	46.67	50.55
法国	34.25	32.57	36.00	38.19	40.64
格鲁吉亚	4.60	4.61	4.09	3.91	3.28
德国	32.88	33.72	38.44	38.96	39.70
希腊	7.70	7.87	8.02	8.05	8.12
危地马拉	17.65	21.88	19.92	20.92	22.93
几内亚	49.29	64.94	69.26	—	—
圭亚那	34.44	41.41	29.33	26.17	23.34
洪都拉斯	10.91	11.19	11.23	11.52	11.36
中国香港地区	15.35	—	14.77	15.07	15.74
匈牙利	29.21	27.66	27.72	28.22	28.74
冰岛	—	—	12.89	13.43	12.54
印度	61.84	65.89	66.73	67.51	67.28
印度尼西亚	34.09	38.23	33.48	30.48	26.50
爱尔兰	64.91	66.30	68.43	67.18	65.79
以色列	56.48	59.32	62.47	63.45	65.12
意大利	34.87	34.87	32.37	32.38	30.80
牙买加	7.81	9.45	7.29	6.88	10.45
日本	28.09	20.71	23.05	24.95	22.95
哈萨克斯坦	11.36	10.89	11.85	11.13	8.84
韩国	20.44	21.59	19.10	22.01	23.09
拉脱维亚	20.28	20.45	22.01	22.63	24.33
黎巴嫩	48.13	56.76	34.75	24.77	23.21
莱索托	20.38	18.04	24.34	27.35	15.42
立陶宛	9.66	9.02	10.66	11.15	12.43
卢森堡	19.60	21.66	21.74	20.28	20.90
马其顿	23.07	23.99	24.60	22.65	22.30
马来西亚	24.66	27.86	29.11	23.25	23.73
马耳他	12.85	12.31	24.96	26.16	24.21
毛里求斯	31.58	35.38	38.04	34.19	30.12
摩尔多瓦	26.06	25.31	24.88	24.83	25.73
蒙古	21.12	20.69	35.79	27.39	21.93
摩洛哥	20.11	21.80	22.68	17.45	19.24
莫桑比克	23.43	31.11	26.15	11.81	—
纳米比亚	26.99	—	38.74	45.98	47.81
荷兰	45.64	45.20	45.57	34.30	34.58
新喀里多尼亚	12.66	—	10.66	11.47	—

续表

国家和地区	2011年	2012年	2013年	2014年	2015年
新西兰	17.89	18.59	14.75	14.15	12.95
尼日尔	—	—	—	7.72	5.21
挪威	27.55	29.06	33.70	32.82	32.48
巴基斯坦	23.44	20.29	32.64	28.38	29.34
巴拿马	7.21	6.08	5.96	7.65	7.09
巴布亚新几内亚	73.25	64.16	—	63.48	56.74
巴拉圭	2.22	1.94	1.64	1.73	1.91
秘鲁	15.19	15.06	12.52	13.03	10.65
菲律宾	71.69	67.28	70.89	71.46	72.29
波兰	33.68	33.72	29.49	31.12	32.12
葡萄牙	18.57	17.77	18.45	22.16	23.37
罗马尼亚	35.00	37.31	38.09	37.22	36.92
俄罗斯	30.74	31.92	32.25	32.27	32.07
卢旺达	8.59	3.81	—	—	3.17
萨摩亚	11.24	7.84	6.93	9.50	11.28
新加坡	23.70	23.96	27.15	27.13	29.38
斯洛伐克	24.51	31.71	26.47	30.74	29.58
斯洛文尼亚	22.41	22.18	22.02	22.27	22.27
所罗门群岛	4.30	2.41	22.95	—	—
南非	11.77	10.56	15.13	15.41	18.24
西班牙	30.02	30.00	31.79	26.66	27.00
斯里兰卡	22.89	24.62	16.18	14.10	13.24
苏丹	6.28	3.81	7.39	8.45	5.68
斯威士兰	47.01	42.69	48.01	54.55	47.62
瑞典	47.08	46.62	47.71	45.84	45.66
塔吉克斯坦	48.52	40.74	—	5.37	5.96
坦桑尼亚	13.87	13.27	12.99	11.77	10.28
汤加	13.34	12.25	—	—	—
突尼斯	10.76	9.56	10.53	10.10	12.17
土耳其	1.63	1.64	1.54	1.25	0.98
乌干达	11.49	12.95	17.31	28.19	18.36
乌克兰	17.92	19.34	22.20	30.48	31.44
英国	39.33	38.98	38.29	33.97	35.67
美国	21.34	22.13	22.82	22.82	22.71
乌拉圭	15.09	15.87	18.97	20.32	23.65
委内瑞拉玻利瓦尔共和国	12.62	11.91	13.36	9.24	12.99
约旦河西岸和加沙地带	4.35	6.48	18.17	28.55	—

数据来源：世界银行数据库

2011—2015 年世界主要国家和地区研发支出占国内生产总值的比重

单位：%

国家和地区	2011 年	2012 年	2013 年	2014 年	2015 年
世界	2.08	2.09	2.06	2.15	2.23
阿根廷	—	—	0.62	0.59	—
亚美尼亚	0.27	—	0.22	0.24	0.25
澳大利亚	—	—	2.20	—	—
奥地利	2.75	2.84	2.96	3.06	3.07
阿塞拜疆	0.22	—	0.21	0.21	0.22
白罗斯	0.76	—	0.67	0.52	0.52
比利时	2.04	2.24	2.44	2.46	2.46
波黑	—	—	0.32	0.26	0.22
巴西	—	—	1.20	1.17	—
保加利亚	0.57	0.64	0.63	0.79	0.96
加拿大	1.74	1.73	1.69	1.62	—
智利	—	—	0.39	0.38	0.38
中国	1.84	1.98	1.99	2.02	2.07
哥伦比亚	0.18	0.17	0.27	0.25	0.24
哥斯达黎加	0.48	—	0.56	0.58	—
克罗地亚	0.75	0.75	0.81	0.79	0.85
古巴	—	0.42	0.47	0.42	0.43
塞浦路斯	0.49	0.47	0.46	0.48	0.46
捷克共和国	1.84	1.88	1.90	1.97	1.95
丹麦	3.09	2.98	3.02	2.98	3.01
厄瓜多尔	—	—	0.38	0.44	—
阿拉伯埃及共和国	0.43	—	0.65	0.65	0.72
萨尔瓦多	—	—	0.06	0.08	—
爱沙尼亚	2.38	2.18	1.73	1.45	1.50
埃塞俄比亚	—	—	0.60	—	—
芬兰	3.78	3.55	3.29	3.18	2.90
法国	2.25	2.26	2.23	2.24	2.23
德国	2.84	2.92	2.82	2.89	2.88
希腊	—	0.69	0.81	0.84	0.96
中国香港地区	—	—	0.73	0.74	0.76

续表

国家和地区	2011 年	2012 年	2013 年	2014 年	2015 年
匈牙利	1.20	1.30	1.40	1.36	1.38
冰岛	—	—	1.77	2.03	2.21
印度	—	—	—	—	0.63
爱尔兰	1.75	1.72	1.56	1.51	—
以色列	4.39	3.93	4.14	4.29	4.27
意大利	1.25	1.27	1.31	1.38	1.33
日本	—	—	3.32	3.40	3.28
哈萨克斯坦	0.16	—	0.17	0.17	0.17
韩国	—	—	4.15	4.28	4.23
科威特	0.09	—	0.30	—	—
吉尔吉斯斯坦	0.16	—	0.15	0.13	0.12
拉脱维亚	0.70	0.66	0.61	0.69	1.04
立陶宛	0.92	0.90	0.95	1.03	0.05
卢森堡	1.43	1.44	1.30	1.29	1.73
中国澳门地区	0.04	—	0.05	0.09	1.29
马达加斯加	0.11	—	—	0.02	—
马来西亚	1.07	—	—	1.26	—
马耳他	0.74	0.84	0.77	0.75	0.44
毛里求斯	—	—	—	0.34	—
墨西哥	0.46	0.50	0.54	—	—
蒙古	0.27	—	0.23	0.22	—
摩洛哥	—	—	—	—	0.13
莫桑比克	-	—	—	—	0.16
荷兰	2.04	2.16	1.95	2.00	—
挪威	1.66	1.65	1.65	1.72	—
巴基斯坦	0.33	—	0.29	—	0.25
巴拉圭	0.06	—	—	0.10	—
波兰	0.77	0.90	0.87	0.94	—
葡萄牙	1.50	1.50	1.33	1.29	0.43
罗马尼亚	0.48	0.49	0.39	0.38	—
俄罗斯	1.12	1.12	1.06	1.09	—
塞尔维亚	0.73	0.99	0.73	0.77	—
新加坡	—	2.10	2.01	2.20	—
斯洛伐克共和国	0.68	0.82	0.82	0.88	—
斯洛文尼亚	2.51	2.80	2.60	2.38	—
西班牙	1.33	1.30	1.26	1.23	1.22
瑞典	3.37	3.41	3.31	3.14	1.18
塔吉克斯坦	0.12	—	0.12	0.11	—
泰国	—	—	0.44	0.48	0.89

续表

国家和地区	2011 年	2012 年	2013 年	2014 年	2015 年
特立尼达和多巴哥	—	—	0.06	0.09	0.58
突尼斯	—	—	0.67	0.65	—
土耳其	—	—	0.94	1.01	—
乌克兰	0.73	—	0.76	0.65	—
英国	1.77	1.72	1.66	1.68	1.70
美国	2.77	2.79	2.74	2.75	1.66
乌拉圭	—	—	0.32	0.34	0.62

数据来源：世界银行数据库

2012—2016年世界主要国家和地区每千人宽带用户数

单位：户

国家和地区	2012年	2013年	2014年	2015年	2016年
世界	90.92	94.89	105.58	116.22	125.17
阿富汗	0.05	0.05	0.05	0.22	0.27
阿尔巴尼亚	50.60	57.53	65.74	75.97	82.27
阿尔及利亚	30.01	32.65	40.06	55.85	69.20
安道尔共和国	343.35	345.54	358.94	379.17	398.24
安哥拉	2.03	2.22	4.13	6.73	5.24
安提瓜和巴布达	46.37	44.84	118.30	108.91	99.86
阿根廷	125.29	138.55	155.73	162.63	169.39
亚美尼亚	69.64	78.76	91.45	95.78	101.26
澳大利亚	243.42	250.14	276.60	285.41	304.42
奥地利	250.24	260.15	276.67	286.93	293.78
阿塞拜疆	137.56	170.33	199.48	197.60	185.83
巴哈马	—	41.07	201.71	209.05	219.90
巴林	132.01	131.55	213.95	186.10	168.20
孟加拉国	3.88	6.32	19.51	30.50	37.67
巴巴多斯	236.15	238.19	271.72	272.26	300.76
白罗斯	269.10	297.65	288.40	313.56	332.95
比利时	332.66	343.95	359.93	368.50	380.06
伯利兹	30.78	31.33	29.14	50.00	61.90
贝宁	0.46	0.42	4.01	6.73	8.15
百慕大	—	613.70	530.56	457.47	—
不丹	22.60	27.17	32.63	35.90	39.41
玻利维亚	10.54	13.28	15.93	16.41	25.67
波黑	106.10	117.59	141.81	166.24	173.69
博茨瓦纳	9.40	10.68	16.33	17.92	28.47
巴西	91.55	100.77	116.76	122.48	129.74
文莱达鲁萨兰国	48.15	57.07	71.50	80.33	83.26
保加利亚	179.48	189.69	206.60	227.00	232.53
布基纳法索	0.87	0.77	0.31	0.40	0.47
布隆迪	0.05	0.01	0.16	0.34	0.35
柬埔寨	2.00	2.16	4.29	5.33	6.07
喀麦隆	0.64	0.76	0.71	0.68	1.92
加拿大	324.77	332.84	353.78	363.24	372.70

续表

国家和地区	2012 年	2013 年	2014 年	2015 年	2016 年
佛得角	40.16	42.52	34.43	32.59	30.30
智利	123.34	122.51	140.84	151.72	159.74
中国	127.21	136.34	143.84	197.67	228.97
哥伦比亚	81.62	92.85	102.73	111.57	117.98
科摩罗	1.72	1.77	2.10	2.60	3.60
刚果（金）	0.08	0.07	0.11	0.01	0.01
哥斯达黎加	93.24	97.21	105.22	111.69	115.92
科特迪瓦	2.33	2.77	6.10	5.15	6.26
克罗地亚	206.70	215.37	230.45	231.76	246.18
古巴	0.44	0.48	0.69	0.73	1.28
塞浦路斯	192.27	199.13	211.27	309.14	330.31
捷克	163.99	170.34	278.83	273.42	276.51
丹麦	388.01	401.74	413.45	424.78	427.53
吉布提	17.34	20.28	22.68	26.86	29.58
多米尼克	118.58	148.15	157.59	208.57	212.10
多米尼加共和国	43.47	46.61	56.99	64.41	64.74
厄瓜多尔	52.85	63.39	82.57	97.40	97.39
阿拉伯埃及共和国	28.33	32.60	36.79	45.17	51.96
萨尔瓦多	38.44	44.53	49.96	54.93	60.08
赤道几内亚	2.01	4.65	4.99	4.75	4.87
爱沙尼亚	254.67	265.38	289.00	300.05	310.68
埃塞俄比亚	0.07	2.53	4.88	4.83	5.51
法罗群岛	329.74	337.59	349.82	360.98	362.45
斐济	15.45	11.96	14.01	14.26	13.73
芬兰	303.75	308.96	323.05	316.80	312.18
法国	374.98	387.92	401.74	413.45	423.54
法属波利尼西亚	146.81	162.19	177.75	183.57	193.59
加蓬	3.06	5.32	6.31	6.33	7.32
冈比亚	0.28	0.24	1.44	1.81	1.84
格鲁吉亚	90.04	102.42	121.53	147.42	158.11
德国	337.04	345.76	357.80	371.93	380.54
加纳	2.58	2.66	2.65	2.71	3.15
希腊	241.39	261.51	283.60	309.10	325.09
格陵兰	199.15	189.52	181.93	174.60	—
格林纳达	151.68	169.98	182.87	185.17	194.47
关岛	—	18.17	17.91	—	—
危地马拉	18.15	18.02	27.35	28.29	30.38
圭亚那	0.06	0.07	56.27	66.48	76.41
中国香港地区	311.69	307.54	314.24	321.02	354.61

续表

国家和地区	2012 年	2013 年	2014 年	2015 年	2016 年
匈牙利	228.65	241.20	273.47	274.31	284.59
冰岛	342.61	351.48	359.15	369.54	376.19
印度	12.11	11.61	12.43	13.21	14.44
印度尼西亚	12.08	13.01	11.90	15.58	18.94
伊朗伊斯兰共和国	40.25	56.18	94.63	108.63	115.82
爱尔兰	227.20	242.38	269.12	277.03	284.83
以色列	253.40	256.69	272.43	274.39	281.27
意大利	221.45	222.99	235.37	243.70	254.26
牙买加	44.44	47.61	54.15	81.36	101.19
日本	283.76	288.37	293.11	306.52	314.71
约旦	28.12	28.26	46.87	41.64	58.39
哈萨克斯坦	97.85	116.01	129.34	137.21	136.81
肯尼亚	0.99	1.29	1.86	2.89	3.29
韩国	372.47	380.35	387.76	402.50	411.31
科威特	14.46	13.95	13.80	15.35	27.55
吉尔吉斯共和国	8.79	9.62	41.58	37.06	40.76
老挝	1.14	1.33	1.64	5.25	3.42
拉脱维亚	233.50	246.79	247.41	247.86	256.36
黎巴嫩	97.05	99.54	227.98	253.93	256.17
莱索托	0.71	1.10	0.72	0.97	1.04
利比亚	10.93	10.43	10.04	9.66	26.41
列支敦士登	305.24	324.98	419.69	419.00	424.09
立陶宛	211.49	220.11	266.55	277.86	287.05
卢森堡	324.01	334.89	348.01	359.50	367.32
中国澳门地区	259.70	268.01	280.63	290.78	300.00
马其顿	136.97	156.99	167.94	171.82	178.77
马达加斯加	0.39	0.61	1.05	0.98	0.57
马拉维	0.08	0.17	0.51	0.34	0.49
马来西亚	84.13	82.21	101.40	99.96	87.41
马尔代夫	52.77	58.37	56.44	64.74	72.20
马里	0.22	0.19	0.19	0.22	0.35
马耳他	310.50	327.62	352.34	378.46	396.25
毛里塔尼亚	1.76	1.94	2.01	2.36	2.55
毛里求斯	112.14	125.36	145.70	157.47	169.05
墨西哥	105.23	111.39	104.79	117.84	126.74
密克罗尼西亚联邦	—	19.92	29.76	—	—
摩尔多瓦	118.71	133.94	147.11	155.49	163.30
蒙古	37.50	49.22	68.45	71.17	76.31
摩洛哥	20.96	25.33	29.66	33.80	36.51

续表

国家和地区	2012 年	2013 年	2014 年	2015 年	2016 年
莫桑比克	0.81	0.70	0.76	1.57	1.45
缅甸	1.21	1.79	2.67	0.61	0.55
纳米比亚	11.77	12.93	17.55	19.31	21.91
尼泊尔	6.23	7.51	8.91	10.64	7.80
荷兰	398.11	400.79	407.74	417.30	421.63
新喀里多尼亚	189.21	208.97	224.38	210.42	—
新西兰	278.04	292.07	309.80	315.66	323.99
尼加拉瓜	16.91	21.66	24.77	18.59	27.91
尼日尔	0.21	0.36	0.50	0.57	0.68
尼日利亚	0.08	0.09	0.09	0.08	0.15
挪威	363.27	364.30	388.28	397.13	403.71
阿曼	21.49	26.22	45.09	56.10	61.91
巴拿马	77.50	77.07	78.98	79.28	95.49
巴布亚新几内亚	1.28	1.54	1.77	1.97	2.18
巴拉圭	11.91	15.85	24.34	31.40	33.50
秘鲁	47.45	51.83	57.43	64.17	67.22
菲律宾	22.20	26.15	—	47.84	54.58
波兰	155.84	156.08	189.27	190.09	192.21
葡萄牙	225.41	238.37	256.68	296.15	318.23
波多黎各	155.12	162.69	165.69	179.96	186.76
卡塔尔	89.58	99.36	99.05	101.16	107.66
罗马尼亚	161.71	173.28	185.21	197.51	206.78
俄罗斯	144.61	166.17	175.13	189.18	194.66
卢旺达	0.24	0.24	0.24	1.70	1.70
萨摩亚	—	1.05	10.54	10.79	12.29
圣马力诺	316.89	325.33	369.82	366.05	375.68
圣多美和普林西比	4.14	5.07	5.56	6.48	6.86
沙特阿拉伯	69.49	73.25	233.84	119.24	108.10
塞内加尔	6.96	7.55	7.10	6.72	6.39
塞尔维亚和黑山	129.14	139.33	155.67	173.79	189.47
塞舌尔	110.34	129.40	126.75	143.14	149.01
新加坡	254.41	257.00	267.17	264.50	254.47
斯洛伐克	146.61	155.22	218.41	233.39	244.72
斯洛文尼亚	242.77	249.64	265.51	273.69	282.50
所罗门群岛	3.88	3.36	2.33	2.43	2.13
南非	21.14	30.60	32.11	26.35	28.41
西班牙	243.75	255.71	272.68	286.93	294.53
斯里兰卡	16.78	19.91	26.47	28.96	40.98
圣基茨和尼维斯	242.61	245.43	255.53	295.72	293.10

续表

国家和地区	2012 年	2013 年	2014 年	2015 年	2016 年
圣卢西亚	135.86	137.16	153.97	153.71	159.27
圣文森特和格林纳丁斯	124.49	133.52	149.19	155.06	199.88
苏丹	0.67	1.18	0.54	0.70	0.64
苏里南	54.75	68.79	85.31	96.07	128.81
斯威士兰	2.79	3.36	4.02	4.67	5.37
瑞典	322.76	325.53	340.70	360.66	362.83
瑞士	401.46	430.09	424.73	451.08	462.75
阿拉伯叙利亚共和国	11.06	15.81	22.80	31.44	40.12
塔吉克斯坦	0.67	0.71	0.73	0.70	0.68
坦桑尼亚	0.83	1.05	1.67	2.03	2.54
泰国	65.16	73.51	84.69	92.42	106.88
多哥	1.06	1.01	1.80	8.80	6.07
汤加	14.29	16.14	17.02	23.11	28.00
特立尼达和多巴哥	137.54	145.56	175.66	199.72	189.41
突尼斯	48.54	47.71	44.84	51.09	56.48
土耳其	106.20	111.87	116.91	123.93	135.51
土库曼斯坦	0.27	0.34	0.43	0.56	0.74
乌干达	1.06	1.10	2.92	2.01	2.61
乌克兰	80.02	88.31	92.94	118.09	119.87
阿联酋	103.39	111.14	115.58	128.90	133.00
英国	344.34	357.31	373.76	386.13	391.80
美国	284.53	285.40	310.59	314.32	323.70
乌拉圭	165.85	211.32	245.78	262.66	267.90
乌兹别克斯坦	7.45	10.59	18.66	60.17	91.28
瓦努阿图	1.25	1.19	17.69	16.28	16.25
委内瑞拉玻利瓦尔共和国	67.02	73.11	77.80	82.45	82.33
越南	48.97	56.19	64.84	82.00	99.11
美属维京群岛	—	85.34	85.21	84.19	—
也门共和国	7.01	10.52	13.62	15.47	16.49
赞比亚	1.05	0.75	1.42	1.51	1.98
津巴布韦	5.21	7.32	10.43	10.90	11.03

数据来源：世界银行数据库

2011—2015年世界主要国家和地区每千人所拥有的电话线路数量

单位：线

国家和地区	2011年	2012年	2013年	2014年	2015年
世界	171.80	166.66	161.55	150.93	142.91
阿富汗	0.46	3.02	3.13	3.26	3.44
阿尔巴尼亚	107.44	98.67	88.62	74.00	70.92
阿尔及利亚	81.01	83.97	79.83	77.61	80.42
美属萨摩亚	—	181.40	181.27	178.96	180.06
安道尔共和国	493.17	489.03	486.91	477.05	479.93
安哥拉	12.84	10.01	10.01	12.71	12.49
安提瓜和巴布达	402.53	372.28	368.21	219.08	217.81
阿根廷	238.71	230.14	233.12	229.71	238.95
亚美尼亚	198.02	196.59	194.33	191.95	184.44
阿鲁巴	—	351.62	340.10	338.39	336.90
澳大利亚	464.94	454.26	443.40	388.91	355.31
奥地利	401.76	399.34	394.23	381.72	421.83
阿塞拜疆	182.98	185.20	186.74	188.70	186.84
巴哈马	363.05	362.94	360.39	328.46	312.03
巴林	213.90	227.20	217.80	211.80	206.01
孟加拉国	6.40	6.22	7.27	6.15	5.39
巴巴多斯	499.17	506.17	522.53	529.23	520.14
白罗斯	445.27	468.58	477.58	485.01	490.37
比利时	421.04	419.06	413.14	406.70	401.37
伯利兹	91.20	78.43	72.31	66.81	67.90
贝宁	15.62	15.59	15.44	18.46	17.89
百慕大	—	1058.02	1101.91	446.59	—
不丹	37.69	36.40	35.13	31.12	28.09
玻利维亚	85.09	83.78	81.94	80.76	79.93
波斯尼亚和黑塞哥维那	248.99	231.18	232.37	221.63	202.29
博茨瓦纳	75.29	80.09	86.17	83.02	78.05
巴西	218.48	223.03	222.75	218.42	214.46
文莱达鲁萨兰国	196.40	172.07	135.75	114.01	177.35
保加利亚	309.94	293.07	268.92	253.48	232.67
布基纳法索	8.85	8.59	8.11	7.15	4.19

续表

国家和地区	2011 年	2012 年	2013 年	2014 年	2015 年
布隆迪	3.15	1.77	2.09	2.07	2.01
柬埔寨	36.29	39.32	27.81	23.43	16.35
喀麦隆	31.62	33.98	35.90	46.07	45.10
加拿大	527.79	506.54	497.39	461.75	435.23
佛得角	151.87	142.03	132.65	116.22	115.00
开曼群岛	657.74	649.50	628.34	555.55	559.21
中非共和国	0.18	0.18	0.17	0.17	0.39
乍得	2.64	2.24	2.44	1.78	1.25
智利	194.49	187.84	181.80	191.73	192.25
中国	208.35	201.99	192.69	178.96	164.81
哥伦比亚	151.38	149.55	147.79	146.76	143.54
科摩罗	33.06	33.45	31.30	31.23	18.96
刚果（金）	0.89	0.91	0.00	0.00	0.00
刚果（布）	3.36	3.44	3.53	3.58	3.64
哥斯达黎加	217.75	207.25	198.58	178.47	171.85
科特迪瓦	14.26	13.92	13.40	11.66	13.02
克罗地亚	407.25	379.22	367.60	367.27	346.97
古巴	105.84	107.93	109.83	112.34	115.20
塞浦路斯	362.76	330.56	305.92	284.35	383.95
捷克共和国	207.70	198.63	186.60	186.39	176.91
丹麦	445.09	410.76	374.47	332.15	299.73
吉布提	21.78	23.21	23.70	24.72	25.46
多米尼克	209.97	226.51	238.10	243.29	283.23
多米尼加共和国	108.38	109.86	112.56	116.45	122.51
厄瓜多尔	144.99	149.02	152.17	152.77	154.86
阿拉伯埃及共和国	109.76	106.01	83.12	75.74	73.61
萨尔瓦多	164.59	168.16	149.78	149.41	146.94
赤道几内亚	20.28	20.19	19.65	19.42	14.18
厄立特里亚	9.86	9.80	9.78	9.79	9.80
爱沙尼亚	364.55	347.24	331.32	317.26	302.76
埃塞俄比亚	9.27	8.69	8.09	8.50	9.00
法罗群岛	394.76	377.43	363.86	349.94	401.06
斐济	149.60	101.08	85.11	85.40	81.28
芬兰	200.41	164.46	138.62	117.35	98.38
法国	634.93	620.52	607.84	600.31	599.07
法属波利尼西亚	203.05	200.87	198.68	217.79	212.19
加蓬	14.11	13.85	11.52	10.81	10.71
冈比亚	29.08	35.84	34.71	29.25	22.84
格鲁吉亚	306.45	292.74	276.73	253.85	220.74

续表

国家和地区	2011 年	2012 年	2013 年	2014 年	2015 年
德国	620.08	605.07	588.69	568.90	549.28
加纳	11.47	11.23	10.44	9.85	10.21
希腊	516.70	490.91	479.20	469.01	472.82
格陵兰	351.36	333.00	315.86	300.89	279.35
格林纳达	267.16	262.86	269.93	256.62	253.38
关岛	—	411.52	405.76	402.28	400.27
危地马拉	110.59	115.62	120.44	108.34	105.74
几内亚	1.61	0.00	0.00	0.00	0.00
几内亚比绍共和国	3.08	3.01	2.93	2.86	0.00
圭亚那	192.57	193.88	196.10	198.75	190.76
海地	4.98	4.91	3.97	3.92	0.54
洪都拉斯	78.99	76.93	76.45	63.84	59.01
中国香港地区	611.90	612.93	630.01	608.56	592.29
匈牙利	293.44	296.77	299.15	303.15	312.19
冰岛	593.44	552.38	509.88	514.91	499.36
印度	26.77	24.89	23.08	21.30	19.90
印度尼西亚	158.40	153.86	160.75	103.73	—
伊朗伊斯兰共和国	368.14	376.30	383.34	390.64	382.74
伊拉克	56.35	57.08	56.27	56.02	55.83
爱尔兰	452.50	438.77	439.68	432.41	408.74
以色列	464.05	470.18	448.07	370.74	430.83
意大利	364.00	355.68	343.11	337.01	330.53
牙买加	98.04	91.42	89.04	90.93	89.88
日本	509.26	505.09	503.85	500.87	502.34
约旦	69.14	61.98	52.02	50.03	47.98
哈萨克斯坦	264.99	268.04	266.68	262.14	247.33
肯尼亚	6.75	5.83	4.64	3.95	1.83
基里巴斯	85.25	89.30	87.93	88.51	13.99
朝鲜民主主义人民共和国	47.91	47.65	47.40	47.15	46.91
韩国	604.70	614.24	615.74	595.44	580.56
科威特	164.72	156.90	150.81	141.98	133.95
吉尔吉斯斯坦	92.91	89.30	83.15	78.79	71.49
老挝	16.51	67.71	100.25	133.56	137.11
拉脱维亚	249.03	243.15	234.11	195.97	175.25
黎巴嫩	190.93	186.57	180.42	194.47	200.42
莱索托	19.01	24.75	27.81	19.58	19.14
利比里亚	0.77	0.00	0.00	2.28	2.00
利比亚	163.85	132.26	127.23	112.96	168.32
列支敦士登	538.64	503.87	487.47	485.11	462.77

续表

国家和地区	2011 年	2012 年	2013 年	2014 年	2015 年
立陶宛	233.87	223.08	207.09	194.63	187.37
卢森堡	540.59	509.22	504.54	505.07	509.70
中国澳门地区	304.44	291.91	279.70	266.88	250.06
马其顿王国	200.61	193.92	189.53	181.93	175.89
马达加斯加	10.93	10.90	10.91	10.57	10.29
马拉维	11.22	14.29	2.05	3.82	0.84
马来西亚	157.27	156.94	152.63	146.09	146.47
马尔代夫	72.55	68.37	65.38	61.09	61.21
马里	7.26	7.54	7.49	9.79	10.39
马耳他	544.62	537.07	539.23	535.54	533.87
毛里塔尼亚	19.52	17.14	13.88	12.91	12.57
毛里求斯	303.34	281.63	291.71	297.96	303.13
墨西哥	165.31	170.36	168.32	177.73	154.39
密克罗尼西亚联邦	81.22	81.24	97.03	67.61	0.00
摩尔多瓦	333.04	343.10	350.27	351.96	349.88
蒙古	68.10	63.19	61.89	79.24	87.45
黑山	275.29	273.40	272.03	264.94	248.49
摩洛哥	111.23	100.83	88.61	74.28	65.45
莫桑比克	3.58	3.50	3.00	3.28	3.29
缅甸	10.01	9.93	10.04	9.81	9.51
纳米比亚	71.73	75.79	79.68	77.77	76.29
尼泊尔	31.14	30.27	30.62	29.77	29.78
荷兰	427.99	429.70	425.17	413.39	412.70
新喀里多尼亚	305.05	316.01	331.39	340.62	295.34
新西兰	425.92	421.54	410.59	406.47	402.49
尼加拉瓜	48.71	49.92	53.44	55.05	56.58
尼日尔	5.17	5.86	5.64	5.68	5.71
尼日利亚	4.38	2.48	2.08	1.03	1.02
北马里亚纳群岛	—	431.48	427.07	410.78	399.49
挪威	307.91	279.55	262.03	212.27	183.66
阿曼	94.99	91.90	96.74	95.56	104.61
巴基斯坦	32.48	32.72	34.98	26.46	18.80
帕劳	335.63	352.94	334.64	337.73	338.36
巴拿马	149.77	149.88	151.73	149.87	155.58
巴布亚新几内亚	18.54	19.39	19.12	19.41	19.65
巴拉圭	56.11	61.46	59.19	53.76	54.62
秘鲁	109.76	113.90	112.60	98.56	93.43
菲律宾	37.41	36.12	32.00	30.90	31.67
波兰	179.37	155.74	138.66	126.17	236.87

续表

国家和地区	2011 年	2012 年	2013 年	2014 年	2015 年
葡萄牙	428.64	429.85	427.01	432.46	441.38
波多黎各	223.20	191.18	179.17	223.57	220.95
卡塔尔	161.70	192.35	190.25	184.13	175.88
罗马尼亚	214.59	213.75	218.45	210.72	197.88
俄罗斯	307.81	294.53	284.68	268.22	250.20
卢旺达	3.49	3.87	3.85	4.10	1.37
圣马力诺	601.81	598.46	596.29	587.92	520.41
圣多美和普林西比	43.46	42.72	36.15	34.36	31.76
沙特阿拉伯	166.89	169.75	163.66	123.33	125.32
塞内加尔	25.99	24.77	24.32	21.44	20.06
塞尔维亚	387.65	383.67	393.48	373.28	364.69
塞舌尔	304.06	226.86	234.30	227.30	227.63
塞拉利昂	2.73	3.01	2.63	2.66	2.69
新加坡	388.68	374.79	364.17	361.91	358.81
斯洛伐克共和国	194.11	178.99	177.44	168.43	158.78
斯洛文尼亚	425.92	401.49	382.23	370.83	362.22
所罗门群岛	15.60	14.67	13.57	13.14	12.73
索马里	9.08	6.87	6.10	5.29	4.59
南非	93.44	92.52	91.63	68.65	77.23
西班牙	427.59	418.67	407.13	405.58	415.25
斯里兰卡	172.44	163.49	127.24	124.91	152.12
圣基茨和尼维斯	373.79	373.25	354.30	354.09	356.62
圣卢西亚	200.28	203.69	183.79	178.83	188.57
圣文森特和格林纳丁斯	207.79	177.18	174.35	218.55	227.34
苏丹	13.27	11.42	10.95	10.78	3.00
苏里南	158.53	161.73	157.51	156.09	167.59
斯威士兰	62.55	37.02	36.81	35.02	33.45
瑞典	474.36	438.33	406.11	392.32	366.69
瑞士	618.91	590.44	578.98	536.25	502.51
阿拉伯叙利亚共和国	196.70	194.34	202.25	165.06	158.98
塔吉克斯坦	48.63	49.07	51.78	52.41	53.08
坦桑尼亚	3.47	3.69	3.35	2.98	2.73
泰国	100.05	95.49	90.40	84.64	78.77
东帝汶	2.79	2.69	2.65	3.09	2.32
多哥	9.31	9.27	9.17	7.62	7.35
汤加	286.93	285.87	294.33	113.44	124.27
特立尼达和多巴哥	219.07	214.29	217.19	214.80	201.14
突尼斯	113.25	101.05	92.94	85.40	83.99
土耳其	208.20	187.30	180.85	165.21	149.86

续表

国家和地区	2011 年	2012 年	2013 年	2014 年	2015 年
土库曼斯坦	107.11	111.16	114.88	117.65	120.59
图瓦卢	147.30	147.06	146.82	151.61	201.69
乌干达	13.23	8.67	5.52	8.35	8.19
乌克兰	276.86	267.56	261.52	246.40	216.15
阿拉伯联合酋长国	204.54	213.73	223.20	222.65	235.84
英国	532.66	528.76	528.76	523.52	520.20
美国	455.11	434.87	422.25	398.33	384.00
乌拉圭	285.17	297.75	307.73	316.76	322.57
乌兹别克斯坦	68.48	69.37	69.12	85.51	94.80
瓦努阿图	24.29	21.59	19.78	22.17	18.18
委内瑞拉玻利瓦尔共和国	248.55	255.34	255.67	253.10	248.62
越南	113.16	112.24	101.32	60.10	78.44
美属维京群岛	—	—	712.77	712.60	710.90
约旦河西岸和加沙	93.02	93.36	92.92	90.87	0.00
也门共和国	46.13	46.28	46.83	46.80	46.80
赞比亚	6.29	5.86	7.96	7.62	7.49
津巴布韦	26.65	21.98	21.50	22.57	22.18

数据来源：世界银行数据库

2012—2016年世界主要国家和地区每百万人安全互联网服务器数量

单位：台

国家和地区	2012年	2013年	2014年	2015年	2016年
世界	181.93	160.50	190.37	208.45	215.06
阿富汗	1.11	0.98	1.02	1.36	1.41
阿尔巴尼亚	21.42	18.39	23.84	37.84	53.20
阿尔及利亚	1.27	1.53	1.93	2.53	3.60
安道尔共和国	906.07	643.79	798.47	1474.09	1759.81
安哥拉	3.46	3.87	4.97	4.92	4.55
安提瓜和巴布达	—	689.00	363.02	280.22	247.62
阿根廷	41.79	42.87	54.21	63.29	61.55
亚美尼亚	26.94	40.31	41.22	50.74	54.70
阿鲁巴	312.55	281.80	338.39	277.93	391.14
澳大利亚	1721.40	1252.26	1348.57	1460.44	1435.77
奥地利	1139.03	1079.33	1267.68	1496.67	1517.03
阿塞拜疆	6.45	8.50	13.53	16.37	20.49
巴哈马	317.24	267.64	256.16	338.64	339.95
巴林	135.83	141.87	179.30	188.07	195.77
孟加拉国	0.73	0.77	0.86	1.32	1.68
巴巴多斯	374.27	340.78	402.01	457.40	487.73
白罗斯	19.55	26.09	44.56	63.02	101.71
比利时	674.41	737.46	854.24	977.90	1016.82
伯利兹	283.90	177.76	217.80	411.93	226.19
贝宁	0.70	1.07	2.17	3.97	3.31
百慕大	5015.59	4936.64	6489.62	7204.72	6428.80
不丹	12.13	9.28	14.37	16.51	23.82
玻利维亚	9.72	8.90	12.54	15.76	18.37
波黑	25.82	24.03	35.82	46.10	37.53
博茨瓦纳	11.48	10.39	12.26	17.65	25.33
巴西	54.28	57.45	70.01	77.76	79.17
文莱达鲁萨兰国	111.59	117.29	148.86	205.97	233.93
保加利亚	164.11	145.90	176.72	181.53	172.84
布基纳法索	0.61	0.83	0.63	0.66	1.18
布隆迪	0.30	0.30	0.57	0.59	0.67

续表

国家和地区	2012年	2013年	2014年	2015年	2016年
柬埔寨	2.96	2.05	2.99	5.16	6.85
喀麦隆	1.20	1.48	1.67	2.54	2.13
加拿大	1237.92	1035.26	1210.00	1308.89	1253.47
佛得角	24.27	26.06	51.62	50.66	59.31
开曼群岛	2553.41	2087.79	2363.83	2284.74	2106.48
智利	82.17	93.59	127.55	146.66	151.98
中国	3.14	3.87	7.04	10.12	20.50
哥伦比亚	28.45	33.48	46.05	57.29	60.16
科摩罗	1.39	1.36	—	—	—
刚果（金）	0.26	0.34	0.43	0.35	0.38
刚果（布）	1.38	1.12	1.54	1.60	2.15
哥斯达黎加	94.90	79.02	95.79	103.58	104.59
科特迪瓦	1.46	1.97	2.74	4.02	5.36
克罗地亚	245.11	193.29	219.53	265.72	323.93
塞浦路斯	786.54	621.29	607.08	679.60	760.60
捷克共和国	518.80	563.51	691.59	867.24	1346.29
丹麦	2213.87	2103.07	2080.83	1973.26	1670.53
吉布提	4.65	4.58	10.15	8.63	7.43
多米尼克	488.25	430.54	428.53	451.05	190.36
多米尼加共和国	22.96	20.38	27.92	30.68	33.81
厄瓜多尔	22.14	24.46	34.29	41.87	43.09
阿拉伯埃及共和国	3.70	3.47	5.14	5.31	5.20
萨尔瓦多	20.64	18.77	21.15	25.03	26.64
赤道几内亚	1.36	1.32	3.86	2.55	3.27
爱沙尼亚	667.16	748.90	927.19	1142.61	1109.02
埃塞俄比亚	0.20	0.17	0.23	0.24	0.27
斐济	35.44	30.64	41.71	51.56	50.07
芬兰	1612.68	1546.86	1791.31	1782.45	1790.87
法国	409.08	486.12	683.51	811.55	849.39
法属波利尼西亚	146.08	133.66	160.81	183.66	157.03
加蓬	11.03	9.57	10.52	8.81	18.18
冈比亚	3.91	4.33	5.76	5.56	5.40
格鲁吉亚	26.05	28.81	37.08	62.68	62.92
德国	1110.78	1070.93	1420.02	1756.84	1644.03
加纳	2.96	2.63	3.74	4.97	6.28
希腊	171.19	136.24	147.38	192.04	235.05
格陵兰	1478.61	1434.06	1385.56	1318.74	1192.47
格林纳达	47.40	28.33	37.63	46.81	27.95
关岛	251.83	242.24	196.96	216.32	196.44

续表

国家和地区	2012 年	2013 年	2014 年	2015 年	2016 年
危地马拉	14.12	13.32	17.72	20.86	21.59
几内亚	0.44	0.09	0.33	0.50	0.16
圭亚那	6.29	12.51	9.95	16.92	21.98
海地	1.67	1.07	1.72	2.05	2.95
洪都拉斯	9.45	9.14	11.02	11.83	11.96
中国香港地区	636.65	623.58	790.56	904.50	961.38
匈牙利	247.77	249.46	300.76	366.35	403.85
冰岛	3133.61	2922.58	3214.39	3406.74	3162.28
印度	3.57	3.90	5.66	6.83	7.82
印度尼西亚	3.95	4.12	6.27	7.94	10.11
伊朗伊斯兰共和国	1.35	1.27	2.13	5.51	14.19
伊拉克	0.12	0.27	0.73	1.33	1.53
爱尔兰	1003.51	718.56	775.03	844.16	861.50
马恩岛	—	2223.83	2578.78	3378.74	4824.63
以色列	396.31	270.37	254.28	288.78	293.20
意大利	212.88	203.22	249.20	288.88	333.38
牙买加	51.33	44.57	56.96	62.33	63.51
日本	750.05	736.67	911.68	969.62	1070.68
约旦	29.28	26.94	30.42	22.93	24.01
哈萨克斯坦	7.38	9.39	14.46	17.61	30.96
肯尼亚	4.17	4.78	7.68	8.91	10.77
韩国	2751.54	1994.90	2178.35	2301.46	2200.79
科威特	179.05	184.94	214.41	220.79	235.41
吉尔吉斯斯坦	4.10	5.42	9.08	11.42	12.66
老挝	0.90	1.03	2.03	2.55	3.40
拉脱维亚	273.31	272.18	360.74	456.63	433.58
黎巴嫩	48.59	42.98	54.99	48.19	49.45
利比亚	1.79	3.39	3.04	3.85	3.97
列支敦士登	—	8232.90	9786.52	10266.56	11017.89
立陶宛	272.78	256.76	206.87	244.07	277.13
卢森堡	1985.14	2190.71	2645.33	2914.31	2634.77
中国澳门地区	—	310.75	340.58	455.95	473.73
马其顿王国	39.42	51.73	75.41	91.38	93.22
马达加斯加	0.54	0.65	0.93	1.65	1.53
马拉维	0.88	0.92	1.13	1.31	1.88
马来西亚	65.66	66.83	87.68	102.46	106.45
马尔代夫	88.64	86.95	88.18	102.65	105.39
马里	1.01	1.05	1.40	1.26	1.72
马耳他	1623.54	1469.47	1691.61	1863.97	1906.41

续表

国家和地区	2012 年	2013 年	2014 年	2015 年	2016 年
马绍尔群岛	133.19	113.99	18.95	113.22	113.07
毛里塔尼亚	1.84	2.06	2.51	2.63	2.56
毛里求斯	134.76	127.29	154.65	175.83	186.79
墨西哥	28.07	26.45	34.55	39.51	40.90
密克罗尼西亚联邦	58.03	19.31	—	—	—
摩尔多瓦	23.04	24.73	48.36	61.62	78.83
摩纳哥	2740.89	2749.07	3178.69	3915.73	4233.88
蒙古	19.31	22.19	28.81	29.90	31.05
摩洛哥	3.57	3.64	4.99	6.09	7.14
莫桑比克	1.51	1.59	1.81	2.18	2.19
缅甸	0.09	0.13	0.48	0.73	1.68
纳米比亚	19.92	18.23	23.00	28.86	26.21
尼泊尔	2.48	2.37	2.99	3.77	4.28
荷兰	2805.86	2382.14	2635.07	2827.58	2905.68
新喀里多尼亚	217.05	240.46	349.62	476.19	589.93
新西兰	1466.05	1100.92	1211.17	1298.61	1186.95
尼加拉瓜	10.35	8.39	11.02	14.30	13.50
尼日尔	0.29	0.17	0.16	0.25	0.19
尼日利亚	1.74	1.68	2.31	2.62	2.80
北马里亚纳群岛	56.28	37.14	73.35	54.73	54.52
挪威	1879.02	1725.74	1941.99	2033.30	2076.66
阿曼	56.13	62.77	85.57	93.81	96.28
巴基斯坦	1.27	1.28	1.85	2.37	2.79
帕劳	96.37	95.61	142.20	140.92	186.02
巴拿马	133.87	89.80	114.87	120.68	122.21
巴布亚新几内亚	7.26	7.79	10.70	10.61	12.12
巴拉圭	10.92	15.44	22.84	27.87	30.93
秘鲁	21.68	21.37	28.24	32.41	35.72
菲律宾	8.62	8.06	10.83	13.55	14.77
波兰	299.67	309.00	429.71	547.33	763.73
葡萄牙	241.18	218.36	262.85	315.60	381.03
波多黎各	113.38	108.99	127.95	139.07	155.66
卡塔尔	140.94	161.85	221.79	267.17	268.89
罗马尼亚	70.73	69.03	125.11	229.47	158.59
俄罗斯	39.04	51.14	84.42	126.39	214.52
卢旺达	2.01	2.55	3.64	4.13	5.54
萨摩亚	26.47	26.26	31.28	41.29	46.12
圣马力诺	1664.16	1430.93	1864.91	1577.67	1746.83
圣多美和普林西比	63.80	46.63	10.11	—	—

续表

国家和地区	2012 年	2013 年	2014 年	2015 年	2016 年
沙特阿拉伯	30.54	34.24	48.25	53.71	57.63
塞内加尔	2.11	2.19	3.57	5.27	5.19
塞尔维亚	37.78	34.76	43.76	63.56	63.20
塞舌尔	1121.14	616.78	469.81	481.70	464.74
塞拉利昂	0.67	0.82	0.97	0.83	0.68
新加坡	635.31	609.35	822.35	932.07	890.27
斯洛伐克共和国	226.35	262.83	321.31	392.53	360.68
斯洛文尼亚	557.08	547.44	648.33	806.87	768.58
所罗门群岛	7.28	5.35	3.49	10.21	15.01
索马里	0.10	—	0.09	0.07	0.21
南非	82.01	86.35	115.55	129.84	124.52
西班牙	290.99	269.04	316.76	362.24	419.62
斯里兰卡	7.67	8.98	11.43	13.83	16.88
圣基茨和尼维斯	1828.90	1383.99	1277.63	—	—
圣卢西亚	93.99	71.32	92.59	90.29	106.73
圣文森特和格林纳丁斯	192.00	237.72	192.01	210.13	191.53
苏丹	0.06	0.04	0.03	0.07	0.24
苏里南	37.42	33.38	55.15	79.54	100.29
斯威士兰	6.50	8.80	10.25	15.16	15.64
瑞典	1511.44	1439.14	1602.24	1755.35	1784.08
瑞士	2282.27	2212.84	2820.43	3101.76	3063.15
阿拉伯叙利亚共和国	0.36	0.44	0.47	0.91	0.60
坦桑尼亚	0.75	1.08	1.54	2.02	2.14
泰国	19.57	18.10	23.52	30.11	33.37
多哥	3.31	3.08	4.29	6.20	7.49
汤加	28.59	18.99	28.36	9.40	37.34
特立尼达和多巴哥	96.45	93.20	112.33	127.20	123.08
突尼斯	13.08	16.99	17.91	13.04	13.42
土耳其	116.76	50.43	57.41	67.43	80.08
乌干达	1.46	1.17	1.57	1.87	2.34
乌克兰	23.49	26.49	45.48	65.53	90.57
阿拉伯联合酋长国	183.69	194.20	283.20	354.81	390.85
英国	1467.41	1193.46	1291.23	1382.77	1407.63
美国	1474.27	1305.97	1548.20	1652.59	1623.35
乌拉圭	80.41	75.14	95.36	106.66	111.21
乌兹别克斯坦	0.67	0.79	1.66	2.68	5.93
瓦努阿图	129.42	43.52	27.10	71.81	62.87
委内瑞拉玻利瓦尔共和国	10.68	11.08	12.12	12.68	12.67
越南	6.70	8.16	11.86	14.75	18.94
美属维京群岛	446.45	401.00	422.39	453.78	514.81
约旦河西岸和加沙	4.69	4.56	5.12	—	—
也门共和国	0.46	0.66	0.76	0.63	0.62
赞比亚	2.34	2.75	3.59	4.35	5.06
津巴布韦	2.99	3.18	4.73	6.53	7.74

数据来源：世界银行数据库

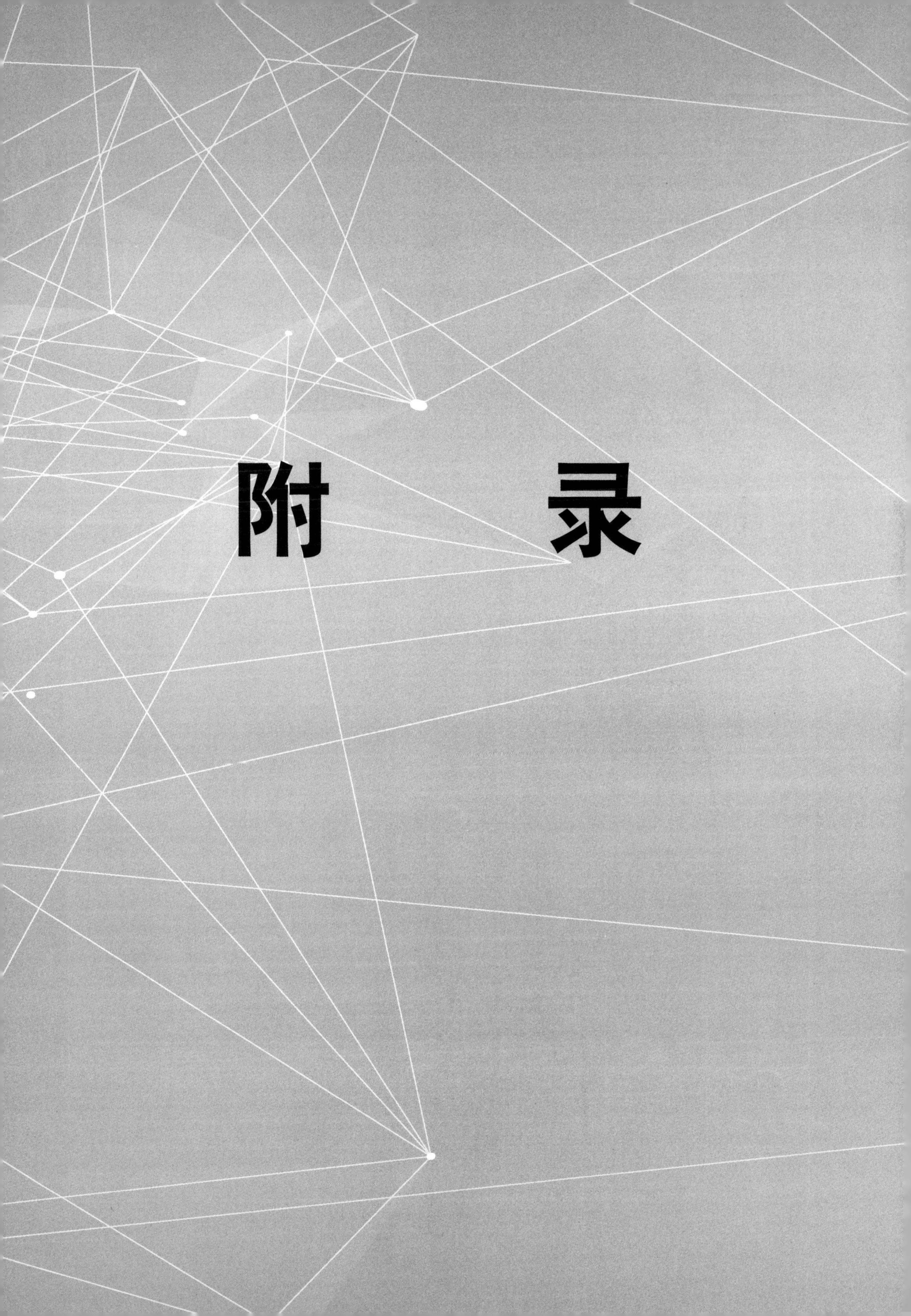

附　　录

2017 年两化融合管理体系贯标示范企业名单

序号	示范方向	示范企业名称	重点打造并形成的信息化环境下的新型能力	省(自治区、直辖市)
1	产品全生命周期创新与服务	海尔集团公司	面向开放式交互的平台化研发创新能力	山东省
2		徐州工程机械集团有限公司	工程机械产品的全生命周期综合创新服务能力	江苏省
3		江西洪都航空工业集团有限责任公司	数字化设计制造一体化协同管控能力	江西省
4		首都航天机械公司	与产品设计有效协同的数字化工艺设计与生产管控能力	北京市
5		三一集团有限公司	工程机械智能制造和智慧服务能力	湖南省
6		沈阳飞机工业（集团）有限公司	数字模型驱动的设计制造协同能力	辽宁省
7		中国空空导弹研究院	空空导弹设计工艺协同研制能力	河南省
8		广船国际有限公司	大型及高技术船舶协同研发设计和精益制造能力	广东省
9		中车眉山车辆有限公司	设计、工艺到准时化生产的集成管控能力	四川省
10		中信戴卡股份有限公司	轮毂产品的协同研发与数字化生产管控能力	河北省
11		内蒙古北方重型汽车股份有限公司	矿用汽车全生命周期的追溯与服务能力	内蒙古自治区
12		中国航发贵州红林航空动力控制科技有限公司	覆盖设计、工艺、材料及试验的研发全过程高效管控能力	贵州省
13		广西玉柴机器股份有限公司	基于互联网平台的发动机协同研发设计能力	广西壮族自治区
14	供应链管控与服务	波司登羽绒服装有限公司	基于消费需求智慧感知的精准服务能力	江苏省
15		顺丰科技有限公司	基于智慧物流的快件时效精准管控能力	广东省
16		东南（福建）汽车工业有限公司	供应链协同运营能力	福建省
17		奥克斯集团有限公司	基于多电商模式（B2B/B2C/O2O）的空调产品精准营销能力	浙江省
18		中国石化上海石油化工股份有限公司	敏捷优质的产品供应服务能力	上海市
19		金龙联合汽车工业（苏州）有限公司	定制产品快速设计及订单全流程精益管控能力	江苏省
20		安徽叉车集团有限责任公司	基于移动云平台的产供销一体化管控能力	安徽省
21		北京汽车股份有限公司	面向精益生产的供应商协同管理能力	北京市
22		盛辉物流集团有限公司	全网型零担运输服务高效管控能力	福建省
23		四川科伦药业股份有限公司	药品购销全过程数字化管控能力	四川省

续表

序号	示范方向	示范企业名称	重点打造并形成的信息化环境下的新型能力	省（自治区、直辖市）
24	现代化生产制造与运营管理	中国航空工业集团公司西安飞行自动控制研究所	多品种小批量复杂 GNC 产品的协同制造能力	陕西省
25		大全集团有限公司	集团扁平化精细管控能力	江苏省
26		江南造船（集团）有限责任公司	高新船舶创新设计与精益建造能力	上海市
27		北京和利时系统工程有限公司	基于数字化车间的 PLC 产品精益生产能力	北京市
28		成都飞机工业（集团）有限责任公司	航空产品的一体化生产管控能力	四川省
29		中国石油化工股份有限公司九江分公司	基于全面感知与信息共享的生产运营一体化协同管控能力	江西省
30		广东美的制冷设备有限公司	客户订单的高效生产及准时交付能力	广东省
31		上海建工集团股份有限公司	重大建设工程的系统性安全监控能力	上海市
32		江苏雷利电机股份有限公司	电机生产线的精细化管控能力	江苏省
33		中海油惠州石化有限公司	基于先进控制的石化产品高效生产能力	广东省
34		中国石油化工股份有限公司天津分公司	基于先进控制的生产优化能力	天津市
35		株洲中车时代电气股份有限公司	高效协同的研发管理与精益制造管控能力	湖南省
36		国网山东省电力公司	智能电网全景监视分析与协调控制能力	山东省
37		宁夏共享集团股份有限公司	铸造产品的全流程虚拟制造与高效生产能力	宁夏回族自治区
38		南京卫岗乳业有限公司	面向食品安全的奶源精细化管理能力	江苏省
39		中国石油化工股份有限公司镇海炼化分公司	基于生产运行智能化的生产优化能力	浙江省
40		西安西电高压开关有限责任公司	基于产供销存一体化的高压开关设备高效交付能力	陕西省
41		大亚湾核电运营管理有限责任公司	核电机组运行与核辐射安全的精细化管控能力	广东省
42		红塔烟草（集团）有限责任公司玉溪卷烟厂	卷烟生产全过程一体化管控能力	云南省
43		合肥泰禾光电科技股份有限公司	面向快速交付的色选机生产物料精细化管控能力	安徽省
44		重庆川仪自动化股份有限公司	面向多品种小批量生产的自动化仪器仪表精益制造能力	重庆市
45		台山市精诚达电路有限公司	柔性线路板的精益生产与准时交付能力	广东省
46		鞍钢股份有限公司	炼钢、轧钢一体化精益生产能力	辽宁省
47		湖北兴发化工集团股份有限公司	基于水电与化工联动生产的能源综合利用能力	湖北省
48	新模式、新业态	潍柴动力股份有限公司	发动机全球协同研发创新能力	山东省
49		西安陕鼓动力股份有限公司	动力装备运行状态预知及故障诊断能力	陕西省
50		中联重科股份有限公司	工程机械信用销售风险管控能力	湖南省

2016年中国政府网站绩效评估排名

（一）国务院组成部门网站排名前15名

排 名	名 称	政务公开指数	政务服务指数	互动交流指数	日常保障指数	功能与影响力指数	优秀创新案例指数	总 分
1	商务部	0.85	0.72	0.72	0.93	0.90	0.92	94.9
2	交通运输部	0.82	0.73	0.77	0.73	0.75	0.95	91.4
3	工业和信息化部	0.61	0.79	0.77	0.93	0.80	0.94	88.8
4	农业部	0.89	0.84	0.77	0.87	0.55	0.27	86.3
5	发展改革委	0.91	0.75	0.61	0.93	0.55	0.30	83.3
6	水利部	0.69	0.70	0.69	0.87	0.40	0.89	83.0
6	公安部	0.82	0.74	0.66	0.87	0.65	0.46	83.0
7	国土资源部	0.80	0.83	0.61	0.93	0.75	0.31	82.9
7	科技部	0.85	0.75	0.67	0.93	0.65	0.28	82.9
8	卫生计生委	0.74	0.62	0.59	0.87	0.65	0.75	80.7
9	财政部	0.71	0.70	0.68	0.93	0.55	0.46	78.8
10	文化部	0.84	0.70	0.61	0.87	0.50	0.26	77.7
11	教育部	0.82	0.75	0.70	0.53	0.50	0.30	75.4
12	环境保护部	0.76	0.69	0.64	0.67	0.55	0.35	74.1
13	住房城乡建设部	0.62	0.54	0.71	0.93	0.40	0.46	71.8
14	人力资源社会保障部	0.77	0.40	0.68	0.93	0.50	0.32	71.6
15	民政部	0.75	0.37	0.71	0.93	0.60	0.23	70.6

（二）国务院其他部门网站评估前15名

排 名	名 称	政务公开指数	政务服务指数	互动交流指数	日常保障指数	功能与影响力指数	优秀创新案例指数	总 分
1	质检总局	0.74	0.84	0.76	0.93	0.65	0.92	92.6
1	税务总局	0.71	0.83	0.79	0.93	0.70	0.94	92.6
2	林业局	0.80	0.72	0.68	0.87	0.90	0.92	91.4
3	工商总局	0.80	0.72	0.67	0.87	0.55	0.93	88.2

续表

排　名	名　　称	政务公开指数	政务服务指数	互动交流指数	日常保障指数	功能与影响力指数	优秀创新案例指数	总　分
4	食品药品监管总局	0.82	0.77	0.70	0.93	0.90	0.31	85.4
5	海关总署	0.73	0.60	0.66	0.93	0.75	0.88	84.8
6	安全监管总局	0.81	0.74	0.52	0.93	0.75	0.21	77.9
7	证监会	0.72	0.68	0.66	0.87	0.75	0.29	76.8
8	体育总局	0.72	0.52	0.73	0.93	0.65	0.39	76.0
8	邮政局	0.76	0.56	0.69	0.93	0.60	0.32	76.0
9	气象局	0.72	0.42	0.55	0.87	0.75	0.70	74.3
10	地震局	0.71	0.42	0.54	0.87	0.55	0.74	73.1
11	民航局	0.72	0.66	0.50	0.93	0.50	0.31	72.4
12	测绘地信局	0.75	0.52	0.57	0.93	0.65	0.27	72.2
13	新闻出版广电总局	0.74	0.60	0.54	0.93	0.45	0.31	72.0
14	保监会	0.76	0.53	0.41	0.93	0.75	0.26	70.1
15	铁路局	0.69	0.68	0.40	0.87	0.55	0.35	69.7

（三）省级政府网站排名前20名

排　名	名　　称	政务公开指数	政务服务指数	互动交流指数	日常保障指数	功能与影响力指数	优秀创新案例指数	总　分
1	北京	0.77	0.73	0.89	0.97	0.90	0.97	89.5
2	上海	0.86	0.82	0.79	0.93	0.90	0.34	88.0
2	广东	0.86	0.82	0.77	0.73	0.70	0.76	88.0
3	四川	0.89	0.75	0.77	0.73	0.90	0.80	86.6
4	浙江	0.93	0.86	0.87	0.67	0.65	0.25	85.7
5	福建	0.62	0.78	0.81	0.73	0.90	0.95	84.7
6	湖北	0.89	0.73	0.83	0.67	0.70	0.78	83.5
6	海南	0.78	0.70	0.71	0.87	0.90	0.80	83.5
7	安徽	0.79	0.73	0.71	0.67	0.75	0.93	82.3
8	江苏	0.69	0.70	0.93	0.73	0.80	0.75	80.7
8	湖南	0.77	0.77	0.79	0.73	0.95	0.29	80.7
9	江西	0.70	0.67	0.85	0.73	0.70	0.80	78.7
10	广西	0.65	0.68	0.53	0.73	0.90	0.90	77.2
11	贵州	0.71	0.68	0.73	0.67	0.80	0.65	76.2
12	内蒙古	0.80	0.71	0.69	0.67	0.80	0.21	74.2
13	河北	0.65	0.70	0.87	0.67	0.75	0.22	72.9
14	陕西	0.81	0.64	0.71	0.73	0.60	0.22	71.2
15	山东	0.81	0.53	0.89	0.73	0.85	0.36	70.4
16	山西	0.69	0.57	0.67	0.73	0.80	0.60	70.2
16	云南	0.73	0.65	0.53	0.73	0.75	0.30	70.2
17	甘肃	0.70	0.56	0.77	0.67	0.50	0.75	69.4
18	天津	0.85	0.60	0.77	0.47	0.70	0.23	67.5
19	辽宁	0.81	0.47	0.59	0.93	0.70	0.25	65.7
20	重庆	0.65	0.54	0.71	0.73	0.70	0.22	63.9

（四）副省级城市政府网站排名

排　名	名　　称	政务公开指数	政务服务指数	互动交流指数	日常保障指数	功能与影响力指数	优秀创新案例指数	总　分
1	青岛市	0.88	0.81	0.87	0.93	0.75	0.98	93.9
1	深圳市	0.83	0.84	0.79	0.93	0.85	0.92	93.9
2	成都市	0.82	0.83	0.92	0.87	0.90	0.80	92.5
3	广州市	0.86	0.80	0.87	0.93	0.90	0.68	90.9
4	武汉市	0.80	0.78	0.88	0.87	0.85	0.90	90.2
5	济南市	0.76	0.76	0.83	0.93	0.75	0.95	88.7
6	南京市	0.84	0.85	0.89	0.87	0.70	0.35	88.1
7	西安市	0.91	0.83	0.83	0.93	0.75	0.25	87.7
8	厦门市	0.76	0.78	0.86	0.87	0.90	0.30	83.3
9	杭州市	0.75	0.78	0.67	0.93	0.25	0.20	77.4
10	大连市	0.69	0.59	0.84	0.93	0.80	0.75	77.0
11	沈阳市	0.72	0.62	0.78	0.93	0.80	0.35	74.6
12	哈尔滨市	0.84	0.66	0.88	0.80	0.35	0.19	73.1
13	宁波市	0.68	0.59	0.80	0.93	0.70	0.26	70.9
14	长春市	0.59	0.62	0.85	0.87	0.25	0.29	68.1

（五）地市级政府网站排名前20名

排　名	名　　称	政务公开指数	政务服务指数	互动交流指数	日常保障指数	功能与影响力指数	优秀创新案例指数	总　分
1	佛山市	0.87	0.89	0.84	0.93	0.70	0.40	91.8
2	苏州市	0.71	0.81	0.76	0.93	0.70	0.96	89.6
3	柳州市	0.66	0.75	0.86	0.93	0.80	0.97	87.3
4	宿迁市	0.81	0.77	0.81	0.93	0.79	0.56	86.1
4	无锡市	0.88	0.72	0.88	0.87	0.50	0.91	86.1
5	潍坊市	0.83	0.76	0.86	0.87	0.65	0.65	85.8
5	凉山州	0.87	0.71	0.79	0.93	0.75	0.80	85.8
6	镇江市	0.52	0.75	0.88	0.93	0.80	0.70	82.9
7	南平市	0.72	0.81	0.84	0.73	0.80	0.35	82.2
8	六安市	0.82	0.71	0.83	0.93	0.90	0.35	82.0
9	攀枝花市	0.62	0.72	0.83	0.93	0.60	0.70	81.1
10	宁德市	0.74	0.70	0.83	0.80	0.90	0.60	80.8
11	郴州市	0.88	0.68	0.88	0.93	0.85	0.26	80.4
12	温州市	0.67	0.77	0.83	0.87	0.75	0.22	79.8
13	宜昌市	0.82	0.72	0.78	0.93	0.85	0.12	79.4
14	中山市	0.77	0.70	0.83	0.93	0.75	0.29	79.0
15	鄂尔多斯市	0.76	0.74	0.84	0.80	0.65	0.29	78.3
16	龙岩市	0.68	0.73	0.83	0.93	0.80	0.17	78.2
17	威海市	0.76	0.70	0.79	0.93	0.85	0.18	78.1
18	马鞍山	0.84	0.53	0.82	0.87	0.90	0.94	77.5
19	扬州市	0.76	0.66	0.73	0.93	0.90	0.28	76.8
20	江门市	0.75	0.62	0.73	0.93	0.50	0.70	76.2

（六）区县政府网站排名前20名

排　名	名　称	所属城市	政务公开指数	政务服务指数	互动交流指数	日常保障指数	功能与影响力指数	优秀创新案例指数	总　分
1	罗湖区	深圳市	0.68	0.80	0.71	0.74	0.85	0.40	80.7
2	思明区	厦门市	0.73	0.77	0.71	0.81	0.70	0.40	80.0
3	禅城区	佛山市	0.66	0.72	0.65	0.75	0.66	0.90	79.5
4	福田区	深圳市	0.73	0.76	0.72	0.78	0.84	0.35	79.4
5	大兴区	北京市	0.62	0.81	0.71	0.70	0.63	0.40	78.4
5	崂山区	青岛市	0.73	0.71	0.69	0.71	0.76	0.70	78.4
6	西城区	北京市	0.73	0.75	0.63	0.75	0.78	0.40	77.7
7	顺德区	佛山市	0.72	0.74	0.63	0.76	0.85	0.29	76.5
8	武昌区	武汉市	0.72	0.75	0.61	0.73	0.66	0.35	75.8
9	仪征市	扬州市	0.71	0.63	0.67	0.66	0.60	0.96	74.5
10	静安区	上海市	0.74	0.66	0.66	0.82	0.83	0.25	73.1
11	鼓楼区	福州市	0.71	0.72	0.66	0.76	0.65	0.15	72.9
12	南山区	深圳市	0.66	0.69	0.71	0.74	0.59	0.34	72.3
13	东城区	北京市	0.61	0.73	0.71	0.73	0.68	0.15	72.2
14	未央区	西安市	0.62	0.65	0.67	0.77	0.50	0.60	71.7
15	翔安区	厦门市	0.66	0.70	0.61	0.78	0.67	0.15	71.0
16	余姚市	宁波市	0.53	0.68	0.67	0.76	0.68	0.40	70.9
17	余杭区	杭州市	0.62	0.69	0.61	0.79	0.60	0.25	70.6
18	顺义区	北京市	0.66	0.66	0.71	0.73	0.89	0.15	70.4
19	海淀区	北京市	0.72	0.69	0.57	0.74	0.66	0.15	70.3
20	集美区	厦门市	0.70	0.62	0.64	0.77	0.77	0.35	70.1

2016年中国电子学会科学技术奖获奖名单

自然科学类一等奖：1项

项目名称	主要完成单位
网络并发系统的行为理论与方法研究	同济大学等

技术发明类一等奖：4项

项目名称	主要完成单位
新型高精度飞行校验技术及装备（CFIS）	北京航空航天大学等
基于形式化方法的互联网协议测试关键技术及其应用	清华大学
22-14纳米集成电路器件工艺先导技术	中国科学院微电子研究所等
智慧协同网络及应用	北京交通大学等

科技进步类一等奖：8项

项目名称	主要完成单位
面向社交网络和垂直应用的超大规模在线存储系统及其产业化应用	深圳市腾讯计算机系统有限公司等
面向国家安全的突敏事件检测、预警与应急响应平台及应用	国家计算机网络与信息安全管理中心等
低功耗DDR系列内存缓冲控制器芯片设计技术及产业化	澜起科技（上海）有限公司
超低衰减和大有效面积光纤及其在下一代干线通信网络中的应用示范	长飞光纤光缆股份有限公司等
无菌医药制造生产线智能化关键技术及应用	楚天科技股份有限公司等
基于自主指令集CPU的打印机专用SoC芯片及产业化	珠海艾派克微电子有限公司等
面向远海工程的通信导航关键技术及应用	北京邮电大学等
空间环境探测关键器件及材料	燕山大学等

自然科学类二等奖：2项

项目名称	主要完成单位
无线通信多功能小型化微波滤波器件的理论与设计	华南理工大学
认知协作频谱共享及传输性能优化理论方法	南京邮电大学等

技术发明类二等奖：1项

项目名称	主要完成单位
智能柔性驱动系统关键技术及应用	合肥工业大学等

科技进步类二等奖：12 项

项目名称	主要完成单位
大电网调度控制系统支撑技术及应用	中国电力科学研究院
面向大规模新能源接入的智能电网调度运行控制关键技术及应用	中国电力科学研究院等
750 吨/日光伏玻璃全氧燃烧窑炉工艺及产业化	彩虹集团新能源股份有限公司
网络信息内容安全管理关键技术与应用	上海交通大学等
溢流法高铝盖板玻璃产品研发和产业化	彩虹集团公司
面向复杂产品智能制造的建模仿真关键技术研究与应用	北京航空航天大学等
高清超短焦激光影院关键技术研发及产业化	海信集团有限公司等
面向电力物联网的海量用电数据远程采集与应用关键技术及设备研制	国网福建省电力有限公司等
气—水界面复杂光学环境下机器视觉测量关键技术及应用	河海大学等
13 米天线宽频带低温接收系统	中国电子科技集团公司第十六研究所
电能计量设备多源、全过程质量提升关键技术及应用	中国电力科学研究院
下一代互联网技术在智能电网中的应用研究	中国电力科学研究院等
高性能处理器评测关键技术和服务平台	工业和信息化部电子工业标准化研究院

注：资料中排名不分先后。

资料来源：中国电子学会

2017 年中国互联网企业百强名单

排　名	公司名称	排　名	公司名称
1	华为技术有限公司	29	大唐电信科技产业集团
2	联想集团	30	四川九洲电器集团有限责任公司
3	海尔集团	31	永鼎集团有限公司
4	TCL 集团股份有限公司	32	联合汽车电子有限公司
5	中兴通讯股份有限公司	33	东旭集团有限公司
6	四川长虹电子控股集团有限公司	34	福建省电子信息（集团）有限责任公司
7	海信集团有限公司	35	江苏新潮科技集团有限公司
8	比亚迪股份有限公司	36	深圳华强集团有限公司
9	北大方正集团有限公司	37	歌尔股份有限公司
10	京东方科技集团股份有限公司	38	江苏宏图高科技股份有限公司
11	浪潮集团有限公司	39	宁波均胜电子股份有限公司
12	小米通讯技术有限公司	40	华勤通讯技术有限公司
13	紫光集团有限公司	41	震雄铜业集团有限公司
14	亨通集团有限公司	42	万马联合控股集团有限公司
15	杭州海康威视数字技术股份有限公司	43	许继集团有限公司
16	上海仪电（集团）有限公司	44	康佳集团股份有限公司
17	中天科技集团有限公司	45	上海诺基亚贝尔股份有限公司
18	创维集团有限公司	46	浙江富春江通信集团有限公司
19	通鼎集团有限公司	47	舜宇集团有限公司
20	同方股份有限公司	48	株洲中车时代电气股份有限公司
21	中芯国际集成电路制造有限公司	49	陕西电子信息集团有限公司
22	河南森源集团有限公司	50	新华三技术有限公司
23	航天信息股份有限公司	51	广州无线电集团有限公司
24	晶龙实业集团有限公司	52	南通华达微电子集团有限公司
25	南京南瑞集团公司	53	浙江大华技术股份有限公司
26	武汉邮电科学研究院	54	闻泰通讯股份有限公司
27	富通集团有限公司	55	深圳市三诺投资控股有限公司
28	深圳欧菲光科技股份有限公司	56	普联技术有限公司

续表

排　名	公司名称	排　名	公司名称
57	浙江晶科能源有限公司	79	中冶赛迪集团有限公司
58	天马微电子股份有限公司	80	深圳市长盈精密技术股份有限公司
59	中国四联仪器仪表集团有限公司	81	深圳市康冠技术有限公司
60	欣旺达电子股份有限公司	82	宇龙计算机通信科技（深圳）有限公司
61	润峰电力有限公司	83	骆驼集团股份有限公司
62	广东生益科技股份有限公司	84	阳光电源股份有限公司
63	芜湖长信科技股份有限公司	85	横店集团东磁有限公司
64	东软集团股份有限公司	86	风帆有限责任公司
65	铜陵精达铜材（集团）有限责任公司	87	深圳市神舟电脑股份有限公司
66	上海龙旗科技股份有限公司	88	广州佳都集团有限公司
67	深圳市泰衡诺科技有限公司	89	华润微电子有限公司
68	上海华虹（集团）有限公司	90	厦门宏发电声股份有限公司
69	华讯方舟科技有限公司	91	普天东方通信集团
70	深圳市共进电子股份有限公司	92	浙江星星科技股份有限公司
71	哈尔滨光宇集团股份有限公司	93	山东鲁鑫贵金属有限公司
72	浙江南都电源动力股份有限公司	94	河南科隆集团有限公司
73	深圳市兆驰股份有限公司	95	惠科股份有限公司
74	东方日升新能源股份有限公司	96	北京华胜天成科技股份有限公司
75	万利达集团有限公司	97	上海斐讯数据通信技术有限公司
76	安徽天康（集团）股份有限公司	98	利亚德光电股份有限公司
77	福州福大自动化科技有限公司	99	深南电路股份有限公司
78	上海与德通讯技术有限公司	100	曙光信息产业股份有限公司

数据来源：中国电子信息行业协会

2017年（第31届）中国电子信息企业百强名单

排　名	公司名称	排　名	公司名称
1	华为技术有限公司	29	大唐电信科技产业集团
2	联想集团	30	四川九洲电器集团有限责任公司
3	海尔集团	31	永鼎集团有限公司
4	TCL 集团股份有限公司	32	联合汽车电子有限公司
5	中兴通讯股份有限公司	33	东旭集团有限公司
6	四川长虹电子控股集团有限公司	34	福建省电子信息（集团）有限责任公司
7	海信集团有限公司	35	江苏新潮科技集团有限公司
8	比亚迪股份有限公司	36	深圳华强集团有限公司
9	北大方正集团有限公司	37	歌尔股份有限公司
10	京东方科技集团股份有限公司	38	江苏宏图高科技股份有限公司
11	浪潮集团有限公司	39	宁波均胜电子股份有限公司
12	小米通讯技术有限公司	40	华勤通讯技术有限公司
13	紫光集团有限公司	41	震雄铜业集团有限公司
14	亨通集团有限公司	42	万马联合控股集团有限公司
15	杭州海康威视数字技术股份有限公司	43	许继集团有限公司
16	上海仪电（集团）有限公司	44	康佳集团股份有限公司
17	中天科技集团有限公司	45	上海诺基亚贝尔股份有限公司
18	创维集团有限公司	46	浙江富春江通信集团有限公司
19	通鼎集团有限公司	47	舜宇集团有限公司
20	同方股份有限公司	48	株洲中车时代电气股份有限公司
21	中芯国际集成电路制造有限公司	49	陕西电子信息集团有限公司
22	河南森源集团有限公司	50	新华三技术有限公司
23	航天信息股份有限公司	51	广州无线电集团有限公司
24	晶龙实业集团有限公司	52	南通华达微电子集团有限公司
25	南京南瑞集团公司	53	浙江大华技术股份有限公司
26	武汉邮电科学研究院	54	闻泰通讯股份有限公司
27	富通集团有限公司	55	深圳市三诺投资控股有限公司
28	深圳欧菲光科技股份有限公司	56	普联技术有限公司

续表

排　名	公司名称	排　名	公司名称
57	浙江晶科能源有限公司	79	中冶赛迪集团有限公司
58	天马微电子股份有限公司	80	深圳市长盈精密技术股份有限公司
59	中国四联仪器仪表集团有限公司	81	深圳市康冠技术有限公司
60	欣旺达电子股份有限公司	82	宇龙计算机通信科技（深圳）有限公司
61	润峰电力有限公司	83	骆驼集团股份有限公司
62	广东生益科技股份有限公司	84	阳光电源股份有限公司
63	芜湖长信科技股份有限公司	85	横店集团东磁有限公司
64	东软集团股份有限公司	86	风帆有限责任公司
65	铜陵精达铜材（集团）有限责任公司	87	深圳市神舟电脑股份有限公司
66	上海龙旗科技股份有限公司	88	广州佳都集团有限公司
67	深圳市泰衡诺科技有限公司	89	华润微电子有限公司
68	上海华虹（集团）有限公司	90	厦门宏发电声股份有限公司
69	华讯方舟科技有限公司	91	普天东方通信集团
70	深圳市共进电子股份有限公司	92	浙江星星科技股份有限公司
71	哈尔滨光宇集团股份有限公司	93	山东鲁鑫贵金属有限公司
72	浙江南都电源动力股份有限公司	94	河南科隆集团有限公司
73	深圳市兆驰股份有限公司	95	惠科股份有限公司
74	东方日升新能源股份有限公司	96	北京华胜天成科技股份有限公司
75	万利达集团有限公司	97	上海斐讯数据通信技术有限公司
76	安徽天康（集团）股份有限公司	98	利亚德光电股份有限公司
77	福州福大自动化科技有限公司	99	深南电路股份有限公司
78	上海与德通讯技术有限公司	100	曙光信息产业股份有限公司

数据来源：中国电子信息行业协会

2017 中国电子信息行业创新能力五十强企业名单

序号	公司名称	序号	公司名称
1	华为技术有限公司	26	天津中环电子信息集团有限公司
2	中兴通讯股份有限公司	27	珠海市魅族科技有限公司
3	联想集团	28	康佳集团股份有限公司
4	海尔集团	29	福建省电子信息（集团）有限责任公司
5	中国电子信息产业集团有限公司	30	陕西电子信息集团有限公司
6	中芯国际集成电路制造有限公司	31	东软集团股份有限公司
7	紫光集团有限公司	32	深圳华强集团有限公司
8	海信集团有限公司	33	深圳市聚飞光电股份有限公司
9	大唐电信科技产业集团	34	亚信科技（中国）有限公司
10	TCL 集团股份有限公司	35	山东润峰集团有限公司
11	浪潮集团有限公司	36	广州广电运通金融电子股份有限公司
12	京东方科技集团股份有限公司	37	横店集团东磁有限公司
13	四川长虹电子控股集团有限公司	38	普天信息技术有限公司
14	亨通集团有限公司	39	宏安集团有限公司
15	创维集团有限公司	40	上海宝信软件股份有限公司
16	北大方正集团有限公司	41	北京神州泰岳软件股份有限公司
17	同方股份有限公司	42	广州海格通信集团股份有限公司
18	天能集团	43	苏州路之遥科技股份有限公司
19	四川九洲电器集团有限责任公司	44	讯飞智元信息科技有限公司
20	杭州海康威视数字技术股份有限公司	45	北京四方继保自动化股份有限公司
21	航天信息股份有限公司	46	金蝶软件（中国）有限公司
22	富通集团有限公司	47	国光电器股份有限公司
23	深圳市共进电子股份有限公司	48	山东中创软件工程股份有限公司
24	上海贝尔股份有限公司	49	山东太平洋光纤光缆有限公司
25	歌尔声学股份有限公司	50	深圳市智美达科技股份有限公司

资料来源：中国电子信息行业协会

首批“互联网+”智慧能源（能源互联网）示范项目名单

序号	项目名称	申请单位
1	北京延庆能源互联网综合示范区	中关村科技园区延庆园管理委员会
2	能源互联网试点示范园区	苏州工业园区管理委员会
3	厦门火炬开发区“一区多园”“互联网+”智慧能源+智能制造产业融合试点示范	厦门国家火炬高技术产业开发区管委会
4	京能海淀北部新区能源互联网示范工程	京能首都能源互联网项目管理办公室（北京能源集团有限责任公司）
5	崇明能源互联网综合示范项目	上海市崇明区发展和改革委员会、国家城市能源计量中心（上海）、上汽集团（上海安悦节能技术有限公司）等
6	浙江嘉兴城市能源互联网综合试点示范项目	国网浙江省电力公司、浙江省海宁市人民政府
7	天府新区能源互联网示范项目	四川省电力公司等
8	合肥新站高新区综合能源管理“互联网+”智慧能源示范项目	常州天合光能有限公司
9	面向特大城市电网能源互联网示范项目	广州供电局有限公司
10	城市综合智慧能源供应服务体系	上海电力股份有限公司
11	临港区域能源互联网综合示范项目	上海电气集团中央研究院、临港集团
12	山西科创城能源互联网综合试点示范项目（一期）	国网山西省电力公司太原供电公司
13	北京经济技术开发区（路南区）能源互联网综合试点示范	北京中民智中能源科技有限公司
14	呈贡信息产业园能源互联网综合示范项目	昆明售电有限公司
15	华润电力泰兴虹桥工业园区“互联网+”智慧能源示范项目	华润电力投资有限公司江苏分公司
16	中宁县基于灵活性资源的能源互联网试点示范	宁夏中宁工业园区能源管理服务有限公司
17	北京经济技术开发区北京经开产业园“互联网+”智慧能源项目	北京经开投资开发股份有限公司
18	产业园区互联网+智慧电源系统应用示范	江苏天工工具有限公司
19	内蒙古蒙西高新技术工业园区能源互联网示范基地	内蒙古智慧蒙西能源管理服务有限公司
20	无为高沟电缆基地智能微电网“互联网+”智慧能源示范项目	新疆金风科技股份有限公司
21	井冈山经济技术开发区园区能源互联网示范项目	井冈山经济技术开发区管委会
22	绿色云计算中心智慧能源示范项目	吕梁市军民融合协同创新研究院
23	上海国际旅游度假区“互联网+“智慧能源（能源互联网）工程	国网上海市电力公司浦东供电公司

续表

序号	项目名称	申请单位
24	基于“互联网+”智慧新能源的多种能源互补型智能电站项目	河南省鑫贞德有机农业股份有限公司
25	支持能源消费革命的城市—园区双级“互联网+”智慧能源示范项目	广东电网有限责任公司
26	延长石油 1GW 风光气氢牧能源互联网示范项目	陕西延长石油（集团）有限责任公司
27	湖州长兴新能源小镇“源网荷储售”一体化能源互联网示范项目	浙江浙能长兴发电有限公司、超威电源有限公司、浙江省长兴县人民政府画溪街道办事处
28	珠海（国家）高新技术产业开发区“互联网+小镇”智慧能源示范项目	珠海派诺科技股份有限公司等
29	海南省三沙市永兴岛“互联网+”智慧能源示范项目	海南天能电力有限公司
30	承德市公共交通枢纽能源互联网示范项目	北京东润环能投资有限公司（北京东润环能科技股份有限公司）
31	基于智能云调度的电动汽车能源互联网示范项目	成都雅骏新能源汽车科技股份有限公司等
32	青海省新能源汽车充电设施与分时租赁创新示范工程	青海百能汇通新能源科技有限公司等
33	电动汽车能源互联网及运营模式创新（常州地区）项目	万帮充电设备有限公司
34	芜湖、淮南、池州电动汽车全自助分时租赁“互联网+”智能能源示范项目	安徽易开汽车运营股份有限公司（芜湖恒天易开软件科技股份有限公司）
35	西咸新区基于低碳智慧公共交通体系的能源互联网建设项目	陕西西咸新区发展集团有限公司
36	江苏大规模源网荷友好互动系统示范工程	国网江苏省电力公司
37	风光氢储互补型智能微电网示范项目	西安交通大学等
38	基于绿色能源灵活交易的智慧分布式微电网云平台试点示范项目	厦门科华恒盛股份有限公司
39	基于绿色数据中心能源灵活交易的能源互联网试点示范	互联慧智张家口能源发展有限公司
40	基于多种能源的电力实时交易平台试点项目	国网甘肃电力公司等
41	张北县“互联网+智慧能源”示范项目	张北禾润能源有限公司等
42	“互联网+”在智能供热系统中的应用研究及工程示范	中国华电集团公司等
43	广西钦州渔光风储“互联网+”智慧能源示范项目	钦州通威惠金新能源有限公司
44	合肥高新区分布式能源灵活交易“互联网+”智慧能源示范项目	阳光电源股份有限公司
45	基于电力大数据的能源公共服务建设与应用工程	全球能源互联网研究院等
46	长沙市天然气全产业链电商服务平台	好买气电子商务有限公司
47	中国石油电子商务平台	中国石油规划总院等
48	广州市能源管理与辅助决策平台示范项目	广州市发展改革委
49	智慧用能及增值服务项目	深圳市科陆电子科技股份有限公司
50	贵州省能源大数据管理云平台	贵州黔信数据有限公司
51	基于云南能源大数据的智慧能源行业融合应用平台	云南能源投资集团有限公司
52	基于省级电网企业全业务数据中心的能源互联网智慧用能示范	国网辽宁省电力有限公司
53	特大型能源化工基地“互联网+”智慧能源示范项目	中国平煤神马能源化工集团有限责任公司
54	基于智慧能源的绿色数据中心关键技术及应用	宁波世纪互联信息技术有限公司
55	连云港经济技术开发区能源互联网试点示范项目	连云港林洋新能源有限公司（连云港经济技术开发区）

资料来源：国家能源局

2016 年世界主要国家和地区信息通信技术发展指数排名

2016 年排名	国家和地区	2016 年得分	2015 年排名	2015 年得分
1	韩国	8.84	1	8.78
2	冰岛	8.83	3	8.66
3	丹麦	8.74	2	8.77
4	瑞士	8.68	5	8.50
5	英国	8.57	4	8.54
6	中国香港地区	8.46	7	8.40
7	瑞典	8.45	6	8.47
8	荷兰	8.43	8	8.36
9	挪威	8.42	9	8.35
10	日本	8.37	11	8.28
11	卢森堡	8.36	10	8.34
12	德国	8.31	13	8.13
13	新西兰	8.29	16	8.05
14	澳大利亚	8.19	12	8.18
15	美国	8.17	15	8.06
16	法国	8.11	17	7.95
17	冰岛	8.08	14	8.11
18	爱沙尼亚	8.07	18	7.95
19	摩纳哥	7.96	20	7.86
20	新加坡	7.95	19	7.88
21	爱尔兰	7.92	21	7.73
22	比利时	7.83	22	7.69
23	奥地利	7.69	24	7.53
24	马耳他	7.69	25	7.49
25	加拿大	7.62	23	7.55
26	西班牙	7.62	27	7.46
27	安道尔	7.61	29	7.39

续表

2016年排名	国家和地区	2016年得分	2015年排名	2015年得分
28	中国澳门地区	7.58	26	7.47
29	巴林	7.46	28	7.42
30	以色列	7.40	30	7.25
31	白罗斯	7.26	33	7.02
32	捷克	7.25	31	7.20
33	斯洛文尼亚	7.23	32	7.10
34	圣基茨和尼维斯联邦	7.21	54	6.23
35	巴巴多斯	7.18	39	6.87
36	希腊	7.13	40	6.86
37	意大利	7.11	36	6.89
38	阿拉伯联合酋长国	7.11	35	6.96
39	立陶宛	7.10	34	7.00
40	拉脱维亚	7.08	37	6.88
41	克罗地亚	7.04	41	6.83
42	斯洛伐克	6.96	44	6.69
43	俄罗斯	6.95	42	6.79
44	葡萄牙	6.94	45	6.64
45	沙特	6.90	38	6.88
46	卡塔尔	6.90	43	6.78
47	乌拉圭	6.79	49	6.44
48	匈牙利	6.72	46	6.60
49	保加利亚	6.69	50	6.43
50	波兰	6.65	47	6.56
51	塞尔维亚	6.58	51	6.43
52	哈萨克斯坦	6.57	52	6.42
53	科维特	6.54	48	6.45
54	塞浦路斯	6.53	53	6.28
55	阿根廷	6.52	56	6.21
56	智利	6.35	57	6.11
57	哥斯达黎加	6.30	59	6.03
58	阿塞拜疆	6.28	55	6.23
59	阿曼	6.27	58	6.04
60	罗马尼亚	6.26	60	5.92
61	马来西亚	6.22	66	5.64
62	黑山	6.05	64	5.76
63	巴西	5.99	65	5.72
64	巴哈马	5.98	63	5.80
65	马其顿	5.97	62	5.82
66	黎巴嫩	5.93	61	5.91

续表

2016 年排名	国家和地区	2016 年得分	2015 年排名	2015 年得分
67	特立尼达和多巴哥	5.76	68	5.48
68	摩尔多瓦	5.75	67	5.60
69	多米尼加	5.71	77	5.14
70	土耳其	5.69	69	5.45
71	亚美尼亚	5.60	71	5.34
72	格鲁吉亚	5.59	72	5.33
73	毛里求斯	5.55	73	5.27
74	格林纳达	5.43	82	4.97
75	安提瓜和巴布达	5.38	70	5.41
76	乌克兰	5.33	76	5.21
77	文莱达鲁萨兰国	5.33	74	5.25
78	圣文森特和格林纳丁斯	5.32	78	5.07
79	委内瑞拉	5.27	75	5.22
80	波斯尼亚和黑塞哥维那	5.25	80	5.03
81	中国	5.19	84	4.80
82	泰国	5.18	79	5.05
83	哥伦比亚	5.16	81	4.98
84	苏里南	5.09	83	4.89
85	约旦	5.06	89	4.67
86	马尔代夫	5.04	88	4.68
87	塞舌尔	5.03	85	4.77
88	南非	5.03	86	4.70
89	伊朗	4.99	90	4.66
90	蒙古	4.95	93	4.54
91	阿尔巴尼亚	4.92	92	4.62
92	墨西哥	4.87	96	4.45
93	巴拿马	4.87	91	4.63
94	圣卢西亚	4.85	87	4.68
95	突尼斯	4.83	95	4.49
96	摩洛哥	4.60	98	4.26
97	佛得角	4.60	99	4.23
98	厄瓜多尔	4.56	94	4.54
99	牙买加	4.52	101	4.20
100	埃及	4.44	97	4.26
101	秘鲁	4.42	100	4.23
102	斐济	4.41	102	4.16
103	阿尔及利亚	4.40	112	3.74
104	多米尼加	4.30	105	4.02
105	越南	4.29	104	4.02

续表

2016年排名	国家和地区	2016年得分	2015年排名	2015年得分
106	巴勒斯坦	4.28	103	4.12
107	菲律宾	4.28	106	3.97
108	波兹瓦纳	4.17	109	3.79
109	巴拉圭	4.08	107	3.88
110	乌兹别克斯坦	4.05	110	3.76
111	玻利维亚	4.02	117	3.49
112	加纳	3.99	111	3.75
113	吉尔吉斯	3.99	108	3.85
114	汤加	3.93	114	3.63
115	印度尼西亚	3.86	115	3.63
116	斯里兰卡	3.77	116	3.56
117	不丹	3.74	122	3.12
118	萨尔瓦多	3.73	113	3.64
119	伯利兹	3.66	119	3.32
120	纳米比亚	3.64	121	3.20
121	圭亚那	3.52	118	3.44
122	叙利亚	3.32	120	3.21
123	危地马拉	3.20	123	3.09
124	加蓬	3.12	126	2.81
125	柬埔寨	3.12	127	2.78
126	洪都拉斯	3.09	124	3.00
127	瓦努阿图	3.08	131	2.73
128	东帝汶	3.05	125	2.92
129	肯尼亚	2.99	129	2.78
130	萨摩亚	2.95	128	2.78
131	尼加拉瓜	2.88	130	2.74
132	科特迪瓦	2.86	139	2.43
133	津巴布韦	2.78	132	2.73
134	莱索托	2.76	138	2.47
135	古巴	2.73	133	2.64
136	斯威士兰	2.73	136	2.49
137	尼日利亚	2.72	137	2.48
138	印度	2.69	135	2.50
139	苏丹	2.60	134	2.56
140	缅甸	2.54	153	1.95
141	塞内加尔	2.53	140	2.41
142	尼泊尔	2.50	142	2.32
143	冈比亚	2.46	141	2.40
144	老挝	2.45	144	2.21

续表

2016 年排名	国家和地区	2016 年得分	2015 年排名	2015 年得分
145	孟加拉国	2.35	143	2.27
146	巴基斯坦	2.35	145	2.15
147	赞比亚	2.22	148	2.05
148	喀麦隆	2.16	146	2.07
149	马里	2.14	149	2.00
150	卢旺达	2.13	158	1.79
151	毛里塔尼亚	2.12	154	1.90
152	基里巴斯	2.06	147	2.07
153	所罗门	2.04	150	1.99
154	安哥拉	2.03	152	1.95
155	也门	2.02	151	1.96
156	利比亚	1.97	161	1.73
157	乌干达	1.94	155	1.86
158	贝宁	1.92	156	1.83
159	多哥	1.86	159	1.78
160	赤道几内亚	1.85	157	1.82
161	吉布提	1.82	160	1.73
162	布基纳法索	1.80	163	1.60
163	莫桑比克	1.75	164	1.60
164	阿富汗	1.73	162	1.62
165	几内亚	1.72	166	1.57
166	马达加斯加	1.69	165	1.57
167	坦桑尼亚	1.65	167	1.54
168	马拉维	1.62	168	1.49
169	埃塞俄比亚	1.51	172	1.29
170	刚果	1.50	169	1.48
171	布隆迪	1.42	173	1.16
172	南苏丹	1.42	170	1.36
173	几内亚比绍	1.38	171	1.34
174	乍得	1.09	175	1.00
175	尼日尔	1.07	174	1.03

资料来源：国际电信联盟

2017年世界主要国家和地区信息社会指数及排名

国家和地区	信息经济	网络社会	在线政府	数字生活	ISI	ISI 排名
卢森堡	0.8499	0.9619	0.7705	0.9604	0.9087	1
瑞士	0.8666	0.9193	0.7525	0.9163	0.8859	2
芬兰	0.8629	0.8749	0.8817	0.9133	0.8835	3
挪威	0.8432	0.9132	0.8117	0.8916	0.8756	4
英国	0.8573	0.8464	0.9193	0.8950	0.8715	5
丹麦	0.8800	0.8282	0.8510	0.9084	0.8701	6
奥地利	0.8478	0.8641	0.8208	0.9124	0.8694	8
新加坡	0.8588	0.8447	0.8828	0.9002	0.8694	7
澳大利亚	0.8523	0.8669	0.9143	0.8579	0.8646	9
瑞典	0.8630	0.8074	0.8704	0.8993	0.8579	10
美国	0.8799	0.8555	0.8420	0.8121	0.8484	11
日本	0.9098	0.7694	0.8440	0.8605	0.8463	12
冰岛	0.7632	0.8981	0.7662	0.8992	0.8448	13
德国	0.8357	0.7844	0.8210	0.8709	0.8294	14
新西兰	0.8125	0.7951	0.8653	0.8549	0.8253	15
荷兰	0.8269	0.7082	0.8659	0.9114	0.8206	16
巴林	0.6494	0.8346	0.7734	0.9827	0.8174	17
科威特	0.7276	0.8181	0.7080	0.9340	0.8147	18
比利时	0.8626	0.7474	0.7874	0.8297	0.8106	19
爱尔兰	0.8152	0.8390	0.7689	0.7911	0.8105	20
法国	0.8510	0.7243	0.8456	0.7991	0.7969	21
爱沙尼亚	0.8071	0.6329	0.8334	0.9302	0.7944	22
加拿大	0.8152	0.7484	0.8285	0.7820	0.7865	23
以色列	0.9073	0.5968	0.7806	0.8486	0.7839	24
韩国	0.8621	0.6167	0.8915	0.8367	0.7838	25
阿联酋	0.6922	0.6701	0.7515	0.9643	0.7731	26
立陶宛	0.7215	0.7892	0.7747	0.7804	0.7648	27
文莱	0.6916	0.8406	0.5298	0.8003	0.7527	28

续表

国家和地区	信息经济	网络社会	在线政府	数字生活	ISI	ISI 排名
捷克	0.7477	0.6948	0.6454	0.8333	0.7473	29
塞浦路斯	0.8398	0.7266	0.6023	0.7027	0.7410	30
马耳他	0.7733	0.6246	0.7424	0.8219	0.7402	31
拉脱维亚	0.7058	0.7183	0.6810	0.8115	0.7388	32
阿曼	0.6833	0.6791	0.5962	0.8994	0.7382	33
俄罗斯	0.5940	0.7741	0.7215	0.8468	0.7366	34
西班牙	0.7955	0.6131	0.8135	0.7692	0.7347	35
意大利	0.7764	0.6003	0.7764	0.7998	0.7306	36
波兰	0.6727	0.6834	0.7211	0.8213	0.7253	37
斯洛伐克	0.7429	0.6068	0.5915	0.8537	0.7201	38
葡萄牙	0.7761	0.6274	0.7144	0.7212	0.7088	39
斯洛文尼亚	0.7605	0.5529	0.7769	0.7659	0.7015	40
特立尼达和多巴哥	0.6908	0.6302	0.5780	0.8111	0.6975	41
沙特阿拉伯	0.7134	0.5666	0.6822	0.8145	0.6966	42
匈牙利	0.7430	0.5165	0.6745	0.7675	0.6756	43
毛里求斯	0.5431	0.8276	0.6231	0.6686	0.6741	44
巴巴多斯	0.8006	0.4624	0.6310	0.7605	0.6702	45
马来西亚	0.5729	0.6624	0.6175	0.7884	0.6688	46
克罗地亚	0.6637	0.5782	0.7162	0.7307	0.6634	47
希腊	0.7207	0.5445	0.6910	0.7137	0.6628	48
乌拉圭	0.5860	0.5800	0.7237	0.7993	0.6619	49
哥斯达黎加	0.5788	0.6951	0.6314	0.7126	0.6591	50
哈萨克斯坦	0.4472	0.6138	0.7250	0.8492	0.6456	51
白罗斯	0.4978	0.7200	0.6625	0.6984	0.6411	52
阿根廷	0.6416	0.4381	0.6978	0.7738	0.6259	53
智利	0.6230	0.4817	0.6949	0.7198	0.6168	54
安提瓜和巴布达	0.7274	0.4220	0.4892	0.7194	0.6095	55
巴西	0.5516	0.5849	0.6377	0.6609	0.6030	56
黑山	0.5767	0.4443	0.6733	0.7605	0.6018	57
委内瑞拉	0.6012	0.6009	0.5128	0.5792	0.5857	58
阿塞拜疆	0.4433	0.5687	0.6274	0.7250	0.5839	59
黎巴嫩	0.5376	0.4780	0.5646	0.7255	0.5788	60
罗马尼亚	0.4679	0.6131	0.5611	0.6587	0.5780	61
巴拿马	0.5358	0.5165	0.4903	0.6550	0.5612	62
约旦	0.5590	0.4515	0.5123	0.6878	0.5607	63
土耳其	0.5792	0.5068	0.5900	0.5844	0.5601	64
保加利亚	0.5287	0.4326	0.6376	0.6758	0.5549	65
乌克兰	0.4852	0.4795	0.6076	0.6798	0.5541	66
墨西哥	0.5662	0.5118	0.6195	0.5401	0.5474	67

续表

国家和地区	信息经济	网络社会	在线政府	数字生活	ISI	ISI 排名
突尼斯	0.4708	0.5355	0.5682	0.5794	0.5325	68
塞尔维亚	0.4405	0.3879	0.7131	0.7077	0.5321	69
伊朗	0.4151	0.6377	0.4649	0.5358	0.5231	70
前南马其顿	0.4521	0.3848	0.5885	0.7082	0.5224	71
南非	0.5840	0.3668	0.5546	0.6021	0.5213	72
亚美尼亚	0.3809	0.5044	0.5179	0.6713	0.5188	73
哥伦比亚	0.4947	0.4252	0.6237	0.5999	0.5183	74
圣文森特和格林纳丁斯	0.5233	0.4205	0.4494	0.6137	0.5122	75
格鲁吉亚	0.3964	0.4472	0.6108	0.6009	0.4944	76
多米尼加	0.4965	0.5012	0.4914	0.4647	0.4879	77
加蓬	0.4934	0.5414	0.3584	0.4660	0.4861	78
圣卢西亚	0.5346	0.3774	0.4531	0.5424	0.4816	79
巴拉圭	0.4396	0.4875	0.4989	0.4976	0.4773	80
中国	0.4112	0.4250	0.6071	0.5443	0.4749	81
摩洛哥	0.3838	0.3581	0.5186	0.6584	0.4719	82
阿尔巴尼亚	0.4162	0.4369	0.5331	0.5416	0.4717	83
泰国	0.3950	0.4578	0.5522	0.5061	0.4629	84
秘鲁	0.4583	0.4025	0.5381	0.4884	0.4586	85
厄瓜多尔	0.4493	0.4081	0.5625	0.4827	0.4583	86
摩尔多瓦	0.4454	0.3171	0.5994	0.5643	0.4580	87
斯里兰卡	0.3585	0.5507	0.5445	0.4268	0.4553	88
埃及	0.3698	0.3487	0.4594	0.6253	0.4491	89
蒙古	0.4303	0.4532	0.5194	0.4401	0.4490	90
波黑	0.3936	0.3407	0.5118	0.5858	0.4472	91
牙买加	0.4577	0.3749	0.4534	0.5066	0.4471	92
博茨瓦纳	0.5112	0.3378	0.4531	0.4885	0.4466	93
阿尔及利亚	0.4645	0.4208	0.2999	0.5003	0.4457	94
越南	0.3513	0.3639	0.5143	0.5408	0.4282	95
萨尔瓦多	0.3947	0.3552	0.4718	0.4960	0.4210	96
叙利亚	0.4282	0.4353	0.3404	0.4075	0.4153	97
菲律宾	0.3867	0.3074	0.5765	0.4868	0.4119	98
不丹	0.3381	0.4924	0.3506	0.4109	0.4075	99
纳米比亚	0.4559	0.4135	0.3682	0.3543	0.4040	100
伯利兹	0.4574	0.3874	0.3825	0.3626	0.4005	101
玻利维亚	0.3600	0.3308	0.4821	0.4694	0.3963	102
印度尼西亚	0.3438	0.3861	0.4478	0.4195	0.3896	103
古巴	0.5402	0.4079	0.3522	0.2203	0.3858	104
加纳	0.3373	0.3022	0.4181	0.5022	0.3843	105
吉尔吉斯斯坦	0.3602	0.2969	0.4969	0.4537	0.3829	106

续表

国家和地区	信息经济	网络社会	在线政府	数字生活	ISI	ISI 排名
圭亚那	0.3487	0.3786	0.3651	0.3785	0.3682	107
危地马拉	0.3387	0.3153	0.4790	0.4066	0.3661	108
洪都拉斯	0.3471	0.3420	0.3611	0.3511	0.3482	109
尼加拉瓜	0.3409	0.3291	0.3801	0.3542	0.3453	110
塔吉克斯坦	0.3504	0.3588	0.3366	0.2920	0.3340	111
肯尼亚	0.2979	0.2941	0.4186	0.3807	0.3337	112
印度	0.3169	0.2947	0.4637	0.3075	0.3221	113
尼日利亚	0.2944	0.2775	0.3291	0.3796	0.3184	114
孟加拉国	0.2863	0.3190	0.3799	0.2543	0.2959	115
塞内加尔	0.3164	0.2217	0.3250	0.3316	0.2934	116
巴基斯坦	0.3108	0.2841	0.2583	0.2694	0.2851	117
柬埔寨	0.2535	0.2088	0.2593	0.4008	0.2849	118
赞比亚	0.2608	0.2757	0.3507	0.2576	0.2733	119
也门	0.3033	0.2645	0.2248	0.2563	0.2697	120
尼泊尔	0.2469	0.2220	0.3458	0.2963	0.2642	121
莫桑比克	0.2555	0.3258	0.2305	0.2083	0.2599	122
埃塞俄比亚	0.3399	0.2111	0.2666	0.1437	0.2351	123
贝宁	0.2411	0.2368	0.2039	0.2206	0.2299	124
乌干达	0.2476	0.1651	0.3599	0.1985	0.2193	125
马达加斯加	0.1945	0.2230	0.2416	0.1290	0.1881	126
全球均值	0.5601	0.5310	0.5860	0.6297	0.5748	—

资料来源：国家信息中心

获得互联网新闻信息服务许可的互联网站名单

序　号	服务名称	服务地址	许可证编号
1	人民网	www.people.com.cn	10120170001
2	新华网	www.xinhuanet.com www.news.cn www.xinhua.org	10120170002
3	中国网络电视台（央视网）	www.cntv.cn www.cctv.com www.cctv.com.cn	10120170003
4	中国网	china.com.cn china.org.cn	10120170004
5	国际在线	www.cri.cn	10120170005
6	中国日报网站	www.chinadaily.com.cn	10120170006
7	中国青年网	www.youth.cn	10120170007
8	中国经济网	www.ce.cn	10120170008
9	中国台湾网	www.taiwan.cn	10120170009
10	中国西藏网	www.tibet.cn	10120170010
11	光明网	www.gmw.cn	10120170011
12	央广网	www.cnr.cn	10120170012
13	中国军网	www.81.cn chinamil.com.cn jfjb.com.cn pladaily.com.cn	10120170013
14	国防部网	www.mod.gov.cn	10120170013
15	中国国防动员网	www.gfdy.gov.cn	10120170013
16	中国工农红军长征网	changzheng.81.cn longmarch.81.cn	10120170013
17	中国新闻网	www.chinanews.com www.chinanews.com.cn	10120170014
18	中青在线	www.cyol.com www.cyol.net	10120170015
19	中国石油新闻中心	news.cnpc.com.cn	10120170016
20	正义网	www.jcrb.com	10120170017
21	中国石化新闻网	www.sinopecnews.com.cn www.sinopecnews.com	10120170018
22	中国水利网	www.chinawater.com.cn	10120170019
23	法制网	www.legaldaily.com.cn	10120170020
24	中国电力新闻网	www.cpnn.com.cn	10120170021
25	中国消费网	www.ccn.com.cn	10120170022

续表

序　　号	服务名称	服务地址	许可证编号
26	中国消费者报电子版	zxb.ccn.com.cn	10120170022
27	中国工商报网	www.cicn.com.cn	10120170023
28	神州学人网	www.chisa.edu.cn	10120170024
29	中国教育新闻网	www.jyb.cn	10120170024
30	中国汽车报网	www.cnautonews.com	10120170025
31	中国民航网	www.caacnews.com.cn	10120170026
32	健康报网	www.jkb.com.cn www.healthnews.com.cn	10120170027
33	中国体育在线	www.sportsol.com.cn www.sportspress.cn www.sportpaper.cn	10120170028
34	中国法院网	www.chinacourt.org	10120170029
35	中国交通新闻网	www.zgjtb.com	10120170030
36	消费日报网	www.xfrb.com.cn	10120170031
37	中国质量新闻网（中国质检网）	www.cqn.com.cn	10120170032
38	中国食品药品网	www.cnpharm.com	10120170033
39	中国税网	www.ctaxnews.com.cn	10120170034
40	绿色中国网络电视	www.greenchina.tv	10120170035
41	中国记协网	www.zgjx.cn	10120170036
42	中国小康网	www.chinaxiaokang.com www.cnxk.com	10120170037
43	中工网	www.workercn.cn	10120170038
44	环球网	www.huanqiu.com	10120170039
45	中国新闻周刊网	www.inewsweek.cn	10120170040
46	中国文明网	www.wenming.cn	10120170041
47	中国文化传媒网	www.ccdy.cn	10120170042
48	中国警察网	www.cpd.com.cn	10120170043
49	理论网	www.cntheory.com	10120170044
50	中国商报网（中国商网）	www.zgswcn.com	10120170045
51	中国发展网	www.chinadevelopment.c om.cn	10120170046
52	人民论坛网	www.rmlt.com.cn	10120170047
53	未来网	www.k618.cn	10120170048
54	中国海洋在线	www.oceanol.com	10120170049
55	中国经济周刊网	www.ceweekly.cn	10120170050
56	百姓生活网	www.ccwqtv.com	10120170051
57	民主与法制网	www.mzyfz.com	10120170052
58	中国文艺网	www.cflac.org.cn	10120170053
59	中国搜索	www.chinaso.com	10120170054
60	半月谈网	www.banyuetan.org	10120170055
61	环球人物网	www.globalpeople.com.c n www.hqrw.com.cn	10120170056
62	海外网	www.haiwainet.cn	10120170057
63	中国军视网	www.js7tv.com	10120170058

续表

序　号	服务名称	服务地址	许可证编号
64	求是网	www.qstheory.cn	10120170059
65	中国金融信息网	www.xinhua08.com www.cnfin.com	10120170060
66	中国组织人事报新闻网	www.zuzhirenshi.com	10120170061
67	中国农村网	www.crnews.net	10120170062
68	改革网	www.cfgw.net.cn	10120170063
69	经济视野网	www.jjsy.org.cn	10120170064
70	紫光阁网站	www.zgg.gov.cn	10120170065
71	证券时报网	www.stcn.com	10120170066
72	中宏网	www.zhonghongwang.com	10120170067
73	中国劳动保障新闻网	www.clssn.com	10120170068
74	中国信息产业网	www.cnii.com.cn	10120170069
75	中国侨网	www.chinaqw.com	10120170070
76	中国人大网	www.npc.gov.cn	10120170071
77	华夏经纬网	www.huaxia.com www.viewcn.com	10120170072
78	中国金融新闻网	www.financialnews.com. cn	10120170073
79	中国财经新闻网	www.cfen.com.cn	10120170074
80	中国旅游新闻网	www.ctnews.com.cn	10120170075
81	中国商务新闻网	www.comnews.cn	10120170076
82	中国有色网	www.cnmn.com.cn	10120170077
83	中国农业新闻网	www.farmer.com.cn	10120170078
84	人民政协网	www.rmzxb.com.cn	10120170079
85	人民铁道网	www.peoplerail.com	10120170080
86	中国教育网络电视台	www.guoshi.com	10120170081
87	中国科技网	www.stdaily.com www.wokeji.com	10120170082
88	党建网	www.dangjian.com www.dangjian.cn	10120170083
89	中国税务网	www.ctax.org.cn	10120170084
90	国防大学国际防务学院外宣网站	www.cdsndu.org	10120170085
91	中国建筑新闻网	www.newsccn.com	10120170086
92	中国安全生产网	www.aqsc.cn	10120170087
93	中国煤炭网	www.ccoalnews.com	10120170087
94	中国民族广播网	www.cnrmz.com	10120170088

获得互联网新闻信息服务许可的应用程序名单

序　　号	服务名称	单位名称	许可证编号
1	“新华炫闻”	新华网股份有限公司	10120170002
2	“央视影音”	央视国际网络有限公司	10120170003
3	“熊猫频道”	央视国际网络有限公司	10120170003
4	“5+VIP”	央视国际网络有限公司	10120170003
5	“爱秀”	央视国际网络有限公司	10120170003
6	“爱西柚 PC 客户端”	央视国际网络有限公司	10120170003
7	“UYNTV（维吾尔语视频客户端）”	央视国际网络有限公司	10120170003
8	“KZNTV（哈萨克语视频客户端）”	央视国际网络有限公司	10120170003
9	“蒙古语手机客户端”	央视国际网络有限公司	10120170003
10	“CCTV.com 多语种”	央视国际网络有限公司	10120170003
11	“中国网客户端”	中国互联网新闻中心	10120170004
12	“中国日报客户端”	中报国际文化传媒（北京）有限公司	10120170006
13	“每日双语播报客户端”	中报国际文化传媒（北京）有限公司	10120170006
14	“中国青年”	中青网新媒体科技（北京）有限公司	10120170007
15	“中青看点”	中青网新媒体科技（北京）有限公司	10120170007
16	“光明云媒”	光明网传媒有限公司	10120170011
17	“央广新闻”	央广新媒体文化传媒（北京）有限公司	10120170012
18	“中国广播”	央广新媒体文化传媒（北京）有限公司	10120170012
19	“解放军报”	解放军报社	10120170013
20	“国防在线”	解放军报社	10120170013
21	“中新经纬”	中国新闻社	10120170014
22	“ECNS 中国新闻社”	中国新闻社	10120170014
23	“华舆”	中国新闻社	10120170014
24	“中国青年报”	北京中青在线网络信息技术有限公司	10120170015
25	“石化新闻”	中国石化报社	10120170018
26	“法制日报”	法制日报社	10120170020
27	“中电掌媒”	中国电力传媒集团有限公司	10120170021
28	“中国消费者报”	中国消费者报社	10120170022

续表

序　号	服务名称	单位名称	许可证编号
29	“汽车发布”	《中国汽车报》社有限公司	10120170025
30	“健康中国（官方版）”	《健康报》社	10120170027
31	“中国家医”	《健康报》社	10120170027
32	“中国法治”	人民法院新闻传媒总社	10120170029
33	“中国交通报”	中国交通报社	10120170030
34	“中国税务报客户端”	中国税务报社	10120170034
35	“小康”	《小康》杂志社	10120170037
36	“环球 time”	环球时报在线（北京）文化传播有限公司	10120170039
37	“中国新闻周刊 4.0”	《中国新闻周刊》杂志社	10120170040
38	“文明中国”	中国精神文明网网站	10120170041
39	“人民论坛”	《人民论坛》杂志社	10120170047
40	“中国海洋报”	中国海洋报社	10120170049
41	“海客新闻”	海外网传媒有限公司	10120170057
42	“军事 TV”	中国人民解放军电视宣传中心	10120170058
43	“新华金融”	中经社控股有限公司	10120170060
44	“证券时报”	深圳证券时报社有限公司	10120170066
45	“中国劳动保障新闻网”	中国劳动保障报社	10120170068
46	“侨宝”	华声报（电子版）社	10120170070
47	“华夏经纬网”	华夏经纬信息科技有限公司	10120170072
48	“中国旅游新闻”	中国旅游报社	10120170075
49	“长安书院”	中国教育电视台	10120170081
50	“创新中国”	北京国科传媒文化有限公司	10120170082

注：中央新闻单位（含中央新闻单位控股的单位）或中央新闻宣传部门主管的单位。

获得互联网新闻信息服务许可的论坛名单

序　号	服务名称	服务地址	许可证编号
1	地方领导留言板	liuyan.people.com.cn	10120170001
2	强国社区	bbs1.people.com.cn	10120170001
3	发展论坛	forum.home.news.cn	10120170002
4	复兴论坛	bbs.cctv.com	10120170003
5	中青论坛	bbs.youth.cn	10120170007
6	法制论坛	bbs.legaldaily.com.cn/portal.php	10120170020
7	中电论坛	bbs.cpnn.com.cn/forum.php	10120170021
8	桃李社区	www.taoli.jyb.cn	10120170024
9	驾道社区	bbs.cnautonews.com	10120170025
10	法治论坛	bbs.chinacourt.org	10120170029
11	中工论坛	bbs.workercn.cn	10120170038
12	未来网论坛	bbs.jjh.k618.cn	10120170048
13	唐人街	bbs.haiwainet.cn	10120170057
14	中国劳动保障论坛	www.clssn.com/html1/folder/2/4992-1.htm	10120170068

获得互联网新闻信息服务许可的微博客名单

序　号	服务名称	服务地址	许可证编号
1	人民微博	t.people.com.cn/indexV3.action	10120170001
2	新华微博	t.home.news.cn	10120170002

获得互联网新闻信息服务许可的公众账号名单

序号	服务名称	单位名称	许可证编号
1	“人民网”，腾讯微信公众账号	人民网股份有限公司	10120170001
2	“人民网”，新浪微博公众账号	人民网股份有限公司	10120170001
3	“新华网”，腾讯微信公众账号	新华网股份有限公司	10120170002
4	“新华网”，新浪微博公众账号	新华网股份有限公司	10120170002
5	“央视网”，新浪微博公众账号	央视国际网络有限公司	10120170003
6	“网络新闻联播”，新浪微博公众账号	央视国际网络有限公司	10120170003
7	“LiveChina—直播中国”，新浪微博公众账号	央视国际网络有限公司	10120170003
8	“iPanda 熊猫频道”，新浪微博公众账号	央视国际网络有限公司	10120170003
9	“央视影音”，新浪微博公众账号	央视国际网络有限公司	10120170003
10	“央视体育”，新浪微博公众账号	央视国际网络有限公司	10120170003
11	“央视网智囊团”，新浪微博公众账号	央视国际网络有限公司	10120170003
12	“央视网”，腾讯微信公众账号	央视国际网络有限公司	10120170003
13	“网络新闻联播”，腾讯微信公众账号	央视国际网络有限公司	10120170003
14	“iPanda 熊猫频道”，腾讯微信公众账号	央视国际网络有限公司	10120170003
15	“央视网蒙古语频道”，腾讯微信公众账号	央视国际网络有限公司	10120170003
16	“央视网哈萨克语频道”，腾讯微信公众账号	央视国际网络有限公司	10120170003
17	“央视网维吾尔语频道”，腾讯微信公众账号	央视国际网络有限公司	10120170003
18	“央视影音”，腾讯微信公众账号	央视国际网络有限公司	10120170003
19	“央视网体育”，腾讯微信公众账号	央视国际网络有限公司	10120170003
20	“中国网”，新浪微博公众账号	中国互联网新闻中心	10120170004
21	“中国网”，腾讯微信公众账号	中国互联网新闻中心	10120170004
22	“国际在线”，新浪微博公众账号	国广国际在线网络（北京）有限公司	10120170005
23	“国际在线新闻”，新浪微博公众账号	国广国际在线网络（北京）有限公司	10120170005
24	“国际在线娱乐”，新浪微博公众账号	国广国际在线网络（北京）有限公司	10120170005
25	“国际在线”，腾讯微信公众账号	国广国际在线网络（北京）有限公司	10120170005
26	“国际在线娱乐”，腾讯微信公众账号	国广国际在线网络（北京）有限公司	10120170005
27	“中国日报”，新浪微博公众账号	中报国际文化传媒（北京）有限公司	10120170006

续表

序　号	服务名称	单位名称	许可证编号
28	“中国日报网”，新浪微博公众账号	中报国际文化传媒（北京）有限公司	10120170006
29	“中国日报—英语点津”，新浪微博公众账号	中报国际文化传媒（北京）有限公司	10120170006
30	“中国日报双语新闻”，腾讯微信公众账号	中报国际文化传媒（北京）有限公司	10120170006
31	“CHINADAILY”，腾讯微信公众账号	中报国际文化传媒（北京）有限公司	10120170006
32	“中国日报”，腾讯微信公众账号	中报国际文化传媒（北京）有限公司	10120170006
33	“中国日报中文网”，腾讯微信公众账号	中报国际文化传媒（北京）有限公司	10120170006
34	“国传梦工厂”，腾讯微信公众账号	中报国际文化传媒（北京）有限公司	10120170006
35	“中国青年网”，新浪微博公众账号	中青网新媒体科技（北京）有限公司	10120170007
36	“中国共青团网”，新浪微博公众账号	中青网新媒体科技（北京）有限公司	10120170007
37	“大学生村官之家网”，新浪微博公众账号	中青网新媒体科技（北京）有限公司	10120170007
38	“青年之声”，新浪微博公众账号	中青网新媒体科技（北京）有限公司	10120170007
39	“中青网新闻中心”，新浪微博公众账号	中青网新媒体科技（北京）有限公司	10120170007
40	“青年电视”，新浪微博公众账号	中青网新媒体科技（北京）有限公司	10120170007
41	“中青网校园通讯社”，新浪微博公众账号	中青网新媒体科技（北京）有限公司	10120170007
42	“中青网教育”，新浪微博公众账号	中青网新媒体科技（北京）有限公司	10120170007
43	“中青网娱乐”，新浪微博公众账号	中青网新媒体科技（北京）有限公司	10120170007
44	“中国青年网”，腾讯微信公众账号	中青网新媒体科技（北京）有限公司	10120170007
45	“学习者”，腾讯微信公众账号	中青网新媒体科技（北京）有限公司	10120170007
46	“强国策”，腾讯微信公众账号	中青网新媒体科技（北京）有限公司	10120170007
47	“青桐声”，腾讯微信公众账号	中青网新媒体科技（北京）有限公司	10120170007
48	“青年之声”，腾讯微信公众账号	中青网新媒体科技（北京）有限公司	10120170007
49	“中青网教育”，腾讯微信公众账号	中青网新媒体科技（北京）有限公司	10120170007
50	“大学生村官官网”，腾讯微信公众账号	中青网新媒体科技（北京）有限公司	10120170007
51	“中国网络社会组织”，腾讯微信公众账号	中青网新媒体科技（北京）有限公司	10120170007
52	“纽扣经济学”，腾讯微信公众账号	中青网新媒体科技（北京）有限公司	10120170007
53	“中国经济网”，新浪微博公众账号	中经网传媒有限公司	10120170008
54	“中国经济网”，腾讯微信公众账号	中经网传媒有限公司	10120170008
55	“你不知道的台湾”，腾讯微信公众账号	北京海峡文化交流有限公司	10120170009
56	“今日台湾”，腾讯微信公众账号	北京海峡文化交流有限公司	10120170009
57	“中国台湾网”，新浪微博公众账号	北京海峡文化交流有限公司	10120170009
58	“中国西藏网”，新浪微博公众账号	中国西藏杂志社	10120170010
59	“中国西藏网”，腾讯微信公众账号	中国西藏杂志社	10120170010
60	“时代西藏”，腾讯微信公众账号	中国西藏杂志社	10120170010
61	“光明网”，新浪微博公众账号	光明网传媒有限公司	10120170011
62	“光明网评论员文章”，新浪微博公众账号	光明网传媒有限公司	10120170011
63	“学习时刻”，新浪微博公众账号	光明网传媒有限公司	10120170011
64	“网信党建”，新浪微博公众账号	光明网传媒有限公司	10120170011
65	“光明网”，腾讯微信公众账号	光明网传媒有限公司	10120170011
66	“光明论”，腾讯微信公众账号	光明网传媒有限公司	10120170011

续表

序　号	服务名称	单位名称	许可证编号
67	“学习时刻”，腾讯微信公众账号	光明网传媒有限公司	10120170011
68	“网信党建”，腾讯微信公众账号	光明网传媒有限公司	10120170011
69	“军事科技前沿微平台”，腾讯微信公众账号	光明网传媒有限公司	10120170011
70	“中央人民广播电台”，新浪微博公众账号	央广新媒体文化传媒（北京）有限公司	10120170012
71	“央广新闻”，腾讯微信公众账号	央广新媒体文化传媒（北京）有限公司	10120170012
72	“军报记者”，新浪微博公众账号	解放军报社	10120170013
73	“军报记者”，人民微博公众账号	解放军报社	10120170013
74	“军报记者”，新华微博公众账号	解放军报社	10120170013
75	“军报记者”，腾讯微博公众账号	解放军报社	10120170013
76	“军报记者”，腾讯微信公众账号	解放军报社	10120170013
77	“中国军网”，腾讯微信公众账号	解放军报社	10120170013
78	“国防部发布”，新浪微博公众账号	解放军报社	10120170013
79	“国防部发布”，人民微博公众账号	解放军报社	10120170013
80	“国防部发布”，腾讯微博公众账号	解放军报社	10120170013
81	“国防部发布”，腾讯微信公众账号	解放军报社	10120170013
82	“中国新闻社”，新浪微博公众账号	中国新闻社	10120170014
83	“中国新闻网”，新浪微博公众账号	中国新闻社	10120170014
84	“中新经纬”，新浪微博公众账号	中国新闻社	10120170014
85	“华舆 News”，新浪微博公众账号	中国新闻社	10120170014
86	“中国新闻社”，腾讯微信公众账号	中国新闻社	10120170014
87	“华舆”，腾讯微信公众账号	中国新闻社	10120170014
88	“中新经纬”，腾讯微信公众账号	中国新闻社	10120170014
89	“百万庄的小星星”，腾讯微信公众账号	中国新闻社	10120170014
90	“中新社图片网”，腾讯微信公众账号	中国新闻社	10120170014
91	“青年观察家”，腾讯微信公众账号	北京中青在线网络信息技术有限公司	10120170015
92	“青团子”，腾讯微信公众账号	北京中青在线网络信息技术有限公司	10120170015
93	“中国高校传媒联盟”，腾讯微信公众账号	北京中青在线网络信息技术有限公司	10120170015
94	“中国青年报”，新浪微博公众账号	北京中青在线网络信息技术有限公司	10120170015
95	“正义网”，新浪微博公众账号	检察日报社	10120170017
96	“正义网”，腾讯微信公众账号	检察日报社	10120170017
97	“中国石化新闻网”，新浪微博公众账号	中国石化报社	10120170018
98	“中国石化报”，腾讯微信公众账号	中国石化报社	10120170018
99	“中国水利网”，腾讯微信公众账号	中国水利报社	10120170019
100	“中国水利杂志”，腾讯微信公众账号	中国水利报社	10120170019
101	“中国河长制”，腾讯微信公众账号	中国水利报社	10120170019
102	“筑梦中国水利”，腾讯微信公众账号	中国水利报社	10120170019
103	“水利扶贫开发”，腾讯微信公众账号	中国水利报社	10120170019
104	“法制网”，腾讯微信公众账号	法制日报社	10120170020
105	“法制网舆情中心”，腾讯微信公众账号	法制日报社	10120170020

续表

序号	服务名称	单位名称	许可证编号
106	“法制网法律咨询”，腾讯微信公众账号	法制日报社	10120170020
107	“法制日报”，腾讯微信公众账号	法制日报社	10120170020
108	“法治小号”，腾讯微信公众账号	法制日报社	10120170020
109	“法制网新浪微博”，新浪微博公众账号	法制日报社	10120170020
110	“法制日报新浪微博”，新浪微博公众账号	法制日报社	10120170020
111	“中国电力新闻网”，新浪微博公众账号	中国电力传媒集团有限公司	10120170021
112	“中国电力新闻网”，腾讯微信公众账号	中国电力传媒集团有限公司	10120170021
113	“中国电力报”，腾讯微信公众账号	中国电力传媒集团有限公司	10120170021
114	“电力大数据”，腾讯微信公众账号	中国电力传媒集团有限公司	10120170021
115	“中国消费者报”，新浪微博公众账号	中国消费者报社	10120170022
116	“中国消费者报”，腾讯微信公众账号	中国消费者报社	10120170022
117	“中国工商报”，新浪微博公众账号	中国工商报社	10120170023
118	“中国工商报”，腾讯微信公众账号	中国工商报社	10120170023
119	“OFFICIAL 神州学人”，新浪微博公众账号	中国教育报刊社	10120170024
120	“神州学人”，腾讯微信公众账号	中国教育报刊社	10120170024
121	“中国教育新闻网”，新浪微博公众账号	中国教育报刊社	10120170024
122	“中国教育新闻网”，腾讯微博公众账号	中国教育报刊社	10120170024
123	“中国教育新闻网”，腾讯微信公众账号	中国教育报刊社	10120170024
124	“中国汽车报”，新浪微博公众账号	《中国汽车报》社有限公司	10120170025
125	“中国汽车报”，腾讯微信公众账号	《中国汽车报》社有限公司	10120170025
126	“汽车早餐”，腾讯微信公众账号	《中国汽车报》社有限公司	10120170025
127	“中国民航网”，腾讯微信公众账号	中国民航报社	10120170026
128	“中国民航网—新闻中心”，新浪微博公众账号	中国民航报社	10120170026
129	“健康报”，腾讯微信公众账号	《健康报》社	10120170027
130	“健康报•新闻频道”，腾讯微信公众账号	《健康报》社	10120170027
131	“健康报•医生频道”，腾讯微信公众账号	《健康报》社	10120170027
132	“健康报•护士频道”，腾讯微信公众账号	《健康报》社	10120170027
133	“健康报•村医导刊”，腾讯微信公众账号	《健康报》社	10120170027
134	“文化与健康”，腾讯微信公众账号	《健康报》社	10120170027
135	“药点”，腾讯微信公众账号	《健康报》社	10120170027
136	“中国卫生杂志”，腾讯微信公众账号	《健康报》社	10120170027
137	“大众健康”，腾讯微信公众账号	《健康报》社	10120170027
138	“健康文摘报”，腾讯微信公众账号	《健康报》社	10120170027
139	“健康报官方微博”，新浪微博公众账号	《健康报》社	10120170027
140	“中体在线”，腾讯微信公众账号	中国体育报业总社	10120170028
141	“中体在线网”，新浪微博公众账号	中国体育报业总社	10120170028
142	“中国法治_人民法院报 App”，新浪微博公众账号	人民法院新闻传媒总社	10120170029
143	“人民法院报”，新浪微博公众账号	人民法院新闻传媒总社	10120170029
144	“人民法院报”，腾讯微博公众账号	人民法院新闻传媒总社	10120170029

续表

序　　号	服务名称	单位名称	许可证编号
145	“人民法院报”，人民微博公众账号	人民法院新闻传媒总社	10120170029
146	“法治快车”，腾讯微信公众账号	人民法院新闻传媒总社	10120170029
147	“人民法院报”，腾讯微信公众账号	人民法院新闻传媒总社	10120170029
148	“中国交通报”，新浪微博公众账号	中国交通报社	10120170030
149	“中国交通报”，腾讯微信公众账号	中国交通报社	10120170030
150	“消费日报官方平台”，腾讯微信公众账号	消费日报社	10120170031
151	“中国质量新闻网”，新浪微博公众账号	中国质检报刊社	10120170032
152	“中国质量新闻网”，腾讯微信公众账号	中国质检报刊社	10120170032
153	“中国医药报”，腾讯微信公众账号	《中国医药报》社	10120170033
154	“双安双创进行时”，腾讯微信公众账号	《中国医药报》社	10120170033
155	“食药舆情”，腾讯微信公众账号	《中国医药报》社	10120170033
156	“中国税务报”，新浪微博公众账号	中国税务报社	10120170034
157	“中国税务报”，腾讯微信公众账号	中国税务报社	10120170034
158	“绿色中国”，新浪微博公众账号	绿色中国杂志社	10120170035
159	“绿色中国”，腾讯微信公众账号	绿色中国杂志社	10120170035
160	“中国记协”，新浪微博公众账号	中华全国新闻工作者协会	10120170036
161	“中国记协”，腾讯微信公众账号	中华全国新闻工作者协会	10120170036
162	“中国小康网”，腾讯微信公众账号	《小康》杂志社	10120170037
163	“中国小康网”，新浪微博公众账号	《小康》杂志社	10120170037
164	“小康杂志社”，新浪微博公众账号	《小康》杂志社	10120170037
165	“中工网”，新浪微博公众账号	中国工会网络中心	10120170038
166	“中工网”，腾讯微信公众账号	中国工会网络中心	10120170038
167	“环球网”，新浪微博公众账号	环球时报在线（北京）文化传播有限公司	10120170039
168	“环球网”，腾讯微信公众账号	环球时报在线（北京）文化传播有限公司	10120170039
169	“中国新闻周刊”，新浪微博公众账号	《中国新闻周刊》杂志社	10120170040
170	“中国新闻周刊”，腾讯微信公众账号	《中国新闻周刊》杂志社	10120170040
171	“文明微博”，腾讯微博公众账号	中国精神文明网网站	10120170041
172	“中国文明网”，新浪微博公众账号	中国精神文明网网站	10120170041
173	“中国文化传媒网”，新浪微博公众账号	中国文化传媒集团有限公司	10120170042
174	“人民公安报”，新浪微博公众账号	人民公安报社	10120170043
175	“人民公安报”，腾讯微信公众账号	人民公安报社	10120170043
176	“中国警察网”，新浪微博公众账号	人民公安报社	10120170043
177	“中国警察网”，腾讯微信公众账号	人民公安报社	10120170043
178	“理论网”，腾讯微信公众账号	中共中央党校报刊社	10120170044
179	“中国商网—中国商报”，新浪博客公众账号	中国商报社	10120170045
180	“中国商网—中国商报”，新浪微博公众账号	中国商报社	10120170045
181	“中商视点”，腾讯微信公众账号	中国商报社	10120170045
182	“中商产经”，腾讯微信公众账号	中国商报社	10120170045
183	“人民论坛”，新浪微博公众账号	《人民论坛》杂志社	10120170047

续表

序　　号	服务名称	单位名称	许可证编号
184	"人民论坛网"，腾讯微信公众账号	《人民论坛》杂志社	10120170047
185	"未来网"，新浪微博公众账号	中青未来（北京）网络科技有限公司	10120170048
186	"未来网"，腾讯微信公众账号	中青未来（北京）网络科技有限公司	10120170048
187	"红领巾集结号"，腾讯微信公众账号	中青未来（北京）网络科技有限公司	10120170048
188	"中国少年国学院"，腾讯微信公众账号	中青未来（北京）网络科技有限公司	10120170048
189	"少年之声"，腾讯微信公众账号	中青未来（北京）网络科技有限公司	10120170048
190	"活力未来"，腾讯微信公众账号	中青未来（北京）网络科技有限公司	10120170048
191	"未来少年"，腾讯微信公众账号	中青未来（北京）网络科技有限公司	10120170048
192	"游学少年"，腾讯微信公众账号	中青未来（北京）网络科技有限公司	10120170048
193	"最未来"，腾讯微信公众账号	中青未来（北京）网络科技有限公司	10120170048
194	"未来护航"，腾讯微信公众账号	中青未来（北京）网络科技有限公司	10120170048
195	"未视界"，腾讯微信公众账号	中青未来（北京）网络科技有限公司	10120170048
196	"未来网亲子团"，腾讯微信公众账号	中青未来（北京）网络科技有限公司	10120170048
197	"麻辣未闻"，腾讯微信公众账号	中青未来（北京）网络科技有限公司	10120170048
198	"未来通讯社"，腾讯微信公众账号	中青未来（北京）网络科技有限公司	10120170048
199	"未来燃视频"，腾讯微信公众账号	中青未来（北京）网络科技有限公司	10120170048
200	"中国海洋报"，新浪微博公众账号	中国海洋报社	10120170049
201	"观沧海"，腾讯微信公众账号	中国海洋报社	10120170049
202	"亲海"，腾讯微信公众账号	中国海洋报社	10120170049
203	"主流媒体看海洋"，腾讯微信公众账号	中国海洋报社	10120170049
204	"海洋生态文明"，腾讯微信公众账号	中国海洋报社	10120170049
205	"法治海洋"，腾讯微信公众账号	中国海洋报社	10120170049
206	"中国经济周刊"，腾讯微信公众账号	《中国经济周刊》杂志社	10120170050
207	"民主与法制网"，腾讯微信公众账号	《民主与法制》社	10120170052
208	"民主与法制网"，新浪微博公众账号	《民主与法制》社	10120170052
209	"中国搜索"，新浪微博公众账号	中国搜索信息科技股份有限公司	10120170054
210	"中国搜索"，腾讯微信公众账号	中国搜索信息科技股份有限公司	10120170054
211	"半月谈杂志社"，新浪微博公众账号	半月谈杂志社	10120170055
212	"半月谈"，腾讯微信公众账号	半月谈杂志社	10120170055
213	"环球人物杂志"，新浪微博公众账号	《环球人物》杂志社	10120170056
214	"环球人物"，腾讯微信公众账号	《环球人物》杂志社	10120170056
215	"人民日报海外版—海外网"，新浪微博公众账号	海外网传媒有限公司	10120170057
216	"海外网"，人民微博公众账号	海外网传媒有限公司	10120170057
217	"海外网"，腾讯微博公众账号	海外网传媒有限公司	10120170057
218	"海外网"，腾讯微信公众账号	海外网传媒有限公司	10120170057
219	"港台腔"，腾讯微信公众账号	海外网传媒有限公司	10120170057
220	"金台 2 号"，腾讯微信公众账号	海外网传媒有限公司	10120170057
221	"中国军视网"，新浪微博公众账号	中国人民解放军电视宣传中心	10120170058
222	"中国军视网"，腾讯微信公众账号	中国人民解放军电视宣传中心	10120170058

续表

序　　号	服务名称	单位名称	许可证编号
223	“求是”，新浪微博公众账号	求是杂志社	10120170059
224	“旗帜”，新浪微博公众账号	求是杂志社	10120170059
225	“求是网”，腾讯微信公众账号	求是杂志社	10120170059
226	“求是漫评”，腾讯微信公众账号	求是杂志社	10120170059
227	“学而时习”，腾讯微信公众账号	求是杂志社	10120170059
228	“五当山”，腾讯微信公众账号	求是杂志社	10120170059
229	“中国金融信息网”，新浪微博公众账号	中经社控股有限公司	10120170060
230	“中国金融信息网”，腾讯微信公众账号	中经社控股有限公司	10120170060
231	“中国组织人事报”，腾讯微信公众账号	中国人事报刊社	10120170061
232	“大国人才”，腾讯微信公众账号	中国人事报刊社	10120170061
233	“中国退役军人”，腾讯微信公众账号	中国人事报刊社	10120170061
234	“微观三农”，腾讯微信公众账号	中国农村杂志社	10120170062
235	“中国改革报”，腾讯微信公众账号	中国改革报社	10120170063
236	“中国信用”，腾讯微信公众账号	中国改革报社	10120170063
237	“紫光阁微平台”，腾讯微信公众账号	《紫光阁》杂志社	10120170065
238	“紫光阁”，新浪微博公众账号	《紫光阁》杂志社	10120170065
239	“证券时报网”，新浪微博公众账号	深圳证券时报社有限公司	10120170066
240	“证券时报网”，腾讯微信公众账号	深圳证券时报社有限公司	10120170066
241	“中宏网”，腾讯微信公众账号	国家发展和改革委员会宏观经济管理编辑部	10120170067
242	“中宏网”，新浪微博公众账号	国家发展和改革委员会宏观经济管理编辑部	10120170067
243	“中国劳动保障报”，新浪微博公众账号	中国劳动保障报社	10120170068
244	“中国劳动保障报”，腾讯微信公众账号	中国劳动保障报社	10120170068
245	“中国信息产业网”，新浪微博公众账号	人民邮电报社	10120170069
246	“中国信息产业网”，腾讯微信公众账号	人民邮电报社	10120170069
247	“中国侨网”，新浪微博公众账号	华声报（电子版）社	10120170070
248	“中国侨网”，腾讯微信公众账号	华声报（电子版）社	10120170070
249	“华夏经纬网”，新浪微博公众账号	华夏经纬信息科技有限公司	10120170072
250	“华夏经纬网”，腾讯微信公众账号	华夏经纬信息科技有限公司	10120170072
251	“中国金融新闻网”，新浪微博公众账号	金融时报社	10120170073
252	“中国金融新闻网”，腾讯微信公众账号	金融时报社	10120170073
253	“中国旅游报”，新浪微博公众账号	中国旅游报社	10120170075
254	“中国旅游报”，腾讯微信公众账号	中国旅游报社	10120170075
255	“国际商报”，新浪微博公众账号	国际商报社	10120170076
256	“国际商报 e 商讯”，腾讯微信公众账号	国际商报社	10120170076
257	“中国有色金属报”，新浪微博公众账号	中国有色金属报社	10120170077
258	“中国有色金属报”，腾讯微信公众账号	中国有色金属报社	10120170077
259	“农民日报”，新浪微博公众账号	农民日报社	10120170078
260	“中国农业新闻网”，新浪微博公众账号	农民日报社	10120170078
261	“农民日报”，腾讯微信公众账号	农民日报社	10120170078

续表

序　号	服务名称	单位名称	许可证编号
262	“中国农业新闻”，腾讯微信公众账号	农民日报社	10120170078
263	“人民政协报”，腾讯微信公众账号	人民政协报社	10120170079
264	“人民铁道网”，新浪微博公众账号	《人民铁道》报社	10120170080
265	“人民铁道网”，腾讯微信公众账号	《人民铁道》报社	10120170080
266	“中国教育电视台一频道”，新浪微博公众账号	中国教育电视台	10120170081
267	“中国教育手机报”，腾讯微信公众账号	中国教育电视台	10120170081
268	“CETV 中国艺考”，腾讯微信公众账号	中国教育电视台	10120170081
269	“CETV 少年工匠”，腾讯微信公众账号	中国教育电视台	10120170081
270	“点赞青春向前向前”，腾讯微信公众账号	中国教育电视台	10120170081
271	“早教频道”，腾讯微信公众账号	中国教育电视台	10120170081
272	“教育传媒研究”，腾讯微信公众账号	中国教育电视台	10120170081
273	“长安街”，腾讯微信公众账号	中国教育电视台	10120170081
274	“CMAIT-cmait”，腾讯微信公众账号	中国教育电视台	10120170081
275	“中国科技网微博”，新浪微博公众账号	北京国科传媒文化有限公司	10120170082
276	“中国科技网微信”，腾讯微信公众账号	北京国科传媒文化有限公司	10120170082
277	“党建网微平台”，腾讯微信公众账号	《党建》杂志社	10120170083
278	“中国税务网”，新浪微博公众账号	中国税务杂志社	10120170084
279	“中国税务杂志社”，腾讯微信公众账号	中国税务杂志社	10120170084
280	“中国安全生产报”，新浪微博公众账号	中国安全生产报社（中国煤炭报社）	10120170087
281	“中国安全生产报”，腾讯微博公众账号	中国安全生产报社（中国煤炭报社）	10120170087
282	“中国安全生产网”，新浪微博公众账号	中国安全生产报社（中国煤炭报社）	10120170087
283	“中国安全生产报”，腾讯微信公众账号	中国安全生产报社（中国煤炭报社）	10120170087
284	“中国煤炭网”，新浪微博公众账号	中国安全生产报社（中国煤炭报社）	10120170087
285	“中国煤炭报”，腾讯微博公众账号	中国安全生产报社（中国煤炭报社）	10120170087
286	“中国煤炭报”，腾讯微信公众账号	中国安全生产报社（中国煤炭报社）	10120170087
287	“中国民族广播 CNR”，腾讯微信公众账号	中央人民广播电台	10120170088
288	“中国蒙古语广播 CNR”，腾讯微信公众账号	中央人民广播电台	10120170088
289	“中国藏语广播 CNR”，腾讯微信公众账号	中央人民广播电台	10120170088
290	“中国维吾尔语广播 CNR”，腾讯微信公众账号	中央人民广播电台	10120170088
291	“中国哈萨克语广播 CNR”，腾讯微信公众账号	中央人民广播电台	10120170088
292	“中国朝鲜语广播 CNR”，腾讯微信公众账号	中央人民广播电台	10120170088

获得互联网新闻信息服务许可的即时通信工具名单

序　号	服务名称	单位名称	许可证编号
1	“微邦”	中青网新媒体科技（北京）有限公司	10120170007

获得互联网新闻信息服务许可的网络直播名单

序　号	服务名称	单位名称	许可证编号
1	“青年之声直播厅”	中青网新媒体科技（北京）有限公司	10120170007
2	“中国青年报直播”	北京中青在线网络信息技术有限公司	10120170015
3	“小康圆点直播”	《小康》杂志社	10120170037